D1683789

Enzyklopädie der Psychologie

ENZYKLOPÄDIE DER PSYCHOLOGIE

In Verbindung mit der
Deutschen Gesellschaft für Psychologie

herausgegeben von

Prof. Dr. Niels Birbaumer, Tübingen
Prof. Dr. Dieter Frey, München
Prof. Dr. Julius Kuhl, Osnabrück
Prof. Dr. Wolfgang Prinz, München
Prof. Dr. Franz E. Weinert, München

Themenbereich D
Praxisgebiete

Serie II
Klinische Psychologie

Band 2
Psychische Störungen
und ihre Behandlungen

Hogrefe · Verlag für Psychologie
Göttingen · Bern · Toronto · Seattle

Psychische Störungen und ihre Behandlungen

herausgegeben von

Prof. Dr. Kurt Hahlweg, Braunschweig
und
Prof. Dr. Anke Ehlers, Oxford

Hogrefe · Verlag für Psychologie
Göttingen · Bern · Toronto · Seattle

Die Deutsche Bibliothek - CIP-Einheitsaufnahme

Enzyklopädie der Psychologie / in Verbindung mit der
Deutschen Gesellschaft für Psychologie hrsg. von Niels
Birbaumer ... - Göttingen ; Bern ; Toronto ; Seattle : Hogrefe,
Verl. für Psychologie.
  Teilw. hrsg. von Carl F. Graumann
  Themenbereich D, Praxisgebiete.
  Ser. 2, Klinische Psychologie.
    ISBN 3-8017-0508-0
    NE: Graumann, Carl F. [Hrsg.]; Birbaumer, Niels [Hrsg.];
    Klinische Psychologie
    Bd. 2. Psychische Störungen und ihre Behandlungen. - 1997
  Psychische Störungen und ihre Behandlungen / hrsg. von
  Kurt Hahlweg und Anke Ehlers. - Göttingen ; Bern ; Toronto ;
  Seattle : Hogrefe, Verl. für Psychologie,1997
    (Enzyklopädie der Psychologie : Themenbereich D, Praxisgebiete : Ser.
    2, Klinische Psychologie ; Bd. 2)
    ISBN 3-8017-0544-7
    NE: Hahlweg, Kurt [Hrsg.]

© by Hogrefe-Verlag, Göttingen • Bern • Toronto • Seattle 1997
Rohnsweg 25, D-37085 Göttingen

Das Werk einschließlich aller seiner Teile ist urheberrechtlich geschützt.
Jede Verwertung außerhalb der engen Grenzen des Urheberrechts-
gesetzes ist ohne Zustimmung des Verlages unzulässig und strafbar. Das
gilt insbesondere für Vervielfältigungen, Übersetzungen, Mikroverfil-
mungen und die Einspeicherung und Verarbeitung in elektronischen
Systemen.

Satz: Druckvorlagen Bernert, Göttingen
Druck und Bindung: Allgäuer Zeitungsverlag GmbH, Kempten
Auf säurefreiem und chlorfrei gebleichtem Papier gedruckt
Printed in Germany

ISBN 3-8017-0544-7

Autorenverzeichnis

Dr. Eni Becker
Technische Universität Dresden
Institut für Klinische Psychologie
Hohe Straße 53
01087 Dresden

Dr. Gerhard Bühringer
IFT Institut für Therapieforschung
Parzivalstraße 25
80804 München

Prof. Dr. Peter Fiedler
Psychologisches Institut
der Universität Heidelberg
Hauptstraße 47–51
69117 Heidelberg

Prof. Dr. Martin Hautzinger
Psychologisches Institut der
Johannes-Gutenberg-Universität Mainz
Staudingerweg 9
55099 Mainz

Dr. Heinrich Küfner
IFT Institut für Therapieforschung
Parzivalstraße 25
80804 München

PD Dr. Reinhold G. Laessle
Forschungsstelle für Psychobiologie
und Psychosomatik
Universität Trier, Gebäude D
Novalisstraße 12 a
54295 Trier

Prof. Dr. Jürgen Margraf
Technische Universität Dresden
Institut für Klinische Psychologie
Hohe Straße 53
01087 Dresden

Prof. Dr. Christoph Mundt
Psychiatrische Klinik der Universität
Heidelberg
Voßstraße 4
69115 Heidelberg

Dr. Beate Paterok
Westfälische Wilhelms-Universität
Münster
Psychologisches Institut II
Laboratorium für experimentelle und
angewandte Schlafuntersuchungen
Fliednerstraße 21
48149 Münster

Prof. Dr. Karl-Martin Pirke
Forschungsstelle für Psychobiologie
und Psychosomatik
Universität Trier, Gebäude D
Novalisstraße 12 a
54295 Trier

Prof. Dr. Fred Rist
Zentralinstitut für Seelische Gesundheit
J 5
68159 Mannheim

Paul M. Salkovskis, Ph. D.
University of Oxford
Department of Psychiatry
Warneford Hospital
Oxford OX3 7JX

Dr. Hans Watzl
Fachgruppe Psychologie
der Universität Konstanz
Postfach 5560
D44
78434 Konstanz

Priv.-Doz. Dr.
Hartmut Schulz
Klinikum Erfurt
Neurologische Klinik und Poliklinik
Postfach 595
99012 Erfurt

Prof. Dr. Dirk Zimmer
Psychologisches Institut
der Universität Tübingen
Friedrichstraße 21
72072 Tübingen

Inhaltsverzeichnis

1. Kapitel: Schizophrenie
Von Hans Watzl und Fred Rist

1	Entwicklung klassifikatorischer Konzepte	2
	1.1 Erste Ansätze	2
	1.2 US-UK-Study	4
	1.3 DSM-III und ICD-10	5
	1.4 Differentialdiagnosen	11
	1.4.1 Organisch bedingte Störungen	11
	1.4.2 Mischbilder mit schizophrenen und anderen Syndromen	12
	1.4.3 Schizophrene Kerngruppe und Schizophrenie-Spektrum	13
2	Nosologie	14
	2.1 Erfassung und Dokumentation	14
	2.2 Leitsymptome	19
3	Verlauf und Untergruppen	21
	3.1 Beginn und Prodromi	21
	3.2 Langzeituntersuchungen	26
	3.3 Verlaufstypen	28
	3.4 Residualzustände	29
	3.5 Prognose des Verlaufs	31
	3.6 Traditionelle Untergruppen	33
	3.7 Positiv- und Negativ-Syndrome	37
4	Epidemiologie	40
	4.1 Häufigkeit schizophrener Erkrankungen	40
	4.1.1 Variation von Prävalenz und Inzidenz	40
	4.1.2 Sozioökonomischer Status	45
	4.1.3 Geburtsmonat	46
	4.2 Alter und Geschlecht	48
	4.3 Folgerungen für ätiologische Überlegungen	51
5	Psychologische Beiträge zum Verständnis schizophrener Störungen	51
	5.1 Experimentalpsychologie in der Schizophrenieforschung	51
	5.2 Aufmerksamkeit und Vigilanz	52
	5.2.1 Fokussierung der Aufmerksamkeit	52
	5.2.2 Vigilanzleistung	57
	5.3 Wahrnehmung	58
	5.3.1 Prüfung des sensorischen Speichers	58

	5.3.2 Serielle Suchprozesse	61
	5.3.3 Präattentive Gestaltbildung	63
	5.3.4 Orientierungsreaktionen	64
5.4	Sprache und Denken	67
	5.4.1 Erfassung von Denk- und Sprachstörungen	67
	5.4.2 Verständlichkeit der Äußerungen schizophrener Patienten	70
	5.4.3 Logisch-abstraktes Denken und Problemlösen	72
5.5	Auswahl und Ausführung motorischer Reaktionen	76
5.6	Emotionsausdruck und Emotionswahrnehmung	80
5.7	Übergeordnete Konzepte	82
6 Ätiologie		84
6.1	Genetische Disposition	84
6.2	Quantitative Modelle des Erkrankungsrisikos	87
6.3	Strukturelle Veränderungen des Zentralnervensystems	89
6.4	Prämorbide Entwicklungsbedingungen	93
6.5	Belastende Lebensereignisse	96
6.6	Anforderungen an ätiologische Modelle der Schizophrenie	97
7 Interventionen		98
7.1	Pharmakotherapie	98
	7.1.1 Behandlung akuter Symptome	98
	7.1.2 Rückfallprophylaxe	101
7.2	Psychosoziale Bedingungen der Akutbehandlung	104
7.3	Rehabilitative Maßnahmen	106
7.4	Psychodynamische Ansätze	109
7.5	Verhaltenstherapeutische Ansätze	111
7.6	Spezifische Interventionen bei sozialen und kognitiven Dysfunktionen	113
	7.6.1 Training sozialer Fertigkeiten	113
	7.6.2 Training kognitiver Funktionen	115
7.7	Einflußnahme auf das soziale Umfeld	117
8 Ausblick		120
Literatur		121

2. Kapitel: Affektive Störungen
Von Martin Hautzinger

1	Symptomatik affektiver Störungen	156
2	Diagnostik affektiver Störungen	157
3	Epidemiologie und Risikofaktoren	162
4	Krankheitsverlauf, Besserung und Rückfall	168
5	Komorbidität	172

6	Erklärungsansätze depressiver Erkrankungen	173
	6.1 Psychologische Erklärungsansätze	173
	6.1.1 Erlernte Hilflosigkeit	173
	6.1.2 Kognitive Theorie der Depression	177
	6.1.3 Der ICS-Erklärungsansatz	178
	6.1.4 Verhaltenstheoretisches Modell	179
	6.1.5 Lebensereignisse und soziale Einflußfaktoren	181
	6.1.6 Persönlichkeitstheoretische Erklärungsansätze	184
	6.1.7 Multifaktorieller Erklärungsansatz	186
	6.1.8 Kognitiv-interpersonales Modell	188
	6.1.9 Beurteilung der multifaktoriellen Ansätze	190
	6.2 Biologische Erklärungsansätze	191
	6.2.1 Genetische Faktoren	191
	6.2.2 Biochemische Konzepte der gestörten Neurotransmission	193
	6.2.3 Schlußfolgerungen zu den Aminhypothesen	196
	6.2.4 Neuroendokrinologe Konzepte	197
	6.2.5 Psychophysiologische Korrelate	199
	6.2.6 Schlaf und zirkadiane Rhythmik	200
	6.3 Ein bio-psycho-soziales Erklärungsmodell	201
7	Behandlung affektiver Störungen	202
	7.1 Pharmakologische Behandlungen	203
	7.2 Schlafentzug (Wachtherapie)	204
	7.3 Elektrokrampfbehandlung	205
	7.4 Erhaltungstherapie zur Rückfallprophylaxe	205
	7.5 Psychiatrische Behandlungsgrundsätze	205
	7.6 Psychologische Behandlungen	206
	7.6.1 Kognitive Verhaltenstherapie	206
	7.6.1.1 Grundfertigkeiten des Therapeuten	207
	7.6.1.2 Verhaltenstherapeutische Elemente	207
	7.6.1.3 Kognitive Methoden	208
	7.6.1.4 Rückfallprophylaxe	210
	7.6.2 Verhaltenstherapeutische Gruppenbehandlung	210
	7.6.3 Interpersonelle Psychotherapie	211
	7.6.4 Wesentliche Komponenten psychologischer Depressionstherapie	212
	7.6.5 Zur Wirksamkeit von psychologischer Depressionstherapie	213
	7.6 Psychotherapie bei Melancholien (unipolar endogene Depression)	217
	7.6.7 Rückfallverhinderung und Erfolgsstabilisierung	219
	7.7 Folgerungen und Forschungsfragen	220
Literatur		222

3. Kapitel: Angststörungen
Von Jürgen Margraf und Eni Becker

1 Gemeinsame Aspekte der Angststörungen	242
1.1 Phänomenologie und Definition	242
1.2 Angststörungen und Ängstlichkeit als Persönlichkeitskonstrukt	244
1.3 Freuds Angsttheorien	246
1.4 Entstehung von Angst und Angststörungen	248
1.5 Klassifikation und Epidemiologie der Angststörungen	252
2 Darstellung der Angststörungen	255
2.1 Paniksyndrom und Agoraphobie	256
2.1.1 Kurzdefinition	256
2.1.2 Phänomenologie und Klassifikation	256
2.1.3 Epidemiologie	258
2.1.4 Ätiologie des Paniksyndroms	259
2.1.5 Ätiologie der Agoraphobie	263
2.1.6 Therapie	265
2.2 Generalisiertes Angstsyndrom	269
2.2.1 Kurzdefinition	269
2.2.2 Phänomenologie und Klassifikation	269
2.2.3 Epidemiologie und Ätiologie	271
2.2.4 Therapie	274
2.3 Spezifische Phobien	275
2.3.1 Kurzdefinition	275
2.3.2 Phänomenologie und Klassifikation	275
2.3.3 Epidemiologie und Ätiologie	276
2.3.4 Therapie	277
2.4 Sozialphobien	277
2.4.1 Kurzdefinition	277
2.4.2 Phänomenologie und Klassifikation	278
2.4.3 Epidemiologie und Ätiologie	279
2.4.4 Therapie	280
2.5 Zwangssyndrom	281
2.5.1 Kurzdefinition	281
2.5.2 Phänomenologie und Klassifikation	282
2.5.3 Epidemiologie und Ätiologie	285
2.5.4 Therapie	287
2.6 Posttraumatische Belastungsstörung	288
2.6.1 Kurzdefinition	288
2.6.2 Phänomenologie und Klassifikation	289
2.6.3 Epidemiologie und Ätiologie	290
2.6.4 Therapie	291

3	Abschließende Bemerkungen	292
Literatur		292

4. Kapitel: Somatoforme Störungen
Von Paul M. Salkovskis

1	Diagnostik und diagnostische Probleme		308
	1.1	Somatoforme Störungen: eine kohärente diagnostische Gruppierung?	308
	1.2	Spezifische Diagnosen und Epidemiologie	310
		1.2.1 Körperdysmorphe Störung	310
		1.2.2 Somatisierungsstörung	310
		1.2.3 Undifferenzierte somatoforme Störung	311
		1.2.4 Konversionsstörung	311
		1.2.5 Hypochondrie und Krankheitsangst	312
	1.3	Charakteristische Merkmale von Krankheitsangst und die Verbindung zur Hypochondrie	314
2	Theoretische Ansätze		315
	2.1	Historische Ansätze bei somatoformen Störungen	315
	2.2	Die klinischen und theoretischen Grundlagen neuerer Therapieansätze bei somatischen Problemen	316
	2.3	Theorien zur Krankheitsangst und Hypochondrie	317
	2.4	Der kognitiv-verhaltenstherapeutische Ansatz	319
		2.4.1 Die kognitiv-verhaltenstherapeutische Hypothese zur Entwicklung von Hypochondrie und Krankheitsangst	319
		2.4.2 Die kognitiv-verhaltenstherapeutische Hypothese zur Aufrechterhaltung von Hypochondrie und Krankheitsangst	321
		2.4.3 Faktoren, die die übermäßige Beschäftigung mit Krankheitssorgen direkt aufrechterhalten	321
3	Therapie		326
	3.1	Ergebnisse älterer therapeutischer Ansätze	326
	3.2	Kognitiv-verhaltenstherapeutische Behandlung	328
		3.2.1 Allgemeine Prinzipien kognitiv-verhaltenstherapeutischer Interventionen bei Krankheitsangst	328
		3.2.2 Implikationen eines kognitiven Ansatzes für Diagnostik und Therapie	330
		3.2.3 Diagnostik	331
		3.2.3.1 Begründung für psychologische Diagnostik	331
		3.2.3.2 Allgemeine Diagnostik	332
		3.2.3.3 Selbstbeobachtung (Self monitoring)	334
		3.2.4 Behandlung	336

        3.2.4.1 Behandlungsstrategien und Reattribution 336
        3.2.4.2 Einbindung in die Therapie 338
        3.2.4.3 Veränderungen bei Medikation, physischen
                Hilfsmitteln, Ernährung und Lebensführung . 340
        3.2.4.4 Einstellungsänderungen bezüglich Ursachen
                und Folgen von Beschwerden 341
        3.2.4.5 Verhaltensänderung 342
    3.3 Psychophysiologische Klassifikation:
        die Bandbreite somatischer Erscheinungsbilder 345
        3.3.1 Behandlung des Reizkolon als Beispiel
                für funktionelle somatische Symptome 347
4 Schlußfolgerungen 348
Literatur 349

5. Kapitel: Dissoziative Störungen, vorgetäuschte Störungen und Störungen der Impulskontrolle
Von Peter Fiedler und Christoph Mundt

1 Einleitung 355
2 Dissoziative Störungen 356
    2.1 Allgemeine Konzeptualisierung der dissoziativen Störungen . 357
        2.1.1 Historische Perspektive 357
        2.1.2 Aktueller Stand der Konzeptentwicklung 359
        2.1.3 Dissoziation: Selektive Verdrängung oder
                nichtintentionale Autoregulation? 361
    2.2 Die spezifischen dissoziativen Störungen 364
        2.2.1 Kurzzeitig reaktive dissoziative Störung 364
        2.2.2 Dissoziative Amnesie 366
        2.2.3 Dissoziative Fugue 369
        2.2.4 Multiple Persönlichkeitsstörung (Dissoziative
                Identitätsstörung) 373
        2.2.5 Depersonalisationsstörung 380
        2.2.6 Nicht näher bezeichnete dissoziative Störungen 387
    2.3 Behandlung 389
        2.3.1 Behandlungsansätze bei dissoziativer Amnesie und bei
                dissoziativer Fugue 389
        2.3.2 Behandlungsansätze bei dissoziativer Identitätsstörungen 391
        2.3.3 Behandlungansätze bei Depersonalisationsstörungen .. 393
3 Vorgetäuschte Störungen und Simulation 393
    3.1 Konzeptentwicklung 395
    3.2 Diagnostische Kriterien 396

	3.3	Ätiologie	399
	3.4	Behandlung	401
	3.5	Die Simulation psychischer und körperlicher Störungen	403
4	Störungen der Impulskontrolle	404
	4.1	Intermittierend explosible Störung	405
		4.1.1 Ätiologie	406
		4.1.2 Behandlung	407
	4.2	Kleptomanie	408
		4.2.1 Ätiologie	410
		4.2.2 Behandlung	411
	4.3	Pathologisches Spielen	412
		4.3.1 Ätiologie	413
		4.3.2 Behandlung	415
	4.4	Pyromanie	416
		4.4.1 Ätiologie	417
		4.4.2 Behandlung	418
	4.5	Trichotillomanie	418
		4.5.1 Ätiologie	420
		4.5.2 Behandlung	420
Literatur	421

6. Kapitel: Alkoholismus
Von H. Küfner und G. Bühringer

1	Diagnostik	437
	1.1	Definition der Alkoholabhängigkeit	437
	1.2	Alkoholismustypologie und Grunddimensionen	442
	1.3	Meßinstumente zur Globaldiagnose	445
2	Epidemiologie	446
	2.1	Epidemiologische Ansätze im Akoholismusbereich	446
	2.2	Alkoholkonsum und Alkoholismus in der BRD	446
	2.3	Komorbidität und Folgekrankheiten	450
	2.4	Alkoholismus im interkulturellen Vergleich	451
3	Störungswissen	452
	3.1	Entstehung der Alkoholabhängigkeit	452
		3.1.1 Droge Alkohol	453
		3.1.2 Individuum	456
		3.1.2.1 Biologische Faktoren	456
		3.1.2.2 Persönlichkeitsfaktoren	458
		3.1.3 Soziale Bedingungsfaktoren	461
		3.1.4 Theorien und Modellansätze	462

3.2 Verlauf und Aufrechterhaltung der Alkoholabhängigkeit ... 471
4 Interventionen 474
   4.1 Allgemeine Aspekte der Therapie des Alkoholismus 474
   4.2 Die Kontakt- und Entzugsphase 478
   4.3 Die Entwöhnungsbehandlung 480
   4.4 Nachsorge, Nachbehandlung 483
   4.5 Pharmakabehandlung 485
   4.6 Behandlungsergebnisse bei Alkohol 486
   4.7 Prädiktion und Indikation 487
Literatur 491

7. Kapitel: Drogen- und Medikamentenabhängigkeit
Von Gerhard Bühringer und Heinrich Küfner

1 Diagnostik 514
   1.1 Definition des Substanzmißbrauchs 514
   1.2 Klassifikation des Substanzmißbrauchs 516
   1.3 Störungsbild 518
   1.4 Diagnostische Instrumente 521
2 Epidemiologie 525
   2.1 Soziale Epidemiologie 525
   2.2 Klinische Epidemiologie 530
   2.3 Langzeitverläufe des Substanzmißbrauchs 533
3 Störungswissen 536
   3.1 Substanzbeschreibung 536
   3.2 Entwicklung und Aufrechterhaltung eines Mißbrauchsverhalten 537
   3.3 Motivation zur Behandlung 541
   3.4 Rückfall 544
   3.5 Individuelle Differenzen und Typologien der Abhängigkeit . 546
4 Interventionen 548
   4.1 Anforderungen an die Behandlung 549
   4.2 Übersicht über grundsätzliche Behandlungsstrategien 551
   4.3 Beschreibung umfassender therapeutischer Programme 554
   4.4 Effektivität der Behandlung 563
   4.5 Behandlung unter justitiellen Zwängen 570
   4.6 Indikation und Prognose 573
   4.7 Exkurs: Legalisierung illegaler Drogen
       als präventives und therapeutisches Mittel? 574
5 Ausblick 576
Literatur 577

8. Kapitel: Eßstörungen
Von Reinhold G. Laessle und Karl-Martin Pirke

1 Einleitung 589
2 Anorexia nervosa 589
   2.1 Symptomatik 589
   2.2 Diagnostische Kriterien 591
3 Bulimia nervosa 592
   3.1 Symptomatik 592
   3.2 Diagnostische Kriterien 597
4 Epidemiologie, Verlauf und Nosologie 598
5 Biologische Funktionsstörungen
   bei Anorexia Nervosa und Bulimia Nervosa 601
   5.1 Metabolische und endokrinologische Befunde 601
   5.2 Neurotransmitter und Neuromodulatoren 604
   5.3 Somatische Komplikationen 606
   5.4 Körperzusammensetzung und Energiestoffwechsel
       bei Eßstörungen 607
6 Methoden zur Erfassung der Symptomatologie bei Eßstörungen . 608
   6.1 Verfahren zur Fremdeinschätzung 608
   6.2 Standardisierte Fragebogen 610
   6.3 Methoden zur Erfassung des Eßverhaltens 611
   6.4 Methoden zur Einschätzung von Körperdimensionen 612
   6.5 Physiologische Meßverfahren 613
   6.6 Medizinische Diagnostik 615
7 Erklärungsansätze bei Anorexia und Bulimia nervosa 616
   7.1 Prädisponierende Faktoren 616
      7.1.1 Soziokulturell vorgegebenes Schlankheitsideal 617
      7.1.2 Bedingungen in der Familie 618
      7.1.3 Lernerfahrungen; individuelle Faktoren 619
      7.1.4 Biologische Faktoren 619
   7.2 Auslösende Ereignisse 620
   7.3 Faktoren der Aufrechterhaltung 620
   7.4 Ein psychobiologisches Modell zur Entstehung
       und Aufrechterhaltung bulimischen Eßverhaltens 621
8 Interventionsansätze bei Anorexia und Bulimia nervosa 624
   8.1 Kurzfristige Strategien 625
   8.2 Langfristige Strategien 626
   8.3 Psychopharmakologische Behandlung 628
   8.4 Prognostische Faktoren 629
9 Adipositas 630
   9.1 Epidemiologie 631

	9.2	Erklärungsansätze	632
	9.3	Interventionsansätze	635
	9.4	Beurteilung der Therapieergebnisse	638
10	Ausblick	639
Literatur	640

9. Kapitel: Schlafstörungen
Von Hartmut Schulz und Beate Paterok

1	Einleitung	655
2	Die Rolle des Schlaflabors im diagnostischen Prozeß	656
2.1	Die Technik der Polysomnographie	657
2.2	Die Auswertung der Polysomnographie	659
3	Der Zusammenhang zwischen der Polysomnographie und der subjektiven Bewertung des Schlafes	661
4	Die Klassifikation von Schlafstörungen	664
4.1	Ältere Klassifikationssysteme	664
4.2	Die Klassifikation nach DSM-III-R und DSM-IV	665
4.3	Die Klassifikation nach ICSD	666
5	Epidemiologie	668
6	Zur Pathogenese von Schlafstörungen	669
6.1	Insomnien	670
6.1.1	Psychophysiologische Insomnie	670
6.1.2	Insomnie bei psychiatrischen Erkrankungen	672
6.1.3	Insomnie bei organischen Erkrankungen	675
6.2	Hypersomnien	676
6.2.1	Narkolepsie	677
6.2.2	Schlafbezogene Atmungsstörungen	680
6.2.3	Diagnostische Strategie bei Tagesschläfrigkeit	683
6.3	Zirkadiane Schlafstörungen	683
6.4	Parasomnien	685
7	Ansätze zur Behandlung von Schlafstörungen	686
7.1	Entspannungsverfahren	686
7.1.1	Progressive Muskelrelaxation	687
7.1.2	Biofeedback-Verfahren	687
7.1.3	Autogenes Training	688
7.1.4	Meditation	689
7.2	Systematische Desensibilisierung	689
7.3	Paradoxe Intention	690
7.4	Stimuluskontrolle/Schlafhygiene	690
7.5	Schlafbeschränkungstherapie	691

7.6	Kombinierte Verfahren	692
	7.6.1 Kombinierte Entspannungstechniken	692
	7.6.2 Kombinierte Selbsthilfeprogramme	693
	7.6.3 Multifaktorielle einzel- und gruppentherapeutische Ansätze	694
7.7	Chronotherapie	698
	7.7.1 Behandlung von Phasenverschiebungen	699
	7.7.2 Lichttherapie	700
7.8	Fazit	701
Literatur		701
Anhang		712

10. Kapitel: Funktionelle Sexualstörungen
Von Dirk Zimmer

1	Einleitung	723
2	Grundlagen	724
	2.1 Klassifikation sexueller Störungen	724
	2.2 Diagnostik funktioneller Sexualstörungen	731
	2.3 Die Verbreitung funktioneller Sexualstörungen	732
	2.4 Sexuelles Interesse: Trieb oder Motivation?	734
	2.5 Modelle des weiblichen Orgasmus	735
3	Entstehung und Aufrechterhaltung funktioneller Sexualstörungen	736
	3.1 Krankheit und Sexualität	736
	3.2 Erfahrungen in der Ursprungsfamilie	739
	3.3 Aversive Lernerfahrungen	740
	3.3.1 Sexualtabus	740
	3.3.2 Sexueller Mißbrauch von Kindern	741
	3.3.3 Vergewaltigung	743
	3.3.4 Andere Quellen aversiver Erfahrung	744
4	Individuelle Faktoren der Aufrechterhaltung funktioneller Sexualstörungen	745
	4.1 Angst, Versagensangst, Aufmerksamkeitsprozesse	745
	4.2 Wissenslücken und Mythen	746
	4.3 Sexuelle Fantasien	747
	4.4 Soziale Kompetenz	748
	4.5 Depression	749
	4.6 Körperselbstbild	750
5	Paarkonflikte als Faktoren der Aufrechterhaltung	750
	5.1 Allgemeine Hinweise zur Bedeutung von Paarkonflikten	751
	5.2 Die Rollenverteilung in der Beziehung	753

5.3	Interpersonelle Ängste	754
5.4	Streit und Aggression	754
5.5	Kommunikative Fertigkeiten	756

6 Die Behandlung funktioneller Sexualstörungen 759
   6.1 Grundprinzipien der Therapie 759
   6.2 Das Basisprogramm von Masters und Johnson 761
   6.3 Spezielle Verfahren für Männer 762
   6.4 Spezielle Verfahren für Frauen 762
   6.5 Die Bedeutung des therapeutischen Rahmens 763
   6.6 Globale Hinweise zur Effektivität 764
      6.6.1 Psychoanalyse 764
      6.6.2 Der Therapieansatz von Masters und Johnson 765
      6.6.3 Weitere Studien mit heterogenen Gruppen 765
   6.7 Globale Hinweise zur Indikation 766

7 Differentielle Behandlungseffektivität bei Problemen des Mannes . 768
   7.1 Erektionsprobleme 768
   7.2 Ejakulationsprobleme 770
   7.3 Sonstige Symptome und Themen
       in der Behandlung von Männern 770

8 Differentielle Behandlungseffektivität bei Problemen der Frau . . 772
   8.1 Primäre Anorgasmie 772
   8.2 Sekundäre Orgasmusprobleme 773
   8.3 Appetenzprobleme/Libidoverlust 775
   8.4 Vaginismus 776

9 Die therapeutische Arbeit mit Opfern sexueller Gewalt 777

10 Zusammenfassende Einschätzung zur Erfolgsprognose
    und Aufgaben künftiger Forschung 778

Literatur 780

11. Kapitel: Persönlichkeitsstörungen
Von Peter Fiedler

1 Einführung 799
   1.1 Das Stigmatisierungsproblem: Die Personperspektivierung
      einer Beziehungsstörung 800
   1.2 Aktuelle Entwicklungen in der Klassifikation und Diagnostik
      von Persönlichkeitsstörungen 803

2 Die Persönlichkeitsstörungen im DSM-III-R und im ICD-10:
   allgemeine Übersicht 806
   2.1 Einordnung 806
   2.2 Kennzeichnung 808

	2.3 Übersicht über aktuelle Veränderungen in den Diagnosesystemen	810
	2.4 Häufigkeit und Verteilung	813
	2.5 Verlauf	814
3	Die verschiedenen Persönlichkeitsstörungen	815
	3.1 Paranoide Persönlichkeitsstörung	815
	3.2 Schizoide Persönlichkeitsstörung	820
	3.3 Schizotypische Persönlichkeitsstörung	824
	3.4 Antisoziale Persönlichkeitsstörungen	830
	3.5 Borderline-Persönlichkeitsstörung	839
	3.6 Histrionische Persönlichkeitsstörung	844
	3.7 Narzißtische Persönlichkeitsstörung	848
	3.8 Selbstunsichere Persönlichkeitsstörung	853
	3.9 Dependente Persönlichkeitsstörung	856
	3.10 Zwanghafte Persönlichkeitsstörung	859
	3.11 Passiv-aggressive Persönlichkeitsstörung	863
4	Differentialdiagnostik und Komorbidität	866
5	Behandlung	871
	5.1 Psychoanalytische Behandlungsansätze	873
	5.2 Verhaltenstherapeutische Ansätze	875
	5.3 Kognitiv orientierte Behandlungsansätze	878
6	Schlußbetrachtung	880
	Literatur	882

Autorenregister 901

Sachregister 941

1. Kapitel

Schizophrenie

Hans Watzl und Fred Rist

Einleitung

Bei allen körperlichen und psychischen Störungen bildet die Aufklärung über mögliche Ursachen, Krankheitsbild, Therapiemöglichkeiten und Verlauf einen wichtigen Bestandteil der Behandlung. Nur selten trifft der Therapeut dabei auf so ausgeprägte Fehlinformationen wie bei Gesprächen mit schizophrenen Patienten, ihren Angehörigen und Freunden. Dies wird verständlicher durch eine Betrachtung jener populären Informationen, die bis vor wenigen Jahren der Bevölkerung über diese Störungen zur Verfügung standen. So finden wir in „Das ärztliche Hausbuch" (Pollack, 1962; Auflage: 287 000) unter „Schizophrenie": „Beim Spaltungsirresein, der eigentlichen ‚Verrücktheit', handelt es sich um einen seelischen Prozeß, der nicht rückgängig zu machen ist." Auch North und Cadoret (1981) kommen in ihrer Analyse populärer literarischer Darstellungen schizophrener Erkrankungen (z. B. Hannah Green, „I never promised you a rose garden") neben erheblichem Zweifel, daß die dargestellten Fälle tatsächlich als Schizophrenien nach heutigen diagnostischen Kriterien zu klassifizieren sind, zum Schluß: „The public becomes grossly misinformed and confused, ... the public comes to believe that schizophrenia is a mental disorder consisting of any kind of hallucinations, bizarre and violent behaviors, dramatic conversion symptoms (including amnesias), and the proverbial ‚split personality'. No wonder the word ‚schizophrenia' strikes such fear in the hearts of the uninformed" (S. 137). Mittlerweile liegen einige empfehlenswerte Orientierungshilfen für Betroffene vor, z. B. Hell und Gestefeld (1988), Luderer (1989) und Straube (1992).

1 Entwicklung klassifikatorischer Konzepte

1.1 Erste Ansätze

Als Meilenstein in der Geschichte psychiatrischer Klassifikationen wird die 6. Auflage von Emil Kraepelins Lehrbuch der Psychiatrie (1899) angesehen. Darin wird die Aufteilung der heute als „funktionelle Psychosen" bezeichneten Krankheitsbilder in affektive Störungen (Melancholie und Manie) einerseits und die verschiedenen Unterformen der „dementia praecox" (Katatonie, Hebephrenie, Paranoia) auf der anderen Seite vorgenommen (vgl. Janzarik, 1986, 1987; Scharfetter, 1987; Schied, 1990). Das Syndrom der „dementia praecox" wurde charakterisiert durch erhebliche Beeinträchtigungen in Denken, Persönlichkeit, Gemüt und Sozialverhalten, die sich zumeist im frühen Erwachsenenalter bei vorher gesunden Menschen ohne erkennbaren äußeren Anlaß oft rasch entwickelten und letztlich in einem chronischen Verlauf mit zunehmendem Persönlichkeitsabbau mündeten.

Zwei Probleme des Kraepelinschen Konzeptes bestimmen bis heute die Schizophrenieforschung. Trotz intensiver Studien war es bislang nicht möglich, irgendwelche anatomischen oder biochemischen Auffälligkeiten zu entdecken, durch die schizophrene und anders diagnostizierte Gruppen psychiatrischer Patienten eindeutig unterscheidbar sind. Damit fehlt es an „Außenkriterien" zur Validierung der nach Symptombild oder Verlauf gebildeten diagnostischen Kategorien. Zum zweiten wurde immer deutlicher, daß der postulierte negative Verlauf – die „dementia praecox" – nicht bei allen als schizophren diagnostizierten Personen zu beobachten war. Zu dieser Annahme Kraepelins mag die spezifische Auswahl an Patienten in den psychiatrischen Kliniken der Jahrhundertwende beigetragen haben, wenngleich auch er in einer späteren Ausgabe seines Lehrbuchs eine Remissionsrate von 13 % berichtet (Hoenig, 1983). Dieser Widerspruch hat dazu geführt, daß in der Folgezeit von unterschiedlichen Autoren entweder dem Querschnitts-Symptombild oder dem Verlauf das Hauptgewicht bei der diagnostischen Klassifikation gegeben wurde.

Erstmals wird dies deutlich in der Arbeit Eugen Bleulers (1911), der implizit das Verlaufskriterium aufgibt und auf die Möglichkeit günstiger wie schlimmer Krankheitsausgänge hinweist. Konsequenterweise führt E. Bleuler in dieser Arbeit den Begriff der „Schizophrenien" anstelle der „dementia praecox" als diagnostische Bezeichnung ein. Auch dieser Begriff – vor allem in seiner deutschen Übersetzung „Spaltungsirresein" – erwies sich für Laien oftmals als irreführend, da er Assoziationen an Stevensons Erzählung „Der seltsame Fall des Dr. Jekyll und Mr. Hyde" und an die umstrittene diagnostische Kategorie der multiplen Persönlichkeitsstörung (DSM-III-R 300.14) weckt. Tatsächlich bezieht sich E. Bleuler mit diesem Begriff nicht auf die Persönlichkeit des Erkrankten, sondern auf die Aufspaltung „der verschiedenen psychischen Funktionen" (Hoenig, 1983), d. h. Störung zielgerichteten Denkens, Lockerung „affektiver Komplexe". Auch Bleuler geht von organischen Störungen aus, die den Schizophrenien zugrunde liegen und die sich in vier „Grundsymptomen" oder „primären" Symptomen äußern, den vielzitierten „vier A's": Assoziationsstörungen, Affektstörungen (flacher oder unangemessener A.), Ambivalenz (Entscheidungsschwierigkeiten bei konfligierenden Impulsen, Wünschen, Gedanken), Autismus (Rückzug). Die ungewöhnlicheren akuten Symptome wie Halluzinationen, Wahn, katatone Bewegungsstörungen werden von ihm dagegen als akzessorische oder sekundäre Krankheitszeichen angesehen, die nur indirekt mit der grundlegenden organischen Störung zusammenhängen.

Die unterschiedlichen Ansichten von Kraepelin und E. Bleuler, die für unzählige Kontroversen anderer Autoren in der Folgezeit stehen, ergeben sich aus dem Problem, daß kein einziges Symptom als pathognomonisch für eine schizophrene Störung anzusehen ist. Während die Klassifikation affektiver Störungen bei Stimmungs- und Antriebsauslenkungen ansetzen kann, oder bei Panikstörungen lediglich Häufigkeit, Situation und Ausgestaltung der Panikattacken als Kriterien zu diskutieren sind, ist die Leitsymptomatik bei schizophrenen Störungen stets umstritten. Kraepelins und E. Bleulers Ansätze stehen daher auch für unterschiedlich „weite" Definitionen dieser Störungen. Nimmt man – wie Kraepelin – einige Akut-Symptome und den ungünstigen Verlauf als Kriterium, so verbleibt nur eine relativ kleine Gruppe; geht man von schwer faßbaren psychopathologischen Merkmalen und „milden" Verlaufsformen – wie E. Bleuler – aus, führt dies zu einem weiten Konzept und Schwierigkeiten mit der Abgrenzung gegenüber Persönlichkeitsstörungen, Delinquenz und Verwahrlosung.

Andreasen (1987) faßt die Lage der Klassifikation schizophrener Störungen zusammen: „The concept of schizophrenia is almost universally accepted, but also ill-defined. Almost anyone who works carefully with patients suffering from this illness will concur that it is a ‚real disease', but will be hard pressed to define it in a way likely to lead to universal consensus" (S. 10). Da kein pathologisches Merkmal oder eine Konfiguration von Merkmalen als spezifisch oder notwendig für diese Diagnose anzusehen sind, geht die Hauptdiskussion um die beste Vorgehensweise, diagnostische Kriterien zu bilden. Dabei stellen sich wie bei Kraepelin und E. Bleuler folgende Fragen:
1. Gewichtung von Verlaufsmerkmalen vs. psychopathologische Querschnittsbeschreibungen,
2. Bedeutung von Akut-Symptomatik vs. chronischer oder Negativ-Symptomatik,
3. Zuordnung oder Ausschluß von Fällen mit schizophrener **und** affektiver Symptomatik,

4. Zuordnung oder Ausschluß von Fällen mit unklarer Symptomatik oder besonders günstigem Verlauf.

1.2 US-UK-Study

Die Diskussion der diagnostischen Konzepte der Schizophrenie, die Beschreibung mehr oder weniger häufiger Verlaufs- und Symptomtypen bildeten zwischen den Weltkriegen eine „Spezialität" der deutschsprachigen und skandinavischen Psychiatrie und wurden in den englischsprachigen Ländern bis in die 60er Jahre mit eher geringem Interesse verfolgt. Dies änderte sich recht abrupt mit dem von Joseph Zubin geleiteten „United States-United Kingdom Diagnostic Project" (Cooper et al., 1972). Ausgangspunkt dieser umfangreichen Untersuchung war der Befund, daß bei vergleichbaren Gesamtaufnahmeraten psychiatrischer Krankenhäuser, die Aufnahmeraten vor allem schizophrener und affektiver Störungen zwischen England und den USA enorm differierten. Schizophrenie wurde in den USA erheblich häufiger diagnostiziert, manisch-depressive Erkrankungen in England, wobei sich in einigen Alters- und Geschlechtsgruppen die Häufigkeiten um das zehn- bis zwanzigfache unterschieden. Die Frage war nun, ob diese Divergenzen auf unterschiedlichen Prävalenzen der Erkrankungen, auf unterschiedlicher Inanspruchnahme psychiatrischer Kliniken oder auf abweichender Verwendung der diagnostischen Kategorien beruhte.

Dazu wurden zunächst bei je 250 konsekutiven Aufnahmen des Brooklyn State Hospitals in New York und des Netherne Hospitals in London zum einen die Klinik-Diagnosen dokumentiert, zum anderen „Projekt-Diagnosen" nach ICD-8 anhand von Interviews (vor allem Present State Examination und Mental Status Schedule) erstellt. Später wurde die Untersuchung auf weitere psychiatrische Krankenhäuser in New York City und Groß-London ausgedehnt. Bei den Klinik-Diagnosen fanden sich die bekannten Unterschiede: Schizophrenie wurde in New York doppelt so häufig diagnostiziert wie in England, Alkoholabhängigkeit dreimal so häufig, wogegen in London alle anderen Kategorien (z.B. depressive Psychose, Manie, Neurose, Persönlichkeitsstörung) deutlich überwogen.

In den standardisierten Projekt-Diagnosen blieben die Unterschiede bei depressiven Störungen und Alkoholabhängigkeit bestehen, für alle anderen diagnostischen Kategorien insbesondere Schizophrenie reduzierten sich die Abweichungen auf das Zufallsniveau. Die Ergebnisse legten den Schluß nahe, daß die Häufigkeiten der Diagnosestellungen zwar bei Alkoholismus durch unterschiedliche soziale Strukturen der Einzugsbereiche und bei affektiven Störungen durch die Präferenz von New Yorker Mittel-Klasse-Patienten für Privatkliniken bedingt waren; daß aber bei Verwendung standardisierter Interviews und einheitlicher diagnostischer Kriterien schizophrene Psychosen in beiden Gebieten gleich häufig auftraten. Die unterschiedlichen Raten der Klinik-Diagnose „Schizophrenie" waren durch ein engeres diagnostisches Konzept in London bedingt, während in New York zahlreiche der in England als depressive Störung, Manie, Persönlichkeitsstörung, neurotische Störung klassifizierten Patienten in die Kategorie „Schizophrenie" eingeschlossen wurden.

Da das US-UK-Projekt ausschließlich die Diagnosestellung anhand der psychopathologischen Zustandsbilder vergleichen mußte, ist es voreilig, darüber zu diskutieren, ob eher die New Yorker Klinik-Diagnosen oder die Londoner korrekt waren. Zur Klärung dieser Frage wäre die Betrachtung zusätzlicher Merkmale, wie familiäre Häufung bestimmter Erkrankungen, Ansprechen auf Therapien, Verlauf der Störung, Unterschiede in psychologischen Testergebnissen etc. notwendig (vgl. Pope & Lipinski, 1978). Die große Bedeutung dieses Projekts lag in der Demonstration, daß in verschiedenen Regionen unterschiedliche Patienten als schizophren diagnostiziert wurden, wodurch die Vergleichbarkeit der Forschungsergebnisse eingeschränkt wird. „Diagnoses are the most vital of our technical terms because they are the means by which we identify the subject-matter of most of our research, and if the same terms are used by different groups of psychiatrists with widely different meanings they are likely to mislead one another" (Cooper et al., 1972, S. 139).

1.3 DSM-III und ICD-10

Die Problematik der Schizophrenie-Diagnostik, die Ende der 60er Jahre unübersehbar wurde, hatte zwei Auswirkungen. Zunächst war es unerläßlich „provisorische Konventionen" zu entwickeln, anhand derer eine nachvollziehbare Auswahl von Patientengruppen für Untersuchungen vorgenommen werden konnte. Des weiteren ging es aber auch darum, das Störungsbild „schizophrene Psychosen" als Krankheitsbild klarer zu fassen und über ein klinisches Syndrom, das von anderen Syndromen abgrenzbar ist, zu einer diskreten klinischen Störung zu gelangen, deren biosoziale Grundlagen und Mechanismen erforscht werden können (Cloninger, Martin, Guze & Clayton, 1985; Häfner, 1981). Mit diesem Bestreben wurde eine Reihe diagnostischer Kategorien-Systeme vor allem in den USA entwickelt: die „Feighner Criteria", den „New Haven Schizophrenia Index", „Carpenter's Flexible Criteria", die „Taylor and Abrams Criteria", Übersetzungen von Schneiders Erst-Rang-Symptomen, die Research Diagnostic Criteria (vgl. Fenton, Mosher & Matthews, 1981). Jedes dieser Systeme führt bei bestimmten Stichproben zu unterschiedlichen Häufigkeiten schizophrener Diagnosen und unterschiedlichen Anteilen an Patienten mit später ungünstigem Krankheitsverlauf (z. B. Kendell, Brockington &

Leff, 1979). Um diese Vielfalt wieder zu reduzieren, unternahm die American Psychiatric Association die umfangreiche Aufgabe der Erstellung des Diagnostic and Statistical Manual of Mental Disorders, deren Version DSM-III-R gegenwärtig in Gebrauch ist (deutsche Fassung Wittchen, Sass, Zaudig & Koehler, 1991). Die Intentionen bei der Abfassung des DSM-III werden von Andreasen und Flaum (1991) zusammengefaßt:
1. eine engere Fassung der Schizophrenie-Kategorie,
2. eine Verbesserung der Reliabilitäten von Diagnose und Symptom-Erfassung durch Identifikation besser objektivierbarer Symptome, wobei die im PSE verwendeten Erst-Rang-Symptome nach Kurt Schneider größere Bedeutung erhielten und
3. die Einbeziehung von Verlaufsmerkmalen zusätzlich zur Querschnitts-Symptomatik.

Tabelle 1: Diagnostische Kriterien der Schizophrenie im DSM-III-R

A) Vorhandensein charakteristischer psychotischer Symptome während der floriden Phase: entweder (1), (2) oder (3) mindestens eine Woche lang (es sei denn, die Symptome wurden erfolgreich behandelt):
   (1) zwei der folgenden:
      (a) Wahn;
      (b) eindeutige Halluzinationen (entweder ohne Unterbrechung einige Tage lang oder mehrere Male in der Woche, wochenlang; alle halluzinatorischen Erlebnisse dauern länger als nur wenige kurze Momente);
      (c) Zerfahrenheit oder auffallende Lockerung der Assoziationen;
      (d) katatones Verhalten;
      (e) flacher oder deutlich inadäquater Affekt.
   (2) bizarrer Wahn (d.h. dazu gehören Phänomene, die im Kulturkreis des Betroffenen als vollkommen abwegig angesehen würden, z.B. Gedankenausbreitung oder Kontrolle durch eine tote Person);
   (3) vorherrschende akustische Halluzinationen (wie in (1)(b) definiert), bei denen der Inhalt keinen offensichtlichen Zusammenhang mit Depression oder gehobener Stimmung hat, oder auch Halluzinationen, bei denen eine Stimme das Verhalten bzw. die Gedanken des Betroffenen kommentiert, oder bei denen sich zwei bzw. mehrere Stimmen miteinander unterhalten.
B) Im Verlauf der Störung sinkt die Leistung in Bereichen wie Arbeit, soziale Beziehungen und Selbständigkeit beträchtlich unter das höchste Niveau, das vor der Störung erreicht wurde (bei Störungsbeginn in Kindheit oder Adoleszenz wird der zu erwartende soziale Entwicklungsstand nicht erreicht).
C) Eine Schizoaffektive Störung und Affektive Störung mit psychotischen Merkmalen wurden ausgeschlossen; d.h. falls einmal ein Syndrom einer Major Depression oder Manie während einer floriden Störungsphase vorlag, war die Gesamtdauer aller Episoden des affektiven Syndroms kurz im Verhältnis zur Gesamtdauer der floriden und residualen Störungsphasen.
D) Kontinuierliche Anzeichen der Störung mindestens sechs Monate lang. Der sechsmonatige Zeitraum muß eine floride Phase beinhalten (mindestens eine Woche lang oder weniger bei erfolgreicher Behandlung der Symptome), in der psychotische Symptome – charakteristisch für Schizophrenie (siehe Kriterium A) – mit oder ohne eine Prodromal- oder Residualphase, wie sie unten definiert wird, bestanden.

Prodromalphase: Absinken der Leistungsfähigkeit vor Beginn der floriden Phase, das aber nicht auf eine affektive Verstimmung oder auf eine Störung durch Psychoaktive Substanzen zurückzuführen ist. Darüber hinaus bestehen mindestens zwei der unten genannten Symptome.

Tabelle 1: Fortsetzung

Residualphase: Nach der floriden Störungsphase bestehen mindestens zwei der unten genannten Symptome, die nicht auf eine affektive Verstimmung oder eine Störung durch Psychoaktive Substanzen zurückzuführen sind.

Prodromal-oder Residualsymptome:
(1) ausgeprägte soziale Isolierung oder Zurückgezogenheit;
(2) ausgeprägte Beeinträchtigung der Rollenerfüllung im Beruf, in der Ausbildung oder im Haushalt;
(3) ausgeprägt absonderliches Verhalten (z. B. Sammeln von Abfällen, Selbstgespräche in der Öffentlichkeit oder Horten von Lebensmitteln);
(4) ausgeprägte Beeinträchtigung bzw. Vernachlässigung der persönlichen Hygiene und Körperpflege;
(5) abgestumpfter, verflachter oder inadäquater Affekt;
(6) abschweifende, vage, verstiegene, umständliche Sprache oder Verarmung der Sprache oder des Sprachinhalts;
(7) eigentümliche Vorstellungen oder magisches Denken, die das Verhalten beeinflussen und nicht mit kulturellen Normen übereinstimmen, z. B. Aberglaube, Hellseherei, Telepathie, „sechster Sinn", „andere können meine Gefühle spüren", überwertige Ideen, Beziehungsideen;
(8) ungewöhnliche Wahrnehmungserlebnisse, z. B. wiederholte Illusionen, die Anwesenheit einer in der Realität nicht vorhandenen Kraft oder Person zu spüren (leibhaftige Bewußtheit);
(9) erheblicher Mangel an Initiative, Interesse oder Energie.

E) Es kann nicht nachgewiesen werden, daß ein organischer Faktor die Störung hervorgerufen und aufrechterhalten hat.

F) Besteht in der Anamnese eine Autistische Störung, wird die Zusatzdiagnose der Schizophrenie nur gestellt, wenn auch Wahn oder Halluzinationen im Vordergrund stehen.

Das Konzept schizophrener Psychosen im DSM-III läßt sich zusammenfassen als eine mindestens sechsmonatige Störung, die prodromale und residuale Phasen einschließt, und in der akuten Phase vor allem durch Wahn und Halluzinationen charakterisiert ist. Das Problem der Zuordnung von Patienten mit gleichzeitigem oder alternierendem Auftreten von Merkmalen anderer Störungsbilder – Substanzabhängigkeit, affektive Symptome, hirnorganische Beeinträchtigung, das Karl Jaspers (1946) mit seiner hierarchischen Schichtenregel (hirnorganische Störung vor schizophrener Psychose vor affektiver Störung vor neurotischer Störung) zu lösen versuchte, wurde im DSM-III durch Ausgrenzung symptomatisch oder ätiologisch abweichender Störungen aus der Schizophrenie-Kategorie mit der Möglichkeit von Zusatzdiagnosen u. a. auf weiteren „Achsen" des diagnostischen Systems festgelegt. Auch alle Fälle mit uneindeutiger Symptomatik oder kürzerem Verlauf werden aus der Kategorie „Schizophrene Störungen" ausgeschlossen.

Die Weiterentwicklung zum DSM-III-R brachte hinsichtlich „Schizophrener Störungen" relativ geringe Modifikationen, die insgesamt zu einer weiteren Einengung des Konzepts führten (Andreasen & Flaum, 1991; Widiger & Trull, 1991). Es wurde versucht, die Kriterien zu vereinfachen, Negativ-Symptomen (flacher oder inadäquater Affekt) wurde ein größeres Gewicht beigemessen.

Das Merkmal „bizarrer Wahn" wurde umformuliert. Für Akut-Symptome wurde eine Mindestdauer von einer Woche hinzugefügt.[1]

Die Diagnostischen Kriterien der Schizophrenie nach DSM-III-R sind in sechs Gruppen (A–F) aufgeteilt (vgl. Tab. 1). Kriterium A umfaßt die charakteristischen psychotischen Symptome während der akuten Phase in einer recht komplexen Liste, die der unterschiedlichen Gewichtung dieser Symptome dient. „Bizarrer Wahn" und „akustische Halluzinationen" genügen dabei alleine zur Erfüllung dieses Kriteriums, während formale Denkstörungen (Zerfahrenheit, auffallende Lockerung der Assoziationen), katatones Verhalten und Affektstörungen (flacher oder deutlich inadäquater Affekt) nur in Kombination mit anderen Symptomen zu diesem Kriterium beitragen. Kriterium B erfordert einen beträchtlichen Leistungsabfall in Bereichen wie Arbeit, soziale Beziehungen und Selbständigkeit im Verlauf der Störung oder Nicht-Erreichen der zu erwartenden sozialen Entwicklung bei Störungsbeginn in Kindheit oder Adoleszenz. Kriterium C schließt Fälle mit zusätzlicher schizoaffektiver und affektiver Störung unter bestimmten Bedingungen aus. Kriterium D legt den sechsmonatigen Zeitraum für floride Phase, Prodromal- und Residualphase fest und definiert neun Prodromal- oder Residualsymptome. Bei diesen 9 Symptomen handelt es sich um eine Mischung aus milden positiven und negativen schizophrenen Symptomen (vgl. Keith & Matthews, 1991). Kriterium E schließt jene Fälle aus, bei denen „nachgewiesen" ist, daß ein organischer Faktor die Störung „hervorgerufen oder aufrechterhalten hat". Dieser Nachweis kann manchmal kaum erfolgen, wenn zum Beispiel schizophrene Störung und Substanzmittelabhängigkeit zeitlich unentwirrbar verknüpft sind. Kriterium F legt die Vorgehensweise bei Patienten mit „Autistischer Störung" in der Anamnese fest, bei denen die Zusatzdiagnose Schizophrenie auf Fälle mit dominierendem Wahn oder Halluzinationen beschränkt ist. Das DSM-III hat zweifellos einige seiner Ziele erreicht. Die diagnostische Kategorie „Schizophrenie" wurde deutlich eingeschränkt, wobei das Zeitkriterium von 6 Monaten fast wie in einem Zirkelschluß viele der prognostisch günstigeren Fälle ausschließt (Spitzer, Andreasen & Endicott, 1978). Die Reliabilität bei der Klassifikation der schizophrenen Kerngruppe wurde auf recht zufriedenstellende Werte verbessert. Dies dürfte aber zu einer erhöhten Heterogenität in jenen diagnostischen Kategorien führen, denen nun Grenzfälle und unklare Verläufe zuzuordnen sind (Fenton et al., 1981).

---

[1] In der mittlerweile vorliegenden Version IV des DSM (1994) werden die Kriterien für die Diagnose einer Schizophrenie wie auch die Diagnose der Untergruppenzugehörigkeit in allen wesentlichen Punkten beibehalten. Geändert wurde jedoch der Zeitraum, in dem Akutsymptome vorliegen müssen, um die Diagnose einer Schizophrenie zu rechtfertigen. War dies im DSM-III-R noch mindestens eine Woche, so müssen die entscheidenden Symptome nach dem DSM-IV „...a significant portion of time during a 1-month period" (S. 285) vorhanden sein.

Tabelle 2: Symptomgruppen bei Schizophrenie nach ICD-10
1. Gedankenlautwerden, Gedankeneingebung oder Gedankenentzug, Gedankenausbreitung.
2. Kontrollwahn, Beeinflussungswahn, Gefühl des Gemachten deutlich bezogen auf Körper- oder Gliederbewegungen oder bestimmte Gedanken, Tätigkeiten oder Empfindungen; Wahnwahrnehmungen.
3. Kommentierende oder dialogische Stimmen, die über den Patienten und sein Verhalten sprechen, oder andere Stimmen, die aus einem Körperteil kommen.
4. Anhaltender, kulturell unangemessener und völlig unrealistischer Wahn, wie der, eine religiöse oder politische Persönlichkeit zu sein, übermenschliche Kräfte und Möglichkeiten zu besitzen (z. B. das Wetter kontrollieren zu können oder im Kontakt mit Außerirdischen zu sein).
5. Anhaltende Halluzinationen jeder Sinnesmodalität, begleitet entweder von flüchtigen oder undeutlich ausgebildeten Wahngedanken ohne deutliche affektive Beteiligung, oder begleitet von anhaltenden überwertigen Ideen, täglich für Wochen oder Monate auftretend.
6. Gedankenabreißen oder Einschiebungen in den Gedankenfluß, was zu Zerfahrenheit, Danebenreden oder Neologismen führt.
7. Katatone Symptome wie Erregung, Haltungsstereotypien oder wächserne Biegsamkeit (flexibilitas cerea), Negativismus, Mutismus und Stupor.
8. „Negative" Symptome wie auffällige Apathie, Sprachverarmung, verflachte oder inadäquate Affekte (dies hat zumeist sozialen Rückzug und ein Nachlassen der sozialen Leistungsfähigkeit zur Folge). Es muß sichergestellt sein, daß diese Symptome nicht durch eine Depression oder eine neuroleptische Medikation verursacht werden.

Während das DSM-III auch außerhalb der USA für die Diagnosestellung bei wissenschaftlichen Untersuchungen große Bedeutung hat, wird die von der Weltgesundheitsorganisation WHO herausgegebene International Classification of Diseases" (ICD) für klinische und administrative Zwecke weltweit präferiert. Von ihrer letzten Fassung ICD-10 (deutsche Fassung Dilling, Mombour & Schmidt, 1991) erhoffte man sich eindeutigere, reliablere Kriterien und eine Angleichung an das DSM-III. Erhebliche Unterschiede sind jedoch unübersehbar. Grundlage für die Diagnose „Schizophrenie" bildet bei der ICD-10 eine Liste mit 8 Symptomen (vgl. Tab. 2). Aus der Gruppe der ersten vier Merkmale (Wahn und akustische Halluzinationen) sind mindestens ein eindeutiges Symptom oder mindestens zwei „weniger eindeutige" erforderlich. Aus der Gruppe der Merkmale 5–8 (Halluzinationen jeglicher Sinnesmodalität sowie Wahngedanken oder überwertige Ideen, formale Denkstörungen, katatone Symptome, negative Symptome wie Apathie, verflachter oder inadäquater Affekt, Sprachverarmung) mindestens zwei Symptome gleich welcher Ausprägung. In beiden Diagnosystemen werden somit bizzarer Wahn (einschließlich Ich-Störungen) und akustische Halluzinationen besonders stark gewichtet. Verwirrend sind die unterschiedlichen Zeit-Kriterien. Waren es im DSM-III-R eine Woche für Akut-Symptome und 6 Monate für die gesamte Krankheitsepisode, so sind es in der ICD-10 mindestens 1 Monat für die aufgelisteten 8 Symptome. Erheblich divergierend ist auch die Vorgehensweise bei Mischbildern aus schizophrenen und affektiven Symptomen.

Nach Andreasen und Flaum (1991) liegen die Hauptunterschiede zwischen beiden Diagnose-Systemen in der stärkeren Betonung von Symptomen erster Ordnung (nach Schneider) in der ICD-10 und den divergierenden Zeitkriterien. Anders ausgedrückt, beschreibt die ICD eine kürzer anhaltende Periode mit ausgeprägten akutpsychotischen Symptomen, während die DSM-III-R eine stärkere Gewichtung der chronischen Beeinträchtigung vornimmt und persistierende akut-psychotische Symptome nicht erfordert. Anzumerken ist, daß diese Differenzen sich auf die Diagnose von Patienten mit länger bestehender psychotischer Störung kaum auswirken. Abweichungen sind vor allem bei Ersterkrankungen, bei Mischbildern und bei untypischen Zustandsbildern zu erwarten.

Das Spektrum der diagnostischen Kategoriensysteme hat sich derzeit im wesentlichen auf diese beiden Ansätze verringert. Damit wurde zwar die Heterogenität bei der Stichprobenbildung verringert, aber es bleibt eine Quelle für diagnostische Varianz. In dieser Situation erscheinen zwei Lösungswege denkbar. Aus der Wiener Psychiatrischen Universitätsklinik stammt der Vorschlag eines polydiagnostischen Vorgehens (Katschnig, 1984). Dabei wird die Diagnose einer schizophrenen Psychose bei einer bestimmten Patientengruppe nach mehreren diagnostischen Systemen vorgenommen. Dies führt beispielsweise dazu, daß von 200 erstmals aufgenommenen Patienten, nach der „weitesten" diagnostischen Kategorie 121 Patienten, nach anderen 91, 80, 53 oder 22 Patienten als „schizophren" klassifiziert werden (Berner, Katschnig & Lenz, 1983). Bei Untersuchungen der Gesamtstichprobe z.B. nach genetischer Belastung, Krankheitsverlauf, Therapieeffekten, Besonderheiten in psychologischen Untersuchungen kann dann jeweils angegeben werden, bei welchen diagnostischen Eingruppierungen diese Befunde Gültigkeit haben.

Daneben ist aber auch das Bemühen erkennbar, ICD und DSM in der Zukunft zusammenzuführen. Dabei sollte allerdings weniger als bisher der „klinische Konsensus" für die Bestimmung der Kriterien ausschlaggebend sein, sondern eine Kombination testtheoretischer Kriterien wie Reliabilität bei der Erfassung bestimmter Symptome, Grundquote dieser Symptome in verschiedenen klinischen Stichproben (z.B. Ersterkrankte und chronische Patienten), Spezifität und Sensitivität dieser Symptome beim Vergleich schizophrener, affektiver, neurotischer oder hirnorganisch beeinträchtigter Patientengruppen (vgl. Andreasen & Flaum, 1991; Robins & Helzer, 1986). Zweifellos wird die Entwicklung eines einheitlichen Kategoriensystems, das sowohl ersterkrankte, wie chronisch schizophrene Patienten von anderen psychiatrischen Diagnosegruppen verläßlich unterscheidet, schwierig sein. Es ist auch kaum zu erwarten, daß ein Diagnose-System, das die Mehrzahl der Erwartungen erfüllt, in „einem Anlauf" entwickelt werden kann. Viel eher wird die Entwicklung wie bisher über Revisionen des jeweils letzten vorliegenden Entwurfs anhand testtheoretischer und biometrischer Kriterien erfolgen.

1.4 Differentialdiagnosen

Bei einem Verdacht auf das Vorliegen einer schizophrenen Psychose sind differentialdiagnostische Abwägungen von größerer Bedeutung als bei vielen anderen psychiatrischen Störungen, da ähnliche oder identische Zustandsbilder auch durch eindeutig andere ätiologische Faktoren ausgelöst werden können. Bevor aber differentialdiagnostische Erwägungen überhaupt erfolgen können, ist auf einige Bedingungen hinzuweisen, bei denen die diagnostische Einordnung grundsätzlich nicht möglich oder mit hoher Unsicherheit verbunden ist (vgl. Strömgren, 1982a). Dies gilt für Fälle mit Bewußtseinsstörungen, für Personen mit geistiger Behinderung oder erheblich verminderten verbalen Fähigkeiten sowie bei einem Krankheitsbeginn in später Kindheit oder früher Adoleszenz mit ungefestigter Persönlichkeit.

Über diese „Vorbedingungen" hinaus läßt sich die Differentialdiagnostik schizophrener Störungen in drei Aufgabenbereiche gruppieren:
1. Abgrenzung von Störungen mit nachweisbar organischer Ätiologie,
2. Grenzziehung gegenüber anderen diagnostischen Kategorien bei gemischter Symptomatik (z.B. affektive Störungen, Substanzabhängigkeit, Persönlichkeitsstörungen, neurotische Entwicklungen),
3. Benennung und Abgrenzung von Fällen mit abweichender Symptomatik oder Verlauf von einer Kerngruppe schizophrener Störungen.

Aus dieser Differentialdiagnostik ergeben sich Konsequenzen für die Behandlung, für die prognostische Beurteilung, für die genetische Beratung und für die Stichprobenbildung bei Forschungsprojekten. Nur vereinzelt kann die Differentialdiagnose auf objektive Verfahren, z.B. EEG, bildgebende Verfahren, Liquoruntersuchungen, Laborchemie gestützt werden (Backmund, 1986). Häufig vermögen weder biochemische Abnormalitäten, noch psychologische Untersuchungsverfahren befriedigend zwischen diagnostischen Gruppen zu trennen. Die wichtigsten Werkzeuge bilden wie vor hundert Jahren die Erfragung des Störungsbeginns und seiner Umstände, die Schilderungen des Patienten über sein Erleben, sein Verhalten im klinischen Interview und die Beobachtung des Verlaufs der Störung über längere Zeiträume.

1.4.1 Organisch bedingte Störungen

Verschiedene organische Bedingungen können zu psychopathologischen Zustandsbildern führen, die in unterschiedlichem Ausmaß dem Störungsbild schizophrener Psychosen gleichen (vgl. Strömgren, 1982a), wobei sowohl Akut-Symptomatik wie Minus-Symptomatik dominieren können. Die wichtigsten Gruppierungen solcher organischer Störungen sind:

- Hirnverletzungen (z. B. Kommotionspsychosen) und Hirnerkrankungen (z. B. Chorea Huntington),
- syphilitische Psychosen und Paralyse,
- akute toxische Störungen (z. B. Kohlenoxydvergiftung, pathologischer Rausch),
- chronische toxische Einflüsse (z. B. Amphetamin-Psychosen, Alkoholhalluzinose, psychoseähnliche Zustände nach langfristigem Marihuana- oder Kokainmißbrauch, Delirium tremens),
- Infektiöse Erkrankungen (z. B. Fieberdelirien, Infektionsdelirien, einzelne encephalitische Erkrankungen),
- thyreogene Psychosen (z. B. Myxödem bei erheblichen funktionellen Störungen der Schilddrüse),
- epileptische Psychosen (z. B. chronische epileptische Psychosen, Temporallappen-Epilepsie).

1.4.2 Mischbilder mit schizophrenen und anderen Syndromen

Seit der von Kraepelin formulierten Unterscheidung zwischen schizophrenen und affektiven (manisch-depressiven) Störungen bildete die diagnostische Abgrenzung zwischen diesen Bereichen Anlaß für fortwährende Diskussionen. Eine endgültige Lösung ist nicht absehbar. Dabei ist unbestritten, daß
1. affektive Störungen im Verlauf der Mehrzahl schizophrener Psychosen auftreten, so z. B. maniforme Zustandsbilder im Vorfeld psychotischer Exazerbationen oder depressive Verstimmungszustände bei deren Abklingen. Die Ätiologie dieser „post-remissiven Erschöpfungszustände" wird unterschiedlich erklärt; dabei kann es sich um psychologische Reaktionen bei der „Verarbeitung" der psychotischen Erkrankung und der noch verspürten Beeinträchtigung, um Folgen der neuroleptischen Behandlung oder um extrapyramidale Nebenwirkungen der Medikation handeln.
2. Bei manischen wie depressiven Störungen können in unterschiedlichem Ausmaß wahnhafte und halluzinatorische Erlebnisse auftreten.
3. Der von Kasanin (1933) eingeführte Begriff „schizoaffektive Psychose" wird verwendet, wenn entweder im Querschnittsbild schizophrene und affektive Symptome in erheblichem Ausmaß festzustellen sind oder wenn im längeren Verlauf eindeutige affektive Phasen mit schizophrenen Phasen alternieren.

Ob es sich dabei tatsächlich um zwei bzw. drei unabhängige Krankheitsbilder handelt (schizophrene, schizoaffektive, affektive Störungen) oder ob eine dimensionale Vorstellung zutreffend ist, nach der zwei unabhängige „Anfälligkeiten" für schizophrene und affektive Störungen stets in unterschiedlichem „Mischungsverhältnis" kombiniert sind, wird kontrovers diskutiert (vgl. Tsuang & Fleming, 1987; Samson, Simpson & Tsuang, 1988; v. Zerssen, Zaudig, Cording, Möller & Wittchen, 1990; Fowles, 1992).

Während früher eine Koinzidenz von Schizophrenie und Suchtverhalten nur selten auftrat, ist dies in den beiden letzten Jahrzehnten in den englischsprachigen Ländern (Test, Wallisch, Allness & Ripp, 1989; Dixon, Haas, Weiden, Sweeney & Frances, 1991) und auch in Deutschland häufiger festzustellen (Maß & Krausz, 1993). Zeiler (1991) fand in einer Untersuchung von allerdings nur 66 schizophrenen Patienten bei 59 % zumindest „gefährlichen Gebrauch" von Alkohol und schätzt die 1-Jahres-Prävalenz für „schweren Alkoholmißbrauch" bei ambulant betreuten Schizophrenen auf 8 %. Bei 12 % (überwiegend Frauen) war im letzten Jahr Medikamentenmißbrauch aufgetreten, ebenfalls 12 % (nur Männer) hatten Erfahrungen mit illegalen Drogen, die meisten davon mit Cannabis. Nikotinkonsum kommt bei Schizophrenen häufiger als in der Allgemeinbevölkerung vor; in dieser Untersuchung bei 80 % der Patienten. Meist läßt sich der Beginn der schizophrenen Psychose noch vor den Beginn des Mißbrauchsverhaltens datieren. Letzteres wird dann als sekundär und möglicherweise als mißglückter „Selbstheilungsversuch" gedeutet. Folgen die psychotischen Symptome auf langfristigen Alkohol- oder Drogenkonsum, stellt sich zunächst die Frage, ob Intoxikation oder Entzug die ätiologischen Faktoren bilden. Bei Alkoholhalluzinosen oder halluzinogeninduzierten wahnhaften Störungen können mehrmonatig anhaltende psychotische Symptome trotz Suchtmittelabstinenz vorkommen, wobei sich oft nicht mit letzter Sicherheit klären läßt, ob bereits vorher schizophrene Prodromalsymptome vorhanden waren. Zur Erklärung werden ätiologische Zusammenhänge aber auch eine Koinzidenz zweier unabhängiger Störungen diskutiert.

1.4.3 Schizophrene Kerngruppe und Schizophrenie-Spektrum

Ausgehend von Untersuchungen über genetische Faktoren bei schizophrenen Störungen führten Kety, Rosenthal, Wender und Schulsinger (1968) den Begriff „Schizophrenie-Spektrum" ein. Damit sollten psychopathologische Auffälligkeiten zusammengefaßt werden, die eventuell ätiologische Gemeinsamkeiten mit schizophrenen Störungen aufweisen. Dieses Spektrum wurde unterteilt in eine „Kerngruppe", die im wesentlichen aus den jetzigen Kategorien des DSM-III-R „Schizophrene Störungen" und „Psychotische Störungen, nicht andernorts klassifiziert", und einem „weichen" diagnostischen Umfeld vor allem aus „wahnhaften Störungen" sowie „schizotypischen" und „paranoiden Persönlichkeitsstörungen". Wenngleich einige dieser Randgruppen vermutlich keine genetischen Gemeinsamkeiten mit der Kerngruppe aufweisen (vgl. Read, Potter & Gerling, 1992), bleibt das Bemühen sinnvoll, in Diagnosesystemen „unumstritten" schizophrene Fälle von fraglichen Störungen zu trennen. So fand die

„Determinants of Outcome"-Studie der WHO (Sartorius et al., 1986) geographisch stabile Inzidenzraten nur bei Verwendung „enger" diagnostischer Kriterien. Die Trennung zwischen der Kerngruppe schizophrener Störungen und anderen diagnostischen Kategorien erfolgt zumeist aufgrund der Querschnittssymptomatik, wobei manchmal auch prämorbide Anpassung, Störungsverlauf und soziale Beeinträchtigungen herangezogen werden. Anzumerken ist, daß nach DSM-III-R die Möglichkeit besteht, neben einer schizophrenen Störung (auf Achse I) auch eine bereits vorher bestehende Persönlichkeitsstörung (auf Achse II) zu kodieren.

2 Nosologie

2.1 Erfassung und Dokumentation

Bei der Entwicklung der neueren diagnostischen Kategoriensysteme wurde die Notwendigkeit deutlich, die für die Diagnosen relevanten Merkmale zu operationalisieren, ihre Erfassung zu standardisieren und den Schluß von Merkmalen auf Kategorien (einschließlich diagnostischer Hierarchien) formelhaft festzulegen. Parallel zu den Arbeiten an Diagnosesystemen erfolgte daher die Entwicklung standardisierter Verfahren zur Erfassung und Dokumentation psychopathologischer Merkmale. Dies war die endgültige Abkehr von klinischen Eindrücken und „praecox-Gefühlen". Deren Bedeutung übernahm nun das Streben nach „Reliabilität", ausgehend von der Feststellung „There is no guarantee that a reliable system is valid but assuredly an unreliable system must be invalid" (Spitzer & Fleiss, 1984). In den letzten Jahren wird allerdings zunehmend deutlich, daß Überbetonungen des Aspekts der Reliabilität zur Vernachlässigung der Validität von Beurteilungen führen können (McGorry, Singh & Coplolov, 1992). Die Standardisierungen der Merkmalserfassung erfolgten in mehreren Stufen, die aufeinander aufbauen:
1. verbesserte Definitionen der Merkmale und ihrer Skalierung,
2. Festlegung der Fragen oder Beobachtungen, die den Merkmalen zugrundeliegen,
3. Strukturierung der Interviews, d.h. Festlegung der Abfolge der Fragen,
4. Formalisierte „Umrechnung" von Merkmalen in Diagnosen.

Im Gegensatz zu anderen Störungsbildern, wie Depression oder Zwang, sind Selbstbeurteilungsverfahren bei schizophrenen Psychosen von erheblich geringerer Bedeutung. Zum einen sind verläßliche, interpretierbare Selbstdarstellungen auf Fragebogen während akut-psychotischer und auch residualer Phasen nicht von allen Patienten zu erwarten, zum anderen weist die Mehrzahl der Schizophrenen in den meisten Untersuchungen einen erheblichen Mangel an Einsicht in ihre Erkrankung und Beeinträchtigung auf (vgl. Amador, Strauss,

Yale & Gorman, 1991). Zur Interpretation von Fragebogendaten wäre deshalb zumindest das Ausmaß an Krankheitseinsicht oder -verleugnung heranzuziehen, wie dies bei der „Paranoid-Depressivitäts-Skala" (PDS; v. Zerssen, 1976) möglich ist. Einen interessanten Versuch, das Selbsterleben sogenannter schizophrener Basisstörungen zu erfassen, stellt der „Frankfurter Beschwerdefragebogen" (FBF; Süllwold, 1986 b) dar. Der Bogen umfaßt 98 Items, die zu acht Faktoren und einem Gesamtscore zusammengefaßt werden: Störungen der rezeptiven und expressiven Sprache, Wahrnehmungsstörungen, Verlust automatisierter Fertigkeiten, motorische Interferenzen, Gedanken-Interferenz, sensorische Störungen, angedeutete Wahnstimmung, durchdringende Unlust. Diese differenzierte faktorielle Struktur erscheint nach verschiedenen Überprüfungen jedoch zweifelhaft. Untersuchungen der korrelativen Zusammenhänge zwischen FBF und Fremdbeurteilungsverfahren erbrachten widersprüchliche Ergebnisse. Auch scheinen die im FBF erfaßten Selbstwahrnehmungen keineswegs spezifisch für schizophren Erkrankte zu sein, da sich keine Unterschiede zu anderen Diagnosegruppen finden ließen (Rösler, Bellaire, Hengesch & Burger, 1986).

Aufgrund der eingeschränkten Bedeutung von Selbstbeurteilungen bei schizophrenen Störungen erfolgt die Dokumentation der Psychopathologie fast ausschließlich mit Fremdbeurteilungsverfahren. Die erste der oben erwähnten Stufen bilden sog. „Checklisten-Ansätze" (vgl. Wittchen, Semler, Schramm & Spengler, 1988). Dabei ist zumindest gesichert, daß versucht wird, über Beobachtung, Fremdberichte und Exploration das Vorhandensein bestimmter Merkmale in festgelegten Zeitabschnitten zu klären. Unterschiedlich ausführliche Anweisungen, Manuale und auch Beurteilerseminare dienen der Verbesserung der Übereinstimmung, was unter diesen Merkmalen zu verstehen ist und welche Ausprägungen möglichen Skalierungen entsprechen. Die Abfolge der Fragen und ihre Form ist auf dieser Stufe meist ebensowenig festgelegt, wie die Gewichtung divergierender Informationen. Die Merkmale werden nach inhaltlichen Überlegungen oder statistisch ermittelten Gemeinsamkeiten zu Bereichs-Scores oder Syndromen zusammengefaßt. Syndromprofile können dann mit Diagnosegruppen in Zusammenhang gebracht werden. Verfahren, mit denen sich floride schizophrene Symptomatik dokumentieren läßt, sind primär diagnoseunspezifisch, enthalten aber zahlreiche einschlägige Merkmale und Syndrome. International am häufigsten verwendet werden die umfangreiche „Inpatient Multidimensional Psychiatric Scale" (IMPS; Lorr, Klett, McNair & Lasky, 1963) und die daraus abgeleitete „Brief Psychiatric Rating Scale" (BPRS; Overall & Gorham, 1962). Die IMPS bildet vier Syndromgruppen (Faktoren zweiter Ordnung), die sich auf psychotische Störungen beziehen, wenngleich ihre differentialdiagnostische Bedeutung zweifelhaft ist: paranoid- halluzinatorische, andere psychotische, depressive und manische Symptomatik. Dieser Einwand gilt auch für die fünf Faktoren der BPRS: Angst/Depression, Anergie,

Denkstörung, Aktivierung, Feindseligkeit/Mißtrauen. Die BPRS ist – auch aufgrund des geringen Aufwandes – für häufige Meßwiederholungen geeignet und besitzt, vor allem in der ausführlich beschriebenen Skalierung von Lukoff, Nuechterlein und Ventura (1986), gute Interrater-Reliabilität. Zu IMPS und BPRS liegen umfangreiche Vergleichsdaten und erprobte deutsche Fassungen vor (Hiller, v. Zerssen, Mombour & Wittchen, 1986; CIPS, 1986). Hinzuweisen ist noch auf den wichtigen Ansatz, auch die Beobachtungen des Pflegepersonals im Klinikalltag in die Verlaufsbeschreibung einzubeziehen. Dafür wurde die „Nurses Observation Scale for Inpatient Evaluation" (NOSIE) mit sieben Faktoren (Soziale Anpassungsfähigkeit, Soziales Interesse, Persönliche Sauberkeit, Reizbarkeit, Manifeste Psychose, Retardierung, Depression) entwickelt (deutsche Fassung: CIPS, 1986).

Ein im deutschen Sprachraum entwickeltes Verfahren zur breitgefächerten Dokumentation des psychopathologischen Zustandsbildes ist das AMDP-System (AMDP, 1981). Mit diesem Dokumentationssystem wurden zahlreiche empirische Untersuchungen durchgeführt, so daß Patientengruppen anhand der Syndromprofile auf Stichprobeneffekte geprüft werden können. Untersuchungen zur Interrater- und Retest-Reliabilität trainierter Beurteiler ergaben auf Syndromebene zufriedenstellende Werte, während bei der Skalierung auf Symptomebene erhebliche Divergenzen festgestellt wurden (ausführliche Darstellungen bei Baumann & Stieglitz, 1983; Baumann & Stieglitz, 1989). Um über die Dokumentation hinaus auch die Übereinstimmung bei der Erfassung der Merkmale zu verbessern, wurde für das AMDP-System ein „halbstrukturiertes Interview" veröffentlicht (Fähndrich & Stieglitz, 1989).

Eine Reihe von Verfahren, die ebenfalls auf dem „Checklist-Prinzip" beruhen, dient der differenzierten Dokumentation schizophrener Negativ-Symptome. Die größte Verbreitung hat davon die „Schedule for Assessment of Negative Symptoms" (SANS; Andreasen, 1982) gefunden (deutsche Version Dieterle, Albus, Eben, Ackenheil & Rockstroh, 1986; CIPS, 1986). Durch Kombination von SANS und BPRS konstruierten Kay, Opler und Fiszbein (1992) die „Positive and Negative Syndrome Scale" (PANS). Bei einem Vergleich von acht Verfahren zur Dokumentation schizophrener Negativ-Symptomatik anhand retrospektiver Beurteilungen von Krankenakten ergaben sich gute Beurteiler-Übereinstimmungen, hohe Korrelationen zwischen den Global- und Einzelscores der verschiedenen Verfahren, und eine hohe prognostische Bedeutung im Sinne beträchtlicher Korrelationen mit „globalen Outcome-Maßen". Erstaunlich gering war die Übereinstimmung zwischen den Verfahren bei der Klassifikation schizophrener Patienten zu einem Negativ- oder Defizit-Syndrom (Fenton & McGlashan, 1992). Ebenfalls mit dem Ziel der quantitativen Erfassung schizophrener Residual- und Defizienzsymptomatik wurde von Mundt, Fiedler, Pracht und Rettig (1985) die „Intentionalitäts-Skala" (InSka) entwickelt. Für Gesamtscore und 60 Einzelitems einer verkürzten Fassung werden ausreichende Beurteiler-Übereinstimmungen berichtet. In einigen Subskalen ließen sich deutliche Unterschiede zwischen schizophrenen und anderen Diagnosegruppen zeigen. Berichtet werden auch erwartungsgemäße Korrelationen zwischen InSka und AMDP sowie SANS auf der Syndromebene (Mundt & Kasper, 1987).

Die „Present State Examination" (PSE; Wing, Cooper & Sartorius, 1974; deutsche Fassung 1978, Glossar 1982) ist auf einer höheren Stufe der Standardisierung einzuordnen, als die bisher erwähnten Verfahren. Durch einen Leitfaden zur Strukturierung der Exploration wird auch die Vergleichbarkeit der Informationsgewinnung verbessert. Die PSE wurde für epidemiologische Untersuchungen an psychiatrischen Patienten entwickelt, in der US-UK-Study und den großen WHO-Studien verwendet und hat sich in interkulturellen Vergleichen bewährt (z. B. WHO, 1979; Sartorius et al., 1986). In diesem Interview-Leitfaden sind Fragen nach 96 Symptomen mit den jeweiligen Beurteilungskategorien zusammengestellt. Hinzu kommen Einschätzungen des Verhaltens, des Affekts und der Sprachäußerungen während des Interviews. Da nur diese beiden Informationsquellen eingehen, entsteht gerade bei schizophrenen Patienten gelegentlich eine unbefriedigende Situation, wenn Fremdangaben etwa auf Wahnideen verweisen, die vom Patienten nicht berichtet werden. (Dies ist ein Beispiel für Vorgehensweisen, die sich zwar günstig auf die Reliabilität auswirken können, aber die Validität beeinträchtigen.) Verglichen mit „Checklisten-Ansätzen" und den neueren diagnostischen Interview-Systemen nimmt die PSE eine Zwischenstellung ein. Wie bei den ersteren wird eine umfassende Dokumentation des klinischen Bildes angestrebt. Dabei werden Merkmale erhoben, die für differentialdiagnostische Entscheidungen ohne Bedeutung sind. In diesem Sinne ist die PSE noch symptomgeleitet, während DIS oder SCID „kriterienorientiert" auf die Differentialdiagnose zielen. Mit dem Rechnerprogramm CATEGO können die in der PSE erhobenen Informationen aber bereits in einige ICD-9-kompatible Syndromklassen überführt werden.

Angesichts der Vielzahl strukturierter Interviews zur Symptomerfassung und Diagnosestellung würde eine differenzierte Darstellung dieser Instrumente und eine Bewertung der testtheoretischen Gütekriterien den Rahmen sprengen. Deshalb erfolgt eine Beschränkung auf die wichtigsten Informationen über sieben derzeit gebräuchliche Instrumente, wobei wir die Angaben von Wittchen und Unland (1991) und McGorry et al. (1992) verwenden. Wo mehrere Versionen eines Instruments vorhanden sind (z. B. CIDI) wurde versucht, Angaben über die letzte Veröffentlichung aufzunehmen. Einige Verfahren wurden aufgrund geringerer Verbreitung nicht berücksichtigt. Erwähnt wird die gegenwärtig nur in vorläufiger Fassung vorliegende SCAN, da sie in den künftigen weltweiten WHO-Studien eingesetzt werden soll.

Tabelle 3: Überblick auf Instrumente zur Symptomerfassung und Diagnosestellung

	PSE	NIMH-DIS	SADS	Kurzbezeichnung CIDI	SCID	SCAN	PODI
Name	Present State Examination	NIMH Diagnostic Interview Schedule	Schedule for Affective Disorders and Schizophrenia	Composite International Diagnostic Interview	Structured Clinical Interview for DSM-III-R	Schedule for Clinical Assessment in Neuropsychiatry	Polydiagnostic Interview
Autoren (Jahr)	Wing et al. (1974)	Robins et al. (1981)	Endicott & Spitzer (1978), Fyer et al. (1985)	WHO (1985)	Spitzer et al. (1990)	WHO 1991	Philipp & Maier (1986)
deutsche Fassung	Wing et al. (1978)	Wittchen & Rupp (1981)	–	Wittchen & Semler (1991)	Wittchen et al. (1990)	–	Philipp & Maier (1986)
Diagnosesysteme	9 ICD-9 kompatible Syndromklassen	Feighner, RDC, DSM-III	DSM-III, RDC, DSM-III-R	Feighner, RDC, DSM-III, PSE-Klassen, (ICD-9), ICD-10	DSM-III-R	PSE-Klassen, DSM-III-R, ICD-10	DSM-III-R, ICD-10
Beurteiler	Kliniker Training: 3 Tage	Laien Training: 1 Woche	Kliniker	Laien Training: 1 Woche	Kliniker Training: 2 Tage	Klinier Training: 1 Woche	Kliniker
Beurteilungszeitraum	4 Wochen	Querschnitt, Lebensspanne	1 Woche akut, Lebensspanne	letzter Monat, Lebensspanne	letzter Monat, Lebensspanne	letzter Monat, Lebensspanne	gegenwärtige Episode
Grad der Strukturiertheit	+	+++	+	+++	+	+++	++
Multiple Informationsquellen	–	–	+	–	+	–	+
Computeralgorithmus	+	+	–	+	–	+	+

Wittchen und Unland (1991) fassen die Vorteile der standardisierten diagnostischen Interviews zusammen. Mit Hilfe solcher Interviews, „die über eine fest vorgegebene Fragen- und Kodierungsstruktur alle Stufen des diagnostischen Prozesses von der Befunderhebung auf der Symptomebene, über die Syndromverrechnung bis hin zur Diagnosestellung einschließlich diagnostischer Hierarchieregeln berücksichtigen, können die meisten psychischen Störungen nach DSM-III-R und ICD-10 reliabel und differenziert diagnostiziert werden. Die dabei erzielbare Interrater- und Test-Retest-Reliabilität geht bei den meisten Diagnosen über die klassischer Checklisten und älterer halbstrukturierter Interviews hinaus" (S. 338). Dennoch ist eine erhebliche Skepsis der

Kliniker nicht zu übersehen, so daß sich die Anwendung standardisierter Interviews auf wissenschaftliche Untersuchungen beschränkt. Dies mag mit dem Unwillen zusammenhängen, sich „zwanghaft" an festgelegte Fragen-Folgen zu halten. Auch die letztlich nie befriedigend zu lösende Einbeziehung und Gewichtung zusätzlicher Fremdinformationen trägt dazu bei. Hinzu kommt, daß alle Interviews auf der Kooperationsfähigkeit und -willigkeit der Patienten basieren, was gerade bei schizophrenen Störungen nicht immer gegeben ist. Der erfahrene Kliniker wird auch ohne standardisierte Instrumente bei einem Gutteil der Patienten zu gleichen diagnostischen Entscheidungen kommen. Auf der anderen Seite wird das beste standardisierte Diagnosesystem bei einem Teil der Störungsbilder die „klinische" Unsicherheit der Kategorisierung nicht beseitigen können, da diese nicht durch Gegebenheiten des diagnostischen Prozesses sondern durch uneindeutige Zustandsbilder bedingt ist. Die standardisierten Instrumente zur Symptomerfassung und Diagnosestellung können aber die „Beurteiler-Varianz" einschränken und so zur Verringerung des Spektrums zwischen allseits unumstrittenen Diagnosen und schwerer einzuordnenden Störungen beitragen. Darüber hinaus bieten diese Verfahren eine ausgezeichnete didaktische Hilfe bei der Einübung unerfahrener Kliniker in Befunderhebung und Diagnosestellung.

2.2 Leitsymptome

Schizophrene Störungen werden durch eine Vielzahl von Symptomen charakterisiert, die auf ein breites Feld kognitiver und emotionaler Störungen verweisen. Wenngleich die Häufigkeiten dieser Symptome in Gruppen schizophrener Patienten durchaus erheblich sein können, zeigt kein Patient alle Symptome zu einem bestimmten Zeitpunkt und nicht einmal im Laufe langjähriger Erkrankung. Verschiedene Autoren wie E. Bleuler, Crow oder Huber haben hypothetische Modelle entwickelt, in denen zwischen primären Störungen und sekundären Krankheitsfolgen oder -zeichen unterschieden wird. Während diese Modelle zumindest als Arbeitshypothesen noch weiterverfolgt werden, wurde die Suche nach einzelnen notwendigen pathognomonischen Symptomen aufgegeben (siehe 1.1). In der einschlägigen Literatur werden daher Symptome und Merkmale dargestellt, die deskriptiv nützlich sind. Dabei wird seit etwa 1980 eine Aufteilung in zwei Hauptgruppen vorgenommen: bei der ersten Gruppe, der floriden oder Positiv-Symptomatik, handelt es sich vereinfacht ausgedrückt um Auffälligkeiten, für die es im Erleben Gesunder kaum Parallelen gibt. Dieser Bereich umfaßt Halluzinationen und Wahngedanken, Störungen des Denkens, bizarres Verhalten und tritt vorwiegend in akuten Störungsphasen auf. Dagegen besteht der Bereich der Minus- oder Negativ-Symptomatik aus Funktionsverlust oder Minderungen normaler Lebensbereiche: Sprachverarmung, affektive Verflachung, Energieverlust oder Apathie, Anhedonie, Ablenkbarkeit. Diese Störungen dominieren in prodromalen und residualen Phasen.

Tabelle 4: Häufigkeit positiver und negativer Symptome[*]

Positiv-Symptome		Negativ-Symptome	
Halluzinationen		*Affektverflachung*	
akustische Halluzinationen	70 %	eingeschränkte Mimik	88 %
kommentierende Stimmen	34 %	verminderte Spontanbewegungen	55 %
dialogisierende Stimmen	31 %	Verarmung der Ausdrucksbewegungen	58 %
somatisch-taktil	15 %	geringer Blickkontakt	56 %
olfaktorisch	5 %	Mangel an affektiver Auslenkbarkeit	46 %
optisch	31 %	inadäquater Affekt	50 %
		mangelnde Modulation der Stimme	50 %
Wahn		*Alogie*	
Verfolgung	77 %	Sprachverarmung	39 %
Eifersucht	2 %	Verarmung des Sprachgehalts	40 %
Schuld, Sünde	19 %	Gedankenabreißen	14 %
Größenwahn	22 %	erhöhte Antwortlatenz	22 %
religiöser Wahn	25 %	*Apathie – Abulie*	
somatisch	24 %	Pflege und Hygiene	74 %
Beziehungswahn	35 %	Unstetigkeit in Arbeit und Schule	89 %
Kontrolle (Ich-Erleben)	37 %	körperliche Energielosigkeit	68 %
Gedankenlesen	34 %	*Anhedonie und sozialer Rückzug*	
Gedankenübertragung	14 %	Freizeitinteressen und -aktivitäten	79 %
Gedanken-Eingebung	19 %	sexuelle Interessen und -aktivitäten	35 %
Gedankenentzug	17 %	Fähigkeit zu Intimität und Nähe	60 %
Bizarres Verhalten		Verhältnis zu Freunden	
Kleidung, Erscheinungsbild	12 %	und Altersgenossen	87 %
soziales, sexuelles Verhalten	24 %	*Aufmerksamkeit*	
aggressiv-agitiertes Verhalten	19 %	soziale Aufmerksamkeit	56 %
stereotypes Verhalten	11 %	Unaufmerksamkeit bei Testung	52 %
Formale Denkstörungen			
gelockerte Assoziationen	33 %		
tangentiales Denken	33 %		
Inkohärenz	9 %		
unlogisches Denken	10 %		
umständliches Denken	14 %		
Rededrang	13 %		
Ablenkbarkeit	13 %		
Klangassoziationen	1 %		

[*] bei 111 schizophrenen Patienten in Iowa. Erhebung mit SANS und SAPS (Ausprägung „mild – extrem"), nach Andreasen (1987).

Die Häufigkeiten negativer und positiver Symptome, dokumentiert mit der „Scale for the Assessment of Positive Symptoms" (SAPS) und der entsprechenden Skala für Negativ-Symptome SANS in einer Gruppe von 111 konsekutiv aufgenommenen schizophrenen Patienten des University of Iowa Psychiatric Hospital (nach Andreasen, 1987) wird in Tabelle 4 dargestellt. Dabei ist zu beachten, daß diese Häufigkeiten mit Geschlecht, Alter und Dauer der Erkrankung variieren können (Häfner et al., 1991). Angaben zur Reliabilität dieser Symptome sind u. a. abhängig vom Erhebungsverfahren und von den verwendeten Grenzwerten (Andreasen & Flaum, 1991). Dies gilt auch für die differentialdiagnostische Spezifität der Symptome (Cloninger et al., 1985).

Nach dem gleichen Prinzip wie in Tabelle 4 wurden PSE-Symptomprofile (Wing, Cooper & Sartorius, 1982, S. 118), Syndromprofile (Sartorius et al., 1986, S. 922) und AMDP-Syndromprofile (Gaebel & Pietzcker, 1987; Baumann & Stieglitz, 1989) publiziert, die über den engeren Bereich typischer schizophrener Symptome hinausgehen und Vergleiche bestimmter Patientengruppen, unterschiedlicher Diagnosen oder verschiedener epidemiologischer Bedingungen erlauben.

3 Verlauf und Untergruppen

3.1 Beginn und Prodromi

Die Literatur über Beginn und Prodromi schizophrener Störungen kann in zwei Themenkreise aufgeteilt werden:
1. Untersuchungen über das Vorfeld der ersten psychotischen Störung, die bei zunehmender zeitlicher Entfernung vom Beginn der akuten Psychose in den Bereich der ätiologischen Forschung übergehen;
2. Arbeiten über erste Anzeichen psychotischer Rückfälle im weiteren Verlauf der Erkrankung, die für Fragen der Rückfallprophylaxe von Interesse sind.

In beiden Fällen läßt sich die Prodromal-Symptomatik als Kombination mindestens zweier, möglicherweise unterschiedlicher psychopathologischer Merkmalsgruppen darstellen; zum einen „a gradually emerging psychosis" mit psychotischer und praepsychotischer Positiv-Symptomatik, zum anderen „an early morbid pattern of emotional withdrawal and negative symptoms" (Carpenter & Kirkpatrick, 1988; Keith & Matthews, 1991). Beide Merkmalsgruppen finden sich in der Liste der Prodromal-Symptome im DSM-III-R (vgl. Tab. 1), und beide Merkmalsgruppen können einen schleichenden wie einen akuten Beginn aufweisen. Vor allem die Negativ-Symptomatik geht aber in der Regel unmerklich und ohne natürliche Schwellen in den Bereich der „normalen" Variabilität über und kann oft nur aus dem Nicht-Erfüllen sozialer und beruflicher Funktionen erschlossen werden.

Die retrospektive Erfassung von Verhaltensweisen und Lebensbedingungen ist stets ein methodisch schwieriges Unterfangen. Diese Schwierigkeiten sind noch ausgeprägter bei der Festlegung des Beginns einer schizophrenen Psychose, da Ängste und Schuldgefühle bei Patienten und Angehörigen nüchterne Darstellungen kaum erwarten lassen. Je weiter die Angaben vom Zeitpunkt der Erstbehandlung entfernt sind, um so größer ist die Möglichkeit von Erinnerungsverzerrungen durch das Wissen um die später aufgetretene Erkrankung. Einen deutlichen Fortschritt bei der systematischen Erhebung des Erkrankungsbeginns brachte das „Instrument for the Retrospective Assessment of the Onset of Schizophrenia" (IRAOS, Häfner et al., 1990), mit dem die ersten unspezifischen Krankheitszeichen, die ersten psychotischen Symptome und die erste Krankheitsepisode nach bestimmten Diagnosekriterien anhand der Angaben des Patienten und eines nahen Angehörigen bestimmt werden können. Bei einer Untersuchung an erstmals stationär behandelten schizophrenen Männern und Frauen aus Mannheim und Umgebung (Häfner et al., 1991) lag das Alter bei der Erstaufnahme zwischen 15 und 60 Jahren mit einem Gipfel zwischen dem 20. und dem 35. Lebensjahr. Für Männer, die bei Index-Aufnahme im Mittel 28,5 Jahre alt waren, war der Beginn der Episode auf 27,6 Jahre, das Auftreten erster psychotischer Symptome auf 26,4 Jahre und die frühesten Anzeichen einer psychischen Störung auf 24,3 Jahre zu datieren. Bei Frauen lag jeder dieser Zeitpunkte drei bis vier Jahre später (vgl. 5.2.2). Für eine Zeitspanne bis 15 Jahre vor der Erstaufnahme versuchten Häfner und Maurer (1991) den Verlauf von 17 positiven und 13 negativen Symptomen festzulegen. Die ersten Zeichen einer schizophrenen Störung sind demnach überwiegend negative Symptome, die in größerer Zahl und zeitlich vor den floriden Symptomen auftreten. Beide Symptomgruppen nehmen in den Monaten vor der Aufnahme exponentiell zu, wobei sich die Positiv-Symptomatik wie zu erwarten in der akut-psychotischen Phase an die Anzahl der Negativ-Symptome annähert. Dieser Befund widerspricht der Ansicht, die Defizienz- oder Negativ-Symptome seien eine Folge der akut-psychotischen Störung und läßt sich mit Überlegungen von E. Bleuler oder Huber vereinbaren, wonach die floride psychotische Symptomatik sekundär zu solchen diagnostisch unspezifischen Negativ-Symptomen auftritt.

Die erste Untersuchung über Vorpostensymptome oder Frühwarnzeichen psychotischer Rückfälle wurde von Herz und Melville (1980) veröffentlicht. In einem halbstrukturierten Interview wurden Patienten und Familienmitglieder befragt, welche Änderungen ihnen in Denken, Fühlen und Verhalten vor der psychotischen Episode, die zur Klinikaufnahme führte, aufgefallen waren. Etwa 70 % der Patienten und 90 % der Angehörigen erinnerten sich an solche Vorzeichen. Der Zeitraum zwischen dem Auftreten der ersten Anzeichen und der Notwendigkeit einer Klinikeinweisung wurde in 30 % der Fälle von Patienten und Angehörigen auf unter einer Woche, in 24 % auf ein bis vier Wochen geschätzt; in den restlichen Fällen lag er über einem Monat oder war nicht erinnerbar. Die 20 häufigsten Frühsymptome (aus Sicht der Angehörigen) werden in Tabelle 5 angeführt. Auch dabei ist bemerkenswert, daß diagnostisch unspezifische Auffälligkeiten weitaus häufiger als psychotische Symptome berichtet werden (siehe auch Hirsch & Jolley, 1989; Jolley & Hirsch, 1990).

Tabelle 5: Prodromal-Symptome vor Beginn einer psychotischen Episode[*]

Rangplatz	Häufigkeit	Symptom
1	83 %	angespannt und nervös
2	79 %	Ruhelosigkeit
3	76 %	Konzentrationsschwierigkeiten
4	76 %	Depression
5	76 %	unsinniges Sprechen
6	74 %	Interessenverlust
7	69 %	Schlafstörungen
8	67 %	freut sich weniger über Dinge
9	65 %	gedankliche Fixierung auf ein oder zwei Dinge
10	60 %	Erinnerungsstörungen
11	60 %	hört Stimmen, sieht Dinge
12	56 %	Gefühl der Wertlosigkeit
13	56 %	Vernachlässigung des Aussehens
14	54 %	Ärger über Kleinigkeiten
15	54 %	andere sprechen oder lachen über ihn
16	54 %	leicht aufgeregt
17	53 %	ißt weniger
18	50 %	besucht seltener Freunde

[*] aufgrund einer Befragung von Angehörigen (nach Herz & Melville, 1980, S. 804)

Anknüpfend an diese Arbeit wurden inzwischen mehrere prospektive Studien prodromaler präpsychotischer Symptome im Rahmen von Untersuchungen zur Rückfallprävention durchgeführt (vgl. Keith & Matthews, 1991; MacMillan, Birchwood & Smith, 1992). Die anspruchsvollste Methodik bei einem allerdings auf die BPRS beschränkten Symptomspektrum verwendeten Subotnik und Nuechterlein (1988). Dabei wurde die Symptomatik in den sechs Wochen vor einem Rückfall verglichen mit der Symptomatik in einem gleich langen Zeitraum (ohne Rückfall) bei (1) denselben Patienten sowie (2) bei nicht-rückfälligen anderen Patienten. Der erste Vergleich ergab für den Zeitraum vor dem Rückfall ein höheres Ausmaß der Syndrome „Denkstörung" und „Angst/Depression", der zweite Vergleich erbrachte höhere Werte in den Symptomen „Feindseligkeit", „Größenideen", „ungewöhnliche Denkinhalte" und „Halluzinationen".

Zahlreiche ältere Veröffentlichungen, wie die bekannte Arbeit von Conrad (1958), beschreiben die Entwicklung von Psychosen aufgrund retrospektiver Berichte von Patienten. Das reiche klinische Material, meist in Form psychopathologischer Vignetten, wurde von Docherty, Van Kammen, Siris und Marder (1978) zusammengefaßt und daraus ein deskriptives Modell der psychotischen Dekompensation entwickelt. Eine schizophrene Psychose wird dabei als

eine Stufe in einem hierarchisch strukturierten Prozeß des psychischen und biologischen Zusammenbruchs aufgefaßt, der in fünf Phasen aufgeteilt wird:
1. Überforderung: das Gefühl, überwältigt zu werden aufgrund äußerer Anforderungen oder unlösbarer Konflikte, charakterisiert durch Überstimulation, anhaltende Angst, Irritierbarkeit, Ablenkbarkeit, abnehmende Leistungsfähigkeit.
2. Eingeschränktes Bewußtsein: Langeweile, Apathie, sozialer Rückzug, Zunahme zwanghafter oder phobischer Symptome, Somatisierungsstörungen, Gefühle von Unzufriedenheit, Einsamkeit, Abhängigkeit, Hoffnungslosigkeit.
3. Enthemmung: hypomanisches Zustandsbild mit wenig modulierten und kontrollierten Affekten, dissoziativen Störungen und beginnenden Beziehungsideen.
4. Psychotische Desorganisation: Fragmentierung der äußeren Welt durch kognitive und perzeptive Desorganisation, Fragmentierung der Ich-Identität, schwere Angst- und Panikgefühle, Halluzinationen, katatone Symptome.
5. Psychotische Stabilisierung: Entwicklung von Wahnsystemen (paranoide Form), massive Leugnung und Vermeidung unangenehmer Affekte oder von Verantwortung (hebephrene Form), abnehmende Angstgefühle.

Der Vorteil eines solchen Modells gegenüber den vorher dargestellten Untersuchungen ist darin zu sehen, daß prodromale und akut-psychotische Symptome nicht mehr zeitlich und inhaltlich isoliert betrachtet werden, so daß ein besseres Verständnis der komplexen Symptomatik und ihrer Entwicklung vom „Normalzustand" über praepsychotische Phasen zur floriden Psychose möglich ist. Allerdings wurden bislang weder die Existenz solcher Symptom-Muster noch ihre hierarchische, zeitliche Sequenz empirisch überprüft. Angesichts der Schwierigkeiten bei der Erfassung des Verlaufs vor der Ersterkrankung dürfte ein solches Vorhaben auf die Beschreibung der Entwicklung psychotischer Rezidive in prospektiven Verlaufsstudien beschränkt sein.

Verschiedene Ansätze befassen sich mit jenen Auffälligkeiten, die „hinter" den Prodromal-Symptomen stehen und diese begründen könnten. Seit den 50er Jahren verfolgten Süllwold (z. B. 1986 b) und Huber (z. B. 1986) das Konzept „substratnaher „Basissymptome". Dies sind „defizitäre Symptome mit Beschwerdecharakter, die phänomenologisch weitgehend übereinstimmend in präpsychotischen Vorpostensyndromen und Prodromen und in postpsychotischen reversiblen Basisstadien und irreversiblen reinen Defektsyndromen ... wahrgenommen und geschildert würden" (S. 39). Diese Basissymptome seien phänomenologisch nicht schizophrenietypisch und vermutlich Folge struktureller und biochemischer zentralnervöser Störungen. Als wesentlich im schizophrenen Krankheitsgeschehen werden damit Störungen angesehen, welche die Patienten außerhalb akuter Phasen aufweisen. Die Autoren begründen dieses Konzept hauptsächlich auf klinischen Beobachtungen und auf Selbstschilderungen der Patienten im Frankfurter Beschwerdefragebogen; unterschiedliche experimentalpsychologische Befunde werden zusätzlich als Beleg herangezogen. Bei den Basisstörungen kann es sich um diskrete, kategoriale Abweichungen handeln oder um dimensionale Merkmale ähnlich der „Vulnerabilität" im Sinne Zubins. In beiden Fällen wären Operationalisierungen dieser Störungen notwendig, die eine eindeutige Trennung von Personen mit und ohne solche Auffälligkeiten erlauben. Davon ausgehend könnte die Bedeutung dieses Ansatzes in Studien an Risikogruppen (high-risk), Verlaufs- und Prognoseuntersuchungen erfolgen.

Während die Vorpostensymptome im Sinne von Herz eher mit der akuten Psychose verbunden sind, ist bei Negativ-Symptomen und Basisstörungen die Zuordnung zu ersten Krankheitszeichen oder überdauernden ätiologischen Risikofaktoren schwierig. In diese zweite Gruppe möglicher Indikatoren einer Auffälligkeit für schizophrene Psychosen, die aber im Gegensatz zu prämorbiden Auffälligkeiten in der Kindheit erst im Jugend- und frühen Erwachsenenalter meßbar sind, fallen einige von Chapman und Mitarbeitern untersuchte Merkmale (z. B. Chapman, Edell & Chapman, 1980). Aufgrund der zeitlichen Nähe zur schizophrenen Störung werden sie bereits hier erwähnt. Es handelt sich um „physical and social anhedonia", d. h. Beeinträchtigungen im Empfinden von Freude und Lustgefühlen (vgl. R. Cohen, 1989), „perceptual aberration", d. h. körperbezogene Wahrnehmungsstörungen, und „magical ideation", d. h. magisches und abergläubisches Denken. Zwei Arten von Untersuchungen wurden zur Validierung dieser Merkmale herangezogen. Bei vorwiegend aus studentischen Populationen gebildeten Extremgruppen auf den Chapman-Skalen finden sich auch vermehrte psychoseähnliche und schizotypische Erlebnisse, Denkstörungen, kommunikative Auffälligkeiten und schlechtere soziale Anpassung (Mishlove & Chapman, 1985). Schizophrene und neurotisch-depressive Patienten weisen höhere Werte auf Skalen für physische und soziale Anhedonie auf (Burgdörfer & Hautzinger, 1987). Gegen die erste Art der Untersuchungen kann eingewendet werden, daß sich die Inhalte der Instrumente für „Psychose-Anfälligkeit" einerseits und für schizotypische Erlebnisse, soziale Anpassung und Denkstörungen andererseits teilweise überlappen, so daß diese Korrelationen nicht verwundern. Es bleibt unklar, ob die Anhedonie „das erste und auffallendste Zeichen des hereinbrechenden Leidens" bei Schizophrenen ist (Kraepelin, 1889, zit. nach R. Cohen, 1989) oder ein Epiphänomen schlechter prämorbider Anpassung. Bei Untersuchungen bereits erkrankter Schizophrener lassen sich Vorläufer der Störungen nicht von schizophrener Positiv- und Negativ-Symptomatik sowie den Folgen von Hospitalisierung und Erkrankung trennen. Die Spezifität dieser Auffälligkeiten wird durch höhere Werte für soziale und physische Anhedonie bei depressiven gegenüber schizophrenen Patienten in Frage gestellt. Letztlich wird die Bedeutung der Überlegungen von Chapman nur durch prospektive Untersuchungen abschätzbar sein. Angesichts des geringen Erkrankungsrisikos von etwa 1 % werden dafür nur Langzeitstudien an Risikogruppen in Frage kommen.

3.2 Langzeituntersuchungen

Die Ansichten über den Langzeitverlauf schizophrener Störungen waren in diesem Jahrhundert mehreren Wandlungen zwischen Hoffnungslosigkeit und vorsichtigem Optimismus unterworfen. So wird heute rückblickend auf eine sich bis Anfang der 70er Jahre erstreckende Aera äußerst pessimistischer Prognosen hingewiesen, in der von einem recht einheitlichen Verlauf mit zunehmender Chronifizierung bis hin zur „Verblödung" ausgegangen wurde. Dieser Pessimismus basiert auf der Erfahrung mit jahrzehntelang hospitalisierten Patienten – nach Wing (1982) waren es vor dem zweiten Weltkrieg bis zu 60 % der Erkrankten – in oft desolatem, von Apathie geprägtem Anstaltsmilieu und auf den akzentuiert überlieferten Ansichten Kraepelins, die vermutlich gerade in diesem Milieu entstanden. So erstellte Kraepelin eine erschreckende Typologie der „Ausgänge" der „dementia praecox" mit „einfachem Schwachsinn geprägt von affektiver Abstumpfung", „halluzinatorischem Schwachsinn", „dementia paranoides mitis", „faseliger Verblödung", „stumpfer Verblödung", „läppischer Verblödung" usw. Wir finden aber bereits bei E. Bleuler (1923) Feststellungen, wie sie heute in allen Lehrbüchern unter der modernen Formulierung „heterogenity of course" üblich sind: „Alle Verlaufsweisen der Schizophrenie zu schildern ist unmöglich. Es können so ziemlich alle denkbaren Verlaufskombinationen vorkommen außer dem Rückgängigwerden einer stärkeren Verblödung". E. Bleuler erwähnt „Besserungen in jedem Stadium", eine Tendenz zur Abnahme der Häufigkeit und Intensität von Halluzinationen und Wahnerlebnissen, und auch „einen kleinen Teil", der so „geheilt" wird, „daß man nur bei ganz genauem Zusehen noch etwas von der Krankheit findet, eine gewiße Reizbarkeit, ... einige Bizarrerien u. dgl." (S. 330). Die stets unbefriedigende Diskussion widersprüchlicher klinischer Erfahrungen konnte erst durch systematische Verlaufsdokumentationen, die sich nicht auf hospitalisierte Patienten beschränkten, überwunden werden.

Mittlerweile liegt eine große Zahl solcher –Langzeituntersuchungen vor (vgl. Retterstol, 1987; Johnstone, 1991), deren Vergleich und Interpretation allerdings durch unterschiedliche Methodik und vor allem variierende diagnostische Konzepte (meist erheblich weiter gefaßt als im DSM-III) erschwert ist (vgl. Angst, 1988). Entscheidend für eine optimistischere Sicht des Langzeitverlaufs war eine detaillierte, klinisch geprägte Studie von Manfred Bleuler (1972), deren Ergebnisse weitgehend mit ähnlichen, etwas später veröffentlichten Untersuchungen übereinstimmten (Ciompi & Müller, 1976; Huber, Gross & Schüttler,

1979; Harding, Brooks, Ashikaga, Strauss & Breier, 1987 a, b). Anhand bestimmter Jahrgänge von Krankenakten wurden Stichproben von Patienten gebildet, die damals wegen einer schizophrenen Störung in Behandlung waren. Dann wurde der katamnestische Verlauf (psychopathologische Auffälligkeiten, stationäre Behandlungen, berufliche und soziale Anpassung) retrospektiv über Zeiträume bis zu 64 Jahren zurückverfolgt. In etwa einem Viertel der Fälle fand man eine „Heilung", 40–50 % wiesen Residualzustände leichten bis mittleren Grades auf, und nur ca. 30 % zeigten eine „dauernde schwere psychische Invalidisierung" (Ciompi, 1989). Bemerkenswert sind auch Wechsel der diagnostischen Einordnung der Störungen im Krankheitsverlauf. Gross und Huber (1980) beschreiben einen Übergang von schizophrener in depressive Symptomatik bei 13 % ihrer Fälle und einen Wechsel in umgekehrter Richtungen bei 12 %.

Wenngleich diese und andere Untersuchungen gezeigt haben, daß Verlauf und Ausgang schizophrener Störungen keineswegs homogen sind, lassen sich doch einige generelle Aussagen machen (vgl. Angst, 1988; McGlashan, 1988). Obwohl nicht allen Erkrankten eine chronische Beeinträchtigung droht, ist der Langzeitverlauf (Hospitalisierungsdauer, berufliche und soziale Eingliederung) im Vergleich zu vielen körperlichen und psychiatrischen Krankheitsbildern (affektive Störungen, schizoaffektive Psychosen, schizotypische und Borderline-Störungen) ungünstiger. Die Mortalität ist etwa doppelt so hoch wie in der Allgemeinbevölkerung (Allebeck, 1989), die Lebenserwartung etwa zehn Jahre geringer (Tsuang, Woolson & Fleming, 1980). Hauptursache ist eine mehr als zehnfach erhöhte Häufigkeit an Suiziden. Über 10 % der an Schizophrenie Erkrankten sterben durch Suizid (Drake, Gates, Whitaker & Cotton, 1985; Caldwell & Gottesman, 1990). Aber auch die meisten „natürlichen" Todesursachen, wie Kreislauferkrankungen, sind bei schizophrenen Patienten bedeutsam erhöht (Allebeck, 1989). Betrachtet man neben „Endzuständen" und Mortalität auch den Verlauf, so zeigt sich im Mittel während der ersten fünf bis zehn Jahre nach Erkrankungsbeginn eine Kulmination produktiver Symptomatik mit einem Rückgang der sozialen und beruflichen Anpassung. In den folgenden Jahren und Jahrzehnten findet sich dann eine deutliche Besserung in diesen Bereichen trotz Zunahme affektiver und residualer Symptomatik. Ob dieser Rückgang der Akutsymptomatik und die verbesserte soziale Anpassung als „burn out into a residual state" (Angst, 1988) oder als Zeichen einer allmählich gelingenden Anpassung von Patient und Angehörigen an bestehende Beeinträchtigungen zu bewerten ist, kann mit retrospektiven Langzeituntersuchungen nicht beantwortet werden. Diese Studien sind generell kaum geeignet, den Einfluß prämorbider Persönlichkeitsfaktoren, sozialer Bedingungen, therapeutischer Maßnahmen und widriger Lebensereignisse auf den Störungsverlauf nachzuweisen. Dadurch legen sie häufig implizit die Vorstellung eines weitgehend automatisierten, „natürlichen" Krankheitsverlaufs nahe. Sieht man von kasuistischen Darstellungen wie bei M. Bleuler ab, können allenfalls Einflüsse, welche eine Vielzahl der Patienten in gleicher Weise betreffen, annäherungsweise geprüft werden. Vergleicht man die Verläufe bei Patienten, die in unterschiedlichen Dekaden dieses Jahrhunderts behandelt wurden, so zeigt sich meist in den letzten Jahrzehnten eine günstigere Prognose. Umstritten ist, ob dies mit der Einführung der neuroleptischen Pharmakotherapie zusammenhängt, wie Huber et al. (1979) vermuten. Prognostisch bedeutsam für den „Endzustand" erscheint die Dauer der psychotischen Störung. Die Langzeitergebnisse von Stichproben mit längeren Erkrankungen (Prodrome, Akutsymptomatik, Residuen) waren in der Regel ungünstiger. Trotz widersprüchlicher Ergebnisse bei nachträglicher Verwendung von DSM-III-Kriterien (Harding, 1988), ist anzunehmen, daß die Dauer der ersten Erkrankungen und die dabei aufgetretenen Chronifizierungen mit ungünstigeren Langzeitergebnissen einhergehen (McGlashan, 1986). Gesellschaftliche Einflüsse auf den Verlauf schizophrener Psychosen zeigten die „International Pilot Study of Schizophrenia" (IPSS; WHO, 1979) und die „Determinants of Outcome Study" (Sartorius et al., 1986; Leff, Sartorius, Jablensky, Korten & Ernberg, 1992). Bei ähnlicher Inzidenz dieser Störung in verschiedenen Ländern waren zwei und fünf Jahre nach der Ersterkrankung Symptomatik, Störungsverlauf, Dauer der Episode, soziale Beeinträchtigung in wenig industrialisierten Entwicklungsländern (Indien, Nigeria, Sudan, Kolumbien) deutlich günstiger als in Industrieländern (CSSR, Dänemark, England, USA, UDSSR). Es liegt nahe, diese Unterschiede mit den Folgen häufigerer sozialer Isolierung in den Industrieländern zu erklären (Lin & Kleinmann, 1988).

3.3 Verlaufstypen

Die Verlaufsbeschreibung in der klassischen psychiatrischen Literatur unterscheidet zwischen „Richtungsprognose", d.h. Aussagen über die langfristig zu erwartenden „Endzustände", und „Streckenprognose", d.h. Veränderungen des Störungsbildes zwischen Erkrankungsbeginn und höherem Lebensalter. Der Verlauf wird mit Begriffen wie „akute Schübe", „Exazerbationen", „Remissionen" dargestellt (E. Bleuler, 1923; Gaebel, 1985). Versuche, die Langzeitverläufe in Gruppen zu gliedern, führten zu unterschiedlichen Typologien mit sieben Verlaufstypen bei E. Bleuler, acht bei Ciompi und zwölf bei Huber. Diese Typen bestehen aus den verschiedenen Kombinationen von Kategorisierungen des Krankheitsbeginns (meist akut vs. chronisch), des weiteren Verlaufs (z.B. episodisch vs. kontinuierlich) und des Endzustands (geheilt, leicht beeinträchtigt, schweres Residuum). Keiner dieser Ordnungsversuche beruht auf operationalisierten Regeln der Zuordnung und die Häufigkeiten bestimmter Typen schwanken zwischen verschiedenen Studien recht erheblich (Harding, 1988).

Verbesserte Methoden der Datenerhebung und -speicherung sowie die Berücksichtigung zusätzlicher Lebensbereiche neben der Symptomatik (social support, Arbeit, Wohnsituation etc.) wie von Harding, McCormick, Strauss, Ashikaga und Brooks (1989) vorgeschlagen, werden nichts daran ändern können, daß retrospektive Befragungen nach Jahrzehnten keine befriedigend quantifizierbaren, validen Informationen liefern. Fortschritte sind nur von prospektiven Untersuchungen zu erwarten, die in regelmäßigen Abständen die verschiedenen Aspekte der Symptomatik und Anpassung mit standardisierten Instrumenten erfassen (vgl. Olbrich & Strauss, 1988). Solche Studien wurden bislang nur über Zeiträume bis zu fünf Jahren durchgeführt (z. B. Watt, Katz & Shepard, 1983; Biehl, Maurer, Schubart, Krumm & Jung, 1986). Mit Zeitreihenerhebungen möglichst intervallskalierter Merkmale lassen sich dann Verlaufskennzeichen dokumentieren, wie sie Strauss, Hafez, Lieberman und Harding (1985) vorschlagen. Einen Versuch unternahmen Krumm, An der Heiden, Biehl und Ditton (1992) mit einer auf mathematischen Modellen beruhenden Darstellung des Verlaufs schizophrener Positiv- und Negativ-Symptomatik.

3.4 Residualzustände

In der Literatur über den Zustand schizophrener Patienten viele Jahre nach der Ersterkrankung zeigen sich unterschiedliche Schwerpunkte in den deutschsprachigen und amerikanischen Arbeiten. Nachdem hierzulande lange davon ausgegangen wurde, daß bei vielen Patienten letztlich irreversible Endzustände auftreten, widmete man sich ausführlich der psychopathologischen Beschreibung und Differenzierung solcher Spätformen schizophrener Erkrankungen. Dabei wurde auf drei unabhängige Dimensionen hingewiesen, die in verschiedenen Konfigurationen auftreten können (vgl. Mundt, 1981):
1. psychotische Akutsymptomatik,
2. „charakterologische Veränderung", die von Janzarik (1968) als „Strukturverformung" bezeichnet wurde (Veränderungen der Denkweisen und Werte, ungewöhnliches und bizarres Verhalten und Denken, Einengung von Interessen), und
3. Potentialverlust, auch als „reines Residuum" oder „reiner Defekt" (Huber, Gross & Schüttler, 1975), „dynamische Entleerung" oder „Insuffizienz" (Janzarik) bezeichnet.

Das Konzept des „reinen Defekts" zeigt Ähnlichkeiten mit dem Konzept der Negativ-Symptomatik (Energieverlust, Affektverflachung, Sprachverarmung, Anhedonie). Dieses Zustandsbild kann auch bereits in den Prodromalphasen einer schizophrenen Störung und in „stillen Phasen" des Verlaufs auftreten; es ist nicht spezifisch für schizophrene Erkrankungen und wird auch nach affektiven Psychosen oder hirnorganischen Syndromen beschrieben. Ausgehend von der Bonner Langzeitstudie unternahmen Huber, Gross & Schüttler (1980) eine Einteilung der Remissionstypen in zunächst drei Hauptgruppen mit „Vollremission" (22 %), „uncharakteristischen Residuen", d. h. ohne jegliche Akutsymptomatik (43 %) und „charakteristischen Residuen" (35 %). Die uncharakteristischen Residuen wurden weiter aufgeteilt in „Strukturverformungen" (3 %) und „reine Residuen" (40 %); die charakteristischen Residuen in „gemischte Residuen", d. h. Akutsymptome und uncharakteristische Residualsymptomatik (17 %), „typisch schizophrene Defektpsychosen" (11 %), „chronisch reine Psychosen" (4 %) und „Strukturverformungen mit Psychose" (3 %). Operationalisierte Zuordnungsregeln zu diesen Remissionstypen fehlen ebenso wie Reliabilitätsprüfungen der Kategorisierungen. Auf Zusammenhänge zwischen „reinem Defekt" und hirnorganischen Auffälligkeiten wurde von den Autoren hingewiesen. Dennoch betont Huber (1986), daß auch der reine Defekt „besserungsfähig und passager kompensierbar ist".

Wurde in den deutschen Untersuchungen die soziale Anpassung zumeist nur am Rande vermerkt, so gilt ihr in den amerikanischen Studien die Aufmerksamkeit. Die Beschreibung der psychopathologischen Zustandsbilder beschränkt sich dagegen auf „Global outcome" (z. B. McGlashan, 1986) oder die Symptomdimensionen „Positiv/Negativ" (z. B. Harding et al., 1987b). Eine differenzierte Darstellung des Lebens viele Jahre nach der Ersterkrankung gibt die „Vermont Longitudinal Study" (Harding et al., 1987 a,b). Dabei wurden die Lebensbedingungen von 168 Männern und Frauen durchschnittlich 32 Jahre nach einer Klinikbehandlung in einem Durchschnittsalter von 59 Jahren (38–83 Jahre) mit einer Serie strukturierter Instrumente (Interviews und Rating-Skalen) beschrieben. In 118 Fällen konnte retrospektiv die Diagnose einer schizophrenen Störung nach DSM-III gesichert werden. Die Kohorte ist insofern untypisch, da sie Mitte der 50er Jahre an einem umfassenden Rehabilitationsprogramm am Vermont State Hospital teilgenommen hatte und anschließend recht intensiv „gemeindenah" mit Tagesstätten, Tageskliniken, Arbeitsvermittlung etc. betreut wurde. Dies mag zu den gegenüber europäischen Studien (z. B. Ciompi, 1980) besseren späten Lebensbedingungen beigetragen haben, spricht aber eindeutig gegen die „natürliche" krankheitsbedingte Entwicklung desolater Endzustände. Zum Zeitpunkt der Nachuntersuchung lebten 50 % in eigenen Wohnungen, 40 % in Wohnheimen und nur 10 % waren in stationärer Behandlung oder Pflegeheimen. 83 % hatten im letzten Jahr keinen Klinikaufenthalt. 19 % waren verheiratet, 7 % verwitwet, 23 % geschieden oder getrennt und 51 % ledig. Am auffallendsten sind Einschränkungen der sozialen Beziehungen; nur 68 % hatten eine engere Freundschaft und nur 61 % trafen ein- bis zweiwöchentlich einen Freund. Immerhin 40 % hatten im letzten Jahr eine Anstellung, die Hälfte allerdings in ungelernten „Jobs". Nach der störungsbezogenen „Global Assessment Scale" (GAS) wiesen 65 % nicht einmal eine „milde Symptomatik" auf und nach der „Levels of Function Scale", welche die allgemeine Anpassung mißt, zeigten 55 % lediglich „leichte" oder „keine" Beeinträchtigungen.

Zusammenfassend läßt sich aus den Untersuchungen der Residualzustände ein recht hoffnungsvolles Bild gewinnen. Bei früher schizophren Erkrankten sind in höherem Lebensalter akut-psychotische Zustände sehr selten; psychopathologisch dominiert eine unspezifische Residualsymptomatik. Die soziale Anpassung ist bei entsprechender frühzeitiger Förderung hinsichtlich selbständigem Wohnen und beruflicher Eingliederung bei mindestens der Hälfte der Patienten ausreichend. Die Kontaktfähigkeit erscheint aber bei den meisten Patienten vermindert. Die korrelativen Zusammenhänge zwischen den verschiedenen „outcome"-Dimensionen wurden bei Langzeituntersuchungen nicht geprüft. Studien mit erheblich kürzerer Laufzeit zeigen allenfalls mittlere Korrelationen (z. B. Gaebel & Pietzcker, 1987; Maurer & Biehl, 1991), was darauf hinweist, daß es sich bei beruflicher Eingliederung, Sozialkontakten, Dauer stationärer Behandlung, Positiv- und Negativ-Symptomatik um relativ unabhängige Dimensionen handelt.

3.5 Prognose des Verlaufs

In nahezu jeder der zahlreichen Verlaufsuntersuchungen schizophrener Störungen wurde der Versuch unternommen, Prädiktoren für den Verlauf oder für die zuletzt erhobenen Querschnittsbefunde herauszufinden. Selbst wenn keine Zusammenhänge zwischen Prädiktorvariablen und „outcome"-Maßen bestünden, würde bei der üblicherweise verwendeten zufallskritischen Statistik alleine die große Zahl der untersuchten Variablen auf scheinbare Zusammenhänge verweisen. Daher ist auch darauf zu achten, ob mehrere unabhängige Untersuchungen gleichartige Ergebnisse bringen. Nimmt man die erwähnten europäischen Langzeitstudien und einige ältere Arbeiten, so finden sich zahlreiche Merkmale, die mehrmals bei Patienten mit Remission, episodischem oder chronischem Verlauf in unterschiedlicher Häufigkeit auftraten. Bei Patienten mit günstigem Verlauf wurde vermehrt festgestellt: unauffällige Primärpersönlichkeit, höheres schulisches oder berufliches Ausbildungsniveau, bessere soziale Anpassung, ungestörte Familienverhältnisse (nur bei Frauen), akuter Krankheitsbeginn, erkennbare psychosoziale Auslösefaktoren, vermehrt affektive oder paranoide Symptome (im Gegensatz zu hebephrenen Symptomen) (vgl. Retterstol, 1987; Möller & v. Zerssen, 1986; Wing, 1982). Die „International Pilot Study of Schizophrenia" (WHO, 1979) mit einer nur zweijährigen Katamnesedauer fand als aussagekräftigste Prädiktoren ungünstiger Verlaufscharakteristika (Dauer der aktuellen Episode, soziale Beeinträchtigung und Globalbeurteilung des Zustandes nach zwei Jahren) folgende Faktoren: soziale Isolation, bereits längeres Bestehen der Episode vor der Behandlung, vorangegangene psychiatrische Behandlungen, nicht verheiratet, frühere Verhaltensauffälligkeiten und fehlende Beschäftigung. Die Einschätzung der allgemeinen Bedeutung verschiedener Prädiktoren durch den Vergleich von Studien stößt auf erhebliche methodische Probleme:

1. Zunächst gibt es Unterschiede, welche Patienten als „schizophren" bezeichnet werden, da die diagnostischen Konzepte bis Anfang der 70er Jahre variierten und auch seither in immer kürzeren Abständen Revisionen der Kategoriensysteme veröffentlicht wurden. Um die Gültigkeit bestimmter Prädiktoren wie „affektive Begleitsymptomatik" oder „schleichender Beginn" zu prüfen, wäre bei den älteren Arbeiten eine retrospektive Neu-Kategorisierung nach DSM-III-R notwendig.
2. Die Vorhersage der weiteren Entwicklung bereits mehrfach Erkrankter wird sich auf andere Merkmale stützen (z.B. Dauer der Behandlungen, Ansprechen auf Medikation; Gaebel, Pietzcker & Poppenberg, 1981; Fähndrich & Richter, 1986) als bei erstmals behandelten Patienten. Selbst bei letzteren kann der Erkrankungsbeginn lange vor der Behandlung liegen und die prämorbide Anpassung und Persönlichkeit beeinflussen (vgl. Ram, Bromet, Eaton, Pato & Schwartz, 1992).
3. Die untersuchten Prädiktor-Variablen weisen beträchtliche Interkorrelationen auf. Beispielsweise bestehen deutliche Zusammenhänge zwischen Erkrankungsalter, sozialer Anpassung, Geschlecht, Familienstand (vgl. Häfner et al., 1991; Eaton et al., 1992) und möglicherweise auch mit genetischen und hirnmorphologischen Auffälligkeiten (De Lisi, 1992). Bei univariaten statistischen Analysen liegt dadurch die Gefahr der Interpretation von Scheinkorrelationen nahe. Überprüfungen mittels Partialkorrelationen oder kreuzvalidierten multivariaten Analysen können dieses Problem nicht vollständig beseitigen und erfordern beträchtliche Stichprobengrößen.
4. Die Dauer der Katamnese-Zeiträume variiert enorm. Follow-up-Studien umfassen meist ein bis fünf Jahre nach der Index-Behandlung, follow-back-Untersuchungen mehrere Jahrzehnte. Es ist nicht zu erwarten, daß ein Prädiktor auf den Zustand nach einem Jahr den gleichen Einfluß ausübt wie auf den Zustand nach zwanzig Jahren. So findet McGlashan (1986) Einflüsse der prämorbiden sozialen Anpassung nur im ersten Jahrzehnt der Erkrankung, der Familienstruktur nur im zweiten Jahrzehnt und der genetischen Belastung zu noch späteren Zeiten.
5. Bei der Verwendung unterschiedlicher „outcome"-Maße zeigen sich zumindest bei kürzeren Katamnesezeiten mit bestimmten Prädiktoren unterschiedlich enge Zusammenhänge. In der Regel werden die höchsten Korrelationen auf den gleichen Dimensionen festgestellt; z.B. die soziale Beeinträchtigung bei der Erstaufnahme mit der sozialen Beeinträchtigung nach fünf Jahren, die Positiv- und Negativ-Symptomatik bei Erstaufnahme mit den späteren Symptomausprägungen (z.B. Biehl et al., 1986). Selbst der Einfluß des wohl am häufigsten gefundenen Prädiktors „prämorbide

Anpassung" auf die Global-Einschätzung der späteren schizophrenen Störung scheint sich nach genaueren Analysen auf die Bereiche „Arbeits- und Sozialverhalten" zu beschränken (Stoffelmayer, Dillavon & Hunter, 1983).
6. Ernüchternd wirkt sich ein Blick auf die durch Prädiktorvariablen aufgeklärte Varianz von „outcome"-Kriterien aus. Diese schwankt etwa bei Gaebel et al. (1981) in multiplen Regressionsanalysen mit rund 30 (!) Prädiktoren zwischen 35 und 65 %. In der International Pilot Study of Schizophrenia (WHO, 1979) erklärt eine optimale Kombination von fünf Prädiktoren je nach verwendetem „outcome"-Kriterium zwischen 8 und 22 % der Varianz. Bedenkt man, daß diese beiden Studien inhaltlich ähnliche Prädiktor- und Kriteriumsvariablen verwendeten und nur Verläufe von ein bzw. zwei Jahren erfaßten, so wird klar, daß hinreichend verläßliche Prognosen für den Einzelfall nicht möglich sind.

Die genannten Probleme gelten in gleicher Weise für die aus verschiedenen Prädiktorvariablen gebildeten Prognose-Skalen, wie sie von Phillips, Vaillant, Stephens et al., Strauss und Carpenter (Literaturangaben bei Gaebel & Pietzcker, 1987) vorgestellt wurden. Während diese Skalen bei jenen Stichproben mit deren Daten sie entwickelt wurden, erwartungsgemäß mittlere Korrelationen mit verschiedenen „outcome"-Kriterien zeigen (z.B. Fenton & McGlashan, 1987), sind die Befunde zur prognostischen Validität bei anderen Stichproben zumindest uneinheitlich (Möller & v. Zerssen, 1986; Gaebel & Pietzcker, 1987).

3.6 Traditionelle Untergruppen

Wie erwähnt, weisen Symptomatik und Verlauf schizophrener Störungen erhebliche Unterschiede auf. Es lag daher nahe, einige der im 19. Jahrhundert als separate Krankheitseinheiten gewerteten Störungsbilder, die Kraepelin zur „dementia praecox" zusammengefaßt hatte, weiter als Unterformen zu verwenden. In Kraepelins Lehrbuch von 1899 erfolgt eine Unterteilung in Paranoid, Katatonie und Hebephrenie; etwas später kam die „dementia simplex" als vierte Form hinzu (vgl. Scharfetter, 1987; Strömgren, 1982b).

Die Beschreibung dieser vier Typen in ICD-10 (Dilling et al., 1991) entspricht weitgehend jener in den klassischen Lehrbüchern. Beim *hebephrenen Typus* (im DSM-III-R desorganisierter Typus genannt) stehen affektive Veränderungen im Vordergrund; die Stimmung ist flach und unpassend, oft begleitet von Kichern oder selbstzufriedenem, selbstversunkenen Lächeln oder von einer hochfahrenden Umgangsweise, von Grimassieren, Manierismen, Faxen, hypochondrischen Klagen und immer wiederholten Äußerungen. Das Denken ist ungeordnet, die Sprache weitschweifig und zerfahren. Der Kranke neigt dazu, sich zu isolieren, sein Verhalten erscheint ziellos und unvorhersagbar. Wahnvorstellungen und Halluzinationen sind nur flüchtig und bruchstückhaft.

Wesentliche Merkmale des *katatonen Typus* sind psychomotorische Störungen mit einerseits quantitativen Auslenkungen (Stupor oder Mutismus, schwere motorische Erregung), andererseits qualitativen Abweichungen (Haltungsstereotypien, Befehlsautomatismus, Negativismus, Katalepsie).

Das klinische Bild des *paranoiden Typus* wird von dauerhaften Wahnvorstellungen beherrscht (z. B. Verfolgungswahn, Beziehungswahn, Abstammungswahn), oft begleitet von Halluzinationen vor allem akustischer Art.

Die umstrittendste und nur schwer zu diagnostizierende Unterform *Schizophrenia simplex* wird charakterisiert durch schleichende Persönlichkeitsänderungen, merkwürdigem Verhalten, Verschlechterung der allgemeinen Leistungsfähigkeit, Nichterfüllen sozialer Anforderungen ohne spektakuläre psychotische Symptome wie Wahn oder Halluzinationen. Wie bei Residualzuständen dominieren Negativ-Symptome (z. B. Affektverflachung, soziale Verarmung, Antriebsminderung); hier allerdings ohne vorhergehende floride psychotische Symptomatik.

Ab den dreißiger Jahren wurden zahlreiche weitere Unterformen in verschiedenen Ländern vorgeschlagen, die sich auf klinischen Beschreibungen gründeten und mittlerweile kaum noch angewendet oder in DSM-III-R und ICD-10 anderen diagnostischen Kategorien zugeteilt werden. Während die ICD-10 die traditionellen Untergruppen weiterführt, wurden im DSM verschiedene Änderungen vorgenommen. Die Simplex-Form wurde im DSM-III aufgegeben und bildet nunmehr einen Teil der schizotypischen Persönlichkeitsstörung. Im DSM-III-R wurden die Kriterien geändert und eine hierarchie-ähnliche Ordnung der Untergruppen durch Ausschlußkriterien eingeführt. Dabei wird zunächst die Zuordnung zum katatonen Typus geprüft, in einem weiteren Schritt die Erfüllung der Kriterien für den hebephrenen Typus, dann die Kriterien des paranoiden Typus und schließlich die Restgruppe in einen undifferenzierten und einen residualen Typus aufgeteilt.

Wieder einmal bei E. Bleuler (1923) findet sich eine treffende Bewertung der Untergruppen (S. 317). „Obgleich die Schizophrenie wohl keine einheitliche Krankheit ist, sind wir noch nicht imstande sie in natürliche Unterformen zu gliedern. Um immerhin sich in den äußeren Formen des unendlich wechselnden Krankheitsbildes zu orientieren, hat man vier Gestaltungen auseinander gehalten je nach dem Vorwiegen oder Fehlen bestimmter Symptomgruppen. Sie sind keine nosologischen Einheiten und gehen von Patient zu Patient und auch beim nämlichen Kranken ineinander über, indem ein Schizophrener z. B. mit Hebephrenie in die Anstalt eintreten, mit Katatonie jahrelang dableiben und schließlich mit Paranoid entlassen werden kann. Doch bleiben die meisten

Kranken dauernd innerhalb ihrer Untergruppe." Die von E. Bleuler angesprochenen Punkte wurden in der englischsprachigen Literatur etwa fünfzig Jahre später wieder aufgegriffen. Die traditionellen Untergruppen wurden als zeitlich instabil, phänomenologisch unspezifisch und kaum valide kritisiert (vgl. McGlashan & Fenton, 1991). Eine umfangreiche Studie von Gruenberg, Kendler und Tsuang (1985) zur Interrater-Reliabilität bei der Zuordnung zu Untergruppen erbrachte mit DSM-III, RDC, ICD-9 und Kriterien von Tsuang und Winokur gute Übereinstimmungen. Allerdings war die Konkordanz der vier Diagnosesysteme gering; nach Tsuang und Winokur wurden zwei Drittel dem undifferenzierten Typus zugeteilt, während nach ICD-9 die Mehrzahl als paranoid oder hebephren klassifiziert wurde. Diese unbefriedigende Konkordanz erklärt vielleicht die unterschiedlichen Häufigkeiten der Untergruppen in verschiedenen Untersuchungen. Zwar bildet der paranoide Typus meist die größte Gruppe – bei M. Bleuler (1972), Harding et al. (1987b), Pietzcker und Gaebel (1987) mindestens die Hälfte der Patienten –, aber die Zahlen für die anderen Typen schwanken erheblich. Neben der durch unterschiedliche Diagnosesysteme bedingten Varianz kommen noch weitere Gründe in Betracht:

1. Mit zunehmender Krankheitsdauer werden die unspezifischen Untergruppen (undifferenziert, residual) häufiger (z.B. Kendler, Gruenberg & Tsuang, 1985).
2. Im Durchschnitt weisen hebephrene Patienten das niedrigste Erkrankungsalter, paranoide das höchste auf (z.B. Gruenberg et al., 1985).
3. Die Ausgestaltung der Symptomatik einer schizophrenen Psychose kann zeitlichen und kulturellen Einflüssen unterworfen sein.

Das erstaunliche Phänomen, daß heutzutage der katatone Typus in den Industrieländern kaum noch auftritt, während er in den Langzeitstudien etwa von M. Bleuler (1972) und Harding et al. (1987b) rund ein Drittel der Schizophrenen erfaßte, kann entweder wie Strömgren (1982b) vermutet, auf einen spezifischen Einfluß moderner Behandlungsmethoden zurückzuführen sein, oder auf gesellschaftliche Einflüsse. Von vielen Störungen aus dem neurotischen Spektrum (z.B. histrionische Störungen) sind enorme Veränderungen der Inzidenz über Epochen bekannt. Daß dies auch für die Unterformen schizophrener Störungen möglich ist, zeigen die großen WHO-Studien. Nach der „Determinants of Outcome"-Studie (Sartorius et al., 1986) traten die ICD-9-Untergruppen in Entwicklungs- und Industrieländern unterschiedlich häufig auf, obwohl einheitliche diagnostische Vorgehensweisen gesichert waren. Während in den Industrieländern dem katatonen Typus nur 1 % zugeordnet wurden, dem hebephrenen und undifferenzierten aber 35 %, wurden in den Entwicklungsländern die Diagnosen „Katatonie" bei 10 % der Patienten und „hebephrener und undifferenzierter Typus" bei nur 8 % gestellt.

Mehrere Untersuchungen prüften die zeitliche Stabilität von Zuordnungen zu bestimmten Untergruppen (vgl. McGlashan & Fenton, 1991). Die Wahrscheinlichkeit einer Änderung der Diagnose wächst mit der Länge des gewählten Zeitraums und hängt ab von der Häufigkeit des Auftretens bestimmter Kategorien. Über Zeiträume von fünf Jahren und länger werden etwa 66 % unveränderte Zuordnungen berichtet, wobei die Stabilität beim paranoiden Typus am höchsten, beim hebephrenen Typus geringer und beim undifferenzierten Typus am niedrigsten ist. Übereinstimmend zeigt sich mit wachsender Zeitdauer eine Zunahme des hebephrenen und undifferenzierten Typus.

Die traditionelle Ansicht einer prognostischen Bedeutung der Unter-Diagnose wird durch neuere Arbeiten im wesentlichen bestätigt, wobei diese aber nur die Aufteilung in paranoid, hebephren und undifferenziert verwenden (McGlashan & Fenton, 1991). In der Regel werden sowohl für kurze wie für langfristige Katamnesen die günstigsten Verläufe beim paranoiden Typus, die ungünstigsten bei der hebephrenen Untergruppe gefunden.

Zur Validierung der Untergruppen schizophrener Störungen wurden auch genetische Befunde herangezogen (Kendler & Davis, 1981; McGlashan & Fenton, 1991; Bentall, 1992). Dabei wird meist nur die Aufteilung in paranoid/nichtparanoid berücksichtigt. Geprüft wird, ob die Wahrscheinlichkeit einer schizophrenen Störung (gleich welchen Typus) bei Angehörigen von Patienten bestimmter Untergruppen differiert, und wie hoch bei mehreren schizophrenen Familienmitgliedern die Übereinstimmung hinsichtlich der Unter-Diagnose ist. Die Befunde zahlreicher Studien zu beiden Fragen sind widersprüchlich, so daß eine eindeutige Bewertung derzeit nicht möglich ist. Darüber hinaus ist der Einwand zu berücksichtigen, daß die Untergruppen nicht „genetisch heterogen" sind, sondern mit einem unterschiedlichen „Schweregrad" an genetischer Belastung einhergehen, so daß ein dimensionales Modell passender wäre (Fowles, 1992).

Der am schwersten zu widerlegende Befund gegen die traditionellen Untergruppen stammt aus Arbeiten mit den Daten der „International Pilot Study of Schizophrenia" (WHO, 1979). In dieser Studie hatte man zwar übereinstimmende Symptomprofile für mehrere Untergruppen in den neun Ländern gefunden, aber auch nur geringe Unterschiede zwischen den Symptomprofilen der Untergruppen. Carpenter, Bartko, Carpenter und Strauss (1976) faßten zunächst die Daten von 600 Patienten auf 27 psychopathologischen Dimensionen zusammen, konnten aber auch zwischen diesen Profilen keine signifikanten Differenzen finden. Clusteranalysen dieser Daten ergaben dann vier Gruppen (als typical, flagrant, insightful, hypochondria bezeichnet), die kaum Gemeinsamkeiten mit den Typen Kraepelins aufweisen, wobei auf das erste Cluster etwa 75 % der Patienten entfielen.

Faßt man die gegenwärtigen Befunde zusammen, so ist zunächst festzustellen, daß von den meist angeführten Untergruppen lediglich der hebephrene und der paranoide Typus als mögliche eigenständige Formen verbleiben. Der katatone Typus tritt in Industrieländern nur noch sehr selten auf, die „simplex Form" ist im Querschnitt grundsätzlich kaum diagnostizierbar, der undifferenzierte Typus stellt derzeit nur die Kategorie für die nicht eindeutig als paranoid oder hebephren klassifizierbaren Fälle dar und beim residualen Typus handelt es sich lediglich um ein Zustandsbild nach längeren Krankheitsverläufen. Einige Befunde, wie unterschiedliche Verläufe bei paranoiden und hebephrenen Formen oder mögliche genetische Abweichungen, lassen sich sowohl mit einem Untergruppen-Modell wie mit einem Modell unterschiedlicher Dimensionen, die bei jedem Patienten in bestimmter Ausprägung vorliegen, in Einklang bringen.

3.7 Positiv- und Negativ-Syndrome

Obwohl sich die Unterscheidung zwischen einem defizitären Syndrom einerseits und floriden oder dissoziativen Störungen auf der anderen Seite durch die gesamte klassische Schizophrenie-Literatur verfolgen läßt, erlangte diese Aufteilung erst wieder ab Mitte der 70er Jahre große Beachtung. Zunächst wiesen Strauss, Carpenter und Bartko (1974) auf zwei möglicherweise ätiologisch unterschiedliche Symptomprofile hin, die sie mit einer von J.R. Reynolds und J.H. Jackson eingeführten Terminologie als Negativ- und Positiv-Symptome bezeichneten (Berrios, 1985). Negativ-Symptome schienen durch Neuroleptika kaum beeinflußbar, während Positiv-Symptome damit reduziert oder beseitigt werden konnten. Etwas später stellte Andreasen (1982) ein erstes Beurteilungsverfahren in Skalenform vor, das eine reliable Einschätzung der Negativ-Symptomatik erlaubte. Seither wurde eine Reihe ähnlicher Verfahren zur Erfassung negativer und positiver Symptome und zur Klassifikation entsprechender Untergruppen schizophrener Patienten entwickelt (vgl. Mueser, Douglas, Bellack & Morrison, 1991; Fenton & McGlashan, 1992). Trotz hohen Korrelationen zwischen den Skalen und guten internen Konsistenzen sind beachtliche inhaltliche Unterschiede festzustellen (Fenton & McGlashan, 1991). Lediglich „Affektverflachung" wird in allen Verfahren zur Negativ-Symptomatik gezählt, zumeist auch „Sprachverarmung", „Anhedonie", „sozialer Rückzug", und „Apathie". Wahn, Halluzinationen, bizarres und katatones Verhalten bilden die wichtigsten Symptomgruppen des positiven Syndroms. Denkstörungen (Inkohärenz, gelockerte Assoziationen) werden unterschiedlich zugeordnet. Faktorenanalysen über verschiedene Symptomdefinitionen und Patientengruppen erbrachten divergierende Strukturen, wenngleich sich neben unterschiedlichen weiteren Faktoren meist auch Positiv- und Negativ-Faktoren ergaben (Andreasen, Olsen, Dennert & Smith, 1982; Bilder, Mukherjee, Rieder & Pandurangi, 1985; Liddle, 1987; Kay, 1990; Schröder et al., 1992).

Angesichts divergierender Skalen und bislang kaum validierbarer Grenzwerte kann es nicht überraschen, daß Klassifikationen von Patienten in einen Negativ- und einen Positiv-Typus zu recht unterschiedlichen Gruppenbildungen führten, wobei stets eine erhebliche Zahl nicht eindeutig zugeordnet werden kann und die Stabilität dieser Gruppen über längere Zeiträume gering ist (Kay, 1990; Mueser et al., 1991; Fenton & McGlashan, 1992). Entsprechend uneinheitlich sind auch die Ergebnisse hinsichtlich weiterer Unterschiede zwischen Negativ- und Positiv-Syndrom. Die Charakterisierung der Negativ-Gruppe durch das Überwiegen männlicher Patienten, schlechterer prämorbider Anpassung, früherem Erkrankungsalter und ausgeprägteren kognitiven Defiziten ließ sich nicht durchgehend bestätigen (vgl. Bentall, 1992).

Vor allem Carpenter (z. B. 1991, 1992) wies mehrfach darauf hin, daß die Querschnittserhebung negativer Symptome mit den üblichen Skalen eine sinnvolle Untergruppenbildung und die Erforschung möglicher ätiologischer Unterschiede kaum zuläßt, da dabei primäre und sekundäre Negativ-Symptomatik vermischt würden. Er unterscheidet zwischen einem primären, zeitlich überdauernden Syndrom, das eine „Defizit-Untergruppe" kennzeichnet, und vorübergehenden, sekundären Negativ-Symptomen (Carpenter, Heinrichs & Wagman, 1988). Im Querschnitt ist die Symptomatik zwar identisch, aber bei letzteren durch andere Ursachen bedingt: durch akut psychotische Störungen (z. B. Rückzug durch paranoides Mißtrauen oder Beschäftigung mit halluzinatorischen Erlebnissen), durch Angst und dysphorische Affekte, durch neuroleptische Medikation (Akinesie, Sedierung) oder durch Deprivation und Hospitalismus. Als Kriterien für das Defizit-Syndrom werden daher der Ausschluß solcher sekundärer Symptome und eine Zeitdauer von mindestens einem Jahr verlangt.

Wie bei Carpenter beruhen alle neueren Ansätze zur Aufteilung schizophrener Störungen auf der Positiv/Negativ-Dichotomie oder weisen deutliche Überlappungen mit dieser Einteilung auf: die Trennung zwischen Paranoid/Nonparanoid (Magaro, Abrams & Cantrell, 1981), die Aufteilung in Prozeß- und Reaktiv-Schizophrenien (Chapman & Chapman, 1973) und die Typ I/Typ II-Sch izophrenien nach Crow (1980, 1985). Der letztgenannte Ansatz wurde am umfassendsten formuliert (allerdings in einigen Variationen) und erlaubte die Prüfung mehrerer Hypothesen. Bei Typ I treten vorwiegend Positiv-Symptome auf. Neben einer guten prämorbiden Anpassung findet sich ein akuter Beginn und ein episodischer Krankheitsverlauf. Ätiologisch seien neurochemische Störungen verantwortlich, die zu einer Dopaminhyperaktivität führen. Daher würden Neuroleptika die Symptomatik mindern, während unter Amphetaminen Exazerbationen auftreten. Typ II wird durch Negativ-Symptome charakterisiert, die zeitweise von Positiv-Symptomen überlagert werden können. Die ätiologischen Faktoren bildeten morphologische Hirnanomalien wie zerebrale Atrophien und Ventrikelerweiterungen aufgrund von Geburtskomplikationen, frühen Hirnschädigungen oder Virusinfektionen. Typisch sei eine schlechte prämorbide Anpassung, ein schleichender Krankheitsbeginn und chronischer Verlauf. Die Patienten seien überwiegend Neuroleptika-Nonresponder. Die Befunde über unterschiedliche Prognosen und differentielle Medikamentenwirkungen bei Typ I und II sind allerdings widersprüchlich. Nicht haltbar erscheint, daß Neuroleptika bei Negativ-Symptomen gänzlich wirkungslos wären (z. B. Goldberg, 1985). Kay (1990) beschreibt zwar ausgeprägtere Effekte der Neuroleptika beim positiven Syndrom, aber auch eine eindrucksvolle Reduktion der Negativ-Symptomatik. In dieser Studie war die kurzfristige Prognose (18 Wochen) bei Positiv-Symptomatik zwar günstiger, aber längerfristig (3 Jahre) war der Zustand bei Patienten mit anfänglich ausgeprägter Negativ-Symptomatik besser.

Die zahlreichen auf Negativ- und Positiv-Symptomatik bezogenen Konzepte unterscheiden sich in einigen grundlegenden Annahmen. Während Zubin (1985, 1986) und Ciompi (1980) Zweifel am Bestehen eines primären negativen Syndroms äußern, formulierten E. Bleuler und Huber die Ansicht einer primären „negativen" schizophrenen Störung, auf welche die Positiv-Symptomatik zeitlich und auch phänomenologisch „akzessorisch" folge. Carpenter und auch Crow entwickelten Konzepte mit zwei unterschiedlichen Krankheitstypen, wobei Crow aber auch von zwei unabhängigen Dimensionen spricht, die sich überlagern können. Dworkin und Lenzenweger (1984) glauben dieses Modell durch höhere Konkordanzraten bei Zwillingen mit ausgeprägter Negativ-Symptomatik und durch konfirmatorische Faktorenanalysen über genetische und psychopathologische Daten (Lenzenweger, Dworkin & Wethington, 1989) stützen zu können. Ebenfalls aufgrund genetischer Daten kommen Gottesmann, McGuffin und Farmer (1987; McGuffin, Farmer & Gottesman, 1987) zu einem gänzlich anderen Modell, das auf einer einzigen unipolaren Dimension aus Schwere der Störung und damit verbundener genetischer Anfälligkeit beruht. Patienten mit ausgeprägter Negativ-Symptomatik würden darauf lediglich eine extreme Position einnehmen. Andreasen (1982) geht von einem eindimensionalen, bipolaren Modell aus, bei dem die negativen und positiven Untergruppen die beiden Pole bilden und dazwischen ein weiter „gemischter" Bereich liegt. Sie belegt dies mit hohen negativen Korrelationen zwischen Positiv- und Negativ-Symptomatik. Pogue-Geile und Harrow (1984) fanden dagegen bei ihrer Follow-up-Studie keine Korrelationen zwischen diesen Bereichen und fassen daher Positiv- und Negativ-Symptomatik als unabhängige Syndrome auf, die bei vielen Patienten nebeneinander bestehen und bei einigen nur in der einen oder anderen Form auftreten können. Für das Modell von Andreasen läßt sich eine ähnliche Studie von Kay (Kay, Fiszbein & Opler, 1987; Kay & Opler, 1987) anführen. Während sich zunächst wie bei Pogue-Geile und Harris keine bedeutsamen Zusammenhänge zwischen Positiv- und Negativ-Symptomen ergaben, führte die Extraktion ihrer gemeinsamen Varianz mit einem Score für „allgemeine Psychopathologie" zu signifikanten inversen Korrelationen.

4 Epidemiologie

4.1 Häufigkeit schizophrener Erkrankungen

Die praktische Bedeutung epidemiologischer Angaben zur Häufigkeit schizophrener Erkrankungen ist unmittelbar einsichtig. Möglichst genaue Angaben über die Zahl zu erwartender Krankheitsfälle sind für die Planung von Versorgungseinrichtungen und die Abschätzung ihrer Inanspruchnahme unerläßlich. Da die Auszählung jeweils für die Population eines Versorgungsgebiets vorgenommen werden kann, ist es unerheblich, ob Erkrankungshäufigkeiten in verschiedenen Teilen der Welt unterschiedlich sind. Ganz anders ist die Sachlage, wenn aus epidemiologischen Daten Hinweise auf ätiologisch bedeutsame Faktoren gewonnen werden sollen. Für Überlegungen zur Ätiologie muß die systematische Variation des Erkrankungsrisikos mit dem Auftreten bzw. der Ausprägung bestimmter Faktoren geprüft werden. Besondere Bedeutung hatten in der Schizophrenieforschung bislang die Unterschiede zwischen Ländern und Regionen, sozialen Schichten, Geschlecht und Geburtszeitpunkten.

4.1.1 Variation von Prävalenz und Inzidenz

Die Frage nach Unterschieden in der Häufigkeit schizophrener Erkrankungen in verschiedenen geographischen Regionen wurde in der Vergangenheit erstaunlich diskrepant beantwortet. Im Gegensatz zu Leff (1988) verweist Torrey (1989) auf erhebliche Unterschiede. Solche Diskrepanzen sind zum großen Teil auf Probleme bei der Ermittlung von Inzidenz- und Prävalenzraten zurückzuführen. Inzidenzraten betreffen die Anzahl neuer Krankheitsfälle pro Jahr innerhalb einer bestimmten Population. Ermittelt man die Inzidenz separat für einzelne Altersabschnitte, so ergibt die Zusammenfassung der Inzidenzraten über die Lebensspanne hinweg das Lebenszeitrisiko von der Geburt bis zum Lebensende. Es wird in der Regel auf 80 Jahre festgelegt. Die Prävalenzrate gibt die Anzahl der Patienten an, die in einer Population zum Zeitpunkt der Erhebung bzw. in einem bestimmten Zeitabschnitt, vorgefunden wird. Bei Angabe der Lebenszeitprävalenz werden dagegen alle seelischen Störungen im bisherigen Leben der Individuen berücksichtigt. Für beide Raten wird die Anzahl von Erkrankten pro Tausend oder Hunderttausend der Bevölkerung angegeben. Prävalenzraten reflektieren aber nicht nur das Risiko der Erkrankung, sondern auch Aspekte des Verlaufs wie die Dauer der Erkrankung, das Risiko erneuter Aufnahmen und die Lebenserwartung nach Krankheitsbeginn. Diese Konfundierung verschiedener Aspekte der Krankheit und ihrer Folgen ist für die Abschätzung des Bedarfs an psychosozialer Versorgung vorteilhaft, macht sie jedoch kaum geeignet zur Prüfung ätiologischer Hypothesen (Häfner, 1987).

Aus der großen Zahl von Studien zur Prävalenz schizophrener Erkankungen stellten Eaton, Day und Kramer (1988) 25 Studien zusammen, die bestimmten methodischen Kritierien genügten: Sofern es sich dabei um Fallregisterstudien handelte, wurde darauf geachtet, daß auch alle ambulanten Dienste derselben Region miterfaßt wurden. Sofern es sich um Felduntersuchungen handelte, mußte in diesen Studien die Fallidentifikation von einem Psychiater vorgenommen werden (im Unterschied etwa zur Identifikation nur durch trainierte Interviewer). Auch mußten diese Studien auf mindestens 2 500 Probanden beruhen, so daß bei einer vermuteten Prävalenzrate von 1 % etwa 25 Fälle zu erwarten waren. Die Punktprävalenz in diesen Studien variiert zwischen 0.6 und 8.3 pro 1000. Andere Maße wie Jahresprävalenz und Lebenszeitprävalenz liefern ähnliche Schätzungen. Dies ist nicht verwunderlich, bedenkt man einerseits die Seltenheit, andererseits die Chronizität der Erkrankung. Die Schätzungen unterscheiden sich auch kaum danach, ob sie aus Krankenhausstatistiken oder Feldstudien stammen. Diese von Eaton et al. (1988) zusammengetragenen Angaben stimmen gut mit Zusammenstellungen aus früheren Studien überein.

Zur Schätzung von Inzidenzraten ziehen Eaton et al. (1988) 23 Studien heran, die wie die Prävalenzstudien gewisse methodische Voraussetzungen erfüllen. Da die zu erwartenden Inzidenzraten beträchtlich unter den Prävalenzraten liegen, wurden nur solche Studien herangezogen, die auf Bezugsgrößen von mindestens 25 000 Personjahren basieren. Dies beschränkt die Studien einheitlich auf Fallregister, da keine Felduntersuchungen mit einem solchen Stichprobenumfang existieren. Lediglich Hagnell (1966) erfüllt dieses Kriterium annäherend mit einer Untersuchung, der 24 400 Personjahre zugrundegelegt wurden und in der 5 Personen (0.2/1000) an Schizophrenie erkrankten. Trotz dieser Einschränkungen variieren die Inzidenzraten der Studien zwischen 0.11/1000 in Salford (Großbritannien) und 0.70/1000 in Maryland (USA). Auch wenn man – wegen der früher üblichen Unterschiede in der Diagnosehäufigkeit zwischen USA und Großbritannien – die Studien für beide Regionen getrennt betrachtet, variieren die Inzidenzraten zwischen 0.35/1000 und 0.70/1000 in USA und 0.11/1000 und 0.25/1000 in Großbritannien.

Allerdings erfüllen nur wenige dieser Studien jene Voraussetzungen, die Sartorius et al. (1986) als unabdingbar für die Schätzung der wahren Inzidenz aufführen:

1. Sie müssen auf großen, stabilen und demographisch erfaßten Populationen beruhen, in denen alle Fälle mit Krankheitsbeginn über eine hinreichend große Zeitspanne so vollständig wie möglich erhoben werden (case finding),
2. die Diagnosen müssen auf der Basis transkulturell standardisierter Instrumente gestellt werden (case identification),
3. zusätzlich zum Alter beim Erstkontakt sollte das Alter beim Ausbruch der Psychose ermittelt werden,
4. die Raten sollten pro Altersgruppe ermittelt und durch Standardisierung vergleichbar gemacht werden.

Die erste Studie, die diese Voraussetzungen erfüllt ist die „WHO Collaborative Study on Determinants of Outcome of Severe Mental Disorders" (Jablensky et al., 1992; Sartorius et al., 1986). An dieser Studie waren 13 psychiatrische Krankenhäuser in Europa, Amerika, Afrika und Asien beteiligt. Aufgenommen in die Studie wurden alle Patienten, die im Zeitraum von 2 Jahren erstmals ein psychiatrisches Krankenhaus aufsuchten, zwischen 15 und 54 Jahren alt waren und im vorangegangenen Jahr Symptome einer psychotischen Störung hatten. 1 379 so ermittelte Patienten erfüllten die Kriterien einer Schizophrenie nach ICD-9.

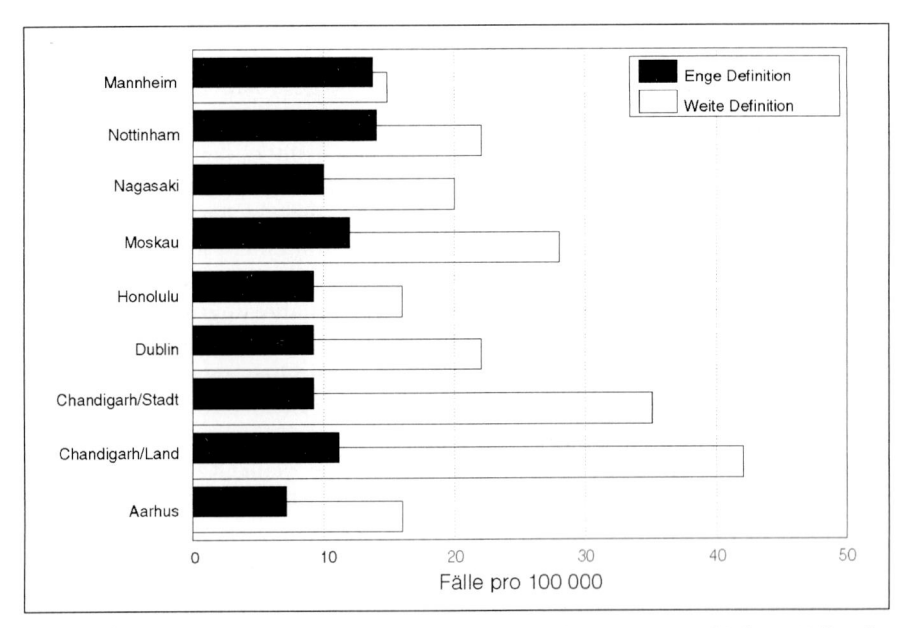

Abb. 1: Häufigkeit der Schizophrenie (weite und enge Definition) in verschiedenen Teilen der Welt (nach Jablensky et al., 1992 und Häfner, 1987)

Für die Ermittlung von Inzidenzraten waren die Daten von 8 der 13 Krankenhäuser geeignet: Aarhus (Dänemark), Chandigarh (Indien), wobei nach städtischem und ländlichem Einzugbereich getrennt wurde, Dublin (Irland), Honolulu (Hawai), Moskau (Sowjetunion), Nagasaki (Japan), Nottingham (Großbritannien). Den Berechnungen der Inzidenzraten wurde die Diagnosestellung nach dem CATEGO-System zugrundegelegt. Einmal wurden die Raten nur für jene Fälle berechnet, die einer restriktiven Schizophreniediagnose genügen (CATEGO S+, „Schizophrenie"). Das andere Mal wurde eine Schizophreniediagnose auch dann vergeben, wenn die Diagnosestellung nach klinischen Kriterien erfolgte oder wenn die Kriterien für „Paranoide Störung" (CATEGO P+) oder „Borderline Störung" (CATEGO O+) erfüllt waren. Mit dieser weiten Schizophreniedefinition schwanken die Inzidenzraten der neun Zentren zwischen 1,6/10000 (Aarhus) und 4,2/10000 (Chandigarh Land). Mit der engen Schizophreniedefinition beträgt die Inzidenz über alle Zentren hinweg 1.0/10000, wobei die einzelnen Inzidenzraten nur noch zwischen 0.7/10000 (Aarhus) und 1.4/10000 (Nottingham) variierten, ohne daß diese Differenzen signifikant waren (vgl. Abb. 1).

Beschränkt man sich auf diagnostische Kriterien, die nur bei ausgeprägter florider Symptomatik erfüllt sind, so nimmt die Variabilität der Inzidenzraten ab. Bemerkenswert ist, daß für ein schizophrenes Kernsyndrom Inzidenzraten gefunden werden, die trotz großer gesellschaftlicher Unterschiede recht ähnlich sind.

Die Schlußfolgerung aus der multizentrischen Untersuchung der WHO, das Risiko, an Schizophrenie zu erkranken, sei über unterschiedliche geographische Regionen hinweg ähnlich, blieb allerdings nicht unwidersprochen (Torrey, 1987). Immer wieder gab und gibt es Hinweise auf einzelne Regionen oder Populationen mit einem angeblich beträchtlich höheren Erkrankungsrisiko. Dies wurde beispielsweise von Irland behauptet (Torrey, McGuire, O'Hare, Walsh & Spellman, 1984), allerdings unter Verwendung von Prävalenzangaben. Zum Nachweis einer erhöhten Inzidenz in Irland sind jedoch zuverlässigere Untersuchungen nötig (Cabot, 1990). Ni Nuallain, O'Hare und Walsh (1987) fanden im Vergleich zur Untersuchung der WHO für die ICD-Definition (ICD-295 und ICD-297) nur unwesentlich erhöhte Inzidenzraten. Über zwei andere geographische Regionen liegen ebenfalls Berichte erhöhter Prävalenzraten vor. Böök, Wetterberg und Modrzewska (1978) fanden in einer isolierten Region in Nordschweden eine Punktprävalenz von bis zu 17/1000. Für eine Region in Kroatien berichten Crocetti, Lemkau, Kulcar und Kesic (1971) eine Punktprävalenz von 7.4/1000. Beides sind jedoch sehr arme Regionen mit einem entsprechend starken Trend zur Abwanderung, so daß zu dieser Erhöhung der Prävalenz die selektive Auswanderung weniger vulnerabler Personen beigetragen haben kann. Auch aus den Vereinigten Staaten werden ungewöhnlich hohe Inzidenzraten aus einer Felduntersuchung berichtet („National Institute of Mental Health Epidemiological Catchment Area Programm"; Tien & Eaton, 1992). Anthony et al. (1985) zeigten aber in einer Nachuntersuchung, daß dafür die zwar trainierten, klinisch aber unerfahrenen Interviewer der Felduntersuchung verantwortlich zu machen sind.

Mehrere Untersuchungen mit Hilfe englischer Fallregister und Krankenhausdaten (vgl. Harrison, 1990) ergaben, daß Schizophrenie bei Immigranten aus Westafrika und der Karibik häufiger als bei englischen Vergleichsgruppen auftrat. Die Verwendung weiter oder enger diagnostischer Kategorien hat darauf keinen Einfluß (Harrison, Owens, Holton, Neilson & Boot, 1988). Auch wenn nicht allgemeine Inzidenzraten zum Vergleich herangezogen werden, sondern die leicht erhöhten Raten der entsprechenden britischen sozioökonomischen Schichten, so klaffen die Inzidenzschätzungen mit 0.3–0.33/1000 bei den Vergleichsgruppen und 2.2/1000 bei den Einwanderern immer noch weit auseinander. Dieses hohe Morbiditätsrisiko findet sich Glover (1989) zufolge nicht bei allen Einwanderern aus der Karibik, sondern nur bei Einwanderern aus Jamaika, nicht bei Einwanderern aus Trinidad oder Barbados. Die erhöhten Inzidenzraten dieser Immigrantengruppe könnten also denen in ihren Ursprungsgebieten entsprechen, aber eine Untersuchung, die methodisch gesicherte Angaben über die Inzidenz in diesen Regionen machen könnte, steht bislang noch aus.

Immer wieder wird die Frage gestellt, ob schizophrene Erkrankungen heute häufiger sind als früher. Häfner (1987) zählte neun Studien, die das Morbiditätsrisiko über mehr als 30 Jahre verfolgen, fand aber nur vier davon methodisch ausreichend. In einer dieser Studien wurden alle Erstaufnahmen mit der Diagnose Schizophrenie über die Periode von 1916 bis 1978 berücksichtigt (Astrup, 1982; zit. nach Häfner, 1987). Den Diagnosen lag mit der Kraepelinschen Definition von „dementia praecox" eine vergleichsweise enge Definition zugrunde. Über den gesamten Zeitraum variierten die Inzidenzraten lediglich zwischen Anfangswerten von 0.18–0.19/1000 und Endwerten von 0.20–0.25/1000. Die Häufigkeit schizophrener Erkrankungen scheint sich also weder systematisch über einen langen Zeitraum noch kurzfristig etwa in Zusammenhang mit den beiden Weltkriegen verändert zu haben.

In jüngster Zeit wurden jedoch Beobachtungen vorgetragen, denen zufolge die Zahl der Erkrankungen systematisch abnahm. So berichten Der, Gupta und Murray (1990) für die Zeit von 1970 bis 1986 einen Rückgang der Ersthospitalisierungen wegen Schizophrenie in England und Wales um 50 %. Solche Änderungen der Krankenhausstatistiken können jedoch auch von gewichtigen anderen Faktoren bestimmt sein. Problematisch ist, daß die Evidenz für die Abnahme von Schizophrenie gegenwärtig zumeist auf Angaben über die Diagnose bei der ersten stationären Behandlung beruht, zu diesem Zeitpunkt die Diagnose aber oft recht unsicher ist. Zum Eindruck eines absteigenden Trends tragen vor allem Änderungen der Diagnosegewohnheiten und der psychosozialen Versorgungseinrichtungen bei. Seit 1960 sind vermehrt Anstrengungen unternommen worden, die außerklinische Versorgung schizophrener Patienten zu verbessern. Gerade diese Entwicklung könnte zur Folge haben, daß die traditionellen, auf Behandlungsdaten basierenden Statistiken weniger Fälle erfassen (Crow, 1990).

Offensichtlich hat die WHO-Studie noch keinen Schlußpunkt unter eine lange Tradition der transkulturellen Psychiatrie gesetzt, in der ausgehend von soziokulturellen Unterschieden zwischen Regionen mit hohen und mit niedrigen Inzidenzraten Spekulationen über die Ätiologie erfolgten. Gegenwärtig scheint die Mehrzahl der Befunde für recht homogene Inzidenzraten in gesellschaftlich unterschiedlichsten Kulturen zu sprechen. Da lebensverändernde Ereignisse, chronische Belastungsfaktoren und Streß kaum über die untersuchten Regionen hinweg gleichverteilt sein dürften, schränkt dies die Bedeutung von Hypothesen über solche Belastungen als spezifische ätiologische Faktoren für das Auftreten schizophrener Störungen ein.

4.1.2 Sozioökonomischer Status

Eine Verknüpfung zwischen niedriger sozioökonomischer Schicht und hohen Raten psychiatrischer Erkrankung gehört zu den gesicherten Erkenntnissen der Epidemiologie. Faris und Dunham (1939) fanden die höchsten Prävalenzraten (7/1000) für Schizophrenie in Wohngebieten der Innenstadt Chicagos, die vorwiegend von Unterschichtangehörigen bewohnt wurden. Die Rate nahm systematisch ab beim Übergang in bessergestellte Wohngebiete und betrug nur noch 2.5/1000 in den wohlhabenden Wohngegenden. Zahlreiche Studien haben einen ähnlichen Zusammenhang zwischen der Erkrankungshäufigkeit und dem sozioökonomischen Status gefunden (Dohrenwend & Dohrenwend, 1974). Bei der üblichen Dreiteilung in Unter-, Mittel- und Oberschicht differieren die Raten für Ober- und Unterschicht im Verhältnis 1:3 (vgl. Eaton et al., 1988). In neuerer Zeit fanden Giggs und Cooper (1987), daß schizophrene Patienten, die in Nottingham für die WHO Studie „Determinants of Outcome" rekrutiert wurden, in den Innenstadtbezirken mit geringem Sozialstatus konzentriert waren. Allerdings ist der Zusammenhang zwischen Schicht und Erkrankungsraten nur in Großstadtbevölkerungen deutlich zu zeigen, er ist schwächer in mittleren Städten und in ländlichen Gebieten nicht nachzuweisen.

Zwei Erklärungsansätze wurden traditionell für die hohen Raten angeführt: Der „social stress" oder „social causation" Hypothese zufolge ist das Leben unter erbärmlichen Bedingungen verantwortlich für die erhöhte Schizophrenierate. Als mögliche ätiologische Faktoren wurden u. a. genannt: eine größere Belastung durch kritische Lebensereignisse, verringerte soziale Ressourcen zur

Bewältigung solcher und auch chronischer Belastungen, Mangel an gesundheitlicher Fürsorge vor allem während der Schwangerschaft, schließlich auch Besonderheiten des Denkens und der Persönlichkeit, die durch typische Lebensbedingungen in der Unterschicht geformt werden (Kohn, 1973). Nicht mit solchen Annahmen zu vereinbaren sind Untersuchungen aus Indien mit durchwegs höherer Prävalenz für Schizophrenie in den höheren Kasten (vgl. Torrey, 1987).

Eine nichtätiologische Erklärung dagegen bietet die „social drift" oder „social selection" Hypothese: Bereits im Vorfeld der eigentlichen Erkrankung könnten Schizophrene wegen der Beeinträchtigung ihrer Fähigkeiten zur Rollenerfüllung in untere Sozialschichten absinken („drift"), beziehungsweise an dem sonst in der Aufeinanderfolge der Generationen üblichen Aufstieg in bessere Lebensumstände nicht teilhaben können („selection"). Für „social drift" sprechen Befunde von Goldberg und Morrison (1963) in England und Turner und Wagenfeld (1967) in den USA. Beide Untersuchungen zeigten durch Vergleich mit dem Status der Väter, daß Schizophrene weniger „aufwärtsmobil" waren als dies nach den allgemeinen Bevölkerungsdaten zu erwarten war. Goldberg und Morrison zufolge gilt dies bereits vor dem Zeitpunkt der Erstaufnahme, darüber hinaus ist nach dem Krankheitsbeginn eine verstärkte Abwärtsmobilität festzustellen. Die Häufung Schizophrener in der Unterschicht dürfte also sowohl auf „social drift" als auch „social selection" zurückgehen.

Einen neuen methodischen Zugang fanden Dohrenwend et al. (1992) durch den Vergleich eingewanderter, aber unterschiedlich privilegierter ethnischer Gruppen in einer Studie in Israel. Nach der „social drift" Hypothese war zu erwarten, daß die generell besser ausgebildeten, aufstiegsorientierten europäischen Juden höhere Schichten erreichen, während Erkrankte in der Unterschicht verbleiben. Tatsächlich wurde bei Unterschichtsangehörigen dieser Gruppe eine höhere Prävalenz schizophrener Erkrankungen als bei einer Vergleichsgruppe aus Nordafrika eingewanderter unterprivilegierter Juden gefunden. Bei letzteren wurden bei Frauen erhöhte Raten von Depression, bei Männern Suchtkrankheiten und antisoziale Persönlichkeitsstörungen häufiger gefunden. „Social causation" scheint demzufolge eher beim Auftreten von Depression und Sucht zu wirken, während die Häufung schizophrener Erkrankungen auf „social selection" zurückgeht.

4.1.3 Geburtsmonat

In den meisten der Untersuchungen zum Geburtsmonat schizophrener Patienten zeigte sich, daß schizophrene Patienten eher in den späten Wintermonaten oder im Frühjahr als in anderen Monaten des Jahres geboren wurden. Diese Abweichung von der Gleichverteilung beträgt jedoch selten mehr als ca. 10 %

(vgl. Eaton et al., 1988). Die Erklärungen für diesen Unterschied reichen von methodischen Überlegungen über möglicherweise triviale Gründe bis zu weitgehenden Spekulationen über ätiologische Faktoren der Schizophrenie. Lewis (1989) zufolge handelt es sich beim Überschuß an Wintergeburten um ein statistisches Artefakt, das durch die „Altersprävalenz" oder „Altersinzidenz" bedingt ist: Mit zunehmendem Alter wird mehr des Erkrankungsrisikos „konsumiert". Angewendet auf die Vergleiche von Geburtszeitpunkten heißt das, daß mehr Menschen, die im Januar oder Februar geboren sind bis zum Ende des Jahres erkranken werden als Menschen, die später im Jahr geboren wurden. Berücksichtigt wird dieser Einwand nur in wenigen Studien. Allerdings finden O'Callaghan et al. (1991) auch bei anderen Jahreseinteilungen (z. B. Juli bis Juni) ein Überwiegen der Wintergeburten.

Die Fülle der Erklärungsversuche für dieses Überwiegen von Wintergeburten bei Schizophrenen ist beeindruckend, bedenkt man, wie einfach die zugrunde liegende Beobachtung ist. Um nur einige zu nennen: Pulver et al. (1992) vermuten einen genetischen Effekt, der die Vulnerabilität für Schizophrenie erhöht, aber gleichzeitig das Risiko eines perinatalen Todes verringert. Etliche Autoren nehmen an, daß die in kalten Jahreszeiten häufigeren Viruserkrankungen das Risiko einer späteren schizophrenen Erkrankung erhöhen, wenn sie in das zweite Trimester der Schwangerschaft fallen (Mednick, Machon, Huttunen & Barr, 1990; Torrey, Rawlings & Waldman, 1988; Barr, Mednick & Munk-Jorgensen, 1990). Beiser und Iacono (1990) vermuten lediglich einen teratogenen Effekt der Medikamente, die die Mütter gegen Grippe und andere jahreszeitlich bedingte Erkrankungen einnehmen. All diese Spekulationen beinhalten eine Störung der Entwicklung des Zentralnervensystems in frühen Abschnitten der Entwicklung. Speziell die Virus-Hypothese würde an Plausibilität gewinnen, wenn sich nach Grippeepidemien regelmäßig ein erhöhtes Risiko bei jenen Individuen feststellen ließe, die während kritischer Abschnitte der Schwangerschaft dem Virus bzw. den Folgen der Erkrankung der Mutter ausgesetzt waren. Die Befunde dazu sind jedoch uneinheitlich (O'Callaghan et al., 1991; Kendell & Kemp, 1989). Einige Studien werfen die Frage auf, ob das Überwiegen von Wintergeburten spezifisch für schizophrene Erkrankungen ist. So fanden Häfner, Haas, Pfeifer-Kurda, Eichhorn und Michitsuji (1987) den selben Einfluß des Geburtsmonats bei geistiger Behinderung und depressiven Störungen.

Aber auch wenn ein Überwiegen von Wintergeburten bei anderen Störungen festgestellt wird, könnte dies als Hinweis auf eine mögliche ätiologische Bedeutung minimaler Beeinträchtigungen der Entwicklung in einem frühen Lebensabschnitt gewertet werden. Der Einfluß solcher Faktoren könnte darin liegen, bei gegebener Vulnerabilität für eine bestimmte Störung die Schwelle des Auftretens der Störung zu senken. Ausgehend von dieser Hypothese sollte man erwarten, daß das Überwiegen von Wintergeburten bei schizophrenen

Patienten mit ebenfalls schizophrenen Verwandten stärker ist als bei Patienten ohne genetische Belastung. Pulver et al. (1992) finden diesen Zusammenhang, aber O'Callaghan et al. (1991) finden ein Überwiegen von Wintergeburten gegenüber der Allgemeinbevölkerung ausschließlich in jener Gruppe schizophrener Patienten, die keine an Schizophrenie erkrankten Verwandten hatten. Gegenwärtig kann noch nicht entschieden werden, auf welche ursächlichen Zusammenhänge die oft bestätigte Abweichung der Geburtshäufigkeiten Schizophrener von der Gleichverteilung über das Jahr zurückgeht.

4.2 Alter und Geschlecht

Mit der vielfältigen und wechselhaften Ausgestaltung schizophrener Störungen kontrastiert die Verläßlichkeit der epidemiologischen Befunde über den Einfluß von Alter und Geschlecht auf die Inzidenz schizophrener Erkrankungen. Seit Kraepelin ist bekannt, daß die Erkrankung bei Frauen später als bei Männern beginnt, ohne daß dieser Unterschied befriedigend erklärt werden konnte. Angermeyer und Kühn (1988) fanden in mehr als 50 Studien eine Streubreite des Altersunterschieds bei Erstaufnahmen von einem Jahr bis zu 10 Jahren. Die Schwankungen zwischen den einzelnen Untersuchungen hängen zum einen mit Unterschieden der betrachteten Populationen und Versorgungssysteme zusammen, zum anderen aber mit diagnostischen Kriterien. Häfner et al. (1989) bestimmten die Altersunterschiede bei Erstaufnahme im Vergleich dänischer Fallregisterdaten mit dem Fallregister von Mannheim. In beiden Fallregistern waren bei Verwendung weiter diagnostischer Kriterien Frauen bei der Erstaufnahme um fünf bis sechs Jahre jünger als Männer, bei der Verwendung enger Kriterien reduzierte sich der Unterschied auf vier bis fünf Jahre.

Als Erklärung für die Unterschiede im Alter bei der Erstaufnahme wurde in der Vergangenheit auch über eine größere Toleranz der sozialen Umwelt gegenüber psychischen Störungen bei Frauen spekuliert. Solche unterschiedlichen Reaktionen der Umwelt würden verstärkt, wenn die Symptome einer Schizophrenie bei Frauen seltener mit sozial unerwünschten Verhaltensweisen verbunden wären. Dies scheint jedoch nach Untersuchungen der Arbeitsgruppe von Häfner nicht der Fall zu sein. In einer systematischen Befragung erstmals aufgenommener schizophrener Patienten und ihrer Angehörigen mit dem „Instrument for the Retrospective Assessment of Schizophrenic Symptoms (IRAUS)" fanden Häfner et al. (1990, 1991) die ersten Anzeichen einer Störung im Mittel bereits 4.5 Jahre vor der Erstaufnahme. Zu den ersten retrospektiv festgestellten Auffälligkeiten gehörten durchwegs Negativsymptome, positive Symptome folgten mit einer Verzögerung von durchschnittlich mehr als einem Jahr. Die untersuchte Stichprobe enthielt alle erstmalig aufgenommenen Patienten, die mit der Diagnose einer Schizophrenie in ein psychiatrisches Kran-

kenhaus der Rhein-Neckar-Region eingeliefert wurden. Weitere geschlechtsbezogene Befunde waren:
1. 62 % der Männer, aber nur 47 % der Frauen erkrankten vor dem Alter von 25 Jahren,
2. In der Adoleszenz entwickeln Frauen seltener eine Schizophrenie als Männer, dafür steigt die Rate bei ihnen nach der Menopause an,
3. die kumulativen Inzidenzraten (Lebenszeitrisiko) sind für Frauen und Männer gleich.

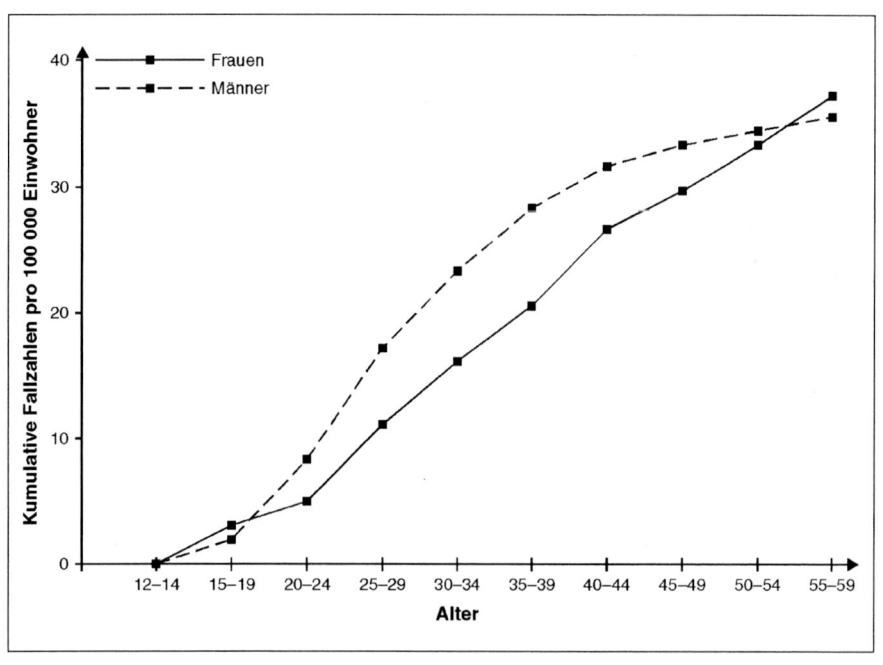

Abb. 2: Kumulatives Erkrankungsrisiko über die Lebenszeit, weite Definition (ICD 295, 297, 298.3) (nach Häfner et al., 1989)

Die Unterschiede im Krankheitsbeginn von Männern und Frauen sind also nicht erst bei der Erstaufnahme zu finden, sondern bestehen bereits beim Auftreten der ersten Zeichen einer Störung. Damit ist ausgeschlossen, daß Unterschiede in der Reaktion der sozialen Umwelt oder symptomatisch unterschiedliche Verläufe für die späteren Erstaufnahmen der Frauen verantwortlich sind. Der spätere Erkrankungsbeginn führt jedoch in der Mannheimer Stichprobe nicht zu Unterschieden in der Inzidenz, da der spätere Krankheitsbeginn durch eine gegenüber den Männern erhöhte Inzidenz in späteren Jahren ausgeglichen wird (vgl. Abb. 2). Der Faktor, der für die Geschlechtsunterschiede verantwortlich ist, verzögert also nur den Erkrankungsbeginn, er reduziert nicht das

Risiko. Häfner et al. (1991) leiten aus diesen Befunden eine protektive Wirkung der Östrogensekretion ab. Östradiol hat ähnliche Effekte auf den Dopaminstoffwechsel und den Prolaktinspiegel wie Neuroleptika und könnte dadurch die Vulnerabilität für Schizophrenie senken (Häfner et al., 1991). Eine solche Wirkung des Östrogens könnte sowohl den späteren Beginn der Erkrankung bei Frauen und auch die Zunahme des Erkrankungsrisikos gegenüber Männern nach der Menopause erklären.

Unterschiede zwischen Männern und Frauen werden auch für den weiteren Verlauf einer schizophrenen Erkrankung berichtet. Angermeyer (1989) fand eine große Zahl von Studien, in denen der Krankheitsverlauf durchwegs bei Frauen günstiger als bei Männern war. Dies bestätigte sich auch in einer Verlaufsuntersuchung über acht Jahre (Angermeyer, Kühn & Goldstein, 1990). In den ersten Jahren nach der Ersterkrankung wurden Männer häufiger und länger hospitalisiert als Frauen. Beim Vergleich verschiedener Patientengruppen fanden McGlashan und Bardenstein (1990) deutlich stärkere Geschlechtsunterschiede im Verlauf schizophrener, als im Verlauf depressiver oder schizoaffektiver Patienten. An diesem günstigeren Verlauf bei Frauen könnte ein besseres Ansprechen auf medikamentöse (Seeman & Lang, 1990) und psychosoziale Interventionen (Haas, Glick, Clarkin, Spencer & Lewis, 1990) beteiligt sein.

Die Unterteilung schizophrener Patienten nach dem Geschlecht hat gegenüber anderen Unterteilungen wie paranoid-nichtparanoid oder positiv-negativ den Vorteil, daß sie völlig reliabel und stabil ist. Die Interpretation von Geschlechtsunterschieden in Erkrankungsalter, Symptomatik, Verlauf, aber auch neuropsychologischen Beeinträchtigungen und Risikofaktoren, ist jedoch durch die Vielfalt genetischer, physiologischer, kognitiver und psychodynamischer Faktoren erschwert, die mit dieser Unterteilung konfundiert sind. Ätiologisch bedeutsam sind Hinweise darauf, daß besonders schwere und prognostisch ungünstige Formen schizophrener Erkankung gehäuft bei Männern auftreten. Goldstein, Santangelo, Simpson und Tsuang (1990) fanden, daß die Kombination von geringem prämorbiden Funktionsniveau, affektiver Verflachung und im Winter geboren zu sein (als Hinweis auf eine mögliche frühe Entwicklungsstörung des Zentralnervensystems) bei Männern doppelt so häufig war wie bei Frauen. Castle und Murray (1991) erklären eine Reihe von Geschlechtsunterschieden bei schizophrenen Patienten als Folge häufigerer Störungen in der Entwicklung des Zentralnervensystems bei männlichen Schizophrenen.

4.3 Folgerungen für ätiologische Überlegungen

Die minimalen Unterschiede der Inzidenzraten zwischen den Regionen, die in der Studie der WHO erfaßt wurden, sind überraschend und haben für ätiologische Überlegungen weitreichende Konsequenzen. Die verglichenen Regionen unterschieden sich beträchtlich hinsichtlich der Lebensbedingungen der untersuchten Populationen. Weder ökonomische, kulturelle noch ethnische Faktoren scheinen somit einen entscheidenden Einfluß auf das Krankheitsrisiko zu haben. Dies verweist auf eine starke Bedeutung biologischer, vor allem genetischer Faktoren in der Entstehung der Schizophrenie. Daraus kann jedoch nicht geschlossen werden, daß psychosozialen Faktoren in der Ätiologie der Erkrankung keinerlei Bedeutung zukommt. Denkbar ist, daß eine genetisch bedingte Vulnerabilität mit psychosozialen Faktoren interagiert, die trotz unterschiedlicher soziokultureller oder ökonomischer Verhältnisse überall ähnlich ausgeprägt sind. Solche Faktoren sind aber nicht durch den Vergleich unterschiedlicher Populationen zu identifizieren; die Suche nach solchen Faktoren erfordert letztlich den prospektiven Vergleich Erkrankter mit Nichterkrankten innerhalb einer Population.

5 Psychologische Beiträge zum Verständnis schizophrener Störungen

5.1 Experimentalpsychologie in der Schizophrenieforschung

Mit dem Beginn der Bemühungen um klassifikatorische Konzepte finden sich bereits bei Kraepelin (1896) und E. Bleuler (1923) Überlegungen dazu, welche Störungen kognitiver und psychischer Funktionen an der Entstehung einer schizophrenen Erkrankung beteiligt sein könnten. Das Interesse galt damals wie heute ätiopathogenetischen, seltener ätiologischen Hypothesen. E. Bleuler sah in der „Störung der assoziativen Verbindungen" eine Grundstörung, die hirnorganisch begründet sei und in Wechselwirkung mit Persönlichkeits-, Erfahrungs- und Umweltfaktoren zur Ausbildung akuter Symptome in ihrer individuellen Ausgestaltung führe. Kraepelin beschrieb ebenfalls charakteristische Störungen des Denkablaufs, aber in Zusammenhang mit einer Störung der Aufmerksamkeit. Solche klinischen Beschreibungen von kognitiven und affektiven Defiziten schizophrener Patienten haben bis heute zahlreiche experimentalpsychologische Untersuchungen angeregt. Beispielsweise wurde die Produktion von Assoziationen bei schizophrenen Patienten unter standardisierten Bedingungen und im Vergleich zu Kontrollgruppen geprüft, um E. Bleulers These einer Störung assoziativer Verbindungen zu überprüfen (vgl. Chapman & Chapman, 1973). Eine lange Tradition hat auch die detaillierte experimentalpsychologische Untersuchung von Störungen der Aufmerksamkeit (vgl. Spring, Weinstein, Freeman & Thompson, 1991). Für die Konzentration der experimentalpsychologischen Fragestellungen und Untersuchungsanordnungen auf bestimmte Bereiche war ursprünglich die Beobachtung bestimmter Symptome und damit einhergehender Beeinträchtigungen der schizophrenen Patienten maßgebend. Mittlerweile sind die wechselnden Hypothesen und Versuchsanordnungen jedoch stärker vom Stand der Überlegungen in der allgemeinen Psychologie und der Neuropsychologie als von sich ändernden Auffassungen zur Ätiologie oder zur Symptomatik der Schizophrenie geprägt. Die folgende Darstellung berücksichtigt Bereiche, von deren experimentalpsychologischer Untersuchung seit jeher ein besseres Verständnis der Symptomatik schizophrener Patienten erwartet wurde. Dies gilt vor allem für die Bereiche Wahrnehmung, Aufmerksamkeit, Sprache und Denken sowie Affekt.

5.2 Aufmerksamkeit und Vigilanz

5.2.1 Fokussierung der Aufmerksamkeit

Die Beschreibung erhöhter Ablenkbarkeit durch irrelevante Reize findet sich bereits in den frühesten Darstellungen des klinischen Bildes der Schizophrenie (Kraepelin, 1896). Auch Schilderungen des eigenen Erlebens in der Psychose geben vielfache Hinweise auf eine solche Störung der Aufmerksamkeit (Freedman & Chapman, 1973). Diesen Darstellungen zufolge werden schizophrene Patienten bei Aufgaben, welche Konzentration erfordern, besonders leicht durch irrelevante Reize abgelenkt. Andererseits scheint es ihnen schwer zu fallen, sich auf neue, wichtige Reize zu konzentrieren und adäquat zu reagieren. Solche Störungen können in der akuten Phase ganz offensichtlich sein und fallen bereits im Gespräch auf (E. Bleuler, 1923). In kontrollierten Untersuchungen verschlechtert sich die sprachliche Leistung bei schizophrenen Patienten mehr als bei manischen Patienten oder Gesunden, wenn die Probanden durch weißes Rauschen, zufällig dargebotene Wörter oder auch sinnvollen Text abgelenkt werden (Hotchkiss & Harvey, 1990). Manche schizophrene Patienten klagen jedoch auch dann noch über Aufmerksamkeitsstörungen, wenn die akuten Symptome schon längst abgeklungen sind. An diese Beobachtungen wurden vielfältige Spekulationen über die Rolle von Aufmerksamkeitsstörungen in der Ätiopathogenese schizophrener Erkrankungen geknüpft. Broadbent (1958) hatte aufgrund von Untersuchungen zum dichotischen Hören als Instanz der selektiven Aufmerksamkeit einen „Filter" postuliert, der die irrelevanten Reize in einem frühen Stadium der Informationsverarbeitung zurückweist. Er revidierte später (1971) seine ursprüngliche Theorie und schlug zwei Filterfunktionen vor. In einem frühen Stadium der Informationsverarbeitung werden Zielreize aufgrund physikalischer Merkmale ausgefiltert („stimulus set"). Ein weiterer Filter in einem späteren Stadium der Informationsverarbeitung bewirkt eine Voreinstellung auf bestimmte Reaktionen („response set" oder „pigeonholing"). Beide Modellvorstellungen wurden in Untersuchungen der Aufmerksamkeitsstörung Schizophrener geprüft und finden sich auch heute noch in der Form des „defekten Filters" in vielen Lehrbüchern. Ein Defizit beim Abweisen störender Reize könnte dazu führen, daß die nachfolgenden Stadien der Informationsverarbeitung zuviel an Information zu bewältigen haben und üblicherweise fehlerfrei ablaufende Prozesse des Denkens und der Verhaltenssteuerung zusammenbrechen. Halluzinationen und Wahnideen wären als Reaktion auf das Erleben einer solchen Beeinträchtigung zu verstehen (McGhie & Chapman, 1961). Wenn Aufmerksamkeitsstörungen tatsächlich diese Rolle bei der Entstehung von Akutsymptomen zukommt, dann sollten sie aber nicht nur in der akuten Phase der Erkrankung, sondern auch in Remission und auch bei vulnerablen Individuen vorhanden sein. Für diese Überlegungen ist es wichtig, die Bedingungen zu identifizieren, unter denen bestimmte Störungen der Aufmerksamkeit bei schizophrenen Patienten auftreten und in welcher Weise sie die Verarbeitung relevanter Reize beeinträchtigen. Unter dem Begriff Aufmerksamkeit werden jedoch unterschiedliche Leistungen zusammengefaßt, entsprechend ist die Zahl verschiedener Versuchsanordnungen groß und die Befundlage keineswegs einheitlich.

Eng angelehnt an die ursprünglichen Untersuchungen von Broadbent sind Untersuchungen zum dichotischen Hören, in denen geprüft wird, wie gut die Aufmerksamkeit auf eine bestimmte Reizquelle oder auch Reizkategorie fokussiert werden kann. In der „shadowing"-Version muß der Hörer sich auf den Text in einem Ohr konzentrieren und diesen sofort nachsprechen, einen gleichzeitig dargebotenen Text im anderen Ohr aber ignorieren. In der „recall"-Version muß eine Reihe von Zahlen oder Wörtern eingeprägt werden; die Darbietung dieser Zielreize ist jedoch durch Störreize unterbrochen.

Eine Zusammenstellung einschlägiger Studien findet sich bei Spring et al. (1991). Beim Nachsprechen von Texten bewirken Ablenkungsreize in sieben von neun Studien einen stärkeren Leistungsabfall bei Schizophrenen als bei Gesunden. Bei der Wiedergabe bewirken Ablenkungsreize in 8 von 11 Studien einen stärkeren Leistungsabfall bei Schizophrenen. Bereits in der neutralen Bedingung zeigen schizophrene Patienten oft erheblich schlechtere Leistungen als Gesunde. Nach einer Metaanalyse von Spring et al. (1991) machen Schizophrene jedoch unter Ablenkungsbedingungen um 10 % bis 46 % mehr Fehler als in der neutralen Bedingung. Daß diese Beeinträchtigung durchaus Bedeutung für die Bewältigung alltäglicher Anforderungen haben kann, wird deutlich, wenn man zum Vergleich den Leistungsabfall nach einer durchwachten Nacht heranzieht: Spring et al. (1991) geben dafür einen Fehlerzuwachs um 10 % an.

Die erhöhte Ablenkbarkeit schizophrener Patienten, wenn ein Informationskanal aufmerksam zu verfolgen, ein anderer auszublenden ist, scheint demnach gut belegt. Dies gilt jedoch vor allem im Vergleich zu Gesunden und es gilt auch nur für bestimmte Arten konkurrierender Informationen. So fällt es schizophrenen Patienten nicht schwer, unverbundene Wörter in einem Ohr nachzusprechen, während synchron dazu Wörter im anderen Ohr dargeboten werden (Allen, 1982; Straube & Germer, 1979). Eine Störung der selektiven Aufmerksamkeit ist also weniger allgemein als nach den ätiopathogenetischen Spekulationen über ihre Funktion in der Genese der Erkrankung zu erwarten wäre. Entgegen der Hypothese eines defekten Filters sind die Fehler unter Ablenkungsbedingungen gewöhnlich nicht auf eindringende irrelevante Information zurückzuführen, sondern auf Nichtbeachten bzw. Vergessen relevanter Informationen. Ein eindeutiger Beleg für das vermehrte Eindringen irrelevanten Reizmaterials in die Antworten schizophrener Patienten findet sich nur in einer Versuchsanordnung von Spring (Spring, Lemon, Weinstein & Haskell, 1989). Dabei war ein Text nachzusprechen, während ein anderer Text im anderen Ohr dargeboten wurde. Abweichend von anderen Anordnungen war hier die Reizdarbietung nicht völlig synchron, sondern so, daß die Darbietung der einzelnen Worte im irrelevanten Kanal jeweils etwas früher begann als im relevanten Kanal. Bei dieser starken Hinlenkung auf die irrelevanten Reize enthielten sowohl die Antworten der schizophrenen Patienten wie auch die Antworten ihrer Verwandten mehr Fehler, die auf das Eindringen von zumeist einzelnen Phonemen aus dem irrelevanten Text zurückzuführen waren.

Wenn relevante und irrelevante Reize physikalisch klar getrennt dargeboten werden und sofort zu wiederholen sind, scheinen schizophrene Patienten demnach keine nennenswerten Schwierigkeiten zu haben. Nachteilig wirkt sich irrelevante Information in einem zu ignorierenden Kanal besonders dann aus, wenn zusammenhängende Texte dargeboten werden (Wielgus & Harvey, 1988), wenn nicht Nachsprechen, sondern Erinnern verlangt wird (vgl. Spring et al., 1991) oder wenn die Trennung von relevanter und irrelevanter Information nicht nach einfachen physikalischen Charakteristika, sondern nach inhaltlichen Kriterien erfolgen muß (Hemsley & Richardson, 1980). Harris, Benedict und Leek (1990) verglichen schizophrene Patienten mit bipolar erkrankten Patienten in zwei Bedingungen: Einmal wurden relevante Reize (die Silben „da" und „ga") und irrelevante Reize (Texte, die von einer, zwei, oder vier Stimmen gesprochen wurden) in unterschiedlichen Ohren dargeboten, einmal in beiden Ohren gleichzeitig. In der ersten Bedingung war also nur die Unterdrückung des irrelevanten Kanals erforderlich, in der zweiten Bedingung wurde eine Reizverarbeitung höherer Ordnung verlangt, um die Zielreize vor dem Hintergrund der anderen Stimmen erkennen zu können. Harris et al. (1990) fanden, daß die Maskierung der Zielreize durch Stimmen im jeweils anderen Ohr die Leistung der schizophrenen Patienten nicht beeinträchtigte. Wurden dieselben

Stimmen zusammen mit den Zielreizen in beiden Ohren dargeboten, so fällt die Leistung der schizophrenen Patienten stärker ab als die der bipolar Erkrankten. Schizophrene Patienten haben also besonders dann Mühe, die Aufmerksamkeit auf relevante Reize zu fokussieren, wenn irrelevanten Reize nur aufgrund ihres semantischen und phonemischen Inhalts zurückgewiesen werden können.

Nach Broadbent (1971) verlagert sich das Filterproblem in das Stadium der Reaktionsselektion, wenn die Trennung irrelevanter und relevanter Reize nicht aufgrund physikalischer Merkmale möglich ist. Für die Prozesse der Auswahl einer richtigen Reaktion führte Broadbent den Begriff „pidgeon-holing" ein. Hemsley (1987) hat wiederholt darauf hingewiesen, daß die Minderleistungen schizophrener Patienten im Bereich der Aufmerksamkeit nicht als Störung eines sensorischen Filters zu begreifen sind, sondern einer Störung bei der erfahrungsabhängigen Auswahl adäquater Reaktionen entsprechen.

Untersuchungen der kurzzeitigen Merkfähigkeit mit Hilfe des „Digit-Span-Test" haben wiederholt eine besondere Störbarkeit der Enkodierungsprozesse schizophrener Patienten gezeigt. Bei diesem Verfahren wird die Gedächtnisspanne in Varianten des bekannten Zahlennachsprechens ermittelt. In einer Untersuchung von Oltmanns (1978) hörten die Probanden jeweils fünf Wörter, die unmittelbar darauf wiederzugeben waren. Gesunde zeigen bei derartigen Gedächtnisprüfungen deutliche Positionseffekte: Besonders gut wird das zuletzt dargebotene Wort erinnert, da es noch aus dem Ultrakurzzeitspeicher oder Echogedächtnis abgerufen wird. Auch Wörter vom Anfang der Liste werden besser wiedergegeben als Wörter mittlerer Position, vermutlich deshalb, weil sie bereits in das Sekundärgedächtnis überführt und dort konsolidiert wurden. Oltmanns (1978) fand, daß schizophrene Patienten, manische Patienten und Gesunde dieselbe Gedächtnisspanne erreichten und auch in den Positionseffekten vergleichbar waren. Wurde jedoch eine Ablenkungsbedingung eingeführt (irrelevante, von einer anderen Stimme gesproche Wörter, die nicht einzuprägen waren), so verschlechterte sich die Wiedergabeleistung beider Patientengruppen vor allem bei Wörtern vom Listenanfang. Dieser Leistungsabfall war bei schizophrenen Patienten ausgeprägter als bei manischen.

Die Untersuchungen der Gedächtnisspanne von Oltmanns und seinen Mitarbeitern gehören zu den wenigen Beispielen, in denen die neutrale Bedingung und die Experimentalbedingung nach ihrer Schwierigkeit bei Gesunden vergleichbar gemacht wurden. Dazu wurden in der neutralen Bedingung mehr Wörter bzw. Zahlen vorgegeben als in der Experimentalbedingung (Oltmanns & Neale, 1975). Manschreck et al. (1991) fanden ebenfalls eine schlechtere Wiedergabe früher und mittlerer Listenelemente bei schizophrenen Patienten als bei depressiven Patienten und Gesunden. Patienten mit geringem Listenanfangseffekt konnten besonders wenig von assoziativen Hilfen bei einer Gedächtnisprüfung profitieren und zeigten mehr Auffälligkeiten im Sprachverhalten.

Die neuroleptische Medikation verringert im „digit span"-Test die Wirkung von Ablenkungsreizen auf die Wiedergabeleistung schizophrener Patienten (Harvey & Pedley, 1989; Oltmanns, Neale & Ohayon, 1978). Nicht konsistent ist der Zusammenhang des reduzierten Positionseffektes und dessen weitere Reduzierung unter Ablenkungsbedingungen mit möglichen Untergruppen schizophrener Patienten: Frame und Oltmanns (1982) zeigten, daß die Beeinträchtigung der Wiedergabe von Elementen am Listenanfang auch nach symptomatischer Besserung weiter bestehen bleibt. Green und Walker (1986) finden aber nur bei schizophrenen Patienten mit positiver Symptomatik eine Minderleistung im „digit span"-Test gegenüber Gesunden und eine weitere Verschlechterung unter Ablenkungsbedingungen. Auch bei Kindern schizophrener Eltern, also Probanden ohne schizophrenietypische Symptomatik, wird die Leistung im „digit span"-Test durch Ablenkung unverhältnismäßig stark beeinträchtigt (vgl. Spring et al., 1991). Bei den gleichen Probanden finden Cornblatt und Erlenmeyer-Kimling (1985) bereits in der einfachen Version des einmaligen Zahlennachsprechens vorwärts und rückwärts Minderleistungen.

Für die unterschiedliche Sensitivität des Tests in den Studien sind in erster Linie unterschiedliche Schwierigkeitsgrade der neutralen und der Ablenkungsbedingung verantwortlich. Nur in wenigen der genannten Untersuchungen wurden dieselben Varianten des „digit span test" verwendet. Bereits beim Versuch von Oltmanns und Neale (1975), psychometrisch äquivalente Listen für die neutrale und die Ablenkungsbedingung zu erstellen, konnte nur in der längeren und damit schwierigeren Version der differentielle Effekt der Ablenkung auf schizophrene Patienten gezeigt werden. Die berichteten Defizite sprechen für eine erhöhte Störbarkeit schizophrener Patienten bei der Überführung aufgenommener Information vom Kurzzeit- in den Langzeitspeicher. Anhand der Studien kann jedoch nicht entschieden werden, in welchem Maße diese Minderleistungen auf Enkodierungsprozesse oder aber auf eine generell erhöhte Ablenkbarkeit zurückzuführen sind. Auch Minderleistungen in der neutralen Bedingung könnten auf unspezifische, jederzeit präsente interne und externe Reize zurückgehen.

Generell gilt, daß eine erhöhte Ablenkbarkeit durch Störreize beim Einprägen oder Nachsprechen vor allem für Phasen florider Symptomatik bzw. für Patienten mit Positivsymptomatik gut belegt ist (Spring et al., 1991). Unter neuroleptischer Medikation nimmt der Einfluß der Ablenkungsbedingungen ab (Oltmanns et al., 1978), so daß es sich bei der erhöhten Ablenkbarkeit nicht um eine Konsequenz der Neuroleptika handelt. Dieses Defizit scheint jedoch nicht lediglich ein Epiphänomen der akuten Phase zu sein, denn remittierte Patienten und auch die Verwandten schizophrener Patienten sind ebenfalls stärker als Gesunde durch Ablenkungsbedingungen beeinträchtigt (vgl. Spring, Lemon & Fergeson, 1990).

5.2.2 Vigilanzleistung

Neben klinischen Beschreibungen eines Defizits der selektiven Aufmerksamkeit finden sich auch frühe Hinweise auf ein Defizit der Vigilanz. Auf Schwierigkeiten, längere Zeit aufmerksam zu bleiben, führte Kraepelin Denkstörungen zurück. Seit den 60er Jahren wurde dieser Aspekt der Aufmerksamkeit bei Schizophrenen mit dem „Continuous Performance Test" untersucht (Orzack & Kornetsky, 1966). Die Aufgabe besteht darin, in einer Folge von kurzzeitig visuell dargebotenen Buchstaben oder anderen Symbolen bestimmte Zielreize zu entdecken. Zur Erhöhung der Schwierigkeit wurden Ablenkreize dargeboten, als Zielreiz wurden nicht Einzelreize, sondern eine Sequenz definiert, oder die Reize wurden schwer identifizierbar gemacht. In der letzten Variante ist besonders die Reizerkennung erschwert, bei der Verwendung komplizierterer Reize oder komplexerer Zieldefinitionen wird nach Nuechterlein der „processing load" und damit die Beanspruchung zentraler Verarbeitungskapazität erhöht. Eine ausführliche Zusammenfassung dieser Studien findet sich bei Nuechterlein (1991).

In diesen Aufgaben schneiden schizophrene Patienten in der Regel schlechter ab als andere psychiatrische Patienten. Die Berechnung von Signalentdeckungsparametern zeigt, daß diese Minderleistung nicht lediglich im Sinne einer größeren Zurückhaltung bei der Entdeckung von Zielreizen zu interpretieren ist. Schizophrene entdecken Zielreize seltener und verwechseln häufiger Ziel- und Nichtzielreize. Ausgeprägte Minderleistungen zeigt jedoch nur ein Teil der schizophrenen Patienten. In einer Untersuchung von Walker und Shaye (1982) waren dies schizophrene Patienten mit ebenfalls an Schizophrenie erkrankten Verwandten. Nuechterlein, Edell, Norris und Dawson (1986) fanden, daß die Minderleistungen mit dem Ausmaß an Negativsymptomatik zunehmen, nicht aber mit Wahnsymptomatik und Halluzinationen. Wichtig ist, daß Minderleistungen in Varianten des „Continuous Performance Test" nicht auf akut erkrankte Patienten beschränkt sind. Sowohl Kinder schizophrener Eltern wie auch andere Verwandte schizophrener Patienten entdecken weniger Zielreize als unauffällige Vergleichsprobanden (Nuechterlein, 1991). Dies gilt jedoch nur bei der Verwendung jener Versionen, in denen entweder die Reize schwer zu erkennen sind (Nuechterlein, 1983) oder die Zielerkennung durch die Verwendung komplexer Reize wie z.B. Spielkarten (Erlenmeyer-Kimling & Cornblatt, 1978) erschwert ist.

5.3 Wahrnehmung

5.3.1 Prüfung des sensorischen Speichers

Zu den wenigen Bereichen, in denen eine Beeinträchtigung schizophrener Patienten ausgeschlossen werden kann, gehört die Wahrnehmung einfacher akustischer Reize. Bei Schizophrenen sind keine erhöhten Schwellen der Reizwahrnehmung nachzuweisen, vorausgesetzt, die dazu verwendete psychophysische Methode erlaubt die gesonderte Erfassung der Sensitivität für die Reizwahrnehmung und der Risikobereitschaft im Antwortverhalten. Mit einer solchen „signal-detection-Anordnung" fanden Bruder et al. (1975) eine Sensitivitätsminderung für akustische Reize bei depressiven Patienten, nicht aber bei schizophrenen Patienten. Wird jedoch eine Reizidentifikation verlangt, so sind vor allem bei visuellen Reizen charakteristische Besonderheiten schizophrener Patienten bemerkbar. Akut schizophrene Patienten nehmen peripher dargebotene Reize besser als eine Kontrollgruppe neurotischer Patienten wahr, chronisch schizophrene Patienten dagegen schlechter (Cegalis, Leen & Solomon, 1977).

Ein Defizit Schizophrener in einem frühen Stadium der Reizverarbeitung wird in einer großen Zahl von Studien zum „visual masking" offenkundig. Balogh und Merritt (1987) wie auch Braff, Saccuzzo und Geyer (1991) fassen etwa 20 Untersuchungen zusammen. In der Standardvariante dieser Versuchsanordnung werden Buchstaben kurzzeitig dargeboten und anschließend durch eine andere Reizvorlage, die Maske, verdeckt („backward masking"). Aufgabe der Probanden ist es, den dargebotenen Reiz zu identifizieren. Trotz der scheinbaren Einfachheit der Anordnung hängt die Identifizierbarkeit der Reize von einer Reihe von Parametern ab, u. a. von Intensität, Dauer und der räumlichen Anordnung von Maske und Reiz. In den meisten Untersuchungen wird dafür zunächst individuell die Reizdauer ohne Maskierung ermittelt, bei der eine gewisse Genauigkeit der Reizerkennung gewährleistet scheint. Mit wenigen Ausnahmen ergibt diese Prüfung, daß die Reize bei schizophrenen Patienten nur unwesentlich länger als etwa bei Gesunden dargeboten werden müssen. Zumeist waren die Autoren dieser Studien jedoch mehr daran interessiert, wie die Identifizierbarkeit der Reize mit dem Abstand zwischen Zielreiz und Maske zunahm.

In der ersten Untersuchung von Saccuzzo, Hirt und Spencer (1974) mit konstanter Zielreizintensität und -dauer, aber variablem Abstand zwischen Zielreiz und Maske, identifizieren Gesunde bereits bei 150 msec Abstand den Zielreiz so gut wie in der Kontrollbedingung ohne Maske. Schizophrene dagegen erreichen diese Leistung erst bei einem Abstand von 300 msec. Diese Minderleistung schizophrener Patienten war nicht nur im Vergleich zu Gesunden, sondern auch im Vergleich zu psychiatrischen Kontrollgruppen deutlich. Neuroleptika scheinen für die Verlängerung des kritischen Interstimulusintervalls nicht verantwortlich zu sein, denn bei Patienten ohne Medikation war dieses Intervall länger als bei Patienten mit Medikation.

Aus den bei Braff et al. (1991) referierten Studien kann man zusammenfassend ableiten: Eine Erschwerung der Reizidentifikation durch zeitlich folgende bedeutungslose Reize kennzeichnet schizophrene Patienten mit schlechter Prognose, chronisch schizophrene Patienten, aber auch schizotypische Individuen. Anderseits zeigen auch Probanden mit schizotypischen Persönlichkeitszügen (nach dem MMPI) verlängerte Interstimulusintervalle (Balogh & Merrit, 1987). Diese Minderleistung scheint also auf eine überdauernde, auch in Zeiten der Symptomremission und möglicherweise auch bei vulnerablen Individuen vorhandene Besonderheit der Informationsverarbeitung zu deuten.

In den ersten Interpretationsversuchen wurde angenommen, daß die Verlängerung des Interstimulusintervalls entweder auf eine verminderte Qualität des Abbildes (Ikon) oder aber auf eine langsamere Informationsverarbeitung hinweist. Beides hätte zur Folge, daß Schizophrene mehr Zeit benötigten, ein Ikon von ausreichender Qualität für eine sichere Weiterverarbeitung zu bilden. Damit nicht vereinbar war, daß Schizophrene die zeitlich getrennten Teile einer Reizvorlage über dieselben Interstimulusintervalle ebenso gut in ein Ikon integrieren konnten wie Gesunde (Knight, Sherer, Putchat & Carter, 1978; Spaulding et al., 1980).

Über Prozesse der visuellen Wahrnehmung ist mittlerweile so viel mehr bekannt geworden, daß eine einfache Interpretation der vorliegenden Befunde nicht mehr möglich ist. Die Maskierung bewirkt sowohl retinale wie zentrale Reaktionen; sie kann mit dem Zielreiz integriert werden oder dessen Verarbeitung unterbrechen (Braff et al., 1991). Ein weiterer Befund der Arbeitsgruppe von Knight (Knight, Elliott & Freedman, 1985) legt eine völlig andere Interpretation nahe. In dieser Untersuchung wurde nicht nur das Interstimulusintervall, sondern auch die Art der Maske variiert. Verwendet wurde das übliche Zufallsmuster, ein geometrisches Muster und eine Abbildung. Für nichtschizophrene Probanden und schizophrene Patienten mit guter Prognose nahm die Schwierigkeit der Reizidentifikation entsprechend dem Bedeutungsgehalt der Maske zu, da ja mehr Verarbeitungskapazität für die bedeutungshaltigen als für die bedeutungslosen Reize benötigt wurde. Schizophrene Patienten mit schlechter Prognose jedoch waren durch das Zufallsmuster ähnlich beeinträchtigt wie durch das geometrische Muster. Knight et al. (1985) interpretierten dies als Hinweis auf eine Störung der Wahrnehmungsorganisation. Ihrer Meinung nach beansprucht die Verarbeitung der Maske bei schizophrenen Patienten unverhältnismäßig viel Kapazität, so daß die Identifikation des vorangegangenen Reizes durch diese vermeintlich unbedeutende experimentelle Manipulation differentiell erschwert wird.

Mit dieser plausiblen Erklärung des Defizits im „visual masking" sind aber neuere Unterschungen nicht vereinbar. Auch Schuck und Lee (1989) zeigten zwar, daß die Minderleistung Schizophrener bei der Reizidentifizierung sowohl durch unterschiedliche Reaktionen auf die Maske wie auch auf den Zielreiz selbst bedingt sein kann. Dabei können jeweils verschiedene Subsysteme des visuellen Systems beteiligt sein. In abgeänderten Experimentalanordnungen werden deshalb transiente und anhaltende Reaktionen des visuellen Systems durch Reize mit unterschiedlicher räumlicher Frequenz gesondert aktiviert. In Untersuchungen von Schwartz (Schwartz, Mallott & Winstead, 1988; Schwartz, McGinn & Winstead, 1987) konnten schizophrene Patienten Muster mit geringer räumlicher Frequenz besser, solche mit höherer räumlicher Frequenz schlechter als Gesunde entdecken. Anhand dieser Befunde ist die Minderleistung bei „visual masking" Untersuchungen doch auf der Seite des Ikons zu lokalisieren.

Unmittelbar einschlägig für das Verständnis des „backward masking deficit" sind Versuche von Merritt und Balogh (1989), durch die Art der Maskierung gezielt eines der beiden visuellen Subsysteme anzusprechen. Als Maske wird dabei eine Reizvorlage mit parallelen Linien im gleichen Abstand voneinander dargeboten. In zufälliger Folge wechseln jedoch eine Vorlage mit niedriger räumlicher Frequenz und eine Reizvorlage mit hoher räumlicher Frequenz. Bislang liegen von der Arbeitsgruppe nur Untersuchungen an Probanden mit einem erhöhten Psychoserisiko vor, wobei dieses Risiko anhand der „psychosis proneness scales" (Chapman, Chapman & Miller, 1982) festgelegt wurde. Diese Probanden unterschieden sich von Gesunden nicht in der Zahl der erkannten Zielreize, wenn die Maske mit hoher räumlicher Frequenz verwendet wurde. Die Maske mit niedriger räumlicher Frequenz führte dagegen bei allen geprüften Interstimulusintervallen zu schlechteren Erkennungsleistungen der vulnerablen Probanden (vgl. Abb. 3). Da hier die transiente Reaktion gegenüber der anhaltenden Reaktion überwiegt, verweist der Befund auf eine Normabweichung des transienten Subsystems.

Dieser differentielle Effekt läßt es ausschließen, daß die Beeinträchtigung der Reizerkennung durch Maskierungsreize lediglich die Folge eines generalisierten Defizits im Sinne Chapmans darstellt. Auch mit der Hypothese von Knight et al. (1985), daß Schizophrene die Maske eher bedeutungshaltig verarbeiten als Gesunde und deshalb besonders stark dadurch irritiert sind, ist dieser differentielle Befund nicht vereinbar. Anscheinend ist dem Befund von Merritt und Balogh zufolge bei Probanden mit einem erhöhten Psychoserisiko die Verarbeitung sequentiell dargebotener Reize unter sehr speziellen Reizbedingungen gestört.

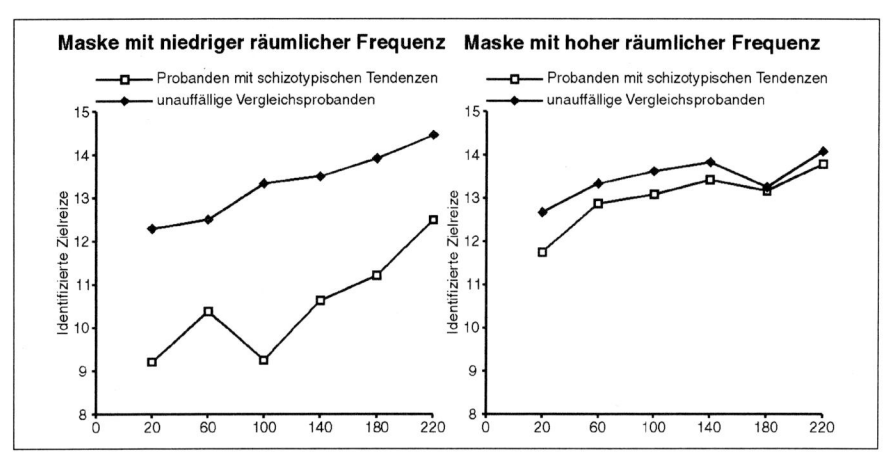

Abb. 3: Zielreizidentifikation unter zwei Maskierungsbedingungen bei Probanden mit schizotypischen Tendenzen (nach Merrit & Blalogh, 1989)

Befunde wie der von Merritt und Balogh (1989) verlagern die Störung, die den Defiziten beim „backward masking" zugrunde liegt, vom sensorischen Speicher in nachfolgende Phasen, in denen die Abfolge der Reize bearbeitet wird. Braff et al. (1991) sehen eine Parallele zwischen den Defiziten im „backward masking" und den Befunden über die „startle response" (Schreckreaktion) schizophrener Patienten. In dieser Anordnung wird der Lidschlagreflex bei Darbietung lauter Töne erfaßt. Ein typischer Befund bei Gesunden ist, daß ein unmittelbar vor dem „Reflexreiz" dargebotener schwacher Reiz den nachfolgend ausgelösten Reflex hemmt. Diese „prepulse inhibition" ist bei schizophrenen Patienten schwächer als bei unterschiedlichen Vergleichsgruppen (Braff, Grillon & Geyer, 1992). Im Tierversuch bewirkt eine Zunahme der Dopaminaktivität in mesolimbischen Systemen ebenfalls eine Abschwächung der „prepulse inhibition" (Swerdlow, Braff, Masten & Geyer, 1990). Braff et al. (1991) sehen das Gemeinsame zwischen Befunden zum „backward masking" und zur „prepulse inhibition" in der Veränderung von Aspekten der sequentiellen Informationsverarbeitung, die dopaminerg moduliert sind. Die Verabreichung eines Dopaminagonisten (Methylphenidat) bei Gesunden führt zu schizophrenietypischen Veränderungen im „backward masking" (vgl. Braff et al., 1991).

5.3.2 Serielle Suchprozesse

Eine weitere Untersuchungstechnik, in der wie beim „backward masking" Leistungen des sensorischen Speichers geprüft werden, ist der „span of apprehension test" (SAT). Sperling hatte bereits 1960 die Bedeutung eines sensorischen Speichers nachgewiesen. Bei seiner Demonstration dieses Phänomens wurde eine Matrix von Buchstaben so kurzzeitig dargeboten, daß sie nur unvollständig wiedergegeben werden konnte („full report"). Andererseits konnten die Probanden, wenn unmittelbar nach der Darbietung nur eine bestimmte Zeile abgefragt wurde („partial report"), die Elemente dieser Zeile mit hoher Genauigkeit wiedergeben. Ein Vorteil des „partial report" gegenüber dem „full report" ergab sich dabei bis zu einer Sekunde nach der Darbietung. In der Untersuchung schizophrener Patienten hat sich das Verfahren des „partial report" von Estes und Taylor eingebürgert (vgl. Asarnow, Granholm & Sherman, 1991). Entweder vier, acht, zwölf oder sechzehn Konsonanten werden in der Originalform zufällig auf den Positionen einer 4 x 4-Matrix verteilt. Die Probanden müssen beurteilen, ob unter den dargebotenen Buchstaben ein T oder ein F war. Spätere Studien unterscheiden sich darin, wieviele Schwierigkeitsstufen gewählt werden und ob die Reizdarbietung in einem engen oder weiten Sehwinkel erfolgt.

Asarnow et al. (1991) fanden sieben Studien, in denen akut schizophrene Patienten untersucht wurden. In jeder davon entdeckten schizophrene Patienten in den schwierigeren Bedingungen (8, 10, 12 Konsonanten) weniger der Zielreize als gesunde Vergleichsprobanden. In drei von vier Studien, in denen auch psychiatrische Patienten anderer Diagnosen berücksichtigt wurden, war die Leistung schizophrener Patienten auch schlechter als die depressiver, neurotischer oder teilweise remittierter manischer Patienten. Auch remittierte schizophrene Patienten erbringen schlechtere Leistungen als Gesunde, sofern dabei die schwierigere Version mit weitem Sehwinkel eingesetzt wird. Eine Untersuchung von Strauss, Prescott, Gutterman und Tune (1987) läßt allerdings an der Spezifität des SAT-Defizits zweifeln. Diese Autoren fanden keinen Unterschied zwischen manischen und schizophrenen Patienten in ambulanter Behandlung, dafür aber einen klaren Zusammenhang mit dem Vorhandensein von Akutsymptomen unabhängig von der Gruppenzugehörigkeit. Ausgeschlossen werden kann, daß es sich bei dem SAT-Defizit um einen Effekt der neuroleptischen Medikation handelt: Neuroleptika bewirken in mehreren Untersuchungen bei akut schizophrenen Patienten eine deutliche Zunahme der Leistung (vgl. Asarnow et al., 1991). In der Symptomatik unterscheiden sich Patienten mit guter und mit schlechter Leistung im SAT nur wenig, sieht man von der Studie von Strauss et al. (1987) ab. Asarnow et al. (1991) stellen nur den Zusammenhang zwischen dem SAT-Defizit und der Einschätzung von Anergie in der BPRS heraus. Ein Zusammenhang mit dieser Skala wurde übrigens auch beim „Continuous Performance Test" gefunden (vgl. Nuechterlein, 1991). Minderleistungen im SAT wurden bei Kindern schizophrener Mütter gefunden, auch tendieren Gesunde mit schlechten Leistungen im SAT zu höheren Werten auf der Schizophrenieskala des MMPI. Trotz der nicht eindeutig geklärten Spezifität verweisen diese Befunde darauf, daß der SAT ein Indikator für Psychose-Vulnerabilität sein könnte.

Wie beim „backward masking" sind auch im SAT eine Reihe von kognitiven Funktionen aufgerufen. Unter anderem ist die Leistung im SAT abhängig von a) der Zerfallsgeschwindigkeit des sensorischen Speichers, b) der Geschwindigkeit und Genauigkeit der seriellen und/oder parallelen Suchprozesse zur Zielreizidentifikation, c) der Geschwindigkeit des Transfers von Information vom sensorischen Speicher zum Arbeitsgedächtnis, d) der Zerfallsgeschwindigkeit des Arbeitsgedächtnisses. Welcher dieser Prozesse ist bei schizophrenen Patienten gestört? Die Konstellation der Befunde in leichten und schweren Versionen der Aufgabe bringt Asarnow et al. (1991) zu der Annahme, daß bei schizophrenen Patienten entweder die Suche verspätet initiiert wird oder daß die Suche weniger effizient ausgeführt wird. Sie sehen keinen Hinweis für eine Störung des sensorischen Speichers selbst. Eine Untersuchung von Elkins, Cromwell und Asarnow (1992) verlegt den Ort der Störung in die Durchführung der seriellen Suchprozesse. Diese Autoren veränderten die SAT-Anordnung, indem die Distraktoren unmittelbar nach ihrer Darbietung maskiert wurden, während die Zielreize unverändert blieben. Gesunde und depressive Pro banden verbesserten dadurch ihre Leistung, schizophrene Patienten verschlechterten sich gegenüber der herkömmlichen Darbietung. Anscheinend wirkte die Entfernung der Distraktoren selbst als Distraktor, durch den die seriellen Suchprozesse schizophrener Patienten besonders gestört wurden.

5.3.3 Präattentive Gestaltbildung

Einige vielzitierte Arbeiten zeigen Besonderheiten schizophrener Probanden in Aufgaben mit visuellem Reizmaterial, dessen Bearbeitung durch die Aufteilung der Reize nach gestaltbildenden Eigenschaften erleichtert wird. Cox und Leventhal (1978) boten Symbole, Zahlen und Buchstaben vermischt dar, so daß auch bei kurzzeitiger Darbietung die selteneren Reize als Gestalt vor einem Hintergrund wahrgenommen werden konnten. Paranoide Schizophrene und psychiatrische Vergleichsprobanden erfaßten diese Gestalten, nicht aber nichtparanoide Schizophrene. Die Verdeutlichung der Gestalten, z. B. durch Farbe, half jedoch auch dieser Gruppe soweit, daß die Unterschiede zwischen den drei Gruppen nicht mehr bedeutsam waren. Wird eine Gestaltbildung nicht besonders nahegelegt, so scheinen Schizophrene die Elemente einer Vorlage vorzugsweise einzeln abzuarbeiten. Dies wird offenkundig bei der Verwendung von horizontalen und vertikalen Strichen als Ziel bzw. Ablenkungsreize (Schwartz-Place & Gilmore, 1980; Wells & Leventhal, 1984). Die Aufgabe bestand darin, bei kurzzeitiger Darbietung die Anzahl von Strichen einer Art (z. B. horizontal) anzugeben. Gesunde Probanden profitierten davon, wenn die Zielreize gruppiert dargeboten wurden und waren in dieser Bedingung den anderen Gruppen überlegen. Waren die Reize jedoch nicht gruppiert, sondern verstreut dargeboten, so gaben in beiden Studien Schizophrene die Zahl von

Zielreizen zutreffender an als gesunde bzw. psychiatrische Vergleichsprobanden. Dies galt sowohl für paranoide wie für nichtparanoide schizophrene Patienten, wobei jedoch ein Trend zu besonders genauen Wiedergaben für die paranoiden Patienten zu erkennen ist (Wells & Leventhal, 1984). Rief (1989) verwendete die ursprüngliche Anordnung von Schwartz-Place und Gilmore und eine eigene Modifikation, in der die stets gleiche Anordnung der Reize entsprechend einem gleichmäßigen Vieleck aufgegeben wurde. Dabei wurde offensichtlich, daß eine Bedingung für den unterschiedlichen Einfluß der Reizhomogenität die Anordnung entsprechend einer regelmäßigen, selbst als Gestalt wirkenden Figur ist. Zwar scheinen schizophrene Probanden oft eine Strategie zu bevorzugen, in der Elemente einzeln verarbeitet werden. Sie sind allerdings durchaus in der Lage, Vorteile einer Gestaltanordnung auszunützen, wenn diese hervorgehoben wird. Ein Hinweis auf eine grundlegend andersartige Wahrnehmungsorganisation ergibt sich daraus nicht. Es gibt auch keinen Hinweis darauf, daß Störungen der perzeptuellen Organisation bei Personen mit erhöhtem Schizophrenierisiko auftreten (Silverstein, Raulin, Pristach & Pomerantz, 1992).

5.3.4 Orientierungsreaktionen

Zwar ist die Wahrnehmung einfacher akustischer Reize nicht beeinträchtigt, doch unterscheiden sich schizophrene Patienten und Gesunde in der Reaktion auf solche Reize. Gesunde zeigen in der Regel eine „Orientierungsreaktion" (OR), wenn ihnen eine Serie von Tönen dargeboten wird. An dieser OR sind Reaktionen verschiedener psychophysiologischer Systeme beteiligt. Besonders deutlich und oft gezeigt sind Unterschiede zwischen schizophrenen Patienten und Vergleichsprobanden in der elektrodermalen OR. Bernstein (1987) faßt die vorhandenen Studien zusammen, wobei besonderes Gewicht einer vergleichenden Untersuchung aus den USA, England und Deutschland zukommt (Bernstein et al., 1982). Übereinstimmend zeigen diese Arbeiten, daß ungefähr 50 % der schizophrenen Patienten auf harmlose Töne mittlerer Lautstärke nicht mit einer elektrodermalen OR reagieren. Unter Gesunden sind solche „Nonresponder" selten; ihr Anteil liegt meist unter 10 %. Der hohe Prozentsatz schizophrener „Nonresponder" hängt offenbar nicht davon ab, ob die Patienten erstmalig aufgenommen oder länger und wiederholt hospitalisiert waren, ob sie neuroleptisch behandelt waren oder nicht, und auch nicht davon, ob Licht- oder Tonreize verwendet wurden. Nicht bestätigt werden konnten in neueren Studien Berichte über eine Untergruppe hyperresponsiver schizophrener Patienten, deren Orientierungsreaktionen sogar weniger als bei Gesunden habituieren. Levinson, Edelberg und Maricq (1985) zeigen, daß je nach Wahl des Kriteriums für die Unterscheidung zwischen „Respondern" und „Nonrespondern" gerade Probanden mit vielen unspezifischen, nicht durch externe Reize evozierten elektrodermalen Reaktionen (Spontanfluktuationen) fälschlicherweise als hyperresponsiv gewertet werden.

Entspricht das „Nonresponding" einer eingeschränkten Fähigkeit zu Orientierungsreaktionen? Bernstein et al. (1988) verglichen die OR schizophrener und depressiver Patienten mit der OR Gesunder zunächst unter der Standardinstruktion, die dargebotenen Töne zu ignorieren. In dieser Bedingung reagierten Schizophrene und Depressive gleichermaßen wenig elektrodermal. In der zweiten Bedingung hatten die Probanden bei bestimmten Tönen ein Pedal zu drücken. Wenn die Töne auf diese Weise „Signalwert" erlangten, reagierten schizophrene Patienten vermehrt und nicht mehr von Gesunden unterscheidbar; die elektrodermale OR Depressiver blieb auch in dieser Bedingung reduziert. Das elektrodermale Reaktionsdefizit schizophrener Patienten ist also nicht konstant, sondern durchaus situationsabhängig. Ein wichtiger Unterschied zu den depressiven Patienten ergab sich aus einem weiteren Reaktionssystem, der Fingerpulsamplitude als Maß der peripheren Durchblutung. Schizophrene Patienten waren in beiden Reaktionssystemen gleichermaßen „Nonresponder", aber depressive Patienten waren anhand der vaskulären OR nicht von Gesunden zu unterscheiden. Nach Bernstein et al. (1988) zeigt dieses differentielle Reaktionsmuster, daß bei schizophrenen Patienten das elektrodermale „Nonresponding" tatsächlich einem „zentralen" Orientierungsdefizit entspricht, bei Depressiven dagegen peripher durch eine Störung der cholinergen Übertragung verursacht wird.

Bernstein (1987) meint, daß die OR durch Ungewißheit über einen möglicherweise bedeutsamen Reiz ausgelöst wird: Das Ausmaß an Ungewißheit bestimmt, ob zentrale Verarbeitungsfunktionen benötigt werden; die Bedeutsamkeit des Reizes bestimmt, ob Verarbeitungskapazität bereitgestellt wird. Das „schizophrene Defizit" liegt an der Stelle im Prozeß der Aufmerksamkeitskontrolle, an der die Reize auf ihre Bedeutsamkeit hin geprüft werden und die Entscheidung getroffen wird, zentrale Verarbeitungsmechanismen aufzurufen. Diese Sicht unterstützen auch Befunde von Öhman et al. (1986). In einer Reaktionszeitaufgabe wurden in zufälliger Folge zwei verschiedene akustische Warnsignale dargeboten, wovon jedoch nur eines von einem Reaktionszeitsignal gefolgt war. In einem der Versuchsblöcke wurden zusätzlich Bilder als Ablenkungsreize eingestreut. Die psychophysiologischen Reaktionen Gesunder sowohl auf bedeutungslose Warnsignale wie auch auf die Ablenkungsreize habituierten rascher als die Reaktionen schizophrener Patienten. Das von Bernstein (1987) angenommene Defizit bedeutet also nicht nur, daß die Schwelle zur Reaktionsauslösung für Signalreize höher ist, sondern auch, daß verhältnismäßig mehr Verarbeitungskapazität auf irrelevante Reize verwendet wird.

So konsistent der Befund vermehrter „Nonresponder" ist, so unklar sind die Zusammenhänge mit der Symptomatik. Intuitiv würde man erwarten, daß

„Nonresponding" mit dem Vorhandensein von Negativsymptomatik korreliert. Die Befundlage dazu ist jedoch uneinheitlich. Nach Bernstein (1987) fallen „Nonresponder" weniger durch sozialen Rückzug und emotionale Verflachung auf; sie erscheinen eher „withdrawn-disorganized". Öhman et al. (1989) fanden, daß schizophrene Patienten, die während der stationären Behandlung „Nonresponder" waren, im weiteren Verlauf eine schlechtere soziale Anpassung erreichten als „Responder". Dawson, Nuechterlein, Schell und Mintz (1992) untersuchten schizophrene Patienten ebenfalls während des stationären Aufenthalts wie auch einige Monate nach der Entlassung: „Responder" hatten höhere Werte auf den Subskalen „Aktivierung" und „Feindseligkeit" der „Brief Psychiatric Rating Scale". Diese Zusammenhänge mit der elektrodermalen OR waren deutlicher in der Remission als während des akuten Zustands; gerade Patienten mit erhöhter elektrodermaler Aktivität im Akutzustand wurden bei der Nachuntersuchung als symptomatisch schlechter remittiert eingestuft. Diese Befunde sind mit denen von Öhman et al. (1989) nur schwer in Einklang zu bringen. Die Art des Zusammenhangs scheint erheblich davon bestimmt zu sein, welche Untergruppe schizophrener Patienten zu welchem Zeitpunkt untersucht wird.

Erschwert wird die Suche nach systematischen Zusammenhängen auch durch anticholinerge Wirkungen der neuroleptischen Medikation oder üblicher Zusatzmedikamente gegen extrapyramidale Nebenwirkungen. Dies allein kann kaum den drastischen Unterschied in der Häufigkeit von „Nonrespondern" zwischen schizophrenen Patienten und Gesunden erklären. Allerdings fanden Green und Nuechterlein (1988) unter anticholinerger Medikation weniger elektrodermale Orientierungsreaktionen als unter Medikamenten mit geringer anticholinerger Wirkung.

Schizophrene Patienten reagieren geringer als Gesunde auf Reize ohne Signalbedeutung. Dieser Mangel an Reaktionsbereitschaft ist nicht permanent, wie sich durch Erhöhung der Reaktionsanforderungen zeigen läßt. Wichtig ist auch, daß es sich dabei nicht einfach um eine generell verringerte Reaktionsbereitschaft auf relevante Reize handelt, sondern daß damit eine erhöhte Reaktionsbereitschaft auf irrelevante Reize einher zu gehen scheint (Öhmann, Nordby & d'Elia, 1986). Es liegt also nahe, nach Entsprechungen besonders im Bereich aufmerksamkeitsfordernder Aufgaben zu suchen. Alm, Lindstrom, Ost und Öhman (1984) fanden allerdings keine Unterschiede zwischen „Respondern" und „Nonrespondern" bezüglich der Ablenkbarkeit. Methodisch überzeugende Studien, in denen nach Zusammenhängen zwischen der elektrodermalen OR und unterschiedlichen Aspekten der Aufmerksamkeitskontrolle gefragt wird, stehen noch aus.

5.4 Sprache und Denken

5.4.1 Erfassung von Denk- und Sprachstörungen

Störungen des Denkens gehören zu den diagnostischen Kriterien einer schizophrenen Erkrankung und sind seit E. Bleuler (1923) Gegenstand empirischer Untersuchungen gewesen. Im folgenden geben wir einen Überblick über Versuche, Denkstörungen bei schizophrenen Patienten zu erfassen und zu erklären. Gemeint sind dabei formale, nicht inhaltliche Denkstörungen. In unmittelbarem Zusammenhang damit sind Besonderheiten der Sprache zu behandeln. E. Bleuler (1923) charakterisierte die von ihm beobachteten Störungen des Denkens als „Lockerung der Assoziationen" und sah darin auch die Ursache für andere pathologische Veränderungen. Probleme bereitete ihm dabei – wie uns heute – die Relation zwischen der Lockerung der Assoziationen und der Störungen der Aufmerksamkeit. Gelegentlich werden beide Störungen als fundamentale Symptome aufgeführt, in anderen Passagen wertete E. Bleuler die Störung der Aufmerksamkeit als Folge der Denkstörung. Wenn diese „Lockerung der Assoziationen" heute als ein frühes Beispiel psychologischen Denkens in der Schizophrenieforschung angeführt wird, so wird dabei oft vergessen, daß E. Bleuler damit nicht eine Störung der probabilistischen Beziehung zwischen einem Reizwort und den dazugenannten Assoziationen meinte, sondern die Schwierigkeit, einen Gedankengang zielgerichtet zu Ende zu führen. E. Bleuler (1923) unterschied bereits mehrere Varianten gestörten Denkens, berücksichtigte dabei aber inhaltliche und formale Störungen gleichermaßen, z. B.: Inkohärenz, bizarre Assoziationen, Klangassoziationen, Verdichtungen, Stereotypien.

Wenn Denkstörungen als diagnostisches Kriterium dienen, ist es dann nicht zirkulär, Denk- und Sprachstörungen bei schizophrenen Patienten nachzuweisen? Das Ziel der einschlägigen Untersuchungen ist a) offenzulegen, welche Besonderheiten der sprachlichen Äußerungen der Patienten wohl dafür verantwortlich sind, daß Beurteiler den Eindruck gestörten Denkens haben, b) zu ermitteln, wie solche Auffälligkeiten mit anderen sprachlichen oder nichtsprachlichen Defiziten schizophrener Patienten zusammenhängen und wie sie zu erklären sind. Problematisch ist zunächst die Abgrenzung der Denkstörungen von den Sprachstörungen. Andreasen (1986) meint, aus der empirischen Perspektive gesehen seien die meisten der unter „Denkstörungen" erfaßten Besonderheiten Störungen der Kommunikation; das Denken im eigentlichen Sinne beträfen nur einige davon. Folglich sei der Begriff der „formalen Denkstörung" aufzugeben zugunsten von „Störungen des Denkens, der Sprache und der Kommunikation".

In illustrativen Beispielen für sprachliche Äußerungen finden sich in der klinischen Literatur u. a. Wortwiederholungen, assoziative Worteinschübe, Wortspielereien, Aufzählungen von Objekten und Neologismen (Maher, 1991). Auch ohne Kenntnis solcher Auffälligkeiten konnte ein naiver Beurteiler in einer Untersuchung von Allen (1985) Transkripte von Bildbeschreibungen Schizophrener und Gesunder richtig zuordnen. Lange Zeit war jedoch das Fehlen psychometrisch geprüfter Instrumente zur Erfassung von Denkstörungen problematisch. Drei solcher Systeme sind in den letzten Jahren häufiger verwendet worden und seien hier vorgestellt. In der „Scale for the Assessment of Thought, Language and Communication" (TLC) von Andreasen (1986) wird zwischen positiver und negativer Denkstörung unterschieden. Indikatoren positiver Denkstörung sind z.B. Inkohärenz, Desorganisation oder Verlust des Kommunikationsziels. Mit negativer Denkstörung sind Indikatoren von Sprachverarmung gemeint. Insgesamt werden 18 Varianten von Denkstörungen unterschieden, deren Vorhandensein in einem ca. 50minütigen Interview beurteilt wird. Andreasen und Grove (1986) berichten, daß das Denken manischer Patienten desorganisiert, inkohärent und unlogisch, aber verbal flüssig ist. Hebephrene Patienten hatten ähnliche Störungen im Bereich positiver Denkstörungen, aber im Kontext sprachlicher Verarmung. Auch paranoide Patienten hatten dieselben Anzeichen positiver Denkstörung, aber bei geringerer Sprachverarmung als die hebephrenen Patienten. Schizoaffektive Patienten unterschieden sich kaum von schizophrenen Patienten. Bemerkenswert ist in dieser Untersuchung (s.a. Grove und Andreasen, 1991), daß eine Diskriminanzfunktion zur Trennung dieser Gruppen keineswegs die „typischen" Störungen manischer und schizophrener Patienten als wichtigste Variablen aufführt. Auch Harvey, Earle-Boyer und Wielgus (1984) fanden, daß die globale Einschätzung der Denkstörung anhand der TLC nicht zwischen manischen und schizophrenen Patienten zu Beginn einer akuten Episode unterschied, sondern nur die Einschätzungen der negativen und positiven Denkstörung. In der Untersuchung von Andreasen und Grove (1986) remittierten die Denkstörungen jedoch bei manischen und schizoaffektiven Patienten, nicht aber bei schizophrenen Patienten.

Der „Thought Disorder Index" (TDI) in der letzten Version von Solovay et al. (1986) wird anhand der verbalen Reaktionen auf die Tafeln des Rorschachtests und der Antworten in den verbalen Untertests des Hamburg-Wechsler-Intelligenztests bestimmt. Dabei werden in einem elaborierten Beurteilungssystem Auffälligkeiten von vagen Beschreibungen und Wortfindungsschwierigkeiten bis zu Neologismen ausgezählt und in unterschiedliche Schweregrade eingeteilt. Holzman, Shenton und Solovay (1986) verglichen schizophrene und schizoaffektive Patienten (sowohl manische wie depressive Untergruppen) und Gesunde. Die Patienten unterschieden sich nicht in der globalen Gestörtheit, aber im Profil der Abweichungen. Bei manischen Patienten erschienen die Gedanken locker verbunden, ungewöhnlich kombiniert und „verspielt". Dagegen fielen schizophrene Patienten durch instabile, zerfahrene aber auch übermäßig konkrete Formulierungen auf. Die Befunde bei schizoaffektiven Patienten glichen jenen schizophrener Patienten. Daniels et al. (1988) konnten ebenfalls anhand der globalen Denkstörung schizophrene Patienten nicht von manischen oder rechtshemisphärisch geschädigten neurologischen Patienten unterscheiden, wohl aber anhand der Denkstörungsprofile: Die Äußerungen schizophrener Patienten wurden vorwiegend als idiosynkratisch, die Äußerungen der manischen Patienten als verspielt und die Äußerungen der hirngeschädigten Patienten als fragmentarisch beurteilt. Gold und Hurt (1990) zeigten, daß der TDI sich mit der symptomatischen Verbesserung unter einer Haloperidolbehandlung verbessert. In einer Untersuchung von Spohn et al. (1986) blieben jedoch gerade die weniger auffälligen Formen von Denkstörung auch dann noch weiter bestehen, wenn grobe Realitätsverzerrungen, Wahnideen und Halluzinationen unter dem Einfluß der neuroleptischen Behandlung bereits weitgehend reduziert oder beseitigt waren.

Harrow und Marengo (1986) verwenden ein Verfahren, bei dem die Antworten in einem Sprichworttest und im Untertest „Allgemeines Verständnis" aus dem Hamburg-Wechsler-Intelligenztest nach Anzeichen von bizarrem und idiosynkratischem Denken ausgewertet werden. Wie in den anderen Untersuchungen fanden sie die meisten Störungen bei schizophrenen und bei manischen Patienten. In Übereinstimmung mit Holzman et al. (1986) hatten schizophrene Patienten jedoch durchwegs schwerere Formen von Denkstörung. Eineinhalb bis zwei Jahre nach der Entlassung zeigten nur noch die schizophrenen Patienten anhaltende oder episodische Denkstörungen. Prognostisch bedeutsam waren Denkstörungen insofern, als schwere Denkstörungen während der stationären Behandlung einen schlechteren Verlauf außerhalb des Krankenhauses vorhersagten.

Vergleiche zwischen schizophrenen und aphasischen Patienten wurden häufig durchgeführt. In den klinischen Beschreibungen finden sich illustrative Beispiele für verblüffende Ähnlichkeiten. Faber et al. (1983) ließ Sprachproben aphasischer und denkgestörter schizophrener Patienten von Experten den beiden Diagnosen zuteilen. Psychiater und Neurologen gelang die Zuordnung überzufällig gut, eine speziell in Sprachpathologie ausgewiesene Beurteilerin konnte alle Patienten bis auf einen richtig zuteilen. Bedeutsam für die Zuweisung zur Gruppe Schizophrener waren Neologismen und Entgleisungen; Hinweise auf Aphasie gaben sprachliche Verarmung, reduzierte Verständlichkeit und Anomie. Di Simoni, Darley und Aronson (1977) fanden bei schizophrenen Patienten keine Beeinträchtigungen der Begriffsfindung oder der Syntax, wohl aber bei den aphasischen Patienten.

5.4.2 Verständlichkeit der Äußerungen schizophrener Patienten

Die Verständlichkeit der Äußerungen schizophrener Patienten ist durch die Untersuchung des Textes selbst schlecht zu bestimmen. Häufig wurde hierzu die sogenannte „cloze procedure" verwendet: Aus dem Transkript einer fortlaufenden sprachlichen Äußerung wird jedes n-te Wort (gewöhnlich jedes vierte oder fünfte) gelöscht und eine Gruppe von Beurteilern erhält die Aufgabe, diese fehlenden Worte zu erraten. Geprüft wird also, wie gut die Beurteiler diese Beeinträchtigung der Verständlichkeit ausgleichen können, indem sie den Kontext des gelöschten Wortes berücksichtigen. Salzinger (1991) faßt einschlägige Studien zusammen. In der Regel erraten gesunde Beurteiler in den Transkripten der Texte schizophrener Patienten weniger der fehlenden Wörter als in den Texten Gesunder. Dies gilt besonders dann, wenn die Patienten auch klinisch als denkgestört beurteilt werden (Manschreck, Maher, Rucklos & White, 1979). Dem Mangel an kontextueller Geschlossenheit, der die Texte schizophrener Patienten kennzeichnet, entspricht eine reduzierte Leistung schizophrener Patienten, wenn sie in der „cloze procedure" selbst als Beurteiler lückenhafter Texte fungieren (De Silva & Hemsley, 1977). Je nach Aufgabenstellung kann diese Indifferenz gegenüber der kontextuellen Determiniertheit auch zu besonders guten Leistungen schizophrener Patienten führen. Bekannt sind Untersuchungen von Poljakov (1973), in denen besondere Leistungen schizophrener Patienten gezeigt wurden. In einer Untersuchungsanordnung mußten die letzten Wörter von Sätzen identifiziert werden, wobei diese Wörter durch einen akustischen Reiz teilweise maskiert waren. Die Wörter selbst waren so ausgewählt, daß sie entweder aufgrund des vorangegangenen Satzteils zu erwarten waren oder aber eine ungewöhnliche Wendung darstellten. Hierbei konnten schizophrene Patienten die ungewöhnlichen Satzendungen besser identifizieren als Gesunde; sie schienen bei der Identifizierung des Reizes durch den Kontext weniger beeinflußt als Gesunde.

Rutter (1979) teilte Textpassagen schizophrener Patienten und Gesunder in einzelne Sätze auf und ließ die richtige Abfolge dieser Sätze von Gesunden rekonstruieren. Die Rekonstruktion gelang leichter bei Texten Gesunder als schizophrener Patienten. Rutter (1979) schloß daraus, daß die Äußerungen schizophrener Patienten deshalb unverständlicher sind, weil die Beziehung zwischen den einzelnen Sätzen anders als bei Gesunden ausfällt. In einer späteren Arbeit verglich Rutter (1985) mit derselben Rekonstruktionstechnik Dialoge gesunder, schizophrener und gemischter Sprecherpaare miteinander. Besonders schwierig war die Rekonstruktion der Dialoge, die Schizophrene miteinander führten: Schizophrene fragten unangemessen und antworteten unangemessen.

Mit Kohäsionsanalysen wurde dieser Rekonstruktionsaspekt der Verständlichkeit weiter geprüft. Dazu wurden die Texte nach solchen Wörtern abgesucht, die Verbindungen zwischen den Sätzen herstellen. Rochester und Martin (1979) fanden tatsächlich weniger solcher Verbindungsglieder bei einer Gruppe schizophrener Patienten als bei Gesunden. Speziell die Gruppe denkgestörter Patienten verwendete jedoch bevorzugt eine bestimmte „lexikalische" Verbindung. Andreasen und Mitarbeiter fanden jedoch, daß auch manische und schizoaffektive Patienten wenig Kohäsionselemente verwendeten (vgl. Grove & Andreasen, 1991). Erst mit einer weitergehenden Diskursanalyse, die auch indirekte Hilfen bei der Verbindung der Sätze berücksichtigte, wurde bei schizophrenen Patienten schließlich weniger Kohäsion als bei manischen Patienten festgestellt (Hoffmann, Stopek & Andreasen, 1986).

Auch mit anderen Methoden ist ein Defizit in der Sprachproduktion schizophrener Patienten nachweisbar. So erscheint die syntaktische Komplexität der freien Sprache schizophrener Patienten gegenüber Gesunden wie gegenüber manischen Patienten reduziert (Morice & Ingram, 1982; Fraser, King, Thomas & Kendell, 1986; Thomas, King, Fraser & Kendell, 1990). Speziell die Aspekte der Komplexität und der Fehlerfreiheit der Sprachproduktion scheinen sich in den drei Jahren nach der Erstaufnahme zu verschlechtern. Eine Reihe von Studien zur Flexibilität des Wortgebrauchs bestimmte den Anteil verschiedener Worte an der Gesamtzahl der Worte eines Textes, das „Type-Token-Ratio". Manschreck, Maher, Hoover und Ames (1984) fanden ein niedrigeres „Type-Token-Ratio" bei denkgestörten schizophrenen Patienten als bei nicht denkgestörten schizophrenen und anderen psychiatrischen Patienten. Ein niedriges „Type-Token-Ratio" kann jedoch sowohl aus der häufigeren Verwendung derselben Wörter im Text, wie aus unmittelbar aufeinanderfolgenden Wiederholungen resultieren. Zählt man statt dessen direkt die Zahl von Wiederholungen im Text aus, so sind Wiederholungen von Zwei- und Dreiwortphasen auffällig. Maher und seine Mitarbeiter griffen die Beobachtung auf, daß Aufzählungen bei schizophrenen Patienten häufig als Ketten von Objektsubstantiven auftreten (vgl. Maher, 1991). Diese Kettenbildung läßt sich quantifizieren als Verhältnis zwischen der Zahl der Objektsubstantive und der Zahl der Subjektsubstantive in einem Text. Manschreck et al. (1991) fanden mit diesem Maß eine stärkere Kettenbildung bei denkgestörten als bei nicht denkgestörten schizophrenen Patienten.

Maher (1991) verweist darauf, daß diese Kettenbildung in der Regel am Ende von Sätzen oder Sinneinheiten des Textes auftritt. Dies sind Maher zufolge Stellen, an denen die Anforderung an die aufmerksame Kontrolle der eigenen Sprachproduktion geringer ist als zu anderen Phasen eines Satzes. Als Folge dringen hier leichter störende Assoziationen ein, die zu anderen Zeiten durch die höhere Konzentration auf die Sprachproduktion zurückgehalten werden. Diese Assoziationen können durch vorangegangene Elemente der Äußerung oder durch externe Stimuli aktiviert werden. Diese Aktivierungsvorgänge selbst sind normale Prozesse, werden aber gewöhnlich gehemmt. Ähnlich nimmt

B. Cohen (1978) an, daß Schizophrene gewöhnliche, im Kontext aber störende Assoziationen nicht hinreichend unterdrücken können und spricht von einem „editing deficit". In einer Untersuchung zum „semantic priming" konstruierten Kwapil, Hegley, Chapman und Chapman (1990) Wortpaare mit hoher, neutraler oder fehlender semantischer Beziehung. In der Untersuchung wurde ein Wort aus diesen Paaren auf einem Bildschirm gut erkennbar dargeboten, das zweite erschien unmittelbar darauf nur verschwommen und mußte identifiziert werden. Chronisch schizophrene und manische Patienten in ambulanter Betreuung sowie Gesunde nahmen an der Untersuchung teil. In Wortpaaren ohne semantische Beziehung oder mit neutraler semantischer Beziehung war die Erkennungsleistung schizophrener Patienten schlechter als die der anderen Gruppen. In Wortpaaren mit hoher semantischer Beziehung erkannten schizophrene Patienten dagegen mehr der dargebotenen Zielwörter, hatten also einen stärkeren Erleichterungseffekt durch „semantic priming". Manschreck et al. (1988) berichten ebenfalls einen Erleichterungseffekt in einer „priming"-Aufgabe: Die Probanden hatten zu entscheiden, ob eine Reihe von Buchstaben ein Wort darstellte oder keinen Sinn ergab. Unmittelbar davor wurde ebenfalls ein Wort oder eine Reihe von Buchstaben dargeboten. Ging dem Zielwort ein Wort mit semantischer Beziehung voraus, so hatten denkgestörte schizophrene Patienten kürzere Reaktionszeiten als nicht denkgestörte schizophrene Patienten, andere psychiatrische Patienten und Gesunde.

Mit diesen Befunden gewinnt Mahers Hypothese an Plausibilität. Zumindest einem Teil der Denkstörungen schizophrener Patienten könnte eine reduzierte Hemmung konkurrierender oder hinderlicher Assoziationen zugrundeliegen. Am ehesten dürften damit aber jene Störungen zu erklären sein, die in der „Thought and Language Disorder Scale" von Andreasen (Andreasen, 1986) unter „positive Denkstörungen" zusammengefaßt werden, weniger die „negativen Denkstörungen", die durch inhaltliche und formale Verarmung geprägt sind.

5.4.3 Logisch-abstraktes Denken und Problemlösen

In der älteren Literatur findet sich die Vermutung, daß schizophrene Patienten ein Defizit im logischen Denken aufweisen, deshalb aus richtigen Beobachtungen zu falschen Schlußfolgerungen über sich und die Welt gelangen. Beispiele dafür lassen sich bei Patienten mit Wahnsymptomatik finden und wurden bereits von E. Bleuler (1923) diskutiert. Unter kontrollierten experimentalpsychologischen Bedingungen konnte eine entsprechende Minderleistung schizophrener Patienten aber nie gezeigt werden: Schizophrene Patienten beherrschen syllogistische Schlußformen ebenso gut wie andere psychiatrische Patienten (Watson & Wold, 1981).

In vielfältiger Hinsicht legen die sprachlichen Produktionen schizophrener Patienten den Eindruck einer geringeren Abstraktionsfähigkeit nahe. Reich und Cutting (1982) verglichen die Bildbeschreibungen schizophrener, depressiver und hirngeschädigter Patienten. Die Bildbeschreibungen schizophrener Patienten waren zwar weniger abstrakt als jene von Gesunden, aber besser als die von Hirngeschädigten und nicht zu unterscheiden von den Beschreibungen depressiver Patienten. Die Möglichkeit einer beeinträchtigten Abstraktionsfähigkeit ist in der Schizophrenieliteratur der 50er und 60er Jahre ausführlich behandelt worden und wird von Ruckstuhl (1981) und Straube und Oades (1992) dargestellt. Goldstein (1959) und später Payne (1971) nahmen eine übermäßige Konkretheit im Denken Schizophrener an. Gemeint war damit die Unfähigkeit, zu erkennen, daß eine Menge von Objekten mit einigen gemeinsamen Merkmalen zu einer allgemeinen Kategorie gruppiert werden kann, d. h. induktiv zu denken. Dies sollte sowohl für bereits früher gelernte Kategorien zur Klassifizierung von Informationen gelten, wie auch für die Bildung neuer Kategorien nach Maßgabe aktuell einzuordnender Objekte oder Begriffe. Eine übliche empirische Prüfung bestand darin, in Sortieraufgaben bunt durcheinandergewürfelte Objekte vorzugeben und nach inhärenten Ordnungsgesichtspunkten gruppieren zu lassen. Die Probanden mußten dabei begründen, warum genau diese Objekte ausgewählt bzw. zusammengefaßt wurden. Bekannt geworden ist Goldsteins „Object Sorting Test" (1959). Als spezielle Fehlertendenz bei Sortieraufgaben wurde die Überinklusivität schizophrener Patienten bei der Bildung von Kategorien herausgestellt: Akut schizophrene Patienten, aber anscheinend auch Patienten anderer Diagnosen im akuten Stadium, schließen mehr Objekte in die vorgegebenen Kategorien ein als Gesunde (z. B. Harrow & Quinlan, 1985). Chronisch schizophrene Patienten dagegen neigen zur Unterinklusivität, d. h. sie ignorieren Objekte, die zum vorgegebenen Konzept gehören.

Knight, Sims-Knight und Petchers-Cassell (1977) fanden einen Zusammenhang zwischen Überinklusivität und gutem visuellem Gedächtnis beim Wiedererkennen von Bildern und schließen daraus, daß überinklusive schizophrene Patienten zwar eine Vielzahl von Merkmalen des Reizfeldes verarbeiten, dabei jedoch nicht zwischen relevanten und irrelevanten Reizen unterscheiden. Demnach ist Überinklusivität lediglich eine Facette eines allgemeineren kognitiven Stils. Außer zur Evozierung sprachlicher Äußerungen als Grundlage der Beurteilung von Denk- und Sprachstörungen (Harrow & Quinlan, 1985) sind in den letzten Jahren Sortieraufgaben nur noch selten eingesetzt worden (z. B. Gonsalvez & Lobo, 1988).

Auch bei der Interpretation von Sprichwörtern wird Abstraktion verlangt; typischerweise sind die Interpretationen schizophrener Patienten weniger gut als diejenigen Gesunder. Kann dies als ein Mangel an Abstraktionsfähigkeit interpretiert werden? In den 60er Jahren wurde immer wieder bestätigt, daß die

Interpretationen schizophrener Patienten konkreter sind als die verschiedener Vergleichsgruppen (vgl. Ruckstuhl, 1981). Aber Carpenter und Chapman (1982) fanden, daß die Güte der Sprichwortinterpretation nicht deshalb reduziert ist, weil die Interpretationen zu konkret sind, sondern weil die Antworten schizophrener Patienten überwiegend idiosynkratisch waren. Auch nach Befunden von Harrow, Lanin-Kettering, Prosen und Miller (1983) hängt der geringere Abstraktionsgrad der Sprichwortinterpretationen damit zusammen, daß zwei Drittel der Patienten idiosynkratische und persönliche Einzelheiten in die Interpretation aufgenommen hatten. Aber diese Minderleistung ist nicht unkorrigierbar: Die Vorlage von drei dem Sinn nach gleichen Sprichwörtern erleichtert schizophrenen Patienten die Interpretation (Chapman & Chapman, 1973). Auch in einer Untersuchung von Hamlin und Folsom (1977) konnten sich schizophrene Patienten im Unterschied zu hirnorganischen Patienten durch Übung verbessern.

Diese Befunde sprechen nicht dafür, daß das abstrakte Denken bei schizophrenen Patienten gestört ist. Vielmehr führen idiosynkratische Assoziationen, die nicht zurückgehalten werden können, zu bizarren, tangentialen und insgesamt unangemessenen Antworten. Diese Befunde lassen sich also unter dem Konzept einer verminderten Zurückweisung unpassender Assoziationen, wie von B. Cohen (1978) formuliert, gut fassen. Dies ist nicht auf Probanden mit psychotischer Symptomatik beschränkt. Allen und Schuldberg (1989) wählten Probanden mit einem erhöhten Psychosenrisiko anhand der Chapman-Skalen aus (Chapman & Chapman, 1982). Personen mit erhöhten Werten auf den Skalen „magisches Denken" und „Wahrnehmungsverzerrungen" interpretierten Sprichwörter so, daß diese Interpretationen als bizarrer und idiosynkratischer eingeschätzt wurden als bei Vergleichsprobanden. Dies galt speziell bei unbekannten Sprichwörtern, nicht bei vertrauten.

Auch wenn die Fähigkeiten zum logischen Schließen oder zum abstrakten Denken nicht primär beeinträchtigt sind, können sich Defizite bei Strategien des Problemlösens zeigen. Goldberg, Saint-Cyr und Weinberger (1990) verglichen die Strategien schizophrener Patienten und Gesunder beim „Turm von Hanoi". Dabei müssen übereinandergelegte unterschiedliche Scheiben mit möglichst wenig Zügen von einer Ausgangs- in eine Zielanordnung überführt werden. Anfänglich war die Leistung schizophrener Patienten sowohl bei leichteren wie bei schwereren Problemstellungen schlechter als die Gesunder. Nachdem an vier aufeinanderfolgenden Tagen Gelegenheit zur Übung gegeben wurde, verbesserte sich jedoch die Leistung der schizophrenen Patienten bis auf normales Niveau.

In den letzten Jahren sind schizophrene Patienten häufig mit dem „Wisconsin Card Sorting Test" (vgl. Kapitel von Sartory, Band 1) geprüft worden. Den Probanden werden Karten vorgelegt, die sich nach Farbe, Form und Zahl der abgebildeten geometrischen Formen unterscheiden. Eine davon ist auszuwählen, die Rückmeldung des Versuchsleiters ermöglicht den Probanden in der Regel nach wenigen Wahlen, das momentan gültige Sortierkriterium zu erschließen. Bewertet wird u. a. die Zahl der Züge bis zur Entdeckung eines Sortierkriteriums und die Tendenz zur Beibehaltung eines entdeckten Sortierkriteriums, wenn der Versuchsleiter zu einem anderen Kriterium wechselt (Perseverationsfehler). In dieser Aufgabe wird also Problemlösen verlangt, und zwar unter Zuhilfenahme solcher Funktionen, die in der Neuropsychologie als präfrontal lokalisiert gelten. Vor allem schizophrene Patienten mit nichtparanoiden Subdiagnosen entdecken weniger Kategorien und machen mehr Perseverationsfehler als Gesunde (Rosse, Schwartz, Mastropaolo & Goldberg, 1991). Bellini et al. (1991) konnten anhand der Leistung im WCST immerhin ca. 70 % der schizophrenen Patienten und der gesunden Vergleichsprobanden klassifizieren. Weinberger und Mitarbeiter (z. B. Weinberger, Berman & Zec, 1986) fanden wiederholt, daß chronisch schizophrene Patienten bei der Bearbeitung des WCST, aber nicht bei der Bearbeitung anderer Aufgaben eine gegenüber Gesunden verminderte cerebrale Durchblutung des dorsolateralen präfrontalen Cortex aufweisen. In mehreren Studien wiesen Goldberg und Weinberger (1988) im WCST ausgeprägte Minderleistungen nach, auch wenn andere kognitive Prüfungen keinen Unterschied zu Gesunden ergaben. Morice (1990) fand jedoch auch bei bipolar gestörten Patienten ähnlich schlechte Leistungen im WCST wie bei schizophrenen Patienten, so daß die Spezifität der Minderleistung doch fraglich ist. Besondere Bedeutung messen Goldberg und Weinberger (1988) der Tatsache bei, daß in ihren Untersuchungen die Minderleistung schizophrener Patienten im WCST nur durch explizite Instruktion bei jeder einzelnen Vorgabe zu verbessern war, nicht durch eine detaillierte Anfangsinstruktion und auch nicht durch Übung allein. Mehrere Arbeiten zeigen jedoch, daß eine Reihe von Bedingungen bei schizophrenen Patienten zu einer Verbesserung der Leistung führen: Bellack, Mueser, Morrison, Tierney und Podell (1990) erreichten eine weitgehende Normalisierung durch Verstärkung, Übung und Rückmeldung. Die Leistungsverbesserung wurde auch bei einer nachfolgenden Prüfung ohne diese Hilfestellungen beibehalten. Auch Green, Satz, Ganzell und Vaclav (1992) berichten eine Leistungsverbesserung durch detaillierte Instruktionen, aber nicht durch eine monetäre Anreizbedingung. Minderleistungen schizophrener Patienten im WCST sind auch nicht stabil über die Zeit, sondern verbessern sich im Verlauf eines Jahres nach einer Episode (Sweeney, Haas, Keilp & Long, 1991). Unterschiede zwischen Studien scheinen auch durch die Verwendung abweichender Versionen des WCST bedingt sein.

5.5 Auswahl und Ausführung motorischer Reaktionen

Unter dieser Rubrik werden Besonderheiten schizophrener Patienten bei der Auswahl und der Ausführung einfacher Reaktionsabläufe besprochen. Wir fassen hierunter Befunde aus Versuchsanordnungen, in denen die Reizbedingungen einfach strukturiert, repetitiv und ohne Distraktoren gestaltet sind, die Reaktionen schizophrener Patienten aber dennoch auf spezifische Weise verlangsamt, variabel oder im Ablauf gestört erscheinen. Dies kennzeichnet auch die mittlerweile klassischen Versuchsanordnungen zum „Crossover Effekt" und zum „Modality Shift". In der Versuchsanordung zum „Crossover Effekt" wird ein Signal, das durch einfachen Tastendruck zu beantworten ist, vorher durch ein Warnsignal angekündigt. Die Reaktionszeiten werden bei unterschiedlichen Abständen des Warnsignals zum Reaktionssignal ermittelt. Dabei wird in der „regelmäßigen" Bedingung der Abstand zwischen den Signalen bei einer Reihe von Versuchsdurchgängen konstant gehalten, so daß die Probanden sich darauf einstellen können. In der „unregelmäßigen" Bedingung folgen unterschiedliche Vorbereitungsintervalle zufällig aufeinander, so daß bei Darbietung des Warnsignals für die Probanden nicht klar ist, wann das Reaktionssignal erfolgt. Gesunde sind in der regelmäßigen Bedingung durchwegs schneller

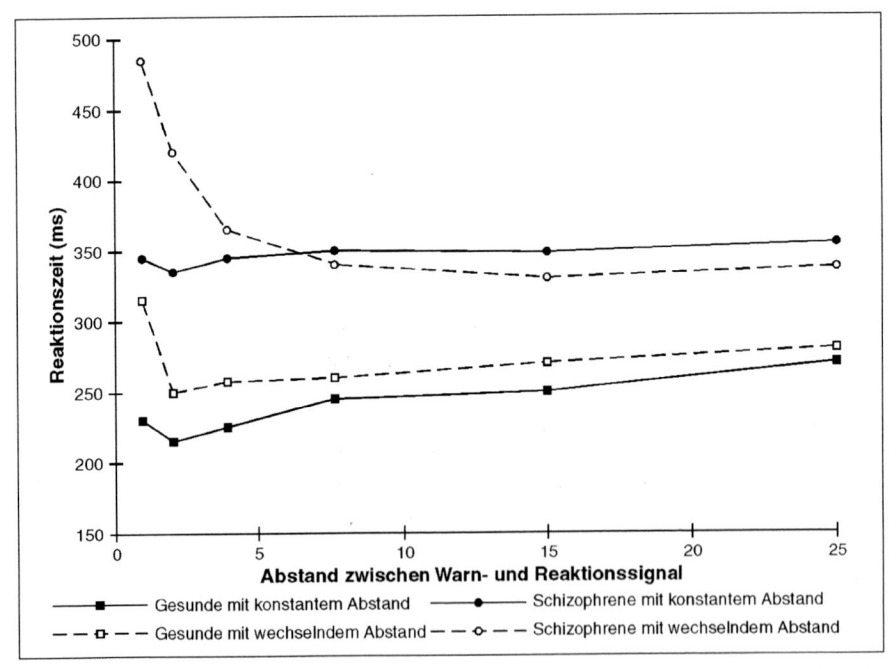

Abb. 4: Reaktionszeiten bei konstantem und wechselndem Abstand zwischen Warn- und Reaktionssignal (nach Greiffenstein et al., 1981)

als in der unregelmäßigen Bedingung. Bei Schizophrenen gilt dies nur bei den kürzeren Vorbereitungsintervallen, nach langen Vorbereitungsintervallen ist die Reaktionszeit in der unregelmäßigen Bedingung häufig kürzer als in der regelmäßigen (vgl. Abb. 4).

Diese Konstellation wurde bereits von Rodnick und Shakow (1940) lange vor Beginn der neuroleptischen Aera berichtet, findet sich aber ganz ähnlich in neueren Untersuchungen (z. B. Greiffenstein, Milberg, Lewis & Rosenbaum, 1981). Rist und Cohen (1991) fanden 18 Studien, von denen 15 diese Kreuzung der Reaktionszeitgradienten bei Schizophrenen aufwiesen. Bellissimo und Steffy (1975) variierten diese Anordnung so, daß Serien gleicher Vorbereitungsintervalle in unregelmäßigen Folgen von Vorbereitungsintervallen untergebracht waren. Im Unterschied zur ursprünglichen Anordnung wurden die Probanden hier nicht auf die regelmäßige Darbietungsbedingung aufmerksam gemacht. In den eingestreuten Serien von bis zu vier gleichbleibenden Vorbereitungsintervallen reagierten Schizophrene im Unterschied zu anderen Probanden von Versuchsdurchgang zu Versuchsdurchgang langsamer. Auch in dieser Anordnung profitierten schizophrene Patienten also nicht von der Regelmäßigkeit der Abfolge, sondern zeigten ein „redundancy associated deficit" (Bellisimo & Steffy, 1975; Galbraith & Steffy, 1980).

Die Interpretation der augenscheinlich stabilen Befunde wird dadurch erschwert, daß ein „Crossover Effekt" auf Besonderheiten schizophrener Patienten sowohl in der unregelmäßigen wie in der regelmäßigen Darbietungsbedingung verweisen kann. Bei beiden Anordnungen wurde zunächst angenommen, daß Schizophrene bei der Vorbereitung auf die Reaktion nicht von der Regelmäßigkeit der Abfolge profitierten bzw. sogar durch die Akkumulation von Hemmung behindert würden (Galbraith & Steffy, 1980). Eine derartige Benachteiligung in Serien gleichbleibender Vorbereitungsintervalle sollte sich aber durch eine kontinuierliche Anzeige der bis zum Reaktionszeitsignal noch verbleibenden Zeit ausgleichen lassen. Borst und Cohen (1989) fanden mit einer solchen Hilfestellung zwar insgesamt beschleunigte Reaktionen, aber nach wie vor war der „Crossover Effekt" bei Schizophrenen vorhanden. Auch Galbraith, MacCrimmon und Steffy (1983) zeigten, daß die zuvor berichtete Zunahme der Reaktionszeiten Schizophrener in Serien konstanter Vorbereitungsintervalle lediglich darauf zurückzuführen war, daß Schizophrene stärker durch die unmittelbar vor diesen Serien dargebotenen Vorbereitungsintervalle beeinflußt waren. In der unregelmäßigen Abfolge der Vorbereitungsintervalle erleichtert ein kurzes Vorbereitungsintervall die nachfolgende Bearbeitung eines längeren Vorbereitungsintervalls; diese beschleunigende Wirkung scheint bei Schizophrenen stärker zu sein (vgl. Rist & Cohen, 1991). In einer zufälligen Anordnung finden sich nun vor langen Vorbereitungsintervallen häufiger kürzere als gleichlange Intervalle, so daß sich bei langen Intervallen im Vergleich zu kurzen eine Reaktionszeitbeschleunigung ergibt. Wird die unregelmäßige Folge derart verändert, daß diese Verzerrung ausgeglichen wird, so ist auch kein „Crossover Effekt" nachzuweisen (Grundmann, 1992). Obwohl sich die entscheidenden prozeduralen Bedingungen für den „Crossover Effekt" damit eingrenzen lassen, ist unklar, welche Anforderungen der Aufgabe zu dem differentiellen Effekt führen. Auch die Prüfung der Zusammenhänge mit anderen experimentalpsychologischen Indikatoren ergibt kein eindeutiges Bild (Jahn, 1991).

Trotz dieser offenen Fragen ist der „Crossover Effekt" ein experimentalpsychologischer Befund von möglicher Bedeutung als Vulnerabilitätsmarker. Ähnlich wie die erhöhte Ablenkbarkeit und die geringere Vigilanzleistung wird er nicht nur bei akut und remittiert Schizophrenen deutlich, sondern auch bei vulnerablen Individuen. Rosenbaum, Shore und Chapin (1988) verglichen schizophrene Patienten, Gesunde sowie Studenten mit Anzeichen von Persönlichkeitsstörungen im MMPI. Bei diesen Probanden und bei den schizophrenen Patienten kreuzten sich die Reaktionszeitgradienten früher als bei Gesunden und andersartig gestörten Probanden.

Als Beleg für eine spezifische Störung Schizophrener im selektiven Aspekt der Aufmerksamkeit wurde häufig der „Modality Shift Effekt" angeführt. In der zugehörigen Versuchsanordnung werden in zufälliger Abfolge Licht und Ton kurzzeitig dargeboten. Die Probanden haben immer mit derselben Reaktionstaste zu reagieren; es ist also für die Aufgabe belanglos, aus welcher Modalität ein Reiz stammt. Dennoch sind die Reaktionszeiten länger, wenn der vorhergehende Reiz der anderen Modalität angehört als wenn er wiederholt wurde. Rist und Cohen (1991) fanden acht Untersuchungen mit dieser Anordnung. Durchwegs war die Verzögerung bei Schizophrenen stärker als bei gesunden und psychiatrischen Vergleichsprobanden. Auch bei Probanden mit erhöhter Psychose-Vulnerabilität verlängert sich die Reaktionszeit durch Wechsel der Reizmodalität stärker als bei unauffälligen Vergleichsprobanden (Wilkins & Venables, 1992). Gegen die früher übliche Interpretation dieser Verzögerung als Ausdruck einer Aufmerksamkeitsstörung sprechen zwei Befunde: In gleichzeitig abgeleiteten ereigniskorrelierten Potentialen fanden Rist und Cohen (1988) keine Entsprechung des Reaktionszeiteffektes in jenen Komponenten, die Rückschlüsse auf Aufmerksamkeits- und Reizbewertungsprozesse erlauben. Auffälligkeiten ergaben sich lediglich nach der motorischen Reaktion im Bereich des „slow wave"-Komplexes. Dies war die einzige Komponente, die bei Schizophrenen analog zur Reaktionszeitverlängerung nach einem Modalitätswechsel stärker ausgeprägt war als nach Modalitätswiederholung. Schizophrene scheinen die eigene Reaktion auf den vorangegangenen Reiz nicht im Sinne eines Abschlußes zu registrieren und sich so auch nicht auf die nächste Anforderung vorzubereiten. Es scheint eher so, als würden mit der Reaktion weitere Prozesse in Gang kommen oder Komponenten der Reaktion nicht rechtzeitig abgeschlossen werden (vgl. R. Cohen, 1991).

Der zweite wichtige Befund ergab sich durch die Instruktion, nicht jeden Reiz, sondern paarweise jeweils zwei Reize zu beantworten und die folgenden zwei Reize zu ignorieren. Die Reaktionszeiten wurden wie zuvor nach Wechsel und Wiederholung der Modalität, aber auch danach sortiert, ob der vorangegangene Reiz beantwortet war oder nicht. Wurde der vorangegangene Reiz beantwortet, so zeigte sich der übliche differentielle Modalitätswechseleffekt. Wurde der vorangegangene Reiz jedoch nicht beantwortet, so wirkten sich Wechsel oder Wiederholung der Modalität kaum noch unterschiedlich aus, und auch der zuvor so eindrucksvolle Unterschied zwischen Schizophrenen und Gesunden war verschwunden. Der „Modality Shift Effekt" (MSE) ist also nicht einfach eine Folge des Reizwechsels, sondern tritt nur auf, wenn dieselbe Reaktion auf wechselnde Reize auszuführen ist. Damit scheint der MSE eher in einer Störung der Reaktionsselektion als in einer Störung im Aufmerksamkeitswechsel begründet zu sein.

Störungen auf der Reaktionsseite der Informationsverarbeitung kommt in einer von Frith (1987; Frith & Done, 1988) vorgeschlagenen Theorie besonderes Gewicht zu. Danach resultieren positive Symptome nicht aus der gestörten Wahrnehmung externer Ereignisse, sondern aus dem gestörten Erleben eigener Handlungen. Dies impliziert eine Störung der Rückmeldung bzw. ihrer Auswertung zur Korrektur von Handlungsabläufen. Malenka, Angel, Thiemann, Weitz und Berger (1982; Malenka, Angel, Hampton & Berger, 1986) untersuchten die Fehlerkorrekturen schizophrener Patienten: Ein Hebel war von einem Ruhepunkt aus nach rechts oder links zu bewegen, wenn auf dem Bildschirm ein Signal am rechten oder linken Rand dargeboten wurde. Nach 10 Durchgängen wurde die Relation zwischen Hebelbewegung und Signalposition umgekehrt, so daß z. B. bei einem Signal auf der linken Seite der Hebel nach rechts zu bewegen war. Dies wurde den Probanden immer angekündigt. Der Hebel bewegte eine Marke auf dem Bildschirm, die aber erst dann sichtbar wurde, wenn das Signal erreicht war. Die Bewegung mußte also ohne visuelle Rückmeldung ausgeführt werden. Im Einklang mit der Erwartung von Frith (1987) korrigierten Gesunde, Alkoholkranke und Depressive falsch begonnene Bewegungen beträchtlich häufiger als schizophrene Patienten. In einer ähnlichen Untersuchung von Frith und Done (1989) waren es speziell schizophrene Patienten mit Ichstörungen, die ohne visuelle Rückmeldung besonders wenige der falschen Hebelbewegungen korrigierten. In keiner dieser Anordnungen ist jedoch ausgeschlossen, daß schizophrene Patienten häufiger vergessen, welche Reaktionszuordnung gültig ist. Schließt man diese Möglichkeit dadurch aus, daß die gültige Reaktionszuordnung in jedem Versuchsdurchgang auf dem Bildschirm angegeben wird, so korrigieren schizophrene Patienten ihre Fehler nicht seltener als Vergleichsprobanden (Kopp & Rist, 1994). Dieser Befund widerspricht der Hypothese eines „monitoring deficit"; andererseits fand Kopp bei schizophrenen Patienten häufiger Mehrfachkorrekturen mit besonders kurzen Latenzen. Solche Korrekturen könnten darauf hinweisen, daß schizophrene Patienten motorische Reaktionen bereits ausführen, bevor sie zuende geplant sind. Ähnliches wurde bei sprachlichen Produktionen als „self editing deficit" bezeichnet (B. Cohen, 1978). Störungen in der Ausführung motorischer Leistungen sind auch dann offenkundig, wenn nicht Bewegung, sondern statische Leistungen verlangt werden. Rosen, Lockhart, Gants und Westergaard (1991) fanden, daß schizophrene Patienten eine bestimmte Griffstärke an einem Dynamometer schlechter aufrechterhalten konnten als depressive Patienten und Gesunde. Wie die Befunde zur reduzierten Fehlerkorrektur von Malenka et al. (1982, 1986) spricht dies für die Hypothese einer Störung des Handlungserlebens (Frith, 1987).

5.6 Emotionsausdruck und Emotionswahrnehmung

Unangemessene Intensität oder Qualität der Emotionen schizophrener Patienten sind in klinischen Beschreibungen wiederholt herausgestellt worden (E. Bleuler, 1923). Dazu gehören Empfindungen der Gefühllosigkeit, Affektarmut und Gleichgültigkeit, aber auch paradoxe Gefühlsausdrücke, die nicht mit dem Erlebnisinhalt übereinstimmen. Knight, Roff, Barnett und Moss (1979) fanden in einer retrospektiven Verlaufsuntersuchung, daß Einschränkungen der Affektivität einen ungünstigen Verlauf über zwanzig Jahre hinweg besser vorhersagten als alle anderen Prädiktoren. Mit unterschiedlichen Ansätzen wurde in den letzten Jahren versucht, Wahrnehmung und Interpretation von Affekt einerseits, emotionale Reaktionen andererseits bei schizophrenen Patienten zu untersuchen und Determinanten affektiver Veränderungen ausfindig zu machen.

Cramer, Weegmann und O'Neil (1989) zeigten schizophrenen Patienten und Gesunden Videoaufnahmen emotionaler Situationen und ließen den emotionalen Gehalt der Szenen anhand einer Adjektivliste beurteilten. Die schizophrenen Patienten entdeckten die vorherrschende Emotion seltener als die Gesunden und berichteten sogar völlig konträre Emotionen. Mandal und Palchoudhury (1989) ließen die Emotionen Trauer, Angst, Ärger und Abscheu in Bildern von Gesichtern beurteilen. Wenn nur Teile der Gesichter dargeboten wurden, zeigte sich kein Unterschied zu Beurteilungen angstneurotischer Patienten und Gesunder. Schizophrene Patienten konnten diese Emotionen aber schlechter identifizieren, wenn ganze Gesichter gezeigt wurden. Mandal und Palchoudhury (1989) interpretieren dies als Hinweis auf eine Störung der Emotionswahrnehmung durch Informationsüberladung.

Morrison, Bellack und Mueser (1988) kommen in einer Literaturübersicht zum Schluß, daß ein Defizit schizophrener Patienten beim Erkennen oder bei der

Benennung von Emotionen konsistent gefunden wurde. Die Ursachen dieses Defizits seien aber ungeklärt. Es spricht einiges dafür, daß die Beeinträchtigung schizophrener Patienten in der Emotionswahrnehmung vor allem für negative Emotionen gilt. Möglicherweise handelt es sich dabei jedoch um eine Konsequenz unterschiedlicher Schwierigkeit im Erkennen und Benennen negativer und positiver Emotionen (Novic, Luchins & Perline, 1984). Von einigen Autoren wird angenommen, daß die Beeinträchtigungen der Emotionswahrnehmung schizophrener Patienten auf funktionelle oder strukturelle Veränderungen der rechten Hemisphäre verweisen, da eine beeinträchtigte Emotionswahrnehmung auch zu den Merkmalen einer rechtshemisphärischen Hirnschädigung gehört. Eine geringere Präzision in der Erkennung von Emotionen könnte allerdings auch die Folge verminderter Aufmerksamkeit und Vigilanz sein. Walker, McGuire und Bettes (1984) prüften nicht nur die Leistung bei der Identifizierung von Emotionen, sondern auch bei der Zuordnung von Gesichtern nach Ähnlichkeit. Hier zeigte sich eine Minderleistung der schizophrenen Patienten nur in den Aufgaben, welche eine Verarbeitung emotionaler Aspekte verlangten. Dagegen forderten Gessler, Cutting, Frith und Weinman (1989) lediglich die Einschätzung, ob Gesichter glücklich oder traurig aussahen. In diesen Urteilen wich nur die Untergruppe akut schizophrener Patienten von Depressiven und Gesunden ab. Sie zeigten aber auch Minderleistungen, wenn zu entscheiden war, ob die vorgelegten Gesichter eher alt oder eher jung waren. Im Gegensatz zu Walker et al. (1984) ist eine Beeinträchtigung der Emotionserkennung in dieser Untersuchung also nicht aus einem allgemeineren Defizit herauszulösen. Diskutiert wird, inwieweit ungünstige Bedingungen der prämorbiden Entwicklung das Erlernen präziser Emotionswahrnehmung erschwert haben (Morrison et al., 1988).

Wenn bereits Erkennen und Benennen von Emotionen beeinträchtigt sind, dann sind auch Schwierigkeiten in der Äußerung von Emotionen zu erwarten. Braun, Bernier, Proulx und Cohen (1991) instruierten schizophrene Patienten und Gesunde, bestimmte Emotionen mimisch darzustellen, dargebotene Gesichtsausdrücke zu imitieren oder einfach Aktivierungen bestimmter Gesichtsmuskeln nachzumachen. Chronisch Schizophrene zeigten dabei Defizite in allen verlangten Leistungen.

Differenziertere Befunde zum Ausdruck von Emotionen sind den Untersuchungen von Krause und Mitarbeitern zu entnehmen: In einer lebensnahen Situation ließen Steimer-Krause, Krause und Wagner (1990) Gesunde, schizophrene und psychosomatische Patienten jeweils mit einem gesunden Interaktionspartner diskutieren. Gesunde zeigten dabei den Themen angemessen als häufigste Affekte Zufriedenheit, Verachtung, Abscheu, Ärger, Trauer, Angst und Überraschung. Bei schizophrenen Patienten war Verachtung, bei den psychosomatischen Patienten waren Abscheu und Angst am häufigsten. Berenbaum und Oltmanns (1992) boten sowohl angenehme und unangenehme Filmszenen wie auch angenehme und unangenehme Getränke dar. Jene schizophrenen Patienten, die als affektiv verflacht („blunted") eingeschätzt wurden, zeigten auch in dieser Untersuchung weniger emotionalen Gesichtsausdruck als andere schizophrene Patienten, als Depressive und als Gesunde. Dabei spielte es keine Rolle, ob der Gesichtsausdruck beim Genuß der Getränke oder beim Betrachten der Filme beurteilt wurde. Gleichzeitig erhobene Selbstbeurteilungen der emotionalen Reaktion zeigten jedoch keine Unterschiede zwischen den Gruppen. Berenbaum und Oltmanns (1992) folgern daraus, daß die affektive Verflachung schizophrener Patienten lediglich ein Defizit des Ausdrucks, aber nicht des emotionalen Erlebens darstellt.

5.7 Übergeordnete Konzepte

Die vorangegangene Übersicht über experimentalpsychologische Untersuchungen verschiedener Funktionsbereiche schizophrener Patienten erbrachte eine Vielfalt von Beeinträchtigungen, die grob mit dem Konzept einer „Störung der Informationsverarbeitung" vereinbar sind. Versuchen wir jedoch, diese Defizite in einem der populären Stufenmodelle der Informationsverarbeitung zu lokalisieren, so findet sich kaum eine hypothetische Stufe, auf die nicht ein Befund bei zumindest einer Untergruppe schizophrener Patienten hinweisen würde. Dies kann dadurch bedingt sein, daß durch eine schizophrene Erkrankung direkt und indirekt eine erhebliche Beeinträchtigung in vielen Lebensbereichen entsteht. Es ist nicht verwunderlich, daß in einer solchen Lebenslage das Interesse an experimentalpsychologischen Aufgaben gering ist und schizophrene Patienten selten die Neugierde und Leistungsbereitschaft gesunder Vergleichsprobanden entwickeln. Dieses allgemeine Defizit macht es jedoch schwer, Auffälligkeiten in einer spezifischen Stufe der Informationsverarbeitung nachzuweisen. Die allgemeine Leistungsminderung wird in der Regel dazu führen, daß verschiedene Stufen der Informationsverarbeitung gleichermaßen gestört erscheinen.

Für den Nachweis der Spezifität eines experimentalpsychologisch provozierten Defizits stellten erstmals Chapman und Chapman (1973) strenge Anforderungen. Demnach ist ein differentielles Defizit, z.B. im Zahlennachsprechen unter Ablenkungsbedingung, nur dann nachzuweisen, wenn sowohl die Ausgangsbedingung wie die Experimentalbedingung bei gesunden Probanden nach ihrer Schwierigkeit und anderen testtheoretisch begründeten Kennwerten vergleichbar sind. Andernfalls muß eine Zunahme des Gruppenunterschieds in der Experimentalbedingung nicht notwendig auf ein spezifisches Defizit verweisen, sondern kann lediglich als Konsequenz der größeren Schwierigkeit der Experimentalbedingung auftreten. Chapman und Chapman (1989) weisen darauf hin, daß auch die Verteilung individueller Differenzmaße durch unterschiedliche Schwierigkeit von Experimental- und Kontrollbedingung beeinflußt wird und daß daraus künstliche Zusammenhänge mit anderen, z. B. klinischen Variablen, resultieren können. Diese Überlegungen haben die experimentalpsychologische Schizophrenieforschung stark beeinflußt und sind in ihrer Konsequenz auch heute noch nicht völlig geklärt. Was die Forderung nach psychometrischer Äquivalenz im einzelnen heißt und wie sie bei den vielfältigen experimentalpsychologischen Anordnungen erfüllt werden kann, ist immer noch umstritten. Das Hauptproblem dabei ist, daß die Vergleichbarkeit der Bedingungen in der Regel inhaltliche Abänderungen verlangt (z. B. längere Listen beim Zahlennachsprechen ohne Ablenkung als beim Nachsprechen mit Ablenkung). Dadurch läßt sich zwar die Reliabilität der Bedingungen annähern, es besteht jedoch die Gefahr, die Validität ungünstig zu beeinflußen.

Lange Zeit wurde versucht, Störungen der Wahrnehmung und der Aufmerksamkeit als wesentliche Besonderheit schizophrener Minderleistungen herauszustellen. Theoretisch war daran immer unbefriedigend, daß z. B. eine Filterstörung zwar Halluzinationen und Denkstörungen erklären kann, aber nicht Wahnideen. Diese müssen als sekundäre Bewältigungsversuche aufgefaßt werden. Typisch für die Arbeiten zu Störungen der Wahrnehmung und der Aufmerksamkeit ist, daß sie von Modellen der Allgemeinen Psychologie ausgehen und erst im zweiten Schritt versuchen, die Symptome einer schizophrenen Erkrankung verständlich zu machen. Ein anderer Versuch, Störungen bestimmter Stufen der Informationsverarbeitung für sehr unterschiedliche Minderleistungen verantwortlich zu machen, stammt von Frith (1987; Frith & Done, 1988). Frith zufolge resultieren positive Symptome nicht aus der gestörten Wahrnehmung externer Ereignisse, sondern aus dem gestörten Erleben eigener Handlungen; negative Symptome sind nicht sekundäre Folgen oder Bewältigungsversuche, sondern Ausdruck gestörter Handlungsinitiierung, „... the will fails to get translated into action" (Frith, 1987, S. 640). Diese Spekulation ist zwar reizvoll, gegenwärtig aber kaum prüfbar. Einige Hinweise dafür stammen aus Untersuchungen motorischer Handlungen: Störungen der zentralen Überwachung solcher Handlungsabläufe könnten mit einem veränderten (psychotischem?) Erleben der eigenen Handlungen verbunden sein. Die Schwierigkeit, spezifische Defizite auf bestimmten Stufen der Informationsverarbeitung zu isolieren, mag nicht nur methodische Gründe haben. Denkbar ist, daß bestimmte Kontrollprozesse gestört sind, die auf mehreren Stufen benötigt werden. So wird gegenwärtig angenommen, daß automatische, parallele Prozesse der Informationsverarbeitung bei Schizophrenen ungestört, dagegen kontrollierte, kapazitätsverbrauchende Prozesse aber beeinträchtigt sind (Callaway & Naghdi, 1982; Nuechterlein, 1991).

Bevor an einzelne Befunde Spekulationen über deren Bedeutung für bestimmte Symptome, Defizite oder gar für ätiologische Hypothesen geknüpft werden können, sind eine ganze Reihe weiterer Fragen zu beantworten (vgl. Asarnow et al., 1991): Welche Parameter der Experimentalanordnung und welche Charakteristika der schizophrenen Patienten und der Vergleichsprobanden bedingen die Spezifität des Befundes? Wie hängt die individuelle Ausprägung des experimentalpsychologischen Defizits mit der Symptomatik oder anderen klinisch relevanten Aspekten zusammen? Kann ausgeschlossen werden, daß das beobachtete Defizit auf Neuroleptika zurückzuführen ist? Welche kognitiven Funktionen werden bei der Bearbeitung aufgerufen? Ist das Defizit lediglich während der schizophrenen Episoden oder auch im weitgehend symptomfreien Zustand der Remission vorhanden? Findet sich das Defizit auch bei klinisch unauffälligen Probanden mit einem erhöhten Schizophrenierisiko? Diese Fragen sind gegenwärtig nur für wenige der zahlreichen experimentalpsychologischen Anordnungen geklärt.

6 Ätiologie

6.1 Genetische Disposition

Die Beteiligung genetischer Faktoren an der Entstehung schizophrener Erkrankungen gehört zu den am besten abgesicherten Aussagen der Ätiologieforschung. Auch das Ausmaß der Beteiligung solcher Faktoren an der Entstehung läßt sich recht genau abschätzen. Maßgeblich dafür waren Untersuchungen über Verwandtschaftsgrad und Erkrankungshäufigkeit, Zwillingsstudien und Adoptionsuntersuchungen. Ungeklärt ist jedoch, wie dieser genetische Einfluß wirksam wird und wie genetische Faktoren mit mannigfaltigen anderen Umwelteinflüßen, einschließlich erworbener neuropathologischer Auffälligkeiten, bei der Entstehung einer schizophrenen Erkrankung zusammenwirken.

Ein erhöhtes Erkrankungsrisiko bei den Verwandten von Schizophrenen ist in zahlreichen Untersuchungen gezeigt worden. Eine Übersicht von Kendler (1988), die sich ausschließlich auf neuere Arbeiten konzentriert, zeigt in sechs von sieben Studien ein erhöhtes Risiko bei Verwandten schizophrener Patienten. Lediglich eine (methodisch allerdings auch die unzulänglichste der Studien) findet diese Erhöhung nicht (Coryell & Zimmermann, 1988). Für die Diskussion des Einflußes genetischer Faktoren ist jedoch nicht lediglich die Erhöhung, sondern die systematische Abstufung des Risikos mit dem Verwandtschaftsgrad bedeutsam. Gottesmann hat dazu wiederholt kumulative Analysen einer großen Zahl von Studien aus der Zeit von 1920 bis 1987 durchgeführt, die immer wieder ähnliche Werte erbrachten (vgl. McGue & Gottesmann, 1989). Da bei diesen Untersuchungen Erkrankungsrisiken von Individuen in unterschiedlichem Alter verglichen werden, müssen die Angaben zuvor einheitlich als Lebenszeitmorbiditätsrisiko ausgedrückt werden. In Tabelle 6 sind die Angaben einer solchen kumulativen Analyse zusammengestellt. Nach dieser

Aufstellung variiert das Risiko mit dem Ausmaß der genetischen Überlappung. Das höchste Risiko einer schizophrenen Erkrankung haben demnach eineiige Zwillingspartner eines schizophrenen Patienten mit 48 %, gefolgt von Kindern zweier schizophrener Eltern (46 %). Das Risiko sinkt systematisch mit der Abnahme des Verwandtschaftsgrads.

Tabelle 6: Risiko einer schizophrenen Erkrankung in Abhängigkeit vom Verwandtschaftsgrad (nach Gottesman, 1991).

Verwandtschaftsgrad	Risiko (%)
Cousin/Cousine	2
Onkel/Tante	2
Nichten/Neffen	4
Enkelkinderr	5
Halbgeschwister	6
Kinder	13
Geschwister	9
Zweieiige Zwillinge	17
Eineiige Zwillinge	48
Kinder (beide Eltern schizophren)	46

Diese Korrelation des Erkrankungsrisikos mit dem Verwandtschaftsgrad legt einen genetischen Einfluß zwar nahe, ist für sich genommen aber noch kein zwingender Beweis. Auch die Wahrscheinlichkeit eines Entschlusses zum Medizinstudium dürfte mit dem Verwandtschaftsgrad zu jemandem mit einem einschlägigen Beruf variieren. Kann der in Tabelle 6 beobachtete Anstieg des Risikos mit der Enge der Verwandtschaft nicht auch durch ungünstigen sozialen Einfluß gestörter Verwandter, etwa durch deviante Kommunikationsmuster, erklärt werden? Dagegen sprechen die unterschiedlichen Erkrankungsrisiken bei eineiigen und zweieiigen Zwillingspaaren, die gemeinsam aufwachsen und gleichermaßen den günstigen oder ungünstigen Einflüßen ihrer Umgebung ausgesetzt sind. Für die abweichenden Konkordanzraten eineiiger und zweieiiger Zwillinge sind daher vorwiegend genetische Faktoren verantwortlich zu machen (eineiige Zwillinge haben 100 % ihrer genetischen Ausstattung gemeinsam, zweieiige Zwillinge im Mittel 50 %).

In einer Zusammenstellung älterer Studien von Zerbin-Rüdin (1980) variiert die Konkordanzrate für eineiige Zwillinge zwischen 36 % und 76 %, für zweieiige Zwillinge zwischen 2.1 % und 19.5 %. Ähnliche Raten berichtet auch Kendler (1983). Bemerkenswert erscheint die Schwankungsbreite der Raten, die möglicherweise von der diagnostischen Klassifikation, dem Verfahren zur Bestimmung der Zygosität und der Selektion der Zwillingspaare beeinflußt wird (Walker, Downey & Caspi, 1991). Den Einfluß diagnostischer Kriterien auf die Konkordanzraten prüften Gottesman und Shields (1982). Gleich welche Kriterien für eine schizophrene Störung verwendet wurden, waren die Konkordanzraten bei eineiigen Zwillingen stets höher als bei zweieiigen. Die Raten, die anhand des diagnostischen Urteils von sechs Experten festgelegt wurden, betrugen 50 % für die eineiigen Zwillinge, 9 % für die zweieiigen Zwillinge. Diese Daten stimmen mit Angaben aus neueren Untersuchungen (Onstad, Skre, Torgersen & Kringlen, 1991) gut überein.

Anhand eines amerikanischen Zwillingsregisters präsentieren Kendler und Robinette (1983) Konkordanzraten von 31 % für eineiige und 6.5 % für zweieiige Zwillinge. Diese geringere Konkordanzrate scheint für Analysen von Zwillingsregistern typisch (vgl. Walker et al., 1991). Der Grund dafür dürfte sein, daß bei diesem Verfahren der Fallidentifizierung eine größere Zahl leichterer Störungen erfaßt wird. Nach Gottesmann und Shields (1982) war die Konkordanzrate bei eineiigen Zwillingen niedriger, wenn der Indexfall an einer leichteren Form der Erkrankung litt. Interessant ist die Arbeit von Kendler und Robinette (1983) jedoch noch aus einem anderen Grund: Die Autoren verglichen anhand ihres Zwillingsregisters die Erblichkeit von Schizophrenie mit der Erblichkeit verschiedener somatischer Erkrankungen. Demnach ist die Erblichkeit bei Schizophrenie etwa so hoch einzuschätzen wie bei Bluthochdruck oder Diabetes mellitus. Mehrfach wurde eingewendet, daß das Risiko einer schizophrenen Erkrankung bei Zwillingen generell erhöht sein könnte, da das Aufwachsen mit einem so ähnlichen Menschen die Entwicklung einer eigenen Identität behindere. Dagegen spricht, daß generell schizophrene Erkrankungen bei Zwillingen nicht häufiger als in der Allgemeinbevölkerung auftreten.

Den überzeugendsten Hinweis auf einen genetischen Einfluß auf die Entstehung schizophrener Störungen liefern eine Reihe von Adoptionsstudien. Kennzeichen dieser Untersuchungen ist, daß sie das Zusammenleben zwischen Kindern und schizophrenen Eltern als möglichen kausalen Faktor ausschließen. In der bekannten Untersuchung von Heston (1966) wurden adoptierte Kinder schizophrener Mütter mit adoptierten Kindern nichtschizophrener Mütter verglichen. Von den Kindern schizophrener Mütter entwickelten elf Prozent eine schizophrene Störung, aber keines der Kinder in der Kontrollgruppe. Das Erkrankungsrisiko von Kindern schizophrener Eltern scheint davon unabhängig zu sein, ob die Kinder bei den Eltern aufwachsen oder ob sie adoptiert wurden. In einer dänischen Adoptionsstudie von Rosenthal, Wender, Kety, Welner und Schulsinger (1971) wurde dieser Befund im wesentlichen repliziert. Das Risiko, eine schizophrene Störung zu entwickeln, war mit 7.7 % bei adoptierten Kindern schizophrener Mütter erheblich höher als bei den adoptierten Kindern von Eltern ohne psychiatrische Diagnose. Dies galt auch dann, wenn nicht eine enge Definition von Schizophrenie, sondern auch Spektrumstörungen wie Borderline, schizoide Persönlichkeit und paranoide Persönlichkeit in beiden Gruppen berücksichtigt wurden (26.6 % zu 14.9 %).

Eine alternative Strategie verwendeten Kety et al. (1968), indem sie von einer Stichprobe schizophren Erkrankter ausgingen, die früher adoptiert worden waren. Dann untersuchten sie die Häufigkeit schizophrener Störungen bei den biologisch Verwandten und in den Adoptivfamilien. Bei den biologisch Verwandten waren schizophrene Erkrankungen deutlich häufiger, während sie in den Adoptivfamilien im gleichen Ausmaß wie in der Gesamtbevölkerung auftraten.

6.2 Quantitative Modelle des Erkrankungsrisikos

Die Angaben über das Risiko schizophrener Erkrankungen in Abhängigkeit vom Verwandtschaftsgrad zu einem schizophrenen Patienten lassen bereits erkennen, daß die Vererbung nicht einem klassischen Mendelschen Modell mit dominanten oder rezessiven Genen folgt. Im Fall zweier schizophrener Eltern hätten bei dominantem Erbgang beide Eltern das pathologische Gen (Aa x Aa) und damit auch 3/4 der Nachkommen. Bei Übertragung durch ein rezessives Gen hätten beide Eltern das pathologische Gen je zweimal (aa x aa) und sämtliche Kinder müßten dieselbe Kombination aufweisen. Das tatsächliche Risiko liegt jedoch bei 36.6 %. Eine Erweiterung solcher klassischer Modelle erfolgt durch die Annahme, daß ein Genotyp nicht in jedem Fall zur Ausbildung des zugehörigen Phänotyps führt, d. h. die Penetranz eines Schizophrenie-Gens nicht vollständig ist. Zusätzlich wird das Auftreten sporadischer Fälle schizophrener Erkrankungen ohne genetisches Risiko in Rechnung gestellt. Aber auch mit diesen Zusätzen sind einfache Vererbungsmodelle nicht überzeugend an die Prävalenzdaten anzupassen (McGue & Gottesmann, 1989).

Modelle mit der Beteiligung vieler Gene statt eines einzigen oder einiger weniger Gene an schizophrenen Erkrankungen können an die empirischen Daten besser angepaßt werden. In der ersten Variante, den „multifaktoriellen Schwellenmodellen", wird angenommen, daß die Disposition für eine schizophrene Erkrankung auf das additive Zusammenwirken einer ganzen Anzahl von Genen zurückgeht. Je mehr kritische Gene ein Mensch in seiner genetischen Ausstattung trägt, desto stärker ist seine Disposition für die Krankheit. Wegen der Anzahl vermutlich beteiligter Gene und ihrer Unabhängigkeit voneinander kann man sich die Disposition in der Bevölkerung kontinuierlich verteilt vorstellen. Eine schizophrene Erkrankung bricht erst dann aus, wenn das Ausmaß dieser Disposition einen Schwellenwert überschreitet. Ob bei Individuen mit gleicher Disposition die Schwelle überschritten wird, hängt von zusätzlichen äußeren Einflüssen ab. Häufig wird als Beispiel für solche Zusammenhänge die geistige Behinderung genannt, bei der verschiedene ätiologische Faktoren zu einer gemeinsamen pathogenetischen Endstrecke führen. Für ein solches Modell sprechen mehrere Gesichtspunkte (vgl. Hanson, Gottesmann & Meehl, 1977):
1. Die Ausprägung schizophrener Erkrankung variiert im Schweregrad,

2. das Risiko einer schizophrenen Erkrankung steigt sowohl mit der Anzahl der an Schizophrenie erkrankten Verwandten, wie auch mit der Schwere ihrer Erkrankung,
3. Individuen, die nicht an Schizophrenie erkrankt sind, aber dem Schizophreniespektrum zuzurechnen sind, können in diesem Modell berücksichtigt werden. Sie haben zwar ebenfalls die Disposition zur Schizophrenie, aber in einem Ausmaß, das unter der kritischen Schwelle bleibt.

Mit diesem dispositionellen Kontinuum gut vereinbar scheint, daß eineiige Zwillingspartner Schizophrener häufig nicht völlig symptomfrei sind, sondern Persönlichkeitsstörungen des Schizophreniespektrums oder neurotische Störungen aufweisen (Kringlen, 1987).

Legt man solche Schwellenmodelle an das Muster der Prävalenzdaten, so entfallen etwa 60–70 % der Varianz auf genetische Faktoren, der Rest auf Umwelteinflüsse. Obwohl Schwellenmodelle mit den vorhandenen Daten konsistent sind, helfen sie wenig, den Beitrag spezifischer genetischer und Umweltfaktoren zu identifizieren. Meehl (1962, 1989) schlug als erster ein spekulatives „gemischtes Modell" vor, in dem ein einzelnes Gen die Voraussetzung für die Ausbildung einer schizophrenen Erkrankung bildet, aber eine Reihe anderer Gene mitwirken. In Meehls eigenem Modell sollte der mit dem primären Gen vererbte „spezifische ätiologische Faktor" zu einem Defizit der neuronalen Integration führen. Dieses Defizit, die „Schizotaxie", äußert sich als schizotypische Persönlichkeitsstörung. Ob und wann eine Schizotaxie in eine Schizophrenie übergeht, hängt in diesem Modell von einer Reihe weiterer Faktoren wie Anhedonie, Angst und soziale Introversion ab, deren Ausprägung selbst wieder von Genetik und Umwelt bestimmt ist. Bislang ist es jedoch nicht gelungen, anhand der vorhandenen Daten aus Familienuntersuchungen zwischen gemischten Modellen, in denen die genetische Information eines Gen-Orts die Voraussetzung für die Entwicklung einer Schizophrenie darstellt, und multifaktoriellen Modellen zu unterscheiden. Zwar sind einige Vergleiche zwischen gemischten Modellen und multifaktoriellen Modellen anhand empirischer Prävalenzdaten durchgeführt worden; eine Entscheidung zugunsten eines der beiden Modelle ist jedoch derzeit nicht zu treffen (vgl. McGue & Gottesman, 1989).

Ein weiteres Modell wurde von Matthysse vorgeschlagen (vgl. Holzman & Matthysse, 1990; Matthysse, Holzman & Lange, 1986). Dabei wird eine „latente Disposition" angenommen, die in Interaktion mit anderen Faktoren zu Schizophrenie oder auch zu anderen phänotypischen Manifestationen führen kann. Diese unterschiedlichen Phänotypen können jedoch nicht nur alternativ, sondern auch zusammen auftreten. Die latente Disposition könnte dabei durch ein einzelnes Gen in einem einfachen Mendelschen Vererbungsgang übertragen werden, die Phänotypen würden diesem Muster jedoch nicht entsprechen. Die

Plausibilität dieses Modells hängt davon ab, ob es gelingt, die verschiedenen phänotypischen Auswirkungen derselben latenten Disposition zu identifizieren. Holzman und Matthysse halten Störungen der Augenfolgebewegungen (Smooth Pursuit Eye Movements) für mögliche Indikatoren. Nach Holzman und Matthysse (1990) wiesen 51–85 % schizophrener Patienten und 45 % ihrer Verwandten ersten Grades solche Störungen auf, aber nur etwa 8 % der Bevölkerung. Bei zwei verschiedenen Stichproben konnten die Autoren übereinstimmend ihr Modell bestätigen. Demzufolge könnten die Störungen der Augenfolgebewegungen und zumindest einige Formen schizophrener Erkrankung phänotypische Manifestation derselben latenten Disposition sein, die in diesem Modell durch einen autosomal dominanten Vererbungsgang weitergegeben wird. Allerdings ist gegenwärtig völlig unklar, welches biologische Substrat dieser latenten Disposition entsprechen könnte.

Die Befunde der genetischen Epidemiologie, der Zwillings- und der Adoptionsuntersuchungen belegen eine genetisch übertragene Disposition zur Entwicklung einer schizophrenen Erkrankung. Aber auch bei eineiigen Zwillingen, von denen einer an Schizophrenie erkrankt ist und deren genetische Ausstattung völlig identisch ist, beträgt das Risiko des anderen, ebenfalls an Schizophrenie zu erkranken, nicht mehr als 50 %. Diese Disposition kann also nur als „spezifischer ätiologischer Faktor" im Sinne Meehls wirken, nämlich als notwendige, aber nicht hinreichende Voraussetzung der manifesten Erkrankung. Es müssen also bestimmte nicht-genetische Umstände hinzutreten, welche die Wahrscheinlichkeit erhöhen, daß aus der Disposition eine manifeste Erkrankung wird. Im folgenden werden Befunde aus drei umfangreichen Bereichen referiert, in denen nach solchen Einflußfaktoren gesucht wird. Im Bereich psychosozialer Stressoren wird einmal nach ungünstigen Einflüssen in der Kindheit gesucht, zum anderen nach belastenden Lebensereignissen als auslösenden Momenten der Krankheit. Ebenfalls zu den externen Einflußfaktoren müssen Stressoren ganz anderer Art gezählt werden, nämlich Schädigungen des Zentralnervensystems während der Schwangerschaft, bei der Geburt oder auch später in der Entwicklung.

6.3 Strukturelle Veränderungen des Zentralnervensystems

Seit Kraepelin bildet die Suche nach hirnanatomischen Veränderungen bei schizophrenen Patienten einen Schwerpunkt der ätiologischen Forschung. Interessanterweise sind bereits damals Strukturveränderungen in temporalen und frontalen Bereichen vermutet worden. Im folgenden sei kurz die Befundlage zu hirnanatomischen Besonderheiten bei schizophrenen Patienten referiert.

Die verbesserten Möglichkeiten „bildgebender" Verfahren der Neuroradiologie erlauben es heute, Volumenänderungen einzelner Hirnbereiche differenzierter zu erfassen. Entsprechend hat die Zahl der einschlägigen Untersuchungen in den letzten zehn Jahren sprunghaft zugenommen. Aber bereits mit der Methode der Pneumoencephalographie wurden Befunde über atrophische Veränderungen in vivo gesammelt. In einer Arbeit von Huber (1964) wurden Ventrikelerweiterungen bei chronisch schizophrenen Patienten im Vergleich zu Gesunden berichtet. Besonders ausgeprägt waren diese Veränderungen bei defektschizophrenen Patienten. Eine der ersten Untersuchungen mit der damals neuen Methode der Computertomographie (Johnstone, Crow, Frith, Husband & Kreel, 1976) fand eine hochsignifikante Erweiterung der Seitenventrikel beim Vergleich des „Ventricle to Brain Ratio" (VBR). Mehr als 100 computertomographische Untersuchungen schizophrener Patienten sind seither erschienen; zumeist werden atrophische Veränderungen berichtet. Der häufigste Befund ist die Vergrößerung der Seitenventrikel, einige Berichte verweisen auch auf eine Vergrößerung des dritten und vierten Ventrikels. Im Vergleich zu Gesunden werden auch Erweiterungen cortikaler Sulci gefunden (Largen et al., 1984). Die Anwendung der Magnetresonanztechnik hat diese Befunde um genauere Volumenbestimmungen einzelner Strukturen ergänzt. Suddath et al. (1989) fanden zusammen mit einer beträchtlichen Erweiterung der Seitenventrikel auch eine Volumenverringerung im Temporallappen.

Da nur in wenigen Arbeiten Messungen verschiedener Areale gleichzeitig durchgeführt wurden, ist es kaum möglich, systematische Zusammenhänge zwischen diesen multiplen Auffälligkeiten zu erkennen. Wo solche Zusammenhänge ermittelt wurden, scheinen die atrophischen Zeichen weitgehend unabhängig voneinander. So fanden Largen et al. (1984) bei schizophrenen Patienten keine Vergrößerung der Seitenventrikel, aber vergrößerte Sulci. Boronow et al. (1985) berichten dagegen eine Vergrößerung des dritten Ventrikel bei normalen Sulci und normalen Seitenventrikeln. Unterschiedliche Ergebnisse bei computertomographischen Studien können teilweise mit abweichenden Auswertungstechniken erklärt werden. So fanden Raz et al. (1987) mit traditionellen planimetrischen Auswertungsmethoden keine Ventrikelerweiterung, aber bei gleichzeitiger Berücksichtigung mehrerer Schnittebenen in einer volumetrischen Auswertung eine deutliche Vergrößerung der Seiten- und des dritten Ventrikels.

Der Mittelwertvergleich schizophrener Patienten und Gesunder sagt nichts darüber aus, wieviele Probanden jeder Gruppe von atrophischen Veränderungen betroffen sind. Bestimmt man diesen Anteil, so finden sich atrophische Veränderungen unterschiedlicher Art und unterschiedlichen Ausmaßes über Studien hinweg gewöhnlich bei etwa einem Drittel der schizophrenen Patienten. Wie unterscheiden sich schizophrene Patienten mit solchen organischen Veränderungen von unauffälligen schizophrenen Patienten? Wiederholt wurde geprüft, ob sich bei solchen Patienten gehäuft Negativsymptomatik findet. Andreasen et al. (1982) berichtet diesen Zusammenhang bei einem Extremgruppenvergleich schizophrener Patienten mit besonders kleinen und besonders großen Ventrikeln. In späteren Studien war dieser Befund weniger eindeutig (zusammengefaßt bei Straube & Oades, 1992). Nicht mit dem Zusammenhang zwischen Negativsymptomatik und organischer Veränderung vereinbar ist auch der Befund, daß gerade bipolar erkrankte Patienten, nicht aber unipolar Depressive, ebenfalls Ventrikelvergrößerung zeigen (Andreasen, Swayze, Flaum, Alliger & Cohen, 1990). Katsanis, Iacono und Beiser (1991) fanden keinen Zusammenhang zwischen Ventrikelerweiterungen und zahlreichen psychophysiologischen Maßen, welche üblicherweise mit der Ausprägung von Negativsymptomatik korreliert sind. Schnur et al. (1989) berichten ebenfalls einen konträren Befund: In dieser Studie hatten die elektrodermalen Responder unter den schizophrenen Patienten erweiterte dritte Ventrikel, nicht aber die elektrodermalen Nonresponder. Angesichts der Vielfalt der berichteten organischen Veränderungen erscheinen konsistente Zusammenhänge mit dem Ausmaß der Negativsymptomatik derzeit eher unwahrscheinlich.

Mehr spricht für einen Einfluß der Ventrikelerweiterung auf den Verlauf der Erkrankung. Katsanis et al. (1991) fanden einen nach klinischen und psychosozialen Kriterien ungünstigeren Verlauf bei schizophrenen Patienten mit erweiterten Ventrikeln. Dieser Zusammenhang wurde nicht bei affektiven oder schizophreniformen Störungen gefunden. Auch Vita et al. (1991) berichten einen schlechteren Verlauf bei Patienten mit Anzeichen einer kortikalen Atrophie. Der Zusammenhang zwischen atrophischen Zeichen und dem Verlauf der Psychose ist jedoch nicht durch eine Zunahme der hirnorganischen Auffälligkeiten zu erklären. Eine Progression der Atrophie wird zwar in Einzelfällen berichtet (Kemali, Maj, Galderisi, Milici & Salvati, 1989), ist aber nicht die Regel. Sponheim, Iacono und Beiser (1991) fand bei Wiederholungsmessungen zwischen einem Jahr und drei Jahren nach der Erstaufnahme keine Zunahme der Ventrikelweite. Wenn diese organischen Veränderungen also nicht progressiv sind, dann müssen sie bereits vor Ausbruch der Krankheit bestanden haben. Es liegt nahe, darin einen Faktor zu sehen, der das Risiko zur Entwicklung einer Schizophrenie erhöht. In diesem Falle müßten bei gleichem genetischen Risiko jene Individuen eher von einer cerebralen Veränderung betroffen sein, die an Schizophrenie erkrankt sind. Suddath, Christison, Torrey, Weinberger und Casanova (1990) verglichen erkrankte und unauffällige Partner eineiiger Zwillingspaare und fanden bei den erkrankten Probanden größere Ventrikel und ein geringeres hippocampales Volumen im anterioren Bereich.

Welche Bedeutung haben solche hirnanatomischen Veränderungen für das Risiko einer schizophrenen Erkrankung? Nach den Vorstellungen multifaktorieller Schwellenmodelle ist das Risiko durch die additive Wirkung von genetischen und Umweltfaktoren bestimmt. Wenn die beschriebenen hirnorganischen Auffälligkeiten durch Umweltfaktoren bedingt sind und zum Risiko einer schizophrenen Erkrankung beitragen, dann sollten sie bei schizophrenen Patienten mit genetischer Belastung seltener sein als bei jenen ohne eine solche Belastung. Als Indiz eines stärker genetisch bedingten Risikos wird das Auftreten von Diagnosen des schizophrenen Spektrums bei Verwandten eines schizophrenen Patienten gewertet. Diese Strategie erlaubt aus verschiedenen Gründen jedoch keine klare oder einheitliche Trennung von Gruppen mit hohem und niedrigem genetisch bedingten Risiko. Es wird dabei immer Individuen geben, die trotz hoher genetischer Belastung keine Verwandten mit einer Diagnose des Schizophreniespektrums haben, entweder, weil der Stammbaum zu wenig Mitglieder hat, weil der diagnostische Status nicht zuverlässig zu ermitteln ist oder weil die genetische Prädisposition zwar vorhanden, aber nie manifest geworden ist. Trotz dieser Schwierigkeiten legt eine Reihe von Studien nahe, daß hirnanatomische Veränderungen eher bei schizophrenen Patienten ohne eine einschlägige Familienanamnese zu finden sind als bei den Patienten, die Verwandte mit Störungen aus dem schizophrenen Spektrum haben (zusammenfassend Murray, Reveley & Shon, 1988).

In einigen Arbeitsgruppen wird die Hypothese verfolgt, daß die beschriebenen strukturellen Veränderungen des Gehirns auf Geburts- und Schwangerschaftskomplikationen zurückgehen. Owen, Lewis und Murray (1988) fanden bei schizophrenen Patienten mit solchen Komplikationen in der Vorgeschichte häufiger Ventrikelerweiterungen und kortikale atrophische Veränderungen. Im Vergleich zu depressiven Patienten fanden Foerster, Lewis, Owen und Murray (1991) bei schizophrenen Patienten mehr Schwangerschafts- und Geburtskomplikationen und auch ein geringeres Geburtsgewicht. In der Kopenhagener Risikogruppen-Untersuchung mit Kindern schizophrener Mütter (vgl. Mednick und Silverton, 1988) waren Schwangerschafts- und Geburtskomplikationen besonders häufig bei jenen Kindern, die später eine schizophrene Psychose entwickelten. Bei Kindern, die später eine schizotypische Persönlichkeitsstörung aufwiesen, wurden im Vergleich zu einer nichtpsychiatrischen Kontrollgruppe sogar besonders wenig Komplikationen während Schwangerschaft und Geburt festgestellt. Daraus schlossen Mednick und Silverton, daß bei gleichem genetischen Risiko eine besonders gut verlaufende Schwangerschaft das Risiko der Erkrankung mindert. Bei einer computertomographischen Untersuchung einer Teilgruppe der schizophrenen, der schizotypischen und der Vergleichsprobanden fanden sich erweiterte Ventrikel bei den schizophrenen, nicht aber bei den schizotypischen Probanden. Auch in dieser High-Risk-Untersuchung scheint also ein Zusammenhang zwischen perinataler Schädigung und späteren pathologischen Veränderungen des Gehirns zu bestehen. Als wichtige Konsequenzen einer solchen frühen Schädigung, die zum späteren Risiko beiträgt, kommen Verhaltensauffälligkeiten im Schulalter in Betracht. Die später schizophrenen Kinder wurden von ihren Lehrern als unbeherrscht, aggressiv und gewalttätig beschrieben, die später schizotypisch gestörten Kindern waren unauffällig. Jones und Murray (1991) geben einen Überblick über verschiedene Möglichkeiten einer pathologischen Entwicklung des Zentralnervensystems, die durch perinatale Insulte angestoßen werden kann und schließlich zu psychopathologischen Veränderungen führt.

Unklar ist gegenwärtig, welche Faktoren zu dieser erhöhten Rate von perinatalen Schädigungen bei später an Schizophrenie Erkrankten führen. Die Vielzahl möglicher Schädigungen, die dabei zusammengefaßt werden, sowie die retrospektive Betrachtungsweise lassen eine systematische Analyse nicht zu. Mednick und Silverton (1988) nehmen an, daß ein Gutteil dieser Schädigungen auf Virusinfektionen in kritischen Abschnitten der Schwangerschaft zurückgeht. Naheliegend ist, daß die erhöhte Rate solcher Schädigungen damit zusammenhängt, daß schizophrene Mütter weniger in der Lage sind, die Schwangerschaft zu überwachen und regelmäßige ärztliche Kontrolltermine in Anspruch zu nehmen.

6.4 Prämorbide Entwicklungsbedingungen

Retrospektive Ermittlungen besonderer Entwicklungsbedingungen später an Schizophrenie erkrankter Menschen sind von beschränktem Wert, da sie durch eine Reihe von Faktoren verzerrt sein können. Zuverlässigere Informationen über die familiäre Situation später schizophrener Patienten stammen aus Berichten, die vor dem Erkrankungszeitpunkt erstellt wurden. Hier sind besonders die Auswertungen von Aufzeichnungen der Erziehungsberatungsstellen in Boston und St. Louis zu nennen.

Waring und Ricks (1965) identifizierten 100 Personen, die als Kinder in der „Judge Baker Guidance Clinic" in Boston behandelt wurden und später an Schizophrenie erkrankten. Ebenfalls aus den Klienten der Klinik wurde eine Kontrollgruppe von später unauffälligen Probanden zusammengestellt. Die in den Akten enthaltenen Beurteilungen des familiären Klimas weisen auf einige Auffälligkeiten hin: Die Eltern später an Schizophrenie Erkrankter lebten häufig in einem Zustand der „emotionalen Trennung", charakterisiert durch Entfremdung, Mißtrauen und reduzierte Interaktionen. Ablehnung des Kindes war besonders häufig bei einer Gruppe schizophrener Patienten ohne chronischen Verlauf. Alle Familien der späteren schizophrenen Patienten waren jedoch damals als gestört beurteilt worden. Dies war nur bei einem Teil der Familien in der Kontrollgruppe der Fall. Die später schizophrenen Patienten wuchsen also mehrheitlich unter ungünstigeren Bedingungen auf als die Angehörigen der Kontrollgruppe. Diese ungünstigen familiären Bedingungen sind jedoch nicht unabhängig von psychiatrischen Störungen der Eltern zu sehen, denn bei den Eltern der Indexfälle wurden auch häufiger schizoide und psychotische Züge vermerkt: 40 % der Väter der chronisch schizophrenen Patienten waren als psychotisch oder schizoid beurteilt worden.

Robins (1966) verglich jene Klienten des „St. Louis Municipal Child Guidance Center", die später an Schizophrenie erkrankten, mit solchen Klienten, die später eine soziopathische Persönlichkeitsstörung entwickelten und einer dritten Gruppe von Klienten, die unauffällig blieben. Auch hier stammten die später Schizophrenen überwiegend aus „broken homes", der Anteil war jedoch nur im Vergleich zur unauffälligen Kontrollgruppe erhöht. In der Kopenhagener Risikogruppen-Untersuchung (Mednick & Silverton, 1988) wurden die Mütter jener Kinder, die später eine Schizophreniediagnose erhielten, als weniger verantwortungsbewußt und weniger emotional stabil eingeschätzt als die Mütter jener Kinder, die später unauffällig waren oder eine schizotypische Persönlichkeitsstörung entwickelten. Tienari (1991) fand in einer finnischen Adoptionsstudie, daß zwar ein erhebliches genetisches Risiko der Entwicklung einer Schizophrenie bestand, aber auch, daß sich dieses Risiko überwiegend in ernsthaft gestörten Adoptionsfamilien auswirkte.

Als Besonderheiten der prämorbiden Persönlichkeit der späteren schizophrenen Patienten wurde in der Bostoner Studie sozialer Rückzug, geringe Impulskontrolle und eine Tendenz zu bizarren Verhaltensweisen herausgestellt. In St. Louis dagegen fielen vor allem antisoziales und neurotisches Verhalten auf. Gerade diese unterschiedliche Charakterisierung der prämorbiden Persönlichkeit verweist auf eine entscheidende Einschränkung dieser Studien: Nur ein geringer Teil schizophrener Patienten wurde jemals in einer Erziehungsberatungsstelle vorgestellt, und es ist nicht abzuschätzen, inwieweit diese Gruppe vulnerabler Individuen repräsentativ ist. Anzunehmen ist, daß sie wegen besonderer Verhaltensprobleme auffielen und sich von anderen vulnerablen Individuen durch eine besondere Ausprägung von Hyperaktivität oder bizarren und antisozialen Verhaltensweisen unterscheiden (vgl. Neale & Oltmanns, 1980).

Von psychoanalytischer Seite wurde schon früh versucht, Auffälligkeiten der Beziehung zwischen Eltern und Kind zu identifizieren, die für den Ausbruch einer schizophrenen Erkrankung im späteren Leben verantwortlich sind. Bekannt geworden ist das Konzept des „double bind" (Bateson, Jackson, Haley & Weakland, 1956), das eine besonders ungünstige Form der Kommunikation zwischen Eltern und Kindern herausstellt. Kennzeichen einer Kommunikation nach dem Muster des „double bind" ist die Übermittlung entgegengesetzter Botschaften wie z. B. im verbalen Ausdruck von Zuneigung bei gleichzeitig nonverbal ausgedrückter Ablehnung. Dieser Gedanke wurde in zahlreichen Abhandlungen aufgegriffen; die wenigen empirischen Arbeiten dazu belegen jedoch weder, daß solche Kommunikationsweisen mit hinreichender Zuverlässigkeit identifiziert werden können, noch, daß sie bei den Müttern schizophrener Patienten gehäuft anzutreffen sind (vgl. Angermeyer, 1978; Hirsch, 1979).

Leichter zu operationalisieren als das Konzept des „double bind" war die Vorstellung, daß Familien mit einem schizophrenen Patienten durch einen Mangel an Klarheit und Präzision ihrer Kommunikation gekennzeichnet seien. Die Arbeitsgruppe von Wynne und Singer (vgl. Oltmanns & Neale, 1980) ließ die Eltern schizophrener Patienten mehrdeutige Bildvorlagen aus dem „Rorschach Test" oder dem „Thematischen Apperzeptionstest" interpretieren. Die Transkripte dieser Lösungsversuche wurden anhand eines Auswertungsmanuals nach Denk- bzw. Sprachstörungen beurteilt, die als Anzeichen einer „Kommunikationsstörung" (Communication Deviance) gelten konnten. Tatsächlich ergaben sich hier charakteristische Profile der Eltern schizophrener Patienten im Unterschied zu Eltern von Patienten mit anderen psychiatrischen Störungen. Hirsch und Leff (1975) fanden unter Verwendung derselben Auswertungsregeln zwar keine bedeutsamen Unterschiede zwischen den Müttern schizophrener und neurotischer Patienten, aber zumindest die Väter schizophrener Patienten wurden als stärker kommunikationsgestört beurteilt als die Väter der neurotischen Patienten. Weitere Analysen zeigten jedoch, daß dieser Unterschied verschwand, wenn das allgemeine Ausmaß sprachlicher Äußerungen berücksichtigt wurde.

Die Untersuchungen des Denk- und Sprachstils der Eltern schizophrener Patienten haben zwar die Vorstellung davon, was Komponenten einer gestörten Kommunikation sein könnten und wie sie zu erfassen sind, klarer gefaßt. Es ist jedoch noch nicht gelungen anzugeben, welche Bedeutung solche Störungen für die Entwicklung einer Schizophrenie haben. Das Problem liegt zum einen darin, daß solche Störungen auch als Folge der psychischen Erkrankung eines Familienmitglieds auftreten können, zum anderen darin, daß die direkte Kommunikation zwischen Familienmitgliedern und Patient selten untersucht wurde (vgl. Neale & Oltmanns, 1980; Rieg et al., 1991). Beide Einwände gelten nicht für eine prospektive Studie von Goldstein (1985). Diese Längsschnittuntersuchung erfaßte Eltern von 50 Kindern, die wegen Erziehungsschwierigkeiten zu einer Beratungsstelle kamen. Mit einer ähnlichen Methode wie bei Wynne und Singer wurde das Vorhandensein von Denk- und Sprachstörungen beurteilt. Außerdem wurde der „affektive Stil" der Eltern in Interaktion mit ihrem Kind ermittelt. Diese Beurteilung wurde ähnlich wie die Festlegung des Ausmaßes von „Expressed Emotion" vorgenommen. Die vorgestellten Kinder wurden als Erwachsene nachuntersucht. Die Eltern, deren Kinder jetzt an einer psychischen Störung litten, waren damals aufgrund der Denk- und Sprachstörungen häufiger als kommunikationsgestört eingestuft worden als die Eltern der später unauffälligen Kinder. Merkmale der direkten Interaktion hatten dabei den größten Vorhersagewert. Allerdings beruhte die diagnostische Kategorisierung auf dem weitgefaßten Begriff des „Schizophrenie-Spektrums". Nach dieser Untersuchung erscheint die Kombination aus Kommunikationsstörung und ablehnendem affektiven Stil als Besonderheit der Eltern von später Schizophrenen.

6.5 Belastende Lebensereignisse

In klinischen Beschreibungen wird darauf hingewiesen, daß an Schizophrenie erkrankte Patienten sich zwar einerseits von Sozialkontakten zurückziehen, andererseits aber empfindlich auf Veränderungen der sozialen Umgebung reagieren. Als psychosoziale Stressoren könnten lebensverändernde Ereignisse auf zwei verschiedene Arten an der Ätiologie schizophrener Erkrankungen beteiligt sein. Zum einen könnten vulnerable Individuen zwar dieselbe Empfindlichkeit wie andere Personen gegenüber Stressoren haben, aber nicht „normal" reagieren, sondern psychotische Symptome ausbilden. Zum anderen könnten sie zusätzlich auch übermäßig empfindlich sein und bereits auf Stressoren überschießend reagieren, die bei Gesunden nur eine mäßige Reaktion bewirken. Beiden Sichtweisen ist gemeinsam, daß psychosoziale Stressoren durch eine Steigerung des Erregungsniveaus der vulnerablen Individuen direkt für den psychotischen Zusammenbruch oder zumindest für den Zeitpunkt eines solchen Zusammenbruchs verantwortlich sind (vgl. Day, 1981).

Zur Prüfung solcher Hypothesen müßte das Auftreten lebensverändernder Ereignisse vor dem Beginn einer schizophrenen Erkrankung registriert werden. Dies ist jedoch nur bei verläßlich datierbarem Beginn, der möglichst kurz zurückliegt, durchführbar. Andernfalls ist kaum zu entscheiden, welche Ereignisse eine Folge krankheitsbedingter Verhaltensänderungen des Patienten waren und welche unabhängig davon aufgetreten sind. Die vorhandenen Untersuchungen lassen sich in zwei Gruppen einteilen. Entweder wird die Anzahl der lebensverändernden Ereignisse vor Ausbruch der Psychose mit den Häufigkeiten bei einer Kontrollgruppe oder mit einem anderen Zeitabschnitt im Leben derselben Patienten verglichen.

Brown und Birley (1968) fanden in einer auch heute noch methodisch beeindruckenden Untersuchung eine Zunahme lebensverändernder Ereignisse in den drei Wochen vor Beginn der Erkrankung und damit eine deutlich höhere Belastung als bei einer Kontrollgruppe Gesunder. Die Zunahme vor Krankheitsbeginn war auch dann festzustellen, wenn nur Ereignisse betrachtet wurden, die nicht krankheitsbedingt sein konnten. Allerdings war nicht bei allen Patienten eine Schizophrenie diagnostiziert worden und bei einem großen Teil handelte es sich um Wiederaufnahmen. Jacobs und Myers (1976) konnten die Häufung lebensverändernder Ereignisse vor dem Krankheitsbeginn bestätigen. Allerdings verwendete diese Autoren als Zeitintervalle nur Halbjahre, so daß der kurzfristige Anstieg, der bei Brown und Birley so deutlich war, hier übersehen werden konnte. Canton und Fraccon (1985) fanden zwar mehr solcher Ereignisse bei schizophrenen Patienten als bei Patienten mit Bluthochdruck, unterschieden aber nicht hinreichend zwischen Ereignissen vor und nach Krankheitsbeginn.

Eine umfangreiche Untersuchung über den Zusammenhang zwischen belastenden Ereignissen und dem Ausbruch einer schizophrenen Erkrankung wurde als Teil eines Projekts der Weltgesundheitsorganisation (WHO) durchgeführt (Day et al., 1987). Mit einem halbstandardisierten Interview wurden solche Ereignisse bei einer großen Zahl von Patienten in mehreren Ländern erfragt und in ihrer Auswirkung auf das Leben der Befragten beurteilt. In allen Ländern zeigte sich eine Häufung von Ereignissen, und zwar am stärksten in den letzten drei Wochen vor Krankheitsbeginn. Leider wurden bei dieser Untersuchung keine Kontrollgruppen verwendet. Daher ist nicht auszuschließen, ob nicht kürzer zurückliegende Ereignisse häufiger und besser erinnert wurden.

Der Einfluß lebensverändernder Ereignisse ist bei schizophrenen Störungen geringer als bei depressiven Erkrankungen. Paykel (1979) veranschaulicht dies anhand des Risikos, daß im Zeitraum von 6 Monaten nach dem Eintritt eines lebensverändernden Ereignisses eine der beiden Krankheiten ausbricht. Das Risiko, an einer Depression zu erkranken, ist dabei etwa versechsfacht, während sich für den Ausbruch einer Schizophrenie eine Erhöhung um das drei- bis vierfache ergibt. Auch Day (1986) kommt nach einer Literaturübersicht zum Schluß, daß belastende Ereignisse nur eine geringe Bedeutung für den Beginn und den weiteren Verlauf einer schizophrenen Erkrankung haben. Day zufolge stellen solche Ereignisse nur einen sehr beschränkten Ausschnitt möglicherweise relevanter psychosozialer Umweltvariablen dar. Für den Ausbruch einer Schizophrenie könnte eine „toxische Umgebung" bedeutsamer sein als isolierte Ereignisse. Dies gelte vor allem für solche Umgebungen, die kognitiv verwirrend, emotional überkritisch, fordernd, bedrohlich und demoralisierend sind. Tatsächlich fanden Norman und Malla (1991), daß die subjektive Belastung schizophrener Patienten in Remission stärker durch alltägliche Beanspruchungen als durch lebensverändernde Ereignisse bestimmt war. Die zahlreichen Arbeiten über „Expressed Emotion" naher Angehöriger und psychotisches Rückfallrisiko werden in 7.7 zusammengefaßt.

6.6 Anforderungen an ätiologische Modelle der Schizophrenie

Zum Risiko schizophrener Erkrankungen scheinen nach den angeführten Befunden genetische Faktoren, Hirnschädigungen und psychosoziale Belastungen beizutragen. Die genetischen Modelle des Risikos sind zwar weit entwickelt, können aber die Entstehung einer Schizophrenie nur teilweise aufklären. Dies wird offensichtlich durch die Diskordanz bei Zwillingen mit identischer Erbanlage und durch den hohen Anteil schizophrener Patienten ohne einschlägige Familienanamnese. Befunde über strukturelle Veränderungen des Gehirns sind uneinheitlich und treffen immer nur bei einem Teil der schizophrenen Patienten zu. Gegenwärtig besteht keine Evidenz dafür, daß eine bestimmte Hirnveränderung zwingend mit der Entstehung einer Schizophrenie verbunden ist. Aber diese Befunde verweisen auf einen nichtgenetischen Umweltfaktor, nämlich Schwangerschafts- und Geburtskomplikationen, welche hirnpathologische Veränderungen und in der Folge auch Verhaltensauffälligkeiten bewirken können. Am wenigsten systematische Erkenntnisse liegen zum Einfluß psychosozialer Belastungsfaktoren auf die Entstehung einer Schizophrenie vor. Dieser Mangel ist um so überraschender, als bei bereits Erkrankten ein deutlicher Zusammenhang zwischen der Rückfallgefährdung und der akzeptierenden oder ablehnenden Haltung von Angehörigen nachzuweisen ist. Andererseits ist ein psychosozialer Risikofaktor schwerer zu erfassen als genetische oder hirnstrukturelle Belastungen, da solche Faktoren selten zeitstabil auftreten, in ihrer Wirkung schwer aus einem Komplex anderer Variablen zu lösen sind, und in ihrer Bedeutung individuell enorm schwanken können. Aber deutlich scheint, daß generell psychosoziale Faktoren genausowenig wie genetische Merkmale oder Hirnanomalien alleine eine schizophrene Erkrankung auslösen können. Offenkundig wirken mehrere Risikofaktoren bei der Entstehung einer schizophrenen Störung zusammen. Die verschiedenen Formen dieser Störung sind nicht einfach durch die Dominanz von Risikofaktoren aus jeweils einem dieser Bereiche zu erklären. Plausibler scheint, daß die Vielfalt möglicher Interaktionen zwischen den Risikofaktoren die unterschiedlichen Krankheitsbilder, prämorbiden Auffälligkeiten und längerfristigen Verläufe bestimmt. Mit dem Zusammenwirken solcher unterschiedlicher Faktoren bei der Auslösung psychotischer Störungen befaßt sich das Vulnerabilitäts-Streß-Modell von Zubin (Zubin & Spring, 1977). Zu diesem in den letzten zehn Jahren häufig diskutierten Ansatz liegen mehrere Darstellungen vor (z.B. Olbrich, 1987; Zubin, 1990).

7 Interventionen

7.1 Pharmakotherapie

7.1.1 Behandlung akuter Symptome

Antipsychotische (neuroleptische) Medikamente bilden die Grundlage der Behandlung von akuten psychotischen Episoden oder von Exazerbationen schizophrener Störungen. 1952 wurden erstmals systematische Therapieversuche mit Reserpin in den USA und mit Chlorpromazin von Delay und Deniker in Frankreich unternommen. Innerhalb weniger Jahre wurden Neuroleptika weltweit eingesetzt und führten zu einem völligen Wandel der Behandlung schizophrener Psychosen (Davis & Garver, 1978). Ihre Wirksamkeit wurde in zahlreichen Placebo-kontrollierten Doppel-Blind-Studien überprüft (Cole & Davis, 1969). Sowohl bei Global-Einschätzungen der therapeutischen Wirkung wie bei differenzierter Beurteilung der Veränderung bestimmter Symptome zeigen sich eindrucksvolle Vorteile dieser Medikamente gegenüber Behandlungen ohne Neuroleptika (z.B. Cole et al., 1964). Ihre Wirkung geht über eine unspezifische Sedierung hinaus und ist bei Positiv-Symptomen ausgeprägter als bei primären Negativ-Symptomen. Die Dauer psychotischer Episoden und damit auch die stationären Aufenthalte werden dadurch erheblich verkürzt (Wyatt, 1991). Psychotherapeutische Maßnahmen ohne begleitende antipsychotische Medikation zeigten sich Behandlungen mit neuroleptischer Pharmakotherapie unterlegen (May, Tuma & Dixon, 1981). Im Gegensatz zu anderen Psychopharmaka besitzen Neuroleptika kein Suchtpotential; es kommt zu keinen Toleranzänderungen und bei Absetzen der Medikamente zu keinen Entzugserscheinungen.

Angesichts der Heterogenität schizophrener Psychosen ist der Wirkungsgrad der Neuroleptika erstaunlich. Er ist nicht nur auf Patienten mit schizophrenen Störungen beschränkt, sondern erstreckt sich auch auf paranoide, schizophreniforme und schizoaffektive Störungen, schizotypische und Borderline-Persönlichkeitsstörungen (Kane, 1987). Die antipsychotische Pharmakotherapie ist jedoch schwieriger als der Laie vermutet und das empirisch gesicherte Wissen über die Wirkweisen geringer als der Kliniker oft annimmt. So sind erhebliche interindividuelle Unterschiede in den therapeutisch wirksamen Dosen und in der notwendigen Behandlungsdauer festzustellen. Eine bestimmte Dosis kann bei einigen Patienten bereits untolerierbare Nebenwirkungen verursachen, während bei anderen weder erwünschte noch unerwünschte Wirkungen auftreten und bei wieder anderen eine Remission der psychotischen Symptomatik ohne Nebeneffekte erreicht wird. Bei einzelnen Patienten kann eine therapeutische Wirkung innerhalb von Stunden beobachtet werden, bei manchen erst nach wochenlanger Behandlungsdauer (vgl. Marder, 1992). Über solche Dosis-Wirkungs-Kurven liegen nur ungenügende Informationen aus empirischen Studien vor. Es bestehen aber nicht nur deutliche Unterschiede in der Beziehung zwischen Dosis und klinischer Wirkung, sondern eine ebenso erhebliche interindividuelle Variabilität in Absorption, Metabolismus, Transport und Speicherung der Neuroleptika. Die Hoffnung, den klinischen Effekt aus den Blutplasmakonzentrationen besser vorhersagen zu können, hat sich bislang nicht bestätigt (Kane, 1987; Van Putten, Marder, Wirshing, Aravagiri & Clabert, 1991).

Betrachtet man die positiven Folgen der Neuroleptika auf Halluzinationen, Wahnvorstellungen oder Denkstörungen, so überrascht der Widerwille, den die meisten Patienten gegen diese Medikamente zeigen. Diese Ablehnung kann auch bedingt sein durch Krankheitsverleugnung und fehlendes Krankheitsgefühl. Eine bedeutende Rolle spielen aber auch die störenden, unerwünschten Wirkungen der Neuroleptika, zumal diese oft zeitlich vor einer Symptomminderung verspürt werden (Van Putten, 1974). Schätzungen ihrer Häufigkeit reichen von 5 bis über 90 % der behandelten Patienten (Kane, 1987). Zu den häufigsten und quälendsten Nebenwirkungen gehören die sog. extrapyramidalmotorischen Symptome: Dystonien (z. B. Verkrampfungen der Zungen- und Schlundmuskulatur, Blickkrämpfe), Parkinsonoid (z. B. Einschränkungen von Mimik und motorischer Beweglichkeit, Tremor, erhöhter Muskeltonus), Akathisie (z. B. Sitzunruhe, Bewegungsdrang) und tardive Dyskinesien (z. B. choreatische Bewegungen der Mund- und Gesichtsmuskulatur sowie der Extremitäten) (vgl. Tornatore, Sramek, Okeya & Pi, 1991; Marder, 1992). Zu ihrer Behebung sind verschiedene Vorgehensweisen möglich: Dosisreduktion, Anti-Parkinson Medikamente, Wechsel auf andere Neuroleptika. Während keine überzeugenden Befunde über differentielle positive Wirkungen der verschiedenen Neuroleptika bei schizophrenen Patienten oder einzelnen diagnostischen Untergruppen vorliegen (Kane, 1987), unterscheiden sich diese in ihren Nebenwirkungen. Eine besondere Rolle kommt dabei dem Clozapin, einem atypischen antipsychotischen Medikament zu, das nur sehr geringe extrapyramidale Symptome verursacht, aber u. a. mit dem Risiko von Blutbildveränderungen (Agranulazytose) behaftet ist (Safferman, Lieberman, Kane, Szymanski & Kinon, 1991). Verschiedene weitere atypische Neuroleptika wurden erst in den letzten Jahren angewendet, so daß ihre therapeutischen Effekte und Nebenwirkungen noch nicht eindeutig zu bewerten sind (Gerlach, 1991).

Vergleiche der Wirkungen antipsychotischer Pharmakotherapien mit Placebo-Bedingungen zeigen, daß 5–25 % der Patienten nach mehrwöchiger Behandlung mit Neuroleptika nicht oder nur gering gebessert sind; bei etwa 15 % treten Remissionen auch unter Placebo auf (Brenner et al., 1990). Obwohl dieser Befund lange bekannt ist (z. B. Cole et al., 1964) konnten bislang weder brauchbare Prädiktoren für Neuroleptika-Nonresponder noch für Placebo-Responder gefunden werden, die es erlauben würden, jenen Patienten Nebenwirkungen zu ersparen, denen Neuroleptika keine Vorteile bringen. Therapeutische Vorgehensweisen bei Nonrespondern, denen eine Chronifizierung der Psychose und langjähriger Aufenthalt in Kliniken droht (Roberts et al., 1986), werden in den letzten Jahren vermehrt diskutiert, wobei der Nutzen bestimmter Strategien nur selten überprüft wurde (Kane, 1987; Christison, Kirch & Wyatt, 1991).

Nachdem Pharmakotherapie einen unverzichtbaren Bestandteil der Behandlung akuter schizophrener Störungen bildet, steht die experimentelle Psychopathologieforschung vor der Schwierigkeit einer Konfundierung schizophreniespezifischer Auffälligkeiten mit medikamentösen Einflüssen. Nun kann versucht werden, die medikamentöse Behandlung zunächst aufzuschieben oder zeitweise auszusetzen. Neben ethischen Problemen führt dies zu ebenfalls schwer einschätzbaren Selektionseffekten, da nur geringer gestörte Patienten längere Untersuchungen durchhalten, komplexen Instruktionen oder Aufgaben nachkommen oder etwa das Ankleben von Elektroden dulden. Als Ausweg bleibt oft nur der Versuch einer statistischen Kontrolle der Medikamenteneinflüsse auf die Ergebnisse. Als Vergleichsmaßstab für die Dosierungen unterschiedlicher Medikamente wurden die sog. Chlorpromazin-Äquivalente vorgeschlagen (Davis, 1974, 1976; Jahn & Mussgay, 1989). Ausgehend von den als optimal angesehenen oder empfohlenen Dosierungen wird dabei für jedes der verschiedenen Präparate ein unterschiedlicher Multiplikationsfaktor festgelegt und so ein Vergleichsmaßstab definiert. Da diese Berechnung bei atypischen Neuroleptika und Depot-Präparaten problematisch ist und häufig noch weitere Medikamente eingesetzt werden (z. B. Anti-Parkinson-Mittel, Lithium, Carbamazepin), ist auf diese Weise der Einfluß der Medikation in experimentellen Untersuchungen nur unbefriedigend zu kontrollieren.

7.1.2 Rückfallprophylaxe

Neuroleptika werden nicht nur zur Behandlung akuter schizophrener Störungen eingesetzt, sondern auch zur Verhinderung psychotischer Rückfälle bei symptomfreien oder gebesserten Patienten. Ihre prophylaktische Wirkung wurde in einer großen Zahl Placebo-kontrollierter Untersuchungen nachgewiesen (vgl. Davis, 1975; Müller, 1990). Obwohl diese Studien methodische Unterschiede aufweisen und die Rückfallhäufigkeiten differieren, werden in der Regel unter Placebo mehr als doppelt so viele Patienten rückfällig als unter Neuroleptika. Davis, Schaffer, Killian, Kinarch und Chan (1980) berechneten aus verschiedenen Studien eine mittlere Rückfallrate bei Placebo von 55 % und bei Neuroleptika von 19 %; bei Kissling (1991) beträgt das Verhältnis sogar 74 % zu 16 %. Kumulative Rückfallkurven über 24 Monate zeigen über diese Zeit eine Zunahme der Differenz (Davis et al., 1980). Die Hoffnung, daß bei längerer Symptomfreiheit das Rückfallrisiko sinkt und die Medikation gefahrlos abgesetzt werden könne, ist unberechtigt. Bei Beendigung der Medikation nach ein- bis fünfjähriger Symptomfreiheit erleiden durchschnittlich 75 % der Patienten einen Rückfall (Kane, 1987; Kissling, 1991). Dies spricht für die Vorstellung, daß Neuroleptika die Psychose nur unterdrücken, aber an der grundlegenden Anfälligkeit wenig ändern.

Angesichts der eindrucksvollen Belege für den prophylaktischen Schutz durch antipsychotische Medikation und für das enorme Rückfallrisiko bei Absetzen mag es überraschen, daß mehr als die Hälfte der Patienten die Medikamenteneinnahme nach der stationären Behandlung beendet (Gaebel & Pietzcker, 1983;

Kane, 1985). Eine Erhöhung der Medikamenten-Compliance von derzeit etwa 40 % auf 80 % ließe eine Senkung des durchschnittlichen Rückfallrisikos von 56 % auf 32 % und damit eine deutliche Verbesserung der allgemeinen Prognose schizophrener Störungen erwarten (Kissling, 1991). Bei injizierten Depot-Neuroleptika werden zwar niedrigere Abbruchraten von etwa 33 % berichtet, aber dabei jene Patienten nicht berücksichtigt, welche die Einstellung auf ein Depot-Präparat ablehnen, so daß insgesamt die Compliance kaum höher sein dürfte (Weiden et al., 1991).

Gründe für Non-Compliance werden ausführlich diskutiert (z. B. Blackwell, 1976; Marder, 1992; Piatowska & Farnhill, 1992), aber nur selten empirisch überprüft. Zum Teil dürften die Gründe schizophreniespezifisch und durch Wahngedanken, Krankheitsverleugnung, Negativismus, sozialen Rückzug oder desorganisierte Lebensweise bedingt sein. Häufig werden auch Negativ-Symptome (Anhedonie, Apathie) von den Patienten der Medikation zugeschrieben. Hinzu kommt, daß bei Absetzen der Neuroleptika oft zunächst eine Besserung extrapyramidaler Nebenwirkungen verspürt wird, bevor psychotische Störungen mit zeitlicher Verzögerung auftreten. Allerdings sollte nicht vergessen werden, daß die Medikamenten-Compliance bei verschiedenen körperlichen Erkrankungen (z. B. Tuberkulose, Bluthochdruck) nicht besser ist (z. B. Wiseman & Miller, 1991). In einer der wenigen empirischen Arbeiten (Weiden et al., 1991) korrelierte Non-Compliance mit Krankheitsverleugnung, Zweifel am Nutzen der Medikation, Erleben der psychiatrischen Krankheit als Stigma. Compliance stand in Zusammenhang mit einer guten Beziehung zum Therapeuten (aus Sicht des Patienten), Angst vor künftigen Rückfällen und der Ansicht, daß Medikamente die Symptome mindern. Überraschenderweise waren Krankheitsverlauf, Symptomatik und medikamentöse Nebenwirkungen ohne Bedeutung. Über einen Zeitraum von zwei Jahren erwies sich die Compliance als wenig stabil, wobei Zu- und Abnahmen gleich häufig waren. Die Vorstellung, wonach die Weckung von Einsicht in die Notwendigkeit der Medikamenteneinnahme ein einmaliger, nicht umkehrbarer Prozeß sei, ist unzutreffend. Zur Verbesserung und Sicherung der Compliance sind langfristige persönliche Betreuung und Informationsgruppen für Patienten und Angehörige erforderlich (z. B. Linden, 1982; Falloon & Liberman, 1983).

Ähnlich wie der Patient, muß auch der Behandelnde Nutzen und Risiken einer neuroleptischen Dauermedikation abwägen. Dabei sind mögliche unangenehme und schädliche Wirkungen der Medikation (pharmakogene Depression, Parkinsonoid, Spätdyskinesien) ebenso in Betracht zu ziehen, wie die Unsicherheit der Diagnose bei Ersterkrankten oder der geringe Einfluß auf die psychosoziale oder berufliche Anpassung (Kane, 1987; Müller, 1990). Das gravierendste Risiko stellen die oben beschriebenen Spätdyskinesien (auch tardive Dyskinesien genannt) dar, die bei etwa 15 % der mit Neuroleptika behandelten Patienten auftreten und bei etwa 1 % irreversibel sind (Kissling, 1991). Wenngleich Spätdyskinesien eigenartigerweise den Betroffenen kaum subjektive Beschwerden zu bereiten scheinen (im Gegensatz zu Akathisie und Parkinsonoid), wirken sie auf andere Personen so irritierend, daß damit eine weitere Behinderung der sozialen Integration verbunden ist. Da ein Zusammenhang mit Menge und Dauer der Neuroleptika-Einnahme nicht auszuschließen ist, wurden in den letzten zehn Jahren zahlreiche Versuche unternommen, die übliche Dauermedikation durch Niedrigdosierung oder durch „intermittierende" Medikation, die erst bei Auftreten von Prodromalsymptomen wieder angesetzt wird, abzulösen. Allerdings wurde dabei eine meist beträchtlich niedrigere Rückfallhäufigkeit unter Dauermedikation als bei den beiden anderen Strategien festgestellt (Kane, 1987; Jolley & Hirsch, 1990; Schooler, 1991). Da nach einem Rückfall eine deutlich höhere Dosis als bei Dauermedikation erforderlich ist, fällt die Medikamentenersparnis bei den Alternativen geringer als erhofft aus. Bei Niedrigdosierung konnten über Zeiträume bis zu zwei Jahren zum Teil weniger Nebenwirkungen (einschließlich Spätdyskinesien) und eine etwas bessere soziale Anpassung festgestellt werden, während bei intermittierender Behandlung eindeutige Vorteile in diesen Bereichen nicht nachweisbar waren. Von großer Bedeutung wären Entscheidungshilfen zur Indikationsstellung für diese drei Vorgehensweisen. Dazu liegen zwar klinisch geprägte Empfehlungen (Müller, 1990), aber kaum gesicherte Befunde vor. Möglicherweise können physiologische und neurologische Reaktionen auf die Gabe eines Psychostimulantiums Hinweise auf das Rückfallrisiko geben (Lieberman et al., 1987).

Dieser Abschnitt begann mit der Feststellung, daß Neuroleptika die Grundlage der Dauerbehandlung schizophrener Störungen bilden. In vielen Fällen ist damit aber nur die Voraussetzung für weitere Behandlungsmaßnahmen geschaffen, da Neuroleptika beispielsweise einem Patienten, dem es an beruflichen und sozialen Fähigkeiten fehlt, weder zu diesen „skills" noch zu einer Beschäftigung oder Kontakten verhelfen. Die Beziehung zwischen Pharmakotherapie und psychosozialen Behandlungsmaßnahmen ist aber eine andere als es sich der Laie meist vorstellt. Psychosoziale Maßnahmen alleine bilden keine Alternative zur Pharmakotherapie, da dabei Rückfälle häufiger sind und die Hospitalisierungsdauer länger ist. Die Effekte der beiden Behandlungskomponenten stehen aber auch nicht in einem additiven Verhältnis. Nach Hogarty, Goldberg, Schooler und Ulrich (1974) ist die Rückfallrate über zwei Jahre bei psychotherapeutischer Betreuung (und Placebo-Medikation) nahezu identisch mit jener bei Placebo alleine (80 %); dagegen waren Rückfälle bei einer Kombination aus psychotherapeutischer Betreuung und Neuroleptika seltener (35 %) als bei Pharmakotherapie alleine (52 %). Psychosoziale Therapiemaßnahmen wirken sich demnach nur bei medikamentöser Stabilisierung positiv aus (vgl. Abb. 5). Dieser Befund und der Hinweis auf höhere Medikamenten-Compliance bei Einzel- und Familientherapie sprechen für die Verbindung medikamentöser und psychosozialer Maßnahmen in der langfristigen Behandlung schizophrener Störungen.

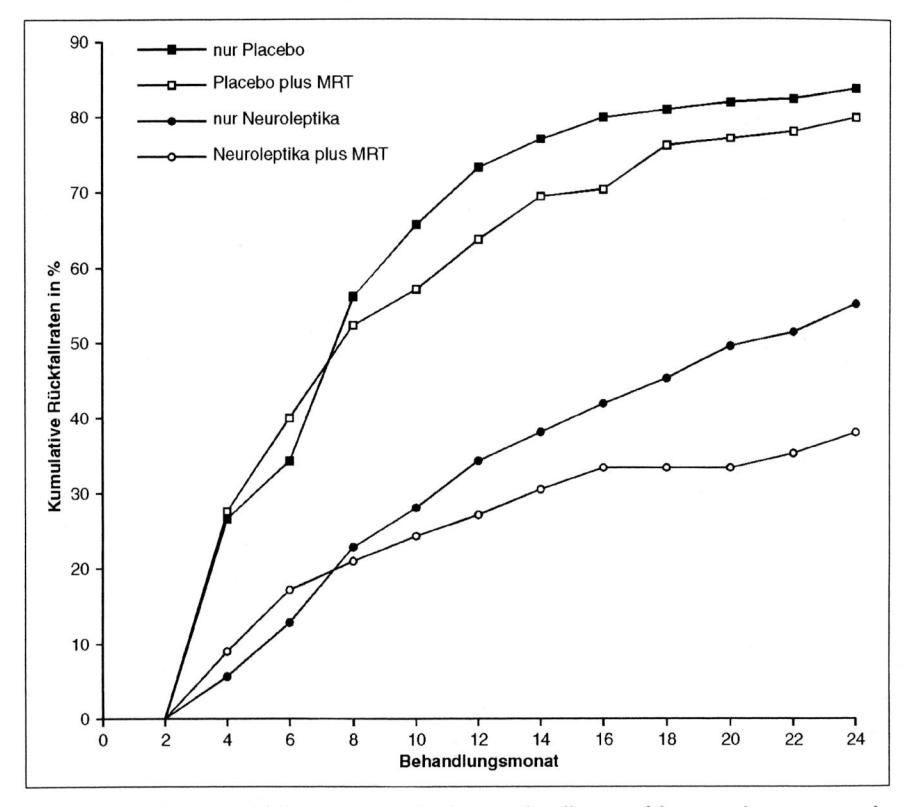

Abb. 5: Kumulative Rückfallraten bei verschiedenen Behandlungsverfahren (nach Hogarty et al., 1974)

7.2 Psychosoziale Bedingungen der Akutbehandlung

Die einseitige Betonung der – unbestrittenen – Bedeutung neuroleptischer Medikation in der Behandlung akut-psychotischer Störungen kann dazu führen, daß nicht-medikamentöse therapeutische Strukturen vernachlässigt werden. Was in Placebo-kontrollierten Medikamentenprüfungen zur Fehlervarianz gerechnet und allenfalls „unspezifische Behandlungsfaktoren" genannt wird, stellt aus einem anderen Blickwinkel eine äußerst wichtige Komponente der Akutbehandlung dar. Mit der Erforschung und Verbesserung nicht-medikamentöser Behandlungsbedingungen könnten mehrere Ziele verfolgt werden:

1. Den häufigen Widerstand schizophren Erkrankter gegen notwendige stationäre Behandlungen zu verringern,
2. die mit einer Aufnahme verbundenen Streßfaktoren zu reduzieren, und
3. optimale Bedingungen zur Unterstützung der Pharmakotherapie zu schaffen. Die erheblichen Unterschiede in den Effekten von Neuroleptika und Placebo, wie sie beispielsweise zwischen 27 Aufnahmeabteilungen in der „Collaborative Study of Phenothiacines" des amerikanischen National Institute of Mental Health (NIMH; Cole, 1964) bestanden, können möglicherweise auch auf Interaktionen zwischen Pharmakotherapie und Behandlungsmilieu zurückgeführt werden (vgl. Honigfeld, 1964; Kanowski, 1985).

Dennoch erfolgt die Akutbehandlung häufig in „großen, reizüberflutenden, oft offen oder versteckt gewalttätigen sog. unruhigen Wachsälen psychiatrischer Großkrankenhäuser mit ihren undurchsichtigen Riten und beständigem Wechsel von Personal und Mitpatienten" (Ciompi, Dauwalder, Maier & Aebi, 1991, S. 429). Dagegen stellt Ciompi (1981, 1986) die Forderung „nach einem möglichst entspannenden, d. h. kleinen, transparenten, reizarmen und „normalen" Behandlungsmilieu mit konstantem und speziell ausgewähltem Personal" (S. 56). Manche Privatsanatorien, wie sie in der ersten Hälfte dieses Jahrhunderts häufig waren, kamen diesen Vorstellungen nahe. Neuere Versuche mit solchen Abteilungen unternahmen Mosher in den USA (Mosher & Menn, 1978; Matthews, Roper, Mosher & Menn, 1979) und Ciompi in der Schweiz. Eine kürzliche veröffentlichte Verlaufsstudie über zwei Jahre mit je 22 Patienten der „Soteria Bern" und parallelisierter Patienten anderer Kliniken ergab keine signifikanten Unterschiede in psychopathologischem Zustand, Wohnsituation, Arbeitsfähigkeit und Rückfallhäufigkeit. Patienten der Modelleinrichtung hatten in diesem Zeitraum etwa 60 % weniger Neuroleptika erhalten als die Kontrollgruppe; die Dauer ihrer stationären Behandlung war allerdings mit durchschnittlich 185 Tagen doppelt so lange wie in den anderen Kliniken (Ciompi et al., 1993).

Empirische Arbeiten über den Einfluß nicht-medikamentöser Behandlungsvariablen sind selten. In einer Reihe vielversprechender Studien wurde bereits in den 60er Jahren versucht, die Bedingungen stationärer Behandlungen, wie Einstellungen des Pflegepersonals (Kellam, Durell & Shader, 1966b), Patientendichte, Personalschlüssel, restriktive Hausordnungen, irritierende oder aggressive Mitpatienten, Sozialkontakte (Kellam, Schmelzer & Berman, 1966a; Kellam, Goldberg, Schooler, Berman & Schmelzer, 1967) zu operationalisieren, zu messen und mit Effekten der medikamentösen Behandlung in Zusammenhang zu setzen. Bei diesen, im Rahmen der oben erwähnten NIMH-Studie durchgeführten Analysen, wurden günstigere Behandlungsergebnisse vermehrt auf Abteilungen mit weniger irritierenden und aggressiven Mitpatienten, weniger sozialer Isolierung, häufigerem Kontakt zu Pflegepersonal aber überraschenderweise auch bei restriktiveren Hausregeln und weniger Pflegepersonal festgestellt. Der Einfluß des „Stationsklimas" war auf Patienten, die Neuroleptika erhielten, geringer als auf Patienten der Placebo-Bedingung. Obwohl solche Ansätze wichtige Impulse zur Verbesserung der psychiatrischen Aufnahmeabteilungen geben könnten, sind aus diesem Bereich kaum neuere Forschungsprojekte zu finden. Über wichtige allgemeine Probleme und Bedingungen stationärer psychiatrischer Behandlungen verfaßte Ernst (1988) eine lesenswerte Darstellung.

7.3 Rehabilitative Maßnahmen

Als Ziele der Rehabilitation Schizophrener formulierte Häfner (1976):
1. die Folgen der Krankheit und eventuelle ungünstige Folgen ihrer Behandlung soweit als möglich abzubauen;
2. das Risiko von Krankheitsrückfällen und Wiederaufnahmen zu verringern;
3. die verbliebenen oder hinzugewonnenen Fähigkeiten so einzusetzen, daß die psychischen und ökonomischen Belastungen für den Betroffenen selbst, seine Angehörigen und die Gesellschaft möglichst gering bleiben.

Vom Aufbau eines „flächendeckenden" Systems psychiatrischer Krankenhäuser gegen Ende des 19. Jahrhunderts versprach man sich eine Besserung der oft unerträglichen Lebensbedingungen psychisch Kranker und ihrer Familien (Ernst, 1983). Neben der humanen Unterbringung und Beschäftigung erhoffte man sich auch deutliche Besserungen des langfristigen Krankheitsverlaufs. Die psychiatrischen Krankenhäuser hatten aber von Anfang an mit ständiger Überbelegung und wachsenden Kosten zu kämpfen. Recht bald wurde auch klar, daß langfristige Aufenthalte zu sekundären Behinderungen und verminderter Entlaßbarkeit führen können. Seit dem 2. Weltkrieg war schließlich eine kontinuierliche Abnahme der Verweildauer schizophrener Patienten in psychiatrischen Krankenhäusern zu verzeichnen, die durch die Einführung der Neuroleptika noch verstärkt wurde. Mittlerweile stellen stationäre Behandlungen meist nur noch Episoden in den Lebensverläufen schizophren Erkrankter dar (Häfner & Rössler, 1991).

Den psychiatrischen Krankenhäusern sind zwei wichtige rehabilitative Aufgaben verblieben. Bei jenem kleinen Teil nicht entlassbarer, chronisch schwer gestörter Patienten müssen sekundäre Behinderungen durch ungünstige Milieubedingungen zunächst verhindert werden. Wing und Brown (1970) konnten in umfangreichen Untersuchungen zeigen, daß das Ausmaß der Negativ-Symptomatik auf Abteilungen mit geringen sozialen Anregungen und Anforderungen höher war. Bei Besserung der äußeren Bedingungen (Engagement des Pflegepersonals, Außenkontakte, Beschäftigungen) wurden Fortschritte im

Sozialverhalten und Abnahme der Negativ-Symptomatik beobachtet, während ein ärmer werdendes soziales Milieu mit vermehrtem Rückzug und Apathie der Patienten einherging. Bei dieser Patientengruppe ist es wichtig, noch vorhandene Fähigkeiten zu erhalten oder zu fördern und den Zeitpunkt für intensive „Enthospitalisierungsprogramme" abzuwarten. Wie erwähnt, besteht auch bei langfristigen Krankheitsverläufen grundsätzlich eine Tendenz zur Besserung.

Beim überwiegenden Teil der kurzfristig behandelten Patienten müssen bereits während des stationären Aufenthalts das Ausmaß der Belastbarkeit in Bereichen wie selbständige Lebensführung, Arbeit, Kontakt- und Freizeitverhalten geprüft und passende Lebensbedingungen für die Zeit nach der Entlassung vorbereitet werden. Arbeitstherapie, Haushaltstraining, Freizeitprogramme, Beurlaubungen, Familiengespräche dienen daher nicht nur dem momentanen Wohlbefinden und der Beschäftigung des Patienten, sondern stellen eine diagnostische Aufgabe mit dem Ziel der bestmöglichen Entlassungsvorbereitung dar. Da viele Patienten zum Entlassungszeitpunkt nicht in der Lage sind, die Anforderungen eines Arbeitsplatzes zu erfüllen oder in einer eigenen Wohnung selbständig zu leben, hat sich die Rehabilitation von der psychiatrischen Klinik auf die sog. „komplementären Einrichtungen" verlagert (Freeman, 1981; Stein & Test, 1975; Talbott & Glick, 1986; Wing, 1987). Die unterschiedlichen Beeinträchtigungen, Fähigkeiten und Erwartungen der Patienten erfordern ein differenziertes, gemeindenahes Versorgungssystem mit längerfristiger individueller Betreuung (case management; Mueser, Liberman & Glynn, 1990).

Häfner (1988) ordnete die rehabilitativen Hilfen für Schizophrene fünf Ebenen zu, die auch als „Schienen" der Langzeitbetreuung bezeichnet werden können (Abb. 6). Solche „extramuralen" Versorgungssysteme für schizophrene Patienten unterscheiden sich in wesentlichen Aspekten von ähnlichen, in Deutschland schon länger bestehenden Systemen für andere chronisch beeinträchtigte Menschen (z. B. geistig Behinderte, Spastiker). Zunächst ist daran zu erinnern, daß Schizophrene vor Krankheitsbeginn auf all diesen „Ebenen" angepaßt waren und weitergesteckte Lebensziele hatten. Die Annahme solcher Hilfen ist für sie oft ein schmerzlicher, langwieriger Prozeß. Schizophrene Störungen sind aber auch keine stabilen Beeinträchtigungen. Sie sind in der Regel mit dem Risiko wiederholter Rezidive behaftet. Komplementäre Einrichtungen müssen daher gut über Belastungsfähigkeit, Prodromalsymptome und medikamentöse Rückfallprophylaxe informiert sein und flexibel auf Krisen reagieren können. Dies zwingt zu einer engen Kooperation zwischen den verschiedenen Ebenen, mit den Angehörigen und mit Einrichtungen, welche Krisenintervention und vorübergehende stationäre Behandlung anbieten. Im Gegensatz zu Werkstätten und Wohnplätzen für geistig Behinderte müssen aber auch Möglichkeiten eingeplant werden, Schizophrene bei zunehmender Besserung in weniger einschränkende Lebensräume zu übergeben oder Versuche mit völlig selbständiger

Lebensführung zu ermöglichen. Eine weitgehende Spezialisierung dieser Hilfsangebote auf schizophrene Störungen scheint daher geboten.

Ebenen der Bedürfnisse („need for care")	Versorgungsangebote:
1) Wohnen:	Heime, Wohngruppen, beschützte Appartements etc.
2) Psychiatrische Behandlung:	1) Medikamentöse Therapie und Rückfallprophylaxe
	2) Psychologische Trainingsprogramme für Defizite und kompensatorische Fähigkeiten
	3) Psychotherapie: Förderung individueller Bewältigungsstrategien, Angehörigenarbeit
3) Freizeitgestaltung:	Patientenclubs, Laienarbeit etc.
4) Soziale Integration:	Gemeinde- und sozialpsychiatrische Dienste, Angehörigen- und Selbsthilfeinitiative etc.
5) Rehabilitation in Beruf und Beschäftigung:	Arbeitstraining, psychologische Hilfen am Arbeitsplatz, Behindertenwerkstätten etc.

Abb. 6: Rehabilitationsbedürfnisse und Versorgungsangebote für psychisch Behinderte (nach Häfner, 1988)

Da nach stationärer Behandlung meist mehrere Hilfen in Anspruch genommen werden, ergeben sich verschiedene Probleme. Zunächst geht es darum, wie dem Patienten eine kontinuierliche persönliche Betreuung ermöglicht, die Hilfsangebote in seinem speziellen Fall koordiniert und Widersprüche vermieden werden können. Dabei ergibt sich ein Spannungsfeld zwischen niedergelassenen Nervenärzten, Klinikambulanzen und Sozialpsychiatrischen Diensten. Zum anderen erschwert diese Vielfalt die Evaluation der angebotenen Maßnahmen. Die Prüfung der Einflüsse einzelner Bedingungen, wie sie bei stationärer Behandlung oder in der Psychotherapieforschung ansatzweise möglich ist, erscheint hier fast aussichtslos. Denkbar wäre der globale Vergleich verschiedener regionaler Versorgungssysteme aus dem dann die Beiträge einzelner Maßnahmen abgeleitet werden könnten. Einen ähnlichen Weg wählten Häfner et al. (1986), indem sie bei einer repräsentativen Gruppe schizophrener Patienten über ein Jahr die Kosten eines regionalen Versorgungssystems mit den Kosten kontinuierlicher Krankenhausbehandlung verglichen. Dauerhospitalisierung war durchschnittlich mehr als doppelt so teuer wie klinikexterne Betreuung. Analog dazu könnten auch Vergleiche hinsichtlich Rückfallhäufigkeit, Negativ-Symptomatik, psychischem Wohlbefinden, Langzeitverlauf angestellt werden (Häfner & An der Heiden, 1991). Forderungen nach dem Ausbau komplementärer Einrichtungen könnte durch Befunde über Vorteile für die Erkrankten und Kosten-Nutzen-Vergleiche für die Gesellschaft (vgl. Schizophrenia Bulletin, 1991, Heft 3) mehr Nachdruck verliehen werden.

7.4 Psychodynamische Ansätze

Unter „Psychotherapie schizophrener Psychosen" werden unterschiedliche Methoden mit divergierenden theoretischen Begründungen und Zielen zusammengefaßt, so daß zunächst eine Klärung dieses Begriffs erforderlich ist. Allgemeiner Konsens besteht lediglich in der Trennung von „biologischen" Therapieverfahren (Pharmakotherapie, Elektro-Krampf-Behandlung). Die nächste Einschränkung besteht darin, „unspezifische stützende Gespräche, ärztliche Zuwendung und das damit verbundene Akzeptieren des Kranken nicht weiter als Psychotherapie" zu bezeichnen (Degkwitz, 1987) sowie Selbsthilfegruppen ohne professionelle Leitung (Mosher & Keith, 1980) ungeachtet möglicher hilfreicher Wirkungen davon abzutrennen. Als weiteres Ordnungsprinzip schlägt Benedetti (1987) die Unterscheidung in eine „vertikale, d. h. bis zu den (doch unbekannten) Wurzeln des Leidens vordringende psychodynamische Betrachtungsweise" und eine „horizontale, symptomatische und sozial relevante Betrachtungsweise", zu der etwa verhaltenstherapeutische Ansätze zu rechnen wären, vor. Innerhalb dieser Gliederung ist dann formal zwischen Einzel-, Gruppen-, Familien- und Milieutherapie sowie ihren Kombinationsmöglichkeiten zu trennen. Ausgehend von den theoretischen Grundannahmen wird Psychotherapie „im engeren Sinne" nach Schulen geordnet, so etwa bei Benedetti (1987) nach Freud, Jung, Melanie Klein, der interpersonalen Schule (Sullivan, Fromm-Reichmann, Arieti) zu der sein eigener Ansatz einer „Psychosynthese" sowie spezielle psychodynamisch orientierte Familientherapien (Bateson & Jackson, Wynne & Singer, Selvini) hinzukommen. Zu ergänzen wäre diese Reihe durch die leiborientierte Therapie von Scharfetter (1982) in der durch Körperübungen eine Festigung des Ich-Bewußtseins angestrebt wird. In amerikanischen Übersichten wird selbst die klientenzentrierte Therapie von Rogers den psychodynamischen Verfahren zugerechnet.

Bis in die 60er Jahre bestimmten in den USA neben der somatischen Betrachtungsweise die psychodynamischen Ansätze das Denken über die Genese psychotischer Störungen und ihrer optimalen psychosozialen Behandlung. Einrichtungen wie „Chestnut Lodge" bei Washington haben sich um die humane Behandlung Schizophrener verdient gemacht und wurden zum Mekka für psychotherapeutisch interessierte Praktiker und Wissenschaftler (Peters, 1987; Müller, 1987; Silver, 1992). Wie auch in anderen Anwendungsbereichen wurden systematische Effizienzkontrollen aber erst nach zunehmender Konkurrenz durch pharmako- und verhaltenstherapeutische Ansätze unternommen. Bis dahin prägten Einzelfallbeschreibungen (nach dem Vorbild des Falls Schreber von Freud) und Berichte über unsystematisch zusammengestellte Patientengruppen das Ansehen psychodynamischer Vorgehensweisen. Unabhängig von der Frage der Effizienz, die mit diesen Arbeiten nicht zu beantworten ist, lassen sie doch mehrere Schlüsse zu:

1. Psychodynamische Verfahren wurden vorwiegend bei einer Minderheit schizophrener Patienten mit besonderen, eher chronischen Beeinträchtigungen, ungewöhnlich hoher Motivation und überdurchschnittlichen finanziellen Möglichkeiten angewendet (z. B. Müller, 1976; Matussek, 1976).
2. Intensität und Dauer der Behandlung sind erheblich (z. B. zwei- bis fünfmal pro Woche über durchschnittlich fünf Jahre bei Benedetti).
3. In neuerer Zeit erhält die Mehrzahl der Patienten zumindest zu Beginn auch neuroleptische Medikation (bei Benedetti zunächst 90 %, später 50 %).
4. In der Gruppentherapie können intensive Gefühle und belastende Spannungen labilisieren; in der Einzeltherapie tritt das Aufdecken von Konflikten und Fehlhaltungen in den Hintergrund (vgl. Benedetti, 1982; Hartwich, 1982; Bender, 1985).

Ein knappes Resümee der zahlreichen Untersuchungen zu diesem Bereich ist ein schwieriges Unterfangen. Beispielsweise wird der umfangreiche Bericht von Rogers, Gendlin, Kiesler und Truax (1967) recht konträr bewertet. Während Falloon et al. (1983, S. 579) „positive findings on a number of in-hospital measures for patients treated with individual psychotherapy versus those given the usual hospital treatment" und auch Mosher und Keith (1980) „more positive results" sehen, kommen Mueser et al. (1990) mit Bezug auf diese Arbeit zum lapidaren Fazit „client-centered therapy has not found to be helpful". Die methodischen Unterschiede der verschiedenen Arbeiten lassen einen eindeutigen Schluß kaum zu. Als „Psychotherapie" werden sehr heterogene Vorgehensweisen bezeichnet, die dann von unterschiedlich erfahrenen Therapeuten angewandt wurden. Dauer und Intensität der untersuchten Therapien schwanken und auch die Vergleichsbedingungen gegen deren Effekte „Psychotherapie" geprüft wurde, sind uneinheitlich. Vor allem bei ambulant behandelten Gruppen sind enorme Abbruch-Raten festzustellen, die zudem zwischen verschiedenen Behandlungsformen differieren. Auch die Maße, anhand derer die Effizienz geprüft wird, variieren.

In den 60er Jahren wurden Vergleiche zwischen psychotherapeutischer Intervention einerseits, üblicher Klinikbehandlung mit Pharmakotherapie andererseits und Kombinationen aus beiden durchgeführt (vgl. Mosher & Keith, 1980; Stanton et al., 1984). Nach der Mehrzahl dieser Arbeiten stellt Psychotherapie keine erfolgversprechende Alternative zur medikamentösen Behandlung dar; nur in Kombination mit Neuroleptika kann in der Regel ein gewisser Nutzen nachgewiesen werden (z. B. Hogarty et al., 1974). Neuere Studien versuchten dann unterschiedliche Formen psychotherapeutischer Vorgehensweisen auf differentielle Effekte zu prüfen. Eine der anspruchsvollsten Arbeiten, die „Boston Psychotherapy Study" (Gunderson et al., 1984) verglich eine von Benedetti wohl als „vertikal" bezeichnete Intervention (exploratory, expressive insightoriented) mit einem direktiveren, an aktuellen äußeren Problemen orientierten

Verfahren (reality-adaptive, supportive). Die zuletzt genannte Methode erbrachte nach zwei Jahren eine deutlich bessere berufliche Anpassung und eine um etwa die Hälfte niedrigere Zahl stationärer Behandlungstage, während die eher psychodynamische Vorgehensweise deutliche Vorteile in Kriterien der Ich-Stärke zeigte. In der Mehrzahl der Erfolgskriterien wurde kein Unterschied festgestellt. Besonders ernüchternd sind die Abbruchraten von 42 % innerhalb der ersten sechs Monate und 69 % bis zum Abschluß nach zwei Jahren. Wenngleich erfahrene Psychoanalytiker die Gleichsetzung ihrer Vorgehensweise mit Gundersons Intervention bestreiten und die Möglichkeit einer Standardisierung „der psychotherapeutischen Begegnung" bezweifeln, vermag bislang kein Befund die Hoffnung in eine generelle Wirksamkeit psychodynamischer Therapien für die Mehrzahl schizophrener Patienten zu stützen.

7.5 Verhaltenstherapeutische Ansätze

Im Vergleich zu sozialpsychiatrischen Bemühungen in der Behandlung schizophrener Psychosen, wie sie zum Teil schon in der Vorkriegszeit in europäischen Kliniken üblich waren, erscheinen die ersten verhaltenstherapeutischen Beiträge aus den USA in den 50er und frühen 60er Jahren als Rückschritt im Verständnis dieser Störungen. Zunächst wurde von Lindsley und Skinner (1954) als bemerkenswert herausgestellt, daß die Häufigkeit einzelner Verhaltensweisen chronisch Schizophrener durch operante Prinzipien beeinflußt werden kann. In den folgenden Jahren erschienen zahlreiche Berichte über Modifikationen einzelner isolierter Verhaltensstörungen durch systematischen Einsatz positiver oder negativer Konsequenzen (vgl. Florin & Meyer-Osterkamp, 1974). Geprägt waren diese Arbeiten von der Ansicht, psychotisches Verhalten könne dauerhaft geändert werden, indem man es einfach „genauso behandelt, wie jedes beliebige operante Verhalten". Bei der Therapieplanung käme es lediglich auf ein systematisches und „möglichst geschicktes Arrangement jener Konsequenzen" an; es sei unnötig anzunehmen, gestörtes Verhalten sei ein Indiz für eine Störung innerer Prozesse (Ayllon & Haughton, 1964). Die Genese dieser Störungen wurde nach der einfachsten Vorstellung durch Verstärkung oder Lernen von elterlichen Modellen erklärt (Bandura, 1969) oder etwas komplexer durch Löschung der Aufmerksamkeit auf äußere Reize (Ullmann & Krasner, 1969). Realitätsgerechter erscheint die Unterscheidung zwischen psychotischen und neurotischen Verhaltensaspekten (einschließlich sekundärer Krankheitsfolgen) bei Eysenck und Rachmann (1965), wobei die letzteren das Ziel der Verhaltenstherapie bilden sollten. Die frühen Einzelfall- und Gruppenstudien wurden fast ausnahmslos innerhalb psychiatrischer Institutionen mit langjährig hospitalisierten Patienten durchgeführt. In der Regel waren die erzielten Verhaltensänderungen auf die experimentelle Situation begrenzt, zeigten kaum Generalisierung und blieben aspontan auf Interaktionen mit den Behandelnden beschränkt. Die Interventionen betrafen ausschließlich einzelne isolierte Auffälligkeiten wie mutistisches, bizarres oder aggressives Verhalten und ließen weite Bereiche psychotischer Störungen unbeachtet. Florin und Meyer-Osterkamp (1974, S. 465) sprechen daher „allenfalls von Ansätzen zur Verhaltensmodifikation ... nicht hingegen von der Entwicklung einer (umfassenden) neuen Therapieform".

Dennoch sollten die positiven Auswirkungen dieser neuen therapeutischen Versuche nicht übersehen werden. Die verhaltenstherapeutischen Publikationen lenkten die Aufmerksamkeit der Fachwelt auf diese große Gruppe langfristig schwer beeinträchtigter psychiatrischer Patienten, auf ihre oft desolaten Lebensbedingungen in kustodialen Institutionen und auf die prinzipielle Änderbarkeit einzelner auffallender oder besonders störender Verhaltensweisen. Ausgehend von diesen ersten Erfahrungen wurden ab Mitte der 60er Jahre ganze Abteilungen nach verhaltenstherapeutischen Prinzipien umgestaltet. Obwohl die dabei angewandten Münzverstärkungsprogramme (token economy) auf Laien oft restriktiv und befremdend wirken, gingen von ihnen wichtige Impulse zur Veränderung „chronischer" Abteilungen aus. Sie führten letztlich zu einer Verbindung verhaltenstherapeutischer und sozialpsychiatrischer Bemühungen. Ausgangspunkt war die Erkenntnis, daß die langfristigen institutionellen Lebensbedingungen Rückzug und Apathie fördern. Die Patienten sollten daher mehr Verantwortung für ihr Leben übernehmen, aktives und soziales Verhalten sollte verstärkt, störendes oder unangepaßtes Verhalten ignoriert oder bestraft werden (vgl. Kazdin, 1977; Redd, Porterfield & Andersen, 1979). Dem Beispiel erster Pionierarbeiten (z.B. Ayllon & Azrin, 1968; Fairweather, Sanders, Maynard & Cressler, 1969) folgten zahlreiche ähnliche Programme in vielen Ländern. Eine eindrucksvolle Darstellung des Nutzens solcher Abteilungen, aber auch des Arbeitsaufwandes, detailliert ausgearbeitete Anweisungen in Zusammenwirken mit dem Pflegepersonal zu erstellen und an wechselnde Bedingungen zu adaptieren, liefern Paul und Lentz (1977). Dabei wurden langjährig hospitalisierte Patienten auf drei Klinikabteilungen mit entweder einer „üblichen" Behandlung, einem „Sozialen-Lern-Programm" mit Münzverstärkung oder einem „Milieuprogramm" untersucht. Bereits in den ersten Monaten zeigten sich Vorteile der beiden neuen Stationen gegenüber der herkömmlichen Klinikbehandlung. Die Verbesserungen waren unter dem „Sozialen-Lern-Programm" ausgeprägter als bei dem „Milieu-Ansatz", der vor allem auf aggressives und störendes Verhalten kaum Einfluß hatte. Langfristig konnten einige Patienten selbständig außerhalb der Klinik leben und die Mehrzahl in Heime entlassen werden. Der Effekt solcher Stationsprogramme scheint weniger auf dem Eintauschwert der Münzen zu beruhen, als auf Vereinheitlichung, Überschaubarkeit und Konstanz von Regeln und Interaktionen (Cohen, Florin, Grusche, Meyer-Osterkamp & Sell, 1973). Dies bedarf ständiger Absprachen des Pflegepersonals. Unter den derzeit üblichen Bedingungen mit häufig wechselndem Personal, verbesserten sozialpsychiatrischen Angeboten auch innerhalb von Kliniken und teilweise normalen Einkünften der Patienten sind solche Programme nur noch selten zu verwirklichen und manchmal überflüssig (vgl. R. Cohen, 1982).

Neuere verhaltenstherapeutische Ansätze beziehen sich auf komplexe Modelle schizophrener Störungen und Behinderungen. Sie betreffen weniger die chronisch schwer beeinträchtigten Patienten als vielmehr weniger gestörte und rückfallgefährdete Personen. Daher spielt die Anpassung an institutionelle Bedingungen eine geringere Rolle, als die Fähigkeit, außerhalb solcher Einrichtungen zurecht zu kommen und das Risiko psychotischer Rückfälle zu verringern. Neben Verhaltensänderungen der Patienten gewinnt die Vorbereitung geeigneter außerklinischer Lebensbedingungen an Bedeutung (behaviour-environment fit). Ausgehend vom Vulnerabilitäts-Streß-Modell weist die erste Zielrichtung auf die Förderung von Fähigkeiten des Patienten, die Intensität bekannter Belastungsfaktoren in Familie und Arbeitswelt zu verringern. Die zweite betrifft die Fähigkeit von Angehörigen und Betreuern, bestimmte Beeinträchtigungen zu berücksichtigen, realistische Erwartungen zu entwickeln und positive Ansätze zu fördern. Entsprechende Vorgehensweisen ergeben sich aus dem Konzept der Basisstörungen (Brenner, 1986), aus Überlegungen zur Rückfallprophylaxe oder zur Krankheitsbewältigung Schizophrener (Thurm-Mussgay, Galle & Häfner, 1991). Betrachtet man die Entwicklung mit Blick auf die Zielsymptomatik, so sind Interventionen gegen spezifisch psychotische Störungen in den Hintergrund getreten. Die verhaltenstherapeutischen Ansätze befassen sich vermehrt mit prämorbiden Defiziten und weniger auffallenden Krankheitsfolgen; Schlagworte sind „social skills", „living skills", Aktivitätssteigerung, kognitive Fähigkeiten. Auf einige der entsprechenden Verfahren wird in den folgenden Abschnitten eingegangen.

7.6 Spezifische Interventionen bei sozialen und kognitiven Dysfunktionen

7.6.1 Training sozialer Fertigkeiten

Die Mehrzahl schizophrener Patienten leidet unter Beeinträchtigungen des Sozial- und Kontaktverhaltens. Diese können durch prämorbide Entwicklungsdefizite, durch die Unterbrechung der normalen Entwicklung bei frühem Krankheitsbeginn, durch Einschränkungen des Verhaltensrepertoires aufgrund direkter Krankheitsfolgen (Positiv- und Negativsymptomatik) oder aufgrund sekundärer Krankheitsfolgen (Hospitalisierung, soziale Stigmatisierung) bedingt sein, wobei oft mehrere dieser Faktoren zusammenwirken.

Spezielle Übungsprogramme für soziale Fertigkeiten waren daher naheliegend und wurden auch seit 1970 in zahlreichen Studien beschrieben und überprüft (vgl. Wallace et al., 1980; Brady, 1984). Zunächst konnte dabei gezeigt werden, daß sog. „social skills trainings" deutliche Steigerungen einzelner Verhaltensweisen (Blickkontakt, Lautstärke, Mimik, bestimmte Äußerungen) erzielen sowie subjektives Befinden und Selbstvertrauen bei Sozialkontakten verbessern konnten. Die Verhaltensänderungen blieben jedoch meist auf Situationen beschränkt, die den geübten weitestgehend entsprachen. In vielen Untersuchungen fehlen allerdings Angaben zur Generalisierung des erlernten Verhaltens. Auch wurde in den ersten Arbeiten nicht geprüft, ob Änderungen interpersonaler Verhaltensweisen sich auf die schizophrene Symptomatik, auf die soziale Anpassung außerhalb der Klinik und auf die Rückfallhäufigkeit auswirken. Diese Einschränkungen sind vor allem dadurch bedingt, daß die Mehrzahl der frühen Untersuchungen zu diesem Thema mit Patienten durchgeführt wurden, die sich in langfristiger stationärer Behandlung befanden.

Im letzten Jahrzehnt wurden „social skills trainings" auch mit dem Vulnerabilitäts-Streß-Modell begründet. Man ging dabei von der Annahme aus, daß verminderte soziale Anpassungsfähigkeit und Belastbarkeit zu einem erhöhten Rückfallrisiko beitragen. Zum Ziel der Enthospitalisierung wie in den frühen Arbeiten kam damit die bessere Bewältigung möglicher rückfallgefährdender Situationen und die Verringerung des sozialen Rückzugs hinzu. Die Anwendung der Trainings erfolgte nun vermehrt im Rahmen kürzerer und ambulanter Behandlungen mit weniger chronifizierten Patienten. Auch inhaltlich haben diese Trainingsprogramme eine erhebliche Ausweitung erfahren. Es werden nicht nur Änderungen von Verhaltenshäufigkeiten angestrebt, sondern auch Verbesserungen der Wahrnehmung sozialer Interaktionen, der Handlungsplanung, der Selbstbewertung usw. (vgl. Liberman & Wallace, 1990; Liberman et al., 1990). Diese Fertigkeiten werden dann auf ein breites Spektrum sozialer Situationen angewendet und die Übungsprogramme auch auf allgemeine lebenspraktische Fähigkeiten ausgedehnt. Da die meisten Patienten nicht in allen Bereichen Defizite aufweisen, erfolgte eine Unterteilung der Programme in sog. „Module", welche eine Individualisierung trotz weitgehender Standardisierung erlauben. Nach dem Baukasten-Prinzip werden für Patientengruppen Kombinationen zusammengestellt aus Gesprächsverhalten, Durchsetzung und Konfliktbewältigung, Mitwirkung in der medikamentösen Behandlung, Freizeitstrukturierung, Ordnung und Hygiene, Umgang mit Geld und Behörden, Arbeitsplatzsuche und -erhaltung (Glynn & MacKain, 1992; Halford & Hayes, 1992). Der Einfluß der einzelnen Komponenten auf die Gesamtwirkung solcher Programme bleibt bislang hypothetisch. Zu verschiedenen Teilaspekten liegen aber Untersuchungen vor, so zum Wissen über Medikamentenwirkungen oder zur beruflichen Rehabilitation durch „Job-Finding-Clubs" (Wallace, Boone, Donahoe & Foy, 1985; Liberman et al., 1990).

In letzter Zeit erschienen mehrere Arbeiten, in denen die Wirkungen von „social skills trainings" (SST) jenen anderer Behandlungsmaßnahmen gegenübergestellt wurden (vgl. Halford & Hayes, 1992). Zwei dieser Studien erscheinen besonders überzeugend. Bei Hogarty et al. (1986; Hogarty & Anderson, 1986) wird der Erfolg ausschließlich an den Rückfallraten nach einem Jahr gemessen. Diese betrugen bei einer unspezifischen Kontrollbedingung 41 %, bei SST 20 % und bei einer Kombination aus SST und Familientherapie 0 %. Auch bei Wallace und Liberman (1985; Liberman & Wallace, 1990) sind Rückfälle nach SST seltener als nach einer „Holistic Health Therapy". Darüber hinaus zeigten sich Vorteile des SST in einem Rollenspiel-Test, in verschiedenen Maßen der Psychopathologie und der Fremdbeurteilung durch Angehörige (weniger feindselig, mißtrauisch, gehemmt und unterwürfig). Allerdings war bei zwei Patienten mit ausgeprägten Denkstörungen und Halluzinationen kein Lerneffekt festzustellen.

Faßt man die Ergebnisse zusammen, so scheinen soziale Trainingsprogramme nicht für akutpsychotische Patienten geeignet und nur bei stabilen, weitgehend remittierten psychotischen Störungen angebracht. Das Hauptproblem stellt die Generalisierung von Verhaltensänderungen über die Trainingssituation hinaus dar. Um dies zu verbessern, scheinen möglichst „naturalistische" Übungssituationen, längerfristige und zeitlich umfangreiche Programme mit „außerklinischen" Übungen (Hausaufgaben) und die Einbeziehung wichtiger Kontaktpersonen erforderlich. Die Ergebnissse legen einen Einfluß auf das Rückfallrisiko nahe, wobei aber der Zusammenhang zwischen dem Ausmaß sozialer Fertigkeiten und der Rückfallhäufigkeit nie untersucht wurde.

7.6.2 Training kognitiver Funktionen

Bereits in den frühesten Arbeiten über schizophrene Psychosen wurde auf Störungen des Denkens hingewiesen (vgl. 5.3), die unabhängig von florider Symptomatik bestehen und nach Ansicht verschiedener Autoren dieser sogar zeitlich und phänomenologisch vorangehen. Obwohl solche Beeinträchtigungen von Aufmerksamkeit, Lernen, Gedächtnis, Abstraktion und Handlungsplanung Ähnlichkeiten mit Störungen hirnverletzter Patienten zeigen, werden kompensatorische Übungsprogramme bei schizophrenen im Gegensatz zu neurologischen Patienten erst in jüngerer Zeit diskutiert (vgl. Spring & Ravdin, 1992).

Verschiedene verhaltenstherapeutische Bemühungen, gezielt die Aufmerksamkeit, die Häufigkeit normaler Assoziationen und abstraktes Denken zu verbessern, blieben letztlich Einzelarbeiten und ohne Einfluß auf die Behandlungspraxis (vgl. Redd et al., 1979; Brenner et al., 1990). Am bekanntesten wurde das „self-instructional training" von Meichenbaum und Cameron (1973) zur Förderung von Aufmerksamkeit und Selbstverstärkung, das in mehreren Studien mit allerdings widersprüchlichen Ergebnissen angewandt wurde (vgl. Tarrier, 1992). Zahlreiche Veröffentlichungen von Brenner und Mitarbeitern im letzten Jahrzehnt (vgl. Brenner et al., 1990; Roder & Brenner, 1990) fanden schließlich größere Beachtung. Das sog. „Integrierte Psychologische Therapieprogramm" (IPT) ist für offene oder konstante Therapiegruppen gedacht und besteht aus fünf aufeinander aufbauenden Unterprogrammen: kognitive Differenzierung, soziale Wahrnehmung, verbale Kommunikation, soziale Fertigkeiten, interpersonelles Problemlösen. Über diese fünf Teilprogramme hinweg wird ein allmählicher Übergang von kognitiven auf soziale Übungsinhalte angestrebt. In jüngster Zeit wurden auch einzelne computergestützte Übungsprogramme zum Training kognitiver Fähigkeiten entwickelt (Hermanutz & Gestrich, 1991; Gansert & Olbrich, 1992).

Mittlerweile liegen mehrere Studien zur Wirksamkeit des IPT vor (vgl. Mussgay & Olbrich, 1988; Roder & Brenner, 1990; Brenner et al., 1990). Dabei wurde das IPT mit Placebo-Aufmerksamkeits-Gruppen verglichen und zur Erfolgskontrolle Tests für kognitive Fähigkeiten (z. B. SASKA, d2, Benton-Test, HAWIE-Untertests) und Beurteilungen der Psychopathologie (z. B. BPRS, AMDP) eingesetzt. Sowohl hinsichtlich „kognitiver Leistungsvariablen" wie der Symptomatik erscheinen die Ergebnisse inkonsistent. Während die Studien von Brenner und Mitarbeitern sowie Kraemer, Sulz, Schmid und Lässle (1987) in der Regel trainingsspezifische Verbesserungen nur in verschiedenen Testmaßen fanden, ergaben sich bei Hermanutz und Gestrich (1987) lediglich Besserungen der Psychopathologie und bei Funke, Reinecker und Commichau (1989) keinerlei nachweisbare Effekte. In keiner einzigen Arbeit wurden die Auswirkungen auf außerklinisches Verhalten, auf soziale Anpassung und auf Rückfallhäufigkeit untersucht. Bellack (1992) sowie Liberman und Green (1992) kommen daher auch zu pessimistischen Einschätzungen der Erfolgsaussichten dieses Ansatzes in der Behandlung schizophrener Störungen. Insgesamt stellen sich mehrere Probleme:
1. Welche Störungen sind als grundlegend für die Auffälligkeiten Schizophrener im kognitiven Bereich anzusehen?
2. Wie können solche Störungen, die wohl zeitlich instabil sind, valide und reliabel erfaßt werden?
3. Wie können sie von der allgemeinen „Schwere" der schizophrenen Störung unterschieden werden (vgl. R. Cohen, 1992)?

Abgesehen von diesen ernsthaften inhaltlichen und methodischen Problemen, sollte jedoch ein praktischer Aspekt nicht übersehen werden. Brenners Arbeiten haben die Behandlungsverfahren Schizophrener um ein Programm ergänzt, dem sich die Patienten in der Regel gerne unterziehen und das sie selber als sinnvoll ansehen. Diese Übungen verhelfen den Patienten zu einer weitgehend angstfreien Annäherung an Leistungssituationen, Beschäftigung in Gruppen,

Interaktion mit Therapeuten, welche ansonsten eher gemieden werden. Während die Autoren des IPT stets um die Weiterentwicklung und wissenschaftliche Begründung bemüht waren, ist dies bei den verfügbaren Alternativen im psychosozialen Behandlungsspektrum (Beschäftigungstherapie, kreative Verfahren, Sport etc.) kaum zu erhoffen.

7.7 Einflußnahme auf das soziale Umfeld

Präventive und therapeutische Maßnahmen können entweder auf Veränderung der betroffenen Personen zielen oder auf ihr Umfeld, d. h. Lebensraum und Bezugspersonen, einwirken. Letzteres setzt voraus, daß Faktoren im Umfeld die Störung verursachen, auslösen oder verschlimmern. Die Medizingeschichte liefert allerdings einige Beispiele, wie Erkrankungen (z. B. Cholera, Tuberkulose) fälschlicherweise auf bestimmte Umweltbedingungen oder psychosoziale Faktoren zurückgeführt wurden, was unsinnige therapeutische Ratschläge zur Folge hatte. Je geringer das Wissen um eine Störung ist, um so größer scheint die Versuchung, soziale und psychische Ursachen in Betracht zu ziehen. So wurde im 19. Jahrhundert der Bau psychiatrischer Krankenhäuser abseits größerer Städte in ländlicher Umgebung mit der Notwendigkeit begründet, die psychisch Kranken von ungünstigen Faktoren in ihrer Lebenswelt abzuschirmen. „Jeder Seelengestörte muß von den Personen getrennt werden, mit welchen er früher Umgang pflog. Er muß an einem anderen, ihm unbekannten Ort verbracht werden; die, welche ihn pflegen, müssen ihm fremd sein. Er muß, mit einem Wort gesagt, isoliert werden" (C.W.F. Roller, 1831, zit. nach Häfner & Rössler, 1991). Die Forderung der Trennung psychisch Kranker von Herkunftsfamilie und gewohnter Umgebung wird bis heute immer wieder geäußert, wobei sich romantisch-philosophische, pädagogische, psychodynamische und sozialpsychiatrische Begründungen abwechseln. Die Verankerung dieser Forderung in populären Denkrichtungen war offenbar so überzeugend, daß weder die Begründungen noch die daraus abgeleiteten Maßnahmen wissenschaftlichen Überprüfungen unterzogen wurden. Ein neueres Beispiel für eine solche einflußreiche, ungemein verbreitete Ansicht bildet die „double bind" Theorie von Bateson et al. (1956), die sich trotz ihrer Popularität auf keinerlei empirisch gesicherte Befunde stützen kann (vgl. Angermeyer, 1978; Hirsch, 1979).

Den umgekehrten Weg, von der mühsamen Sammlung empirischer Befunde zu Theorien und weiter zu praktischen Vorschlägen, zeigen die Arbeiten des englischen Soziologen George Brown. Er untersuchte den Einfluß von Lebensbedingungen auf den Verlauf schizophrener Störungen (vgl. Olbrich, 1983; Watzl, Wittgen & Cohen, 1985; Brown, 1985). Ausgangspunkt war eine Studie über den Lebensraum, in den schizophrene Patienten entlassen wurden, und der Häufigkeit von Wiederaufnahmen in folgenden Jahr. Dabei wurde ein besonders ungünstiger Verlauf bei Bewohnern von Asylen deutlich, aber auch, daß das Rückfallrisiko von Patienten, die zu Eltern zurückkehrten, höher war, als bei jenen, die zu Geschwistern oder in Pensionen zogen. In der Folge suchte Brown nach Unterschieden zwischen Familien mit rückfälligen und stabilen Patienten. Umfangreiche Beobachtungen und Tonbandaufzeichnungen führten schließlich zum Camberwell Family Interview (CFI) und zu einigen Aspekten des Verhaltens der Angehörigen im Interview, die eine brauchbare Vorhersage des Rückfallrisikos erlaubten. Anhand der Zahl kritischer Bemerkungen und der Einschätzungen von Feindseligkeit und „Emotionaler Überinvolviertheit" (extreme Überbesorgnis, Trauer, Angst, überfürsorgliches Verhalten) im Interview erfolgte eine Aufteilung der Angehörigen nach „Expressed Emotion" (EE) (vgl. Kuipers & Bebbington, 1988; Watzl, Wittgen & Cohen, 1989).

Die meisten der mittlerweile vorliegenden knapp 30 Studien aus zahlreichen Ländern konnten den Zusammenhang zwischen EE und dem Rezidivrisiko nach stationärer Behandlung bestätigen. Nach 9–12 Monaten liegt die mittlere Rückfallrate von Patienten mit niedrig-EE-Familien bei 20 %, von Patienten aus hoch-EE-Familien bei 50 % (Kavanagh, 1992a). EE bildet damit einen ähnlich bedeutsamen Prädiktor des Verlaufs schizophrener Psychosen wie die Medikamenten-Compliance. Bei der Interpretation dieses Befundes sind mehrere Punkte zu beachten. Zunächst muß hervorgehoben werden, daß EE weder als kausaler noch als spezifischer Faktor anzusehen ist. Ähnlich wie bestimmte „life events" steht EE zwar in Zusammenhang mit psychotischen Rezidiven, aber es besteht kaum Anlaß zur Annahme, daß es eine grundlegende Ursache dieser Störung bildet. Hinzu kommt, daß EE auch bei affektiven Störungen einen Hinweis auf das Rückfallrisiko gibt (vgl. Falloon, Hahlweg & Tarrier, 1990). Die naheliegende Annahme, daß kritische oder überfürsorgliche Haltungen Rezidive oder Verschlimmerungen der Störung bewirken, ist nicht zwingend. Die Rückfallrate bei hoch-EE-Familien entspricht dem bekannten Risiko unselegierter Stichproben, während die Rezidivhäufigkeit bei niedrig-EE ungewöhnlich gering erscheint. Es ist daher denkbar, daß vor allem die gelassene Einstellung in niedrig-EE-Familien einen Rückfall verhindert oder verzögert und damit den Verlauf beeinflußt.

Ausgehend von diesem Forschungsansatz wurden Behandlungsprogramme entwickelt, die auf die Stützung der Familien und die Veränderung der Interaktionen zielen. Solche Programme wurden entweder allen Familien oder nur solchen, die als hoch-EE eingeschätzt wurden, angeboten. Obwohl unklar ist, auf welche Weise der Zusammenhang zwischen Äußerungen in einem Interview, Interaktionen mit den Patienten und späteren psychotischen Rückfällen zustande kommt (Rieg et al., 1991), belegen mehrere Therapiestudien den Nutzen dieser Programme. Die Rückfallrate wird auf unter 10 % reduziert, während sie bei Vergleichsbedingungen mit üblicher Einzelbehandlung und Phar-

makotherapie bei 50 % liegt (vgl. Kavanagh, 1992 a). Direkte Ziele dieser Interventionen sind die Verbesserung des Wissens über schizophrene Störungen und der Fähigkeit mit Problemen umzugehen, die Verringerung ungünstiger emotionaler Einstellungen (EE) und die Abnahme direkter Kontakte zum Patienten im Alltagsleben. Als wesentliche Bestandteile der Therapieprogramme werden angesehen:
1. Beginn der Intervention zur Zeit der höchsten Belastung während einer psychotischen Episode,
2. Wissensvermittlung über schizophrene Psychosen,
3. unterstützende und entlastende Gruppengespräche,
4. Training der Kommunikationsfähigkeiten,
5. Training der Problemlösefertigkeiten,
6. Verhaltensstrategien für spezifische Probleme.

Während die ersten Programmteile noch während der stationären Behandlung in informierenden und non-direktiven Angehörigengruppen stattfinden können, sollten die letzten drei bei Beurlaubungen des Patienten und nach Entlassung in regelmäßigen Treffen mit einzelnen Familien in deren Wohnung erreicht werden (Fiedler, Niedermeier & Mundt, 1986; Buchkremer, Lewandowski & Hornung, 1989; Falloon et al., 1990; Kavanagh, 1992 b). Der Beitrag der einzelnen Komponenten zum Effekt dieser Programme ist bislang ungeklärt. Kurzfristige Interventionen und reine Angehörigengruppen scheinen geringere Auswirkungen zu haben (Kavanagh, 1992 b). Die eindrucksvollsten Ergebnisse berichten Hogarty und Anderson (1986) bei einer Kombination von Pharmakotherapie, Sozial-Training mit Patienten und einem familientherapeutischen Programm. Ein solches Behandlungsprogramm verbunden mit begleitenden rehabilitativen Maßnahmen (berufliche Eingliederung, Freizeitangebote, Kontaktmöglichkeiten) stellt derzeit die optimale Versorgung für schizophrene Patienten dar und berücksichtigt gleichzeitig Mit-Leiden und Belastung der Angehörigen.

Dabei wird aber leicht übersehen, daß viele Schizophrene keine Angehörigen haben bzw. zu Angehörigen nicht zurückkehren können oder wollen. Bereits bei ersterkrankten Patienten beträgt ihr Anteil 30 % (MacMillan, Gold, Crow, Johnson & Johnstone, 1986). Der von Brown entwickelte Forschungsansatz könnte aber auch für diese Gruppe bedeutsam sein. Wie in seiner ersten Arbeit könnten künftige Studien Zusammenhänge zwischen Rezidiv- oder Hospitalisierungsrisiko und Merkmalen häufiger Lebensbedingungen untersuchen. Eine solche Vorgehensweise wird bei der Auswahl von Familien für die psychiatrische Familienpflege erprobt (Krüger, 1989; Konrad & Schmidt-Michel, 1989), wäre aber auch für Tageskliniken, Werkstätten für psychisch Beeinträchtigte oder berufliche Rehabilitationseinrichtungen denkbar. Zum anderen könnten auch die emotionalen Einstellungen nicht-verwandter Personen, die in häufigem engeren Kontakt zu Patienten stehen, den weiteren Störungsverlauf in positiver oder negativer Weise beeinflußen. Dies gilt für Mitbewohner in Wohngemeinschaften, Betreuer von Werkstätten oder Heimen. Erste Arbeiten untersuchten EE bei Mitarbeitern von Langzeitheimen (Moore, Kuipers & Ball, 1992), ohne allerdings Zusammenhänge mit Änderungen des Patientenverhaltens oder der Symptomatik zu prüfen. Angesichts der Vielzahl von Studien über Einstellungen, Emotionen und Verhalten von Angehörigen schizophrener Patienten überrascht, wie wenig Aufmerksamkeit diesen Merkmalen bei Betreuern und Behandelnden geschenkt wurde. Analog zu den oben beschriebenen familientherapeutischen Ansätzen könnte man sich ähnliche Programme für das therapeutische Personal vorstellen.

8 Ausblick

Angesichts der Häufigkeit schizophrener Erkrankungen, der Gefahr von Rezidiven oder chronischen Beeinträchtigungen und dem Wunsch nach effektiveren Behandlungsverfahren ist verständlich, daß sich derart viele Forschungsrichtungen um Aufklärung dieser Störung bemühen. Die verschiedenen Beiträge sind gegenwärtig kaum in einem einheitlichen Modell der Schizophrenie zu integrieren: Epidemiologische Angaben über geschlechtsspezifische Unterschiede im Erkrankungsalter stehen neben morphologischen Befunden über linkstemporale oder präfrontale hirnstrukturelle Auffälligkeiten, erhöhte Ablenkbarkeit in experimentalpsychologischen Untersuchungen neben veränderten biochemischen Parametern und Korrelationen zwischen Einstellungen von Angehörigen und dem Rezidivrisiko neben psychophysiologischen Befunden über verminderte Orientierungsreaktionen. Die Spezifität der einzelnen Befunde und ihre Einordnung in ätiologische oder therapiegerichtete Konzepte hängt zudem entscheidend davon ab, wie in den geltenden und zukünftigen diagnostischen Konventionen das gesamte Krankheitsbild von anderen Störungen abgegrenzt und wie die Heterogenität des Krankheitsbildes im Querschnitt und im Verlauf berücksichtigt wird. Befunde zur Genetik oder zum Transmitterstoffwechsel können die Unklarheiten der Ätiologie schizophrener Erkrankungen wohl entscheidend reduzieren, sie reduzieren aber nicht die Notwendigkeit speziell psychologischer Beiträge zur Erklärung und Therapie dieses Krankheitsbildes. So haben wir immer noch keine überzeugenden, empirisch belegbaren psychologischen Hypothesen zu Ätiologie, Aufrechterhaltung und Remission positiver wie negativer Symptome anzubieten. Unklar ist auch, wie die kognitiven und affektiven Defizite zu konzeptualisieren sind, die als psychologische Komponenten der Vulnerabilität zu vermuten sind. Und schließlich ist der Erfolg psychosozialer Maßnahmen in der Rezidivprophylaxe durch die „expressed emotion"-Befunde zwar eindrucksvoll zu belegen, die intervenierenden psychologischen Prozesse müssen jedoch erst noch spezifiziert werden. Auch physiologische Befunde ersetzen den Bedarf an psychologischen Erklärungen für diese beispielhaft herausgegriffenen Fragenkomplexe nicht; sie können dabei lediglich als Ansatzpunkte dienen. Entscheidende Fortschritte im Verständnis der Schizophrenie sind nicht nur von Fortschritten innerhalb einzelner Forschungsebenen zu erwarten, es mangelt vielmehr an der Zusammenführung verschiedener Erklärungskonzepte.

Literatur

Allebeck, P. (1989). Schizophrenia: A life-shortening disease. *Schizophrenia Bulletin*, *15*, 81–89.

Allen, H. (1982). Dichotic monitoring and focused versus divided attention in schizophrenia. *British Journal of Clinical Psychology*, *21*, 205–212.

Allen, H. A. (1985). Can all schizophrenic speech be discriminated from normal speech? *British Journal of Clinical Psychology*, *24*, 209–210.

Allen, J. & Schuldberg, D. (1989). Positive thought disorder in a hypothetically psychosis-prone population. *Journal of Abnormal Psychology*, *98*, 491–494.

Alm, T., Lindstrom, L. H., Ost, L. G. & Öhman, A. (1984). Electrodermal non-responding in schizophrenia: Relationships to attentional, clinical, biochemical, computed tomographical and genetic factors. *International Journal of Psychophysiology*, *1*, 195–208.

Amador, X. F., Strauss, D. H., Yale, S. A. & Gorman, J. M. (1991). Awareness of illness in schizophrenia. *Schizophrenia Bulletin*, *17*, 113–132.

AMDP (1981). *Das AMDP-System. Manual zur Dokumentation psychiatrischer Befunde* (4. Aufl.). Heidelberg: Springer Verlag.

American Psychiatric Association (1994). *Diagnostic and Statistical Manual of Mental Disorders. DSM-IV*. Oxford: American Psychiatric Press.

Anderson, D. M., Hogarty, G. E. & Reiss, D. J. (1980). Family treatment of adult schizophrenic patients: A psychoeducational approach. *Schizophrenia Bulletin*, *65*, 490–505.

Andreasen, N. C. (1982). Negative symptoms in schizophrenia. Definition and reliability. *Archives of General Psychiatry*, *39*, 784–788.

Andreasen, N. C. (1986). Scale for the assessment of thought, language, and communication (TLC). *Schizophrenia Bulletin*, *12*, 473–482.

Andreasen, N. C. (1987). The diagnosis of schizophrenia. *Schizophrenia Bulletin*, *13*, 9–22.

Andreasen, N. C. & Flaum, M. (1991). Schizophrenia: The characteristic symptoms. *Schizophrenia Bulletin*, *17*, 27–49.

Andreasen, N. C. & Grove, W. M. (1986). Thought, language, and communication in schizophrenia: Diagnosis and prognosis. *Schizophrenia Bulletin*, *12*, 348–359.

Andreasen, N. C. & Olsen, S. (1982). Negative versus positive schizophrenia: Definition and validation. *Archives of General Psychiatry*, *39*, 789–794.

Andreasen, N. C., Olsen, S. A., Dennert, J. W. & Smith, M. R. (1982). Ventricular enlargement in schizophrenia: Relationship to positive and negative symptoms. *American Journal of Psychiatry, 139,* 297-302.

Andreasen, N. C., Swayze, V. W., Flaum, M., Alliger, R. & Cohen, G. (1990). Ventricular abnormalities in affective disorder: Clinical and demographic correlates. *American Journal of Psychiatry, 147,* 893-900.

Angermeyer, M. (1978). 20 Jahre Double Bind: Versuch einer Bilanz. *Psychiatrische Praxis, 5,* 106-117.

Angermeyer, M. (1989). Geschlechtsabhängige Variationen im Verlauf schizophrener Krankheit: Eine Übersicht. *Fortschritte der Neurologie und Psychiatrie, 57,* 257-266.

Angermeyer, M. C. & Kühn, L. (1988). Gender differences in age at onset of schizophrenia. An overview. *European Archives of Psychiatry and Neurological Sciences, 237,* 351-364.

Angermeyer, M. C., Kühn, L. & Goldstein, J. M. (1990). Gender and the course of schizophrenia: Differences in treated outcomes. *Schizophrenia Bulletin, 16,* 293-307.

Angst, J. (1988). European long-term followup studies of schizophrenia. *Schizophrenia Bulletin, 14,* 501-513.

Anthony, J. C., Folstein, M., Romanoski, A. J., Von Korff, M. R., Nestadt, G. R., Chahal, R., Merchant, A., Brown, H., Shapiro, S., Kramer, M. & Gruenberg, E. M. (1985). Comparison of the lay diagnostic interview schedule and a standardized psychiatric diagnosis: Experience in Eastern Baltimore. *Archives of General Psychiatry, 42,* 667-675.

Asarnow, R. F., Granholm, E. & Sherman, T. (1991). Span of apprehension in schizophrenia. In S. R. Steinhauer, J. H. Gruzelier & J. Zubin (Eds.), *Handbook of Schizophrenia (Vol. 5): Neuropsychology, Psychophysiology, and Information Processing* (S. 335-370). Amsterdam: Elsevier.

Astrup, C. (1982). *The increase of mental disorders.* Unpublished manuscript from the National Case Register of Mental Disorder, Gaustad Hospital, Oslo. Zitiert nach Häfner, 1987.

Ayllon, T. & Azrin, N. H. (1968). *The Token Economy.* New York: Appleton-Century-Crofts.

Ayllon, T. & Haughton, E. (1964). Modification of symptomatic verbal behavior of mental patients. *Behaviour Research and Therapy, 2,* 87-97.

Backmund, H. (1986). Neuroradiologie in der Schizophrenieforschung. *Nervenarzt, 57,* 80-87.

Balogh, D. W. & Merritt, R. D. (1987). Visual masking and the schizophrenia spectrum: Interfacing clinical and experimental methods. *Schizophrenia Bulletin, 13,* 679-698.

Bandura, A. (1969). *Principles of Behavior Modification.* New York: Holt, Rinehart and Winston.

Barr, C. E., Mednick, S. A. & Munk-Jorgensen, P. (1990). Exposure to influenza epidemics during gestation and adult schizophenia: A 40-year study. *Archives of General Psychiatry, 47,* 869-874.

Bateson, G., Jackson, D.D., Haley, J. & Weakland, J.W. (1956). Towards a theory of schizophrenia. *Behavioral Science, 1*, 251–264.

Baumann, U. & Stieglitz, R.D. (1983). *Testmanual zum AMDP-System – Empirische Studien zur Psychopathologie.* Heidelberg: Springer Verlag.

Baumann, U. & Stieglitz, R.D. (1989). Evaluation des AMDP-Systems anhand der neueren Literatur (1983–1987). *Fortschritte der Neurologie und Psychiatrie, 57*, 357–373.

Beiser, M. & Iacono, W.G. (1990). An update on the epidemiology of schizophrenia. *Canadian Journal of Psychiatry, 35*, 657–668.

Bellack, A.S. (1992). Cognitive rehabilitation for schizophrenics: Is it possible? Is it necessary? *Schizophrenia Bulletin, 18*, 43–50.

Bellack, A.S., Mueser, K.T., Morrison, R.L., Tierney, A. & Podell, K. (1990). Remediation of cognitive deficits in schizophrenia. *American Journal of Psychiatry, 147*, 1650–1655.

Bellini, L., Abbruzzese, M., Gambini, O., Rossi, A., Stratta, B. & Scarone, S. (1991). Frontal and callosal neuropsychological performances in schizophrenia: Further evidence of possible attention and mnestic dysfunctions. *Schizophrenia Research, 5*, 115–121.

Bellissimo, A. & Steffy, R.A. (1975). Contextual influences on crossover in the reaction time performance of schizophrenics. *Journal of Abnormal Psychology, 84*, 210–220.

Bender, W. (1985). Psychotherapie bei psychotischen Patienten. *Nervenarzt, 56*, 465–471.

Benedetti, G. (1982). Analytisch gerichtete Psychotherapie schizophrener Psychosen. In H. Helmchen, M. Linden & U. Rüger (Hrsg.), *Psychotherapie in der Psychiatrie* (S. 64–69). Heidelberg: Springer Verlag.

Benedetti, G. (1987). Psychotherapeutische Behandlungsmethoden. In K.P. Kisker, H. Lauter, J.-E. Meyer, C. Müller & E. Strömgren (Hrsg.), *Schizophrenien (Psychiatrie der Gegenwart 4)* (S. 285–323). Heidelberg: Springer Verlag.

Bentall, R.P. (1992). The classification of schizophrenia. In D.J. Kavanagh (Ed.), *Schizophrenia. An overview and practical handbook* (pp. 23–44). London: Chapman & Hall.

Berenbaum, H. & Oltmanns, T.F. (1992). Emotional experience and expression in schizophrenia and depression. *Journal of Abnormal Psychology, 101*, 37–44.

Berner, P., Katschnig, H. & Lenz, G. (1983). DSM-III in German-speaking countries. In R.H. Spitzer, J.B. Williams & A.E. Skodol (Eds.), *International perspectives on DSM-III* (pp. 109–123). Washington, DC: American Psychiatric Press.

Bernstein, A.S., Frith, C.D., Gruzelier, J.H., Patterson, T., Straube, E., Venables, P.H. & Zahn, T.P. (1982). An analysis of the skin conductance orienting response in samples of American, British, and German schizophrenics. *Biological Psychology, 14*, 155–211.

Bernstein, A.S. (1987). Orienting response research in schizophrenia: Where we have come and where we might go. *Schizophrenia Bulletin, 13*, 623–641.

Bernstein, A.S., Riedel, J.A., Seidman, D., Steele, H., Connolly, J. & Lubowsky, J. (1988). Schizophrenia is associated with altered orienting activity: Depression with electrodermal (cholinergic?) deficit and normal orienting response. *Journal of Abnormal Psychology, 97,* 3–12.

Berrios, G. E. (1985). Positive and negative symptoms and Jackson. A conceptual history. *Archives of General Psychiatry, 42,* 95–97.

Biehl, H., Maurer, K., Schubart, C., Krumm, B. & Jung, E. (1986). Prediction of outcome and utilization of medical services in a prospective study of first onset schizophrenics. Results of a prospective 5-year follow-up study. *European Archives of Psychiatry and Neurological Sciences, 236,* 139–147.

Bilder, R. M., Mukherjee, S., Rieder, R. O. & Pandurangi, A. K. (1985). Symptomatic and neuropsychological components of defect states. *Schizophrenia Bulletin, 11,* 409–419.

Blackwell, B. (1976). Treatment adherence. *British Journal of Psychiatry, 129,* 513–531.

Bleuler, E. (1911). *Dementia Praecox oder Gruppe der Schizophrenien.* Leipzig: F. Deuticke.

Bleuler, E. (1923). *Lehrbuch der Psychiatrie (4.* Aufl.). Berlin: Springer.

Bleuler, M. (1972). *Die schizophrenen Geistesstörungen im Lichte langjähriger Kranken- und Familiengeschichten.* Stuttgart: Thieme Verlag.

Böök, J. A., Wetterberg, L. & Modrzewska, K. (1978). Schizophrenia in a North Swedish geographical isolate 1900–1977: Epidemiology, genetics and biochemistry. *Clinical Genetics, 14,* 373–394.

Boronow, J., Pickar, D., Ninan, P. T., Roy, A., Hommer, D., Linnoila, M. & Pauls, S. M. (1985). Atrophy limited to the third ventricle in chronic schizophrenic patients: Report of a controlled series. *Archives of General Psychiatry, 42,* 266–271.

Borst, U. & Cohen, R. (1989). Filling the preparatory interval with temporal information or visual noise: Crossover effect in schizophrenics and controls. *Psychological Medicine, 19,* 865–874.

Brady, J. P. (1984). Social skills training for psychiatric patients. II. Clinical outcome studies. *American Journal of Psychiatry, 141,* 491–498.

Braff, D. L., Grillon, C. & Geyer, M. A. (1992). Gating and habituation of the startle reflex in schizophrenic patients. *Archives of General Psychiatry, 49,* 206–215.

Braff, D. L., Saccuzzo, D. P. & Geyer, M. (1991). Information processing dysfunctions in schizophrenia: Studies of visual backward masking, sensorimotor gating, and habituation. In S. R. Steinhauer, J. H. Gruzelier & J. Zubin (Eds.), *Handbook of Schizophrenia (Vol.* 5): Neuropsychology, Psychophysiology and Information Processing (pp. 303–334). Amsterdam: Elsevier.

Braun, C., Bernier, S., Proulx, R. & Cohen, H. (1991). A deficit of primary affective facial expression independent of bucco-facial dyspraxia in chronic schizophrenics. *Cognition and Emotion, 5,* 147–159.

Brenner, H. D. (1986). Zur Bedeutung der Basisstörungen für Behandlung und Rehabilitation. In W. Böker & H. D. Brenner (Hrsg.), *Bewältigung der Schizophrenie* (S. 142–157). Bern: Verlag Hans Huber.

Brenner, H. D., Dencker, S. J., Goldstein, M. J., Hubbard, J. W., Keegan, D. L., Kruger, G., Kulhanek, F., Libermann, R. P., Malm, U. & Midha, K. K. (1990). Defining treatment refractoriness in schizophrenia. *Schizophrenia Bulletin, 16,* 551–561.

Brenner, H.D., Kraemer, S., Hermanutz, M. & Hodel, B. (1990). Cognitive treatment in schizophrenia. In E.R. Straube & K. Hahlweg (Eds.), *Schizophrenia: Concepts, Vulnerability, and Intervention* (pp. 161–191). Heidelberg: Springer Verlag.

Broadbent, D.E. (1958). *Perception and Communication.* New York: Pergamon.

Broadbent, D.E. (1971). *Decision and Stress.* London: Academic Press.

Brown, G. (1985). The discovery of expressed emotion: Induction or deduction. In J. Leff & C. Vaughn (Eds.), *Expressed Emotion in Families: Its Significance for Mental Illness* (pp. 7–25). New York: Guilford Press.

Brown, G.W. & Birley, J. (1968). Crises and live changes in the onset of schizophrenia. *Journal of Health and Social Behavior, 9,* 217–244.

Bruder, G.E., Sutton, S., Babkoff, H., Gurland, B.J., Yozawith, A. & Fleiss, J.L. (1975). Auditory signal detectability and facilitation of simple reaction time in psychiatric patients and non-patients. *Psychological Medicine, 5,* 260–272.

Buchkremer, G., Lewandowski, L. & Hornung, P. (1989). Therapeutische Gruppenarbeit mit Angehörigen schizophrener Patienten. In G. Buchkremer & N. Rath (Hrsg.), *Therapeutische Arbeit mit Angehörigen schizophrener Patienten* (S. 1–13). Bern: Verlag Hans Huber.

Burgdörfer, G. & Hautzinger, M. (1987). Physische und soziale Anhedonie. *European Archives of Psychiatry and Neurological Science, 236,* 223–229.

Cabot, M. (1990). The incidence and prevalence of schizophrenia in the Republic of Ireland. *Social Psychiatry and Psychiatric Epidemiology, 25,* 210–215.

Caldwell, C.B. & Gottesman, I.I. (1990). Schizophrenics kill themselves too: A review of risk factors for suicide. *Schizophrenia Bulletin, 16,* 571–589.

Callaway, E. & Naghdi, S. (1982). An information processing model for schizophrenia. *Archives of General Psychiatry, 39,* 339–347.

Canton, G. & Fraccon, I.G. (1985). Life events and schizophrenia: A replication. *Acta Psychiatrica Scandinavica, 71,* 211–216.

Carpenter, B.N. & Chapman, L.J. (1982). Premorbid status in schizophrenia and abstract, literal or autistic proverb interpretation. *Journal of Abnormal Psychology, 91,* 151–156.

Carpenter, W.T. (1991). Psychopathology and common sense: Where we went wrong with negative symptoms. *Biological Psychiatry, 29,* 735–737.

Carpenter, W.T. (1992). The negative symptom challenge. *Archives of General Psychiatry, 49,* 236–237.

Carpenter, W.T., Bartko, J.J., Carpenter, C.L. & Strauss, J.S. (1976). Another view of schizophrenia subtypes: A report from the International Pilot Study of Schizophrenia. *Archives of General Psychiatry, 33,* 508–516.

Carpenter, W.T. & Buchanan, R.W. (1989). Domains of psychopathology relevant to the study of the etiology and treatment of schizophrenia. In S.C. Schultz & C.T. Tamminga (Eds.), *Schizophrenia: Scientific Focus* (pp. 13–22). New York: Oxford University Press.

Carpenter, W.T., Heinrichs, D.W. & Wagman, A.M. (1988): Deficit and non-deficit forms of schizophrenia: The concept. *American Journal of Psychiatry, 145,* 578–583.

Carpenter, W. T. & Kirkpatrick, B. (1988). The heterogenity of the long-term course of schizophrenia. *Schizophrenia Bulletin, 14*, 645–652.

Castle, D. J. & Murray, R. M. (1991). The neurodevelopmental basis of sex differences in schizophrenia. *Psychological Medicine, 21*, 565–575.

Cegalis, J. A., Leen, D. & Solomon, E. J. (1977). Attention in schizophrenia: An analysis of selectivity in the functional visual field. *Journal of Abnormal Psychology, 86*, 470–482.

Chapman, L. J. & Chapman, J. P. (1973). *Disordered Thought in Schizophrenia.* Englewood-Cliffs, NJ: Prentice Hall.

Chapman, L. J. & Chapman, J. P. (1989). Strategies for resolving the heterogeneity of schizophrenics and their relatives using cognitive measures. *Journal of Abnormal Psychology, 98*, 357–366.

Chapman, L. J., Chapman, J. P. & Miller, E. N. (1982). Reliabilities and intercorrelations of eight measures of proneness to psychosis. *Journal of Consulting and Clinical Psychology, 50*, 187–195.

Chapman, L. J., Edell, W. S. & Chapman, J. P. (1980). Physical anhedonia, perceptual aberration, and psychosis proneness. *Schizophrenia Bulletin, 6*, 639–653.

Christison, G. W., Kirch, D. G. & Wyatt, R. J. (1991). When symptoms persist: Choosing among alternative somatic treatments for schizophrenia. *Schizophrenia Bulletin, 17*, 217–245.

Ciompi, L. (1980a). Ist die chronische Schizophrenie ein Artefakt? Argumente und Gegenargumente. *Fortschritte der Neurologie und Psychiatrie, 48*, 237–248.

Ciompi, L. (1980b). The natural history of schizophrenia in the long term. *British Journal of Psychiatry, 136*, 413–420.

Ciompi, L. (1981). Wie können wir die Schizophrenen besser behandeln? Eine Synthese neuer Krankheits- und Therapiekonzepte. *Nervenarzt, 52*, 506–515.

Ciompi, L. (1986). Auf dem Weg zu einem kohärenten multidimensionalen Krankheits- und Therapieverständnis der Schizophrenie: Konvergierende neue Konzepte. In W. Böker & H. D. Brenner (Hrsg.), *Bewältigung der Schizophrenie* (S. 47–61). Bern: Verlag Hans Huber.

Ciompi, L. (1989). Zur Dynamik komplexer biologisch-psychosozialer Systeme: Vier fundamentale Mediatoren in der Langzeitentwicklung der Schizophrenie. In W. Böker & H. D. Brenner (Hrsg.), *Schizophrenie als systemische Störung* (S. 27–38) Bern: Verlag Hans Huber.

Ciompi, L., Dauwalder, H. P., Maier, C. & Aebi, E. (1991). Das Pilotprojekt „Soteria Bern" zur Behandlung akut Schizophrener. I. Konzeptuelle Grundlagen, praktische Realisierung, klinische Erfahrungen. *Nervenarzt, 62*, 428–435.

Ciompi, L., Kupper, Z., Aebi, E., Dauwalder, H. P., Hubschmid, T., Trütsch, K. & Rutishauser, C. (1993). Das Pilotprojekt „Soteria Bern" zur Behandlung akut Schizophrener. II. Ergebnisse einer vergleichenden prospektiven Verlaufsstudie über 2 Jahre. *Nervenarzt, 64*, 440–450.

Ciompi, L. & Müller, C. (1976). *Lebensweg und Alter der Schizophrenen. Eine katamnestische Langzeitstudie bis ins Senium.* Heidelberg: Springer Verlag.

CIPS: Collegium Internationale Psychiatriae Scalarum (1986). *Internationale Skalen für Psychiatrie.* Weinheim: Beltz.

Cloninger, C. R., Martin, R. H., Guze, S. B. & Clayton, P. J. (1985). Diagnosis and prognosis in schizophrenia. *Archives of General Psychiatry, 42*, 15–25.

Cohen, B. D. (1978). Referent communication disturbances in schizophrenia. In S. Schwartz (Hrsg.), *Language and Cognition in Schizophrenia* (pp. 1–34). Hillsdale, NJ: Lawrence Earlbaum.

Cohen, R. (1982). Indikation und Kontraindikation von Token-Economy-Verfahren bei chronisch Schizophrenen. In H. Helmchen, M. Linden & U. Rüger (Hrsg.), *Psychotherapie in der Psychiatrie* (S. 86–92). Heidelberg: Springer Verlag.

Cohen, R. (1989). Das Anhedonie-Konzept in der Schizophrenie-Forschung. *Nervenarzt, 60*, 313–318.

Cohen, R. (1991). Event related potentials and cognitive dysfunction in schizophrenia. In H. Häfner & W. F. Gattaz (Eds.), *Search for the Causes of Schizophrenia* (Vol. II) (pp. 342–360). Berlin: Springer Verlag.

Cohen, R. (1992). Probleme bei der Erfassung kognitiver Störungen bei endogenen Psychosen. In W. Gaebel & L. Laux (Hrsg.), *Biologische Psychiatrie-Synopsis* (S. 183–188). Berlin: Springer Verlag.

Cohen, R., Florin, I., Grusche, A., Meyer-Osterkamp, S. & Sell, H. (1973). Dreijährige Erfahrungen mit einem Münzsystem auf einer Station für extrem inaktive, chronisch schizophrene Patienten. *Zeitschrift für Klinische Psychologie, 2*, 243–277.

Cole, J. O., Klerman, G. L., Goldberg, S. C., Clyde, D. J., Davidson, E. M., Kayce, M. M., Jackson, J. R., Sullivan, P., Raskin, A., Levy, B., Seech, Ph., Boruchow, J., Knowles, R. R., Moles, E. A., Smith, M. N., Henneberry, J. et al. (1964). Phenothiazine treatment in acute schizophrenia: Effectiveness. *Archives of General Psychiatry, 10*, 246–261.

Cole, J. O. & Davis, J. M. (1969). Antipsychotic drugs. In L. Bellack & L. Loeb (Eds.), *The Schizophrenic Syndrome* (pp. 478–568). New York: Grune & Stratton.

Conrad, K. (1958). *Die beginnende Schizophrenie – Versuch einer Gestaltanalyse des Wahns*. Stuttgart: Georg Thieme Verlag.

Cooper, J. E., Goodhead, D., Craig, T., Harris, M., Howat, J. & Kober, J. (1987). The incidence of schizophrenia in Nottingham. *British Journal of Psychiatry, 151*, 619–626.

Cooper, J. E., Kendell, R. E., Gurland, B. J., Sharpe, L., Copeland, J. R. M. & Simon, R. (1972). *Psychiatric Diagnosis in New York and London: A Comparative Study of Mental Hospital Admissions*. Institute of Psychiatry, Maudsley Monographs Nr. 20. London: Oxford University Press.

Cornblatt, B. A. & Erlenmeyer-Kimling, L. (1985). Global attentional deviance as a marker of risk for schizophrenia: Specificity and predictive validity. *Journal of Abnormal Psychology, 94*, 470–486.

Coryell, W. & Zimmerman, M. (1988). The heritability of schizophrenia and schizoaffective disorder: A family study. *Archives of General Psychiatry, 45*, 323–327.

Cox, M. D. & Leventhal, D. B. (1978). A multivariate analysis and modification of a preattentive, perceptual dysfunction in schizophrenia. *Journal of Nervous and Mental Disease, 166*, 709–718.

Cramer, P., Weegmann, M. & O'Neil, M. (1989). Schizophrenia and the perception of emotions: How accurately do schizophrenics judge the emotional states of others? *British Journal of Psychiatry, 155*, 225–228.

Crocetti, G. M., Lemkau, P. V., Kulcar, Z. & Kesic, B. (1971). Selected aspects of the epidemiology of psychoses in Croatia: III. The cluster sample and the results of the pilot survey. *American Journal of Epidemiology, 94*, 126–134.

Crow, T. J. (1980). Molecular pathology of schizophrenia: More than one disease process? *British Medical Journal, 280*, 66–68.

Crow, T. J. (1985). The two-syndrome concept: Origins and current status. *Schizophrenia Bulletin, 11*, 471–486.

Crow, T. J. (1990). Trends in Schizophrenia (letter). *Lancet, 335*, 851.

Dalen, P. (1991). Deviant birth season distribution: Does it offer a clue to the aetiology of schizophrenia? In H. Häfner & W. F. Gattaz (Eds.), *Search for the Causes of Schizophrenia* (Vol. II) (pp. 7–13). Heidelberg: Springer Verlag.

Daniels, E. K., Shenton, M. E., Holzman, P. S., Benowitz, L. I., Coleman, M., Levin, S. & Levine, D. (1988). Patterns of thought disorder associated with right cortical damage, schizophrenia, and mania. *American Journal of Psychiatry, 145*, 944–949.

Davis, J. M. (1974). Dose equivalence of the antipsychotic drugs. *Journal of Psychiatry Research, 11*, 65–69.

Davis, J. M. (1975). Maintenance therapy in psychiatry: I. Schizophrenia. *American Journal of Psychiatry, 132*, 1237–1245.

Davis, J. M. (1976). Comparative doses and costs of antipsychotic medication. *Archives of General Psychiatry, 33*, 858–861.

Davis, J. M. & Garver, D. L. (1978). Neuroleptics: Clinical use in psychiatry. In L. L. Iversen & S. D. Iversen (Eds.), *Handbook of Psychopharmacology* (Vol. 10). Neuroleptics and Schizophrenia (pp. 129–164). New York: Plenum Press.

Davis, J. M., Schaffer, C. B., Killian, G. A., Kinarch, C. & Chan, C. (1980). Important issues in the drug treatment of schizophrenia. *Schizophrenia Bulletin, 6*, 70–87.

Dawson, M. E., Nuechterlein, K. H., Schell, A. M. & Mintz, J. (1992). Concurrent and predictive electrodermal correlates of symptomatology in recent-onset schizophrenic patients. *Journal of Abnormal Psychology, 101*, 153–164.

Day, R. (1981). Life events and schizophrenia: The „triggering" hypothesis. *Acta Psychiatrica Scandinavica, 64*, 97–122.

Day, R. (1986). Social stress and schizophrenia: From the concept of recent life events to the notion of toxic environments. In G. D. Burrows, T. R. Norman & G. Rubinstein (Eds.), *Handbook of Studies on Schizophrenia (Part 1): Epidemiology, aetiology and clinical features* (pp. 71–82). Amsterdam: Elsevier.

Day, R., Nielsen, J. A., Korten, A., Ernberg, G., Dube, K. C., Gebhart, J., Jablensky, A., Leon, C., Marsella, A., Olatawura, M., Sartorius, N., Strömgren, E., Takahashi, R., Wig, N. & Wynne, L. C. (1987). Stressful life events preceding the acute onset of schizophrenia: A cross-national study from the World Health Organization. *Culture, Medicine and Psychiatry, 11*, 123–205.

De Lisi, L. E. (1992). The significance of age of onset for schizophrenia. *Schizophrenia Bulletin, 18*, 209–215.

De Silva, W. & Hemsley, D. (1977). The influence of context on language perception in schizophrenia. *British Journal of Social and Clinical Psychology, 16,* 337–345.

Degkwitz, R. (1987). Ergebnisse der Langzeittherapie der Schizophrenie. *Spektrum der Psychiatrie und Nervenheilkunde, 16,* 139–147.

Delay, J. & Deniker, P. (1952). Le traitement des psychoses par une methode neurolytique derivée d'hibernothérapie; le 4560 RP utilisée seul en cure prolongée et continuée. *Congres des medecins alienistes et neurologistes de France et des pays du langue francaise, 50,* 503–513.

Der, G., Gupta, S. & Murray, R. M. (1990). Is schizophrenia disappearing? *Lancet, 337,* 513–516.

Dieterle, D. M., Albus, M. J., Eben, E., Ackenheil, M. & Rockstroh, W. (1986). Preliminary experiences and results with the Munich version of the Andreasen scale. *Pharmacopsychiatry, 19,* 96–100.

Dilling, H., Mombour, W. & Schmidt, M. H. (1991). *Internationale Klassifikation psychischer Störungen. ICD-10,* Kapitel V (F). Bern: Verlag Hans Huber.

Di Simoni, F. G., Darley, F. L. & Aronson, A. E. (1977). Patterns of dysfunction in schizophrenic patients on an aphasia test battery. *Journal of Speech and Hearing Disorders, 42,* 498–513.

Dixon, H., Haas, G., Weiden, P. J., Sweeney, J. & Frances, A. J. (1991). Drug abuse in schizophrenic patients: Clinical correlates and reasons for use. *American Journal of Psychiatry, 148,* 224–230.

Docherty, J. P., Van Kammen, D. P., Siris, S. G. & Marder, S. R. (1978). Stages of onset of schizophrenic psychosis. *American Journal of Psychiatry, 135,* 420–426.

Dohrenwend, B. P. & Dohrenwend, B. S. (1974). Social and cultural influences on psychopathology. *Annual Review of Psychology, 25,* 417–52.

Dohrenwend, B. P., Levav, I., Shrout, P. E., Schwartz, S., Naveh, G., Link, B. G., Skodol, A. E. & Stueve, A. (1992). Socioeconomic status and psychiatric disorders: The causation-selection issue. *Science, 255,* 946–952.

Drake, R. E., Gates, C., Whitaker, A. & Cotton, P. G. (1985). Suicide among schizophrenics: A review. *Comprehensive Psychiatry, 26,* 90–100.

Dworkin, R. H. & Lenzenweger, M. F. (1984). Symptoms and the genetics of schizophrenia: Implications for diagnosis. *American Journal of Psychiatry, 141,* 1541–1546.

Eagles, J. M. (1991). Is schizophrenia disappearing? *British Journal of Psychiatry, 158,* 834–835.

Eaton, W. W., Day, R. & Kramer, M. (1988). The use of epidemiology for risk factor research in schizophrenia: An overview and methodologic critique. In M. T. Tsuang and C. Simpson (Eds.), *Handbook of Schizophrenia (Vol. 3): Nosology, epidemiology, and genetics* (pp. 169–204). Amsterdam: Elsevier Science.

Eaton, W. W., Mortensen, P. B., Herrmann, H., Freeman, H., Bilker, W., Burgess, P. & Wooff, K. (1992). Longterm-course of hospitalization for schizophrenia: Part I. Risk for rehospitalization. *Schizophrenia Bulletin, 18,* 217–228.

Elkins, I. J., Cromwell, R. L. & Asarnow, R. F. (1992). Span of apprehension in schizophrenic patients as a function of distractor masking and laterality. *Journal of Abnormal Psychology, 101,* 53–60.

Endicott, J. & Spitzer, R. H. (1978). A diagnostic interview: The schedule for affective disorders and schizophrenia. *Archives of General Psychiatry, 35*, 837–844.

Erlenmeyer-Kimling, L. & Cornblatt, B. (1978). Attentional measures in a study of children at high-risk for schizophrenia. *Journal of Psychiatric Research, 14*, 93–98.

Ernst, K. (1983). Geisteskrankheit ohne Institution. Eine Feldstudie im Kanton Fribourg aus dem Jahr 1875. Schweizer Archiv für Neurologie, *Neurochirurgie und Psychiatrie, 133*, 239–262.

Ernst, K. (1988). *Praktische Klinikpsychiatrie* (2. Aufl.). Heidelberg: Springer Verlag.

Eysenck, H. J. & Rachmann, S. (1965). *The causes and cures of neurosis.* London: Routledge & Kegan.

Faber, R., Abrams, R., Taylor, M. A., Kasprison, A., Morris, C. & Weisz, R. (1983). Comparison of schizophrenic patients with formal thought disorder and neurologically impaired patients with aphasia. *American Journal of Psychiatry, 140*, 1348–1351.

Fähndrich, E. & Richter, S. (1986). Zum Verlauf schizophrener Ersterkrankungen: Eine 5-Jahres-Katamnese. *Nervenarzt, 57*, 705–711.

Fähndrich, E. & Stieglitz, R. D. (1989). *Leitfaden zur Erfassung des psychopathologischen Befundes.* Heidelberg: Springer Verlag.

Fairweather, G. W., Sanders, D. H., Maynard, H. & Cressler, D. L. (1969). *Community Life for the Mentally Ill: An Alternative to Institutional Care.* New York: Aldine.

Falloon, I. R. H. (1990). Behaviorale Familientherapie der Schizophrenie. In R. Olbrich (Hrsg.), *Therapie der Schizophrenie* (S. 135–150). Stuttgart: Kohlhammer Verlag.

Falloon, I. R. H., Flanagan, S., Foy, D., Liberman, R. P., Lukoff, D., Marder, S. & Wittlin, B. (1983). Treatment of schizophrenia. In C. E. Walker (Ed.), The *Handbook of Clinical Psychology (Vol. II.)* (pp. 563–590). Homewood, Ill.: Dow Jones-Irwin.

Falloon, I. R. H., Hahlweg, K. & Tarrier, N. (1990). Family interventions in the community management of schizophrenia: Methods and results. In E. R. Straube & K. Hahlweg (Eds.), *Schizophrenia: Concepts, vulnerability, and intervention.* (pp. 217–240). Heidelberg: Springer Verlag.

Falloon, I. R. H. & Liberman, R. P. (1983). Interactions between drug and psychosocial treatment of schizophrenia. *Schizophrenia Bulletin, 9*, 543–554.

Faris, R. E. L. & Dunham, H. W. (1939). *Mental disorders in urban areas: An ecological study of schizophrenia and other psychoses.* Chicago: University of Chicago Press.

Fenton, W. S. & McGlashan, T. H. (1987). Prognostic scale for chronic schizophrenia. *Schizophrenia Bulletin, 13*, 277–286.

Fenton, W. S. & McGlashan, T. H. (1991). Natural history of schizophrenia subtypes. II. Positive and negative symptoms and long-term course. *Archives of General Psychiatry, 48*, 978–986.

Fenton, W. S. & McGlashan, T. H. (1992). Testing systems for assessment of negative symptoms in schizophrenia. *Archives of General Psychiatry, 49*, 179–184.

Fenton, W. S., Mosher, H. R. & Matthews, S. M. (1981). Diagnosis of schizophrenia: A critical review of current diagnostic systems. *Schizophrenia Bulletin, 7*, 452–476.

Fiedler, P., Niedermeier, T. & Mundt, C. (1986). *Gruppenarbeit mit Angehörigen schizophrener Patienten.* München: Psychologie Verlags Union.

Florin, I. & Meyer-Osterkamp, S. (1974). Ansätze zur Verhaltenstherapie bei Schizophrenen. In C. Kraiker (Hrsg.), *Handbuch der Verhaltenstherapie* (S. 465–485). München: Kindler Verlag.

Foerster, A., Lewis, S., Owen, M. & Murray, R. (1991). Low birth weight and a family history of schizophrenia predict poor premorbid functioning in psychosis. *Schizophrenia Research*, *5*, 13–20.

Fowles, D. C. (1992). Schizophrenia: Diathesis-stress revisited. *Annual Review of Psychology*, *43*, 303–336.

Frame, C. L. & Oltmanns, T. F. (1982). Serial recall by schizophrenic and affective patients during and after psychotic episodes. *Journal of Abnormal Psychology*, *91*, 311–318.

Fraser, W. I., King, K. M., Thomas, P. & Kendell, R. E. (1986). The diagnosis of schizophrenia by language analysis. *British Journal of Psychiatry*, *148*, 275–278.

Freedman, B. & Chapman, L. J. (1973). Early subjective experiences in schizophrenic episodes. *Journal of Abnormal Psychology*, *82*, 46–54.

Freeman, H. L. (1981). Long-term treatment of schizophrenia. *Comprehensive Psychiatry*, *22*, 94–102.

Frith, C. D. (1987). The positive and negative symptoms of schizophrenia reflect impairments in the perception and initiation of action. *Psychological Medicine*, *17*, 631–648.

Frith, C. D. & Done, D. (1988). Towards a neuropsychology of schizophrenia. *British Journal of Psychiatry*, *153*, 437–443.

Frith, C. D. & Done, D. (1989). Experiences of alien control in schizophrenia reflect a disorder in the central monitoring of action. *Psychological Medicine*, *19*, 359–363.

Funke, B., Reinecker, H. & Commichau, A. (1989). Grenzen kognitiver Trainingsmethoden bei schizophrenen Langzeitpatienten. *Nervenarzt*, *60*, 750–756.

Fyer, A. J., Endicott, J., Mannuzza, S. & Klein, D. F. (1985). *Schedule for Affective Disorders and Schizophrenia: Lifetime version (SADS-LA)*. New York: New York State Psychiatric Institute.

Gaebel, W. (1985). Der Einfluß des Behandlungsverlaufs auf den Erfolg einer Psychopharmakatherapie. *Psychiatrische Praxis*, *12*, 13–18.

Gaebel, W. & Pietzcker, A. (1983). Indikation zur neuroleptischen Langzeitmedikation: Standardverfahren oder individualprognostisch geleitete Intervention. *Nervenarzt*, *54*, 467–476.

Gaebel, W. & Pietzcker, A. (1987). Prospective study of course of illness in schizophrenia: Part II. Prediction of outcome. *Schizophrenia Bulletin*, *13*, 299–306.

Gaebel, W., Pietzcker, A. & Poppenberg, A. (1981). Prädiktoren des Verlaufs schizophrener Erkrankungen unter neuroleptischer Langzeitmedikation. *Pharmacopsychiatry*, *14*, 180–188.

Galbraith, K. & Steffy, R. A. (1980). Inhibition and redundancy-associated deficit in schizophrenic discrimination reaction time. *Canadian Journal of Behavioural Science*, *12*, 347–358.

Galbraith, K., MacCrimmon, D. & Steffy, R. (1983). Preprepatory interval effects on redundancy deficit reaction time patterns in schizophrenic and normal subjects using the embedded-set procedure. *Journal of Nervous and Mental Disease, 171,* 670–675.

Gansert, U. & Olbrich, R. (1992). Die Einführung eines computergestützten kognitiven Trainings für schizophrene Kranke in Gruppenform: Ein Erfahrungsbericht. *Schizophrenie, 7,* 26–31.

Gerlach, J. (1991). New antipsychotics: Classification, efficacy, and adverse effects. *Schizophrenia Bulletin, 17,* 289–309.

Gessler, S., Cutting, J., Frith, C. & Weinman, J. (1989). Schizophrenic inability to judge facial emotion: A controlled study. *British Journal of Clinical Psychology, 28,* 19–29.

Giggs, J. & Cooper, J. (1987). Ecological structure and the distribution of schizophrenia and affective psychoses in Nottingham. *British Journal of Psychiatry, 151,* 627–633.

Glover, G. R. (1989). Differences in psychiatric admission patterns between Caribbeans from different islands. *Social Psychiatry and Psychiatric Epidemiology, 24,* 209–211.

Glynn, S. M. & MacKain, S. (1992). Training life skills. In D. J. Kavanagh (Ed.), *Schizophrenia: An Overview and Practical Handbook* (pp. 392–406). London: Chapman & Hall.

Gold, J. M. & Hurt, S. W. (1990). The effects of haloperidol on thought disorder and IQ in schizophrenia. *Journal of Personality Assessment, 54,* 390–400.

Goldberg, E. M. & Morrison, S. L. (1963). Schizophrenia and social class. *British Journal of Psychiatry, 109,* 785–802.

Goldberg, S. C. (1985). Negative and deficit symptoms do respond to neuroleptics. *Schizophrenia Bulletin, 11,* 453–456.

Goldberg, T. E. & Weinberger, D. R. (1988). Probing prefrontal function in schizophrenia with neuropsychological paradigms. *Schizophrenia Bulletin, 14,* 179–183.

Goldberg, T. E., Saint-Cyr, J. A. & Weinberger, D. R. (1990). Assessment of procedural learning and problem solving in schizophrenic patients by Tower of Hanoi type tasks. *Journal of Neuropsychiatry and Clinical Neurosciences, 2,* 165–173.

Goldstein, K. (1959). Concerning the concreteness in Schizophrenia. *Journal of Abnormal and Social Psychology, 59,* 146–148.

Goldstein, M. J., Santangelo, S. L., Simpson, J. C. & Tsuang, M. T. (1990). The role of gender in identifying subtypes of schizophrenia: A latent class analytic approach. *Schizophrenia Bulletin, 16,* 263–275.

Goldstein, M. J. (1985). Family factors that antedate the onset of schizophrenia and related disorders: The results of a fifteen year prospective longitudinal study. *Acta Psychiatrica Scandinavica, 71,* 7–18.

Gonsalvez, C. J. & Lobo, M. L. (1988). The object sorting test and thought deviance in schizophrenics. *Journal of Personality and Clinical Studies, 4,* 215–222.

Gottesman, I. I. (1991). *Schizophrenia Genesis: The Origins of Madness.* New York: W. H. Freeman.

Gottesman, I. I. & Shields, J. (1982). *Schizophrenia: The epigenetic puzzle.* New York: Cambridge University Press.

Gottesman, I. I., McGuffin, P. & Farmer, A. E. (1987). Clinical genetics as clues to the „real" genetics of schizophrenia. *Schizophrenia Bulletin, 13,* 23–47.

Green, M. & Walker, E. (1986). Attentional performance in positive- and negative-symptom schizophrenia. *Journal of Nervous and Mental Disease, 174*, 208–213.

Green, M. F. & Nuechterlein, K. H. (1988). Neuroleptic effects on electrodermal responsivity to soft tones and loud noise in schizophrenia. *Psychiatry Research, 24*, 79–86.

Green, M. F., Satz, P., Ganzell, S. & Vaclav, J. F. (1992). Wisconsin Card Sorting Test performance in schizophrenia: Remediation of a stubborn deficit. *American Journal of Psychiatry, 149*, 62–67.

Greiffenstein, M., Milberg, W., Lewis, R. & Rosenbaum, G. (1981). Temporal lobe epilepsy and schizophrenia: Comparison of reaction time deficits. *Journal of Abnormal Psychology, 90*, 105–112.

Gross, G. & Huber, G. (1980). Depressive Syndrome im Verlauf von Schizophrenien. *Fortschritte der Neurologie und Psychiatrie, 48*, 438–446.

Grove, W. M. & Andreasen, N. C. (1991). Thought disorder in relation to brain function. In S. R. Steinhauer, J. H. Gruzelier & J. Zubin (Eds.), *Handbook of Schizophrenia (Vol. 5): Neuropsychology, psychophysiology, and information processing* (pp. 485–504). Amsterdam: Elsevier.

Gruenberg, A. M., Kendler, K. S. & Tsuang, M. T. (1985). Reliability and concordance in the subtyping of schizophrenia. *American Journal of Psychiatry, 142*, 1355–1358.

Grundmann, J. (1992). *Experimentalpsychologische Studie zur Bedeutung sequentieller PPI-Effekte auf das Cross-Over-Reaktionszeitmuster bei Schizophrenen, nichtschizophrenen psychiatrischen Patienten und Gesunden*. Unveröff. Diplomarbeit, Universität Mannheim.

Gunderson, J. G., Frank, A. F., Katz, H. M., Vannicelli, M. L., Frosch, J. P. & Knapp, P. H. (1984). Effects of psychotherapy in schizophrenia. II. Comparative outcome of two forms of treatment. *Schizophrenia Bulletin, 10*, 564–598.

Haas, G. L., Glick, I. D., Clarkin, J. F., Spencer, J. H. & Lewis, A. B. (1990). Gender and schizophrenia outcome: A clinical trial of an inpatient family intervention. *Schizophrenia Bulletin, 16*, 277–292.

Häfner, H. (1976). Rehabilitation Schizophrener: Wissensstand, Folgerungen für die Praxis und für eine Theorie der Schizophrenie. In G. Huber (Hrsg.), *Therapie, Rehabilitation und Prävention schizophrener Erkrankungen* (S. 265–283). Stuttgart: Schattauer Verlag.

Häfner, H. (1981). Der Krankheitsbegriff in der Psychiatrie. In R. Degkwitz & H. Siedow (Hrsg.), *Standorte der Psychiatrie* (S. 16–54). München: Urban & Schwarzenberg.

Häfner, H. (1987). Epidemiology of schizophrenia. In H. Häfner, W. F. Gattaz & W. Janzarik (Eds.), *Search for the Causes of Schizophrenia (Vol. I.)* (pp. 47–74). Heidelberg: Springer Verlag.

Häfner, H. (1988). Rehabilitation Schizophrener: Ergebnisse eigener Studien und selektiver Überblick. *Zeitschrift für Klinische Psychologie, 17*, 187–209.

Häfner, H. & An der Heiden, W. (1991). Evaluating effectiveness and cost of community care for schizophrenic patients. *Schizophrenia Bulletin, 17*, 441–451.

Häfner, H., An der Heiden, W., Buchholz, W., Bardens, R., Klug, J. & Krumm, B. (1986). Organisation, Wirksamkeit und Wirtschaftlichkeit komplementärer Versorgung Schizophrener. *Nervenarzt, 57*, 214–226.

Häfner, H., Behrens, S., de Vry, J. & Gattaz, W.F. (1991). An animal model for the effects of estradiol on dopamine-mediated behavior: Implications for sex differSences in schizophrenia. *Psychiatry Research, 38*, 125–134.

Häfner, H., Haas, S., Pfeifer-Kurda, M., Eichhorn, S. & Michitsuji, S. (1987). Abnormal seasonality of schizophrenic births: A specific finding? European *Archives of Psychiatry and Neurological Sciences, 236*, 333–342.

Häfner, H. & Maurer, K. (1991). Are there two types of schizophrenia? In A. Marneros, N.C. Andreasen & M.T. Tsuang (Eds.), *Negative Versus Positive Schizophrenia* (pp. 134–159). Heidelberg: Springer Verlag.

Häfner, H., Riecher, A., Maurer, K., Fätkenheuer, B., Löffler, W., An der Heiden, W., Munk-Jorgensen, P. & Strömgren, E. (1991). Geschlechtsunterschiede bei schizophrenen Erkrankungen. *Fortschritte der Neurologie und Psychiatrie, 59*, 343–360.

Häfner, H., Riecher, A., Maurer, K., Löffler, W., Munk-Jorgensen, P. & Strömgren, E. (1989). How does gender influence age at first hospitalization for schizophrenia? A transnational case register study. *Psychological Medicine, 19*, 903–918.

Häfner, H., Riecher, A., Maurer, K., Meissner, S., Schmidtke, A., Fätkenheuer, B., Löffler, W. & An der Heiden, W. (1990). Ein Instrument zur retrospektiven Einschätzung des Erkrankungsbeginns bei Schizophrenie: Entwicklung und erste Ergebnisse. *Zeitschrift für Klinische Psychologie, 12*, 230–255.

Häfner, H., Riecher-Rössler, A., Fätkenheuer, B., Hambrecht, M., Löffler, W., An der Heiden, W., Maurer, K., Munk-Jorgensen, P. & Strömgren, E. (1991). Sex differences in schizophrenia. *Psychiatria Fennica, 22*, 123–156.

Häfner, H. & Rössler, W. (1991). Die Reform der Versorgung psychisch Kranker in der Bundesrepublik. In H. Häfner (Hrsg.), *Psychiatrie: Ein Lesebuch für Fortgeschrittene* (S. 256–282). Stuttgart: Gustav Fischer Verlag.

Hagnell, O. (1966). *A prospective study of the incidence of mental disorder.* Lund: Norstedts-Bonniers.

Halford, W.K. & Hayes, R.L. (1992). Social skills training with schizophrenic patients. In D.J. Kavanagh (Ed.), *Schizophrenia: An overview and practical handbook* (pp. 374–406). London: Chapman & Hall.

Hamlin, R.M. & Folsom, A.T. (1977). Impairment in abstract responses of schizophrenics, neurotics, and brain-damaged patients. *Journal of Abnormal Psychology, 86*, 483–491.

Hanson, D.R., Gottesman, I.I. & Meehl, P.E. (1977). Genetic theories and the validation of psychiatric diagnoses: Implications for the study of children of schizophrenics. *Journal of Abnormal Psychology, 86*, 575–588.

Harding, C.M. (1988). Course types in schizophrenia: An analysis of european and american studies. *Schizophrenia Bulletin, 14*, 633–643.

Harding, C.M., Brooks, G.W., Ashikaga, T., Strauss, J.S. & Breier, A. (1987a). The Vermont longitudinal study of persons with severe mental illness: I. Methodology, study sample, and overall status 32 years later. *American Journal of Psychiatry, 144*, 718–726.

Harding, C. M., Brooks, G. W., Ashikaga, T., Strauss, J. S. & Breier, A. (1987b). The Vermont longitudinal study of persons with severe mental illness: II. Long-term outcome of subjects who retrospectively met DSM-III criteria for schizophrenia. *American Journal of Psychiatry, 144,* 727–735.

Harding, C. M., McCormick, R. V., Strauss, J. S., Ashikaga, T. & Brooks, G. W. (1989). Die Methode der computerisierten Lebens-Diagramme. Aufzeichnung von Funktionsbereichen und Darstellung von Interaktionsmustern im Langzeitverlauf von ehemals schizophrenen Patienten mit retrospektiver Diagnose nach DSM-III. In W. Böker & H. D. Brenner (Hrsg.), *Schizophrenie als systemische Störung* (S. 222–233). Bern: Verlag Hans Huber.

Harris, A. E., Benedict, R. H. & Leek, M. R. (1990). Consideration of pigeon-holing and filtering as dysfunctional attention strategies in schizophrenia. *British Journal of Clinical Psychology, 29,* 23–35.

Harrison, G. (1990). Searching for the causes of schizophrenia: The role of migrant studies. *Schizophrenia Bulletin, 16,* 663–671.

Harrison, G., Owens, D., Holton, A., Neilson, D. & Boot, D. (1988). A prospective study of severe mental disorder in Afro-Caribbean patients. *Psychological Medicine, 18,* 643–657.

Harrow, M. & Marengo, J. T. (1986). Schizophrenic thought disorder at followup: Its persistence and prognostic significance. *Schizophrenia Bulletin, 12,* 373–393.

Harrow, M. & Quinlan, D. M. (1985). *Disordered Thinking and Schizophrenic Psychopathology.* New York: Gardner Press.

Harrow, M., Lanin-Kettering, I., Prosen, M. & Miller, J. G. (1983). Disordered thinking in schizophrenia: Intermingling and loss of set. *Schizophrenia Bulletin, 9,* 354–367.

Hartwich, P. (1982). Gruppentherapie bei Schizophrenen in der Nachsorgeambulanz. In H. Helmchen, M. Linden & U. Rüger (Hrsg.), *Psychotherapie in der Psychiatrie* (S. 110–115). Heidelberg: Springer Verlag.

Harvey, P. D., Earle-Boyer, E. A. & Wielgus, M. S. (1984). The consistency of thought disorder in mania and schizophrenia: An assessment of acute psychotics. *Journal of Nervous and Mental Disease, 172,* 458–463.

Harvey, P. D. & Pedley, M. (1989). Auditory and visual distractibility in schizophrenia: Clinical and medication status correlations. *Schizophrenia Research, 2,* 295–300.

Hell, D. & Gestefeld, M. (1988). *Schizophrenien. Orientierungshilfen für Betroffene.* Heidelberg: Springer Verlag.

Hemsley, D. R. (1987). An experimental psychological model for schizophrenia. In H. Häfner, W. F. Gattaz & W. Janzarik (Hrsg.), *Search for the Causes of Schizophrenia* (Vol. I) (pp. 179–188). Heidelberg: Springer Verlag.

Hemsley, D. R. & Richardson, P. H. (1980). Shadowing by context in schizophrenia. *Journal of Nervous and Mental Disease, 168,* 141–145.

Hermanutz, M. & Gestrich, J. (1987). Kognitives Training mit Schizophrenen. *Nervenarzt, 58,* 91–96.

Hermanutz, M. & Gestrich, J. (1991). Computer-assisted attention training in schizophrenics: A comparative study. *European Archives of Psychiatry and Clinical Neuroscience, 240,* 282–287.

Herz, M. J. & Melville, C. (1980). Relapse in schizophrenia. *American Journal of Psychiatry, 137*, 801–805.

Heston, L. L. (1966). Psychiatric disorders in foster home reared children of schizophrenic mothers. *British Journal of Psychiatry, 112*, 819–125.

Hiller, W., Zerssen, D. v., Mombour, W. & Wittchen, H.-U. (1986). *Inpatient Multidimensional Psychiatric Scale. Eine multidimensionale Skala zur Erfassung des psychopathologischen Befundes.* Weinheim: Beltz.

Hirsch, S. R. (1979). Eltern als Verursacher der Schizophrenie: Der wissenschaftliche Stand einer Theorie. *Nervenarzt, 30*, 337–345.

Hirsch, S. R. & Leff, J. P. (1975). *Abnormalities in Parents of Schizophrenics.* London: Oxford University Press.

Hirsch, S. R. & Jolley, A. G. (1989). Das dysphorische Syndrom in der Schizophrenie und seine Implikationen für den Rückfall. In W. Böker & H. D. Brenner (Hrsg.), *Schizophrenie als systemische Störung* (S. 94–103). Bern: Verlag Hans Huber.

Hoenig, J. (1983). The concept of schizophrenia: Kraepelin – Bleuler – Schneider. *British Journal of Psychiatry, 142*, 547–556.

Hoffman, R. E., Stopek, S. & Andreasen, N. C. (1986). A comparative study of manic vs schizophrenic speech disorganization. *Archives of General Psychiatry, 43*, 831–838.

Hogarty, G. E. & Anderson, C. (1986). Eine kontrollierte Studie über Familientherapie, Training sozialer Fertigkeiten und unterstützende Chemotherapie in der Nachbehandlung Schizophrener: Vorläufige Effekte auf Rezidive und Expressed Emotion nach einem Jahr. In W. Böker & H. D. Brenner (Hrsg.), *Bewältigung der Schizophrenie* (S. 72–86). Bern: Verlag Hans Huber.

Hogarty, G. E., Anderson, C. M., Reiss, D. J., Kornblith, S. J., Greenwald, D. P., Javna, C. J. & Madania, M. J. (1986). Family psychoeducation, social skills training, and maintenance therapy in the aftercare treatment of schizophrenia. *Archives of General Psychiatry, 43*, 633–642.

Hogarty, G. E., Goldberg, S. C., Schooler, N. R. & Ulrich, R. F. (1974). Drug and sociotherapy in the aftercare of schizophrenic patients. II. Two-year relapse rates. *Archives of General Psychiatry, 31*, 603–608.

Holzman, P. S. & Matthysse, S. (1990). The genetics of schizophrenia: A review. *Psychological Science, 1*, 279–286.

Holzman, P. S., Shenton, M. E. & Solovay, M. R. (1986). Quality of thought disorder in differential diagnosis. *Schizophrenia Bulletin, 12*, 360–371.

Honigfeld, G. (1964). Non-specific factors in treatment. II. Review of social-psychological factors. *Diseases of the Nervous System, 25*, 225–239.

Hotchkiss, A. P. & Harvey, P. D. (1990). Effect of distraction on communication failures in schizophrenic patients. *American Journal of Psychiatry, 147*, 513–515.

Huber, G. (1964). Neuroradiologie und Psychiatrie. In H. W. Gruhle, R. Jung, W. Mayer-Gross & M. Müller (Hrsg.), *Grundlagenforschung zur Psychiatrie (Psychiatrie der Gegenwart)* (pp. 253–290). Berlin: Springer Verlag.

Huber, G. (1986). Psychiatrische Aspekte des Basisstörungskonzeptes. In L. Süllwold & G. Huber (Hrsg.), *Schizophrene Basisstörungen* (S. 39–143). Heidelberg: Springer Verlag.

Huber, G., Gross, G. & Schüttler, R. (1975). A long-term follow-up study of schizophrenia: Psychiatric course of illness and prognosis. *Acta Psychiatrica Scandinavica, 52*, 49–57.

Huber, G., Gross, G. & Schüttler, R. (1979). *Schizophrenie. Verlaufs- und sozialpsychiatrische Langzeituntersuchungen an den 1945–1959 in Bonn hospitalisierten Kranken.* Heidelberg: Springer Verlag.

Huber, G., Gross, G. & Schüttler, R. (1980). Langzeitentwicklung schizophrener Erkrankungen (Bonn-Studie). In G.W. Schimmelpennig (Hrsg.), *Psychiatrische Verlaufsforschung* (S. 110–133). Bern: Verlag Hans Huber.

Jablensky, A., Sartorius, N., Ernberg, G., Anker, M., Korten, A., Cooper, J.E., Day, R. & Bertelsen, A. (1992). Schizophrenia: Manifestations, incidence and course in different cultures. *Psychological Medicine*, Suppl. 20.

Jacobs, S. & Myers, J. (1976). Recent life events and acute schizophrenic psychosis: A controlled study. *Journal of Nervous and Mental Disease, 162*, 75–87.

Jahn, T. (1991). *Aufmerksamkeit und Schizophrenie.* Frankfurt: Verlag Peter Lang.

Jahn, T. & Mussgay, L. (1989). Die statistische Kontrolle möglicher Medikamenteneinflusse in experimentalpsychologischen Schizophreniestudien: Ein Vorschlag zur Berechnung von Chlorpromazinäquivalenten. *Zeitschrift für Klinische Psychologie, 18*, 257–267.

Janzarik, W. (1968). *Schizophrene Verläufe. Eine strukturdynamische Interpretation.* Heidelberg: Springer Verlag.

Janzarik, W. (1986). Geschichte und Problematik des Schizophreniebegriffs. *Nervenarzt, 57*, 681–685.

Janzarik, W. (1987). The concept of schizophrenia: History and problems. In H. Häfner, W.F. Gattaz & W. Janzarik (Eds.), *Search for the Causes of Schizophrenia (Vol. I)* (pp. 11–18). Heidelberg: Springer Verlag.

Jaspers, K. (1946). *Allgemeine Psychopathologie (4.* Aufl.). Heidelberg: Springer Verlag.

Johnstone, E.C. (1991). What is crucial for the long-term outcome of schizophrenia? In H. Häfner & W.F. Gattaz (Hrsg.), *Search for the Causes of Schizophrenia (Vol. II)* (pp. 67–76). Heidelberg: Springer Verlag.

Johnstone, E.C., Crow, T.J., Frith, C.D., Husband, J. & Kreel, L. (1976). Cerebroventricular size and cognitive impairment in chronic schiziophrenia. *Lancet, 321*, 924–926.

Jolley, A.G. & Hirsch, S.R. (1990). Intermittierende und niedrigdosierte Neuroleptika-Therapie: Prophylaktische Strategien bei der Schizophrenie. In R. Olbrich (Hrsg.), *Therapie der Schizophrenie* (S. 53–63). Stuttgart: Kohlhammer Verlag.

Jones, P. & Murray, R.M. (1991). The genetics of schizophrenia is the genetics of neurodevelopment. *British Journal of Psychiatry, 158*, 615–623.

Kane, J.M. (1985). Compliance issues in outpatient treatment. *Journal of Clinical Psychopharmacology, 5*, 22–27.

Kane, J.M. (1987). Treatment of schizophrenia. *Schizophrenia Bulletin, 13*, 133–156.

Kanowski, S. (1985). Der Einfluß psychologisch-sozialer Faktoren auf den Erfolg einer Psychopharmakotherapie: Einfluß des Behandlungsmilieus. *Psychiatrische Praxis, 12*, 1–4.

Kasanin, J. (1933). The acute schizoaffective psychoses. *American Journal of Psychiatry*, *13*, 97–123.

Katsanis, J., Iacono, W. G. & Beiser, M. (1991). Relationship of lateral ventricular size to psychophysiological measures and short-term outcome. *Psychiatry Research*, *37*, 115–129.

Katschnig, H. (1984). Der „polydiagnostische Ansatz" in der psychiatrischen Forschung. In A. Hopf & H. Beckmann (Hrsg.), *Forschungen zur Biologischen Psychiatrie* (S. 63–78). Heidelberg: Springer Verlag.

Kavanagh, D. J. (1992 a). Recent developments in expressed emotion and schizophrenia. *British Journal of Psychiatry*, *160*, 601–620.

Kavanagh, D. J. (1992 b). Family interventions for schizophrenia. In D. J. Kavanagh (Ed.), *Schizophrenia: An Overview and Practical Handbook* (pp. 407–423). London: Chapman & Hall.

Kay, S. R. (1990). Significance of the positive-negative distinction in schizophrenia. *Schizophrenia Bulletin*, *16*, 635–652.

Kay, S. R., Fiszbein, A. & Opler, L. A. (1987). The positive and negative syndrome scale (PANSS) for schizophrenia. *Schizophrenia Bulletin*, *134*, 261–276.

Kay, S. R., Opler, L. A. & Fiszbein, A. (1992). *Positive and negative syndrome scale. PANSS-rating manual.* Toronto: Multihealth Systems Inc.

Kay, S. R. & Opler, L. A. (1987). The positive-negative dimension in schizophrenia: Its validity and significance. *Psychiatric Developments*, *2*, 79–103.

Kazdin, A. E. (1977). *The Token Economy.* New York: Plenum Press.

Keith, S. J. & Matthews, S. M. (1991). The diagnosis of schizophrenia: A review of onset and duration issues. *Schizophrenia Bulletin*, *17*, 51–67.

Kellam, S. G., Schmelzer, J. L. & Berman, A. (1966 a). Variation in the athmospheres of psychiatric wards. *Archives of General Psychiatry*, *14*, 561–570.

Kellam, S. G., Durell, J. & Shader, R. I. (1966 b). Nursing staff attitudes and the clinical course of psychotic patients. *Archives of General Psychiatry*, *14*, 190–202.

Kellam, S. G., Goldberg, S. C., Schooler, N. R., Berman, A. & Schmelzer, J. L. (1967). Ward athmosphere and outcome of treatment of acute schizophrenia. *Journal of Psychiatry Research*, *5*, 145–163.

Kemali, D., Maj, M., Galderisi, S., Milici, N. & Salvati, A. (1989). Ventricle-to-brain ratio in schizophrenia: A controlled follow-up study. *Biological Psychiatry*, *26*, 756–759.

Kendell, R. E. & Kemp, I. W. (1989). Maternal influenza in the etiology of schizophrenia. *Archives of General Psychiatry*, *46*, 878–882.

Kendell, R. E., Brockington, I. F. & Leff, J. P. (1979). Prognostic implications of six alternative definitions of schizophrenia. *Archives of General Psychiatry*, *36*, 25–31.

Kendler, K. S. (1983). A current perspective on twin studies of schizophrenia. *American Journal of Psychiatry*, *140*, 1413–1425.

Kendler, K. S. (1988). Familial aggregation of schizophrenia and schizophrenia spectrum disorders: Evaluation of conflicting results. *Archives of General Psychiatry*, *45*, 377–383.

Kendler, K. S. & Davis, K. L. (1981). The genetics and biochemistry of paranoid schizophrenia and other paranoid psychoses. *Schizophrenia Bulletin, 7,* 689–709.

Kendler, K. S., Gruenberg, A. M. & Tsuang, M. T. (1985). Subtype stability in schizophrenia. *American Journal of Psychiatry, 142,* 827–832.

Kendler, K. S. & Robinette, C. (1983). Schizophrenia in the National Academy of Sciences-National Research Council Twin Registry: A 16-year update. *American Journal of Psychiatry, 140,* 1551–1563.

Kety, S. S. (1988). Schizophrenic illness in the families of schizophrenic adoptees: Findings from the Danish national sample. *Schizophrenia Bulletin, 14,* 217–222.

Kety, S. S., Rosenthal, D., Wender, P. H. & Schulsinger, F. (1968). The types and prevalence of mental illness in the biological and adoptive families of adopted schizophrenics. *Journal of Psychiatric Research, 6,* 345–362.

Kissling, W. (1991). The current unsatisfactory state of relapse prevention in schizophrenic psychosis: Suggestions for improvement. *Clinical Neuropharmacology, 14,* 33–44.

Knight, R. A., Elliott, D. S. & Freedman, E. G. (1985). Short-term visual memory in schizophrenics. *Journal of Abnormal Psychology, 94,* 427–442.

Knight, R. A., Roff, J. D., Barnett, J. & Moss, J. L. (1979). Concurrent and predictive validity of thought disorder and affectivity: A 22-year follow-up of acute schizophrenics. *Journal of Abnormal Psychology, 88,* 1–12.

Knight, R. A., Sherer, M., Putchat, C. & Carter, G. (1978). A picture integration task for measuring iconic memory in schizophrenics. *Journal of Abnormal Psychology, 87,* 314–321.

Knight, R. A., Sims-Knight, J. E. & Petchers-Cassell, M. (1977). Overinclusion, broad scanning, and picture recognition in schizophrenics. *Journal of Clinical Psychology, 33,* 635–642.

Kohn, M. L. (1973). Social class and schizophrenia: A critical review and a reformulation. *Schizophrenia Bulletin, 7,* 60–79, 1973.

Konrad, M. & Schmidt-Michel, P. O. (1989). Angehörige und Ersatz-Angehörige psychisch Kranker: Analogien und Differenzen. In G. Buchkremer & N. Rath (Hrsg.), *Therapeutische Arbeit mit Angehörigen schizophrener Patienten* (S. 171–179). Bern: Verlag Hans Huber.

Kopp, B. & Rist, F. (1994). Error-correcting behavior in schizophrenic patients. *Schizophrenia Research, 13,* 11–22.

Kraemer, S., Sulz, K. H. D., Schmid, R. & Lässle, R. (1987). Kognitive Therapie bei standardversorgten schizophrenen Patienten. *Nervenarzt, 58,* 84–90.

Kraepelin, E. (1896). *Psychiatrie. Ein Lehrbuch für Studierende und Ärzte* (6. Aufl.). Leipzig: A. Barth.

Kringlen, E. (1987). Contributions of genetic studies on schizophrenia. In H. Häfner, W. F. Gattaz & W. Janzarik (Eds.), *Search for the Causes of Schizophrenia (Vol. I)* (pp. 123–142). Heidelberg: Springer Verlag.

Krüger, M. (1989). Die Auswahl von Familien für die psychiatrische Familienpflege. In G. Buchkremer & N. Rath (Hrsg.), *Therapeutische Arbeit mit Angehörigen schizophrener Patienten* (S. 129–141). Bern: Verlag Hans Huber.

Krumm, B., An der Heiden, W., Biehl, H. & Ditton, U. (1992). Die statistische Modellierung schizophrener Phasen und Schübe. *Zeitschrift für Klinische Psychologie, 21*, 361–371.

Kuipers, L. & Bebbington, P. (1988). Expressed emotion research in schizophrenia: Theoretical and clinical implications. *Psychological Medicine, 18*, 893–909.

Kwapil, T. R., Hegley, D. C., Chapman, L. J. & Chapman, J. P. (1990). Facilitation of word recognition by semantic priming in schizophrenia. *Journal of Abnormal Psychology, 99*, 215–221.

Largen, J. W., Jr., Smith, R. C., Calderon, M., Baumgartner, R., Lu, R.-B., Schoolar, J. C. & Ravichandran, G. K. (1984). Abnormalities of brain structure and density in schizophrenia. *Biological Psychiatry, 19*, 991–1013.

Leff, J. (1988). *Psychiatry around the globe: A transcultural view (2nd. Ed.)*. London: Gaskell.

Leff, J., Sartorius, N., Jablensky, A., Korten, A. & Ernberg, G. (1992). The International Pilot Study of Schizophrenia: Five-year follow-up findings. *Psychological Medicine, 22*, 131–145.

Lenzenweger, M. F., Dworkin, R. H. & Wethington, E. (1989). Models of positive and negative symptoms in schizophrenia: An empirical evaluation of latent structures. *Journal of Abnormal Psychology, 98*, 62–70.

Levinson, D. F., Edelberg, R. & Maricq, H. R. (1985). The skin conductance orienting response in neuroleptic-free schizophrenics: Replication of the scoring criteria effect. *Biological Psychiatry, 20*, 646–653.

Lewis, M. S. (1989). Age incidence and schizophrenia: I. The season of birth controversy. *Schizophrenia Bulletin, 15*, 59–73.

Lewis, S. (1992). Sex and schizophrenia: Vive la difference. *British Journal of Psychiatry, 161*, 445–450.

Liberman, R. P. & Green, M. F. (1992). Whither cognitive-behavioral therapy for schizophrenia? *Schizophrenia Bulletin, 18*, 27–35.

Liberman, R. P., Mueser, K. T., Wallace, C. J., Jacobs, H. E., Eckman, T. & Massel, H. K. (1990). Training skills in the psychiatric disabled: Learning coping and competence. In E. R. Straube & K. Hahlweg (Eds.), *Schizophrenia: Concepts, Vulnerability, and Intervention* (pp. 193–216). Heidelberg: Springer Verlag.

Liberman, R. P. & Wallace, C. (1990). Neuere Entwicklungen des Trainings sozialer Fertigkeiten für chronisch psychisch Kranke. In R. Olbrich (Hrsg.), *Therapie der Schizophrenie* (S. 83–99). Stuttgart: Kohlhammer Verlag.

Liddle, P. (1987). The symptoms of chronic schizophrenia: A re-examination of the positive-negative dichotomy. *British Journal of Psychiatry, 151*, 145–151.

Lieberman, J. A., Kane, J. M., Sarantakos, S., Gadaleta, D., Woerner, M., Alövir, J. & Ramos-Lorenzi, J. (1987). Prediction of relapse in schizophrenia. *Archives of General Psychiatry, 44*, 597–603.

Lin, K. M. & Kleinman, A. M. (1988). Psychopathology and clinical course of schizophrenia: A cross-cultural perspective. *Schizophrenia Bulletin, 14*, 555–568.

Linden, M. (1982). Die Veränderung von Krankheitsmodellen und Compliance bei schizophrenen Patienten. In H. Helmchen, M. Linden & U. Rüger (Hrsg.), *Psychotherapie in der Psychiatrie* (S. 93–99). Heidelberg: Springer Verlag.

Lindsley, O. R. & Skinner, B. F. (1954). A method for the experimental analysis of the behavior of psychotic patients. *American Psychologist*, *9*, 419–420.

Lorr, M., Klett, L. J., McNair, D. M. & Lasky, J. J. (1963). *Inpatient Multidimensional Psychiatric Scale*. Palo Alto: Consulting Psychologists Press.

Luderer, H. J. (1989). *Schizophrenien – Ratgeber für Patienten und Angehörige*. Stuttgart: Trias.

Lukoff, D., Nuechterlein, K. H. & Ventura, J. (1987). Manual for expanded Brief Psychiatric Rating Scales (BPRS). *Schizophrenia Bulletin*, *12*, 594–602.

MacMillan, J. F., Gold, A., Crow, T. J., Johnson, A. L. & Johnstone, E. C. (1986). The Northwick Park Study of first episodes of schizophrenia. IV. Expressed emotion and relapse. *British Journal of Psychiatry*, *148*, 133–143.

MacMillan, F., Birchwood, M. & Smith, J. (1992). Predicting and controlling relapse in schizophrenia: Early signs monitoring. In Kavanagh, D. J. (Ed.), *Schizophrenia: An Overview and Practical Handbook* (pp. 293–308). London: Chapman & Hall.

Magaro, P. A., Abrams, L. & Cantrell, P. (1981). The Maine Scale of paranoid and nonparanoid schizophrenia: Reliability and validity. *Journal of Consulting and Clinical Psychology*, *49*, 438–447.

Maher, B. A. (1991). Language and schizophrenia. In S. R. Steinhauer, J. H. Gruzelier & J. Zubin (Eds.), *Handbook of Schizophrenia (Vol. 5)*: Neuropsychology, Psychophysiology and Information Processing (pp. 437–464). Amsterdam: Elsevier.

Malenka, R. C., Angel, R. W., Thiemann, S., Weitz, C. J. & Berger, P. A. (1986). Central error-correcting behavior in schizophrenia and depression. *Biological Psychiatry*, *21*, 263–273.

Malenka, R. C., Angel, R. W., Hampton, B. & Berger, P. A. (1982). Impaired central error-correcting behavior in schizophrenia. *Archives of General Psychiatry*, *39*, 101–107.

Mandal, M. K. & Palchoudhury, S. (1989). Identifying the components of facial emotion and schizophrenia. *Psychopathology*, *22*, 295–300.

Manschreck, T. C., Maher, B. A., Rucklos, M. E. & White, M. T. (1979). The predictability of thought disordered speech in schizophrenic patients. *British Journal of Psychiatry*, *134*, 595–601.

Manschreck, T. C., Maher, B. A., Hoover, T. M. & Ames, D. (1984). The type-token ratio in schizophrenic disorders: Clinical and research value. *Psychological Medicine*, *14*, 151–157.

Manschreck, T. C., Maher, B. A., Milavetz, J. J., Ames, D., Weisstein, C. C. & Schneyer, M. L. (1988). Semantic priming in thought disordered schizophrenic patients. *Schizophrenia Research*, *1*, 61–66.

Manschreck, T. C., Maher, B. A., Rosenthal, J. E. & Berner, J. (1991 a). Reduced primacy and related features in schizophrenia. *Schizophrenia Research*, *5*, 35–41.

Manschreck, T. C., Maher, B. A., Celada, M. T., Schneyer, M. & Fernandez, R. (1991 b). Object chaining and thought disorder in schizophrenic speech. *Psychological Medicine*, *21*, 443–446.

Marder, S. R. (1992). Pharmacological treatment of schizophrenia. In D. J. Kavanagh (Ed.), *Schizophrenia: An Overview and Practical Handbook* (pp. 325–338). London: Chapman & Hall.

Maß, R. & Krausz, M. (1993). Der Einfluß herkunftsfamiliärer Faktoren auf den psychopathologischen Status akut-psychiatrischer Patienten. In Deutsche Hauptstelle gegen die Suchtgefahren (Hrsg.), *Sucht und Familie* (S. 67–80). Freiburg: Lambertus Verlag.

Matthews, S. M., Roper, M. T., Mosher, L. R. & Menn, A. Z. (1979). A non-neuroleptic treatment for schizophrenia: Analysis of the two-year postdischarge risk of relapse. *Schizophrenia Bulletin, 5*, 322–333.

Matthysse, S., Holzman, P. S. & Lange, K. (1986). The genetic transmission of schizophrenia: Application of Mendelian latent structure analysis to eye tracking dysfunctions in schizophrenia and affective disorder. *Journal of Psychiatric Research, 20*, 57–67.

Matussek, P. (1976). *Psychotherapie schizophrener Psychosen.* Hamburg: Hoffman & Campe.

Maurer, K. & Biehl, H. (1991). Models for the development of symptomatology and course of schizophrenia. In H. Häfner & W. F. Gattaz (Eds.), *Search for the Causes of Schizophrenia (Vol. II)* (pp. 77–93). Heidelberg: Springer Verlag.

May, P. R. A., Tuma, A. H. & Dixon, W. J. (1981). Schizophrenia: A follow-up study of the results of five forms of treatment. *Archives of General Psychiatry, 38*, 776–784.

McGhie, A. & Chapman, L. J. (1961). Disorders of attention and perception in early schizophrenia. *Journal of Abnormal Psychology, 34*, 103–116.

McGlashan, T. H. (1986). Predictors of shorter-, medium-, and longer-term outcome in schizophrenia. *American Journal of Psychiatry, 143*, 50–55.

McGlashan, T. H. (1988). A selective review of recent north-american long-term followup studies of schizophrenia. *Schizophrenia Bulletin, 14*, 515–542.

McGlashan, T. H. & Bardenstein, K. K. (1990). Gender differences in affective, schizoaffective, and schizophrenic disorders. *Schizophrenia Bulletin, 16*, 319–329.

McGlashan, T. H. & Fenton, W. S. (1991). Classical subtypes for schizophrenia: Literature review for DSM-IV. *Schizophrenia Bulletin, 17*, 609–632.

McGorry, P. D., Singh, B. S. & Coplolov, D. L. (1992). Diagnostic and symptomatological assessment. In D. J. Kavanagh (Ed.), *Schizophrenia: An Overview and Practical Handbook* (pp. 163–181). London: Chapman & Hall.

McGue, M. & Gottesman, I. I. (1989). Genetic linkage in schizophrenia: Perspectives from genetic epidemiology. *Schizophrenia Bulletin, 15*, 453–464.

McGuffin, P., Farmer, A. & Gottesman, I. I. (1987). Is there really a split in schizophrenia? The genetic evidence. *British Journal of Psychiatry, 150*, 581–592.

Mednick, S. A., Machon, R. A., Huttunen, M. O., & Barr, C. E. (1990). Influenza and schizophrenia: Helsinki vs. Edinburgh. *Archives of General Psychiatry, 47*, 875–876.

Mednick, S. A. & Silverton, L. (1988). High-risk studies of the aetiology of schizophrenia. In M. T. Tsuang & J. C. Simpson (Eds.), *Handbook of Schizophrenia, Vol. 3. Nosology, Epidemiology, and Genetics of Schizophrenia* (S. 543–562). Amsterdam: Elsevier.

Meehl, P. E. (1962). Schizotaxia, schizotypy, schizophrenia. *American Psychologist, 17*, 827–838.

Meehl, P. E. (1989). Schizotaxia revisited. *Archives of General Psychiatry, 46*, 935–944.

Meichenbaum, D. & Cameron, R. (1973). Training schizophrenics to talk to themselves: A means of developing attentional controls. *Behavior Therapy, 4*, 515–534.

Merritt, R. D. & Balogh, D. W. (1989). Backward masking spatial frequency effects among hypothetically schizotypal individuals. *Schizophrenia Bulletin, 15*, 573–583.

Mishlove, M. & Chapman, L. J. (1985). Social anhedonia in the prediction of psychosis proneness. *Journal of Abnormal Psychology, 94*, 384–396.

Möller, H. J. & v. Zerssen, D. (1986). *Der Verlauf schizophrener Psychosen unter den gegenwärtigen Behandlungsbedingungen.* Heidelberg: Springer Verlag.

Moore, E., Kuipers, L. & Ball, R. (1992). Staff-patient relationships in the care of the long-term adult mentally ill: A content analysis of expressed emotion interviews. *Social Psychiatry and Psychiatric Epidemiology, 27*, 28–34.

Morice, R. (1990). Cognitive inflexibility and pre-frontal dysfunction in schizophrenia and mania. *British Journal of Psychiatry, 157*, 50–54.

Morice, R. D. & Ingram, J. C. (1982). Language analysis in schizophrenia: Diagnostic implications. *Australian and New Zealand Journal of Psychiatry, 16*, 11–21.

Morrison, R. L., Bellack, A. S. & Mueser, K. T. (1988). Deficits in facial-affect recognition and schizophrenia. *Schizophrenia Bulletin, 14*, 67–83.

Mosher, L. R. & Keith, S. J. (1980). Psychosocial treatment: Individual, group, family, and community support approaches. *Schizophrenia Bulletin, 6*, 10–41.

Mosher, L. R. & Menn, A. Z. (1978). Community residential treatment for schizophrenia: Two-year follow-up data. *Hospital and Community Psychiatry, 29*, 715–723.

Mueser, K. T., Douglas, M. S., Bellack, A. S. & Morrison, R. L. (1991). Assessment of enduring deficit and negative symptom subtypes in schizophrenia. *Schizophrenia Bulletin, 17*, 565–581.

Mueser, K. T., Liberman, R. P. & Glynn, S. M. (1990). Psychosocial interventions in schizophrenia. In A. Kales, C. N. Stefanis & J. A. Talbott (Eds.), *Recent Advances in Schizophrenia* (pp. 213–235). Heidelberg: Springer Verlag.

Müller, C. (1976). Psychotherapie und Soziotherapie der Schizophrenen. In G. Huber (Ed.), *Therapie, Rehabilitation und Prävention schizophrener Erkrankungen* (S. 289–298). Stuttgart: Schattauer Verlag.

Müller, H. (1987). Ist Chestnut Lodge Salz in der wunden Stelle des psychoanalytischen Beitrags zur Behandlung der Schizophrenie? *Psychiatrische Praxis, 14*, 22–26.

Muller, H. G. & Kleider, W. (1990). A hypothesis on the abnormal seasonality of schizophrenic births. *European Archives of Psychiatry and Neurological Sciences, 239*, 331–334.

Müller, P. (1990). Neuroleptische Behandlung, Prophylaxe und der Verlauf schizophrener Psychosen. In R. Olbrich (Hrsg.), *Therapie der Schizophrenie* (S. 64–82). Stuttgart: Kohlhammer Verlag.

Mundt, C. (1981). Die Psychopathologie des Langzeitverlaufs schizophrener Erkrankungen. *Nervenarzt, 52*, 493–505.

Mundt, C., Fiedler, P., Pracht, B. & Rettig, R. (1985). InSka (Intentionalitätsskala) – ein neues psychopathometrisches Instrument zur quantitativen Erfassung der schizophrenen Residualsymptomatik. *Nervenarzt, 56*, 146–149.

Mundt, C. & Kasper, S. (1987). Zur Schizophreniespezifität von negativen und Basissymptomen. *Nervenarzt, 58*, 489–495.

Murphy, D. & Cutting, J. (1990). Prosodic comprehension and expression in schizophrenia. *Journal of Neurology, Neurosurgery and Psychiatry, 53*, 727–730.

Murray, R.M., Reveley, A. & Shon, W.L. (1988). Family history, obstetric complications, and cerebral abnormality in schizophrenia. In M.T. Tsuang & J.C. Simpson (Eds.), *Handbook of Schizophrenia, Vol.3*: Nosology, Epidemiology and Genetics (pp. 363–578). Amsterdam: Elsevier.

Mussgay, L. & Olbrich, R. (1988). Trainingsprogramme in der Behandlung kognitiver Defizite Schizophrener. *Zeitschrift für Klinische Psychologie, 17*, 341–353.

Neale, J.M. & Oltmanns, T.F. (1980). *Schizophrenia*. New York: Wiley.

Ni Nuallain, M., O'Hare, A. & Walsh, D. (1987). Incidence of schizophrenia in Ireland. *Psychological Medicine, 17*, 943–948.

Norman, R.M. & Malla, A.K. (1991). Subjective stress in schizophrenic patients. *Social Psychiatry and Psychiatric Epidemiology, 26*, 212–216.

North, C. & Cadoret, R. (1981). Diagnostic discrepancy in personal accounts of patients with „schizophrenia". *Archives of General Psychiatry, 38*, 133–137.

Novic, J., Luchins, D.J. & Perline, R. (1984). Facial affect recognition in schizophrenia: Is there a differential deficit? *British Journal of Psychiatry, 144*, 533–537.

Nuechterlein, K.H. (1983). Signal detection in vigilance tasks and behavioral attributes among offspring of schizophrenic mothers and among hyperactive children. *Journal of Abnormal Psychology, 92*, 4–28.

Nuechterlein, K.H. (1991). Vigilance in schizophrenia and related disorders. In S.R. Steinhauer, J.H. Gruzelier & J. Zubin (Hrsg.), *Handbook of Schizophrenia, Vol.5*: Neuropsychology, Psychophysiology, and Information Processing (pp. 397–433). Amsterdam: Elsevier.

Nuechterlein, K.H., Edell, W.S., Norris, M. & Dawson, M.E. (1986). Attentional vulnerability indicators, thought disorder, and negative symptoms in schizophrenia. *Schizophrenia Bulletin, 12*, 408–426.

O'Callaghan, E., Gibson, T., Colohan, H.A., Walshe, D., Buckley, P., Larkin, C. & Waddington, J.L. (1991). Season of birth in schizophrenia: Evidence for confinement of an excess of winter births to patients without a family history of mental disorder. *British Journal of Psychiatry, 158*, 764–769.

Öhman, A., Nordby, H. & d'Elia, G. (1986). Orienting and schizophrenia: Stimulus significance, attention, and distraction in a signaled reaction time task. *Journal of Abnormal Psychology, 95*, 326–334.

Öhman, A., Ohlund, L.S., Alm, T., Wieselgren, I.-M., Öst, L.-G. & Lindström, L.H. (1989). Electrodermal nonresponding, premorbid adjustment, and symptomatology as predictors of long-term social functioning in schizophrenics. *Journal of Abnormal Psychology, 98*, 426–435.

Olbrich, R. (1983). Expressed Emotion (EE) und die Auslösung schizophrener Episoden: Eine Literaturübersicht. *Nervenarzt, 54*, 113–121.

Olbrich, R. (1987). Die Verletzbarkeit des Schizophrenen: J. Zubins Konzept der Vulnerabilität. *Nervenarzt, 58*, 65–71.

Enzyklopädie der Psychologie

Gesamtübersicht

Hogrefe • Verlag für Psychologie
Göttingen • Bern • Toronto • Seattle

Die Enzyklopädie der Psychologie

A — Geschichte und Stellung der Psychologie innerhalb der Wissenschaften

1 Geschichte der Psychologie
- Bd. 1 Geschichte der Psychologie I (bis zur Mitte des 19. Jahrhunderts)
- Bd. 2 Geschichte der Psychologie II (bis zum frühen 20. Jahrhundert)
- Bd. 3 Geschichte der Psychologie III (im 20. Jahrhundert)

2 Die Psychologie innerhalb der Wissenschaften
- Bd. 1 Psychologie und Philosophie
- Bd. 2 Psychologie und biologische Wissenschaften
- Bd. 3 Psychologie und Sozialwissenschaften
- Bd. 4 Psychologie und kognitive Wissenschaften

B — Methodologie und Methoden

1 Forschungsmethoden der Psychologie
- Bd. 1 Methodologische Grundlagen der Psychologie
- Bd. 2 Datenerhebung
- Bd. 3 Messen und Testen
- Bd. 4 Strukturierung und Reduzierung von Daten
- Bd. 5 Hypothesenprüfung

2 Psychologische Diagnostik
- Bd. 1 Grundlagen psychologischer Diagnostik
- Bd. 2 Intelligenz- und Leistungsdiagnostik
- Bd. 3 Persönlichkeitsdiagnostik
- Bd. 4 Verhaltensdiagnostik

C — Theorie und Forschung

1 Biologische Psychologie
- Bd. 1 Grundlagen der Neuropsychologie
- Bd. 2 Klinische Neuropsychologie
- Bd. 3 Psychoendokrinologie und Psychoimmunologie
- Bd. 4 Grundlagen und Methoden der Psychophysiologie
- Bd. 5 Ergebnisse und Anwendungen der Psychophysiologie
- Bd. 6 Biologische Grundlagen der Psychologie

2 Kognition
- Bd. 1 Wahrnehmung
- Bd. 2 Aufmerksamkeit
- Bd. 3 Psychomotorik
- Bd. 4 Gedächtnis
- Bd. 5 Denken und Problemlösen
- Bd. 6 Wissenspsychologie
- Bd. 7 Lernen
- Bd. 8 Risiko, Konflikt und Entscheidung

6 Sozialpsychologie
- Bd. 1 Soziale Kognition
- Bd. 2 Soziale Interaktion
- Bd. 3 Sozialpsychologie der Gruppen
- Bd. 4 Sozialpsychologie gesellschaftlicher Probleme
- Bd. 5 Kulturvergleichende Psychologie

7 Kulturvergleichende Psychologie
- Bd. 1 Theorien und Methoden kulturvergleichender Psychologie
- Bd. 2 Kulturelle Determinanten des Erlebens und Verhaltens

D — Praxisgebiete

1 Pädagogische Psychologie
- Bd. 1 Psychologie der Erziehung und Sozialisation
- Bd. 2 Psychologie des Lernens und der Instruktion
- Bd. 3 Psychologie des Unterrichts und der Schule
- Bd. 4 Psychologie der Erwachsenenbildung

2 Klinische Psychologie
- Bd. 1 Grundlagen der Klinischen Psychologie
- Bd. 2 Klinisch-psychologische Störungen und ihre Behandlung
- Bd. 3 Grundlagen der Verhaltensmedizin
- Bd. 4 Anwendungen der Verhaltensmedizin
- Bd. 5 Klinische Psychologie des Kindes- und Jugendalters

6 Verkehrspsychologie
- Bd. 1 Verkehrspsychologie I: Grundlagenforschung
- Bd. 2 Verkehrspsychologie II: Begutachtung und Intervention

7 Medizinische Psychologie
- (3 – 4 Bände)

Gesamtübersicht

Begriffswörterbuch der Psychologie

○ (3 – 4 Bände)

■ Bereits erschienen
☐ In Vorbereitung, Erscheinungstermin 1997/98
○ In Planung, Erscheinungstermin nach 1998

Psychologische Interventionsmethoden

○ Bd. 1 Pädagogisch-psychologische Interventionsmethoden
○ Bd. 2 Psychotherapeutische Methoden I
○ Bd. 3 Psychotherapeutische Methoden II
○ Bd. 4 Rehabilitationsmethoden

Evaluationsforschung

○ Bd. 1 Evaluationsforschung: Modelle und Methoden
○ Bd. 2 Evaluationsforschung: Anwendungen

Sprache

○ Bd. 1 Sprechen und Sprachverstehen
○ Bd. 2 Spracherwerb und Sprachentwicklung
○ Bd. 3 Sprache im sozialen Kontext

Motivation und Emotion

■ Bd. 1 Theorien und Formen der Motivation
■ Bd. 2 Psychologie der Motive
■ Bd. 3 Psychologie der Emotion
■ Bd. 4 Motivation, Volition und Handlung

Entwicklung

○ Bd. 1 Allgemeine Entwicklungspsychologie
○ Bd. 2 Frühkindliche Entwicklung
○ Bd. 3 Entwicklung im Kindes- und Jugendalter
○ Bd. 4 Psychologie der Lebensspanne
○ Bd. 5 Gerontopsychologie
○ Bd. 6 Entwicklung und Sozialisation
○ Bd. 7 Angewandte Entwicklungspsychologie

Differentielle Psychologie und Persönlichkeitsforschung

■ Bd. 1 Grundlagen und Methoden der Differentiellen Psychologie
■ Bd. 2 Verhaltens- und Leistungsunterschiede
■ Bd. 3 Temperaments- und Persönlichkeitsunterschiede
☐ Bd. 4 Determinanten individueller Unterschiede
☐ Bd. 5 Theorien und Anwendungsfelder der Differentiellen Psychologie

Ökologische Psychologie

○ Bd. 1 Allgemeine Ökologische Psychologie
○ Bd. 2 Spezifische Umwelten und Umweltprobleme

Wirtschafts-, Organisations- und Arbeitspsychologie

■ Bd. 1 Arbeitspsychologie
■ Bd. 2 Ingenieurpsychologie
■ Bd. 3 Organisationspsychologie
■ Bd. 4 Marktpsychologie als Sozialwissenschaft
■ Bd. 5 Methoden und Anwendungen in der Marktpsychologie

Psychologie im Rechtswesen

○ Bd. 1 Forensische Begutachtung
○ Bd. 2 Psychologie des delinquenten Verhaltens

Sportpsychologie

○ Bd. 1 Sportpsychologie I: Sportliche Fähigkeiten und ihre Entwicklung
○ Bd. 2 Sportpsychologie II: Sportliche Leistungen und ihre Bedingungen

Hogrefe • Verlag für Psychologie

Göttingen • Bern • Toronto • Seattle

Anschrift:
Hogrefe Verlag
Rohnsweg 25 • 37085 Göttingen
Postfach 37 51 • 37027 Göttingen
Telefon: 0551/49609-0
Telefax: 0551/49609-88

Anschrift Bern:
Verlag Hans Huber
Länggass-Straße 75
CH -3000 Bern 9
Telefon: 031/3004-500
Telefax: 031/3004-590

Anschrift USA:
Hogrefe & Huber Publishers
P.O. Box 24 87
Kirkland, WA 98083-2487
Telefon: 001/206-820-1500
Telefax: 001/206-823-8324

Anschrift Canada:
Hogrefe & Huber Publishers
12 Bruce Park Avenue
Toronto, Ontario M4P 2S3
Telefon: 001/416-482-6339
Telefax: 001/416-484-4200

Wissenschaftliche Verlagsleitung:
Dr. Michael Vogtmeier
Tel. 0551/49609-0

Lektorat:
Dr. Michael Vogtmeier
Dipl.-Psych. Susanne Weidinger
Telefon: 0551/49609-0

Werbung:
Silke Ristau
Telefon: 0551/49609-31

Presse:
Carmen Bergmann
Telefon: 0551/49609-20

Lizenzen:
Nicole Nachtwey
Telefon: 0551/49609-21

Vertrieb Deutschland:
Hogrefe & Huber Verlagsgruppe
Carsten Königsberg
Robert-Bosch-Breite 25
37079 Göttingen
Telefon: 0551/50688-30
Telefax: 0551/50688-24

Vertrieb und Auslieferung Schweiz:
Verlag Hans Huber
Marc Peter
Länggass-Straße 76
CH -3000 Bern 9
Telefon: 031/3004-514
Telefax: 031/3004-590

Auslieferung Deutschland:
Brockhaus Commission
Kreidlerstraße 9
70806 Kornwestheim
Telefon: 07154/13270
Telefax: 07154/1327-13

Auslieferung Österreich:
Universitätsbuchhandlung für
medizinische Wissenschaften
Wilhelm Maudrich
Spitalgasse 21 a
A-1097 Wien IX
Telefon: 01/402 47 12
Telefax: 01/408 50 80

Stand: September 1995. Änderungen und Irrtümer vorbehalten. (15000/9/95).

Bestellschein
Bitte bestellen Sie mit diesem Bestellschein bei Ihrem Buchhändler:

____ Expl. _____

____ Expl. _____

____ Expl. _____

____ Expl. _____

Absender:

Name

Straße

PLZ/Ort

Datum   Unterschrift

❏ Bitte übersenden Sie mir das Gesamtverzeichnis der *Enzyklopädie der Psychologie*
❏ Bitte übersenden Sie uns Ihr aktuelles *Verlagsverzeichnis*

Olbrich, R. & Strauss, E. (1988). Prospektive Verlaufsuntersuchungen zur Schizophrenie seit dem 2. Weltkrieg: Eine Literaturrecherche. In R. Olbrich (Hrsg.), *Prospektive Verlaufsforschung in der Psychiatrie* (S. 11–19). Heidelberg: Springer Verlag.

Oltmanns, T. F. (1978). Selective attention in schizophrenic and manic psychoses: The effect of distraction on information processing. *Journal of Abnormal Psychology, 87,* 212–225.

Oltmanns, T. F. & Neale, J. M. (1975). Schizophrenic performance when distractors are present: Attentional deficit or differential task difficulty? *Journal of Abnormal Psychology, 84,* 205–209.

Oltmanns, T. F., Neale, J. M. & Ohayon, J. (1978). The effect of anti-psychotic medication and diagnostic criteria on distractibility in schizophrenia. *Journal of Psychiatric Research, 14,* 81–91.

Onstad, S., Skre, I., Torgersen, S. & Kringlen, E. (1991). Twin concordance for DSM-III-R schizophrenia. *Acta Psychiatrica Scandinavica, 83,* 395–401.

Orzack, M. H. & Kornetsky, C. (1966). Attention dysfunction in chronic schizophrenia. *Archives of General Psychiatry, 14,* 323–326.

Overall, J. E. & Gorham, D. R. (1962). The Brief Psychiatric Rating Scale (BPRS). *Psychological Reports, 10,* 799–812.

Owen, M. J., Lewis, S. W. & Murray, R. M. (1988). Obstetric complications and schizophrenia: A computed tomographic study. *Psychological Medicine, 18,* 331–339.

Paul, G. L. & Lentz, R. J. (1977). *Psychosocial Treatment of Chronic Mental Patients.* Cambridge, Mass.: Harvard University Press.

Paykel, E. S. (1979). Recent life events in the development of the depressive disorders. In R. A. Depue (Ed.), *The Psychobiology of the Depressive Disorders: Implications for the Effects of Stress* (pp. 245–262). New York: Academic Press.

Payne, R. W. (1971). Cognitive defects in schizophrenia: Overinclusiv thinking. In Hellmuth, J. (Ed.), *Cognitive Studies. Vol. 2. Deficits in cognition.* New York: Bruner and Mazel.

Peters, U. H. (1987). Frieda Fromm-Reichmann und die psychoanalytisch orientierte Psychotherapie der Schizophrenie. *Fundamenta Psychiatrica, 1,* 184–191.

Philipp, M. & Maier, W. (1986). The polydiagnostic interview: a structured interview for the polydiagnostic classification of psychiatric patients. *Psychopathology, 19,* 175–185.

Piatowska, O. & Farnhill, D. (1992). Medication – compliance or alliance? A client-centered approach to increasing adherence. In D. J. Kavanagh (Ed.), *Schizophrenia: An Overview and Practical Handbook* (pp. 339–355). London: Chapman & Hall.

Pietzcker, A. & Gaebel, W. (1987). Prospective study of course of illness in schizophrenia: Part I. Outcome at 1 year. *Schizophrenia Bulletin, 13,* 287–297.

Pogue-Geile, M. F. & Harrow, M. (1984). Negative and positive symptoms in schizophrenia and depression: A followup. *Schizophrenia Bulletin, 10,* 371–387.

Poljakov, J. (1973). *Schizophrenie und Erkenntnistätigkeit.* Stuttgart: Hippokrates Verlag.

Pollack, K. (1962). *Das ärztliche Hausbuch (18.* Aufl.). Gütersloh: Bertelsmann Verlag.

Pope, H. G. & Lipinski, J. F. (1978). Diagnosis in schizophrenia and manic-depressive illness. *Archives of General Psychiatry, 35,* 811–828.

Propping, P. (1989). *Psychiatrische Genetik: Befunde und Konzepte.* Berlin: Springer Verlag.

Pulver, A. E., Liang, K.-Y., Brown, C. H., Wolyniec, P., McGrath, J., Adler, L., Tam, D., Carpenter, W. T. & Childs, B. (1992). Risk factors in schizophrenia: Season of birth, gender, and familial risk. *British Journal of Psychiatry, 160,* 65–71.

Ram, R., Bromet, E. J., Eaton, W. W., Pato, C. & Schwartz, J. E. (1992). The natural course of schizophrenia: A review of first-admission studies. *Schizophrenia Bulletin, 18,* 185–207.

Raz, S., Raz, N., Weinberger, D. R., Boronow, J., Pickar, D., Bigler, E. D. & Turkheimer, E. (1987). Morphological brain abnormalities in schizophrenia determined by computed tomography: A problem of measurement? *Psychiatry Research, 22,* 91–98.

Read, T., Potter, M. & Gerling, H. M. D. (1992). The genetics of schizophrenia. In D. J. Kavanagh (Ed.), *Schizophrenia: An Overview and Practical Handbook* (pp. 108–125). London: Chapman & Hall.

Redd, W. H., Porterfield, A. L. & Andersen, B. L. (1979). *Behavior Modification: Behavioral Approaches to Human Problems.* New York: Random House.

Reich, S. S. & Cutting, J. (1982). Picture perception and abstract thought in schizophrenia. *Psychological Medicine, 12,* 91–96.

Retterstol, N. (1987). Schizophrenie – Verlauf und Prognose. In K. P. Kisker, H. Lauter, J.-E. Meyer, C. Müller & E. Strömgren (Hrsg.), *Schizophrenie (Psychiatrie der Gegenwart 4)* (S. 71–118). Heidelberg: Springer Verlag.

Rief, W. (1989). Visuelle Wahrnehmungsprozesse bei chronisch Schizophrenen. *Zeitschrift für Klinische Psychologie, 18,* 278–284.

Rieg, C., Müller, U., Hahlweg, K., Wiedemann, G., Hank, G. & Feinstein, E. (1991). Psychoedukative Rückfallprophylaxe bei schizophrenen Patienten: Ändern sich die familiären Kommunikationsmuster? *Verhaltenstherapie, 1,* 283–292.

Rimon, R., Liira, J., Kampman, R. & Hyyppa, M. (1981). Prolactin levels in cerebrospinal fluid of patients with chronic schizophrenia. *Neuropsychobiology, 7,* 87–93.

Rist, F. & Cohen, R. (1988). Zum Einfluß wechselnder Reizmodalität auf die Reaktionszeiten chronisch Schizophrener. In G. Oepen (Hrsg.), *Psychiatrie des rechten und linken Gehirns* (S. 128–133). Köln: Deutscher Ärzte Verlag.

Rist, F. & Cohen, R. (1991). Sequential effects in the reaction times of schizophrenics: Crossover and modality shift effects. In S. R. Steinhauer, J. H. Gruzelier & J. Zubin (Eds.), *Handbook of Schizophrenia (Vol. 5): Neuropsychology, Psychophysiology, and Information Processing* (pp. 241–272). Amsterdam: Elsevier.

Roberts, J. E., Edwards, J. G., Cleckley, S., Cramer, J. L., Cutting, J. C., Lader, M. H. & Murray, R. M. (1986). A case of resistant schizophrenia. *British Journal of Psychiatry, 149,* 789–793.

Robins, L. N. (1966). *Deviant Children Grow Up.* Baltimore: Williams and Wilkins.

Robins, L. N., Helzer, J. E., Croughan, J. & Ratcliff, K. S. (1981). National Institute of Mental Health – Diagnostic Interview Schedule: Its history, characteristics and validity. *Archives of General Psychiatry, 38,* 381–389.

Robins, L. N. & Helzer, J. E. (1986). Diagnosis and clinical assessment: The current state of psychiatric diagnosis. *Annual Review of Psychology, 37,* 409–432.

Rochester, S. R. & Martin, J. R. (1979). *Crazy Talk.* New York: Plenum Press.

Roder, V. & Brenner, H. D. (1990). Spezifische Therapie-Interventionen im kognitiven und sozialen Bereich mit schizophrenen Patienten. In R. Olbrich (Hrsg.), *Therapie der Schizophrenie* (S. 100–119). Stuttgart: Kohlhammer Verlag.

Rodnick, E. & Shakow, D. (1940). Set in the schizophrenic as measured by a composite reaction time index. *American Journal of Psychiatry, 97,* 214–225.

Rogers, C. R., Gendlin, E. G., Kiesler, D. J. & Truax, C. B. (1967). *The Therapeutic Relationship and its Impact.* Madison: University of Wisconsin Press.

Rosen, A. J., Lockhart, J. J., Gants, E. S. & Westergaard, C. K. (1991). Maintenance of grip-induced muscle tension: A behavioral marker of schizophrenia. *Journal of Abnormal Psychology, 100,* 583–593.

Rosenbaum, G., Shore, D. L. & Chapin, K. (1988). Attention deficit in schizophrenia and schizotypy: Marker versus symptom variables. *Journal of Abnormal Psychology, 97,* 41–47.

Rosenthal, D., Wender, P. H., Kety, S. S., Welner, J. & Schulsinger, F. (1971). The adopted away offspring of schizophrenics. *American Journal of Psychiatry, 128,* 307–311.

Rosse, R. B., Schwartz, B. L., Mastropaolo, J. & Goldberg, R. L. (1991). Subtype diagnosis in schizophrenia and its relation to neuropsychological and computerized tomography measures. *Biological Psychiatry, 30,* 63–72.

Rösler, M., Bellaire, W., Hengesch, G. & Burger, J. (1986). Zur Konvergenz von AMDP dokumentierter psychopathologischer Symptomatik mit subjektiven Beschwerden (FBF,FPI). *Zeitschrift für Klinische Psychologie, 15,* 21–33.

Ruckstuhl, U. (1981). *Schizophrenieforschung.* Weinheim: Beltz Verlag.

Rutter, D. (1985). Language in schizophrenia: The structure of monologues and conversations. *British Journal of Psychiatry, 146,* 399–404.

Rutter, D. (1979). The reconstruction of schizophrenic speech. *British Journal of Psychiatry, 134,* 356–359.

Saccuzzo, D. P., Hirt, M. & Spencer, T. J. (1974). Backward masking as a measure of attention in schizophrenia. *Journal of Abnormal Psychology, 83,* 512–522.

Saffermann, A., Lieberman, J. A., Kane, J. M., Szymanski, S. & Kinon, B. (1991). Update on the clinical efficacy and side effects of clozapine. *Schizophrenia Bulletin, 17,* 247–261.

Salzinger, K. (1991). A behavior-analytic approach to schizophrenic verbal behavior. In S. R. Steinhauer, J. H. Gruzelier & J. Zubin (Eds.), *Handbook of Schizophrenia (Vol. 5):* Neuropsychology, Psychophysiology, and Information Processing (pp. 465–484). Amsterdam: Elsevier.

Samson, J. A., Simpson, J. C. & Tsuang, M. T. (1988). Outcome studies of schizoaffective disorders. *Schizophrenia Bulletin, 14,* 543–554.

Sartorius, N., Jablensky, A., Korten, A., Ernberg, G., Anker, M., Cooper, J. E. & Day, R. (1986). Early manifestations and first-contact incidence of schizophrenia in different cultures. *Psychological Medicine, 16,* 909–928.

Scharfetter, C. (1982). Leiborientierte Therapie schizophrener Ich-Störungen. In H. Helmchen, M. Linden & U. Rüger (Hrsg.), *Psychotherapie in der Psychiatrie* (S. 70–76). Heidelberg: Springer Verlag.

Scharfetter, C. (1987). Definition, Abgrenzung, Geschichte. In K.P. Kisker, H. Lauter, J.-E. Meyer, C. Müller & E. Strömgren (Hrsg.), *Schizophrenien (Psychiatrie der Gegenwart 4)* (S. 1–38). Heidelberg: Springer Verlag.

Schied, H.W. (1990) Psychiatric concepts and therapy. In E.R. Straube & K. Hahlweg (Eds.), *Schizophrenia: Concepts, Vulnerability, and Intervention* (pp. 9–43). Heidelberg: Springer Verlag.

Schnur, D.B., Bernstein, A.S., Mukherjee, S., Loh, J., Degreef, G. & Reidel, J. (1989). The autonomic orienting response and CT scan findings in schizophrenia. *Schizophrenia Research, 2,* 449–455.

Schooler, N.R. (1991). Maintenance medication for schizophrenia: Strategies for dose reduction. *Schizophrenia Bulletin, 17,* 311–324.

Schröder, J., Geider, F.J., Binkert, M., Reitz, C., Jauss, M. & Sauer, H. (1992). Subsyndromes in chronic schizophrenia: Do their psychopathological characteristics correspond to cerebral alterations? *Psychiatry Research, 42,* 209–220.

Schuck, J.R. & Lee, R.G. (1989). Backward masking, information processing, and schizophrenia. *Schizophrenia Bulletin, 15,* 491–500.

Schwartz, B.D., Mallott, D.B. & Winstead, D.K. (1988). Preattentive deficit in temporal processing by chronic schizophrenics. *Biological Psychiatry, 23,* 664–669.

Schwartz, B.D., McGinn, T. & Winstead, D.K. (1987). Disordered spatiotemporal processing in schizophrenics. *Biological Psychiatry, 22,* 688–698.

Schwartz-Place, E.J. & Gilmore, G.C. (1980). Perceptual organization in schizophrenia. *Journal of Abnormal Psychology, 89,* 409–418.

Seeman, M.V. & Lang, M. (1990). The role of estrogens in schizophrenia gender differences. *Schizophrenia Bulletin, 16,* 185–194.

Silver, A.L.S. (1992). Intensive psychotherapy of psychosis in a decade of change. *Psychiatric Hospital, 23,* 49–54.

Silverstein, S.M., Raulin, M., Pristach, E.A. & Pomerantz, J.R. (1992). Perceptual organization and schizotypy. *Journal of Abnormal Psychology, 101,* 263–270.

Solovay, M.R., Shenton, M.E., Gasperetti, C., Coleman, M., Kestenbaum, E., Carpenter, J.T. & Holzman, P.S. (1986). Scoring Manual for the thought disorder index. *Schizophrenia Bulletin, 12,* 483–496.

Spaulding, W., Rosenzweig, L., Huntzinger, R., Cromwell, R.L., Briggs, D. & Hayes, T. (1980). Visual pattern integration in psychiatric patients. *Journal of Abnormal Psychology, 89,* 643–653.

Spitzer, R.H., Andreasen, N.C. & Endicott, J. (1978). Schizophrenia and other psychotic disorders in DSM-III. *Schizophrenia Bulletin, 4,* 489–494.

Spitzer, R.H. & Fleiss, J.H. (1974). A reanalysis of the reliability of psychiatric diagnosis. *British Journal of Psychiatry,* 341–347.

Spitzer, R.H., Williams, J.B.W., Gibbons, H. & First, M.B. (1990). *The Structured Clinical Interview for DSM-III-R: Patient Edition.* Washington, DC: American Psychiatric Press.

Spohn, H. E., Coyne, L., Larson, J., Mittleman, F., Spray, J. & Hayes, K. (1986). Episodic and residual thought pathology in chronic schizophrenics: Effect of neuroleptics. *Schizophrenia Bulletin, 12*, 394–407.

Sponheim, S. R., Iacono, W. G. & Beiser, M. (1991). Stability of ventricular size after the onset of psychosis in schizophrenia. *Psychiatry Research Neuroimaging, 40*, 21–29.

Spring, B., Lemon, M. & Fergeson, P. (1990). Vulnerabilities to schizophrenia: Information-processing markers. In E. R. Straube & K. Hahlweg (Eds.), *Schizophrenia: Concepts, Vulnerability, and Invervention* (pp. 97–114). Berlin: Springer Verlag.

Spring, B., Lemon, M., Weinstein, L. & Haskell, A. (1989). Distractibility in schizophrenia: State and trait aspects. *British Journal of Psychiatry, 155*, 63–68.

Spring, B., Weinstein, L., Freeman, R. & Thompson, S. (1991). Selective attention in schizophrenia. In S. F. Steinhauer, J. H. Gruzelier & J. Zubin (Eds.), *Handbook of Schizophrenia. Vol. 5*: Neuropsychology, Psychophysiology and Information Processing (pp. 371–396). Amsterdam: Elsevier.

Spring, B. J. & Ravdin, L. (1992). Cognitive remediation in schizophrenia: Should we attempt it? *Schizophrenia Bulletin, 18*, 15–20.

Stanton, A. H., Gunderson, J. G., Knapp, P. H., Frank, A. F., Vannicelli, M. L., Schnitzer, R. & Rosenthal, R. (1984). Effects of psychotherapy in schizophrenia: I. Design and implementation of a controlled study. *Schizophrenia Bulletin, 10*, 520–526.

Steimer-Krause, E., Krause, R. & Wagner, G. (1990). Interaction regulations used by schizophrenic and psychosomatic patients: Studies on facial behavior in dyadic interactions. *Psychiatry, 53*, 209–228.

Stein, L. I. & Test, M. A. (1975). *Alternatives to Mental Hospital Treatment*. New York: Plenum Press.

Stoffelmayr, B. E., Dillavon, D. & Hunter, J. E. (1983). Premorbid functioning and outcome in schizophrenia: A cumulative analysis. *Journal of Consulting and Clinical Psychology, 51*, 338–352.

Straube, E. (1992). *Zersplitterte Seele oder Was ist Schizophrenie*. Frankfurt: Fischer Taschenbuch Verlag.

Straube, E. R. & Germer, C. K. (1979). Dichotic shadowing and selective attention to word meanings in schizophrenia. *Journal of Abnormal Psychology, 88*, 346–353.

Straube, E. R. & Oades, R. D. (1992). *Schizophrenia: Empirical Research and Findings*. San Diego: Academic Press.

Strauss, J. S., Carpenter, W. T. & Bartko, J. (1974). The diagnosis and understanding of schizophrenia. III. Speculations on the process that underlie schizophrenic symptoms and signs. *Schizophrenia Bulletin, 1*, 61–69.

Strauss, J. S., Hafez, H., Lieberman, P. & Harding, C. M. (1985). The course of psychiatric disorders. III. Longitudinal principles. *American Journal of Psychiatry, 142*, 289–296.

Strauss, M. E. (1975). Strong meaning-response bias in schizophrenia. *Journal of Abnormal Psychology, 84*, 295–298.

Strauss, M. E., Prescott, C. A., Gutterman, D. F. & Tune, L. E. (1987). Span of apprehension deficits in schizophrenia and mania. *Schizophrenia Bulletin, 13*, 699–704.

Strömgren, E. (1982 a). Differential diagnosis of schizophrenia. In J. K. Wing & L. Wing (Eds.), *Psychoses of Uncertain Aetiology (Handbook of Psychiatry 3)* (pp. 28–32). London: Cambridge University Press.

Strömgren, E. (1982 b). Subclassification of schizophrenia. In J. K. Wing & L. Wing (Eds.), *Psychoses of Uncertain Aetiology (Handbook of Psychiatry 3)* (pp. 17–21). London: Cambridge University Press.

Subotnik, K. L. & Nuechterlein, K. H. (1988). Prodromal signs and symptoms of schizophrenic relapse. *Journal of Abnormal Psychology, 97*, 405–412.

Suddath, R. L., Casanova, M. F., Goldberg, T. E., Daniel, D. G., Kelsoe, J. R. & Weinberger, D. R. (1989). Temporal lobe pathology in schizophrenia: A quantitative magnetic resonance imaging study. *American Journal of Psychiatry, 146*, 464–472.

Suddath, R. L., Christison, G. W., Torrey, E., Weinberger, D. R. & Casanova, M. F. (1990). Anatomical abnormalities in the brains of monozygotic twins discordant for schizophrenia. *New England Journal of Medicine, 322*, 789–794.

Süllwold, L. (1986 a). Basisstörungen: Instabilität von Hirnfunktionen. In W. Böker & H. D. Brenner (Hrsg.), *Bewältigung der Schizophrenie* (S. 42–46). Bern: Verlag Hans Huber.

Süllwold, L. (1986 b). Die Selbstwahrnehmung defizitärer Störungen: Psychologische Aspekte des Basisstörungskonzeptes. In L. Süllwold & G. Huber (Hrsg.), *Schizophrene Basisstörungen* (S. 1–38). Heidelberg: Springer Verlag.

Sweeney, J. A., Haas, G. L., Keilp, J. G. & Long, M. (1991). Evaluation of the stability of neuropsychological functioning after acute episodes of schizophrenia: One-year followup study. *Psychiatry Research, 38*, 63–76.

Swerdlow, N., Braff, D., Masten, V. & Geyer, M. (1990). Schizophrenic-like sensorimotor gating abnormalities in rats following dopamine infusion into the nucleus accumbens. *Psychopharmacology, 101*, 414–420.

Talbott, J. A. & Glick, I. D. (1986). The inpatient care of the chronically mentally ill. *Schizophrenia Bulletin, 12*, 129–140.

Tarrier, N. (1992). Psychological treatment of positive schizophrenic symptoms. In D. J. Kavanagh (Ed.), *Schizophrenia: An Overview and Practical Handbook* (pp. 356–373). London: Chapman & Hall.

Test, M. A., Wallisch, H. S., Allness, D. J. & Ripp, K. (1989). Substance use in young adults with schizophrenic disorders. *Schizophrenia Bulletin, 15*, 465–476.

Thomas, P., King, K., Fraser, W. & Kendell, R. (1990). Linguistic performance in schizophrenia: A comparison of acute and chronic patients. *British Journal of Psychiatry, 156*, 204–210.

Thurm-Mussgay, I., Galle, K. & Häfner, H. (1991). Krankheitsbewältigung Schizophrener: Ein theoretisches Konzept zu ihrer Erfassung und erste Erfahrungen mit einem neuen Meßinstrument. *Verhaltenstherapie, 1*, 293–300.

Tien, A. Y. & Eaton, W. W. (1992). Psychopathologic precursors and sociodemographic risk factors for the schizophrenia syndrome. *Archives of General Psychiatry, 49*, 37–46.

Tienari, P. (1991). Interaction between genetic vulnerability and family environment: The Finnish adoptive family study of schizophrenia. *Acta Psychiatrica Scandinavica, 84*, 460–465.

Tornatore, F.L., Sramek, J.J., Okeya, B.L. & Pi, E.H. (1991). *Unerwünschte Wirkungen von Psychopharmaka*. Stuttgart: Thieme

Torrey, E. (1987a). Early manifestations and first-contact incidence of schizophrenia in different cultures: Comment. *British Journal of Psychiatry, 151*, 132–133.

Torrey, E. (1987b). Prevalence studies in schizophrenia. *British Journal of Psychiatry, 150*, 598–608.

Torrey, E. (1989). Schizophrenia: Fixed incidence or fixed thinking? *Psychological Medicine, 19*, 285–287.

Torrey, E. & Bowler, A.E. (1990). The seasonality of schizophrenic births: A reply to Marc S. Lewis. *Schizophrenia Bulletin, 16*, 1–3.

Torrey, E.F., McGuire, M., O'Hare, A., Walsh, D. & Spellman, M.P. (1984). Endemic psychosis in western Ireland. *American Journal of Psychiatry, 141*, 966–969.

Torrey, E., Rawlings, R., & Waldman, I.N. (1988). Schizophrenic births and viral diseases in two states. *Schizophrenia Research, 1*, 73–77.

Tsuang, M.T. & Fleming, J.A. (1987). Long-term outcome of schizophrenia. In H. Häfner, W.F. Gattaz & W. Janzarik (Eds.), *Search for the Causes of Schizophrenia (Vol. I)* (pp. 88–97). Heidelberg: Springer Verlag.

Tsuang, M.T., Woolson, R.F. & Fleming, J.A. (1980). Premature deaths in schizophrenia and affective disorders: An analysis of survival curves and variables affecting the shortened survival. *Archives of General Psychiatry, 37*, 979–983.

Turner, R.J. & Wagenfeld, M.O. (1967). Occupational mobility and schizophrenia: An assessment of the social causation and social selection hypotheses. *American Sociological Review, 32*, 104–113.

Ullmann, L.P. & Krasner, L. (1969). *A Psychological Approach to Abnormal Behavior*. Englewood Cliffs, NJ: Prentice-Hall.

Van Putten, T. (1974). Why do schizophrenic patients refuse to take their drugs? *Archives of General Psychiatry, 31*, 67–72.

Van Putten, T., Marder, S.R., Wirshing, W.C., Aravagiri, M. & Clabert, N. (1991). Neuroleptic plasma levels. *Schizophrenia Bulletin, 17*, 197–216.

Vita, A., Dieci, M., Giobbio, G.M., Azzone, P., Garbarini, M., Sacchetti, E., Cesana, B.M. & Cazzullo, C.L. et al. (1991). CT scan abnormalities and outcome of chronic schizophrenia. *American Journal of Psychiatry, 148*, 1577–1579.

Walker, E., Downey, G. & Caspi, A. (1991). Twin studies of psychopathology: Why do the concordance rates vary? *Schizophrenia Research, 5*, 211–221.

Walker, E., McGuire, M. & Bettes, B. (1984). Recognition and identification of facial stimuli by schizophrenics and patients with affective disorders. *British Journal of Clinical Psychology, 23*, 37–44.

Walker, E. & Shaye, J. (1982). Familial schizophrenia: A predictor of neuromotor and attentional abnormalities in schizophrenia. *Archives of General Psychiatry, 39*, 1153–1156.

Wallace, C.J., Boone, S.E., Donahoe, C.P. & Foy, D.W. (1985). Psychosocial rehabilitation for the chronic mentally disabled: Social and independent living skills training. In D. Barlow (Ed.), *Behavioral Treatment of Adult Disorders* (pp. 462–501). New York: Guilford Press.

Wallace, C. J. & Liberman, R. P. (1985). Social skills training for patients with schizophrenia: A controlled clinical trial. *Psychiatry Research*, *15*, 239–247.

Wallace, C. J., Nelson, C. J., Liberman, R. P., Aitchinson, R. H., Lukoff, D., Elder, J. P. & Ferris, C. (1980). A review and critique of social skills training with schizophrenic patients. *Schizophrenia Bulletin*, *6*, 42–63.

Waring, M. & Ricks, D. (1965). Family patterns of children who became adult schizophrenics. *Journal of Nervous and Mental Disease*, *140*, 351–365.

Watson, C. G. & Wold, J. (1981). Logical reasoning deficits in schizophrenia and brain damage. *Journal of Clinical Psychology*, *37*, 466–471.

Watt, D. C., Katz, K. & Sheperd, M. (1983). The natural history of schizophrenia: A 5-year prospective follow-up of a representative sample of schizophrenics by means of a standardized clinical and social assessment. *Psychological Medicine*, *13*, 663–670.

Watzl, H., Wittgen, C. & Cohen, R. (1985). Expressed Emotions: Leistungen und Probleme einer Forschungsrichtung über den Zusammenhang zwischen Familieninteraktionen und dem Verlauf von Schizophrenien. In D. Czogalik, W. Ehlers & R. Teufel (Eds.), *Perspektiven der Psychotherapieforschung* (S. 427–440). Freiburg: Hochschul Verlag.

Watzl, H., Wittgen, C. & Cohen, R. (1989). Erfahrungen mit dem Camberwell Family Interview. In G. Buchkremer & N. Rath (Hrsg.), *Therapeutische Arbeit mit Angehörigen schizophrener Patienten* (S. 17–25). Bern: Verlag Hans Huber.

Weiden, P. J., Dixon, L., Frances, A., Appelbaum, P., Haas, G. & Rapkin, B. (1991). Neuroleptic noncompliance in schizophrenia. In C. A. Tamminga & S. C. Schulz (Eds.), *Schizophrenia Research* (pp. 285–296). New York: Raven Press.

Weinberger, D. R., Berman, K. F., & Zec, R. F. (1986). Physiologic dysfunction of dorsolateral prefrontal cortex in schizophrenia. I. Regional cerebral blood flow evidence. *Archives of General Psychiatry*, *43*, 114–124.

Wells, D. S. & Leventhal, D. (1984). Perceptual grouping in schizophrenia: Replication of Place and Gilmore. *Journal of Abnormal Psychology*, *93*, 231–234.

WHO (1979): *Schizophrenia. An International Follow-up Study.* New York: John Wiley & Sons.

WHO (1985). *Composite International Diagnostic Interview (CIDI).* Genf: World Health Organisations.

WHO (1991). *Schedule for the Clinical Assessment in Neuropsychiatry.* Genf: World Health Organisations.

Widiger, T. A. & Trull, T. J. (1991). Diagnosis and clinical assessment. *Annual Review of Psychology*, *42*, 109–133.

Wielgus, M. S. & Harvey, P. D. (1988). Dichotic listening and recall in schizophrenia and mania. *Schizophrenia Bulletin*, *14*, 689–700.

Wilkins, S. & Venables, P. (1992). Disorder of attention in individuals with schizotypal personality. *Schizophrenia Bulletin*, *18*, 717–723.

Wing, J. K. (1982). Course and prognosis of schizophrenia. In J. K. Wing & L. Wing (Eds.), *Psychoses of Uncertain Aetiology (Handbook of Psychiatry 3)* (pp. 33–41). London: Cambridge University Press.

Wing, J. K. (1987). Rehabilitation, Soziotherapie und Prävention. In K. P. Kisker, H. Lauter, J.-E. Meyer, C. Müller & E. Strömgren (Eds.), *Schizophrenie (Psychiatrie der Gegenwart 4)* (S. 325–355). Heidelberg: Springer Verlag.

Wing, J. K. & Brown, G. W. (1970). *Institutionalism and Schizophrenia: A Comparative Study of Three Mental Hospitals 1960–1968.* London: Cambridge University Press.

Wing, J. K., Cooper, J. E. & Sartorius, N. (1974). *Measurement and classification of psychiatric symptoms. An instruction manual for the PSE and CATEGO program.* London: Cambridge University Press.

Wing, J. K., Cooper, J. E. & Sartorius, N. (1978). *PSE: Standardisiertes Verfahren zur Erhebung des Psychopathologischen Befundes.* Weinheim: Beltz Test.

Wing, J. K., Cooper, J. E. & Sartorius, N. (1982). *Die Erfassung und Klassifikation psychiatrischer Symptome. Beschreibung und Glossar des PSE.* Weinheim: Beltz Verlag.

Wiseman, I. C. & Miller, R. (1991). Quantifying non-compliance in patients receiveing digoxin. *South African Medical Journal, 79,* 155–157.

Wittchen, H.-U. & Rupp, H. U. (1981). *Diagnostic Interview Schedule. Deutsche Version II.* Unveröff. Manuskript. Max-Planck-Institut für Psychiatrie, München.

Wittchen, H.-U., Sass, H., Zaudig, M. & Koehler, K. (Hrsg.). (1991). *Diagnostisches und Statistisches Manual Psychischer Störungen: DSM-III-R.* Weinheim: Beltz Verlag.

Wittchen, H.-U. & Semler, G. (1991). *Composite International Diagnostic Interview: CIDI Interviewheft.* Weinheim: Beltz Test.

Wittchen, H.-U., Semler, G., Schramm, E. & Spengler, P. (1988). Diagnostik psychischer Störungen mit strukturierten und standardisierten Interviews: Konzepte und Vorgehensweisen. *Diagnostica, 34,* 58–84.

Wittchen, H.-U. & Unland, H. (1991). Neuere Ansätze zur Symptomerfassung und Diagnosestellung nach ICD-10 und DSM-III: Strukturierte und standardisierte Interviews. *Zeitschrift für Klinische Psychologie, 20,* 321–342.

Wittchen, H.-U., Zaudig, M., Schramm, E., Spengler, P., Mombour, W., Klug, J. & Horn, R. (1990). *Strukturiertes Klinisches Interview für DSM-III-R.* Weinheim: Beltz Test.

Wyatt, R. J. (1991). Neuroleptics and the natural course of schizophrenia. *Schizophrenia Bulletin, 17,* 325–351.

Zeiler, J. (1991). Mißbrauch psychoaktiver Stoffe bei Schizophrenen. *Sucht, 37,* 229–239.

Zerbin-Rüdin, E. (1980). Gegenwärtiger Stand der Zwillings- und Adoptionsstudien zur Schizophrenie. *Nervenarzt, 51,* 379–391.

Zerssen, D. v. (1976). *Klinische Selbstbeurteilungs-Skalen aus dem Münchener Psychiatrischen Informations-System. Paranoid-Depressivitäts-Skala: Manual.* Weinheim: Beltz.

Zerssen, D. v., Zaudig, M., Cording, C., Möller, H. J. & Wittchen, H. U. (1990). The predictive value of grouping schizoaffective psychoses together with affective psychoses: Jaspers' hierarchical rule revised. In A. Marneros & M. T. Tsuang (Eds.), *Affective and Schizoaffective Disorders* (pp. 33–52). Heidelberg: Springer Verlag.

Zito, J. M., Rouly, W. W., Mitchell, J. E. & Roerig, J. L. (1985). Clinical characteristics of hospitalized psychotic patients who refuse antipsychotic drug therapy. *American Journal of Psychiatry, 142,* 822–826.

Zubin, J. (1985). Negative symptoms: Are they indigenous to schizophrenia? *Schizophrenia Bulletin, 11,* 461–470.

Zubin, J. (1986). Mögliche Implikationen der Vulnerabilitätshypothese für das psychosoziale Management der Schizophrenie. In W. Böker & H. D. Brenner (Hrsg.), *Bewältigung der Schizophrenie* (S. 29–41). Bern: Verlag Hans Huber.

Zubin, J. (1990). Ursprünge der Vulnerabilitätstheorie. In R. Olbrich (Hrsg.), *Therapie der Schizophrenie* (S. 42–52). Stuttgart: Kohlhammer Verlag.

Zubin, J. & Spring, B. (1977). Vulnerability: A new view of schizophrenia. *Journal of Abnormal Psychology, 86,* 103–126.

2. Kapitel

Affektive Störungen

Martin Hautzinger

Affektive Störungen sind jene psychische Erkrankungen, bei denen Beeinträchtigungen der Stimmung, der Gefühlswelt, der Emotionen wesentliche Merkmale sind. Insbesondere faßt man darunter Depressionen und Manien. Angststörungen, obgleich auch Störungen des affektiven Erlebens und häufig genug mit Depressionen verbunden, werden heute als eigenständige Störungsgruppe davon abgegrenzt. Zählt man mildere Formen depressiver Störungen mit, dann sind die affektiven Störungen vermutlich die häufigsten und zu allen Lebensabschnitten vorkommenden psychischen Beeinträchtigungen.

Die Geschichte der affektiven Störungen, wie wir sie heute verstehen und eingrenzen, ist eng mit der Entwicklung der Psychiatrie im 19. Jahrhundert und den Namen Esquirol, Griesinger, Kahlbaum, Krafft-Ebing, Maudsley, Kraepelin, Dreyfus verbunden (Schmidt-Degenhard, 1983). Auf Kahlbaum (1863) gehen die heute noch gebräuchlichen diagnostischen Kategorien der „Dysthymie" und der „Zyklothymie" zurück. Vor allem Kraepelin (1909) beeinflußte durch seine klärende Darstellung der unterschiedlichsten Positionen unsere Auffassung der affektiven Störungen bis heute. Sein Konzept des „Manisch-depressiven Irreseins" löste die bis dahin vorherrschenden diagnostischen Verwirrungen und schuf eine Kategorie, die alle Formen der Depression (Melancholie) und der Manie umfaßte. Die von ihm vorgeschlagenen zentralen Merkmale dieser Krankheitskategorie waren: wiederkehrender, episodischer Verlauf; gute Prognose; Endogenität (Fehlen von vorausgehenden Ereignissen, Auslösern). Einige Historiker (Berrios, 1988) gehen soweit zu behaupten, daß die Geschichte der affektiven Störungen nach 1909 bis heute nicht mehr ist, als die vertiefte Analyse und Erforschung von Teilaspekten des Kraepelinschen Vorschlags (Klerman, 1983 spricht von „Neokraepelinismus").

1 Symptomatik affektiver Störungen

Traurigkeit, Niedergeschlagenheit, Verstimmung, Hoffnungslosigkeit, Sinnlosigkeit, häufig begleitet von Ängstlichkeit und Unruhe sind typische Beschwerden und Auffälligkeiten einer Depression. Diese Gefühlszustände kennen jedoch alle Menschen. Sie sind, wenn sie eine bestimmte Dauer und/oder Intensität nicht überschreiten „normale", „gesunde" Reaktionen auf die Erfahrungen von z. B. Verlusten, Mißerfolgen, Enttäuschungen, Belastungen, Zeiten der Ziellosigkeit, der Einsamkeit oder der Erschöpfung. Wann und wodurch die Grenze zwischen diesen normalen Reaktionen und den als klinisch auffällig betrachteten Symptomen überschritten wird, gehört unverändert zu den ungelösten Fragen der Erforschung affektiver Störungen.

Neben der umgangssprachlichen Anwendung des Begriffs „Depression" auf Verstimmtheitszustände im Bereich normalen Erlebens wird von Depressionen im Bereich psychischer Störungen auf drei Abstraktionsebenen gesprochen:
a) auf der symptomatologischen Ebene, wenn es um die Betrachtung von Einzelsymptomen wie z. B. Traurigkeit oder Niedergeschlagenheit geht;
b) auf der syndromalen Ebene als einen als zusammenhängend angenommenen Merkmalskomplex mit emotionalen, kognitiven, motorischen, motivationalen, physiologischen, endokrinologischen Komponenten; und schließlich
c) als Oberbegriff für verschiedene Erkrankungen einschließlich eines hypothetischen Ursachen-, Verlaufs-, Prognose- und Behandlungswissens (Helmchen & Linden, 1980).

Depressive Syndrome sind durch eine Vielzahl heterogener Symptome gekennzeichnet. Charakteristisch ist, daß körperliche und psychische Symptome gemeinsam vorkommen. In der Tabelle 1 sind die wesentlichen Symptome einer Depression nach psychologischen Gesichtspunkten geordnet.

Da keines der in der Tabelle aufgeführten Symptome nur bei depressiven Erkrankungen vorkommt und außerdem Patienten in unterschiedlicher Ausprägung ein unterschiedlich zusammengesetztes Muster von Symptomen haben können, erfordert das Erkennen depressiver Störungen eine sorgfältige Diagnostik.

Manische Auffälligkeiten sind in der Regel leichter vom alltäglichen, als normal angesehenen Erleben und Verhalten abzugrenzen. Typische Symptome einer Manie sind (Silverstone & Hunt, 1992): euphorische, ausgelassen positive oder auch sehr rasch wechselnde, leicht irritierbare Stimmung, Größenwahn oder Inflation des Selbstwerts, der Wahrnehmung und Einschätzung der eigenen Person, gesteigerte Energie und Aktivität, Rededrang, gesteigerter Redestil, Ideenflucht, reduziertes Schlafbedürfnis, Abnahme der Aufmerksamkeitsspanne und erhöhte Ablenkbarkeit, Hemmungslosigkeit (sozial, Erscheinung, Kleidung, Aggression, Geld, Sex) und Verlust von kritischer Selbstdistanz. Ein Krankheitsbewußtsein bei den betroffenen Personen liegt beim erstmaligen Auftreten dieser Symptomatik oft nicht vor. Sie werden zunächst eher ihren Angehörigen und der Umwelt sozial, interpersonell und finanziell zur Last. Mildere Formen der Manie werden als Hypomanie oder auch maniforme Symptomatik bezeichnet und sind häufiger.

Tabelle 1: Symptomatologie depressiver Auffälligkeiten (nach Hautzinger, 1981; Bech, 1992)

Verhalten/Motorik/ Erscheinungsbild	emotional	physiologisch-vegetativ	imaginativ-kognitiv	motivational
Körperhaltung: kraftlos, gebeugt, spannungsleer; Verlangsamung der Bewegungen, Agitiertheit, nervöse zappelige Unruhe, Händereiben o. ä. *Gesichtsausdruck*: traurig, weinerlich, besorgt; herabgezogene Mundwinkel, vertiefte Falten, maskenhaft erstarrte, manchmal auch nervöse, wechselnd angespannte Mimik *Sprache*: leise, monoton, langsam allgemeine *Aktivitätsverminderung* bis zum Stupor, wenig Abwechslung, eingeschränkter Bewegungsradius, Probleme bei der praktischen Bewältigung alltäglicher Anforderungen	Gefühle von Niedergeschlagenheit, Hilflosigkeit, Trauer, Hoffnungslosigkeit, Verlust, Verlassenheit, Einsamkeit, innere Leere, Unzufriedenheit, Schuld, Feindseligkeit, Angst und Sorgen, Gefühl der Gefühllosigkeit und Distanz zur Umwelt	innere Unruhe, Erregung, Spannung, Reizbarkeit, Weinen, Ermüdung, Schwäche, Schlafstörungen, tageszeitliche und jahreszeitliche Schwankungen im Befinden, Wetterfühligkeit, Appetit- und Gewichtsverlust, Libidoverlust, allg. vegetative Beschwerden (u. a. Kopfdruck, Magenbeschwerden, Verdauungsstörungen); zu achten ist bei der Diagnose auf: Blutdruck, Blutzuckerspiegel, Kalziummangel, Eisenwerte, Serotonin-/Adrenalin-Mangel bzw. -Überschuß	negative Einstellung gegenüber sich selbst (als Person, den eigenen Fähigkeiten und dem eigenen Erscheinungsbild) und der Zukunft (z. B. imaginierte Vorstellung von Sackgasse, schwarzem Loch); Pessimismus, permanente Selbstkritik, Selbstunsicherheit, Hypochondrie, Einfallsarmut, langsames, mühsames Denken, Konzentrationsprobleme, zirkuläres Grübeln, Erwartung von Strafen oder Katastrophen, Wahnvorstellungen, z. B. Versündigungs-, Insuffizienz- und Verarmungsvorstellungen; rigides Anspruchsniveau, nihilistische Ideen der Ausweglosigkeit und Zwecklosigkeit des eigenen Lebens, Suizidideen	Mißerfolgsorientierung, Rückzugs- bzw. Vermeidungshaltung, Flucht und Vermeidung von Verantwortung, Erleben von Nicht-Kontrolle und Hilflosigkeit, Interessenverlust, Verstärkerverlust, Antriebslosigkeit, Entschlußunfähigkeit, Gefühl des Überfordertseins, Rückzug bis zum Suizid oder Zunahme der Abhängigkeit von anderen

2 Diagnostik affektiver Störungen

Zur Operationalisierung und Objektivierung der Diagnostik affektiver Störungen wurden in den letzten Jahren verschiedene Kriterien vorgeschlagen. Gegenwärtig gültig bzw. weit verbreitet sind das amerikanische „Diagnostic and

Statistical Manual of Mental Disorders" (DSM-III, American Psychiatric Association, 1980) mit seiner Überarbeitung (DSM-III-R, deutsche Ausgabe 1988) und nun dem aktuellen DSM-IV (American Psychiatric Association, 1994, deutsche Ausgabe 1996). Durch die Weltgesundheitsorganisation wurde das „International Classification of Diseases" überarbeitet, so daß nun die weltweit gültige 10.Revision (Weltgesundheitsorganisation, 1991) sich durch eine große Nähe zum DSM-IV auszeichnet. Die Tabelle 2 enthält eine Gegenüberstellung der heute üblichen diagnostischen Kategorien. Hauptgruppen der Einteilung sind die bipolaren affektiven Störungen, die unipolaren Depressionen und die chronischen affektiven Störungen (Dysthymie, Zyklothymie).

Tabelle 2: Diagnostische Kategorien affektiver Störungen nach DSM und ICD

DSM-IV	ICD-10
Bipolare Störungen I (296.4x–.7x)	Manische Episode (F30)
manische Episode	
hypomanische Episode	Bipolare Störung (F31)
depressive Episode	hypomanische Episode
gemischte Episode	manische Episode
atypische Episode	mit psychotischen Symptomen
leichte	ohne psychotische Symptome
mittelschwere	leichte
schwere	mittelgradige
– ohne psychotische Symptome	schwere
– mit psychotischen Symptomen	gemischte Episode
partiell/voll remittiert	remittiert
chronisch	NNB
kataton	
atypisch	Depressive Episode (F32)
postpartum	leichte
Melancholie-Typus	mittelgradige
saisonal abhängig	schwere
rasch wechseln	ohne somatische Symptome
Bipolare Störung II (296.89)	mit somatischen Symptomen
Bipolare Störung NNB (296.80)	ohne psychotische Symptome
	mit psychotischen Symptomen
Depressive Störungen	remittiert
Major Depression	NNB
einzelne Episode (296.2x)	
rezidivierende Episode (296.3x)	Rezidivierende depressive Störung (F33)
leichte	leicht
mittelgradige	mittelgradig
schwere	schwer
– ohne psychotische Symptome	remittiert
– mit psychotischen Symptomen	mit/ohne somatische Symptome
partielle/voll remittiert	mit/ohne psychotische Symptome
chronisch	saisonal
kataton	
Melancholie-Typus	Anhaltende affektive Störung (F34)
atypisch	Zyklothymia
postpartum	Dysthymia
saisonal abhängig	
rasch wechselnd	Postpartum Depression (F 53.0)
	Sonstige affektive Störungen (F 38)

Tabelle 2: Fortsetzung

DSM-IV	ICD-10

Dysthyme Störung (300.4)
  früher Beginn
  später Beginn
  atypisch
	Andere affektive Störungen NNB (F 39)
	Anpassungsstörung (F43.2)
	  kurze depressive Reaktion
	  längere depressive Reaktion
	  Angst/Depression, gemischt

Depressive Störungen aufgrund körperlicher Erkrankungen (293.83)	Organische affektive Störung (F 06.3)
Substanz induzierte depressive Störung (291.8x/292.8x)	
Depressive Störung NNB (296.90)	
Anpassungsstörung mit Depression (309.0)	

Beiden Klassifikationssystemen gemeinsam ist, daß die Manie und die Depression durch eine gewisse Anzahl gleichzeitig vorhandener Symptome, die über eine gewisse Zeit andauern müssen und nicht durch andere Erkrankungen erklärbar sind, definiert wird. Der Verlauf, die Schwere und die besondere Ausprägung der Symptomatik werden zur Definition von Untergruppen herangezogen (siehe dazu Tabelle 3).

Tabelle 3: Definition gestörter affektiver Episoden

Manische Episode	Depressive Episode
A) abnorme, anhaltend gehobene, expansive oder reizbare Stimmung von mindestens einer Woche Dauer (oder Hospitalisierung)	A) mindestens 5 der folgenden Symptome, gleichzeitig während eines Zeitraums von mindestens zwei Wochen (depressive Verstimmung oder Interesseverlust muß darunter sein): depressive Verstimmung, deutlich vermindertes Interesse oder Freude, Gewichtsverlust/zunahme, Schlaflosigkeit, Unruhe, Hemmung, Verlangsamung, Müdigkeit, Energieverlust, Wertlosigkeit, Schuld, Konzentrationsprobleme, Entscheidungsprobleme, Todeswunsch, Suizidideen
B) mindestes 3 der folgenden Symptome gleichzeitig: gesteigertes Selbstwertgefühl, Größenideen, vermindertes Schlafbedürfnis, redseliger als gewöhnlich, Drang, weiterzureden, Ideenflucht, Gedankenjagen, leichte Ablenkbarkeit, Aktivitätssteigerung, Unruhe, Verhaltensexzesse, die unangenehme Folgen haben (Geld, Sex, Investitionen usw.)	
C) Einschränkung der beruflichen sozialen Leistungsfähigkeit, Gefahr der Selbst- und Fremdschädigung	B) deutliche Änderung der vorher bestehenden Leistungsfähigkeit
D) Ausschluß von Schizophrenie, wahnhafter Störung, organischen Ursachen	C) Ausschluß von organischen Ursachen, Schizophrenie, keine Trauerreaktion

Eine gewisse Einigkeit besteht darin, daß es eine bezüglich des Symptommusters homogene Kerngruppe der Depressiven gibt, mit deren Diagnose einer „endogenen Depression" (ICD-9) oder „Major Depression mit Melancholie" (DSM-IV) oder „Depressive Episode mit somatischen bzw. psychotischen

Symptomen" (ICD-10) die folgenden Symptome am höchsten korrelieren: psychomotorische Veränderungen (in der Regel Hemmung, gelegentlich aber auch Agitation), Schwere der depressiven Stimmung und deren Mangel an Reaktivität, depressive (nihilistische) Wahnideen, Schuld- und Selbstvorwürfe sowie Interessenverlust. Weiteren Symptomen, wie (terminale) Schlafstörungen, Morgentief, Appetitveränderungen, Energieverlust, Suizidgedanken und der prämorbiden Persönlichkeit kommt eine noch nicht sicher geklärte Rolle zu (Angst, 1987a). Ob Verlaufskriterien oder Ansprechen auf Behandlung weitere differenzierende Merkmale darstellen, ist umstritten.

Eine weitere Einteilung affektiver Störungen in mono- bzw. unipolare und bipolare Verläufe, geht auf Leonhard (1957) zurück und wurde u. a. durch die Arbeiten von Angst (1966) und Perris (1966) wissenschaftlich begründet. Die als bipolar affektiv erkrankt eingestuften Patienten sind deckungsgleich mit Kraepelins Kategorie der Manisch-Depressiven-Psychose. Die seltene Gruppe der unipolar verlaufenden Manien wird heute allgemein den bipolaren affektiven Störungen zugeordnet. Die unipolar verlaufenden Depressionen, ursprünglich bei Kraepelin nicht als Krankheitsgruppe vorgesehen, ist die weitaus häufigste Störungsform affektiver Erkrankungen. Zahlreiche Familien-, Zwillings-, Adoptions- und biologische Markerstudien, Studien zu lebensgeschichtlichen, soziodemographischen und persönlichkeitsbezogenen Variablen sowie zur Symptomatologie, zum Verlauf, zum Ansprechen auf Behandlungsmaßnahmen und zur Prognose unterstützen die Unterteilung in bipolare und unipolare affektive Störungen (Andreasen et al., 1987; Depue & Monroe, 1978; Perris, 1992).

Außer der Unterscheidung endogen – nicht endogen bzw. unipolar – bipolar sind noch weitere Unterteilungen meist aufgrund ätiologischer Annahmen versucht worden. Angst (1987a) resümiert hierzu: „Zahlreiche dichotome Klassifikationsversuche sind, wenn nicht gescheitert, so doch sehr in Frage gestellt, und vieles spricht dafür, daß manche Typologien polare Gruppen auf einem Kontinuum darstellen. Dies gilt zum Beipiel für die Unterscheidung folgender Depressionsklassen: primär – sekundär, unipolar – bipolar, reaktiv – endogen, neurotisch – endogen, ängstlich – depressiv, normal traurig – depressiv, neurotisch – psychotisch, affektiv – schizoaffektiv, saisonal – nicht saisonal, minor – major Depression" (S. 34). Neben anderen vertritt Kendell (1976) sehr überzeugend die Position einer einheitlichen Dimension depressiver Störungen. Für ihn sind die verschiedenen vorgeschlagenen Subtypen nur Ausprägungsgrade unterschiedlicher Schwere und verschiedener Stadien von Chronizität der unipolar verlaufenden Depressionen. Grove und Andreasen (1992) halten jedoch eine Einteilung in verschiedene Untergruppen depressiver Störungen, selbst wenn es nur „Pseudo-Subtypen" wären, für berechtigt und genauso nützlich, wie „... that it is useful to speak of some people as ‚tall'" (S. 27).

Unter klinischen Gesichtspunkten geben Gruppierungen bzw. Pole von Kontinua Hilfen bei Fragen der Diagnostik, der Patienten- bzw. Stichprobenselektion. Linden (1979) empfiehlt zum Beispiel unter Nutzung einiger dieser genannten Aspekte ein hierachisches diagnostisches Entscheidungsmodell im Hinblick auf therapeutische Konsequenzen. Die ersten beiden Entscheidungsschritte gelten dabei der Frage, ob die beobachteten Depressionssymptome von Krankheitswert sind und ob Depression die primäre Störung ist. Unter „Symptomatischer Depression" werden Syndrome als Folge anderer Erkrankungen verstanden. Würde hier z. B. eine Schilddrüsenerkrankung (oder Alkoholabhängigkeit oder zerebrale Abbauprozesse u. a.) festgestellt und erfolgreich behandelt, würden die depressiven Symptome verschwinden. Schizoaffektive Erkrankungen, die eine sehr heterogene Gruppe mit Merkmalen schizophrener und affektiver Erkrankungen sind, sprechen zusätzlich zu antidepressiver Medikation für eine Neuroleptika-Indikation. Für den dritten Entscheidungsschritt „bipolarer Verlauf" ist die Feststellung von manischen oder hypomanischen Episoden zusätzlich zu depressiven wichtig. Das günstige Ansprechen bipolarer Patienten auf Lithium spricht für diese Unterteilung. Eine typische endogene Symptomatik, wie beschrieben, innerhalb der nunmehr verbliebenen unipolaren Depressionen ist ein Hinweis auf gutes Ansprechen auf Antidepressiva, in schweren Fällen auch der Elektrokrampftherapie. Ob in der dann verbleibenden Gruppe unipolar Depressiver eine Angstsymptomatik vorliegt, wird unter prognostischen Gesichtspunkten als wichtig angesehen. Angstdepressionen werden als medikamentös schwerer beeinflußbar eingeschätzt. Für Angstdepressionen sowie für die verbleibenden relativ „reinen" Depressionen besteht die deutlichste Indikation für psychologische Therapien, sowohl wenn sich die Störung aufgrund einer aktuellen Belastung entwickelte als auch wenn sie „ein Glied in einer langen Kette von depressiven Auffälligkeiten ist, die über Jahre, eventuell bis in die Jugend zurück zu verfolgen ist" (Helmchen & Linden, 1980, S. 877).

In den letzten Jahren wurden halbstandardisierte und standardisierte Interviewleitfäden entwickelt, die es erlauben objektiv(-er) festzustellen, ob die in den Diagnosesystemen definierten Symptome vorhanden sind (s. auch den Beitrag von Wittchen, in Band 1). Dies ermöglicht angesichts der vielfältigen Einteilungsmöglichkeiten wenigstens eine reliable Definition von Patientgruppen für Klinik und Forschung. Bekannte und gebräuchliche Interviews sind: Strukturiertes Klinisches Interview für DSM-IV (SKID, Wittchen et al., 1996), Composite International Diagnostic Interview (CIDI, Wittchen & Semler, 1996), Diagnostisches Interview bei Psychischen Störungen (DIPS, Margraf, Schneider & Ehlers, 1991).

Eine Reihe gut validierter Selbst- und Fremdbeobachtungsskalen (vgl. Hautzinger, 1994; Satorius & Ban, 1986) erlauben die Bestimmung des Schweregrades der Depressivität bzw. von Schwankungen der Befindlichkeit und Beschwerden (z. B. BDI, Beck-Depressions-Inventar von Beck, Word, Mendelson, Mock & Erbaugh, 1961, deutsch: Hautzinger, Bailer, Keller & Worrall, 1994; ADS, Allgemeine Depressionsskala, Hautzinger & Bailer, 1993; HAMD, Hamilton-Depression-Ratingscale von Hamilton, 1960, deutsch: Baumann, 1976; DS, Depressionsskala von v. Zerssen & Koeller, 1976). Es gibt darüber hinaus für alle in der Tabelle 1 aufgeführten Symptombereiche Meßinstrumente. Eine Übersicht findet sich bei Satorius und Ban (1986) und Hautzinger (1994). Für psychologische Fragestellungen und auch für eine psychobiologische Betrachtung der Depression ist eine hypothesenorientierte Messung auf den verschiedenen Symptomebenen jenseits der Diagnose eines depressiven Syndroms ein wichtiger und behandlungsrelevanter Zugang zum Symptommuster eines Patienten und zu dessen Veränderung. Für die Entscheidung ob und wenn ja, welche psychologische Interventionen sinnvoll sind, ist ein verhaltens- und problemanalytisches Herangehen hilfreich (Hautzinger, 1993 a). Damit werden funktionale Bedingungsgefüge herausgearbeitet, die eine Therapiezielbestimmung und Behandlungsplanung erlauben.

3 Epidemiologie und Risikofaktoren

Depressionen sind häufige psychische Störungen, die zudem in den letzten Jahrzehnten offensichtlich häufiger werden und immer jüngere Altersgruppen erfassen (Cross National Collaborative Group, 1992; Lewinsohn et al., 1992; Wittchen, Knäuper & Kessler, 1994). Es liegen heute eine ganze Reihe repräsentativer epidemiologischer Studien vor, die recht übereinstimmende Schätzungen der Häufigkeit und der Risikofaktoren erlauben (Angst, 1992; Smith & Weissman, 1992).

Aufschluß über depressive Erkrankungen in einem definierten Zeitraum in einer Population ergibt die Punktprävalenz. Untersuchungen in Industrienationen und mit operationaler Diagnostik kommen zu einer Punktprävalenz von 1,0 bis 7,0 Prozent (Knäuper & Wittchen, 1995). Die Lebenszeitprävalenzschätzungen (anhand DSM-III: Major Depression oder Dysthymie) liegen je nach Untersuchungsland zwischen 2,2 % und 18 % (Smith & Weissman, 1992; Wittchen et al., 1994). In der NIMH – Epidemiologic Catchment Area Study (Weissman et al., 1988) hatten 2,2 bis 2,6 Prozent der Männer und 4,1 bis 7,0 Prozent der Frauen innerhalb von 6 Monate eine depressive Störung (Major Depression und Dysthymien). In einer Längsschnittstudie an einer großen weiblichen Zwillingskohorte (N = 2001) fanden Kendler, Neale, Kessler, Heath und Eaves (1993) eine Einjahresprävalenz für Major Depression von 9,6 %. Die Tabelle 4 faßt den aktuellen Stand in Anlehnung an Wittchen (1994) zusammen.

Tabelle 4: Zusammenfassende Prävalenzschätzungen affektiver Störungen (nach Wittchen, 1994)

	Punktprävalenz	6-Monats-Prävalenz	Lebenszeitrisiko
Major Depression	1,5–4,9 %	2,6–9,8 %	4,4–18,0 %
Dysthymie	1,2–3,9 %	2,3–4,6 %	3,1– 3,9 %
Bipolare Störung	0,1–2,3 %	1,0–1,7 %	0,6– 3,3 %

Bipolare Störungen weisen eine Prävalenz zwischen 0,1 % (Untersuchungszeitpunkt) bis 3,3 % (Lebenszeit) auf (Wittchen et al., 1994). In der Zusammenfassung mehrerer Studien schätzen Smith und Weissman (1992) die durchschnittliche Lebenszeitprävalenz für bipolare affektive Störungen auf 1,2 %.

Zur Inzidenz (neue Fälle in der Population pro Jahr) liegen wegen der methodischen Schwierigkeiten ihrer Erfassung wenige und unterschiedliche Schätzungen (meist bezogen auf Patienten, die eine Behandlung aufsuchen) vor. Die Zahlen schwanken je nach Einbeziehung depressiver Untergruppen stark. Bei enger Definition der Fälle (DSM-III: Major Depression) erreichen die Schätzungen Werte bis zu 1,6 % (Eaton et al., 1989).

Die Wahrscheinlichkeit im Laufe des Lebens eine bestimmte Erkrankung zu erleiden, wird als Lebenszeit- oder Morbiditätsrisiko bezeichnet. Diese Wahrscheinlichkeit liegt für Depressionen bei bis zu 12 % für Männer und 26 % für Frauen (Boyd & Weissman, 1981). Eine Arbeit von Stuart, Kumakura und Der (1984) unterstützt diese hohe Schätzung, indem sie für Behandlungsfälle für Männer 11,9 % und für Frauen 20,2 % Morbiditätsrisiko berechnen. In der Züricher Kohorte (Angst, 1992) werden 16–20 %, in einer Basler Stichprobe (Wacker, Müllejans, Klein & Battegay, 1992) 15,7 % und in einer repräsentativen USA-Kohorte (Kessler et al., 1994) 17.1 % berichtet.

In bezug auf *Risikofaktoren* bzw. protektive Faktoren, die Einfluß auf die Erkrankungswahrscheinlichkeit einer unipolaren Depression haben können, liegen erst wenige Ergebnisse longitudinaler Erhebungen vor (z.B. Hautzinger, 1986; Henderson, Byrne & Duncon-Jones, 1981; Lewinsohn, Hoberman & Rosenbaum, 1988). *Geschlecht*: Frauen weisen in nahezu allen (Quer- und Längsschnitt-) Untersuchungen ein doppelt so hohes Erkrankungsrisiko für unipolare Depressionen als Männern auf (Kessler et al., 1994 – siehe Abb. 1).

Neuere Studien, insbesondere unter Berücksichtigung jüngerer Stichproben und mehrerer Indikatoren (Punktprävalenz und Inzidenz) lassen vermuten, daß sich das Erstmanifestationsalter zwischen den Geschlechtern nicht unterscheidet, Frauen jedoch eine höhere Rückfallneigung zeigen, was die höheren Prävalenzwerte erklären könnte (Amenson & Lewinsohn, 1981; Lewinsohn, Duncan, Stanton & Hautzinger, 1986). Auch verändertes Antwortverhalten und Zeitgeistentwicklungen, die es Männern im Vergleich zu früher eher erlauben, über ihre emotionale Befindlichkeiten zu sprechen, werden als Erklärung diskutiert, nach denen zum einen depressive Störungen zunehmen (vgl. Hagnell, Lanke, Rorsman & Öjesjö, 1982), zum anderen die Dominanz der Frauen zurückzugehen scheint (vgl. Hautzinger, 1991 a; Nolen-Hoeksema, 1987). Knäuper und Wittchen (1995) unterstützen diese Position, indem sie zeigen können, daß bei jüngere Alterskohorten nicht nur das Erkrankungsrisiko deutlich erhöht ist, sondern der sonst typische Geschlechtsunterschied abzunehmen scheint.

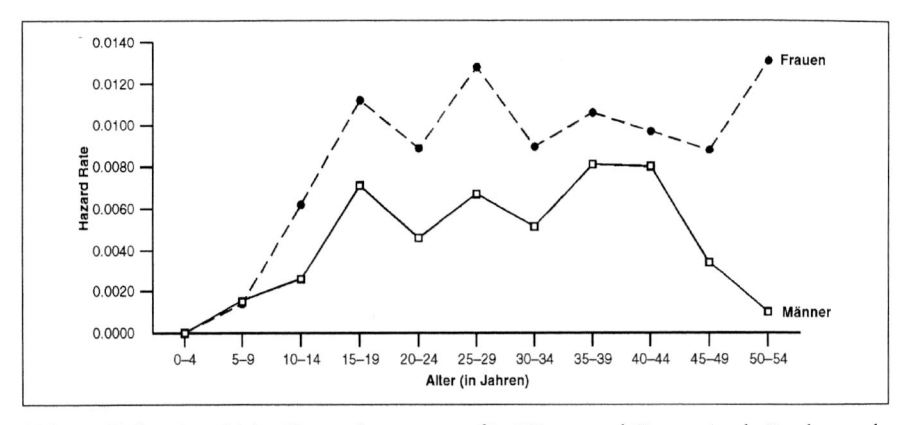

Abb. 1: Risiko einer Major Depression getrennt für Männer und Frauen (nach Kessler et al., 1994). Die Hazard Rate ist ein statistischer Ausdruck für das momentane Risiko des Eintretens eines definierten Ereignisses, hier „Major Depression". Die Werte der Hazard Rate sind keine Wahrscheinlichkeiten im üblichen Sinn, da sie größer als 1 sein können und nicht unmittelbar in Prozentwerte interpretierbar sind.

Bei den bipolaren affektiven Erkrankungen finden sich in der Regel keine bedeutsamen Geschlechtsunterschiede (Smith & Weissman, 1992). In vielen Berichten sind jedoch die Stichproben recht klein, so daß keine stabilen Schätzungen vorgenommen werden können.

Lebensalter: Unipolare Depressionen treten in allen Lebensaltern auf, nach früheren Untersuchungen (Lewinsohn et al., 1986; Angst, 1987 b) mit einem Gipfel zwischen dem 30. und 40. Lebensjahr, nach neuere Studien (Cross National Collaborative Group, 1992; Kessler et al., 1994) scheint sich dieser Altersgipfel weiter vor zu verlagern, nämlich zwischen das 18. und 30. Lebensjahr (siehe Abbildung 2).

Bei den Dysthymien kann über die Lebensspanne zunächst mit einer stetigen Zunahme, dann jedoch ab dem 30. Lebensjahr eine allmähliche und ab dem 65. Lebensjahr eine deutliche Abnahme festgestellt werden (Weissman et al., 1988).

Für die bipolaren affektiven Störungen ist das typische Ersterkrankungsalter im frühen Erwachsenenalter. In der Epidemiological Catchment Area Study

(Weissman et al., 1988) lag das mittlere Ersterkrankungsalter bei 21 Jahren mit einer Spanne von 18 Jahren (in Los Angeles) bis zu 26 Jahren (in Baltimore). Dies deckt sich mit Erhebungen in Edmonton (Canada) (Bland, Newman & Orne, 1988).

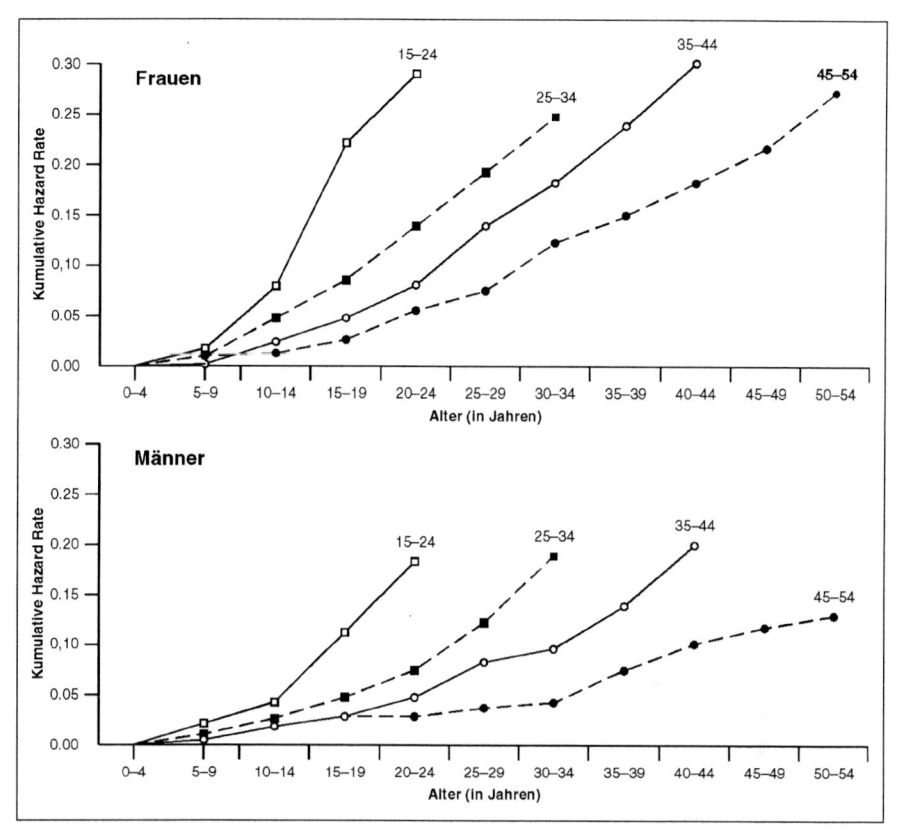

Abb. 2: Kohortenunterschiede im kumulierten Ersterkrankungsalter für Major Depression getrennt für Frauen und Männer (nach Kessler et al., 1994). Zur Definition der Hazard Rate siehe Legende der Abbildung 1.

Sozioökonomische Faktoren: Unter den sozialen Faktoren sind der Familienstand und das Vorhandensein bzw. Fehlen einer vertrauensvollen persönlichen Beziehung als Risiko- bzw. Protektionsfaktoren bei unipolaren Depressionen gesichert (z. B. Brown & Harris, 1978; Gebhard & Klimitz, 1986; Hautzinger, 1985). Getrennt lebende und geschiedene Personen und solche ohne vertraute Personen erkranken eher (Hirschfeld & Cross, 1982). Als wichtige protektive Faktoren erwiesen sich positive Sozialbeziehungen, aber auch der Wohn- und berufliche Bereich (Brown & Harris, 1978; Dean & Ensel, 1983; Hällström &

Persson, 1984). Verheiratete Personen, Personen mit höherer Bildung und beruflicher (sicherer) Anstellung sowie ein Wohn- und Lebensraum in eher ländlich-kleinstädtischer Umgebung hatten in der Epidemiological Catchment Area Study die niedrigsten Depressionsraten (Weissman, Bruce, Leaf, Florio & Holzer, 1990).

Belastende *Lebensereignisse* kommen im Vorfeld depressiver Episoden gehäuft vor (Brown & Harris, 1982; Hautzinger, 1984; Surtees et al., 1986). Dies gilt für personenabhängige, aber auch für unabhängige (nicht durch die Krankheit oder den Patienten selbst herbeigeführte) Ereignisse (Costello, 1982; Surtees et al., 1986). Belastende Ereignisfolgen in Zeiträumen, in denen keine Erholung von den früheren Belastungen eintreten kann, scheinen besonders kritisch (Surtees & Rennie, 1983). Eine Übersicht über die Folgen des Todes einer geliebten, nahestehenden Person geben Clayton (1986) und Middleton und Raphael (1992). Trauernde haben überwiegend die gleiche Symptomatik wie schwer Depressive, scheinen die Symptome jedoch eher zu akzeptieren. Während diese normale Trauerreaktion im Mittel vier Monate anhält, scheint das Ereignis für einen Teil der Betroffenen (bis 20 % noch ein Jahr nach dem Todesfall) eine längere Depression zu begünstigen.

Bei den bipolar-affektiven Störungen weisen soziale und sozioökonomische Faktoren nur wenig Einfluß auf (Smith & Weissman, 1992). In einigen Studien (Krauthammer & Klerman, 1979) wurde eine größere Häufung dieser Erkrankung in den höheren sozialen Schichten berichtet, was sich in repräsentativeren Untersuchungen (Weissman et al., 1988) nicht bestätigen ließ. Auch der Einfluß des Verheiratet- bzw. Geschiedenseins ist uneindeutig. Bland et al. (1988) findet keinen Zusammenhang zwischen bipolaren Störungen und Zivilstand, während Weissman et al. (1988) bei verheirateten Personen deutlich niedrigere Erkrankungsraten finden als bei geschiedenen bzw. niemals verheirateten Personen. Bezüglich des Einflusses von kritischen Lebensereignissen und streßreichen Belastungen auf bipolare affektive Störungen liegen kaum Untersuchungen und bei den wenigen dann noch mit widersprüchlichen Befunden vor. Es scheint, daß Lebensereignisse und sozialer Streß auf das erstmalige Auftreten der bipolaren Erkrankungen einen gewissen Einfluß nehmen, daß jedoch spätere Krankheitsepisoden eher autonom (biologisch) determiniert sind (Paykel & Cooper, 1992).

Familiäre Belastung: Bei allen affektiven Erkrankungen erweist sich die familiäre Belastung mit affektiven Störungen als die einflußreichste Variable (Gershon et al., 1982, 1987). Angehörige ersten Grades von Patienten mit einer bipolar affektiven Erkrankung weisen ein Erkrankungsrisiko für affektive Störungen (alle Formen) von 25 %, Angehörige unipolar depressiv Erkrankter von 20 % und Angehörige gesunder Kontrollpersonen von 7 % auf (Nurnberger & Gershon, 1992).

Kendler, Kessler, Neale, Heath und Eaves (1993) untersuchten an monozygotischen und dizygotischen weiblichen Zwillingen den Einfluß von genetischen, familiären und von allgemeinen bzw. individuellen Umweltfaktoren. In einer sehr aufwendigen, methodisch anspruchsvollen Längsschnittstudie kommen sie zu dem Ergebnis, daß bezogen auf einen Einjahreszeitraum die Anfälligkeit für eine Major Depression bei den monozygotischen Zwillingen größere Konkordanz zeigt, durch additive genetische Faktoren ein Anteil von 41 % und durch individuelle Umwelteinflüsse ein Anteil von 46 % erklärt werden. Die gefundene Stabilität der Anfälligkeit für Depressionen geht überwiegend auf die Einflüsse der genetischen Faktoren zurück, während die Umwelt zwar eine bedeutsame Rolle spielt, doch diese generell transitorisch ist. Das zu den Daten am besten passende longitudinale Modell findet sich in Abbildung 3.

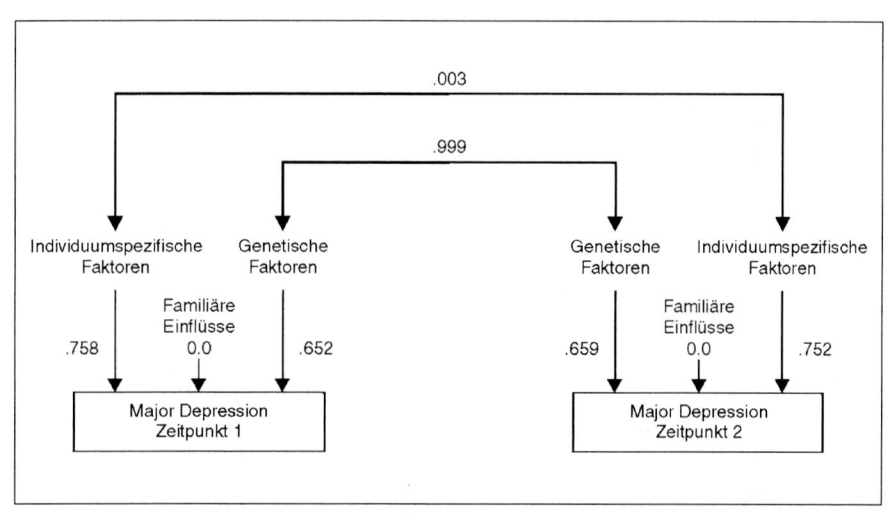

Abb. 3: Zusammenhänge genetischer, familiärer und individuumsspezifischer Faktoren bei der Entwicklung unipolarer Depression in einer Zwillingskohorte (Kendler et al., 1993). Parameterschätzungen zu zwei Zeitpunkten und über die Zeitstrecke (1 Jahr) des am besten zu den Daten passenden Modells.

Die Autoren schränken ihre Ergebnisse dahingehend ein, daß sie sich auf eine epidemiologische Stichprobe von Frauen beziehen, der Untersuchungszeitraum lediglich ein Jahr betrug, die statistische Unabhängigkeit der Befunde zu den beiden Untersuchungszeitpunkten nicht gegeben sowie die „statistical power" der Modellparameter als eher mäßig zu bezeichnen ist.

4 Krankheitsverlauf, Besserung und Rückfall

Neuere und ältere Verlaufsstudien kommen zu dem Schluß, daß die Verläufe von depressiven und manisch-depressiven Syndromen eine große interindividuelle Variablität aufweisen (Angst, 1987b). Dabei ist die Trennung in uni- und bipolare Verläufe bereits nicht unproblematisch, da man bei einer oder auch mehreren depressiven Episoden nicht sicher weiß, ob nicht noch manische Episoden folgen werden.

Die Wahrscheinlichkeit, daß nach 3 unipolar verlaufenen depressiven Episoden eine manische Phase auftritt liegt zwischen 10 % (Dunner, Fleiss & Fieve, 1976) und 30 % (Angst, Felder, Frey & Stassen, 1978). Winokur und Wesner (1987) kommen anhand von 29 intensiv untersuchten Patienten, die nach einer unipolaren Depression eine manische Phase entwickelten zu folgenden Merkmalen, die das Risiko dieses Diagnosewechsels erhöhen: jüngeres Lebensalter, psychomotorische Retardierung, Schuldgefühle, deutliche familiäre Belastung mit affektiven Erkrankungen, in der Familie kamen bereits Manien vor.

Typische Parameter, die neben dem Ersterkrankungsalter in den vorliegenden Verlaufsstudien ausgewertet wurden, sind: Phasenanzahl, Phasendauer, Phasenintensität, Dauer und Ausmaß des beschwerdefreien Intervalls, Zykluslänge (Abstand Phasenbeginn zu Phasenbeginn) und Zustand während einer Indexuntersuchung (Ausgang des bisherigen Verlaufs) (Coryell & Winokur, 1992).

Bipolare Patienten haben typischerweise mehrere Episoden, unipolare Patienten können auch nur eine einzige Phase erleben. Schätzungen über diesen Anteil einphasiger Depressionen schwanken zwischen 0,5 % und 61 %. Die Phasenanzahl bipolarer Patienten wird als doppelt oder deutlich viel höher angenommen. Günstigere Zahlen werden von den älteren Arbeiten berichtet. In neueren Untersuchungen sind die einphasig bleibenden Erkrankungen die Ausnahme (Coryell et al., 1989).

Nach Angaben älterer Studien wird die natürliche Phasendauer bipolar affektiver Erkrankungen mit 7 bis 8 Monaten angenommen. Neuere Arbeiten zufolge liegt der Median der Phasendauer bei unipolar depressiven Episoden bei 5 Monaten und bei bipolaren Erkrankungen bei 4 Monaten (Angst, 1987b). Intraindividuell ist die Phasendauer bei den Patienten, bei denen keine Chronifizierung eintritt, recht stabil und damit vorhersagbar. Die Zykluslänge lag im Median bei periodisch verlaufenden unipolaren Erkrankungen bei 4,5 bis 5 Jahren und bei bipolaren Formen bei 2 bis 3 Jahren. Erkrankungen im höheren Lebensalter führen meist zu abnehmenden Zeiten der Beschwerdefreiheit, d. h. die Zykluslängen werden kürzer.

In bezug auf den Ausgang bzw. die Prognose wird unterschieden zwischen Suizid, Tod, Chronifizierung, Heilung, Besserung oder Residualzuständen.

Aufgrund der sehr heterogenen und methodisch wenig vergleichbaren Befundlage kann nur grob geschätzt werden, daß etwa die Hälfte bis zwei Drittel der Patienten so weit gebessert werden, daß sie wieder ihre gewohnte Leistungsfähigkeit besitzen und das alte Selbst hervortritt, oft einzelne Beschwerden dennoch weiterbestehen. Entscheidend für die Beurteilung der Heilungs- und Besserungschancen ist die Länge der Katamnese. Angst (1986) fand eine zumindest 5jährige Remission ohne Rückfälle bei knapp 30 % der bipolaren und bei 42 % der unipolaren Patienten. Übereinstimmend wird für etwa 10 bis 20 Prozent der unipolaren und der bipolaren Erkrankungen eine Chronifizierung (Minimaldauer der Beschwerden von 2 Jahren) gefunden. Diese Rate scheint für ältere Personen höher zu sein und auch mit einsetzenden bzw. parallel bestehenden körperlichen Erkrankungen zu korrelieren (Roth & Kay, 1956). Spätremissionen auch bei langen Phasen und im hohen Lebensalter wurden wiederholt gefunden (Angst, 1987b).

Die *Remissionsverläufe* bipolarer und unipolarer Erkrankungen sowie von depressiven Syndromen in der Bevölkerung sind in der Abbildung 4 für neuere Untersuchungen (Coryell et al., 1990) zusammengefaßt. Diese Abbildung zeigt, daß innerhalb eines Zeitraumes von 6 Monaten über 3/4 aller Erkrankungen wieder abgeklungen sind. Etwa 40 % aller depressiven Episoden weisen sogar nur eine Länge von 3 Monaten auf (Coryell et al., 1994).

Der Ausgang *Suizid* wird auf etwa 15 Prozent geschätzt, liegt also beträchtlich höher als in der Normalbevölkerung und konnte auch durch moderne Behandlungsformen nicht gesenkt werden (Hawton, 1992). Darüber hinaus besteht auch eine gegenüber Nicht-Depressiven erhöhte Mortalität wegen körperlichen Störungen, besonders parallel zu Altersdepressionen. Diese erhöhte Mortalität aufgrund natürlicher Todesursachen wird jedoch auch bezweifelt und vor allem schlechterer medizinischer Versorgung in früheren Studien zugeschrieben (Coryell & Winokur, 1992). Einer epidemiologischen Arbeit zufolge (Baldwin, 1980) ist das Risiko Depressiver folgende Erkrankungen zu erleiden erhöht: arteriosklerotische Herzerkrankungen, vaskuläre Läsionen des Zentralnervensystems, Asthma bronchiale, Heuschnupfen (Allergien), Ulcus pepticum, Diabetes mellitus, Infektionserkrankungen. Eine Schwächung des Immunsystems wurde für Trauernde nachgewiesen und könnte die Assoziation depressiver und körperlicher/psychosomatischer Erkrankungen erklären (s. auch den Beitrag von Schulz & Schulz, Band 1).

Verlaufsprädiktoren bzw. Prognosefaktoren für den Verlauf sind noch ungenügend in prospektiven Langzeituntersuchungen erfaßt. Angst (1987b) resümiert, daß sich die beste Prognose im Einzelfall aus dem schon bekannten Erkrankungsverlauf ergibt. Lewinsohn et al. (1988) berichten über eine prospektive (knapp 1 Jahr) Studie an einer Bevölkerungsstichprobe. Die Variablen, die das Risiko determinieren, in dem Untersuchungszeitraum eine Major Depression zu entwickeln waren: junges Erwachsenenalter, weibliches Geschlecht sowie das Vorliegen früherer depressiver Episoden. Die Wahrscheinlichkeit, nach Remission erneut eine depressive Episode zu erleiden, wird durch die Anzahl früherer depressier Phasen, weibliches Geschlecht sowie die residuale depressive Symptomatik bestimmt (Lewinsohn, Zeiss & Duncan, 1989).

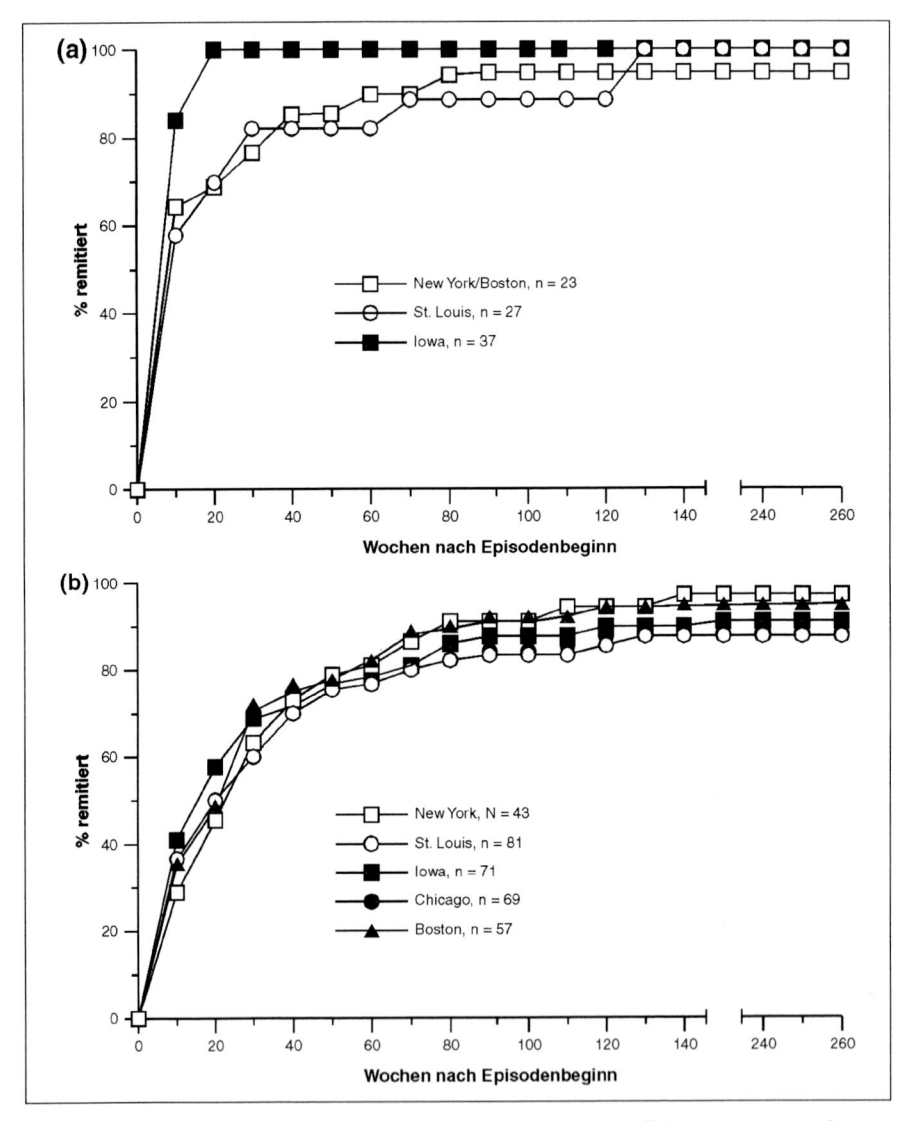

Abb. 4: Remissionsverläufe depressiver Erkrankungen: (a) bipolar affektive Störungen, (b) unipolare Depressionen (nach Coryell & Winokur, 1992)

Es ist angesichts der interindividuellen Verlaufsvariabilität ferner schwierig, abzuschätzen, inwieweit eine Behandlung einen prophylaktischen, verlaufsbeeinflussenden Effekt hat. Nimmt man die Katamneseergebnisse der Antidepressivastudien als Standard, so erscheinen psychologische Behandlungen, insbesondere kognitiv-verhaltenstherapeutische Verfahren, die Zeiten der Remission gegenüber medikamentös Behandelten zu verlängern, also einen Einfluß auf die Zykluslänge zu nehmen (Hautzinger, 1993 b) Dies müßte anhand von kumulierten, sehr lange prospektiv beobachteten Einzelfällen weiter überprüft werden. Wesentlich wäre angesichts der relativen intraindividuellen Stabilität des Verlaufs der Nachweis des „Durchbrechens" individueller Depressionsmuster.

Darüber hinaus liegen kaum prospektive Untersuchungen zu Verläufen milderer Depressionssyndrome vor. Einen Weg in diese Richtung gehen Angst und Dobler-Mikola (1985), die bei einer jungen Stichprobe der Normalbevölkerung mildere depressive Syndrome untersuchten und sie dann in rekurrierende und nichtrekurrierende trennten. Wiederholte kurze, jedoch jeweils wieder verschwindende Depressionen innerhalb relativ kurzer Lebenszeiträume (1 Jahr) könnten einerseits Frühstadien schwererer Depressionen, andererseits auch mildere Formen der gleichen Syndrome sein. Es wäre auch denkbar, daß die Erfahrunge derartiger milderer und kurzdauernder Phasen eine Art „Training" in selbstkontrollierter Bewältigung sind (vgl. Hautzinger, 1986). Ob solche intermittierenden depressiven Zeiten prognostisch relevant sind, wird in Längsschnittuntersuchungen weiter zu überprüfen sein.

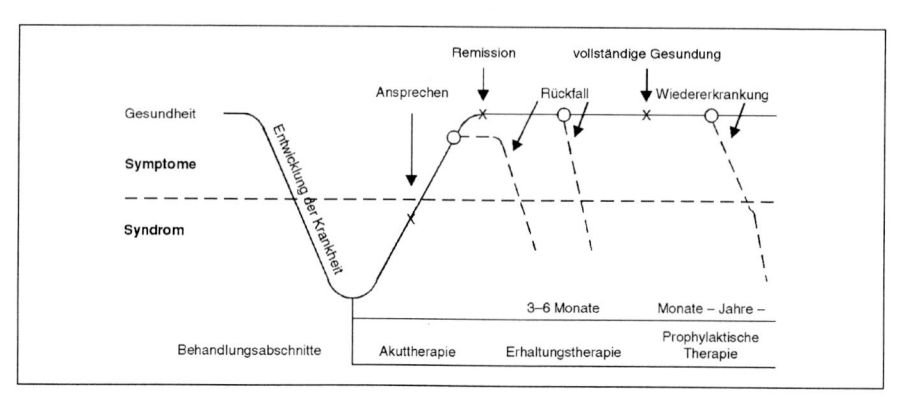

Abb. 5: Verlauf einer unipolaren Depression (Modell nach Frank et al., 1991)

Angesichts der großen Variabilität der Krankheitsverläufe und des Fehlens eindeutiger Parameter, schlagen Frank et al. (1991) folgende Einteilung (siehe Abbildung 5) vor: Remission wird definiert als Zustand bzw. kurze Zeitstrecke der (vollständigen oder partiellen) Besserung depressiver Symptomatik; Recovery ist eine vollständige Remission über einen längere Zeitstrecke (je nach Kriterium nach 2 bis 6 Monate), dabei ist der Bezug die aktuelle depressive Episode; Rückfall (relapse) ist das Wiederauftreten von depressiven Symptomen während der Remission, bevor die Recovery erreicht und damit die aktuelle depressive Episode abgeschlossen ist; Wiedererkrankung (recurrence) ist das Auftreten einer neuen depressiven Episode (die Diagnosekriterien einer unipolaren Depression sind erfüllt) nach recovery (vollständige Gesundung).

5 Komorbidität

Affektive, insbesondere depressive Störungen weisen eine hohe Rate an Komorbidität auf. Überlappungen bzw. gleichzeitiges Vorkommen von Depressionen mit Angststörungen (Phobien, Sozialen Ängsten, Panik, Generalisierte Ängste), Zwängen, Posttraumatischen Streßreaktionen und Anpassungsstörungen sind häufig (Regier, Burke & Burke, 1990; Judd & Burrows, 1992). In der Epidemiological Catchment Area Study fand sich bei Dysthymien in 77,1 % der Fälle zumindest eine weitere DSM-III-Diagnose (Weissman et al. (1988). Dabei wurden auch Major Depression (Komorbidität 38,9 %) in der Vorgeschichte als separate psychische Erkrankung gezählt. Weitere Auffälligkeiten waren Angststörungen (46,2 %) und Suchtmittelmißbrauch bzw. -abhängigkeit (29,85 %). Rohde, Lewinsohn und Seeley (1991) konnten zeigen, daß für den aktuellen Untersuchungstermin bei 42 % und für die Lebenszeit bei 43 % der unipolar Depressiven zumindet eine weitere DSM-III-Diagnose vorlag. Die häufigsten waren darunter die Angststörungen (18–21 %) und die Substanzinduzierten Abhängigkeiten (14–20 %). Chronische Schmerzzustände und andere somatoforme Störungen weisen ebenfalls eine hohe Komorbidität mit Depressionen auf (Hautzinger, 1990). Luka-Krausgrill, Wurmthaler und Becker (1994) fanden wiederholt, daß etwa 1/5 chronischer Schmerzpatienten auch an einer Major Depression litten.

Die Frage, ob bei diesen komorbid vorkommenden Störungen die Depression primär oder erst in der Folge der Ängste bzw. Schmerzzustände auftrat, ist in der Regel kaum zu beantworten. Lewinsohn et al. (1991) erfragten in ihren beiden Stichproben, welche der Störungen zuerst da war. Besonders bei den Jugendlichen und jungen Erwachsenen war die große Mehrzahl (zwischen 64,5 % und 85,1 %) der Meinung, daß die Depressionen den anderen Schwierigkeiten und Störungen nachfolgten.

6 Erklärungsansätze depressiver Erkrankungen

Die Erklärungshypothesen zu den affektiven Störungen lassen sich grob den biologischen und psychologischen Modellvorstellungen zuordnen. Keines dieser Erklärungsansätze kann für sich in Anspruch nehmen, überzeugend kausale Aussagen zu treffen. Es ist angesichts der Heterogenität der affektiven Syndrome vermutlich auch unwahrscheinlich, daß ein Faktor allein für die Entstehung einer Depression oder einer Manie verantwortlich ist. Die Klärung der Frage, welche Faktoren unter welchen Randbedingungen bei welcher Form affektiver Störungen zu welchem Anteil ursächlich wirkt, ist Gegenstand ungebrochener Forschungsaktivitäten, wenngleich die dabei erforderlich Kooperation zwischen den Disziplinen noch immer zu wünschen übrig läßt. Übersichten zu den Erklärungskonzepten geben Angst (1983), Hautzinger und Hoffmann (1979), Hoffmann (1976), Kammer und Hautzinger (1988) sowie Mundt, Fiedler, Lang und Kraus (1991).

6.1 Psychologische Erklärungsansätze

Unter den psychologischen Hypothesen haben neben den historisch bedeutsamen psychodynamischen Ansätzen (Jacobson, 1977; Mendelson, 1992) vor allem die Theorie der Erlernten Hilflosigkeit (Seligman, 1975/1993), die Kognitive Theorie von Beck (1974; Beck & Greenberg, 1979) und die Verstärkerverlust-Theorie von Lewinsohn (1974, 1979) Beachtung gefunden und sind Gegenstand intensiver empirischer Forschung geworden. Neuere Vorschläge wurden von Hautzinger (1991b), Gotlib und Hammen (1992) sowie von Teasdale und Barnard (1993) entwickelt.

6.1.1 Erlernte Hilflosigkeit

Seligmans (1975/1993) Depressionsmodell ist in der experimentellen Tierforschung verankert und spielt in der ursprünglichen Ausformulierung dort unverändert eine wichtige Rolle (McKinney, 1992). Die wesentlichen Aspekte dieses Modells der „Erlernten Hilflosigkeit" sind: Ein Tier erfährt Nichtkontrolle über aversive Umgebungsbedingungen und entwickelt daraufhin ein Verhalten (Passivität, Apathie, Appetit- und Gewichtsverlust, erhöhte Latenz willentlicher Reaktionen, Schwierigkeiten zu Lernen, Generalisierung der Nichtkontrollerfahrung auf neue Situationen usw.), das deutliche Parallelen zu depressiven Symptomen zeigt. Nichtkontrolle wird dabei definiert als Unabhängigkeit von Verhalten und Umweltkontingenzen. Es konnte gezeigt werden, daß die Nichtkontrollerfahrungen zu einer „Einstellung" der Hilflosigkeit führt und darin die entscheidende, auf andere Bereiche sich ausweitende Störung begründet liegt. Das tierexperimentelle Untersuchungdesign wurde dann auf den Menschen übertragen. In Abhängigkeit von der Wichtigkeit, der Menge und der Ursachenzuschreibung der aversiven, nichtkontrollierbaren Erfahrungen entwickeln Versuchspersonen ebenfalls hilfloses Verhalten und eine Hilflosigkeitseinstellung (Stiensmeier-Pelster, 1988). Von Abramson, Seligman und Teasdale (1978) wurde eine Reformulierung vorgenommen, um einige Unstimmigkeiten und Begrenzungen des tierexperimentellen, auf der klassischen Lerntheorie fußenden Modells für die Anwendung auf den Menschen und depressive Störungen zu korrigieren. Die zentralen Thesen sind: Sind subjektiv bedeutsame Ereignisse unkontrollierbar, lernt der Mensch, daß sein Verhalten und dessen Konsequenzen in der Umwelt unabhängig voneinander sind, er/sie erlernt Hilflosigkeit. Diese Erfahrungen der Nichtkontrolle führt zu motivationalen, kognitiven und emotionalen Defiziten, wie auch zu physiologischen und vegetativen Veränderungen, die den entsprechenden Veränderungen bei Depression ähnlich sind. Depression wird danach durch eine vorausgehende Erfahrung der Nichtkontrolle über subjektiv bedeutsame Ereignisse und der daraus sich entwickelnden Erwartung, auch zukünftig ohne Kontrolle, d. h. hilflos zu sein, bedingt. Entscheidend ist die subjektiv-kognitive Variable der Erwartung hilflos zu sein, auch wenn objektiv in einer neuen Situation, Kontrolle besteht. Die erlernte Erfahrung wird auf andere, neue zukünftige Situationen generalisiert. Die Erfahrung der Nichtkontrolle, vor allem bei häufiger Erfahrung, führt dazu, daß die Person sich nach dem Grund dieser Hilflosigkeit fragt. Die Art der Ursachenzuschriebung (Kausalattribution) bestimmt die Chronizität, Stabilität und Universalität der emotionalen, motivationalen, motorischen, vegetativen und kognitiven Veränderungen. Es ist also nicht einfach die mangelnde Kontrolle, sondern der subjektive Prozeß kognitiver Verarbeitung, der dem zu kontrollierenden Ereignis Bedeutung beimißt und der das Mißlingen der Kontrolle der eigenen Person zuschreibt. Die Ursachenzuschreibung wird auf drei Dimensionen vorgenommen: internal-external, stabil-variabel, global-spezifisch. Depression ist das Resultat der Erfahrung der Nichtkontrolle über subjektiv bedeutsame, aversive Bedingungen. Diese Erfahrungen werden durch die Kausalattribuierung internaler, stabiler und globaler Faktoren verarbeitet, was zu einer Mißerfolgserwartung hinsichtlich zukünftiger Ereignisse führt und damit zusätzlich zur Verschlechterung und zur Verfestigung des depressiven Befindens beiträgt. Die Abbildung 6 faßt diese Formulierungen zusammen.

Ein gutes Beispiel der Kontroverse um die Gültigkeit dieser Theorie der Erlernten Hilflosigkeit stellt der Sammelband von Kammer und Hautzinger (1988) dar (vgl. auch Stiensmeier-Pelster, 1988). Ebenso wie zuvor bei Coyne und Gotlib (1986) bzw. Peterson und Seligman (1984) lassen sich dort Studien finden, denen es gelingt zu zeigen, daß depressive Symptome in der Folge der

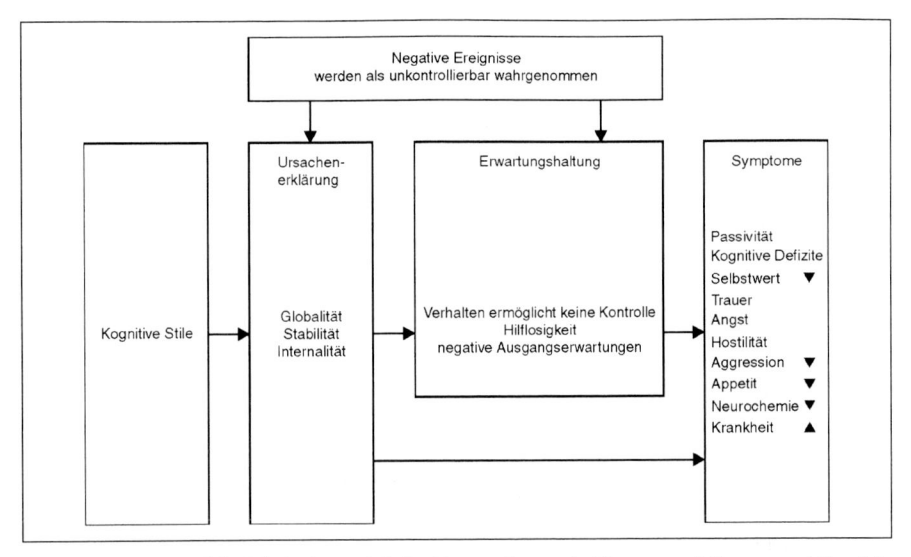

Abb. 6: Erlernte Hilflosigkeit als Modell der Depression nach Abramson, Seligman und Teasdale (1978)

erwähnten negativen Ursachenzuschreibung auftreten, doch gibt es zumindest gleich viele Arbeiten, die diesen Zusammenhang nicht belegen können. Wenig Zweifel besteht daran, daß zwischen derartigen ungünstigen Attributionsmustern und negativen Befinden eine Korrelation besteht, was jedoch möglicherweise nicht anderes ausdrückt, als daß mit schlechtem Befinden auch negative Gedanken und entsprechende Kausalattributionsmuster einhergehen. Vor allem hinsichtlich des klinischen Bildes einer Depression völlig offen ist die ätiologische Rolle dieser kognitiven Stile. Steinmeyer (1984) hat zwar für neurotische im Gegensatz zu endogenen Depressionen dies belegen können (die neurotisch Depressiven behielten auch nach klinischer Remission ihren ungünstigen Attributionsstil bei, während endogen Depressive auf dieser kognitiven Ebene nach Besserung nicht länger von Gesunden unterscheidbar waren), doch stehen dem Arbeiten u. a. von Hamilton und Abramson (1983) entgegen, die auch bei eher neurotisch depressiven Patienten mit klinischer Besserung eine Änderung in den Kausalattributionsmustern feststellten.

Brewin (1985, 1988) schlägt fünf verschiedene Modelltypen zur Präzisierung der Kausalitätsfrage bezüglich der kognitionspsychologischen Hypothesen depressiver Störungen vor. Dabei ist das „Symptommodell" mit den Annahmen der Hilflosigkeitstheorie nicht vereinbar, während die verbleibenden vier Modelle (Diathese-Streß-Modell, Onset-Modell, Recovery-Modell, Coping-Modell) diese Annahmen in unterschiedlicher Weise präzisieren (siehe Abbildung 7). Von den genannten Modellen haben das Symptommodell, das Recovery-

Modell und das Coping-Modell empirische Bestätigung erfahren, das Onset-Modell und das Vulnerabilitätsmodell dagegen bislang nicht (Brewin, 1988).

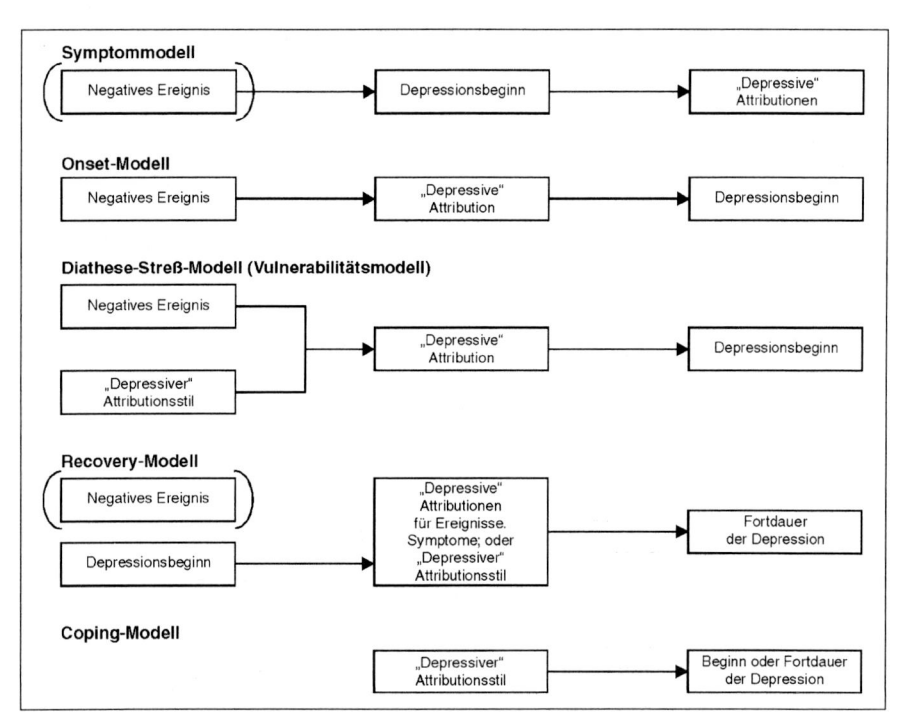

Abb. 7: Modelltypen des Zusammenhangs von Kognitionen (Attributionsmuster) und depressiven Symptomen (nach Brewin, 1985, 1988)

Flett und Mitarbeiter (Flett, Pliner & Blankstein, 1989; Flett & Hewitt, 1990) wiesen wiederholt auf die Relevanz der Dimension der attributionalen Komplexität und damit auf die Bedeutung des Attributionsprozesses hin. Attributionale Komplexität wird dabei definiert als Tendenz, komplexe Ursachenerklärungen in Situationen vorzunehmen, die eine Erklärung erfordern. Geringgradige depressive Beschwerden sind assoziiert mit der Neigung zu zunehmender kognitiver Komplexität, während bei deutlicherer Depressionsschwere diese Komplexität abnimmt und schließlich „zusammenbricht". In ähnlicher Weise hatte bereits Kuhl (1983) unter Zuhilfenahme reaktanztheoretischer Überlegungen einen Handlungskontrollansatzes entwickelt. Nichtkontrollerfahrungen bzw. anfängliche depressive Beschwerden aktivieren die Betroffenen zunächst. Hilflos-depressives Verhalten tritt dann erst auf, wenn lageorientierte Kognitionen handlungsblockierend (negativ perseverierend) wirken. Dabei können diese lageorientierten Kognitionen durch wiederholte Erfahrungen

Affektive Störungen

(Sozialisation) dispositionell angelegt sein, doch auch durch massive affektive Beeinträchtigung aktuell auftreten (Kuhl & Beckmann, 1994).

In einer erneuten Reformulierung des Hilflosigkeitsmodell (Abramson, Metalsky & Alloy, 1989; Alloy, 1988) grenzen die Autorinnen den Geltungsbereich dieses Erklärungsansatzes auf sogenannte „Hoffnungslosigkeitsdepressionen" ein. Dabei wird angenommen, daß es depressive Störungen gibt, die auf der Symptomebene von anderen depressiven Erkrankungen nicht unterscheidbar sind, jedoch in ihren Entstehungsbedingungen dem zuvor postulierten Weg folgen (distale Faktoren) und durch negative Attributionsmuster ein Zustand der Hoffnungslosigkeit entsteht (proximale Faktoren), der in Verbindung mit weiteren ungünstigen Einflüssen (z.B. Fehlen sozialer Unterstützung) dann in eine Depression münden kann.

6.1.2 Kognitive Theorie der Depression

Becks (1974; Beck & Greenberg, 1979) Depressionsmodell vermutet an der Basis einer depressiven Erkrankung eine kognitive Störung infolge früherer belastender Erfahrungen. Das Hauptmerkmal depressogener kognitiver Prozesse und Strukturen ist, daß sie die Realität in unterschiedliche Grade verzerren. Inhaltlich lassen sich bei Depressiven eine negative Sicht der Welt, der eigenen Person und der Zukunft festmachen. Typische kognitive Verzerrungen und dysfunktionale Kognitionen werden als willkürliche Schlußfolgerung, selektive Abstraktionen, Übergeneralisierungen, Personalisierungen, Magnifizierungen, moralisch-absolutistisches Denken und ungenaues Benennen bezeichnet. Formal sind die Kognitionen von unfreiwilliger, automatischer, perseverierender, plausibel erscheinender Art. Informationstheoretisch sind sie als Sche-

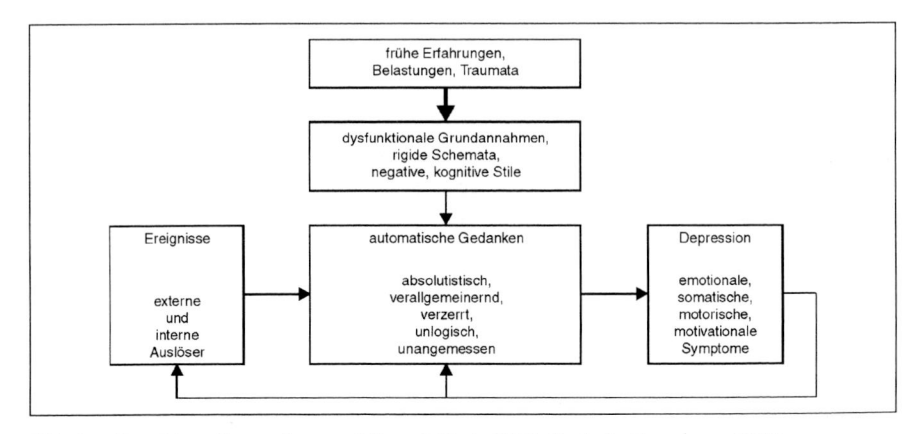

Abb. 8: Kognitives Depressionsmodell nach Beck (1974; Beck & Greenberg, 1979)

mata recht stabile, überdauernde Muster der selektiven Wahrnehmung, Kodierung und Bewertung von Reizen. Diese Schemata entstehen durch belastende Erfahrungen des Sozialisationsprozesses, aktuelle streßreiche oder traumatische Erfahrungen oder durch die Akkumulation subtraumatischer, negativer Erfahrungen. Mit dem Entstehen der depressiven Schemata setzt ein zirkuläres Feedbackmodell ein, wodurch es zur Verfestigung, Vertiefung und Aufrechterhaltung der Depression und der damit kausal verknüpften Kognition kommt (Abbildung 8).

Die Popularität der Beckschen Hypothesen hängt vor allem mit den daraus entwickelten kognitiv-verhaltenstherapeutischen Behandlungsvorschlägen zusammen (vgl. Beck, Rush, Shaw & Emery, 1992), obgleich wirksame Therapie kein Beleg für die ätiologische Richtigkeit von Entstehungshypothesen ist. Die empirischen Untersuchungen zur Überprüfung der kognitiven Annahmen von Beck zeigen zwar durchweg signifikante Zusammenhänge zwischen Depression bzw. depressiven Symptomen und kognitiven Mustern bzw. dysfunktionalen Einstellungen, doch kann auch daraus keine ursächliche Wirkung abgeleitet werden. Versuche die ätiologische Rolle von kognitiven Mustern in einem prospektiven Design zu prüfen (Hautzinger, 1983) scheiterten insofern, als vor Einsetzen bzw. nach Abklingen einer Depression keine besonders auffälligen dysfunktionalen Einstellungen festzustellen waren.

Sweeney, Anderson und Bailey (1986) resümierten mittels einer Metaanalyse 104 Studien zu den kognitiven Hypothesen depressiver Erkrankungen, daß der Zusammenhang zwischen ungünstigen Attributions- zw. Denkstilen und Depression als gesichert gelten kann (Symptomhypothese), offen sei jedoch weiterhin die Verursachungshypothese (vgl. Coyne & Gotlib, 1986; Barnett & Gotlib, 1988, 1990; Segal & Dobson, 1992).

6.1.3 Der ICS-Erklärungsansatz

Getragen von dem Bemühen, verschiedene grundlagenwissenschaftliche Erkenntnisse der Emotions- und Gedächtnisforschung mit dem kognitiven Erklärungsansatz der Depression zu verbinden, entwickelten Teasdale und Barnard (1993) ein hochkomplexes „Interacting Cognitive Subsystems Framework (ICS)" (s. auch den Beitrag von Ehlers & Lüer, Band 1). Dieser Vorschlag geht davon aus, daß Emotionen (insbesondere Depressionen) das Ergebnis des Interagierens von neun kognitiven und sensorischen Subsystemen (Netzwerk aus akustischen, visuellen, interozeptiv-körperlichen, muskulär-physikalischen, imaginativ-objektbezogenen, artikulatorischen, strukturell-lexikalischen, propositionell-semantischen, abstrahierend-implikativen Teilsystemen) sind, die unter Berücksichtigung von Gedächtnisinhalten und kognitiven Schemata (Bedeutungsstrukturen) den Input (z.B. bestimmtes, negatives Ereignis, Erfahrung, Belastung) transformieren und so zu depressiven Einschränkungen führen (Abb. 9).

```
┌─────────────────────────────────────────────────────────────────┐
│   ┌──────────────┐                                              │
│   │Propriozeptive│◄──────────┐                                  │
│   │Informationen │           │                                  │
│   └──────┬───────┘    ┌──────┴───────┐                          │
│          │            │  Somatische  │◄──────────┐              │
│          ▼            │ Auswirkungen │           │              │
│   ┌──────────────┐    └──────────────┘    ┌──────┴───────┐      │
│   │ Depressogene │───────────────────────►│  Depressives │      │
│   │   Schemata   │                        │   Syndrom    │      │
│   └──────┬───────┘                        └──────────────┘      │
│          │         ┌──────────────────────────┐  ▲              │
│          └────────►│ Negative Bedeutungszumessung│──┘            │
│                    └──┬────────────────────┬──┘                 │
│                       ▼                    ▼                    │
│                ┌──────────────┐    ┌──────────────┐             │
│                │   Negative   │    │ Vorstellungen,│            │
│                │ automatische │    │ Erinnerungen,│             │
│                │   Gedanken   │    │ innere Bilder│             │
│                └──────────────┘    └──────────────┘             │
└─────────────────────────────────────────────────────────────────┘
```

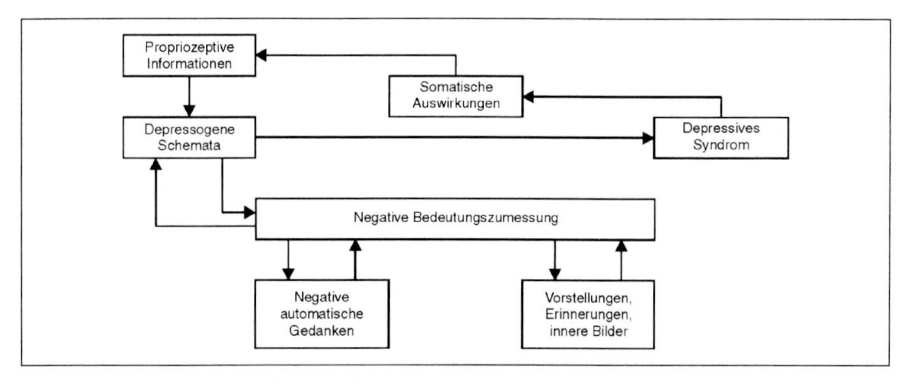

Abb. 9: Depression als Folge von depressogenen Schemata, negativer Bedeutungszuschreibung und propriozeptiven Inputs (nach Teasdale & Barnard, 1993)

Die Autoren sehen den Wert ihres Vorschlages darin, daß wenig stimmige, zu vereinfachende psychologische Modelle überwunden werden, Erkenntnisse der Grundlagenwissenschaften für das Verständnis und den Umgang mit der Depression integrierbar, empirisch überprüfbare Hypothesen ableitbar, mittels Rechner die Annahmen simuliert und mathematisch hinsichtlich ihrer Stimmigkeit überprüfbar werden. Hoffnungen, die es durch zukünftige Forschungsarbeiten einzulösen gilt, wie die Autoren abschließend (Teasdale & Barnard, 1993, S. 259) betonen.

6.1.4 Verhaltenstheoretisches Modell

Lewinsohns (1974; Lewinsohn, Youngren & Grosscup, 1979) Depressionsmodell ist in der operanten Lerntheorie verwurzelt und formuliert verstärkungstheoretische Hypothesen zur Depressionsgenese. Folgende Grundannahmen werden dabei gemacht: Eine geringe Rate verhaltenskontingenter Verstärkung wirkt auslösend für depressives Verhalten. Bezüglich dieses Aspekts kann man den Depressiven als jemanden ansehen, der sich unter Löschungsbedingungen befindet. Die Menge an positiver Verstärkung hängt von drei Einflußgrößen ab:
a) von der Anzahl der potentiell verstärkenden Ereignisse (hier spielt die persönliche Geschichte, das Alter, das Geschlecht usw. eine Rolle),
b) von der Menge zu einem bestimmten Zeitpunkt unter definierten Bedingungen verfügbaren bzw. erreichbaren Verstärkern,
c) vom instrumentellen Verhaltensrepertoire einer Person, um sich so verhalten zu können, daß Verstärkung erfolgt (Abb. 10).

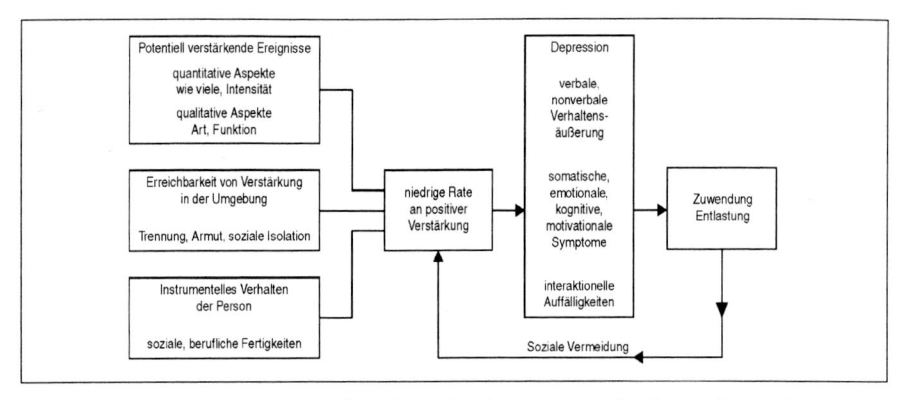

Abb. 10: Das Verstärkerverlustmodell nach Lewinsohn (1974; Lewinsohn et al., 1979)

Das auf diese Weise entstehende depressive Verhalten wird zumindest kurzfristig durch kontingente soziale Zuwendung aufrechterhalten und gestärkt. Dieser kurzfristigen positiven Wirkung (im Sinne einer negativen Verstärkung durch Wegfall unangenehmer Bedingungen) steht jedoch die längerfristig aversive Erfahrung der durch das depressive Verhalten belasteten Sozialbeziehungen, der weiteren Reduktion positiver Verstärkung gegenüber. In Ermangelung alternativer Verhaltensweisen (begründet in den Fertigkeitendefiziten) greift der Depressive weiterhin zu seinen appellativen, depressiven Mustern, was nur zur Verschlimmerung der Bedingungen beiträgt und die oft beobachtete Hostilität in depressiven Sozialbeziehungen verständlich macht (Linden, 1976; Hautzinger, Hoffmann & Linden, 1982). Da vor allem in längerfristigen Sozialbeziehungen ein Ausweichen bzw. Flüchten durch die schlechte Verfassung des Depressiven nicht oder nur auf die Gefahr hin einer weiteren Verschlechterung (bis hin zur Suizidalität) möglich ist, entsteht eine Art „Zwangsmechanismus", dem die beteiligten Sozialpartner nur schwer entrinnen können (Coyne, 1976; Hahlweg, 1991).

Zu diesem Modell wurden viele Untersuchungen vorgelegt (siehe zusammenfassend Lewinsohn et al., 1979), die dahingehend übereinstimmen, daß die Rate verhaltenskontingenter Verstärkung bei depressiven Patienten geringer ist als bei nicht-depressiven Kontrollpersonen, und daß mit klinischer Besserung die Rate der positiven Verstärkung zunimmt (Symptomhypothese). Das Ernüchternde an den Ergebnissen ist zum einen, daß sich diese Unterschiede als nicht spezifisch für depressive Patienten erwiesen, zum anderen nur auf der Ebene der Selbsteinschätzung und globalen Beurteilung bestätigt werden konnten. Hammen und Glass (1975), Lewinsohn, Mischel, Chaplin und Barton (1979) sowie Youngren und Lewinsohn (1980) gelang es schließlich in mehreren separaten Studien nicht, die postulierten Zusammenhänge bzw. Verhaltensdefizite bei Depressiven in einem ätiologierelevanten Sinn zu bestätigen.

Wiederholte Bestätigung erfuhren die Überlegungen zu den Auswirkungen depressiven Verhaltens auf die Umwelt und die Sozialpartner (Hautzinger & Heckel-Guhrenz, 1991). Depressive lösen bei den Interaktionspartnern negatives Befinden, Abwehr, Ablehnung und Vermeidung aus. Dabei sind die dafür verantwortlichen Verhaltensparameter bislang nicht empirisch gefunden worden. Die Autoren vermuten, daß Merkmale der Akkustik, des Tonfalls und der Atmosphäre des Interagierens für die ungünstigen Interaktionseffekte verantwortlich sein dürften.

6.1.5 Lebensereignisse und soziale Einflußfaktoren

Browns (Brown & Harris, 1978) theoretisch und empirisch entwickeltes „soziologisches Modell" nimmt an, daß Depressionen durch drei Faktoren determiniert werden: auslösende Faktoren, Vulnerabilitätsfaktoren und symptombestimmende Faktoren (siehe Abb. 11).

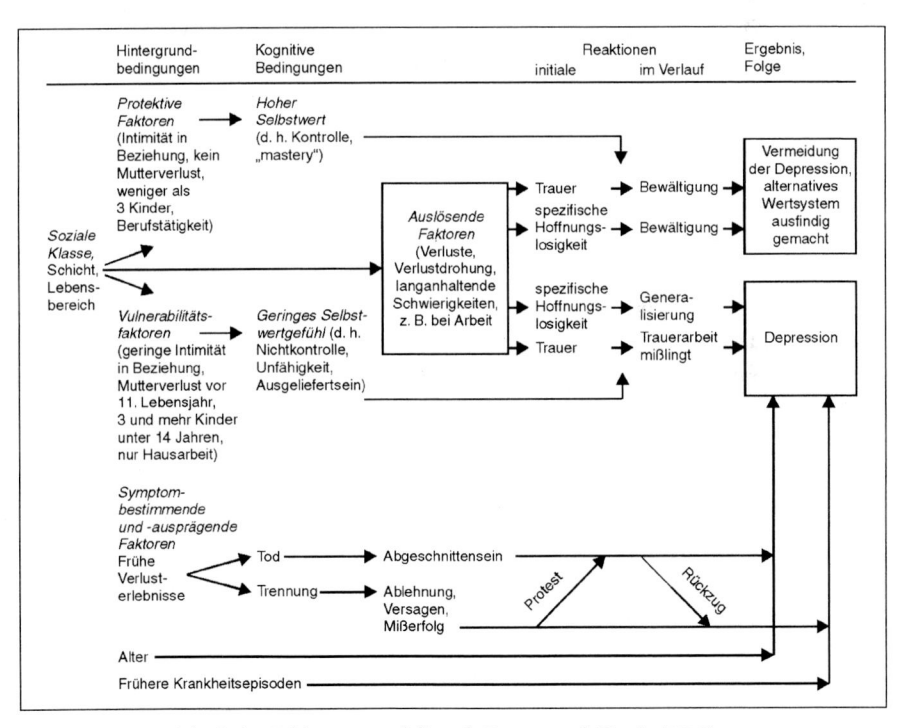

Abb. 11: Das soziologische Erklärungsmodell nach Brown und Harris (1978)

Die auslösenden oder provozierenden Faktoren bestimmen, wann eine Depression auftritt; die Vulnerabilitätsfaktoren bestimmen, ob diese Ereignisse depressive Wirkung entfalten können; während die symptomformenden Faktoren die Schwere und den Ausprägungsgrad einer Depression determinieren. Als zentrale auslösende Faktoren fanden Brown und Harris (1978) vor allem aversive Lebensereignisse und chronische Lebenschwierigkeiten. Als mit Einfluß nehmend wird dabei die soziale Hintergrundbedingung, speziell die Zugehörigkeit zur sozial benachteiligten Schicht angesehen. Vier Vulnerabilitätsfaktoren wurden von den Autoren gefunden: Mangel an einer intimen, emotional positiven und unterstützenden Sozialbeziehung, drei und mehr Kinder unter 14 Jahren im Haushalt, Verlust der Mutter durch Tod in der Kindheit, keine Berufstätigkeit außerhalb des Haushalts. Als wichtigste Größe unter diesen vier Faktoren wird die unterstützende Sozialbeziehung angesehen. Diese Vulnerabilitäten sind wiederum gehäuft in der sozial benachteiligten Schicht zu finden. Symptomformende Faktoren sind Art des frühen Verlusterlebnisses, Lebensalter und frühere Episoden. Beim Zusammenwirken von provozierenden Faktoren, Vulnerabilitäten und Symptomausformung kommt der kognitiven Bewertungsebene im Sinne des Selbstbewertung moderierenden Einfluß zu. Personen mit den ungünstigen Vulnerabilitätsbedingungen entwickeln ein geringes Selbstwertgefühl und halten sich leicht für hilflos, so daß aversive Auslöser über die Hoffnungslosigkeit und fehlschlagenden Bewältigungsversuche zur Depression führen.

Verschiedene Replikationsversuche bzw. Untersuchungen einzelner Vulnerabilitätsfaktoren schlugen fehl (vgl. u. a. Henderson et al., 1981; Bebbington, Tennant & Hurry, 1981), während andere die Aussagen bestätigen konnten (z.B. Andrews, 1981) oder in modifizierter Form ähnliche Ergebnisse fanden (z.B. Hautzinger, 1983, 1984). Brown und Harris (1978) sehen selbst die Begrenztheit ihrer Befunde und theoretischen Formulierungen. Sie weisen darauf hin, daß ein Viertel der von ihnen untersuchten depressiven Patienten ohne auslösendes Ereignis klinisch auffällig wurden. In ihrem Modell sei daher Platz für einen vierten Faktor, den sie „Empfänglichkeit" (Susceptibility) nennen und eine latente (biologische) Bereitschaft einer Person ausdrückt, aufgrund minimalen Anstosses eine Depression zu entwickeln.

Surtees et al. (1986) untersuchten eine Bevölkerungsstichprobe (N = 576) mittels eines prospektiven Designs bezüglich der Frage, welche Rolle Lebensereignisse bei der Entwicklung depressiver Störungen spielen. Sowohl alle erfaßten Lebensereignisse als auch für die unabhängigen Ereignisse zeigen eine enge kausale Beziehung zum Krankheitsbeginn (siehe Abb. 12).

Paykel und Cooper (1992) liefern die aktuellste Zusammenstellung der Befunde zum Einfluß von Lebensereignissen und sozialen Belastungen auf affektive Störungen. Die weitaus größte Anzahl an Untersuchungen zeigt, daß vor Ausbruch einer unipolaren, nichtpsychotischen bzw. nicht-melancholischen Depression gehäuft aversive Ereignisse oder belastende chronische Schwierigkei-

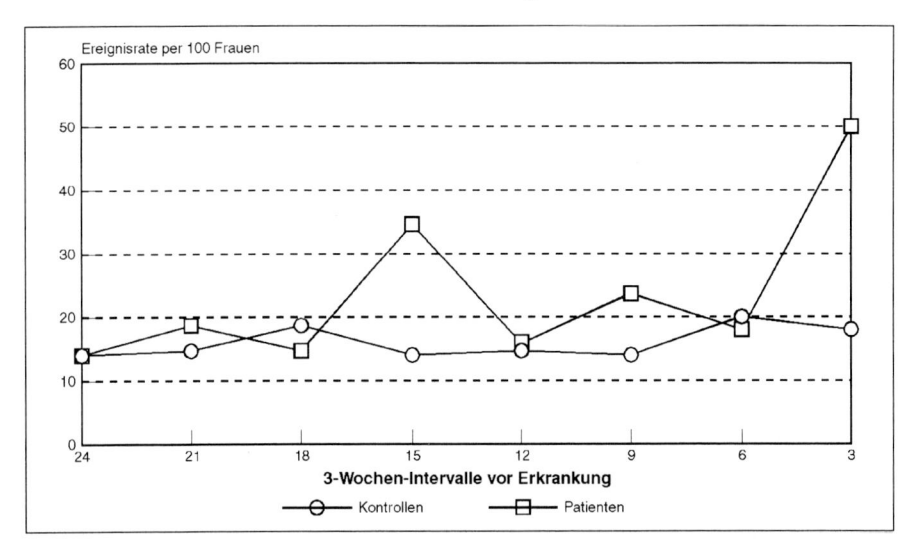

Abb. 12: Rate an Lebensereignissen vor Depressionsbeginn bzw. vor Erstuntersuchung in Klinik (nach Surtees et al., 1986)

ten nachweisbar sind. Bemühungen diesen ätiologisch relevanten Effekt zu quantifizieren, haben zu verschiedenen Vorschlägen geführt. Brown und Harris (1978) berechneten eine „brought forward time", die den Zeitpunkt des Ausbruchs einer Depression nach einem Ereignis relativ zur Wahrscheinlichkeit einer Depression ohne das Ereignis darstellt. Sie konnten zeigen, daß besonders bei Depressionen, weniger bei Schizophrenien die zeitliche Strecke bis Krankheitsausbruch stark verkürzt ist. Andere Autoren (Paykel, 1978) haben relative Risikoerhöhungen in den sechs Monaten nach einem kritischen Ereignis berechnet und fanden, daß in diesem Zeitraum nach einem streßreichen Ereignisse das Depressionsrisiko sechsfach erhöht ist.

Bei melancholischen bzw. bei sehr schweren Depressionen sind diese Zusammenhänge selten eindeutig nachweisbar. Bipolare affektive Störungen wurden bezüglich des Einflusses belastender und sozialer Ereignisse bislang nicht angemessen untersucht.

Die Variable soziale Unterstützung erfreute sich in den letzten Jahren intensiver Aufmerksamkeit (Cohen & Wills, 1985; Hautzinger, 1985, 1986), wobei die aktuelle Befund- und Diskussionslage sehr kontrovers ist (vgl. Henderson, 1983; Baumann & Pfingstmann, 1986). Die Mehrzahl der Studien (mit überraschend variierenden und widersprüchlichen Ergebnissen) unterstützt die strenge „Streß-Puffer"-Hypothese der sozialen Unterstützung nicht, doch hat soziale Unterstützung bzw. das Fehlen dieser Unterstützung, neben dem Effekt der kritischen Lebensereignisse konsistent über verschiedenste Studien hinweg, einen direkten Einfluß auf das Befinden und die depressive Symptomatik. Ungeklärt ist, ob sich im Längsschnitt zeigen läßt, daß das Fehlen sozialer Kontakte und Unterstützung zu so ernsthaften depressiven Störungen führt, daß eine psychiatrische oder psychotherapeutische Behandlung notwendig wird.

6.1.6 Persönlichkeitstheoretische Erklärungsansätze

Aspekte der Persönlichkeit, insbesondere der sozialen Abhängigkeit, auch als Interpersonelle Dependenz oder Soziotropie bezeichnet, gelten neben den Aspekten des anankastischen Perfektionismus und Neurotizismus (Clark, Watson & Mineka, 1994), verschiedenen Autoren als zentraler Entstehungsmechanismus für Depression (Arieti & Bemporad, 1978; Beck, Epstein, Harrison & Emery, 1983; Blatt, Quinlan, Chevron, McDonald & Zuroff, 1982; Hirschfeld, Klerman, Chodoff, Korchin & Barrett, 1976; Phillips, Gunderson, Hirschfeld & Smith, 1990).

Interpersonelle Dependenz meint ein starkes Bedürfnis nach Verstanden-werden, nach emotionaler Unterstützung und Hilfe durch andere, ebenso das Aufsuchen von engen Bindungen und Intimität sowie erhöhte Angst vor Zurückweisung, Trennung und Verlust im zwischenmenschlichen Bereich. Meist wird dieser Depressionsthematik ein zweiter Persönlichkeitsbereich gegenübergestellt: Autonomie, Unabhängigkeit, Leistungsstreben und Kontrollbedürfnis. Diese „autonomen" Personen fühlen sich dann bedroht, wenn im Leistungsbegreich Mißerfolge oder Zielerreichungs-Blockaden eintreten.

Hirschfeld, Klerman, Clayton und Keller (1983) konnten zeigen, daß depressive Personen interpersonell abhängiger sind, als nicht-depressive Probanden. Steinmeyer (1988) untersuchte an zwei Kollektiven (remittierte Depressive und Kontrollpersonen) prädisponierende Faktoren, wie geringe Externalität, hohe emotionale Labilität, hohe Selbstanforderungen, interpersonale Abhängigkeit, geringe soziale Kompetenzen. Er fand, daß bei ehemals depressiven Personen die Persönlichkeitsvariablen Introversion und emotionale Labilität (Neurotizismus) depressive und ängstliche Symptome, sowie in Verbindung mit einem Mangel an sozialen Fertigkeiten auch kognitive Parameter (Attributionsstil) direkt beeinflussen. Kognitive Stile nehmen via Selbstwertverlust Einfluß auf depressive Symptomentstehung. Kritische Lebensereignisse üben direkten Einfluß auf Angstsymptome und auf depressive Symptome aus.

Von Tellenbachs (1961) „Typus melancholicus" und „Typus manicus" ausgehend untersuchten v. Zerssen und Pössl (1990) Krankenakten von affektiv Erkrankten. Dabei wurden die Merkmale der beiden Persönlichkeitstypen (siehe Tabelle 6) eines hinsichtlich der Diagnose des einzuschätzenden Patienten blinden Beurteilers auf die prämorbide Persönlichkeit angewandt. Die unipolar, endogen depressiven Patienten wiesen überzufällig häufiger die Züge des Typus melancholicus auf, während die bipolar Erkrankten und da vor allem die monopolar manischen Patienten vor allem prämorbid Züge des Typus manicus hatten (v. Zerssen, 1991).

Tabelle 5: Merkmale des Typus melancholicus und des Typus manicus nach Tellenbach (v. Zerssen, 1991)

Typus melancholicus	Typus manicus
– als Kind ruhig, brav, angepaßt; Mitläufertyp	– als Kind lebhaft, unruhig, eigenwillig; Anführertyp
– gute, durch viel Fleiß erzielte Schulleistungen; wenig spezielle Interessen	– oft sehr gut, mit geringem Einsatz erzielte Leistungen; viele Interessen
– konsequente Linie: Ausbildung – Beruf	– keine konsequente Linie: Ausbildung – Beruf
– Beruf: Sicherheit wichtig; arbeitsam, zuverlässig	– selbständige Berufe; risikofreudig
– späte bzw. keine Loslösung vom Elternhaus	– frühe und meist abrupte Loslösung vom Elternhaus
– Ehe und Familie vorrangig	– Ungebundensein wichtig
– neben Familie und Beruf kaum Interessen und Neigungen	– oft sehr ausgefallene Interessen und Neigungen
– kleiner, aber stabiler Bekanntenkreis	– viele, aber oberflächliche, oft wechselnde Kontakte
– Orientierung an sozialen Normen, Regeln, Werten; häufig in Gewissensnöten	– Tendenz, soziale Normen und Regeln zu ignorieren
– Lebensführung bescheiden, sparsam, selbstgenügsam	– Tendenz, über die eigenen Verhältnisse zu leben

Angst und Clayton (1986) applizierten das Freiburger Persönlichkeitsinventar bei mehreren tausend Rekruten der Schweizer Armee. Zwölf Jahre später wurde diese Stichprobe nachuntersucht. Die 16 inzwischen an einer bipolaren affektiven Störung erkranken Personen, unterschieden sich hinsichtlich ihrer prämorbiden Persönlichkeit nicht von einer Kontrollgruppe. Die 19 inzwischen unipolar depressiv erkrankten Patienten waren prämorbid im FPI aggressiver und emotional labiler (Neurotizismus), ansonsten jedoch unauffällig.

In der NIMH-Studie „Psychobiologie der Depression" (Hirschfeld & Shea, 1992) wurden Personen über eine Zeitspanne von 6 Jahren untersucht. Verglich man die 29 in dieser Zeit erstmalig an einer unipolaren Depression erkrankten Personen mit der restlichen Stichprobe hinsichtlich ihrer prämorbiden Persönlichkeitszüge, dann zeigte sich, daß bei den 17 bis 30 Jahre alten Personen keine Unterschiede zu finden waren, während bei der Altersgruppe 31–41 Jahre sehr wohl signifikante prämorbide Unterschiede, nämlich erhöhte Neurotizismuswerte, emotionale Instabilität, interpersonelle Abhängigkeit, bei den nun Depressiven nachzuweisen waren. Diese Persönlichkeitszüge sind jedoch eher Merkmale genereller psychischer Anfälligkeit und werden durch lebensgeschichtliche Einflüsse, wie z. B. auch durch frühere psychische Beeinträchtigungen geformt und prägnanter.

6.1.7 Multifaktorieller Erklärungsansatz

Hautzinger (1983, 1991 b) und Lewinsohn, Hoberman, Teri und Hautzinger (1985) entwarfen ein multifaktorielles Modell (Abb. 13), das von empirisch abgesicherten Erkenntnissen ausgeht, doch auch bislang von den theoretischen Entwürfen ignorierte bzw. unzureichend berücksichtigte Fakten (Häufigkeiten, Risiken, Verlauf, Remission, Rezidivneigung – siehe dazu Hautzinger, 1991 b)) integrieren will. Dieser Ansatz billigt dispositionellen Faktoren (Persönlichkeitsvariablen wie Introversion, Neurotizismus, interpersonelle Abhängigkeit), innerpsychischen Mechanismen (wie Selbstaufmerksamkeit, Lageorientierung), verändertem unmittelbarem Erleben und Erinnern (Schemata, Gedächtnisspuren) nach aversiven Erfahrungen, sowie sozialen und instrumentellen protektiven Faktoren (wie Unterstützung, Bewältigungsstrategien), neben kognitiven und behavioralen Faktoren, eine wichtige Funktion zu.

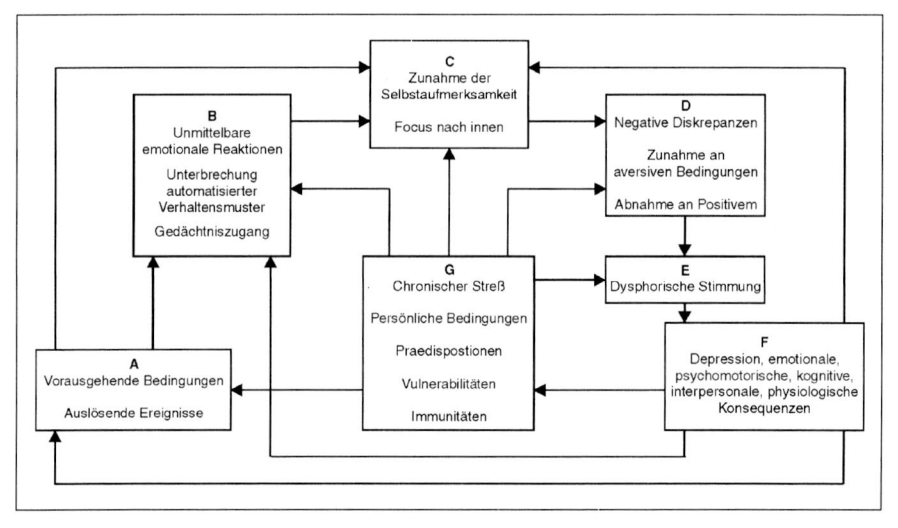

Abb. 13: Multifaktorielles Depressionsmodell nach Hautzinger (1983), Lewinsohn et al. (1985)

A: Vorausgehende Bedingungen sind definiert als Ereignisse, die das Wiederauftreten einer Depression erhöhen oder die Entwicklung einer depressiven Erkrankung einleiten können. Kritische Lebensereignisse, aversive akute oder chronische Belastungen, vor allem im sozialen Bereich sind hier typisch.
B: Diese provozierenden oder auslösenden Bedingungen (A) unterbrechen bzw. stören automatisierte Abläufe und/oder produzieren spontane, wenig differenzierte affektive Reaktionen, die zudem Gedächtnisprozesse akti-

vieren, welche zusätzlich belastende Erinnerungen und emotionale Reaktionen hervorbringen.
C: Unterbrechungen bzw. emotionale Zustandsänderungen (B) fördern Selbstaufmerksamkeit, lageorientierte Beschäftigung und selbstkritische Betrachtungen der eigenen Person, der aktuellen Situation und der eigenen Handlungsmöglichkeiten.
D: Dies kann zur Aktivierung von Bewältigungsmechanismen führen, doch in der Mehrzahl blockiert ein derart internaler Fokus Verhaltensabläufe und intensiviert handlungsbehindernde Emotionen. Rückzug, Abnahme angenehmer Erfahrungen und Steigerung aversiv-belastender Aspekte werden so vermehrt, was die affektive Lage hin zu dysphorischen Verstimmungen (E) intensiviert.
F: Unter Beibehaltung zunehmender Lageorientierung, vermehrtem Rückzug, Reduktion positiver Erfahrungen und Selbstkritik mündet die Dysphorie in den kognitiven, motivationalen, emotionalen, somatischen, interaktiven und motorischen Symptomen einer Depression.
G: Dieser Ablauf kann durch bestimmte Vulnerabilitäten (z. B. frühere depressive Episoden, höheres Lebensalter, weibliches Geschlecht, abhängige bzw. zwanghaft-rigide oder emotional labile Persönlichkeitszüge, Mangel an Fertigkeiten, familiäre Einflüsse, dysfunktionale Einstellungen bzw. Attributsionsstile beschleunigt, verstärkt und in Form eines Teufelskreises intensiviert werden (F). In gleicher Weise können jedoch auch Immunisierungsbedingungen, wie z. B. Bewältigungsstrategien, positive Aktivitäten, soziale Unterstützung, Problemlösefertigkeiten usw. eine Depression oder die Chronifizierung einer Depression verhindern.

Die multiplen Verbindungsschleifen zwischen den verschiedenen Modellfaktoren erlauben zu erklären, weshalb bei weitverbreiteter und gleicher Belastung (z. B. Lebensereignissen, aversiven Alltagserfahrungen) immer nur ein Teil der betroffenen Personen eine Depression entwickeln. Sie erlauben aber auch zu verstehen, wie ein einsetzender Prozeß depressiver Beschwerden unterbrochen werden kann bzw. zum Stillstand und zur Rückbildung kommt.

Beispiele für die Feedbackschleifen sind:
F–A: Eine Person, die sich zurückzieht, viel klagt, negativ ist, mit der Arbeit nicht zurechtkommt usw. produziert selbst depressionsfördernde Bedingungen, indem Spannungen in den Sozialbeziehungen, Arbeitsplatzprobleme, Mißerfolge usw. erst durch die Depression auftreten.
F–B: Die depressiven Veränderungen führen zu weiteren Unterbrechungen automatisierter Handlungsabläufe, zusätzlicher Aktivierung negativer Gedächtnisabläufe (state-abhängiges Gedächtnis).
F–G: Depressive Symptome und begleitende Konsequenzen verstärken vorhandene Vulnerabilitäten und Risikobedingungen, wie z. B. interper-

sonale Abhängigkeiten, Neigungen zur Selbstaufmerksamkeit, negative Erwartungshaltungen und Grundüberzeugungen.

F–D: Da die depressive Person sich zurückzieht und passiver ist, verringert sich zusätzlich die Möglichkeit positiver Umweltinteraktionen und folglich ist die Person weniger in der Lage, der negativen Entwicklung etwas entgegen zu setzen.

F–C: Depressive Beschwerden erhöhen die Selbstaufmerksamkeit und den Fokus auf die eigene Person, die Lage, das eigene Befinden, die Körpervorgänge und die Leistungsfähigkeit. Die Wahrnehmung negativer Diskrepanzen ist vorprogrammiert und eine Verschlechterung der Lage wahrscheinlich.

Die unter G genannten Faktoren nehmen in vielfältiger Weise Einfluß auf den Prozeß von A nach F, so z. B.:

G–A: Langanhaltende, chronisch belastende Lebensbedingungen stellen selbst depressionsfördernde Auslöser dar oder verstärken aktuelle negative Bedigungen.

G–B: Im Gedächtnis gespeicherte frühere Belastungen, wie z. B. Trennung von Eltern, Mißerfolge, Demütigungen, Versagen, depressive Modelle, gelernte emotionale Reaktionen usw. liegen als aktivierbares Material bereit.

G–C: Neigungen zur Selbstaufmerksamkeit, zur Lageorientierung, zur Mißerfolgserwartung, zur Rigidität und Zwanghaftigkeit usw. begünstigen das Auftreten der Selbstzentrierung und die Beschäftigung mit der aktuellen Lage (Perseveration von Handlungsabsichten).

G–D: Fehlende instrumentelle Bewältigungsressourcen, geringe Selbstbelohnungsfertigkeiten, wenige Problemlösestrategien wirken ungünstig auf die Verschiebung der Balance positiver und negativer Erfahrungen, Aktivitäten und Interaktionen ein.

G–E: Die Risikofaktoren (Vulnerabilitäten) erhöhen die Wahrscheinlichkeit, bei Auftreten dysphorischer Stimmungen ein depressives Syndrom zu entwickeln.

6.1.8 Kognitiv-interpersonales Modell

In ganz ähnlicher Weise und auf diesen Überlegungen aufbauend formulierten Gotlib und Hammen (1992) ein „kognitiv-interpersonales Modell" der unipolaren Depression (siehe Abb. 14). Die Autoren gehen dabei von folgenden Präpositionen aus:

1. Kognitive Vermittlungsprozesse (Interpretationen, Überzeugungen) spielen als Ursache und als Folge der Depression eine wesentliche Rolle;

2. Der soziale Kontext und die Transaktionen zwischen Individuum und Umwelt bestimmen und aktivieren Ressourcen, Kompetenzen und Kognitionen;
3. Belastende aktuelle bzw. chronische Erfahrungen tragen zur Auslösung und zur Verschlimmerung depressiver Störungen bei;
4. Biologische Faktoren machen Personen für Depressionen mehr oder weniger anfällig;
5. Es werden verschiedene, phänomenologisch jedoch gleiche depressive Störungen angenommen (Heterogenität depressiver Prozesse), die auf unterschiedliche Weise entstehen können und verschiedene Verläufe nehmen.

Es werden weiter Faktoren unterschieden, die zur Risikoerhöhung (Vulnerabilität) beitragen, das erstmalige Auftreten bzw. die Auslösung bestimmen, für den episodischen bzw. den chronischen Verlauf und das Wiederauftreten einer Depression verantwortlich sind.

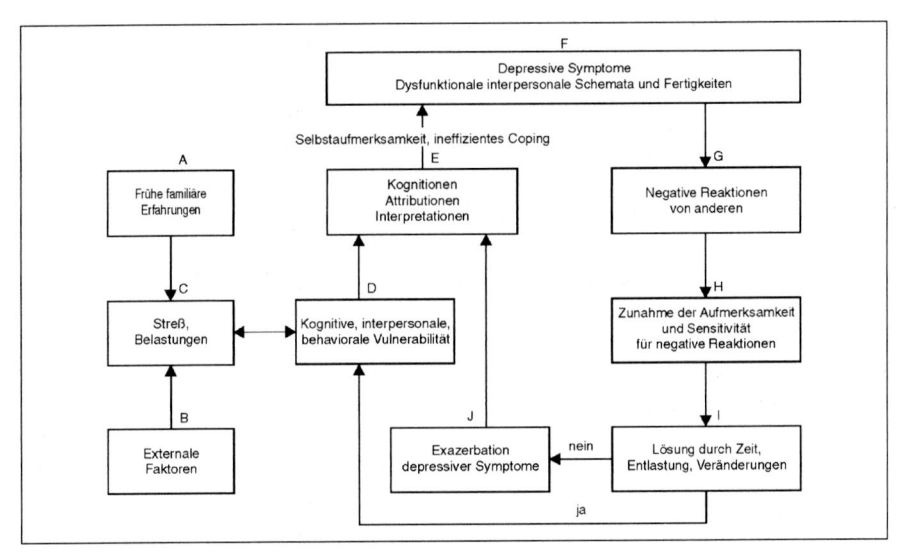

Abb. 14: Kognitiv-interpersonale Konzeptionalisierung depressiver Störungen (nach Gotlib & Hammen, 1992)

Als Vulnerabilitätsfaktoren (A, B, D) gelten: aversive frühe Erfahrungen, Mangel an emotionaler Unterstützung, negative, nichtkontrollierbare, traumatische Lebenserfahrungen, negative selbstbezogene Schemata, abhängige (soziotrope) Persönlichkeitszüge. Eine Person ist dann psychologisch für Depressionen anfällig, wenn alle bzw. einige dieser Faktoren eintreten, damit bei der Person „Bindungsstörungen", negative Verarbeitungsmuster, soziale Anpassungsstörungen, eingeschränkte Verhaltens- und Problemlösefertigkeiten sich entwickeln.

Auslösefaktoren (C, E, F) für eine depressive Episode sind: streßreiche, aversive Ereignisse, Selbstaufmerksamkeit, negative, gegen die Person gerichtete Verarbeitungsmuster, ungünstige Bewältigungsversuche bzw. ein Mangel an adäquaten Bewältigungsstrategien sowie dysfunktionale Überzeugungen (Schemata).

Für die Aufrechterhaltung (F–J) bzw. die Verstärkung depressiver Symptome verantwortlich sind: interaktionale und interpersonelle Prozesse, kognitive Muster, Defizite im Fertigkeitenrepertoire, Sensitivität und Aufmerksamkeit gegenüber negativen Zuständen, Mißerfolgen und Zurückweisung sowie belastende Gedächtnisinhalten werden stimmungsabhängig leichter zugänglich. Ein Fortbestehen streßreicher Bedingungen trägt ebenfalls zur Stabilisierung des depressiven Zustands bis hin zu einer Exazerbation depressiver Symptome bei.

Faktoren, die zur Überwindung depressiver Störungen führen (I, D), sind: Lösung belastender Schwierigkeiten, Überwindung streßreicher Ereignisse, Verstreichen von Zeit, biologisch gesteuerte Erholung des Organismus, pharmakologische oder psychotherapeutische Behandlung, Aktivierung von Problemlöse- und Bewältigungsstrategien.

Rückfälle und Wiedererkrankungen werden durch das Fortbestehen von Vulnerabilitätsfaktoren (D), krankheitsbezogene, möglicherweise biologisch determinierte Variablen (z. B. früheres Ersterkrankungsalter, weibliches Geschlecht), ungünstige Veränderungen in der Umwelt der Person als Reaktion auf die depressive Erkrankung (z. B. Verschlechterung der Sozialbeziehungen, Verfestigung negativ selbstbezogener Schemata, Arbeitsplatzprobleme) bedingt gesehen.

6.1.9 Beurteilung der multifaktoriellen Ansätze

Diese multifaktoriellen Erklärungskonzepte wollen dem Störungsbild einer unipolaren Depression insofern gerechter werden, als daß sie verschiedene Entwicklungen in eine Depression zulassen, das Konstrukt der Anfälligkeit (Vulnerabilität) auf verschiedenen Ebenen (biologisch, sozial, lebensgeschichtlich, psychologisch) und die dazu vorliegenden, vielfältigen empirischen Befunde integrieren, als Anstoß für depressive Symptome unterschiedlichste, ubiquitäre Auslöser in Frage kommen, durch die Vernetzung der beteiligten Modellparameter zum einen ein Aufschaukelungprozeß in eine Depression rasch erfolgen kann, zum anderen dadurch auch viele Unterbrechungen der Entwicklung in bzw. die Beendigung und Wege aus einer Depression zulassen (Hautzinger, 1991 b). Durch diese multifaktoriellen Konzepte wird außerdem eine Heuristik vorgelegt, die erlaubt, die vergleichbare Wirksamkeit theoretisch unterschiedlichster therapeutischer Ansätze einzuordnen. Problematisch an derartigen komplexen Modellen ist die zwangsläufig sich ergebenende Schwierigkeit diese einer empirischen Bewährung zu unterziehen. Es wird kaum möglich sein, alle Parameter und Verbindungsschleifen zu isolieren und die postulierte Wirkung, geschweige denn die multiple Verknüpfung verschiedener Größen zu prüfen. Entsprechend schlagen die Autoren (z. B. Lewinsohn et al., 1985) vor, daß neben der bereits ausgeführten integrativen Funktion, der Wert dieser komplexen Modelle darin liegt, daß Einzelhypothesen daraus ableitbar werden, die dann einer Operationalisierung und experimentellen bzw. empirischen Überprüfung zugänglich werden. In Abhängigkeit von den Ergebnissen sind dann die Modellvorschläge zu revidiere oder zu präzisieren.

6.2 Biologische Erklärungsansätze

Es besteht kein Zweifel, daß bei ernsthaften affektiven Störungen biochemische und physiologische Veränderungen in Rechnung zu stellen sind. Diese Veränderungen und die Stabilität bzw. Instabilität im „brain state", wie es Gilbert (1984) ausdrückte, können als Ergebnis eines komplexen Rückkopplungssystems biologischer und psychologischer Variablen verstanden werden (Shelton, Hollon, Purdon & Loosen, 1991). Wesentliche biologische Ätiologiefaktoren sind genetische Mechanismen, die biogenen Amine bei der neuronalen Transmission und neuroendokrinologische Dysfunktionen (Hypothalamus-Hypophysen-Nebennierenrinde-Achse, Hypothalamus-Hypophysen-Schilddrüse-Achse).

6.2.1 Genetische Faktoren

Genetische Erklärungsmodelle beruhen auf Familienstudien, Zwillingsstudien und Adoptionsstudien (vgl. Nurnberger & Gersohn, 1992). Die Konkordanzraten bei monozygotischen Zwillingen liegen zwischen 30 % und 90 % (mittlerer Wert 60 %), während bei dizygotischen Zwillingen die Konkordanz zwischen 0 % und 25 % (mittlerer Wert 14 %) liegt. Das Morbiditätsrisiko für depressive Erkrankungen bei Angehörigen depressiver Patienten ist höher als in der Allgemeinbevölkerung (4 bis über 30 % in Abhängigkeit von Verwandschaftsgrad bzw. der depressiven Subgruppen). Die Rate psychopathologischer Auffälligkeiten bei biologischen Geschwistern erreicht 66 %, während sie bei den Adoptivgeschwistern unter 8 % liegt. Angehörige schizoaffektiver und bipolar depressiver Patienten haben ein deutlich erhöhtes Risiko für alle Formen affektiver Erkrankungen, nicht nur für manisch-depressive Störungen, während Angehörige unipolar depressiver Störungen wenn, dann nur ein erhöhtes Risiko für unipolare Depression zeigen (Gershon et al., 1982) (siehe Abb. 15).

Das Lebenszeitrisiko für Angehörige ersten Grades von bipolar affektiven Patienten wird übereinstimmend für alle affektive Störungen mit 34 % für Eltern, mit 35–39 % für Geschwister und sogar auf über 50 % für leibliche Kinder geschätzt und liegt somit deutlich höher als in der Allgemeinbevölkerung (Nurnberger & Gershon, 1992).

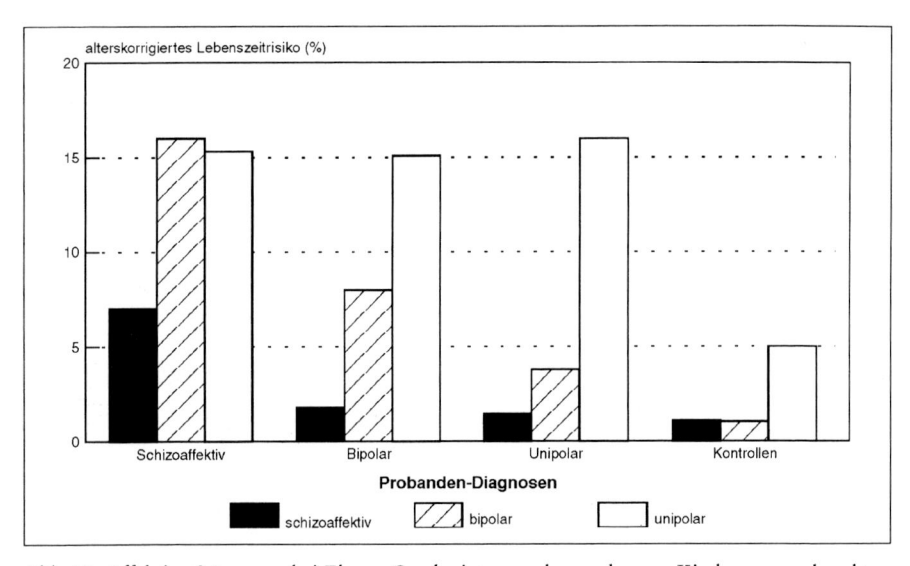

Abb. 15: Affektive Störungen bei Eltern, Geschwistern und erwachsenen Kindern von erkrankten Personen (nach Gershon et al., 1982)

Verschiedene Adoptionsstudien lassen vermuten, daß auch Selbstmordhandlungen eine genetische Beteiligung aufweisen. Wender et al. (1986) fanden ein um das 15fache erhöhte Suizidrisiko bei den biologisch Verwandten depressiver Adoptionspersonen, als bei den biologischen Verwandten der Kontrollpersonen. Es wird angenommen, daß dabei Selbstmordhandlungen nicht nur über die Störung der Affektivität (Depression), sondern u. a. über Persönlichkeitsmerkmale wie Impulsivität, die auch mit der serotonergen Transmission in Verbindung stehen, beeinflußt werden.

Es besteht keine Einigkeit darüber, wie die mögliche genetische Grundlage depressiver Störungen weitergegeben wird. Die früher vertretene Hypothese, daß es sich genetisch um eine Einheit handelt, wurde weitgehend aufgegeben. Ebenso unbegründet ist die Überlegung, daß unipolare und bipolare Störungen genetisch zwei verschiedene Krankheiten sind. Dem widersprechen die Häufungen jeglicher Formen affektiver Erkrankungen bei Angehörigen bipolarer Patienten. Gershon et al. (1983) schlagen stattdessen eine Schwellenmodell vor, das durch Erb- und Umweltfaktoren die Krankheitsanfälligkeit („liability") determiniert. Umstritten ist bis heute, um welche Form des möglichen Erbgangs es sich bei affektiven Erkrankungen handeln könnte. Einige Autoren favorisieren weiterhin einen X-Chromosom-gebundenen, dominanten Erbgang (z. B. Mendlewicz et al., 1987)), obgleich z. B. Vater-Sohn-Transmissionen dabei nicht vorkommen dürften, was jedoch in verschiednen Serien der Fall ist (Zerbin-Rüdin, 1980). Andere Studien (Egeland et al., 1987) haben für die bipolaren affektiven Störungen eine Position auf dem Chromosom 11 verantwortlich gemacht, was jedoch von derselben Autorengruppe nicht repliziert werden konnte (Kelsoe et al., 1989). Die Mehrzahl der Autoren geht heute von einem, zu den vorhandenen Daten am besten passendem poligenetischen Übertragungsmodell affektiver Störungen aus (Gershon, Martinez, Goldin, Gelernter & Silver, 1989).

6.2.2 Biochemische Konzepte der gestörten Neurotransmission

Biochemische Hypothesen der Depression liegen in der Beobachtung begründet, daß etwa 15 Prozent hypertoner Patienten aufgrund der Behandlung mit Reserpin (einem Medikament, das zentralnervös zu einer Reduktion der biogenen Amine führt) depressive Symptome und suizidale Tendenzen entwickelten. Etwa zeitgleich beobachtete man, daß Medikamente, die die Monoaminoxidase hemmen, wirksame antidepressive Eigenschaften besitzen (aufgrund ihrer interferierenden Effekte beim Abbau biogener Amine). In ähnlicher Weise wirken trizyklische Antidepressiva, die die (prä-) synaptische Wiederaufnahme der freigesetzten Amine blockieren und somit die verfügbare Menge dieser biogenen Substanzen in der Synapse erhöhen.

Von Schildkraut (1965) wurde aufgrund dieser Beobachtungen die *Katecholamin-Defizit-Hypothese* der Depression vorgeschlagen. Sie besagt, daß eine Depression das Resultat eines Defizits und Manie das Resultat eines Exzesses des Neurotransmitters Noradrenalin an kritischen Stellen zentralnervöser Reizübertragung ist. In der Folge erfuhr diese Substanz starke wissenschaftliche Beachtung. Die Defizithypothese wurde später von Charney, Menekes und Heninger (1981) in die *„Rezeptor-Sensitivitäts-Hypothese"* umformuliert. Diese besagt, daß die Funktionsstörung in der noradrenergen Regulation keine Absenkung der Menge verfügbarer Neurotransmitter erfordert, sondern daß Störungen in der Empfindlichkeit prä- und postsynaptischer Rezeptoren entscheidend sind. Eine ähnliche Sichtweise wurde in der *„Dysregulations-Hypothese"* von Siever und Davis (1985) formuliert, wonach antidepressive Substanzen den komplexen Regulationsmechanismus an den noradrenergen Synapsen harmonisieren. Die Rezeptor-Sensitivitäts- und die Dysregulations-Hypothese wurden vor allem deshalb vorgeschlagen, weil zahlreiche Studien die ursprüngliche Annahme eines Katecholamindefizits nicht finden konnten, doch gleichzeitig vieles dafür sprach, daß diese Gruppe biogener Amine bei den affektiven

Störungen eine zentrale Rolle spielen. Eine der neuronalen Syntheseorte, der *Locus Coeruleus*, der für die Verarbeitung neuer Reize und die Modulation des „Arousal-Niveau" verantwortlich ist, sendet ein dichtes Netz an Verbindungssträngen über das ganze zentrale Nervensystem, insbesondere in den Hypothalamus, den Hippocampus und den Kortex. Direkte Stimulationen des Locus Coeruleus (bei Tieren) führen zu starker Angst, Hypervigilanz, Hemmung des Explorationsverhaltens, Schlafstörungen, Appetitverlust und Vernachlässigung der Pflege (Gold, Goodwin & Chrousos, 1988). Frühere Arbeiten am Menschen fanden in der zerebrospinalen Flüssigkeit Depressiver aber auch im Urin und dem Blutplasma, deutlich reduzierte MHPG-Werte, dem Metabolit des Noradrenalin, was als Stütze der Katecholamin-Mangel-Hypothese interpretiert wurde. Neuere Arbeiten fanden gegenläufige Befunde, so daß demnach während einer Depression das noradrenerge System und der Locus Coruleus aktiviert sei (Siever & Davis, 1985). Tierexperimentelle Arbeiten (Weiss et al., 1981, 1985) unterstützen diese Befunde eines aktivierten noradrenergen Systems. Interessenanterweise verschwinden die depressionsähnlichen Verhaltensweisen bei Tieren durch direkte Applikation von Tyrosin oder eines noradrenergen Agonisten (z.B. MAO-Inhibitoren) in den Locus Coeruleus.

Der synaptische Regulationsmechanismus ist heute detailliert bekannt und weit komplexer in den möglichen Störungen, als die ursprüngliche Formulierung der Hypothesen dies vermuten ließ. Die Synthese des Botenstoffs Noradrenalin erfolgt über die Ausgangssubstanzen Tyrosin, Dopa und Dopamin. Im präsynaptischen Bereich wird das Noradrenalin in Vesikeln gespeichert, um bei ankommender Erregung in den synaptischen Spalt abgegeben zu werden und dort zu postsynaptischen Rezeptoren zu gelangen. Das Noradrenalin wird durch MAO bzw. COMT (aus dem postsynaptischen Bereich) abgebaut (Endprodukt: Metabolit MHPG oder VMS) und ausgeschieden oder über entsprechende Rezeptoren wieder in den präsynaptischen Bereich aufgenommen (Re-Uptake). Die adrenergen Rezeptoren werden in „Alpha1-, Alpha2- und Beta-Subtypen" mit weiteren Unterteilungen (gegenwärtig 7) unterschieden (Bylund, 1988). Störungen dieser synaptischen Regulation können bei der Synthese, der Speicherung, der Enleerung, der Wiederaufnahme, der Matabolisierung und vor allem im postsynaptischen Bereich bei der Rezeptorsensibilität verbunden mit Membranveränderungen auftreten. Auf den Locus Coeruleus, als dem Ursprungsort noradrenerger Bahnen wirken außerdem viele andere Neurotransmittersysteme (u. a. das serotonerge System, GABA, Dopamin, Glutamat, Corticotropin-Releasing Hormon) ein, wodurch weitere Dysregulationen denkbar und Gegenstand aktiver Forschung sind.

In ganz ähnlicher Weise wurde die *Indoleamin-Hypothese* formuliert, die besagt, daß bei Depressiven eines erniedrigte Konzentration des Neurotransmitter Serotonin (5-HT) vorliegt (Coppen, 1967). Vor allem die Ausscheidung von Abbauprodukten (z.B. 5-HIES) des Serotonin im Urin bzw. im Liquor wurde dabei gemessen und als Beleg für diese Hypothese herangezogen (van Praag, 1977). Die Befunde sind insgesamt uneinheitlich (Beckmann, 1978) und oft methodisch problematisch. Auch die Studien zur Gabe von Tryptophan, einer Vorstufe von Serotonin, führten nicht zu eindeutigen, die Hypothese unterstützenden Ergebnissen. Die Entwicklung der Indoleamin-Hypothese ist ähnlich verlaufen, wie bei der Katecholamin-Hypothese. Heute sind die Mechanismen des serotonergen Neurotransmitterstoffwechsels als hochkomplex bekannt, woraus sich vielfältige Störungsorte und Funktionsbeeinträchtigungen ergeben. Die serotonergen Zellen entspringen aus einem recht umgrenzten Hirnstammbereich, den *Raphe-Kernen*. Die meisten aufsteigenden, sich über den Kortex ausbreitenden und auf 5-HT-1A-Agonisten besonders sensiblen Bahnen entspringen dem dorsalen und dem medialen Bereich (Blier, Montigny & Chaput, 1990). Aus Tryptophan wird Serotonin synthetisiert und präsynaptisch eingespeichert. Bei ankommender Erregung wird Serotonin freigesetzt und postsynaptisch gebunden. Die Erregung wird dann über sogenannte „second messenger systems" weitergeleitet. Der Abbau des im synaptischen Spalt befindlichen Serotonin erfolgt über die Wiederaufnahme in den präsynaptischen Bereich oder wird durch MAO zu 5-HIES metabolisiert. Beim Menschen sind inzwischen zahlreiche, zumindest 5 klar unterscheidbare 5-HT-Rezeptoren identifiziert worden, die wiederum auf den serotonergen Bahnen und Projektionsfeldern unterschiedlich häufig lokalisiert sind und vermutlich funktionale Relevanz besitzen (Delgado, Price, Heninger & Charney, 1992). Störungen eines serotonergen Neurons im Rahmen affektiver Erkrankungen sind im präsynaptischen Bereich denkbar auf der Ebene des Plasmaspiegels an Vorstufensubstanzen, bei der Synthese des Neurotransmitters, bei der Speicherung, der Entleerung, der Wiederaufnahme und der Metabolisierung. Störungen im postsynaptischen Bereich sind denkbar bei der Rezeptorbindungsfähigkeit, der Rezeptorregulation, den Second-Messenger-Systemen, der Protein-Phosphorylation, der Kalziumausschüttung und den Ionenkanälen der weiterleitenden Nervenfasern.

Von einigen Autoren wurde angenommen, daß es eine Untergruppe von depressiven Patienten geben müsse, die sich durch unterschiedliche Arten von Transmitter-Stoffwechselstörungen charakterisieren lassen, eine Gruppe, bei der das noradrenerge System betroffen sei, und eine Gruppe mit Störungen beim Serotonin-Reuptake (Beckmann & Goodwin, 1975; van Praag, 1974). Folglich müßten diese Gruppen auf Imipramin bzw. Amitriptylin unterschiedlich gut ansprechen. Auch hier sind die Befunde uneinheitlich (Robinson, Rikkel & Feighner, 1990) und angesichts der komplexen Mechanismen an den Synapsen und damit verbunden der möglichen Angriffspunkte antidepressiver Substanzen problematisch.

Prä- und postsynaptische *Rezeptorveränderungen* werden sogar mit unterschiedlichen Formen depressiver Erkrankungen in Verbindung gebracht. Der verzögerte Wirkeintritt bei den klassischen Antidepressiva, die Entdeckung neuer, antidepressiv wirkender Medikamente (wie z. B. Mianserin) und Befunde zur veränderten (reduzierten) Wachstumshormonfreisetzung bei Depressiven förderten Überlegungen, daß unterschiedliche Rezeptoren des prä- und des postsynaptischen Bereichs bei unterschiedlichen Erkrankungsformen bzw. Stadien der Depression gestört oder beteiligt sind (Garver & Zemlan, 1986). Unter anderen hat Matussek (1978; Matussek et al., 1980) vorgeschlagen, daß bei endogener Depression eine postsynaptische Aminostoffwechselstörung aufgrund erniedrigter Rezeptorsensitivität (vor allem der Alpha2- und Beta2-Rezeptoren in der Postsynapse) vorliege, während bei anderen Formen depressiver Erkrankungen (etwa der neurotischen Depression) eher präsynaptische Störungen mit einem Defizit in der Produktion der Neurotransmitter wahrscheinlich seien. Gegenwärtig gibt es für diese Hypothesen nur indirekte Belege, die durch den widersprüchlichen Status der endokrinen als auch der biochemischen Modelle zudem recht zweifelhaft werden.

Die *adrenerge-cholinerge* Ungleichgewichtshypothese wurde von Jankowsky, El-Yousef, Davis und Sekerke (1972) vorgeschlagen. Sie besagt, daß bei depressiven Patienten das Gleichgewicht des adrenergen (Noradrenalin) und des cholinergen (Acetylcholin) Neurotransmitterssystems zugunsten des cholinergen Einflusses verschoben sei, während bei Manien das adrenerge System überwiege. Vor allem Arbeiten mit der zentralnervös wirkenden Substanz Physostigmin (hemmt die Cholinesterase und produziert depressive Symptome) werden als Belege zitiert (Jankowsky & Risch, 1986), obgleich auch widersprüchliche Befunde vorliegen (Berger, Doerr, Lund, Bronisch & von Zerssen, 1982). Cholinerge Substanzen sind zweifelsfrei an der neuroendokrinen Regulation z. B. der Hypothalamus-Hypophysen-Nebennierenrinden-Achse beteiligt und zumindest als Begleiterscheinung einer Depression wahrscheinlich.

Einige Autoren vermuten, daß auch funktionale Defizite in der dopaminergen Neurotransmission bei affektiven Störungen, insbesondere bei manisch-depressiven Erkrankungen beteiligt sind (Jimerson, 1987). Begründet wird dies mit den Beobachtungen, daß Dopamin-Agonisten, wie L-Dopa oder Amphetamine manische Zustände auslösen können bzw. Dopamin-Antagonisten wirksame antimanische Interventionen sind. Andere, im Dopaminhaushalt ansetzende Substanzen wirken antidepressiv (Delgado et al., 1992).

6.2.3 Schlußfolgerungen zu den Aminhypothesen

Fast 30 Jahre nach Formulierung der Aminhypothesen steht der Beweis von kausalen Störungen aminerger Neurotransmission als Grundlage depressiver Erkrankungen unverändert aus (Fritze et al., 1992). Depressive Erkrankungen sind schon allein wegen der unterstellten genetischen Heterogenität kaum auf

Störungen eines Transmittersystems oder eines Rezeptors, sondern eher auf „Dysbalancen multipler Transmittersysteme" zurückzuführen. Fritze et al. (1992) vermuten, daß Störungen im Transmittersystem eher als Vulnerabilitäts- oder den Krankheitsverlauf komplizierende Faktoren in Frage kommen. Serotonin hängt eng mit Impulskontrolle zusammen. Das cholinerge System hat mit Streßtoleranz eine enge Verbindung. Für das noradrenerge System wurden Zusammenhänge mit der als Persönlichkeitsdimension aufgefaßten „Belohnungsabhängigkeit" gefunden. Dopamin scheint mit „Sensation seeking" korreliert zu sein. Daraus läßt sich folgern, daß Defizite und Fehlregulationen im Aminhaushalt keine notwendige Bedingung für affektive Störungen darstellen, ebensowenig wie Rezeptorveränderungen zwangsläufig eine Depression induzieren.

6.2.4 Neuroendokrinologe Konzepte

Jedes der bislang beschriebenen Neurotransmittersysteme ist in komplexer und hochspezifizierter Weise organisiert und wird durch Neuropeptide und neuroendokrinologische Substanzen moduliert. Vor allem zwei neuroendokrinologische Systeme haben die Aufmerksamkeit der Depressionsforschung erfahren: die Hypothalamus-Hypophysen-Nebennierenrinden-Achse (HPA) und die Hypothalamus-Hypophysen-Schilddrüsen-Achse (HPT) (Checkley, 1992; Holsboer, 1992; Rubin & Poland, 1983; Schlesser, 1986).

Die *HPA-Achse* wird von Noradrenalin in ihrer Wirkweise gehemmt, während Serotonin und Acetylcholin stimulierend Einfluß nehmen. Das Verbindungsglied von diesen Neurotransmittern zu dem endokrinen System stellt ein Neuropeptid dar, das „Corticotrope Releasing Hormon (CRH)". Dieses CRH kontrolliert über das ACTH die Cortisol-Ausschüttung der Nebennierenrinde. Die wesentlichen Einflußfaktoren auf dieses System sind Streß (Belastungen, Aktivierung), zirkadiane Rhythmik (Tageszeit, Licht) und möglicherweise ein individueller Set-point des ZNS, der Regulations- und Gegenregulationsvorgänge steuert. Es war schon länger bekannt, daß Depressive im Vergleich mit Manikern oder Gesunden eine erhöhte Cortisolkonzentration im Blut, im Urin und in der Cerebrospinalflüssigkeit aufweisen (Rubin & Poland 1983). Als spezifischer Indikator der Hyperaktivität der HPA-Achse gilt die Reaktion des Körpers auf Dexamethason (DST). Diese Substanz unterdrückt die Cortisolproduktion für zumindest 24 Stunden. Manche Depressive unterscheiden sich dabei insofern von Gesunden und anderen psychiatrischen Gruppen, als daß sie bereits nach viel kürzerer Zeit wieder normale und somit deutlich erhöhte Cortisolwerte zeigen. Dieser „early Escape" wird als ein Hinweis für die Hyperaktivität der HPA-Achse bei (endogenen) Depressiven betrachtet.

Als weitere Evidenzen gelten: erhöhtes Niveau der Cortisolkonzentration in Plasma und Serum, erhöhtes ungebundenes Cortisol im Liquor, erhöhtes Niveau der Cortisolausschüttung im Urin in 24 Stunden, erhöhte Frequenz, Anzahl und Stärke sekretorischer Episoden, erhöhte Cortisolsekretion im 24-Stunden-Zyklus, Störung des zirkadianen Profils der Cortisolausschüttung, erhöhter ACTH-Plasmaspiegel und eine gesteigerte Reagibilität im Cortisolhaushalt nach einer Vorbehandlung mit Dexamethason (von Bardeleben & Holsboer, 1989). Diese Veränderungen der HPA-Achse lassen sich bei endogenen-unipolaren Depressiven während einer depressiven Phase beobachten. Die Spezifizitätsangaben schwanken dabei zwischen 36 und 96 % (Schlesser, 1986; Holsboer, 1992). Die ursprünglich damit verbundene Hoffnung, hier einen Labortest zur Trennung klar endogen-depressiver Patienten (mit einer HPA-Achse-Störung) von anderen Depressiven zu haben, war jedoch nicht einlösbar (Berger et al., 1982). Folgt man Carroll (1983) oder Schlesser (1986), dann liegt der theoretische Wert dieser Untersuchungen zum DST darin, daß zumindest bei einer Subgruppe depressiver Patienten die veränderte DST-Reaktion auf eine Enthemmung der HPA-Achse hinweist und daraus verschiedene Störungen des depressiven Spektrums erklärbar werden. Es läßt sich weiter vermuten, daß diese neuroendokrine Störung ein Indikator dafür ist, daß bei Depressionen das Limbische System in seiner normalen Funktion gestört ist. Carroll (1983) denkt dabei besonders an das Belohnungszentrum, das sich vom Locus Coeruleus über den lateralen Hypothalamus ins Limbische System bis ins Frontalhirn über noradrenerge Bahnen – bzw. an das Bestrafungszentrum, das sich periventrikulär von der dorsomedialen Gegend des Mesenzephalon über den medialen Hypothalamus in das Limbische System über cholinerge Bahnen erstreckt. Holsboer (1992) fordert sogar eine neue diagnostische Einteilung affektiver Störungen, wobei Laborbefunde wie z.B zur HPA-Achse Entscheidungskriterien darstellen sollen, um so bei den Patienten mit einem biologischen Marker Fortschritte bei der Aufhellung der Pathophysiologie zu ermöglichen.

Die *HPT-Achse* weist viele Parallelen zur HPA-Achse auf. Streß, Biorhythmik und Temperatur nehmen Einfluß auf die Ausschüttung des Schilddrüsenhormon-Stimulierenden-Hormons (TSH), indem zuvor im Hypothalamus das TRH (Schilddrüsenhormon-Ausschüttungs-Hormon) stimuliert wurde. Das TSH regt die Sekretion des Schilddrüsenhormons an. Andere endokrine Substanzen, die auf die Produktion des Schilddrüsenhormons Einfluß nehmen sind Östrogene (fördernd), Wachstumshormon (hemmend) und Glucocorticoide (hemmend). Depressive unterscheiden sich dabei nicht von anderen Gruppen durch die Menge, das Niveau und den Up-take des ausgeschütteten Hormons (Baumgartner, 1993). Vielmehr weist die zirkadiane Rhythmik der Ausschüttung des TSH eine Besonderheit auf. Bei Gesunden läßt sich in der Nacht während des Schlafs eine auffallende TSH-Ausschüttung beobachten. Depressive Patienten zeigen diese nächtliche TSH-Ausschüttung nicht. Es wurde weiter beobachtet, daß einige Depressive nicht oder vermindert mit TSH auf die exogene Gabe der TRH reagieren (Loosen & Prange, 1982), obgleich das Ausgangsniveau bei den Gruppen gleich war.

Es ist gegenwärtig ungeklärt, ob die abgeschwächte bzw. fehlende Reaktion der Schilddrüse auf Stimulation mit TRH zustandsabhängig ist und nur während der depressiven Phase beobachtbar ist oder ob es sich um einen „trait"-Marker handelt. Der TRH-Stimulationstest ist mäßig sensitiv (ca. 40 %) und spezifisch (ca. 90 %) für die Diagnose einer Depression bzw. einer Manie. Das Fehlen der Normalisierung der abgeschwächten bzw. fehlenden Reaktionen auf TRH-Stimulation nach thymoleptischer Behandlung gilt als Zeichen für eine schlechte Prognose des Verlaufs, der Remission, des Rezidivs und der Rehospitalisierung (Schlesser, 1986; Checkley, 1992).

Kritisch setzt sich Baumgartner (1993) mit dem Zusammenhang von Schilddrüsenhormon und depressiven Erkrankungen auseinander. Er zeigt auf, daß alle antidepressiven Therapien die periphere Schilddrüsenhormonkonzentration verändern, daß sowohl eine Hypo- als auch eine Hyperthyreose nahezu alle psychopathologischen Symptome hervorrufen können, daß TRH fraglich antidepressive Eigenschaften besitzt, daß jedoch bei sogenannten „rapid-cycling" bipolaren Patienten TRH-Medikation phasenprophylaktisch wirkt. Nachweisen läßt sich, daß Schilddrüsenhormon auf die Modulation noradrenerger, serotonerger und dopaminerger Rezeptorfunktionen, auf die Kalziumshomöostase, den axonalen Transport und die neuronale Morphologie einwirkt. Diese Wirkungen konnten bislang in ihren biochemischen Mechanismen und in ihrer funktionellen Bedeutung noch nicht aufgeklärt werden, so daß unklar bleibt, ob die Pharmakaeffekte auf den Schilddrüsenstoffwechsel im ZNS am Wirkmechanismus dieser Medikamente beteiligt sind (Baumgartner & Campos-Barros, 1993)

Neuroendokrine Mechanismen können als Modell für zentralnervöse Umsetzung der über die Sinnesorgane aufgenommenen Informationen in neuronale und humorale Aktivität dienen. Das Ineinandergreifen exogener und genetisch vorgegebener Prozesse kann durch die prinzipielle (entwicklungsgeschichtliche und funktionelle) Ähnlichkeit des Immunsystems, des Nervensystems und des neuroendokrinen Systems an peripher zugänglichen Zellen leichter untersucht werden und bieten somit eine gute Basis für zukünftige fruchtbare Forschung der affektiven Erkrankungen (Holsboer, 1988, 1992).

6.2.5 Psychophysiologische Korrelate

Nach einer eigene und fremde Arbeiten berücksichtigende Übersicht über psychophysiologische Korrelate der Depression kommt Giedke (1988) zu dem Schluß, daß depressive und ängstliche Patienten häufig psychophysiologische

Normabweichungen zeigen, die sich – von Ausnahmen abgesehen – als allgemeines, doch unspezifisches und die beiden Krankheiten nicht trennendes Arousal bezeichnen lassen. Die von dem Autor berücksichtigten und bei Depressiven und Ängstlichen verändert Variablen waren: Beschleunigung von Puls-, Atem- und Lidschlagfrequenz, die Erhöhung des Muskeltonus, die Verminderung der Speichelsekretion, die Verminderung der CNV-Amplitude und bei besonderen Belastungen auch die Erhöhung der Amplitude der postimperativen negativen Variation (PINV). Verlängerte Reaktionszeiten, veränderte Sprechgeschwindigkeit und psychomotorische Verlangsamung finden sich bei Depressiven, was als „diffuse basale Überinnervation" interpretiert werden kann. Unterschiede zwischen Ängstlichen und Depressiven finden sich vor allem in den Hautwiderstandsvariablen. Depressive tendieren dazu ein niedriges Hautleitfähigkeitsniveau zu zeigen, die Zahl der spontanen Fluktuationen ist gering und die Habituation erfolgt rasch. Wiederholt wurde gezeigt, daß psychophysiologische Veränderungen und Befunde stärker von aktuellen affektiven Zuständen als von Patientstatus oder diagnostischer Zuordnung abhängen (z. B. Strian, 1986). Die Daten zeigen, daß zwischen den Krankheitsbildern große Überlappungen bestehen und die Unterteilung in agitierte versus gehemmte Depression nicht mit den psychophysiologischen Parametern korrespondieren. Bislang bieten daher psychophysiologische Indikatoren bei depressiven Störungen wenig Hilfe für Diagnostik und Pathogenese.

6.2.6 Schlaf und zirkadiane Rhythmik

Der Schlaf und die zirkadiane Rhythmik ist bei Depressiven in vielfältiger Weise gestört. In der Mehrzahl zeigen Depressive eine Hyposomie (verlängerte Einschlafzeit, zerhackter Schlaf, frühmorgentliches Erwachen, unfähig wieder einzuschlafen). Während des Schlafs fällt der verminderte Anteil des Tiefschlafs (Delta-Aktivität) und die verkürzte REM-Latenz mit verlängerter erster REM-Phase auf. Die veränderte REM-Charakteristik gilt als spezifisch für (endogen) Depressive (60–70 %) und ist auch bei Hypersomnie zu beobachten (Berger & Riemann, 1988; Kupfer & Reynolds, 1992). Besonders das Lebensalter und der Schweregrad der depressiven Störung korrelieren positiv mit dem Auftreten und der wiederholten Beobachtung der genannten Schlafstörungen (Lauer, Riemann & Berger, 1987; Kupfer & Reynolds, 1992). Die eindeutige Trennung endogen-depressiver von neurotisch-depressiven Patienten aufgrund der Schlafmerkmale gelang nicht immer (Thase, Kupfer & Duane, 1984). Es steht außer Frage, daß Serotonin, Noradrenalin und Acetylcholin an der Regulation des Schlafes beteiligt sind. Die neurochemische Hypothese der Schlafregulation basiert auf dem Modell der reziproken Regulation von REM- und non-REM-Schlaf einerseits durch noradrenerge Neuronen, insbesondere im Locus Coeruleus und serotonergen Neuronen in den dorsalen Raphekernen und andererseits durch cholinerge Neuronenverbände in verschiedenen Hirnstammarealen (Hobson, Lydic & Baghdoyan, 1986). Die Desinhibition des REM-Schlafs bei Depressiven kann demnach als Ausdruck der Imbalance beider Transmittersysteme zugunsten der cholinergen Systeme verstanden werden. Die Gabe eines Cholinergikums führte bei gesunden Probanden zu entsprechenden REM-Schlaf-Desinhibitionen, bei Depressiven ohne verkürzte REM-Latenz zur „Demaskierung" der gestörten Regulation (Berger & Riemann, 1988). Die cholinerge Imbalance verschwindet mit Symptomremission, was gegen einen „trait-Marker" der Depression spricht.

Andere theoretische Modelle zur Erklärung der Schlafstörungen bei Depressionen sind vor allem chronobiologischer Natur, wie etwa das Modell der Phasenvorverlegung bzw. der Desynchronisation innerer Uhren oder das Zwei-Phasen-Modell der Schlafregulation (von Zerssen, 1987). Doch wie von Zerssen (1983) betont, erscheint es gegenwärtig fraglich, daß eine Störung des zirkadianen Zeitgebers ein kausaler Faktor für eine depressive Episode sein kann. Es erscheint jedoch unbestritten, daß das zirkadiane Schlaf-Wach-System während einer depressiven Episode bzw. beim Umkippen einer Depression in eine Manie/Hypomanie beteiligt ist (Wehr, Wirz-Justice & Goodwin, 1979; von Zerssen, 1987).

6.3 Ein bio-psycho-soziales Erklärungsmodell

Akiskal und McKinney (1975) haben ein „Final-Common-Pathway-Modell" vorgeschlagen (Abbildung 16), das biologische, soziale und psychologische Einflußgrößen der Depressionsgenese zu integrieren versucht. In einer Ergänzung nach DeJong-Meyer (1987) kann dies als integrierender Versuch der dargestellten vielfältigen psychologischen und biologischen Modelle stehen. Wir haben es demnach bei der Entwicklung einer Depression mit heterogenen Bedingungen und Einflüssen zu tun (z.B. genetische, psychosoziale, entwicklungsgeschichtliche, psychophysiologische usw.), die über eine gemeinsame Wegstrecke biochemischer (z.B. Aminstoffwechsel, Neurotransmittersysteme,, Rezeptoren) und neuronaler Veränderungen (z.B. limbische Strukturen, Locus coeruleus, usw.) eine Depression zur Folge haben können (nicht müssen).

Auch Kendler et al. (1993) entwickeln aufgrund einer Längsschnittstudie (mit mehreren Meßpunkten) an 680 weiblichen Zwillingspaaren ein Ätiologiemodell der Depression, bei dem schon 50 % der Varianz allein durch die Faktoren „streßreiche Lebensereignisse", „genetische Belastung", „Vorgeschichte an depressiven Episoden" und „Neurotizismus" erklärt werden. Weitere Einflußgrößen, die von den Autoren diskutiert werden, sind „interpersonelle Erfahrungen", „soziale Unterstützung" sowie „traumatisierende Erfahrungen in der

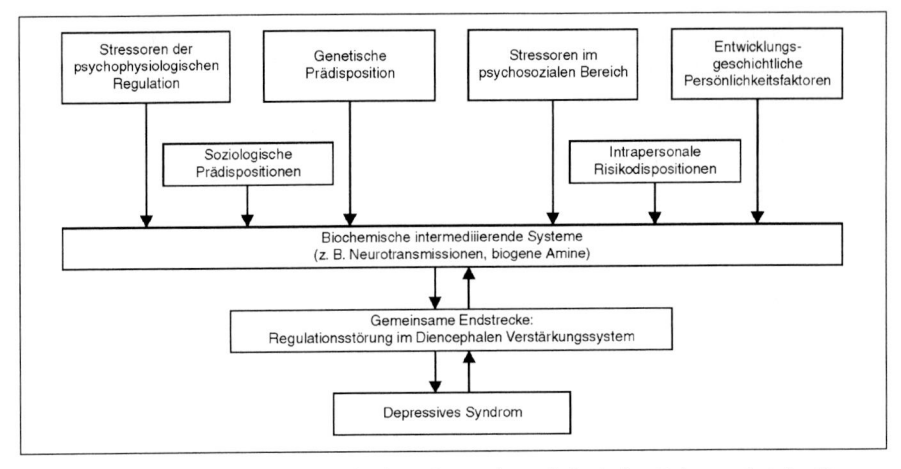

Abb. 16: Ein Modell der Interaktion biologischer und psychologischer Faktoren bei der Depressionsentwicklung (nach Akiskal & McKinney, 1975; DeJong-Meyer, 1987)

Kindheit/Jugend". Die verschiedenen, bereits dargestellten integrierenden Modellvorschläge zur Ätiologie vor allem unipolar depressiver Störungen, wie z. B. Lewinsohn et al. (1985), Hautzinger (1991) oder Gotlib und Hammen (1992) zeigen mit diesen integrierenden psychiatrischen Konzepten eine erfreuliche Überschneidung in den als relevant erachteten bzw. empirisch gewonnenen Entwicklungsfaktoren. Es ist zu erwarten, daß die daraus resultierende kooperativen Forschungsbemühungen vielversprechende Erkenntnisse erbringen.

7 Behandlung affektiver Störungen

Trotz der Unklarheiten bezüglich der Ätiologie bipolarer bzw. unipolarer affektiver Störungen, sind die pharmakologischen, psychiatrischen, psychotherapeutischen und psychosozialen Behandlungsmöglichkeit vielfältig und erfolgversprechend. Typische Empfehlungen für die antidepressive Basistherapie bei

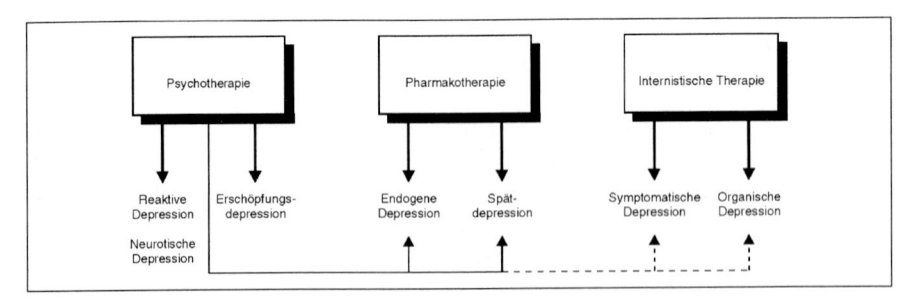

Abb. 17: Behandlungsansätze bei affektiven Störungen (nach Kasper et al., 1994)

unterschiedlichen depressiven Störungen, wie sie sich in vielen Lehrbüchern finden, sind in Abbildung 17 dargestellt (American Psychiatric Association, 1993, Kasper et al., 1994).

7.1 Pharmakologische Behandlungen

Nach zahlreichen wissenschaftlichen Untersuchungen darf heute die Wirksamkeit der trizyklischen Antidepressiva, der MAO-Inhibitoren und der neueren selektiven Serotonin-Wiederaufnahmehemmer (SSRI) als gesichert gelten (Bech, 1993; Davidson, 1992; Goodwin, 1992; Kasper, Fuger & Möller, 1992). Die Tabelle 6 faßt einige der gängigen Antidepressiva zusammen.

Tabelle 6: Zielsymptome und Arten häufig verordneter Antidepressiva (nach Kasper et al., 1994)

im depressiven Zustandsbild überwiegen		
Antriebsschwäche Hemmung Apathie	Traurige Verstimmung Bedrücktheit Niedergeschlagenheit	Angst ängstliche Unruhe Agitiertheit
Desipramin-Typ	Imipramin-Typ	Amitriptylin-Typ
Concordin (Protriptylin) Maximed (Protriptylin) Nortrilen (Nortriptylin) Pertofran (Desipramin)	Agedal (Noxiptilin) Anafranil (Clomipramin) Dixeran (Melitracen) Fevarin (Fluvoxamin) Floxyfral (Fluvoxamin) Gamonil (Lofepramin) Istonil (Dimetracin) Ludiomil (Maprotilin) Noveril (Dibenzepin) Tofranil (Imipramin) Trausabun (Melitracen) Vivalan (Viloxazin)	Aponal (Doxepin) Laroxyl (Amitriptylin) Melleril (Thioridazin) Saroten (Amitriptylin) Sinequan, Sinquan (Docepin) Stangyl (Trimipramin) Thombran (Trazodon) Tolvin, Tolvon (Mianserin) Trittico (Trazodon) Tryptizol (Amitriptylin)

Die steigende Zahl nicht-trizyklischer Antidepressiva sind in ihrer Wirksamkeit z. T. skeptisch oder zumindest bislang nicht überzeugend wirksamer als herkömmliche Thymoleptika zu beurteilen (Woggon, 1988), wobei Bech (1993) zu einem weniger skeptischen Urteil kommt. Das gegenwärtig in der Klinik wichtigste Kriterium für die Auswahl eines Thymoleptikums stellt sein Nebenwirkungsprofil dar. Diesbezüglich ist vor allem die anticholinerge Wirkungskomponente von Bedeutung. Anticholinerg wirkend sind vor allem Amitriptylin, Clomipramin, Doxepin, Imipramin und Nortriptylin. Initial stark sedierenden Effekt haben Amitriptylin, Doxepin, Mianserin, Trazodon. Ebenfalls anfänglich sedierend, wenn auch abgeschwächt, wirken Maprotilin, Clomipramin und Imipramin.

Typische, z. T. prinzipiell gefährliche Nebenwirkungen der Antidepressiva sind Belastungen der Patienten durch Mundtrockenheit, Akkomodationsstörungen, Hautallergien, Obstipation und Miktionsstörungen, Störungen des Herz-Kreislauf-Systems, wie gestörte Kreislaufregulation mit Blutdrucksenkung bzw. plötzlicher Blutdruckerhöhung, Tachykardien bzw. Arrhythmien, erhöhte Krampfbereitschaft, hypomanische Erregungszustände, Leberschädigung, REM-rebound sowie Potenzierung der Effekte von Alkohol. Die meisten Beschwerden sind vorrübergehender Natur und treten anfangs und in der Phase der Dosissteigerung auf. Die hohe Verweigerungs- bzw. Abbruchrate bei Pharmakotherapien (s. den Abschnitt zur Wirksamkeit von Depressionstherapien) ist durch diese unerwünschten Wirkungen bedingt.

Lithium wird zur Phasenprophylaxe (Erhaltungs- und Prophylaxetherapie) bei bipolaren affektiven Störungen verordnet (Abou-Saleh, 1992), selten zur Akutbehandlung depressiver Syndrome eingesetzt. Kissling (1985) kommt jedoch nach Durchsicht und Gewichtung der vorliegenden Vergleichsstudien zu einer positiven Beurteilung der antidepressiven Wirksamkeit von Lithium. Spricht ein depressiver Patient auf Thymoleptika nicht an, dann kann die Kombination mit Lithium zum Erfolg führen. Ähnlich positiv beurteilt Abou-Saleh (1992) die Wirksamkeit von Lithium im Rahmen der Akutbehandlung bipolar affektiven Störungen und Manien.

Antikonvulsiva, ursprünglich zur Behandlung von Anfallsleiden entwickelt, bewährte sich in den letzten Jahren als Rückfallprophylaktikum bei bipolaren affektiven Störungen und werden heute als Alternative bzw. Ergänzung zu Lithium eingesetzt (Post, 1992).

7.2 Schlafentzug (Wachtherapie)

Eine nicht-pharmakologische Depressionsbehandlung stellt der Schlafentzug dar. Mit Ausnahme des partiellen Schlafentzugs in der ersten Nachthälfte, konnte eine antidepressive Wirkung belegt werden (Kuhs & Tölle, 1986). Die am meisten angewandte und am besten untersuchte Methode ist der totale Schlafentzug. Dabei werden die Patienten angehalten, die gesamte Nacht und den darauffolgenden Tag (36 bis 40 Stunden) wach zu bleiben. Beim partiellen Schlafentzug werden die Patienten gegen 2 Uhr morgens geweckt und dann wach gehalten. Andere, jedoch bislang nur im Forschungszusammenhang untersuchte Methoden sind die REM-Deprivation und die „phase-advance-Methode" (Kasper, 1990). Die Erfolgsquoten liegen für die Zeit unmittelbar nach Schlafentzug bei 60 %. Diese Effekte scheinen nicht durch die vorangegangene antidepressive Medikation oder die Akuität der Depression beeinflußt. Die Mehrzahl der bislang vorliegenden Studien zeigt, daß insbesondere bei Patienten mit Antidepressiva-Nonresponse eine Kombination von wiederholtem Schlafentzug unter gleichzeitiger Gabe von Antidepressiva die günstigste Wirkung erwarten läßt. Kritische Einwände beziehen sich darauf, daß die meisten Studien dazu offen geführt wurden, was eine Beurteilung dieser Behandlungsvorschläge erschwert und weitere doppelblind durchgeführte, kontrollierte Studien erforderlich macht.

7.3 Elektrokrampfbehandlung

Die Wirksamkeit von Elektrokrampftherapie ist vor allem bei sehr schweren endogenen Depressionen durch Evaluationsstudien belegt, für einige Indikationen (z.B. psychotische bzw. stuporöse Symptomatik, rasche Behandlung mit raschem Wirkeintritt erforderlich, andere Behandlungen sind mit mehr Risiken behaftet, früheres gutes Ansprechen auf EKT) sind die Vorteile gegenüber anderen Therapieformen gesichert (Fink, 1992; Sauer & Lauter, 1987). Bei der Beachtung der Kontraindikationen (z.B. Myokardinfarkt, zerebrovaskuläre Störungen, andere ernsthafte körperliche Störungen), den heute üblichen Behandlungstechniken unter Einfluß von unilateraler Elektrodenposition und Stimulation mit Kurzpulsströmen stellt die EKT eine risikoarme Therapieform dar, die nur zu wenigen unerwünschten Nebenerscheinungen führt und keine irreversible zerebrale Schädigung zur Folge hat (Sauer & Lauter, 1987).

7.4 Erhaltungstherapie zur Rückfallprophylaxe

Durch die langfristige Einnahme antidepressiver Medikamente kann die Rückfallgefahr und das Wiederauftreten ernsthafter depressiver Symptome deutlich vermindert werden (Kupfer, 1992; Prien, 1992). Ohne fortgesetzte Behandlung erleiden weniger als 20 % aller depressiver Patienten in einen Zeitraum von 2 Jahren keine erneute depressive Phase (Hautzinger, Keller, Steiner & Wolfersdorf, im Druck; Keller, Hautzinger, Wolfersdorf & Steiner, 1991). Wird die antidepressive Medikation über ein oder mehr Jahre (Empfehlungen gehen bis zu 3 Jahre) mit voller Dosis fortgesetzt, dann überstehen über 80.% der ehemals depressiven Patienten diesen Zeitraum ohne Rückfall (Frank et al., 1990, 1991).

7.5 Psychiatrische Behandlungsgrundsätze

Die amerikanische psychiatrische Gesellschaft (APA, 1993) gibt gegenwärtig folgende Empfehlungen für die Behandlung unipolarer Depressionen: Jeder depressiv erkrankte Patient bedarf einer individuell zugeschnittenen Behandlung, welche auf Begleiterkrankungen (wie z. B. Suchtmittelmißbrauch, Komorbidität) und Komplikationen (wie z. B. Suizidtendenzen) eingeht. Wirksame Therapie der Depression umfaßt Antidepressive Medikation, Psychotherapie und auf seltene Indikationen eingegrenzt (siehe oben) Elektrokrampfbehandlung. Vor allem schwere Formen der Erkrankung erfordern eine richtig dosierte Pharmakotherapie, während leichtere bis mittelschwere Depressionen auch mit Psychotherapie alleine behandelt werden können. Sprechen Patienten nach 6 bis 8 Wochen auf richtig verabreichte Medikation nicht an, dann ist der Wechsel zu einem anderen Antidepressivum, die zusätzliche Gabe von Lithium oder Antikonvulsiva sinnvoll. Ersterkrankte Patienten sollen nach Remission der Depression die Medikamente bis zu 20 Wochen einnehmen. Bei sich wiederholenden depressiven Phasen sollte auf sehr viel längere, u. U. fortwährende Einnahme der Medikamente geachtet werden.

Diese psychiatrischen Empfehlungen berücksichtigen die Ergebnisse psychotherapeutischer Interventionen nur unvollkommen (Hautzinger, 1993). Vor allem die Begrenzung der Indikation für Psychotherapie auf leichte und mittelschwere Fälle deckt sich nicht mit den vorliegenden Forschungsbefunden (siehe weiter unten). Ebenso resultiert die Empfehlung, bei Versagen des zunächst verschriebenen Medikaments zu einem zweiten bzw. gar dritten Antidepressivum zu wechseln, aus einer eher einseitig biologischen Sichtweise, ohne dem Wohl der Patienten gerecht zu werden. Es wird überhaupt nicht in Erwägung gezogen, daß bei medikamentöser Nonresponse gleich zur Psychotherapie gewechselt werden könnte oder die psychologische Intervention zumindest ergänzend hinzutreten sollte. Befunde zur Rückfallverhinderung bei unipolaren Depressionen durch Psychotherapie kommt in den Empfehlungen außerdem nicht vor (Hautzinger, 1995).

7.6 Psychologische Behandlungen

Zwei psychologische Behandlungsansätze haben sich in den letzten Jahren klinisch durchgesetzt und empirisch bewährt. Dies sind die Interpersonelle Psychotherapie (Klerman & Weissman, 1992; Schramm & Berger, 1994) und die Kognitive Verhaltenstherapie (Haaga & Beck, 1992; Hautzinger, Stark & Treiber, 1995).

7.6.1 Kognitive Verhaltenstherapie

Diese ist eine problemorientierte, konkrete und spezifische psychologische Behandlung. Es geht dabei nicht darum, den Patienten zu etwas zu überreden oder etwas auszureden und per Argumentation ihn eines Besseren zu belehren, sondern durch die Kooperationen zwischen Patient und Therapeut Probleme zu identifizieren, die individuellen (kognitiven) Blockaden zu erkennen, Alternativen dazu zusammen zu tragen und zu prüfen, sowie diese auszuprobieren. Neben der besonderen Beachtung kognitiver Prozesse gehören verhaltenstherapeutische Elemente, wie Aktivierung, Kompetenzerweiterung, Problemlösen, Übungen im Alltag und Aufbau von Bewältigungsfertigkeiten mit zum Repertoire.

7.6.1.1 Grundfertigkeiten des Therapeuten

Grundlegend Therapeutenmerkmale dieses problemorientierten Ansatzes sind Echtheit und Aufrichtigkeit, Empathie und Verständnis, Akzeptanz und Wärme, doch auch fachliche Kompetenz und professionell-entspanntes Verhalten in der Interaktion. Therapeut und Patient arbeiten zusammen an der Lösung bestimmter Probleme. Dazu strukturiert der Therapeut den therapeutischen Rahmen, den Inhalt und die Sitzungszeit. Wiederholt faßt er zusammen, lenkt das Gespräch auf zentrale Aspekte und Probleme, gibt Rückmeldungen und achtet darauf, daß Übungen, Hausaufgaben und konkrete Übertragung in der Realität die Sitzung bzw. ein Thema beschließen. Beim Arbeiten an kognitiven Mustern verwirklicht der Therapeut den sogenannten „sokratischen Fragestil", eine Interaktionsform, die aus gelenkten, offenen Fragen besteht, um den Patienten selbst dazu zu bringen, Widersprüche und den Überzeugungen zuwiderlaufende Erfahrungen zu berichten, zu erkennen und zuzulassen. Dadurch werden Patienten dazu gebracht, selbständig alternative Sichtweisen und Lösungswege zu überlegen und für eine nachfolgende Prüfung, Erprobung und Einübung bereit zu haben. Ein wirksamer Depressionstherapeut ist nach Stravinsky und Greenberg (1992): aktiv, direktiv, ziel- und problemorientiert, stellt gestufte Anforderungen, vermittelt ein verständliches, die Behandlung begründendes Erklärungsmodell.

Zu den Grundfertigkeiten eines Psychotherapeuten gehören ferner Kenntnisse der antidepressiven Pharmakotherapie, die Berücksichtigung und Abschätzung der aktuellen Lage, die Leistungs- und Belastungsfähigkeit eines Patienten und die darauf bezogene Abstimmung aller therapeutischen Schritte. Zu Beginn der therapeutischen Arbeit, aber auch in Krisen und verstärkt depressiven Phasen während der Therapie haben „beruhigende Versicherungen", aktuelle Entlastungen und kurzfristige Vorgaben ihre vorrangige Berechtigung.

7.6.1.2 Verhaltenstherapeutische Elemente

Es kommen verhaltenstherapeutische Elemente zum Einsatz, durch die eine direkte Verhaltensbeeinflussung, unmittelbare Hilfe, rasche Veränderungen und Erleichterungen, vermehrte positive Erfahrungen und die Behebung von Ver-

haltensdefiziten erreicht werden sollen. Ziele die mit diesen Elementen verfolgt werden, sind:
1. Durchbrechen des Teufelskreises von Inaktivität, Passivität, Rückzug und depressiven Symptomen;
2. Strukturierung der Zeit bezüglich bestimmter Handlungen und Aktivitäten;
3. Unterbrechung und Ablenkung von Grübeleien und Gedankenkreisen;
4. Erwerb von neuen Fertigkeiten und Bewältigungsressourcen, um depressives Verhalten und Rückfälle weniger wahrscheinlich zu machen;
5. Rollenspiele, Aktivitätsaufbau und verhaltensorientierte Aufgaben liefern in Form von „Experimenten" und Realitätsprüfungen" wichtige Informationen für die kognitiven Interventionen.

Mit zu den ersten therapeutischen Maßnahmen bei depressiven Patienten gehört es, auf der konkreten Handlungsebene erste Versuche der Aktivierung zu starten, um damit früh positive Erfahrungen und Verstärkung durch die Therapie zu erreichen. Beim Aktivitätsaufbau geht es einerseits um die Steigerung bzw. den Wiederaufbau positiver Erfahrungen und Aktivitäten, andererseits um die Reduktion eines Übermaßes an negativen, belastenden Erfahrungen. Wichtigstes Instrument dabei ist der Wochen- und Tagesplan. Wird der Patient in einer Anfangsphase gebeten, in Form einer täglichen Selbstbeobachtung der Aktivitäten und Ereignisse dieses Protokoll auszufüllen, so dient es später auch dazu, die Tage zu strukturieren und Aktivitäten zu planen. Eine Liste persönlicher Verstärker und angenehmer Aktivitäten hilft in dieser Phase, genügend Ideen und Anregungen für diese allmähliche, sukzessive Steigerung der Aktivitäten verfügbar zu haben.

Die sozialen Beziehungen sind bei depressiven Patienten häufig belastet. Soziale Kontakte sind verkümmert, soziales Verhalten ist gehemmt und reduziert. Bei vielen Patienten reicht allein die Behebung der Depression nicht aus, um dieses Brachliegen der sozialen Interaktionen und Interaktionsfähigkeiten zu überwinden.

Der Aufbau und die Verbesserung von sozialer Sicherheit, Kontaktverhalten, Kommunikationsfertigkeiten und partnerschaftlichen Problembewältigungsfertigkeiten gehört daher mit zu einer erfolgversprechenden kognitiven Verhaltenstherapie. Die wesentlichen Mittel dabei sind das Rollenspiel und die Verhaltensübung, die Einbeziehung des Partners und der Familie.

7.6.1.3 Kognitive Methoden

Vorbereitend für die Anwendung kognitiver Methoden ist eine verständliche und an den persönlichen Erfahrungen des Patienten ansetzende Information und Erklärung dessen, was Kognitionen sind, welche Rolle sie spielen und welche Auswirkungen sie für das emotionale Erleben und Verhalten haben. Grundsätzlich ungünstig ist es, dem depressiven Patienten unterstellen zu wollen, daß er falsch oder irrational denkt. Stattdessen wird versucht, die Art und Weise des Denkens in ganz konkreten Zusammenhängen zu erkennen, die Verbindung des Denkens zu den Gefühlen und körperlichen Symptomen herauszufinden und immer wieder die Adäquatheit und den Realitätsgehalt der Gedanken zu hinterfragen bzw. zu testen.

Der erste Schritt zur Bearbeitung kognitiver Prozesse ist daher die Entdeckung, das Beobachten und Protokollieren von automatischen Gedanken in relevanten und zentralen Problembereichen. Ausgangspunkt dabei sind die Empfindungen, Gefühle und Stimmungen, auch Beschwerden in einem konkreten Zusammenhang, etwa einer Situation oder einer Sensation, also internen und externen Auslösern. Der Patient soll sich die auslösende Sache nochmals genau vorstellen und seine Gefühle zurückerinnern. Während dies geschieht, bittet der Therapeut den Patienten alles zu äußern, was ihm/ihr zu dieser Vorstellung einfällt, durch den Kopf geht, bildhaft erscheint. Bevorzugt benützt der Therapeut für das Festhalten dieser Kognitionen das „Protokoll negativer Gedanken", das aus fünf Spalten besteht: auslösender Reiz, Situation/Gefühle, Empfindungen/automatische Gedanken/alternative, angemessene Gedanken/erneutes Gefühlsurteil aufgrund der alternativen, angemessenen automatischen Gedanken. Das anfängliche Beobachten und Protokollieren automatischer Gedanken füllt die ersten drei Spalten dieses Arbeitsblattes. Patient und Therapeut lernen auf diese Weise zu erkennen und zu benennen, welche automatischen Gedanken, welche kognitiven Fehler und immer wiederkehrenden Themen im Zusammenhang mit bestimmten Auslösern auftreten.

Eine Vielzahl von kognitiven Techniken ist vorgeschlagen worden, um die so zu Tage tretenden automatischen Gedanken und Themen, später auch die Grundüberzeugungen zu beeinflussen. Grundlage all dieser Strategien ist immer das gelenkte Fragen des sokratischen Interaktionsstils. Wesentliche Methoden für die Änderung kognitiver Muster sind: Überprüfung und Realitätstesten, Experimentieren, Reattribuierung, kognitives Neubenennen, Alternativen finden, Rollentausch, Kriterien prüfen, Was-ist-wenn-Technik, Übertreiben, Entkatastrophisieren, Vorteile-Nachteile benennen usw.

Der Prozeß der Änderung kognitiver Muster ist meist ein langsamer, mit vielen Rückschlägen. Die alten, gewohnten Denkmuster greifen, vor allem in belastenden, kritischen Situationen rascher und determinieren das emotionale Erleben. Die neuen Einstellungen und Denkweisen müssen geübt und wiederholt angewandt werden, bevor daraus neue automatische Gedanken bzw. Grundüberzeugungen werden.

7.6.1.4 Rückfallprophylaxe

Patienten sollen durch die Verhaltenstherapie in die Lage versetzt werden, mit zukünftigen depressiven Beschwerden, Krisen und möglichen Rezidiven selbstständig umzugehen. Deshalb werden gegen Therapieende die Patienten darauf vorbereitet. Es wird trainiert, das bislang Gelernte verfügbar zu haben und bei Belastungen anzuwenden. Es werden wahrscheinliche Belastungen und Krisen angesprochen und die Möglichkeit der eigengesteuerten Überwindung durchgesprochen. Ein Therapieprogramm zur Rückfallprophylaxe wurde von Herrle und Kühner (1994) erarbeitet und gezielt bei remittierten depressiven Patienten eingesetzt.

7.6.2 Verhaltenstherapeutische Gruppenbehandlung

Gruppentherapie ist vor allem im stationären Rahmen eine weitverbreitete psychotherapeutische Behandlungsform affektiv gestörter Patienten (Luby & Yalom, 1992). Kognitiv-verhaltenstherapeutische Gruppen sind in psychiatrischen Kliniken noch selten anzutreffen (Bader, 1994). Mögliche Ziele derartiger Gruppentherapien mit depressiven Patienten sind: Schaffung von Zusammengehörigkeit und Kohäsion, Vertrauen und Offenheit; kooperative Arbeitshaltung; Vermittlung eines realistischen Krankheitsmodells mit der Betonung der Mitwirkung der Patienten beim Veränderungsprozeß; Konkretisierung von Zielen und Teilschritten; Förderung der Einsicht in Zusammenhänge der Erlebens- und Verhaltens- und Gedankenebene; Vermittlung von Methoden zum Aufbau von Aktivitäten, der Erweiterung von Kompetenzen, der Identifikation und Modifikation von depressogenen Kognitionen.

Bader (1994) stellt ein an diesen Zielen orientiertes Gruppenprogramm vor, das über 12 Sitzungen mit 5 bis 7 Patienten angelegt ist. Die Struktur der 90minütigen Sitzungen ist festgelegt und besteht aus einer einleitenden Kurzentspannung oder einer Aufwärmübung (15–20 Minuten), der Besprechung der Übungen und Aufgaben zwischen den Gruppenterminen (15 Minuten), einem Informations- und Übungsblock (45 Minuten), Entwicklung bzw. Vergabe von neuen Übungen bis zur nächsten Sitzung (10 Minuten), Zusammenfassung und Rückmeldung. Es liegen bislang keine systematischen Erfahrungen und kontrollierte Untersuchungen zu dieser Behandlung vor, obgleich sie zunehmend Eingang in die Kliniken findet (Zielke, 1994).

7.6.3 Interpersonelle Psychotherapie

Depressionen in einem interpersonellen Kontext zu verstehen, blickt auf eine lange Geschichte zurück (Hahlweg, 1991). Soziale Konflikte und Belastungen zählen mit zu den gravierendsten Lebensereignissen und sind im Vorfeld bzw. der Entwicklungsgeschichte depressiver Störungen gehäuft anzutreffen (Paykel & Cooper, 1992). Vor allem Sullivan, Fromm-Reichmann, Horney und Fromm dürfen als theoretische Begründer der Interpersonellen Psychotherapie gesehen werden (Klerman, Weissman, Rounsaville & Chevron, 1984).

Das dieser Psychotherapie zugrundeliegende Depressionskonzept postuliert, daß bei der Entstehung depressiver Störungen der Prozeß der Symptombildung, die sozialen und interpersonellen Beziehungen bzw. Beziehungserfahrungen sowie die Persönlichkeitsstruktur der Patienten getrennt zu sehen sind. Die depressive Symptombildung ist an einem medizinisch-biologischen Modell orientiert, so daß die depressiven Symptome durch Medikamente allein oder in Kombination mit der Interpersonellen Psychotherapie behandelt werden. Ursprünglich wurde dieser Ansatz zur Behandlung ambulanter, unipolarer, nicht-psychotischer depressiver Patienten entwickelt. Ziel der Interpersonellen Psychotherapie ist die Verbesserung der depressiven Symptomatik und die Entwicklung von Strategien zur Bewältigung sozialer Konflikte und interpersoneller Schwierigkeiten, die mit dem Auftreten bzw. der Aufrechterhaltung der Depression in Verbindung gebracht werden. Die Veränderung der mitbeteiligten Persönlichkeitsstruktur ist nicht Gegenstand der meist 3 bis 4 Monate (bei 16 bis 20 Sitzungen) dauernden Therapie.

Das strukturierte und fokussierte Vorgehen gliedert sich in eine Initialphase (1.–3. Sitzung), eine mittlere Phase (4.–13. Sitzung) und die Terminalphase (14.–16. Sitzung).

Nach der diagnostischen Abklärung geht es während der Initialphase um Entlastung, Symptombewältigung, Erklärung, Information und Entwicklung eines Krankheitsmodells, das die psychologische Weiterarbeit erlaubt.

Wesentlich für den Einstieg in die mittlere, eigentliche interpersonell orientierte Therapie ist die Identifikation von sozialen Problembereichen, wie abnorme Trauerreaktionen, interpersonellen Auseinandersetzungen, Rollenwechsel und sozialen Defizite. Die Bearbeitung dieser Bereiche erfolgt konkret, strukturiert und problembewältigend. Es geht um Bewältigungsstrategien, alternative Verhaltensmöglichkeiten sowie veränderte Einstellungen. Die dabei eingesetzten Methoden sind anderen Therapieverfahren entlehnt.

Die Schlußphase dient der Vorbereitung auf das Behandlungsende, der Verdichtung und Zusammenfassung des Gelernten, dem Blick in die Zukunft auch unter Berücksichtigung von Krisen, deren Bewältigung und weiterer Behandlung.

Erfahrungen mit dieser Psychotherapie liegen als Kurzzeittherapie (bis 20 Sitzungen), als Langzeittherapie (bis zu 9 Monaten mit über 30 Sitzungen), als begleitende, weitmaschig angelegte Erhaltungstherapie (bis zu 3 Jahren bei monatlichen oder noch selteneren Kontakten) bei unterschiedlichen Gruppen depressiver Patienten vor. Anwendungen und erste Berichte gibt es auch zum Einsatz bei Belastungsreaktionen, bei Eßstörungen und bei bipolar affektiven Störungen. Bei den bipolaren Störungen geht es in besonderem Maße um den Leben- und sozialen Rhythmus der Patienten, um präventiv und rasch therapeutisch einwirken zu können. Dazu führen die Patienten detaillierte Selbstbeobachtungen durch. Ziel ist dabei vor allem die Symptombewältigung und die angemessene Anpassung an die Krankheit.

Die Interpersonelle Psychotherapie ist nachwievor auf eine kleine, doch sehr gut ausgebildete Gruppe von Therapeuten begrenzt. Die Verbreitung in die klinische Routine steht noch aus. Durch die offenere, theoretisch unverbindlichere Gestaltung des Vorgehens sowie die am psychiatrischen Krankheitsbild orientierte Konzeptionalisierung der affektiven Störungen ist die Akzeptanz bei im medizinischen Setting Tätigen (insbesondere bei Ärzten, ohne entsprechende psychotherapeutische bzw. psychologische Ausbildung) groß. Dies wird durch die zweifellos vorhandenen empirischen Wirknachweise unterstützt. Die Bewährung dieser Interpersonellen Psychotherapie im deutschsprachigen Raum steht jedoch noch aus, doch sind offensichtlich erste Bemühungen in dieser Richtung unternommen worden (Schramm & Berger, 1994).

7.6.4 Wesentliche Komponenten psychologischer Depressionstherapie

Die Wirkmechanismen psychologischer Therapie sind noch kaum bekannt. Dennoch stimmen erfahrene Therapeuten darin über, daß eine erfolgreiche Psychotherapie bei Depressionen folgende Punkte berücksichtigen sollte (Hautzinger, 1995; Zeiss, Lewinsohn & Munoz, 1979):
1. Begründungen geben und verständliches, an den persönlichen Bedingungen orientieretes theoretisches Modell vermitteln (z.B. Zusammenhang von Denken, Fühlen und Verhalten bzw. von sozialen Konflikten, Trauer, Verzweiflung und Depression), was aktiven Therapeuten erfordert;
2. Toleranz für depressive Beschwerden entwickeln (z.B. trotz der Schlafprobleme etwas tun, Ablenkung von trüben Gedanken, Bewältigungsmöglichkeiten erproben);
3. Strukturiertheit des Vorgehens, z.B. bei der Bearbeitung bestimmter Probleme, bei der Therapiedurchführung;

4. Kooperation und Mitarbeit des Patienten fördern und gestalten (z. B. bei Realitätstesten, Ausprobieren, Übungen zwischen den Sitzungen);
5. Problemorientierung (z. B. nicht die Depression wird behandelt, sondern die mit Depression verbundenen, konkreten Probleme, wie interpersonelle Konflikte, verzerrte Einstellung, unsicheres Verhalten in bestimmten Situationen, einseitige Lebensgestaltung usw.);
6. Selbstkontrolle erwerben (z. B. über negative Gedanken und Überzeugungen mittels Selbstbeobachtungen, Zusammenhänge erkennen, Alternativen erarbeiten, Erproben und neue Erfahrungen mit alternativen Gedanken sammeln);
7. Fokus auf dem Aufbau neuer Fertigkeiten, um damit eine Steigerung der Selbstwirksamkeit bei den Patienten zu erreichen;
8. Vorbereitung auf Krisen und Rückschläge, Bereitstellung von Bewältigungsstrategien;
9. Einbezug des Lebenspartners und der Familie.

7.6.5 Zur Wirksamkeit von psychologischer Depressionstherapie

In den zurückliegenden Jahren haben sich verschiedene psychotherapeutische, insbesondere verhaltenstherapeutische Methoden als wirksame Behandlungen bei unipolaren Depressionen etabliert. Bis Mitte der 70er Jahre galt, daß Psychotherapie kaum wirksamer war als eine Placebobehandlung und daher der aktiven Medikation mit bewährten Antidepressiva als bedeutsam unterlegen angesehen werden mußte (Covi, Lipman, Derogatis, Smith & Pattison, 1974; Friedman, 1975; Klerman, DiMascio, Weissman, Prusoff & Paykel, 1974). Erst mit dem Erscheinen der Arbeit von Rush, Beck, Kovacz und Hollon (1977) und inzwischen einer Vielzahl gut kontrollierter und umfangreicher Studien änderte sich dieses Bild. Übereinstimmend kommen heute verschiedene Autoren zu dem Schluß, daß Kognitive Verhaltenstherapie (Beck, Rush, Shaw & Emery, 1992; Hautzinger, Stark & Treiber, 1995) oder Interpersonelle Psychotherapie (Klerman & Weissman, 1992; Schramm & Berger, 1994) für Dreiviertel der (psychiatrischen) Patienten mit Depressionen (typischerweise definiert anhand der DSM-Kriterien als Major Depression, unipolar) sehr wirksam ist, damit klinisch relevante Besserungen erreichbar sind und in diesen Effekten den bewährten Antidepressiva nicht unterlegen, sondern eher sogar überlegen sind (Conte, Plutchik, Wild & Karasu, 1986; Dobson, 1989; Hautzinger, 1993; Hollon, Shelton & Loosen, 1991; Robinson, Berman & Niemeyer, 1990).

Aufgrund einer Übersicht der zwischen 1974 und 1984 publizierten Untersuchungen an unipolar Depressiven kommt Conte et al. (1986) zu folgendem Schluß:

1. Kombinierte Behandlungen sind wirksamer als Placebogruppen, doch gleich wirksam wie Psychotherapie oder Pharmakotherapie allein;
2. die Art des Medikaments (Amitriptylin, Imipramin, Clomiprimin, Nortriptylin) oder eine Art der psychotherapeutischen Strategien (Verhaltenstherapie, Kognitive Therapie, Interpersonelle Therapie) nahm dabei keinen Einfluß.

Eine sehr ambitionierte Vergleichsstudie zur Pharmakotherapie und Psychotherapie bei unipolaren Depressionen wurde vom US-amerikanischen National Institute of Mental Health (Elkin, Parloff, Hadley & Autry, 1985; Elkin et al., 1989) organisiert. Diese multizentrische Studie berücksichtigte neben der Kognitiven Verhaltenstherapie als weitere psychotherapeutische Intervention die Interpersonelle Psychotherapie und unter Doppelblindbedingungen entweder Imipramin (150–300 mg/täglich) oder Placebo jeweils ergänzt durch intensives und aufwendiges klinisches Management (Erklärung, Betreuung, Zuwendung, Unterstützung durch behandelnden Arzt). An drei Behandlungszentren wurden insgesamt 239 depressive Patienten (Major Depression nach DSM-III) aufgenommen, wovon 156 weitgehend protokollgerecht bis zum Ende der 16wöchigen Behandlungen in der Studie verblieben.

An den bislang vorliegenden Ergebnisse zum Prä-Post-Vergleich, bezogen auf Selbstbeurteilungsmaße und Fremdbeurteilungen ist zunächst die hohe und zu den drei aktiven Interventionen vergleichbare Wirksamkeit der Placebobedingung auffallend. Dieser Effekt mag auf zumindest zwei Einflüsse zurückzuführen sein, nämlich zum einen die im Mittel letztlich doch nicht sehr schwer depressiv beeinträchtigten depressiven Patienten, zum anderen die während den vier Monaten erfolgte, wöchentlich zumindest einmal (für 15 bis 20 Minuten) stattfindende individuelle Zuwendung, Unterstützung und Aufmerksamkeit des behandelnden Arztes.

Legt man ein Besserungskriterium von BDI unter 9 Punkten und HAMD unter 6 Punkten an, dann ist der Anteil der deutlich gebesserten Patienten in den drei aktiven Behandlungsbedingungen höher als unter Placebo. Die beiden Psychotherapien sind in ihrer Wirksamkeit dem Imipramin (plus unterstützede ärztliche Gespräche) in jedem Fall vergleichbar. Unterteilt man die Patienten in schwer depressiv beeinträchtigte und weniger schwer depressiv beeinträchtige Patienten, dann sind die vier Interventionen bei der letztgenannten Gruppe gleich wirksam. Bei den schwer depressiven Patienten fällt die Placebobedingung deutlich ab, die beiden Psychotherapien sind signifikant wirksamer als das Placebo, doch gleichzeitig signifikant weniger wirksam als das Antidepressivum (dies wurde jedoch nicht auf allen Erfolgsmaßen gefunden).

Dieses Ergebnis deckt sich mit vielen klinischen Erfahrungen und Eindrücken, wonach vor allem die schwer depressiv beeinträchtigten Patienten von einer Pharmakotherapie gut und deutlich profitieren, während bei den weniger stark beeinträchtigen Patienten die mit dem Medikament verbundenen Nebenwirkungen im Vordergrund stehen, den Zustand eher nachteilig beeinflussen und dann meist auch für frühzeitige Abbrüche verantwortlich sind.

Inzwischen wurden die Ergebnisse der 18monatigen Katamnese publiziert (Shea et al., 1992). Von den als gebessert eingestuften Patienten erlitten in der Kognitiven Verhaltenstherapie 36 %, in der Interpersonellen Psychotherapie 33 %, in Imipramin plus unterstützende Gespräche 50 % und in Placebo plus unterstützende Gespräche 33 % einen Rückfall. Zu Behandlungsende und über die gesamte Katamnese als weitgehend symptomfrei wurden in der Kognitiven Verhaltenstherapie 30 %, in der Interpersonellen Psychotherapie 26 %, in Imipramin plus unterstützende Gespräche 19 % und in Placebo plus unterstützende Gespräche 20 % eingestuft. Betrachtet man die Einjahres-Katamnese, dann erlitten bis dahin nur 9 % der Kognitiven Verhaltenstherapie, doch bereits 24 % der Interpersonellen Psychotherapie, 28 % von Imipramin plus unterstützende Gespräche und 25 % von Placebo plus unterstützende Gespräche einen Rückfall.

McLean (1991) berichtete über eine $2^1/_4$jährige Nachuntersuchung (McLean & Hakstian, 1990) einer Therapiestudie (McLean & Hakstian, 1979), die an 191 depressiven Patienten (Major Depression) Kognitive Verhaltenstherapie, Amitriptylin (150 mg/täglich), Entspannung und eine nicht-direktive unterstützende Psychotherapie verglich. Dabei zeigte sich, daß nach diesem relativ langen Zeitraum noch 65 % der mit Verhaltenstherapie behandelten Patienten in einem als unauffällig zu bezeichnenden Bereich ihrer aktuellen Befindlichkeit (BDI < 12 Punkte) lagen, während die drei anderen Therapien lediglich Werte zwischen 25 % und 35 % erreichten. McLean reanalysierte seine Daten auch dahingehend, in welcher Weise die bei der zuvor genannten NIMH-Studie gemachte Unterteilung in leichte bzw. mäßig depressive (Eingangs-BDI < 28 Punkte) und schwer depressive (Eingangs-BDI > 28 Punkte) Patienten Unterschiede bezüglich des Effekts der vier untersuchten Behandlungen erbringt. Die Ergebnisse zeigten hier, daß bei den leichter depressiven Patienten die Unterschiede zwischen den Behandlungen minimal waren, während bei den schwerer depressiven Patienten die Verhaltenstherapie und die Pharmakotherapie den beiden „unspezifischen" Interventionen deutlich überlegen waren, und daß zwischen dem Amitriptylin und der Verhaltenstherapie kein Wirkunterschied nachzuweisen war.

Interessant sind dabei auch der Vergleich der Abbrecherzahlen, bei den leichter depressiven Patienten brachen fast 53 % der Patienten unter Antidepressiva die Behandlung vorzeitig ab, während die drei „psychologischen" Therapien Abbruchraten zwischen 8 % und 15 % erreichten. Bei den schwerer depressiven Patienten dreht sich das Bild um, hier brachen 47 % bzw. 64 % der Patienten die „unspezifischen" Behandlungen ab, während nun die Pharmakotherapie lediglich 15 % Abbrecher zu verzeichnen hatte und in der Verhaltenstherapie die Abbruchzahlen mit 5 % weiterhin am niedrigsten blieben. McLean folgert daraus, daß Verhaltenstherapie bei weniger schwer und bei schwer depressiven Patienten, vor allem auch unter Berücksichtigung des günstigen langfristigen Verlaufs, indiziert und wirksam ist, während die Pharmakotherapie bei leichter depressiven Patienten – wegen den Nebenwirkungen verständlicherweise – zu massiven Behandlungsabbrüchen führt und daher dort weniger geeignet erscheint. Bei den schwer depressiven Patienten liegt der Indikationsbereich des Amitriptylin, doch kann es keine Überlegenheit gegenüber der Verhaltenstherapie für sich in Anspruch nehmen, sondern muß im langfristigen Verlauf sogar mit hohen Rezidiven rechnen.

Eine eigene Studie (Hautzinger, DeJong-Meyer, Rudolf & Treiber, 1992, Hautzinger & DeJong-Meyer, 1996) verglich Amitriptylin und kognitive Verhaltenstherapie alleine oder in Kombination mit dem Pharmakon bei unipolar depressiven Patienten (DSM-Kriterien Major Depression oder Dysthymie). Insgesamt wurden 191 depressive Patienten, die neben der Diagnose im BDI und HAMD einen Wert von über 20 Punkten (als Ausdruck einer schweren Depression) aufweisen mußten, aufgenommen. Das besondere und neue an dieser Arbeit ist die Berücksichtigung von voll stationären, regulären Psychiatriepatienten und von amulanten Psychiatriepatienten. Außerdem wurde die Antidepressivatherapie ergänzt durch regelmäßige, klar spezifizierte unterstützende, erklärende Zuwendung und Betreuung durch den Arzt bzw. Psychologen. Die Kognitive Verhaltenstherapie folgte dem oben skizzierten Vorgehen (Hautzinger et al., 1995). Als Antidepressivum wurde Amitriptylin 150 mg/täglich verabreicht. Alle Behandlungen dauerten 8 Wochen bei dreimal wöchentlichen Therapeutenkontakten, wobei die Kognitive Verhaltenstherapie jeweils einstündig war und die unterstützenden Arztgespräche im Rahmen der Antidepressivatherapie jeweils 20 bis 30 Minuten dauerten.

Alle drei Behandlungsbedingungen reduzierten die depressive Symptomatik über die Behandlungszeit auch klinisch signifikant, wobei die nach den 8 Wochen erreichten Endwerte im Vergleich zur internationalen Literatur mit zum Teil doppelt so langen Behandlungszeiträumen um 2 bis 3 Punktwerte höher liegen. Das Behandlungssetting spielt keine Rolle, sowohl ambulante als auch stationäre Patienten profitieren von allen Behandlungen gleich gut, allerdings sind die stationär behandelten Patienten anfangs schwerer depressiv beeinträchtigt und bleiben dies auch bei Behandlungsende. Pharmakotherapie ist jedoch bei den schwer depressiven Patienten nicht wirksamer als die Verhaltenstherapie. Die Kombination aus Verhaltenstherapie und Pharmakotherapie erbringt keine über die Monotherapien hinausgehenden Vorteile.

Die Pharmakotherapie produziert sehr viel mehr Abbrecher bzw. Protokollverletzungen. Der Anteil der Responder (definiert als HAMD *und* BDI unter

10 Punkte zum Behandlungsende) ist bei den Bedingungen mit kognitiver Verhaltenstherapie deutlicher höher. Die Nachuntersuchungen nach einem Jahr zeigen, daß in der Gruppe, die lediglich mit Antidepressiva behandelt wurden, mehr Rückfälle, erhöhte Symptomatik und sehr viel weniger Responder zum Katamnesezeitpunkt zu beobachten sind. Dies gilt vor allem für die ambulanten Patienten. Kognitive Verhaltenstherapie weist folglich deutliche langfristig stabilisierende Effekte auf.

Obgleich die berichteten Ergebnisse wenig widersprüchlich sind, besteht doch ein z. T. beträchtlicher Unterschied in den erzielten Veränderungen und den Differenzen zwischen den berücksichtigten Interventionsbedingungen. Mittels Sekundäranalysemethoden (Wittmann und Matt, 1986) lassen sich Effektstärken berechnen und daran auf einer Metaebene vergleichende Analysen anstellen. Hautzinger (1993) errechnete aufgrund 13 umfangreicher und gut kontrollierter Studien Effektstärken zum Vergleich der Kognitiven Verhaltenstherapie mit Antidepressivatherapie und zum Vergleich der Kombination aus Kognitiver Verhaltenstherapie und Antidepressiva mit der Einzelbehandlung: Die mittlere Effektstärke für die Selbstbeurteilung depressiver Symptome lag bei -0.21 bzw. -0.23 (Wertspanne von $+0.39$ bis -0.88) unbedeutend zugunsten der Kognitiven Verhaltenstherapie bzw. zugunsten der Kombinationstherapie; für die Fremdbeurteilungsmaße depressiver Symptome resultierte eine minimale Effektstärke von jeweils 0.06 (Wertspanne von $+0.44$ bis -1.2), die keine der verglichenen Therapieformen favorisiert. Dobson (1989) errechnete eine mittlere Effektstärke zwischen Kognitiver Verhaltenstherapie und Antidepressiva von -0.53 (Wertspanne $+0.42$ bis -1.74), was unterstreicht, daß weder zwischen Kognitiver Verhaltenstherapie und Antidepressiva, noch zwischen den Einzelbedingungen und der Kombination aus Verhaltenstherapie und Psychopharmakotherapie an über 1000 in den Studien behandelten, unipolar depressiven Patienten ein relevanter Wirkunterschied besteht.

7.6 Psychotherapie bei Melancholien (unipolar endogene Depression)

Bereits Blackburn, Bishop, Glen, Whalley und Christie (1981) stellten in einer Reanalyse ihrer Studie an 27 in ihre Studie mitaufgenommenen endogen depressiven Patienten fest, daß Kognitive Verhaltenstherapie auch bei dieser Patientengruppe den Vergleich mit der Pharmakotherapie nicht zu scheuen brauchte. Die alleinige Anwendung der Verhaltenstherapie erwies sich genau so wirksam wie die Antidepressivabehandlung und die Kombination aus beiden Verfahren. Der Responderanteil war dabei für die Kombinationsbehandlung 9 von 11 Patienten, für die alleinige Kognitive Verhaltenstherapie 5 von 7 Patienten und für die Pharmakotherapie 5 von 9 Patienten. Es scheint demnach, daß Verhaltenstherapie nicht nur alleine wirksam ist, sondern auch den Anteil der bedeutsam gebesserten Patienten in Verbindung mit den Antidepressiva günstig beeinflußt.

Thase, Simons, Cahalane und McGeary (1991) sowie Thase, Bowler und Harden (1991) konnten diese Befunde in einer klinischen Studie bestätigen. An insgesamt 54 endogen depressiven Patienten, die nicht medikamentös behandelt wurden, zeigte sich, daß in einem Zeitraum von 16 Wochen mit 20 Behandlungssitzungen bei 75 % bzw. 81 % eine robuste Symptomreduktion erzielt werden konnte. Dabei sprachen auch die Patienten, die biologische Markerauffälligkeiten aufwiesen (verkürzte REM-Latenz) auf die psychologische Intervention an. Ein Wiederauftreten der Symptomatik wurde bei den Patienten beobachtet, die nach Besserung nicht weiterhin psychotherapeutisch betreut und begleitend behandelt wurden (Thase et al., 1991).

Von der Hypothese ausgehend, daß endogen Depressive mit neurobiologischen Auffälligkeiten in geringerem Ausmaß auf Kognitive Verhaltenstherapie ansprechen, untersuchten Thase, Simons und Reynolds (1996) in einem prospektiven Design 90 ambulante Patienten mit dieser DSM-Diagnose. Ausgeschlossen wurden chronische Krankheitsverläufe, parallele Substanzabhängigkeit bzw. Persönlichkeitsstörungen. Nach einer zweiwöchigen medikamenten- und alkoholfreien Phase verbrachten die Patienten drei bzw. vier Nächte im Schlaflabor. Anhand bestimmter EEG-Parameter wurden so zwei Untergruppen gebildet: die endogen depressiven Patienten mit abnormaler Schlafarchitektur und die Patienten ohne diese neurobiologische Auffälligkeit, außerdem wurde noch die Schwere der Eingangssymptomatik berücksichtigt. Daran schloß sich eine über 16 Wochen erstreckende kognitive Verhaltenstherapie an, während der keine psychotropen Medikamente eingenommen werden durften. Die bis zu drei Jahren reichende Nachuntersuchung erlaubt die Beurteilung des weiteren Krankheitsverlaufs. Patienten mit auffälligen Schlafprofilen zeigten einen insgesamt weniger ausgeprägten Besserungs- und Genesungsverlauf. Zwar war bei beiden neurobiologisch definierten Gruppen eine signifikante und klinisch bedeutsame Reduktion der depressiven Symptomatik festzustellen, doch war dieser Wirkeffekt der Verhaltenstherapie bei den Patienten mit unauffälligem Schlafprofil signifikant größer, wenngleich numerisch "nur„ um 2 bis 3 BDI- bzw. HAMD-Punkte unterschiedlich. Über die Katamnese wiesen die endogen depressiven Patienten mit abnormalem Schlafprofil und wiederholten früheren depressiven Episoden den ungünstigsten Verlauf (fast 80 % Rückfälle in der Nachuntersuchung) auf. Die Schwere der depressiven Symptomatik zu Behandlungsbeginn differenzierte ebenfalls die niedrige Besserungs- und die hohe Rückfallrate bei diesen depressiven Patienten.

Eine weitere eigene Vergleichsstudien (DeJong-Meyer, Hautzinger, Rudolf & Strauss, 1992; Hautzinger & DeJong-Meyer, 1996) setzte Amitriptylin alleine oder in Kombination mit Kognitiver Verhaltenstherapie bei unipolar endogen depressiven Patienten (DSM-Kriterien Major Depression plus Melancholie) ein. Dabei wurde erwartet, daß durch die Kombination eines bewährten Antidepressivums mit Verhaltenstherapie ein deutlich besseres Behandlungsergebnis erzielt werden kann. Insgesamt wurden 156 endogen depressive Patienten, die neben der Diagnose außerdem im BDI und im HAMD über 20 Punkte (als Ausdruck einer schweren Depression) aufweisen mußten, aufgenommen. Die Studie berücksichtigte voll stationäre reguläre Psychiatriepatienten und ambulante Psychiatriepatienten. Außerdem wurde die Pharmakotherapie (Amitriptylin) ergänzt durch regelmäßige, klar spezifizierte unterstützende, erklärende Zuwendung und Betreuung durch den Arzt bzw. Psychologen. Die Behandlungen gingen über 8 Wochen bei dreimal wöchentlichen Therapeutenkontakten, wobei die kognitive Verhaltenstherapie jeweils einstündig war und die unterstützenden Arztgespräche im Rahmen der Antidepressivatherapie jeweils 20 bis 30 Minuten dauerten.

Beide Therapien reduzieren die depressive Symptomatik über die Behandlungszeit auch klinisch signifikant. Das Behandlungssetting spielt keine Rolle, sowohl ambulante als auch stationäre Patienten profitieren von allen Behandlungen gleich gut, lediglich sind die stationär behandelten Patienten schwerer depressiv beeinträchtigt und bleiben dies auch bei Behandlungsende. Die Kombination aus Verhaltenstherapie und Pharmakotherapie erbringt zu Behandlungsende bezüglich HAMD und BDI keine, bezüglich Responderanteil doch Vorteile. Zur Nachuntersuchung halten die mit kognitiver Verhaltenstherapie zusätzlich behandelten Patienten ihre Erfolge, während die nur mit dem Medikament behandelten Patienten wieder deutliche Rückfälle, vermehrte Symptomatik und deutlich reduzierte Responderraten zeigen. Trotz dieser erfreulichen Ergebnisse, läßt sich anhand der wenigen Studien unter Einschluß endogen depressiver Patienten bislang die Bedeutung psychologischer Maßnahmen für diese Patientengruppe noch nicht eindeutig abschätzen.

7.6.7 Rückfallverhinderung und Erfolgsstabilisierung

Aus den bisherigen Katamnesestudien wurde deutlich, daß durch psychologische Maßnahmen offensichtlich die Rezidivrate gesenkt und damit eine bessere soziale (Wieder-) Anpassung erzielt werden kann. Kontrollierte und geplante Studien zur Effektivität von Psychotherapie bei der Rückfallprophylaxe sind jedoch bislang kaum durchgeführt worden.

Lediglich Frank und Mitarbeiter (1990) konnten in der bislang einzigen Studie zeigen, daß durch die Anwendung von Psychotherapie (es kam Interpersonale Psychotherapie zur Anwendung) bei nach Pharmakotherapie als remittiert entlassenen depressiven Patienten mögliche Rückfälle bzw. erneute depressive

Phasen über den dreijährigen Nachuntersuchungszeitraum deutlich verringert und um den nahezu dreifachen Zeitraum hinausgeschoben werden können.

Eine Studie am Zentralinstitut für seelische Gesundheit in Mannheim (Herrle & Kühner, 1994; Kühner & Angermeyer, 1994) bot entlassenen depressiven Patienten ein kognitiv-verhaltenstherapeutisches Gruppenprogramm zur Bewältigung der Depression an. Voll remittierte Patienten profitieren von diesem Kursangebot. Sie gehen mit Krisen besser um, erleiden weniger Rückfalle und zeigen weniger Anzeichen von Chronifizierung der depressiven Erkrankung.

7.7 Folgerungen und Forschungsfragen

Es ist offensichtlich, daß nicht alle depressiven Patienten von was auch immer für angebotenen Behandlungsmaßnahmen profitieren. Daher ist die weithin ungelöste Frage, welche depressive Patienten von welcher Behandlungsform am besten profitieren. Einige Arbeiten (z. B. DeJong, Treiber & Henrich, 1986; Simons et al., 1984) fanden, daß Persönlichkeitsmaße (z. B. Selbstkontrolle, Unsicherheit usw.) aber auch kognitive Maße (z. B. Zukunftserwartungen, Einstellungen zum Therapeuten, Aktivitätsmaße und Bewältigungsversuche usw.) als mögliche Prädiktoren für Therapieerfolg und Behandlungsverläufe bei Kognitiver Verhaltenstherapie angesehen werden können. Ein Befund, den Hautzinger und DeJong-Meyer (1996) nicht bzw. nur teilweise replizieren konnten.

Bei der pharmakologischen Behandlung gilt, daß die diagnostische Zuordnung zur Gruppe der endogenen Depression, ein zumindest mittlerer Schweregrad depressiver Symptome, frühere erfolgreiche Behandlungen mit Antidepressiva und das rasche Reagieren auf die Applikation des Medikaments Erfolgsprädiktoren sind (Joyce, 1992).

Mit der Kognitiven Verhaltenstherapie und der Interpersonellen Psychotherapie stehen effiziente psychologische Behandlungsmöglichkeiten bei unipolaren Depressionen, einsetzbar offensichtlich unabhängig von deren Schweregrad, zur Verfügung. Das Ausmaß damit zwischen 8 und 16 Wochen erreichbarer Symptomreduktion steht der antidepressiven Pharmakotherapie in nichts nach. Dies kann angesichts der nicht invasiven Eingriffe durch die und den weitgehend fehlenden Nebenwirkungen der Verhaltenstherapie, nicht hoch genug eingestuft werden. Die Anzahl der Behandlungsabbrecher und der Verweigerer ist bei der Pharmakotherapie deutlich höher als bei der psychologischen Therapie. Die Kombination aus Verhaltenstherapie und Pharmakotherapie zeigt bislang keine additiven oder anderweitig über die Wirkung der Einzeltherapien hinausgehenden vorteilhaften, kurzfristigen Effekte. Bei Melancholien (endogene Depressionen) ist die empirische Basis für Schlußfolgerungen und weitreichende Aussagen für diese Patientengruppe bislang nicht gegeben.

Die Vorteile der Psychotherapien werden in den bis drei Jahre reichenden Nachuntersuchungen erst richtig deutlich. Depressive Patienten, die damit allein bzw. zusätzlich behandelt wurden, hatten weniger Rezidive, damit weniger kostspielige Kontakte mit Ärzten bzw. Therapeuten und konnten die Zeit bis zu einer erneuten Depression deutlich verlängern. Zur Absicherung dieser Schlußfolgerung sind jedoch auch noch weitere Studien erforderlich (Hautzinger, 1993).

Es wäre verfrüht anzunehmen, daß die recht konsistenten Befunde der letzten Jahre dafür sprechen, bereits einen Erkenntnisstand erreicht zu haben, der durch weitere Forschungen in diesem Bereich nicht weiter ausgebaut werden könnte. Ganz im Gegenteil verfügen wir über wenig Wissen zu den Wirkmechanismen der Psycho- und der Pharmakotherapie bei (unterschiedlichen Formen der) affektiven Störungen und es existieren für so wichtige Bereiche wie Rückfallprophylaxe, Behandlung älterer depressiver Patienten oder von depressiven Kindern und Jugendlichen kaum bzw. keine wissenschaftlichen Untersuchungen.

Weiterhin dringender Handlungsbedarf ist geboten zur Beantwortung folgender Fragen bzw. Anwendungsbereiche:
1. Phase IV-Forschung, Qualitätssicherung: Untersuchungen, verbunden mit eventueller Adaptation der Psycho- und Pharmakotherapie unter alltäglichen Praxisbedingungen der Klinik und der Ambulanz (vgl. Linden, 1987);
2. Depressionen im Alter: Systematische Ausweitung der Behandlungsansätze auf und kontrollierte Studien an depressiven älteren Patienten (Hautzinger, 1992);
3. Depressionen bei Kindern und Jugendlichen: Erarbeitung, Erprobung und kontrollierte Untersuchungen diagnostischer, psycho- und pharmakotherapeutischer Ansätze bei Kindern und Jugendlichen mit Depressionen (vgl. Altherr, 1993; Mufson, Moreau, Weissman & Klerman, 1993; Rossmann, 1991);
4. Melancholie-Patienten: Anwendung der psychotherapeutischen Möglichkeiten auf endogen depressive Patienten ohne gleichzeitige Anwendung von Psychopharmaka (vgl. Hautzinger & DeJong-Meyer, 1996);
5. Rezidivprophylaxe: Systematische Anwendung und kontrollierte Untersuchungen zur Wirkung von psychotherapeutischen Angeboten in der Nachsorge, Erhaltungsphase bzw. der Prophylaxe depressiver Episoden als Ergänzung bzw. Alternative zur Dauermedikation;
6. Prädiktorstudien: Fortgesetzte Bemühungen um Indikatoren und Prädiktoren auf unterschiedlichsten Ebenen (z. B. nosologische, psychologische, somatische, soziodemographische) für psycho- und pharmakotherapeutische Maßnahmen, verbunden mit der Untersuchung von therapiebedingten Veränderungen auf den verschiedensten Ebenen (z. B. endokrinologische,

motorische, chronobiologische, psychophysiologische, neben den symptomatologischen und subjektiven Variablen) (Joyce, 1992);
7. Mißerfolge, Non-Responder, Abbrecher: Über den weiteren Verlauf und das weitere Schicksal der Patienten, die Behandlungen abbrechen oder als wenig gebessert entlassen werden (und das gilt auch für die Kognitive Verhaltenstherapie), liegen keine empirisch gestützten Erkenntnisse vor. Hierzu gehört auch die notwendige, fortgesetzte Beschäftigung mit chronischen Verläufen (vgl. Zimmer & Brömer, 1990);
8. Ätiologie: Zu Entstehungsbedingungen, Risikofaktoren und Vulnerabilitäten auf der psychologischen und der biologischen Ebene gibt es vielfältigste Konzepte, die zwar zunehmend durch Längsschnittstudien untermauert werden, doch besteht hier unverändert dringender Forschungsbedarf.

Solange auf die formulierten Fragen und für die genannten Themenbereiche keine Antworten gefunden wurden, solange kann kein Anlaß bestehen anzunehmen, daß Depressionsforschung, insbesondere Therapieforschung in diesem Bereich bereits ausreichend betrieben worden sei und kein ausdrücklicher Bedarf mehr für weitere Forschung und damit für die Bereitstellung von Forschungsmitteln gegeben sei. Eine derartige Einschätzung hätte fatale Folgen, vor allem angesichts der Tatsache, daß durch die Bemühungen der letzten Jahre, einige Arbeitsgruppen in unserem Lande internationalen Anschluß und Renomée gewonnen haben (Holsboer, 1993), was ein ideales Startkapital für die erforderlichen weiteren Forschungsbemühungen um die vielen Patienten mit depressiven Erkrankungen darstellt.

Literatur

Abou-Saleh, M.T. (1992). Lithium. In E.S. Paykel (Ed.), *Handbook of affective disorders* (pp. 369–386). Edinburgh: Churchill Livingstone.

Abramson, L.Y., Metalsky, G.I. & Alloy, L.B. (1989). Hopelessness depression: A theory-based subtype of depression. *Psychological Review, 96,* 358–372.

Abramson, L.Y., Seligman, M.E.P. & Teasdale, J. (1978). Learned helplessness in humans: Critique and reformulation. *Journal of Abnormal Psychology, 87,* 49–74.

Akiskal, H.S. & McKinney, W.T. (1975). Overview of recent research in depression. *Archives of General Psychiatry, 32,* 285–295.

Alloy, L.B. (1988). *Cognitive processes in depression.* New York: Guilford Press.

Altherr, P. (1993). Depression. In H.C. Steinhausen, M. von Aster (Hrsg.), *Handbuch Verhaltenstherapie und Verhaltensmedizin bei Kindern und Jugendlichen* (S. 239–265). Weinheim: Psychologie Verlags Union.

Amenson, C.S. & Lewinsohn, P.M. (1981). An investigation into the observed sex difference in prevalence of unipolar depression. *Journal of Abnormal Psychology, 90,* 1–13.

American Psychiatric Asssociation (1980). *Diagnostic and statistical manual (3. edition).* Washington DC: APA-Press.

American Psychiatric Asssociation (1987). *Diagnostic and statistical manual (3. edition, revised)).* Washington DC: APA-Press.

American Psychiatric Association (1993). Practice guideline for major depression. *American Journal of Psychiatary, 150,* (supplement), 1–26.

American Psychiatric Association (1994). *Diagnostic and statistical manual (4. edition).* Washington DC: APA-Press.

Andreasen, N. C., Rice, J., Endicott, J., Coryell, W., Grove, W. M. & Reich, T. (1987). Familial rates of affective disorder. *Archives of General Psychiatry, 44,* 461–469.

Andrews, G. (1981). A prospective study of life events and psychological symptoms. *Psychological Medicine, 11,* 795–801.

Angst, J. (1966). *Zur Ätiologie und Nosologie depressiver Psychosen. Eine genetische, soziologische und klinische Studie.* Berlin-Heidelberg: Springer Verlag.

Angst, J. (Eds.). (1983). *The origins of depression: Current concepts and future directions.* Berlin-Heidelberg: Springer Verlag.

Angst, J. (1986). Verlauf und Ausgang affektiver und schizoaffektiver Erkrankungen. In G. Huber (Hrsg.), *Zyklothymie.* Köln: Tropon Reihe (Band 41).

Angst, J. (1987a). Begriff der affektiven Erkrankungen. In K. P. Kisker, H. Lauter, J. E. Meyer, C. Müller & E. Strömgren (Hrsg.), *Psychiatrie der Gegenwart* (Band 5). Berlin-Heidelberg: Springer Verlag.

Angst, J. (1987b). Epidemiologie der affektiven Psychosen. In K. P. Kisker, H. Lauter, J. E. Meyer, C. Müller & E. Strömgren (Hrsg.), *Psychiatrie der Gegenwart* (Band 5). Berlin-Heidelberg: Springer Verlag.

Angst, J. (1987c). Verlauf der affektiven Psychosen. In K. P. Kisker, H. Lauter, J. E. Meyer, C. Müller & E. Strömgren (Hrsg.), *Psychiatrie der Gegenwart* (Band 5). Berlin-Heidelberg: Springer Verlag.

Angst, J. (1992). Epidemiology of depression. *Psychopharmacology, 10,* 71–74.

Angst, J. & Clayton, P. J. (1986). Premorbid personality of depressive, bipolar, and schizophrenic patients with special reference to suicidal issues. *Comprehensive Psychiatry, 27,* 511–532.

Angst, J. & Dobler-Mikola, A. (1985). The Zurich study IV: Recurrent and non-recurrent breif depression. *European Archives of Psychiatry and the Neurological Sciences, 234,* 408–416.

Angst, J., Felder, W., Frey, R. & Stassen, H. H. (1978). The course of affective disorders I. Change of diagnosis of monopolar, unipolar, bipolar illness. *Archiv für Psychiatrie und Nervenkrankheiten, 226,* 57–64.

Arieti, S. & Bemporad, J. (1978). *Severe and mild depression.* London: Tavistock.

Bader, K. (1994). Kognitive Verhaltenstherapie bei depressiven Patienten. Ein Gruppenkonzept für die stationäre Behandlung (S. 106–132). In M. Hautzinger (Hrsg.), *Verhaltenstherapie bei Depressionen.* München-Hohengeren: Röttger Schneider Verlag.

Baldwin, J. A. (1980). Schizophrenia and physical disease: A preliminary analysis of the data from the Oxford record linkage study. In G. Hammings (Ed.), *Biochemistry of Schizophrenia and addiction. In search of a common factor.* Lancaster: MTP Press.

Bardeleben, U. von & Holsboer, F. (1989). Cortisol response to a combined dexamethasone-human corticotropin-releasing hormone challenge in patients with depression. *Journal of Neuroendocrinology, 1,* 485–488.

Barnett, P. A. & Gotlib, I. H. (1988). Psychosocial functioning and depression: Distinguishing among antecedents, concomitants, and consequences. *Psychological Bulletin, 104,* 97–126.

Barnett, P. A. & Gotlib, I. H. (1990). Cognitive vulnerability to depressive symptoms among men and women. *Cognitive Therapy and Research, 14,* 47–61.

Baumgartner, A. (1993). Schilddrüsenhormone und depressive Erkrankungen: Kritische Übersicht und Perspektiven. Teil 1: Klinik. *Nervenarzt, 64,* 1–10.

Baumgartner, A. & Campos-Barros, A. (1993). Schilddrüsenhormon und depressive Erkrankungen: Kritische Übersicht und Perspektiven. Teil 2: Ergebnisse der Grundlagenforschung. *Nervenarzt, 64,* 11–20.

Baumann, U. (1976). Methodische Untersuchungen zur Hamilton Depressionsskala. *Archiv für Psychiatrie und Nervenkrankheiten, 216,* 153–161.

Baumann, U. & Pfingstmann, G. (1986). Soziales Netzwerk und Soziale Unterstützung. *Nervenarzt, 57,* 686–691.

Bebbington, P., Tennant, C. & Hurry, J. (1981). Adversity and the nature of psychiatric disorder in the community. *Journal of Affective Disorder, 3,* 345–366.

Bech, P. (1992). Smptoms and assessment of depression (pp. 3–14). In E. S. Paykel (Ed.), *Handbook of affective disorders.* Edinburgh: Churchill-Livingstone.

Bech, P. (1993). Acute therapy of depression. *Journal of Clinical Psychiatry, 54* (suppl.), 18–27.

Beck, A. T. (1974). The development of depression. A cognitive model (pp. 3–28). In R. J. Friedman & M. M. Katz (Eds.), *The psychology of depression.* New York: Wiley.

Beck, A. T., Epstein, N., Harrison, R. P. & Emery, G. (1983). *Development of the Sociotropy-Autonomy scale. A measure of personality factors in psychopathology.* Philadelphia: University of Pennsylvania, Center for Cognitive Therapy.

Beck, A. T. & Greenberg, R. (1979). Kognitive Therapie bei Depression (S. 177–204). In N. Hoffmann (Hrsg.), *Grundlagen kognitiver Therapie.* Bern: Huber Verlag.

Beck, A. T., Rush, A. J., Shaw, B. F. & Emery, G. (1992). *Kognitive Therapie der Depression* (3. Auflage). München: Psychologie Verlags Union.

Beck, A. T., Word, C. H., Mendelson, M., Mock, J. & Erbaugh, J. (1961). An inventory for measuring depression. *Archives of General Psychiatry, 4,* 561–517.

Beckmann, H. (1978). Biochemische Grundlagen der endogenen Depression. *Nervenarzt, 49,* 557–568.

Beckmann, H. & Goodwin, F. K. (1975). Antidepressant response to tricyclics and urinary MHPG in unipolar patients. *Archives of General Psychiatry, 32,* 17–21.

Berger, M., Doerr, P., Lund, R., Bronisch, T. & Zerssen, D. von (1982). Neuroendokrinologische Befunde und polygraphische Schlafuntersuchungen bei Patienten mit depressiven Syndromen. In H. Beckmann (Hrsg.), *Fortschritte psychiatrischer Forschung.* Bern: Huber Verlag.

Berger, M. & Riemann, D. (1988). Schlaf und Schlafentzug bei depressiven Störungen. In D. von Zerssen & H.J. Möller (Hrsg.), *Affektive Störungen.* Berlin-Heidelberg: Springer Verlag.

Berrios, G.E. (1992). History of the affective disorders (pp.43–56). In E.S. Paykel (Ed.), *Handbook of affective disorders.* Edinburgh: Churchill-Livingstone.

Blackburn, I.M., Bishop, S., Glen, A.I.M., Whalley, L.J. & Christie, J.E. (1981). The efficacy of cognitive therapy in depression: A treatment trial using cognitive therapy and pharmacotherapy, each alone and in combination. *British Journal of Psychiatry, 139,* 181–189.

Bland, R.C., Newman, S.C. & Orne, H. (1988). Epidemiology of psychiatric disorders in Edmonton. *Acta Psychiatrica Scandinavica, 77* (suppl.338).

Blatt, S., Quinlan, D., Chevron, E., McDonald, D. & Zuroff, D. (1982). Dependency and self-criticism: Psychological dimensions of depression. *Journal of Consulting and Clinical Psychology, 50,* 113–124.

Blier, P., Montigny, D. & Chaput, Y. (1990). A role for the serotonin system in the mechanism of action of antidepressant treatments. *Journal of Clinical Psychiatry, 51,* 14–20.

Boyd, J.H. & Weissman, M.M. (1981). Epidemiology of affective disorders. A reexamination and future directions. *Archives of General Psychiatry, 38,* 1039–1046.

Brewin, C.R. (1985). Depression and causal attribution. *Psychological Bulletin, 98,* 297–308.

Brewin, C.R. (1988). Depression und Attribution. Kritische Fragen (S.17–29). In D. Kammer & M. Hautzinger (Hrsg.), *Depressive Kognitionsforschung.* Bern: Huber Verlag.

Brown, G.W. & Harris, T. (1978). *Social origin of depression. A study of psychiatric disorders in women.* London: Tavistock Publishers.

Brown, G.W. & Harris, T. (1982). Fall-off in the reporting of life-events. *Social Psychiatry, 17,* 23–28.

Bylund, D.B. (1988). Subtypes of alpha-2-adrenoreceptors: pharmacological and molecular biological evidence converge. *Trends in the Pharmacological Science, 9,* 356–361.

Carroll, B.J. (1983). Neurobiologic dimension of depression and mania (pp.163–186). In J. Angst (Ed.), *The origin of depression. Current concepts and future directions.* Berlin-Heidelberg: Springer Verlag.

Checkley, S. (1992). Neuroendocrinology (pp.255–266). In E.S. Paykel (Ed.), *Handbook of affective disorders.* Edinburgh: Churchill Livingstone.

Charney, D.S., Menekes, D.B. & Heninger, D.B. (1981). Receptore sensitivity and the mechanism of action of antidepressant treatment. *Archives of General Psychiatry, 38,* 1160–1168.

Clark, L.A., Watson, D. & Mineka, S. (1994). Temperament, personality, and the mood disorders. *Journal of Abnormal Psychology, 103,* 103–116.

Clayton, P.J. (1986). Bereavement and its relation to clinical depression. In H. Hippius, G.L. Klerman & N. Matussek (Eds.), *New results in depression research.* Berlin-Heidelberg: Springer Verlag.

Cohen, S. & Wills, T.A. (1985). Stress, social support, and the buffering hypothesis. *Psychological Bulletin, 98,* 310–357.

Conte, H.R., Plutchik, R., Wild, K.V. & Karasu, T.B. (1986). Combined psychotherapy and pharmacotherapy for depression: A systematic analysis of the evidence. *Archives of General Psychiatry, 43,* 471–479.

Coppen, A. (1967). The biochemistry of affective disorders. *British Journal of Psychiatry, 113,* 1237–1243.

Coryell, W., Akiskal, H.S., Leon, A.C., Winokur, G., Maser, J.D., Mueller, T.I., Keller, M.B. (1994). The time course of nonchronic major depressive disorder. *Archives of General Psychiatry, 51,* 405–410.

Coryell, W., Endicott, J. & Keller, M. (1990). Chronic affective disorder: Outcome during a five-year follow-up. *American Journal of Psychiatry, 147,* 1627–1633.

Coryell, W., Keller, M., Endicott, J., Andreasen, N.C., Clayton P. & Hirschfeld, R. (1989). Bipolar illness: Course and outcome over a five-year period. *Psychological Medicine, 19,* 128–141.

Coryell, W., Keller, M., Lavori, P. & Endicott, J. (1990). Affective syndromes, psychotic features and prognosis. *Archives of General Psychiatry, 47,* 651–664.

Coryell, W. & Winokur, G. (1992). Course and outcome (pp. 89–109). In E.S. Paykel (Ed.), *Handbook of affective disorders.* Edinburgh: Churchill-Livingstone.

Costello, C.G. (1982). Social factors associated with depression. A retrospective community study. *Psychological Medicine, 12,* 329–339.

Covi, L., Lipman, R.S., Derogatis, L.R., Smith, J.E. & Pattison, J.H. (1974). Drugs and group psychotherapy in neurotic depression. *American Journal of Psychiatry, 131,* 191–198.

Coyne, J.C. (1976). Toward an interactional description of depression. *Psychiatry, 39,* 28–40.

Coyne, J.C. & Gotlib, I.H. (1986). Studying the role of cognitionen in depression: Well-trodden paths and cul-de-sacs. *Cognitive Therapy and Research, 10,* 695–705.

Cross-National Collaborative Group (1992). The changing rate of major depression. *Journal of the American Medical Association, 268,* 3098–3105.

Davidson, J.R.T. (1992). Monoamine oxidase inhibitors (pp. 345–358). In E.S. Paykel (Ed.), *Handbook of affective disorders.* Edinburgh: Churchill Livingstone.

Dean, A. & Ensel, W.M. (1983). The epidemiology of depression in young adults. The centrality of social support. *Journal of Psychiatric Treatment Evaluation, 5,* 195–207.

Delgado, P.L., Price, L.H., Heninger, G.R. & Charney, D.S. (1992). Neurochemistry (pp. 219–254). In E.S. Paykel (Ed.), *Handbook of affective disorders.* Edinburgh: Churchill Livingstone.

DeJong-Meyer, R. (1987). *Neurotische Depression und psychologische Therapie.* Frankfurt/M: P. Lang Verlag.

DeJong, R., Treiber, R. & Henrich, G. (1986). Effectiveness of two psychological treatments for inpatients with characterological depression. *Cognitive Therapy and Research, 10,* 645–663.

DeJong-Meyer, R., Hautzinger, M., Rudolf, G. A. E. & Strauss, W. (1992). *Multizentrische randomisierte Therapiestudie zur Effektivität einer Kombination von Antidepressivatherapie und Verhaltenstherapie bei endogen depressiven Patienten.* Dresden: Vortrag auf dem Symposium „Therapie und Rückfallprophylaxe chronischer psychischer Erkrankungen im Erwachsenenalter" des Bundesministeriums für Forschung und Technologie, 2. und 3. April.

Depue, R. A. & Monroe, S. M. (1978). The unipolar-bipolar distinction in the depressive disorders. *Psychological Bulletin, 85,* 1001–1029.

Dobson, K. S. (1989). A meta-analysis of the efficacy of cognitive therapy for depression. *Journal of Consulting and Clinical Psychology, 57,* 414–419.

Dunner, D. L., Fleiss, J. L. & Fieve, R. R. (1976). The course of development of mania in patients with recurrent depression. *American Journal of Psychiatry, 133,* 905–908.

Eaton, W. W., Kramer, M., Anthony, J. C., Dryman, A., Shapiro, S. & Locke, B. L. (1989). The incidence of specific DSM-III mental disorders. Data from the NIMH Epidemiologid Catchment Area Program. *Acta Psychiatrica Scandinavica, 79,* 163–178.

Egeland, J. A., Gerhard, D. S., Pauls, D. L., Sussex, J. N., Kidd, K. K., Allen, C. R., Hostetter, A. M. & Housman, D. E. (1987). Affective disorder among the Amish. *Nature, 325,* 783–787.

Elkin, I., Parloff, M. B., Hadley, S. W. & Autry, J. H. (1985). NIMH treatment of depression collaborative research program. *Archives of General Psychiatry, 42,* 305–316.

Elkin, I., Shea, M. T., Watkins, J. T., Imber, S. D., Sotsky, S. M., Collins, J. F., Glass, D. R., Pilkonis, P. A., Leber, W. R., Docherty, J. P., Fiester, S. J. & Parloff, M. B. (1989). NIMH treatment of depression collaborative research program: 1. General effectiveness of treatments. *Archives of General Psychiatry, 46,* 971–982.

Fink, M. (1992). Electroconvulsive therapy (pp. 359–368). In E. S. Paykel (Ed.), *Handbook of affective disorders.* Edinburgh: Churchill Livingstone.

Flett, G. L., Pliner, P. & Blankstein, K. R. (1989). Depression and components of attributional complexity. *Journal of Personality and Social Psychology, 56,* 757–764.

Flett, G. L. & Hewitt, P. L. (1990). Clinical depression and attributional complexity. *British Journal of Clinical Psychology, 29,* 339–340

Frank, E., Kupfer, D. J., Perel, J. M., Cornes, C., Jarrett, D. B., Mallinger, A. G., Thase, M. E., McEachran, A. B. & Grochocinski, V. J. (1990). Three-year outcome for maintenance therapies in recurrent depression. *Archives of General Psychiatry, 47,* 1093–1099.

Frank, E., Prien, R. F., Jarrett, R. B., Keller, M. B., Kupfer, D. J., Lavori, P. W., Rush, A. J. & Weissman, M. M. (1991). Conceptualization and rationale for consensus definitions of terms in major depressive disorder: Remission, recovery, relapse, and recurrence. *Archives of General Psychiatry, 48,* 851–855.

Friedman, A. S. (1975). Interaction of drug therapy with marital therapy in depressed patients. *Archives of General Psychiatry, 32,* 619–637.

Fritze, J., Deckert, J., Lanczik, M., Strik, W., Struck, M. & Wodarz, N. (1992). Zum Stand der Aminhypothesen depressiver Erkrankungen. *Nervenarzt, 63*, 3–13.

Garver, D. L. & Zemlan, F. P. (1986). Receptor studies in diagnosis and treatment of depression (pp. 143–170). In A. J. Rush, K. Z. Altshuler (Eds.), *Depression. Basic mechanism, diagnosis and treatment.* New York: Guilford Press.

Gebhard, R. & Klimitz, H. (1986). Depressive Stimmung, Geschlecht und Zivilstand. *Zeitschrift für Klinische Psychologie, 15*, 3–11.

Gershon, E. S., Hamovit, J., Guroff, J. J., Dibble, E., Leckman, J. F., Sceery, W., Targum, S. D., Nurnberger, J. I., Goldin, L. R. & Bunney, W. E. (1982). A family study of schizoaffective, bipolar I, bipolar II, unipolar, and normal probands. *Archives of General Psychiatry, 39*, 1157–1167.

Gershon, E. S., Nurnberger, J. I., Nadi, N. S., Berettini, W. H., Goldin, L. R. (1983). Current status of genetic research in affective disorders (pp. 187–204). In J. Angst (Ed.), *The origin of depression. Current concepts and future directions.* Berlin-Heidelberg: Springer Verlag.

Gershon, E. S., Hamovit, J. & Guroff, J. J. (1987). Birth-cohort changes in manic and depressive disorders in relatives of bipolar and schizoaffective patients. *Archives of General Psychiatry, 44*, 314–319.

Gershon, E. S., Martinez, M., Goldin, L., Gelernter, J. & Silver, J. (1989). Detection of marker associations with a dominatn disease gene in genetically complex and heterogeneous diseases. *American Journal of Human Genetics, 45*, 578–585.

Gilbert, P. (1984). *Depression: From psychology to brain state.* London: Lawrence Erlbaum Publishers.

Giedke, H. (1988). Physiologische Korrelate affektiver Störungen. In D. von Zerssen & H. J. Möller (Hrsg.), *Affektive Störungen.* Berlin-Heidelberg: Springer Verlag.

Gold, P. W., Goodwin, F. K. & Chrousos, G. P. (1988). Clinical and biochemical manifestations of depression. *The New England Journal of Medicine, 319*, 348–353.

Goodwin, G. M. (1992). Tricyclic and newer antidepressants (pp. 327–344). In E. S. Paykel (Ed.), *Handbook of affective disorders.* Edinburgh: Churchill Livingstone.

Gotlib, I. H. & Hammen, C. L. (1992). *Psychological aspects of depression.* Chichester: Wiley & Sons Publishers.

Grove, W. M. & Andreasen, N. C. (1992). Concepts, diagnosis and classification (pp. 25–42). In E. S. Paykel (Ed.), *Handbook of affective disorders.* Edinburgh: Churchill-Livingstone.

Haaga, D. A. F. & Beck, A. T. (1992). Cognitive therapy (pp. 511–524). In E. S. Paykel (Ed.), *Handbook of affective disorders.* Edinburgh: Churchill Livingstone.

Hällström, T. & Persson, G. (1984). The relationship of social setting to major depression. *Acta Psychiatrica Scandinavica, 70*, 327–336.

Hagnell, O., Lanke, J., Rorsman, B. & Öjesjö, L. (1982). Are we entering an age of melancholy? Depressive illnesses in a prospective epidemiological study over 25 years. The Lundby study, Sweden. *Psychological Medicine, 12*, 279–289.

Hahlweg, K. (1991). Interpersonelle Faktoren bei depressiven Erkrankungen (S. 268–279). In C. Mundt, P. Fiedler, H. Lang & A. Kraus (Hrsg.), *Depressionskonzepte heute: Psychopathologie oder Pathopsychologie.* Berlin-Heidelberg: Springer Verlag.

Hamilton, M. (1960). A rating scale for depression. *Journal of Neurology, Neurosurgery and Psychiatry, 23*, 56–62.

Hamilton, E. W. & Abramson, L. Y. (1983). Cognitive patterns and major depression. A longitudinal study in a hospital setting. *Journal of Abnormal Psychology 92*, 173–184.

Hammen, C. & Glass, D. R. (1975). Depression, activity, and evaluation of reinforcement. *Journal of Abnormal Psychology, 84*, 718–725.

Hautzinger, M. (1979). Depressive Reaktionen aus psychologischer Sicht (S. 15–94). In M. Hautzinger, N. Hoffmann (Hrsg.), *Depression und Umwelt*. Salzburg: Otto Müller.

Hautzinger, M. (1981). Depression und Kognition (S. 11–36). In M. Hautzinger, S. Greif (Hrsg.), *Kognitionspsychologie der Depression*. Stuttgart: Kohlhammer.

Hautzinger, M. (1983). Kognitive Veränderungen als Folge, nicht als Ursache von Depression. *Zeitschrift für personenzentrierte Psychologie und Psychotherapie, 2*, 377–388.

Hautzinger, M. (1984). Altersverteilung depressiver Episoden in einer Gemeindestichprobe. *Psychiatrische Praxis 11*, 196–199.

Hautzinger, M. (1985). Die Beziehung kritischer Lebensereignisse und Depression. *Schweizer Zeitschrift für Psychologie, 43*, 313–330.

Hautzinger, M. (1985). Kritische Lebensereignisse, soziale Unterstützung und Depressivität bei älteren Menschen. *Zeitschrift für Klinische Psychologie, 14*, 27–38.

Hautzinger, M. (1986/1990). *Bewältigung von Belastungen. Studien zur selbstgesteuerten Überwindung von Depressivität*. Regensburg: S. Roderer Verlag.

Hautzinger, M. (1988). Antidepressive Bewältigungsstrategien (S. 171–189). In M. Wolfersdorf, W. Kopittke, G. Hole (Hrsg.), *Klinische Diagnostik und Therapie der Depression*. Regensburg: S. Roderer Verlag.

Hautzinger, M. (1990). Behandlung von Depression bei Schmerzzuständen (S. 570–577). In H. D. Basler, C. Franz, B. Kröner-Herwig, H. P. Rehfisch & H. Seemann (Hrsg.), *Psychologische Schmerztherapie*. Berlin-Heidelberg: Springer Verlag.

Hautzinger, M. (1991 a). Geschlechtsunterschiede bei Depressionen. *Zeitschrift für Klinische Psychologie, Psychopathologie und Psychotherapie 39*, 219–240.

Hautzinger, M. (1991 b). Perspektiven für ein psychologisches Konzept der Depression (S. 236–248). In C. Mundt, P. Fiedler, H. Lang, A. Kraus (Hrsg.), *Depressionskonzepte heute*. Berlin-Heidelberg: Springer Verlag.

Hautzinger, M. (1992). Verhaltenstherapie bei Depressionen im Alter. *Verhaltenstherapie, 2*, 217–221.

Hautzinger, M. (1993 a). Verhaltens- und Problemanalyse (S. 27–32). In M. Linden & M. Hautzinger (Hrsg.), *Verhaltenstherapie. Techniken und Einzelverfahren*. Berlin-Heidelberg, Springer Verlag.

Hautzinger, M. (1993 b). Kognitive Verhaltenstherapie und Pharmakotherapie bei Depressionen: Überblick und Vergleich. *Verhaltenstherapie, 3*, 26–34.

Hautzinger, M. (1994). Diagnostik in der Psychotherapie. In R. D. Stieglitz, U. Baumann (Hrsg.), *Psychodiagnostik psychischer Störungen*. Enke Verlag, Stuttgart.

Hautzinger, M. (1995). Psychotherapie und Pharmakotherapie bei Depressiven. *Psychotherapeut, 40,* 373–380.

Hautzinger, M. & Bailer, M. (1993). *Allgemeine Depressionsskala.* Weinheim: Beltz Test Verlag.

Hautzinger, M., Bailer, M., Keller, F. & Worrall, H. (1994). *Das Beck Depressionsinventar.* Bern: Huber Verlag.

Hautzinger, M. & DeJong-Meyer, R. (1993). Depressionen (S. 177–213). In H. Reinekker (Hrsg.). *Lehrbuch der Klinischen Psychologie* (2. Auflage). Göttingen: Verlag für Psychologie.

Hautzinger, M., DeJong-Meyer, R., Rudolf, G. A. E. & Treiber, R. (1992). *Erste Ergebnisse der multizentrischen prospektiven Therapiestudie zum kontrollierten Vergleich von verhaltenstherapeutischer und medikamentöser Behandlung bei neurotischer Depression.* Dresden. Vortrag auf dem Symposium „Therapie und Rückfallprophylaxe chronischer psychischer Erkrankungen im Erwachsenenalter" des Bundesministeriums für Forschung und Technologie, 2. und 3. April.

Hautzinger, M. & DeJong-Meyer, R. (1996). Wirksamkeit psychologischer Therapie bei Depressionen. *Zeitschrift für Klinische Psychologie, 25* (Nr. 2: Themenheft).

Hautzinger, M. & Heckel-Guhrenz, S. (1991). Reaktionen auf depressive und nichtdepressive Selbstdarstellungen depressiver und nicht-depressiver Patientinnen. *Verhaltenstherapie, 2,* 207–211.

Hautzinger, M. & Hoffmann, N. (1979). *Depression und Umwelt.* Salzburg: Otto Müller Verlag.

Hautzinger, M., Hoffmann, N. & Linden, M. (1982). Interaktionsanalysen depressiver und nicht-depressiver Patienten und ihrer Sozialpartner. *Zeitschrift für experimentelle und angewandte Psychologie, 29,* 257–274.

Hautzinger, M., Keller, F., Steiner, B. & Wolfersdorf, M. (im Druck). Erfolge und Mißerfolge stationärer Depressionstherapie. *Verhaltenstherapie.*

Hautzinger, M., Stark, W. & Treiber, R. (1995). *Kognitive Verhaltenstherapie bei Depressionen.* (3. Auflage). München: Psychologie Verlags Union.

Hawton, K. (1992). Suicide and attempted suicide (pp. 635–650). In E. S. Paykel (Ed.), *Handbook of affective disorders.* Edinburgh: Churchill Livingstone.

Helmchen, H. & Linden, M. (1980). Depressive Erkrankungen (S. 861–937). In E. Block, W. Gerok & F. Hartmann (Hrsg.), *Klinik der Gegenwart.* München: Urban & Schwarzenberg.

Henderson, S. (1983). Vulnerability to depression. The lack of social support does not cause depression (pp. 107–120). In J. Angst (Ed.), *The origin of depression. Current concepts and future directions.* Berlin-Heidelberg: Springer Verlag.

Henderson, S., Byrne, D. G. & Duncan-Jones, P. (1981). *Neurosis and the social environment.* Sydney: Academic Press.

Herrle, J. & Kühner, C. (1994). *Depression bewältigen. Ein kognitiv-verhaltenstherapeutisches Gruppenprogramm nach Lewinsohn.* Weinheim: Psychologie Verlags Union.

Herrle, J. & Veiel, H. O. E. (1991). Wer nimmt an verhaltenstherapeutischen Gruppenprogrammen teil? Merkmale von Verweigerern. *Verhaltensmodifikation und Verhaltensmedizin, 12,* 156–171.

Hirschfeld, R. M. & Cross, C. K. (1982). The epidemiology of affective disorders. Psychosocial risk factors. *Archives of General Psychiatry, 39,* 35–46.

Hirschfeld, R. M., Klerman, G. L., Chodoff, P., Korchin, S. & Barrett, J. (1976). Dependency, self-esteem, clinical depression. *Journal of the American Academy of Psychoanalysis, 4,* 373–388.

Hirschfeld, R. M., Klerman, G. L., Clayton, P. J. & Keller, M. B. (1983). Personality and depression: Empirical findings. *Archives of General Psychiatry, 40,* 993–998.

Hirschfeld, R. M. & Shea, T. (1992). Personality (pp. 185–194). In E. S. Paykel (Ed.), *Handbook of affective disorders.* Edinburgh: Churchill Livingstone.

Hobson, J. A., Lydic, R. & Baghdoyan, H. A. (1986). Evolving concepts of sleep cycle generation. From brain centers to neuronal populations. *Behavioral Brain Science, 9,* 371–448.

Hoffmann, N. (1976). *Depressives Verhalten.* Salzburg: Otto Müller.

Hollon, S. D., Shelton, R. C. & Loosen, P. T. (1991). Cognitive therapy and pharmacotherapy for depression. *Journal of Consulting and Clinical Psychology, 59,* 88–99.

Holsboer, F. (1988). Neuroendokrine Regulation bei affektiven Störungen. In D. von Zerssen, H. J. Möller (Hrsg.), *Affektive Störungen.* Berlin-Heidelberg: Springer Verlag.

Holsboer, F. (1992). The hypothalamic-pituitary-adrenocortical system (pp. 267–288). In E. S. Paykel (Ed.), *Handbook of affective disorders.* Edinburgh: Churchill Livingstone.

Holsboer, F. (1993). *Bestandsaufnahme der Forschung in der Neurologie, Psychiatrie und Klinischen Psychologie.* Bonn: Bericht im Auftrag des Gesundheitsforschungsrates des Bundesministers für Forschung und Technologie (unveröffentlicht).

Ingram, R. (1990). *Contemporary psychological approaches to depression.* New York: Plenum Press.

Jacobson, E. (1977). *Depression.* Frankfurt: Suhrkamp Verlag.

Jankowski, D. S., El-Yousof, M. K., Davis, J. M. & Sekerke, H. J. (1972). A cholinergic adrenergic hypothesis of mania and depression. *Lancet, 2,* 6732–6735.

Jankowski, D. S. & Risch, S. C. (1986). Adrenergic-cholinergic balance and affective disorders (pp. 84–101). In A. J. Rush & K. Z. Altshuler (Eds.), *Depression. Basic mechanism, diagnosis, and treatment.* New York: Guilford Press.

Jimerson, D. C. (1987). The role of dopamine mechanism in the affective disorders (pp. 505–511). In H. Y. Meltzer (Ed.), *Psychopharmacology: The third generation of progress.* New York: Raven Press.

Joyce, P. R. (1992). Prediction of treatment response (pp. 453–463). In E. S. Paykel (Ed.), *Handbook of affective disorders.* Edinburgh: Churchill-Livingstone.

Judd, F. K & Burrows, G. D. (1992). Anxiety disorders and their relationship to depression (pp. 77–88). In E. S. Paykel (Ed.), *Handbook of affective disorders.* Edinburgh: Churchill-Livingstone.

Kahlbaum, K. L. (1863). *Die Gruppierung der psychischen Krankheiten und die Einteilung der Seelenstörungen.* Danzig: Kafemann Verlag.

Kammer, D. & Hautzinger, M. (1988). *Depressive Kognitionsforschung.* Bern: Hans Huber.

Kasper, S. (1990). Schlafentzugstherapie – eine Chance bei Antidepressiva-Nonresponse (S. 149–165). In H.J. Möller (Hrsg.), *Therapieresistenz unter Antidepressivabehandlung*. Berlin-Heidelberg: Springer Verlag.

Kasper, S., Buchkremer, G., Dilling, H., Gaebel, W., Hautzinger, M., Holsboer-Trachsler, E., Linden, M., Möller, H.J., Pöldinger, W., Wittchen, H.-U., Wolfersdorf, M. (1994). *Depressive Störungen erkennen und behandeln*. Basel: Karger Verlag.

Kasper, S., Fuger, J. & Möller, H.J. (1992). Comparative efficacy of antidepressants. *Drugs, 43*, 11–23.

Keller, F., Steiner, B., Wolfersdorf, M. & Hautzinger, M. (1990). Rückfall bei Depressiven im Jahr nach Entlassung. Erfassungsprobleme, Methoden und Ergebnisse (S. 1–20). In B. Steiner, F. Keller & M. Wolfersdorf (Hrsg.), *Ergenisse und Probleme psychiatrische Katamnesestudien*. Stuttgart: Hippokrates.

Keller, F., Hautzinger, M., Wolfersdorf, M. & Steiner, B. (1991). Entlaßungssymptomatik als Prädiktor für Rückfall bei Depression: Eine ereignisorientierte Auswertung. *Verhaltensmodifikation und Verhaltensmedizin, 12*, 186–200.

Kelsoe, J.R., Ginns, E.I., Egeland, J.A., Gerhard, D.S., Goldstein, A.M., Bale, S.J., Pauls, D.L., Long, R.T., Kidd, K.K. & Conte, G. (1989). Re-evaluation of the linkage relationship between chromosom 11p loci and the gene for bipolar affective disorder. *Nature, 342*, 238–243.

Kendell, R.E. (1976). The classification of depression. A review of contemporary confusion. *British Journal of Psychiatry, 129*, 15–26.

Kendler, K.S., Kessler, R.C., Neale, M.C., Heath, A.C. & Eaves, L.J. (1993). The prediction of major depression in women: Toward an integrated etiologic model. *American Journal of Psychiatry, 150*, 1139–1148.

Kendler, K.S., Neale, M.C., Kessler, R.C., Heath, A.C. & Eaves, L.J. (1993). A longitudinal twin study of 1-year prevalence of major depression in women. *Archives of General Psychiatry, 50*, 843–852.

Kessler, R.C., McGonagle, K.A., Nelson, C.B., Hughes, M., Swartz, M. & Blazer, D.G. (1994). Sex and depression in the National Comorbidity Survey. *Journal of Affective Disorders, 30*, 15–26.

Kessler, R.C., McGonagle, K.A., Zhao, S., Nelson, C.B., Hughes, M., Eshleman, S., Wittchen, H.-U. & Kendler, K.S. (1994). Life-time and 12-month prevalence of DSM-III-R psychiatric disorders in the US: Results from the National Comorbitiy Survey. *Archives of General Psychiatry, 51*, 8–19.

Kissling, W. (1985). *Lithium as an antidepressant*. Vortrag, gehalten auf dem World Congress on Biological Psychiatry, Philadelphia.

Klerman, G.L. (1983). The significance of DSM-III in American psychiatry (pp. 12–27). In R.L. Spitzer, J.B. Williams & A.E. Skodol (Eds.), *Internationale perspectives on DSM-III*. Washington DC: American Psychiatry Press.

Klerman, G.L., DiMascio, A., Weissman, M.M., Prusoff, B. & Paykel, E.S. (1974). Treatment of depression by drugs and psychotherapy. *American Journal of Psychiatry, 131*, 186–191.

Klerman, G.L. & Weissman, M.M. (1989). Increasing rates of depression. *Journal of the American Medical Association, 261*, 2229–2235.

Klerman, G. L., Weissman, M. M., Rounsaville, B. & Chevron, E. (1984). *Interpersonal psychotherapy of depression.* New York: Basic Books.

Klerman, G. L. & Weissman, M. M. (1992). Interpersonal psychotherapy (pp. 501–510). In E. S. Paykel (Ed.), *Handbook of affective disorders.* Edinburgh: Churchill Livingstone.

Knäuper, B. & Wittchen, H.-U. (1995). Epidemiologie der Major Depression: Nehmen depressive Erkrankungen zu? *Zeitschrift für Klinische Psychologie, 23,* 8–24.

Kraepelin, E. (1909). *Psychiatrie. Lehrbuch für Studenten und Ärzte.* (8. Auflage). Leipzig: Barth.

Krauthammer, C. & Klerman, G. L. (1979). The epidemiology of mania (pp. 11–28). In B. Shopsin (Ed.), *Manic illness.* New York: Raven Press.

Kühner, C. & Angermeyer, M. C. (1994). Ein kognitiv und verhaltensorientiertes Gruppenprogramm zur Rezidiv- und Chronifizierungsprophylaxe bei klinischer Depression (S. 134–156). In M. Hautzinger (Hrsg.), *Verhaltenstherapie bei Depressionen.* München-Hohengeren: Röttger Schneider Verlag.

Kuhl, J. (1983). *Motivation, Konflikt und Handlungskontrolle.* Berlin-Heidelberg: Springer Verlag.

Kuhl, J. & Beckmann, J. (1994). *Volition and Personality: Action versus state orientation.* Göttingen-Toronto: Hogrefe Publisher.

Kuhs, H. & Tölle, R. (1986). Schlafentzug als Antidepressivum. *Fortschritte der Neurologie und Psychiatrie, 54,* 341–355.

Kupfer, D. J. (1992). Maintenance treatment in recurrent depression. Current and future directions. *British Journal of Psychiatry, 161,* 309–316.

Kupfer, D. J. & Reynolds, C. F. (1992). Sleep and affective disorders (pp. 311–325). In E. S. Paykel (Ed.), *Handbook of affective disorders.* Edinburgh: Churchill Livingstone.

Lauer, C. H., Riemann, D. & Berger, M. (1987). Age, REM-sleep, and depression. *Sleep Research, 16,* 283–292.

Leonhard, K. (1959). *Die Aufteilung der endogenen Psychosen.* Berlin: Akademie Verlag.

Lewinsohn, P. M. (1974). A behavioral approach to depression (pp. 157–186). In R. J. Friedman & M. M. Katz (Eds.), *The psychology of depression.* New York: Wiley.

Lewinsohn, P. M., Duncan, E. M., Stanton, A. K. & Hautzinger, M. (1986). Age at first onset for nonbipolar depression. *Journal of Abnormal Psychology 95,* 378–383.

Lewinsohn, P. M., Hoberman, H. M. & Rosenbaum, M. (1988). A prospective study of risk factors for unipolar depression. *Journal of Abnormal Psychology, 97,* 251–264.

Lewinsohn, P. M., Hoberman, H., Teri, L. & Hautzinger, M. (1985). An integrative theory of depression (pp. 331–361). In S. Reiss & R. Bootzin (Eds.), *Theoretical issues in behavior therapy.* New York: Academic Press.

Lewinsohn, P. M., Hops, H., Roberts, R. E., Seeley, J. R., Rohde, P., Andrews, J. A. & Hautzinger, M. (1992). Affektive Störungen bei Jugendlichen: Prävalenz, Komorbitität und psychosoziale Korrelate. *Verhaltenstherapie, 2,* 132–139.

Lewinsohn, P. M., Mischel, W., Chaplin, C. & Barton, R. (1979). Social competence and depression. *Journal of Abnormal Psychology, 89*, 203–217.

Lewinsohn, P. M., Rohde, P., Seeley, J. R. & Hops, H. (1991). Comorbidity of unipolar depression. I. Major depression with dysthymia. *Journal of Abnormal Psychology, 100*, 205–213.

Lewinsohn, P. M., Youngren, M. A. & Grosscup, S. J. (1979). Reinforcement and depression. In R. A. Depue (Ed.), *The psychobiology of the depressive disorders*. New York: Academic Press.

Lewinsohn, P. M., Zeiss, A. M. & Duncan, E. M. (1989). Probability of relapse after recovery from an episode of depression. *Journal of Abnormal Psychology, 98*, 107–116.

Linden, M. (1979). Psychiatrische und psychologische Klassifikation depressiver Störungen (S. 95–124). In M. Hautzinger & N. Hoffmann (Hrsg.), *Depression und Umwelt*. Salzburg: Otto Müller Verlag.

Linden, M. (1987). *Phase IV Forschung*. Berlin-Heidelberg: Springer Verlag.

Linden, M. & Hautzinger, M. (1993). *Verhaltenstherapie. Techniken und Einzelverfahren*. Berlin-Heidelberg: Springer Verlag.

Loosen, P. T. & Prange, A. J. (1982). Serum thyrotropin response to thyrotropin-releasing hormone in psychiatric patients. *American Journal of Psychiatry, 139*, 405–416.

Luby, J. L. & Yalom, I. D. (1992). Group therapy (pp. 475–486). In E. S. Paykel (Ed.), *Handbook of affective disorders*. Edinburgh: Churchill Livingstone.

Luka-Krausgrill, U., Wurmthaler, C. & Becker, T. (1994). Chronische Schmerzen und Depression (S. 152–164). In R. Wahl & M. Hautzinger (Hrsg.), *Psychotherapeutische Medizin bei chronischen Schmerzen*. Köln: Deutscher Ärzteverlag.

Margraf, J., Schneider, S. & Ehlers, A. (1991). *Diagnostisches Interview bei psychischen Störungen*. Berlin-Heidelberg: Springer Verlag.

Matussek, N. (1978). Neuroendokrinologische Untersuchungen bei depressiven Syndromen. *Nervenarzt, 49*, 569–575.

Matussek, N., Ackenheil, M., Hippius, H., Müller, F., Schröder, H. T., Schultes, H. & Wasilewski, B. (1980). Effect of clonidine on growth hormone release in psychiatric patients and controls. *Psychiatric Research, 2*, 25–36.

McKinney, W. T. (1992). Animal models. In E. S. Paykel (Ed.), *Handbook of affective disorders* (pp. 209–218). Edinburgh: Churchill-Livingstone.

McLean, P. D. (1991). *Treatment choices in unipolar depression: What are the key ingredients?* Oslo: Vortrag auf der 21. Tagung der European Association for Behavior Therapy.

McLean, P. D. & Hakstian, A. R. (1979). Clinical depression: Comparative efficacy of outpatient treatments. *Journal of Consulting and Clinical Psychology, 47*, 818–836.

McLean, P. D. & Hakstian, A. R. (1990). Relative endurance of unipolar depression treatment effects: Longitudinal follow-up. *Journal of Consulting and Clinical Psychology, 58*, 482–488.

Mendelson, M. (1992). Psychodynamics (pp. 195–208). In E. S. Paykel (Ed.), *Handbook of affective disorders*. Edinburgh: Churchill-Livingstone.

Mendlewicz, J., Simon, P., Sevy, S., Charon, F., Brocas, H., Legros, S. & Vassart, G. (1987). Polymorphic DNA marker on X-chromosome and manic depression. *Lancet, 1,* 1230–1232.

Middleton, W. & Raphael, B. (1992). Bereavement (pp. 619–634). In E. S. Paykel (Ed.), *Handbook of affective disorder.* Edinburgh: Churchill Livingstone.

Mufson, L., Moreau, D., Weissman, M. M. & Klerman, G. L. (1993). *Interpersonal psychotherapy for depressed adolescents.* New York: Guildford Press.

Mundt, C., Fiedler, P., Lang, H. & Kraus, A. (1991). *Depressionskonzepte heute: Psychopathologie oder Pathopsychologie.* Berlin-Heidelberg: Springer Verlag.

Nolen-Hoeksema, S. (1987). Sex differences in unipolar depression: Evidence and theory. *Psychological Bulletin, 101,* 259–282.

Nurnberger, J. I. & Gershon, E. S. (1992). Genetics (pp. 131–148). In E. S. Paykel (Ed.), *Handbook of affective disorders.* Edinburgh: Churchill-Livingstone.

Paykel, E. S. (1978). Contribution of life events to causation of psychiatric illness. *Psychological Medicine, 8,* 245–253.

Paykel, E. S. & Cooper, Z. (1992). Life events and social stress (pp. 149–170). In E. S. Paykel (Ed.), *Handbook of affective disorders.* Edinburgh: Churchill Livingstone.

Perris, C. (1966). A study of biplar (manic-depressive) and unipolar recurrent depressive psychoses. *Acta Psychiatrica Scandinavica, 194* (suppl.), 1–189.

Perris, C. (1992). Bipolar-unipolar distinction (pp. 57–76). In E. S. Paykel (Ed.), *Handbook of affective disorders.* Edinburgh: Churchill Livingstone.

Peterson, C. & Seligman, M. E. P. (1984). Causal explanations as a risk factor for depression. Theory and evidence. *Psychological Review 91,* 347–374.

Phillips, K. A., Gunderson, J. G., Hirschfeld, R. M. & Smith, L. E. (1990). A review of the depressive personality. *American Journal of Psychiatry, 147,* 830–837.

Post, R. M. (1992). Anticonvulsants and novel drugs. In E. S. Paykel (Ed.), *Handbook of affective disorders.* Edinburgh: Churchill Livingstone.

Prien, R. F. (1992). Maintenance treatment (pp. 419–436). In E. S. Paykel (Ed.), *Handbook of affective disorders.* Edinburgh: Churchill Livingstone.

Regier, P. A., Burke, J. D. & Burke, K. C. (1990). Comorbidity of affective and anxiety disorders in the NIMH epidemiologic catchment area program (pp. 113–122). In J. D. Maser & C. R. Cloninger (Eds.), *Comorbidity in anxiety and mood disorders.* Washington DC: APA Press.

Reus, H. W., Fischer, A. A. & Sijben, A. E. S. (1991). *Cognitive-behaviour therapy for major depression with melancholia.* Results after twelve weeks of treatment and after six months follow-up. Oslo: Vortrag auf der 21. Tagung der European Association for Behavior Therapy.

Robinson, D. S., Rickel, K. & Feighner, J. (1990). Clinical effects of the 5-HT-1a partial agnostis in depression: A composite analysis of buspirone in the treatment of depression. *Journal of Clinical Psychopharmacology, 10* (suppl. 3), 67–76.

Robinson, L., Berman, J. S. & Niemeyer, R. A. (1990). Psychotherapy of depression: A comprehensive review of controlled outcome research. *Psychological Bulletin, 108,* 30–49.

Rohde, P., Lewinsohn, P. M. & Seeley, J. R. (1991). Cormorbidity of unipolar depression. II. Comorbidity with other mental disorders in adolescents and adults. *Journal of Abnormal Psychology, 100,* 214–222.

Rossmann, P. (1991). *Depressionsdiagnostik im Kindesalter.* Bern: Huber Verlag.

Roth, M. & Kay, D. W. K. (1956). Affective disorder arising in the senium. Physical disability as an etiological factor. *Journal of Mental Science, 102,* 141–150.

Rubin, R. T. & Poland, R. E. (1983). Neuroendocrine function in depression. In J. Angst (Ed.), *The origin of depression. Current concepts and future directions.* Berlin-Heidelberg: Springer Verlag.

Rush, A. J., Beck, A. T., Kovacz, M. & Hollon, S. D. (1977). Comparative efficacy of cognitive therapy and pharmacotherapy in the treatment of depressed outpatients. *Cognitive Therapy and Research, 1,* 17–37.

Satorius, N. & Ban, F. A. (1986). Assessment of depression. Berlin-Heidelberg: Springer Verlag.

Sauer, H. & Lauter, H. (1987). Elektrokrampftherapie. *Nervenarzt, 58,* 201–218.

Schildkraut, J. J. (1965). The catecholamine hypothesis of affective disorders: A review of supporting evidence. *American Journal of Psychiatry, 122,* 509–522.

Schlesser, M. A. (1986). Neuroendocrine abnormalities in affective disorders (pp. 45–71). In A. J. Rush & K. Z. Altshuler (Eds.), *Depression. Basic mechanism, diagnosis, and treatment.* New York: Guilford Press.

Schmid-Degenhard, M. (1983). *Melancholie und Depression.* Stuttgart: Kohlhammer.

Schou, M. (1990). Lithium als Möglichkeit der Aktubehandlung therapierefraktärer Depressionen (S. 115–123). In H. J. Möller (Hrsg.), *Therapieresistenz unter Antidepressiva Behandlung.* Berlin-Heidelberg: Springer Verlag.

Schramm, E. & Berger, M. (1994). Zum gegenwärtigen Stand der Interpersonellen Psychotherapie. *Nervenarzt, 65,* 2–10.

Segal, Z. V. & Dobson, K. S. (1992). Cognitive models of depression. *Psychological Inquiry, 3,* 219–224.

Seligman, M. E. P. (1975). *Helplessness. On depression, development, and death.* San Francisco: Freeman (deutsch: Psychologie Verlags Union, 1993).

Shea, T. M., Elkin, I., Imber, S. D., Sotsky, S. M., Watkins, J. T., Collins, J. F., Pilkonis, P. A., Beckman, E., Glass, D. R., Dolan, R. T. & Parloff, M. B. (1992). Course of depressive symptoms over follow-up. *Archives of General Psychiatry, 49,* 782–787.

Shelton, R. C., Hollon, S. D., Purdon, S. E. & Loosen, P. T. (1991). Biological and psychological aspects of depression. *Behavior Therapy, 22,* 201–228.

Siever, L. J. & Davis, K. L. (1985). Toward a dysregulation hypothesis of depression. *American Journal of Psychiatry, 142,* 1017–1031.

Silverstone, T. & Hunt, N. (1992). Symptoms and assessment of mania (pp. 15–24). In E. S. Paykel (Ed.), *Handbook of affective disorders.* Edinburgh: Churchill Livingstone.

Simons, A. D., Garfield, S. L. & Murphy, G. E. (1984). The process of change in cognitive therapy and pharmacotherapy for depression. *Archives of General Psychiatry, 41,* 45–51.

Simons, A. D., Murphy, G. E., Levine, J. E. & Wetzel, R. D. (1986). Cognitive therapy and pharmacotherapy for depression: Substained improvement over one year. *Archives of General Psychiatry, 43*, 43–49.

Smith, A. L. & Weissman, M. M. (1992). Epidemiology (pp. 111–130). In E. S. Paykel (Ed.), *Handbook of affective disorders.* Edinburgh: Churchill-Livingstone.

Steinmeyer, E. M. (1984). *Depression und erlernte Hilflosigkeit.* Berlin: Springer Verlag.

Stiensmeier-Pelster, J. (1988). *Erlernte Hilflosigkeit, Handlungskontrolle und Leistung.* Berlin-Heidelberg: Springer Verlag.

Strian, F. (1986). Psychophysiologische Differenzierung von Angst und Depression (S. 135–150). In H. Helmchen & M. Linden (Hrsg.), *Die Differenzierung von Angst und Depression.* Berlin-Heidelberg: Springer Verlag.

Stravinsky, A. & Greenberg, D. (1992). The psychological management of depression. *Acta Psychiatrica Scandinavia, 85*, 407–414.

Stuart, E., Kumakura, N. & Der, G. (1984). How depressing life is. Life long morbidity risk in the general population. *Journal of Affective Disorder, 7*, 109–122.

Surtees, P. G. & Rennie, D. (1983). Adversity and the onset of psychiatric disorders among women. *Social Psychiatry, 18*, 37–44.

Surtees, P. G., Miller, P. M., Ingham, J. G., Kreitman, N. B., Rennie, D. & Sashidharan, S. P. (1986). Life events and the onset of affective disorder. *Journal of Affective Disorders, 10*, 37–50.

Sweeney, P. D., Anderson, K. & Bailey, S. (1986). Attributional style in depression. A meta-analytic review. *Journal of Personality and Social Psychology 50*, 974–991.

Teasdale, J. D. & Barnard, P. J. (1993). *Affect, Cognition, and Change: Re-modelling depressive thought.* Hillsdale: Lawrence Erlbaum Publishers.

Tellenbach, H. (1961). *Melancholie.* Berlin-Heidelberg: Springer Verlag.

Thase, M. E., Bowler, K. & Harden, T. (1991). Cognitive behavior therapy of endogeneous depression (part 2). *Behavior Therapy, 22*, 469–477.

Thase, M. E., Kupfer, D. J. & Duane, G. S. (1984). Electroencephalographic sleep in secondary depression. A revisit. *Biological Psychiatry, 19*, 805–814.

Thase, M. E., Simons, A. D., Cahalane, J. F. & McGeary, J. (1991). Cognitive behavior therapy of endogeneous depression (part 1). *Behavior Therapy, 22*, 457–467.

Thase, M. E., Simons, A. D. & Reynolds, C. F. (1996). Abnormal EEG-sleep profile in Major Depression Association with response to cognitive behavior therapy. *Archives of General Psychiatry, 53*, 99–108.

Van Praag, H. M. (1977). Significance of biochemical parameters in the treatment and prevention of depressive disorders. *Biological Psychiatry, 12*, 101–131.

Wacker, H. R., Müllejans, R., Klein, K. H. & Battegay, R. (1992). Identification of cases of anxiety disorders and affective disorders in the community according to ICD-10 and DSM-III-R by using the CIDI. *International Journal of Methods in Psychiatric Research, 2*, 91–100.

Wehr, T. A., Wirz-Justice, A. & Goodwin, F. K. (1979). Phase advance of sleep wake cycle as an antidepressant. *Science, 206*, 710–713.

Weiss, J. M., Goodman, P. A., Losito, P. G., Corrigan, S., Charry, J. & Bailey, W. (1981). Behavioral depression produced by an uncontrolled stressor. Relation to norepinephrine, dopamine, and serotonine levels in various regions of the rat brain. *Brain Research Review, 3*, 167–205.

Weiss, J. M., Simson, P. G., Abrose, M. J., Webster, A. & Hoffman, L. J. (1985). *Neurochemical basis of behavioral medicine.* Greenwich: JAI Press.

Weissman, M. M., Bruce, M. L., Leaf, P. J., Florio, L. & Holzer, C. (1990). Affective disorders (pp. 53–81). In L. Robins & D. Regier (Eds.), *Affective disorders.* New York: Free Press.

Weissman, M. M., Kasl, S. U. & Klerman, G. L. (1976). Follow-up of depressed women after maintenance treatment. *American Journal of Psychiatry, 133*, 757–760.

Weissman, M. M., Klerman, G. L., Prusoff, B. A., Sholomskas, D. & Padian, N. (1981). Depressed outpatients: Results one year after treatment with drugs and/or interpersonal psychotherapy. *Archives of General Psychiatry, 38*, 51–55.

Weissman, M. M., Leaf, P. J., Bruce, M. & Florio, L. (1988). The epidemiology of dysthymia in five communities: Rates, risks, comorbidity, and treatment. *American Journal of Psychiatry, 145*, 815–819.

Weissman, M. M., Leaf, P. J., Tischler, G. L., Blazer, D. G., Karno, M., Bruce, M. & Florio, L. P. (1988). Affective disorders in five US-communities. *Psychological Medicine, 18*, 141–153.

Weissman, M. M., Prusoff, B. A., DiMascio, A., Neu, C., Goklaney, M. & Klerman, G. L. (1979). The efficacy of drugs and psychotherapy in the treatment of acute depressive episodes. *American Journal of Psychiatry, 136*, 555–558.

Weltgesundheitsorganisation (1991). *Internationale Klassifikation psychischer Störungen (ICD-10).* Bern: Huber Verlag.

Wender, H., Kety, S., Rosenthal, D., Schulsinger, F., Ortmann, J. & Lunde, I. (1986). Psychiatric disorders in the biological and adoptive families of adopted individuals with affective disorders. *Archives of General Psychiatry, 43*, 923–929.

Winokur, G., Coryell, W., Keller, M., Endicott, J. & Akiskal, H. (1993). A prospective follow-up of patients with bipolar and primary unipolar affective disorders. *Archives of General Psychiatry, 50*, 457–465.

Winokur, G. & Wesner, R. (1987). From unipolar depression to bipolar illness: Twenty-nine who changed. *Acta Psychiatrica Scandinavica, 76*, 59–63.

Wittchen, H.-U. (1994). Epidemiologie depressiver Störungen (S. 5–27). In M. Hautzinger (Hrsg.), *Verhaltenstherapie bei Depressionen.* München-Hohengeren: Röttger Schneider Verlag.

Wittchen, H.-U., Zaudig, M., Schramm, E., Mombur, W., Klug, J. & Horn, R. (1996). *Standardisiertes Klinisches Interview für DSM-IV.* Weinheim: Beltz Test Verlag.

Wittchen, H.-U. & Semler, G. (1996). *Composite International Diagnostik Interview.* Weinheim: Beltz Test Verlag.

Wittchen, H.-U., Knäuper, B. & Kessler, R. C. (1994). Lifetime risk of depression. *British Journal of Psychiatry, 165*, (Suppl.), 16–22.

Wittmann, W. W. & Matt, G. E. (1986). Meta-Analyse als Integration von Forschungsergebnissen am Beispiel deutschsprachiger Arbeiten zur Effektivität von Psychotherapie. *Psychologische Rundschau, 37*, 20–40.

Woggon, B. (1988). Psychoparmakologische Akutbehandlung affektiver Störungen. In D. von Zerssen & H.J. Möller (Hrsg.), *Affektive Störungen*. Berlin-Heidelberg: Springer Verlag.

Youngren, M.A. & Lewinsohn, P.M. (1980). The functional relation between depression and problematic interpersonal behavior. *Journal of Abnormal Psychology, 89*, 333–341.

Zeiss, A.M., Lewinsohn, P.M. & Munoz, R.F. (1979). Non-specific improvement effects in depression using interpersonal skill training, pleasant activity schedule, or cognitive training. *Journal of Consulting and Clinical Psychology, 52*, 254–260.

Zerbin-Rüdin, E. (1980). Psychiatrische Genetik (S. 545–618). In K.P. Kisker, J.E. Meyer, C. Müller & E. Strömgren (Hrsg.), *Psychiatrie der Gegenwart* (Band I,2). Berlin-Heidelberg: Springer Verlag.

Zerssen, D. von (1983). Chronobiology of depression (pp. 253–272). In J. Angst (Ed.), *The origin of depression. Current concepts and future directions*. Berlin-Heidelberg: Springer Verlag.

Zerssen, D. von (1987). What is wrong with circadian clocks in depression? (pp. 159–179). In A. Halaris (Ed.), *Chronobiology and psychiatric disorders*. New York: Elsevier.

Zerssen, D. von (1991). Zur prämorbiden Persönlichkeit des Melancholikers (S. 76–94). In C. Mundt, P. Fiedler, H. Lang & A. Kraus (Hrsg.), *Depressionskonzepte heute*. Berlin-Heidelberg: Springer Verlag.

Zerssen, D. von & Koeller, D.M. (1976). *Depressionsskala aus dem Münchner Psychiatrischen Informationssystem*. Weinheim: Beltz Test Verlag.

Zerssen, D. von & Pössl, J. (1990). The premorbid personality of patients with different subtypes of an affektive illness: Statistical analysis and blind assignment of case history data to clinical diagnoses. *Journal of Affective Disorder, 18*, 39–50.

Zielke, M. (1994). Verhaltensmedizinische Aspekte der stationären Depressionsbehandlung. In M. Hautzinger (Hrsg.), *Verhaltenstherapie bei Depressionen*. München-Hohengeren: Röttger Schneider Verlag.

Zimmer, F.T. & Brömer, A. (1990). Möglichkeiten der Verhaltenstherapie bei chronischen und therapieresistenten Depressionen (S. 217–234). In H.J. Möller (Hrsg.), *Therapieresistenz unter Antidepressiva-Behandlung*. Berlin-Heidelberg: Springer Verlag.

3. Kapitel

Angststörungen

Jürgen Margraf und Eni Becker

Einleitung

Ebenso wie Angst eine der wichtigsten menschlichen Emotionen ist, so gehören auch Angststörungen zu den praktisch und wissenschaftlich bedeutsamsten Störungsbildern der Klinischen Psychologie. Angststörungen stellen bei Frauen die häufigste Form psychischer Störungen dar (Angst & Dobler-Mikola, 1985 a, 1985 b, 1985 c; Weissman, 1985; Wittchen, 1986). Auch bei Männern wird ihre Häufigkeit nur knapp von Alkohol- und Medikamentenabhängigkeiten (die ihrerseits häufig durch Ängste ausgelöst werden; Poser, Wiedesheim & Niemeyer, 1989) übertroffen. Epidemiologische Studien zeigen, daß der Verlauf von Angststörungen ungünstiger ist als früher oft angenommen (Coryell, Noyes & Clancy, 1983; Schapira, Roth, Kerr & Gurney, 1972; Strian, 1983; Wittchen, 1988). Ohne adäquate Behandlung kämpfen die Patienten oft jahrzehntelang vergeblich mit ihrem Problem (Barlow, 1988a; Marks, 1987a; Wittchen, 1988). Der enorme Hilfsbedarf kommt auch in der hohen Zahl der Verschreibungen von Anxiolytika, vor allem Tranquilizern aus der Gruppe der Benzodiazepine, zum Ausdruck. Bei Angststörungen treten häufig Abhängigkeitsprobleme, Depressionen und ein allgemeiner Verlust an Lebensqualität auf. Derartige Folgeprobleme stellen wiederum selbst eine Belastung dar (Barlow & Shear, 1988). So kommt es häufig zu einer „Abwärtsspirale", an deren Ende starke Beeinträchtigungen für die Betroffenen und ihre Angehörigen bis hin zu einem deutlich erhöhten Suizidrisiko stehen (Weissman, Klerman, Markovitz & Ouellette, 1989).

Die Phänomene, die heutzutage Angststörungen wie den Phobien oder dem Paniksyndrom zugeordnet werden, sind seit dem Altertum bekannt. So ist etwa das Wort „Panik" von dem Namen des altgriechischen Hirtengottes Pan abgeleitet, der nach Störungen seines Schlafes dazu neigte, Menschen ebenso wie Viehherden in plötzlichen Schrecken zu versetzen. Eine weitere griechische Gottheit mit der besonderen Fähigkeit, Feinde zu erschrecken, war Phobos.

Manche Zeitgenossen machten sich die erschreckende Eigenschaft des Phobos zunutze, indem sie sein Abbild auf Rüstungen malten, um Gegner einzuschüchtern. So wurde sein Name zu einem Begriff für ein Ausmaß an Angst und Schrecken, das zur Flucht führt. Dieser Sachverhalt hat zu der Bezeichnung Phobie für unangemessenes Vermeidungsverhalten bzw. übermäßige Angst geführt.

Angststörungen treten auch bei besonders erfolgreichen Menschen auf. So litten etwa Johann Wolfgang von Goethe, Bertold Brecht und Sigmund Freud an Panikanfällen, und berühmte Redner wie Demosthenes und Cicero oder Schauspieler wie Sir Laurence Olivier waren von Angst vor öffentlichen Auftritten geplagt. Gerade weil die Phänomene schon lange bekannt sind, erstaunt es, daß zentrale Angststörungen wie das Paniksyndrom lange von der wissenschaftlichen Forschung und Praxis vernachlässigt wurden. Zwar gab es eine Vielzahl von Fachbegriffen für Störungen, die von plötzlicher Angst oder Flucht- und Vermeidungsverhalten gekennzeichnet sind, aber es fehlte an überzeugenden Ansätzen in Theorie und Therapie. Unter dem Einfluß der dritten Auflage des „Diagnostic and Statistical Manual of Mental Disorders" (DSM-III; APA, 1980) kam es jedoch zu einer Vereinheitlichung der diagnostischen Begriffe und damit zu einer Grundlage für neue Fortschritte bei Verständnis und Behandlung der Angststörungen (vgl. Schneider & Margraf, 1990).

Das folgende Kapitel stellt zunächst übergreifende Aspekte der Angststörungen in einem allgemeinen Teil gemeinsam dar. In einem anschließenden speziellen Teil werden dann die besonderen Merkmale der einzelnen Störungen separat behandelt.

1 Gemeinsame Aspekte der Angststörungen

1.1 Phänomenologie und Definition

Der folgende Bericht eines Mannes, der zu Beginn dieses Jahrhunderts mit seinem Sohn einen Spaziergang in Manhattan unternahm, gibt eine Darstellung der Angst aus der Sicht eines Betroffenen:

„Am Abend, als wir unter den Wolkenkratzern entlanggingen, schien es mir, als könne ich fühlen, wie die gigantischen Gebäude zu schwanken begannen. Obwohl ich wußte, daß meine Furcht unsinnig war, war die Vorstellung des Zusammenbruchs der riesigen Giganten äußerst erschreckend. Ich war überzeugt, die Türme würden zerbrechen und auf mich herabstürzen, und ich konnte mir schon vorstellen, wie die Leute und der Verkehr unter ihnen zermalmt wurden. Die Kraft schwand aus meinen Beinen, und sie wurden so schwach, daß ich dachte, ich könnte nicht einen weiteren Schritt tun. Es wurde schwer

zu atmen, und um nicht zu ersticken, mußte ich mit weit offenem Mund nach Luft schnappen. Ich fühlte, wie sich mein Gesichtsfeld verdunkelte und ein stechender Schmerz füllte meine Brust. Ich fürchtete, die Gebäude würden wirklich auseinanderstürzen, und gleichzeitig fürchtete ich, daß mein Sohn etwas bemerken könnte." (Mischel, 1978, S. 394, Übersetzung der Verf.)

Dieses Beispiel zeigt Kognitionen (z. B. Gefahr, Katastrophe) und körperliche Empfindungen (z. B. Atemnot, Schwächegefühl), die charakteristisch für Angstzustände sind. Es verdeutlicht außerdem, daß viele Menschen mit klinisch relevanten Ängsten möchten, daß ihre Angst unbemerkt bleibt. Atypisch erscheint, daß eine wichtige Komponente der Angst nicht beschrieben wird, nämlich das motorische Verhalten. Tatsächlich werden die vielfältigen Facetten der Phänomenologie der Angst am häufigsten in drei Gruppen von Erscheinungen gegliedert:
1. Subjektive Ebene: Kognitionen und subjektives Empfinden,
2. Motorische Ebene: Verhalten (z. B. Kämpfen, Fortlaufen, Erstarren),
3. Physiologische Ebene: körperliche Vorgänge, Hormonausschüttungen.

Die verschiedenen Meßebenen klaffen allerdings häufig auseinander, was als Desynchronie bezeichnet wird (Hodgson & Rachman, 1974; Rachman & Hodgson, 1974). Anhand der drei Komponenten der Angst lassen sich insgesamt 7 Muster unterscheiden (Lader & Marks, 1971), die alle beobachtet werden konnten (Tabelle 1).

Tabelle 1: Angstmuster

Komponente	Angstmuster						
	1	2	3	4	5	6	7
Subjektiv-kognitiv	+	+	+	–	–	–	+
Motorisch-behavioral	+	+	–	+	–	+	–
Physiologisch	+	–	–	+	+	–	+

Das Muster 1, bei dem gute Übereinstimmung zwischen allen drei Ebenen vorherrscht, ist bei starken Ängsten am häufigsten anzutreffen. Alle anderen Muster sind desynchron, wobei Muster 3 eher typisch für sehr milde Ängste ist (keine feststellbaren motorischen oder physiologischen Anzeichen). Ein Beispiel für Muster 7 wäre das Ergebnis einer gelernten Selbstkontrolle: Trotz subjektiver Angst und physiologischer Erregung wird dennoch kein beobachtbares Verhalten (z. B. Flucht) gezeigt. Die Desynchronie bringt eine Reihe von Problemen für die Theorie, Diagnostik und Therapie der Angststörungen mit sich. Heute geht man davon aus, daß es keine einfache Lösung für diese Probleme gibt, da keine der Ebenen einfach auf eine der anderen Ebenen reduziert werden kann (Lang, 1977). Für eine umfassende Kenntnis von Ängsten ist daher die Beachtung aller drei Ebenen erforderlich, eine Forderung, die in Forschung und Praxis aber oft nicht realisiert wird (Fahrenberg, 1987; Hughdahl, 1981).

Nach diesen einführenden Bemerkungen kann nun eine Arbeitsdefinition der Angst vorgelegt werden:

Wie andere Emotionen ist Angst ein komplexes Reaktionsmuster, das auf mindestens drei Ebenen (subjektiv, motorisch, physiologisch) erfaßt werden kann. Die einzelnen Reaktionskomponenten müssen nicht hoch miteinander korrelieren und variieren in ihrer Bedeutung je nach Person und Situation. Im Unterschied zu anderen unangenehmen Emotionen ist Angst in die Zukunft gerichtet und hängt mit wahrgenommenen (realen oder irrealen) Gefahren zusammen.

1.2 Angststörungen und Ängstlichkeit als Persönlichkeitskonstrukt

Spätestens seit Spielberger (1966) hat sich die Unterscheidung zwischen Angst als Zustand („state anxiety", Zustandsangst) und Ängstlichkeit als relativ stabile Bewertungs- und Verhaltensdisposition bzw. als Persönlichkeitskonstrukt („trait anxiety") weitestgehend durchgesetzt. Bereits mehrere Jahre zuvor hatten Cattell und Scheier (1961) diese beiden Konzepte faktorenanalytisch voneinander abgegrenzt. Aufgrund seiner Fragebogenstudien beschreibt Spielberger (1966) Zustandsangst als die von einer Erregung des autonomen Nervensystems begleitete subjektive Wahrnehmung von Gefühlen der Besorgnis und Spannung. Ängstlichkeit wird dagegen als Prädisposition verstanden, die die Person veranlaßt, eine Vielzahl von Situationen als bedrohlich zu erleben und dabei mit Zustandsangst zu reagieren. Die Abgrenzbarkeit der beiden Angstkonzepte ist mittlerweile durch eine große Anzahl von Untersuchungen belegt (z.B. Schwenkmezger, 1985; Usala & Herzog, 1991). Theorien zu Zustandsangst und Ängstlichkeit (z.B. Freud, Eysenck, Gray) sind ein wichtiger Bestandteil der Erforschung von Angst und Angststörungen. Einige ausgewählte Ansätze sollen daher beispielhaft skizziert werden.

Die bekannteste biologisch orientierte Persönlichkeitstheorie stammt von Hans Eysenck (1967, 1981). In diesem Modell ist neben der bipolaren Dimension Extraversion-Introversion der sogenannte Neurotizismusfaktor die zweite wesentliche Dimension der Persönlichkeit. Ängstlichkeit stellt dabei keine eigene Persönlichkeitsdimension dar, sondern wird mit Hilfe der beiden ersten Faktoren seines Modells gekennzeichnet. Die individuelle Ausprägung des Neurotizismusfaktors wird von der Erregungssensibilität des autonomen Nervensystems der Person bestimmt. Hoch ängstliche Personen sind im Eysenckschen Persönlichkeitsmodell durch ein leicht erregbares autonomes Nervensystem sowie eine hohe kortikale Erregung und damit durch hohe Ausprägungen von Neurotizismus und Introversion gekennzeichnet. Eysenck nimmt somit eine klare psychophysiologische Basis der Ängstlichkeit an, wiewohl er nicht den Einfluß der Umwelt und des Lernens vernachlässigt. Er übte damit einen starken Einfluß auf spätere Theoretiker aus, wie sich am Beispiel Grays zeigen läßt.

Gray (1971, 1982a, 1982b) stellte ein neuropsychologisches Modell speziell der Angst auf, das mit Eysencks Theorie kompatibel ist. Er macht darin konkrete Angaben über neurobiologische Substrate und stützt sich auf eine Vielzahl von Forschungsarbeiten, die mit seinen Auffassungen vereinbar sind. Seine Beobachtungen basieren vor allem auf verhaltensbiologischen und pharmakologischen Studien an verschiedenen Tierarten, die mit anxiolytisch wirkenden Stoffen wie Benzodiazepinen, Barbituraten und Alkohol „behandelt" wurden. Sein Hauptinteresse galt dabei den Verhaltensänderungen und dem neuronalen Weg, über den diese vermittelt wurden. Seine Beobachtungen veranlaßten Gray dazu, als Basis der Angst ein psychologisches System unter der Bezeichnung Verhaltenshemmsystem (BIS: behavioural inhibition system) zu postulieren. Auf das BIS wirken drei Klassen von Stimuli ein: Bestrafung, Nicht-Belohnung und neuartige Stimuli. Auf diese reagiert das System mit drei Reaktionen: Andere gleichzeitige Reaktionen werden gehemmt, das Erregungsniveau steigt, und die Aufmerksamkeit wird vermehrt auf die Umwelt gerichtet. Anxiolytisch wirkende Stoffe hemmen diese Reaktionen teilweise. Eine Aktivation des BIS bedeutet Angst.

Im zweiten Schritt suchte Gray dann das neuronale Substrat des BIS. Dabei stieß er auf die Bedeutung des Hippocampus und der Septumkerne, phylogenetische alte Hirnstrukturen im limbischen System, die er unter der Bezeichnung septohippocampales System (SHS) zusammenfaßte und für Angstreaktionen verantwortlich machte. Bei einer Läsion dieses Systems werden Reaktionen hervorgerufen, die denen von Tieren gleichen, die unter Einfluß von Anxiolytika stehen. Die Aufgaben des SHS sind noch weitgehend unklar. Gray nimmt an, daß das SHS als „Vergleichssystem" fungiert. Es vergleicht Reize auf den Dimensionen visuell-räumlich, bekannt-neu und aktuell-erwartet. Das SHS wird aktiv, wenn bei einem solchen Vergleich Unstimmigkeiten auftreten. Es kommt dann zu zwei der drei im BIS postulierten Reaktionen: gleichzeitige Reaktionen werden gehemmt und die Aufmerksamkeit wird auf die Umwelt gerichtet. Die Aktivierung des SHS wird über noradrenerge und serotonerge Transmitter vermittelt, die generell bei Angst und Streß eine große Rolle spielen.

Nach Grays Ansicht besitzen ängstliche Menschen ein besonders aktives und sensibles Verhaltenshemmsystem, das auf neue oder aversive Reize mit übertriebener Hemmung reagiert. Gray weist darauf hin, daß sein Modell auch in die klassische faktorenanalytische Sichtweise der Persönlichkeit nach Eysenck überführt werden kann. Durch Rotation des Eysenckschen Persönlichkeitsmodells um etwa 30 Grad wird aus dem Neurotizismusfaktor ein „Angstfaktor" (Personen mit besonders sensiblen bzw. besonders unempfindlichen BIS), während die Dimension Extraversion-Introversion zu einem „Impulsivitätsfaktor" wird.

Neben den genannten Beispielen gibt es eine ganze Reihe weiterer einflußreicher Angsttheorien, die unterschiedliche Aspekte des komplexen emotionalen Geschehens betonen. Dazu zählen unter anderem triebtheoretische (z. B. Spence & Spence, 1966), konfliktorientierte (z. B. Epstein, 1972) und kognitive Ansätze (z. B. Lazarus, Kanner & Folkman, 1980) sowie Versuche, mehrere Perspektiven zu vereinen (z. B. Lang, 1985, 1988). Aus dieser großen Breite der theoretischen Ansätze und ihrer außerordentlichen Fruchtbarkeit für die empirische Forschung ist ersichtlich, daß ein auch nur ansatzweise vollständiges Verständnis der Angststörungen ohne die Einordnung in den breiteren Kontext der Emotions- und Persönlichkeitsforschung nicht möglich ist. Leider ist diese Forderung in der klinischen Angstforschung über Jahrzehnte vernachlässigt worden, wie die folgenden Ausführungen zu psychoanalytischen und lerntheoretischen Überlegungen zeigen.

1.3 Freuds Angsttheorien

Der wohl bekannteste und lange Zeit einflußreichste Theoretiker zu klinischen Angstphänomenen war Freud. Der Begründer der Psychoanalyse stellte zwei Angsttheorien auf, die viel Anregung für Forschung und Praxis gegeben haben.

In seiner Arbeit „Über die Berechtigung von der Neurasthenie einen bestimmten Symptomenkomplex als Angstneurose abzutrennen" beschrieb Freud (1895a) Angstsyndrome, die seiner Ansicht nach zu Unrecht mit anderen Beschwerden in der zu breit gefaßten Kategorie Neurasthenie enthalten waren. Sein Vorschlag der Abtrennung einer Gruppe von Syndromen folgte einem modernen Prinzip, nämlich dem der Definition von Störungen aufgrund gemeinsamer Ätiologie und pathologischer Mechanismen. Freud sah die Ursache für die von ihm so benannte „Angstneurose" in einem sexuellen Mechanismus, den er als einfachen biologischen Ablauf konzipierte: „Ihre spezifische Ätiologie ist die Akkumulation genitaler Spannung, hervorgerufen durch Abstinenz oder genitale Frustration (um eine allgemeine Formel zu geben, durch den Effekt des Coitus interruptus, der relativen Impotenz des Ehemanns, der Erregungen ohne Befriedigung unter Verlobten, der erzwungenen Abstinenz etc.)" (Freud, 1895b, in 1952, S. 352, Übersetzung der Autoren). Die psychologische Seite der Neurose bestand darin, daß psychische Symptome, vor allem die Angst selbst, neben somatischen Symptomen sehr stark hervortraten und daß die sexuellen Hemmungen oft psychologisch bedingt waren. Der Mechanismus der Angstproduktion war jedoch physiologischer Natur, insofern als die aufgestaute Libido einer toxischen Umwandlung in Angst unterzogen wurde.

Freuds zweite Angsttheorie wurde am deutlichsten in seiner Schrift „Hemmung, Symptom und Angst" (Freud, 1925, in Freud, 1952) ausgearbeitet. In dieser Theorie ist Angst nicht nur ein Nebenprodukt des Aufstauens sexueller Energie, sondern sie kann ein nützliches Warnsignal darstellen, das Abwehrmechanismen in Gang setzt. Diese Signalangst entsteht auf der Basis von Erinnerungen an Erfahrungen traumatischer Angst, deren Prototyp das Geburtstrauma darstellt und die durch spätere Erfahrungen des hilflosen Kleinkindes verstärkt wird. Gefahrensituationen zeichnen sich dadurch aus, daß in ihnen traumatische Angst entstehen könnte, wenn sie außer Kontrolle geraten. Für das Kind sind solche Situationen etwa die Trennung von wichtigen Personen, Liebesverlust, Kastrationsangst und später Schuldgefühle. Intensive Instinktwünsche können eine ähnliche Funktion erfüllen, selbst wenn sie scheinbar inakzeptabel sind, da ihre Intensität sie der Ich-Kontrolle entziehen und damit zu traumatischen Erfahrungen führen könnte. Bei Erwachsenen liegen ähnliche Gefahren vor. Diese wirken aber meist weniger angstauslösend, da das Ich durch frühere Erfahrungen in der Kontrolle solcher Gefahren geübt wurde. Wenn dieses jedoch nicht der Fall war, können Situationen, die an kindliche Gefahrensituationen erinnern, in einem erneuten Bewältigungsversuch alte Ängste mobilisieren.

An der Oberfläche läßt sich diese Theorie gut mit lerntheoretischen Überlegungen vereinbaren. Automatische Angst kann als unkonditionierte Reaktion auf aversive Reize verstanden werden, durch klassische Konditionierung entsteht dann Signalangst, deren Reduktion wiederum als Verstärker für Vermeidungsverhalten dienen könnte, wie dies in der Zwei-Faktoren-Theorie des Vermeidungslernens postuliert wird (Mowrer, 1947). In einer Reihe kreativer und eleganter Tierexperimente versuchten Dollard und Miller (1950), den psychoanalytischen Konfliktbegriff zu konkretisieren. Sie sahen in den meisten menschlichen Neurosen den Ausdruck von Annäherungs-Vermeidungs-Konflikten, in der Regel zwischen sexuellen und aggressiven Impulsen und der in der Kindheit erlernten Angst davor, diese Impulse auszuleben. Trotz dieser Parallelen gibt es jedoch so tiefgreifende Unterschiede zwischen psychoanalytischen und lerntheoretischen Ansätzen, daß nicht mehr als oberflächliche Analogien zwischen diesen Denkschulen hergestellt werden können.

Die Belege für Freuds weitgreifende Ideen stammen fast ausschließlich aus den Berichten der Analytiker über ihre Gespräche mit Patienten. Dabei wurden meist nur einige wenige Fälle oder gar nur Einzelbeobachtungen berichtet. Diese konnten kaum jemals durch systematische Forschungen bestätigt werden, wenn solche Versuche überhaupt unternommen wurden. Neuere kritische Übersichten des Freudschen Ansatzes finden sich bei Roth (1984) und Michels, Frances und Shear (1985). Eine Diskussion der speziellen Ideen zu phobischen Ängsten und zur Angstneurose erscheint wenig sinnvoll, da diese immer Teil eines größeren Theoriengebäudes waren. Eine angemessene und faire Kritik kann nur in diesem Gesamtzusammenhang erfolgen. Zur Kritik dieser Theorien ist viel geschrieben worden (z. B. Grünbaum, 1984). Einer der wichtigsten Kritikpunkte betrifft die mangelnde Überprüfbarkeit der Validität psychoanalytischer Interpretationen (Popper, 1962).

Die Theorien der Psychoanalyse wären attraktiver, wenn sie als Behandlungsmethode effektiver wäre. Die Belege für ihre Wirksamkeit sind jedoch spärlich und insbesondere bei Ängsten ist sie der Verhaltenstherapie deutlich unterlegen (Grawe, Donati & Bernauer, 1994). Es wurden keine adäquaten kontrollierten Studien zur Psychoanalyse durchgeführt, und die Untersuchungen zu psychoanalytisch orientierten „Kurztherapien" haben inkonsistente Ergebnisse geliefert. Grünbaum (1984) meint, daß die Hypothese, daß die psychoanalytische Therapie in Wirklichkeit ein Placebo sei, eine ernsthafte und bisher in keiner Weise auszuschließende Möglichkeit darstelle.

1.4 Entstehung von Angst und Angststörungen

Angst ist grundsätzlich eine biologisch sinnvolle Reaktion mit einem hohen Überlebenswert. Sie dient zur Signalisierung und Vermeidung von Gefahr. Es ist daher nicht überraschend, daß es eine biologische und genetische Basis für Ängstlichkeit gibt. Schon in der ersten Hälfte dieses Jahrhunderts gab es experimentelle Belege für eine Rolle des Schläfenlappens und insbesondere der Amygdala-Kerne bei Angstprozessen (z. B. Klüver & Bucy, 1937; Weiskrantz, 1956). Die moderne Forschung zeigt, daß die Amygdala-Region vor allem bei gelernten Ängsten relevant zu sein scheint, wo sie vermutlich die emotionale Bewertung von ursprünglich neutralen Umweltreizen vermittelt (Davis, 1992; LeDoux, 1986, 1989). Wichtig ist dabei, daß die Amygdala über kurze Verbindungen zu den Steuerzentren von Sympathikus und Parasympathikus sowie über eine hohe Dichte der Rezeptoren des Benzodiazepin-GABA-Typs verfügt (Janke & Netter, 1986; LeDoux, 1990).

Hinsichtlich der Genetik der Angststörungen liefern sowohl Tier- als auch Humanforschungen eine Reihe gut belegter Hinweise (Barlow, 1988a; Marks, 1986b, 1987a). Zu den wichtigsten Befunden gehören die Ergebnisse von selektiven Züchtungsversuchen, in denen innerhalb weniger Generationen durch Rückkreuzung ängstliche Tiere gezüchtet werden konnten, sowie die Familien- und Zwillingsstudien. Diese Studien zeigten höhere Konkordanzraten bei monozygotischen Zwillingen als bei dizygotischen Zwillingen (Andrews, Stewart, Allen & Henderson, 1990; Carey & Gottesmann, 1981; Torgerson, 1983). Dies gilt jedoch vor allem, wenn nicht einzelne Angststörungen, sondern ein relativ breites Spektrum von Angstsymptomen betrachtet werden (Andrews et al., 1990). Zudem zeigen die Daten stets einen größeren Anteil nicht übereinstimmender eineiiger Zwillinge, d. h. nicht-genetische Faktoren sind eindeutig von großer Bedeutung (Reiss, Plomin & Hetherington, 1991). Das genaue Ausmaß der genetischen Beteiligung ist unklar. Es fehlen Studien an Adoptivkindern, in denen z. B. der Einfluß von Modellernen (Kinder lernen durch Beobachtung des elterlichen „Modells") ausgeschlossen wird. Weiterhin ist unklar, was genau bei Angststörungen vererbt wird. Es kann derzeit nicht davon ausgegangen werden, daß eine spezifische Transmission für einzelnen Angststörungen vorliegt. Mit großer Sicherheit wird nicht die Störung an sich vererbt, sondern eine Bereitschaft (auch Vulnerabilität oder Prädisposition genannt) dazu, solche Störungen zu entwickeln. Für die genaue Ausformung der einzelnen Störungsbilder scheinen Umwelteinflüsse eine entscheidende Rolle zu spielen (Kendler, Heath, Martin & Eaves, 1987).

Tatsächlich ist die Veränderbarkeit von Angstreaktionen durch Erfahrung genauso biologisch sinnvoll wie die genetische Basis. So lernen Tiere es zum Beispiel sehr schnell, Menschen zu vermeiden, auch wenn sie vorher nie Kontakt zu ihnen hatten. Im Vergleich zu anderen erlernten Eigenschaften zeichnen sich erlernte Ängste durch eine besondere Löschungsresistenz und stärkere Generalisierung auf ähnliche Auslöser aus. Die bekanntesten Lernmechanismen sind klassisches und operantes Konditionieren (Verbindungen zwischen Reizen oder Reizen und Reaktionen werden durch gemeinsames Auftreten bzw. durch positive Konsequenzen der Reaktionen hergestellt), Imitations- bzw. Modellernen (Lernen am Vorbild) und Instruktionslernen (der Erwerb von Wissen durch direkte und indirekte Informationsvermittlung). Bei Angststörungen spielt häufig eine Kombination dieser Mechanismen eine Rolle, einfache Erklärungen wie etwa die reine traumatische Konditionierung einer Tierphobie (z. B. Erwerb durch eine einmalige drastische Koppelung von Hund und Schmerz beim Hundebiß) sind dagegen eher die Ausnahme (McNally & Steketee, 1985; Hughdahl & Öst, 1985; Öst & Hughdahl, 1983; Öst, 1987).

Der einflußreichste lerntheoretische Ansatz zur Ätiologie der Phobien war lange Zeit die sogenannte Zwei-Faktoren-Theorie von Mowrer (1947, 1960). Bei den beiden Faktoren handelt es sich um die klassische und die operante Konditionierung. Mowrer nahm an, daß bei Phobien ursprünglich neutrale Reize aufgrund traumatischer Ereignisse mit einem zentralen motivationalen Angstzustand assoziiert (klassische Konditionierung) und die darauf folgende Vermeidung dieser Reize durch den Abbau dieses unangenehmen Zustandes verstärkt werden (operante Konditionierung). Obwohl diese Theorie im Einklang mit vielen tierexperimentellen Befunden steht, ist sie als Erklärung für klinische

Phobien nicht ausreichend (Hernstein, 1969; Hughdahl & Johnsen, 1989; Marks, 1987a, 1987b; Rachman, 1977, 1991). So kann sich ein großer Teil der Phobiker nicht an traumatische Ereignisse zu Beginn der Störung erinnern (Marks, 1986a, 1987a; Öst & Hughdahl, 1981, 1983). Auch wenn Personen ihr Verhalten nicht immer korrekt mit den relevanten Reizen in bezug setzen (vgl. Nisbett & Wilson, 1977), widerspricht dies der Hypothese der einfachen klassischen Konditionierung phobischer Ängste. Es ist allerdings möglich, wenn nicht sogar wahrscheinlich, daß bei Phobikern vergleichsweise harmlose Erfahrungen traumatisch verarbeitet worden sind. Auch die Übertragbarkeit der tierexperimentellen Befunde zur Zwei-Faktoren-Theorie auf den Menschen ist zweifelhaft, vor allem da die meisten Versuche, Phobien bei Menschen zu konditionieren, scheiterten. So konnte die klassische Fallstudie zum „kleinen Albert", bei dem durch Koppelung mit einem lauten Geräusch Angst vor Ratten erzeugt wurde, von anderen Autoren mehrfach nicht repliziert werden (Watson & Rayner, 1920).

Ein besonders wichtiges Problem stellt darüber hinaus die in der Lerntheorie zunächst angenommene „Äquipotentialität" von Reizen für die klassische Konditionierung von Angstreaktionen dar. Die auslösenden Reize für phobische Ängste zeigen eine charakteristische und über verschiedene Kulturen hinweg stabile Verteilung, die weder der Häufigkeit dieser Reize im täglichen Leben noch der Wahrscheinlichkeit unangenehmer (traumatischer) Erfahrungen entspricht. Äquipotentialität im Sinne gleich wahrscheinlicher Angstauslösung ist also nicht gegeben. Marks (1969) und Seligman (1971) nahmen daher an, daß bestimmte Reiz-Reaktions-Verbindungen leichter gelernt werden, weil sie biologisch „vorbereitet" – im Englischen „prepared" – sind. Mehrere Laborexperimente und die Verteilung klinischer Phobien sprechen für diese „Preparedness"-Annahme, obwohl die Befundlage nicht eindeutig ist (vgl. Übersichten von Hughdahl & Johnsen, 1989; McNally, 1987; Öhman, 1986). Ein klinisches Beispiel für die Entwicklung einer „vorbereiteten" Phobie gibt Marks (1969): Ein Kind spielt im Sandkasten, das Auto der Eltern ist etwa 40 Meter entfernt geparkt. Plötzlich sieht es eine kleine Schlange, die sich in zwei Meter Entfernung am Sandkasten vorbei bewegt. Das Kind erschreckt sich, rennt zum Auto, schlägt die Tür zu und klemmt sich dabei sehr schmerzhaft die Hand ein. In der Folge entwickelt das Kind eine ausgeprägte Phobie, jedoch nicht vor Autotüren, sondern vor Schlangen.

Aber auch das Preparedness-Konzept kann nicht alle Probleme der Zwei-Faktoren-Theorie lösen. Nach neueren Studien scheinen mindestens zwei weitere Arten des Lernens von Bedeutung für die Entstehung phobischer Ängste zu sein: Modellernen und Instruktionslernen (z.B. durch Warnungen der Eltern). Es kann keinen Zweifel daran geben, daß Angst von Modellen oder durch Instruktionen anderer Menschen gelernt werden kann. Dabei ist es wahrscheinlich, daß außerhalb des Labors alle Lernmechanismen untereinander sowie mit genetischen Faktoren und Informationsverarbeitungsprozessen zusammenwirken. In jüngster Zeit sind diese Interaktionen mehr und mehr in den Vordergrund des Interesses gerückt. So konnte etwa belegt werden, daß nicht alle Dinge gleich schnell mit Angst verbunden werden. Eine besonders elegante Demonstration solcher Wechselwirkungen stellen die Untersuchungen von Susan Mineka (1985, Mineka & Tomarken, 1988) und Mitarbeitern dar. Sie konnten unter anderem überzeugend belegen, daß im Labor aufgewachsene Rhesusaffen im Gegensatz zu ihren wild gefangenen Artgenossen zwar zunächst keine Angst vor Schlangen haben, diese aber durch Beobachtung der ängstlichen Reaktionen der wilden Affen schnell und dauerhaft lernen. Die zahmen Affen benötigten oft nur einen einzigen Versuchsdurchgang, um die Schlangenfurcht zu lernen. Dabei zeigte sich eine eindeutige Spezifität des Lernens, denn bei gleichzeitiger Präsentation von Schlangen und neutralen Objekten wurde nur die Angst vor der Schlange gelernt. Neuere Studien aus der Arbeitsgruppe Minekas weisen auf eine Übertragbarkeit dieser Befunde auf den Menschen hin, wobei allerdings kognitiven Einflüssen große Bedeutung eingeräumt werden muß. So konnte beispielsweise nachgewiesen werden, daß normale Versuchspersonen dazu neigen, die Häufigkeit aversiver Konsequenzen auf die Darbietung von Schlangendias im Gegensatz zu Blumen- oder anderen neutralen Dias selektiv zu überschätzen (Tomarken, Mineka & Cook, 1989). Darüber hinaus wurden in den letzten beiden Jahrzehnten auch die angstspezifischen Prozesse bei der Verarbeitung der Informationen aus der Umwelt und dem eigenen Körper intensiver untersucht (vgl. Pennebaker, 1982).

An dieser Stelle kann festgehalten werden, daß die Vielfalt der bei Angststörungen beobachteten Phänomene nach dem derzeitigen Kenntnisstand am besten durch ein Vulnerabilitäts-Streß-Modell erklärt werden kann. Diese Art von Modell ist inzwischen die bevorzugte Erklärung für eine ganze Reihe psychischer und psychosomatischer Störungen (vgl. Zubin & Spring, 1977). Der Grundansatz besagt, daß die betreffenden Störungen durch eine Kombination von prädisponierenden („Vulnerabilität") und auslösenden Faktoren („Streß") entstehen. Die Vulnerabilität kann z. B. genetischer, aber auch anderer somatischer oder psychischer Natur sein. Zum Auftreten der Störung kommt es jedoch erst dann, wenn auslösende Bedingungen wie etwa psychosoziale und somatische Belastungen oder Lernerfahrungen hinzukommen. Natürlich können konstitutionelle Gegebenheiten auch das Auftreten spezifischer Lernerfahrungen begünstigen. Die konkrete Natur der jeweiligen Prädispositionen und Auslöser muß dabei für jede Angststörung einzeln identifiziert werden, da trotz teilweiser Überlappung eine vollständige Identität der Ursachen nicht nur wenig wahrscheinlich, sondern z. T. sogar bereits durch die Forschung widerlegt ist. Eine konkrete Erklärung kann also immer nur für eine einzelne Angststörung gegeben werden. Im folgenden werden daher zunächst die Klassifikation und Epidemiologie der verschiedenen Angststörungen dargestellt.

1.5 Klassifikation und Epidemiologie der Angststörungen

Die bei Angststörungen vorliegenden Ängste sind so stark, daß die Lebensqualität der Betroffenen deutlich beeinträchtigt ist und sie Hilfe suchen. Weiterhin ist die Angst unangemessen, da sie stärker oder häufiger auftritt, als es unter den betreffenden Umständen notwendig oder sinnvoll wäre. Es gibt verschiedene Formen von Angststörungen: Die drei häufigsten Formen sind Angstzustände (chronische erhöhte Angst oder Anspannung und Angstanfälle), Phobien und Zwangssyndrome. Darüber hinaus wird auch die posttraumatische Belastungsreaktion zu den Angststörungen gezählt. Die verschiedenen Angststörungen können auch gemeinsam oder zusammen mit anderen psychischen Störungen auftreten. Die hohe Komorbiditätsrate zusammen mit der Tatsache, daß viele Betroffene ihre Empfindungen nicht als Anzeichen von Angst, sondern einer unerkannten körperlichen Krankheit ansehen, erschwert die korrekte Diagnose und Therapie der Angststörungen.

Tabelle 2: Klassifikation der Angststörungen

DSM-IV		ICD-9		ICD-10[a]	
		300.0	Angstneurose	F41	Andere Angststörung
F40.01	Paniksyndrom mit Agoraphobie			F40.01	Agoraphobie mit Paniksyndrom
F41.0	Paniksyndrom ohne Agoraphobie			F41.0	Paniksyndrom (episodische paroxysmale Angst)
F41.1	Generalisiertes Angstsyndrom			F41.1	Generalisiertes Angstsyndrom
		300.2	Phobie	F40	Phobische Störungen
F40.00	Agoraphobie ohne Paniksyndrom in der Vorgeschichte			F40.00	Agoraphobie ohne Paniksyndrom
F40.1	Sozialphobie			F40.1	Soziale Phobie
F40.2	Spezifische Phobie			F40.2	Spezifische (isolierte) Phobie
F42	Zwangssyndrom	300.3	Zwangsneurose	F42	Zwangssyndrom
				F42.0	überwiegend Zwangsgedanken und zwanghaftes Grübeln
		309.8	Andere Anpassungsstörung	F42.1	überwiegend Zwangshandlungen (Rituale)
				F42.2	Mischform mit Zwangshandlungen und -gedanken
F43.1	Posttraumatische Belastungsreaktion (Untertyp: „verzögert")			F43.1	Posttraumatische Belastungsreaktion

[a] Die Nomenklatur und die Kodierungsschlüssel sind den Forschungskriterien für das ICD-10 (World Health Organization, 1989) entnommen.

Eine Übersicht über die gebräuchlichsten gegenwärtigen Klassifikationen der Angststörungen (ICD-9 und ICD-10, DSM-IV) gibt die Tabelle 2. Die moderne Klassifikation der Angststörungen geht vor allem auf die Arbeit von

Marks (1970) zurück. Am wichtigsten dürfte heute die DSM-Klassifikation sein, auf die sich auch die folgenden Abschnitte zu den einzelnen Angststörungen stützen. Für eine genauere Übersicht und Kritik zur Klassifikation der Angststörungen im DSM-III und seiner Revisionen verweisen wir auf Ehlers, Margraf und Roth (1986), Tyrer (1986a) und Marks (1987b).

Die Klassifikation der Angststörungen und ihre Abgrenzung von anderen Störungen ist umstritten. Die gegenwärtig gebräuchlichen Klassifikationssysteme basieren weitgehend auf klinischen Erfahrungen und Querschnittsbefunden. Besonders zur Abgrenzung von Angststörungen und Depressionen liegt eine Vielzahl inkonsistenter Befunde vor (vgl. die Übersichtsarbeiten von Hallam, 1985; Helmchen & Linden, 1986; Stavrakaki & Vargo, 1986). Angst und Vollrath (1988) kommen zu dem Schluß, daß vor allem im Längsschnitt sehr große Überschneidungen zwischen Angststörungen und Depressionen vorliegen (Angst & Vollrath, 1988; vgl. auch Tyrer, Remington & Alexander, 1987). Eine Gliederung in primäre und sekundäre Störungen erscheine aufgrund der unzuverlässigen Zeitangaben der Probanden als wertlos. Eventuell seien die anhand von klinischen Stichproben aufgestellten Klassifikationen in diskrete Syndrome also nicht allgemein gültig, und man müsse eher von einem Kontinuum von Angststörungen und Depressionen ausgehen.

Auch die im DSM-III erstmals vorgenommene Abgrenzung von Angstanfällen und anderen Formen der Angst ist noch immer kontrovers. Angstanfälle treten nicht nur bei Patienten mit Angstneurosen (ICD-9) bzw. Paniksyndrom (DSM-III-R, DSM-IV) und Agoraphobien, sondern teilweise auch bei schweren Depressionen (Barlow et al., 1985; Leckman, Weissman, Merikangas, Pauls & Prusoff, 1983) auf. Phänomenologisch nicht abgrenzbare Anfälle finden sich zudem bei manchen Zwangsneurotikern und Patienten mit spezifischen Phobien (z.B. Höhenphobie), wenn diese mit phobischen Reizen konfrontiert werden (Barlow et al., 1985; Marks, 1987a). Das DSM-IV trägt dieser Tatsachen ausdrücklich Rechnung (APA, 1994). Weiterhin treten bei einer Reihe von organischen Krankheiten entsprechende Symptome auf (Ehlers, Margraf, Taylor & Roth, 1988a; McCue & McCue, 1984; speziell zum Mitralklappenprolaps vgl. Margraf, Ehlers & Roth, 1988). Vergleiche von Patienten mit generalisiertem Angstsyndrom und Paniksyndrom ergaben im allgemeinen sehr ähnliche Resultate in bezug auf Persönlichkeitsvariablen, allgemeines Angstniveau, soziale Anpassung und Lebensereignisse bei Beginn der Störung (Anderson, Noyes & Crowe, 1984; Barlow et al., 1985; Cameron, Thyer, Nesse & Curtis, 1986; Hibbert, 1984; Hoehn-Saric, 1981, 1982; Raskin, Peeke, Dickman & Pinsker, 1982; Turner, McCann, Beidel & Mezzich, 1986). Ebenfalls stark umstritten ist die weitgehende Subsumierung der Agoraphobie unter das Paniksyndrom im DSM-III-R (vgl. Ehlers et al., 1986; Tyrer, 1986b; vgl. aber auch Hallam, 1978, zur Kritik der Klassifikation von Agoraphobie als Phobie), die nicht in die neueste Auflage des ICD (ICD-10, Dilling, Mombour & Schmidt,

1991) übernommen wurde. Zwar leiden die weitaus meisten Agoraphobiker in der klinischen Praxis unter Angstanfällen (Mendel & Klein, 1969; Thyer & Himle, 1985), doch berichtete in den großen epidemiologischen Gemeindestudien etwa die Hälfte der agoraphobischen Patienten keine Angstanfälle. Die übrigen zeigten Paniksymptome oder einzelne Anfälle, doch nur 10 bis 20 Prozent erfüllten zusätzlich die Diagnosekriterien für das Paniksyndrom (Angst & Dobler-Mikola, 1985 a, 1985 b, 1985 c; Weissman, Leaf, Blazer, Boyed & Florio, 1986; Wittchen, 1986). Diese unterschiedlichen Befunde könnten darauf beruhen, daß Patienten mit zwei Störungen eventuell häufiger um professionelle Hilfe ersuchen.

Trotz dieser Diskussion um die genaue Klassifikation der Angststörungen gibt es eine Vielzahl von Hinweisen auf Unterschiede zwischen den einzelnen Störungsbildern, so daß eine Unterscheidung grundsätzlich sinnvoll ist. Eine Zusammenstellung wichtiger klinischer Merkmale, anhand derer Gemeinsamkeiten und Unterschiede zwischen den wesentlichen Angststörungen betrachtet werden können, gibt die folgende Tabelle 3 (modifiziert nach Marks, 1987 a):

Tabelle 3: Wesentliche klinische Merkmale der wichtigsten Angststörungen (modifiziert nach Marks, 1987 a)

Angststörung	Diffus/ spezifisch[1]	Vermeidungs- verhalten	„Spontane„ Angstanfälle[2]	Bemerkungen
Paniksyndrom und Agoraphobie	diffus	Panik: – Agora: ++	+	ca. 65 % haben beide Störungen, 30 % reine Panik, 5 % reine Agoraphobie
Sozialphobie	beides	+	selten	mangelnde soziale Kompetenz und exzessive Angst meist gemeinsam
Spezifische Phobie	spezifisch	+	–	oft erfolgreiche Vermeidung
Generalisiertes Angstsyndrom	diffus	–	–	meist gemeinsam mit anderen Störungen
Zwangssyndrom	beides	+	–	ca. 50 % Waschzwänge, 35 % Kontrollzwänge, 15 % nur Zwangsgedanken
Posttraumatische Belastungsstörung	spezifisch	+	selten	unklare Prävalenz

[1] Betreffen die zentralen Probleme einzelne, genau umschriebene Lebensbereiche bzw. Situationen (spezifisch) oder sind sie breit gestreut bzw. können sich über verschiedene Themen hinweg ausbreiten (diffus)?
[2] Nur „spontane" Angstanfälle, situative Angstanfälle treten bei jeder Angststörung bei mindestens 85 % aller Patienten auf.
Abkürzungen: – = liegt nicht in nennenswertem Ausmaß vor, + = liegt in bedeutsamem Ausmaß vor, ++ = liegt in sehr starkem Ausmaß vor

Die Häufigkeit der verschiedenen Angststörungen in der Allgemeinbevölkerung kann aus der folgenden Tabelle 4 entnommen werden. Die darin aufgeführten Zahlen wurden nach den Angaben aus der großen epidemiologischen Studie des National Institute of Mental Health in den USA (ECA: Epidemiological Catchment Area Programm, Weissman & Merikangas, 1986; Weissman, 1988) und der Münchner Follow-Up-Studie (Wittchen, 1988) sowie von Marks und Gelder (1966), Thyer, Nesse, Cameron & Curtis (1985), Marks (1986 a, 1987 a), Öst (1987) und Barlow (1988 a) zusammengestellt. Angaben zur posttraumatischen Belastungsstörung fehlen in den meisten Studien und werden daher auch in Tabelle 4 nicht gemacht. Die Tatsache, daß sich die Prozentzahlen der verschiedenen Angststörungen auf weit mehr als die für alle Angststörungen angegeben Gesamtzahl von 15 % addieren, geht auf die bereits erwähnte hohe Komorbidität zurück.

Tabelle 4: Epidemiologische Angaben zu den wichtigsten Angststörungen

Angststörung	Lebenszeitprävalenz Störungsbeginn (% der Bevölkerung)	„Praktische" Häufigkeit[1]	Alter (in Jahren)[2]	Geschlechts-Verhältnis[3]
Alle Angsterkrankungen	15.0	–	–	–
Paniksyndrom (ohne Agoraphobie)	2.2	+++	26	w > m
Agoraphobie (mit und ohne Panikanfälle)	5.0	+++	27	w >> m
Sozialphobie	2.0	++	17	w = m
Spezifische Phobie	8.5	+	7	w > m
Generalisiertes Angstsyndrom	4.0	++	23	w > m
Zwangssyndrom	2.5	+	26	w = m
Posttraumatische Belastungsstörung	?	+	–	?

[1] + = relativ geringes therapiesuchendes Verhalten, ++ = starkes therapiesuchendes Verhalten, +++ = sehr starkes therapiesuchendes Verhalten
Die einzelnen Angststörungen unterscheiden sich deutlich im Hinblick auf therapiesuchendes Verhalten und Inanspruchnahme professioneller Hilfe. Die Einstufung in dieser Spalte erfolgte aufgrund der Häufigkeit, mit der die betreffende Störung als Hauptvorstellungsgrund in drei ambulanten Spezialeinrichtungen zur Angstbehandlung auftauchte (Maudsley Ambulanz in London, Center for Stress and Anxiety Disorders in Albany, New York, Programm für Angstdiagnostik und -therapie in Marburg).
[2] Durchschnittswerte, teilweise erhebliche Streubreiten bei den verschiedenen Angststörungen.
[3] w = weiblich, m = männlich

2 Darstellung der Angststörungen

Aus den epidemiologischen Daten sind bereits deutliche Unterschiede zwischen den verschiedenen Angststörungen ersichtlich. Eine genauere Darstellung ist daher nur auf der Ebene der einzelnen Störungen sinnvoll. Dies ist Gegenstand des vorliegenden zweiten Abschnittes des Kapitels.

2.1 Paniksyndrom und Agoraphobie

2.1.1 Kurzdefinition

Hauptkennzeichen des Paniksyndroms sind häufige Angst- bzw. Panikanfälle ohne feststellbare somatische Ursache oder die dauerhafte Sorge vor solchen Anfällen. Angstanfälle sind plötzlich auftretende Zustände intensiver Furcht oder Unbehagens mit einer Vielzahl körperlicher und psychischer Symptome und dem Gefühl drohender Gefahr. Sie dauern im Durchschnitt etwa 30 Minuten, können aber auch erheblich kürzer sein. Die wichtigsten Symptome sind Herzklopfen, -stolpern oder -rasen, Benommenheit bzw. „Schwindel", Dyspnoe, Magen-Darm-Beschwerden, Schwitzen, Zittern, Brustschmerzen und Beklemmung sowie die Befürchtung zu sterben, die Kontrolle zu verlieren oder verrückt zu werden und Depersonalisation bzw. Derealisation. Viele Angstanfälle treten „spontan" bzw. unerwartet auf, d. h. sie entstehen ohne für den Patienten erkennbare Ursache und sind nicht regelmäßig an bestimmte Situationen (z. B. Autofahren, Kaufhäuser, Fahrstühle) gebunden. In der Folge kommt es häufig zu Vermeidungsverhalten. Die Patienten schränken ihren Lebensstil ein, sie gehen nicht mehr an Orte, an denen sie Angstanfälle erlebt haben. Wenn zumindest ein Teil der Anfälle situativ ausgelöst wird und Vermeidungsverhalten besteht, liegt eine Agoraphobie vor. Üblicherweise werden dabei Situationen vermieden, in denen es besonders unangenehm oder gefährlich sein könnte, einen Angstanfall zu haben. Typische agoraphobische Situationen sind Menschenmengen, Kaufhäuser, öffentliche Verkehrsmittel oder auch sich allein von zu Hause fortzubewegen.

2.1.2 Phänomenologie und Klassifikation

Das Paniksyndrom ist eine besonders schwere und in der klinischen Praxis häufige Angststörung. Die eingangs erwähnten wichtigsten somatischen Symptome von Panikanfällen werden von den Patienten als sehr bedrohlich erlebt (Barlow et al., 1985; Cameron et al., 1986; Margraf, Ehlers & Roth, 1987a; Taylor et al., 1986) und geben Anlaß zu massiver Angst vor katastrophalen Konsequenzen wie zu sterben oder verrückt werden. Bei starken Angstanfällen kommt es oft zur Flucht oder zu hilfesuchendem Verhalten, dessen Form von den situativen Rahmenbedingungen und dem Inhalt der jeweiligen Befürchtungen abhängt. Die Sicht der Betroffenen spiegelt die folgende kurze Beschreibung eines Panikanfalles wider.

Ein Geschäftsmann fährt nach einem gewinnbringenden Abschluß mit seinem Wagen nach Hause. Bei Tempo 180 bekommt er ohne erkennbaren Grund Schweißausbrüche, sein Herz hämmert gegen den Brustkorb und ihm wird schwarz vor Augen. Er lenkt den Wagen mit einem riskanten Manöver rechts auf den Parkstreifen. Die Ärztin in der Notaufnahme des nächsten Krankenhauses „kann nichts finden". Gerade das beunruhigt den Geschäftsmann noch mehr, denn nun weiß er nicht, was mit ihm los ist. Ihn läßt die Sorge nicht mehr los, plötzlich an einem Herzinfarkt zu sterben.

Im DSM-IV werden Angstanfälle über die Anzahl der Symptome (mindestens 4 von 13 meist körperlichen Symptomen) und einen akuten Zeitverlauf (mindestens vier Symptome müssen innerhalb von 10 Minuten auftreten) operationalisiert. Mindestens ein Teil der Anfälle muß unerwartet („spontan") auftreten, d.h. die Angst soll sich keiner realen Gefahr zuschreiben lassen und nicht durch phobische Situationen ausgelöst sein. Solche Anfälle kommen für die Patienten wie „aus heiterem Himmel", ohne daß sie einen Auslöser wahrgenommen hätten. Neuere Forschungsergebnisse zeigen jedoch, daß interne Reize bei diesen Patienten Angst auslösen (Ehlers & Margraf, 1992). Dies sind in der Regel körperliche Empfindungen, die mit einer unmittelbar drohenden körperlichen oder psychischen Katastrophe in Zusammenhang gebracht werden. Seltener können auch Gedanken oder Vorstellungen Auslösefunktion übernehmen.

Wenn sich die Angst vor einem Angstanfall bis zu einem panischen Ausmaß gesteigert hat, ändern die Betroffenen häufig ihre Lebensgewohnheiten. Sie beginnen, Situationen aus dem Weg zu gehen, in denen es besonders unangenehm oder gefährlich sein könnte, einen Angstanfall zu haben. Bei diesen Patienten spricht man von einer „Agoraphobie", was wörtlich übersetzt „Angst vor Plätzen öffentlicher Versammlung" bedeutet. Heute meint man damit die phobische Vermeidung all der gefürchteten Situationen aus Angst vor Angstanfällen oder ihren befürchteten Folgen. Da Agoraphobiker meist eine Vielzahl öffentlicher Orte und Menschenansammlungen fürchten, haben einige Autoren deshalb auch alternative Begriffe wie „Polyphobien" oder „multiple Situationsphobien" vorgeschlagen (Bartling, Fiegenbaum & Krause, 1980; Fiegenbaum, 1986; Ullrich & Ullrich de Muynck, 1974).

Es gibt unterschiedliche Auslöser der Angst bei Agoraphobikern. Wichtige Dimensionen sind die Entfernung von „sicheren" Orten oder Personen sowie die Einengung in der Bewegungsfreiheit (Mathews, Gelder & Johnston, 1981; Thorpe & Burns, 1983; Fiegenbaum, 1986; Marks, 1987a). Verschiedene Autoren benutzen die Metapher „in der Falle sitzen" („trapped") zur Beschreibung typischer agoraphobischer Situationen (Beck, Emery & Greenberg, 1985; Goldstein & Chambless, 1978). In Begleitung werden die Situationen im allgemeinen besser ertragen. Dies bezieht sich meist auf erwachsene Vertrauenspersonen wie den Partner, kann aber auch Kleinkinder oder sogar Haustiere einschließen. Das DSM-IV definiert Agoraphobie (im Rahmen des Paniksyndroms) als Angst vor Situationen, bei denen bei einem Angstanfall die Flucht schwierig oder peinlich wäre oder keine Hilfe zur Verfügung stehen würde. Zum Beispiel wird der Besuch beim Zahnarzt nicht wegen eventueller Schmerzen gefürchtet, sondern weil im Falle eines Angstanfalls der Zahnarztstuhl nur schwer verlassen werden könnte. Patienten, die keine Angstanfälle im engeren Sinn haben, fürchten die oben genannten Situationen aus Angst vor anderen beinträchtigenden oder peinlichen Symptomen, zum Beispiel Ohnmacht oder Verlust der Kontrolle über die Magen-/Darmtätigkeit. Solche Patienten haben zum Beispiel nicht wegen der Unfallgefahr Angst vor Fahrten auf der Autobahn, sondern weil sie im Falle eines Ohnmachtsgefühls nicht schnell anhalten oder umkehren könnten.

Wie schon bei Angstanfällen erwähnt, spielen neben den situativen Angstauslösern interne Auslöser eine große Rolle. Oft handelt es sich dabei um körperlichen Symptome, die mit Angstanfällen in Verbindung gebracht werden. So konnte ein Patient nicht bei geschlossenem Duschvorhang duschen, weil er dann das Gefühl hatte, keine Luft zu bekommen. Viele Patienten vermeiden sportliche Betätigungen aus Angst vor den damit verbundenen Körpersymptomen. Entsprechend der Bedeutung der Angst vor Angstsymptomen und deren Konsequenzen, heben viele Autoren, unter ihnen schon Westphal (1871a, 1871b), die „Angst vor der Angst" als zentrales Merkmal der Patienten mit Agoraphobien und Angstanfällen hervor. In ähnlicher Weise meinen Barlow und Waddell (1985), Agoraphobie hieße besser „Panphobie".

Des weiteren sind sogenannte Sicherheitssignale für das Verständnis der agoraphobischen Symptomatik von Bedeutung (Gray, 1971; Mowrer, 1960; Rachman, 1984). Diese zeigen den Patienten an, daß Angst unwahrscheinlich ist bzw. ohne gefährliche oder unangenehme Folgen wäre. Solche Sicherheitssignale reduzieren Angst, ihre Abwesenheit wird jedoch wiederum zum Angstauslöser. Häufige Beispiele sind das Fläschchen mit Medikamenten, die Telefonnummer des Therapeuten oder die Anwesenheit des Partners.

2.1.3 Epidemiologie

In der klinischen Praxis sind Agoraphobien bzw. Paniksyndrome die weitaus häufigsten Angststörungen (Agras, Sylvester & Oliveau, 1969; Marks, 1987a). Von allen Patienten mit psychischen Störungen ersuchen diejenigen mit Angstanfällen am häufigsten um professionelle Hilfe und verursachen besonders hohe Kosten durch die Vielzahl konsultierter Spezialisten sowie aufwendige differentialdiagnostische Untersuchungen (Boyd, 1986). Auch nach konservativen Schätzungen auf der Basis groß angelegter, sorgfältiger Studien leiden etwa 10 % der Bevölkerung im Laufe ihres Lebens an „spontanen" Angstanfällen, die bei rund 5 % ein klinisch relevantes Ausmaß erreichen. Seit der Einführung des DSM-III wurden mehrere große epidemiologische Studien durchgeführt (Angst & Dobler-Mikola, 1985 a, 1985 b, 1985 c; Myers et al., 1984; Robins et al., 1984; Weissman et al., 1986; Wittchen, 1986, 1988). Dabei ergaben sich für das Paniksyndrom (ohne Agoraphobie) durchschnittliche Sechs-Monats-Prävalenzen zwischen 0.9 bis 1.1 % und Lebenszeit-Prävalenzen zwischen 1.4 und 2.4 % sowie eine jährliche Inzidenz von 0.2 %. Für die Agoraphobie lagen die Prävalenzen zwischen 2.7 und 5.8 % (sechs Monate) und 3.4 und 9 % (Lebenszeit) sowie die jährliche Inzidenz bei 0.7 %. Nach diesen Studien tritt Agoraphobie bei Frauen etwa zwei- bis dreimal häufiger als bei Männern auf, beim Paniksyndrom beträgt das Verhältnis etwa 2 zu 1. Frühere Untersuchungen an kleineren klinischen Stichproben fanden bis zu viermal mehr weibliche als männliche Agoraphobiker (Thorpe & Burns, 1983).

Nach den retrospektiven Aussagen der Patienten beginnen die Störungen in über 80 % aller Fälle plötzlich mit einem Angstanfall an einem öffentlichen Ort (Lelliott, Marks, McNamee & Tobena, 1989; Öst, 1987). Ein schleichender Beginn ist eher selten (Marks, 1987 a; Öst, 1987). Zwar gibt es oft Schwankungen im Verlauf der Störung, aber es kommt kaum zu völligen Spontanremissionen, sobald die Problematik eine gewisse Zeit – etwa ein Jahr – angehalten hat (Coryell, Noyes & Clancy, 1982; Uhde et al., 1985 a; Uhde, Roy-Byrne, Vittone, Boulenger & Post, 1985 b). Die Gefahr der Entwicklung von sekundärem Alkoholismus, Medikamentenmißbrauch und schweren Depressionen ist immer wieder festgestellt worden (Barlow & Shear, 1988). Eine bedeutende Zahl von alkohol- oder medikamentenabhängigen Patienten hat diese Substanzen offenbar zunächst zur Bekämpfung ihrer Ängste genommen (Poser et al., 1989).

2.1.4 Ätiologie des Paniksyndroms

Die neuere Forschung zu Angstanfällen wurde durch die Entdeckung der – zumindest kurzzeitigen – Wirksamkeit der trizyklischen Antidepressiva ausgelöst. Davon angeregt legten Autoren wie Klein (1980) und Sheehan (1982 a, 1982 b) biologische Modelle zur Ätiologie vor, in denen angenommen wird, daß Angstanfälle eine qualitativ besondere Form der Angst darstellen. Nach Ansicht dieser Autoren besteht eine „Behandlungsspezifität": Angstanfälle seien nur mit Antidepressiva zu behandeln, während andere Angstformen nur auf sedierende Medikamente (v. a. Benzodiazepine) ansprächen. Psychologische Behandlung wirke bei phobischer Angst, nicht aber bei Angstanfällen. Kontrollierte Untersuchungen haben das Modell jedoch nicht stützen können (vgl. Margraf, Ehlers & Roth, 1986 a, 1986 b; Margraf & Ehlers, 1989 a). Eine weitere Basis biologischer Modelle stellen Studien zur experimentellen Panikinduktion dar. Es wurde angenommen, daß Panikpatienten auf bestimmte biochemische Manipulationen, vor allem Natriumlaktat-Infusionen und CO_2-Inhalationen, grundsätzlich anders reagieren als Kontrollpersonen. Frühere Studien hatten die Effekte solcher Methoden dahingehend interpretiert, daß bei vulnerablen Personen durch einen biologischen Automatismus Angstanfälle ausgelöst würden. Dabei wurden jedoch psychologische Variablen, wie etwa Erwartungshaltungen nicht berücksichtigt. Neuere Studien zeigen, daß Panikpatienten und Kontrollpersonen sich nicht qualitativ in ihren Reaktionen auf diese Stressoren, wohl aber stark in den Ausgangsniveaus von Angst und Aktivierung unterscheiden (vgl. die Übersichten von Margraf, Ehlers & Roth, 1986c; Margraf, 1989; Margraf & Ehlers, 1989a). Auch die Behauptung biologischer Modelle, ein spezifisches genetisches Risiko für Angstanfälle würde unabhängig von Risiken für andere Angststörungen vererbt, konnte nicht bestätigt werden (vgl. Andrews et al., 1990).

In jüngerer Zeit haben verschiedene Forschergruppen psychologische Modellvorstellungen entwickelt (Barlow, 1988a, 1988b, 1988c; Clark, 1986; Ehlers, Margraf & Roth, 1988c; Margraf et al., 1986a, 1986b; Margraf, 1989; Margraf & Ehlers, 1989b; van den Hout, 1988). Die gemeinsame zentrale Annahme dieser Ansätze besagt, daß Angstanfälle durch positive Rückkopplung zwischen körperlichen Symptomen, deren Assoziation mit Gefahr und der daraus resultierenden Angstreaktion entstehen. Die Modelle betonen die Rolle interner Angstauslöser, insbesondere körperlicher Veränderungen. Im folgenden soll kurz das psychophysiologische Modell der Angstanfälle vorgestellt werden (Ehlers et al., 1988c; Ehlers & Margraf, 1989; Margraf et al., 1986a, 1986b; Margraf & Schneider, 1990).

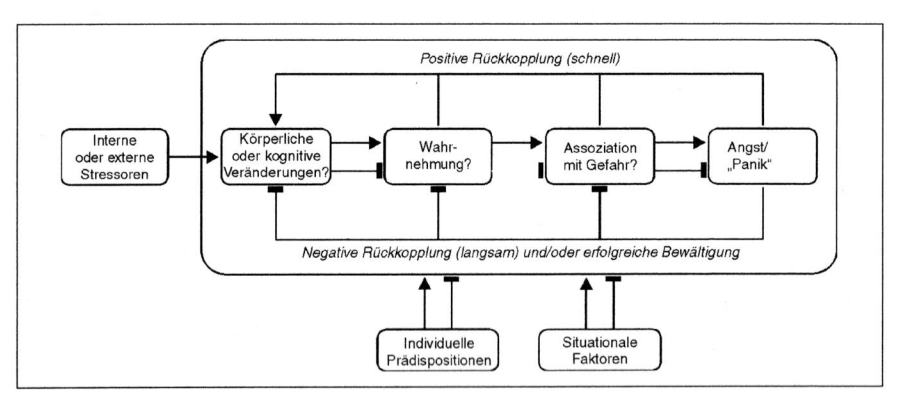

Abb. 1: Das psychophysiologische Modell des Paniksyndroms (Ehlers & Margraf, 1989; Margraf et al., 1986a). Der bei einem Panikanfall ablaufende Aufschaukelungsprozeß („Teufelskreis") ist mit Pfeilen in der oberen Hälfte der Abbildung illustriert. Die gegenläufigen angsthemmenden Prozesse der erfolgreichen Bewältigung und der negativen Rückkoppelung sind durch stumpfe Pfeile in der unteren Hälfte der Abbildung gekennzeichnet. Einflußgrößen auf das Geschehen eines Panikanfalls sind außerhalb des zentralen Kastens angeordnet (Stressoren, Prädispositionen, situative Bedingungen).

Abbildung 1 zeigt eine schematische Darstellung des Modells. Der zentrale Teil der Abbildung stellt einen positiven Rückkopplungsprozeß dar (mit Pfeilen illustriert), der zu einem Angstanfall führt. Der positive Rückkopplungskreis kann an jedem seiner Elemente beginnen. Die häufigsten Abfolge der Komponenten soll in Anlehnung an Ehlers und Margraf (1989) kurz dargestellt werden: Physiologische oder kognitive Veränderungen treten als Folge verschiedener Ursachen (z. B. körperliche Anstrengung, Einnahme chemischer Substanzen, situative Stressoren, emotionale Reaktionen) auf. Die Person nimmt diese Veränderungen wahr, z. B. daß das Herz nun stärker schlägt. Die körperlichen oder kognitiven Empfindungen werden mit unmittelbarer Gefahr assoziiert, beispielsweise denkt die Person nun, daß das Herzklopfen auf einen Herzinfarkt hinweist. Dies ist besonders wahrscheinlich bei Empfindungen mit einem plötzlichen, akuten Beginn und in Zusammenhang mit lebenswichtigen Körperfunktionen (Herztätigkeit, Atmung). Die positive Rückkopplung kann an dieser Stelle ohne vorherige körperliche Veränderungen beginnen, wenn situative Variablen wahrgenommen und mit unmittelbarer Gefahr assoziiert werden. Dies wäre z. B. der Fall, wenn sich eine Agoraphobikerin in einem Kaufhaus an den letzten Angstanfall an diesem Ort erinnert und nun einen neuen befürchtet. Die Person reagiert auf die wahrgenommene Bedrohung mit Angst, die wiederum zu physiologischen Veränderungen, körperlichen Empfindungen und/oder kognitiven Symptomen führt (positive Rückkopplung). Wenn diese Symptome wahrgenommen und mit Gefahr assoziiert werden, kommt es zum weiteren Anstieg der Angst, die in einem Angstanfall kulminieren kann. Es ist unklar, ab welchem Punkt die resultierende Angst Panik genannt werden kann. Da Angstanfälle kein Alles-oder-Nichts Phänomen sind, ist dies wahrscheinlich eine Frage des Schweregrades.

Dem Prozeß der positiven Rückkopplung wirken gleichzeitig negative Rückkopplungsprozesse entgegen (stumpfe Pfeile). Diese beeinflussen alle Komponenten des positiven Rückkopplungskreises und führen zur Angstreduktion. Negative Rückkopplung findet langsamer statt als positive Rückkopplung. Daher kann ein Angstanfall sehr schnell entstehen, benötigt aber eine gewisse Zeit, um abzuklingen. Beispiele für negative Rückkopplungsprozesse sind Habituation, selbstbegrenzende homöostatische Mechanismen bei der Hyperventilation oder Ermüdung. Daneben führt auch die wahrgenommene Verfügbarkeit von Bewältigungsstrategien zur Angstreduktion. Hierbei handelt es sich im Gegensatz zur negativen Rückkopplung um Strategien, die die Person aktiv einsetzt. Beispiele dafür sind langsames, flaches Atmen, Ablenkung und hilfesuchendes Verhalten. Ein Versagen von Bewältigungsversuchen führt andererseits wieder zu einem Angstanstieg.

Ganz im Sinne einer sich selbst erfüllenden Prophezeiung können manche der Konsequenzen des Erlebens von Angstanfällen als aufrechterhaltende Faktoren für das Paniksyndrom wirken. Die meisten Patienten machen sich Sorgen darüber, einen weiteren Anfall zu erleben. Diese Sorgen können zu einem tonisch erhöhten Niveau von Angst und Erregung führen, das seinerseits wieder das erneute Auftreten anfallsauslösender Körperempfindungen und ihre katastrophisierende Fehlinterpretation wahrscheinlicher macht. Hypervigilanz und anhaltendes Absuchen des Körpers nach Anzeichen der befürchteten Katastrophen können die Wahrscheinlichkeit erhöhen, mit der mögliche Auslöser für Angstanfälle wahrgenommen werden. Auch die mehr oder weniger subtilen Formen des Vermeidungsverhaltens, das viele Betroffene entwickeln, können zur Aufrechterhaltung der Störung beitragen.

Inzwischen liegen eine ganze Reihe empirischer Studien zum psychophysiologischen Modell vor. So konnte gezeigt werden, daß bei Angstanfällen dem Beginn der Angst typischerweise Körperempfindungen oder spezifische kognitive Ereignisse voraus gehen. Panikpatienten zeigen eine erhöhte Tendenz, körperliche Symptome zu erleben und auf die Wahrnehmung dieser Symptome mit Angst, somatischen Symptomen und körperlicher Erregung zu reagieren (Margraf & Ehlers, 1989b, 1992; Margraf, Ehlers & Roth, 1987b). Die Annahme, daß Panikpatienten im Vergleich zu normalen Kontrollpersonen oder Patienten mit anderen psychischen Störungen stärker dazu neigen, Körperempfindungen mit Gefahr zu assoziieren, konnte in einer Reihe von Fragebogen- und Interviewstudien bestätigt werden (Chambless, Caputo, Bright & Gallagher, 1984; Ehlers, 1991; Ehlers & Margraf, 1993; Foa, 1988; Reiss, Peterson, Gursky & McNally, 1986; van den Hout et al., 1987; Zucker et al., 1989). Da Interview- und Fragebogenstudien von der Erinnerung der Patienten an ihre Angstanfälle abhängen und nur Aussagen über Vorgänge erlauben, die der bewußten Introspektion zugänglich sind, haben einige neuere Studien Methoden der Psychophysiologie und experimentellen kognitiven Psychologie entliehen. In diesen Arbeiten wurden Hinweise auf selektive Informationsverarbeitung von spezifischen Gefahrenreizen, eine spezifische Aufmerksamkeitszuwendung auf körperbezogene Gefahrenreize sowie spezifische Interpretationen und stärkere psychophysiologische Reaktionen auf solche Reize gefunden (Clark et al., 1988; Ehlers, Margraf & Roth, 1988b, 1988c; Ehlers, Margraf, Roth, Taylor & Birbaumer, 1988d; Ehlers, Margraf, Davies & Roth, 1988e; Ehlers & Breuer, in press; Foa, 1988; McNally & Foa, 1987).

Die großen interindividuellen Unterschiede in der Anfälligkeit für Angstanfälle, der Wahrnehmung interner Reize und der Assoziation dieser Reize mit Gefahr legen das Vorhandensein individueller Prädispositionen sehr nahe. Mögliche physiologische Diathesen schließen eine herabgesetzte Effizienz der zentralen alpha$_2$-adrenergen Autorezeptoren (Charney & Heninger, 1986), mangelndes körperliches Training (Taylor et al., 1987), pharmakologische Überempfindlichkeiten (z. B. auf Koffein, Boulenger, Uhde, Wolff & Post, 1984) und genetische Faktoren ein (Marks, 1986b). Nach den bisherigen Befunden liegt jedoch keine dieser möglichen Diathesen bei allen oder auch nur bei der Mehrheit der Panikpatienten vor (zusammengefaßt bei Margraf, 1989).

Psychologische bzw. psychophysiologische Modelle stellen eine vielversprechende Alternative zu den sogenannten biologischen Ansätzen dar, die ursprünglich den Anstoß für die Einführung der Diagnosekategorie Paniksyndrom gaben. Nach neueren Studien stimmen diese Modelle mit allen wichtigen Merkmalen des Paniksyndroms überein. Sie haben konvergierende Unterstützung aus Fragebogen-, Interview- und experimentellen Studien erfahren. Allerdings gibt es eine Reihe von Punkten vor allem im Bereich der Genese des Syndroms, die noch weiter spezifiziert werden müssen. Die vorliegenden Modelle können zudem besser die Aufrechterhaltung der Störung erklären, als das Auftreten von Angstanfällen im Einzelfall vorhersagen. Zur Zeit ist es noch nicht möglich zu entscheiden, welche der verschiedenen Versionen dieser Modelle die beste Darstellung der klinischen Phänomene und der ihnen zugrundeliegenden Mechanismen ermöglicht. Die Vielzahl der berücksichtigten Faktoren scheint einerseits der Komplexität des Paniksyndroms angemessen, könnte andererseits aber die Möglichkeiten zur entscheidenden experimentellen Überprüfung beeinträchtigen.

2.1.5 Ätiologie der Agoraphobie

Beginn und Fluktuationen der agoraphobischen Symptomatik hängen mit Belastungen und Lebensereignissen zusammen (Klein, 1964; Last, Barlow & O'Brien, 1984; Mathews et al., 1981). Typische Beispiele sind Krankheiten oder Operationen, Ende einer Partnerbeziehung oder finanzielle Probleme (Marks, 1987a). Klinische Eindrücke über disponierende Persönlichkeitsmerkmale für Agoraphobie (z.B. Passivität, Schüchternheit, Abhängigkeit) ließen sich dagegen empirisch nicht bestätigen (Marks, 1987a). Ebensowenig fanden sich Belege für eine schlechte prämorbide sexuelle Anpassung, überprotektives Verhalten der Mütter oder instabile Familienverhältnisse. Die meisten Familienstudien zeigten eine Häufung von Angststörungen, Phobien, Depressionen und zum Teil Alkoholismus bei Verwandten ersten Grades von Agoraphobikern. Bei weiblichen Verwandten war das Risiko einer psychischen Störung höher (Marks, 1987a). Der jeweilige Beitrag von genetischen Faktoren und sozialen Einflüssen zu diesen Befunden ist noch unklar, denn Adoptionsstudien zur Agoraphobie fehlen bisher.

Auch bei der Erklärung der Agoraphobie galt die Zwei-Faktoren-Theorie Mowrers (1947, 1960) lange Zeit als besonders vielversprechend. In neuerer Zeit wurde jedoch klar, daß die Theorie gerade bei dieser Störung auf besonders starke Probleme stößt. Verschiedene Autoren halten es allerdings für wahrscheinlich, daß der erste Angstanfall selbst als traumatischer Stimulus wirkt und durch interozeptives Konditionieren körperliche Vorgänge zu konditionierten Reizen für Angstreaktionen werden (Goldstein & Chambless, 1978; Hallam, 1985; Mathews et al., 1981; zur Kritik vgl. Marks, 1987a; Seligman, 1988). Da bisher kein valides Tiermodell für agoraphobisches Verhalten existiert (Marks, 1987a), ist die Übertragbarkeit der tierexperimentellen Befunde zur Zwei-Faktoren-Theorie besonders zweifelhaft. Aufbauend auf dem Preparedness-Konzept ist es denkbar, daß eine Verbindung zwischen Angstreaktionen und öffentlichen Orten, die weit von zu Hause entfernt sind, entsprechend biologisch vorbereitet ist. Marks erwähnt in diesem Zusammenhang auch die bei vielen Spezies auftretenden extraterritorialen Ängste als mögliche allgemeine Basis der Entstehung agoraphobischen Verhaltens.

Im Mittelpunkt der Theorie Becks (Beck et al. 1985) stehen Fehlattributionen, externe Kontrollüberzeugung und die Erwartung katastrophaler Konsequenzen. Allgemein macht Beck inadäquate kognitive Schemata, die die Wahrnehmung und Interpretation der Umgebung durch die Person steuern, für Angststörungen verantwortlich. Betroffene Personen hielten sich für besonders „verletzbar" („vulnerable") und zeichneten sich durch kognitive Verzerrungen in der Beurteilung potentieller Gefahren aus. So nehmen Beck und seine Mitarbeiter als speziellen Vulnerabilitätsfaktor für Agoraphobie latente Ängste vor Situationen an, die für ein Kleinkind tatsächlich bedrohlich sind (überfüllte Geschäfte, enge geschlossene Räume). Unter Belastung falle es den Betroffenen schwer, ihre emotionalen Reaktionen an diese Situationen anzupassen und die exzessiven Ängste auf ihren Realitätsgehalt zu prüfen. In Umgebungen, die nicht vertraut seien, würden so vielfache Gefahren wahrgenommen. Die auftretenden Ängste würden dahingehend interpretiert, nicht richtig funktionieren zu können. Bei den betroffenen Personen entstehe das Gefühl, keine Kontrolle über sich und die Situationen zu haben, und somit insgesamt in Gefahr zu sein. Sie suchen daher eine sichere Umgebung auf, oder auch Personen, die ihnen ein Gefühl von Sicherheit vermitteln. Seien sie gezwungen den sicheren Ort oder die schützende Person zu verlassen, würde erneut Angst auftreten. Traumatische Ereignisse (z.B. Unfall oder Zusehen, wie eine andere Person einen Herzinfarkt erleidet) können diese Entwicklung auslösen oder auch unterstützen. Angstanfälle entstünden durch Fehlattribution von körperlichen Symptomen und katastrophisierende Gedanken und Vorstellungen. Wenn eine Person einen Angstanfall erleide, verstärke oder überlagere die Furcht vor einem neuen Anfall die Angst vor den betreffenden Orten. Eine Reihe von Fragebogenstudien unterstützen die Rolle der von Beck betonten Verzerrungen in der Beurteilung von Gefahren für die eigene Person (vgl. Beck et al., 1985; Foa, 1988; Michelson, 1987; McNally & Foa, 1987). Allerdings ist ungeklärt, ob diese Ursache oder Folge der agoraphobischen Symptomatik sind. Darüber hinaus haben auch andere Autoren wie z.B. Mathews et al. (1981) oder Goldstein und Chambless (1978) komplexe Modelle mit einer großen Zahl von Faktoren, einschließlich der allgemeinen Ängstlichkeit, formuliert.

Insgesamt scheint die Vielzahl der genannten Einflußfaktoren der Komplexität der agoraphobischen Symptomatik, der Verschiedenartigkeit der gefürchteten Situationen, der Stabilität der Vermeidungsverhaltens und den oft berichteten Symptomschwankungen gerechter zu werden als die ursprüngliche Fassung der Zwei-Faktoren-Theorie. In der neueren Forschung deuten sich vielfältige Verbindungen zwischen Lerntheorien, kognitiven und biologischen Theorien an (z. B. Mineka & Tomarken, 1988). Diese könnten sich auch für die Erklärung von Agoraphobien als bedeutsam erweisen. So führen etwa Konditionierung und Modellernen zur Ausbildung von Erwartungen über die Wahrscheinlichkeit von Ereignissen, also zu kognitiven Veränderungen (Reiss, 1980). Des weiteren wirken unvorhergesehene und unkontrollierbare negative Reize stärker aversiv (vgl. Seligman, 1975). Dies könnte dazu beitragen, daß schon wenige unerwartete Angstanfälle zu einschneidenden Lernerfahrungen werden.

2.1.6 Therapie

Eine Ursache für die langjährige Vernachlässigung des Paniksyndroms in Forschung und Praxis könnte in dem Mangel an erfolgversprechenden Behandlungsansätzen gelegen haben. Angstanfälle und Agoraphobien galten lange Zeit als kaum behandelbar. Freud hatte 1917 in seinem einflußreichen Aufsatz „Wege der psychoanalytischen Therapie" verdeutlicht, daß die von ihm entwickelte Behandlungsmethode bei phobischem Vermeidungsverhalten nicht sehr erfolgreich ist. Auch die Verhaltenstherapie, die sich seit den fünfziger Jahren auf der Basis der wissenschaftlichen Psychologie entwickelte, hatte lange keine Methoden für die Behandlung von Angstanfällen. Sie war deutlich erfolgreicher bei der Therapie von Agoraphobie mit der Methode der Reizkonfrontation. Das Grundprinzip der Behandlung von phobischem Vermeidungsverhalten durch die Konfrontation mit angstauslösenden Situationen war übrigens schon vor der Beschäftigung der Fachwissenschaften mit diesem Thema bekannt. So beschrieb etwa Johann Wolfgang von Goethe in seinem autobiographischen Werk „Dichtung und Wahrheit", wie er seine Agoraphobie selbst durch Konfrontation mit Höhen, Friedhöfen, medizinischen Prozeduren oder einsamen Orten heilte (Goethe, 1970, S. 337–338). Oppenheim empfahl 1911, mit den agoraphobischen Patienten zusammen die gefürchteten Plätze zu überqueren, und Freud wies 1917 auf die große Bedeutung konfrontativer Maßnahmen bei Phobien hin (Freud, 1917, S. 191). Eine schematische Darstellung des Habituationsrationals der Reizkonfrontation gibt die folgende Abbildung 2.

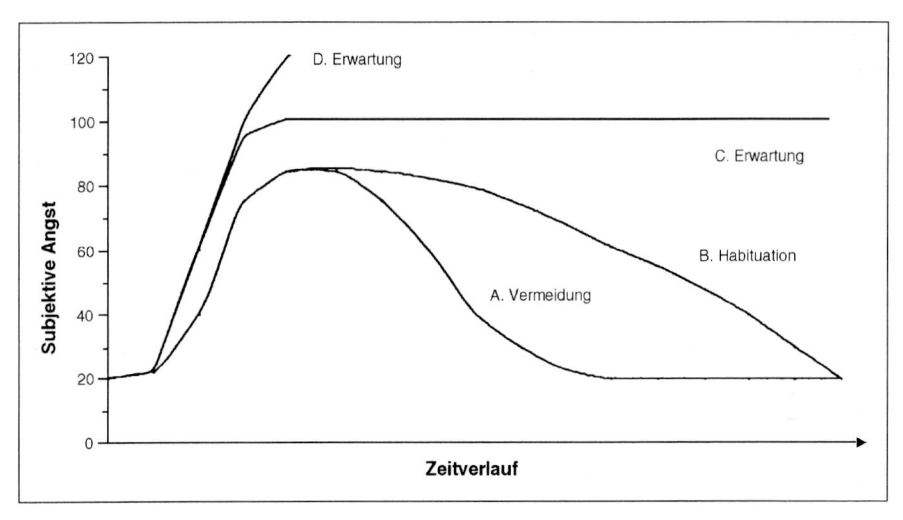

Abb. 2a: Schematische Zusammenfassung des Habituationsrationals der Reizkonfrontationstherapie bei phobischen Ängsten und Zwängen. Dargestellt ist der Verlauf von Angst bzw. subjektiver Erregung bei (A) Vermeidung (typisch für unbehandelte Patienten, Vermeidung führt kurzfristig zu rascher Angstabnahme), (B) Habituation (ausreichend lange Konfrontation führt zu dauerhaftem Angstabbau), (C) und (D) von unbehandelten Patienten erwartete Verläufe (unbegrenztes Ansteigen oder „ewiges" Anhalten der Angst führt zu katastrophalen Konzequenzen wie Tod, „Wahnsinn" etc.).

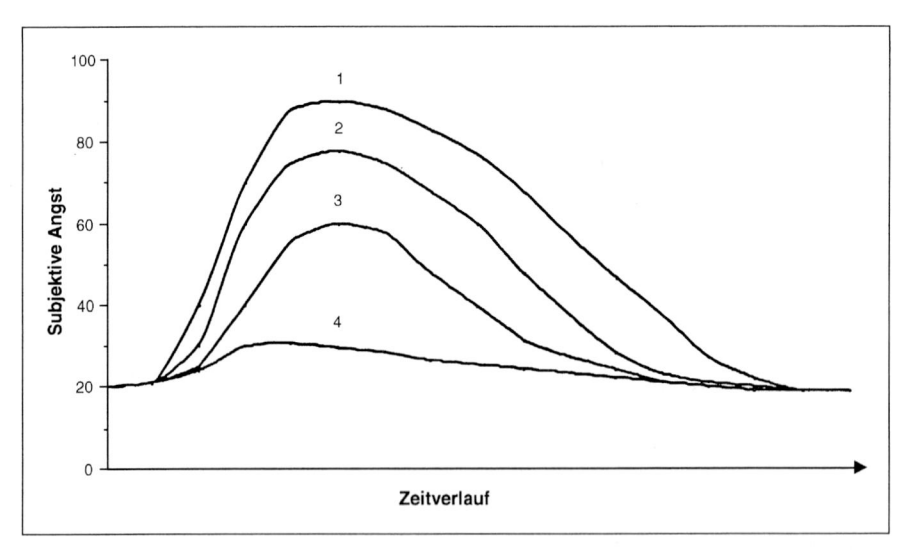

Abb. 2b: Schematischer Verlauf von Angst bzw. subjektiver Erregung bei wiederholter Reizkonfrontation. Dargestellt ist in diesem Beispiel das immer stärkere Abflachen der Angstkurve bei 4 Konfrontationsdurchgängen (1–4 = 1. bis 4. Konfrontation).

In den letzten 20 Jahren wurde die Konfrontationsbehandlung systematisiert und empirisch überprüft, wobei ihre Effektivität in der Therapie von Angststörungen klar belegt werden konnte. Nach Marks (1987a) stellt sie eine der am besten dokumentierten Erfolgsgeschichten im Bereich der psychischen Gesundheit dar. Katamnesen von bis zu neun Jahren zeigen, daß einmal erzielte Erfolge auch über lange Zeiträume im Durchschnitt stabil bleiben und Rückfälle selten sind (vgl. Margraf & Schneider, 1990; Margraf, Barlow, Clark & Telch, 1993). Nach den Übersichten von O'Sullivan und Marks (1990) sowie Michelson und Marchione (1991) zeigen zwischen 60 % und 76 % der behandelten Patienten langfristig klinisch bedeutsame Verbesserungen. Mit einer sehr intensiven Reizüberflutung erzielte Fiegenbaum (1986, 1988) besonders gute Erfolge. Noch fünf Jahre nach Ende der Behandlung waren 78 % von 104 behandelten Agoraphobikern völlig beschwerdefrei. Das Auftreten neuer Symptome („Symptomverschiebung") ist nach erfolgreichen Konfrontationstherapien nicht häufiger als in der Allgemeinbevölkerung (Literaturübersichten bei Mathews et al., 1981; Marks, 1987a). Das größte Problem dieser Therapien scheint die Akzeptanz zu sein. In einigen Studien lehnten 20 bis 25 Prozent der Patienten die Therapie ab oder beendeten sie vorzeitig (vgl. O'Brien & Barlow, 1984).

Nach den Erfolgen der Konfrontationsbehandlungen bei phobischen Ängsten herrschte bis in die achtziger Jahre Unklarheit darüber, auf welche Weise diese Verfahren auf Angstzustände angewandt werden konnten, bei denen die Betroffenen keine auslösenden Reize angeben konnten. Dies änderte sich mit der Erkenntnis, daß bei sogenannten „spontanen" Panikanfällen körperinterne Reize als Auslöser fungieren. Mittlerweile liegt eine größere Anzahl von Therapiestudien vor. Die ersten Veröffentlichungen betrafen meist Einzelfallstudien oder unkontrollierte Studien an kleinen Stichproben. Seit einigen Jahren gibt es jedoch eine ganze Reihe von kontrollierten Studien über Therapieprogramme zur gezielten Behandlung von Angstanfällen (Zusammenfassung bei Margraf & Schneider, 1990). Zwei große Meta-Analysen zeigten große und über die Katamnese hinweg stabile Effektstärken (Chambless & Gillis, 1993; Clum, 1989).

Die meisten dieser Therapieprogramme kombinierten die Konfrontation mit internen Reizen (besonders körperlichen Symptomen) mit der Vermittlung von Bewältigungsstrategien und kognitiven Methoden, die auf eine veränderte Interpretation der ursprünglich als bedrohlich erlebten Angstsymptome abzielten. Ein Schwerpunkt der Behandlung ist die Vermittlung von Informationen zur Erklärung der Angstanfälle. Es wird gezeigt, wie sowohl „spontan" auftretende Anfälle als auch starke Angstreaktionen in phobischen Situationen das Ergebnis eines Teufelskreises aus den individuell relevanten körperlichen Symptomen (z. B. Herzrasen, Schwindel), Gedanken (z. B. „Ich könnte verrückt werden") und Verhaltensweisen (z. B. Hyperventilation) sind. Darauf aufbauend wird erläutert, wie dieser Teufelskreis durch Methoden zur Konfrontation und Bewältigung von Angstsymptomen durchbrochen werden kann. Für jeden Patienten individuell werden die zentralen Fehlinterpretationen körperlicher Symptome identifiziert und korrigiert. Neben gründlichen Informationen über die Natur von Angst und Angstanfällen werden praktische Übungen zur Bewältigung angstauslösender Situationen und zur Überprüfung falscher Annahmen über die Bedeutung und Folgen körperlicher Symptome durchgeführt. Diese Verfahren wurden hauptsächlich für Patienten mit Paniksyndrom ohne phobisches Vermeidungsverhalten entwickelt, sind jedoch auch sinnvoll bei der Behandlung agoraphobischer Patienten mit „spontanen" Angstanfällen, da Rückfälle bei Agoraphobikern häufig dem Auftreten von einem oder mehreren erneuten Angstanfällen zu folgen scheinen (Gelder & Marks, 1966). Darüber hinaus scheint die gezielte Behandlung der Angstanfälle den Erfolg der Konfrontation mit angstauslösenden Situationen noch weiter zu verbessern (Bonn, Readhead & Timmons, 1984). Die Kombination von Konfrontationsverfahren mit kognitiven Methoden scheint etwas effektiver zu sein, als eine reine Konfrontationsbehandlung. Im Mittel sind 75–83 % der Patienten nach der Behandlung angstanfallsfrei.

Unabhängig von den hier besprochenen psychologischen Verfahren wurde die medikamentöse Behandlung von Angstanfällen in teilweise sehr umfangreichen Untersuchungen erprobt (Ballenger, 1986a, 1986b; Klerman, 1988). Dabei zeigte sich, daß die Gabe von Benzodiazepine, die nur „bei Bedarf" eingenommen werden sollen, wenig erfolgreich ist. Als therapeutisch gilt seit einigen Jahren die längerfristig konstante Gabe von trizyklischen Antidepressiva (vor allem Imipramin, 100 bis 300 mg/Tag), Monoaminooxidase-Hemmern (wie etwa Phenelzin) oder dem Triazolobenzodiazepin Alprazolam (4–10 mg/Tag). Ein wesentlicher Nachteil der Pharmakotherapie besteht in der hohen Rückfallquote nach Absetzen der Medikation (ca. 80 Prozent).

Abschließend kann festgehalten werden, daß die Entwicklung von effektiven Behandlungsstrategien bei Angstanfällen und Agoraphobien einen der großen Erfolge der Therapieforschung im Bereich der Angststörungen darstellt. Allerdings gibt es trotz dieser Erfolge noch eine Reihe von Patienten, die von dieser Behandlung nicht profitieren oder die keine aus reichende Heilung erreichen (vgl. Foa & Emmelkamp, 1983). Chambless und Gillis (1993) geben an, daß sich in verschiedenen Studien zwischen 46–86 % der Patienten klinisch signifikant verbessern. Die Abbrecherquote liegt bei ca. 8 %. Die Verbesserung der verfügbaren Behandlungen stellt deswegen nach wie vor eine wichtige Aufgabe zukünftiger Forschung dar.

2.2 Generalisiertes Angstsyndrom

2.2.1 Kurzdefinition

Das generalisierte Angstsyndrom entstand aus der Aufspaltung der klassischen Angstneurose in zwei getrennte Störungen. Wenn nicht Panikanfälle, sondern dauerhafte, unrealistische oder übertriebene Furcht oder Sorgen im Zentrum der Beschwerden stehen, liegt ein generalisiertes Angstsyndrom statt eines Paniksyndroms vor. In der Regel drehen sich dabei die Befürchtungen um mehrere Lebensbereiche (z. B. Arbeit, Finanzen und Ehe). Typische Symptome sind ständig erhöhte Erregung, Nervosität, Anspannung, Hypervigilanz und vegetative Beschwerden.

2.2.2 Phänomenologie und Klassifikation

Das generalisierte Angstsyndrom (GAS) zeichnet sich durch eine ängstliche Erwartungshaltung aus, für die exzessives Grübeln über bzw. übermäßige Sorgen um nicht real bedrohliche Umstände typisch sind. Diese Sorgen werden von einer Anzahl autonomer Symptome begleitet und sind von dem möglichen Grübeln über andere psychische Störungen abzugrenzen. Borkovec (Borkovec, Robinson & Pruzinsky, 1983) und Barlow (1988a) sehen Patienten mit dieser Angststörung als „chronic worriers" an.

Ein Patient erzählt: „Ich mache mir häufig Sorgen über meine Eltern. Sie sind schon älter. Mein Vater hat Bluthochdruck. Ich hoffe, keiner von ihnen wird ernstlich krank. Oder ich denke darüber nach, was wohl geschieht, wenn einem etwas passiert und der andere bleibt dann allein übrig... Manchmal frage ich mich, ob ich ein ‚guter Ehemann' bin. Oft gehen mir diese Gedanken morgens durch den Kopf, wenn ich wach werde, noch viel zu früh, um aufzustehen. Ich schlafe nicht gut. Ich denke dann, meine Frau hätte guten Grund, mich zu verlassen. Ich versuche, ihr meine Angst nicht so sehr zu zeigen, ich möchte sie nicht so belasten. Aber natürlich weiß sie, daß ich Probleme habe. Dabei führen wir eigentlich eine gute Ehe. Ich liebe meine Frau." Zusätzlich klagt der Patient darüber, sich ständig angespannt und müde zu fühlen. Er komme schlecht zur Ruhe, schlafe schlecht und wäre sehr nervös. Er vertrage wohl einfach den Streß nicht mehr.

Die „worries", das Grübeln oder Sorgen, stehen im Mittelpunkt dieser Störung. Mehrere Autoren haben sich um eine Definition des Grübelns bemüht. Borkovec (Borkovec et al., 1983) bezeichnete Grübeln als eine Kette von Gedanken oder Vorstellungsbildern mit negativer emotionaler Valenz, die relativ unkontrollierbar sind. 1988 modifizierte er seine Definition und sprach von ängstlich oder depressiv getönten Gedanken, die nicht kontrollierbar sind (Andrews & Borkovec, 1988). Im allgemeinen sind die Gedanken auf Zukünftiges gerichtet, können sich aber auch auf Vergangenes beziehen. Nach Borkovec beinhaltet chronisches Grübeln in erster Linie abstrakt-konzeptuelles Denken (Borkovec & Inz, 1990). Er versteht Grübeln als eine kognitive Maßnahme, um ängstigende Vorstellungsbilder zu unterdrücken, und somit auch die physiologische Erregung möglichst gering zu halten. Dadurch interferiert Grübeln mit der Verarbeitung emotionaler Inhalte, die unter anderen Umständen den Betroffenen helfen würde, ihre Ängste zu überwinden. Darüber hinaus werden diese Menschen durch ihr Grübeln davon abgehalten, offen für nicht-angstbezogene Informationen zu sein, wodurch ihr Denken noch zusätzlich negativ bzw. destruktiv wird (Borkovec, Shadick & Hopkins, 1991).

Mathews (1990) definierte Grübeln als einen speziellen Zustand des kognitiven Systems, der dafür zuständig ist, künftige Probleme oder Schäden zu antizipieren. Künftige Katastrophen werden immer wieder gedanklich wiederholt und geprobt. Nur Menschen haben die Fähigkeit, sich über die Zukunft zu sorgen. Bei „chronischen Grüblern" entartet eine eigentlich sinnvolle Problemlösestrategie: Anstatt sich auf Katastrophen vorzubereiten, werden sie intensiv vorgestellt, ohne daß es sicher ist, daß es zu der Katastrophe kommen wird und ohne daß Lösungsstrategien antizipiert werden.

Die Natur der Dinge, über die GAS-Patienten grübeln, ist sehr variabel und ideosynkratisch. Ganz allgemein handelt es sich um zukünftige Katastrophen, die bei näherer Betrachtung oft aber nicht ein tatsächlich katastrophales Ausmaß erreichen. Craske und Mitarbeiter (Craske, Rapee, Jackel & Barlow, 1989) fanden in einer Studie, daß sich Patienten mit einem generalisierten Angstsyndrom genauso wie normale Personen über ihre Familie, Freunde und finanzielle Probleme sorgen, jedoch weitaus mehr über Krankheiten und kleine tägliche Schwierigkeiten. Vor allem der letzte Bereich, die täglichen Kleinigkeiten, die Sorge, zu spät zu kommen, etwas zu vergessen und Probleme der täglichen Planung, scheinen Patienten mit generalisiertem Angstsyndrom von normalen Kontrollpersonen zu unterscheiden (Brown, Moras, Zinbarg & Barlow, 1993). Wichtig ist aber, daß die meisten Betroffenen über Dinge grübeln, die nie wirklich eintreten. Im Vergleich zu normalen Kontrollpersonen grübeln GAS-Patienten signifikant mehr und empfinden ihr Grübeln als deutlich zudringlicher bzw. weniger kontrollierbar (Craske et al., 1989; Vasey & Borkovec, 1992).

Das generalisierte Angstsyndrom ist in jüngster Zeit vermehrt untersucht worden, da es anhaltende Schwierigkeiten mit der Klassifikation dieser Störung gibt (Barlow, Blanchard, Vermilyea, Vermilyea & DiNardo, 1986; Barlow, 1988a; Hoehn-Saric & MacLeod, 1985, 1990). Im DSM-III war diese Diagnose eine Residual-Kategorie, die nur vergeben werden konnte, wenn keine andere Achse-I-Störung vorlag (APA, 1980). Das Hauptmerkmal der Störung war definiert als generalisierte, anhaltende Angst über mindestens einen Monat hinweg, ohne daß spezifische Symptome der Phobien, des Paniksyndroms oder der Zwänge vorlagen. Die Kriterien wurden im DSM-III-R stark verändert (APA, 1987). Die Diagnose kann nun auch vergeben werden, falls eine andere psychische Störung vorliegt. Als Hauptmerkmal des Störungsbildes gilt das Grübeln oder Sorgen über zwei oder mehr Lebensumstände. Das Grübeln sollte seit mindestens 6 Monaten bestehen und unrealistisch bzw. exzessiv sein. Zusätzlich müssen mindesten sechs Symptome vorliegen, die mit autonomer Erregung einhergehen.

Ein Problem, das mit den Kriterien des DSM-III-R einherging, war die Schwierigkeit, das generalisierte Angstsyndrom von anderen Angststörungen und Depressionen abzugrenzen. Generell scheinen die Komorbiditätsraten beim generalisierten Angstsyndrom besonders hoch zu sein, sie liegen zwischen 85 % (Brown et al., 1993) und 91 % (Sanderson & Barlow, 1990). Die häufigsten Zusatzdiagnosen sind spezifische Phobien (29–59 %), Sozialphobien (16–33 %) und etwas seltener Dysthymien (6–33 %) (zur Übersicht siehe Sanderson & Wetzler, 1991). Es wird daher nach wie vor diskutiert, ob das generalisierte Angstsyndrom eine eigenständige Störung sei. Im DSM-IV wurde die Klassifikation jedoch so beibehalten und kleinere Änderungen eingeführt, die dazu beitragen sollen, die Differentialdiagnose einfacher zu gestalten.

Es gibt allerdings auch einige Daten, die für ein gesondertes Störungsbild sprechen. So weisen Familienstudien auf eine Eigenständigkeit der Störung hin (Noyes, Clarkson, Crowe, Yates & McChesney, 1987). Hoehn-Saric (1981, 1982) berichtet, daß Patienten mit einem generalisierten Angstsyndrom weniger somatische Symptome, einen langsameren Beginn und chronischeren Verlauf der Störung zeigen als Panikpatienten. Dies wird auch von einer anderen Studie von Nisita et al. (1990) gestützt, bei der Patienten mit generalisiertem Angstsyndrom, Panikpatienten und Depressive verglichen wurden. Es wurden Unterschiede zwischen den Gruppen gefunden: So berichteten die Patienten mit generalisiertem Angstsyndrom ein anderes Symptommuster als die Panikpatienten; sie klagten eher über Übelkeit, Kopfschmerzen, Anspannung und Schlafstörungen. Auch von den Depressiven unterschieden sie sich, da sie nicht über Interessenverlust oder psychomotorische Verlangsamung klagten. Außerdem unterschieden sich die kognitiven Inhalte der Patientengruppen: Patienten mit generalisiertem Angstsyndrom grübelten nicht über Selbstmord oder Schuldthematiken.

2.2.3 Epidemiologie und Ätiologie

Es gibt wenige zuverlässige Daten über die Prävalenz der Störung, da sich die Diagnosekriterien seit dem DSM-III stark verändert haben. In der großen amerikanischen ECA-Studie betrug die Prävalenz nach dem DSM-III für das generalisierte Angstsyndrom 4 %, in anderen Studien rund 2,5 % (Barlow, 1988 a). Der Beginn der Störung liegt typischerweise zwischen zwanzig und dreißig Jahren, wobei Männer und Frauen gleich häufig betroffen sind. Einmal entstanden, hält die Störung im allgemeinen über viele Jahre an.

Es gibt bislang kaum Modelle zur Ätiologie der Störung. Was die genetische Übertragung dieser Störung angeht, sind die Ergebnisse sehr uneinheitlich. In Zwillingsstudien wurden häufig keine Hinweise für eine genetische Komponente (Andrews et al., 1990; Torgersen, 1983) oder nur sehr schwache Hinweise gefunden (Kendler, Neale, Kessler, Heath & Eaves, 1992). Auch eine Studie, die Angehörige von Patienten mit generalisiertem Angstsyndrom untersuchte, fand nur einen schwachen Zusammenhang (Noyes et al., 1987). Leider gibt es noch wenige Untersuchungen zu biologischen und physiologischen Faktoren, die zur Entstehung der Störung beitragen könnten, und die Ergebnisse dieser Studien sind sehr widersprüchlich (eine Übersicht geben Cowley & Roy-Byrne, 1991).

Es gibt jedoch einige kognitive Modelle, die sich als recht vielversprechend erwiesen haben. Nach Barlow (1988 a) zeichnet sich die chronische und intensive Angst der Patienten mit einem GAS durch ein starkes Gefühl von Kontrollverlust und durch eine unangemessene Aufmerksamkeitsausrichtung aus. Dabei ist der Fokus der Aufmerksamkeit jedoch nicht ganz so auf ein Thema eingeengt wie etwa bei Sozialphobien oder spezifischen Phobien. Stattdessen können mehrere Brennpunkte vorliegen, die sich zudem im Laufe der Zeit ändern können. Eine zunehmende Vulnerabilität für Angstgefühle führt dazu, daß bereits relativ geringfügige Veränderungen des Lebens bis hin zu alltäglichen Belastungen der Gegenstand ängstlicher Erwartungen werden können und dann in einer Serie von sich ändernden, excessiven und unrealistischen Sorgen resultieren. Die Patienten werden immer empfindlicher für normalerweise unbedeutende Ereignisse. Ihre Reaktionen auf solche Ereignisse werden begleitet von negativem Affekt, körperlicher Erregung und dem Gefühl, daß die Dinge in einer unvorhersagbaren und unkontrollierbaren Weise geschehen. Dies bewirkt wiederum eine unangepaßte Verschiebung des Aufmerksamkeitsfokusses von den real anfallenden Aufgaben hin zur ständigen Selbstbewertung, die zu weiterer Erhöhung der Erregung führt. Das Ergebnis ist eine gesteigerte Vigilanz mit einer Aufmerksamkeit, die eingeengt ist auf den Fokus der Sorgen und auf die eigene Unfähigkeit, diese zu bewältigen. Dieser erregungsgetriebene kognitive Prozeß führt in einer negativen Rückkopplungsschleife zu dem für diese Patienten typischen Zustand dauernder intensiver Sorgen bei einem gleichzeitigen Gefühl mangelnder Bewältigungskapazität. Bei starker Ausprägung wird die Aufmerksamkeit so sehr verengt, daß die Konzentration auf andere Dinge unmöglich und die Leistungsfähigkeit erheblich beeinträchtigt ist. Zum gegenwärtigen Zeitpunkt muß dieses Modell noch als weitgehend spekulativ angesehen werden, da zwar bereits Forschungen zur empirischen Überprüfung eingeleitet wurden, deren Ergebnisse aber noch nicht vorliegen. In jedem Fall hat das Modell konkrete Anhaltspunkte für die empirische Forschung aufgezeigt.

Michael Eysenck (1992) stellte ein weiteres ausführliches Modell zur Entstehung des generalisierten Angstsyndroms vor. Auch er postuliert ein Diathese-Streß-Modell. Interessanterweise geht Eysenck jedoch nicht von einer biologischen oder gar genetischen Vulnerabilität aus. Eysenck nimmt an, daß es sich vielmehr um eine kognitive Vulnerabilität handelt, d. h. daß es zu systematischen Verzerrungen des kognitiven Systems kommt, welches die Auswirkungen situativer Ereignisse auf die Emotionen bestimmt. Eine weitere Annahme Eysencks ist, daß ein hohes Ausmaß von Trait-Angst Individuen für GAD prädispositioniert. Leider fehlt es derzeit noch an prospektiven Langzeitstudien, die diese Annahme belegen würden. M. Eysenck nennt jedoch korrelative Studien, die auf einen solchen Zusammenhang zwischen Trait-Angst und GAS hinweisen.

Der Ausgangspunkt von M. Eysencks Theorie ist die Annahme, daß die Funktion von Angst die frühzeitige Erkennung von Gefahr ist. Folgerichtig sollten Personen mit hoher Trait-Angst sich von anderen Personen vor allem in bezug auf die Aufmerksamkeit unterscheiden. Dabei geht M. Eysenck davon aus, daß sich die Veränderungen in der Aufmerksamkeit vor allem unter Streß einstellen oder wenn sich das Individuum in Gefahr wähnt. Nach Eysenck (1991) ist die ausschlaggebende Charakteristik von ängstlichen Personen die Hypervigilanz. Sie zeigt sich auf fünf verschiedene Arten:
- generelle Hypervigilanz, die dazu führt, daß aufgaben-irrelevantes Material beachtet wird und das Individuum somit abgelenkt wird,
- ein ständiges visuelles Abtasten der Umwelt,
- spezifische Hypervigilanz, die sich in der selektiven Aufmerksamkeit gegenüber Gefahrenreizen ausdrückt,
- ein breiter Aufmerksamkeitsfokus, solange noch kein Gefahrenreiz entdeckt wurde,
- eine Einengung des Aufmerksamkeitsfokus, sobald ein Gefahrenreiz entdeckt wurde.

Hypervigilante Individuen nehmen ihre Umwelt als deutlich gefährlicher und bedrohlicher wahr, was ihre Vulnerabilität für eine Angststörung erhöht. Eysenck geht nun davon aus, daß Patienten mit einem GAS in bezug auf ihre kognitive Verarbeitung Personen mit Trait-Angst entsprechen und somit die Hypervigilanz der Hauptvulnerabilitätsfaktor für das GAS ist.

Diese beiden Modelle des generalisierten Angstsyndroms haben relativ viele Gemeinsamkeiten. Beide gehen von einem Diathese-Streß-Modell aus, wobei jedoch die Vulnerabiltät bei Barlow biologischer Natur ist und bei Eysenck kognitiver. Beide Modelle betonen die Bedeutung der Kognitionen für die Genese einer Angststörung. Auch stimmen sie darin überein, daß gerade der Aufmerksamkeit eine besondere Rolle zukommt. Leider sind jedoch einige Grundannahmen der Modelle bislang noch nicht ausreichend belegt. So gibt es beispielsweise wenige Hinweise, daß Trait-Angst wirklich der Vulnerabilitätsfaktor für das generalisierte Angstsyndrom ist. Diese Modelle sind jedoch die Voraussetzung, um Entstehung und Besonderheiten des generalisierten Angstsyndroms gezielt untersuchen zu können, und sollten die Basis für weitere theoriegeleitete Studien sein.

2.2.4 Therapie

Die derzeitigen Therapieansätze sind noch sehr unspezifisch. Dies liegt zum einen an dem oben dargestellten Mangel an Modellen zur Entstehung und Aufrechterhaltung der Störung. Zum anderen bietet sich eine Konfrontation anscheinend nicht an, da keine phobische Angst vorliegt. Es wird statt dessen ein allgemeines Angst-Management-Programm vorgeschlagen (Butler, Cullington, Hibbert, Klimes & Gelder, 1987). Dabei werden zunächst Strategien vermittelt, die auf die somatische Komponente der Angst zielen. Dies sind vor allem Entspannungsmethoden ebenso wie Biofeedback-Verfahren. Andererseits wird eine Art Problemlösetraining angeboten. Weiterhin sollen den Patienten neue Bewältigungsstrategien für die scheinbar unkontrollierbaren Ereignisse und die darauf folgenden Angstreaktionen vermittelt werden. Häufig gehören zu dem Behandlungspaket auch kognitive Methoden (Blowers, Cobb & Mathews, 1987; Borkovec & Mathews, 1988). Es konnten mit diesen Verfahren durchaus Verbesserungen der Angst erzielt werden, wenngleich der Therapieerfolg nicht so hoch liegt wie bei anderen Angststörungen. Klinisch signifikant verbessern sich 32–73 % der Patienten, die Abbrecherquote liegt bei ca. 14 % (Chambless & Gillis, 1993).

Vielversprechend erscheint ein neuer Therapieansatz, der sich an dem Modell von Barlow orientiert (Craske et al., 1991). Im Mittelpunkt dieses Vorgehens steht die kognitive Konfrontation mit den Sorgen. Zunächst wird ein Therapierational vermittelt, das sich eng an dem oben genannten Entstehungsmodell orientiert. Dem Patienten wird erklärt, wie es zum Grübeln kommen kann und welch zentrale Rolle seine katastrophisierenden Gedanken bei der Aufrechterhaltung des Grübelns und der Ängste spielen. Die Patienten werden angeleitet, ihre angstauslösenden Gedanken und vor allem Vorstellungsbilder, die beim Grübeln vorkommen, zu identifizieren. Eines der Bilder wird möglichst genau ausgemalt und auf Tonband beschrieben. Anschließend hört sich der Patient dieses Band immer wieder hintereinander an, mit der Instruktion, sich die beschriebene Szene möglichst deutlich vorzustellen. Können beim

Grübeln keine Vorstellungsbilder identifiziert werden, wird eine ganze Grübelsequenz auf Tonband gesprochen. Das Band wird über mehrere Tage wiederholt angehört, bis die Angst, die durch das Zuhören ausgelöst wird, in einem mittleren bis geringen Bereich liegt. Dann wird das nächste Vorstellungsbild oder die nächste Grübelsequenz ausgewählt und auf dieselbe Art bearbeitet. Der Ablauf der täglichen Übungen wird wieder mit Hilfe eines standardisierten Tagebuches festgehalten. Unterstützt werden die kognitive Umstrukturierung und die Konfrontation durch ein Entspannungstraining, ein Problemlösetraining und eine Verhaltensmodifikation. Dieses Verfahren ist allerdings noch so neu, daß noch keine systematischen Daten über den Erfolg berichtet werden können.

2.3 Spezifische Phobien

2.3.1 Kurzdefinition

Die spezifische Phobie ist eine dauerhafte, unangemessene und intensive Furcht vor bzw. Vermeidung von spezifischen Objekten oder Situationen. Ausgenommen sind Furcht vor plötzlichen Angstanfällen (siehe Paniksyndrom) und vor sozialen Situationen (siehe Sozialphobie). Die häufigsten Phobien betreffen Tiere (z. B. Spinne, Schlangen, Hunde, Ratten), Höhen, enge Räume, Flugzeuge und Blut, Verletzungen oder Spritzen. Bei Phobikern sind diese weit verbreiteten Ängste so stark, daß sie die normale Lebensführung beeinträchtigen und ausgeprägtes Leiden verursachen.

2.3.2 Phänomenologie und Klassifikation

Phobien gehen über alltägliche Ängste hinaus, da die auslösenden Reize im Vergleich zu der objektiven Gefahr eine unangemessen starke Furcht bewirken, die nicht einfach durch rationale Argumentation beendet werden kann, weitgehend außerhalb der willkürlichen Kontrolle liegt, und in der Regel zu Vermeidungsverhalten führt (Marks, 1969, 1987a). Manche Patienten zeigen kein offenes Vermeidungsverhalten, sondern ertragen phobische Situationen unter intensiver Angst (APA, 1980, 1994).

Obwohl die Ängste vor bestimmten Tieren, Höhen oder ähnlichen umgrenzten Stimuli weit verbreitet sind, sind diese vergleichsweise selten so beeinträchtigend, daß das „Leidenskriterium" erfüllt ist, das für die Diagnose einer Angststörung nach dem DSM-IV von Bedeutung ist. In diesen Fällen allerdings handelt es sich dann meist um ein schweres Problem, das durchaus das ganze Leben beeinträchtigen kann. So kann es beispielsweise so weit kommen, daß eine Spinnenphobikerin nicht mehr ihre Wohnung verlassen kann, da sie außerhalb auf eine Spinne treffen könnte. Daher ist die frühere Bezeichnung der Störung im DSM-III-R als „einfache Phobie" irreführend. Es handelt sich nicht um eine „einfache" Störung im Sinne einer unbedeutenden, weniger schweren oder leichter zu behandelnden Problematik. Das wichtigste Unterscheidungsmerkmal zur Abgrenzung von anderen Angststörungen bzw. Phobien ist nicht der Schweregrad oder die Komplexität der Störung, sondern die Spezifität der phobischen Reize. Um Mißverständnissen vorzubeugen, wurde in der neuesten Auflage des DSM (DSM-IV; APA, 1994) die Bezeichnung der Störungskategorie in „spezifische Phobie" umgewandelt.

2.3.3 Epidemiologie und Ätiologie

Die Angst vor Tieren, Dunkelheit oder auch Höhen tritt bei fast allen Kindern im Laufe ihrer Entwicklung auf (Marks, 1987a, 1987c). Normalerweise verlieren sich diese Ängste jedoch nach einiger Zeit wieder. Nur bei relativ wenigen Kindern bleiben Ängste bestehen, die die Bezeichnung einer spezifischen Phobie verdienen. Es überrascht daher nicht, daß die spezifischen Phobien häufig in der Kindheit beginnen. Erwachsene mit spezifischen Phobien geben typischerweise an, daß ihre Störung im Alter von 5–10 Jahren begann (Hughdahl & Öst, 1985; McNally & Steketee, 1985; Öst, 1987).

Das gebräuchlichste Modell zur Entstehung von spezifischen Phobien ist das Zwei-Faktoren-Modell von Mowrer sowie dessen Modifikation durch das Konzept der „Preparedness", die im allgemeinen Teil besprochen wurden. Befragt man jedoch erwachsene Patienten, wie es zu ihrer Phobie gekommen sei, geben nur wenige ein traumatisches Ereignis an. So erinnerten sich nur 23 % der Patienten mit Tierphobie in einer Studie von McNally und Steketee (1985) an ein traumatisches Ereignis. Keiner dieser Patienten war von dem Tier verletzt worden. In einer Untersuchung von Öst (1987) gaben immerhin 48 % der Tierphobiker, 45 % der Blutphobiker und sogar 68 % der Zahnarztphobiker ein solches Ereignis an. Jedoch ein Viertel bis ein Drittel der Patienten nannten Modellernen oder auch Warnungen und Informationen als Entstehungsgrund. Leider waren alle Befragungen bisher retrospektiv, während prospektive Längsschnittstudien fehlen. Da ein Großteil der im allgemeinen Teil des vorliegenden Kapitels diskutierten Theorien in bezug auf spezifische Phobien aufgestellt wurde, kann eine erneute Diskussion an dieser Stelle unterbleiben.

2.3.4 Therapie

Eine erste Therapiemethode mit gut belegten Erfolgen bei der Bewältigung spezifischer Phobien war die Systematische Desensibilisierung Wolpes (1958). Nach einer ganzen Reihe weiterer Forschungsarbeiten kann aber heute die Konfrontation in vivo als die Methode der Wahl für die Behandlung der Phobien gelten (Bartling et al., 1980). Im allgemeinen reichen schon wenige Therapiesitzungen aus, in denen der Phobiker mit dem gefürchteten Objekt konfrontiert wird (Marks, 1987a; Öst, 1989, 1993). Bei diesem Vorgehen kommt es schnell zu einer dauerhaften Habituation an die ursprünglich angstauslösenden Reize, wobei die einzelnen Komponenten der Angst nicht gleich stark und auch nicht gleich schnell habituieren.

Einen wichtigen Sonderfall stellen die Phobien in bezug auf Blut, Verletzungen und Spritzen dar (oft kurz „Blutphobien" genannt), die in der Regel gemeinsam auftreten (Marks, 1988). Im Gegensatz zu allen anderen Angststörungen reagieren Blutphobiker bei der Konfrontation mit ihrem phobischen Reiz nicht mit einem Anstieg der körperlichen (v. a. kardiovaskulären) Erregung, sondern mit einem Abfall in Herzfrequenz und Blutdruck (Marks, 1987a). Diese Reaktion kann ohne weiteres so stark sein, daß eine Ohnmacht auftritt. Dies hat auch Konsequenzen für die Behandlung. Nach früheren, für die Beteiligten sehr unangenehmen (wenngleich durchaus erfolgreichen) Versuchen mit einer Konfrontationsbehandlung (v. a. durch Videos) ist seit wenigen Jahren die Wirksamkeit der Methode der „Applied Tension" gut belegt (Öst & Sterner, 1987). Dabei wird den Patienten beigebracht, wie sie durch Anspannen der großen Skelettmuskeln ihren Blutdruck kurzfristig stark steigern und so die Ohnmachtsgefahr bekämpfen können. Durch ein gezieltes Training mit Hilfe standardisierter Tagebücher lernen die Betroffenen die Früherkennung erster Warnzeichen, die eine herannahende Ohnmacht ankündigen. Die Patienten werden nun trainiert in realen Situationen, während sie sich der gefürchteten Situation aussetzen, die Muskeln anzuspannen. Durch frühen Einsatz der Anspannung kann eine Ohnmacht verhindert werden. Bei fortschreitender Sicherheit mit der Methode kommt es in der Regel zu einem Abbau der phobischen Angst, so daß die Anspannung nach einer gewissen Zeit gar nicht mehr eingesetzt werden muß.

2.4 Sozialphobien

2.4.1 Kurzdefinition

Bei der Sozialphobie handelt es sich um eine dauerhafte, unangemessene Furcht und Vermeidung von Situationen, in denen die Patienten mit anderen Men-

schen zu tun haben und dadurch einer möglichen Bewertung im weitesten Sinne ausgesetzt sind. Die Betroffenen befürchten, zu versagen, sich lächerlich zu machen oder durch ungeschicktes Verhalten gedemütigt zu werden. *Sozialphobien können sowohl eng umschrieben sein (z. B. Furcht vor öffentlichem Sprechen) als auch einen Großteil aller zwischenmenschlichen Aktivitäten einschließen. Typischerweise zeigen die Patienten starke Erwartungsangst, wenn die Konfrontation mit einer sozialen Situation bevorsteht.*

2.4.2 Phänomenologie und Klassifikation

Obwohl soziale Ängste altbekannt sind, wurde die Sozialphobie in ihrer modernen Form erst 1966 von Marks und Gelder definiert. Sie beschrieben ein Störungsbild, in dem die Betroffenen sehr ängstlich auf Situationen reagierten, in denen sie bei der Durchführung einer Aufgabe durch andere Personen bewertet werden könnten. Die Situation, in die sich die meisten Menschen am einfachsten hineinversetzen können, ist das öffentliche Sprechen. Andere häufig problematische Situationen sind öffentliches Essen, Schreiben oder Urinieren. Das Gemeinsame an all diesen Situationen ist, daß die Person etwas tun muß, während sie weiß, daß andere zuschauen und sie dabei bewerten könnten. Es handelt sich um eine Phobie, da die Betroffenen dieselben Aktivitäten in der Regel problemlos ausführen können, wenn niemand zuschaut. Dieses Konzept wurde von Marks (z. B. 1970) weiter ausgearbeitet und 1980 in das DSM-III übernommen. Auch die folgenden Revisionen des DSM und die ICD-10 haben dieses Konzept nicht maßgeblich geändert (vgl. Margraf & Rudolf, 1995).

Aus Angst vor Zittern, Erröten, Schwitzen oder lächerlichem Aussehen setzen sich manche Patienten in Zügen oder Bussen nicht mehr anderen Passagieren gegenüber. Andere können nicht mehr an Gruppen von Menschen vorbeigehen. Sie haben eine panische Angst davor, durch ungeschicktes Verhalten Aufmerksamkeit auf sich zu lenken oder gar in Ohnmacht zu fallen. Manche Patienten verlassen ihr Heim nur noch in der Dunkelheit oder bei Nebel, wenn sie nicht gesehen werden können. Andere vermeiden es, mit Vorgesetzten zu sprechen oder werden durch „Lampenfieber" an öffentlichen Auftritten gehindert. Sie gehen nicht mehr schwimmen, um ihre Körper nicht mehr den Blicken Fremder auszusetzen. Sie vermeiden Parties und sind zu „schüchtern", um mit anderen zu sprechen. Obwohl die Betroffenen beinahe immer fürchten, daß ihre Hände oder Köpfe zittern könnten, ist es sehr selten, daß dies tatsächlich geschieht (Barlow, 1988a).

Typischerweise befürchten Sozialphobiker Kritik oder Bewertung durch andere. Sie suchen meist Behandlung wegen der Beeinträchtigung im sozialen oder beruflichen Bereich. Einige Patienten kommen auch wegen Folgeerscheinungen wie Alkoholismus oder Depression. Alkoholismus ist bei Sozialphobikern deutlich häufiger als bei Agoraphobikern und viele Alkoholiker haben Sozialphobien. Etwa die Hälfte der klinischen Sozialphobiker weisen Anzeichen von Depressionen auf, und Selbstmordversuche sind siebenmal so häufig wie bei Agoraphobikern (Marks, 1987a).

Die Abgrenzung zu anderen Störungen ist bei typischen Sozialphobikern meist nicht sehr schwer. Ein Problem bedeutet hier höchstens die Differentialdiagnose zur Agoraphobie und zum Paniksyndrom, die bei oberflächlicher Betrachtung mit ähnlichen Befürchtungen und Symptomen einhergehen. Aufklärung bietet hier am besten das sorgfältige Erforschen der befürchteten katastrophalen Konsequenzen phobischer Situationen oder Aktivitäten bzw. der Angstsymptome (Angst vor negativer Bewertung und Peinlichkeit vs. körperlicher oder psychischer Katastrophe, vgl. Margraf, 1994).

2.4.3 Epidemiologie und Ätiologie

Die Sechs-Monats-Prävalenz der Sozialphobie kann nach den Daten der ECA-Studie auf 1.2 % bis 2.2 % geschätzt werden. Unter den Patienten, die sich in klinischen Einrichtungen zur Behandlung vorstellen, ist die Sozialphobie nach der Agoraphobie die zweithäufigste Angststörung (vgl. Tab. 4). Dabei zeigt sich regelmäßig ein Überwiegen sozial besser gestellter Personen, was auf einen Selbstselektionseffekt zurückgehen könnte. Es ist nicht überraschend, daß die Patienten häufiger unverheiratet sind bzw. keinen festen Partner haben. Bei der Subgruppe mit Defiziten in sozialen Fertigkeiten ist dies besonders stark ausgeprägt. In einer klinischen Stichprobe am Maudsley Hospital in London lebten 95 % dieser Patienten allein, 60 % hatten keine sexuellen Erfahrungen und die meisten der verbleibenden Patienten hatten deutliche sexuelle Probleme (Stravynski, Marks & Yule, 1982). Die Sozialphobie kommt, anders als bei den meisten Angststörungen, etwas häufiger bei Männern vor. Die Angaben schwanken zwischen 60 % und 77 % (Barlow, 1988a; Marks, 1986a, 1987a). Der Störungsbeginn liegt meist zwischen 15 und 21 Jahren, kaum jemals vor der Pubertät. Im allgemeinen beginnt die Phobie graduell, ohne traumatische Auslöser, obwohl emotionale Situationen zur Sensibilisierung beitragen können.

Die weite Verbreitung sozialer Ängste in der Allgemeinbevölkerung deutet darauf hin, daß Sozialphobien auf einem Kontinuum zu „normalen" Ängsten liegen (Turner, Beidel & Townsley, 1990). Pilkonis und Zimbardo (1979) untersuchten 1000 Menschen und fanden, daß sich 40 % als schüchtern bezeichneten. Insgesamt gaben 80 % der Befragten an, zumindest zeitweise schüchtern gewesen zu sein. Auch berühmte Künstler, Redner oder Politiker berichten immer wieder von Lampenfieber oder Angst vor dem öffentlichen Sprechen. Zu den bekannteren Beispielen zählen Sir Laurence Olivier und Maria Callas. Neben Schüchternheit könnten auch weitere Eigenschaften als prädisponierende Faktoren wirken. So zeigen Untersuchungen von Öhman (1986) und Mitarbeitern, daß dauerhafte Angstreaktionen sehr leicht auf Bilder ärgerlicher Gesichter konditioniert werden können, weniger leicht dagegen auf freundliche Gesichter. Dieser Effekt war hochspezifisch, er trat zum Beispiel nur auf, wenn die ärgerlichen Gesichter dem Betrachter zugewandt waren, nicht jedoch bei abgewandten bzw. zur Seite blickenden Gesichtern. Ob es sich hier um eine genetisch fixierte „Preparedness" im Sinne Seligmans (1971) handelt oder um eine Auswirkung früherer Erfahrungen mit ärgerlichen Gesichtern (etwa der Eltern) ist nicht geklärt. Auf jeden Fall aber zeigen Öhmans Studien eine Vulnerabilität für sozial bedeutsame Reize. Wichtig ist dabei wohl der Augenkontakt. Darüber hinaus ist es durchaus möglich, daß für verschiedene Unterformen sozialer Ängste verschiedene Vulnerabilitätsfaktoren existieren.

2.4.4 Therapie

Sozialphobiker können in zwei Gruppen unterteilt werden, die unterschiedlich behandelt werden sollten (Barlow, 1988a). Auf der einen Seite gibt es Patienten, denen die notwendigen Fertigkeiten fehlen, um soziale Situationen erfolgreich zu bewältigen. Sie wissen nicht, wie man ein Gespräch beginnt oder beendet, wie man sich in spezifischen Situationen verhält etc. Diese Menschen sind meist sehr schüchtern. Sie haben ganz allgemein Probleme im Umgang mit Menschen und zeigen ein ausgeprägtes allgemeines Vermeidungsverhalten in bezug auf soziale Situationen. Dies führt dazu, daß sie zurückgezogen leben und oft sehr unglücklich oder depressiv sind. Marks (1987a) spricht hier von einem sozialen Kompetenzdefizit („social skills deficit"). Personen mit einem solchen Defizit sollten zunächst die sozialen Kompetenzen mittels Rollenspielen und praktischen Übungen vermittelt werden. Es gibt zwar eine große Anzahl von Trainingsprogrammen zur Steigerung der sozialenKompetenz, die das große Bedürfnis der Bevölkerung an der Vermittlung dieser Inhalte widerspiegeln, jedoch wurden diese Trainings selten einer systematischen und kontrollierten Überprüfung unterzogen (Margraf & Rudolf, 1995). Eine Ausnahme ist das Assertiveness-Trainings-Programm (ATP) von Ullrich und Ullrich de Muynck (1978), zu dessen Evaluation mehrere Studien vorliegen (Ullrich, 1995). Das ATP wurde jedoch nicht für Sozialphobiker entwickelt, sondern zunächst für stationär aufgenommene Patienten mit den unterschiedlichsten Diagnosen. Ähnliche Programme wurden auch im Osten Deutschlands entwickelt und überprüft (vgl. Mehl, 1995).

Im Gegensatz dazu gibt es eine zweite Gruppe von Sozialphobikern, die zwar über normale soziale Fertigkeiten verfügt, aber Ängste in bezug auf eine oder mehrere spezifische soziale Situationen hat. Bei diesen Menschen, für die Marks den Terminus Sozialphobie gebrauchte, kann Schüchternheit vorhanden sein, sie kann aber auch fehlen. Die betroffenen Patienten brauchen nicht so sehr ein Training sozialer Kompetenz sondern es muß gezielt an der Angst gearbeitet werden. Die größten Erfolge verspricht hier eine Konfrontationsbehandlung gekoppelt mit kognitiven Maßnahmen (vgl. Barlow, 1988a; Heimberg, 1990; Heimberg, Dodge, Hope, Kennedy & Zollo, 1990; Marks, 1987a). Eine Gegenüberstellung der beiden genannten Untertypen der Sozialphobie gibt Tabelle 5.

Tabelle 5: Gegenüberstellung zweier Typen sozialer Ängste: Phobische Sozialangst und Soziales Kompetenzdefizit (modifiziert nach Marks, 1987a)

Merkmale	„Phobische Sozialangst"	„Soziales Kompetenzdefizit"
Geschlechtsverhältnis	männlich = weiblich	männlich > weiblich
Beginn	plötzlich ab Teenager-Alter	schleichend seit Kindheit
Fokus der Phobie	spezifisch	diffus
assoziierte Probleme	gelegentlich	üblicherweise sehr stark
benötigte Therapie	Konfrontation, Angstbewältigungstraining, kognitive Umstrukturierung	Training sozialer Kompetenz (Hinsch & Pfingsten 1992; Ullrich & Ullrich de Muynck, 1978)

Zur Behandlung der Sozialphobie gibt es noch nicht sehr viele Studien mit wohl definierten Patientengruppen wie etwa bei der Agoraphobie oder dem Paniksyndrom. Die Meta-Analyse von Chambless und Gillis (1993) zeigte jedoch, daß die kognitive Verhaltenstherapie für Sozialphobie effizient ist und die Erfolge langfristig stabil bleiben. Die Abbrecherquoten lagen bei den verglichenen Studien bei ca. 13 %. Klinisch signifikant verbesserten sich je nach Studie 32–73 % der Sozialphobiker. Unter den pharmakologischen Behandlungen sind Beta-Blocker wie Propanolol von speziellem Interesse. Dieses Medikament reduziert vor allem die körperliche Erregung, ohne jedoch (wie Benzodiazepine) die Muskelaktivität zu beeinträchtigen. Dies hat dazu geführt, daß Propanolol häufig auch bei normalen Personen mit Leistungsängsten eingesetzt wurde (z.B. bei Musikern). Allerdings können medikamentöse Behandlungen nicht als dauerhafte Lösung einer Sozialphobie angesehen werden, da sie in der Regel keine neuen Fertigkeiten vermitteln.

2.5 Zwangssyndrom

2.5.1 Kurzdefinition

Zwänge können Gedanken und Handlungen betreffen. Zwangsgedanken sind anhaltende bzw. wiederholte Ideen, Gedanken, Vorstellungen oder Impulse, die den Betroffenen als sehr aufdringlich und zumindest anfangs auch als lästig oder unsinnig erscheinen (z.B. geliebte Person umbringen, Blasphemien). Die Patienten versuchen, die Zwangsgedanken zu ignorieren oder durch Rituale zu neutralisieren. Zwangshandlungen sind wiederholte, absichtliche und nach fest-

gelegten Regeln bzw. stereotyp ausgeführte Verhaltensweisen, meistens verbunden mit der Absicht, Unannehmlichkeiten oder Katastrophen zu verhindern. Diese Verbindung ist oft jedoch unrealistisch (z. B. häufiges Händewaschen gegen Krebs oder „gute" Gedanken denken, damit der Ehemann keinen Autounfall hat). Das Zwangsverhalten wird als ich-fremd und nicht lustvoll erlebt. Bei dem Versuch, es zu unterbinden, kommt es in der Regel zu Angst, Ekel oder Unbehagen. Die häufigsten Inhalte betreffen Säubern, Kontrollieren und Aggressionen.

2.5.2 Phänomenologie und Klassifikation

„Wenn ein Angstpatient stationär in eine Klinik aufgenommen werden muß, handelt es sich wahrscheinlich um einen Patienten mit einem Zwangssyndrom. Wenn ein Patient für eine Hirnoperation überwiesen wird, weil jede psychologische und pharmakologische Behandlung versagt hat und das Leiden unerträglich geworden ist, handelt es sich wahrscheinlich um einen Zwangspatienten. Wenn man einen Patienten untersucht, bei dem unerträgliche generalisierte Angst, wiederholte Panikanfälle, massive Vermeidung und schwere Depressionen gleichzeitig auftreten, lautet die Diagnose wahrscheinlich Zwangssyndrom." (Barlow, 1988a, S.598, Übersetzung der Autoren).

Die gefürchteten Ereignisse bei Zwangssyndromen bestehen aus Gedanken, Vorstellungen oder Impulsen (Reinecker, 1991). Diese müssen genauso peinlich vermieden werden, wie ein Schlangenphobiker Schlangen vermeidet. Die Störung zeigt eine ausgeprägte Tendenz zur Generalisierung. Ist beispielsweise zunächst nur der Gedanke „Selbstmord" tabu, sind es später alle Gedanken, Gegenstände oder Situationen, die mit dem Tod in Zusammenhang gebracht werden und nun starke Angst auslösen (z.B. schwarzgekleidete Personen). Am Ende können die Patienten auf einen Raum ihrer Wohnung reduziert sein, unfähig zu arbeiten oder normal mit anderen Menschen zu kommunizieren. Bereits die einfachsten täglichen Verrichtungen wie die morgendliche Wäsche können zu einer stundenlang anhaltenden Qual werden. Das Ausmaß des Leidens bei Zwangssyndromen ist daher in der Regel für Menschen, die solche Patienten noch nicht kennengelernt haben, kaum vorstellbar, und professionelle Hilfe erscheint besonders wichtig.

Eine Liste mit den wichtigsten Inhaltsbereichen und konkreten Beispielen typischer Zwangsgedanken und Zwangshandlungen ist im folgenden in Anlehnung an Salkovskis und Kirk (1989) wiedergegeben (Tab.6). Darüber hinaus fällt in der Praxis auf, daß die Gedanken bzw. Handlungen systematisch im Gegensatz zur Persönlichkeit der Betroffenen stehen. So treten blasphemische Inhalte typischerweise bei religiösen Menschen, nicht aber bei Atheisten auf. In gleicher Weise tritt die Zwangsbefürchtung, das eigene Kind zu verletzen, bei

Eltern auf, die ihre Kinder lieben. Auch Zwangsbefürchtungen exhibitionister Akte sind eher bei introvertierten und stark kontrollierten Personen anzutreffen.

Tabelle 6: Beispiele für Zwangsphänomene. Dargestellt sind jeweils zusammengehörige Inhalte der Zwangsbefürchtungen, beispielhafte angstauslösende Reize oder Gedanken sowie angstreduzierende Reaktionen (modifiziert nach Salkovskis & Kirk, 1989; Margraf & Becker, 1994).

Inhalt	Angstauslöser	Reaktion
Kontamination (Idee, durch Kontakt mit Substanzen, die für gefährlich gehalten werden, Schaden zu nehmen, z.B. Schmutz, Keime, Bakterien, Urin, Fäkalien, Blut, Radioaktivität, Gift)	Am Kamm des Friseurs haften AIDS-Viren	Arzt anrufen; Körper nach Anzeichen von AIDS absuchen; Hände und Haarewaschen; alle Dinge sterilisieren, die andere berühren könnten
Physische Gewalt (gegen sich selbst oder andere, durch sich selbst oder andere)	Ich werde mein Kind verletzen	Nicht allein mit dem Kind sein; Beruhigung suchen; Messer und Plastiktüten verschließen
Tod	Vorstellung geliebter Personen als Leichen	Sich dieselben Personen lebend vorstellen
Zufälliger Schaden (nicht aufgrund von Kontamination oder physischer Gewalt, z.B. Unfall, Krankheit)	Ich könnte jemanden mit meinem Auto verletzt haben	Kliniken und Polizei anrufen; dieselbe Strecke noch einmal abfahren; Auto nach Beulen absuchen
Sozial inakzeptables Verhalten (z.B. Schreien, Fluchen, Kontrolle verlieren)	Ich werde laut Obszönitäten herausschreien	Versucht, sich ständig zu kontrollieren; vermeidet soziale Situationen; fragt andere, ob das Verhalten in spezifischen Situationen akzeptabel war
Sexualität (Beschäftigung mit Sexualorganen, inakzeptables Sexualverhalten)	Ich werde jemanden vergewaltigen	Vermeidet es, mit Frauen allein zu sein; versucht, keine sexuellen Gedanken zu denken
Religion (z.B. blaspemische Gedanken, religiöse Zweifel)	Ich werde dem Teufel zu essen geben	Betet; sucht kirchlichen Beistand; beichtet; bietet Gott Essen an
Ordnung (Dinge müssen am rechten Platz sein, genau richtig getan werden, nach einem festgelegten Muster oder eine bestimmte Anzahl von Wiederholungen)	Wenn ich mich nicht in der richtigen Art wasche, muß ich es noch einmal tun, bis es richtig stimmt	Wiederholt die Handlung eine „gute" Anzahl von Malen; wiederholt Handlung, bis es sich „richtig" anfühlt
Nonsens (sinnlose Phrasen, Vorstellungen, Melodien, Wörter, Zahlenreihen)	Hört (in der Einbildung) Kennmelodie einer Fernsehsendung, während er Zeitung liest	Wiederholt die Handlung, bis er es schafft, die selbe Passage zu lesen, ohne daß die Kennmelodie auftritt

Langsamkeit (alle Handlungen müssen exakt „richtig" ausgeführt werden, Schnelligkeit führt zu „Fehlern")	Ich könnte beim Anziehen einen Fehler machen	Sich so langsam anziehen, daß es dem Betrachter wie das Abspielen eines Filmes in Zeitlupe vorkommt

Da Zwangssymptome auch bei anderen psychischen und organischen Störungen auftreten, ist die Differentialdiagnose von herausragender Bedeutung. Noch immer werden viel zu viele Patienten unberechtigt als schizophren eingestuft und auf der anderen Seite ältere Menschen mit hirnorganischen Veränderungen ungerechtfertigt als „neurotisch" angesehen. Die Liste in Tabelle 7 (nach Rachman & Hodgson, 1980) faßt die wichtigsten typischen Charakteristika von Zwangspatienten und ihre Beziehung zu Schizophrenien, organischen Störungen und „zwanghaften Persönlichkeiten" zusammen.

Tabelle 7: Merkmale zur Abgrenzung von Zwangsphänomenen nach Rachman und Hodgson (1980)

Zwangsgedanken	– sind ungewollt – haben häufig aggressive bzw. sexuelle Inhalte – rufen inneren Widerstand hervor – sind belastend – werden als inneren Ursprungs erkannt – werden als sinnlos erkannt (Einsicht) – sind ich-fremd – hängen mit mangelndem Vertrauen in das eigene Gedächtnis zusammen – hängen mit Depressivität zusammen
Zwangshandlungen zeichnen sich durch wiederholtes, stereotypes Verhalten aus, das	– auf ein Gefühl des Gezwungenseins folgt (oder damit zusammenhängt), dessen innerer Ursprung erkannt wird – inneren Widerstand hervorruft – als sinnlos erkannt wird (Einsicht) – Peinlichkeit oder Unbehagen hervorrufen kann – zumindest langfristig schwer zu kontrollieren ist
Schizophrenien unterscheiden sich dadurch, daß die zudringlichen Ideen, Vorstellungen oder Impulse	– externen Kräften zugeschrieben werden – nicht notwendigerweise ich-fremd erlebt werden – nicht als sinnlos betrachtet werden (mangelnde Einsicht) – meist keinen inneren Widerstand hervorrufen
Organische Syndrome können wiederholte Ideen oder Handlungen involvieren, die	– kaum intellektuelle Inhalte aufweisen – kaum absichtsvoll sind – eine mechanische und/oder primitive Qualität haben
„Zwanghafte Persönlichkeitszüge"	– zeigen größere Stabilität als Zwangssyndrome – sind ich-synton – verursachen selten Unbehagen – sind selten von einem Gefühl des Gezwungenseins begleitet – rufen selten Widerstand hervor

2.5.3 Epidemiologie und Ätiologie

Die Häufigkeitsangaben für Zwänge schwanken zwischen 1–2 %, bezogen auf die Sechs-Monats-Prävalenz (Reinecker, 1991; Weissman et al., 1986; Wittchen, 1988). Entgegen früheren Annahmen gibt es keine Geschlechterunterschiede in der Häufigkeit. Nahezu die Hälfte der Zwangspatienten und somit weitaus mehr als bei anderen Angststörungen sind unverheiratet. Im Durchschnitt liegt der Störungsbeginn bei 23 Jahren, es gibt jedoch deutliche Unterschiede je nach Art des Zwanges und Geschlecht der Zwangspatienten. So ist der Störungsbeginn bei Frauen in der Regel später. Waschzwänge beginnen generell etwas später, bei Frauen durchschnittlich mit rund 27 Jahren und bei Männern mit ca. 20 Jahren. Kontrollzwänge hingegen treten früher auf, bei Männern schon mit ca. 14 Jahren, bei Frauen mit ca. 18 Jahren.

Eine Reihe biologischer Variablen sind im Zusammenhang mit Zwangssyndromen untersucht worden (Insel, 1984). Zu den wichtigsten Forschungsbereichen gehören genetische, neuroanatomische, neurophysiologische und biochemische Fragestellungen. Wenngleich immer wieder Auffälligkeiten berichtet wurden, so handelt es sich doch zumeist um wenig spezifische Ergebnisse, die in der Regel auf chronische erhöhte Erregung hindeuten (Turner, Beidel & Nathan, 1985). Die hohen Konkordanzraten, die für Zwangssyndrome bei eineiigen Zwillingen beobachtet wurden, sind denen bei Schizophrenien durchaus vergleichbar. Allerdings fehlen nach wie vor Adoptionsstudien, die sicherstellen könnten, inwieweit es sich bei der familiären Häufung des Zwangssyndroms um eine genetische Übertragung handelt. Auch hier scheint es am wahrscheinlichsten, daß nicht die Störung per se, sondern eine Vulnerabilität dafür vererbt wird. Nach Turner et al. (1985) könnte diese Vulnerabilität zum Teil in einer Tendenz zur chronischen Übererregung bestehen und wäre dann nicht spezifisch für einzelne Angststörungen. Auf mögliche neuroanatomische Abnormitäten bei Zwangspatienten weisen neben der Beobachtung von Zwangssymptomen bei hirnorganischen Syndromen auch eine Reihe neuropsychologischer und neurophysiologischer Studien hin. Immer wieder wurden auffällige EEG-Muster und evozierte Potentiale sowie Hinweise auf Dysfunktionen im Frontallappen gefunden. Auch die Ergebnisse der früher relativ häufig durchgeführten Hirnoperationen (v. a. Leukotomien) werden damit in Zusammenhang gebracht. Der Neurotransmitter Serotonin könnte eine besondere Bedeutung für das Zwangssyndrom haben, zumal das einzige Medikament, das sich in den bisherigen Studien als besser als Placebo erwiesen hat, ein Antidepressivum ist, das an diesem Transmittersystem ansetzt (Clomipramin). Allerdings werden die viele biologische Studien durch methodische Mängel wie fehlende Kontrollgruppen oder vernachlässigte Basisraten in der Allgemeinbevölkerung beeinträchtigt.

Eine einflußreiche Theorie zur Entstehung der Zwangssyndrome stellten Rachman und Hodgson (1980) auf. Sie schreiben neben einer konstitutionellen Prädisposition vor allem einem übermäßig besorgten und kontrollierenden Erziehungsstil der Eltern eine kausale Bedeutung zu. Dabei nehmen sie eine Spezifität des elterlichen Erziehungsstils für die Art der Zwangssymptomatik an: Überfürsorglichkeit führt ihrer Ansicht nach zusammen mit elterlicher Ängstlichkeit und unzureichenden Bewältigungsstrategien zu Waschzwängen, wohingegen Kontrollzwänge durch eine überkritische und penible Erziehung bei gleichzeitig überhöhten Standards zustande kommt. In beiden Fällen wird außerdem die Bedeutung der Eltern als Modell (im einen Fall ständig grübelnd, im anderen übermäßig penibel) betont. Zur Bewertung des Modells muß gesagt werden, daß es bisher fast ausschließlich auf unstandardisierter klinischer Erfahrung beruht, wenngleich es mit den wenigen bisher vorliegenden retrospektiven Befunden vereinbar ist. Allerdings zeichnen sich auch die anderen zum Zwangssyndrom vorliegenden ätiologischen Modelle durch ähnlich schmale empirische Grundlagen aus. Zwei weitere Modelle neueren Datums werden im folgenden noch kurz dargestellt.

Barlow (1988 a) geht davon aus, daß bei Personen mit einer biologischen Vulnerabilität zunächst durch belastende Lebensereignisse intensive negative Gefühle und die dafür typischen neurobiologischen Reaktionen ausgelöst werden. Die durch die negativen Gefühle bewirkten zudringlichen Gedanken, die auch in der Allgemeinbevölkerung (und bei anderen Angststörungen) häufig unter Streßbedingungen auftreten, werden von den Zwangspatienten als inakzeptabel bewertet. Als Konsequenz wird versucht, die Gedanken zu vermeiden oder zu unterdrücken. Das Wiederauftreten der Gedanken intensiviert die Angst und andere negative Gefühle und gibt den Betroffenen das Gefühl, daß diese Gedanken unvorhersagbar und unkontrollierbar sind. Dann entwickelt sich ein für Ängste typischer negativer Rückkopplungskreis, bei dem die Aufmerksamkeit zunehmend auf den Inhalt der inakzeptablen Gedanken eingeengt wird. Der spezifische Inhalt der Zwangsgedanken wird durch erlernte Bewertungen bestimmt, nach denen bestimmte Gedanken oder Vorstellungen als inakzeptabel gelten. Diese Inhalte übernehmen dann dieselbe Funktion wie umschriebene phobische Reize bei der Auslösung von Angst.

Das kognitive Modell der Zwänge von Salkovskis (1985, 1989b) hat in den letzten Jahren verstärkt Aufmerksamkeit gewonnen. Salkovskis geht davon aus, daß zudringliche Gedanken zunächst ein völlig normales Phänomen darstellen. So berichten 90 % der normalen Bevölkerung solche Gedanken zu haben (Rachman, 1981). Ausschlaggebend für die Entwicklung von Zwängen ist die Beurteilung dieser Gedanken. In diesem Modell wird angenommen, daß Zwangspatienten auf die aufdringlichen Gedanken mit negativen automatischen Gedanken reagieren, die sich im allgemeinen auf Schuld oder Verantwortung beziehen. Beispielsweise könnte einer Patientin der Gedanken „Selbstmord" durch den Kopf gehen, ein zugehöriger negativer automatischer Gedanke könnte dann lauten „Meine Schwester könnte Selbstmord begehen, wenn ich an Selbstmord denke". Diese automatischen Gedanken lösen großes Unbehagen und Angst aus. Um der Verantwortung gerecht zu werden und der Angst zu entkommen, versucht der Patient entweder gedanklich oder mittels Zwangshandlungen, den Gedanken zu neutralisieren. In unserem Beispiel könnte die Patientin nun eine Stunde lang versuchen, den Gedanken „Selbstmord gibt es nicht" zu denken. Durch die Neutralisierung nimmt die Angst kurzfristig ab. Gleichzeitig werden jedoch der Gedanke „Selbstmord" und die folgenden automatischen Gedanken nicht verarbeitet, und es kann keine Habituation erfolgen. Vielmehr kommen die Patienten zu der Überzeugung, daß es ohne die Neutralisierung zu einer Katastrophe gekommen wäre. Der aufdringliche Gedanke bleibt hochgradig „gefährlich" und muß immer, wenn er auftritt, neutralisiert werden. Der Patient befindet sich in einem Teufelskreis. Erste Studien zur Überprüfung dieses Modells konnten stützende Daten erbringen (Salkovskis, 1989b; Salkovskis & Westbrook, 1989).

2.5.4 Therapie

Heutzutage werden Zwangsgedanken meist als angstauslösende Reize und Zwangshandlungen oder auch gedankliche Rituale als angstreduzierende Reaktionen aufgefaßt (vgl. Margraf & Becker, 1994; Reinecker, 1990). Auch das DSM-IV macht sich diese Art der Unterscheidung zu eigen (APA, 1994). Diese Sichtweise erlaubt es, Zwangssyndrome als Teil der Angststörungen aufzufassen und Zwangshandlungen analog zu dem Vermeidungsverhalten bei Phobien zu analysieren. Steketee und Foa (1985) betonen, daß für das Verständnis und die erfolgreiche Behandlung der verschiedenen Formen des Zwangssyndroms die Art der angstauslösenden Reize und der angstreduzierenden Reaktionen beachtet werden muß. Ausgangspunkt aller Zwangssymptome sind nach ihrer Ansicht interne Reize. Wichtige Dimensionen der weiteren Analyse sind der Ursprung der Reize (intern/extern), die befürchteten katastrophalen Konsequenzen (vorhanden/nicht vorhanden) und die Unterscheidung zwischen behavioralen und kognitiven Handlungen.

Bei Patienten mit beobachtbaren Zwangshandlungen gilt in der Regel eine Kombination von Konfrontation mit den angstauslösenden Reizen und Reaktionsverhinderung („response prevention") als Methode der Wahl. Nur durch die Kombination können sowohl die Zwangsrituale als auch die Angst beseitigt werden (Steketee & Foa, 1985). Bei der Reaktionsverhinderung ist wichtig zu beachten, daß Zwangspatienten im Gegensatz zu anderen Angstpatienten ihre „Vermeidungsstrategien" aufschieben können (Margraf & Becker, 1994). So kann etwa ein Patient mit einem Waschzwang sein Duschritual oft ohne weiteres noch mehrere Stunden nach der Konfrontation ausführen. Auch kognitive, „magisch" anmutende Strategien wie das vermeintliche „Einfrieren" von kontaminierten Körperteilen kommen bei Zwangspatienten vergleichsweise häufig vor. Wenn solche Vermeidungsstrategien durch die Therapeuten nicht verhindert werden, ist eine Konfrontationstherapie in der Regel nicht erfolgreich.

Ein Problem für die eben beschriebenen Methoden stellte die Minderheit der Patienten dar, die kein beobachtbares Zwangsverhalten zeigen. Diese Patienten weisen nur Zwangsgedanken auf. Ein großer Fortschritt ist in jüngster Zeit durch Tonband-Konfrontationstherapien mit Hilfe von tragbaren Kassettenrekordern erzielt worden (Salkovskis & Kirk, 1989). Auch Zwangsgedanken können in angstauslösende und angstreduzierende Gedanken unterteilt werden. Die Patienten werden gebeten, ihre angstauslösenden Gedanken auf ein Tonband mit einer Endlosschleife zu sprechen. Diese Kassette sollen sie auf ihrem Walkman jedes Mal abspielen, wenn die Gedanken auftreten bzw. sie den Impuls verspüren, ihre angstreduzierenden kognitiven Rituale zu beginnen. Durch das Abhören ihrer eigenen Stimme über einen Kopfhörer wird ein Effekt erzielt, der dem tatsächlichen Denken sehr nahe kommt. Wenn die Kassette lange genug angehört wird, handelt es sich bei dieser Therapie um eine Übertragung der klassischen Reizüberflutungsmethode auf kognitive Inhalte. Salkovskis und Westbrook (1989) konnten in einer Serie von Einzelfallexperimenten sehr gute Erfolge dieser Methode belegen.

Insgesamt hat sich die Behandlung durch die genannten verhaltenstherapeutischen Methoden in der bisherigen Forschung als anderen Verfahren überlegen erwiesen. Zu den untersuchten Alternativen zählen auch pharmakologische Therapien u. a. mit den Antidepressiva Imipramin und Clomipramin. Die Erfolgsquoten liegen allerdings niedriger als etwa in der Behandlung des Paniksyndroms oder der Agoraphobie (O'Sullivan & Marks, 1990). In bezug auf die Wirkmechanismen solcher Therapien kann zum gegenwärtigen Zeitpunkt nur gesagt werden, daß Habituation sowohl innerhalb als auch zwischen den Therapiesitzungen von Bedeutung ist. Solche Habituationseffekte treten bei Zwangspatienten ebenso wie bei Agoraphobikern auf (Foa & Kozak, 1986).

2.6 Posttraumatische Belastungsstörung

2.6.1 Kurzdefinition

Die posttraumatische Belastungsreaktion ist eine lang anhaltende Störung infolge eines massiv belastenden Ereignisses, das außerhalb des Rahmens der normalen menschlichen Erfahrung liegt (z. B. Vergewaltigung, andere Gewaltverbrechen, Katastrophen). Typische Symptome sind neben starker Furcht und Vermeidung von Reizen, die mit dem belastenden Ereignis zusammenhängen, vor allem das häufige und intensive Wiederdurchleben (Alpträume, Tagträume) des Ereignisses, emotionale Taubheit ("Abstumpfung") und gleichzeitig erhöhte Erregung.

2.6.2 Phänomenologie und Klassifikation

Bei der posttraumatischen Belastungsreaktion handelt es sich um die einzige Angststörung, die per Definition auf ein traumatisches Ereignis zurückgeht. Als Reaktion auf dieses Ereignis treten Angst und Anspannung zusammen mit erhöhter Wachsamkeit und Schreckhaftigkeit auf. Die Angst ist so stark, daß es typischerweise zur Beeinträchtigung der kognitiven Funktionen kommt; die Patienten können sich nur noch schwer konzentrieren und ihre Gedächtnisleistung läßt nach. Außerdem zeigen die Patienten häufig große Gereiztheit. Betroffene Personen versuchen im allgemeinen, die Erinnerung an das Trauma weit von sich zu schieben. Sie vermeiden Orte, Situationen oder auch Personen, die sie an das belastende Ereignis erinnern. Durch das Trauma kann es zu einer psychogenen Amnesie kommen. Im allgemeinen gelingt es den Patienten jedoch gerade nicht, die unerwünschten Erinnerungen zu unterdrücken. Es kommt zu sogenannten "flashbacks" und Alpträumen, in denen das Ereignis wiedererlebt wird. Die meisten Patienten leiden unter massiven Schlafstörungen. Des weiteren treten Symptome aus dem Bereich der dissoziativen Störungen auf. Es kann zu Derealisation und Depersonalisation kommen. Die Patienten ziehen sich sozial zurück, fühlen sich emotional abgestumpft und abgeschnitten von anderen.

Die Aufmerksamkeit für diese Störung wurde zum ersten Mal durch Soldaten des Ersten und Zweiten Weltkrieges und Insassen von Konzentrations- und Internierungslagern geweckt. Soldaten, die an der Front waren, zeigten starke Angst und Aufregung, klagten über Herzklopfen, Alpträume etc. und mußten von der Front entfernt werden. Die Störung wurde zunächst als "shell shock" oder auch "Kriegsneurose" bezeichnet. Mit den Opfern der Konzentrationslager und den Heimkehrern des Vietnamkrieges begann jedoch die eigentliche wissenschaftliche Beschäftigung mit diesem Störungsbild. Es zeigten weit mehr Veteranen dieses Krieges eine posttraumatische Belastungsreaktion, als nach den beiden Weltkriegen erwartet wurde. Viele Soldaten hatten massive Schwierigkeiten, sich in ihr soziales Umfeld und ihre Familie wieder einzupassen. Außerdem stellte der Drogenkonsum und -mißbrauch unter den Heimkehrern ein massives Problem dar.

Situationen, die eine posttraumatische Belastungsreaktion auslösen können, sind nicht auf Kriegsfälle beschränkt. Häufige Auslöser sind Überfälle oder Vergewaltigungen, Unfälle oder auch Naturkatastrophen wie Erdbeben oder Brände. Die Situationen zeichnet in der Regel aus, daß sich die betroffene

Person in ihrem Leben oder ihrer Gesundheit massiv bedroht sieht oder eine ihr nahestehende Person bedroht wird. Das DSM-III-R forderte, daß die Situation außerhalb der normalen menschlichen Erfahrung liegt. Da solche Situationen jedoch häufiger als früher angenommen vorkommen – beispielsweise gehen auch manche ernst zu nehmende Schätzungen davon aus, daß ungefähr 25 % aller Frauen im Leben zu mindestens einer versuchten Vergewaltigung ausgesetzt sind (Koss, 1983) – wurde dieses Kriterium im DSM-IV geändert. Ein weiter Grund hierfür war, daß Erlebnisse, die nicht von jedem als traumatisch bezeichnet werden würden, wie etwa der Tod eines Haustieres, bei einigen Personen eine posttraumatische Belastungsreaktion auslösen können.

Das DSM-III-R fordert für eine Diagnose, daß die Symptome über mindestens einen Monat bestehen. Die Komorbidität mit anderen Angststörungen, somatoformen Störungen und Depressionen ist recht hoch, was die Diagnose erschweren kann.

2.6.3 Epidemiologie und Ätiologie

Es liegen derzeit keine zuverlässigen Daten über Prävalenzraten, Geschlechterverteilung oder den Verlauf der Störung vor. Die Angaben klaffen weit auseinander. Im allgemeinen scheint die Störung direkt nach dem Trauma zu beginnen, es gibt aber auch eine Reihe von Berichten, in denen die posttraumatische Belastungsreaktion erst mit monate- oder gar jahrelanger Verzögerung einsetzte. Für die verschiedenen Traumata werden unterschiedliche Prävalenzdaten der Störung berichtet, z.B. 4 % bei Opfern ziviler Gewalttaten, 20 % bei verwundeten Vietnamsoldaten, 35 % bei Überlebenden von Konzentrationslagern. Die folgende Tabelle 8 zeigt die Häufigkeit, mit der die Opfer von verschiedenen Gewalttaten psychische Beschwerden entwickelten. Die gesamte Stichprobe dieser Untersuchung von Kilpatrick et al. (1985a) umfaßte mehr als 2000 Frauen, davon waren über 500 Opfer einer schweren Gewalttat gewesen, über 100 waren vergewaltigt worden.

Im Gegensatz zu den anderen Angststörungen sieht es bei der posttraumatischen Belastungsreaktion zunächst so aus, als wäre hier die Ursache klar bekannt, nämlich das traumatische Erlebnis. Allerdings reicht dies als Erklärung nicht aus, da bei weitem nicht alle Opfer von Traumata eine posttraumatische Belastungsreaktion entwickeln. Auch hier scheint wieder eine Prädisposition eine Rolle zu spielen. Daneben sind auch Merkmale der traumatischen Ereignisse von großer Bedeutung. So sind die Reaktionen auf Vergewaltigungen besonders stark, wenn die Tat im Heim des Opfers stattfand (Kilpatrick, Veronen & Best, 1985b). Bei Vergewaltigungen an fremden oder öffentlichen Orten sind dagegen in der Regel weniger schwere psychische Reaktionen zu beobachten. Wichtig scheinen auch die soziale Einbindung und Unterstützung des Opfers zu sein.

Tabelle 8: Psychische Beschwerden nach Gewalttaten in der Studie von Kilpatrick et al. (1985a). Dargestellt wird die Häufigkeit, mit der die Opfer von verschiedenen Gewalttaten psychische Beschwerden entwickelten. Die gesamte Stichprobe dieser Untersuchung umfaßte mehr als 2000 Frauen, davon waren über 500 Opfer einer schweren Gewalttat gewesen, über 100 waren vergewaltigt worden. Zum Vergleich sind auch die Ergebnisse einer „Kontrollgruppe" von Nicht-Opfern aufgeführt. (Prozentangaben jeweils bezogen auf die Gruppe von Gewalttaten, d.h. zeilenweise.)

Art der Gewalttat	„Nervenzusammenbruch"	Suizidgedanken	Suizidversuch
Versuchte Vergewaltigung	9.0	29.5	8.9
Erfolgte Vergewaltigung	16.3	44.0	19.2
Versuchte sexuelle Belästigung	5.4	32.4	8.1
Erfolgte sexuelle Belästigung	1.9	21.8	3.6
Versuchter Raub	0.0	9.1	12.1
Erfolgter Raub	7.8	10.8	3.1
Schwerer Raubüberfall	2.1	14.9	4.3
Nicht-Opfer	3.3	6.8	2.2

2.6.4 Therapie

Fast allen Therapieansätzen, die auf die posttraumatische Belastungsreaktion zugeschnitten sind, ist gemeinsam, daß das Trauma aktiv bearbeitet wird, also eine Konfrontation mit dem belastenden Ereignis stattfindet. Ein einflußreicher psychodynamisch orientierter Autor auf diesem Gebiet ist Horowitz. Auch er legt bei der Behandlung einen Schwerpunkt auf die Bearbeitung und das Wiedererleben des Traumas (z.B. Horowitz, 1986). Er formuliert drei Ziele in der Behandlung der posttraumatischen Belastungsreaktion: dem Patienten helfen, seinen Selbstwert zu erhalten, eine realistische Einschätzung und Anpassung an die Situation zu finden und das Trauma emotional zu verarbeiten.

Die posttraumatische Belastungsreaktion läßt sich offenbar recht gut durch eine Konfrontation behandeln (Foa, Rothbaum, Riggs & Murdock, 1991). Der Patient erzählt wiederholt von dem Trauma und den Gefühlen, die das Trauma hervorruft. Er stellt sich das Ereignis in Vorstellungsübungen vor und hört seine eigenen Erzählungen auf Band an. Häufig wird auch ein allgemeines Angst-Management-Training durchgeführt, in dem der Patient lernt, mit dem Streß und der Angst, die durch das Trauma entstanden sind, umzugehen. So werden Atem- und Entspannungstechniken vermittelt, Problemlösen und Rollenspiel durch geführt. Beide Therapieansätze haben sich als recht erfolgreich erwiesen (Foa et al., 1991). Neuerdings werden auch vermehrt kognitive Therapieverfahren eingesetzt (Resick & Schnicke, 1993). Ein Problem bei der Behandlung sind die teilweise hohen Abbrecher- und Verweigererzahlen. Wird den Patienten in Aussicht gestellt, über das Trauma reden zu müssen, fühlen sie sich leicht überfordert und erscheinen nicht mehr zur Therapie.

3 Abschließende Bemerkungen

Der Bereich der Angststörungen ist in den letzten beiden Jahrzehnten von einem raschen Erkenntnisfortschritt gekennzeichnet gewesen. Dabei konnten die größten Verbesserungen im praktischen Bereich mit einer zunehmend vereinheitlichten Klassifikation und Diagnostik sowie mit immer besseren Behandlungen insbesondere aus dem kognitiv-verhaltenstherapeutischen Bereich beobachtet werden. Wesentliche Fortschritte hat es vor allem dann gegeben, wenn therapeutische und theoretische Ansätze einander befruchteten. Dennoch sind gerade zur Frage der Ätiologie noch große Erkenntnislücken zu schließen. Darüber hinaus ist die praktische Umsetzung des gewonnenen Wissens nach wie vor ein großes Problem. Selbst so altbekannte und bewährte Verfahren wie die Reizkonfrontationsmethoden werden in der Praxis lange nicht so häufig angewandt, wie dies von den Forschungsergebnissen her gerechtfertigt wäre (vgl. Margraf, 1992). Zu den wesentlichen Zukunftsaufgaben gehört daher nicht nur der Versuch, bessere ätiologische Modelle zu entwickeln und die Therapiemethoden weiter zu verbessern, sondern auch ein stärkerer Wissenstransfer zwischen Forschung und Praxis.

Literatur

Agras, W. S., Sylvester, D. & Oliveau, D. (1969). The epidemiology of common fears and phobias. *Comprehensive Psychiatry, 10,* 151–156.

American Psychiatric Association (Ed.). (1980). *Diagnostic and Statistical Manual of Mental Disorders, Third Edition (DSM-III).* Washington, DC: American Psychiatric Press.

American Psychiatric Association (Ed.). (1987). *Diagnostic and Statistical Manual of Mental Disorders, Third Edition-Revised (DSM-III-R).* Washington, DC: American Psychiatric Press.

American Psychiatric Association (Ed.). (1994). *Diagnostic and Statistical Manual of Mental Disorders, Fourth Edition (DSM-IV).* Washington, DC: American Psychiatric Press.

Anderson, D. J., Noyes, R. & Crowe, R. R. (1984). A comparison of panic disorder and generalized anxiety disorder. *American Journal of Psychiatry, 141,* 572–575.

Andrews, G., Steward, G., Allen, R. & Henderson, A. S. (1990). The genetics of six neurotic disorders. A twin study. *Journal of Affective Disorders, 19,* 23–29.

Andrews, V.H. & Borkovec, T.D. (1988). The differential effects of inductions of worry, somatic anxiety, and depression on emotional experience. *Journal of Behaviour Therapy and Experimental Psychiatry, 19 (1)*, 21–26.

Angst, J. & Dobler-Mikola, A. (1985a). The Zürich Study – A prospective epidemiological study of depressive, neurotic and psychosomatic syndromes. IV. Recurrent and nonrecurrent brief depression. *European Archives of Psychiatry and Neurological Sciences, 234*, 408–416.

Angst, J. & Dobler-Mikola, A. (1985b). The Zürich Study. VI. A continuum from depression to anxiety disorders? *European Archives of Psychiatry and Neurological Sciences, 235*, 179–186.

Angst, J. & Dobler-Mikola, A. (1985c). The Zürich Study. V. Anxiety and phobia in young adults. *European Archives of Psychiatry and Neurological Sciences, 235*, 171–178.

Angst, J. & Vollrath, M. (1988). Angst und Depression. Paper presented at the International Symposium of the International Committee P.T.D., St. Moritz, Februar 1988.

Ballenger, J.C. (1986a). Biological aspects of panic disorder. *American Journal of Psychiatry, 143*, 516–518.

Ballenger, J.C. (1986b). Pharmacotherapy of the panic disorders. *Journal of Clinical Psychiatry, 47*, 27–32.

Barlow, D.H. (1988a). *Anxiety and its disorders. The nature and treatment of anxiety and panic.* New York: The Guilford Press.

Barlow, D.H. (1988b). Current models of panic disorder and a view from emotion theory. In A.J. Frances & R.E. Hales (Eds.), *Review of Psychiatry* (Vol. 7, pp. 10–28). Washington, DC: American Psychiatric Press.

Barlow, D.H. (1988c). Future directions. In C.G. Last & M. Hersen (Eds.), *Handbook of Anxiety Disorders* (S. 587–598). New York: Pergamon.

Barlow, D.H., Blanchard, E.B., Vermilyea, J.A., Vermilyea, B.B. & DiNardo, P.A. (1986). Generalized anxiety and generalized anxiety disorder: Description and reconceptualization. *American Journal of Psychiatry, 143*, 40–44.

Barlow, D.H. & Shear, M.K. (1988). Panic disorder: Foreword. In A.J. Frances & R.E. Hales (Eds.), *Review of Psychiatry* (Vol. 7, pp. 5–9). Washington, DC: American Psychiatric Press.

Barlow, D.H., Vermilyea, J., Blanchard, E.B., Vermilyea, B.B., Di Nardo, P.A. & Cerny, J.A. (1985). The phenomenon of panic. *Journal of Abnormal Psychology, 94*, 320–328.

Barlow, D.H. & Waddell, M.T. (1985). Agoraphobia. In D.H. Barlow (Ed.), *Clinical Handbook of Psychological Disorders* (pp. 1–68). New York: Guilford.

Bartling, G., Fiegenbaum, W. & Krause, R. (1980). *Reizüberflutung. Theorie und Praxis.* Stuttgart: Kohlhammer.

Beck, A.T., Emery, G. & Greenberg, R. (1985). *Anxiety Disorders and Phobias.* New York: Basic Books.

Blowers, C., Cobb, J. & Mathews, A. (1987). Generalized anxiety: A controlled treatment study. *Behaviour Research and Therapy, 25*, 493–502.

Bonn, J. A., Readhead, C. P. & Timmons, B. A. (1984). Enhanced adaptive behavioural responses in agoraphobic patients pretreated with breathing retraining. *Lancet*, 665–669.

Borkovec, T. D. & Mathews, A. M. (1988). Treatment of nonphobic anxiety disorders: A comparison of nondirective, cognitive, and coping desensitization therapy. *Journal of Consulting and Clinical Psychology, 56* (6), 877–844.

Borkovec, T. D. & Inz, J. (1990). The nature of worry in generalized anxiety disorder: A predominance of thought activity. *Behaviour Research and Therapy, 28*, 153–158.

Borkovec, T. D., Robinson, E. & Pruzinsky, T. (1983). Preliminary exploration of worry: Some characteristics and processes. *Behaviour Research and Therapy, 21*, 9–16.

Borkovec, T. D., Shadick, R. N. & Hopkins, M. (1991). The nature of normal and pathological worry. In R. M. Rapee & D. H. Barlow (Eds.), *Chronic Anxiety. Generalized Anxiety Disorder and Mixed Anxiety-Depression* (pp. 29–51). New York: The Guilford Press.

Boulenger, J., Uhde, T. W., Wolff, E. A. & Post, R. M. (1984). Increased sensitivity to caffeine in patients with panic disorders. *Archives of General Psychiatry, 41*, 1067–1071.

Boyd, J. H. (1986). Use of mental health services for the treatment of panic disorder. *American Journal of Psychiatry, 143*, 1569–1574.

Brown, T. A., Moras, K., Zinbarg, R. E. & Barlow, D. H. (1993). Diagnostic and symptom distinguishability of Generalized Anxiety Disorder and Obsessive-Compulsive Disorder. *Behavior Therapy, 24*, 227–240.

Butler, G., Cullington, A., Hibbert, G., Klimes, I. & Gelder, M. (1987). Anxiety management for persistent generalized anxiety. *British Journal of Psychiatry, 151*, 535–542.

Cameron, O. G., Thyer, B. A., Nesse, R. M. & Curtis, G. C. (1986). Symptom profiles of patients with DSM-III anxiety disorders. *American Journal of Psychiatry, 143*, 1132–1137.

Carey, G. & Gottesmann, I. I. (1981). Twin and family studies of anxiety, phobic, and obsessive disorders. In D. F. Klein & J. Rabkin (Eds.), *Anxiety: New Research and Changing Concepts* (pp. 117–136). New York: Raven.

Cattell, R. B. & Scheier, I. H. (1961). *The meaning and measurement of neuroticism and anxiety.* New York: Ronald Press.

Chambless, D. L., Caputo, G. C., Bright, P. & Gallagher, R. (1984). Assessment of fear of fear in agoraphobics: The Body Sensations Questionnaire and the Agoraphobic Cognitions Questionnaire. *Journal of Consulting and Clinical Psychology, 52*, 1090–1097.

Chambless, D. L. & Gillis, M. M. (1993). Cognitive therapy of anxiety disorders. *Journal of Consulting and Clinical Psychology, 61*, 248–260.

Charney, D. S. & Heninger, G. R. (1986). Alpha$_2$ adrenergic and opiate receptor blockade. Synergistic effects on anxiety in healthy subjects. *Archives of General Psychiatry, 43*, 1037–1041.

Clark, D. M. (1986). A cognitive approach to panic. *Behaviour Research and Therapy, 24*, 461–470.

Clark, D. M., Salkovskis, P. M., Gelder, M., Koehler, C., Martin, M., Anastasiades, P., Hackman, A., Middleton, H. & Jeavons, A. (1988). Test of a cognitive theory of panic. In I. Hand & H. U. Wittchen (Eds.), *Panic and Phobias 2* (pp. 149–158). Berlin: Springer.

Clum, G. A. (1989). Psychological interventions vs. drugs in the treatment of panic. *Behavior Therapy, 20*, 429–457.

Coryell, W., Noyes, R. & Clancy, J. (1982). Excess mortality in panic disorder: Comparison with primary unipolar depression. *Archives of General Psychiatry, 39*, 701–703.

Coryell, W., Noyes, R. & Clancy, J. (1983). Panic disorder and primary unipolar depression. *Journal of Affective Disorders, 5*, 311–317.

Cowley, D. S. & Roy-Byrne, P. P. (1991). The biology of Generalized Anxiety Disorder and Chronic Anxiety. In R. M. Rapee & D. H. Barlow (Eds.), *Chronic Anxiety. Generalized Anxiety Disorder and Mixed Anxiety-Depression* (pp. 52–75). New York: The Guilford Press.

Craske, M. G., Barlow, D. & O'Leary, Y. (1991). Behavioral treatment for generalized anxiety disorder. Paper presented at the 25th annual AABT Convention, Nov. 21–24, New York.

Craske, M. G., Rapee, R. M., Jackel, L. & Barlow, D. H. (1989). Qualitative dimensions of worry in DSM-III-R generalized anxiety disorder subjects and nonanxious controls. *Behaviour Research and Therapy, 27*, 397–402.

Davis, M. (1992). The role of the amygdala in fear and anxiety. *Annual Review of Neuroscience, 15*, 353–375.

Dilling, H., Mombour, W. & Schmidt, M. H. (Hrsg.) (1991). *Internationale Klassifikation psychischer Störungen. ICD-10*, Kapitel V (F). Bern: Huber.

Dollard, J. & Miller, N. E. (1950). *Personality and psychotherapy*. New York: McGraw-Hill.

Ehlers, A. (1991). Cognitive factors in panic attacks: Symptom probability and sensitivity. *Journal of Cognitive Psychotherapy, 5*, 157–173.

Ehlers, A. & Breuer, P. (in press). Selective attention to physical threat in subjects with panic attacks and specific phobias. *Journal of Anxiety Disorders, 9*, 11–21.

Ehlers, A. & Margraf, J. (1989). The psychophysiological model of panic attacks. In P. M. G. Emmelkamp, W. T. A. M. Everaerd, F. Kraaimaat & M. J. M. Van Son (Eds.), Fresh perspectives on anxiety disorders (pp. 1–29). Amsterdam: Swets & Zeitlinger.

Ehlers, A. & Margraf, J. (1992). Angst und körperliche Symptome: Neue Erkenntnisse zum Paniksyndrom. In W. Fiegenbaum, J. Margraf, I. Florin, A. Ehlers (Hrsg.), *Zukunftsperspektiven der Klinischen Psychologie* (S. 135–148). Berlin: Springer.

Ehlers, A. & Margraf, J. (1993). *Manual zu den Fragebogen zu körperbezogenen Ängsten, Kognitionen und Vermeidung (AKV)*. Weinheim: Beltz.

Ehlers, A., Margraf, J., Davies, S. & Roth, W. T. (1988e). Selective processing of threat cues in subjects with panic attacks. *Cognition and Emotion, 2*, 201–219.

Ehlers, A., Margraf, J. & Roth, W. T. (1986b). Panik und Angst: Theorie und Forschung zu einer neuen Klassifikation der Angststörung. *Zeitschrift für Klinische Psychologie, 15*, 281–302.

Ehlers, A., Margraf, J., Taylor, C. B. & Roth, W. T. (1988a). Cardiovascular aspects of panic disorder. In T. Elbert, W. Langosch, A. Steptoe & D. Vaitl (Eds.), *Behavioral medicine in cardiovascular disorders* (pp. 255–291). Chichester: Wiley.

Ehlers, A., Margraf, J. & Roth, W. T. (1988b). Interaction of expectancy and physiological stressors in a laboratory model of panic. In D. Hellhammer, I. Florin & H. Weiner (Eds.), *Neurobiological approaches to human diseases* (pp. 379–384). Toronto: Huber.

Ehlers, A., Margraf, J. & Roth, W. T. (1988c). Selective information processing, interoception, and panic attacks. In I. Hand & H. U. Wittchen (Eds.), *Panic and Phobias 2* (pp. 129–148). Berlin: Springer.

Ehlers, A., Margraf, J., Roth, W. T., Taylor, C. B. & Birbaumer, N. (1988d). Anxiety induced by false heart rate feedback in patients with panic disorder. *Behaviour Research and Therapy, 26*, 1–11.

Epstein, S. (1972). The nature of anxiety with emphasis upon its relationship to expectancy. In C. D. Spielberger (Eds.), *Anxiety. Current trends in theory and research* (Vol. 2). New York: Academic Press.

Eysenck, H. J. (1967). *The biological basis of personality.* Springfield, Ill.: Charles C. Thomas.

Eysenck, H. J. (1981). *A model for personality.* New York: Springer-Verlag.

Eysenck, M. W. (1991). Cognitive factors in clinical psychology: Potential relevance to therapy. In M. Briley & S. E. File (Eds.), *New concepts in anxiety.* London: MacMillan.

Eysenck, M. W. (1992). *Anxiety: The cognitive perspective.* Hove: Lawrence Erlbaum Associates.

Fahrenberg, J. (1987). Psychophysiology of neuroticism and anxiety. In A. Gale & M. W. Eysenck (Eds.), *Handbook of individual differences: Biological perspectives.* Chichester: Wiley.

Fiegenbaum, W. (1986). Longterm efficacy of exposure in-vivo for cardiac phobia. In I. Hand & H. Wittchen (Eds.), *Panic and phobias* (pp. 81–89). Berlin: Springer.

Fiegenbaum, W. (1988). Longterm efficacy of graded and massed exposure in agoraphobia: An exploratory analysis. In I. Hand & H. U. Wittchen (Eds.), *Panic and phobias 2* (pp. 83–88). Berlin: Springer.

Foa, E. B. (1988). What cognitions differentiate panic disorder from other anxiety disorders? In I. Hand & H. U. Wittchen (Eds.), *Panic and phobias 2* (pp. 159–166). Berlin: Springer.

Foa, E. B. & Emmelkamp, P. M. G. (Eds.) (1983). *Failures in behavior therapy.* New York: Wiley.

Foa, E. B. & Kozak, M. J. (1986). Emotional processing of fear: Exposure to corrective information. *Psychological Bulletin, 99*, 20–35.

Foa, E. B., Rothbaum, B. O., Riggs, D. S. & Murdock, T. B. (1991c). Treatment of posttraumatic stress disorder in rape victims: A comparison between cognitive-behavioral procedures and counseling. *Journal of Consulting and Clinical Psychology, 59*, 715–723.

Freud, S. (1895 a). Obsessions et phobies. Leur mécanisme psychique et leur étiologie. *Revue Neurologique, 3*. In S. Freud (Hrsg.). (1952). *Gesammelte Werke (Bd. 1)*. London: Imago.

Freud, S. (1895 b). Über die Berechtigung von der Neurasthenie einen bestimmten Symptomenkomplex als „Angstneurose" abzutrennen. In S. Freud (Hrsg.), *Gesammelte Werke* (Bd. 7). London: Imago.

Freud, S. (1917). Wege der psychoanalytischen Therapie. In S. Freud (Hrsg.), *Gesammelte Werke* (Bd. 12). London: Imago.

Freud, S. (1952). Katharina. Studien über Hysterie. In S. Freud (Hrsg.), *Gesammelte Werke* (Bd. 1). London: Imago.

Gelder, M. & Marks, I. M. (1966). Severe agoraphobia: A controlled prospective trial of behaviour therapy. *British Journal of Psychiatry, 112*, 309–319.

Goethe, J. W. (1970). *Dichtung und Wahrheit*. Frankfurt: Insel Verlag.

Goldstein, A. J. & Chambless, D. L. (1978). A reanalysis of agoraphobia. *Behavior Therapy, 9*, 47–59.

Grawe, K., Donati, R. & Bernati, H. (1994). *Psychotherapie im Wandel. Von Konfession zur Profession.* Göttingen: Hogrefe.

Gray, J. A. (1971). *The psychology of fear and stress*. London: Weidenfeld & Nicholson.

Gray, J. A. (1982 a). Precis of the neuropsychology of anxiety: An enquiry into the functions of the septo-hippocampal system. *Behavioral and Brain Sciences, 5*, 469–534.

Gray, J. A. (1982 b). *The neuropsychology of anxiety*. New York: Oxford Press.

Grünbaum, A. (1984). *The foundations of psychoanalysis. A philosophical critique.* Berkeley: University of California Press.

Hallam, R. S. (1978). Agoraphobia: A critical review of the concept. *British Journal of Psychiatry, 1333*, 314–319.

Hallam, R. S. (1985). *Anxiety: Psychological perspectives on panic and agoraphobia*. Orlando, Florida: Academic Press.

Heimberg, R. G. (1990). Cognitive behavior therapy. In A. S. Bellack & M. Hersen (Eds.), *Handbook of comparative treatments for adult disorders* (pp. 203–218). New York: John Wiley & Sons.

Heimberg, R. G., Dodge, C. S., Hope, D. A., Kennedy, C. R. & Zollo, L. J. (1990). Cognitive behavioral group treatment for social phobia: Comparison with a credible placebo control. *Cognitive Therapy and Reserach, 14*, 1–23.

Helmchen, H. & Linden, M. (1986). *Die Differenzierung von Angst und Depression.* Berlin: Springer.

Hernstein, R. J. (1969). Method and theory in the study of avoidance. *Psychological Review, 76*, 49–69.

Hibbert, G. A. (1984). Ideational components of anxiety: Their origin and content. *British Journal of Psychiatry, 144*, 618–624.

Hinsch, R. & Pfingsten, U. (1992). *Gruppentraining sozialer Kompetenz (GSK).* Weinheim: Psychologie Verlags Union.

Hodgson, R. & Rachman, S. (1974). II. Desynchrony in measures of fear. *Behaviour Research and Therapy, 12*, 319–326.

Hoehn-Saric, R. (1981). Characteristics of chronic anxiety patients. In D. F. Klein & J. Rabkin (Eds.), *Anxiety: New research and changing concepts.* New York: Raven.

Hoehn-Saric, R. (1982). Comparison of generalized anxiety disorder with panic disorder patients. *Psychopharmacology Bulletin, 18*, 104–108.

Hoehn-Saric, R. & McLeod, D. R. (1985). Generalized anxiety disorder. *Psychiatric Clinics of North America, 8 (1)*, 73–88.

Hoehn-Saric, R. & McLeod, D. R. (1990). Generalized Anxiety Disorder in adulthood. In M. Hersen & C. G. Last (Eds.), *Handbook of child and adult psychopathology.* New York: Pergamon Press.

Horowitz, M. (1986). Stress response syndromes. (2. ed). New York: Jason Aronson.

Hughdahl, K. (1981). The three-systems-model of fear and emotion – a critical examination. *Behaviour Research and Therapy, 19*, 75–85.

Hughdahl, K. & Johnsen, B. H. (1989). Preparedness and electrodermal fear-conditioning: Ontogenetic vs phylogenetic explanations. *Behaviour Research and Therapy, 27*, 269–278.

Hugdahl, K. & Öst, L. G. (1985). Subjectively rated physiological and cognitive symptoms in six different clinical phobias. *Personality and Individual Differences, 6*, 175–188.

Insel, T. R. (Ed.) (1984). *New findings in obsessive-compulsive disorder.* Washington, DC: American Psychiatric Press.

Janke, W. & Netter, P. (1986). *Angst und Psychopharmaka.* Stuttgart: Kohlhammer.

Kendler, K. S., Heath, A. C., Martin, N. G. & Eaves, L. J. (1987). Symptoms of anxiety and symptoms of depression: Same genes, different environments? *Archives of General Psychiatry, 44*, 451–457.

Kendler, K. S., Neale, M. C., Kessler, R. C., Heath, A. C. & Eaves, L. J. (1992). Generalized Anxiety Disorder in women. *Archives of General Psychiatry, 49*, 267–272.

Kilpatrick, D. G., Best, C. L., Veronen, L. J., Amick, A. E., Villeponteaux, L. A. & Ruff, G. A. (1985a). Mental health correlates of criminal victimization: A random community survey. *Journal of Consulting and Clinical Psychology, 53*, 866–873.

Kilpatrick, D. G., Veronen, L. J. & Best, C. L. (1985b). Factors predicting psychological distress among rape victims. In C. R. Figley (Ed.), *Trauma and its wake.* New York: Brunner/Mazel.

Klein, D. F. (1964). Delineation of two drug-responsive anxiety syndromes. *Psychopharmacologia, 5*, 397–408.

Klein, D. F. (1980). Anxiety reconceptualized. *Comprehensive Psychiatry, 21*, 411–427.

Klerman, G. K. (1988). Overview of the cross-national collaborative panic study. *Archives of General Psychiatry, 45*, 407–412.

Klüver, H. & Bucy, P. (1937). „Psychic blindness" and other symptoms following bilateral temporal lobectomy in Rhesus monkeys. *American Journal of Physiology, 119*, 352–353.

Koss, M. P. (1983). The scope of rape: Implications for the clinical treatment of victims. *Clinical Psychologist, 36*, 88–105.

Lader, M. H. & Marks, I. M. (1971). *Clinical anxiety*. London: Heinemann Medical.

Lang, P. J. (1977). Imagery in therapy: An information processing analysis of fear. *Behavior Therapy, 8*, 862–886.

Lang, P. J. (1985). The cognitive psychophysiology of emotion: Fear and anxiety. In A. H. Tuma & J. D. Maser (Eds.), *Anxiety and the anxiety disorders* (pp. 131–170). Hillsdale: Erlbaum.

Lang, P. J. (1988). Fear, anxiety, and panic: Context, cognition, and visceral arousal. In S. Rachman & J. D. Maser (Eds.), *Panic: Psychological perspectives* (pp. 219–236). Hillsdale: Erlbaum.

Last, C. G., Barlow, D. H. & O'Brien, G. T. (1984). Precipitants of agoraphobia: Role of stressful life events. *Psychological Reports, 54*, 567–570.

Lazarus, R. S., Kanner, A. D. & Folkman, S. (1980). Emotions: A cognitive-phenomenological analysis. In R. Plutchik & H. Kellermann (Eds.), *Emotion: Theory, Research, and Experience* (Vol. 1). New York: Academic Press.

Leckman, J. F., Weissman, M. M., Merikangas, K. R., Pauls, D. L. & Prusoff, B. A. (1983). Panic disorder and major depression. Increased risk of depression, alcoholism, panic, and phobic disorders in families of depressed probands with panic disorder. *Archives of General Psychiatry, 40*, 1055–1060.

LeDoux, D. E. (1986). Sensory systems and emotion: A model of affective processing. *Integrative Psychiatry, 4*, 237–248.

LeDoux, D. E. (1989). Central pathways of emotional plasticity. In H. Weiner, I. Florin, R. Murison & D. Hellhammer (Eds.), *Frontiers of stress research* (pp. 122–139). Lewiston, NY: Huber.

LeDoux, D. E. (1990). Fear pathways in the brain: Implications for a theory of the emotional brain. In P. F. Brain, S. Parmigiani, R. J. Blanchard & D. Mainardi (Eds.), *Fear and defence*. Chur: Harwood.

Lelliott, P., Marks, I., McNamee, G. & Tobena, A. (1989). Onset of panic disorder with agoraphobia: Toward an integrated model. *Archives of General Psychiatry, 46*, 1000–1004.

Margraf, J. (1989). Beiträge zur Diagnostik und Therapie des Paniksyndroms (unveröffentlichte Habilitationsschrift, Fachbereich Psychologie, Philipps-Universität, Marburg).

Margraf, J. (1992) Reizüberflutung: In der Forschung gut belegt, in der Praxis nicht angewandt? *Verhaltenstherapie, 2*, 334.

Margraf, J. (1994). *Mini-DIPS – Diagnostisches Kurzinterview bei psychischen Störungen*. Berlin: Springer.

Margraf, J., Barlow, D. H., Clark, D. M., Telch, M. J. (1993). Psychological treatment of panic: Work in progress on outcome, active ingredients, and follow-up. *Behaviour Research and Therapy, 31*, 1–8.

Margraf, J. & Becker, E. S. (1994). Verhaltenstherapie bei Zwangsstörungen. TW *Neurologie und Psychiatrie, 8*, 148–156.

Margraf, J. & Ehlers, A. (1989a). Etiological models of panic – medical and biological aspects. In R. Baker (Ed.), *Panic disorder: Research and therapy* (145–204). London: Wiley.

Margraf, J. & Ehlers, A. (1989b). Etiological models of panic – psychophysiological and cognitive aspects. In R. Baker (Ed.), *Panic disorder: Research and therapy* (205–234). London: Wiley.

Margraf, J. & Ehlers, A. (1992). Das Paniksyndrom und seine Behandlung. In W. Fiegenbaum, J. Margraf, I. Florin, A. Ehlers (Hrsg.), *Zukunftsperspektiven der Klinischen Psychologie* (S. 35–42). Berlin: Springer.

Margraf, J., Ehlers, A. & Roth, W. T. (1986a). Biological models of panic disorder and agoraphobia – A review. *Behaviour Research and Therapy, 24*, 553–567.

Margraf, J., Ehlers, A. & Roth, W. T. (1986b). Panic attacks: Theoretical models and empirical evidence. In I. Hand & H. U. Wittchen (Eds.), *Panic and phobias* (pp. 31–43). Berlin: Springer.

Margraf, J., Ehlers, A. & Roth, W. T. (1986c). Sodium lactate infusions and panic attacks: A review and critique. *Psychosomatic Medicine, 48*, 23–51.

Margraf, J., Ehlers, A. & Roth, W. T. (1987a). Panic attack associated with perceived heart rate acceleration: A case report. *Behavior Therapy, 18*, 84–89.

Margraf, J., Ehlers, A. & Roth, W. T. (1988). Mitral valve prolapse and panic disorder: A review of their relationship. *Psychosomatic Medicine, 50*, 933–113.

Margraf, J. & Rudolf, K. (Eds.). (1995). *Training sozialer Kompetenz: Anwendungsfelder, Entwicklungslinien, Erfolgsaussichten.* Leonberg: Schneider-Verlag Hohengeren.

Margraf, J. & Schneider, S. (1990). Therapie und Verlaufsprognose von Panikanfällen (Zwischenbericht zum DFG-Projekt Ma 1116/1-1 bis 1-4. Universität Marburg, Fachbereich Psychologie).

Margraf, J., Taylor, C. B., Ehlers, A., Roth, W. T. & Agras, W. S. (1987a). Panic attacks in the natural environment. *Journal of Nervous and Mental Disease, 175*, 558–565.

Marks, I. M. (1969). *Fears and phobias.* New York: Academic Press.

Marks, I. M. (1970). The classification of phobic disorders. *British Journal of Psychiatry, 116*, 377–386.

Marks, I. M. (1986a). Epidemiology of anxiety. *Social Psychiatry, 21*, 167–171.

Marks, I. M. (1986b). Genetics of fear and anxiety disorders. *British Journal of Psychiatry, 149*, 406–418.

Marks, I. M. (1987a). *Fears, phobias, and rituals.* New York: Oxford University.

Marks, I. M. (1987b). Agoraphobia, panic disorder and related conditions in the DSM-III-R and ICD-10. *Journal of Psychopharmacology, 1*, 6–12.

Marks, I. M. (1987c). The development of normal fear: A review. *Journal of Child Psychology and Psychiatry, 28*, 667–697.

Marks, I. M. (1988). Blood-injury phobia: A review. *American Journal of Psychiatry, 145*, 1207–1213.

Marks, I. M. & Gelder, M. G. (1966). Different ages of onset in varieties of phobia. *American Journal of Psychiatry, 123*, 218–221.

Mathews, A. (1990). Why worry? The cognitive function of anxiety. *Behaviour Research and Therapy, 28*, 455–468.

Mathews, A. M., Gelder, M. G. & Johnston, D. W. (1981). *Agoraphobia: Nature and Treatment.* New York: Guilford.

McCue, E. C. & McCue, P. A. (1984). Organic and hyperventilatory causes of anxiety-type symptoms. *Behavioral Psychotherapy, 12,* 308–317.

McNally, R. J. (1987). Preparedness and phobias: A review. *Psychological Bulletin, 101,* 283–303.

McNally, R. J. & Foa, E. B. (1987). Cognition and agoraphobia: Bias in the interpretation of threat. *Cognitive Therapy and Research, 11,* 567–581.

McNally, R. J. & Steketee, G. S. (1985). The etiology and maintenance of severe animal phobias. *Behaviour Research and Therapy, 23,* 431–435.

Mehl, J. (1995). Probleme des Menschenbildes in der Selbstsicherheitstherapie. In J. Margraf & K. Rudolf (Hrsg.), *Training sozialer Kompetenz: Anwendungsfelder, Entwicklungslinien, Erfolgsaussichten.* Leonberg: Schneider-Verlag.

Mendel, J. G. & Klein, D. F. (1969). Anxiety attacks with subsequent agoraphobia. *Comprehensive Psychiatry, 10,* 190–195.

Michels, R., Frances, A. & Shear, M. K. (1985). Psychodynamic models of anxiety. In A. H. Tuma & J. D. Maser (Eds.), *Anxiety and the anxiety disorders* (pp. 595–618). Hillsdale: Erlbaum.

Michelson, L. (1987). Cognitive behavioral assessment and treatment of agoraphobia. In L. Michelson & L. M. Ascher (Eds.), *Anxiety and stress disorders.* New York: Guilford.

Michelson, L. & Marchione, K. (1991). Behavioral, cognitive, and pharmacological treatments of panic disorder with agoraphobia: Critique and syntheses. *Journal of Consulting and Clinical Psychology, 59,* 100–114.

Mineka, S. (1985). Animal models of anxiety-based disorders. In A. H. Tuma & J. D. Maser (Eds.), *Anxiety and the Anxiety Disorders* (pp. 199–244). Hillsdale: Erlbaum.

Mineka, S. & Tomarken, A. J. (1988). The role of cognitive biases in the origins and maintenance of fear and anxiety disorders. In T. Arder & L. G. Nilsson (Eds.), *Aversion, avoidance and anxiety: Perspectives on aversively motivated behavior* (pp. 195–221). Hillsdale: Erlbaum.

Mischel, W. (1978). *Introduction into personality.* New York: Wiley.

Mowrer, O. H. (1947). On the dual nature of learning: A reinterpretation of „conditioning" and „problem solving". *Harvard Educational Review, 17,* 102–148.

Mowrer, O. H. (1960). *Learning theory and behavior.* New York: Wiley.

Myers, J. K., Weissman, M. M., Tischler, G. L., Holzer, C. E., Leaf, P. J., Orvaschel, H., Anthony, J. C., Boyd, J. H., Burke, J. D., Kramer, M. & Stoltzman, R. (1984). Six-month prevalence of psychiatric disorders in three communities: 1980 to 1982. *Archives of General Psychiatry, 41,* 959–967.

Nisbett, R. E. & Wilson, T. (1977). Telling more than we can know: Verbal reports on mental processes. *Psychological Review, 84,* 231–259.

Nisita, C., Petracca, A., Akiskal, H. S., Galli, L., Gepponi, I. & Cassano, G. B. (1990). Delimitation of generalized anxiety disorder: Clinical comparisons with panic and major depressive disorders. *Comprehensive Psychiatry, 31,* 409–415.

Noyes, R., Clarkson, C., Crowe, R. R., Yates, W. R. & McChesney, C. M. (1987). A family study of generalized anxiety disorder. *American Journal of Psychiatry, 144*, 1019–1024.

O'Brien, G. T. & Barlow, D. H. (1984). Agoraphobia. In S. M. Turner (Ed.), *Behavioral treatment of anxiety disorders.* New York: Plenum Press.

Öhman, A. (1986). Face the beast and fear the face: Animal and social fears as prototypes for evolutionary analyses of emotion. *Psychophysiology, 23*, 123–145.

Öst, L. G. (1989). One-session treatment for specific phobias. *Behaviour Research and Therapy, 27*, 1–7.

Öst, L. G. (1993). Applied relaxation, exposure in vivo and cognitive methods in the treatment of panic disorder with agoraphobia. *Behaviour Research and Therapy, 31*, 383–394.

Öst, L. G. & Hughdahl, K. (1981). Acquisition of phobias and anxiety response patterns in clinical patients. *Behaviour Research and Therapy, 19*, 439–447.

Öst, L. G. & Hughdahl, K. (1983). Acquisition of agoraphobia, mode of onset and anxiety response patterns. *Behaviour Research and Therapy, 21*, 623–631.

Öst, L. G. (1987). Age of onset in different phobias. *Journal of Abnormal Psychology, 96*, 223–229.

Öst, L. G. & Sterner, U. (1987). Applied tension: A specific behavioral method for treatment of blood phobia. *Behaviour Research and Therapy, 25*, 25–29.

Oppenheim, H. (1911). *Textbook of nervous diseases for physicians and students.* New York: Stechert.

O'Sullivan, G. & Marks, I. M. (1990). Longterm outcome of phobic and obsessive-compulsive disorders after treatment. In R. Noyes, M. Roth & G. D. Burrows (Eds.), *Handbook of anxiety*, (Vol. 4). The treatment of anxiety (pp. 87–108). Amsterdam: Elsevier.

Pennebaker, J. W. (1982). *The psychology of physical symptoms.* New York: Springer.

Pilkonis, P. A. & Zimbardo, P. G. (1979). The personal amd social dynamics of shyness. In C. E. Izard (Ed.), *Emotions in personality and psychopathology.* New York: Plenum Press.

Popper, K. R. (1969). *Logik der Forschung. 3 Aufl.* Tübingen: Mohr.

Poser, W., Wiedesheim, K. & Niemeyer, M. (1989). *Angst und Depression als Vorläufer von Suchterkrankungen.* Vortrag auf dem 2. Kongreß der Deutschen Gesellschaft für Verhaltensmedizin und Verhaltensmodifikation, München, 1989.

Rachman, S. (1977). The conditioning theory of fear-aquisition: A critical examination. *Behaviour Research and Therapy, 15*, 375–387.

Rachman, S. (1981). Unwanted intrusive cognitions. *Advanced Behavior Research & Therapy, 3*, 89–99.

Rachman, S. (1984). Agoraphobia – a safety-signal perspective. *Behaviour Research and Therapy, 22*, 59–70.

Rachman, S. (1991). Neo-conditioning and the classical theory of fear acquisition. *Clinical Psychology Review, 11*, 155–173.

Rachman, S. & Hodgson, R. (1974). I. Synchrony and desynchrony in fear and avoidance. *Behaviour Research and Therapy, 12*, 311–318.

Rachman, S. J. & Hodgson, R. J. (1980). *Obsession and compulsions.* Englewood Cliffs: Prentice Hall.

Raskin, M., Peeke, H. V., Dickman, W. & Pinsker, H. (1982). Panic and generalized anxiety disorders: Developmental antecedents and precipitants. *Archives of General Psychiatry, 39,* 687–689.

Reinecker, H. S. (1991). *Zwänge – Diagnose, Theorien und Behandlung.* Göttingen: Hogrefe.

Reiss, D., Plomin, R. & Hetherington, E. M. (1991). Genetics and psychiatry: An unheralded window on the environment. *American Journal of Psychiatry, 148,* 283–291.

Reiss, S. (1980). Pavlovian conditioning and human fear: An expectancy model. *Behavior Therapy, 11,* 380–396.

Reiss, S., Peterson, R. A., Gursky, D. M. & McNally, R. J. (1986). Anxiety sensitivity, anxiety frequency, and the prediction of fearfulness. *Behaviour Research and Therapy, 24,* 1–8.

Resick, P. A. & Schnicke, M. K. (1993). *Cognitive processing therapy for rape victims: A treatment manual.* Newbury Park: Sage Publications.

Robins, L. N., Helzer, J. E., Weissman, M. M., Orvaschel, H., Gruenberg, E., Burke, J. D. & Regier, D. A. (1984). Lifetime prevalence of specific psychiatric disorders in three sites. *Archives of General Psychiatry, 41,* 949–958.

Roth, M. (1984). Agoraphobia, panic disorder and generalized anxiety disorder: Some implications of recent advances. *Psychiatric Developments, 2,* 31–52.

Salkovskis, P. M. (1985). A cognitive-behavioral model of obsessive-compulsive-disorder. *Behaviour Research and Therapy, 23,* 571–583.

Salkovskis, P. M. (1989b). Obsessions and compulsions. In J. Scott, J. M. G. Williams, A. T. Beck (Eds.), *Cognitive Therapy in clinical practice: An illustrative casebook* (pp. 128–168). London: Routledge.

Salkovskis, P. M. & Kirk, J. (1989). Obsessional disorders. In K. Hawton, P. M. Salkovskis, J. Kirk & D. M. Clark (Eds.), *Cognitive behaviour therapy for psychiatric problems* (pp. 129–168). Oxford: Oxford University Press.

Salkovskis, P. M. & Westbrook, D. (1989). Behaviour Therapy and obsessional ruminations: Can failure be turned into success? *Behaviour Research and Therapy, 27,* 149–160.

Sanderson, W. C. & Barlow, D. H. (1990). A description of patients diagnosed with DSM-III-R Generalized Anxiety Disorder. *The Journal of Nervous and Mental Disease, 178 (9),* 588–591.

Sanderson, W. C. & Wetzler, S. (1991). Chronic anxiety and Generalized Anxiety Disorder: Issues in comorbidity. In R. M. Rapee & D. H. Barlow (Eds.), *Chronic Anxiety. Generalized Anxiety Disorder and mixed anxiety-depression* (pp. 119–136). New York: The Guilford Press.

Schapira, K., Roth, M., Kerr, T. A. & Gurney, C. (1972). The prognosis of affective disorders: The differentiation of anxiety from depressive illness. *British Journal of Psychiatry, 121,* 175–181.

Schneider, S. & Margraf, J. (1990). Therapiebezogene Diagnostik der Angststörungen. In J.C. Brengelmann & W. Fiegenbaum (Hrsg.), *Angststörungen: Diagnose and Therapie*. Therapieforschung für die Praxis 10. München: Röttger.

Schwenkmezger, P. (1985). *Modelle der Eigenschafts- und Zustandsangst.* Göttingen: Hogrefe.

Seligman, M.E.P. (1971). Phobias and preparedness. *Behavior Therapy, 2*, 307–320.

Seligman, M.E.P. (1975). *Helplessness: On depression, development and death.* San Francisco: W.H. Freeman.

Seligman, M.E.P. (1988). Competing theories of panic. In S. Rachman & J.D. Maser (Eds.), *Panic: Psychological perspectives* (pp. 321–329). Hillsdale: Erlbaum.

Sheehan, D.V. (1982a). Current views on the treatment of panic and phobic disorders. *Drug Therapy, 12*, 179–193.

Sheehan, D.V. (1982b). Panic attacks and phobias. *New England Journal of Medicine, 307*, 156–158.

Spence, J.T. & Spence, K.W. (1966). The motivational components of manifest anxiety: Drive and drive stimuli. In C.D. Spielberger (Ed.), *Anxiety and behavior.* New York: Academic Press.

Spielberger, C.D. (1966). Theory and research on anxiety. In C.D. Spielberger (Ed.), *Anxiety and behavior.* New York: Academic Press.

Stavrakaki, C. & Vargo, B. (1986). The relationship of anxiety and depression: A review of the literature. *British Journal of Psychiatry, 149*, 7–16.

Steketee, G.S. & Foa, E.B. (1985). Obsessive-compulsive disorder. In D.H. Barlow (Ed.), *Clinical handbook of psychological disorders.* New York: Guilford Press.

Stravynski, A., Marks, I.M. & Yule, W. (1982). Social skills problems in neurotic outpatients: Social skills training with and without cognitive modification. *Archives of General Psychiatry, 39*, 1378–1385.

Strian, F. (1983). *Angst – Grundlagen und Klinik.* Berlin: Springer.

Taylor, C.B., King, R., Ehlers, A., Margraf, J., Clark, D., Hayward, C., Roth, W.T. & Agras, S. (1987). Treadmill exercise test and ambulatory measures in panic attacks. *American Journal of Cardiology, 60*, 48J–52J.

Taylor, C.B., Sheikh, J., Agras, W.S., Roth, W.T., Margraf, J., Ehlers, A., Maddock, R.J. & Gossard, D. (1986). Ambulatory heart rate changes in patients with panic attacks. *American Journal of Psychiatry, 143*, 478–482.

Taylor, J.A. (1956). Drive theory and manifest anxiety. *Journal of Abnormal and Social Psychology, 48*, 285–290.

Thorpe, G.L. & Burns, L.E. (1983). *The agoraphobic syndrome.* Chichester: Wiley.

Thyer, B.A. & Himle, J. (1985). Temporal relationship between panic attack onset and phobic avoidance in agoraphobia. *Behaviour Research and Therapy, 23*, 607–608.

Thyer, B.A., Nesse, R.M., Cameron, O.G. & Curtis, G.C. (1985). Agoraphobia: A test of the separation anxiety hypothesis. *Behaviour Research and Therapy, 23*, 75–78.

Tomarken, A.J., Mineka, S. & Cook, M. (1989). Fear-relevant selective associations and covariation bias. *Journal of Abnormal Psychology, 98*, 381–394.

Torgersen, S. (1983). Genetic factors in anxiety disorders. *Archives of General Psychiatry, 40*, 1085–1089.

Turner, S. M., Beidel, D. C. & Nathan, R. S. (1985). Biological findings in obsessive-compulsive disorders. *Psychological Bulletin, 97*, 451–461.

Turner, S. M., Beidel, D. C. & Townsley, R. M. (1990). Social phobia: Relationship to shyness. *Behaviour Research and Therapy, 28*, 497–505.

Turner, S. M., McCann, B. S., Beidel, D. C. & Mezzich, J. E. (1986). DSM-III classification of the anxiety disorder: A psychometric study. *Journal of Abnormal Psychology, 95*, 168–172.

Tyrer, P. J. (1986a). Classification of anxiety disorders: A critique of DSM-III. *Journal of Affective Disorders, 11*, 99–104.

Tyrer, P. J. (1986b). New rows of neuroses – are they an illusion? *Integrative Psychiatry, 4*, 25–31.

Tyrer, P. J., Remington, M. & Alexander, J. (1987). The outcome of neurotic disorders after out-patient and day hospital care. *British Journal of Psychiatry, 151*, 57–62.

Uhde, T. W., Boulenger, J. P., Roy-Byrne, P. P., Geraci, M. F., Vittone, B. J. & Post, R. M. (1985a). Longitudinal course of panic disorder: Clinical and biological considerations. *Progress in Neuro-Psychopharmacology and Biological Psychiatry, 9*, 39–51.

Uhde, T. W., Roy-Byrne, P. P., Vittone, B. J., Boulenger, J. P. & Post, R. M. (1985b). Phenomenology and neurobiology of panic disorder. In A. H. Tuma & J. D. Maser (Eds.), *Anxiety and the Anxiety Disorders* (pp. 557–576). Hillsdale: Erlbaum.

Ullrich, R. (1995). Das ATP – 25 Jahre Erfahrung mit der Selbstsicherheitstherapie in Gruppen. In J. Margraf, & K. Rudolf (Eds.), *Training sozialer Kompetenz: Anwendungsfelder, Entwicklungslinien, Erfolgsaussichten*. Leonberg: Schneider-Verlag, im Druck.

Ullrich, R. & Ullrich de Muynck, R. (1974). Implosion, Reizüberflutung, Habituationstraining. In C. Kraiker (Hrsg.), *Handbuch der Verhaltenstherapie* (S. 369–400). München: Kindler.

Ullrich, R. & Ullrich de Muynck, R. (1978). *Das Assertivitäts-Trainings-Programm (ATP)*. München: Pfeiffer.

Usala, P. D. & Herzog, C. (1991). Evidence of differential stability of state and trait anxiety in adults. *Journal of Personality and Social Psychology, 60*, 471–479.

Van den Hout, M. A. (1988). Explanation of experimental panic. In S. Rachman & J. D. Maser (Eds.), *Panic: Psychological perspectives* (pp. 237–257). Hillsdale: Erlbaum.

Van den Hout, M. A., van der Molen, G. M., Griez, E. & Lousberg, H. (1987). Specificity of interoceptive fear to panic disorder. *Journal of Psychopathology and Behavioral Assessment, 9*, 99–109.

Vasey, M. W. & Borkovec, T. D. (1992). A catastrophizing assessment of worrisome thoughts. *Cognitive Therapy and Research, 16*, 505–520.

Watson, J. B. & Rayner, R. (1920). Conditioned emotional reactions. *Journal of Experimental Psychology, 3*, 1–15.

Weiskrantz, L. (1956). Behavioral changes associated with ablation of amygdaloid complex in monkeys. *Journal of Comparative and Physiological Psychology, 49*, 381–391.

Weissman, M. M. (1985). The epidemiology of anxiety disorders: Rates, risks, and familial patterns. In A. H. Tuma & J. D. Maser (Eds.), *Anxiety and the anxiety disorders* (pp. 275–296). Hillsdale: Erlbaum.

Weissman, M. M. (1988). The epidemiology of anxiety disorders: Rates, risks and familial patterns. *Journal of Psychiatric Research, 22*, 99–114.

Weissman, M. M., Klerman, G. L., Markowitz, J. S. & Ouellette, R. (1989). Suicidal ideation and suicide attempts in panic disorder and attacks. *The New England Journal of Medicine, 321*, 1209–13.

Weissman, M. M., Leaf, P. J., Blazer, D. G., Boyd, J. H. & Florio, L. (1986). The relationship between panic disorder and agoraphobia: An epidemiologic perspective. *Psychopharmacology Bulletin, 22*, 787–791.

Weissman, M. M. & Merikangas, K. R. (1986). The epidemiology of anxiety and panic disorders: An update. *Journal of Clinical Psychiatry, 47*, 11–17.

Westphal, C. (1871a). Die Agoraphobie: Eine neuropathische Erscheinung. *Archiv für Psychiatrie und Nervenkrankheiten, 3*, 138–161.

Westphal, C. (1871b). Nachtrag zu dem Aufsatze „Über Agoraphobie". *Archiv für Psychiatrie und Nervenkrankheiten, 3*, 219–221.

Wittchen, H.-U. (1986). Epidemiology of panic attacks and panic disorders. In I. Hand & H. U. Wittchen (Eds.), *Panic and phobias 1* (pp. 18–30). Berlin: Springer.

Wittchen, H.-U. (1988). Natural course and spontaneous remissions of untreated anxiety disorders: Results of the Munich follow-up study (MSF). In I. Hand & H. U. Wittchen (Eds.), *Panic and phobias 2* (pp. 3–17). Berlin: Springer.

Wolpe, J. (1958). *Psychotherapy by reciprocal inhibition.* Stanford: Stanford University Press.

World Health Organization (Ed.). (1988). *Internationale Klassifikation der Krankheiten, Verletzungen und Todesursachen (ICD). 9. Revision.* Band 1, Teil A. Köln: W. Kohlhammer.

Zubin, J. & Spring, B. (1977). Vulnerability – a new view of schizophrenia. *Journal of Abnormal Psychology, 86*, 103–126.

Zucker, D., Taylor, C. B., Brouillard, M., Ehlers, A., Margraf, J., Telch, M., Roth, W. T. & Agras W. S. (1989). Cognitive aspects of panic attacks. Content, course, and relationship to laboratory stressors. *British Journal of Psychiatry, 155*, 86–91.

4. Kapitel

Somatoforme Störungen[1]

Paul M. Salkovskis

Die Trennung in physische und psychisch/geistige Erkrankungen hat sich in der westlichen Wissenschaft und Medizin erst im Verlauf der beiden letzten Jahrhunderte unter dem Einfluß des kartesischen Dualismus und der Leib-Seele-Problematik vollzogen. Nirgendwo sonst läßt sich diese problematische Trennung so klar erkennen wie in der Psychiatrie. Die sogenannten somatoformen Störungen und das Somatisierungskonzept machen die durch den Dualismus hervorgerufenen Konfusionen besonders deutlich. So werden die körperlichen Symptome, die Patienten mit somatoformen Störungen erleben, irreführenderweise oft so verstanden, als wären sie ein rein psychisches Phänomen. Noch weitergehend wird häufig impliziert, solche Symptome psychischen Ursprungs existierten nur in der Einbildung.

Zur Erklärung und Behandlung von körperlichen Beschwerden, bei denen psychische Faktoren nachweislich eine Rolle spielen, wurden und werden vielfach „biologische" Ansätze herangezogen wie psychophysiologische und psychosomatische Vorgehensweisen. Die Attraktivität solcher Ansätze beruht auf deren vermeintlich wissenschaftlicher Überlegenheit und dem Eindruck, die Leib-Seele-Problematik damit überwunden zu haben. Wie die Entwicklung der Forschung im Bereich der Panikstörung (vgl. Kapitel von Margraf & Becker in diesem Band) während der beiden letzten Jahrzehnte zeigt, stimmen diese Annahmen in nichts mit der Wirklichkeit überein. Somatoforme Störungen stellen nach wie vor eine große philosophische und wissenschaftliche Herausforderung bei der Erforschung menschlicher Probleme dar. Am Beispiel Schmerz

---

1   Anmerkung der Herausgeber: Seit Planung dieses Enzyklopädiebeitrags sind auch im deutschen Sprachraum wichtige Beiträge zur Diagnostik und Therapie Somatoformer Störungen erschienen. So hat die Arbeitsgruppe um Rief und Hiller (1992) die im angloamerikanischen Sprachraum entwickelten diagnostischen Instrumente ins Deutsche übertragen und den kognitiv-verhaltenstherapeutischen Ansatz auf die Bedingungen von Kurkliniken übertragen. Auch in der psychosomatischen Medizin finden empirische Untersuchungen zu Somatisierungsstörungen in jüngster Zeit stärkere Beachtung (Hofmann, 1994; von Uexküll, 1986).

(vgl. Kapitel im Band Verhaltensmedizin) kann am besten demonstriert werden, wie solchen Herausforderungen begegnet werden kann und zwar nicht von Physiologen und Biologen, sondern von Psychologen. In diesem Kapitel soll die komplexe Problematik der anderen somatoformen Störungen in einem psychophysiologischen Kontext abgehandelt werden. In Ermangelung gegenteiliger Befunde wird davon ausgegangen, daß somatoformen Störungen Anpassungs-, Lern- und Interpretationsprobleme zugrundeliegen und keine krankhaften physiologischen oder biochemischen Veränderungen.

1 Diagnostik und diagnostische Probleme

1.1 Somatoforme Störungen: eine kohärente diagnostische Gruppierung?

Somatoforme Störungen werden im Gegensatz zu anderen psychischen Störungen anhand des oder der somatischen Symptome klassifiziert und nicht anhand einer gemeinsamen Psychopathologie. Kellner (1985) und Murphy (1990) haben dieses Konzept aus diesem und anderen Gründen einer ausführlichen kritischen Würdigung unterzogen. Sowohl aus theoretischen als auch therapeutischen Überlegungen heraus sollte die Hypochondrie als Angststörung klassifiziert werden, deren wichtigstes Kriterium das Vorhandensein übermäßiger Befürchtungen bezüglich Gesundheit und Krankheit ist (Salkovskis, Warwick & Clark, 1990). Eine solche prozeßorientierte Beschreibung ermöglicht wahrscheinlich eher die Entwicklung effektiver Behandlungsansätze, wie beispielsweise die weiter unten beschriebenen kognitiv-verhaltenstherapeutischen Vorgehensweisen. So könnten etwa die für das Verständnis und die Behandlung von „körperdysmorpher Phobie" verwendeten Prinzipien (der Patient macht sich übertriebene Sorgen wegen einer körperlichen Auffälligkeit) ebenso angewendet werden auf Fälle, bei denen eine echte, körperlich nicht behandelbare oder veränderbare Entstellung vorliegt. In einem solchen Fall kann eine reine Diagnosestellung allein wenig ausrichten. Wenn jedoch die für die Belastung durch die körperliche Erscheinung verantwortlichen Gründe besser verstanden würden, könnten viele Schwierigkeiten auch psychologischer Intervention zugänglich gemacht werden.

Tabelle 1: Somatoforme Störungen: Diagnosen nach DSM-IV (APA, 1994) und ICD-10 (Dilling et al., 1992)

	DSM-IV
Somatisierungsstörung 300.81	Vielfältige körperliche Beschwerden über mehrere Jahre ohne organische Ursachen mit einem Beginn vor dem 30. Lebensjahr. Multiple Symptome aus unterschiedlichen Bereichen müssen vorhanden sein: Schmerzen (4 Schmerzorte), 2 gastrointestinale, 1 psychosexuelles und 1 pseudoneurologisches Symptom.
Undifferenzierte somatoforme Störung 300.81	Eine oder mehrere körperliche Beschwerden von 6 Monaten Dauer ohne organische Ursache.
Konversionsstörung 300.11	Symptome oder Defizite in den motorischen oder sensorischen Funktionen, die eine neurologische oder andere körperliche Krankheit nahelegen, jedoch nicht völlig medizinisch erklärt werden können. Psychologische Faktoren spielen bei den Symptomen oder Defiziten eine Rolle.
Somatoforme Schmerzstörung 307.8	Beeinträchtigende Schmerzen, für die keine organische Ursache gefunden werden konnte. Psychologische Faktoren scheinen eine wichtige Rolle bei der Entstehung, Schwere, Dauer oder Aufrechterhaltung zu spielen.
Hypochondrie 300.7	Übermäßige Beschäftigung mit der Angst oder Überzeugung, eine schwere Krankheit zu haben; begründet in der Fehlinterpretation körperlicher Zeichen oder Empfindungen als Beweis für körperliche Krankheit. Die Angst oder Überzeugung besteht trotz ärztlicher Rückversicherung weiter, Dauer mindestens 6 Monate.
Körperdysmorphe Störung 300.7	Übertriebene Beschäftigung mit einem eingebildeten oder übertrieben wahrgenommenen körperlichen Mangel.
Jede Diagnose erfordert, daß in eingehenden Untersuchungen keine organischen Erkrankungen oder pathophysiologischen Mechanismen als Ursache für die Symptome gefunden werden konnten oder daß die Beschwerden bei vorliegender organischer Ursache über das erwartete Maß hinaus gehen. Die Symptome sind weiterhin nicht auf eine weitere Achse I-Störung zurückzuführen.	
	ICD-10
Somatisierungsstörung (F 45.0)	Klagen über multiple und wechselnde körperliche Symptome mit einer Mindestdauer von 2 Jahren; hartnäckige Weigerung, die ärztliche Feststellung anzunehmen, daß für die Symptome keine ausreichende körperliche Ursache vorliegt.
Undifferenzierte Somatisierungsstörung (F 45.1)	Wie oben, aber weniger Symptome notwendig, mindestens 6 Monate Dauer.
Somatoforme autonome Funktionsstörung (F 45.3)	Symptome autonomer Erregbarkeit, die der Patient auf eine körperliche Erkrankung zurückführt und die trotz ärztlicher Versicherung zu ständiger Sorge Anlaß geben (nur ICD-10).
Hypochondrie F 45.2	Beharrliche Beschäftigung mit der Möglichkeit, an einer oder mehreren Symptomen einer schweren Krankheit zu leiden, manifestiert durch anhaltende körperliche Beschwerden oder ständige Beschäftigung mit der eigenen körperlichen Erscheinung.
Konversionssyndrom F 44	Konversionsstörungen werden unter den Dissoziativen Störungen geführt, die nach den Leitsymptomen differenziert werden.
Im Vergleich zur DSM-IV sind in der ICD-10 spezifischere Diagnosen gelistet.	

1.2 Spezifische Diagnosen und Epidemiologie

1.2.1 Körperdysmorphe Störung

Die früher übliche diagnostische Bezeichnung „körperdysmorphe Phobie" wurde durch „körperdysmorphe Störung" ersetzt, da das Vermeidungsverhalten dieser Patienten stark von dem üblicherweise bei Phobien zu beobachtenden Verhalten abweicht (Murphy, 1990). Die Validität der Diagnose wird beeinträchtigt durch die gezwungenermaßen subjektive Bewertung des vorliegenden körperlichen „Defekts". Es gibt keine reliablen Schätzungen über die Prävalenzrate körperdysmorpher Störungen, und da reliable diagnostische Instrumente fehlen, wird sich diese Situation in absehbarer Zeit kaum ändern. Es ist wahrscheinlich, daß die Aufmerksamkeit in Zukunft auf die Evaluation psychologischer Parameter bei Unzufriedenheit mit dem körperlichen Erscheinungsbild gelenkt werden wird und somit Interventionen bei diesem Problem entwickelt werden können.

1.2.2 Somatisierungsstörung

Es ist in erster Linie das Verdienst der St. Louis-Forschungsgruppe (Spitzer, Endicott & Robins, 1978), daß die Somatisierungsstörung als eigenständige Kategorie eingeführt wurde, denn diese Gruppe hatte dafür plädiert, den Terminus „Briquet-Syndrom" für solche Patienten zu verwenden, die man früher als hysterisch klassifiziert hatte. Die Gruppe legte fest, daß das Briquet-Syndrom diagnostiziert werden konnte, wenn bei einem Patienten zwanzig von 59 vorgegebenen Symptomen (die wiederum 10 Kategorien zugeteilt waren) auftraten. Vornehmlich schien es sich um ein Problem bei Frauen mit einer Prävalenz von 1–2 % an der weiblichen Gesamtpopulation zu handeln (Woodruff, Clayton & Guze, 1971). Ähnliche Prävalenzraten werden auch für die DSM-III-R-Diagnose Somatisierungsstörungen berichtet, wenngleich sich die Zahlen nicht vollständig decken. So spricht Cloninger (1986) von einer 71 %igen Übereinstimmung der beiden Diagnosen. Die Komorbidität mit Panikstörungen ist besonders hoch (fast 100 %). Ebenso treten Agoraphobie und schwere depressive Episoden bei Patienten mit Somatisierungsstörungen häufig auf (Boyd, Burke & Gruneberg, 1984).

Gelegentlich wird behauptet, daß für Patienten mit Somatisierungsstörungen die „Krankheit" in der Überzeugung besteht, besonders anfällig (vulnerabel) für Krankheiten zu sein (im Gegensatz zu Hypochondern, die davon überzeugt sind, krank zu sein). Möglicherweise ist dies tatsächlich die kognitive Basis für die Bildung diagnostischer Subgruppen bei somatoformen Störungen. Daher sollte die Forschung kognitiven Aspekten der Somatisierungsstörungen ihre besondere Aufmerksamkeit widmen.

1.2.3 Undifferenzierte somatoforme Störung

Obwohl es sich bei dieser Störung diagnostisch gesehen um eine Restkategorie für Fälle handelt, die nicht die Kriterien für die anderen Diagnosegruppen erfüllt, tritt sie am häufigsten auf. Auf besonderes Interesse dürfte diese Störung bei denjenigen stoßen, die psychophysiologischen und „psychosomatischen" Problemen mit einem psychologischen Ansatz begegnen, umfaßt sie doch ein breites Spektrum von Problemen, einschließlich Symptomen wie Kopfschmerzen, Palpitationen (Herzklopfen) usw. Diese Patientengruppe macht die Schwäche eines rein „diagnostischen" Ansatzes deutlich, da bei einer solch heterogenen Störung die Annahme einer gemeinsamen Ätiologie, Pathophysiologie und Therapie kaum aufrechterhalten werden kann. Aufgrund der vagen Diagnose ist die Prävalenz schwer zu schätzen. Dennoch gehen Barsky und Klerman (1983) davon aus, daß 30–70 % der Patienten in der allgemeinen ärztlichen Versorgung an funktionalen somatischen Störungen leiden.

1.2.4 Konversionsstörung

Nach DSM-III-R setzte die Diagnose einer Konversionsstörung eine Veränderung oder einen Verlust körperlicher Funktionen voraus, während für die anderen somatoformen Störungen schon die Wahrnehmung von Veränderungen oder Abweichungen genügte. Im DSM-IV werden „Symptome und Defizite" sinnvollerweise näher erläutert. Dennoch bleibt die Diagnose psychodynamisch befrachtet, zum einen durch den Begriff „Konversion", zum anderen wegen der Notwendigkeit, psychologische Faktoren wie Konflikte beurteilen zu müssen. Die größte Schwierigkeit bei der Diagnose einer Konversionsstörung dürfte darin liegen, sie von einer neurologischen Erkrankung abzugrenzen. Slater und Glithero (1965) beschreiben in ihrer grundlegenden Arbeit, daß 30 % aller Patienten mit „hysterischen Konversionsstörungen" eine neurologischer Behandlung aufweisen würden. Vielleicht beschränkt sich diese Zahl auf Patienten in neurologischen Kliniken, denn Roy (1979) berichtet nur 3 % solcher Fehldiagnosen aus psychiatrischen Kliniken. Die Bandbreite der Symptome bei Patienten mit der Diagnose „Hysterie" ist außerordentlich groß (vgl. Übersichtsartikel in Toone, 1990), und vielleicht spiegeln sich hier nur die verschiedenen Überweisungmodi und medizinischen Spezialisierungen wider.

Andererseits wäre denkbar, daß die bekannten Ergebnisse von Slater und Glithero (1965) zu einer erhöhten Vorsicht bei der Diagnosestellung führten. Insgesamt aber liegt keine wissenschaftliche Untersuchung vor, die Hinweise geben könnte, ob diese Fehldiagnose immer noch ein Problem darstellt oder nicht. Daher ist nach wie vor größte Vorsicht angebracht.

Es gibt kaum Daten zur Prävalenz; sie schwanken zwischen 0.3 % und 5 % bei der Gesamtbevölkerung (Toone, 1990) und werden auf bis zu 25 % bei Patienten in der medizinischen Versorgung geschätzt. Es gibt einige schwache Hinweise dafür, daß hysterische Konversionen häufiger in Entwicklungsländern auftreten. Oftmals ist behauptet worden, daß die Prävalenzrate insgesamt abnimmt, und obwohl die klinische Erfahrung dafür spricht, gibt es keine entsprechenden relevanten Daten. Eine Erklärung für den Rückgang könnte in der veränderten Diagnostik zu suchen sein (z. B. Trennung von Somatisierungsstörung, Neudefinition von Störungen wie Panikstörung usw.).

1.2.5 Hypochondrie und Krankheitsangst

Das Hauptmerkmal der Hypochondrie ist eine „nicht durch organische Befunde gestützte" Krankheitsangst. Körperliche Zeichen oder Empfindungen werden als Beweis für eine ernsthafte Erkrankung fehlgedeutet, auch wenn die ausdrückliche ärztliche Rückversicherung vorliegt, daß keine Krankheit besteht. Anzumerken wäre noch, daß *sekundäre hypochondrische Symptome* auch bei vielen anderen psychiatrischen Erkrankungen auftreten können. *Krankheitsangst* ist auch bei Menschen ohne psychische Störungen und körperlich Kranken anzutreffen. Patienten mit einer Krankheitsangst bedeuten eine große finanzielle Belastung für das Gesundheitssystem (Katon, Ries & Kleinman, 1984; Kellner, 1985; Mayou, 1976). Für die bisher verfügbaren Behandlungsmethoden konnten keine Effekte auf die schlechte Prognose der primären Hypochondrie nachgewiesen werden.

Lange Zeit war man von der Vorstellung ausgegangen, daß Hypochondrie immer als Begleiterscheinung, d. h. als sekundäre Erkrankung bei anderen Störungen, insbesondere Depressionen, auftritt (Kenyon, 1965). Diese Unterscheidung in primäre und sekundäre Hypochondrie hat weitreichende Folgen für die Diagnose und Behandlung von Patienten mit diesen Symptomen. In seiner Untersuchung, die Kenyon (1964) mit Hilfe von 512 Krankenakten des Bethlem Royal und des Maudsley Hospital durchführte, nahm er anhand des Aufnahmebefundes eine Einteilung in Patienten mit primärer und sekundärer Symptomatik vor. Dabei entfielen 301 Diagnosen auf primäre, 211 auf sekundäre Hypochondrie. Die Gruppen wurden anhand einiger Variablen verglichen, um feststellen zu können, ob die Diagnose einer primären Hypochondrie gerechtfertigt war. Die Ergebnisse wurden dahingehend interpretiert, daß es keinen Unterschied zwischen den Störungsbildern gab. Da die sekundäre Hypochondrie meist gemeinsam mit einer depressiven Störung auftrat, stellte Kenyon die

Behauptung auf, daß Hypochondrie immer Teil eines anderen, meist affektiven Syndroms sei.

Diese Studie muß mit Vorsicht interpretiert werden, insbesondere deshalb, weil sie sich auf die retrospektive Untersuchung von Aktenbefunden stützt und nicht auf operationalisierte diagnostische Kriterien. Einer unerwartet hohen Anzahl von Patienten wurde die Eingangsdiagnose „primäre Hypochondrie" zugewiesen. Diese Gruppe sprach auf die Krankenhausbehandlung weniger gut an als die als sekundär klassifizierte Gruppe und alle anderen zu dieser Zeit behandelten Patienten in den beiden Kliniken. Es wäre aber falsch, aufgrund dieser Studie die Schlußfolgerung zu ziehen, daß die primäre Hypochondrie nicht existiert. Andere Studien kommen zu dem Ergebnis, daß es sehr wohl ein primäres Hypochondriesyndrom gibt. Pilowsky (1970) evaluierte selbst 147 Fälle und diagnostizierte 66 mal eine primäre und 81 mal eine sekundäre Hypochondrie. Die primäre Gruppe hatte beim Erstkontakt eine vergleichsweise längere Krankengeschichte und weniger Suizidversuche hinter sich, sie hatte seltener Elektrokrampftherapie bekommen und weniger Antidepressiva und sedative Medikation erhalten. Bianchi (1971), der 235 psychiatrische Patienten mit objektiveren Meßinstrumenten untersuchte, diagnostizierte 30 Fälle von „Krankheitsphobie", die nicht als sekundär einzustufen waren.

Diese oben beschriebenen Studien sind jedoch nicht repäsentativ, da die untersuchten Stichproben atypisch für hypochondrische Patienten waren. Hypochondrische Patienten werden überwiegend in nicht-psychiatrischen Einrichtungen behandelt (Bridges & Goldberg, 1985), da sie selbst ihre Probleme als rein physisch einschätzen. Hypochondrische Patienten hingegen, die sich in psychiatrische Einrichtungen überweisen lassen, sind eher atypisch für diese Population; sie haben akzeptiert, daß sie *zusätzlich* zu ihren hypochondrischen Beschwerden auch an einer psychischen Störung (z. B. einer schweren Depression) leiden. Hypochondrische Patienten in psychiatrischen Kliniken klagen z. B. über Depressionen, weil sie glauben, daß ihre „physische Krankheit" nicht adäquat diagnostiziert oder behandelt wurde. Für die Akzeptanz einer Überweisung in eine psychiatrische Institution ist somit notwendig, daß der Patient eine psychische (Mit-) Verursachung, ob sie nun richtig attribuiert wird oder nicht, anerkennt. Dies bedingt, daß es sich dann um eine ausgewählte Population von hypochondrischen Patienten handelt.

Bei der Unterscheidung in primäre und sekundäre Hypochondrie sollte die chronologische Entwicklung der hypochondrischen und depressiven Symptome Berücksichtigung finden. Bei der Evaluation von Zwangsstörungen wird beispielsweise nach diesem Ansatz vorgegangen. Obwohl Patienten mit Zwangsstörungen sich hinsichtlich demographischer Variablen nicht von depressiven Patienten mit sekundären Zwangssymptomen unterscheiden, wird die Existenz von primären Zwangsstörungen nicht angezweifelt. Das entscheidende klinische Kriterium bei der Differentialdiagnose zwischen primärer und sekundärer Störung liegt in der zeitlichen Abfolge des Auftretens der Symptomatik (Gittleson, 1966). Dieses Kriterium sollte auch bei hypochondrischen Patienten einer systematischen Untersuchung unterzogen werden.

Eine weitere Komplikation ergibt sich daraus, daß Patienten, die seit langer Zeit an Hypochondrie leiden, mit dem Etikett „Persönlichkeitsstörung" belegt werden. Bisher liegt noch keine schlüssige Studie vor, die nachweist, daß dieser Störung spezifische Persönlichkeitsmuster zugrundeliegen (Kellner, 1989). Diese Patienten sind vielleicht „unzufrieden" und „feindselig", dies aber wohl eher, weil sie keine Lösung oder angemessene Beachtung ihrer Probleme sehen.

1.3 Charakteristische Merkmale von Krankheitsangst und die Verbindung zur Hypochondrie

Die Furcht vor Krankheit kann bei gesunden Menschen vorübergehend auftreten oder sich in Verbindung mit anderen Problemen zeigen. Extreme Krankheitsangst oder Hypochondrie kann sich als Phobie, als morbide, übersteigerte Beschäftigung mit dem Körper oder als zwanghaftes Phänomen äußern und (selten) mit wahnhafter Intensität auftreten (Pilowsky, 1984). Kellner, Abbott, Winslow und Pathak (1987) untersuchten mit Hilfe von Fragebogen Einstellungen, Ängste und Krankheitsüberzeugungen von 21 Fällen, die die Kriterien für Hypochondrie nach DSM-III erfüllten, und verglichen sie mit einer nichthypochondrischen Kontrollgruppe. Die Ergebnisse zeigten, daß hypochondrische Patienten sich von ängstlichen und depressiven psychiatrischen Patienten darin unterschieden, daß sie mehr Ängste und falsche Vorstellungen bezüglich Krankheiten äußerten, körperlichen Empfindungen mehr Beachtung schenkten, häufiger Angst vor dem Tod und Mißtrauen gegenüber ärztlichen Diagnosen zeigten, obwohl sie häufiger um medizinische Hilfe nachsuchten als die Kontrollgruppe. Pilowsky (1967) ließ 100 hypochondrische Patienten und 100 Kontrollpersonen einen standardisierten Fragebogen ausfüllen. Die Antworten wurden einer Faktorenanalyse unterzogen, die drei Dimensionen von Hypochondrie ergab: übermäßige Beschäftigung mit dem eigenen Körper, Krankheitsphobie und Krankheitsüberzeugung (trotz der gegenteiligen Versicherung, nicht an einer Krankheit zu leiden).

Kellner (1985) unterteilt hypochondrische Patienten in Übereinstimmung mit diesen Ergebnissen in Patienten mit unrealistischer Angst vor Krankheit (Krankheitsphobie) und solche, die davon überzeugt sind, an einer Krankheit zu leiden. Es liegen noch eine Reihe anderer Vorschläge zur Klassifikation vor, wobei fast alle die Unterscheidung zwischen Hypochondrie und Krankheitsphobie vornehmen (Bianchi, 1971; Leonhard, 1968; Marks, 1987; Mayou, 1976;

Pilowsky, 1984; Ryle, 1947). Zum gegenwärtigen Zeitpunkt ist wenig über die relative Bedeutung so wichtiger Faktoren wie Vermeidung und Suche nach Rückversicherung bei diesen Patientengruppen bekannt.

2 Theoretische Ansätze

2.1 Historische Ansätze bei somatoformen Störungen

Psychologische Behandlung bei somatischen Problemen zählt zu den ältesten Betätigungsfeldern der Psychologie überhaupt (Lipowski, 1986 a). Bis ins 18. Jahrhundert hinein beeinflußte der römische Schriftsteller Galen (2. Jh.) unser Denken, der behauptete, daß „Passionen" wie Zorn, Angst und Wollust Hauptursachen für Krankheiten seien. In neuerer Zeit waren dann die beiden folgenden Ansätze von Bedeutung:
1. Die *psychosomatische Medizin*, die bei physischen Erkrankungen wie Asthma, atopischer Dermatitis und Magengeschwüren psychologische Ursachen annimmt (z. B. Alexander, 1950). Diese von der Psychoanalyse stark beeinflußte Richtung hat aber im anglo-amerikanischen Raum an Bedeutung verloren. Sie bietet wenig Hilfen für die praktische Anwendung (Schwartz & Weiss, 1978), hat aber leider bewirkt, daß zuweilen angenommen wird, die zu behandelnden somatischen Probleme existierten ausschließlich „in den Köpfen" der Patienten.
2. Der neuere *psychophysiolog*ische Ansatz stellt nicht so sehr diagnostische Kategorien, sondern die Bedeutung der beteiligten psychologischen Prozesse in den Vordergrund. Dieser Ansatz gründet sich auf experimentelle Arbeiten, und zwar werden physiologische Reaktionen im Verlauf solcher Experimente gemessen, die spezielle psychologische Prozesse erforschen (z. B. auf einen auditiven Reiz mit Knopfdruck reagieren). Mit Hilfe dieser Experimente wollte man überprüfen, ob bestimmte Arten von Stimuli oder psychologischen Reaktionen durchgängig charakteristische physiologische Reaktionen (Reiz-Reaktions-Spezifität) hervorrufen und ob unterschiedliche Individuen charakteristische Reaktionen auf Stimuli zeigen (individuelle Reaktions-Spezifität). Wenn dem so wäre, könnten spezielle Stressoren für die Entwicklung spezifischer Störungen bei vulnerablen Individuen verantwortlich sein. Diese Konzepte könnten Erklärungen dafür bieten, warum einige Menschen als Reaktion auf Streß Kopfschmerzen entwickeln und andere nicht und warum bestimmte Arten von Stressoren Kopfschmerzen verstärken und andere nicht.

Wichtig anzumerken wäre noch, daß in vielen früheren Untersuchungen zu somatoformen Störungen vor allem solche Patienten in die Stichprobe eingingen, die einen häufigen Arztwechsel hinter sich hatten, die ineffektiv behandelt und mit den unterschiedlichsten widersprüchlichen Erklärungen zu ihren Problemen konfrontiert worden waren.

Neuere Entwicklungen gehen dahin, immer häufiger psychologische Abteilungen an Allgemeinkrankenhäusern einzurichten, so daß Klinische Psychologen sehr früh mit den Patienten in Kontakt kommen können. Dieser Laison-Dienst hat mindestens zwei Auswirkungen: zum einen bewirkt er Veränderungen auf seiten der Patienten (die Störungen verlaufen seltener chronisch und erfordern weniger medizinische Interventionen), zum anderen wird die psychologische Behandlung nicht mehr als Methode gesehen, die nur als „letzte Wahl" eingesetzt wird.

2.2 Die klinischen und theoretischen Grundlagen neuerer Therapieansätze bei somatischen Problemen

Bisher herrschte die Tendenz vor, psychologische Interventionen nur dann in Betracht zu ziehen, wenn alle anderen somatischen Therapien keinen Erfolg gezeitigt hatten. Damit verbunden war häufig eine Chronifizierung der Störung und eine wachsende Enttäuschung mit der medizinischen Behandlung. Selbst wenn Patienten sich schließlich in psychiatrische Behandlung begeben, messen sie selbst ihren psychologischen Problemen häufig nur eine untergeordnete Bedeutung bei und meinen, sie seien eine Folge ihrer chronischen körperlichen Erkrankung. Gelegentlich wird Patienten nach vielen Monaten oder gar Jahren medizinischer Untersuchungen unterbreitet, daß alle medizinischen Behandlungsmöglichkeiten erschöpft seien und die einzige noch verbleibende Hilfe von psychologischer Therapie zu erwarten sei. Entscheidend für die Bereitschaft der Patienten, um psychologische Hilfe nachzusuchen, kann die Art und Weise sein, in der ihnen das psychologische Hilfsangebot unterbreitet wird. Beim Thema „Aufbau von Therapiemotivation" wird darauf noch näher eingegangen. Selbst Kliniker und in der Psychiatrie tätige Forscher lassen sich von dieser oben beschriebenen Überweisungspraxis beeinflussen und neigen dazu, Phänomene wie Hypochondrie, Kopfschmerzen oder Schlafstörungen anderen klinischen Syndromen, meistens Depressionen (z.B. Kenyon, 1964), unterzuordnen.

Die wachsende Bereitschaft, sich kognitiv-verhaltenstherapeutischer Methoden bei der Behandlung somatischer Probleme zu bedienen, ist auf zwei wichtige Ansätze in der Verhaltenstherapie zurückzuführen. Zum einen vermochte sich die Auffassung von Lang (1970) durchzusetzen, die davon ausgeht, daß psychologische Reaktionen am besten als Interaktion von nur geringfügig miteinander korrelierenden Reaktionssystemen beschrieben werden können: nämlich auf *subjektiver, kognitiver und physiologisch/emotionaler* Ebene. Daraus erfolgte die Überlegung, daß verhaltenstherapeutische oder kognitive Interventionen Effekte auf die Physiologie haben könnten, was wiederum umfangreiche Forschungsarbeiten in der Verhaltensmedizin nach sich zog (z. B. Latimer, 1981 a, b). Der zweite wichtige Bereich, der psychologische Methoden bei der Behandlung somatischer Probleme einbezieht, ist das Biofeedback (Birk, 1973). Beim Biofeedback erlernen die Patienten die willentliche Kontrolle physiologischer Funktionen. Der Einsatz des Biofeedback in der Psychotherapie hat allerdings nicht die erwarteten Erfolge gezeigt. Selbst wenn Kontrolle über körperliche Funktionen erlernt wird, ist sie außerhalb der Laborsituation schwer anwendbar. In der klinischen Effektivität ist Biofeedback selten anderen Methoden wie Entspannungsverfahren überlegen. Außerdem setzt die Anwendung dieses Verfahrens voraus, daß spezifische physiologische Reaktionen mit bestimmten Erkrankungen assoziiert sind; die Validität dieser Annahme ist angezweifelt worden (z. B. Philips, 1976).

2.3 Theorien zur Krankheitsangst und Hypochondrie

Für die zahlreich vorhandenen psychodynamischen Konzepte zur Hypochondrie liegen keine empirischen Beweise vor, so daß sie nur von historischem Interesse sein können (Kellner, 1985). Von größerer Bedeutung als psychoanalytische Konzepte, wenngleich eng damit verbunden, ist das Konzept der „Somatisierung" als psychopathologischer Prozeß. Diesem Konzept liegt die Annahme zugrunde, daß bestimmte Personen ihre negativen Emotionen nicht in persönlich und sozial akzeptabler Form auszudrücken vermögen und diese deshalb als somatische Symptome zutage treten. Lipowski (1988, S. 275) definierte Somatisierung als „Tendenz, somatische Beschwerden und Symptome zu empfinden und mitzuteilen, die nicht durch organische Befunde gestützt sind, diese als physische Krankheit zu deuten und deshalb um medizinische Hilfe nachzusuchen" (vgl. auch Bass & Murphy, 1990).

Nemiah (1977) schlug eine spezifischere Variante der Somatisierungshypothese vor. Demnach leiden hypochondrische Patienten an einer biologisch determinierten Alexithymie, einer neurophysiologischen Unfähigkeit, Gefühle zu erleben. Ein Defizit dieser Art konnte jedoch empirisch nicht identifiziert werden. Auch liegen keine Befunde vor, die die Annahme stützen, die Hypochondrie sei eine Erkrankung, die sich von weniger schweren Formen von Krankheitsangst klassifikatorisch abgrenzen läßt. *Biologische Faktoren* (z. B. die Hypothese, hypochondrische Patienten zeigten mehr Fluktuationen in ihren körperlich Funktionen) könnten für eine Hypochondrie prädisponieren, ihr Vorhandensein allein jedoch reicht nicht aus, um das klinische Bild einer Hypochondrie zu entwickeln, ebensowenig müssen sie Voraussetzung oder Vorbedingung für die Entstehung einer Hypochondrie sein.

Häufig wird davon ausgegangen, daß der dem Somatisierungsprozeß zugrundeliegende Mechanismus mit dem psychoanalytischen Hydraulikmodell vergleichbar ist. Die Vorstellung, daß der Störung implizit eine psychologische Krankheit zugrundeliegt, ist durch nichts bestätigt worden. Diese Sichtweise lenkt die Aufmerksamkeit des Klinikers und Forschers weg von den Reaktionen, die der Patient auf die *aktuell* empfundenen Symptome zeigt und richtet sie auf angenommene, aber unentdeckte „tiefere" Konflikte. In Gegensatz dazu werden beim unten näher beschriebenen kognitiven Ansatz Prozesse der Interpretation und Fehlinterpretation von Symptomen als zentral für das *Erleben* von Angst und Sorgen angesehen und Prozesse selektiver Aufmerksamkeit, psychophysiologischer Erregung und einstellungsmäßig bedingter Verhaltensänderungen als entscheidend für die *Aufrecht*erhaltung der Störung.

Die Vorstellung, daß interpersonelle Belohnungen („sekundärer Krankheitsgewinn") für die Aufrechterhaltung einer Krankheit eine wichtige Rolle spielen, ist in der Praxis weit verbreitet. Diese auf den ersten Blick einleuchtende „Hypothese" steht aber im Widerspruch zu lerntheoretischen Prinzipien, die den verhaltenstherapeutischen Interventionen zugrunde liegen (z.B. Goldiamond, 1975). Diese Annahme kann leicht als herabsetzend erlebt werden; dem Kliniker liefert sie die manchmal einfache, dem Patienten dagegen die schmerzliche Erklärung, daß die Probleme einer „notwendigen Funktion" dienen. Diese Sichtweise lenkt von der sorgfältigen Analyse der Phänomene im Einzelfall ab und entbehrt jeder empirischen Grundlage.

Fehlinterpretationen körperlicher Wahrnehmungen haben einerseits zur kognitiven Theorienbildung beigetragen, andererseits sind sie Teil der Definition von Hypochondrie. Inzwischen konnte experimentell nachgewiesen werden, daß hypochondrische Patienten sich von normalen und ängstlichen Patienten in ihrer *Wahrnehmung* unterscheiden und auch in ihrer Tendenz, normale körperliche Empfindungen *falsch zu interpretieren*. Tyrer, Lee und Alexander (1980) untersuchten in ihrer wichtigen Studie bei hypochondrischen Patienten, Angstneurotikern und Patienten mit phobischen Störungen, inwieweit sie sich ihrer Pulsfrequenz bewußt waren. Sie verglichen die subjektiven Einschätzungen der Pulsfrequenz mit EKG-Messungen, die bei angstauslösenden Filmvorführungen erhoben worden waren. Dabei ergab sich eine signifikant höhere Korrelation zwischen subjektiver und gemessener Pulsfrequenz bei Hypochondern *und* Angstneurotikern als bei Patienten mit phobischen Störungen. Patienten mit Herzbeschwerden waren sich ihrer Pulsfrequenz am stärksten bewußt. Salkovskis und Clark (1993) und Salkovskis (1990) konnten zeigen, daß hypochondrische Personen sich von normalen und nicht-hypochondrischen Angstpatienten in der Interpretation unklarer körperlicher Veränderungen unterscheiden und in dem Verhalten, das aus solchen Fehlinterpretationen erwächst. Studien wie die oben genannten und klinische Beobachtungen haben zur Entwicklung der kognitiv-verhaltenstherapeutischen Hypothese von Hypochondrie geführt.

2.4 Der kognitiv-verhaltenstherapeutische Ansatz

2.4.1 Die kognitiv-verhaltenstherapeutische Hypothese zur Entwicklung von Hypochondrie und Krankheitsangst

Aus kognitiver Sicht entsteht Angst, wenn eine spezielle Situation oder ein Stimulus als bedrohlich eingeschätzt werden und Zweifel daran aufkommen, ob der wahrgenommenen Bedrohung adäquat begegnet werden kann (Beck, 1976). Die kognitive Hypothese zur Krankheitsangst und Hypochondrie geht davon aus, daß körperliche Beschwerden und Symptome als bedrohlicher wahrgenommen werden, als sie es in Wirklichkeit sind, und daß das Vorhandensein einer Krankheit für wahrscheinlicher gehalten wird, als dies tatsächlich der Fall ist (Salkovskis, 1989b; Salkovskis & Warwick, 1986; Warwick & Salkovskis, 1989). Gleichzeitig fühlt der Patient sich unfähig, die Krankheit verhindern und ihren Verlauf beeinflussen zu können, d. h. er hat keine effektiven Strategien zur Hand, um mit der wahrgenommenen Bedrohung umzugehen.

Frühere Erfahrungen
Erfahrungen und Wahrnehmungen von
a) eigener Erkrankung oder Erkrankung von Familienangehörigen, medizinischen Fehlbehandlungen
b) Interpretationen von Symptomen und Reaktionen:
„Mein Vater starb an einem Hirntumor." „Immer wenn ich irgendwelche körperlichen Symptome bemerkte, wurde ich zum Arzt geschickt: Es könnte ja etwas Ernstes sein."

↓

Entwicklung dysfunktionaler Annahmen
„Körperliche Symptome sind immer ein Hinweis, daß irgendetwas nicht in Ordnung ist."
„Ich muß immer in der Lage sein, eine Erklärung für meine Symptome zu finden."

↓

Kritisches Ereignis
Ereignis oder Symptom, das Aufschlag Krankheit hindeutet.
„Einer meiner Freunde ist vor einigen Monaten an Krebs gestorben; ich habe in letzter Zeit häufiger Kopfschmerzen."

Aktivierung dysfunktionaler Annahmen

Automatische negative Gedanken und Vorstellungen
„Ich könnte einen Hirntumor haben. Ich habe dem Arzt nicht erzählt, daß ich abgenommen habe. Hoffentlich ist es nicht zu spät. Es wird immer schlimmer. Ich werde am Gehirn operiert werden müssen."

→ **Krankheitsangst, Hypochondrie** ←

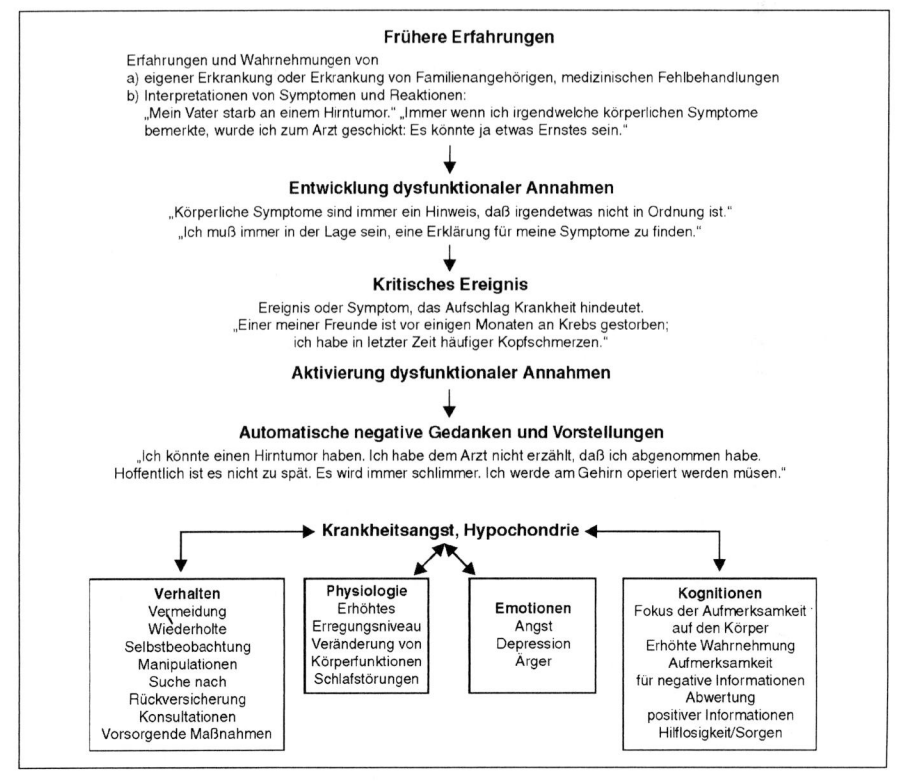

Verhalten	Physiologie	Emotionen	Kognitionen
Vermeidung Wiederholte Selbstbeobachtung Manipulationen Suche nach Rückversicherung Konsultationen Vorsorgende Maßnahmen	Erhöhtes Erregungsniveau Veränderung von Körperfunktionen Schlafstörungen	Angst Depression Ärger	Fokus der Aufmerksamkeit auf den Körper Erhöhte Wahrnehmung Aufmerksamkeit für negative Informationen Abwertung positiver Informationen Hilflosigkeit/Sorgen

Abb. 1: Kognitives Bedingungsmodell für die Entstehung von Hypochondrie und Krankheitsangst

Abbildung 1 zeigt das Bedingungsmodell für die *Entstehung* hypochondrischer Beschwerden und Symptome. Frühere Erfahrungen mit Krankheiten (eigenen oder von anderen Personen) führen zur Entwicklung spezifischer Annahmen über Symptome, Krankheiten und Krankheitsverhalten. Diese wiederum werden aus einer Vielzahl unterschiedlicher Einflüsse erlernt, wobei Erfahrungen in jungen Jahren besonders prägend sind (vgl. Bianchi, 1971), aber auch Erlebnisse im sozialen Umfeld und Informationen aus den Massenmedien können den Lernprozeß beeinflussen. Ausschlaggebend können sein Erfahrungen mit eigenen Krankheiten (oder von Familienangehörigen), mit unzureichender medizinischer Versorgung (vgl. Bianchi, 1971) und Veröffentlichungen in den Medien, wie das Beispiel der sprunghaft angestiegenen Zahl von AIDS-Phobien (Miller, Acton & Hedge, 1988; Miller, Green, Farmer & Carroll, 1985) nach einer massiven Medienkampagne zeigt.

Beispiele für solch potentielle problematische Überzeugungen sind: „Körperliche Veränderungen müssen ein Zeichen für eine schwere Erkrankung sein, denn jedes Symptom muß eine identifizierbare körperliche Ursache haben" oder „Wenn man etwas Ungewöhnliches entdeckt und nicht sofort zum Arzt geht, ist es zu spät". Andere beziehen sich auf persönliche Schwachstellen und spezielle Krankheiten wie z. B. „In der Familie kommen häufig Herzerkrankungen vor", „Ich hatte schon als Kind Probleme mit der Lunge". Diese Überzeugungen können dazu führen, daß die Betroffenen in ständiger Angst leben und/oder daß kritische Ereignisse bei vulnerablen Personen Angst auslösen. Sie können auch bewirken, daß die Patienten selektiv Informationen wahrnehmen, die als Krankheitsbestätigung dienen oder daß sie alles ignorieren, was für einen guten Gesundheitszustand spricht. Daher führen solch spezielle Überzeugungen häufig zu einer selbstbestätigenden Tendenz (confirmatory bias) im Denken der Patienten, wenn einmal ein kritisches Ereignis dazu führte, daß Körperempfindungen und Symptome als Zeichen einer lebensbedrohlichen Erkrankung interpretiert wurden. Auslöser für die Aktivierung solcher latent vorhandenen Überzeugungen können unbekannte Körperwahrnehmungen, Erkrankungen bei gleichaltrigen Freunden oder neue Informationen über Krankheiten sein. Der Patient spürt weitere Symptome, weil er Angst entwickelt hat und seinen Körper deshalb verstärkt beobachtet. Patienten mit Krankheitsangst haben in solchen Situationen Gedanken, die ihre individuelle Fehlinterpretation ihrer körperlichen Empfindungen und Zeichen ausdrücken.

Die katastrophisierenden Interpretationen können wiederum zu einem von zwei möglichen Angstmustern führen. Verstärken sich Empfindungen oder Zeichen *nicht* als Konsequenz der Angst (und der damit verbundenen autonomen Erregung), oder sieht der Patient die befürchtete Katastrophe nicht in unmittelbarer Zukunft, dann entwickelt er hypochondrische Angst bezüglich seiner Gesundheit mit allen kognitiven, behavioralen, physiologischen und affektiven Symptomen (vgl. Abb. 1 „Meine Bauchschmerzen bedeuten, daß ich eine unentdeckte Krebserkrankung habe"). Wenn andererseits die falsch interpretierten Symptome Teil der physiologischen Erregung darstellen und als Zeichen einer *unmittelbar* bevorstehenden Katastrophe gedeutet werden (z. B. „Das Herzklopfen bedeutet, daß ich in diesem Augenblick einen Herzinfarkt erleide"), werden sich die Symptome weiter verstärken. Setzt sich dieser Prozeß fort, sind Panikattacken wahrscheinlich (Clark, 1988; Salkovskis, 1988). Trotz aller Unterschiede in der Art der Symptome und des zeitlichen Auftretens der gefürchteten Krankheit sind die Gedankenmuster bei der Panikstörung und bei Hypochondrie ähnlich, auch präsentieren sich beide Erkrankungen mit einem ähnlichen Erscheinungsbild (vgl. Noyes, Reich, Clancy & O'Gorman, 1986).

*2.4.2 Die kognitiv-verhaltenstherapeutische Hypothese
zur Aufrechterhaltung von Hypochondrie und Krankheitsangst*

Von Hypochondrie spricht man, wenn als *vorherrschendes* Merkmal übersteigerte Angst vor Krankheiten zu beobachten ist, die sich entweder äußert als Furcht oder als Überzeugung, eine schwere körperliche Krankheit zu haben. Viele Patienten mit spezifischen somatischen Störungen haben eine weniger stark ausgeprägte Angst um ihre Gesundheit. Bei der psychologischen Behandlung jeder Erkrankung mit somatischem Hintergrund besteht die erste Aufgabe darin festzustellen, inwieweit Krankheitsangst direkt oder indirekt an der Belastung des Patienten und an den Krankheitssymptomen selbst beteiligt ist. Damit soll nicht gesagt werden, daß Krankheitsangst immer eine Rolle spielt bei der Aufrechterhaltung somatischer Probleme, sondern nur, daß sie normalerweise beteiligt und für psychologische Behandlung besonders zugänglich ist. Die Diagnostik spezifischer somatischer Probleme kann andere aufrechterhaltende, neben der Krankheitsangst existierende Faktoren zum Vorschein bringen, so daß es häufig hilfreich ist, in beiden Bereichen zu intervenieren. Eine gewisse Reduktion der Krankheitsangst kann bei der Behandlung somatischer Probleme oft relativ schnell erreicht werden und die Effektivität anderer Interventionen steigern, insbesondere wenn die Krankheitsangst ursprünglich stark ausgeprägt war. Als Beispiel kann hier die Rolle von Krankheitskonzepten und ihre Auswirkungen auf die medikamentöse Compliance genannt werden (Becker et al., 1979).

*2.4.3 Faktoren, die die übermäßige Beschäftigung
mit Krankheitssorgen direkt aufrechterhalten*

Abbildung 2 zeigt, wie psychologische Faktoren bei der Aufrechterhaltung von Krankheitsangst und Sorgen um die Gesundheit wirken. Man sollte berücksichtigen, daß bei vielen Patienten noch weitere Mechanismen, die bei der

Aufrechterhaltung somatischer Veränderungen beteiligt sind, mit den in der Ab
bildung dargestellten physischen und psychologischen Faktoren interagieren.

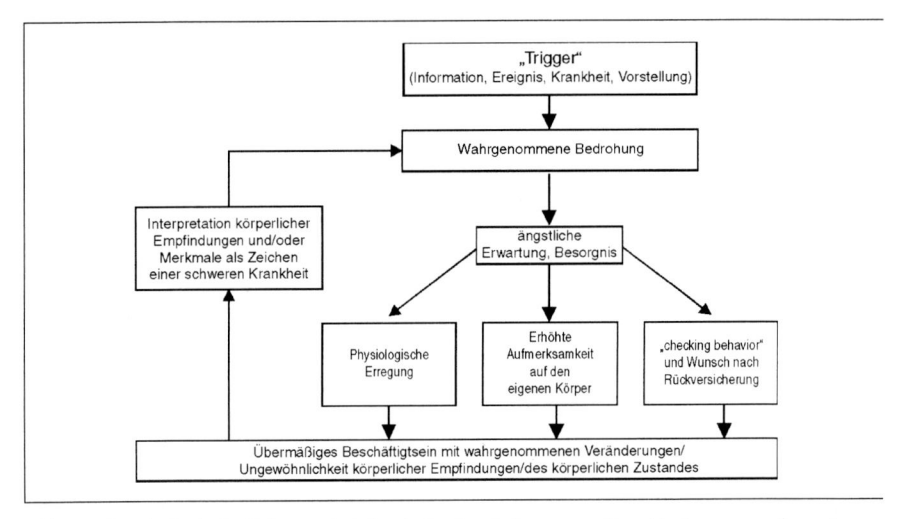

```
                    ┌─────────────────────────────────────┐
                    │            „Trigger"                │
                    │ (Information, Ereignis, Krankheit, Vorstellung) │
                    └─────────────────┬───────────────────┘
                                      ▼
                    ┌─────────────────────────────────────┐
         ┌─────────▶│      Wahrgenommene Bedrohung        │
         │          └─────────────────┬───────────────────┘
         │                            ▼
┌────────┴──────────┐         ┌──────────────┐
│ Interpretation körperlicher│         │   ängstliche  │
│ Empfindungen und/oder      │◀────────│   Erwartung, Besorgnis │
│ Merkmale als Zeichen       │         └──────┬───────┘
│ einer schweren Krankheit   │                │
└───────────────────┘         ┌───────┬──────┴──┬──────────┐
                              ▼       ▼         ▼
                        ┌──────────┐ ┌────────┐ ┌──────────────┐
                        │Physiologische│ │Erhöhte │ │„checking behavior"│
                        │ Erregung │ │Aufmerksamkeit│ │und Wunsch nach│
                        │          │ │auf den │ │Rückversicherung│
                        │          │ │eigenen Körper│ │              │
                        └────┬─────┘ └───┬────┘ └──────┬───────┘
                             └───────────┼─────────────┘
                                         ▼
              ┌──────────────────────────────────────────────────┐
              │ Übermäßiges Beschäftigtsein mit wahrgenommenen Veränderungen/│
              │ Ungewöhnlichkeit körperlicher Empfindungen/des körperlichen Zustandes │
              └──────────────────────────────────────────────────┘
```

Abb. 2: Psychologische Faktoren bei der Aufrechterhaltung von Krankheitsangst und von Sorgei um die Gesundheit

I. Erhöhte physiologische Erregung:
Sie entsteht aus einer wahrgenommenen Bedrohung und führt zu wahrnehm
baren autonomen Veränderungen. Diese Veränderungen werden vom Patienter
häufig als weitere Bestätigung für seine Krankheit gewertet. Ein Patient nahm
z. B. verstärktes Schwitzen wahr und deutete dies als Zeichen ernsthafter hor
moneller Störungen. Sobald er diesen Gedanken hatte, schwitzte er stärker
was er wiederum als Beweis für eine Erkrankung interpretierte. Eine Patientir
mit Darmproblemen litt unter Bauchschmerzen, woraufhin sie befürchtete, die
Kontrolle über den Darm zu verlieren. Dies hatte wiederum zur Folge, daß
sie heftige Darmbewegungen verspürte. Die Beschwerden und Schmerzen wur
den stärker und gipfelten in der Befürchtung, eventuell inkontinent zu werden

II. Selektive Wahrnehmung:
Normale Abweichungen oder bisher nicht bemerkte Aspekte des Aussehen:
oder der körperlichen Funktionen können die Aufmerksamkeit von Patienter
erregen und als etwas Neues wahrgenommen werden. Sie können daraus die
Schlußfolgerung ziehen, daß diese Veränderungen pathologische Abweichun
gen von der Normalität darstellen. Ein Patient bemerkte beispielsweise, daß
seine Fingernägel am Ansatz blaß aussahen und weiße Flecken auf den Näge
vorhanden waren und interpretierte dies als hormonelles Problem. Diese Ent
deckung beunruhigte ihn außerordentlich, und da er sich nicht vorstellen konn-

te, etwas derartig Wichtiges früher nicht bemerkt zu haben, ging er davon aus, daß es sich um ein neues Phänomen handeln müsse.

Selektive Wahrnehmung kann auch zu tatsächlichen Veränderungen in physiologischen Systemen führen, bei denen sowohl Reflexe als auch willentliche Kontrolle beteiligt sind (z. B. Atmung, Schlucken, Muskelaktivität usw.). Ein Patient kann z. B. Schwierigkeiten beim Hinunterschlucken trockener Speisen bemerken und dies als Zeichen für Speiseröhrenkrebs deuten. Die Konzentration auf das Schlucken kann zu übertriebener Anstrengung, wachsendem Unbehagen und zu Schluckbeschwerden führen. Schmerz wird durch gesteigerte Aufmerksamkeit verstärkt (Melzack, 1979), unabhängig davon, wie Schmerz interpretiert wird.

III. Vermeidungsverhalten:
Anders als Phobiker sorgen sich Patienten mit Krankheitsangst hauptsächlich wegen Gefahren, die aus internen Situationen oder Stimuli erwachsen (Körperempfindungen wie z. B. Unwohlsein oder Magenschmerzen, körperliche Zeichen wie z. B. Knoten unter der Haut). Ihre Aufmerksamkeit kann auf diese internen Stimuli durch externe Faktoren (z. B. Lesen über eine bestimmte Krankheit, Fragen eines besorgten Partners) gelenkt werden. Da Patienten nur selten sämtliche angstauslösenden Stimuli vermeiden können, verhalten sie sich so, daß körperliches Unbehagen minimiert wird und greifen auf Verhaltensweisen zurück, von denen sie glauben, daß sie sie vor dem gefürchteten Unheil bewahren könnten. Die Überzeugung, die Gefahr abwenden zu können, unterstützt den Patienten in seinem Glauben (z. B. „Hätte ich meinen Inhalationsapparat nicht benutzt, wäre ich erstickt und gestorben" oder „Ich treibe niemals Sport, denn ich könnte dabei sterben").

Bei einigen Patienten mit Krankheitsangst werden Verhaltensweisen wie das Untersuchen des Körpers oder das Nachsuchen um Rückversicherung dadurch verstärkt, daß die Angst vorübergehend nachläßt. Aber ebenso wie bei Zwangspatienten ist dieser Effekt nur von kurzer Dauer, langfristig hingegen kommt es zu einem Anstieg der Angst und der entsprechenden, unangemessenen Verhaltensweisen (Salkovskis, 1994). Das Bedürfnis nach Rückversicherung bedeutet, daß der Patient die Aufmerksamkeit anderer auf sich ziehen möchte, die ihm dabei behilflich sein sollen, keine noch so geringe körperliche Abweichung zu übersehen (wodurch das Langzeitrisiko verringert werden soll). Tatsächlich aber fokussieren das Untersuchen des Körpers und das Nachsuchen um Rückversicherung die Aufmerksamkeit des Patienten auf seine Ängste und verhindern die Gewöhnung an die angstauslösenden Stimuli. Gelegentlich führen die ständigen Sorgen um die Gesundheit, starke Beeinträchtigung des normalen Lebens und häufiges Nachsuchen um ärztliche Konsultationen, Untersuchungen und Rückversicherung von Patienten mit Krankheitsangst dazu, daß mitfühlende Ärzte zu drastischeren Interventionen greifen wie beispielsweise

Operationen oder starken Medikamenten. Die Patienten wiederum können sich dadurch in ihren Ängsten bestätigt sehen, was zur Verschlechterung ihrer Symptome und Beschwerden führt und manchmal zusätzlich zu den schon vorhandenen Symptomen neue, iatrogen bedingte schafft (z. B. Nebenwirkungen der Medikamente).

Durch bestimmte Verhaltensweisen können die Symptome eines Patienten direkt beeinflußt werden. Ein Patient beispielsweise gab, da er sich ständig schwach fühlte, seine sportlichen Aktivitäten auf und reduzierte sein Laufpensum. Als er nach einigen Monaten eine Zunahme der Schwäche feststellte (aufgrund mangelnder körperlicher Bewegung), fühlte er sich in seinen anfänglichen Befürchtungen bestätigt, an Multipler Sklerose zu leiden. Schmerzpatienten reduzieren häufig ihre sportlichen Aktivitäten und nehmen übertriebene körperliche Schonhaltungen ein, in der Hoffnung, dadurch die Schmerzen lindern zu können. Als Folge dieses Verhaltens verschlimmern sich die Schmerzen (die ursprünglich vielleicht muskulär waren) und der Patient verspürt, bedingt durch die unnatürliche Haltung, Schmerzen in anderen Muskelpartien. Ein Patient, der Schmerzen in den Hoden verspürte, drückte sie wiederholt (bis zu 15 Minuten lang, manchmal in Abständen von nur 2 oder 3 Minuten), um zu überprüfen, ob der Schmerz noch vorhanden war. Natürlich nahm der Schmerz zu und damit sein Gefühl der Invalidität. Andere weit verbreitete Verhaltensweisen sind der übertriebene Einsatz von Hilfsmitteln wie Korsetts, Stöcken, Krücken usw. oder unangemessene Medikamenteneinnahme (verschriebene Medikamente oder Selbstmedikation).

IV. Fehlinterpretationen von Symptomen, Zeichen und medizinischen Befunden:
Fehlinterpretationen sowohl von körperlichen Veränderungen als auch von Informationen, die Ärzte, Freunde oder die Medien vermitteln, sind das wichtigste Merkmal von Krankheitsangst, das auch bei den Klagen vieler Patienten mit somatischen Problemen eine entscheidende Rolle spielt. Die Patienten nehmen Veränderungen und Mitteilungen als Beweis dafür, daß sie ernsthafter erkrankt sind, als dies in Wirklichkeit der Fall ist. Dies tritt besonders dann ein, wenn die verzerrten Überzeugungen hinsichtlich der Ursache der Symptome oder der Erkrankung zu einer Tendenz führen, krankheitsbezogene Informationen selektiv wahrzunehmen. Diese Patienten nehmen nur solche Informationen wahr bzw. erinnern sie, die mit ihrer eigenen negativen Überzeugung übereinstimmen (confirmatory bias). Ein Patient suchte wegen starker Kopfschmerzen und Schwindel einen Neurologen auf. Dieser erklärte ihm, daß ein Hirntumor, sofern er vorhanden wäre, sich längst vergrößert und zum Tode geführt hätte. Der Patient, der jegliche Empfindung im Kopf als Zeichen für eine schlimme innere Krankheit interpretierte, berichtete seinem Therapeuten später, der Neurologe habe bei ihm einen Tumor diagnostiziert, und weil sich für ihn die Symptome verstärkt hatten, glaubte er an ein Wachstum des Tumors. Er war davon überzeugt, daß der Arzt ihm mit der Mitteilung, er habe

keine ernsthafte Erkrankung, auf schonende Weise die schlimme Nachricht habe beibringen wollen.

In der Mehrzahl der Fälle können Aspekte der oben dargestellten Faktoren direkt zur Aufrechterhaltung des Problems und zur Sorge um die Gesundheit beitragen. In Tabelle 2 ist zusammenfassend dargestellt, welche Bedeutung sowohl diese Faktoren als auch psychische Beeinträchtigungen (besonders Depressionen) für die Aufrechterhaltung somatischer Probleme haben.

Tabelle 2: Beteiligung kognitiver, physiologischer und verhaltensorientierter Komponenten bei der Aufrechterhaltung ausgewählter somatischer Probleme (PhE. = Physiologische Erregung, AV = Vermeiden von Aktivitäten; KRV = Kontrollieren, Rückversicherung einholen; FI = Fehlinterpretation von Symptomen; AS = Affektive Störungen, Depression)

	PhE.	AV	KVR	FI	AS
Reizkolon	+/−	+	+	+/−	−
Essentielle Hypertonie	+	−	−	+/−	+/−
Schlafstörungen	+/−	−	−	+/−	+/−
Hypochondrie	−	+	++	++	+/−
Chronische Schmerzen	+/−	++	++	+	+/−
Kopfschmerzen	+	+	+/−	+/−	−
Schwindel	+/−	+	+	++	−

Anmerkung: +: wichtige Komponente; ++: sehr wichtige Komponente; −: selten auftretende Komponente; +/−: Komponente kann wichtig sein, aber auch fehlen

Die ersten Veröffentlichungen über verhaltenstherapeutische Behandlung bei Hypochondrie berichten von einer kleinen Anzahl von Patienten, die mit folgenden Techniken behandelt worden waren: Systematische Desensibilisierung, Gedankenstop, Hypnose, Implosion (Kellner, 1985) oder graduierte Exposition und Reaktionsverhinderung (Warwick & Marks, 1988). Die frühen Studien zur Evaluierung kognitiv-verhaltenstherapeutischer Behandlung heben ausdrücklich die Ähnlichkeit zwischen Zwangsstörungen und Krankheitsangst hervor (Marks, 1981; Warwick & Salkovskis, 1985). Marks (1978) machte den Vorschlag, bei der Behandlung von Krankheitsphobie ähnlich vorzugehen wie bei anderen Phobien. Salkovskis und Warwick (1986) berichten von der erfolgreichen kognitiv-verhaltenstherapeutischen Behandlung zweier Patienten, die unter anderem Elemente von Exposition und Reaktionsverhinderung umfaßte. In dieser Studie konnten sie außerdem nachweisen, daß eine funktionale Ähnlichkeit zwischen dem Nachsuchen um Rückversicherung und Zwangsritualen besteht (vgl. Rachman, de Silva & Roper, 1976).

In einer von Miller et al. (1986) durchgeführten Studie mit AIDS-Phobikern zeigten 7 Patienten signifikante Verbesserungen nach einer kognitiven Verhaltenstherapie. Diese und ähnliche Studien mit kognitiv-verhaltenstherapeutischen Ansätzen bei Panik- und Zwangsstörungen legen den Schluß nahe, daß kognitive Verhaltenstherapie bei Hypochondrie hilfreich sein kann, sofern sie theoretisch angemessen begründet werden kann. Einige der typischen Unterschiede zwischen Zwangsgedanken und krankhaften Sorgen wurden schon von Rachman (1974) herausgearbeitet. Seine Überlegungen treffen weitgehend auch auf Hypochondrie zu, die häufig einen ähnlichen Verlauf nimmt wie zwanghaftes Denken, allerdings ohne den Aspekt der subjektiv empfundenen Sinnlosigkeit.

Eine wichtige Aufgabe bestünde darin, vergleichende Studien zur Behandlung von Krankheitsüberzeugung und Krankheitsphobie durchzuführen. Das bisher vorliegende Repertoire verhaltenstherapeutischer Strategien (wie graduierte Exposition oder Techniken zur Angstbewältigung) ist wahrscheinlich insbesondere bei der Behandlung von Krankheitsphobie wirksam, obwohl sie vom klinischen Standpunkt aus gesehen besser mit kognitiven Strategien kombiniert werden sollten. Es kann von theoretischer und therapeutischer Bedeutung sein, auch zu berücksichtigen, ob bestimmte Charakteristika hypochondrischer Patienten aus psychologischen Prozessen erwachsen, die auch bei anderen, leichter zu behandelnden Störungen eine Rolle spielen. Vorläufige Ergebnisse deuten darauf hin, daß eine auf Exposition basierende Therapie bei Patienten wirksam sein könnte, die phobische Verhaltensweisen zeigen (Warwick & Marks, 1988). Allerdings ist noch nicht geklärt, ob eine solche Behandlung bei Patienten mit stärker ausgeprägter Krankheitsüberzeugung weniger effektiv wäre.

Warwick (1993) berichtete die Ergebnisse einer kontrollierten Studie, in der eine nach kognitiv-verhaltenstherapeutischen Prinzipien (wie später beschrieben) behandelte Gruppe mit einer Wartelistenkontrollgruppe verglichen wurde. Die Ergebnisse zeigten, daß die behandelte Gruppe sich klinisch signifikant auf ein normales Niveau in folgenden Bereichen verbesserte: Krankheitsüberzeugungen, Angst, Depression und Bedürfnis nach Rückversicherung. Im Gegensatz dazu wies die Wartelistenkontrollgruppe über den gleichen Zeitraum kaum Verbesserungen auf. Die Oxford-Forschungsgruppe verglich kognitive Therapie mit einer sehr glaubwürdigen Kontrollbedingung. Hierbei werden den Patienten Angstbewältigungsmaßnahmen vermittelt, ohne daß versucht wird, die Fehlinterpretationen direkt zu verändern. Beide Therapiemethoden führten zu signifikanten Verbesserungen im Vergleich zur Wartelistenkontrollgruppe. Die Kognitive Therapie erzielte diese Effekte jedoch schneller als die andere Behandlung (Clark & Mitarbeiter, in Vorbereitung).

3 Therapie

3.1 Ergebnisse älterer therapeutischer Ansätze

Primäre Hypochondrie galt und gilt auch heute noch bei vielen als sehr schwer therapierbar, obwohl keine kontrollierten Therapiestudien (mit Ausnahme kognitiv-verhaltenstherapeutischer) vorliegen. Ladee (1961) behandelte 23 Fälle mit psychotherapeutischen oder psychoanalytischen Methoden, wobei nur 4 Patienten befriedigende bis gute Therapieergebnisse erzielten. In Kenyons (1964) retrospektiver Studie über die klinische Behandlung von Hypochondrie wurden die unterschiedlichsten Therapieformen eingesetzt, insbesondere medikamentöse Behandlung, Elektrokrampftherapie und Psychotherapie. 40 % der Fälle mit primärer und 15 % mit sekundärer Hypochondrie wurden bei der Entlassung als „unverändert oder schlechter" eingeschätzt. Die weitverbreitete und schlecht fundierte Auffassung, daß Hypochondrie nicht als isoliertes Syndrom existiert, führte zu Diagnosen wie „atypische oder maskierte Depression" (Lesse, 1967) und zum Einsatz von Therapien, die bei affektiven Störungen Anwendung finden, obwohl durch nichts begründet werden kann, warum Antidepressiva bei primärer Hypochondrie sinnvoll sein könnten.

Pilowsky (1968) behandelte 147 Fälle von Hypochondrie, führte über 31 Monate Follow-up-Untersuchungen durch und konnte in 48 % der Fälle gute, in 28 % befriedigende und in 24 % schlechte Ergebnisse berichten. Bei dieser Studie handelte es sich um eine unkontrollierte Untersuchung, in der „ein breites Spektrum sowohl somatischer als auch psychologischer Behandlungsformen" zum Einsatz kamen – tatsächlich wurden 28 % der Stichprobe mit Elektrokrampftherapie behandelt. Unklar ist auch, ob es sich um Fälle von primärer oder sekundärer Hypochondrie handelte. Anzumerken wäre noch, daß Patienten mit Angst- und Depressionssymptomen eine günstigere Prognose hatten.

Kellner (1982) berichtet von einer Studie mit 36 Patienten, die seit 6 Monaten oder länger unter „hypochondrischer Neurose" gelitten hatten. Die Studie zog sich über einen langen Zeitraum hin, so daß die Behandlung aufgrund von in der Zwischenzeit veröffentlichten neuen Forschungsergebnissen verändert wurde. Die psychotherapeutischen Aspekte der Behandlung hatten den Schwerpunkt, präzise Informationen zu den Symptomen und zur selektiven Wahrnehmung der Symptome zu vermitteln und die Patienten davon zu überzeugen. Die Patienten wurden auch wiederholt körperlich untersucht und erhielten Rückversicherung und bekamen, wenn sie schwer beeinträchtigt waren, auch anxiolytisch wirkende Medikamente. 64 % der Fälle wurden als geheilt oder gebessert eingeschätzt. Da es sich um eine unkontrollierte Studie handelte, ist nicht klar, mit welchen Therapieelementen die Patientengruppe, die sich verbessert hatte, behandelt worden war.

Unterstützende Maßnahmen bilden das wichtigste Therapieelement bei der Routinebehandlung primärer Hypochondrie (Gelder, Gath & Majou, 1984). Wenn nachweislich eine primäre Störung, wie Depression, vorliegt, sollte deren effektive Behandlung sich auch günstig auf die sekundäre Hypochondrie auswirken (Burns, 1971; Lesse, 1967; Stenback & Rimon, 1964). Die Ergebnisse der Studie von Kellner, Fava und Lisansky (1986) unterstützen diese Sichtweise. Unklar bleibt noch, ob es bei einer Subgruppe von Patienten doch notwendig ist, die hypochondrischen Symptome zusätzlich zu behandeln.

3.2 Kognitiv-verhaltenstherapeutische Behandlung

3.2.1 Allgemeine Prinzipien kognitiv-verhaltenstherapeutischer Interventionen bei Krankheitsangst

Die weiteren Ausführungen in diesem Kapitel haben die allgemeinen Prinzipien für die Behandlung somatoformer Störungen zum Schwerpunkt, wobei die Hypochondrie und angstbezogene funktionelle somatische Symptome im Vordergrund stehen, da sie am besten untersucht sind und effektive Therapien zur Verfügung stehen. In diesem Kapitel wird daher solchen Faktoren erhöhte Aufmerksamkeit gewidmet, die Hypochondrie und Krankheitsangst fördern. Der Krankheitsangst wird auch deshalb besonderes Interesse entgegengebracht, weil sie die Patienten bei den meisten somatischen Syndromen belastet, unabhängig davon, ob Angst bei der Aufrechterhaltung der Beschwerden direkt beteiligt ist oder nicht.

Ein wichtiges Prinzip kognitiv-verhaltenstherapeutischer Vorgehensweisen bei somatischen Beschwerden ist es, selbst dann ein psychologisches Erklärungsmodell der Beschwerden zu formulieren, wenn zusätzlich tatsächliche physische Beeinträchtigungen vorliegen. Dies bedeutet für den Therapeuten, daß er sich nicht der unbefriedigenden Praxis unterziehen muß, durch Ausschluß körperlicher Ursachen zu einer Diagnose der psychologischen Probleme zu gelangen. Spielen physiologische Faktoren bei den Beschwerden eine große Rolle, so ist es besonders wichtig, ein differenziertes psychologisches Erklärungsmodell zu verwenden. In solchen Fällen ist es nicht sinnvoll, zuerst alle möglichen somatischen Probleme auszuschließen, bevor mit der psychologischen Behandlung begonnen wird nach dem Motto: „Wenn es nicht physisch ist, muß es psychisch sein."

Dennoch ist es wichtig, sich genaue Informationen über den körperlichen Gesundheitszustand eines Patienten zu verschaffen und über den möglichen Verlauf somatischer Beeinträchtigungen und die Grenzen der körperlichen Belastbarkeit Bescheid zu wissen, da diese Faktoren Einfluß auf die psychologische Behandlung haben können. Danach kann eine kognitiv-verhaltenstherapeutische Arbeitshypothese formuliert werden, indem die Faktoren identifiziert werden, die gegenwärtig die Probleme und Ängste der Patienten aufrechterhalten. Anschließend wird eine Behandlungsplan aufgestellt, der diese Hypothese überprüft und der, wenn nötig, modifiziert wird. Dieser Ansatz kann auch dann erfolgreich angewendet werden, wenn neben somatischen Symptomen andere, psychologische Probleme bestehen (so ist z. B. die Komorbidität von Angststörungen bei Schlaflosigkeit, Kopfschmerzen und Reizkolon hoch) und bei Patienten, deren somatische Beschwerden auf eine psychische Störung zurückzuführen sind (z. B. Depression und Appetitlosigkeit; Panikattacken und Herzbeschwerden; Katon, 1984). In jedem Fall ist das Erstellen eines verhaltensanalytischen, psychologischen Konzeptes der Beschwerden unbedingt erforderlich.

Obwohl es keine solche Konzeption gibt, die einheitlich auf alle Patienten gleichermaßen angewendet werden kann, gibt es doch einige Gesichtspunkte, die für die psychologische Behandlung der meisten somatischen Probleme gültig sind und die in den folgenden Punkten zusammengefaßt sind:

1. Patienten glauben im allgemeinen an eine physische Ursache ihrer Probleme. Diese Auffassung kann richtig, übertrieben oder vollkommen falsch sein. Wenn Patienten die verzerrte oder unrealistische Vorstellung haben, daß ihre Körperfunktionen in gefährlicher Weise beeinträchtigt sind oder sein werden, so führen diese Überzeugung zu ihren Schwierigkeiten und Ängsten.
2. Patienten gründen ihre übertriebenen Befürchtungen auf Beobachtungen, die sie von der Richtigkeit ihrer Annahme überzeugen. Dies können zum Beispiel Symptome oder Anzeichen sein, die fälschlicherweise als Beweis für körperliche Beeinträchtigungen interpretiert werden, oder ärztliche Befunde, die mißverstanden werden. Gelegentlich werden Symptome und Mitteilungen, die darauf hindeuten, daß die körperlichen Funktionen in gewissen Aspekten leichte Abweichungen von der Norm aufweisen, als Beweis für eine schwere Erkrankung interpretiert.
3. Somatische Probleme sind für Patienten in zweierlei Hinsicht bedrohlich und hindern sie daran, ihr Leben voll auszuleben:
   a) Einschränkungen durch die Beschwerden an sich und
   b) die emotionale Reaktion auf die Beschwerden, insbesondere Ängste hinsichtlich der potentiellen Ursachen und Folgen und Ärger oder Depressionen. Einer dieser Faktoren oder beide gemeinsam können Patienten dazu bewegen, um Hilfe nachzusuchen.
4. Als Reaktionen auf die Wahrnehmung der körperlichen Beeinträchtigungen können auftreten: Stimmungsschwankungen, Veränderungen im Verhalten, in den Kognitionen und bei physiologischen Funktionen. Diese Veränderungen können die Beschwerden selbst aufrechterhalten (bei Störungen ohne physische Ursache), sie können den Grad der Behinderung bei vorliegenden somatischen Störungen erhöhen und die emotionale Reaktion auf die wahrgenommene Funktionsstörung steigern. Die psychologische Behandlung sollte ansetzen bei der Veränderung der aufrechterhaltenden Faktoren.

5. Probleme mit *ursprünglich* somatischer Ursache können später durch psychologische Faktoren aufrechterhalten werden.

3.2.2 Implikationen eines kognitiven Ansatzes für Diagnostik und Therapie

Zu Beginn einer kognitiv-verhaltenstherapeutischen Behandlung sollte ein Erklärungsmodell der Beschwerden mit kognitiven, physiologischen und behavioralen Aspekten klar und positiv formuliert werden. In der Therapie werden dann die aufgestellten psychologischen Hypothesen direkt überprüft. Dieser Ansatz deckt sich mit denen anderer effektiver psychologischer Therapien. Kognitive und verhaltenstherapeutische Therapien sind besonders wirksam, da sie offen sind für die wissenschaftliche Überprüfung und schon in der Angst-, Panik- und Depressionstherapie validiert wurden.

Das größte Hindernis bei der Behandlung hypochondrischer Patienten ist deren Widerstand, für die Ursache ihrer Probleme andere als ausschließlich medizinische Gründe zu akzeptieren. Der Erfolg der psychologischen Behandlung hängt deshalb davon ab, inwieweit es gelingt, den Patienten davon zu überzeugen, in der Therapie mitzuarbeiten. Dies kann mit Hilfe unterschiedlicher kognitiver Techniken geschehen, wobei die gebräuchlichste darin besteht, dem Patienten die Therapie als hypothesenüberprüfende Maßnahme anzubieten (Salkovskis, 1989 b; Warwick & Salkovskis, 1989). Erklärt sich der Patient zur Therapie bereit, sollte die Behandlung zwei wichtige Komponenten beinhalten:

I. Identifikation und Modifikation automatischer Gedanken und dysfunktionaler Annahmen bezüglich der Gesundheit mit Hilfe von Techniken, die aus der kognitiven Therapie bei Angststörungen hergeleitet wurden (Beck, Emery & Greenberg, 1985). Die wirksamste Technik besteht darin, mit dem Patienten alle Anhaltspunkte zu besprechen, die aus seiner Sicht für das Vorliegen einer somatischen Erkrankung sprechen. Anschließend wird dann nach alternativen, durch Verhaltensexperimente überprüfbaren Erklärungen für seine Symptome gesucht.

Dieses Vorgehen ist wirksamer zur Korrektur von Fehlinterpretationen als beweisen zu wollen, daß der Patient die befürchtete Erkrankung *nicht* hat.

II. Abnormales Verhalten muß identifiziert und angemessen modifiziert werden. Der richtige Umgang mit dem ständigen Bedürfnis nach Rückversicherung ist hierbei der wichtigste und umstrittenste Punkt. Es wird allgemein akzeptiert, daß bei Zwangsstörungen das Nachsuchen um Rückversicherung als Zwangsritual gewertet werden kann (Rachman & Hodgson, 1980) und vieles deutet darauf hin, daß es bei hypochondrischen Patienten ebenso wirkt (Warwick & Salkovskis, 1985). Diese Annahme wird durch einige vorläufige Daten zu den kurz- und langfristigen Effekten beim Vermitteln von Rückversicherung gestützt (Salkovskis & Warwick, 1986). Daraus wird deutlich, daß das unangemessene Nachsuchen um Rückversicherung und das ständige Wiederholen von bereits bekannten Informationen verhindert und als Grundlage für die unter I. dargestellte Re-Attribution verwendet werden sollte. Das Übermitteln *angemessener* „Rückversicherung" kann hilfreich sein (Mathews & Ridgeway, 1982), wenn es sich um das Bereitstellen neuer Informationen handelt. Daher messen mehrere Autoren der Rückversicherung eine wichtige Rolle zu, obwohl die möglichen Mechanismen noch nicht ausreichend aufgedeckt worden sind. So zitiert z. B. Kenyon (1964) die Ansicht Wychoffs (1928), der behauptete, daß Hypochondrie weitgehend iatrogen ist, d. h. von Ärzten initiiert und aufrechterhalten wird, insbesondere solchen, die weitergehende physische Untersuchungen veranlassen, „um sicherzustellen, daß alles in Ordnung ist".

Subtiles und ständiges Nachsuchen um Rückversicherung kann sich langsam entwickeln. Nach Leonhard (1968) „wirken sich ständige Diskussionen über den Gesundheitszustand auf den hypochondrischen Patienten nachteilig aus ... und müssen unter allen Umständen gestoppt werden" (S. 125). Pilowsky (1984) und Kellner (1982) schließen sich dieser Auffassung nicht an; Kellner behauptet, „daß es zur Strategie der Therapie gehört, wiederholt physische Untersuchungen vorzunehmen, wenn der Patient fürchtet, an einer neuen Krankheit zu leiden ... und immer wieder Rückversicherung zu geben". Diese widersprüchlichen Auffassungen machen deutlich, daß es dringend erforderlich ist, nach einer Lösung dieser Frage zu suchen. Es erscheint höchst unwahrscheinlich, daß die letztgenannte Strategie sinnvoll ist für Patienten, die die Kriterien nach DSM-III-R erfüllen, d. h. die „Angst oder Überzeugung, an einer Krankheit zu leiden, besteht auch nach der ärztlichen Rückversicherung weiter und bedingt Einschränkungen im sozialen und beruflichen Bereich".

Eine sorgfältige Definition des Begriffes *Rückversicherung* ist daher dringend angezeigt. Wie oben erläutert, kann Rückversicherung auf unterschiedliche Weise vermittelt werden und unterschiedliche Effekte haben; sie kann angstmindernd oder angstfördernd wirken. In einigen Fällen könnte das Kriterium sogar heißen: „Angst und Überzeugung besteht weiter aufgrund der ärztlichen Rückversicherung."

3.2.3 Diagnostik

3.2.3.1 Begründung für psychologische Diagnostik

Für Patienten, die glauben, keiner psychologischen Behandlung zu bedürfen, weil ihre Probleme rein physischer Natur sind (und die deshalb eine medizinische Behandlung verlangen) ist es wichtig, über Art und Vorgehensweise der Diagnostik und ihre Zielsetzung informiert zu werden. Die festgefügten Überzeugungen der Patienten können das Erstinterview erschweren, insbesondere dann, wenn die Patienten mit der Absicht gekommen sind, den Therapeuten von ihrer körperlichen Krankheit überzeugen zu wollen und meinen, daß die Diagnostik und Behandlung von einem Mediziner statt von einem Psychologen durchgeführt werden sollte. Eine der ersten Aufgaben des Therapeuten sollte es daher sein, die Einstellung des Patienten zur Überweisung herauszufinden und sich dabei auf die Implikationen zu konzentrieren, die der Patient mit der Überweisung zum Psychologen verbindet. So könnte der Therapeut den Patienten z. B. fragen: „Wie reagierten Sie, als Sie erfuhren, daß Ihr Arzt Sie zur psychologischen Behandlung überweisen wollte?" und dann „Wie denken Sie jetzt darüber?" Häufig wird die Antwort folgendermaßen lauten: „Der Arzt glaubt, daß ich mir das Problem nur einbilde" oder „Er hält mich für verrückt". Wenn ein Patient diese Befürchtungen hat, ist es wichtig, ihn in dieser Hinsicht zu beruhigen, bevor die Diagnostik weiter durchgeführt wird. Um die Kooperationsbereitschaft des Patienten zu gewinnen, kann es hilfreich sein, ihm zu erklären, daß der Therapeut sowohl mit physischen als auch mit psychologischen Problemen arbeitet, da Streß das körperliche Wohlbefinden beeinträchtigen kann. Ziel des Therapeuten ist es, den Patienten genügend einzubinden, um die Probleme gemeinsam diagnostizieren zu können. Einbindung des Patienten in die Therapie ist ein späteres Ziel (s. unten), zum jetzigen Zeitpunkt ist sie weder nötig noch wünschenswert. Mit der Behandlung sollte nicht begonnen werden, bevor der Therapeut für das Problem des Patienten ein positives psychologisches Erklärungsmodell gefunden hat (für ausführliche Beschreibung und weitere Therapiehinweise vgl. Salkovskis, 1989b).

3.2.3.2 Allgemeine Diagnostik

Das Eingangsinterview sollte nach den üblichen kognitiv-verhaltenstherapeutischen Regeln durchgeführt werden, wobei den physiologischen Begleiterscheinungen des Problems und den Überzeugungen der Patienten über ihren körperlichen Zustand besondere Beachtung geschenkt werden muß. Sämtliche Ereignisse, Gedanken, Vorstellungen, Gefühle oder Verhaltensweisen, die den Beschwerden vorausgehen oder gleichzeitg auftreten, müssen erfaßt werden. So sollten Kopfschmerzpatienten beispielsweise befragt werden, ob sie etwas bemerkt haben, das die Schmerzen verbessert oder verschlechtert, oder ob sie bestimmte Auftretensmuster bezüglich des Wochentages, der Monats- oder der Jahreszeit beobachten konnten. Weiter sollte gefragt werden, was den Patienten durch den Kopf geht, wenn die Kopfschmerzen auftreten, und *was schlimmstenfalls passieren könnte*, wenn die Schmerzen am unerträglichsten sind. Besonders ängstliche Patienten sind ständig darum besorgt, was ihnen als letzte Konsequenz ihrer Beschwerden zustoßen könnte; solche Gedanken sind nur schwer zu diagnostizieren, besonders dann, wenn sich die Patienten aktiv darum bemühen, nicht an ihre Befürchtungen zu denken. Bei dieser Art kognitiven Vermeidens kann das Unterdrücken katastrophisierender Gedanken (bisweilen durch krampfhaftes Nachsuchen um Rückversicherung) zu häufigen und belastenden Durchbrüchen erschreckender Gedanken oder Bilder führen.

Kognitives Vermeiden führt daher paradoxerweise zu einer vermehrten Beschäftigung mit vagen Ängsten über „den Ernstfall". Ein Beispiel hierfür ist eine Patientin, die sich sehr stark verspannte, wenn sie Sorgen hatte. Ihr Arzt versuchte ihr ihre Befürchtungen auszureden und erklärte ihr auch, daß man bis zur Bewegungslosigkeit angespannt sein und dabei gleichzeitig noch atmen könne. Sie bezog diese Information auf sich und suchte nach einer medizinischen Lösung für ihre Steifigkeit, die sie für das erste Anzeichen einer progressiven Muskelatrophie hielt. Eine alternative, hilfreichere Art der Befragung wäre beispielsweise: „Worin sehen Sie die Ursache Ihrer Probleme?" „Wie glauben Sie, entstehen Ihre Symptome?" Der Therapeut sollte auch in Erfahrung bringen, welche *visuellen Vorstellungen* der Patient mit dem Problem in Verbindung bringt. Eine Patientin z. B., die über Schmerzen in den Beinen klagte, hatte jedesmal, wenn sie einen stechenden Schmerz im Knie verspürte, die visuelle Vorstellung, daß ihre Beine amputiert würden. Diese Vorstellung führte zu einem Anstieg von Angst und Schmerz.

Übertriebene dysfunktionale Überzeugungen bezüglich Gesundheit und Krankheit, die dazu führen, daß die Patienten davon überzeugt sind, an einer schweren Krankheit zu leiden, sollten erfragt werden. Beispiele hierfür sind: „Physische Symptome sind immer ein Zeichen dafür, daß etwas mit dem Körper nicht stimmt"; „Man kann mit absoluter Gewißheit feststellen, daß man *nicht* krank ist". Ein häufiges Problem stellen die Patienten dar, die davon überzeugt sind, daß Ärzten mit großer Wahrscheinlichkeit Fehler bei der Diagnostik unterlaufen, die ernsthafte Konsequenzen nach sich ziehen. Solche Überzeugungen können sich aus persönlichen Erfahrungen oder durch Publikationen in den Medien entwickeln, und es ist ein wichtiger Bestandteil der Eingangsdiagnostik, diese herauszufinden. Später, während der Therapie können sie mit Hilfe kognitiver Techniken verändert werden.

Ein verwandtes Problem sind absolute, rigide Denkmuster, die einige Patienten bei Gesundheitsproblemen anwenden.

Ein Patient erwähnte dem Therapeuten gegenüber immer wieder, er müsse unter allen Umständen die Ursache für seinen Ausschlag herausfinden und vom Arzt *unbedingt* eine Erklärung für sein Problem erhalten. Der Therapeut fragte daraufhin: „Warum *müssen* Sie die Ursache kennen, muß alles eine erkennbare Erklärung haben?" Der Patient antwortete: „Ich war immer der Typ, der allen Problemen auf den Grund geht; z. B. würde ich mein Auto *vollständig* auseinandernehmen, um die Ursache für ein klapperndes Geräusch herauszufinden; ein Klappern bedeutet, daß etwas nicht in Ordnung ist und daß es noch schlimmer werden wird." Einem solchen Patienten würde es kaum helfen, wenn man ihm mitteilt, daß seine Symptome mit aller Wahrscheinlichkeit nicht auf eine ernsthafte Erkrankung hindeuten, wenn nicht zuvor seine rigiden Überzeugungen verändert werden.

Verhaltensweisen, die der Patient aufgrund seiner Symptome oder Ängste durchführt, müssen genau diagnostiziert werden. Dies umfaßt zum einen direkte Handlungen wie nach Hause gehen, sich hinlegen, Tabletten einnehmen, aber auch weniger offensichtliches Verhalten wie Beobachten des Körpers, Ablenkung, Nachsuchen um Rückversicherung, Lesen von medizinischen Büchern.

Alles, *was die Patienten selbst tun oder denken*, muß erfaßt werden. Der Patient wird gefragt: „Gibt es irgendetwas, was Sie dann tun, wenn Sie sich wegen Ihrer Beschwerden Sorgen machen?" „Gibt es Dinge, die Sie versuchen zu tun, wenn die Beschwerden da ist?" „Würden Sie sich anders verhalten, wenn Sie wüßten, daß sie die Beschwerden morgen nicht mehr haben werden?" Speziell das Nachsuchen um Rückversicherung bei Medizinern und Nichtmedizinern sollte hier genau erfragt werden.

In der Diagnostik sollte auch das Vermeidungsverhalten erfaßt werden, das Symptome und Ängste und damit assoziierte Gedanken *antizipiert*. Patienten berichten häufig, daß sie bestimmte Aktivitäten meiden, obwohl sie keinen damit verbundenen Gedanken identifizieren können. Der Therapeut könnte fragen: „Wenn Sie diese Aktivität *nicht* hätten vermeiden können ... was hätte dann schlimmstenfalls passieren können?" Schmerzpatienten, hypochondrische Patienten, Kopfschmerzpatienten oder solche mit Reizkolon zeigen oft antizipatorisches Verhalten dieser Art und können deshalb selten sofort identifizierbare negative Gedanken berichten. Vermeidung funktioniert ähnlich wie bei phobischen Ängsten (vgl. Kapitel von Margraf & Becker in diesem Band) und wird ähnlich erfaßt, z.B. „Gibt es Dinge, die Sie wegen Ihrer Beschwerden nicht tun?"

Wenn der Therapeut sich einen Überblick über das Problem verschafft hat, sollten genauere Beschreibungen kürzlich erlebter Beschwerdephasen erfragt werden. Dies geschieht am besten dadurch, daß man den Patienten eine Episode jüngeren Datums, an die er sich noch gut erinnert, erzählen läßt.

3.2.3.3 Selbstbeobachtung (Self monitoring)

Nach der ersten Diagnostiksitzung ist es meist nicht möglich, sofort eine umfassende Problemanalyse zu erstellen. Daher ist es hilfreich, als zusätzliche Diagnostikelemente eine Phase der Selbstbeobachtung (kann auch als Baseline benutzt werden, um daran die Effekte der Behandlung zu messen) und das Ausfüllen von Fragebogen aufzunehmen. Bei der Selbstbeobachtung wird der Patient gebeten, über relevante Variablen (z. B. die Zielproblematik, die Gedanken, die während relevanter Episoden auftreten, allgemeine Stimmung und Verhaltensweisen) ein Protokoll zu führen. In diesem Stadium sollte der Therapeut betonen, daß es wichtiger ist, die mit den Beschwerden einhergehende Gedanken und Verhaltensweisen zu notieren als mögliche Verbindungen zwischen ihnen herzustellen.

Es ist mindestens noch eine zusätzliche Diagnostiksitzung sinnvoll, die meist dann stattfinden sollte, nachdem der Therapeut alle verfügbaren medizinischen und psychiatrischen Krankenakten gelesen hat. Die Zeitspanne zwischen den Diagnostiksitzungen macht es auch möglich, Selbstbeobachtungsdaten zu erheben und zu besprechen. Aspekte der Krankengeschichte, die dazu beitragen, die Befürchtungen des Patienten zu intensivieren, sollten berücksichtigt werden. Ein ehemals hervorragender Läufer z. B. litt nach einem Sturz, bei dem er seine Beine so stark verletzte, daß er seitdem gehbehindert war, an chronischen Schmerzen und Übergewicht. Sobald er Schmerzen verspürte, kam bei ihm der Gedanke auf: „Das Leben ist nicht lebenswert, wenn ich nicht mehr laufen kann; nichts lohnt sich mehr."

Ärzte und alle anderen mit einem Fall befaßten Personen sollten hinzugezogen und um ihre Meinung befragt werden, auch um das Engagement des Therapeuten zu demonstrieren. Wichtig ist ferner, die der Behandlung gesetzten medizinischen Grenzen aufzuzeigen und zu respektieren. Häufig geht mit der Therapie eine Reduzierung der Medikamente, ein Bewegungsprogramm usw. einher, was in Kooperation mit den beteiligten Ärzten durchgeführt werden sollte.

In der zweiten Sitzung werden die Ergebnisse der Selbstbeobachtung besprochen und mit der Motivierung des Patienten für die Therapie begonnen.

Selbstbeobachtung kann entweder individualisiert oder standardisiert durchgeführt werden. Selbstbeobachtung erfolgt normalerweise auf der Basis täglicher Tagebucheinträge. Dabei werden die bei der Erstbefragung als wichtig erachteten Variablen erfaßt. Selbst wenn Messungen für Kriterienmaße (z. B. Intensität des Kopfschmerzes) gleich bleiben, können sich andere im Tagebuch erfaßte Details (z. B. Gedanken an Hirntumor, streßreiche Lebensereignisse, Bewältigungsversuche) im Verlauf der Therapie verändern und dazu beitragen, das Erklärungsmodell für die Beschwerden zu präzisieren. Im weiteren Verlauf der Behandlung kann dann die Anwendung der in der Therapie erlernten Bewältigungstechniken ebenfalls erfaßt werden.

Bei einem chronischen Schmerzpatienten wurde z. B. diagnostiziert, daß er seine körperlichen Aktivitäten stark eingeschränkt hatte und fast jeden Vormittag im Bett verbrachte. Ein Tagebuch, das seine Aktivitäten erfassen sollte, zeigte, daß er die Nachmittage und Abende gewöhnlich in einer bestimmten Position auf der Couch liegend zubrachte. Die Tagebucheintragungen wurden dahingehend erweitert, daß er zu jeder vollen Stunde beim Schlagen der Uhr (diente als Signal zum Protokollieren) seine Gedanken und Stimmungen eintragen mußte, wobei sich herausstellte, daß er düsteren Gedanken nachhing, die um die Hoffnungslosigkeit seines weiteren Lebens kreisten. Dies führte zu Diskussionen über die Rolle *mentaler* und physischer Inaktivität und zu der Frage, wie er versuchen könnte, *unabhängig von seiner körperlichen Verfassung*, seine Situation zu verbessern. Er wurde gefragt: „Angenommen, die Schmerzen hörten nie wieder auf, wie würden Sie damit umgehen?"

Bei der Selbstbeobachtung sollte die Einnahme von Medikamenten berücksichtigt und als Verhaltensweise betrachtet werden, die die Beschäftigung mit der Krankheit fördert, manchmal wegen der Nebenwirkungen.

Eine leicht asthmakranke Patientin beispielsweise litt täglich unter mehreren Angstattacken und befand sich in ständiger Erregung. Sie wurde gebeten, ihre Atemnot, ihre allgemeine Angst, die Angstattacken und die Benutzung des Inhalators zu protokollieren. Aus diesen Eintragungen ging hervor, daß die Angstzustände am Nachmittag fünfmal häufiger auftraten, wenn sie ihren Inhalator öfter als dreimal benutzt hatte. Nachdem der Einsatz des Inhalators eingeschränkt worden war, zeigte sich als vorläufiges Ergebnis der danach einsetzenden Therapie eine dramatische Angstreduktion.

3.2.4 Behandlung

3.2.4.1 Behandlungsstrategien und Reattribution

Die wichtigste Therapiestrategie besteht darin, für Symptome, die der Patient als Zeichen physischer Krankheit mißdeutet, alternative Erklärungen zu finden und zu überprüfen. Dies geschieht mit Hilfe von „Verhaltensexperimenten". Dabei wird der Patient angewiesen, seine negativen (krankheitsbezogenen) Überzeugungen einzuschätzen. Die Überzeugung ist so klar wie möglich zu formulieren (z.B. „Sie glauben: ‚Ich leide an Multipler Sklerose'") und wird auf einer Skala von 0 bis 100 eingeschätzt („0 = glaube ich überhaupt nicht, 100 = bin absolut davon überzeugt"). Dann werden alle Faktoren, die aus Sicht des Patienten für diese Überzeugung sprechen, genau identifiziert und aufgeschrieben, ebenso alle inkonsistenten Faktoren. Als nächstes wird nach alternativen Erklärungen gesucht, möglichst durch eingehende Befragung. Dann werden alle Beobachtungen, die diese Alternativen stützen, besprochen. Können diese Alternativen während der Sitzung getestet werden (s. unten), sollte dies geschehen und die Ergebnisse besprochen werden. Alle Alternativen werden möglichst schriftlich zusammengefaßt, wobei bei Therapeut und Patient hinsichtlich der Zusammenfassung Übereinstimmung herrschen sollte. Häufig ergeben sich aus der Zusammenfassung weitere Informationen. Danach muß der Patient erneut seine Krankheitsüberzeugungen einschätzen und anschließend den Grad, zu dem er von den alternativen Erklärungsversuchen überzeugt ist. Als letztes vereinbaren Therapeut und Patient Hausaufgaben, die darauf ausgelegt sind, weitere Beweise zur Unterscheidung zwischen seinen ursprünglichen Überzeugungen und den alternativen Hypothesen zu erbringen.

Alternative Hypothesen: Eine Vielzahl alternativer Erklärungen kann für die bei hypochondrischen Patienten auftretenden Symptome herangezogen werden, einschließlich solcher Mechanismen, die für die Aufrechterhaltung von Angststörungen verantwortlich sind. All diese Mechanismen konvergieren in der übermäßigen Beschäftigung mit Krankheiten und der daraus resultierenden Angst, wobei Angst sich auf vielfältige Weise manifestieren kann.

Die aufrechterhaltenden Faktoren (und analog die Verhaltensexperimente, die die Reattribution der Symptome erreichen sollen) können der Einfachheit halber in drei Gruppen eingeteilt werden:
1. Behaviorale Faktoren: Eine Vielzahl von Verhaltensweisen kann die übermäßige Beschäftigung mit Krankheiten aufrechterhalten und die Gedanken des Patienten auf krankheitsbezogene Dinge lenken wie z. B. Nachsuchen um Rückversicherung, den Körper auf Probleme hin untersuchen, Vermeiden von Bewegung, zu frühzeitiges Bewältigungsverhalten und die Effekte von Körpermanipulationen (z. B. das häufige Reiben von bereits angegriffenen Körperstellen).
2. Kognitive Faktoren: Beispiele für kognitive Faktoren, die zu Fehlinterpretationen körperlicher Empfindungen und Reaktionen führen können, sind: bewußtes Fokussieren auf körperliche Reaktionen, das sich Vorstellen von furchterregenden Krankheiten und die Art und Weise, wie bestimmte Einstellungen zu der Fehlinterpretation von Symptomen führen können. Viele Patienten sind von völlig verzerrten Vorstellungen über die Schwere ihrer Krankheit beherrscht und glauben z. B., daß sie von der Familie zurückgestoßen und verlassen unter großen Schmerzen sterben werden und daß die Schmerzen selbst mit dem Tod nicht aufhören.
3. Physiologische Faktoren: Die am häufigsten falsch interpretierten physiologischen Faktoren, die dann zu der Überzeugung führen, krank zu sein, sind übermäßige Erregung (als Ergebnis extern bedrohlicher Situationen oder bestimmter Gedanken zum Gesundheitszustand), verändertes Atmen (Hyperventilation und/oder veränderte Atmungsmuster wie z. B. normales Atmen mit noch relativ gut gefüllten Lungen), ungewohnte körperliche Anstrengungen und Nachlassen der körperlichen Fitness aufgrund von veränderter körperlicher Betätigung. Außerdem können externe Faktoren wie Koffein-, Alkohol- und anderer Drogenkonsum dazu beitragen.

Aufklärung über die Effekte dieser Faktoren bietet sich als erste hilfreiche Interventionsmaßnahme an, wobei die direkte Demonstration am überzeugendsten ist. Hierbei wird der Faktor manipuliert, indem er vermindert oder verstärkt wird; Verstärken wirkt häufig überzeugender als Demonstration seiner Effekte.

Wie schon erwähnt, kann selektive Wahrnehmung, wobei die Patienten nur solche Informationen aufnehmen, die sich mit der eigenen negativen Interpretation ihres Gesundheitszustandes decken, bei hypochondrischen Patienten der wichtigste Faktor sein. Dieser Faktor führt auch häufig dazu, daß Patienten Unterhaltungen mit anderen Personen, besonders solchen aus dem Gesundheitswesen, so verstehen, wie sie es aufgrund ihrer Krankheitsangst erwarten. Dies geschieht in der kognitiven Therapie genauso wie bei einem Arztbesuch, und es ist daher unbedingt erforderlich zu überprüfen, inwieweit ein Patient Informationen richtig verstanden hat. Am besten geschieht dies, indem man ihn bittet, während der Therapiesitzung besprochene wichtige Punkte zusammenzufassen, und ebenso am Ende der Sitzung zusammenzufassen, was er gelernt hat. Schließlich sollte auch nachgefragt werden, ob es etwas für den Patienten Beunruhigendes im Verlauf der Diskussion gegeben hat. Damit wird zum einen verhindert, daß seine Angst unbeabsichtigt durch Äußerungen des Therapeuten gesteigert wird, zum anderen kann demonstriert werden, wie leicht es zu Fehlinterpretationen der Äußerungen anderer kommen kann, die wiederum dazu führen könnten, daß sich Ängste verfestigen. Dies kann zum Anlaß genommen werden zu besprechen, inwiefern dieser Prozeß allgemein charakteristisch für den Patienten ist und seine Krankheitsangst aufrechterhält. Fehlinterpretationen der Äußerungen anderer ist eine Alternativhypothese für das Problem, die sich bei solchen Patienten als nützlich erwiesen hat.

3.2.4.2 Einbindung in die Therapie

Patienten, die davon überzeugt sind, daß ihr Problem in erster Linie physische Ursachen hat, sind nur schwer in die Therapie einzubinden, da sie eine psychologische Behandlung für unangebracht halten. Diese Überzeugung führt zur Nicht-Befolgung therapeutischer Maßnahmen (Rosenstock & Kirscht, 1979). Die Einbindung in die Therapie ergibt sich gewöhnlich aus der Diagnostik. Auf der Basis eines vorläufigen Erklärungsmodells faßt der Therapeut zusammen, was der Patient gesagt hat, wobei er die Rolle der *Symptome, Gedanken, Überzeugungen und Verhaltensweisen* hervorhebt. Anschließend wird mit dem Patienten diskutiert, ob er das Erklärungsmodell akzeptieren kann. Bevor die Behandlung über dieses Stadium hinausgehen kann, müssen sich Therapeut und Patient auf die Therapieziele einigen. Viele Patienten sind bereit, an einer psychologischen Diagnostik teilzunehmen, haben aber andere Ziele als der Therapeut, der versucht, für die Behandlung des Problems ein psychologisches Erklärungsmodell zu formulieren. Die Patienten können andererseits in dem Therapeuten auch einen möglichen Verbündeten sehen, der sie in ihrem Bemühen, das Vorliegen einer körperlichen Krankheit auszuschließen, unterstützt oder ihre Überzeugungen bezüglich der medizinischen Ursachen der Beschwerden teilt. So könnten sie beispielsweise versuchen, dem Therapeuten zu beweisen, daß sie nicht „verrückt" sind oder in ihm einen weiteren Experten sehen, der ihr Bedürfnis nach Rückversicherung stillt. Solange diese unterschiedlichen Erwartungen an die Behandlung und die Vorgehensweise nicht abgestimmt sind, kann eine Therapie kaum erfolgreich verlaufen. Allerdings sollte der Therapeut von den Patienten nicht erwarten, daß sie „zugeben", „nur an einer Angststörung" zu leiden, während sie in Wirklichkeit eine Behandlung ihrer, wie sie glauben, unentdeckten oder ernster als bisher erkannten Krankheit wünschen.

Aus dieser schwierigen Situation können behutsame Gespräche heraushelfen, in denen der Therapeut weder die Überzeugungen des Patienten zurückweist, noch ihnen zu viel Gewicht beimißt. Der Therapeut gibt dem Patienten zunächst zu verstehen, daß er davon überzeugt ist, daß der Patient körperliche Symptome erlebt und akzeptiert, daß der Patient der Überzeugung ist, daß diese Symptome auf eine ernsthafte körperliche Krankheit zurückzuführen sind. Der Therapeut kann erklären, daß Menschen im allgemeinen solche Überzeugungen aufgrund von Beobachtungen entwickeln, die überzeugende Beweise für eine ernsthafte Erkrankung zu liefern scheinen. Dennoch ist es möglich, alternative Erklärungen für die gemachten Beobachtungen zu finden.

Im weiteren Verlauf der Diagnostik und Therapie werden dann die Hinweise für die Überzeugungen und möglichen alternativen Erklärungen durch spezifische Verhaltenstests überprüft. Der Patient wird explizit darüber aufgeklärt, daß bei dieser neuen Vorgehensweise keine körperlichen Untersuchungen durchgeführt werden und daß weder Rückversicherung noch lange Diskussionen über Symptome nützlich sind.

Bevor der Patient sein Einverständnis zu der neuen Vorgehensweise gibt, sollten die Vorteile der beiden alternativen Ansätze (neu und alt) zum Umgang mit den Beschwerden diskutiert werden. Wie lange hatte der Patient sein Problem ausschließlich mit medizinischen Mitteln zu lösen versucht? Wie erfolgreich war er damit gewesen? Wurde jemals der alternative, vom Therapeuten vorgeschlagene, Ansatz richtig ausprobiert? Danach sollte sich der Patient verpflichten, vier Monate lang zu festgelegten Zeiten gemeinsam mit dem Therapeuten nach dem neuen Ansatz zu arbeiten. Sollte sich nach Ablauf dieser Periode, in der alle vereinbarten Dinge durchgeführt wurden, keine Besserung zeigen, wäre es vernünftig, das Problem auf die ursprüngliche Art und Weise anzugehen und auch der Therapeut würde sich dann bereiterklären, das Problem mit einer stärker physisch orientierten Sichtweise anzugehen. Bei dieser

Art des Vorgehens müssen die Patienten ihre Sicht der Problematik nicht aufgeben, sondern sind nur aufgefordert, für einen bestimmten Zeitraum Alternativen zu testen. Für Patienten, die glauben, eventuell an einer bisher vernachlässigten physischen Krankheit zu leiden, kann dies ein attraktiver Vorschlag sein.

3.2.4.3 Veränderungen bei Medikation, physischen Hilfsmitteln, Ernährung und Lebensführung

Durch einfache Interventionen können beachtliche Veränderungen der somatischen Beschwerden erreicht werden.

Medikation und physische Hilfsmittel: Viele Patienten nehmen Medikamente, die ursprünglich die Beschwerden behandeln sollten, die aber inzwischen kontraproduktiv wirken. So gibt es z. B. Beweise dafür, daß bei 40 % der Schmerzpatienten die Beschwerden nachlassen, wenn die Medikamente (vom Arzt verschriebene oder rezeptfrei eingenommene) abgesetzt werden. Solche schmerzlindernden Medikamente sollten so schnell wie möglich in Zusammenarbeit mit dem behandelnden Arzt abgesetzt werden. Gelegentlich muß die Reduktion der Medikamente graduell erfolgen und in gewissen Fällen nur unter Aufsicht in einer Klinik. In die Gruppe der Medikamente, die paradoxerweise zu Besserungen nach der Absetzung führen, gehören Abführmittel, die Schmerzen und unregelmäßige Darmfunktion bei Reizkolonpatienten verstärken können sowie Schlafmittel, die die Qualität des Schlafes mindern (und zu zu frühem Aufwachen führen können) und Inhalationsapparate bei nicht-asthmatischer Atemnot (die übermäßige Benutzung kann als Nebeneffekt Angststörungen hervorrufen). Medikamente, die bei *nicht* vorhandenen Beschwerden verschrieben werden, führen gewöhnlich zu einem Anstieg der Angst, da die Einnahme die Aufmerksamkeit des Patienten fokussiert und den Glauben an die vermeintliche Krankheit künstlich aufrecht erhält. Ein Beispiel hierfür ist ein Patient mit Brustschmerzen, der glaubte, ein Herzleiden zu haben, dem aber von einem Kardiologen ein gesundes Herz attestiert worden war und der gleichzeitig „kleine weiße Tabletten, die er bei stärker werdenden Schmerzen unter die Zunge legen sollte", erhielt. Ähnliche Effekte können durch physische Hilfsmitteln entstehen, besonders bei Korsetts, Krücken und Rollstühlen, die Schwäche und Muskelschmerzen verstärken können.

Medikamente und physische Hilfsmittel, die über einen langen Zeitraum benutzt werden, können drei paradoxe Effekte haben:
1. direkte Effekte, z. B. haben Hypnotika ungünstige Auswirkungen auf das Schlafmuster, Abführmittel führen zu Schmerzen und Trägheit des Darmes;

2. Effekte auf die Einschätzung von Abnormalität und Verschlechterung, z. B. wird fälschlicherweise angenommen, daß 6 Stunden Schlaf zu wenig sind, weil Tabletten verabreicht werden oder daß gelegentliche Verstopfung abnormal ist, weil Abführmittel verschrieben werden;
3. Effekte auf die Überzeugung, daß eine ernsthafte verdeckte Erkrankung zugrundeliegt, z. B. bei Patienten mit Atembeschwerden, die einen Inhalationsapparat erhalten.

Ernährungs- und Lebensweise: Die Rolle von allergisch wirkenden Nahrungsmitteln bei körperlichen Beschwerden ist umstritten (Rippere, 1983). Sollte sich bei der Diagnostik herausstellen, daß die Beschwerden durch bestimmte Substanzen verursacht sein könnten, kann der Patient aufgefordert werden, diese systematisch zu vermeiden und die Effekte gezielt zu beobachten. Anschließend werden ihm diese Substanzen langsam wieder zugeführt, wobei der Patient über den genauen Zeitpunkt im unklaren gelassen wird (Mackarness, 1980). Ferner sollte auch überprüft werden, ob die Beschwerden durch Substanzen, mit denen der Patient beruflich in Kontakt kommt, hervorgerufen werden. Bei einem Patienten beispielsweise löste der Kontakt mit Chemikalien bei der Arbeit Atemnot aus, und nachdem der Zusammenhang aufgeklärt war, reduzierte sich seine Angst erheblich.

Oft besteht eine direkte Verbindung zwischen der Aufnahme bestimmer Lebensmittel und Körperreaktionen, wie zwischen Schlaflosigkeit und Koffein. Ebenso bekannt sind Probleme, die durch exzessiven Alkoholkonsum hervorgerufen werden, z. B. Kater (Kopfschmerzen), schlechter Schlaf oder generelle gesundheitliche Probleme. Manche Patienten sind sich des übermäßigen Konsums nicht bewußt oder schämen sich, ihn zuzugeben. Daher kann die Reduzierung des Alkoholkonsums für den Patienten sehr aufschlußreich sein. Rauchen kann schlechte Durchblutung und Atembeschwerden zur Folge haben. Eine schlechte körperliche Verfassung kann Ursache für unterschiedliche Beschwerden sein: Untrainierte Patienten verspüren teilweise plötzlich Muskelschmerzen, wenn sie sich körperlich betätigen, und können Schlafprobleme bekommen. Sportliche Betätigung hat häufig gute Auswirkungen auf die Darmtätigkeit bei Reizkolonpatienten. Auch eine gesunde Ernährung, z. B. mehr Rohkost statt Hamburger und Pommes Frites wirken sich fast immer günstig aus.

3.2.4.4 Einstellungsänderungen bezüglich Ursachen und Folgen von Beschwerden

Menschen, die sehr besorgt um ihre Gesundheit sind, neigen dazu, körperliche Empfindungen und Veränderungen oder medizinische Befunde als schwerwiegender zu beurteilen, als sie in Wirklichkeit sind, wobei besonders die *zukünf-*

tige Entwicklung eines realen oder eingebildeten medizinischen Problems als bedrohlicher angesehen wird. Bei Beschwerden, die stark mit Angst besetzt sind, ist es therapeutisch sinnvoll, bei dem Patienten die Bewertung der Bedeutung der Symptome zu verändern. Einstellungsänderungen setzen die Identifikation negativer Gedanken und der Beobachtungen voraus, auf denen sie basieren.

Therapeutisch ist eine Kombination aus der Diskussion dieser die negativen Überzeugungen begründenden Beobachtungen, Selbstbeobachtung und Verhaltensexperimenten breit anwendbar auf Reaktionen auf körperliche Symptome oder Befürchtungen, einschließlich Ängsten oder Depressionen. Selbsteinschätzungen zeigen dem Therapeuten und Patienten, wie erfolgreich Einstellungsänderungen waren. Häufig sind doppelte Einschätzungen hilfreich, z. B. „Ich möchte, daß Sie den Gedanken, der Tinnitus wird so stark werden, daß er mich in den Selbstmord treibt auf einer 0–100 Skala (0 = glaube ich gar nicht, und 100 = davon bin ich völlig überzeugt) einschätzen. Wie denken Sie in diesem Moment darüber?" Später: „Wenn es sehr ruhig ist und Sie den Tinnitus besonders stark wahrnehmen, welche Einschätzung würden Sie dann vornehmen?" Häufig ergeben sich unter dem Eindruck des Symptoms erhebliche Unterschiede in der Einschätzung. Die negativen Gedanken sollten für Situationen identifiziert werden, in denen sie am intensivsten aufkommen. Führt man die Situation herbei und bleiben die befürchteten Konsequenzen aus, so hat dies den stärksten Einfluß auf das Verhalten des Patienten.

Verhaltensexperimente sind ein sehr wirksames Mittel, um die Überzeugungen der Patienten bezüglich Ursache und Art der Symptome zu verändern. Ziel eines Verhaltensexperiments ist es, den Patienten zu zeigen, daß ihre Symptome von anderen als den ihnen bekannten Faktoren beeinflußt werden können.

Eine Patientin, die glaubte, daß ihre Schluckbeschwerden ein Zeichen für Krebs seien, mußte wiederholt schlucken und danach beschreiben, was sie fühlte. Es überraschte sie, daß dabei ihre Schwierigkeiten beim Schlucken zunahmen und der Therapeut die gleiche Erfahrung machte wie sie, als sie häufig miteinander schluckten. Diese Beobachtung machte ihr deutlich, daß sich durch ihr häufiges Schlucken, das als Kontrolle diente, die Beschwerden verstärkten.

3.2.4.5 Verhaltensänderung

Die meisten Verhaltensweisen, die in Verbindung mit somatischen Beschwerden auftreten, haben für den Patienten eine vorbeugende Funktion und sind relativ schwer zu modifizieren, wenn nicht den zugrundeliegenden Überzeugungen Beachtung geschenkt wird.

Verhaltensweisen, die direkt auf das Problem bezogen sind: Wenn chronisches Krankheitsverhalten vorherrscht, sind die Behandlungsstrategien darauf ausge-

legt, Verhaltensweisen aufzudecken, die Angst, übermäßige Beschäftigung mit der Krankheit und physiologische Beschwerden aufrechterhalten. Dabei kann eine gezielte Befragung im Sinne des geleiteten Entdeckens hilfreich sein. Die direkte Demonstration ist besonders dann überzeugend, wenn gezeigt werden kann, daß Verhaltensänderung einen Effekt auf die Symptome hat. Patient und Therapeut planen Experimente, die
1. die Überzeugung des Patienten überprüfen, daß sein Verhalten ihn vor schwerem Schaden schützt und
2. sichtbar machen, ob die Verhaltensweisen, von denen der Patient annimmt, daß sie ihm Erleichterung verschaffen, dies wirklich tun.

In vielen Fällen erhält Vermeidungsverhalten die übermäßige Beschäftigung mit der Krankheit aufrecht, da es den Patienten daran hindert, Informationen zuzulassen, die seiner negativen Sicht der Symptome zuwiderlaufen (Salkovskis, 1991).

Rückversicherung: Die um ihre Gesundheit besorgten Patienten können die vielfältigsten Verhaltensweisen zeigen, die denen von Zwangspatienten ähneln. Das Bedürfnis nach Rückversicherung fokussiert die Aufmerksamkeit der Patienten auf ihre Beschwerden, reduziert ihre Angst kurzfristig, erhöht aber langfristig die übermäßige Beschäftigung mit der Krankheit und andere Aspekte des Problems (Salkovskis & Warwick, 1986; Warwick & Salkovskis, 1985). Ein solches Verhalten kann sich auszeichnen durch Bitten um medizinische Tests und Untersuchungen oder detaillierte Diskussionen über Symptome mit dem Ziel, mögliche Erkrankungen *auszuschließen*. Während die meisten nicht-ängstlichen Patienten, die medizinische Hilfe in Anspruch nehmen, auf Rückversicherung, die die Krankheit „ausschließt", angemessen reagieren, verhalten sich ängstliche Patienten anders; wiederholte und „verstärkte" Rückversicherung wirkt sich schnell kontraproduktiv aus, da die Patienten die Rückversicherungen nur selektiv wahrnehmen und sie fehlinterpretieren. Einem Patienten z. B. wurde gesagt: „Ihre Kopfschmerzen sind mit Sicherheit auf Verspannungen zurückzuführen, wenn Sie aber darauf bestehen, lassen wir eine Röntgenaufnahme des Kopfes machen". Der Patient interpretierte diese Aussage als Zeichen dafür, daß der Arzt einen Hirntumor vermutete. Wiederholte Beteuerungen, die dem Patienten „beweisen" sollen, daß er nicht krank ist, sei es durch medizinische Tests oder verbale Überredung, sind eher dazu angetan, die Angst zu steigern. Salkovskis und Warwick (1986) konnten dies in einem Einzelfallexperiment nachweisen.

Patienten bemühen sich auf sehr unterschiedliche Art und Weise um Rückversicherung, u. a. lassen sie subtil in normale Unterhaltungen Bemerkungen über Krankheitssymptome einfließen. Sie konsultieren gleichzeitig mehrere Ärzte und stellen Freunden und Verwandten häufig Fragen, die nichts mit Gesundheitsproblemen zu tun zu haben scheinen. Eine Patientin beispielsweise pflegte sich umzuziehen, bevor sie ausging, legte aber kein Make-up auf und bat dann ihren Mann um ein Urteil zu ihrem Aussehen. Außerdem wollte sie von ihm wissen, ob sie nicht ungewöhnlich bleich und krank aussähe. Wie schon an anderer Stelle erwähnt, sind Untersuchungen des Körpers ein hervorstechendes Merkmal, die wiederum Probleme nach sich ziehen können (z. B. Entzündungen, Schmerz, Empfindlichkeit). Dem Patienten muß auf eine ihm verständliche Weise klar gemacht werden, welche Rolle das Bitten um Rückversicherung bei der Aufrechterhaltung seiner Probleme spielt (vgl. Salkovskis, 1989b; Warwick & Salkovskis, 1989).

Wenn das Nachsuchen um Rückversicherung ein Hauptmerkmal der Schwierigkeiten eines Patienten ist, ist es hilfreich, anhand eines Verhaltensexperiments die Effekte von Rückversicherung aufzuzeigen (Salkovskis & Warwick, 1986). Ein solches Experiment kann auch als Therapieeinstieg für Patienten dienen, die nicht ohne einen „endgültigen Test" mit einer Behandlung beginnen wollen. So wird eine letzte medizinische Untersuchung vor Beginn der psychologischen Therapie abgesprochen und arrangiert, wobei ausdrücklich betont wird, daß diese Untersuchung für die physische Gesundheit des Patienten belanglos ist, für die psychologische Diagnostik hingegen von Bedeutung sein könnte. Auf einer 0–100-Punkte-Ratingskala werden vor und nach der Untersuchung Krankheitsangst, krankheitsbezogene Gedanken und das Bedürfnis nach Rückversicherung regelmäßig eingeschätzt. Verschwindet die Angst dauerhaft, so ist die Untersuchung auf jeden Fall sinnvoll, geht sie jedoch, was wahrscheinlicher ist, nur kurzfristig zurück, kann der Test als Gesprächsbasis dafür dienen, um aufzuzeigen, wie Rückversicherung die Angst aufrechterhält. Der Nachweis des Effekts der Rückversicherung bindet den Patienten in die Therapie ein und hilft, eine vertrauensvolle Zusammenarbeit aufzubauen. Er bietet ein klares Rational zur Kontrolle der Rückversicherung und hilft dadurch dem Patienten, die anfangs durch die Verhaltensänderung ausgelöste Angst zu tolerieren. Eine andere Möglichkeit besteht darin, den Patienten darum zu bitten, genau anzugeben, welche Prozeduren ihn *vollständig* davon überzeugen könnten, *nicht* an einer gefürchteten Krankheit zu leiden. Der Therapeut übernimmt dabei den Part des interessierten Skeptikers, indem er z.B. fragt: „Ja, aber wäre das *wirklich* überzeugend? Woher nehmen Sie die Gewißheit, daß der Arzt den Test richtig anwendete?" usw. Dieses Vorgehen soll dem Patienten zeigen, daß es *niemals* möglich ist, eine Krankheit völlig auszuschließen, ebenso wie man nicht absolut sicher sein kann, nicht während eines Spaziergangs von einem Satelliten getroffen zu werden. Diese Diskussion wird geführt, um aufzuzeigen, welche Bedeutung der Rückversicherung bei der Aufrechterhaltung von Angst, übermäßiger Beschäftigung mit Krankheit und Krankheitsüberzeugung zukommt.

Familienangehörige und andere dem Patienten nahestehende Personen sollten möglichst in solche Diskussionen einbezogen und auch darüber informiert werden, wie sie dem Wunsch des Patienten nach Rückversicherung begegnen können. Mit Hilfe eines Rollenspiels, in dem der Patient einen Angehörigen um Rückversicherung bittet und dieser vorher abgesprochene Antworten gibt (ohne nonverbale Kritik), kann dies eingeübt werden (Marks, 1981).

3.3 Psychophysiologische Klassifikation: die Bandbreite somatischer Erscheinungsbilder

Für die Behandlung oder gar Erforschung funktioneller somatischer Symptome ist die Diagnose von geringer Bedeutung. Aus psychologischer Sicht ist es sinnvoller, die Bandbreite somatischer Erscheinungsbilder zu betrachten, wobei viele als „undifferenzierte somatoforme Störungen" diagnostiziert werden könnten. Somatische Störungen als Ausdruck psychologischer Probleme können drei großen Kategorien zugeordnet werden:
1. Problemen mit beobachtbaren und identifizierbaren Störungen körperlicher Funktionen;
2. Problemen, bei denen die Störungen überwiegend in wahrgenommenen Symptomen, Sensitivität in der Wahrnehmung von oder exzessiver Reaktion auf normale Körperempfindungen bestehen und
3. einer gemischten Gruppe.

Tabelle 3: Therapievorschläge für die Behandlung spezifischer somatischer Störungen mit Angabe von bisher überprüften Therapieprogrammen

Essentielle Hypertonie	Blutdruck sollte regelmäßig gemessen werden. Eine Kombination von Entspannungsverfahren und Biofeedback scheint bedingt erfolgreich (Johnston, 1984; Leenan & Haynes, 1986; Patel, Marmot & Terry, 1981).
Tic-Störungen	Positive Praxis wurde häufig angewendet. Der Patient wird dabei angehalten, die Tics willentlich über längere Zeit hervorzurufen (Bird, Cataldo & Parker, 1981).
Asthma	Panik-ähnliche Symptome sind häufig bei einigen Patienten, bei denen keine Atemwegsobstruktion vorliegt; da Panik-Attacken in Asthma-Attacken und umgekehrt übergehen können, ist die Behandlung der Panikstörung sehr wichtig. Detaillierte Selbstbeobachtung und Verhaltensexperimente (manchmal mit Messung der Vitalkapazität) wird verwendet, um dem Patienten zu helfen, zwischen Panik- und Asthma-Attacken zu unterscheiden. Angst-Management-Techniken und Exposition können hilfreich sein, um Attacken zu beenden und um eine höhere Streßtoleranz aufzubauen (Creer, 1982; Johnston, 1984).
Schlafstörungen	Schlafstörungen, verbunden mit Bruxismus, Kopfzucken, nächtlicher Enuresis oder Schnarchen, können mit einem Alarmsystem behandelt werden, bei dem das Auftreten der Störung mit einem lauten Signalton assoziiert wird, der zum Aufwachen führt. Ebenso können Methoden, die bei reinen Schlafstörungen angewendet werden, und Streß-Management-Techniken hilfreich sein (Delprato & McGlynn, 1986; Lindsay, Salkovskis & Stoll, 1982; siehe auch Schulz & Paterok, in diesem Band).

Tabelle 3: Fortsetzung

Psychogenes Erbrechen	Differentialdiagnostisch muß eine Bulimie ausgeschlossen werden (siehe auch Lässle & Pirke, in diesem Band). Die Behandlung besteht meist aus einer ausführlichen Analyse des Eßverhaltens, Verlangsamung der Eßgeschwindigkeit und gestufte Exposition bisher vermiedenen Speisen gegenüber, die in *kleinen Mengen regelmäßig* gegessen werden sollen. Es sollte besprochen werden, welche Effekte auftreten können, wenn plötzlich große Mengen von Nahrung nach einer Phase geringer Nahrungszufuhr zu sich genommen werden. Entspannungstraining ist ebenfalls hilfreich.
Hautekzeme	Die wichtigste Intervention bei Ekzemen liegt in der Reduktion des Kratzens, das oft automatisch durchgeführt wird. Kratzen bringt kurzfristig Erleichterung, verschlechtert aber das Problem langfristig. Selbstbeobachtung steigert die Wahrnehmung drohenden Kratzens, worauf ein Alternativverhalten eingesetzt werden soll, z.B. leicht auf die Hautstelle klopfen oder an anderen, nicht betroffenen, Stellen kratzen (Melin, Fredericksen, Noren & Swebelius, 1986; Risch & Ferguson, 1981).
Somatisierungsstörung	Die Behandlung erfolgt ähnlich wie bei Hypochondrie. Die wichtigste irrationale Einstellung, die es zu verändern gilt, betrifft die Überzeugung, besonders krankheitsanfällig zu sein (Lipowski, 1986b).
Körperdysmorphe Störung	Kognitive Intervention, um die übertriebene Beschäftigung mit dem körperlichen Mangel zu verändern, und die Reduktion der Kontrollrituale erscheinen wesentlich. Notwendig ist eine genaue Analyse, welche Hinweise der Patient für seine irrationalen Überzeugungen hat. Oftmals sind diese bedingt durch Äußerungen von anderen Personen oder durch Fehlinterpretationen des Verhaltens anderer.
Übermäßige Atemnot	Häufig ist ein Wechsel des Atemrhythmus mit dem Auftreten verbunden, z.B. Hyperventilation, paradoxe Atemnot oder aufgesetztes Atmen bei voller Lunge. Verhaltensexperimente mit willentlichem Herbeiführen dieser Phänomene und der Demonstration der jeweiligen Effekte werden in den Therapiesitzungen vorgenommen. Anschließend soll zu Hause Selbstbeobachtung auf Hinweisreize und Veränderung der Atmung geübt werden. Zum Beispiel wird ein gelber Punkt auf das Uhrglas geklebt. Wird auf die Uhr geschaut, soll der Atemrhythmus überprüft und wenn nötig geändert werden. Manchmal liegt ein „Hyperventilations-Syndrom" zugrunde, das dann wie eine Panikstörung oder Hypochondrie behandelt werden sollte (Salkovskis, 1988).
Schwindel	Bei chronischem Schwindel sollten Übungen eingesetzt werden, z.B. gestufte Exposition durch abrupte Kopfbewegungen oder andere Bewegungen, die Schwindel auslösen. Bei Tinnitus haben sich eine Kombination von Entspannung und kognitiven Interventionen, die darauf abzielen, dem Patienten eine realistischere Interpretation der Symptome zu vermitteln, als wirksam erwiesen (Beyts, 1988; Hallam & Stephens, 1985).
Chronische Schmerzen	Bei vielen Schmerzpatienten liegt in vielen Bereichen ein ausgeprägtes Vermeidungsverhalten vor, dies gestaltet die Analyse von dysfunktionalen Gedanken oft schwierig. Reduktion des Vermeidungsverhaltens ist daher eine wesentliche Therapiekomponente ebenso wie die Steigerung der Wahrnehmung internaler Kontrolle. Grundlage ist die Erarbeitung eines Therapiekonzeptes, das ein gesteigertes Bewegungstraining beinhaltet. Die expliziten Therapieziele liegen in der graduellen Verbesserung der Lebensqualität des Patienten durch Reduktion der physischen Behinderung und Ängste. Schmerzreduktion kann erfolgen und wird als zusätzlicher Nutzen gewertet. Gesteigerte Bewegung kann auch die Schmerztoleranz erhöhen. Kognitive Interventionen betonen, daß „Schmerz nicht mit Schädigung" gleichzusetzen ist (Philips, 1988; Weisenberg, 1987).

In Tabelle 3 sind die wichtigsten Beschwerdebilder aus diesen Kategorien und Anmerkungen zur Behandlung dargestellt. Tatsächlich gibt es starke Überschneidungen zwischen den Kategorien (z. B. reagieren hypochondrische Patienten häufig auf geringfügige Symptome wie Kopfschmerzen oder Hautflekken). Das Ausmaß physischer Pathologie kann sich auf die angewandten Interventionen und die Therapieziele auswirken.

3.3.1 Behandlung des Reizkolon als Beispiel für funktionelle somatische Symptome

Das Reizkolon-Syndrom zeichnet sich aus durch ständige Bauchschmerzen und/oder einen Wechsel von Durchfall und Verstopfung und ist in medizinischen und nicht-medizinischen Einrichtungen ein großes Problem. Einige Schätzungen gehen davon aus, daß es bei 60 % aller Patienten mit Verdauungsproblemen und 14 % der Gesamtpopulation auftritt (Ford, 1986; Latimer, 1981). Der auffällige Zusammenhang zwischen Reizkolon und Angst legt die Vermutung nahe, daß kognitive, behaviorale und physiologische Faktoren mit in Betracht gezogen werden sollten. Bei Personen, die glauben an einer Darmerkrankung zu leiden (unabhängig von aktuellen gastro-intestinalen Veränderungen), können Streß oder Angst diese Überzeugung verstärken und zu Veränderungen der Darmfunktionen beitragen. Die Wahrnehmung gastro-intestinaler Störungen läßt die Angst der Patienten weiter ansteigen. Sie können dann, um mit den Problemen besser umgehen zu können, Verhaltensweisen entwikkeln wie Vermeidung, veränderte Toilettengewohnheiten und Einnehmen von Medikamenten wie Abführmitteln. Die Diagnostik enthüllt meist ein Interaktionsmuster zwischen übermäßiger Beschäftigung, Verhaltensänderungen und Wahrnehmung veränderter gastro-intestinaler Funktionen. Bei gastro-intestinalen Problemen sollten immer Ernährungsfaktoren berücksichtigt werden; ein erhöhter Anteil an Ballaststoffen kann einen erheblichen Rückgang der Symptome bewirken.

Viele Reizkolonpatienten sind in ihren Aktivitäten stark eingeschränkt, wobei die Einschränkung nicht selten Ausmaße wie bei der Agoraphobie haben kann. Dies liegt in der Befürchtung begründet, plötzlich (insbesondere in peinlichen sozialen Situationen) von Inkontinenz überrascht zu werden, oder teilweise in der tatsächlichen Erfahrung schwach ausgeprägter Inkontinenz (oder „Beinahe"-Inkontinenz). Häufiger jedoch entwickeln sich die Ängste aus Situationen heraus, in denen die Patienten Bauchschmerzen haben, woraufhin sie die Situation verlassen und daraus schließen, daß Inkontinenz eingetreten wäre, hätten sie sich nicht entfernt. Da sich Patienten im allgemeinen darüber im klaren sind, auf welche Weise die Angst ihre Symptome verschlimmert, werden Aktivitäten aus antizipatorischer Angst heraus erheblich eingeschränkt. Das Vermeidungsverhalten, das aus falsch interpretierten Symptomen entsteht, ähnelt dem bei Panikattacken zu beobachtenden Verhalten sehr stark (vgl. Kapitel von Margraf & Becker in diesem Band); Panik tritt oft in Verbindung mit Reizkolon auf.

Die Therapie kann Verhaltensexperimente einschließen, wobei der Patient auf der Toilette die Darmentleerung um 20–30 Sekunden hinauszögern muß. Auf diese Weise kann die Möglichkeit eines „Unfalls" realistischer diagnostiziert werden. Der Therapeut sollte den Patienten im weiteren Verlauf den gefürchteten Situationen sukzessive aussetzen und dabei betonen, daß der Patient vor allem seine Gedanken überprüft und gleichzeitig sein Vemeidungsverhalten reduziert (z.B. häufiger soziale Situationen aufsuchen, länger bleiben, keine Binden benutzen usw.). Hilfreich sind auch Entspannungstechniken und kognitiv-verhaltenstherapeutische Streß-Management-Verfahren, einschließlich Techniken wie Problemlösen und Zeit-Budgetierung.

4 Schlußfolgerungen

Psychologische Vorgehensweisen bei der Therapie somatoformer Störungen stellen eine enorme Herausforderung dar, da die Mehrheit der Patienten unter chronischen, bislang als nicht therapierbar geltenden Symtomen leidet und erschwerdend hinzukommt, daß die Patienten keine Bereitschaft zeigen, sich einer psychologischen Behandlung zu unterziehen. Trotzdem ist es möglich, für viele Patienten Heilung oder große Erleichterungen zu erreichen, für andere können selbst relativ geringe Verbesserungen die Lebensqualität erheblich steigern. Für einige als kaum behandelbar beschriebene Störungen sollten die Therapieziele hingegen enger gefaßt werden. Vernünftige Ziele wären in solchen Fällen:

I. graduelle Verbesserung über einen längeren Zeitraum;
II. kleine Veränderungen, die den Patienten Erleichterung bringen;
III. Aufhalten einer weitergehenden Verschlechterung;
IV. den Patienten dazu verhelfen, trotz der durch das Problem verursachten Beschränkungen ein erfüllteres Leben zu führen und
V. den mit dem Problem verbundenen Streß (Angst, Depression, Entmutigung) zu reduzieren.

Literatur

Alexander, F. (1950). *Psychosomatic medicine, its principles and application.* New York: Norton.

American Psychiatric Association (1994). *Diagnostic and statistical manual of mental disorders DSM-IV.* Washington, DC: APA.

Barsky, A. J. & Klerman, G. L. (1983). Overview: Hypochondriasis, bodily complaints and somatic styles. *American Journal of Psychiatry, 140,* 273-81.

Bass, C. M. & Murphy, M. R. (1990). Somatization Disorder: Critique of the concept and suggestions for future research. In C. Bass (Ed.), *Somatization: Physical symptoms and psychological illness* (pp. 301-333). Oxford: Blackwell Scientific Publications.

Beck, A. T. (1976). *Cognitive therapy and the emotional disorders.* New York: International Universities Press.

Beck, A. T., Emery, G. & Greenberg, R. (1985). *Anxiety disorders and phobias: A cognitive perspective.* New York: Basic Books.

Becker, M. H., Maiman, L. A., Kirscht, J. P., Haefner, D. P., Drachman, R. H. & Taylor, D. W. (1979). Patient perceptions and compliance; recent studies of the health belief model. In R. B. Haynes, D. W. Taylor & D. L. Sackett (eds.), *Compliance in health care* (pp. 78-109). Baltimore: John Hopkins University Press.

Beyts, J. P. (1988). Vestibular rehabilitation. In S. D. G. Stephens (Ed.), *Diseases of the ear, nose and throat.* London: Ballantyne.

Bianchi, G. N. (1971). The origins of Disease Phobia. *Australia and New Zealand Journal of Psychiatry, 5,* 241-257.

Bird, B. L., Cataldo, M. F. & Parker, L. (1981). Behavioural medicine for muscular disorders. In S. M. Turner, K. S. Calhoun & H. E. Adams (Eds.), *Handbook of clinical behaviour therapy* (pp. 406-46). New York: Wiley.

Birk, L. (1973). *Biofeedback: behavioural medicine.* New York: Grune and Stratton.

Boyd, J. H., Burke, J. D., Gruenberg, S. (1984). The exclusion criteria of DSM-III – psychiatric disorders in primary care. *Journal of Psychosomatic Research, 29,* 563-569.

Bridges, K. W. & Goldberg, D. P. (1985). Somatic presentation of DSM-III psychiatric disorders in primary care. *Journal of Psychosomatic Research, 29,* 563-569.

Burns, B. H. (1971). Breathlessness in Depression. *British Journal of Psychiatry, 119,* 39-45.

Clark, D. M. (1988). A cognitive model of panic attacks. In S. Rachman & J. D. Maser (Eds.), *Panic: psychological perspectives* (pp. 71-90). Hillsdale, NJ: Lawrence Erlbaum.

Cloninger, C. (1986). Diagnosis of somatoform disorders: a critique of DSM-III. In G. Tischler (Ed.), *Diagnosis and classification in Psychiatry.* New York: Cambridge University Press.

Creer, T. L. (1982). Asthma. *Journal of Consulting and Clinical Psychology, 50,* 912-921.

Delprato, D.J. & McGlynn, F.D. (1986). Innovations in behavioural medicine. In M. Hersen & R.M. Eisler (Eds.), *Progress in Behaviour Modifications*, Vol. 10 (pp. 67–122). New York: Wiley.

Ford, M.J. (1986). The irritable bowel syndrome. *Journal of Psychosomatic Medicine*, 30, 399–410.

Gelder, M., Gath, D. & Mayou, R. (1984). *Oxford textbook of psychiatry*. Oxford: Oxford University Press.

Gittleson, N. (1966). The fate of obsessions in depressive psychosis. *British Journal of Psychiatry*, 112, 67–79.

Goldiamond, I. (1975). *A constructional approach to self control. Social Casework: A Behavioural Approach.* New York: Holt, Rinehart & Winston.

Hallam, R.S. & Stephens, S.D.G. (1985). Vestibular disorders and emotional distress. *Journal of Psychosomatic Research*, 23, 408–13.

Hofmann, S.O. (1994). Somatisierung und die Somatisierungsstörung. *Deutsches Ärzteblatt*, 91, A113-A117.

Johnston, D.W. (1984). Biofeedback, relaxation and related procedures in the treatment of psychophysiological disorders. In A. Steptoe & A. Methews (Eds.), *Health care and human behaviour* (pp. 267–300). London: Academic Press.

Katon, W. (1984). Panic disorder and somatization. *The American Journal of Medicine*, 77, 101–106.

Katon, W., Ries, R.K. & Kleinman, A. (1984). The prevalence of somatization in primary care. *Comprehensive Psychiatry*, 25, 208–211.

Kellner, R. (1982). Psychotherapeutic strategies in Hypochondriasis: a clinical study. *American Journal of Psychiatry*, 36, 146–157.

Kellner, R. (1985). Functional somatic symptoms and hypochondriasis. *Archives of General Psychiatry*, 42, 821–833.

Kellner, R. (1989). *Theories and research in hypochondriasis. The 1988 C. Charles Burlingame Award Lecture.* Hartford, Conn: The Institute of Living.

Kellner, R., Abbott, P., Winslow, W.W. & Pathak, D. (1987). Fears, beliefs, and attitudes in DSM-III Hypochondriasis. *Journal of Nervous and Mental Disease*, 175, 20–25.

Kellner, R., Fava, G.A. & Lisansky, J. (1986). Hypochondriacal fears and beliefs in DSM-III melancholia. *Journal of Affective Disorders*, 10, 21–26.

Kenyon, F.E. (1964). Hypochondriasis: a clinical study. *British Journal of Psychiatry*, 110, 478–488.

Kenyon, F.E. (1965). Hypochondriasis: A survey of some historical, clinical and social aspects. *British Journal of Psychiatry*, 119, 305–307.

Ladee, G.A. (1966). *Hypochondriacal syndromes*. Amsterdam: North Holland.

Lang, P.J. (1970). Fear reduction and fear behaviour: problems in treating a construct. In J.M. Schlien (Ed.), *Research in Psychotherapy*, Vol III (pp. 90–103). Washington, DC: Amercian Psychological Association.

Latimer, P.R. (1981). Simple Phobias. In L. Michelson & L.M. Ascher (Eds.), *Anxiety and stress disorders: cognitive-behavioural assessment and treatment* (pp. 177–90). New York: Guilford Press.

Latimer, P. R. (1981). Irritable bowel syndrome: a behavioural model. *Behaviour Research and Therapy, 19*, 475–83.

Leenan, F. H. H. & Haynes, R. B. (1986). *How to control you blood pressure and get more out of life.* Montreal: Grosvenor House Press.

Leonhard, K. (1968). On the treatment of Ideohypochondriac and Sensohypochondriac Neuroses. *International Journal of Social Psychiatry, 2*, 123–133.

Lesse, S. (1967) Hypochondriasis and psychiatric disorders masking depression. *American Journal of Psychotherapy, 21*, 607–620.

Lindsay, S. J., Salkovskis, P. M. & Stoll, K. (1982). Rhythmical body movements in sleep: a brief review and treatment study. *Behaviour Research and Therapy, 20*, 523–7.

Lipowski, Z. J. (1986 a). Psychosomatic concepts in historical perspective. In J. H. Lacey & D. A. Sturgeon (Eds.), *Proceedings of the 15th European conference on psychosomatic research* (pp. 1–5). London: John Libbey.

Lipowski, Z. J. (1986 b). Somatization: a borderland between medicine and psychiatry. *Canadian Medical Association Journal, 135*, 609–14.

Lipowski, Z. J. (1988). In in-patient programme for persistent somatizers. *Canadian Journal of Psychiatry, 33*, 275–278.

Mackarness, R. (1980). *Chemical victims.* London: Pan Books.

Marks, I. M. (1978). *Living with fear.* New York: Wiley.

Marks, I. M. (1981). *Cure and care of neurosis.* New York: Wiley.

Marks, I. M. (1987). *Fears, phobias and rituals.* Oxford: Oxford University Press.

Mathews, A. M. & Ridgeway, V. (1982). Psychological preparation for surgery: a comparison of methods. *British Journal of Clinical Psychology, 21*, 271–280.

Mayou, R. (1976) The nature of bodily symptoms. *British Journal of Psychiatry, 129*, 55–60.

Melin, L., Fredericksen, T., Noren, P. & Swebelius, B. G. (1986). Behavioural treatment of scratching in patients with atopic dermatitis. *British Journal of Dermatology, 115*, 467–74.

Melzack, R. (1979). Current concepts of pain. In D. J. Oborne, M. M. Gruneberg & J. R. Eiser (Eds.), *Research in psychology and medicine,* Vol. 1 (pp. 13–19). London: Academic Press.

Miller, D., Green, J., Farmer, R. & Carroll, G. (1985). A „pseudo-AIDS" syndrome following from fear of AIDS. *British Journal of Psychiatry, 146*, 550–551.

Miller, D., Acton, T. M. G. & Hedge, B. (1988). The worried well: their identification and management. *Journal of the Royal College of Physicians, 22*, 158–165.

Murphy, M. R. (1990). Classification of the Somatoform Disorders. In C. Bass (Ed.), *Somatization: Physical symptoms and psychological illnes.* Oxford: Blackwell Scientific Publishers.

Nemiah, J. C. (1977). Alexithymia. *Psychotherapy and Psychosomatics, 28*, 199–206.

Noyes, R., Reich, J., Clancy, J. & O'Gorman, T. W. (1986). Reduction in Hypochondriasis with treatment of panic disorder. *British Journal of Psychiatry, 149*, 631–635.

Patel, C., Marmot, M. G. & Terry, D. J. (1981). Controlled trial of biofeedback aided behavioural methods in reducing mild hypertension. *British Medical Journal, 282,* 2005–2008.

Philips, H. C. (1976). A psychological analysis of tension headache. In S. Rachman (Ed.), *Contributions to medical psychology,* Vol. 1 (pp. 91–114). Oxford: Pergamon Press.

Philips, H. C. (1988). *The psychological management of chronic pain: a manual.* New York: Springer.

Pilowsky, I. (1967). Dimensions of Hypochondriasis. *British Journal of Psychiatry, 113,* 89–93.

Pilowsky, I. (1968). The response to treatment in hypochondriacal disorders. *Australian and New Zealand Journal of Psychiatry, 2,* 88–94.

Pilowsky, I. (1970). Primary and secondary Hypochondriasis. *Acta Psychiatrica Scandinavica, 46,* 273–285.

Pilowsky, I. (1984). Hypochondriasis. In *Handbook of psychiatry* (Vol. 4). Cambridge: Cambridge University Press.

Rachman, S. J. (1974) Some similarities and differences between obsessional ruminations and morbid pre-occupations. *Canadian Psychiatric Association Journal, 18,* 71–73.

Rachman, S. J. & Hodgson, R. (1980). *Obsessions and compulsions.* Englewood Cliffs, NJ: Prentice Hall.

Rachman, S. J., de Silva, P. & Roper, G. (1976). The spontaneous decay of compulsive urges. *Behaviour Research and Therapy, 14,* 445–453.

Rief, W. & Hiller, W. (1992). *Somatoforme Störungen.* Bern: Huber.

Rief, W., Hiller, W., Geissner, W. & Fichter, M. (1994). Hypochondrie: Erfassung und erste Ergebnisse. *Zeitschrift für Klinische Psychologie, 23,* 34–42.

Rippere, V. (1983). Behavioural diagnosis of food addictions. *Newsletter of the Society for Environmental Therapy, 3,* 21–24.

Risch, C. & Ferguson, J. (1981). Behavioural treatment of skin disorders. In J. M. Ferguson & C. B. Taylor (Eds.), *The comprehensive handbook of behavioural medicine,* Vol. 2. Lancaster: MTP.

Rosenstock, I. M. & Kirscht, J. P. (1979). Why people seek health care. In G. C. Stone, F. Cohen & N. Adler (Eds.), *Health Psychology* (pp. 161–88). San Francisco: Jossey Bass.

Roy, A. (1979). Hysteria: a case note study. *Canadian Journal of Psychiatry, 24,* 157–160.

Ryle, J. A. (1947). Nosophobia. *Journal of Mental Science, 94,* 1–17.

Salkovskis, P. M. (1988). Phenomonology, assessment and the cognitive model of panic attacks. In S. J. Rachman & J. Maser (Eds.), *Panic: Psychological views.* Hillsdale: Lawrence Erlbaum.

Salkovskis, P. M. (1989). Obsessions and compulsions. In J. Scott, J. M. G. Williams & A. T. Beck (Eds.), *Cognitive therapy: a clinical casebook.* London: Routledge.

Salkovksis, P. M. (1989). Somatic problems. In K. Hawton, P. M. Salkovskis, J. W. Kirk & D. M. Clark (Eds.), *Cognitive-behavioural approaches to adult psychological disorder: a practical guide.* Oxford: Oxford University Press.

Salkovskis, P. M. (1990). The nature of and interaction between cognitive and physiological factors in panic attacks and their treatment. Unpublished Ph. D. thesis, University of Reading, Reading.

Salkovskis, P. M. (1991). The importance of behaviour in the maintenance of anxiety and panic: a cognitive account. *Behavioural Psychotherapy, 19,* 6–19.

Salkovskis, P. M. (1994). Principles and practice of cognitive-behavioural treatment of obsessional problems. *Praxis der Klinischen Verhaltensmedizin und Rehabilitation, 7,* 113–120.

Salkovskis, P. M. & Clark, D. M. (1993). Panic disorder and hypochondriasis. *Advances in Behaviour Research and Therapy, 15,* 23–48.

Salkovskis, P. M. & Warwick, H. M. C. (1986). Morbid preoccupations, health anxiety and reassurance: a cognitive-behavioural approach to hypochondriasis. *Behaviour Research and Therapy, 24,* 597–602.

Salkovskis, P. M., Warwick, H. M. C. & Clark, D. M. (1990). *Hypochondriasis. Paper for DSM-IV working groups.* Oxford.

Schwartz, G. E. & Weiss, S. M. (1977). What is behavioural medicine? *Psychosomatic Research, 39,* 377–81.

Slater, E. & Glithero, E. (1965). What is hysteria? In A. Roy (Ed.), *Hysteria* (pp. 37–40). London: John Wiley.

Spitzer, R. L., Endicott, J. & Robins, E. (1978). Research diagnostic criteria: Rationale and reliability. *Archives of General Psychiatry, 35,* 773–782.

Stenback, A. & Rimon, R. (1964). Hypochondria and Paranoia, *Acta Psychiatrica Scandinavica, 40,* 379–385.

Thyer, B. (1986). Agoraphobia: A superstitious conditioning perspective. *Psychological Reports, 58,* 95–100.

Toone, B. K. (1990). Disorders of hysterical conversion. In C. Bass (Ed.), *Somatization: Physical symptoms and psychological illness.* Oxford: Blackwell Scientific Publications.

Tyrer, P., Lee, I. & Alexander, J. (1980). Awareness of cardiac function in anxious, phobic and hypochondriacal patients. *Psychological Medicine, 10,* 171–174.

Uexküll, T. von (Hrsg.). (1986). *Psychosomatische Medizin.* München: Urban & Schwarzenberg.

Warwick, H. M. C. (1993). *A controlled trial of cognitive therapy for hypochondriasis.* Paper presented at EABCT conference, London, September.

Warwick, H. M. C. & Marks, I. M. (1988). Behavioural treatment of illness phobia. *British Journal of Psychiatry, 152,* 239–241.

Warwick, H. M. C. & Salkovskis, P. M. (1985). Reassurance. *British Medical Journal, 290,* 1028.

Warwick, H. M. C. & Salkovskis, P. M. (1989). Hypochondriasis. In J. Scott, J. M. G. Williams & A. T. Beck (Eds.), *Cognitive therapy in clinical practice.* London: Gower.

Weisenberg, M. (1987). Psychological intervention for the control of pain. *Behaviour Research and Therapy, 25,* 301–12.

Woodruff, R.A., Clayton, P.J. & Guze, S.B. (1971). Hysteria: studies of diagnosis, outcome, and prevalence. *Journal of the American Medical Association, 215*, 425–428.

World Health Organization (1978). *Mental disorders: Glossary and guide to their classification in accordance with the tenth revision of the international classification of diseases.* Geneva: W.H.O.

5. Kapitel

Dissoziative Störungen, vorgetäuschte Störungen und Störungen der Impulskontrolle

Peter Fiedler und Christoph Mundt

1 Einleitung

Die in diesem Kapitel vereinigten Diagnosegruppen (dissoziative Störungen, vorgetäuschte Störungen und Störungen der Impulskontrolle) haben nur wenige konzeptuelle Gemeinsamkeiten. Weil sich die drei Syndrombereiche jedoch jeweils gleichermaßen ungünstig in eines der anderen Kapitel dieser Enzyklopädie hätten einfügen lassen, wurden sie von den Herausgebern aus pragmatischen Gründen unter einer Überschrift zusammengefügt. Die Autoren haben nun ihrerseits weder nach (noch) nicht gegebenen konzeptuellen Verbindungen zwischen den drei Störungsgruppen gesucht, noch die wenigen vorhandenen Verknüpfungsmöglichkeiten über Gebühr hervorgehoben. Insofern sind die nachfolgenden drei Unterkapitel zu den Störungsbereichen mehr oder weniger separat verfaßt und können entsprechend unabhängig voneinander gelesen werden.

Die dissoziativen Störungen kennzeichnen einen mehr oder weniger deutlichen Verlust der psychischen Integration betroffener Menschen, der sich auf Prozesse der Erinnerung an die Vergangenheit, auf das Identitätsbewußtsein sowie auf das Kontrollerleben von Körperempfindungen und Körperbewegungen bezieht und bei dem die Diagnose der (ähnliche Symptome beinhaltenden) Schizophrenie ausgeschlossen werden kann. Diese Störungen wurden früher als verschiedene („neurotische") Symptome der „Hysterie" aufgefaßt. Wegen der Vielgestaltigkeit des „Hysterie"-Begriffs (sehr heterogene Ätiologie-Implikationen; Stigmatisierung) wurde in den modernen Versionen der Klassifikationssysteme ICD-10 (Dilling, Mombour & Schmidt, 1991) wie bereits zuvor im DSM-III-R (American Psychiatric Association, 1987) auf ihn als Syndromkennzeichnung verzichtet. Zugleich wurden die vielfältigen Hysterie-Facetten unterschiedlichen Syndrombereichen der Klassifikationssystematiken zugeordnet, von denen in diesem Kapitel mit den dissoziativen Störungen die dissoziative Amnesie, die dissoziative Fugue und die multiple Persönlichkeitsstörung (dissoziative Identitätsstörung) sowie die Depersonalisiationsstörungen vorgestellt werden sollen.

Mit vorgetäuschten Störungen wird das artifizielle Erzeugen oder auch das Vortäuschen organischer oder psychischer Symptome bezeichnet. Die Motivation der selbstmanipulierten Störungserzeugung bzw. Krankheitsvortäuschung erscheint zunächst unklar, da sie sich – vor allem im Unterschied zur differentialdiagnostisch abgrenzbaren Simulation – nicht aus äußeren Gründen und Zweckerwägungen der Betroffenen herleiten läßt.

Der Bereich der Störungen der Impulskontrolle schließlich beinhaltet Verhaltensstörungen, deren charakteristische Gemeinsamkeit in der Unfähigkeit der Betroffenen liegt, einem Impuls, einem inneren Antrieb oder einer Versuchung zu widerstehen, Handlungen durchzuführen, die zugleich die Möglichkeit einschließen, der handelnden Person selbst oder anderen Schaden zuzufügen. Dieser Störungsbereich umfaßt fünf spezifische Störungen (intermittierend explosible Störung; pathologisches Spielen; Pyromanie; Kleptomanie; Trichotillomanie) und stellt innerhalb der Klassifikationssysteme ICD-10 und DSM-III-R über das Merkmal des impulsiven Kontrollverlustes definitorisch eine für die genannten Störungen festgelegte Restkategorie dar.

2 Dissoziative Störungen

Die dissoziativen Störungen wurden und werden vielfach auch heute noch einem Syndromkomplex sensorischer, motorischer und psychischer Störungen zugerechnet, für den seit weit über tausend Jahren die Bezeichnung „Hysterie" Verwendung gefunden hat (vgl. die Ausführungen zur Geschichte des Hysterie-Begriffs im Kapitel über Persönlichkeitsstörungen). Der diagnostische Nutzen des Hysterie-Begriffs wurde jedoch wegen seiner Vielgestaltigkeit in den vergangenen Jahren zunehmend in Zweifel gezogen, zumal sich mit dem Attribut „hysterisch" deskriptive, pathogenetische und ätiologietheoretische Bedeutungsfacetten in der Klassifikationsdifferenzierung vermengen. In den Klassifikationssystemen ICD-10 und DSM-III-R wurde der Hysterie-Begriff wegen dieser Vieldeutigkeit schließlich ganz aufgegeben – wie übrigens aus den gleichen Gründen zeitgleich auf die Bezeichnungen „Neurose", „Psychopathie" und „Psychose" als Klassifikationsmerkmal verzichtet wurde. Die verschiedenen, bisher unter dem Oberbegriff „hysterische Neurose" zusammengefaßten Syndromaspekte wurden unter verschiedenen Gesichtspunkten differenziert und neu geordnet.

Als die zentralen Folgekategorien gelten einerseits die nachfolgend dargestellten dissoziativen Störungen sowie andererseits die somatoformen Störungen (dort vor allem die Konversions- und Somatisierungsstörungen; vgl. das Kapitel über somatoforme Störungen). Die Diagnose der bisherigen „hysterischen Persönlichkeitsstörung" wurde unter der Bezeichnung histrionische Persönlichkeitsstörung ebenfalls neu konzeptualisiert und dabei im wesentlichen auf Aspekte der zwischenmenschlich bedeutsamen Persönlichkeitsindikatoren eingeschränkt und präzisiert (vgl. das Kapitel über Persönlichkeitsstörungen).

Gemäß DSM-III-R liegen die gemeinsamen Merkmale der dissoziativen Störungen vor allem in einer plötzlichen oder allmählichen Veränderung der normalerweise integrierend wirkenden Funktionen des Gedächtnisses oder des Bewußtseins. Wenn durch die Art der Störung vor allem Gedächtnisfunktionen betroffen sind (etwa bei Vorliegen einer psychogenen Amnesie oder Fugue), können wichtige persönliche Daten und Ereignisse nicht mehr erinnert werden. Ist primär die Identität einer Person betroffen (wie bei der psychogenen Fugue oder bei der Multiplen Persönlichkeitsstörung), kann die eigentliche Identität zeitweilig vergessen und möglicherweise sogar eine andere Identität angenommen werden.

2.1 Allgemeine Konzeptualisierung der dissoziativen Störungen

2.1.1 Historische Perspektive

Es war Pierre Janet, der Ende des vorigen Jahrhunderts (1889, 1894, 1903) die dissoziativen Phänomene des Identitätsverlustes und Erinnerungsvermögens systematisch untersuchte und wie wohl kein anderer auf vielen hundert Seiten detailliert beschrieb und klassifizierte. Für Janet waren alle dissoziativen Episoden mit dem Phänomen des Schlafwandelns (Somnambulismus) verbunden, und dies war für ihn das charakteristische Symptom der Hysterie.[1]

Unter Dissoziation verstand Janet den Prozeß des Verlustes bewußter Kontrolle über ein mehr oder weniger großes Muster von Verhaltensweisen oder Erinnerungen. Als Auslöser sah er traumatische, psychisch belastende Lebenssituationen an, die ihre dissoziierende Wirkung vor allem bei Personen mit erblicher Belastung entfalten konnten. Obwohl nun die dissoziierten Gedankenkomplexe nicht willentlich erinnert werden können, behielten sie eine das Denken, Fühlen und Handeln der Betroffenen beeinflussende Wirkung, die sich insbesondere in den Somatisierungs- und Depersonalisierungssymptomen

---
1 Obwohl auch das Schlafwandeln wesentliche Merkmale einer dissoziativen Störung besitzt, wird es im DSM-III-R wie im ICD-10 den Schlafstörungen zugerechnet (vgl. das Kapitel über Schlafstörungen i. d. B.).

der Hysterie zeigte. Aus diesem Grund war die Hysterie für Janet eine Erkrankung der personalen Synthese.

Janets Dissoziationskonzept fand um die Jahrhundertwende rasche Verbreitung und regte eine Reihe wichtiger Folgearbeiten an. Für Morton Prince beispielsweise boten sie eine Grundlage zur Untersuchung und Erklärung alternativdissoziativer Persönlichkeitserfahrungen (1905, 1924). Er führte mit seiner klassischen Fallschilderung (Miss Beauchamp) den Störungsbegriff der multiplen bzw. alternierenden Persönlichkeit ein und schlug vor, die Bezeichnung „Ko-Bewußtsein" zur Beschreibung der geistigen Funktionen innerhalb sekundärer Identititäten der des Unter- bzw. Unbewußten vorzuziehen. Auch Breuers und Freuds frühe Studien über Hysterie (1893) schließen unmittelbar an Janets Überlegungen an. Gleichzeitig nehmen beide – wie Janet – auf die schon von Charcot (1873) vertretene Ansicht Bezug, daß es sich bei den amnestischen, kataleptischen und somnambulischen Phänomenen der Hysterie um ähnliche oder gar gleichartige Prozesse handele, wie sie sich in der hypnotischen Trance beobachten ließen.

Breuer und Freud betonen in ihren bis 1895 gemeinsam publizierten Studien, daß in der Hysterie gedankliche Dissoziationen ihren Ursprung in hypnoseähnlichen Zuständen nähmen, welche vor allem durch traumatische Erfahrungen verursacht würden. Die Inhalte und Eigenarten hypnotischer Zustände könnten danach – ähnlich wie in der Hypnose – vollständig erinnert werden oder sich aber auch bis hin zur totalen Amnesie einer bewußten Wiedererinnerung entziehen, wobei amnestische Zustände vor allem nach extremer Traumatisierung erwartbar seien.

Freud entfernte sich alsbald von der mit Breuer gemeinsam vertretenen Position (z. B. 1896, 1905). Innerhalb seines Verstehensansatzes war die Hysterie schließlich begreifbar als Ergebnis psychischer Verdrängungs- oder Abwehrprozesse, mittels derer normativ und zwischenmenschlich unakzeptabel erscheinende oder subjektiv bedrohliche Erfahrungs- und Erlebensinhalte, die zugleich eng mit psychosexuellen Bedürfnissen und Wünschen verknüpft schienen, aktiv aus dem Bereich bewußter Wahrnehmung ausgeschlossen würden. Die hysterische Symptombildung wurde verständlich mit Freuds Konzeption eines dynamischen Unbewußten, in das hinein unakzeptable Bewußtseinsinhalte durch spezifische Verdrängungsmechanismen abgespalten wurden. Dort entfalten sie als unbewußte Prozesse jedoch gleichzeitig eigendynamische Aktivitäten, ohne der bewußten Erinnerung und Kontrolle durch die Betroffenen zugänglich zu sein. In diesem Zusammenhang bewegte sich das Interesse Freuds zunehmend weg von der Erklärung dissoziativ-amnestischer Phänomene hin zur Beschreibung der Psychodynamik der Konversionssymptomatik.

Freud legte mit seiner Konzeption den Grundstein für eine theoretische Kontroverse, die insbesondere in den letzten Jahren erneut aufgegriffen wurde und die bis in die Gegenwart hinein nichts an Brisanz und Bedeutung verloren hat (vgl. unten). Es geht dabei um die Frage, ob die dissoziativen und somatoformen Störungen – wie Freud dies unterstellte – als das psychodynamische Ergebnis aktiver mentaler Verdrängungsprozesse gewertet werden müssen oder ob sie – wie dies von Janet und später von Breuer gegenüber Freud vetreten wurde – Ausdruck eher passiver mentaler Prozesse sind, die auf eine eher autoregulative Verarbeitung traumatischer Erfahrungen rückschließen lassen.

Historisch gesehen überzeugte zunächst Freuds Position, lieferte sie doch endlich nicht nur eine plausible Erklärung für die um die Jahrhundertwende vielfach diskutierten hysterischen Störungen, sondern es empfahl sich mit der Psychoanalyse zugleich ein erfolgversprechendes Konzept ihrer Behandlung. Die Dominanz eines psychoanalytischen Verständnisses der dissoziativen Störungen zeigte sich noch in ihrer Zuordnung zu den hysterischen Störungen in den Diagnosesystemen ICD-9 (Degkwitz, Helmchen, Kockott & Mombour, 1980) und DSM-II (American Psychiatric Association, 1968). So war zwar während des 2. Weltkrieges (wie auch schon während des 1. Weltkrieges) immer wieder beobachtet worden, daß Zustände psychogener Amnesie und psychogener Fugue bei Frontsoldaten auch in der Folge traumatischer Erfahrungen auftraten und binnen weniger Stunden und Tage wieder zurückgingen. Und dies hatte zumindest die Väter des DSM-I (American Psychiatric Association, 1952) bewogen, eine Unterscheidung zwischen Dissoziation und Konversion einzuführen. Damals wurde die Bezeichnung „conversion reaction" als ein Indikatorbereich für die ursprüngliche hysterische Neurose festgelegt, während die Amnesie und die mit ihr assoziierten Störungen Fugue und alternierende Persönlichkeitsstörung als eigenständige Störungsgruppe „dissociative reaction" separiert wurden. Dennoch wurde diese Aufteilung von der American Psychiatric Association (1968) im DSM-II wieder rückgängig gemacht, und beide Symptomgruppen wurden erneut unter der Überschrift „Hysterische Neurosen" zusammengefaßt, wenngleich eine Symptomaufteilung als „hysterische Neurose, Konversionstypus" und „hysterische Neurose, dissoziativer Typus" eingeführt wurde.

2.1.2 Aktueller Stand der Konzeptentwicklung

Im DSM-III und im DSM-III-R der American Psychiatric Association (1980, 1987) wurden angesichts der oben bereits angedeuteten Ätiologiekontroverse die beiden Störungsgruppen erneut getrennt. Der Begriff der hysterischen Neurosen wurde gestrichen, die Störungsgruppe „hysterische Neurosen, Konversionstypus" wurden als „Konversionsstörungen" der Hauptgruppe der sogenannten „Somatoformen Störungen" zugeordnet und für die Störungen der „hysterischen Neurosen, dissoziativer Typus" die „Dissoziativen Störungen" als eigene Hauptgruppe eingeführt. Zugleich hat sich die American Psychiatric Association zur Frage der möglichen Störungsursachen zumindest im Fall der Konversionsstörungen eindeutiger festgelegt. Ganz im Unterschied zu der insgesamt vorrangig deskript angelegten DSM-Systematik, hat sie für die Untergruppe der Konversionsstörungen eine ätiologietheoretische Störungsbegründung im Sinne des psychoanalytischen Verstehensansatzes eingeführt, indem „spezifische Mechanismen vorausgesetzt werden, die für die Auffälligkeiten verantwortlich sind" (vgl. DSM-III-R, S. 315 in der deutschen Übersetzung).

Einerseits werden die Konversionsstörungen als Ausdruck ungelöster, weil außerhalb des Bewußtseins stehender psychischer Konflikte oder Bedürfnisse interpretiert, die einen „primären Krankheitsgewinn" ermöglichen. In diesem Sinne besitzt die Symptomatik „symbolischen Wert, der eine Repräsentation und eine partielle Lösung des zugrundeliegenden psychischen Konflikts darstellt" (a. a. O.). Zum anderen kann durch die jeweilige Konversionsstörung ein „sekundärer Krankheitsgewinn" erreicht werden, indem bestimmte, mit den eigenen Interessen im Widerspruch stehende Aktivitäten vermeidbar werden (a. a. O.).

Mit dieser ätiologietheoretisch begründeten Klassifikation der Konversionsstörungen soll nun konzeptuell zugleich verdeutlicht werden, daß es weder im Falle der übrigen somatoformen Störungen (z. B. Hypochondrie, Somatisierungsstörung etc.) noch bei Vorliegen dissoziativer Störungen angezeigt ist, a priori eine der Konversionsstörung ähnliche Psychodynamik zu unterstellen. Die ausdrücklich deskriptiv gehaltenen Typologien der übrigen somatoformen wie für die nachfolgend behandelten dissoziativen Störungen sollen vielmehr verdeutlichen, daß gegenwärtig unterschiedliche und andersartige Störungsvoraussetzungen diskutiert werden.

Diese ätiologietheoretische Festlegung gegenüber den Konversionsstörungen ist auch in der aktuellen Version des ICD-10 zu finden (vgl. Dilling et al., 1991). Dort wird zunächst ebenfalls die Vermeidung des Begriffs „Hysterie" nahegelegt, andererseits werden die Konversionsstörungen mit den dissoziativen Störungen nach wie vor im Sinne des bisherigen Hysterie-Konzeptes zu einer Störungstypologie zusammengefaßt (F44: dissoziativen Störungen [Konversionsstörungen]). Und eindeutiger noch als im DSM-III-R werden in die Konzeption dieser Störungsgruppe ätiologietheoretische Hypothesen einbezogen, zugleich recht kritisch gegenüber einigen Aspekten der DSM-III-R-Klassifikation:
- „Die hier beschriebenen dissoziativen Störungen werden als psychogen angesehen. Das heißt es besteht eine nahe zeitliche Verbindung zu traumatisierenden Ereignissen, unlösbaren oder unerträglichen Konflikten oder gestörten Beziehungen. Es können Interpretationen oder Mutmaßungen über die Bedeutung der Bewältigungsstrategien der Patienten angestellt

werden. Theoretische Konzepte wie ‚unbewußte Motivation' oder ‚sekundärer Krankheitsgewinn' sind jedoch nicht in die Leitlinien oder diagnostischen Kriterien eingegangen. Der Begriff Konversion wird für einige dieser Störungen in einer weiter gefaßten Bedeutung verwendet und bedeutet, daß sich der durch die unlösbaren Schwierigkeiten und Konflikte hervorgerufene unangenehme Affekt in irgendeiner Weise in Symptome umsetzt" (Dilling et al., 1991, S. 161).

Kaum merklich zwar, dennoch geschickt aufgenommen spiegelt sich nun in dieser allgemeinen Störungstypisierung jene oben angedeutete ätiologietheoretische Kontroverse wider, die in den vergangenen Jahren erneut der Frage nachgeht, ob es sich bei den dissoziativen Störungen um den Ausdruck aktiver Abwehrprozesse oder um das Ergebnis einer autoregulativen Verarbeitung traumatisierender Erfahrungen handelt.

2.1.3 Dissoziation:
Selektive Verdrängung oder nichtintentionale Autoregulation?

Dissoziation kann als eine strukturierte Seperation mentaler Prozesse (von Gedanken, Bedeutungen, Erinnerungen oder der Identität) aufgefaßt werden, die zuvor in die ganzheitliche Wahrnehmung integriert waren (Spiegel & Cardeña, 1991). Weitgehende Einigkeit besteht inzwischen über die Annahme, daß Dissoziationen eine extreme Spannbreite unterschiedlicher Phänomene einschließen, die von der allgemein-menschlichen Möglichkeit zur Routinisierung alltäglicher Abläufe als Kompetenz (wie das nichtreflektierte Autofahren bei gleichzeitiger Diskussion mit dem Beifahrer) bis hin zur Nichterinnerbarkeit zeitlich begrenzter, zugleich zielgerichteter und geordneter Ortsveränderungen etwa von zu Hause fort einschließlich der Übernahme einer neuen Identität (wie im Fall der dissoziativen Fugue als psychischer Störung) reichen (vgl. Aalpoel & Lewis, 1984). Es gilt inzwischen als gut gesichert, daß zwischen der Dissoziationsneigung und Hypnotisierbarkeit (Suggestibilität) einer Person deutliche Zusammenhänge bestehen (Nemiah, 1985; Stutman & Bliss, 1985). Und so wird die Hypnose selbst zunehmend als quasi-experimentelle Möglichkeit genutzt, dissoziative Phänomene zu simulieren, zu untersuchen und zu behandeln (Hilgard, 1986; vgl. unten). Weitgehende Übereinstimmung scheint schließlich darüber zu bestehen, daß die vielfach vertretene Ansicht nicht weiter haltbar ist, daß es sich bei voneinander dissoziierten mentalen Prozessen um koexistierende oder alternierende Zustände handelt, die eindeutig separiert seien und mithin keinerlei Einfluß aufeinander ausübten (Bowers, 1990).

Die folgenden drei der gegenwärtig diskutierten Ätiologieperspektiven finden besondere Resonanz (vgl. Singer, 1990, sowie die Zusammenstellung bei Spiegel & Cardeña, 1990):

1. Die Unterscheidung und damit differentielle Bedeutsamkeit von Prozessen der Verdrängung und der Dissoziation: In dieser Position, die eine Reihe psychoanalytisch orientierter Autoren vertritt, wird einerseits die psychoanalytische Annahme der aktiven Verdrängung und Abwehr unakzeptabler Erfahrungsbereiche in den Bereich eines dynamischen Unbewußten als eine Erklärungsmöglichkeit bestimmter Hysteriephänomene (gemeint zumeist: der Konversion) beibehalten. Zugleich wird die Dissoziation selbst als eigenständige Form der Abwehr vorgeschlagen (Nemiah, 1979; schon bei Rapaport, 1942). Singer und Sincoff (1990) beispielsweise beschreiben die Dissoziation dieser Art als „eine sich festigende Verbindung zwischen bestimmten Gedanken und Gefühlen" (S. 481), die dem Betroffenen durch eine besondere Art der die Aufmerksamkeitsrichtung beeinflussenden Ablenkung (d. i. Dissoziation) die psychische Verarbeitung traumatisierender Erfahrungen ermögliche. Die Konzeption der Dissoziation als Abwehr erinnert recht deutlich an das Konzept der „Spaltung", das von Kernberg (1975) zur Beschreibung fluktuierender Persönlichkeitsmerkmale bei Borderline-Patienten vorgeschlagen wurde. Insgesamt findet die hier vorgeschlagene Trennung von Verdrängung und Dissoziation selbst bei den kognitiv-psychologisch orientierten Psychoanalytikern nicht ungeteilte Zustimmung (vgl. die grundlegende Kritik bei Erderlyi, 1985). Von dieser Seite wird deshalb vermittelnd vorgeschlagen, den Begriff Dissoziation vorläufig noch beschreibend zu verwenden, zumal durchaus noch unklar sei, ob es sich bei „dissoziativen Erfahrungen" wirklich um aktive mentale Prozesse handele, wie es Begriffe wie Abwehr und Verdrängung implizierten.
2. Das Konzept einer „pathologischen Dissoziation" im Sinne einer zeitweiligen Veränderung der Identität: Diese Position wird beispielsweise von Aalpoel und Lewis (1985; auch Nemiah, 1985, 1988) vertreten, und sie entspricht wohl auch weitgehend dem „offiziellen" Konzept der American Psychiatric Association (1987), als sie sich zugleich am besten mit der allgemeinen Störungsbeschreibung im DSM-III-R zusammenfassen läßt: „Hauptmerkmal dieser Gruppe von Störungen ist eine Störung oder Änderung der normalerweise integrativen Funktion der Identität, des Gedächtnisses oder des Bewußtseins" (S. 329 der deutschen Übersetzung). Das Ätiologieverständnis der dissoziativen Störungen folgt innerhalb dieses Ansatzes grob einem Diathese-Streß-Modell, innerhalb dessen sich die Störungen auf der Grundlage von Schwere und Unerwartetheit der psychosozialen Belastung (wie bei der Depersonalisation und der psychogenen Amnesie), emotionaler Involviertheit und Belastungs-Extremisierung (etwa bei der psychogenen Fugue) und diathetischer Belastung und frühkindlicher Traumatisierung (wie im Fall der multiplen Persönlichkeitsstörungen) unterscheiden lassen. Die dissoziativen Störungen selbst werden innerhalb dieses Ansatzes – übrigens ganz ähnlich, wie dies bereits vor einhundert Jahren von Janet so beschrieben wurde – als zeitweiliger Verlust der nor-

malerweise integrierend wirkenden Selbstbewußtheit betrachtet, über den zugleich die Gedächtnisstörungen als Folge erklärlich werden. Das Erinnerungsvermögen stellt sich autoregulativ in dem Maße wieder ein, wie die Integrationsleistung des Bewußtseins erneut zunimmmt (vgl. insbesondere Kihlstrom, Tataryn & Hoyt, 1993).
3. Dissoziative Störungen als autoregulative Verarbeitungsstörung traumatischer Erfahrungen: Die Verbindung von Trauma und Dissoziation war im zuvor dargestellten Ansatz zunächst aus Befunden der administrativen Epidemiologie hergeleitet. In den vergangenen Jahren ist nun jedoch allgemein die Zahl substantieller Forschungsarbeiten über die sogenannten posttraumatischen Belastungsstörungen erheblich angewachsen (vgl. die Arbeit über Angststörungen i. d. B.). Da zu den Belastungsreaktionen dissoziative Episoden zählen, ist nun von einer weiteren Gruppe von Forschern die psychische Verarbeitung traumatischer Belastungen in den Mittelpunkt eines Verstehensansatzes gestellt worden, in dem dissoziative Störungen als Konsequenz autoregulativer Verarbeitungsprozesse traumatischer Erfahrungen aufgefaßt werden (Frischholz, 1985; Coons & Milstein, 1986; Putnam, 1989b; Spiegel, 1984).

Spiegel und Cardeña (1991) unterscheiden in einer Zusammenschau der vorliegenden Befunde zur postraumatischen Phänomenologie drei Möglichkeiten dissoziativer Veränderungen: Einerseits können diese den Bereich der Selbstwahrnehmung betreffen (z. B. als Depersonalisation oder als multiple Persönlichkeitsstörung); zweitens beziehen sie sich auf die Wahrnehmung der Außenwelt (z. B. als Derealisation oder als Pseudo-Halluzinationen); drittens können Erinnerungsprozesse betroffen sein (wie bei der psychogenen Amnesie, Fugue und bei multiplen Persönlichkeitsstörungen). Die Autoren beziehen sich dabei auf Analysen von Selbstschilderungen traumatischer Erfahrungen u. a. von Überlebenden bei Erdbeben, Flugzeugunglücken und Tornadoverwüstungen. Sie stellen die Hypothese auf, daß sich dissoziative Phänomene dadurch einstellen könnten, daß den betroffenen Personen durch eine aufmerksamkeitsabsorbierende Fokusbildung auf das traumatische Geschehen zeitweilig keine weiteren Möglichkeiten mehr verfügbar seien, die bedrohlichen Ereignisse anhand persönlicher Erfahrungsbereiche sowie kontextueller Information angemessen zu verarbeiten und zu integrieren. Derealisations- und Depersonalisationsstörungen sowie amnestische Erfahrungen seien die Folge. Erklärlich würden zugleich die im Zusammenhang mit posttraumatischen Belastungsstörungen beobachtbaren, sich spontan wiederholenden und mit Schreckerleben aufdrängenden Erinnerungen (flashbacks) der Ereignisse, die zuvor ein Maximum an Aufmerksamkeit erhalten hätten.

Die zuletzt beschriebene Theorieperspektive bietet zugleich erstmalig die Möglichkeit, das erstaunliche Phänomen der zumeist hohen Suggestibilität von Patienten mit dissoziativen Störungen zu erklären. Auch in der Hypnose übernimmt die Zentrierung der Aufmerksamkeit bei gleichzeitiger Dissoziation peripherer Aspekte eine wesentliche Funktion bei der Tranceinduktion und Rapportsicherung. Und das Gelingen der Tranceinduktion hängt eng mit dem Ausmaß der individuell vorliegenden Suggestibilität einer Person zusammen (vgl. Revenstorf, 1990). In diesem Sinne könnte eine möglicherweise diathetisch bedingte erhöhte Suggestibilität als besonderer Vulnerabilitätsmarker oder Prädiktor für die Neigung zur dissoziierenden Verarbeitung traumatischer Erfahrungen betrachtet werden (Putnam, 1991). Und Hypnose wäre schließlich verstehbar als Modell für eine kontrollierte und strukturierte Dissoziation im Unterschied zu den wenig kontrollierten Symptomen dissoziativer Störungen – eine Ansicht, die ebenfalls bereits von Janet sowie in den gemeinsamen Arbeiten von Breuer und Freud vertreten wurde (vgl. oben).

2.2 Die spezifischen dissoziativen Störungen

Die nachfolgende Besprechung der einzelnen dissoziativen Störungen orientiert sich grob an der Störungstypologie, wie sie von der American Psychiatric Association (1987) im DSM-III-R vorgelegt wurde, da uns zu dieser die meisten empirischen Studien vorlagen. Die Darstellung wurde jedoch jeweils dort um inhaltliche Aspekte erweitert, wo die aktuelle Version des ICD-10 (Dilling et al., 1991) deutlich eigene Akzente setzt, die in der Diskussion um die Fortentwicklung beider Klassifikationssysteme im Bereich dissoziativer Störungen einen wichtigen Platz einnehmen könnten.

2.2.1 Kurzzeitig reaktive dissoziative Störung

Insbesondere der oben angesprochene Zusammenhang von traumatischer Erfahrung und dissoziativer (Belastungs-)Verarbeitung wird aller Voraussicht nach zu einer wichtigen Erweiterung der Klassifikationssystematiken führen. Für die bereits 1993 zu erwartende Neuauflage des DSM (DSM-IV) wurde von der Task-Force der American Psychiatric Association von der für dissoziative Störungen zuständigen Arbeitsgruppe hierzu die Einführung einer neuen Kategorie „Brief Reactive Dissociative Disorder" vorgeschlagen (vgl. Spiegel & Cardeña, 1991). Ähnlich wie die Kategorie der „posttraumatischen Belastungsstörung" im Bereich der Angststörungen (vgl. das Kapitel über Angststörungen i. d. B.) wird damit auch in diesem Bereich eine ätiologieorientierte Kategorie eingeführt.

Sie begründet sich aus einer Reihe systematischer Studien, die in den vergangenen zwei Jahrzehnten an Personen unmittelbar im Anschluß an für sie traumatische Erfahrungen durchgeführt wurden (vgl. Spiegel, 1991). Einige dieser

Studien seien hier kurz erwähnt: So beschrieb Hillman (1981) eine Reihe dissoziativer Symptome (vor allem Entfremdungs- und Depersonalisationserlebnisse) bei 14 Vollzugsbeamten, die während eines gewaltsamen Gefangenenaufstands von den Häftlingen als Geiseln genommen worden waren. Innerhalb einer Analyse der posttraumatischer Belastungsstörungen bei 189 Unfallopfern konnten Noyes und Slyman (1978–1979) faktorenanalytisch ebenfalls sichern, daß Depersonalisations- und Derealisationserfahrungen als Faktor die größte Varianz dieser Gruppe aufklären. Noyes und Kletti (1977) fanden bei 101 Personen der gleichen Stichprobe (jene, die eindeutig lebensbedrohliche Situationen überlebt hatten) bei 72 Prozent Unwirklichkeitsgefühle und Zeitgefühlsverlust, 57 Prozent berichteten automatisch ablaufende Bewegungen, 56 Prozent Gefühlslosigkeit, 52 Prozent Depersonalisations- und 30 Prozent Derealisationsstörungen. Ähnliches ergaben Auswertungen von Interviews, die Madakasira und O'Brian (1987) mit 279 Überlebenden einer Reihe von Tornadoverwüstungen durchgeführt hatten: 61 Prozent der Befragten klagten über verschiedenartige Arten von Gedächtnis- und Erinnerungsstörungen, 57 Prozent beschrieben Derealisations- und Depersonalisationserfahrungen, 45 Prozent einen Verlust jeglichen Interesses. In einer Untersuchung der unmittelbaren wie langfristigen Belastungsstörungen an Personen, die ein Flugzeugunglück überlebt hatten, fanden sich bei 79 Prozent der Untersuchten Konzentrations- und Erinnerungsstörungen und 54 Prozent Entfremdungs- und Depersonalisationstörungen (Sloan, 1988).

Trotz der methodischen Beschränkungen, die bei diesen Nachbefragungen von unmittelbar Betroffenen natürlicherweise gegeben sind, wurde die weitgehende Übereinstimmung der Befundlage als hinreichend für die Konzeptualisierung der kurzzeitig reaktiven dissoziativen Störung angesehen. Sie hatte bereits im kürzlich erschienenen ICD-10 der WHO ihren Niederschlag gefunden (vgl. Dilling et al., 1991): Dort war der Befundlage zu den akuten Belastungsstörungen durch die Einführung einer eigenen Hauptkategorie (F43: Reaktionen auf schwere Belastungen und Anpassungsstörungen) Rechnung getragen worden: Neben der „posttraumatischen Belastungsstörung" werden im ICD-10 weiter die „akute Belastungsreaktionen" (F43.0) sowie verschiedene „Anpassungsstörungen" (F43.3) unterschieden. Die im DSM-IV zu erwartende neue Kategorie der kurzzeitig reaktiven dissoziativen Störungen wird nun weitgehend der ICD-10-Kategorie der „akuten Belastungsstörungen" entsprechen, wenngleich sie zugleich eindeutiger dissoziative Phänomene im engeren Sinn als Kriterien einsetzt (vgl. Task Force on DSM-IV, 1991).

2.2.2 Dissoziative Amnesie

Fallbeispiel: Herr R. wurde als Überlebender eines Flugzeugunglücks nach mißlungenem Startmanöver bereits wenige Stunden nach seiner Rettung von einem Mitglied der Untersuchungskommission zum Unglückshergang befragt. Er hatte das Unglück als einer der wenigen unverletzt überstanden, und es war berichtet worden, daß er sich selbst aktiv an der Rettung anderer Fluggäste beteiligt hatte. In der Befragung gab er an, sich genau daran zu erinnern, wie er einen neben ihm liegenden bewußtlosen Fahrgast zu einer offenstehenden Seitenluke geschleppt und ihn langsam zu einigen Personen unterhalb der Maschine heruntergelassen habe. An andere Ereignisse zum Unglückshergang konnte er sich nicht mehr erinnern. Er wußte noch zu berichten, wie er sich beim Vorfahren der Maschine zum Rollfeld festgeschnallt habe, und sein Erinnerungsvermögen setzt wieder ein, als ihm in einem Sanitätszelt eine Tasse Tee gereicht wurde. Von anderen wurde jedoch berichtet, daß Herr R. im Anschluß an die einzelne, von ihm selbst erinnerte Rettungsaktion noch mehrere weitere Passagiere aus der Maschine geborgen hätte. Selbst danach sei er normal ansprechbar gewesen, habe auf Fragen geantwortet und keinerlei Anzeichen etwa eines Schocks gezeigt.

Diagnose. Die Amnesie für persönlich bedeutsame Informationen gilt als Hauptsymptom der meisten dissoziativen Störungen. Isoliert auftretend kann sie als eine der häufigsten Dissoziationen angesehen werden. Und sie gilt zugleich als die am wenigsten gravierende Störung, da der Gedächtnisverlust bereits innerhalb weniger Stunden oder Tage wieder zurückgehen kann. Das Erinnerungsvermögen stellt sich im Unterschied zur nichtpsychogenen Amnesie gewöhnlich sehr spontan und zumeist vollständig wieder ein. In aller Regel bleiben in der Folge keine weiteren Beeinträchtigungen zurück.

Die Diagnose der psychogenen Amnesie (im ICD-10: dissoziative Amnesie) ist reserviert für relativ kurze und abgrenzbare amnestische Episoden, die als solche einen zeitweiligen Verlust der persönlichen Identität mit einschließen können, jedoch nicht müssen (vgl. Tab. 1 mit den Kriterien der psychogenen Amnesie, wie sie im DSM-III-R festgelegt wurden).

Die Diagnose wird nicht gestellt, wenn die betroffene Person an einen anderen Ort verreist und dabei eine andere Identität annimmt (Diagnose: psychogene Fugue) oder wenn die Amnesie ein Symptom der multiplen Persönlichkeit darstellt (vgl. unten). Aus diesen Gründen ist in manchen Fällen eine unmittelbare Diagnosestellung erschwert. Die psychogene Amnesie tritt in aller Regel nach schweren psychosozialen Belastungen auf. Bei Berücksichtigung des Zeitpunktes dieses Ereignisses lassen sich drei Zeitabschnitte, auf die sich die Amnesie bezieht, unterscheiden, die für eine Differentialdiagnose von Bedeutung sind (vgl. unten): (a) Bei der retrograden Amnesie bezieht sich der Erinnerungsverlust auf Ereignisse, die vor der Belastungssituation liegen. (b) Bei der posttraumatischen Amnesie besteht ein Verlust der Erinnerung für Geschehnisse, die sich mit Latenz an das traumatisierende Ereignis anschließen. (c) Bei der anterograden Amnesie können Ereignisse nicht erinnert werden, die in einem zeitlich engem Zusammenhang mit dem Trauma selbst stehen; es fehlen also Erinnerungen an Geschehnisse, die eine kurze Zeit vor wie nach dem Ereignis liegen. Bei der dissoziativen Amnesie ist Erinnerungsstörung fast immer anterograd.

Bezüglich des qualitativen Ausmaßes der Amnesie werden vier Formen von Erinnerungsstörungen unterschieden (diese Einteilung ist übrigens weitgehend unverändert geblieben, seit sie von Janet, 1894, vorgeschlagen wurde; vgl. Nemiah, 1985, 1988):

a) Unter lokalisierter oder umschriebener Amnesie wird ein vollständiger Gedächtnisverlust verstanden, der auf eine zeitlich genau eingrenzbare Periode beschränkt ist. Der nicht zu erinnernde Zeitabschnitt beinhaltet meistens die Ereignisse, die sich in den Stunden vor und/oder nach (auch bis zu mehreren Tagen nach) einem psychisch oder emotional belastenden Vorfall abspielten.

b) Auch bei der seltener beobachtbaren sogenannten selektiven Amnesie ist der Gedächtnisverlust zumeist anterograd. Er umfaßt jedoch nur bestimmte Ereignisse eines umgrenzten Zeitabschnittes.

c) Eher sehr selten wird eine generalisierte Amnesie beobachtet. Der Betroffene verliert für kurze Zeit alle Erinnerungen an sein bisheriges Leben oder auch nur für eine mehr oder weniger große Anzahl zurückliegender Jahre.

d) Ebenfalls äußerst selten beobachtet wird die sogenannte andauernde Amnesie, deren Hauptmerkmal ein noch fortbestehender anterograder Amnesieprozeß ist, das heißt der Betroffene ist nach wie vor unfähig, neuaufgetretene bzw. auftretende Ereignisse kognitiv zu integrieren und zu erinnern. Vom äußeren Eindruck her erscheint der Patient trotz allem aufmerksam zugewandt und kann sich völlig normal unterhalten, vergißt aber alles wieder, kurz nachdem es passiert ist.

Tabelle 1: Diagnostische Kriterien der psychogenen Amnesie gem. DSM-III-R

A) Die vorherrschende Auffälligkeit ist eine Episode plötzlicher Unfähigkeit, sich an wichtige persönliche Daten zu erinnern, die zu umfassend ist, um als gewöhnliche Vergeßlichkeit erklärt werden zu können.

B) Die Auffälligkeit ist nicht auf eine Multiple Persönlichkeitsstörung oder auf eine organisch bedingte psychische Störung (z. B. „blackouts" während einer Alkoholintoxikation) zurückzuführen.

aus: Diagnostisches und Statistisches Manual Psychischer Störungen: DSM-III-R (1989, S. 336). © Beltz-Verlag, Weinheim. Abdruck mit Genehmigung des Verlags.

Konzeptinnovation. In der in Kürze zu erwartenden Neuauflage des DSM (DSM-IV) wird es vor allem eine Veränderung im ersten der beiden Diagnosekriterien geben: So wird die Voraussetzung gestrichen, daß die amnestische Episode plötzlich eintreten muß. Vielmehr wird als neue Kennzeichnung eingesetzt, daß „die vorherrschende Störung in einer oder mehrerer Episoden besteht, sich an wichtige persönliche Daten zu erinnern, die gewöhnlich traumatischer oder belastender Eigenart sind, und die zu umfassend sind, um als Vergeßlichkeit erklärt werden zu können" (Spiegel & Cardeña, 1991, S. 372; eigene Übersetzung). Damit wird einerseits der Beobachtung Rechnung getragen, daß sich Personen, die von einer akuten amnestischen Störung betroffen sind, auffällig häufig auch an weitere, im Leben weiter zurückliegende, Wochen und Monate umfassende Episoden (in Kindheit und Jugend) nicht mehr erinnern können, für die die Betroffenen selbst die Amnesie beklagen. Andererseits wird durch die Bedingung, daß die Episode in einem engen Zusammenhang mit psychosozialen Belastungen stehe, auch diese Störungskategorie mit Blick auf den Forschungsstand eindeutiger ätiologiebezogen fundiert. Dies entspricht im Übrigen der erst kürzlich erfolgten Kriterienfestlegung zur dissoziativen Amnesie im ICD-10 (vgl. Dilling et al., 1991, S. 162 ff.).

Ätiologie. In den vergangenen Jahren mehren sich die über Einzelfallanalysen hinausreichenden empirischen Belege dafür, daß die psychogene Amnesie in aller Regel in engem Zusammenhang mit subjektiv extrem belastenden Ereignissen auftritt. Häufig beobachtet werden dissoziative Erinnerungsstörungen in der Folge von Kriegserlebnissen, Kindesmißhandlungen, bei Vergewaltigung, Ehekonflikten in Folge außerehelicher Beziehungen, im Zusammenhang mit lebensbedrohlichen Gefahrensituationen sowie subjektiv unlösbar scheinenden Lebenssituationen z. B. nach Trennung oder Scheidung (vgl. Kardiner & Spiegel, 1947; Kirshner, 1973; Kopelman, 1987; Markowitsch, 1988; Loewenstein, 1991). Für die weitere Forschung in diesem Bereich beachtenswert bleibt der wiederholte Hinweis früher Einzelfallschilderungen, daß eine Neigung zur amnestischen Dissoziation durch frühkindliche traumatische Erfahrungen prädisponiert werden kann (Abeles & Schilder, 1935; Sargant & Slater, 1941). Interessant für ein weiterreichendes Ätiologieverständnis scheint uns auch die bisher ungeklärte Beobachtung von Stengel (1966), daß psychogene Amnesie in den Beschreibungen psychischer Belastungsverarbeitung bei den Insassen von Konzentrationslagern, denen jede Fluchtmöglichkeit verwehrt war, nicht beobachtet wurde.

Differentialdiagnose. Insbesondere nach lebensbedrohlichen Unfällen ist nicht auszuschließen, daß sich eine Amnesie nicht als psychogen im hier beschriebenen Sinne einstellt, sondern als Folge einer Gehirnerschütterung zu betrachten ist. Die Differentialdiagnose ist zunächst schwierig zu stellen. Üblicherweise wird der Grad der Amnesie als mögliches Unterscheidungsmerkmal angeführt: die dissoziative Amnesie ist überwiegend anterograd, die Amnesie nach Gehirnerschütterung oder ernsthaften Schädeltraumata retrograd und anterograd. Da sich nur die dissoziative Amnesie mittels Hypnose oder Abreagieren im Amobarbitalinterview beeinflussen läßt (vgl. Behandlung), werden beide Verfahren gelegentlich zur Differentialdiagnose eingesetzt. Die Merkmale der andauernden anterograden Amnesie weisen Ähnlichkeiten mit einem Verlust des Kurzzeitgedächtnisses auf, sind jedoch typischer für organisch bedingte psychische Störungen, die in aller Regel unabhängig von traumatischen Ereignissen oder Konflikten beobachtbar sind. Zudem weisen diese häufig weitere Störungen des Zentralnervensystems und beständige Symptome von Bewußtseinsminderung und fluktuierendem Bewußtsein auf (Dilling et al., 1991, S. 163f.). Die im Zusammenhang mit der Schizophrenie oder den affektiven Störungen sowie denen bei Temporallappenepilepsie beobachtbaren stuporösen, mutistischen und amnestischen Zustände können im allgemeinen durch andere Charakteristika der zugrundeliegenden Störungen abgegrenzt werden (vgl. die entsprechenden Kapitel i. d. B.). Ähnliches gilt für amnestische Episoden nach Alkohol- und Drogenkonsum (sog. black-outs), die eng mit dem Zeitraum des Mißbrauchs verbunden sind und die später (auch unter Hypnose) nicht mehr erinnert werden können. Bei der alkoholbedingten amnestischen Störung (im ICD-10: amnestisches Syndrom; auch Korsakow-Syndrom) ist das Kurzzeitgedächtnis betroffen: Ereignisse können nur sehr kurzzeitig erinnert werden, nicht mehr jedoch, wenn einige Minuten vergangen sind (führendes Symptom: Konfabulation) – ein Phänomen, daß im Zusammenhang mit der psychogenen Amnesie nicht beobachtet wurde. Am schwierigsten erscheint die Abgrenzung gegenüber der bewußten Simulation einer Amnesie (vgl. den Abschnitt über „vorgetäuschte Störungen und Simulation"), insbesondere wenn diese ebenfalls mit traumatisierenden Lebensereignissen in einen Zusammenhang gestellt werden kann (z. B. nach finanziellen Problemen, bei Aufgabenstellungen mit antizipierbarer Lebensgefahr oder bei drohender Gefängnis- oder Todesstrafe). Hier scheinen wiederholt durchgeführte Untersuchungen unter Einschluß der allgemeinen Lebenssituation der Betroffenen und eine Abschätzung möglicher Persönlichkeitsstörungen sinnvoll (vgl. das Kapitel über Persönlichkeitsstörungen i. d. B.).

2.2.3 Dissoziative Fugue

Fallbeispiel (Fisher, 1945): AB, ein 21jähriger Berufssoldat der australischen Armee, erlebt seine erste Fugue Ende 1942. Zu diesem Zeitpunkt war er in Afrika stationiert. Während eines Luftangriffs auf seine Einheit stürzt eines der Flugzeuge ab – direkt in einen Trupp mit Reitern, zu denen AB gehört. Später erinnert er sich daran, daß er noch versucht habe, mit seinem Gewehr auf das Flugzeug zu zielen. Währenddessen verlor er seine Erinnerung. 32 Tage später kommt er in einer mehrere hundert Meilen entfernten Klinik in Syrien wieder zu sich. Er kann sich an nichts erinnern, was in der Zwischenzeit passiert war. Verwundert stellt er fest, daß er eine neue Uniform trägt und über

1000 syrische Pfund besitzt. Er hat keinerlei Idee, wie er in den Besitz dieser Dinge gelangt war. Er kehrt zu seiner Truppe zurück, wo er im März 1943 eine weitere Fugue erlebt. Er wird zur Behandlung nach Australien zurückgeschickt. Nach Klinikentlassung wird er nicht erneut im Kriegsgebiet stationiert, sondern nach Kanada versetzt. Das Schiff, welches ihn dorthin bringt, erreicht Panama im Januar 1944. AB nutzt die Reisepause zu einem Landbesuch und geht dabei auch in ein Cabaret. Nach einem etwa neunstündigen Fugue-Zustand weiß er über dessen Beginn nur zu berichten, daß er mit einem Seemann und einem Mädchen zusammen getrunken habe, bis ihn die Erinnerung verläßt. Eine mehrtägige Reiseunterbrechung in New York nutzt AB zu einem ausgedehnten Landurlaub. In einem Kino gerät er beim Anschauen eines Films mit Bildern über einen Wüstenkrieg erneut in eine Fugue und erlangt das Bewußtsein für seine Identität erst 21 Tage später wieder, und zwar weit von New York entfernt in Dubuque im US-Staat Iowa.

AB wird anschließend im Marine Hospital, Ellis Island, NY, behandelt. Der Patient berichtet zunächst über Angst vor Flugzeugen und starken Geräuschen. In Interviews verwechselt er auffällig häufig das Datum des Luftangriffs mit dem Todestag seiner Eltern, die beide 1940 bei einem Luftangriff auf London ums Leben kamen. In den therapeutischen Sitzungen wurde versucht, die amnestischen Phasen mittels Hypnose zu rekonstruieren. Dies Vorgehen ermöglichte die Aufklärung von drei der vier Episoden. Als zu Beginn der ersten Fugue das Flugzeug auf ihn zukam, dachte er, daß er fliehen will, weil er den Krieg nicht mehr verträgt. Beim Rückzug seiner Einheit faßt er den Plan, einen arabischen Geldwechsler zu berauben, um Geld für seine Flucht zu bekommen. Dann besorgte er sich eine neue Aufgabe in der Nachhut. Als er genug Geld beisammen hatte, kaufte er sich bei einem Freigang ein Kamel, heuerte einen Führer an und durchquerte mit diesem eine Wüste. Er entfernte sich hunderte von Meilen von seiner Truppe, versteckte sich vor Militärfahndern und gelangte schließlich nach Syrien. Auf sich allein gestellt verirrte er sich in den Bergen und wäre möglicherweise in eisiger Kälte erfroren, wenn ihn nicht ein französischer Skitrupp gefunden hätte. Die Soldaten brachten ihn in eine Klinik, wo er wieder zu sich kam. Die ganze Zeit während der amnestischen Fugue war er übrigens von der Vorstellung angetrieben worden, sich neben einem deutschen Konzentrationslager in Syrien, von dem er gehört habe, zu verstecken, um den Gefangenen dort zur Flucht zu verhelfen. Teil des Cabaret-Stücks, das er zu Beginn der dritten Fugue in Panama sieht, ist eine Posse über die deutsche Luftwaffe. Als ein Mann in der Uniform eines Leutnants der deutschen Luftwaffe die Bühne betritt, fällt er in den Fugue-Zustand, in dem er sich nach Vorstellungsende zurück auf das Schiff begibt, wo nach neun Stunden sein Erinnerungsvermögen wieder einsetzt. In den vierten Fugue-Zustand gerät AB, als im Film ein Nazisoldat einen Aliierten erschlägt. Daraufhin faßt er den Plan, aus der australischen Armee zu desertieren, um der kanadischen Armee beizutreten und dann wieder erneut gegen die Nazis zu kämpfen. Um nicht sofort gefaßt zu werden, beschließt er, nicht den kürzesten Weg nach Kanada zu nehmen, sondern zunächst nach Pittsburgh zu gehen, um dann westlich von Chicago die kanadische Grenze zu überschreiten. Mit dem Bus gelangt er nach Chicago und fährt von dort weiter nach Dubuque, Iowa, wo er verwirrt aus der Fugue herauskommt und sich hilflos an ein Krankenhaus wendet.

Konzeptentwicklung. Der französische Begriff Fugue ist von dem lateinischen Wort fugere (fliehen, weglaufen) abgeleitet.

Der Begriff war von Henderson 1918 als diagnostische Kategorie eingeführt worden und fand in Amerika zur Unterscheidung hysterischer und epileptischer Fuguezustände rasche Verbreitung (vgl. Henderson & Gillespie, 1940). Erstaunlich ist, daß der Fugue-Begriff in Frankreich kaum verwandt wurde. Auch der Begriff „Somnambulismus", von Janet (1894) zur Beschreibung der unterschiedlichsten hysterischen Phänomene eingesetzt (wobei die Fugue als prototypisch galt), blieb im Rahmen psychiatrischer Diagnostik unverändert zur Kennzeichnung des Schlafwandelns reserviert. In Frankreich wie im deutschen Sprachraum wurden für Fuguezustände Bezeichnungen wie „Poromania", „Dromomania" oder auch „periodisches Herumwandern" bevorzugt (Bumke, 1929; Bleuler, 1937). Detaillierte Fallbeschreibungen und Fallanalysen finden sich bei Fisher (1945, 1947; auch Fisher & Joseph, 1949).

Der Fugue-Begriff wurde bis zu seiner, inzwischen weltweit akzeptierten Neueinsetzung im DSM-III durch die American Psychiatric Association (1980) recht uneinheitlich gebraucht worden. Neben der Kennzeichnung von Zuständen der Dissoziation (im Sinne des Hysteriekonzeptes) wurde der Fugue-Begriff für Zustände des Herumwandern bzw. Herumirrens bei Vorliegen einer Schizophrenie, Depression, einer Epilepsie oder im Zusammenhang mit Alkohol- und Drogenmißbrauch oder auch bei organischer Verursachung verwendet (vgl. die breitangelegte Definition und Systematisierung bei Akhtar und Brenner noch 1979). Heute wird der Begriff eng begrenzt für einen Zustand dissoziativ-amnestischen Erlebens eingesetzt, der in seiner Ausprägung deutlich über den der psychogenen Amnesie hinausreicht (Loewenstein, 1991). Nemiah, dessen präzise Beschreibungen dissoziativer Zustände maßgeblichen Einfluß auf die Begriffs-Festlegung gehabt haben dürften, bezeichnet denn auch den qualitativen Sprung von der psychogenen Amnesie zur psychogenen Fugue als „internale Revolution" (1979, S. 306).

Diagnose. Das beobachtbare Hauptmerkmal der psychogenen Fugue (im ICD-10: dissoziative Fugue) liegt in einer spontanen und zielgerichteten Ortsveränderung in aller Regel von zu Hause oder vom Arbeitsplatz fort (vgl. die Kriterien der psychogenen Fugue in Tab. 2). Die fast immer gegebene retrograde Amnesie der Fugue geht zugleich mit einer wesentlichen Veränderung der Identität einher bis hin zur Übernahme einer völlig neuen Identität, die sich selbst über sehr lange Zeiträume hinweg als erstaunlich vollständig ausnimmt. Im ICD-10 (vgl. Dilling et al., 1990, S. 164) wird denn auch „die Aufrechterhaltung der einfachen Selbstversorgung (wie Essen, Waschen etc.) und einfacher sozialer Interaktionen mit Fremden (wie Kauf von Fahrkarten oder Benzin, Fragen nach Richtungen, Bestellen von Mahlzeiten usw.)" als notwendig zu erfüllendes Kriterium angesehen. In einigen Fällen kann im Fuguezustand auch eine Reise zu früher bekannten Plätzen und Orten mit persönlicher Bedeutung erfolgen.

Tabelle 2: Diagnostische Kriterien der Psychogenen Fugue gem. DSM-III-R

A) Die vorherrschende Auffälligkeit ist ein plötzliches, unerwartetes Weggehen von zu Hause oder vom gewohnten Arbeitsplatz, verbunden mit der Unfähigkeit, sich an die eigene Vergangenheit zu erinnern.
B) Annahme einer neuen Identität (partiell oder vollständig).
C) Die Störung ist nicht auf eine Multiple Persönlichkeitsstörung oder eine organisch bedingte psychische Störung (z. B. komplex-partielle Anfälle bei der Temporallappen-Epilepsie) zurückzuführen.

aus: Diagnostisches und Statistisches Manual Psychischer Störungen: DSM-III-R (1989, S. 334). © Beltz-Verlag, Weinheim. Abdruck mit Genehmigung des Verlags.

Konzeptinnovation. Die bereits oben erwähnte Arbeitsgruppe „Dissoziative Störungen" schlägt der American Psychiatric Association für das DSM-IV vor, das B-Kriterium zu streichen. Statt dessen soll dem A-Kriterium angefügt werden, daß mit der Fugue „ein Verlust der persönlichen Identität oder die Annahme einer neuen Identität" einhergeht (Spiegel & Cardeña, 1991, S. 373). Die Voraussetzung, daß mit der Fugue die Annahme einer neuen Identität verbunden sei, wurde aufgegeben, weil neuere Fallanalysen zeigen, daß die meisten Betroffenen verschiedene Ausprägungen von Identitätskonfusion zeigen, nur wenige die klare Übernahme einer neuen Identität (z. B. Venn, 1984; Keller & Shaywitz, 1986).

Ätiologie. Wie die psychogene Amnesie folgt die dissoziative Fugue gewöhnlich auf schwere psychische Belastungen wie unlösbar scheinende Eheprobleme, existentiell bedeutsame Zurückweisungen im Beruf, in lebensbedrohlichen militärischen Konfliktsituationen, im Kontext von Naturkatastrophen. Die Ätiologie der Fugue wird gegenwärtig zumeist als dissoziativ-amnestisches Reaktionsmuster auf psychosozial extreme Belastungen im Beschreibungsrahmen des Vulnerabilitäts-Streß-Modells rekonstruiert (Rosenhan & Seligman, 1989). Sie kann mit Ford (1989) möglicherweise als autoregulative Überlebensstrategie (Kompetenz) gedeutet werden, indem aktuelle Gefahren und Extremkonflikte zeitweilig dissoziieren, um einer innerpsychischen Reorganisation Raum zu geben.

Im Vorfeld der Fugue lassen sich auffällig häufig Anzeichen für eine unterschwellige Depression bzw. deutlich Depressivität finden. Die Fugue wurde deshalb gelegentlich als (unbewußte) Flucht vor latenter Suizidalität bzw.

Mordabsicht gedeutet (vgl. Stengel, 1939, 1943; Fisher, 1947) – eine Ansicht, die sich, von seltenen Ausnahmen abgesehen, als wenig haltbar erweist (vgl. die Kontrollgruppenbetrachtung bei Berrington, Liddell & Foulds, 1956). Die in der Tat überzufällig häufig vorfindbare Depressivität im Vorfeld der Fugue läßt sich als reaktive Belastungsstörung interpretieren, in deren Zusammenhang ein präsuizidales Syndrom nicht ungewöhnlich ist. Berrington et al. (1956) finden zudem Hinweise für einen auffällig häufigen Alkoholmißbrauch im Zusammenhang mit dem Auftreten der Fugue.

Differentialdiagnose. Als wesentliches Unterscheidungsmerkmal der dissoziativen Fugue gegenüber einer Fugue bei Temporallappenepilepsie oder Fugue mit organischer Genese gilt das Fehlen belastender Ereignisse und Konflikte sowie – daraus folgend –, daß die Aktivitäten und Handlungen eher ziellos und fragmentarisch erscheinen und die Stimmung der Betroffenen eher dysphorisch ist. Die Übernahme einer neuen Identität spricht eher für eine dissoziative Fugue, was andererseits eine Abgrenzung zur multiplen Persönlichkeitsstörung notwendig macht. Die multiple Persönlichkeitsstörung (vgl. unten) ist selten auf einzelne Episoden beschränkt und durch wiederholte Identitätswechsel charakterisiert. Gegenüber der psychogenen Amnesie gelten das zielgerichtete Reisen der Betroffenen und die (teilweise) Annahme einer neuen Identität als wesentliche Unterscheidungsmerkmale. Wie bei der Amnesie besteht jedoch gleichfalls das Problem der Differentialdiagnose gegenüber einer Fugue-Simulation (vgl. die Abschnitte zur Differentialdiagnose bei Amnesie sowie über Vorgetäuschte Störungen und Simulation). Die meisten Simulationen ließen sich im Zusammenhang mit juristischer Verfolgung nach Straftaten identifizieren (Berrington et al., 1956).

2.2.4 Multiple Persönlichkeitsstörung (Dissoziative Identitätsstörung)

Fallbeispiel (Rosenbaum & Weaver, 1980). Die Autoren beschreiben die Unterschiede zwischen den zwei Persönlichkeiten ihrer Patientin Sara K. (zugleich Maud) mit multipler Persönlichkeitsstörung (hier gekürzt) folgendermaßen: Maud hatte einen schwungvollen, hüpfenden Gang, im Gegensatz zu Saras ruhigem Gang. Sara war depressiv, Maud war aufgedreht und glücklich, selbst wenn über Selbstmord gesprochen wurde. Selbstmord und Tod hatten für sie keine Bedeutung. Sara blieb den ganzen Tag in ihrem Zimmer und sprach gewöhnlich mit niemandem, wohingegen sich Maud für den Pfleger, das Personal und die Mitpatienten interessierte. Maud kleidete sich auch anders. Sara hatte zwei Paar Schuhe. Eines war ein abgetragenes Paar einfacher grauer Schlappen, das andere Paar waren knallfarben gestreifte, hochhackige Schuhe. Sara trug immer die Schlappen. Maud benutzte gern ein auffälliges Makeup, Sara benutzte nie ein Makeup. Saras IQ lag bei 128, Mauds IQ war 43. Sara rauchte nicht, Maud rauchte leidenschaftlich. Saras sensorisches System war normal und unauffällig, Maud hingegen hatte keine Hautempfindungen außer dem Tastsinn. Maud kannte nicht die Bedeutung von „Schmerz" oder „Verletzung". Maud hatte kein Gewissen und konnte „gut" und „böse" nicht unterscheiden. Maud schlief nie und konnte nicht verstehen, was Schlaf ist. Maud war nie über Nacht präsent. Sie lag wach im Bett, bis sie sich in Sara wandelte, hingegen wechselte Sara nachts nie in Maud.

Konzeptentwicklung. Für die meisten Autoren dürften in der Typisierung der multiplen Persönlichkeitsstörung mit einer Beschreibung übereinstimmen, die Ludwig, Brandsma, Wilbur, Bendfeldt und Jameson (1972) vorlegten: Für sie ist die Störung charakterisiert durch die Existenz einer oder mehrer Persönlichkeiten, die über jeweils verschiedene Wertmaßstäbe und Verhaltenseigenarten verfügen und die sich von der „Primärpersönlichkeit" unterscheiden. Jede der Persönlichkeiten hat Erinnerungslücken oder ein Desinteresse bezüglich des Fühlens und Denkens der anderen Persönlichkeiten. Das Auftreten der anderen Persönlichkeiten kann „ko-bewußt" sein, das heißt, die Primärpersönlichkeit und die weiteren abgrenzbaren Persönlichkeiten wissen um Gefühle und Gedanken der jeweils anderen; oder es kann separiert bewußt sein, das heißt, die Primärpersönlichkeit und die anderen Persönlichkeiten sind abwechselnd präsent und haben wenig oder gar keine Kenntnis voneinander; oder auch beides (a. a. O. S. 298f.).

Die multiple Persönlichkeitsstörung zählte bis zu Beginn der achtziger Jahre zu den eher seltenen Störungsbildern:

76 publizierte Fallschilderungen finden sich in einer Recherche von Taylor und Martin aus dem Jahr 1944, die den Zeitraum zurück bis 1814 umfaßt, als von Mitchill der erste Fall „zweier Persönlichkeiten in einer Person" in einem medizinischen Periodikum vorgestellt wurde. Ellenberger (1970) fügte dem noch einen Fallbericht über „wechselnde Persönlichkeiten" hinzu, den er in einer Buchpublikation des deutschen Anthropologen Gmelin aus dem Jahre 1791 beschrieben fand. Bis Ende der siebziger Jahre wurden diesem Fundus jeweils zwei bis drei weitere Fallschilderungen pro Jahr beigefügt, so daß Bliss (1980) in einer Übersicht auf nur wenig mehr als 200 Fälle kommt. Die Kriterienfestlegung des im gleichen Jahr erschienenen DSM-III der American Psychiatric Association (1980) fußt im wesentlichen auf diesen Fallschilderungen, die bis dahin vorrangig im Sinne des Freudschen Hysteriekonzeptes interpretiert wurden (vgl. die Analysen hysterischer Neurosen und Charakterstörungen bei Abse, 1974).

Erst in den siebziger Jahren nimmt die Bereitschaft zu, mit der Psychoanalyse konkurrierende Auffassungen zu vertreten (vgl. Hilgard, 1977; Nemiah, 1979). Nach Einführung des DSM-III durch die American Psychiatric Association (1980) schließlich setzt ein wahrer Boom von Arbeiten über die multiple Persönlichkeitsstörung mit steigender Tendenz ein, der seinen Höhepunkt noch nicht überschritten hat.

Während zu Beginn der achtziger Jahre kaum mehr Einzelfallstudien, sondern Arbeiten mit jeweils mehr als 10 Fallberichten publiziert werden (z. B. Beahrs 1982; Solomon & Solomon, 1982; Bliss, 1983; Clary, Burstin & Carpenter, 1984; Horevitz & Braun, 1984, Kluft, 1984; Coons, Bowman & Milstein, 1988), erscheinen ab Mitte der achtziger Jahre – neben ersten Kontrollgruppenuntersuchungen (z. B. Miller, 1989; Miller, Blackburn, Scholes, White & Mamalis, 1991) – zunehmend Studien, die substantielle Erhebungen und Analysen an jeweils mehr als einhundert (neuen) Fällen präsentieren (vgl. u. a. Putnam, Guroff, Silberman, Barban & Post, 1986; Kluft, 1987; Schultz, Braun & Kluft, 1989; Ross, Miller, Reagor, Bjornson, Fraser & Anderson, 1990). Zugleich steigt die Zahl der Reanalysen, Reviews und – vor allem in den letzten Jahren – auch die Zahl der Buchpublikationen (Beahrs, 1982; Braun, 1986; Ross, 1989; Putnam, 1989 a; Aldridge-Morris, 1989).

Auch scheint – zumindest im angelsächsischen Sprachraum – die Zeit vorbei, in der multiplen Persönlichkeit ein eher seltenes Störungsbild zu sehen. 1984 schätzt Coons anhand der ihm selbst bekannt gewordenen 10 Fälle in der Millionenstadt Indianapolis die mögliche Prävalenz der Störung zwar noch („konservativ") auf 1 zu 100.000. Bereits wenig später wird diese Schätzung von Bliss und Jeppsen (1985) „als in der Tat zu konservativ" bezeichnet; die Autoren finden in einer Zufallsstichprobe zu den Aufnahmen und Entlassungen einer Universitätsklinik und verschiedener privater psychiatrischer Kliniken anhand der Patientenakten bei 10 Prozent der 150 untersuchten Fälle die Diagnose einer multiplen Persönlichkeitsstörung. Inzwischen hat sich in Amerika und England die Bereitschaft beträchtlich weiter erhöht, die Diagnose multiple Persönlichkeitsstörung zu stellen. Und es mehren sich Untersuchungen, die eine nicht unbeträchtliche Komorbität der multiplen Persönlichkeitsstörungen mit anderen Störungsbildern belegen (für den Bereich der Eßstörungen: z.B. Torem, 1990; für den der affektiven Störungen: Schultz, et al., 1989). Ganz im Unterschied dazu findet sich im deutschsprachigen Gebiet, in Frankreich und Italien sowie in den übrigen europäischen Ländern (Ausnahme: Großbritannien) die multiple Persönlichkeitsstörung in wissenschaftlichen Publikationen seit Einführung des DSM-III kaum dokumentiert (lediglich in einigen Überblicksarbeiten) – ein Aspekt, der einerseits die Frage nach einer möglichen Kulturspezifität der Störung oder der Diagnosestellung aufwirft (wie sie beispielsweise im ICD-10 angesprochen wird; vgl. Dilling et al., 1990, S.169). Andererseits dürfte unter Inrechnungstellung einer gewissen Zeitversetzung auch auf dem europäischen Festland eine Veränderung in der Zurückhaltung gegenüber der Diagnose multiple Persönlichkeitsstörung zu erwarten sein. Das Interesse an diesem Störungsbild dürfte in dem Maße zunehmen, als in diesen Ländern eine Akzeptanz der Gründe und Hintergründe Raum gewinnt, die das veränderte Diagnoseverhalten in den angelsächsischen Ländern u.E. am besten erklärt und mit

denen sich zugleich bedeutsame Änderungen im Ätiologieverständnis und damit in der Neukonzeptualisierung dieses Störungsbildes andeuten:
1. In aktuellen Studien zur multiplen Persönlichkeitsstörung findet sich konsistent die schon früher vermutete, sehr enge Verbindung zwischen einem sexuellen Mißbrauch oder einer anderen extrem traumatischen Erfahrung in der frühen Kindheit und dem späteren Auftreten der Störung weitgehend bestätigt. Nach einer vom National Institute of Mental Health in Auftrag gegebenen Untersuchung (Putnam et al., 1986) berichteten 97 Prozent (!) der untersuchten 100 Patienten über schwerste traumatische Erlebnisse in ihrer Kindheit, gewöhnlich eine Kombination sexuellen und physischen Mißbrauchs, wobei frühe Inzesterfahrungen mit 68 Prozent die höchsten Übereinstimmungswerte erreichten. Zeitgleich berichten Coons und Milstein (1986) über Erfahrungen physischer Gewaltanwendung oder sexuellen Mißbrauchs bei 85 Prozent der von ihnen untersuchten 20 Patienten. Schließlich finden auch Ross und Mitarbeiter (1990) ebenfalls bei 95 Prozent der von ihnen einbezogenen 97 Fälle mit multipler Persönlichkeitsstörung frühkindliche Gewalterfahrung oder sexuellen Mißbrauch. Kritisch eingebracht gegen diese Erhebungen wurde jedoch, daß man die Befundzahlen mit Blick auf die erhöhte Suggestibilität der Patienten zu relativieren habe.
2. Ähnlichkeiten in der Symptomatologie der multiplen Persönlichkeitsstörungen mit der schizotypischen und/oder der Borderline-Persönlichkeitsstörung (vgl. das Kapitel über Persönlichkeitsstörungen in diesem Band) haben die Frage nach ihrer Differentialdiagnose aufgeworfen. Immerhin wurde bei etwa 60 bis 70 Prozent der Patienten mit multipler Persönlichkeitsstörung die Zusatzdiagnose vor allem der Borderlinestörung gestellt (Horevitz & Braun, 1984; Ross, Heber, Norton & Anderson, 1989). Da sich jedoch bei entsprechenden 30 bis 40 Prozent der Patienten die Kodiagnose nicht stellen ließ, wurde gleichzeitig vor einer unbegründbaren Verwischung beider Konzepte gewarnt, da es sich bei der Diagnose der Borderline-Persönlichkeitsstörungen gem. DSM-III-R zwingend um eine unabhängige Zusatzdiagnose charakteristischer Persönlichkeitsauffälligkeiten handele. Andererseits könnte eine Kontamination mit beträchtlichen Nachteilen für eine angemessene (differentielle) Behandlung beider Störungsbereiche verbunden sein (vgl. die kritische Analyse der Vorbehalte gegenüber dem Konzept multiplen Persönlichkeitsstörung bei Ross, 1990; auch das Kapitel über Persönlichkeitsstörungen i. d. B.). Daß eine sorgsame Differentialdiagnose zur Kodiagnose beider Störungen führen kann und sollte, entspricht sowohl der Achsenkonzeption des DSM-III-R wie dem Komorbiditätsprinzip im ICD-10.

Diagnose. Bei der Diagnosestellung sollte zwingend beachtet bleiben, daß der in der Störungskennzeichnung verwendete Begriff „Persönlichkeit" lediglich einer historisch bedingten Konvention entspricht, mit der die Eigenarten dieser dissoziativen Störung seit Beginn des Jahrhunderts kontinuierlich gekennzeichnet wurden. Ross (1990) schlägt deshalb vor, neben der typisierenden Bezeichnung „Persönlichkeit" möglichst von wechselnden Persönlichkeitseigenarten, Persönlichkeitszuständen oder Persönlichkeitsmustern zu sprechen. Bei den wechselnden Persönlichkeitsmustern der Betroffenen handele es sich lediglich um zeitweilig dissoziierte Eigenarten ein und derselben Person, auch wenn sie sich dem Beobachter im extremen Fall als scheinbar voneinander unabhängige Persönlichkeiten präsentieren. Sie sind jedoch (wie Ross sie weiter beschreibt:) lediglich „stilisierte Verkörperungen konfligierender Erinnerungen, Gefühle, Gedanken und Bedürfnisse" (1990, S. 349). Genau dies führte im DSM-IV (1994) zur Neukennzeichnung der Störung als „Dissoziative Identitätsstörung".

Gemäß der allgemeinen Konzeptualisierung der multiplen Persönlichkeitsstörung erhalten die verschiedenen gezeigten Persönlichkeiten abwechselnd die Kontrolle über die Person. Als solche bilden sie eine Entität mit einem überdauernden, erinnerbaren und begründbaren Gefühl eines Selbst und mit für sie charakteristischen und konsistenten Verhaltens- und Erlebensmustern (Putnam, 1989). In den klassischen Fallbeschreibungen liegen zumeist zwei oder mehr voll entwickelte Persönlichkeiten vor. Diese Persönlichkeitszustände verfügen jeweils über individuelle Erinnerungen, Verhaltensmuster und soziale Beziehungen. Nach neueren Störungsbeschreibungen (z.B. Aldridge-Morris 1989; Ross, 1989) können die Erinnerungen und die Grundzüge der Verhaltens oder der sozialen Beziehungen von den einzelnen Persönlichkeitszuständen gemeinsam genutzt werden. Bei Erwachsenen variiert die Anzahl der Persönlichkeitsmuster von 2 bis über 100; etwa die Hälfte weist 10 und weniger dissoziierbare Persönlichkeitsunterschiede auf. Die einzelnen Persönlichkeitszustände sind sich der Existenz einiger oder aller anderen in unterschiedlichem Ausmaß bewußt, gegenüber einigen oder mehreren anderen besteht eine Amnesie. Entsprechend wissen die meisten „Persönlichkeiten" um verlorene Zeitabschnitte und berichten über Verzerrungen in ihrem Zeiterleben.

Tabelle 3: Diagnostische Kriterien der Multiplen Persönlichkeitsstörung gemäß DSM-III-R

A) Die Existenz von zwei oder mehr unterschiedlichen Persönlichkeiten oder Persönlichkeitszuständen innerhalb einer Person (jede mit einem eigenen relativ überdauernden Muster, die Umgebung und sich selbst wahrzunehmen, sich auf sie zu beziehen und sich gedanklich mit ihnen auseinanderzusetzen).

B) Mindestens zwei dieser Persönlichkeiten oder Persönlichkeitszustände übernehmen wiederholt die volle Kontrolle über das Verhalten des Individuums.

aus: Diagnostisches und Statistisches Manual Psychischer Störungen: DSM-III-R (1989, S. 332–333).
© Beltz-Verlag, Weinheim. Abdruck mit Genehmigung des Verlags.

Konzeptinnovation. Für die Neuausgabe des DSM (DSM-IV) wurden der American Psychiatric Association durch die für „Dissoziative Störungen" zuständige Arbeitsgruppe folgende Veränderungen der in Tabelle 3 genannten Kriterien vorgeschlagen:

1. Im B-Kriterium wurde durch Streichung des Wortes „volle" vor „Kontrolle" der Beobachtung Rechnung getragen, daß dissoziierte Zustände durchaus Einfluß behalten können, auch wenn sie nicht zu den Eigenarten des gerade dominierenden Persönlichkeitszustandes zählen (deutlich beobachtbar im Rahmen einer therapeutischen Behandlung, die zumeist auf eine Integration der unterschiedlichen Persönlichkeitszustände hinzielt). Weiter werden von den Betroffenen gelegentlich (pseudo-)halluzinatorische Erfahrungen berichtet, z.B. daß sie gerade laut eine Instruktion oder einen kritischen Kommentar von einer anderen, aktuell dissoziierten Persönlichkeit „gehört" hätten (vgl. Spiegel & Cardeña, 1991).
2. Die zweite Änderung betrifft die Einführung eines neuen C-Kriteriums, das in ähnlicher Form bereits im DSM-III vorhanden war. Es besagt:
   – „Es besteht eine Unfähigkeit, sich an wichtige persönliche Daten zu erinnern, die zu umfassend ist, als daß sie als gewöhnliche Vergeßlichkeit oder durch organische Faktoren (z.B. als blackout nach Alkoholintoxikation) erklärt werden könnte" (Spiegel & Cardeña, 1991, S. 372; eigene Übersetzung).

Die Wiedereinführung des Amnesiekriteriums ist im wesentlichen zur Prophylaxe einer vorschnellen (richtig-falschen) Diagnose der psychogenen Amnesie gedacht. Sie stützt sich im wesentlichen auf die o.g. Studie von Ross et al. (1990), nach der 100 Prozent der von ihnen untersuchten 102 Patienten wenigstens eines von sechs Amnesie-Kriterien erfüllten und 88,2 Prozent 3 Kriterien. Auch in der Untersuchung von Putnam et al. (1986) gilt die Amnesie (mit 98 Prozent bei 100 Fällen) als das prominenteste Merkmal aus dem Bereich der dissoziativen Störungen (55 Prozent der Patienten berichteten über Fugue-Episoden; 53 Prozent über Depersonalisationsstörungen).

Ätiologie. Die zunehmenden Berichte über gravierende traumatische Erfahrungen in der Kindheit der Menschen, die an einer dissoziativen Identitätsstörung erkranken, hat zu einer neuaufgenommenen Beschäftigung mit den frühen Theorien von Pierre Janet (1894) und Morton Prince (1905) geführt und versucht, an diese und an die weitgehend vergessenen Folgearbeiten aus den ersten Jahrzehnten dieses Jahrhunderts anzuschließen (vgl. z.B. Nemiah, 1979; Putnam 1989b; Kluft, 1991). Nach dieser Auffassung ist ein (sich zumeist wiederholendes frühkindliches) Trauma begreifbar als konditionale oder unkonditionale Bedingung, den unerträglichen Erlebenszustand durch einen Wechsel der personalen Identität oder Bewußtheit zu dissoziieren. Ob es sich bei der Dissoziation um autoregulative (Selbstschutz-)Prozesse (Trauma als unkonditionale Voraussetzung) oder um steuerbar-intentionale (Selbstkontroll-)Prozesse (Trauma als konditionale Bedingung) handelt ist weitgehend ungeklärt.

Sicher scheint, daß Kinder im Verlauf ihrer Identitätsentwicklung aus verschiedenen Gründen recht leicht und unbefangen in verschiedene dissoziative Zustände wechseln können. Unmittelbar vollziehbare Rollenwechsel beim Spielen, markante Fluktuation zwischen unterschiedlichen Affektzuständen, überraschend spontane Auflösungen interpersoneller Konflikte, imaginierte Spielgefährten und Objektbelebungen, auffällige Neigung zur Identifikation und Projektion gelten als Beispiele (vgl. Putnam, 1989a). Der unbeschwerteren Dissoziationsneigung von Kindern entspricht auch ihre leichtere Hypnotisierbarkeit (vgl. Hilgard, 1986).

Im Licht dieser Beobachtungen hat die multiple Dissoziation möglicherweise einen hohen Anpassungswert gegenüber der traumatischen Erfahrung. Überstarke Affekte und Erlebnisse werden auf verschiedene Zustände und Identitäten verteilt und jeweils partiell ausgegrenzt. Ursprüngliche Affektlagen und die Bewußtheit der originären Traumaerfahrungen können so außerhalb der bewußten Wahrnehmung gehalten werden. In diesem Zusammenhang warnt Ross (1989b) davor, die multiplen Persönlichkeitsstörungen schlicht als Variation normaler Bewußtheitsdissoziation zu betrachten. Wenngleich es fließende Übergänge gäbe, gehöre eben nicht zur alltäglich-normalen Dissoziation oder zum alltäglich-normalen Rollenwechsel dazu, daß eine Amnesie für wesentliche Anteile persönlicher Lebens- und Vergangenheitsbereiche bestehe, daß dissoziierte Persönlichkeitsanteile pseudo-halluzinatorisch auf die Gegenwart Einfluß zu nehmen suchten und daß erschreckend zur Kenntnis genommen werden müsse, welche Handlungen man – außerhalb eindeutig bewußter Erinnerung – zwischenzeitlich offensichtlich durchgeführt habe (zu Theorieperspektiven, die sich aus allgemein-psychologischer Sicht dissoziativer Phänomene bzw. aus sozialpsychologischen Rollentheorien ableiten lassen, vgl. insbesondere Aldridge-Morris, 1989).

Differentialdiagnose. Psychogene Fugue und psychogene Amnesie sind häufig beobachtbare Begleitphänomene der multiplen Persönlichkeitsstörungen. Sie sind durch das Fehlen wiederholter Wechsel von Persönlichkeitsmustern in der Regel durch eine längere Beobachtung von Patienten abgrenzbar. Einige Symptome der multiplen Persönlichkeitsstörungen (wie das Gefühl, von anderen beeinflußt zu werden, das Stimmenhören oder mit der Stimme eines anderen zu sprechen) können mit Wahnphänomenen oder Halluzinationen einer Schizophrenie oder bei affektiven Störungen verwechselt werden. Abgesehen davon, daß sich Erlebensqualität der Symptome bei Psychosen anders ausnehmen dürfte, müssen bei letzteren einige weitere Kriterien erfüllt sein, die Patienten mit multipler Persönlichkeitsstörung gewöhnlich nicht erfüllen (vgl. die Kapitel über schizophrene bzw. affektive Störungen i.d.B.). Sehr wohl werden gelegentlich die multiple Persönlichkeitsstörungen – wie die schizotypischen und Borderline-Störungen – als Grenzfall bzw. Risikosyndrom der psychotischen Störungen diskutiert, wenngleich im Unterschied zu den beiden Persönlichkeitsstörungen substantielle Belege für diese Annahme fehlen (vgl. Gruenewald zu Analogien und Unterschieden, 1978). Dennoch werden die schizotypischen wie die Borderline-Persönlichkeitsstörungen häufig gemeinsam mit der multiplen Persönlichkeitsstörung diagnostiziert. So findet sich der für die Borderlinestörungen typische Wechsel des Selbstbildes und des interpersonalen Verhaltens sowie die Instabilität der Stimmung auch im Zusammenhang mit den spontanen Verhaltensänderungen bei der multiplen Persönlichkeitsstörung. Auch bei Vorliegen einer Borderline-Persönlichkeitsstörung konnte häufig beobachtet werden, daß eine enge Verbindung zwischen der Störungsentwicklung und frühkindlicher Gewalterfahrung sowie sexuellem Mißbrauch besteht. In Studien zum Zusammenhang von frühkindlichem Trauma und Borderline-Entwicklung, in denen zugleich eine aktuelle dissoziative Syndromatik mituntersucht wurde, findet sich nun interessanterweise, daß die dissoziativen Symptome eindeutiger aus den frühkindlichen Belastungen vorausgesagt werden konnten als die Borderline-Persönlichkeitsstörung (z.B. Herman, Perry & van der Kolk, 1989; Ogata, Silk, Goodrich, Lohr, Westen & Hill, 1990). Weiter bleibt angesichts der hohen Suggestibilität von Patienten mit multiplen Persönlichkeitsstörungen zu beachten, daß Symptome und Störungsindikatoren durch Eigenarten der diagnostischen Situation selbst provoziert sein könnten. Schließlich stellt auch das Problem der Simulation der multiplen Persönlichkeitsstörungen wie schon bei den anderen dissoziativen Störungen besondere Anforderungen an eine genaue Differentialdiagnose (vgl. oben zur Simulation der psychogene Amnesie sowie den nachfolgenden Abschnitt über vorgetäuschte Störungen und Simulation).

2.2.5 Depersonalisationsstörung

Fallbeispiel: Die ersten Beschreibungen der Depersonalisationsstörung finden sich in einer 1873 veröffentlichten Monographie von Krishaber. Aus ihr stammen die folgenden Auszüge des Selbstberichtes eines 28jährigen Mannes: „Ich leide unter fremdartigen Anfällen. Wenn sie ihren Höhepunkt erreichen, kann ich nichts mehr hören und sehen. Worte dröhnen mir in den Ohren wie Hammerschläge und die Menschen um mich herum kommen mir wie Figuren in einem Traum vor. Ich habe während dieser Anfälle keine Ahnung mehr davon, wer ich eigentlich bin und es dauert Minuten, bis ich mich wieder konzentrieren kann. Diese Gefühle überkommen mich zur Zeit mehrfach am Tag und werden zumeist durch ein lautes Geräusch ausgelöst. Meines Erachtens hängt auch mein häufiges Schwitzen mit den sonderbaren Erfahrungen zusammen. Die unbedeutendsten Anlässe können mir den Schweiß ins Gesicht treiben, und ich brauche nur dran zu denken, um ins Schwitzen zu geraten. Zu Beginn meiner Erkrankung war ich von einer unendlichen Müdigkeit befallen. Ich war durchgängig erschöpft und konnte mitten in einem Gespräch oder wenn ich allein mit irgendwelchen Sachen beschäftigt war in Schlaf fallen. Manchmal befallen mich sonderbare Impulse: zum Beispiel soll ich ohne mich selbst in eine Richtung gehen; oder ich will etwas sagen, das überhaupt keine Beziehungen zu dem hat, was ich gerade denke. Manchmal bemerke ich ein Schütteln im Körper, das von Hitzewallungen gefolgt wird. Selten habe ich ein genaues Zeitgefühl und ich brauche einige Minuten, um mich an das Datum zu erinnern oder an die Tageszeit."

Konzeptentwicklung. Krishabers 38 Fallbeschreibungen (1873) wurden von den Medizinkollegen seiner Zeit kaum beachtet. Daß sie nicht in Vergessenheit gerieten, ist vor allem einigen Psychologen zu verdanken, die sich um die Jahrhundertwende mit Janet (1903) um eine wissenschaftliche Aufklärung dissoziativ-unbewußter Phänomene bemühten (Ribot, 1882; James, 1907; Oesterreich, 1910; Heymanns, 1904). Im Jahre 1911 erschien dann die letztlich begriffsetzende Monographie der Franzosen Dugas und Moutier „La dépersonnalisation", die mit ihren sorgfältigen Fallanalysen eine Störungsbeschreibung lieferten, der bis heute wenig neue Aspekte hinzugefügt wurden (vgl. Nemiah, 1980). Die Hauptmerkmale der Störung waren trotz ihrer beträchtlichen Vielfalt vor allem charakterisierbar als fremdartige und unangenehme Veränderungen in der Wahrnehmung der eigenen Person und der Umgebung. Es war dann Mayer-Gross (1935), der vorschlug, die Veränderungen der Realitätswahrnehmung des eigenen Selbst und der Umgebung als Symptomgruppen zu differenzieren, für die Veränderungen in der Umgebungswahrnehmung deshalb fürderhin den Begriff „Derealisation" zu benutzen und die Begriffsnutzung „Depersonalisation" auf Wahrnehmungsveränderungen des eigenen Selbst zu beschränken. Anhand eigener Fallanalysen kommt Mayer-Gross weiter zu dem Schluß, daß es sich bei den Depersonalisations- und Derealisationsphänomenen um nicht-spezifische Syndrome handele, die üblicherweise bei den unterschiedlichsten psychiatrischen Erkrankungen beobachtbar seien. Entsprechend seien ihre ideosynkratische Vielfalt und und ihre je gegebene Verursachung innerhalb der ätiologischen Verstehensansätze der spezifischen Störungen weiter aufzuklären. Es war zwar in den vorliegenden Fallsammlungen immer wieder beschrieben worden, daß Depersonalisationsstörungen auch isoliert vorkamen. Dennoch wurde – zumindest im psychiatrischen Kontext – die Annahme der Unspezifität weitgehend geteilt, mit der Folge, daß bis weit nach dem 2. Weltkrieg die psychiatrische Erforschung des Störungsbildes stagnierte.

Ganz im Unterschied dazu wurde die Depersonalisation im Bereich der Psychoanalyse kontinuierlich beschrieben und untersucht, eingeleitet durch grundlegende Arbeiten von Schilder (1925) und Federn (1926, 1928). Depersonalisationssymptome wurden dabei im Zusammenhang ihrer individuellen Bedeutung für die Patienten gedeutet, vor allem als Symptome frühkindlicher Fixierung, als Abwehrprozeß oder als Ausdruck trieb- und wunschorientierter Phantasietätigkeit. Freud selbst hat sich nur einmal (1936/1941) zur Depersonalisation aufgrund eines eigenen Derealisationserlebnisses geäußert, das er beim erstmaligen Anblick der Akropolis hatte. Er deutete es als Abwehrprozeß feindseliger Gefühle gegenüber seinem Vater. Die meisten der später geäußerten Hypothesen nehmen sich erheblich komplizierter aus und beschreiben Depersonalisations- und Derealisationsphänomene vor allem als komplexes Abwehrgeschehen gegenüber bestimmten Triebimpulsen, als Reaktionen auf Konflikte innerhalb der Integrationsversuche des Ich oder als Verarbeitung drohender oder eingetretener Verlusterfahrungen, die als Äquivalenz des Verlustes eines Anteils des eigenen Selbst gedeutet werden (z. B. Bergler, 1950; Oberndorf, 1935, 1950; Stamm, 1962; vgl. die kritische Übersicht der frühen Arbeiten bei Levy & Wachtel, 1978).

Heute scheint weitgehend gesichert, daß die Unspezifitätshypothese der prinzipiellen Komorbidität der Depersonalisationsphänomen nicht haltbar ist. In der Übersicht von Steinberg (1991) finden sich eine Reihe von Belegen für das Vorkommen einer (zumeist chronisch verlaufenden) primären Depersonalisationsstörung. Auch können Depersonalisationssymptome in anderen Kontexten (z. B. bei Psychotherapie und Meditation) auftreten, dort gelegentlich intentional selbst induziert werden (Kennedy, 1976). Und sie sind, da sie häufig als Begleitphänomen von Erholungsphasen nach extremer körperlicher Anstrengung und psychischer Anspannung auftreten, als Ausdruck einer innerpsychischen Reorganisation und Verarbeitung psychosozialer Belastung verstehbar (vgl. Levy & Wachtel, 1978). In den Phasen der Reorganisation körperlicher und psychischer Erschöpfung können Depersonalisationssymptome offensichtlich ein Ausmaß erreichen, wie sie auch im Zusammenhang mit anderen psychischen Störungen beschrieben werden (vgl. Sedman, 1970).

Ganz im Unterschied zum ICD, wo die Depersonalisationsstörung auch noch in der jüngsten Version (ICD-10, vgl. Dilling et al., 1991) als eigenständige Störungsgruppe geführt wird, wurde sie deshalb 1980 von der American Psychiatric Association als eine Unterkategorie den dissoziativen Störungen hinzugefügt, weil – genau im Sinne des amerikanischen Verständnisses der Dissoziation als Identitätsstörung – „das Gefühl der eigenen Realität und damit ein wichtiger Bestandteil der Identität verloren geht" (DSM-III-R, S. 329 der deutschen Übersetzung). Diese Zuordnung ist vor allem wegen der ebenfalls unzweifelhaft gegebenen Komorbidität mit anderen Störungsbildern – Depersonalisationsstörungen treten vor allem als Symptome bei Schizophrenie, Depression, organisch bedingten psychischen Störungen, Angststörungen und Persönlichkeitsstörungen in Erscheinung – nach wie vor umstritten, und es wird deshalb auch in Amerika ihre Rückführung in eine eigene Hauptkategorie gefordert (z. B. Ross, 1989). Im zu erwartenden DSM-IV wird dies nicht der

Fall sein, da einige Studien haben deutlich werden lassen, (a) daß die Depersonalisationsphänomene wesentliche Symptome aller dissoziativen Störungen darstellen und (b) daß sie – im Unterschied zur Depersonalisationssymptomatik anderer psychischer Störungen – in der Komorbität mit Dissoziationsstörungen zumeist rezidivierend und persistierend auftreten und chronifizieren können (Steinberg, 1991; vgl. Spiegel & Cardeña, 1991).

Diagnostik. Da die Symptomatik, wie angedeutet, offensichtlich zum Spektrum allgemeiner menschlicher Belastungs- und Streßverarbeitung dazugehört, sollte die Störungsdiagnose nur gestellt werden, wenn die privaten und beruflichen Lebensbereiche erheblich und nicht nur vorübergehend eingeschränkt sind (vgl. die Diagnosekriterien des DSM-III-R der American Psychiatric Association, 1987, im nachfolgenden Kasten). Die Häufigkeitsschätzungen zum allgemeinen Auftreten der Depersonalisationssymptome ohne nachbleibende Störungen (Lebenszeitprävalenz) schwanken zwischen 50 und 80 Prozent (Roberts, 1960; Dixon, 1963). Üblicherweise stellen sich diese Störungen in einer Erholungsphase ein, die unmittelbar an extreme physische und psychische Belastungs- und Konfliktsituationen anschließt (in der „Ruhe nach dem Sturm"; z.B. Noyes, Hoenk, Kuperman & Slymen, 1977). In den meisten Fällen dauern diese vorübergehenden Depersonalisationsepisoden nur wenige Sekunden bis Minuten, und nur in Ausnahmefällen reichen sie über eine Stunde hinaus (Sedman, 1970).

Tabelle 4: Diagnostische Kriterien der Depersonalisationsstörungen gem. DSM-III-R

A) Anhaltendes oder wiederkehrendes Erleben einer Depersonalisation, angezeigt entweder durch (1) oder (2):
   (1) Das Gefühl, losgelöst zu sein von eigenen psychischen Prozessen oder dem Körper, so als sei man ein äußerer Beobachter.
   (2) sich wie ein Robotor oder „wie im Traum" zu fühlen.
B) Während des Depersonalisationsgefühls bleibt die Realitätskontrolle intakt.
C) Die Depersonalisation ist anhaltend und von ausreichendem Schweregrad, um beträchtliches Leid hervorzurufen.
D) Das Erlebnis der Depersonalisation ist die vorherrschende Auffälligkeit und nicht ein Symptom einer anderen Störung wie Schizophrenie, Panikstörung, Agoraphobie ohne Panikstörung in der Vorgeschichte, aber mit umschriebenen Attacken von Depersonalisation, oder Temporallappen-Epilepsie.

aus: Diagnostisches und Statistisches Manual Psychischer Störungen: DSM-III-R (1989, S. 338).
© Beltz-Verlag, Weinheim. Abdruck mit Genehmigung des Verlags.

Ein wesentliches Unterscheidungsmerkmal zu den übrigen dissoziativen Störungen liegt darin, daß die Realitätskontrolle während der spezifischen Depersonalisationserfahrungen erhalten bleibt und damit ein Identitätsverlust nicht beobachtbar ist (vgl. unten zur Differentialdiagnose). Zumeist ist das Gefühl für die eigene Person (Depersonalisation) oder die kontextuelle Wirklichkeit (Derealisation) merklich verändert, obwohl die betroffene Person zeitgleich das „sichere Gefühl" behält, daß die erlebten Wahrnehmungsänderungen nicht der Realität entsprechen. Die Derealisationsstörungen werden also bereits mit ihrem Auftreten selbst als „ichdyston" erlebt, ganz im Unterschied zur zeitweiligen Ichsyntonie des Fugue-Erlebens und beim Identitätswechsel innerhalb multipler Persönlichkeitserfahrungen.

Die berichteten Störungen und Erlebnisse während der Depersonalisiation sind in höchstem Maße ideosynkratisch und entsprechend vielgestaltig, so daß von den unterschiedlichsten Autoren bis heute sehr unterschiedliche Systematisierungsversuche vorgelegt wurden.

Ackner (1954 a, b) gruppiert die Phänomene folgendermaßen: (a) ein subjektives Unwirklichkeitsgefühl bei der Selbstwahrnehmung; (b) dieses Gefühl wird als ausgesprochen unangenehm erlebt; (c) das Vorhandenbleiben einer Störungseinsicht und das Fehlen von Wahnvorstellungen; (d) ein Verlust intensiven Gefühlsempfindens (vor allem von Freude oder Trauer). Andere Autoren betonen den besonderen Aspekt des Erlebens einer subjektiven Abspaltung psychischer Prozesse und des Losgelöstseins von eigenen Körpererfahrungen, als befinde man sich im Traum oder reagiere nurmehr als Roboter (Levy & Wachtel, 1978). Spiegel und Cardeña (1991) kommen auf der Grundlage einer aktuellen Übersicht zu folgender Einteilung wichtiger Störungsmerkmale: (a) ein verändertes Erleben des vertrauten Zusammenspiels von Gefühlen, Gedanken und Körperempfindungen; (b) ein Zusammenhang mit einem auslösenden Ereignis (z. B. Belastung; Marihuana-Mißbrauch); (c) ein Unwirklichkeitsgefühl oder traumähnliches Erleben; (d) weitere Wahrnehmungsveränderungen (z. B. können Farben weniger klar unterschieden werden).

Insbesondere der in die letztgenannte Systematisierung einbezogene Hinweis auf mögliche Auslöser der Depersonalisierungsstörungen entspricht einer neuerlichen Tendenz, die weitgehend deskriptive Abfassung der diagnostischen Kriterien in Richtung auf eine Störung der Belastungsverarbeitung stärker ätiologisch zu binden. Auch die Befunde zur Beobachtung von Depersonalisation/Derealisation in der Folge sensorischer Deprivation, langdauernden Schlafentzugs und bei Drogenmißbrauch werden hierzu als Gründe angeführt (vgl. Aalpoel & Lewis, 1984; Spiegel & Cardeña, 1991).

Ätiologie. Seit einer von Ackner (1954 a, b) vorgelegten sorgsamen Übersicht ist es üblich, das Auftreten der Depersonalisationsphänomene als Symptome spezifischer psychischer Störungen (z. B. der Schizophrenie, Depression, Phobie usw.) vorrangig im Kontext der für die jeweiligen Störungen entwickelten Ätiologiemodelle zu beschreiben und zu erklären. Erst nach einer sorgsamen Trennung sollte die Frage nach den möglichen Gemeinsamkeiten und Unterschieden erneut aufgeworfen werden (vgl. Sedman, 1970). Als Konsequenz dieser Diversifizierung wird verständlich, daß und warum sich das nunmehr enge Störungsverständnis der spezifischen und unabhängigen, allenfalls im Sinne einer dissoziativen Störung begreifbaren Depersonalisationsstörung in Richtung auf ein Syndrom der innerpsychischen Belastungsverarbeitung änderte. Spezifische Derealisations- und Depersonalisationserfahrungen zählen in neueren Studien zu den am häufigsten angegebenen Symptomen in unmittelbarer Folge psychosozial extrem belastender und lebensbedrohlicher Lebensereignisse (Noyes & Kletti, 1977; Hillman, 1981; Madakasira & O'Brian, 1987; Sloan, 1988; Steinberg, 1991). Steinberg (1991) schlägt auf der Grundlage ihrer Befunde sogar vor, die Depersonalisationsstörung als die primäre Belastungsreaktion zu betrachten, da sie zumeist durch andere Symptome (der sog. posttraumatischen Belastungsstörungen und der der neuvorgeschlagenen kurzzeitig reaktiven dissoziativen Störungen) überlagert und maskiert würde.

Dieser strikten Auffassung wird nun vorgehalten, daß in den Untersuchungen zum allgemeinen Auftreten der Störungen in aller Regel etwa 20 bis 40 Prozent der Befragten angeben, daß sie im Vorfeld spontaner Derpersonalisation keinerlei Belastungen ausgesetzt waren, einige sich im Gegenteil sogar in einer besonders guten psychischen Verfassung wähnten (Sedman, 1970). Immerhin finden sich auch in den von Sedman zitierten Untersuchungen bei 60 bis 80 Prozent der Befragten eindeutige Verursachungshypothesen, zumeist angstauslösende Bedingungen oder Belastungen mit nachfolgendem Affektwechsel in Richtung Traurigkeit und depressive Verstimmung. Die meisten verglichen ihre Depersonalisationserlebnisse mit Zuständen, die auf eine veränderte Bewußtseinslage rückschließen ließ (hypnagoge Zustände, Betrunkenheit, Übermüdung und Erschöpfung). Auffällig ist dabei, daß sich die Depersonalisationsphänomene zumeist mit einer beginnenden oder intendierten Entspannungsphase einstellen.

Genau diese Beobachtungen zum Auftreten der Depersonalisation in Entspannungsphasen haben zu einer Reihe von Hypothesen und Untersuchungen geführt, in denen die für die Depersonalisation typischen Bewußtseinsveränderungen einerseits in Entsprechung zu hypnogenen Zuständen, andererseits mit Eigenarten des Übergangs vom Wach- in den Schlafzustand konzeptualisiert wurden.

In diese Richtung zielen u. a. viele experimentelle Studien, die in den 50er und 60er Jahren zur „sensorischen Deprivation" in schalltoten Untersuchungsräumen durchgeführt wurden und in denen die Versuchspersonen über ein erhebliches Spektrum unterschiedlichster Bewußtseinsstörungen einschließlich der Depersonalisations- und Derealisationsstörungen berichten (Reed & Sedman, 1964). Letztere Störungen schreckten die Versuchspersonen insbesondere im Übergang zu Schlafzuständen auf (Smith & Lewty, 1959; Shurley, 1960). Ziskind (1965) vertrat in diesem Zusammenhang die Ansicht, daß die beobachtbaren Bewußtseinsänderungen auf eine deutlich verminderte Gesamtaktivierung rückführbar seien und denen entsprächen, die in hypnogenen Zuständen auftreten.

Um nun die scheinbar widersprüchliche Beobachtung von Depersonalisationsstörungen mit versus ohne unmittelbar vorausgehende Extrembelastung theoretisch zu integrieren, bezog Sedman (1970) einige bekannte Theorieaspekte aufeinander und versucht dies anhand der Ergebnisse ihm vorliegender empirischer Studien zu stützen.

Die sich daraus andeutende Theorieperspektive macht zwei Voraussetzungen: Wie bei den anderen dissoziativen Störungen auch unterstellt sie (a) die Annahme einer mehr oder weniger ausgeprägten, individuellen Prädisposition für (hypnoseähnliche) Bewußtseinsänderungen; (b) die Annahme einer persönlichkeitsbedingten erhöhten Grundängstlichkeit (bei Sedman v. a. mit Bezug auf Arbeiten von Haug, 1936, Kelly, 1966 und Kelly & Walters, 1968). Von Sedman wird nun vorgeschlagen, im aktuellen Angsterleben aktuelle Anlässe mit internalem Ursprung von externalen Bedingungen zu differenzieren. Und der Autor postuliert, daß Depersonalisationssymptome als das – prädispositionell psychophysiologisch erklärbare – Ergebnis einer wachsenden Reaktionsbereitschaft auf interne Angststimuli betrachtet werden könnten, insbesondere wenn die externen Angstreize ihren akuten Wirkungseinfluß verloren hätten und damit die Notwendigkeit kognitiv bewußter Kontrolle externaler Bedingungen abnähme. Mit der Annahme einer prädisponierten Depersonalisationsneigung und der persönlichkeitsbedingten Ängstlichkeit wird einerseits versucht, die Lücke zu den spontanen Depersonalisiationsphänomenen ohne Bezug zu aktuellen Belastungserfahrungen zu schließen. Andererseits wird verständlich, weshalb bei weitem nicht alle Betroffenen in der Folge von Extrembelastungen und nach Todesgefahr über Depersonalisationsphänomen berichten.

Im Kontext psychoanalytischer Erklärungsversuche ist bis in die siebziger Jahre hinein den bereits zu Zeiten Freuds vertretenen Konzepten (vgl. oben) wenig substantiell Neues hinzugefügt worden. Im Mittelpunkt der am häufigsten vertretenen Position stand dabei vor allem Freuds Annahme (1941/1936), daß in der Depersonalisationssymptomatik eine Abwehr aggressiver Triebe zum Ausdruck komme, und daß diese Abwehr aggressiver Tendenzen im Zusammenhang mit allgemeinen sozialen Anforderungen als eine mehr oder – im Falle kurzzeitiger und vorübergehender Derealisation – weniger gelungene bis hin zur neurotischen Depersonalisation verstehbar sei. Damit war zugleich die Möglichkeit vorgegeben, die Depersonalisationserfahrungen auf dem Kontinuum allgemein-menschlicher Reaktionsformen bis hin zur behandelswerten neurotischen Störung anzusiedeln (Sarlin, 1962). Es darf jedoch nicht übersehen werden, daß diese Annahme nur eine von vielen, sich zum Teil erheblich widersprechenden Theoriefacetten ist, mit denen Psychoanalytiker eine der Depersonalisation zugrundeliegende mögliche Konfliktstruktur beschrieben und aufzuklären versucht haben (Cattell & Cattell, 1974; kritisch hierzu Levy & Wachtel, 1978).

Im Rahmen der Wende der Psychoanalyse zur Ich-Psychologie wurde zunehmend die Nähe zu den dissoziativen Störungen postuliert: Depersonalisation wurde aufgefaßt als eine Dissoziation von Ich-Funktionen, in der sich ein beobachtendes Selbst von einem an der (traumatisierten) Erfahrung partizipierenden Selbst abspalte und sich zugleich vor diesem zu schützen trachte (Oberndorf 1950; Blank, 1954). Der ichpsychologischen Neukonzeptualisierung der Depersonalisation als Dissoziationstörung ist es vor allem zuzuschreiben, daß das Störungsbild in der amerikanischen Klassifikation den dissoziativen Störungen zugeordnet wurde. Im Kontext der aktuellen Entwicklungen einer Objekt-Beziehungs-Theorie schließlich wird die Depersonalisation als Syndrom einer „frühen Störung" beschrieben, das auf unzureichend ausgearbeitete, fragmentierte Selbst-Repräsentanzen rückschließen lasse, die im Zusammenhang mit psychosozialen Belastungen die dann erforderliche Selbst-Objekt-Differenzierung erschweren (Stolorow, 1979). Beide Ansätze kontrastieren und ergänzen u. E. auf jeweils eigene Weise die zuvor beschriebenen empirisch psychologischen Versuche, die Depersonalisationssymptome als Ergebnis einer abnehmenden kognitiven Kontrolle externaler Belastungseinflüsse aufzufassen.

2.2.6 Nicht näher bezeichnete dissoziative Störungen

Diese – hier im Sinne des DSM-III-R der American Psychiatric Association (1987) bezeichnete – Restkategorie beinhaltet eine ganze Reihe weiterer Störungen, deren gemeinsames Hauptmerkmal ein dissoziatives Symptom oder Syndrom ist, d. h. eine Störung oder Veränderung der integrativen Funktionen der Identität, des Gedächtnisses oder des Bewußtseins. Im ICD-10 finden sich außerhalb einer ebenfalls vorhandenen Restkategorie noch einige weitere Hauptkategorien, die wir hier nachfolgend ebenfalls kurz ansprechen werden. Es sind dies – in Entsprechung zur klassischen Hysterie-Symptomatik – der dissoziative Stupor, Trance- und Bessenheitszustände sowie dissoziative Störungen der Bewegungen und Sinnesempfindungen (vgl. Dilling et al., 1991). Diese Störungen werden im DSM-III-R zumeist als Teilaspekt der oben genannten Störungen betrachtet oder sind dem Bereich der Konversionsstörungen zugeordnet, die in der amerikanischen Klassifikation innerhalb der Somatisierungsstörungen ihren Platz gefunden haben (vgl. hierzu die einleitenden Ausführungen in diesem Kapitel sowie das Kapitel über Somatisierungsstörungen i. d. B.).

Mit einer gewissen Ausnahme bei den Trance- und Besessenheitsstörungen gibt es zu diesen Restkategorien nur wenig substantielle Forschungsarbeiten. Die grundlegende Basis für die meisten Störungsspezifizierungen sind also Fallbeschreibungen.

Trance- und Besessenheitszustände. Mit Trance-Zuständen werden im DSM-III-R vor allem „veränderte Bewußtseinszustände mit einer deutlich eingeschränkten oder selektiv gerichteten Empfänglichkeit für Umgebungsreize" beschrieben (American Psychiatric Association, 1980, S. 339 der deutschen Ausgabe). Im Zustand der Besessenheit verhält sich der Patient so, „als ob er von einer anderen Persönlichkeit, einem Geist, einer Gottheit oder einer ‚Kraft' beherrscht wird" (Dilling et al., 1990, S. 165). Gemäß DSM-IV (Task Force on DSM-IV, 1991) sollte diese Diagnose nicht mehr gestellt werden, wenn sich Trancezustände vorfinden, die innerhalb religiöser und anderer kulturell akzeptierbarer Situationen auftreten, sondern erst, wenn sie ungewollt und unfreiwillig auftreten und den alltäglichen Lebensablauf erheblich beeinträchtigen (vgl. Spiegel & Cardeña, 1991).

Ganser-Syndrom. Hierbei handelt es sich um eine von Ganser (1898) beschriebene komplexe dissoziative Störung, bei der die Betroffenen durch ein „Vorbeiantworten" auf gestellte Fragen auffallen, zugleich jedoch weitere Auffälligkeiten aus dem Spektrum dissoziativer Störungen aufweisen (Desorientiertheit, Amnesie, Fugue, Konversionssymptome). Da das ungenaue Antworten auch im Zusammenhang mit anderen psychischen und organischen Störungen beobachtbar ist, sind eine sorgfältig Differentialdiagnose und der Nachweis einer psychogenen Ätiologie erforderlich (vgl. Peszke & Levin, 1987; Feinstein & Hattersley, 1988).

Artifiziell induzierte dissoziative Störungen bezeichnen Zustandsformen der Dissoziation, die bei Personen auftreten, „welche einem langem und intensiven Prozeß von Zwangsmaßnahmen zur Veränderung von Einstellungen ausgesetzt waren (z. B. Gehirnwäsche oder Indoktrination während einer Gefangennahme durch Terroristen oder Anhänger eines Kults)" (American Psychiatric Association, 1987, S. 339 in der deutschsprachigen Übersetzung des DSM-III-R).

Dissoziative Störungen der Bewegung und der Sinnesempfindungen. Unter dieser Bezeichnung werden im ICD-10 (vgl. Dilling et al., 1991) unterschiedliche Symptome und Syndrome zusammengefaßt, die im DSM-III-R als Konversionsstörungen den Somatisierungsstörungen zugeordnet wurden. Sie sind gekennzeichnet durch einen Verlust oder eine Veränderung von Bewegungsfunktionen oder Empfindungen (zumeist der Haut). Bewegungsfähigkeit oder Empfindungen ändern sich oder gehen verloren, so daß der Betroffene erkranken kann, ohne daß eine körperliche Ursache zur Erklärung nachweisbar ist. Das ICD-10 unterscheidet in dieser Kategorie die dissoziativen Bewegungsstörungen, die dissoziativen Krampfanfälle, die dissoziativen Sensibilitäts- und Empfindungsstörungen sowie deren mögliche Vermischungen. Da die Konversionsstörungen im Kapitel über Somatisierungsstörungen ausführlich besprochen werden (vgl. dort), werden sie hier nicht weiter behandelt.

2.3 Behandlung

In der Behandlung dissoziativer Störungen wird einerseits eine Orientierung am Hauptsymptom dieser Störungsgruppe, der psychogenen Amnesie, vorgeschlagen. In der Konsequenz fallen die Behandlungsvorschläge der psychogenen Amnesie, der psychogenen Fugue und der nicht näher bezeichneten dissoziativen Störungen mit Amnesie recht einheitlich aus. Obwohl keine systematischen Behandlungsstudien vorliegen, kann aus der Konvergenz der Behandlungsvorschläge und auf der Grundlage der mitgeteilten Behandlungswirkungen durchaus rückgeschlossen werden, daß sie in der beschriebenen Form gut in die Praxis übertragbar sind. Besondere Beachtung verdient die Behandlung der multiplen Persönlichkeitsstörungen, die in der Folge extremer frühkindlicher Belastungserfahrungen bereits lebenslang Bestand haben kann und deshalb als besonders schwer zu behandeln gilt. In der Folge des starken Interesses, das dieses Störungsbild in den vergangenen Jahren gefunden hat, liegen inzwischen gut ausgearbeitete Behandlungsprogramme vor, die nachfolgend in ihren Grundzügen grob vorgestellt werden. Ein dritter Abschnitt ist der Behandlung der Depersonalisationsstörungen gewidmet. Die Behandlungsansätze bei Vorliegen kurzzeitig reaktiver dissoziativer Störungen sind denen der Behandlung bei posttraumatischen Belastungsstörungen vergleichbar, wie sie im Kapitel über Angststörungen beschrieben sind (vgl. dort).

2.3.1 Behandlungsansätze
bei dissoziativer Amnesie und bei dissoziativer Fugue

Es besteht weitgehend Konsens, bei Vorliegen der psychogenen Amnesie sowie nach einer psychogenen Fugue auf eine alsbaldige Wiederherstellung der Erinnerungsfähigkeit an die amnestischen Episoden hinzuarbeiten und den Prozeß der psychischen Reintegration der Wiedererinnerungen psychotherapeutisch zu begleiten. Letzteres wird als besonders wichtig angesehen, wenn sich die dissoziierten Erinnerungen auf subjektiv besonders belastende oder erschreckende Erfahrungen beziehen.

Über die Wirksamkeit der nachfolgend dargestellten Behandlungsansätze liegen uns keine systematischen Studien, sondern ausschließlich Erfahrungsberichte und Einzelfallschilderungen vor. Danach kann die Wiederherstellung der Erinnerungsfähigkeit auf verschiedenen Wegen erreicht werden, vor allem mittels psychotherapeutischer Gespräche, dem Einsatz von Hypnose oder im Rahmen eines sogenannten Amobarbitalinterviews. Die langfristige Wirksamkeit der einzelnen Behandlungsmethoden ist bislang – mangels systematischer Therapistudien – kaum angemessen einschätzbar.

Psychotherapie. Bei den meisten Patienten mit psychogener Amnesie dürfte sich die Erinnerungsfähigkeit bereits in patientzentrierten Gesprächen wieder einstellen, in denen die Patienten zur freien Assoziation über Ereignisse im Vorfeld und Nachfeld der amnestischen Episoden oder auch über aktuelle Phantasien und Träume aufgefordert werden. Dies entspräche der allgemeinen Beobachtung, nach der sich die Erinnerungsfähigkeit der meisten Patienten auch ohne therapeutische Unterstützung innerhalb weniger Stunden und Tage restaurieren kann. Der Vorteil therapeutischer Präsenz und Unterstützung liegt vor allem darin, die Einsichtsfähigkeit in vergessene traumatische Erfahrungen empathisch zu begleiten und damit den Prozeß ihrer innerpsychischen Verarbeitung zu erleichtern.

Erst im Falle einer persistierenden Amnesie sollten andere, über das einfache Gespräch hinausgehende Methoden der Erinnerungserleichterung in Betracht gezogen werden. Als wesentliche Möglichkeiten gelten vor allem die Hypnose und das sog. Amobarbital-Interview.

Hypnose. Hypnose gilt spätestens seit Charcot (z. B. 1873) als eine wichtige Möglichkeit, die Erinnerungsfähigkeit von Patienten mit dissoziativer Amnesie und psychogener Fugue wieder herzustellen. Die betroffenen Patienten gelten allgemein als besonders suggestibel und sprechen entsprechend gut auf das Verfahren an (vgl. oben). Grundkenntnisse in der Technik der Hypnose sind für die im Zusammenhang mit der Amnesie notwendige Tiefenentspannung der Patienten und Gesprächsführung hinreichend (zu den Techniken: vgl. Revenstorf, 1990). Die vielfach vertretene Ansicht, zur Durchführung einer Hypnose bedürfe es eines Spezialisten, ist falsch. Die für die Erinnerungsbehandlung bei psychogener Amnesie oder Fugue notwendigen Grundkenntnissen sind unter fachlicher Anleitung innerhalb weniger Stunden lernbar (Ross, 1990). Hypnose ist in jedem Fall einem Amobarbitalinterview, für das es Kontraindikationen gibt, zunächst vorzuziehen. Während der Hypnose wird der Patient aufgefordert, über die dissoziierten Ereignisse zu berichten. Ziel der Gespräche unter Hypnose ist neben der Wiedererinnerung die Initiierung einer Auseinandersetzung mit den eigenen Handlungen und Erlebensweisen während der Amnesie. Die Vergegenwärtigung traumatischer Erlebnisse kann von entsprechend starken Affekten begleitet sein. Raum und Zeit für eine entsprechende Nachbearbeitung der unter Hypnose wiedererlangten Erinnerungen ist notwendig.

Aller Erfahrung nach sind in den meisten Fällen mit psychogener Amnesie ein bis zwei Hypnosesitzungen hinreichend (Linn, 1989). Bei Vorliegen längerer Amnesie-Episoden und bei Fugue-Zuständen sind – schon wegen der möglichen Vielfalt von Erfahrungen und Erlebnisse während einer Fugue – mehrere Sitzungen notwendig (Ford, 1989). Sollte die Amnesie unter Hypnose Bestand haben, kann nicht unmittelbar eine Störungsvortäuschung oder Simulation unterstellt werden, auch wenn bekannt ist, daß im hypnotischen Zustand simuliert werden kann. Zunächst sollte die Möglichkeit in Betracht gezogen werden, daß eine fortbestehende Konfliktlage für die Persistenz der Amnesie verantwortlich ist (Nemiah, 1980).

Amobarbitalinterview. Der Gebrauch von Barbituraten zur Wiederherstellung der Erinnerungsfähigkeit bei psychogener Amnesie wurde erstmals 1938 von Herman berichtet. Dem Patienten wird ganz allmählich soviel von einem Beruhigungsmittel intravenös appliziert, bis er – dem Entspannungszustand unter Hypnose vergleichbar – vollkommen gelöst ist, aber noch nicht schläft (zur Vorgehensweise: Linn, 1989; Ford 1989). Während des dann möglichen Interviews wird, in aller Regel von neutraleren Themen ausgehend, die Erinnerung an die amnestischen Phasen allmählich wieder hergestellt. Und, vergleichbar der posthypnotischen Instruktion, wird dem Patienten vorgeschlagen, die Erinnerung an das Gespräch zu behalten.

Wie bereits angedeutet, ist die Hypnosetechnik dem Amobarbitalinterview vorzuziehen, nicht zuletzt, weil einige Kontraindikationen bestehen, die im wesentlichen auf Nebenwirkungen der Medikamente beruhen (z. B. Allergien, Leber-, Nieren-, Herzerkrankungen, Atemwegsinfektionen etc.). Linn (1989) schätzt die Notwendigkeit der Indikation für ein solches Vorgehen auf etwa 5 Prozent der Patienten (z. B. bei Nichtansprechbarkeit auf Hypnose).

Weitere Maßnahmen und ihre Einbindung in einen Gesamtbehandlungsplan. Die bisher beschriebenen Vorgehensweisen zielen im Wesentlichen auf eine Wiederherstellung der Erinnerungsfähigkeit und auf eine erste Krisenintervention ab. Sie sollten sinnvoll als Voraussetzung für die Aufstellung eines weiterreichenden Behandlungsplanes gelten, wenn die eine Amnesie auslösenden Belastungen auf schon länger währende zwischenmenschliche oder intrapsychische Konfliktkonstellationen hindeuten (Nemiah, 1980). So könnte im letzteren Fall eine längerfristige Psychotherapie naheliegen, die in ihrer Orientierung fraglos am jeweils gegebenen persönlichen Grundproblem der Betroffenen auszurichten ist. Beruhen die amnestischen Episoden auf zwischenmenschlichen Belastungen mit privatem oder existentiell-beruflichen Hintergrund, so ist an die Einbeziehung der Angehörigen in die Therapie oder an ihre unterstützende Beteiligung im Kontext psychosozialer Intervention, Resozialisierung oder Rehabilitation zu denken.

2.3.2 Behandlungsansätze bei dissoziativer Identitätsstörungen

Bis Ende der siebziger Jahre lagen auch zur Behandlung der multiplen Persönlichkeitsstörungen vorrangig Einzelfallstudien vor (mit mehrjähriger Katamnese z. B. Lipton & Kezur, 1948; Cutler & Reed, 1975; Rosenbaum & Weaver, 1980). In neuerer Zeit mehren sich Arbeiten, in denen Behandlungsverläufe und Katamnesen jeweils einer größeren Anzahl von Patienten dokumentiert werden, wenngleich kontrollierte Studien nach wie vor fehlen, mit denen differentielle und langfristige Wirkungen der Therapiekonzepte beurteilbar wären (vgl. Ross, 1989; Wilbur & Kluft, 1989). Angesichts der hohen Wahrscheinlichkeit, mit der sich im Lebenslauf der betroffenen Patienten extrem traumatisierende Erfahrungen finden lassen, wird vom Therapeuten ein hohes Maß an Einfühlungsvermögen gefordert. Es spricht inzwischen viel dafür, daß die Dissoziation der multiplen Persönlichkeitsstörung in unterschiedliche Persönlichkeitsmuster (in unterschiedliche soziale Rollen; Aldridge-Morris, 1989) eine besondere Art Selbst- und Vulnerabilitätsschutz darstellt. Dennoch besteht weitgehend Konsens, die Integration der unterschiedlichen, voneinander mehr oder weniger dissoziierten „Persönlichkeiten" als allgemeines Therapieziel zu betrachten. Da die Therapie damit zugleich auf eine Desintegration der für die Betroffenen gegebenen Schutzmöglichkeiten zielt, wird verständlich, weshalb die Behandlung allgemein als langwierig, komplex und schwierig beschrieben wird, für die das wechselseitige Vertrauen und eine stabile Therapeut-Patient-Beziehung als wesentliche Voraussetzung für einen langfristig stabilen Therapieerfolg gelten (Braun, 1986; Kluft, 1988 a, b).

Als zentrale Technik der (in aller Regel als Einzelfallbehandlung zu konzipierenden) therapeutisch gelenkten Integration dissoziierter Persönlichkeitsmuster gilt zwar das psychotherapeutische Gespräch. Da sich in der multiplen Persönlichkeitsstörung jedoch nicht ein einzelnes behandelbares Zielsymptom, sondern sich zumeist als größerer Syndromkomplexes darstellt, der zugleich die Merkmale einzelner oder mehrerer Persönlichkeitsstörungen erfüllen kann, setzt die Behandlung eine genaue Problemanalyse und Therapieplanung voraus sowie eine kontinuierliche Verlaufsdokumentation und – bei gegebener Notwendigkeit – die adaptive Neuorientierung der Behandlungsziele. Folglich werden neben der zentralen personzentrierten Gesprächsstrategie eine Reihe weiterer direktiv-stützender Behandlungsprinzipien eingesetzt (vgl. Ross, 1989; Wilbur & Kluft, 1989): Die wichtigsten sind: (a) kontinuierliche Information und Aufklärung des Patienten über seine Störung, die ätiologischen Zusammenhänge, die Therapieziele und die eingesetzten therapeutischen Verfahren; (b) therapeutische Gespräche unter Entspannung/Hypnose v. a. zur Erleichterung der Wiedererinnerung und Integration dissoziierter und amnestischer Erfahrungen; (c) Anleitung und Unterstützung der Patienten zur genauen Dokumentation der unterschiedlichen Persönlichkeitsaspekte („mapping"; Ross, 1989); dazu weiter auch (d) die Nutzung von Video- und Tonaufzeichnungen zur Konfrontation der Patienten mit sich selbst in unterschiedlichen Situationen und Rollen; sowie (e) verhaltenstherapeutische (zumeist schriftlich ausformulierte) Kontrakte zur Sicherung der Permanenz therapeutischer Absprachen über die unterschiedlichen, dissoziierten Persönlichkeitsanteile hinweg; sowie (e) die Intensivierung zwischenmenschlicher Beziehungen, um über sich vielfältig wiederholende Kontakte die therapeutisch integrierten Anteile zwischenmenschlich zu festigen.

2.3.3 Behandlungsansätze bei Depersonalisationsstörungen

Die Behandlung von Depersonalisations- und Derealisiationserfahrungen, die als Symptome im Zusammenhang mit anderen psychischen Störungen auftreten, findet üblicherweise in den für diese Störungen vorliegenden Behandlungsansätzen ihre Berücksichtigung. Sind Depersonalisation und Derealisation Symptome einer primären Depersonalisationsstörung, dürften sie nach den oben dargelegten Beobachtungen vor allem in der Folge traumatisierender Ereignisse oder Konflikte auftreten. Sollten die Störungen in Permanenz bestehen bleiben und so erheblich sein, daß sie die psychosoziale Funktionsfähigkeit der Betroffenen entscheidend einschränken, werden – je nach Verursachung – (z. B. zur Überwindung zwischenmenschlicher Konflikte) psychodynamisch oder kognitiv-orientierte Psychotherapien empfohlen (Shader & Scharfman, 1989), oder (bei vorliegender traumatisierender Erfahrung im sozialen, beruflichen oder schulischen Leistungsbereich) verhaltenstherapeutische Strategien zur Verbesserung defizitärer sozialer Kompetenzbereiche (Levy & Wachtel 1978), sowie schließlich (in der Folge lebensbedrohlicher Situationen und Unfälle) Verfahren, wie sie in der Behandlung (sozial-)phobischer Reaktionen eingesetzt werden (vgl. das Kapitel über Ängste und Phobien i. d. B.). Vereinzelt wurde über den Einsatz familientherapeutischer und gruppentherapeutischer Verfahren berichtet (Dollinger, 1983; Meares & Grose, 1978). Alle psychologischen Therapievorschläge zu diesem Bereich beziehen sich bislang auf Erfahrungen aus Einzelfallstudien, so daß generalisierende Aussagen über die Angemessenheit der empfohlenen (selektiven) Indikation nicht möglich sind. Das gleiche betrifft eine Vielzahl von Einzelfallstudien, die zur medikamentösen Therapie der primären Depersonalisationsstörung oder zur psychopharmokologischen Adjuvanz ihrer psychotherapeutischen Behandlung durchgeführt wurden (vgl. Shader & Scharfman, 1989).

3 Vorgetäuschte Störungen und Simulation

Unter der Bezeichnung vorgetäuschte Störungen (englisch: factitious disorders) werden im DSM-III-R der American Psychiatric Association (1987) wie im ICD-10 der Weltgesundheitsorganisation (Dilling et al., 1991) körperliche Krankheitssymptome oder Symptome psychischer Störungen zusammengefaßt, die durch die Betroffenen selbst künstlich erzeugt („selbstmanipuliert") und/oder als scheinbar echte Krankheitsbeschwerden vorgetäuscht werden.

Feststellbar sind solche Vortäuschungen häufig erst in der Folge langwieriger diagnostischer Maßnahmen und Behandlungen. Als Motiv für die selbstmanipulierten Erkrankungen läßt sich zumeist nur erschließen, daß die Betroffenen mit großem Vortäuschungsgeschick bemüht sind, die Krankenrolle einzunehmen und sich immer wieder in Krankenhäuser aufnehmen zu lassen. Eckhardt (1989) beschreibt diese Charakteristik, die für eine eindeutige Diagnosestellung wichtig ist und die als solche zugleich eine Abgrenzung der vorgetäuschten Störungen gegenüber der Simulation (vgl. 3.5) beinhaltet, folgendermaßen:

– Die Vortäuschung körperlicher und psychischer Symptome „geschieht unter willentlicher Kontrolle. Um die Geheimhaltung der Ursache der Symptome zu gewährleisten, ist ein hohes Maß an intellektueller Urteilsfähigkeit und Aktivität erforderlich, die unter der bewußten Kontrolle der Patienten stehen. Dennoch kann man den Patienten nicht Entscheidungsfreiheit unterstellen, da ihr Verhalten einen stark zwanghaften Charakter hat. Auch wenn ihnen die damit verbundenen Gefahren bewußt sind, müssen die Patienten ... immer wieder neue Krankheitssymptome erzeugen. Die Patienten setzen gewissermaßen kontrolliertes Verhalten ein, um Ziele zu verfolgen, denen sie ‚unfreiwillig' unterworfen sind und die sie nicht kontrollieren können (Eckhardt, 1989, S.13).

Das Störungsbild ist in den vergangenen Jahrzehnten zunächst im angloamerikanischen Raum (Bursten, 1965; Pankratz, 1981; Eisendrath, 1989; Gattaz, Dressing & Hewer, 1990), jüngst aber auch vermehrt im deutschsprachigen Raum vor allem in Fallberichten vorgestellt und besprochen worden (Haenel, Rauchfleisch & Schuppli, 1982; Battegay, 1984; Scharfetter 1984; Eckhardt, 1989). Nach wie vor ist es unter Ärzten und Psychologen nicht sehr bekannt, was dazu führt, daß eine zutreffende Diagnose vielfach erst sehr spät gestellt wird und daß in der Folge möglicher Fehlindikationen im Diagnose- und Behandlungsverlauf häufig Komplikationen auftreten, die die angezielte stationäre Aufnahme und Behandlung tatsächlich erforderlich machen.

Fallbeispiele: Sharon und Diamond (1974) behandelten eine Patientin, die sich wiederholt retrograd Steine in die Blase eingeführt hatte, die anschließend zystoskopisch entfernt werden mußten. Nach jedem Eingriff bestand sie darauf, die Steine behalten zu dürfen. Erst nach 40maliger Wiederholung dieses Vorgangs wurde entdeckt, daß sie sich die Steine jeweils selbst eingeführt hatte. – Shah, Forman & Friedman (1982) beschreiben den Fall eines 40jährigen Mannes. Er klagte über schwere retrosternale Schmerzen, die mit Austrahlung in den Arm und mit Atemnot einhergingen. Zugleich berichtete er über mehrere Myokardinfarkte in der Familiengeschichte. Zur genauere Abklärung wurde er auf eine kardiologische Intensivstation aufgenommen. Es wurden mindestens sechs Herzkatheteruntersuchungen und sechs Aortogramme durchgeführt. In der Folge dieser Untersuchungen kam es zu multiplen Thrombosen, die mehrere Gefäßoperationen erforderlich machten, so daß schließlich sogar die Amputation eines Unterarmes notwendig wurde. Im Verlauf der vielgestaltigen Untersuchungsfolgen traten noch eine Perivaskulitis und mehrere allergische Reaktionen auf, bevor schließlich die Diagnose der Vortäuschung gestellt werden mußte. – Eine andere jugendliche Patientin erzeugte dadurch schwere, entstellende Geschwüre an den Lippen, daß sie immer wieder an betroffenen Stelle auf ihren Lippen herumkaute und in die Verwundungen anschließend Kartoffelbrei einrieb. Unter der Diagnosen „Herpes labiales recidivians" und „Cheilitis chronica" wurde sie lange Zeit unerkannt behandelt (Eckhardt, 1989).

3.1 Konzeptentwicklung

Eine kontinuierliche wissenschaftliche Auseinandersetzung mit der selbstmanipulierten Erkrankung gibt es seit Beginn der fünfziger Jahre, als eine Publikation von Asher (1951) mit dem Neugier-provozierenden Titel „Münchhausens Syndrom" eine heftige Diskussion und eine erste Welle von Publikationen mit Fallbeschreibungen auslöste. Asher hatte diese Bezeichnung unter dem Eindruck von Patienten gewählt, die mit besonderem Geschick Krankheiten vortäuschen konnten, ohne daß eine ernsthafte Erkrankung im Sinne der Vorgaben tatsächlich nachweisbar war. Die meisten Autoren fanden Aschers Nomenklaturbezug zum „Lügenbaron" Karl-Friedrich Hieronymus von Münchhausen, Bodenwerder[2], so treffend, daß sich die Bezeichnung „Münchhausen-Syndrom" in der wissenschaftlichen Literatur, vor allem im anglo-amerikanischen Sprachraum, schnell durchsetzte und bis heute benutzt wird – wenngleich zumeist wenig differenzierend v. a. in seiner Abgrenzung zur Simulation (vgl 3.5).

Die Bezeichnung war von Anfang an heftiger Kritik unterworfen, weil sie in der Gefahr stand und steht, die Ernsthaftigkeit des Störungsbildes ins Lächerliche zu verfälschen. Auch sind viele der vorgeschlagen Alternativbezeichnungen wenig geeignet, der wirklichen Störungstypik zu entsprechen. Mit „Hospitalsucht", „Hospital-Hopper-Syndrom", „Krankenhaus-Wanderer" oder „Peregrinating-Problem-Patients" beispielsweise hatte man zu kennzeichnen versucht, daß die Klinik als Institution eine wichtige Bedeutung hat und daß bei Gefahr der Vortäuschungsenthüllung durch die Betroffenen schlicht die Klinik gewechselt wird (vgl. Eckhardt, 1989).

---

[2] 1785 veröffentlichte Rudolf Erich Raspe unter anonymem Namen in England die Erzählungen des Karl-Friedrich Hieronymus Freiherr von Münchhausen (1720–1797) unter dem Titel „Baron Münchhausen's Narrative of his Marvellous Travels and Campaigns in Russia", die er von Erzählungen des unterhaltsamen Barons kannte und denen er viele weitere erdachte Lügengeschichten hinzugefügt hatte. Sie wurden in viele Sprachen übersetzt und genießen nach wie vor in der Kinderliteratur große Popularität.

Fallbeispiel: So beschreibt Ford (1973) einen Patienten, der mit seiner Störung von Südafrika nach Kanada reist, dort zunächst kreuz und quer Spitäler aufsucht, um schließlich entlang der Westküste Nordamerikas immer wieder um Klinikaufenthalte nachzusuchen.

Schon 1934 hatte Menninger den Begriff „Polysurgical Addiction" (Operationssucht) eingeführt, der ebenfalls bis heute Verwendung findet. Im Lichte aktueller Möglichkeiten der Differentialdiagnostik läßt er sich heute jedoch zumeist nicht sehr eindeutig setzen. So findet man die erhöhte Bereitschaft, sich Operationen zu unterziehen, nicht nur bei vorgetäuschten Störungen, sondern auch bei Patienten mit chronischem Schmerzsyndrom sowie weiter bei Patienten mit hypochondrischen und Konversionsstörungen (vgl. unten zur Differentialdiagnose). Auch blieben die Versuche einer begrifflichen Ausdifferenzierung des Syndroms bisher sehr unbefriedigend:

- So sind der ursprünglichen Dreiteilung durch Asher (1951) in „Laparatomophilia migrans" (herumwandernder Behandlungwunsch abdominaler Eingriffe), „Haemorrhagica histrinica" (schauspielerische Blutungsvortäuschungen) und „Neurologica diabolica" (Vortäuschung „teuflischer" – gemeint sind wohl: den Behandelnden verwirrende – neurologischer Störungen) weitere Ergänzungen hinzugefügt worden: so z. B. „Hyperpyrexia ficmentatica" (vorgetäuschtes Fieber), „Dermatitis artefacta" (künstlich erzeugte Hautreizungen) oder „Cardiopathia phantastica" (phantasierte Kardialsymptomatik); eine recht umfassende Auflistung der bisher verwendeten Bezeichnungen findet sich bei Eckhardt (1990).

Die meisten dieser Differenzierungsversuche orientieren sich am vorgetäuschten Krankheitsbild und stehen in der Gefahr, das möglicherweise Gemeinsame der heterogenen Symptomvortäuschungen eher verwischen.

3.2 Diagnostische Kriterien

Aus dem vorgetragenen Für und Wider zu den bisherigen Benennungsversuchen, in dem sich auch die Unsicherheit in der erst wenige Jahrzehnte währenden Erforschung der selbstmanipulierten Erkrankung widerspiegelt, wurde im DSM-III(-R) (American Psychiatric Association, 1980, 1987) eine Vereinheitlichung mit der Begriffssetzung vorgetäuschte Störungen angestrebt. Als wichtigstes Kennzeichen der vorgetäuschten Störungen wird die plausible Präsentation körperlicher oder psychischer Symptome angesehen, die unter der willentlichen Kontrolle der Patienten stehen und die wiederholt vorgebracht werden, so daß viele Krankenhausaufenthalte notwendig werden. Vorderhand ist als Motiv der Vortäuschung lediglich erkennbar, daß die Betroffenen die Patienten-Rolle übernehmen (vgl. Kasten mit den diagnostischen Kriterien gem. DSM-III-R). Eine Simulation, die darüber hinaus ein Motiv in den persönlichen Lebensumständen und Lebenszielen finden oder vermuten läßt (vgl. unten), ist ausgeschlossen.

Tabelle 5: Diagnostische Kriterien der Vorgetäuschten Störungen gem. DSM-III-R

Diagnostische Kriterien für Vorgetäuschte Störungen mit körperlichen Symptomen:
A) Absichtliches Erzeugen oder Vortäuschen körperlicher (aber nicht psychischer) Symptome.
B) Ein inneres Bedürfnis des Betroffenen, die „Patienten"-Rolle zu übernehmen, ohne daß ein äußerer Anreiz – wie ökonomischer Nutzen, bessere Behandlung oder körperliches Wohlbefinden – für dieses Verhalten besteht.
C) Vorkommen nicht ausschließlich während des Verlaufs einer anderen Achse-I-Störung, wie z. B. Schizophrenie.

Diagnostische Kriterien der Vorgetäuschten Störung mit psychischen Symptomen:
A) Willentliches Erzeugen oder Vortäuschen psychischer (aber nicht physischer) Symptome.
B) Ein inneres Bedürfnis, die Krankenrolle zu übernehmen, was sich im Fehlen äußerer Anreize wie materieller Gewinn, bessere Pflege oder physisches Wohlbefinden ausdrückt.
C) Die Störung tritt nicht nur im Verlauf einer anderen Achse-I-Störung wie z. B. Schizophrenie auf.

aus: Diagnostisches und Statistisches Manual Psychischer Störungen: DSM-III-R (1989, S. 386, 388).
© Beltz-Verlag, Weinheim. Abdruck mit Genehmigung des Verlags.

Eine von Eckhardt (1989) vorgenommene Zusammenstellung und Detailbeschreibung der möglichen Symptome aus 130 Kasuistiken zeigt, daß sich in ihr die gesamte Spannbreite möglicher körperlicher Beschwerden widerspiegelt und daß somit prinzipiell jedes bekannte Symptom vorgetäuscht oder artifiziell erzeugt werden kann (vgl. Tab. 6). Aus den vorliegenden Fallbeschreibungen ergibt sich zwar, daß die Wahl häufig auf eine Erkrankungsart fällt, an der die Betroffenen in ihrem früheren Leben bereits gelitten haben. Vielfach liegen der Symptomwahl jedoch auch Detailkenntnisse zugrunde, die die Betroffenen durch Lektüre erworben haben oder die ihnen aufgrund ihres beruflichen Hintergrunds bekannt sind (nicht gerade wenige Patienten kommen aus helfenden und pflegenden Berufen).

Innerhalb der einzelnen Syndrombereiche körperlicher Erkrankungen dominieren folgende Symptomgruppen:
– Bei den gastrointestinalen Symptomen die Bauchkoliken, Appendizitis und Magen-Duodenal-Ulcus; im neurologischen Syndrombereich Kopfschmerzen und Krampfanfälle; Pyelonephritis, Makrohämaturie und Nierenkoliken im urologischen Kontext; Epistaxis und allgemeine Blutungsneigung bei den hämatologischen Symptomen. Der Myokardinfarkt dominiert den Bereich kardialer Symptome. Fieber wird neben Thermometermanipulationen v. a. auch künstlich durch Injektionen körperfremder Substanzen erzeugt. Im Bereich endokrinologischer Symptome wurden v. a. Hyperkalzämien und Hyperkalämien beobachtet. Vorgetäuschte gynäkologische Symptome reichen von der vorgetäuschten Ovarialzyste über Polymen-

orrhoe und Amenorrhoe bis zur Manipulation von Vaginalblutungen und Vortäuschung maligner Erkrankungen.

Tabelle 6: Verteilung der artifiziellen körperlichen Symptome innerhalb unterschiedlicher Syndrombereiche anhand einer Analyse von 130 Einzelfallbeschreibungen durch Eckhardt (1989, S. 23)

	N*		N*
Gastrointestinale Symptome	54	Artifizielles Fieber	
Neurologische Symptome	47	(ohne andere Symptome)	17
Urologische Symptome	33	Dermatologische Symptome	15
Kardiovaskuläre Symptome	27	Endokrinologische Symptome	14
Hämatologische Symptome	25	Rheumatologische Symptome	10
Chirurgische Symptome	25	Zahnheilkundliche Symptome	5
Gynäkologische Symptome	17		

* Mehrfachnennungen, da oft mehrere Symptome beim gleichen Patienten

Psychische Störungen werden seltener vorgetäuscht. Es handelt sich dabei zumeist um psychotische Symptome, depressive Verstimmungen und Suizidimpulse (Merskey, 1989). Von einigen Autoren wird gelegentlich – wenngleich wohl nicht ganz zutreffend – das Ganser-Syndrom, also das „Aneinandervorbeireden", den vorgetäuschten psychischen Störungen hinzugerechnet (so im DSM-III-R; vgl. Turner, Jacob & Morrison, 1984 – ganz im Unterschied zum ICD-10, wo das Ganser-Syndrom den dissoziativen Störungen zugerechnet wird; vgl. oben: Dissoziative Störungen).

Münchhausen-by-Proxy: Ein häufig im Kontext der vorgetäuschten Störungen diskutiertes Syndrom wird im angelsächsischen Raum als Münchhausen-by-Proxy bezeichnet. Bei dieser Störung täuschen Mütter an ihren Kindern (by proxi; stellvertretend) Krankheitssymptome vor, indem sie – wie Eckhardt (1989, S. 52) diese Störungen zusammenfaßt – „körperliche Symptome aggravieren (z. B. falsche amnestische Angaben geben), manipulieren (z. B. dem Urin des Kindes Blut von Tieren oder von sich selbst beimischen) oder künstlich hervorrufen (z. B. dem Kind Medikamente verabreichen, kontaminierte Lösungen injizieren etc.)". Das Münchhausen-by-Proxy-Syndrom wurde erstmals 1977 von Maedow beschrieben und ist dem Bereich der Kindesmißhandlungen zuzuordnen (vgl. auch Maedow 1984 a, b). Insgesamt dürften für die betroffenen Mütter ähnliche ätiologische Überlegungen in Betracht kommen, wie sie für die vorgetäuschten Störungen diskutiert werden.

Münchhausen-Syndrom im engeren Sinne: Es ist inzwischen Gepflogenheit, die Bezeichnung „Münchhausen-Syndrom" nurmehr eingeschränkt für folgende Untergruppe von Patienten mit vorgetäuschten Störungen zu verwenden: Die diese Untergruppe typisierende Eigenart wird als „zwanghaftes Wandern", „Krankenhaus-Wandern" oder „Peregrinating-Problems" beschrieben. Münchhausen-Patienten im engeren Sinne wandern von Klinik zu Klinik, manchmal über den ganzen Kontinent, und sie halten es zumeist nur wenige Tage in einem Krankenhaus aus. Die Aufdeckung der Vortäuschung ist für sie unmittelbar Anlaß, das Krankenhaus wieder zu verlassen, um dann nach kurzer Zeit bereits in einem entfernter gelegenen Krankenhaus erneut um ärztliche Hilfe nachzusuchen. Als wesentliche zusätzliche Symptome dieser Patientengruppe werden eine zwanghafte Neigung zum Lügen (Pseudologia Phantastica) und depressive Verstimmungen beschrieben. Sie wandern gelegentlich auch einfach des Reisens wegen von Klinik zu Klinik. Eine umfangreiche Kasuistik über Patienten mit „zwanghaftem Wandern" war bereits in den dreißiger und vierziger Jahren von Stengel (1939, 1943) vorgelegt worden, für die er den Begriff „Fugue" vorschlug, selbst jedoch nicht eindeutig zwischen Patienten mit amnestischer „psychogener Fugue" (siehe oben: Dissoziative Störungen) und mit „zwanghaftem Krankhauswandern" im Sinne des hier gemeinten Münchhausensyndroms differenzierte.

3.3 Ätiologie

Entstehungs- und Verlaufsbedingungen der vorgetäuschten Störungen sind weitgehend ungeklärt, zumal systematische Untersuchungen in diesem Bereich fehlen. Die zahlreichen Einzelfallanalysen ermöglichen ein Spektrum unterschiedlicher Hypothesen. Eckhardt (1989) verweist auf einige Gemeinsamkeiten in der Kindheits- und Familiengeschichte der Betroffenen:
– Viele Patienten kommen aus schwierigen ökonomischen Verhältnissen. Frühe Trennungs- und Verlustereignisse (durch Tod eines Elternteils; Trennung der Eltern; Umsiedlungen während der Kindheit) werden gehäuft berichtet. Auffallend ist auch, daß viele Patienten bereits in früher Kindheit längerdauernde Erfahrungen in und mit Institutionen gemacht haben (mehrmonatige Krankenhausaufenthalte; längere Unterbringung in Erziehungsheimen und Internaten). In ihren Psychotherapien beschreiben viele Patienten ihre Eltern als abweisend und kalt. Diesen Fallschilderungen entsprechend waren sie während der Kindheit in hohem Maße körperlichen und seelischen Mißhandlungen und Deprivationserfahrungen ausgesetzt.

Die ätiologietheoretische Diskussion dieser Lebenslaufanalysen verweist zumeist auf zwei Verstehensperspektiven:

Einerseits lassen sich die vorgetäuschten Störungen als spezifische Symptomatik eines anderen Syndrombereiches psychischer Störungen auffassen, für den dann jeweils das entsprechende Ätiologieverständnis als Erklärungshintergrund dienen könnte. So gibt es Hinweise und Vermutungen, daß die selbstmanipulierte Krankheit u.a. im Kontext folgender psychischer Störungen auftreten kann (zur jeweiligen Ätiologieperspektive: vgl. die entsprechenden Kapitel i.d.B.):

a) In frühen Arbeiten wurde der Verdacht auf eine unterschwellig wirkende Schizophrenie geäußert (Spiro, 1968; Chapman, 1957).
b) Einige Autoren vermuteten bei ihren Patienten eine zugrundeliegende organische Hirnschädigung (Ireland, Sapira & Templeton, 1967; Pankratz, 1981).
c) Ein Zusammenhang mit affektiven Störungen wird in verschiedenen Kasuistiken als sehr naheliegend betrachtet, zumal depressive Verstimmungen und affektive Störungen bei einer ganzen Reihe von Fällen beschrieben wurden (Haenel et al., 1983; Stone, 1977).
d) In diesem Zusammenhang wird häufig zugleich auf die bereits früh von Menninger (1938/1978) aufgestellte Vermutung hingewiesen, daß es sich bei der Selbstschädigung um eine maskierte Suizidalität handeln könne (vgl. auch Haenel, 1989).
e) Auch ein Medikamenten- und Drogenabusus wurde häufig bei vorgetäuschten Störungen beobachtet (Mendel, 1974), der andererseits jedoch selbst als Symptom einer anderen psychischen Störung betrachtet werden kann (Eckhardt, 1989).
f) Psychoanalytisch orientierte Autoren sehen in der vorgetäuschten Störung gelegentlich ein prototypisches Symptom des Hysterie-Komplexes (z. B. Clarke & Melnick, 1958; Cramer, Gershberg & Stern, 1971; Ford 1973); im Sinne dieser Denkfigur müßte jedoch entsprechend DSM oder ICD genauer abgeklärt werden, ob sich die spezifische Vortäuschung eher dem Bereich der Somatoformen oder dem der Dissoziativen Störungen zuordnen ließe (Gattaz et al., 1990; vgl. die entsprechenden Kapitel i. d. B.) oder ob sie Ausdruck einer histrionischen Persönlichkeitsstörungen ist („die Welt des Krankhauses als Bühne für die Inszenierung unbewußter Konflikte"; Eckhardt, 1989).

Der zuletzt angesprochene Ätiologie-Kontext verweist andererseits auf eine gegenwärtig zuvorderst empfohlene Erklärungsperspektive für die vorgetäuschten Störungen, nämlich darauf, sie als Ausdruck einer besonders schwerwiegenden Persönlichkeitsstörung zu interpretieren (Battegay, 1984; Ford, 1983; Nadelson, 1979). Neben der angesprochenen histrionischen Persönlichkeitsstörung werden vor allem die Borderline-Persönlichkeitsstörung und die antisoziale Persönlichkeitsstörung als mögliche Verstehensbereiche diskutiert (vgl. das Kapitel über Persönlichkeitsstörungen i. d. B.).

Als stützende Indikatoren für die Diagnose einer antisozialen Persönlichkeitsstörung werden vor allem eine vielfach bereits längere Zeit bestehende Suchtmittelabhängigkeit, eine geringe Impulskontrolle, ein mit dem pathologischen Lügen verbundenes „ausweichendes Verhalten", weiter die Unfähigkeit, einer geregelten Arbeit nachzugehen und enge Beziehungen aufrechtzuerhalten, sowie schließlich eine häufig beschriebene mangelnde Schuld- und Schamfähigkeit als wesentlich angeführt (Mendel, 1974; Pankratz, 1981). Daß diese Diagnose im Bereich der Munchhausen-by-Proxy-Problematik eine wichtige Rolle spielen mag, scheint weitgehend unbestritten (Maedow, 1984 a, b). Andererseits wird bei möglichem Vorliegen einer antisozialen Persönlichkeitsstörung mit Blick auf die therapeutischen Konsequenzen eine genaue Differentialdiagnostik gegenüber der motivierten Simulation gefordert (Clark, 1989; vgl. 3.5).

Zudem bleibt zu beachten, daß die für die antisoziale Persönlichkeitsstörung angeführten Merkmale auch im Kontext einer Borderline-Persönlichkeitsstörung auftreten können, bei der neben der häufig anzutreffenden offenen Selbstschädigung eben auch die vorgetäuschten Störungen zum allgemein fluktuierenden Symptombild dazu gehören könnten (Gattaz et al., 1990). So scheinen sich denn auch viele (psychoanalytisch-orientierte) Autoren gegenwärtig einig, daß die Borderline-Diagnose für die meisten Patienten mit vorgetäuschten Störungen zutreffen dürfte (vgl. die Synopse bei Eckhardt, 1989). Durch ein solches Verständnis fänden die psychodynamischen Aspekte der Erkrankung, v. a. die spezifische Pathologie der zwischenmenschlichen Beziehungen, insbesondere die der besonderen Arzt-Patient-Beziehung, sowie die Wahl des Körpers als Objekt der Aggression ihre angemessene Berücksichtigung.

3.4 Behandlung

Bis in die siebziger Jahre hinein werden die vorgetäuschten Störungen noch als therapeutisch kaum oder nicht behandelbar dargestellt. Häufig in Verkennung der Schwere der psychischen Störung empfehlen zahlreiche Autoren denn auch vor allem eine pragmatisch-restriktive Handhabung des „Münchhausen"-Syndroms (wie z. B. die Einschaltung juristischer Instanzen zur Ahndung betrügerischer Vortäuschungen, die Zwangseinweisung auf eine psychiatrische Station zur langfristigen „Verwahrung" oder auch das Anlegen zentral-geführter Personregister, auf die unterschiedliche Kliniken informell zugreifen können, um Vortäuschungen schneller zu enttarnen; Chapman, 1957; Clarke & Melnick, 1958; Schmauss, Ullrich & Kallweit, 1963; Barker, 1966).

Erst in den letzten zwanzig Jahren wurden zunehmend explizit psychologische Therapieansätze vorgestellt. Es handelt sich dabei ausschließlich um Fallberichte, so daß gegenwärtig generalisierende Aussagen über die Effektivität der Behandlungsvorschläge nurmehr sehr eingeschränkt möglich sind. Fast alle Autoren beschäftigen sich dabei mehr oder weniger ausführlich mit dem paradoxen Eingangsproblem der Psychotherapie einer Krankheitsvortäuschung, daß nämlich die Patienten sich einer psychologischen Behandlung widersetzen könnten, die die selbstmanipulierte (teils real gesundheitsbedrohliche) Symptomatik als Krankheit anzweifelt. Nach aller Erfahrung muß offensichtlich jeweils im Einzelfall sorgfältig abgeschätzt werden, wann der Patient im psychotherapeutischen Prozeß mit der Vortäuschung als psychisches Problem mit Behandlungswert konfrontiert werden kann, (a) um keinen vorzeitigen Therapieabbruch zu provozieren und (b) ohne daß der Therapeut zugleich die Kontrolle über den therapeutischen Prozeß aus der Hand gibt (zum Konfrontations-Paradox ausführlich: Eckhardt, 1989).

Der Zeitpunkt der psychoedukativen Konfrontation ist vor allem für jene Patienten sorgsam zu bestimmen, bei denen das selbstzerstörerische Agieren als Abwehr einer weiteren drohenden psychischen Desintegration aufgefaßt werden kann (im Sinne dissoziativer Störungen als Grundproblematik oder im Kontext des fluktuierenden Symptombildes bei Borderlinestörungen; vgl. oben unter 2. und das Kapitel über Persönlichkeitsstörungen i.d.B.). Einige (psychoanalytisch wie verhaltenstherapeutisch orientierte) Autoren schlagen deshalb vor, die Psychotherapie möglichst von zwei oder sogar mehr Therapeuten (und/oder informelle Helfer) mit eindeutiger Funktions- und Rollenteilung durchführen zu lassen und – v. a. wenn die Psychotherapie auf Station durchgeführt wird – das Stationsteam über wichtige Entwicklungen und Entscheidungen in der Therapie auf dem laufenden zu halten (Yassa, 1978; Jamieson, McKee & Roback, 1979; Klonoff, 1983).

So bemühte sich beispielsweise in einem psychoedukativ-konfrontierenden Therapieansatz von Wedel (1971) der erste Therapeut (Sozialarbeiter), zunächst eine stützend-zugewandte Beziehung zum Patienten aufzubauen. Er versuchte diese Stützungsfunktion beizubehalten, während zeitlich versetzt ein zweiter Therapeut (Oberarzt) in Gegenwart weiterer Personen (Stationsarzt, Stationsschwester) den Patienten behutsam mit der Selbstmanipulation konfrontierte.

Insgesamt besteht eine der Hauptaufgaben in der beginnenden Therapie in der Suche nach geeigneten Formen, mit oder für den Patienten einen für diesen akzeptierbaren Übergang von der einer organmedizinisch-symptomatischen Behandlung (die zumeist als Folge der Selbsmanipulation notwendig ist) zur psychologisch-psychotherapeutischen Intervention zu suchen. Der weitere Fortgang der Therapie selbst hängt dann entscheidend davon ab, innerhalb welcher ätiologie-theoretischen Perspektive die im Einzelfall vorliegende Vortäuschung als psychische Störung rekonstruierbar ist (z.B. Zwangsstörung, Borderline- oder histrionischen Persönlichkeitsstörung; vgl. oben). Generell wird in längerfristiger Perspektive eine jeweils spezifisch zu entwickelnde Kombination aus einsichtsorientierter Psychotherapie (zur psychodynamischen Behandlung der Vortäuschung; zumeist psychoanalytisches Einzelfallsetting) und psychoedukativ-stützender Behandlungsformen (Information, Aufklärung und Zukunftsperspektivierung unter Einschluß der Partner und weiterer Familienmitglieder; eher verhaltenstherapeutisches Setting) sinnvoll sein (vgl. Eckhardt, 1989).

3.5 Die Simulation psychischer und körperlicher Störungen

Wie bereits mehrfach angedeutet besteht eines der Hauptprobleme in der Identifizierung vorgetäuschter Störungen in ihrer differentialdiagnostischen Abgrenzung gegenüber der intendierten Simulation (englisch: malingering [Krankheit absichtlich vortäuschen i. e. S.; zugleich diagnostische Bezeichnung]; daneben gebräuchlich: deception [als absichtliche Vortäuschung allgemeiner gemeint, einschließlich betrügerischer Motive]). Gem. DSM-III-R besteht das Hauptmerkmal der Simulation (als malingering) „im absichtlichen Erzeugen falscher oder stark übertriebener Symptome und ist durch externe Anreize motiviert, z. B. die Vermeidung der Militärdienstpflicht, Vermeidung von Arbeit, dem Erhalt finanzieller Entschädigung, dem Entgehen gerichtlicher Verfolgung, der Beschaffung von Drogen oder der Sicherung verbesserter Lebensbedingungen" (American Psychiatric Association, 1989, S. 434; Hervorhebungen d. d. V.). Der Simulation fehlen also die eingangs für die vorgetäuschten Störungen beschriebenen charakteristischen Merkmale der scheinbaren Unmotiviertheit und Zwanghaftigkeit. Nach genauer Diagnose sollten sich immer eindeutige Begründungen aus den aktuellen Lebensumständen der Betroffenen herleiten lassen. Insofern ist jedoch nicht auszuschließen, daß Simulation ein den Umständen entsprechendes angepaßtes Verhalten darstellen kann (z. B. das Vortäuschen einer Erkrankung, um menschenunwürdigen Bedingungen in Kriegsgefangenschaft durch Hospitalisierung wenigstens zeitweilig zu entgehen).

Die intendierte Simulation spielt in der differentialdiagnostischen Abgrenzung zu einer Vielzahl psychischer Störungen eine bedeutsame Rolle (Rogers, 1989). Insbesondere zur Vermeidung psychiatrischer Fehldiagnosen wurden deshalb in den vergangenen Jahren erhebliche Anstrengungen unternommen, die Differentialdiagnostik gegenüber der Simulation psychischer Störungen zu verbessern: Forschungsschwerpunkte lagen dabei vor allem in der Suche nach diagnostischen Merkmalen in den Bereichen der intendierten Simulation psychotischer Symptome (Resnick, 1989a), dissoziativer und dort v. a. amnestischer Störungen (Brandt, 1989) sowie posttraumatischer Belastungsstörungen (Resnick, 1989b). Aus dem Bereich der neurologischen Störungen werden offensichtlich die häufigsten Symptome für eine intendierte Simulation ausgewählt (wie Bewußtseinstrübung, Komazustände, Schlaganfälle, Taubheit, visuelle Wahrnehmungsstörungen, periphere motorische und sensorische Störungen) (Cunnien, 1989; Gorman 1984).

Besondere Anforderungen an die Differentialdiagnose werden durch jene Personen gestellt, deren vordergründig als intendierte Simulation aufscheinende Symptomatik – interpretierbar beispielsweise als Reaktion auf aktuelle Leistungsanforderungen und Lebenskrisen – dennoch sinnvoller aus einem psychosozial bedingten Konfliktgeschehen heraus aufgefaßt werden sollte. Dies betrifft insbesondere den Syndrombereich der somatoformen Störungen. Diese sind sowohl im DSM-III-R wie im ICD-10 ätiologietheoretisch als psychodynamisch verstehbare Symptombildung außerhalb der bewußten Kontrolle der Betroffenen konzeptualisierbar (Turner et al., 1984). Bei zunächst unklarer Ätiologie dürfte eine Diagnosestellung im Überschneidungsbereich Somatoformer Störungen und Simulation durch die Möglichkeit, daß es sich eventuell gar um eine vorgetäuschte Störung handeln könnte, zusätzliche Schwierigkeiten bereiten. Eine Fehldiagnose hätte in jedem Fall ungünstige Auswirkungen auf eine diagnosegeleitete Begründung prinzipieller Psychotherapieplanungen.

In gleicher Weise schwierig stellt sich häufig der Bereich der Krankheits-Simulation im Kindesalter dar (vgl. Quinn, 1989). Das entwicklungspsychologische Wissen um die altersabhängige „Kompetenz" zur Simulation (Kinder erlernen die Möglichkeit und Vorteile, zu lügen, ja selbst ihr Lügen zu tarnen, bereits in der Vorschulzeit; DePaulo, Jordan, Irvine & Laser, 1982) wird erheblich durch eine ebenfalls früh ausgebildete Kompetenz im vermeidenden Umgang mit elterlicher Strafandrohung kontaminiert. Es wird deshalb grundsätzlich gefordert, im Falle unklarer Diagnose eine sorgsame Abklärung des familiären Klimas, der Konflikthaltigkeit familiärer Interaktion sowie der allgemeinen Lebensbedingungen anzustreben (Quinn, 1989). Die angesprochene Münchhausen-by-Proxy-Problematik macht zudem die Begrenztheit deutlich, mit der selbst die Mitteilungen kooperierender Eltern als valide Referenz dienen können.

4 Störungen der Impulskontrolle

Der Bereich der Störungen der Impulskontrolle beinhaltet Verhaltensstörungen, deren charakteristische Gemeinsamkeit in der Unfähigkeit der Betroffenen liegt, einem Impuls, einem inneren Antrieb oder einer Versuchung zu widerstehen, wiederholt Handlungen durchzuführen, die zugleich die Möglichkeit einschließen, der handelnden Person selbst oder anderen Schaden zuzufügen. Dieser Störungsbereich umfaßt fünf spezifische Störungen: intermittierend explosible Störung; pathologisches Spielen; Pyromanie; Kleptomanie; Trichotillomanie. Er stellt innerhalb der Klassifikationssysteme ICD-10 und DSM-III-R über das Merkmal des „impulsiven Kontrollverlustes" definitorisch eine für die genannten Störungen festgelegte Restkategorie dar. Die Zusammenfassung dieser Störung als Restkategorie impliziert deutliche Unterschiede zwischen den fünf Störungsbildern, die u. a. darin bestehen, daß die Symptomatik den Betroffenen teils mehr oder weniger bewußt sein kann und sie je nach Störungsbild mehr oder weniger ichsynton oder ichdyston erlebt wird. Nach wie vor besteht eine klassifikatorische Unsicherheit darüber, ob sie überhaupt auf der Syndromebene gesondert aufgeführt werden sollen, oder ob die Störungen der Impulskontrolle nicht besser als symptomatischer Ausdruck spezifischer

Persönlichkeitsstörungen aufzufassen seien. So wird beispielsweise die intermittierend explosible Störung im DSM-III-R dieser Restkategorie zugeordnet, während sie im ICD-10 zusammen mit den Borderline-Störungen als weitere Untergruppe den dort so bezeichneten emotional instabilen Persönlichkeitsstörungen zugeordnet wurde (vgl. das Kapitel über Persönlichkeitsstörungen i.d.B.).

Die Restkategorisierung impliziert zudem, daß spezifische Störungen der Impulskontrolle als Symptome einer ganzen Reihe weiterer Syndrome auftreten können. So finden sie sich beispielsweise als jeweils prominente Merkmale bei Mißbrauch von Alkohol und anderen psychotropen Substanzen (vgl. das Kapitel über Abhängigkeiten i.d.B.), bei Zwangsstörungen (vgl. das entsprechende Kapitel i.d.B.), bei den Paraphilien (vgl. das Kapitel über sexuelle Funktionsstörungen i.d.B.) sowie bei Störungen des Eßverhaltens (vgl. das Kapitel über Eßstörungen i.d.B), die definitionsgemäß bei Diagnosestellung der hier behandelten fünf Störungsbilder ausgeschlossen werden müssen.

4.1 Intermittierend explosible Störung

Diese Störungsbezeichnung findet Anwendung bei Personen, die in umschriebenen Episoden und spontan mit einem Verlust der Kontrolle über ihre aggressiven Impulse reagieren. Das Ausmaß der gezeigten Aggressivität steht üblicherweise in keinem Verhältnis zu den jeweils findbaren Anlässen und kann bis zu schweren Gewalttätigkeiten oder bis zur Zerstörung von Eigentum ausarten. Die Kennzeichnungen „intermittierend" und „explosibel" sollen verdeutlichen, daß die spontane Aggressivität „anfallsartig" anläßlich eines scheinbar nichtigen Anlasses aus einer bis dahin gegebenen ruhigen und unauffälligen Interaktionsfolge heraus „explodieren" kann und daß die Kontrolle über die Aggressivität mit zumeist auffälliger Beruhigung gleichfalls innerhalb kurzer Zeit wiederhergestellt scheint – und zwar unabhängig von der Dauer der Aggressions-Episoden.

In der Folge ihrer gewalttätigen Ausbrüche zeigen die meisten Betroffenen unmittelbar echte Reue und Betroffenheit über die anderen zugefügten Verletzungen und angerichteten Schäden, und sie machen sich Selbstvorwürfe angesichts der möglicherweise zu erwartenden Konsequenzen ihrer Handlungen. Reue, Schamgefühl und Selbstvorwürfe gelten als Indikatoren zur Abgrenzung gegenüber spontaner Gewalt bei antisozialen Persönlichkeitsstörungen.

Die psychosozialen Folgen explosibler Gewaltanwendung können beträchtlich sein. Es können Haftstrafen drohen oder Zwangseinweisungen in eine psychiatrische Klinik angeordnet werden. Bei Gewalt in der Familie kann der Fortbestand der Ehe gefährdet sein oder ein sicheres Arbeitsverhältnis bei gewalttätiger Auseinandersetzung am Arbeitsplatz.

Tabelle 7: Diagnostische Kriterien der intermittierend explosiblen Störung gem. DSM-III-R

A) Mehrere umschriebene Episoden mit Verlust der Kontrolle über aggressive Impulse, die zu schweren Gewalttätigkeiten oder Zerstörung von Eigentum führen.
B) Das Ausmaß der Aggressivität steht in keinem Verhältnis zu irgendeinem auslösenden psychosozialen Stressor.
C) Es fehlen Anzeichen von allgemeiner Impulsivität oder Aggressivität zwischen den Episoden.
D) Die Episoden des Kontrollverlustes treten nicht auf während des Verlaufs einer psychotischen Störung, eines organisch bedingten Persönlichkeitssyndroms, einer antisozialen oder Borderline-Persönlichkeitsstörung, einer Störung des Sozialverhaltens oder einer Intoxikation durch eine psychotrope Substanz.

aus: Diagnostisches und Statistisches Manual Psychischer Störungen: DSM-III-R (1989, S. 390). © Beltz-Verlag, Weinheim. Abdruck mit Genehmigung des Verlags.

Die Diagnosestellung fordert, daß die spontane Aggressivität nicht mit anderen psychischen oder Persönlichkeitsstörungen in Zusammenhang steht. Sie wird entsprechend selten gestellt. Angaben über die Prävalenz liegen nicht vor, da diese Kategorie erstmals 1980 ins DSM-III aufgenommen wurde, wesentlich stimuliert durch eine Untersuchung von Monroe (1971) über „episodic behavior disorders". Zuvor – im DSM II – war die spontane Gewalttätigkeit als eine Symptomatik der emotional instabilen Persönlichkeitsstörung aufgefaßt worden (American Psychiatric Association, 1952) – eine Tradition, die nur im ICD-10 fortgeschrieben wurde (vgl. Dilling et al., 1991; auch das Kapitel über Persönlichkeitsstörungen i. d. B.). Monopolis und Lion (1983) fanden in einer ersten epidemiologischen Interviewstudie unter 830 Patienten in Allgemeinkrankenhäusern immerhin 2,3 Prozent, auf die die Diagnose der intermittierend explosiblen Störungen hätte zutreffen können.

Über die in den o. g. Kriterien genannten Ausschlußbereiche hinaus wurde wiederholt über spontane Aggressivität im Zusammenhang vor allem mit weiteren Persönlichkeitsstörungen berichtet, u. a. bei Patienten mit paranoiden (Lion, 1987), zwanghaften (Lion, 1989) und passiv-aggressiven Persönlichkeitsstörungen (Malinow, 1981). Bach-y-Rita, Lion, Climent und Ervins (1971) weisen in der Folge ihrer Untersuchung von 130 gewalttätigen Personen auf die Notwendigkeit hin, eine bei Patienten mit explosibler Störung häufig gegebene unterschwellige Suizidneigung diagnostisch abzuklären.

4.1.1 Ätiologie

Nachdem Monroe (1971) die spontane Aggressivität der von ihm untersuchten Patienten mit Störungen der Stimmung und Affektivität in einen Zusammenhang gestellt hatte, werden sie häufig als Ausdruck von neurophysiologischen Dysfunktionen des limbischen Systems betrachtet. Weitere neurologische Spekulationen betreffen die Möglichkeiten unterschwellig nachwirkender organischer Hirnschädigungen in der Folge von Hirn-Schädel-Traumen oder Hirnhauterkrankungen (Lion, 1989). Im Sinne der aktuellen Diagnosegepflogenheiten kann die Diagnose der intermittierend explosiblen Störungen bei organischer Verursachung nicht mehr vergeben werden. Die ICD-10-Besonderheit, die gewalttätige Impulsivität zusammen mit den Borderline-Persönlichkeitsstörungen der Gruppe der emotional instabilen Persönlichkeitsstörungen zuzuordnen, verweist auf eine andere Ätiologie-Perspektive: Es gibt durchaus plausible Gründe für die Annahme, die intermittierend explosiblen Störungen als Ausdruck einer eher „männlichen" Variante der häufiger bei Frauen diagnostizierten Borderline-Persönlichkeitsstörung aufzufassen: Bei beiden Störungsbildern finden sich instabile Erziehungsmuster seit frühester Kindheit, frühe Deprivationserfahrungen sowie das Miterleben bzw. die Erfahrung extremer Gewaltanwendung durch die und zwischen den Eltern (Bach-y-Rita et al., 1971). Gelegentlich wurde auch die Vermutung geäußert, daß der regelhafte, abrupte Wechsel von aggressiven und nichtaggressiven Episoden als Ausdruck einer besonderen Form der Multiplen Persönlichkeitsstörung angesehen werden könnte („Dr.-Jekyll-Mr.-Hyde-duality"; so Lion, 1989, S. 2475; vgl. oben: Dissoziative Störungen). Eine sorgfältige, v. a. ätiologische Hypothese mit einschließender Differentialdiagnostik dürfte wesentlich zur Entscheidungssicherheit bei der Begründung therapeutischer Strategien beitragen.

4.1.2 Behandlung

Eine Indikation zur pharmakologischen Behandlung begründet sich zumeist, wenn die aggressiven Episoden mit anderen psychischen und organischen Störungen in einem engen Zusammenhang stehen. Bei isoliert aufgetretener explosibler Störung wurden bisher u. a. Benzodiazepine (z. B. Lion 1978), Dextroamphetamin (z. B. Allen, Safer & Covi, 1978), Beta-Blocker (z. B. Mattes, 1985) und Carbamazepin (z. B. Mattes, 1984; zusammenfassend Lion, 1989) verabreicht. Die meisten dieser Studien zur medikamentösen Aggressionsbehandlung entsprechen jedoch nicht den Anforderungen kontrollierter Untersuchungsdesigns und die unterstellten Wirkungen liegen eindeutig im Bereich der Spekulation – mit Ausnahme einer kontrollierten Studie zur antiaggressiven Wirkung des Lithium (Sheard, Marini & Bridges, 1976).

Wesentliche Fortschritte sind in den vergangenen Jahren im Bereich psychologischer Therapieansätze, v. a. der psychoedukativen Verhaltenstherapie zu erkennen (vgl. die Arbeiten in Roth, 1987a). Es handelt sich dabei zumeist um unterschiedliche Formen des systematischen Einübens neuer und zur Aggressivität alternativer Handlungs- und Problemlösungsmuster, die in aller Regel ein hochgradig kooperierendes Team gut ausgebildeter Therapeuten voraussetzen (Wong, Slama & Liberman, 1987; Romoff, 1987). Trotz aller Strukturiertheit der Programme werden die konkreten Behandlungsschritte auf einzelne Personen ausgerichtet und setzen deshalb höchst individuelle Problem-, Defizit- und Kompetenzanalysen voraus.

Besonderes Gewicht wird auf das Herausarbeiten der für die jeweilige Person typischen Aggressionsauslöser (interpersonelle Risikomerkmale) gelegt. Die unterschiedlichen Programme setzen recht übereinstimmend Behandlungsschwerpunkte in folgenden Bereichen:
a) Verbesserung der Wahrnehmung interpersoneller Risikomerkmale und der eigenen gefühlsmäßigen Reaktionen auf diese Risikofaktoren;
b) Einübung alternativer Fertigkeiten im Umgang mit aggressionsstimulierenden Bedingungen, v. a. das Erlernen neuer Formen, Ärger und Wut situationsangemessen auszudrücken, eigene Interessen und Bedürfnisse aggressionsfrei zu artikulieren, etc.;
c) frühzeitige Beteiligung von Angehörigen an der Erarbeitung und Erprobung neuer zwischenmenschlicher Konfliktlösungsmuster (vgl. Roth, 1987b).

Im Rahmen der Gerichtsanhängigkeit von Gewalttaten spielt in jüngster Zeit – insbesondere bei jugendlichen Gewalttätern – die Diversion (das frühzeitige Aussetzen einer Haftstrafe) und damit verbunden die Einbeziehung der Opfer in die Rehabilitation als (zumeist sozialtherapeutisch betreute) Möglichkeit des sogenannten Täter-Opfer-Ausgleichs („Wiedergutmachung statt Strafe") eine zunehmend wichtige Rolle (Janssen & Kerner, 1985; Bettmer 1988; Fiedler, 1992).

4.2 Kleptomanie

Das Versagen, Impulsen zum Stehlen von Gegenständen zu widerstehen, die weder zum persönlichen Gebrauch noch wegen ihres Geldwertes benötigt werden, ist das Hauptmerkmal der Kleptomanie. Die Störung kann bereits in der Kindheit beginnen und mit längeren, rückfallsfreien Intervallen bis ins hohe Erwachsenenalter andauern. Zur Abgrenzung gegenüber einem nichtpathologischen Diebstahlverhalten (zweckmotivierte oder spontan-unsinnige Ladendiebstähle), aber auch gegenüber einer Simulation (Simulation zwanghaft-pathologischen Diebstahlverhaltens zur Vermeidung von Strafe) sind folgende Merkmale für diesen Störungsbereich typisierend (vgl. Tab. 8): Die betroffenen Personen beschreiben gewöhnlich eine steigende innere Anspannung oder Erregung vor der Tat sowie ein Gefühl der Entspannung und Befriedigung während der Tat oder unmittelbar nachfolgend. Sie führen die Tat allein und ohne Komplizen durch. Zwischen den Diebstählen können Angst, Scham- und Schuldgefühle auftreten, weshalb die gestohlenen Gegenstände häufig weggeworfen oder verschenkt werden (Pauleikhoff & Hoffmann, 1975; Meeks, 1989; Goldman, 1991).

Tabelle 8: Diagnostische Kriterien der Kleptomanie gem. DSM-III-R

A) Wiederholtes Versagen, Impulsen zu widerstehen, Gegenstände, die weder zum persönlichen Gebrauch noch wegen ihres Geldwertes benötigt werden, zu stehlen.
B) Zunehmendes Spannungsgefühl unmittelbar vor der Handlung.
C) Das Erleben von Lust oder Entspannung während des Stehlens.
D) Das Stehlen ist nicht Ausdruck von Wut oder Rache.
E) Das Stehlen ist nicht auf eine Störung des Sozialverhaltens oder eine Antisoziale Persönlichkeitsstörung zurückzuführen.

aus: Diagnostisches und Statistisches Manual Psychischer Störungen: DSM-III-R (1989, S. 392). © Beltz-Verlag, Weinheim. Abdruck mit Genehmigung des Verlags.

Kleptomanisches Handeln als alleinstehende Störung scheint eher selten zu sein. Es tritt zumeist im Kontext anderer psychischer Störungen auf, weshalb eine genaue Differentialdiagnose als unerläßlich angesehen wird. Das ICD-10 nennt – neben der Möglichkeit einer antisozialen Persönlichkeitsstörung – folgende Abgrenzungsbereiche (Dilling et al., 1991, S. 225):

a) Wiederholter Ladendiebstahl ohne deutliche psychische Störung: In diesen Fällen sind die Handlungen sorgfältiger geplant und der persönliche Nutzen ist offensichtlich.
b) Organisch bedingte psychische Störung: Wiederholtes Nichtbezahlen von Waren als Folge schlechten Gedächtnisses und anderer Arten intellektueller Beeinträchtigung (vgl. hierzu Goldman, 1991).
c) Depressive Störung mit Diebstahl: Einige depressive Patienten stehlen wiederholt, solange die depressive Störung anhält (hierzu z. B. Fishbain, 1987; Gudjonsson, 1987).

Die Abgrenzung der Kleptomanie gegenüber zweckmotiviert-kriminellen (Laden-)Diebstählen gilt als schwierig. Entsprechend groß sind die Unterschiede in den publizierten Zahlenangaben über eine diagnostizierbare Kleptomanie bei gerichtsanhängigen Verfahren: Bradford und Balmaceda (1983) fanden unter 50 Personen, die wegen Ladendiebstahl einem Richter vorgeführt wurden, nur 2 (4 %), auf die die DSM-III-R-Kriterien zutrafen; Yates (1986) kommt bei 15 von 101 Personen (15 %) zur Einschätzung des „nicht-zweckorientierten" Ladendiebstahls. In einigen Studien mit größeren Stichproben finden sich überhaupt keine Personen, auf die die Kleptomanie-Diagnose zutreffen könnte (z. B. Arbodela-Florez, Durie & Costello, 1977; Gibbens, 1962).

Dennoch ist allgemein davon auszugehen, daß es sich beim kleptomanischen Diebstahlverhalten um ein nicht ganz seltenes Symptom handelt. Goldman begründet dies u. a. damit, daß die Kleptomanie-Kriterien im Zusammenhang mit anderen psychischen Störung recht häufig erfüllt würden. So fanden Hudson,

Pope und Jonas (1983), daß 24 % der von ihnen untersuchten bulimischen Patienten zugleich als kleptomanisch eingestuft werden mußten (ähnlich: Caspar, Eckert & Halmi, 1980; zum Auftreten der Kleptomanie bei Anorexia Nervosa: Pierloot, Wellens & Houben, 1975; über das Auftreten der Kleptomanie bei affektiven und Angst-Störungen: Hatsukami, Mitchell & Eckert, 1986; Hudson et al., 1983; McElroy, Keck & Pope, 1991). In einer Reihe von Fallschilderungen wird die Störung zudem als Symptom einer zugrundeliegenden Persönlichkeitsstörung interpretiert, wobei wiederholt auf Zusammenhänge mit einer zwanghaften (z. B. Elizur & Jaffe, 1968; Gudjonsson, 1987), passiv-aggressiven oder dependenten (Davis, 1979) oder histrionischen Charakterstruktur (z. B. Fishbain, 1987) hingewiesen wird. Auch kann der spontane Ladendiebstahl bei einer Borderline-Persönlichkeitsstörung vorkommen (vgl. das Kapitel über Persönlichkeitsstörungen i. d. B.).

4.2.1 Ätiologie

In Fallbeschreibungen wird recht konvergent auf das Auftreten deutlicher Gefühlsschwankungen in Richtung einer extrem ängstlich-phobischen und/oder depressiven Verstimmung im zeitlich unmittelbaren Vorfeld kleptomanischer Episoden hingewiesen, die in einigen Fällen die Kriterien dysthymer Störungen bis zur Major Depression erfüllten (vgl. Goldman, 1991). In den meisten Fällen hatte die Diebstahlhandlung selbst eine affektstabilisierende Wirkung, die von den Betroffenen als lustvoll oder entspannend beschrieben wird (vgl. o. g. Kriterien). Diese Stimmungsschwankungen im Umfeld kleptomanischer Handlungen sind von psychoanalytischen Autoren zumeist als Verlust der Ich-Kontrolle gegenüber Triebimpulsen beschrieben worden, und die deutlich zunehmenden Scham- und Schuldgefühle in der Tatfolge als Zunahme der Überich-Wirkungen nach Triebbefriedigung. Der gelegentliche Bericht zeitgleicher Masturbation und das Erleben eines Orgasmus während der Tat legte in vielen Fällen nahe, die Kleptomanie als sexuelle Deviation, als besondere Art fetischistischen Verhaltens bis hin zur Perversion zu deuten (Wittels, 1942; Fenichel, 1945; Winer & Pollock, 1988).

Bradford und Balmaceda (1983) greifen auf eine schon ältere Überlegung von Bleuler (1937) zurück, der der Kleptomanie eine Bewußtseinsstörung unterstellte. Im Lichte aktueller Diagnosegepflogenheiten betrachten sie kleptomanisches Handeln als mögliches Symptom einer dissoziativen Störung, zumal 12 Prozent der Personen in einer von ihnen untersuchten Gruppe von Ladendieben dissoziative Symptome berichteten. Mit Elizur und Jaffe (1968) erinnert die Amnesie einiger Patienten gegenüber den genauen Abläufen während der Tatausführung an Fugue-ähnliche Prozesse. Auch Goldman (1991) greift diese Denkfigur auf. Mit seiner Detailanalyse publizierter Kasuistiken macht er darauf aufmerksam, daß in den Fallbeschreibungen, die auf genaue Lebenslaufanalysen durch Interviews und Psychotherapien aufbauen können, regelhaft über frühe traumatische Erfahrungen (Inzest und/oder extreme Gewalterfahrungen) in früher Kindheit und Jugend berichtet wurde. Frühe Kindesmißhandlungen spielen im ätiologischen Kontext der schweren dissoziativen Störungen (wie der Multiplen Persönlichkeitsstörungen; vgl. den ersten Teil dieses Kapitels) eine bedeutsame Rolle.

Insgesamt bleibt zu beachten, daß die Kleptomanie auch eine Eigendynamik hin zur Gewohnheitstat entwickeln kann, die sich schließlich nurmehr schwer von dem intentionalen Diebstahlverhaltens unterscheiden läßt. Da systematische Untersuchungen zur Kleptomanie fehlen, bleiben die bisherigen, zumeist aus Einzelfällen gewonnenen Überlegungen zur Ätiologie weitgehend spekulativ. Sie sind deshalb nur mit großer Zurückhaltung generalisierbar.

4.2.2 Behandlung

Psychoanalytische Arbeiten dominieren zwar die Publikationsbreite. Deren Autoren beschäftigen sich jedoch vorrangig mit einer Aufklärung und Ausdeutung des Kleptomanie-Phänomens selbst, so daß verläßliche Aussagen über die langfristige Wirksamkeit psychoanalytischer Therapie bis heute nicht möglich sind. Systematische Einzelfallstudien wurden vor allem von Verhaltenstherapeuten vorgelegt. Mit den Patienten wurden vor allem Selbstkontrollmethoden mit Ziel der selbstinduzierten frühzeitigen Unterbrechung kleptomanischer Episoden eingeübt (z. B. McConaghy & Blaszcynski, 1988). So trainierte Kreutzer (1972) eine Patientin dahingehend, während des Aufkommens von Diebstahlimpulsen den Atem anzuhalten und das Kaufhaus zu verlassen. Leider beschränkte sich seine Follow-up-Kontrolle auf einen kurzen Zeitraum von 10 Wochen. Zwei-Jahres-Katamnesen wurden in zwei Fallstudien durchgeführt, in denen Patientinnen kleptomanische Episoden erfolgreich mit Covert Sensitization bewältigen lernten – einer Einübung aversiver Phantasien, die von den Betroffenen bei Diebstahlimpulsen selbstinduziert werden (Glover, 1985; Gauthier & Pellerin, 1982). Gerade die letztgenannten Studien zeigen, daß kleptomanische Episoden durchaus selbst-kontrollierbar sind. Eine ganze Reihe Autoren verweisen denn auch darauf, daß die von ihnen untersuchten und behandelten Patienten berichten, daß sie Diebstahlimpulse bisher am besten dadurch kontrollieren und unterbinden konnten, indem sie ihr Einkaufsverhalten strikt reglementierten und nur noch die nötigsten Einkäufe in genau festgelegten Zeitabschnitten tätigten (Gudjonsson 1987; McElroy et al., 1989; Glover, 1985; vgl. auch Goldman, 1991).

4.3 Pathologisches Spielen

Pathologisches Spielen wird als chronische und zumeist fortschreitende Unfähigkeit aufgefaßt, der Versuchung zum Glücksspiel und anderem Spielverhalten zu widerstehen, und zwar mit der Folge, daß es die Lebensführung der betroffenen Personen in einem Ausmaß beherrschen kann, daß es zum Verfall der sozialen, beruflichen, materiellen und familiären Werte und Verpflichtungen kommt (vgl. die DSM-Kriterien in Tab. 9). Die Betroffenen setzen Beruf und Anstellung im wahrsten Sinne des Wortes aufs Spiel, indem die hohen Schulden vielfach Anlaß geben, auf kriminelle Weise an Geld zu gelangen oder auf betrügerische Weise die Bezahlung von Schulden zu umgehen.

Tabelle 9: Diagnostische Kriterien für Pathologisches Spielen gem. DSM-III-R

Fehlangepaßtes Spielverhalten, was sich in mindestens vier der folgenden Merkmale ausdrückt:
(1) Häufige Beschäftigung mit dem Glücksspiel oder damit, Geld für das Spielen zu beschaffen.
(2) Häufiges Spielen um größere Geldsummen oder Spielen über einen längeren Zeitraum als beabsichtigt.
(3) Das Bedürfnis, die Höhe und die Häufigkeit der Einsätze zu steigern, um die gewünschte Erregung zu erreichen.
(4) Ruhelosigkeit oder Reizbarkeit, wenn nicht gespielt werden kann.
(5) Wiederholte Geldverluste beim Spielen oder Zurückkehren am anderen Tag, um die Geldverluste wettzumachen.
(6) Wiederholte Versuche, das Spielen einzuschränken oder zu beenden.
(7) Häufiges Spielen, obwohl das Erfüllen sozialer oder beruflicher Pflichten vorrangig wäre.
(8) Aufgeben einiger wichtiger sozialer, beruflicher oder Freizeitaktivitäten, um zu spielen.
(9) Fortsetzung des Spielens trotz der Unfähigkeit, die wachsenden Schulden zu zahlen, oder trotz anderer bedeutender, beruflicher oder gesetzlicher Probleme, von denen der Betroffene weiß, daß sie durch Spielen verschlimmert werden.

aus: Diagnostisches und Statistisches Manual Psychischer Störungen: DSM-III-R (1989, S. 393–394).
© Beltz-Verlag, Weinheim. Abdruck mit Genehmigung des Verlags.

Das pathologische Spielen ist vom sogenannten Gewohnheitsspielen abzugrenzen. Gemäß ICD-10 (vgl. Dilling et al., 1991) handelt es sich bei Gewohnheitsspielern um Personen, die mit dem Glücksspiel ihr Geld verdienen oder die regelmäßig wegen der damit verbundenen Spannung spielen; sie unterscheiden sich von pathologischen Spielern dadurch, daß sie ihr Spielverhalten bei schweren Verlusten oder angesichts negativer Konsequenzen einschränken können. Sowohl im ICD-10 wie im DSM-III-R wird eine weitere differentialdiagnostische Abgrenzung des pathologischen Spielens (a) gegenüber dem gelegentlich beobachtbarem exzessiven Spielen von Patienten mit affektiven Störungen in manischen und hypomanischen Episoden sowie (b) bei Vorliegen einer antisozialen Persönlichkeitsstörung nahegelegt; im letzten Fall können jedoch beide Diagnosen gestellt werden.

Heute wird die Verbreitung des Störungsbildes durch besondere fiskalische Interessen des Staates, der einen Großteil seiner steuerlichen Einnahmen aus

Lotterien, Wetten und Spielbanken bezieht, durch dessen ungebremste Großzügigkeit bei der Vergabe von Konzessionen für Spielbanken und Spielhallen gefördert. Dazu einige Zahlen aus den westlichen Bundesländern (vgl. Schütte, 1990):
- 1974 gab es in der BRD 13 Spielbanken, 1982 bereits 28 mit einem Bruttoerlös von 600 Millionen Mark. Genauso hoch war der Ertrag aus Pferdewetten. Lotto und Toto spielten 1986 7 Milliarden DM ein. Geldspielautomaten, die heute als Haupttätigkeitsfeld pathologischer Spieler gelten, erbrachten 1984 einen Reinerlös von 1 Milliarde DM. 1988 gibt es schätzungsweise 200 000 Spielautomaten in ca. 15 000 Spielhallenorten, seither ist ein Anstieg um etwa 3 % pro Jahr zu verzeichnen. Die Eröffnung einer Spielhalle ist außer durch die Bereitstellung von Parkplätzen und Sanitäreinrichtungen keinerlei Restriktionen unterworfen. Standen in den siebziger Jahren zwei bis drei Spielautomaten in einer Spielhalle, begann man seit Beginn der achtziger Jahre Separees einzurichten und stellte bis zu zwanzig Automaten auf mit einem durchschnittlichen monatlichen Reingewinn von 4 000 bis 8 000 DM. In einer repräsentativen Erhebung des MPI für Psychiatrie wurden 1989 in den alten Bundesländern 32 000 Personen als sog. Häufigkeitsspieler identifiziert, die mehr als 5 Stunden in der Woche in Spielhallen zubringen. 8 000 von diesen wurden anhand unterschiedlicher Merkmale als pathologische Spieler eingestuft.

Eine im Auftrag des Bundesfamilienministeriums durchgeführte Befragungs-Studie an 437 Personen mit pathologischem Spielverhalten (Meyer, 1986) erbrachte u. a. folgende Ergebnisse: 95 % Prozent der Betroffenen waren Männer. Das Durchschnittsalter lag bei 31 Jahren. Im Vergleich zur Gesamtbevölkerung fand sich insgesamt ein höherer Schulabschluß. Der Beginn exzessiven Spielverhaltens lag bei etwa 22 Jahren (mit einem mittleren Einsatz von DM 350 pro Woche). Die verspielte Summe der im Zeitraum der vor der Untersuchung liegenden 5 Jahre lag im Durchschnitt bei etwa 90 000 DM. 67,7 Prozent der Befragten gaben an, daß sie des öfteren während der zurückliegenden Zeit an einen Suizid gedacht hätten, 14,9 hatten mindestens einen Suizidversuch unternommen. 54,5 Prozent gaben an, sich auf illegale Weise Geld für ihr Automatenspiel beschafft zu haben, 10,3 Prozent von ihnen waren deshalb schon rechtskräftig verurteilt worden. 22,4 Prozent haben oder hatten zusätzliche Abhängigkeitsprobleme mit Alkohol, Drogen oder Medikamenten.

4.3.1 Ätiologie

Die ätiologietheoretische Diskussion der vergangen Jahre kreist u. a. um das Problem, ob das pathologische Spielverhalten den Abhängigkeitserkrankungen (Süchten) zugerechnet werden soll oder nicht. Diese Diskussion ist wesentlich durch die Anonymen Alkoholiker stimuliert worden, die sich mit ihren Selbsthilfegruppen schon längere Zeit auch für pathologische Glücksspieler geöffnet haben („gambling anonymous"; vgl. auch Scodel, 1964). Zumeist wird innerhalb dieser Ätiologieperspektive das von Jellinek (1960) für die Alkoholabhängigkeit entwickelte Suchtmodell auf pathologisches Spielverhalten übertragen, mit der Implikation einer lebenslangen Erkrankung, die nur durch lebenslange Abstinenz unter Kontrolle gebracht werden kann (in diesem Zusammenhang wird auch von „nicht stoffgebundenen Süchten" gesprochen; Kellermann & Meyer, 1989). In der Konsequenz wird es in einer Reihe amerikanischer Therapieprogramme für notwendig gehalten, exzessiv spielende Patienten ähnlich wie stoffgebundene Abhängige zu behandeln (Russo, Raber, McCormick & Ramirez, 1984).

Gegen diese Sichtweise sind verschiedene psychopathologische, ätiologietheoretische wie gesellschaftspolitische Gründe kritisch vorgebracht worden (Hand & Kaunisto, 1984 a, b; Saß & Wiegand, 1990): Die Gleichsetzung von stoffgebundenen und nichtstoffgebundenen Süchten verharmlose, daß stoffgebundene Abhängigkeiten zu körperlichen, insbesondere hirnorganischen Veränderungen führen könnten, die die Fähigkeit zur intellektuellen und emotionalen Verarbeitung von Erfahrungen (einschließlich der therapeutischen) beeinträchtigten. Im Fall des pathologischen Spielens sei allenfalls eine psychische Abhängigkeit gegeben, die bei weiterhin vorhandener intellektueller und emotionaler Handlungsfähigkeit therapeutisch besser beeinflußbar sei. Die Diagnose „Sucht" stigmatisiere den pathologischen Spieler als Menschen mit möglicherweise unheilbarer, biologisch bedingter Krankheit, deren Symptome durch Abstinenz letztendlich nicht behandelbar, lediglich unterdrückbar seien.

Von uns wird hier – sofern keine stoffgebundenen Abhängigkeiten zum pathologischen Spielen als Problem hinzukommen – eine psychologische Rekonstruktion der Ätiologie nahegelegt. Psychoanalytisch orientierte Autoren vertreten innerhalb dieser Perspektive zumeist die Auffassung, daß der Spieler mit zunehmender psychischer Abhängigkeit auf eine infantile Entwicklungsstufe regrediere, in dem (unbewußt-triebhaft gesteuerten) Wunsch, aktuellen Konflikten oder der möglichen Entwicklung einer psychischen Störung zu entfliehen (Bergler, 1957). Einem circulus vitiosus entsprechend könne die zwanghaft-routinierte Spielleidenschaft in der Folge der – auch durch sie selbst provozierten – zusätzlichen Lebensprobleme derart ausarten, daß eine eigenständige Beendigung der krisenhaften Zuspitzung unmöglich werde (vgl. auch Winer & Pollock, 1988). Verhaltenstherapeuten betrachten die Spielabhängigkeit als erlerntes Fehlverhalten, das entsprechend wieder verlernbar sei (Klepsch, Hand, Wlazlo, Kaunisto & Friedrich, 1989). Als Auslöser und aufrechterhaltende Bedingungen werden psychosoziale Belastungen und persönliche Krisen angesehen, denen die Betroffenen durch pathologisches Spielen zu entfliehen versuchen (das Spielverhalten verfestigt und verselbständigt sich unter intermittierend wirkender negativer Verstärkung). Die Entwicklung hin zum exzessiven Spielen schließlich ist als Krisenentwicklung verstehbar: Angesichts der sich wiederholenden Rückfälle und der mit ihr einhergehenden privaten wie beruflich-sozialen Folgeprobleme kommt es zur Aufschaukelung psychischer Beschwerden, die durch das Spiel jeweils kurzfristig Erleichterung und Entlastung durch Ablenkung erfahren (und damit das Spielverhalten bei zunehmender psychosozialer Belastung stabilisieren). Die psychosozialen Anlässe selbst müssen den Spielern als Intention schließlich nicht bewußt sein (Hand, 1986).

4.3.2 Behandlung

In den Therapieansätzen, die eine deutliche Distanz zum Ätiologiemodell der stoffgebundenen Süchte herstellen, steht eine Betonung der eigenen Verhaltensfreiräume und Entscheidungsfreiheit der Betroffenen im Vordergrund – damit verknüpft ist allerdings zugleich das Herausstellen der Eigenverantwortlichkeit für das Spielverhalten (Klepsch et al., 1989). Die Hauptaufgabe der Therapie besteht – unabhängig davon, welcher Therapieschule sich die Autoren jeweils verpflichtet fühlen – konsensuell darin, die individuellen und umweltbezogenen Auslöser und die krisenabhängigen aufrechterhaltenden Bedingungen und Funktionen des Spielverhaltens herauszuarbeiten (zur ambulanten Betreuung und Beratung, vgl. Düffort, 1989; stationäre Behandlungsansätze: Schulte-Brandt, 1989; Russo et al., 1984). Auch innerhalb der stationären Arbeit werden die – hier zumeist verhaltenstherapeutischen – Zielstellungen entsprechend den jeweils gegebenen individuellen Problemstellungen und Fähigkeiten gesetzt (Klepsch et al., 1989): Sie können sich z.B. auf Kommunikationsfähigkeiten im Rahmen einer problematischen Paarbeziehung, auf den Aufbau sozialer Kompetenz oder auf das Erlernen von Verarbeitungsmechanismen für private und berufliche Verlustsituationen beziehen. Schließlich verdient die mögliche Suizidneigung vieler Betroffener eine besondere Beachtung (Custer & Linden, 1989). Obwohl die Betroffenen selbst häufig die finanzielle Notsituation und die Schuldenregulierung in den Mittelpunkt der therapeutischer Behandlung zu rücken versuchen, besteht weitgehend Übereinstimmung, die Bearbeitung diese Problems aus der psychologischen Therapie auszugrenzen und es in gesonderten Beratungssitzungen (von mit dem Entschuldungsproblem vertrauten Beratern oder Institutionen) zu behandeln. In der Psychotherapie selbst sollten vielmehr Wege gesucht werden, die Betroffenen damit zu konfrontieren, daß die Beseitigung der Schuldenprobleme keine Lösung der psychischen Abhängigkeit darstellt (Schulte-Brandt, 1989). Neben der Einzelfallbehandlung gelten schließlich die therapeutische Gruppenarbeit sowie die Beratung und Therapie von Angehörigen für eine Absicherung des Transfers als unverzichtbar (Erlbach, 1989; Thomas, 1989; Tepperman, 1985). Obwohl inzwischen eine Reihe gut strukturierter Programme zur Behandlung pathologischen Spielens vorliegen, nehmen sich die Behandlungserfolge nach wie vor eher bescheiden aus: Global zusammengefaßt ergibt sich in den – unterschiedlich gut – kontrollierten Studien eine Erfolgsrate von ca. 25 Prozent (orientiert an dem Kriterium der Abstinenz; vgl. Klepsch et al., 1989).

4.4 Pyromanie

Die Pyromanie zählt zu den psychischen Störungen mit erheblicher destruktiver Auswirkung und mit beträchtlichen Folgewirkungen für andere wie für die Betroffenen selbst. Die Diagnosekriterien betonen den Verlust der Impulskontrolle, der mit affektiv-positiv getönter, zugleich steigender innerer Anspannung eintreten kann und der üblicherweise in eine unmittelbare, subjektiv als befriedigend erlebte Entspannung einmündet (vgl. Tab. 10). Das Vorliegen organischer Ursachen und eine Schizophrenie sind differentialdiagnostisch auszuschließen; die Diagnosen der dissozialen Entwicklungsstörung bzw. antisozialen Persönlichkeitsstörung können zusätzlich vergeben werden.

Tabelle 10: Diagnostische Kriterien der Pyromanie gem. DSM-III-R

A) Absichtliches und zielgerichtetes Feuerlegen bei mehr als einer Gelegenheit.

B) Spannungsgefühl oder Erregung vor der Handlung.

C) Faszination, Interesse, Neugier oder Anziehung hinsichtlich Feuer und damit zusammenhängenden Situationen oder Umständen (z.B. zugehöriges „Drum und Dran", Anwendungen, Folgen, dem Feuer ausgesetzt sein).

D) Intensives Vergnügen, Befriedigung oder Entspannung beim Feuerlegen oder Zuschauen oder beim Beteiligtsein an den Folgen.

E) Das Feuerlegen geschieht nicht aus Profitgründen, als Ausdruck einer politischen Ideologie, zum Vertuschen einer Straftat, als Ausdruck von Wut oder Rache, um die Lebensbedingungen zu verbessern oder infolge von Wahn oder Halluzinationen.

aus: Diagnostisches und Statistisches Manual Psychischer Störungen: DSM-III-R (1989, S. 395). © Beltz-Verlag, Weinheim. Abdruck mit Genehmigung des Verlags.

Prävalenzraten der Pyromanie sind schwer zu erheben. Schätzungen epidemiologischer Untersuchungen behandelter Patientengruppen mit unterschiedlichen Störungsbildern schwanken zwischen 2,3 und 15,5 Prozent; in den hier einbezogenen Fällen steht die Pyromanie jedoch Symptom zumeist im Kontext einer anderen psychischen Störung und sollte als solche beurteilt werden (Bumpass, 1989). Die meisten Informationen über Entstehung und Verlauf der solitär auftretenden Störung entstammen Einzelfallschilderungen oder Untersuchungen zur Brandstiftung im Kindes- und Jugendalter, in denen eine Abgrenzung der Pyromanie zur Kindes- und Jugendlichenkriminalität (z.B.: in Kinder- und Jugendbanden) nicht immer eindeutig möglich ist. Der Beginn der späterhin wiederholt und einzeln auftretenden Störung liegt zumeist in der Kindheit und

Jugend und eher selten im Erwachsenenalter (Meeks, 1979). Es bleibt jedoch zu beachten, daß der spielerische Umgang mit Feuer und das Zündeln möglicherweise zur normalen Entwicklung im Kindesalter dazugehört – auch wenn daraus gelegentlich gravierende Brandfolgen mit verheerenden Konsequenzen für die betroffenen Familien erwachsen können (vgl. Kaufman, Heims & Reiser, 1961; Nurcombe, 1969). Etwa 90 Prozent der Betroffenen sind männlichen Geschlechts. Untersuchungen von Familien mit Kindern, die wiederholt wegen Brandstiftung auffällig wurden, zeigen folgende Übereinstimmungen (vgl. Kuhnley, Hendred & Quinlan, 1982): Es gibt zumeist eine über dem Durchschnitt liegende Geschwisterzahl; der Unter- und Mittelschichtstatus überwiegt (wenngleich die Pyromanie auch in Familien mit hohem Lebensstandard vorkommt). Relativ unabhängig vom Lebensalter zeigen pyromanische Brandstifter häufig eine Reihe weiterer Verhaltensauffälligkeiten in folgenden Bereichen: Diebstahlverhalten, spontanes Fortlaufen von zu Hause, Alkoholmißbrauch, psychosexuelle Funktionsstörungen, mentale Retardierung, Lernschwierigkeiten, Aufmerksamkeitsstörungen, Sprachstörungen, Enuresis und Gewalttätigkeit gegenüber Tieren (vgl. Lewis & Yarnell, 1951; Nurcombe, 1969; Vandersall & Wiener, 1970; Fras, 1979; Bumpass, 1989).

4.4.1 Ätiologie

Die Pyromanie ist eine eher seltene Störung. Ätiologische Überlegungen basieren deshalb fast ausschließlich auf Einzelfallschilderungen. Die Beobachtung, daß Kinder beim Betrachten von Feuer gelegentlich masturbieren, führte psychoanalytische Autoren zunächst zu der Auffassung, bei der Pyromanie handele es sich um eine sexuelle Perversion – eine Ansicht, die jedoch immer zugleich auch angezweifelt wurde (vgl. Lewis & Yarnell, 1951). Insgesamt lassen die bis heute vorliegenden Fallanalysen keine größere Konvergenz in der Ausdeutung ätiologischer Muster erkennen. Das liegt einerseits an sehr divergierenden theoretischen Positionen der Autoren, andererseits an einer teilweise damit zusammenhängenden Heterogenität, mit der Lebensentwicklungen und Ursachenbedingungen in den Kasuistiken betont werden (vgl. Vreeland & Waller, 1978; Winer & Pollock, 1988). Eine gewisse Übereinstimmung läßt sich – grob betrachtet – lediglich darin erkennen, daß in der Mehrzahl der Fälle von Pyromanie im Kindes- und Jugendalter Konflikte und Belastungen in den Familien der Brandstifter als wesentliche Auslösebedingungen in Betracht kommen; die erste Brandstiftung erfolgt häufig in einer Situation, in der Kinder und Jugendliche verstärkt um Zuwendung und Unterstützung bei den Eltern nachsuchen, die ihnen diese aus unterschiedlichen Gründen versagen (Bumpass, Brix & Reichland 1985; Bumpass, 1989).

4.4.2 Behandlung

Behandlungskonzepte der Pyromanie werden erst seit Beginn der 70er Jahre beschrieben – mit Ausnahme der frühen Überlegungen von Lewis und Yarnell (1951), deren idealistisch anmutende Vorschläge einer institutionellen Behandlung der Pyromanie kaum realisierbar scheinen. Die meisten der bis heute vorliegenden Behandlungsansätze stammen von Verhaltenstherapeuten (vgl. Kellner, 1982; Bumpass, 1989); sie schlagen u. a. folgende prinzipielle Behandlungsstrategien vor: Stimulussättigung (als systematische und ausgiebige Einübung der Kinder und Jugendlichen in den Umgang mit Feuer – bis hin zur Löschung/Sättigung; Welsh, 1974; Jones, 1981); die Verbindung von Einübung in der sicheren Feuerverwendung mit einem Training zur allgemeinen Verbesserung sozialer Fertigkeiten (McGrath, Marshal & Prior, 1979); das Training erziehungsberechtigter Personen in verhaltenstherapeutische Prinzipien zur positiven Beeinflussung ihrer pyromanischen Kinder (Kolko, 1983). Die bisher umfangreichste Behandlungsdokumentation wurde von Bumpass, Fagelman und Brix (1983) vorgelegt: Sie behandelten 29 jugendliche und erwachsene Patienten, indem sie mit diesen die genauen Abläufe der bisher erfolgten Brandstiftungen minutiös zu rekonsturieren versuchten (sog. „graphing technique"). Diese Detailanalyse (und der Abfolge) möglicher sozialer Auslöser, erlebter Gefühle und durchgeführter Handlungen zielt u. a. auf eine Verbesserung der Selbstwahrnehmung des Impulskontrollverlustes und damit auf eine Herstellung der Selbstkontrolle über den bis dahin häufig ichdyston geschilderten Drang zum Feuerlegen. Diese Analyse dient zudem als Ausgangspunkt einer therapeutischen Bearbeitung auslösender familiärer Belastungen und Krisen.

Angesichts der beträchtlichen Schäden, die Kinder und Jugendliche durch Brandstiftung verschiedentlich verursachen, haben einige Großstädte in den USA spezielle Behandlungsprogramme für polizeilich identifizierte Brandstifter etabliert (vgl. Herbert, 1985; Wooden, 1985). Zum zentralen Element dieser Projekte zählt, daß die Betroffenen als Helfer der Feuerwehr ausgebildet werden und mehrere Stunden an Übungen und Ernsteinsätzen teilnehmen. Durch symbolische Patenschaften, die Feuerwehrleute für einzelne Kinder und Jugendliche (mit regelmäßigen Treffen) übernehmen, sollen die erhofften Wirkungen längerfristig abgesichert werden.

4.5 Trichotillomanie

Unter der Bezeichnung „Trichotillomania" beschrieb 1889 erstmals Hallopeau einige Patienten, die von einem unbeherrschbaren Zwang angetrieben wurden, sich Kopfhaare ausreißen zu müssen, ohne daß der Autor irgendeine andere körperliche oder seelische Erkrankung als Ursache bei den Betroffenen feststellen konnte. In dem seither vergangenen Jahrhundert ist das Störungsbild regelmäßig in Fallberichten beschrieben worden. Obwohl typischerweise das Ausreißen von Kopfhaaren beschrieben wird, neigt eine nicht geringe Anzahl von Patienten dazu, zusätzlich auch Haare anderer Körperregionen zu entfernen (v. a. der Augenbrauen, der Augenlider, des Bartes und der Achselbehaarung). Einige wenige zeigen weitere Zwanghaftigkeiten wie das Nägelabbeißen und das Aufessen der gezupften Haare (Trichophagie).

In schweren Fällen zeigen sich als Folge der Trichotillomanie größere kahle Flächen auf der Kopfhaut, die die Patienten zumeist mit Tüchern, Hüten oder einer besonderen Toupiertechnik der verbliebenen Haare zu verbergen trachten. Schamgefühle und eine zunehmende Vermeidung sozialer Kontakte können die Folge sein. Die Fähigkeit der Haarfolikel zur Regeneration ist begrenzt, so daß kahle Kopfhautstellen auf Dauer zurückbleiben können. Da Patienten ihre Trichotillomanie häufig verleugnen, kann eine Hautbiopsie sinnvoll sein, um andere biochemisch-organisch bedingte Ursachen auszuschließen.

Trichotillomanie wird auch bei Patienten mit anderen psychischen Störungen beobachtet (v. a. bei der Schizophrenie, Depression und den Zwängen; vgl. Krishnan, Davidson & Guajardo, 1985). In solchen Fällen wird sie diagnostisch als Symptom der jeweiligen Störung zugeordnet, bewertet und behandelt. Bei Vorliegen einer Persönlichkeitsstörung wird das zwanghafte Haarausreißen hingegen als eigenes Störungsbild beurteilt und behandelt. So wird die Symptomatik gelegentlich im Zusammenhang mit einer Borderline-Persönlichkeitsstörung beobachtet (Greenberg & Sarner, 1965).

Tabelle 11: Diagnostische Kriterien der Trichotillomanie gem. DSM-III-R

A) Wiederholte Unfähigkeit, Impulsen zu widerstehen, sich die Haare auszureißen, was zu deutlichem Haarausfall führt.
B) Zunehmendes Spannungsgefühl unmittelbar vor dem Haareausreißen.
C) Befriedigung oder Gefühl der Entspannung beim Haareausreißen.
D) Kein Zusammenhang mit einer vorbestehenden Hautentzündung und keine Reaktion auf Wahn oder Halluzinationen.

aus: Diagnostisches und Statistisches Manual Psychischer Störungen: DSM-III-R (1989, S. 397). © Beltz-Verlag, Weinheim. Abdruck mit Genehmigung des Verlags.

Epidemiologische Angaben zur Häufigkeit und Verteilung der Trichotillomanie liegen nicht vor. Aus den annähernd 60 besser dokumentierten Fallbeschreibungen der zurückliegenden vierzig Jahre lassen sich jedoch folgende Rückschlüsse ziehen (vgl. u. a. Ratner, 1989): Frauen scheinen etwa dreimal häufiger von der Störung betroffen als Männer. In mehr als 90 Prozent der Fälle liegt der Störungsbeginn vor dem 17. Lebensjahr; bei einem Drittel zeigte sich die Symptomatik bereits im Kindesalter (zwischen dem 2. und 10. Lebensjahr), und bei der weitaus größten Anzahl liegt der Störungsbeginn während der

Pubertät. Weit über die Hälfte der Patienten sucht – zumeist nach vielen Jahren episodenhaft wiederkehrender Symptomatik – zunächst v. a. um medizinische Hilfe bei Allgemeinärzten und Dermatologen nach, wo die Störung wegen der Verleugnungsneigung der Patienten vielfach nicht als Trichotillomanie erkannt wird. Da spontane Kopfhaarausfälle in der dermatologischen Praxis häufig vorkommen, wird die Inzidenz gelegentlich beträchtlich höher eingeschätzt, als die vorliegenden Fallberichte vermuten lassen (vgl. Greenberg & Sarner, 1965; Delgado & Mannino, 1969; Ratner, 1989).

4.5.1 Ätiologie

In zumeist psychoanalytisch orientierten Fallbeschreibungen wird die Trichotillomanie als Folge früher Trennungs- und Verlusterfahrungen des Kindes (insbesondere von der Mutter) oder als Ausdruck früher Störungen der Mutter-Kindbeziehung in verschiedenen Entwicklungsphasen gedeutet, ohne daß dabei jedoch eine, über die unterschiedlichen Fallrekonstruktionen hinweg gemeinsame Verstehensstruktur sichtbar würde (Barahal, 1940; Monroe & Abse, 1963; Oguchi & Miura, 1977; Greenberg & Sarner, 1965; Sorosky & Sticher, 1980; Sticher, Abramovits & Newcomer, 1980). Gelegentlich wird auf die symbolische Bedeutung des Haarausreißens als Ausdruck der Trauer hingewiesen und die Trichotillomanie auf entsprechende archaisch unbewußte Wirkungen zurückgeführt (vgl. die kulturabhängigen Ausdeutungen trichotillomanischer Handlungen bei Krishnan et al., 1985). Klinisch-psychologische und verhaltenstherapeutische Erklärungsansätze rücken die Trichotillomanie in die Nähe von Zwangsstörungen und erklären v. a. die Aufrechterhaltung der Symptomatik durch die mit ihr einhergehende, teils beträchtliche Reduktion negativer und unbestimmter Affekte (negative Verstärkung; DeLuca & Holborn, 1984).

4.5.2 Behandlung

Wegen des eher seltenen Auftretens der Störung liegen bislang ausschließlich Einzelfallbeschreibungen vor, die in der Verhaltenstherapie teilweise einem Einzelfalldesign zur systematischen Effektabschätzung unterworfen wurden (vgl. Ratner, 1989). Auf diese Weise wurden vor allem vier Behandlungstechniken untersucht: (a) der Einsatz von Unterbrechungs- und Rückmeldestrategien (Selbstbeobachtung) zur Erhöhung der Eigenwahrnehmung und Selbstkontrolle des ansonsten routiniert ablaufenden Haareausreißens, zumeist gekoppelt mit (b) verschiedenen Formen der positiven Bekräftigung bei vorzeitigem Abbruch und selbst-gesetzte negative Konsequenzen bei Versagen der Selbstkontrolle (instrumentelle Neukonditionierung; DeLuca & Holborn, 1984; Stevens, 1984); (c) Entspannungstechniken zur Reduktion der die Symptomatik provozierenden negativen und unbestimmten Affekte (Gegenkonditionierung/Löschung; De le Horne, 1977; DeLuca & Holborn, 1984); schließlich (d) die systematische Einübung in kognitive Techniken der Selbstkontrolle und des interpersonellen Selbstvertrauens bei vorliegender Scham (Ottens, 1981). Verschiedentlich wurde anstelle von Relaxationsverfahren auch Hypnose zur Entspannung eingesetzt (Fabbri & Dy, 1974), z.T. unter Ausnutzung der Möglichkeit posthypnotischer Aufträge (z. B. zum Handlungsstop bei aufkommender Neigung zum Haareausreißen und zur Ausführung alternativer Handlungen; Gardner, 1978). Die berichteten Behandlungserfolge ließen sich jeweils katamnestisch absichern. Lediglich solitär eingesetzte Entspannungstechniken scheinen eher moderate Wirkungen auf das Haarausreißen zu entfalten, weshalb sie jeweils in multimodale Verhaltenstherapieprogramme integriert werden sollten. In den vorliegenden Arbeiten über tiefenpsychologische und psychoanalytische Verfahren werden von den Autoren selten Wirkungseinschätzungen vorgenommen; nur gelegentlich wird über moderate bis gute Behandlungserfolge berichtet (vgl. Mannino & Delgado, 1968; Sticher et al., 1980). Insgesamt spricht die vorliegende Befundlage gegenwärtig eher für eine selektive Indikation zur Verhaltenstherapie.

Literatur

Aalpoel, P.J. & Lewis, D.J. (1984). Dissociative disorders. In H.E. Adams & P.B. Sutker (Eds.), *Comprehensive handbook of psychopathology* (pp.223–249). New York: Plenum Press.

Abeles, M. & Schilder, P. (1935). Psychogenic loss of personal identity. *Archives of Neurology and Psychiatry, 34*, 587–604.

Abse, D.W. (1974). Hysterical conversion and dissociative syndromes and the hysterical character. In S. Arieti & E.B. Brody (Eds.), *American handbook of psychiatry.* Vol.3. Adult clinical psychiatry (2nd ed., pp.154–194). New York: Basic Books.

Ackner, B. (1954a). Depersonalization: I. Aetiology and phenomenology. *Journal of Mental Science, 100*, 838–853.

Ackner, B. (1954b). Depersonalization: II. Clinical syndromes. *Journal of Mental Science, 100*, 854–872.

Akhtar, S. & Brenner, I. (1979). Differential diagnosis of fugue-like states. *Journal of Clinical Psychiatry, 40*, 381–385.

Aldridge-Morris, R. (1989). *Multiple personality: An excercise in deception.* Hillsdale: Erlbaum.

Allen, R.D., Safer, D. & Covi, L. (1975). Effects of psychostimulants on aggression. *Journal of Nervous and Mental Disease, 160*, 138–145.

American Psychiatric Association (1952). *Diagnostic and statistical manual of mental disorders* (1st ed.). Washington, DC: American Psychiatric Association.

American Psychiatric Association (1968). *Diagnostic and statistical manual of mental disorders* (2nd ed.). Washington, DC: American Psychiatric Association.

American Psychiatric Association (1980). *Diagnostic and statistical manual of mental disorders* (3rd ed.). Washington, DC: American Psychiatric Association.

American Psychiatric Association (1987). *Diagnostic and statistical manual of mental disorders* (3rd ed.; revised). Washington, DC: American Psychiatric Association [deutsch: (1989). Diagnostisches und Statistisches Manual Psychischer Störungen DSM-III-R. Weinheim: Beltz].

Arbodela-Florez, J., Durie, H. & Costello, J. (1977). Shoplifting – an ordinary crime? *International Journal of Offender Therapy and Comparative Crimonology, 28,* 53–64.

Asher, R. (1951). Munchausen's syndrome. *Lancet, 1,* 339–341.

Bach-y-Rita, G., Lion, J. R., Climent, C. E. & Ervins, F. R. (1971). Episodic dyscontrol: a study of 130 violent patients. *American Journal of Psychiatry, 127,* 1473–1478.

Barahal, H. S. (1940). The psychopathology of hair plucking (trichotillomania). *Psychoanalytic Review, 27,* 291–310.

Barker, J. C. (1966). Hospital and operation addiction. *British Journal of Clinical Practice, 20* (2), 63–67.

Battegay, R. (1984). Psychiatrische Aspekte des Münchhausen-Syndroms. *Schweizer Rundschau der Medizin, 73,* 1203–1207.

Beahrs, J. O. (1982). *Unity and multiplicity: Multilevel consciousness of self in hypnosis, psychiatric disorders and mental health.* New York: Bruner-Mazel.

Bergler, E. (1950). Further studies on depersonalization. *Psychiatric Quarterly, 24,* 268–277.

Bergler, E. (1957). *The psychology of gambling.* London: Hannison.

Berrington, W. P., Liddell, D. W. & Foulds, G. A. (1956). A re-evaluation of the fugue. *Journal of Medical Science, 102,* 280–286.

Bettmer, F. (1988). Straffällige und Diversion. In G. Hörmann & F. Nestmann (Hrsg.), *Handbuch der psychosozialen Intervention* (S. 268–285). Opladen: Westdeutscher Verlag.

Blank, R. H. (1954). Depression, hypomania and depersonalization. *Psychoanalysis, 23,* 20–37.

Bleuler, E. (1937). *Lehrbuch der Psychiatrie* (6. Aufl.). Berlin: Springer [12. Aufl. (1972), neubearbeitet von M. Bleuler (Hrsg.). Berlin: Springer].

Bliss, E. L. (1980). Multiple personalities. *Archives of General Psychiatry, 37,* 1388–1397.

Bliss, E. L. (1983). Multiple personalities, related disorders, and hypnosis. *American Journal of Clinical Hypnosis, 26,* 114–123.

Bliss, E. L. & Jeppsen, E. A. (1985). Prevalence of multiple personality among impatients and outpatients. *American Journal of Psychiatry, 142,* 250–251.

Bradford, J. & Balmaceda, R. (1983). Shoplifting: is there a specific psychiatric symptom? *Canadian Journal of Psychiatry, 28,* 248–253.

Brandt, J. (1989). Malingered amnesia. In R. Rogers (Ed.), *Clinical assessment of malingering and deception* (pp. 65–83). New York: Guilford Press.

Braun, B. G. (1986). *Treatment of multiple personality disorder*. Washington, DC: American Psychiatric Press.

Breuer, J. & Freud, S. (1893). Über den psychischen Mechanismus hysterischer Phänomene. Wiener medizinische Presse, 34 (4), 121–126. [In: Freud, S. (1971). *Hysterie und Angst* (Studienausgabe, S. 13–24). Frankfurt: Fischer].

Bowers, K. S. (1990). Unconscious influences and hypnosis. In J. L. Singer (Ed.), *Repression and dissociation* (pp. 143–180). Chicago: University of Chicago Press.

Bumke, E. (1929). *Lehrbuch der Geisteskrankheiten*. Berlin: Springer.

Bumpass, E. R. (1989). Pyromania. In American Psychiatric Association (Ed.), *Treatments of psychiatric disorders* (Vol. 3, pp. 2468–2473). Washington, DC: APA.

Bumpass, E. R., Brix, R. J. & Reichland, R. E. (1985). Triggering events, sequential feelings and firesetting behavior in children. *Journal of the American Academy of Child Psychiatry, 10,* 18–19.

Bumpass, E. R., Fagelman, F. D. & Brix, R. J. (1983). Intervention with children who set fire. *American Journal of Psychotherapy, 37,* 328–345.

Bursten, B. (1965). On Munchausen's syndrom. *Archives of General Psychiatry, 13,* 261–268.

Caspar, R. C., Eckert, E. D. & Halmi, K. A. (1980). Bulimia: its incidence and clinical importance in patients with anorexia nervosa. *Archives of General Psychiatry, 37,* 1030–1035.

Cattell, J. P. & Cattell, J. S. (1974). Depersonalization: Psychologicial and social perspectives. In S. Arieti & E. B. Brody (Eds.), *American handbook of psychiatry*. Vol. 3. Adult clinical psychiatry (2nd ed., pp. 766–799). New York: Basic Books.

Chapman, J. S. (1957). Peregrinating problem patients – Munchausen's syndrome. *Journal of the American Medical Association, 165,* 927–933.

Charcot, J. M. (1873). *Leçons sur les maladies du système nerveaux faites à la Salpétrière*. Paris: Delahaye.

Clark, C. R. (1989). Sociopathy, malingering, and defensiveness. In R. Rogers (Ed.), *Clinical assessment of malingering and deception* (pp. 54–64). New York: Guilford Press.

Clarke, E. & Melnick, S. (1958). The Munchausen syndrome or the problem of hospital hoboes. *American Journal of Medicine, 25,* 6–12.

Clary, W. F., Burstin, K. J. & Carpenter, J. S. (1984). Multiple personality and borderline personality disorder. *Psychiatric Clinic of North America, 7,* 89–100.

Coons, P. M. (1984). The differential diagnosis of multiple personality. *Psychiatric Clinics of North America, 7,* 51–67.

Coons, P. M. & Milstein, V. (1986). Psychosexual disturbances in multiple personality: Characteristics, etiology, and treatment. *Journal of Clinical Psychiatry, 47,* 106–110.

Coons, P. M., Bowman, E. S. & Milstein, V. (1988). Multiple personality disorder: a clinical investigation of 50 cases. *Journal of Nervous and Mental Disease, 176,* 519–527.

Cramer, B., Gershberg, M. R. & Stern, M. (1971). Munchausen syndrome. Its relationship to malingering, hysteria, and the physician-patient relationship. *Archives of General Psychiatry, 24*, 573–578.

Cunnien, A. J. (1989). Psychiatric and medical syndromes associated with deception. In R. Rogers (Ed.), *Clinical assessment of malingering and deception* (pp. 13–33). New York: Guilford Press.

Custer, R. & Linden, R. D. (1989). Pathologic gambling. In American Psychiatric Association (Ed.), *Treatments of psychiatric disorders* (Vol. 3, pp. 2463–2466). Washington, DC: APA.

Cutler, B. & Reed, J. (1975). Multiple personality. A single case study with a 15 year follow-up. *Psychological Medicine, 5*, 18–26.

Davis, H. (1979). Psychiatric aspects of shoplifting. *South African Medical Journal, 55*, 885–887.

De le Horne, D. (1977). Behavior therapy for trichotillomania. *Behaviour Research & Therapy, 15*, 192–196.

Degkwitz, R., Helmchen, H., Kockott, G. & Mombour, W. (Hrsg.). (1980). *Diagnoseschlüssel und Glossar psychiatrischer Krankheiten*. Deutsche Ausgabe der internationalen Klassifikation der Krankheiten der WHO: ICD (= International Classification of Diseases), 9. Revision, Kapitel V. Berlin: Springer.

Delgado, R. A. & Mannino, F. V. (1969). Some observations on trichotillomania in children. *Journal of the American Academy of Child Psychiatry, 81*, 229–246.

DeLuca, R. V. & Holborn, S. W. (1984). A comparison of relaxation training and competing response training to eliminate hair pulling and nail biting. *Journal of Behaviour Therapy and Experimental Psychiatry, 15*, 67–70.

DePaulo, B. M., Jordan, A., Irvine, A. & Laser, P. S. (1982). Age changes in the detection of deception. *Child Development, 53*, 701–709.

Dilling, H., Mombour, W. & Schmidt, M. H. (1991). *Klassifikation psychischer Krankheiten*. Klinisch-diagnostische Leitlinien nach Kapitel V (F) der ICD-10. Bern: Huber.

Dixon, J. C. (1963). Depersonalization phenomena in a sample population of college students. *British Journal of Psychiatry, 109*, 371–375.

Dollinger, S. J. (1983). A case report of dissociative neurosis (depersonalization disorder) in an adolescent treated with family therapy and behavior modification. *Journal of Consulting and Clinical Psychology, 51*, 479–484.

Düffort, R. (1989). Ambulante Arbeit mit Spielern. In J. Brakhoff (Hrsg.), *Glück – Spiel – Sucht. Beratung und Behandlung von Glücksspielern* (S. 30–44). Freiburg: Lambertus.

Dugas, L. & Moutier, F. (1911). *La dépersonnalisation*. Paris: Félix Alcan.

Eckhardt, A. (1989). *Das Münchhausen-Syndrom. Formen der selbstmanipulierten Krankheit*. München: Urban & Schwarzenberg.

Eisendrath, S. J. (1989). Factitious disorder with physical symptoms. In American Psychiatric Association (Ed.), *Treatment of psychiatric disorders* (pp. 2159–2164). Washington, DC: American Psychiatric Press.

Elizur, A. & Jaffe, R. (1968). Steeling as a pathological symptom. *Israelian Journal of Psychiatry and Related Sciences, 6,* 52–61.

Ellenberger, H. (1970). *The discovery of the unconscious.* New York: Basic Books.

Erderlyi, M. H. (1985). *Psychoanalysis: Freud's cognitive psychology.* New York: Freeman.

Erlbach, F. (1989). Systemische Beratung und Therapie von Glücksspielern und ihren Angehörigen. In J. Brakhoff (Hrsg.), *Glück – Spiel – Sucht. Beratung und Behandlung von Glücksspielern* (S. 52–70). Freiburg: Lambertus.

Fabbri, R. & Dy, A. J. (1974). Hypnotic treatment of trichotillomania: two cases. *International Journal of Clinical and Experimental Hypnosis, 22,* 210–215.

Federn, P. (1926). Some variations of ego feeling. *International Journal of Psychoanalysis, 7,* 434–444.

Federn, P. (1928). Narcissism in the structure of ego. *International Journal of Psychoanalysis, 9,* 401–419.

Feinstein, A. & Hattersley, A. (1988). Ganser symptoms, dissociation and dysprosody. *Journal of Nervous and Mental Disease, 170,* 692–693.

Fenichel, O. (1945). *The psychoanalytic theory of neurosis.* New York: Norton.

Fiedler, P. (1992). Psychosoziale Intervention und Anwendungsfelder der Klinischen Psychologie. In R. Bastine (Hrsg.), *Klinische Psychologie,* Band 2 (S. 361–409). Stuttgart: Kohlhammer.

Fishbain, D. A. (1987). Kleptomania as risk-taking behavior in response to depression. *American Journal of Psychotherapy, 41,* 598–603.

Fisher, C. (1945). Amnestic states in war neurosis: The psychogenesis of fugues. *The Psychoanalytic Quarterly, 14,* 437–468.

Fisher, C. (1947). The psychogenesis of fugue states. *American Journal of Psychotherapy, 1,* 211–220.

Fisher, C. & Joseph, E. D. (1949). Fugue with awareness of loss of personal identity. *Psychoanalytic Quarterly, 18,* 480–493.

Ford, C. V. (1973). The Munchausen syndrome: a report of four new cases and a review of psychodynamic considerations. *Psychiatry and Medicine, 4,* 31–45.

Ford, C. V. (1983). *The somatizing disorder: Illness as a way of life* (2nd ed.). New York: Elseviers Biomedical.

Ford, C. V. (1989). Psychogenic fugue. In American Psychiatric Association (Ed.), *Treatments of psychiatric disorders* (Vol. 3, pp. 2190–2196). Washington, DC: American Psychiatric Association.

Fras, I. (1979). Typical firesetter „unchecked" hyperkinetic teenager. *Clinical Psychiatry News, 11,* 11–12.

Freud, S. (1896). Zur Ätiologie der Hysterie. Wiener klinische Rundschau, 10 (22), 379–381; (24), 413–415; (25) 432–433; (26), 450–452. [In: Freud, S. (1952). *Gesammelte Werke* (Band 1, S. 425–459). Frankfurt: Fischer].

Freud, S. (1905). Bruchstück einer Hysterie-Analyse. Monatsschrift für Psychiatrie und Neurologie, 18 (4), 285–310; (5), 408–467. [In: Freud, S. (1952). *Gesammelte Werke* (Band 5, S. 163–286). Frankfurt: Fischer].

Freud, S. (1941). A disturbance on memory on the Acropolis. International Journal of Psychoanalysis, 22, 93–101 [Freud, S. (1936). Brief an Romain Rolland (Eine Erinnerungslücke auf der Akropolis). *Gesammelte Werke* (1950; Band 16, S. 250–257). Frankfurt: Fischer].

Frischholz, E. J. (1985). The relationship among dissociation, hypnosis, and child abuse in the development of multiple personality. In R. P. Kluft (Ed.), *Childhood antecedents of multiple personality* (pp. 99–126). Washington, DC: American Psychiatric Press.

Ganser, S. R. (1898). Über einen eigenartigen hysterischen Dämmerzustand. *Archiv für Psychiatrie und Nervenkrankheiten, 30,* 633–641.

Gardner, G. G. (1978). Hypnotherapy in the management of childhood habit disorders. *Journal of Pediatrics, 92,* 838–840.

Gattaz, W. F., Dressing, H. & Hewer, W. (1990). Münchhausen syndrome: psychopathology and management. *Psychopathology, 23,* 33–39.

Gauthier, J. & Pellerin, D. (1982). Management of compulsive shoplifting through covert sensitization. *Journal of Behaviour Therapy and Experimental Psychiatry, 13,* 73–75.

Gibbens, T. C. N. (1962). Shoplifting. *Medical Legacy Journal, 30,* 6–19.

Glover, A. (1985). A case of kleptomania treated by covert sensitization. *British Journal of Clinical Psychology, 24,* 213–214.

Gmelin, E. (1791). *Materialien für die Anthropologie.* Tübingen: Cotta.

Goldman, M. J. (1991). Kleptomania: making sense of the nonsensical. *American Journal of Psychiatry, 148,* 986–996.

Gorman, W. F. (1984). Neurological malingering. *Behavioral Sciences and the Law, 2* (1), 67–73.

Greenberg, H. R. & Sarner, C. A. (1965). Trichotillomania – symptom and syndrome. *Archives of General Psychiatry, 12,* 482–489.

Gruenewald, D. (1978). Analogues of multiple personality in psychosis. *The International Journal of Clinical and Experimental Hypnosis, 26,* 1–8.

Gudjonsson, G. H. (1987). The significance of depression in the mechanism of compulsive shoplifting. *Medical Sciences and Law, 27,* 171–176.

Haenel, T. (1989). *Suizidhandlungen. Neue Aspekte der Suizidologie.* Berlin: Springer-Verlag.

Haenel, T., Rauchfleisch, U. & Schuppli, R. (1982). Die Bedeutung von Hautartefakten. *Schweizer Medizinische Wochenschrift, 112,* 326–333.

Hallopeau, X. (1889). Alopecia par grottage (trichomania ou trichotillomania). *Annales Dermatologique et Syphilogique, 10,* 440.

Hand, I. (1986). Spielen – Glücksspielen – Krankhaftes Spielen („Spielsucht"). In D. Korszak (Hrsg.), *Die betäubte Gesellschaft.* Frankfurt/M.: Fischer.

Hand, I. & Kaunisto, E. (1984 a). Multimodale Verhaltenstherapie bei problematischem Verhalten in Glücksspielsituationen („Spielsucht"). *Suchtgefahren, 1,* 1–11.

Hand, I. & Kaunisto, E. (1984 b). Theoretische und empirische Aspekte eines verhaltenstherapeutischen Behandlungsansatzes für „Glücksspieler". In *Aktuelle Orientierungen: Suchtgefahren* (Heft 4, S. 55–70). Hamm: Hohenheck.

Hatsukami, D., Mitchell, J. E. & Eckert, E. D. (1986). Charakteristics of patients with bulimia only, bulimia with affective disorder, and buiIimia with substance abuse problems. *Addictive Behavior, 11*, 399–406.

Haug, K. (1936). *Die Störungen des Persönlichkeitsbewußseins und verwandte Entfremdungserlebnisse*. Stuttgart: Enke.

Henderson, D. K. & Gillespie, R. D. (1940). *A text-book of psychiatry*. London: Oxford University Press.

Herbert, W. (1985). Dousing the kindlers. *Psychology Today*, (14), 28.

Herman, J. L., Perry, J. C. & van der Kolk, B. A. (1989). Childhood trauma in borderline personality disorder. *American Journal of Psychiatry, 146*, 490–495.

Herman, M. (1938). The use of intravenous sodium amytal in psychogenic amnestic states. *Psychiatry Quarterly, 12*, 738–742.

Heymanns, G. (1904). Eine Enquête über Depersonalisation und „Fausse Reconnaissance". *Zeitschrift für Psychologie und Physiologie der Sinnesorgane, 36*, 321–343.

Hilgard, E. R. (1977). *Divided consciousness: Multiple controls in human thoughts and action*. New York: Wiley.

Hilgard, E. R. (1986). *Divided consciousness* (Expanded ed.). New York: Wiley.

Hillman, R. G. (1981). The psychopathology of being held hostage. *American Journal of Psychiatry, 138*, 1193–1197.

Horevitz, R. P. & Braun, B. G. (1984). Are multiple personalities borderline? *Psychatric Clinic of North America, 7*, 69–88.

Hudson, J. I., Pope, H. G. & Jonas, J. M. (1983). Phenomenologic relationship of eating disorders to major affective disorder. *Psychiatry Research, 9*, 345–354.

Ireland, P., Sapira, J. D. & Templeton, B. (1967). Munchausen's syndrome. *American Journal of Medicine, 43*, 579–592.

James, W. (1907). *The principles of psychology*. New York: Henry Holt.

Jamieson, R., McKee, E. & Roback, H. (1979). Munchausen's syndrome: an unusual case. *American Journal of Psychotherapy, 33*, 616–618.

Janet, P. (1889). *L'automatisme psychologique*. Paris: Félix Alcan.

Janet, P. (1894). *État mental des hystériques*. Paris: Rueff.

Janet, P. (1903). *Les obsessions et la psychasthénie*. Paris: Félix Alcan.

Janssen, H. & Kerner, H. J. (Hrsg.). (1985). *Verbrechensopfer, Sozialarbeit und Justiz. Das Opfer im Spannungsfeld der Handlungs- und Interessenskonflikte*. Bonn-Bad Godesberg: Deutsche Bewährungshilfe.

Jellinek, E. M. (1960). *The disease concept of alcoholism*. New Brunswick: Hillhouse.

Jones, F. D. E. (1981). Therapy for firesetters. *American Journal of Psychiatry, 138*, 261–262.

Kardiner, A. & Spiegel, H. (1947). *War stress and neurotic illness*. New York: Hoeber

Kaufman, I., Heims, L. W. & Reiser, D. E. (1961). A reevaluation of the psychodynamics of firesetting. *American Journal of Orthopsychiatry, 22*, 63–72.

Keller, R. & Shaywitz, B. A. (1986). Amnesia or fugue state: a diagnostic dilemma. *Developmental and Behavioral Pediatrics, 7*, 131–132.

Kellermann, B. & Meyer, M. (1989). Glücksspielsucht als Krankheit. *Deutsches Ärzteblatt, 86*, 127–129.

Kellner, R. (1982). Disorder of impulse control (not elsewhere classified). In J. H. Greist, J. W. Jefferson & R. L. Spitzer (Eds.), *Treatment of mental disorders* (pp. 398–418). New York: Oxford University Press.

Kelly, D. H. W. (1966). Measurement of anxiety by forearm bloodflow. *British Journal of Psychiatry, 111*, 1012–1013.

Kelly, D. W. H. & Walters, C. J. S. (1968). The relationship between clinical diagnosis and anxiety, assessed and other measurements. *British Journal of Psychiatry, 114*, 611–626.

Kennedy, R. B. (1976). Self-induced depersonalization syndrome. *American Journal of Psychiatry, 133*, 1326–1328.

Kernberg, O. F. (1975). *Borderline conditions and pathological nacissism*. New York: Anronson [deutsch (1980). Borderline-Störungen und pathologischer Narzismus (4. Aufl.). Frankfurt/M.: Suhrkamp].

Kihlstrom, J. F., Tataryn, D. J. & Hoyt, I. P. (1993). Dissociative disorders. In P. B. Sutker & H. E. Adams (Eds.), *Comprehensive handbook of psychopathology* (2nd. ed., pp. 203–234.). New York: Plenum Press.

Kirshner, L. A. (1973). Dissociated reactions: An historical review and clinical study. *Acta Psychiatrica Scandinavia, 49*, 698–711.

Klepsch, R., Hand, I., Wlazlo, Z., Kaunisto, E. & Friedrich, B. (1989). Pathologisches Spielen. In I. Hand & H. U. Wittchen (Hrsg.), *Verhaltenstherapie in der Medizin* (S. 313–326). Berlin: Springer.

Klonoff, E. (1983/84). Chronic factitious illness: a behavioural approach. *International Journal of Psychiatry in Medicine, 13* (3), 173–178.

Kluft, R. P. (1984). Treatment of multiple personality disorder: A study of 33 cases. *Psychiatric Clinic of North America, 7*, 9–29.

Kluft, R. P. (1987). Making the diagnosis of multiple personality. In F. F. Flach (Ed.), *Diagnostics and psychopathology* (pp. 207–225). New York: Norton.

Kluft, R. P. (1988 a). On giving consultations to therapists treating multiple personality disorder: Fifteen years' experience – Part I and II. *Dissociation, 1*, 23–35.

Kluft, R. P. (1988 b). On treating the older patients with multiple personality disorder: „Race against time" or „making hast slowly?" *American Journal of Clinical Hypnosis, 30*, 257–266.

Kluft, R. P. (1991). Multiple personality disorder. In A. Tasman & S. M. Goldfinger (Eds.), *Review of Psychiatry* (Vol. 10, pp. 161–188). Washington, DC: American Psychatric Press.

Kolko, D. J. (1983). Multicomponent parental treatment of firesetting in a six year old boy. *Journal of Behaviour Therapy and Experimental Psychiatry, 14*, 349–353.

Kopelman, M. D. (1987). Organic and psychogenic. *British Journal of Psychiatry, 150*, 428–442.

Kreutzer, C. S. (1972). Kleptomania: a direct approach to treatment. *British Journal of Medical Psychology, 45*, 159–163.

Krishaber, M. (1873). *De la névropathie cérébro-cardiaque*. Paris: Masson.

Krishnan, K. R. R., Davidson, J. R. T. & Guajardo, C. (1985). Trichotillomania – a review. *Comprehensive Psychiatry, 26,* 123–128.

Kuhnley, E. F., Hendred, R. & Quinlan, D. M. (1982). Fire-setting by children. *Journal of the American Academy of Child Psychiatry, 21,* 560–563.

Levy, J. S. & Wachtel, P. L. (1978). Depersonalization: An effort at clarification. *The American Journal of Psychoanalysis, 38,* 291–300.

Lewis, N. D. C. & Yarnell, H. (1951). Pathological firesetting (pyromania). *Journal of Mental Disease, 82,* 8–26.

Linn, L. (1989). Psychogenic amnesia. In American Psychiatric Association (Ed.), *Treatments of psychiatric disorders* (Vol. 3, pp. 2186–2190). Washington, DC: American Psychiatric Association.

Lion, J. R. (1978). *The art of medicating psychiatric patients.* Baltimore: Williams and Wilkins.

Lion, J. R. (1987). Clinical assessment of violent patients. In L. R. Roth (Ed.), *Clinical treatment of the violent person* (pp. 1–19). New York: Guilford.

Lion, J. R. (1989). Intermittend explosive disorder. In American Psychiatric Association (Ed.), *Treatments of psychiatric disorders* (Vol. 3, pp. 2473–2476). Washington, DC: APA.

Lipton, S. D. & Kezur, E. (1948). Dissociated personality: status of a case after five years. *Psychiatric Quarterly, 22,* 252–256.

Loewenstein, R. J. (1991). Psychogenic amnesia and psychogenic fugue: A comprehensive review. In A. Tasman & S. M. Goldfinger (Eds.), *Review of Psychiatry* (Vol. 10, pp. 280–287). Washington, DC: American Psychatric Press.

Ludwig, A. M., Brandsma, J. M., Wilbur, C. B., Bendfeldt, F. & Jameson, D. H. (1972). The objective study of a multiple personality, or, are four heads better than one? *Archives of General Psychiatry, 26,* 298–310.

Madakasira, S. & O'Brian, K. (1987). Acute posttraumatic stress disorder in victims of a natural disaster. *Journal of Nervous and Mental Disease, 175,* 286–290.

Maedow, R. (1977). Munchausen symdrome by proxy. *Lancet, 2,* 343–345.

Maedow, R. (1984a). Factitious illness: The hinterland of child abuse. *Recent Advances in Paediatrics, 7,* 217–232.

Maedow, R. (1984b). Munchausen by proxy and brain damage. *Developmental Medicine and Child Neurology, 26,* 672–674.

Malinow, K. L. (1981). Passive-aggressive personality. In J. R. Lion (Ed.), *Personality disorders. Diagnosis and management* (2nd ed., revised for DSM-III, pp. 121–132). Baltimore: Williams & Wilkins.

Mannino, F. V. & Delgado, R. A. (1969). Trichotillomania in children: a review. *American Journal of Psychiatry, 126,* 505–511.

Markowitsch, H. H. (1988). Transient psychogenic amnesia. *Italian Journal of Neurological Science, 9,* 49–51.

Mattes, J. A. (1984). Carbamazepine for uncontrolled rage outburst. *Lancet, 2,* 1164–1165.

Mattes, J. A. (1985). Metropolol for intermittend explosive disorder. *American Journal of Psychiatry, 142,* 1108–1109.

Mayer-Gross, W. (1935). On depersonalization. *British Journal of Medical Psychology*, *15*, 103–122.

McConaghy, S. L. & Blasczynski, A. (1988). Imaginal desensitization: a cost-effective treatment in two shop-lifters and a binge-eater resistant to previous therapy. *Australian and New Zealand Journal of Psychiatry*, *22*, 78–82.

McElroy, S. L., Keck, P. E. & Pope, H. G. (1989). Pharmacological treatment of kleptomania and bulimia nervosa. *Journal of Clinical Pharmacology*, *9*, 358–360.

McElroy, S. L., Pope, H. G., Hudson, J. I., Keck, P. E. & White, K. L. (1991). Kleptomania: a report of 20 cases. *American Journal of Psychiatry*, *148*, 652–657.

McGrath, P., Marshal, P. G. & Prior, K. (1979). A comprehensive treatment program for a firesetting child. *Journal of Behaviour Therapy and Experimental Psychiatry*, *10*, 69–70.

Meares, R. & Grose, D. (1978). On depersonalisation in adolescence: a consideration from the viewpoint of habituation and identity. *British Journal of Medical Psychology*, *31*, 335–347.

Meeks, J. E. (1979). Behavioral and antisocial disorders. In J. D. Noshpitz (Ed.), *Basic handbook of child psychiatry* (2nd Ed., pp. 482–530). New York: Basic Books.

Meeks, J. E. (1989). Kleptomania. In American Psychiatric Association (Ed.), *Treatments of psychiatric disorders* (Vol. 3, pp. 2466–2468). Washington, DC: APA.

Mendel, J. G. (1974). Munchausen's syndrome: a syndrome of drug dependence. *Comprehensive Psychiatry*, *15*, 69–72.

Menninger, K. (1934). Polysurgery and polysurgical addiction. *Psychoanalytic Quarterly*, *3*, 173–199.

Menninger, K. (1938). *Man against himself*. New York: Harcourt. [Deutsch (1978). Selbstzerstörung. Frankfurt: Suhrkamp].

Merskey, H. (1989). Factitious disorder with psychological symptoms. In American Psychiatric Association (Ed.), *Treatment of psychiatric disorders* (pp. 2159–2164). Washington, DC: American Psychiatric Press.

Meyer, G. (1986). Abhängigkeit vom Glücksspiel. *Zeitschrift für Klinische Psychologie, Psychopathologie und Psychotherapie*, *34*, 140–156.

Miller, S. D. (1989). Optical differences in cases of multiple personality disorder. *Journal of Mental and Nervous Disease*, *177*, 480–486.

Miller, S. D., Blackburn, T. R., Scholes, G., White, G. L. & Mamalis, N. (1991). Optical differences in multiple personality disorder. A second look. *Journal of Nervous and Mental Disease*, *179*, 132–135.

Mitchill, S. L. (1814). A double consciousness, or a duality of person in the same individual. *Medical Respository (New Series)*, *3*, 185–186.

Monopolis, S. & Lion, J. R. (1983). Problems in the diagnosis of intermittend explosive disorder. *American Journal of Psychiatry*, *140*, 1200–1202.

Monroe, J. T. & Abse, D. W. (1963). The psychopathology of trichotillomania and trichophagia. *Psychiatry*, *26*, 95–109.

Monroe, R. R. (1971). *Episodic behavioral disorders*. Cambridge, Mass.: Harvard University Press.

Nadelson, T. (1979). The Munchausen spectrum: Borderline character features. *General Hospital Psychiatry, 2,* 11–17.

Nemiah, J. C. (1979). Dissociative amnesia: A clinical and theoretical reconsideration. In J. F. Kihlstrom & F. J. Evans (Eds.), *Functional disorders of memory* (pp. 303–323). Hillsdale, NJ: Erlbaum.

Nemiah, J. C. (1980). Dissociative disorders (hysterical neurosis, dissociative type). In H. Kaplan, A. M. Freeman & B. Sadock (Eds.), *Comprehensive textbook of psychiatry* (3rd ed., Vol. 2, pp. 1544–1561). Baltimore: Williams & Wilkins.

Nemiah, J. C. (1985). Dissociative disorders. In H. Kaplan & B. Sadock (Eds.), *Comprehensive textbook of psychiatry* (4th ed., pp. 942–957). Baltimore: Williams & Wilkins.

Nemiah, J. C. (1988). Dissoziative Störungen (hysterische Neurose, dissoziativer Typ). In A. M. Freedman, H. I. Kaplan, B. J. Sadock & U. H. Peters (Hrsg.), *Psychiatrie in Praxis und Klinik.* Band 4. Psychosomatische Störungen (S. 89–112). Stuttgart: Thieme.

Noyes, R. & Kletti, R. (1977). Depersonalization in response to life-threatening danger. *Comprehensive Psychiatry, 18,* 375–384.

Noyes, R. & Slymen, D. J. (1978/1979). The subjective response to life-threatening danger. *Omega, 9,* 313–384.

Noyes, R., Hoenk, P., Kuperman, S. & Slymen, D. (1977). Depersonalization in accident victims and psychiatric patients. *Journal of Nervous and Mental Disease, 164,* 401–407.

Nurcombe, B. (1969). Children who set fire. *Medical Journal of Australia, 1,* 579–584.

Oberndorf, C. P. (1935). The genesis of feeling of unreality. *International Journal of Psychoanalysis, 16,* 296–306.

Oberndorf, C. P. (1950). The role of anxiety in depersonalization. *International Journal of Psychoanalysis, 31,* 1–5.

Oesterreich, K. (1910). *Phaenomenologie des Ich.* Leipzig: Barth.

Ogata, S., Silk, K., Goodrich, S., Lohr, N., Westen, D. & Hill, E. (1990). Childhood sexual and physical abuse in adult patients with borderline personality disorder. *American Journal of Psychiatry, 147,* 1008–1013.

Oguchi, T. & Miura, S. (1977). Trichotillomania: Its psychopathological aspects. *Comprehensive Psychiatry, 18,* 177–182.

Ottens, A. J. (1981). Multifaceted treatment of compulsing hair pulling. *Journal of Behaviour Therapy and Experimental Psychiatry, 12,* 77–80.

Pankratz, L. (1981). A review of the Munchausen syndrome. *Clinical Psychology Review, 1,* 65–78.

Pauleikhoff, B. & Hoffmann, D. (1975). Diebstähle ohne Bereicherungstendenz als psychopathologisches Syndrom. *Fortschritte der Neurologie und Psychiatrie, 43,* 254–271.

Peszke, M. A. & Levin, G. A. (1987). The Ganser syndrome: A diagnostic and etiological enigma. *Connecticut Medicine, 51,* 79–83.

Pierloot, R. A., Wellens, W. & Houben, M. E. (1975). Elements of resistance to a combined medical and psychotherapeutic programm in anorexia nervosa. *Psychotherapy and Psychosomatics, 26,* 101–117.

Prince, M. (1905). *The dissociation of personality.* New York: Longmans.

Prince, M. (1921). A critique of psychoanalysis. *Archives of Neurology and Psychiatry, 6,* 610–633.

Prince, M. (1924). *The unconcious.* New York: Macmillan.

Putnam, F. W. (1989a). *Diagnosis and treatment of multiple personality disorder.* New York: Guilford.

Putnam, F. W. (1989b). Pierre Janet and modern views of dissociation. *Journal of Traumatic Stress, 2,* 413–429.

Putnam, F. W. (1991). Dissociative Phenomena. In A. Tasman & S. M. Goldfinger (Eds.), *Review of Psychiatry* (Vol. 10, pp. 145–160). Washington, DC: American Psychatric Press.

Putnam, F. W., Guroff, J. J., Silberman, E. K., Barban, L. & Post, R. M. (1986). The clinical phenomenology of multiple personality disorder: Review of 100 recent cases. *Journal of Clinical Psychiatry, 47,* 285–293.

Quinn, K. M. (1989). Children and deception. In R. Rogers (Ed.), *Clinical assessment of malingering and deception* (pp. 104–121). New York: Guilford Press.

Rapaport, O. (1942). *Emotions and memory.* Baltimore: Williams & Wilkins.

Ratner, R. A. (1989). Trichotillomania. In American Psychiatric Association (Ed.), *Treatments of psychiatric disorders* (Vol. 3, pp. 2481–2486). Washington, DC: APA.

Reed, G. F. & Sedman, G. (1964). Personality and depersonalization under sensory deprivation conditions. *Perceptual and Motor Scills, 18,* 659–660.

Resnick, P. J. (1989a). Malingered psychosis. In R. Rogers (Ed.), *Clinical assessment of malingering and deception* (pp. 34–53). New York: Guilford Press.

Resnick, P. J. (1989b). Malingering of posttraumatic disorders. In R. Rogers (Ed.), *Clinical assessment of malingering and deception* (pp. 84–103). New York: Guilford Press.

Revenstorf, D. (1990). *Klinische Hypnose.* Berlin: Springer.

Ribot, T. (1882). *Diseases of memory.* London.

Roberts, W. W. (1960). Normal and abnormal depersonalization. *Journal of Mental Science, 106,* 478–493.

Rogers, R. (1989). *Clinical assessment of malingering and deception.* New York: Guilford Press.

Romoff, V. (1987). Management and control of violent patients at the Western Psychiatric Institute and Clinic. In L. H. Roth (Ed.), *Clinical treatment of the violent person* (pp. 235–260). New York: Guilford Press.

Rosenbaum, M. & Weaver, G. M. (1980). Dissociated states: Status of a case after 38 years. *Journal of Nervous and Mental Disease, 61,* 577–596.

Rosenhan, D. L. & Seligman, M. E. P. (1989). *Abnormal psychology.* New York: Norton.

Ross, C. A. (1989). *Multiple personality disorder: Diagnosis, clinical features, and treatment.* New York: Wiley.

Ross, C. A. (1990). Twelve cognitive errors about multiple personality disorder. *American Journal of Psychotherapy, 44*, 348–356.

Ross, C. A., Heber, S., Norton, G. R. & Anderson, G. (1990). Differences between multiple personality disorder and other diagnostic groups on structured interview. *Journal of Nervous and Mental Disease, 177*, 487–491.

Ross, C. A., Miller, S. D., Reagor, P., Bjornson, L., Fraser, G. A. & Anderson, G. (1990). Structured interview data on 102 cases of multiple personality disorder from four centers. *American Journal of Psychiatry, 147*, 596–601.

Roth, L. H. (1987a). *Clinical treatment of the violent person*. New York: Guilford Press.

Roth, L. H. (1987b). Treating violent persons in prisons, jails, and security hospitals. In L. H. Roth (Ed.), *Clinical treatment of the violent person* (pp. 207–234). New York: Guilford Press.

Russo, A. M., Raber, J. I., McCormick, R. A. & Ramirez, L. F. (1984). An outcome study of an inpatient treatment program for pathological gamblers. *Hospital and Community Psychiatry, 35*, 823–827.

Sargant, W. & Slater, E. (1941). Amnestic syndromes in war. *Proceedings of the Royal Society of Medicine, 34*, 757–764.

Sarlin, C. N. (1962). Depersonalization and derealization. *Journal of the American Psychoanalytic Association, 10*, 784–788.

Saß, H. & Wiegand, C. (1990). Exzessives Glücksspielen als Krankheit. Kritische Bemerkungen zur Inflation der Süchte. *Nervenarzt, 61*, 435–437.

Scharfetter, C. (1984). Automanipulation von Krankheit. *Schweizer Medizinische Wochenschrift, 114*, 1142–1149.

Schilder, P. (1925). *Entwurf zu einer Psychiatrie auf psychoanalytischer Grundlage*. Leipzig: Barth.

Schmauss, A., Ullrich, H. & Kallweit, E. (1963). Das Münchhausen-Syndrom als Sonderform des Artefakt. *Zeitschrift für Ärztliche Fortbildung, 57* (21), 1163–1965.

Schulte-Brandt, W. (1989). Stationäre Behandlung von Glücksspielern. In J. Brakhoff (Hrsg.), *Glück – Spiel – Sucht. Beratung und Behandlung von Glücksspielern* (S. 45–52). Freiburg: Lambertus.

Schultz, R., Braun, B. G. & Kluft, R. P. (1989). Multiple personality disorder: phenomenology of selected variables in comparison to major depression. *Dissociation, 2*, 45–51.

Schütte, F. (1990). „Spielsucht" – Zum Stand der Diskussion. *Theorie und Praxis der Sozialen Arbeit, 41* (1), 2–13.

Scodel, A. (1964). Inspirational group therapy: A study of gamblers anonymous. *American Journal of Psychotherapy, 18*, 115–125.

Sedman, G. (1970). Theories of depersonalization: A re-appraisal. *British Journal of Psychiatry, 117*, 1–14.

Shader, R. I. & Scharfman, E. L. (1989). Depersonalization disorder (or depersonalization neurosis). In American Psychiatric Association (Ed.), *Treatments of psychiatric disorders* (Vol. 3, pp 2217–2222). Washington, DC: APA.

Shah, K. A., Forman, M. D. & Friedman, H. S. (1982). Munchausen's syndrome and cardiac catheterization. *Journal of the American Medical Association, 248* (22), 3008–3009.

Sharon, E. & Diamond, H. S. (1974). Factitious uric acid arolithiasis as a feature of the Munchausen syndrome. *Mt. Sinai Journal of Medicine, 41*, 696–698.

Sheard, M. H., Marini, J. L. & Bridges, C. I. (1976). The effects of lithium on impulsive aggressive behavior in man. *American Journal of Psychiatry, 133*, 1409–1413.

Shurley, J. T. (1960). Profound experimental sensory isolation. *American Journal of Psychiatry, 117*, 539–545.

Singer, J. L. (Ed.). (1990). *Repression and dissociation*. Chicago: University of Chicago Press.

Singer, J. L. & Sincoff, J. B. (1990). Beyond repression and the defenses. In J. L. Singer (Ed.), *Repression and dissociation* (pp. 471–496). Chicago: University of Chicago Press.

Sloan, P. (1988). Post-traumatic stress in survivors of an airplane crash landing: A clinical and exploratory research intervention. *Journal of Traumatic Stress, 1*, 211–229.

Smith, S. & Lewty, W. (1959). Perceptual isolation using a silent room. *Lancet, 2*, 342–345.

Solomon, R. S. & Solomon, V. (1982). Differential diagnosis of multiple personality. *Psychological Reports, 51*, 1187–1194.

Sorosky, A. D. & Sticher, M. B. (1980). Trichotillomania in adolescence. *Adolescent Psychiatry, 8*, 437–457.

Spiegel, D. (1984). Multiple personality as a posttraumatic stress disorder. *Psychiatric Clinic of North America, 7*, 101–110.

Spiegel, D. (1991). Dissociation and trauma. In A. Tasman & S. M. Goldfinger (Eds.), *Review of Psychiatry* (Vol. 10, pp. 261–275). Washington, DC: American Psychiatric Press.

Spiegel, D. & Cardeña, E. (1991). Disintegrated experience: The dissociative disorders revisited. *Journal of Abnormal Psychology, 100*, 366–378.

Spiro, H. R. (1968). Chronic factitious illness. *Archives of General Psychiatry, 18*, 569–579.

Stamm, J. L. (1962). Altered ego states allied to depersonalisation. *Journal of the American Psychoanalytic Association, 10*, 762–783.

Steinberg, M. (1991). The spectrum of depersonalization: Assessment and treatment. In A. Tasman & S. M. Goldfinger (Eds.), *Review of Psychiatry* (Vol. 10, pp. 223–247). Washington, DC: American Psychatric Press.

Stengel, E. (1939). Studies on the psychopathology of compulsive wandering. *British Journal of Medical Psychology, 18*, 250–254.

Stengel, E. (1943). Further studies on pathological wandering (Fugues with impulse to wander). *Journal of Mental Science, 89*, 224–241.

Stengel, E. (1966). Psychogenic loss of memory. In C. W. M. Whitty & O. L. Zangwill (Eds.), *Amnesia*. London: Butterworths.

Stevens, M. J. (1984). Behavioral treatment of trichotillomania. *Psychological Reports*, 55, 987–990.

Sticher, M. B., Abramowitz, W. & Newcomer, V. D. (1980). Trichotillomania in adults. *Cutis*, 26, 90–101.

Stolorow, R. S. (1979). Defensive and arrested development aspects of death anxiety, hypochondrias and depersonalization. *International Journal of Psychoanalysis*, 60, 201–213.

Stone, M. H. (1977). Factitious illness: psychological findings and treatment recommendations. *Bulletin of the Menninger Clinic*, 41, 239–254.

Stutman, R. K. & Bliss, E. L. (1985). Posttraumatic stress disorder, hypnotizability, and imagery. *American Journal of Psychiatry*, 142, 741–743.

Task Force on DSM-IV (1991). *DSM-IV option book: work in progress 9/1/91*. Washington, DC: American Psychiatric Association.

Taylor, W. S. & Martin, M. F. (1944). Multiple personality. *Journal of Abnormal and Social Psychology*, 39, 281–300.

Tepperman, J. H. (1985). The effectiveness of short-term group therapy upon the pathological gambler and wife. *Journal of Gambling Behavior*, 1/2, 119–130.

Thomas, G. (1989). Der Angehörige in der Beratungsarbeit mit Spielern am Beispiel einer ambulanten Ehepaar-Gruppe. In J. Brakhoff (Hrsg.), *Glück – Spiel – Sucht. Beratung und Behandlung von Glücksspielern* (S. 71–82). Freiburg: Lambertus.

Torem, M. S. (1990). Covert multiple personality underlying eating disorders. *American Journal of Psychotherapy*, 44, 357–368.

Turner, S. M., Jacob, R. G. & Morrison, R. (1984). Somatoform and factitious disorders. In H. E. Adams & P. B. Sutker (Eds.), *Comprehensive handbook of psychopathology* (pp. 307–345). New York: Plenum Press.

Vandersall, J. A. & Wiener, J. M. (1970). Children who set fires. *Archives of General Psychiatry*, 22, 63–71.

Venn, J. (1984). Family etiology and remission in a case of psychogenic fugue. *Family Process*, 23, 429–435.

Vreeland, R. G. & Waller, M. B. (1978). *The psychology of firesetting: a review and appraisal*. Chapel Hill: Univ. of North Carolina Press.

Wedel, K. (1971). A therapeutic confrontation approach to treating patients with factitious illness. *Social Work*, 16, 69–74.

Welsh, R. S. (1974). The use of stimulus satiation in the elimination of juvenile firesetting behavior. In A. M. Graziano (Ed.), *Behavior therapy with children*. Chicago: Aldine-Atherton.

West, L. J. (1967). Dissociative reaction. In A. Freedman & H. Kaplan (Eds.), *Comprehensive textbook of psychiatry*. Baltimore: Williams & Wilkins.

Wilbur, C. B. & Kluft, R. P. (1989). Multiple personality disorder. In American Psychiatric Association (Ed.), *Treatments of psychiatric disorders* (Vol. 3, pp 2197–2216). Washington, DC: APA.

Winer, J. A. & Pollock, G. H. (1988). Störungen der Impulskontrolle. In A. M. Freedman, H. I. Kaplan, B. J. Sadock & U. H. Peters (Hrsg.), *Psychiatrie in Praxis und Klinik*. Band 4. Psychosomatische Störungen (S. 166–184). Stuttgart: Thieme.

Wittels, F. (1942). Kleptomania and other psychopathic crimes. *Journal of Crime and Psychopathology, 4*, 205–216.

Wong, S. E., Slama, K. M. & Liberman, R. P. (1987). Behavioral analysis and therapy for aggressive psychiatric and developmentally disabled patients. In L. H. Roth (Ed.), *Clinical treatment of the violent person* (pp. 20–53). New York: Guilford Press.

Wooden, W. S. (1985). The flames of youth. *Psychology Today, (14)*, 22–28.

Yassa, R. (1978). Munchhausen's syndrome: a successfully treated case. *Psychosomatics, 19*, 342–344.

Yates, E. (1986). The influence of psycho-social factors on non-sensical shoplifting. *International Journal of Offender Therapy and Comparative Criminology, 28*, 203–211.

Ziskind, E. (1965). An explanation of mental symptoms found in acute sensory deprivation. *American Journal of Psychiatry, 121*, 939–946.

6. Kapitel

Alkoholismus

H. Küfner und G. Bühringer

1 Diagnostik

Die Diagnose Alkoholismus, insbesondere die Abgrenzung von Mißbrauch und Abhängigkeit, ist vor allem im Anfangsstadium der Suchtentwicklung in nicht wenigen Fällen unklar und problematisch. Ihre Abklärung ist für die Therapieindikation sowie für epidemiologische Fragestellungen von grundlegender Bedeutung.

1.1 Definition der Alkoholabhängigkeit

Es gibt zahlreiche Definitionsversuche von Alkoholismus in der Literatur (vgl. WHO, 1952; Edwards & Gross, 1976; Feuerlein, 1989; Wanke, 1986; ICD-10, Dilling, Mombour & Schmidt, 1991 u. a.), von denen nur einige wenige herausgegriffen werden können. Zunächst erfolgt eine zusammenfassende Beschreibung der Symptomatik und danach eine Diskussion grundlegender Ansätze und Begriffe einer Alkoholismusdefinition.

Symptome und Syndrome
Unter systematischen Gesichtspunkten kann man die Symptome bzw. Syndrome des Alkoholismus in vier Bereiche einteilen:
1. Körperlicher Bereich: Zum Beispiel Tremor, Polyneuropathie, Lebererkrankungen (Fettleber, Leberzirrhose), sonstige Erkrankungen wie Pankreatitis und Kardiomyopathie. Es gibt praktisch kein Organ, das nicht auf Dauer durch den Alkoholmißbrauch beeinträchtigt wird (vgl. Feuerlein, 1989; Goedde & Agarwal, 1989).
2. Psychischer Bereich: Gedächtnis- und Konzentrationsstörungen, Persönlichkeitsveränderungen (z. B. mangelnde Affekt- und Frustrationstoleranz, depressive Symptome), Alkoholdelir (Delirium tremens), Alkoholhalluzi-

nose (vgl. Grünberger, 1977, 1989; Böning & Holzbach, 1987; Feuerlein, 1989).
3. Trinkverhalten: Abnormer Alkoholkonsum hinsichtlich Menge oder Häufigkeit, heimliches Trinken, Kontrollverlust, Trinken gegen Entzugserscheinungen, Rauschzustände.
4. Sozialer Bereich: Konflikte am Arbeitsplatz wegen Trinkens, Führerscheinentzug wegen Alkohol, Vorhaltungen von Freunden oder von Familienmitgliedern wegen Trinkens.

Die Leitsymptome für eine Alkoholismusdiagnose sind Trinken gegen Entzugserscheinungen, heimliches Trinken, Unruhe und Spannungszustände ohne Alkohol, Kontrollverlust sowie Vorhaltungen wegen Trinkens (vgl. Feuerlein, Küfner, Ringer & Antons, 1979).

Umstritten ist die Frage, ob zwischen schädlichem Gebrauch und Abhängigkeit ein qualitativer Unterschied besteht oder ob damit unterschiedliche Schweregrade von Abhängigkeit erfaßt werden.

Zur Charakterisierung der Sucht finden sich in der Literatur vor allem die Begriffe körperliche und psychische Abhängigkeit. Der körperlichen Abhängigkeit wurde früher eine zentrale Bedeutung für die Definition beigemessen, in den neueren psychiatrischen Klassifikationssystemen (DSM-III-R, ICD-10) steht der Begriff der psychischen Abhängigkeit im Mittelpunkt, auch wenn deren Definition bislang nicht zufriedenstellend konkretisiert ist. Die körperliche Abhängigkeit ist klar definiert durch eine Toleranzentwicklung (für die gleiche Wirkung ist eine höhere Dosis erforderlich) oder durch Entzugserscheinungen. Entzugssymptome treten nach Absetzen des Alkohols auf und beinhalten meist ein Zittern der Hände, vor allem am Morgen (Tremor), sowie Übelkeit, Schweißausbrüche, Unruhezustände und starke Durstgefühle. Die Ausprägung von Entzugserscheinungen sind zwar auch von der psychischen Gesamtverfassung des Patienten abhängig, d.h. sie können verstärkt oder abgeschwächt manifest werden, letztlich stellen sie jedoch organische Anpassungsprobleme an die Droge Alkohol dar. Ein selten zu beobachtendes protrahiertes Entzugssyndrom (Scholz, 1982) liegt vor, wenn nach einiger Zeit der Abstinenz entzugsähnliche Erscheinungen auftreten.

Unter psychischer Abhängigkeit versteht man ein unwiderstehliches Verlangen nach der Droge Alkohol (Feuerlein, 1989; Ludwig, 1988; Watzl & Gutbrod, 1983). Die Bezeichnung „unwiderstehlich" wird dabei im allgemeinen nicht näher definiert. Zum Bereich der psychischen Abhängigkeit gehört auch der umstrittene Begriff des Kontrollverlustes, der vor allem von Jellinek (1960) als zentrales Kriterium der Alkoholabhängigkeit, speziell für den Gamma-Alkoholismus, herausgearbeitet wurde. Ein Kontrollverlust im engeren Sinne besagt, daß jemand anfängt zu trinken und so lange nicht aufhören kann, bis er betrunken ist (unter der Bedingung, daß Alkohol verfügbar ist). Ein solcher Kontrollverlust muß aber nicht in jeder Trinksituation auftreten. Bei vielen Alkoholabhängigen ist überhaupt kein solcher Kontrollverlust nachweisbar (Pattison, Coe & Doerr, 1977). Ein Kontrollverlust im weiteren Sinne bedeutet eine mangelnde Kontrollfähigkeit und Steuerbarkeit des eigenen Alkoholkonsums (vgl. Keller, 1973).

Ein „schädlicher Gebrauch" (nach ICD-10, früher meist als Alkoholmißbrauch bezeichnet) liegt vor, wenn lediglich Schäden auf psychischem, sozialem oder körperlichen Gebiet nachweisbar sind, aber keine Hinweise für eine Abhängigkeit gefunden werden können. Der Begriff Alkoholismus, aber auch Alkoholmißbrauch als Oberbegriff umfaßt den schädlichen Gebrauch und die Alkoholabhängigkeit.

Bei dem Versuch, das abhängige Trinkverhalten direkt zu beschreiben, kann zwischen einem Abhängigkeitssyndrom als einem Kernsyndrom und der Darstellung der alkoholbedingten körperlichen und psychosozialen Folgen und Defizite unterschieden werden. Diese Unterscheidung wurde von Edwards, Gross, Keller und Moser (1976) erstmals formuliert und hatte großen Einfluß auf nachfolgende Definitionsversuche und auf die Entwicklung von Fragebogentests genommen. Das Alkoholabhängigkeitssyndrom wird demnach durch folgende Phänomene charakterisiert: „Essential elements might provisionally include: a narrowing in the repertoire of drinking behavior; salience of drink seeking behaviour; increased tolerance to alcohol; repeated withdrawal symptoms; repeated relief or avoidance of withdrawal symptoms by further drinking; subjective awareness of a compulsion to drink; reinstatement of the syndrome after abstinence. All these elements exist in degree thus giving the syndrome a range of severity" (Edwards et al., 1976). Zentrale Orientierungslinie für das Abhängigkeitssyndrom ist die mangelnde Kontrollfähigkeit und die graduelle Abstufung der Abhängigkeit, die als unterschiedlicher Schweregrad verstanden wird. Auch die körperliche Abhängigkeit gehört zu diesem Syndrom.

Im Zusammenhang mit dem Begriff des Alkoholmißbrauchs wird der Ausdruck „Disability" (Funktionseinschränkung) verwendet. Er wird in folgender Weise definiert: „Disability is an existing difficulty in performing one or more activities which, in accordance with the subjects' age, sex and normative social role, are generally accept as essential basic components of daily living, such as selfcare, social relations and economic activity. Disability may be short-term, long-term or permanent" (WHO, 1975, zit. in Edwards & Gross, 1976, S. 1361). Mit dem Begriff „disability" werden also Störungen von Basisfunktionen bezeichnet, die zu psychosozialen Problemen führen. Die Bedeutung für die Definition von Abhängigkeit und schädlichem Gebrauch ist aber damit noch nicht ausreichend geklärt. Bei einer Analyse der Verhaltensweisen von

Alkoholabhängigen kommt man zusammenfassend immer wieder zu zwei grundlegenden Phänomenen:
1. Die mangelnde Kontrollfähigkeit über den eigenen Alkoholkonsum (vgl. Keller, 1973 u. a.), der aus unterschiedlichen Verhaltensweisen geschlossen wird.
2. Ein starkes Suchtverlangen nach der Droge (craving), hier also nach dem Alkohol. Beide Aspekte sind phänomenologisch nicht unabhängig voneinander, sie bestimmen zusammen das tatsächliche Trinkverhalten.

Ein deskriptiver Ansatz der Suchtdiagnose sollte nach Drummond (1991) drei Ebenen berücksichtigen:
1. den Alkohol- bzw. Drogenkonsum,
2. die Folgen des Alkohol- bzw. Drogengebrauchs und
3. das Abhängigkeitssyndrom.

Nach der ICD-10 (Dilling et al., 1991) werden 10 verschiedene alkoholbedingte Syndrome unterschieden, die aber letztlich nicht gleichwertig sind, auch wenn sie nebeneinander klassifiziert werden können. Es wird zwischen folgenden Symdromen unterschieden:

F10.0 Intoxikation (aktueller Rauschzustand),
F10.1 schädlicher Gebrauch (früher als Mißbrauch bezeichnet),
F10.2 Abhängigkeitssyndrom (Alkohol),
F10.3 Entzugssyndrom,
F10.4 Entzugssyndrom mit Delir,
F10.5 Psychotische Störung (z. B. Alkoholhalluzinose),
F10.6 Alkoholbedingtes amnestisches Syndrom (Korsakov-Psychose),
F10.7 Alkoholbedingter Restzustand,
F10.8 Andere alkoholbedingte psychische Verhaltensstörungen,
F10.9 Nicht näher bezeichnete alkoholbedingte psychische Verhaltensstörungen.

Es können so viele Syndrome benannt werden, wie zur Beschreibung eines Klienten notwendig sind. Der Kern einer Suchtdiagnose ist das Abhängigkeitssyndrom. Für dessen Diagnose müssen drei der folgenden Kriterien während des letzten Jahres erfüllt sein:
1. Wunsch oder Zwang, Alkohol zu konsumieren.
2. Verminderte Kontrollfähigkeit bezüglich Beginn, Beendigung und Menge des Alkoholkonsums.
3. Alkoholkonsum mit dem Ziel, Entzugssymptome zu mildern.
4. Körperliches Entzugssyndrom.
5. Toleranzentwicklung.
6. Eingeengte Verhaltensmuster bezüglich Alkoholkonsum, Verstoß gegen sozial übliche Trinkregeln.
7. Vernachlässigung früherer Interessen und Einengung auf Alkoholkonsum.

8. Anhaltender Alkoholkonsum trotz Nachweis eindeutiger negativer Folgen.

Der deskriptive Ansatz der Alkoholismusdiagnose reicht für viele praktische Zwecke, z.B. der psychiatrischen Diagnosestellung durchaus aus, er ist aber insofern problematisch, als damit der Anschein erweckt wird, das Phänomen Sucht direkt beschreiben zu können. Bei einer Analyse der zentralen Begriffe mangelnde Kontrollfähigkeit und Suchtverlangen zeigt sich, daß eine Beurteilung der Kontrollfähigkeit als „mangelhaft" bzw. des Suchtverlangens als „unwiderstehlich" eine Schlußfolgerung aus einer Reihe von Beoachtungen und Bewertungen darstellt. Auch bei der Selbstdefinition eines Patienten als Alkoholiker hat die beschreibende Definition von Verhaltensweisen eine eher untergeordnete Bedeutung, entscheidend erscheint die Erfahrung, daß trotz Bemühung des Betroffenen ein kontrollierter Umgang mit der Droge Alkohol nicht möglich war. Solche dynamischen Gesichtspunkte fehlen weitgehend in dem statischen Ansatz der Symptom- und Syndrombeschreibung. Deshalb erscheint eine operationale Definition der Abhängigkeit für zahlreiche Anwendungsbereiche praktikabler.

Operationale Definition der Alkoholabhängigkeit
Jemand ist dann als alkoholabhängig zu bezeichnen, wenn er trotz klar vorhandener Folgeschäden im körperlichen, sozialen oder psychischen Bereich seinen Alkoholkonsum nicht entsprechend reduzieren kann oder will, so daß die negativen Folgeerscheinungen aufrechterhalten oder noch verstärkt werden.

Eine solche Definition steht dem Erfahrungsprozeß der Patienten wesentlich näher. Auch wird dadurch die funktionale Bedeutung von Folgeschäden für die Diagnosefindung klar. Eine operationale Definition stellt aber lediglich eine Ergänzung zu dem oben beschriebenen deskriptiven Ansatz dar. Beide Definitionsansätze sind notwendig zum Verständnis des Phänomens Alkoholismus und grundlegend für eine diagnostische Abklärung.

Im angelsächsischen Sprachraum ist der Begriff des „problem drinkers" (Cahalan, 1970) weit verbreitet. Damit ist ein Alkoholkonsum gemeint, der zu Problemen verschiedenster Art führt, der aber nicht als ein Trinken wegen Problemen zu bezeichnen ist. Häufig wird nicht klar, ob die Bezeichnung Problemtrinker auch die Gruppe der Abhängigen umfaßt, oder ob sie eine eigenständige Kategorie darstellt, die klar von Alkoholabhängigkeit abgegrenzt ist. Dieser Begriff entspricht weitgehend dem schädlichen Gebrauch in der ICD-10, der die Abhängigkeit ausschließt.

Alkoholismus wird seit dem Urteil des Bundessozialgerichts 1968 als Krankheit anerkannt. Diese Auffassung als Krankheit wurde und wird von vielen Seiten immer wieder in Frage gestellt (vgl. Pattison et al., 1977; Jacobi, 1987; Petry, 1993; Körkel, 1993). Die Hauptkritikpunkte sind die Stigmatisierung des Betroffenen durch negative soziale Reaktionen, die Betonung körperlich-medizinischer Ursachen und damit zusammenhängend die Unterschätzung sozialer Faktoren, die Reduzierung der Eigenverantwortung des Betroffenen sowie die angeblich mit dem medizinischen Modell verbundene Abstinenzforderung. Trotz verschiedener Nachteile des Krankheitsbegriffs überwiegen die Vorteile: Die wichtigsten sind die Entlastung des Abhängigen und der Angehörigen sowie die Fürsorgepflicht des Gesundheitssystems für ein Therapieangebot und die Kostenübernahme. Im übrigen erscheint der Krankheitsbegriff flexibler und in keiner Weise auf bestimmte Bedingungsfaktoren festgelegt, wie manche Kritiker meinen. Brickman et al. (1982) unterscheiden hinsichtlich der Zuweisung von Verantwortung für die Entstehung und Bewältigung bzw. Lösung des Alkoholproblems vier verschiedene Modelle:

1. Das moralische Modell: Der Betroffene ist sowohl für die Entstehung als auch für die Aufrechterhaltung verantwortlich.
2. Das medizinische Modell: Weder für Entstehung noch für die Bewältigung trägt der Betroffene die Verantwortung.
3. Das Aufklärungsmodell: Der einzelne ist für die Problementwicklung, nicht aber für die Problemlösung zuständig.
4. Das Kompensationsmodell: Verantwortung besteht für den einzelnen nicht hinsichtlich der Entstehung, aber bezüglich der Überwindung und Bewältigung des Problems. Dem Kompensationsmodell kommt in der Therapie der Alkoholabhängigkeit zentrale Bedeutung zu.

1.2 Alkoholismustypologie und Grunddimensionen

Eine Globaldiagnose ist für therapeutische Zwecke wenig hilfreich. Wegen der großen Variabilität in Erscheinungsformen und Verlauf wird Alkoholismus nicht als einheitliche Störungsgruppe angesehen (Pattison, Liskow, Powell, Nickel & Penick, 1977). Zur Differenzierung können unterschiedliche Ansätze, vor allem Typologien oder eine Charakterisierung nach verschiedenen Grunddimensionen gewählt werden.

Eine allgemein anerkannte und für viele klinische Zwecke brauchbare Typologie hat sich bislang noch nicht gezeigt (Überblick siehe Morey & Blashfield, 1981; Nerviano & Gross, 1983; Cox, 1985, 1987; Liskow, Powell, Nickel & Penick, 1991). Im klinischen Bereich am bekanntesten ist die Typologie von Jellinek (1960). Es werden folgende Typen unterschieden (nach Feuerlein, 1989):
- Alpha-Trinker: Das sind Erleichterungs- oder Konflikttrinker. Das Wirkungstrinken betrifft den Abbau von psychischen Konflikten und psychosomatischen Streßzuständen. Es liegt eine psychische Abhängigkeit vor, jedoch keine physische Abhängigkeit.

- Beta-Trinker: Sogenannte Gelegenheitstrinker, die in Gesellschaft häufig und viel trinken, soziokulturelle Einflüsse spielen eine große Rolle. Es liegt keine psychische oder physische Abhängigkeit vor.
- Gamma-Trinker: Sogenannte süchtige Trinker mit erhe blicher psychischer Abhängigkeit, die zunächst im Vordergrund steht. Später tritt auch eine physische Abhängigkeit auf. Häufig wird hier auch ein Kontrollverlust beobachtet.
- Delta-Trinker: Sogenannte Gewohnheitstrinker, die bei Alkoholentzug physische Abhängigkeit zeigen. Es besteht dagegen keine psychische Abhängigkeit. Sie trinken in etwa gleichmäßig viel über den Tag verteilt und fallen selten durch Rauschzustände auf. Es besteht aber Unfähigkeit zur Abstinenz.

Nur die beiden letzten Alkoholismustypen werden als Alkoholkranke im engeren Sinne bezeichnet. Später wurde von Jellinek noch ein fünfter Alkoholismustyp hinzugefügt, nämlich der sogannte Epsilon-Trinker. Das sind episodische Trinker mit längeren Phasen sozial kontrollierten Trinkens bzw. der Abstinenz. Eine empirische Bestätigung dieser Typologie erscheint noch nicht ausreichend gesichert, auch wenn klinische Beobachtungen eine solche Typologie plausibel erscheinen lassen. Empirische Untersuchungen über die Brauchbarkeit dieser Typologie sind widersprüchlich (vgl. Roth, 1984; Babor et al., 1992). Die Bedeutung für Fragen der Therapieindikation ist bislang gering.

Ebenfalls weit verbreitet ist im angelsächsischen Raum die Unterscheidung von primärem und sekundärem Alkoholismus. Primärer Alkoholismus liegt dann vor, wenn vor dem Auftreten des Alkoholismus keine andere psychiatrische Erkrankung festgestellt werden kann (vgl. Schuckit, 1979).

Typologieansätze mit empirisch-statistischen Verfahren haben bislang keine einheitliche Typologie ergeben. Die Ergebnisse sind in hohem Maße davon abhängig, welche Merkmalsbereiche mit einbezogen werden. Daneben werden die Ergebnisse auch von den jeweils verwendeten statistischen Verfahren bestimmt. Clusteranalytische Untersuchungen zeigen allerdings im Trend, daß mindestens zwei Cluster unterschieden werden müssen, die grob als neurotischen Typ versus als Typ mit Persönlichkeitsstörung (antisoziales Verhalten, Psychopathie) charakterisiert werden können (Morey & Blashfield, 1981). In einer Überblicksarbeit von Sher und Trull (1994) über die Persönlichkeit bei Alkoholismus und antisozialen Persönlichkeitsstörungen kommen die Autoren zu der ähnlichen Folgerung, daß zwischen einem mehr neurotischen und einem mehr psychopathischen Subtyp unterschieden werden sollte (bei beiden Störungen). Dies entspricht in etwa den vorher genannten clusteranalytischen Ergebnissen. Auch die empirisch gewonnene Unterscheidung eines Typ A Alkoholismus (weniger Risikofaktoren in der Kindheit, später Beginn, weniger schwere Abhängigkeit, weniger psychopathologische und weniger alkoholbezogene Probleme) und eines Typ B Alkoholismus (Risikofaktoren in der Kindheit, familiärer Alkoholismus, früher Beginn alkoholbezogener Probleme, schwerere Abhängigkeit, mehr alkoholbezogene Probleme weisen eine große Ähnlichkeit mit den vorhergehenden Ergebnissen auf (Babor et al., 1992b). Auch eine indikative Therapiezuordnung für diese beiden Typen erscheint erfolgreich (Litt, Babor, DelBoca, Kadden & Cooney, 1992). Neuere Typologien im deutschsprachigen Raum stammen von Funke (1990) und von Lesch, Dietzel, Musalek, Walter und Zeiler (1989), deren Praxisrelevanz bislang noch nicht ausreichend belegt erscheint.

Grunddimensionen zur Beschreibung des Alkoholismus
Zur Ordnung der Vielfalt von Symptomen und Verhaltensweisen von Alkoholabhängigen ist häufig eine dimensionale Beschreibung erforderlich, zum Teil als Alternative zu einer Typologie, zum Teil aber auch als Ergänzung. Die Erwartung dabei ist, daß sich auch die Beurteilungsgesichtspunkte für eine Therapieindikation auf diese Grunddimensionen reduzieren lassen. Auch für die Evaluation von Therapien sind Grunddimensionen, beispielsweise für die Verlaufsbeurteilung, nützlich.

Zur Erfassung solcher Dimensionen wurde eine Reihe von Fragebogentests entwickelt: im angelsächsischen Raum vor allem das Alcohol Use Inventory (AUI, Horn & Wanberg, 1974), im deutschen Sprachraum basierend auf dem AUI, das Trierer Alkoholismus Inventar (TAI, Funke, Funke, Klein & Scheller, 1987), der „Fragebogen zur Klassifikation des Trinkverhaltens Alkoholabhängiger" (FTA, Roth, 1987) und der mehrdimensionale Alkoholismustest (MDA, Küfner, 1981).

Im Trierer Alkoholismus Inventar (TAI) werden fünf Skalen unterschieden, die als Beispiel für eine dimensionale Betrachtungsweise gelten können:
1. „Schweregrad" (Verlust der Verhaltenskontrolle, negative Gefühle nach dem Trinken),
2. „Soziales Trinken" (Trinkumstände, soziale Bedeutung des Trinkens),
3. „Süchtiges Trinken" (Charakteristika süchtigen Trinkens),
4. „Motive" (Positive Trinkmotive),
5. „Schädigung" (Wahrnehmung der Folgen, Versuch der Selbstbehandlung). Außerdem gibt es zwei Zusatzskalen,
6. „Partnerprobleme wegen Trinkens" und
7. „Trinken wegen Partnerprobleme".

Da Art und Anzahl der Dimensionen erheblich von dem jeweils untersuchten Merkmalsbereich abhängig sind, ist nicht zu erwarten, daß sich ohne Verbindung mit einer gleichzeitigen Modellentwicklung eine übereinstimmende Struktur ergibt.

1.3 Meßinstumente zur Globaldiagnose

Für die Diagnose Alkoholismus wurden zahlreiche Instrumente, hauptsächlich Fragebogen-Verfahren, selten auch bio-chemische Testverfahren entwickelt (Überblick siehe Küfner & Feuerlein, 1983; Jacobson, 1976; Skinner & Allen, 1982; Bernadt, 1991). Im angelsächischen Raum ist als Interviewleitfaden und als Selbstbeurteilungsfragebogen der MAST (Michigan Alcoholism Screening Test) von Selzer (1971) am weitesten verbreitet. Im deutschsprachigen Raum ist der Münchner Alkoholismus Test (MALT, Feuerlein, Küfner, Ringer & Antons, 1979) am besten untersucht. Er umfaßt sowohl einen Selbstbeurteilungsteil (24 Fragen) als auch einen Fremdbeurteilungsteil (7 Fragen), der eine ärztliche Untersuchung voraussetzt. Für die Diagnosefindung sind beide Teile erforderlich. Es wird diagnostisch zwischen Alkoholismus, einer unklaren Grauzone des Alkoholmißbrauchs und Nicht-Alkoholismus unterschieden. Die Validität als Zahl der richtigen Klassifikationen von Alkoholikern und Nicht-Alkoholikern ist sehr hoch und wurde in zahlreichen Untersuchungen bestätigt. Ein reines Selbstbeurteilungsverfahren ist der Kurzfragebogen für Alkoholgefährdete (KFA, Feuerlein et al., 1989). Weitere Verfahren, die vor allem auch den Schweregrad der Abhängigkeit erfassen sollen, sind die Göttinger Abhängigkeitsskala (Jacobi, Brand-Jacoby & Marquardt, 1987) und die Lübekker Abhängigkeitsskala (John, 1992). Die Validität dieser beiden letztgenannten Skalen, vor allem für Aussagen über den Schweregrad, erscheint aber noch nicht ausreichend überprüft. Der Basler Drogen- und Alkoholfragebogen (BDA, Ladewig, Graw, Miest, Hobi & Schwarz, 1976) sowie der Addiction Severity Index (ASI, McLellan et al., 1992) beziehen sich sowohl auf Alkohol, als auch auf Drogenabhängige. Der ASI zeigt auch mit einer Profildarstellung der einzelnen Problembereiche einen engeren Bezug zu therapeutischen Interventionen als die anderen Instrumente.

Außerdem gibt es Verfahren, die mit alkoholunspezifischen Items z.B. mit ausgewählten Fragen des MMPI (z.B. MacAndrew Skala), zu einer Globaldiagnose kommen. In der BRD hat sich dieser Ansatz nicht durchgesetzt (vgl. MacAndrew, 1981). Biochemische Testverfahren sind bislang noch nicht genügend entwickelt. Sie eignen sich vor allem zur Erfassung von alkoholbedingten Schäden eines Organsystems, weniger zur Erfassung der Abhängigkeit. Der Vorteil solcher Verfahren liegt in ihrer Unabhängigkeit von den Aussagen der Patienten (vgl. Stamm, Hansert & Feuerlein, 1984; Skinner, Holt, Allen & Haakonson, 1980). Unter den verschiedenen biochemischen Laborwerten kommen jeweils erhöhten Werten der Lebertransaminasen (Gamma-GT, GOT u. a.), des Kreatinins (Harnstoff) und des mittleren Zellvolumens (MCV) die größte Bedeutung zu (vgl. Stamm et al., 1984).

2 Epidemiologie

2.1 Epidemiologische Ansätze im Akoholismusbereich

Feldstudien, Repräsentativerhebungen und Längsschnittstudien stellen die Datenbasis epidemiologischer Forschung dar. Evaluationsstudien über Therapie- und Präventionsprogramme werden davon getrennt betrachtet. Durch die Entwicklung der statistischen Methodik bis hin zu kausalanalytischen Modellen und Computer-Simulationen können auch theoretische Modellvorstellungen mit den empirischen Daten besser in Zusammenhang gebracht werden. Zur Epidemiologie des Alkoholismus gehören folgende Fragestellungen:
1. Wie ist die Verbreitung (Prävalenz und Inzidenz) von Alkoholkonsum, Alkoholmißbrauch und Alkoholabhängigkeit?
2. Wie ist die Verbreitung von alkoholbedingten Folgekrankheiten und negativen psychosozialen Folgen?
3. Wie hoch sind die mit Alkoholmißbrauch und Abhängigkeit verbundenen Kosten?
4. Von welchen makroanalytischen Bedingungen (Preis für alkoholische Getränke, Gesetze, soziale Einstellungen zum Alkohol u. a.) und Bedingungen (Familie, soziales Feld u. a.) sind Alkoholkonsum und Alkoholabhängigkeit bestimmt?

2.2 Alkoholkonsum und Alkoholismus in der BRD

Über den Alkoholkonsum und Alkoholmißbrauch in der alten BRD gibt es eine Reihe von Untersuchungen (s. Feuerlein & Küfner, 1977; Trojan, 1980; Welz, 1987; Feuerlein, 1989; Bronisch & Wittchen, 1992; Bühringer & Simon, 1992; Simon & Wiblishauser, 1993). Nach den älteren Erhebungen schätzt man, daß ca. 2–3 % der Gesamtbevölkerung, das sind ca. 1,2–1,8 Millionen Menschen in der alten Bundesrepublik, und demnach 1,6 bis 2,4 Millionen in Gesamtdeutschland (hochgerechnet) als Alkoholiker (Mißbrauch und Abhängigkeit) zu betrachten sind. Die Häufigkeit von „pathologischem Alkoholkonsum" der Erwachsenenbevölkerung wird auf 4–7 % geschätzt (Trojan, 1980). Nach einer Übersichtstabelle über Repräsentativerhebungen in der Bundesrepublik Deutschland von Wienberg (1992) erscheint die Zahl von 4 % der Erwachsenenbevölkerung mit Alkoholismus bzw. Abhängigkeit als realistisch (Punkt-Prävalenz).

In einer epidemiologischen Feldstudie (Fichter, Weyerer, Kellnar & Dilling, 1986) waren 7,1 % der Männer (Erwachsenenbevölkerung) behandlungsbedürftige Alkoholabhängige, weitere 7,9 % wiesen einen leichteren Grad von Alkoholismus auf.

Neuere Repräsentativerhebungen beziehen auch die neuen Bundesländer mit ein. In der Repräsentativerhebung von 1990 schätzten 2,5 % (1,5 Millionen) der Befragten sich selbst als alkoholabhängig ein (Bühringer & Simon, 1992). Wegen der wahrscheinlichen Verleugnungstendenz muß angenommen werden, daß die tatsächliche Zahl deutlich höher liegt. Die Anwendung des Gefährdungsindex nach Feuerlein und des Konsumindex ergaben 5 % bzw. 6 %. alkoholgefährdete (Altersgruppe 18–29 Jahre). Werden die Werte hochgerechnet für die Altersgruppe ab 18 Jahren und auf die gesamte Bundesrepublik Deutschland bezogen, dann ergeben sich 3,2 bis 3,5 Millionen mit einem mißbräuchlichen Konsum von Alkohol (Bühringer & Simon, 1992). Von dieser Gruppe sind wahrscheinlich nicht alle als alkoholabhängig, möglicherweise aber als behandlungs- oder beratungsbedürftig z.B. wegen der Alkoholfolgekrankheiten oder damit zusammenhängenden sozialen Problemen anzusehen. In den neuen Bundesländern zeigt sich insgesamt ein höherer Alkoholkonsum.

Aufschluß über die konsumierten Alkoholmengen geben die Verkaufszahlen von alkoholischen Getränken. In den Jahrzehnten nach dem zweiten Weltkrieg hat sich bis 1980 ein kontinuierlicher Anstieg des Pro-Kopf-Konsums auf 12,5 Liter reinen Alkohols ergeben, der sich in den Jahren danach auf ca. 11,5 bis 12 Liter Alkohol, d.h. auf einem sehr hohen Niveau eingependelt hat (für Gesamtdeutschland 1991 12,1 Liter, Wünschmann, 1992). Bemerkenswert erscheint, daß 50 % des Alkohols von nur 7 % der Bevölkerung getrunken werden (Schweizerische Fachstelle für Alkoholprobleme 1985/86, zitiert in Feuerlein, 1989). Ca. 5 % der Erwachsenenbevölkerung geben an, nie bzw. fast nie Alkohol zu trinken. Im Vergleich verschiedener alkoholischer Getränke liegt der Bierkonsum mit 142,7 Liter pro Kopf der Bevölkerung in der Bundesrepublik Deutschland (Gesamtdeutschland 1991; Wünschmann, 1992) deutlich an der Spitze, gefolgt vom Weinkonsum (20,5 Liter), Spirituosen (7,5 Liter) und Sekt (4,6 Liter). Die Verteilung des jährlichen Alkoholkonsums pro Kopf der Bevölkerung gilt als Indikator für Alkoholfolgeerkrankungen z.B. der Leberzirrhose und wird teilweise auch zur Schätzung der Alkoholismusrate herangezogen (vgl. Feuerlein, 1989). Bei einem täglichen Alkoholkonsum von mehr als 20–30 Gramm reinen Alkohols erhöht sich deutlich das Risiko für alkoholbedingte Folgeerkrankungen (Anderson, Cremona, Paton, Turner & Wallace, 1993).

Alkoholkonsum und soziodemografische Daten
Der Gebrauch variiert in Abhängigkeit von Geschlecht und Alter (vgl. Bühringer & Simon, 1992; Trojan, 1980; u.a.). Der Alkoholkonsum von Frauen liegt deutlich niedriger als der von Männern. Untere soziale Schichten gelten als stärker alkoholgefährdet, wie in einer Reihe von Untersuchungen gezeigt wurde (Feuerlein & Küfner, 1977; Fichter et al., 1986; Sieber & Angst, 1981; u.a.). Aber auch Selbständige weisen einen höheren Grad von Gefährdung auf.

In einer meta-analytischen Auswertung von 12 Verlaufsstudien in verschiedenen Ländern konnte gezeigt werden, daß Personen, die im Untersuchungszeitraum geheiratet haben, ihren durchschnittlichen Alkoholkonsum reduziert haben (unabhängig von Alter und Geschlecht). Arbeitslos zu werden steht dagegen in einem positiven Zusammenhang mit dem Alkoholkonsum bei jüngeren Männern, bei älteren Männern aber in einem negativen (Temple et al., 1991).

Alkoholismus im Krankenhaus
Der Anteil von Alkoholikern in psychiatrischen Krankenhäusern wird bei Männern auf 20–35 % geschätzt, bei Frauen auf ca. 10 % (vgl. Feuerlein, 1989). In Allgemeinkrankenhäusern liegt der Alkoholismus in Untersuchungen zwischen 9 % und 19 % (Athen & Schuster, 1981; Auerbach & Melchertson, 1981; Möller, Angermund & Mühlen, 1987).

Mortalität
Die Mortalitätsraten bei Alkoholabhängigen sind deutlich erhöht, sie variieren in verschiedenen Untersuchungen zwischen 7,6 % (Feuerlein, Küfner & Flohrschütz, 1994) und 18,4 % (Lesch, 1985) in einem Zeitraum von vier Jahren. Nach einer Entwöhnungsbehandlung ist pro Jahr mit einer Mortalitätsrate zwischen 2 % und 4 % zu rechnen (Polich, Amor & Braiker, 1980; Poser, Thaden, Eva-Condemarin, Dickmann & Stötzer, 1990; Feuerlein, Küfner & Flohrschütz, 1994). Dabei ist die Zusammensetzung der untersuchten Stichprobe, z. B. hinsichtlich des Geschlechts, von Bedeutung: Die Mortalitätsrate bei Männern ist wahrscheinlich höher als bei Frauen (z. B. 9,8 % versus 4,8 %, Feuerlein, Küfner & Flohrschütz, 1994).

Bezogen auf entsprechende Altersgruppen in der Gesamtpopulation haben Alkoholabhängige eine Übersterblichkeit, die zwischen dem Faktor 4 (Poser et al., 1980) und 8 (Genz, 1991) liegt.

Als Risikofaktoren gelten: Erwerbslosigkeit, alkoholbezogene Berufe, Wernikke-Korsakoff Syndrom, geringe Einsicht in die Abhängigkeit und Rückfälligkeit nach Entwöhnungsbehandlung (in den ersten sechs Monaten). In einigen Untersuchungen zeigten die Alkoholabstinenten eine größere Mortalitätsrate als die Mäßigtrinker (Anderson et al., 1993).

Bei einer akuten Alkoholintoxikation werden drei bis fünf Promille als tödliche Blutalkoholkonzentrationen angegeben (Heberle & Gerchow, 1980), allerdings gibt es auch Fälle, daß Personen mit höheren Blutalkoholkonzentrationen überlebt haben.

Alkoholmißbrauch und Straßenverkehr
Die Bedeutung des Alkoholmißbrauchs für die Bevölkerung geht auch aus Statistiken über Unfälle im Straßenverkehr hervor. Alkoholiker haben zwei bis drei mal so viele Unfälle wie Nicht-Alkoholiker (Heberle & Gerchow, 1980;

Stephan, 1988). 19 % aller im Straßenverkehr getöteten Personen erlitten ihre tötlichen Verletzungen bei einem Unfall mit Alkoholbeteiligung. Bei 10 % der Unfälle mit Personenschaden liegt eine Alkoholbeteiligung vor (Moorweßel, 1988).

Über die Wirkung von Alkohol auf das Verhalten von Verkehrsteilnehmern gibt es zahlreiche Untersuchungen (vgl. Krüger, 1991; Heifer, 1991; Gerchow, 1980). Umstritten ist die Festlegung einer optimalen Promille-Grenze, die derzeit noch bei 0,8 Promille liegt. Absolute Fahruntüchtigkeit liegt bei 1,1 % vor. Die Rückfallquote bei sog. Trunkenheitstätern beträgt in einer Untersuchung von Stephan (1989) in einem Bewährungszeitraum von 10 Jahren 44 %. Es gibt auch spezielle Trainingsprogramme für alkoholauffällige Autofahrer (s. Stephan, 1988). Bislang am wirkungsvollsten zur Verhinderung von Alkoholmißbrauch im Straßenverkehr sind gesetzliche Maßnahmen bzw. Sanktionen (Peacock, 1992; Edwards et al., 1994).

Alkoholkonsum und Jugendliche
Relativ viel ist über den Alkoholmißbrauch bei Jugendlichen bekannt. Seit 1976 wurden in einigen Bundesländern Repräsentativerhebungen unter dem Titel „Jugend fragt Jugend" regelmäßig in Abstand von vier Jahren durchgeführt. 1984 kam es im Vergleich mit den Jahren 76 und 80 in Bayern zu einem leichten Rückgang der Alkoholgefährdung Jugendlicher (Feuerlein, 1989). Dieser Trend dürfte auf Deutschland insgesamt übertragbar sein. Ein Anstieg des Alkoholmißbrauchs bei Jugendlichen konnte in den letzten Jahren nicht festgestellt werden, wie neuere Untersuchungen gezeigt haben (Simon & Wiblishauser, 1992). Mit der Alkoholgefährdung verbunden ist eine häufigere „Brokenhome" Situation", ein schlechteres Verhältnis zu Eltern, Lehrern und Vorgesetzten sowie als typisches Freizeitverhalten Flippern, Kartenspielen, Automatenspielen sowie Auto- und Motorradfahren (Feuerlein, 1991).

Alkoholkonsum und alte Menschen
Wegen der geringeren Lebenserwartung von Alkoholikern sowie einer mit dem Alter abnehmenden Toleranz gegen Alkohol wurde Alkoholismus unter älteren Menschen lange Zeit als seltene Entwicklung angesehen (Seitz & Oswald, 1995).

Bei Personen über 60 Jahren nimmt der Alkoholkonsum deutlich ab und die Zahl der Abstinenten nimmt zu (vgl. Feuerlein, 1989). In jüngeren Untersuchungen zeigt sich, daß erst ab einem Lebensalter von 70 bzw. 75 Jahren der Alkoholkonsum deutlich zurückgeht (vgl. Schmitz-Moormann, 1992). In einer Feldstudie von Fichter et al. (1986) lag bei den über 60jährigen die Zahl von Personen mit Alkoholismus bei 3,3 % im Vergleich zu einem Durchschnittswert von 7,1 % über alle Altersgruppen. Altersspezifische Belastung, die zu einem erhöhten Alkoholkonsum führen könnten, wurden nicht festgestellt. Die Ausklammerung älterer Personen von einer Alkoholismustherapie wegen zu geringer Erfolgserwartungen erscheint nicht gerechtfertigt (Schmitz-Moormann, 1992).

Kosten
Für Behandlungsmaßnahmen (ohne Kosten für Entgiftung und ohne Behandlung von Folgeschäden) wurden von den Rentenversicherungsträgern im Jahr 1986 DM 399 Millionen aufgewendet (für Medikamentenabhängige fünf Millionen, für Drogenabhängige 40 Millionen). Die Steuereinnahmen des Staates für alkoholische Getränke betrugen 1985 DM 6,14 Milliarden. Auch darin zeigt sich die wirtschaftliche Bedeutung des Alkoholkonsums für die Staatsfinanzen (vgl. Wünschmann, 1992; Bühringer & Simon, 1992).

2.3 Komorbidität und Folgekrankheiten

Alkoholabhängige weisen häufiger zusätzliche psychiatrische Diagnosen auf als die Gesamtbevölkerung (zwischen 43 % und 78 %, Krausz, 1994). Im einzelnen ergaben sich bei Alkoholabhängigen in verschiedenen Untersuchungen folgende Häufigkeiten psychiatrischer Zusatzdiagnosen (Krausz, 1994): Depression 27 % bis 46 %, Angstsyndrome 10 % bis 26 %, Borderline-Störungen 28 % bis 43 %, Soziopathie 19 % bis 41 %, Schizophrenie 2 % bis 43 % (insgesamt aber wahrscheinlich kein erhöhtes Risiko). Eine Bewertung ist schwierig, weil diese zusätzlichen psychiatrischen Diagnosen als Ursache oder als Folge der Alkoholabhängigkeit, aber auch als voneinander unabhängig gesehen werden können (vgl. Krausz & Müller-Thomsen, 1994, s. auch 3.1.2.2).

Es gibt praktisch kein Körperorgan, das nicht als Folge eines chronischen Alkoholmißbrauchs geschädigt werden könnte, auch wenn nicht jeder Alkoholabhängige solche körperlichen Folgeschäden aufweist (vgl. Pattison & Kaufmann, 1982; Feuerlein, 1992; Teschke & Lieber, 1981; Lelbach, 1995). Bei 48 % der alkoholabhängigen Männer kommt es zur Entwicklung einer Fettleber (Ashley et al. 1977, zit. in Feuerlein, 1989). Bei Alkoholabstinenz bildet sich die Fettleber wieder relativ schnell zurück, die Leberzirrhose dagegen ist nicht heilbar und medizinisch kaum zu beeinflussen. Die wichtigsten mit Alkoholmißbrauch zusammenhängenden Folgeerkrankungen sind: Leberstörungen (Fettleber, Leberzirrhose), Bauchspeichelentzündungen (Pankreatitis), Gastrointestinale Störungen (Gastritis, Magengeschwüre u. a.), Störungen des Muskelsystems: Polyneuropathie, allgemeine Hirnveränderungen: Korsakov, Kleinhirnatrophie, Herzkreislaufstörungen: Hypertonie, psychiatrische Störungen: Alkoholdelir, Alkoholhalluzinose, Suizidhandlungen sowie Alkoholembryopathie (fetales Alkoholsyndrom, s. Majewski, 1980).

Weitere Störungen betreffen das Immunsystem, Herzerkrankungen sowie die Entstehung von Karzinomen besonders im respiratorischen System (zum Überblick s. Feuerlein, 1989, 1992; Seitz, Lieber & Simanowski, 1995).

Insgesamt betrachtet läßt sich ein positiver Zusammenhang zwischen der Höhe des Alkoholkonsums und dem Risiko für bestimmte Erkrankungen (Leberzirrhose, Krebs im Magen-Darmbereich, der Leber und der Brust sowie erhöhten Blutdruck und Apoplex nachweisen (vgl. Anderson et al., 1993).

2.4 Alkoholismus im interkulturellen Vergleich

Im internationalen Vergleich des Alkoholkonsums (basierend auf Verkaufszahlen, umgerechnet in reinen Alkohol) lag Frankreich noch im Jahr 1987 mit 13,2 Liter reinen Alkohol pro Kopf der Bevölkerung deutlich an der Spitze des Alkoholkonsum (DHS, 1988). Die Bundesrepublik war zusammen mit Spanien mit 11,5 Litern auf dem 10. Platz. Im Bierverbrauch belegte 1988 die alte Bundesrepublik und die ehemalige DDR die ersten Plätze (143 Liter Bier bzw. 141 Liter, Wünschmann, 1989). Im Jahr 1992 lag die Bundesrepublik auch hinsichtlich des Gesamtkonsums mit 12,1 Litern reinen Alkohol knapp an der Spitze aller Länder (Junge, 1993). In den letzten Jahren ist es vor allem in den traditionell weintrinkenden Ländern zu einem Rückgang des Alkoholkonsums gekommen (s. Helzer & Canino, 1992).

Zur Beeinflussung des Alkoholkonsums in der Gesamtbevölkerung werden in verschiedenen Staaten, wie z.B. den skandinavischen Ländern, vor allem Steuererhöhungen und gesetzliche Maßnahmen diskutiert (vgl. Popham, Schmidt & Lint, 1976; Ernst, 1979; Edwards et al., 1994).

Die Konsequenz solcher Maßnahmen besteht zwar meist in einem Absinken des durchschnittlichen Alkoholkonsums in der Population, wie stark diese Reduktion jedoch ausfällt, wie lange sie anhält und welche Gruppe von Alkoholkonsumenten davon betroffen sind, ist eine bislang umstrittene Frage. Allgemein geht man von der Annahme aus, daß ein Absinken des durchschnittlichen Pro-Kopf-Konsums an Alkohol auch mit einer geringeren Rate des Alkoholmißbrauchs und der Folgeschäden verbunden ist (Ornstein & Levy, 1983; Ernst, 1979; Edwards et al., 1994). Der Versuch, über Computer-Simulationen Aufschluß über die Wirkung solcher Maßnahmen zu erhalten, steckt noch in den Anfängen (vgl. Küfner & Yassouridis, 1990). Durch gesetzliche Maßnahmen und Billigangebote alkoholfreier Getränke sollen vor allem Jugendliche geschützt werden. Auch im Verkehrsbereich sind gesetzliche Maßnahmen und deren Überwachung von großer Bedeutung. (Zur Promille-Grenze siehe Krüger, 1991.)

Im soziokulturellen Vergleich verschiedener Völker wurden unterschiedliche Trinkkulturen festgestellt. Man unterscheidet nach Bales (1967, zit. in Feuerlein, 1989) Abstinenzkulturen (z. B. viele islamische Länder) mit dem Verbot von Alkohol, Ambivalenzkulturen (Konflikte zwischen gleichzeitig vorhandenen gegensätzlichen Werthaltungen gegenüber dem Alkohol (z. B. skandinavische Länder), Permissivkulturen (viele Mittelmeerländer) mit erlaubtem Alkoholkonsum, aber der Ablehnung von Rauschzuständen und den Permissivfunktionsgestörte Kulturen, in denen auch Rauschzustände akzeptiert werden (z. B. Irland).

Pittman (1964) kommt zu der Folgerung, daß in Kulturen, in denen Leistung, Unabhängigkeit und Verantwortung als besonders wichtig erachtet werden und gleichzeitig Abhängigkeitsbedürfnisse mißbilligt werden, eine erhöhte Tendenz zum Alkoholmißbrauch besteht. Diese soziokulturelle Hypothese steht in Übereinstimmung mit der Machthypothese der Alkoholwirkung (s. Abschnitt 3.1.1) sowie mit der psychodynamischen Theorie von Abhängigkeits-Autonomiekonflikten (s. Abschnitt Psychodynamische Theorieansätze). Alkoholismus kommt nicht in allen Ländern gleich häufig vor. In den arabischen und asiatischen Ländern (z. B. Japan) ist die Alkoholismusrate niedriger als in den europäischen Ländern. Man bringt dies mit der häufigen Verbreitung eines atypischen Enzyms (Isoenzym des ALDH) für den Alkoholstoffwechsel in Zusammenhang, wodurch es zu unangenehmen Begleiterscheinungen des Alkoholkonsums kommt (vgl. Goedde & Agarwal, 1989).

3 Störungswissen

3.1 Entstehung der Alkoholabhängigkeit

Alkoholismus wird allgemein als ein biopsychosoziales Bedingungsgefüge verstanden. Für die Darstellung von Faktoren, die die Entstehung, aber auch die Aufrechterhaltung des Alkoholismus erklären, gibt es als grobes Orientierungsmodell das sogenannte Dreiecksmodell (Feuerlein, 1975) mit den Eckpunkten Individuum, Droge und Umwelt. Der Leitgedanke für die Darstellung der einzelnen Bereiche geht von der Frage aus, welche Faktoren verstärken die positive Alkoholwirkung und deren Wahrnehmung und welche Faktoren schwächen die negative Alkoholwirkung sowie deren Wahrnehmung durch den Betroffenen. Beide Faktorenbereiche beinhalten Risikofaktoren (bzw. Vulnerabilitätsfaktoren; vgl. Lachner & Wittchen, 1995). Als protektive Faktoren gelten dagegen Bedingungen, welche die positive Alkoholwirkung schwächen und die negative Alkoholwirkung verstärken bzw. verstärkt wahrnehmen lassen.

Vor der Darstellung und Diskussion einzelner Untersuchungsergebnisse und Befunde werden zusammenfassend die wichtigsten Hypothesen als Leitgedanken für die Entstehung der Alkoholabhängigkeit aufgeführt:
1. Am Anfang der Alkoholismusentwicklung steht eine mehr oder weniger lang anhaltende, mehr oder weniger stark ausgeprägte positiv erlebte Phase der Alkoholwirkung.
2. Die Wirkung der Droge Alkohol ist in mittleren Dosen in erheblichem Umfang von der Erwartungshaltung des Konsumenten beeinflußt.
3. Es besteht eine genetische Disposition für die Entwicklung einer Alkoholabhängigkeit.
4. Die positive Alkoholwirkung ist bei Suchtgefährdeten stärker ausgeprägt als bei Normalkonsumenten.
5. Die negative Alkoholwirkung ist bei Suchtgefährdeten geringer ausgeprägt oder wird als weniger beeinträchtigend erlebt.
6. Impulsivität und mangelnde Kontrollfähigkeit tragen zu einem höheren Risiko der Suchtentwicklung bei.

3.1.1 Droge Alkohol

Alkohol ist sowohl ein Nahrungsmittel (hohe Kalorienzahl), als auch ein Genußmittel und ein Rauschmittel, sowie auch ein Gift bei chronischer oder hochdosierter Anwendung (Feuerlein, 1989). Zum Verständnis der positiven und negativen Alkoholwirkung sind Kenntnisse über Stoffwechselprozesse des Alkohols erforderlich. Der Abbau des Alkohols erfolgt vorwiegend in der Leber (s. Goedde & Agarwal, 1989). Dabei entsteht als Zwischenprodukt Acetaldehyd, dessen Ansammlung im Körper bei fehlenden Enzymen zur Weiterverarbeitung eine Reihe von unangenehmen Empfindungen hervorruft (Übelkeit, erhöhter Puls u. a.). (s. von Wartburg, 1985; Goedde & Agarwal, 1989). Bei asiatischen Völkern, z. B. den Japanern, ist dieses atypische Enzym häufiger vertreten und gilt als protektiver Faktor gegen Mißbrauch und Abhängigkeit (Maier, 1995).

Wieviel Alkohol pro Tag als unbedenklich angesehen werden kann, ist eine umstrittene Frage. Ausgehend von statistischen Zusammenhängen zwischen Alkoholmenge und Lebererkrankungen werden 30–60g reinen Alkohols pro Tag als unbedenklich angesehen. Bei Frauen liegt die als verträglich angesehene Alkoholmenge bei 20–30 g reinen Alkohols pro Tag (Thaler, 1977; Anderson et al., 1993). Die toxische Wirkung mit ihren unangenehmen Begleiterscheinungen ist bei Frauen stärker ausgeprägt und wird deshalb als protektiver Faktor angesehen (Schuckit, 1988).

Für das Verhalten im Verkehrsbereich wichtig ist die Frage der Abbaugeschwindigkeit von Alkohol im Körper. Pro Stunde werden im Durchschnitt

0.07 Promille an reinem Alkohol abgebaut. Die Alkoholwirkung erscheint primär nicht von der Art des alkoholischen Getränks abhängig, sondern von der Geschwindigkeit, mit der reiner Alkohol ins Blut aufgenommen wird, sowie vom Körpergewicht.

Physiologische Ebene
Allgemein wirkt Alkohol dämpfend auf die Übertragung von Nervenimpulsen. Die Gesamtwirkung im Zentralnervensystem hängt im wesentlichen von der Alkoholdosis und dem Zusammenwirken hemmender und aktivierender Teilsysteme des ZNS ab (siehe Abschnitt Biologische Theorien). Im großen und ganzen kann man von einer biphasischen Wirkung des Alkohols ausgehen: In kleinen Dosen wirkt Alkohol eher anregend, wobei hemmende Strukturen im ZNS gedämpft werden, so daß andere Teilsysteme stärker aktiviert in Erscheinung treten. So kommt es auf die peripheren physiologischen Funktionen wie Herzrate, Hautwiderstand (u. a.) durch kleine Alkoholdosen überwiegend zu einer anregenden Funktion (Mendelsohn, LaDou & Somomon, 1964; Meyer & Dolinsky, 1991). Dies gilt allgemein sowohl für Alkoholiker als auch für soziale Trinker. Mit zunehmender Dosis kommt es zu einer allgemeinen Hemmung und Dämpfung der gesamten nervösen Prozesse im ZNS. Bei Alkoholabhängigen bzw. Alkoholgefährdeten (hier definiert durch Alkoholismus der Eltern) geht man davon aus, daß die physiologische Wirkung stärker positiv ist als bei Normaltrinkern (Levenson, Oyama & Meek, 1987; s. Abschnitt Biologische Faktoren).

Verhaltensebene
Zentrale Hypothese ist hier die sogenannte Spannungsreduktionshypothese (vgl. Cappell & Hermann, 1972; Cappell & Greeley, 1987). Da der Begriff Spannung sehr unterschiedlich definiert sein kann, ergeben sich erhebliche Probleme bei einer empirischen Überprüfung. Nachdem beobachtet wurde, daß Alkoholiker unter Alkohol auch häufig aversive Zustände erleben (Mendelson, 1964; Freed, 1978 u. a.), wurde dies als mit der Entspannungshypothese unverträglich angesehen. Durch entsprechende Zusatzhypothesen (kathartische Wirkung durch denAusdruck aversiver Zustände) läßt sich die Entspannungshypothese beliebig erweitern. Eine plausiblere Erklärung für ein Trinken trotz damit verbundener, negativer Zustände sind persistierende positive Erwartungen, die mit dem Trinken assoziiert bzw. konditioniert sind. Zu der Spannungsreduktionshypothese gehört auch die streßreduzierende Alkoholwirkung. Eine stärker streßreduzierende Wirkung, weil mehr Stressoren (z.B. negative Lebensereignisse) auftreten oder weil die physiologische Wirkung ausgeprägter ist, wird als Risikofaktor für Alkoholabhängigkeit betrachtet (Sher & Levenson, 1982; vgl. Shifman & Wills, 1985). Der Entspannungshypothese entgegensetzt ist die Stimulationshypothese (vgl. Zuckerman, 1971, 1984), die vorher schon durch die aktivierende physiologische Wirkung von Alkohol angedeutet wurde. Beide Hypothesen sind für die Alkoholwirkung zutreffend. Man kann

daher auch von einer Doppelfunktion des Alkohols sprechen. Neben einer Reduzierung negativer Affekte komt es auch zu einer Verstärkung positiver Affekte (Wills, 1985).

Alkohol beeinflußt die Informationsverarbeitung in verschiedener Weise. Schon bei geringen Alkoholmengen kann es zur Beeinträchtigung der Aufmerksamkeits- und Konzentrationsfähigkeit des Gedächtnisses und einzelner Intelligenzfunktionen kommen, andererseits werden auch Befunde über eine Verbesserung einzelner Leistungsfunktionen berichtet (vgl. Grünberger, 1977; Hunt, 1983). Bei höheren Dosen kommt es in jedem Fall zu mehr oder weniger deutlichen Störungen der Intelligenzfunktionen und der Psychomotorik, insbesondere bei komplexeren Aufgaben. Diskutiert werden auch Störungen der Selbstaufmerksamkeit, so daß selbstrelevante negative Informationen der Alkoholfolgen nicht wahrgenommen werden und damit auch nicht für die Kontrolle des Alkoholkonsums zur Verfügung stehen.

McLelland, Davis, Kalin und Wanner (1972) haben aufgrund umfangreicher Untersuchungen mit einem projektiven Testverfahren (Thematischer Apperzeptionstest, TAT) herausgearbeitet, daß soziale Trinker unter Alkohol sich stärker, unabhängiger und mächtiger fühlen (Machthypothese), Frauen fühlen sich dagegen unter Alkohol häufig offener, wärmer und femininer (Weiblichkeitshypothese nach Wilsnack, 1974). Diese Machthypothese wird auch durch Befunde von Scoufis und Walker (1982) gestützt. Sie paßt auch zu zahlreichen Ergebnissen über ein mangelndes Selbstwertgefühl bei Alkoholikern.

Weiteren Aufschluß über die Alkoholwirkung auf das Verhalten geben experimentelle Untersuchungen, in denen versucht wurde, das angebotene Getränk unabhängig vom tatsächlichen Inhalt (Alkohol oder Placebo) als scheinbar alkoholisches oder scheinbar nicht-alkoholisches Getränk zu maskieren (Marlatt & Nathan, 1978). Auf diese Weise wurde versucht, den Effekt von Erwartungen gegenüber Alkohol mit der physiologischen Alkoholwirkung zu vergleichen. In einer Reihe von Untersuchungen verschiedener Autoren konnte der Effekt dieses subjektiven Erwartungsfaktors bzw. die Placebo-Wirkung nachgewiesen werden (vgl. Marlatt & Rohsenow, 1980). Das bedeutet, daß den kognitiven Faktoren bei der erlebten Alkoholwirkung eine große Bedeutung zukommt.

In einer Überblicksarbeit über Alkohol und Stimmung kommt Freed (1978) zu dem Ergebnis, daß soziale Trinker in Übereinstimmung mit ihren Erwartungen gegenüber Alkohol eine Anhebung der Grundstimmung erleben, während bei Alkoholabhängigen häufig auch eine dysphorische Stimmung (Angst, Gereiztheit, Depression) unter Alkohol einsetzt oder sich verstärkt. Das Paradox, daß Alkoholiker Alkohol trinken bzw. weitertrinken, obwohl es dadurch zu einer dysphorischen Stimmungslage kommt, läßt sich durch die früheren positiven Erfahrungen mit der Alkoholwirkung und einer dadurch bedingten positiven Erwartungshaltung gegenüber Alkohol verständlich machen.

Angst und Alkoholkonsum
Zwischen Angst und Alkoholkonsum gibt es nach Kushner, Kenneth, Sher und Breitman (1990) keinen generellen Zusammenhang. Nur bei allgemeinen Angstzuständen ist der Alkoholkonsum erhöht. Angst vor einem Elektroschock scheint den Alkoholkonsum nicht zu beeinflussen. Dagegen konnte gezeigt werden, daß die experimentelle Auslösung sozialer Angst zu einem größeren Alkoholkonsum führt. Soziale Bedrohung allein erklärt aber nicht den erhöhten Alkoholkonsum in experimentellen Versuchssituationen. In Situationen sozialer Angst wird nur dann Alkohol getrunken, wenn der Betroffene erwartet, daß es durch den Alkohol zu einer Angstreduzierung kommt. Diese Erwartung betrifft Situationen, in denen Angstabbau durch Abschwächung von Hemmungen erreicht werden kann und gleichzeitig der Kontrolle des eigenen Verhaltens keine große Bedeutung beigemessen wird. In Situationen positiver sozialer Rückmeldung kann die Kontrolle über das eigene Verhalten und damit auch über den Alkoholkonsum gelockert werden, da weitere Anstrengungen nicht mehr erforderlich erscheinen (vgl. Küfner, 1986). Marlatt (1976) kommt zu dem Schluß, daß der drohende Verlust der persönlichen Kontrolle ein entscheidender Einflußfaktor des Alkoholkonsums sei. Angst kann nicht als ein genereller Motivationsfaktor für Alkoholkonsum angesehen werden. (Überblick über experimentelle Untersuchungen Hull & Bond, 1986; Marlatt, 1976).

3.1.2 Individuum

3.1.2.1 Biologische Faktoren

Genetische Faktoren
In einem Literaturüberblick über Familienuntersuchungen kommt Cotton (1979) zu dem Ergebnis, daß Alkoholiker mit größerer Wahrscheinlichkeit alkoholabhängige Eltern oder einen Alkoholiker im näheren Verwandtschaftskreis aufweisen als Nicht-Alkoholiker. Dabei zeigte sich auch, daß die Wahrscheinlichkeit für Alkoholismus bei Kindern von alkoholabhängigen Vätern größer ist als für Kinder von alkoholabhängigen Müttern. Umgekehrt erscheinen alkoholabhängige Frauen häufiger als alkoholabhängige Männer aus Alkoholikerfamilien zu stammen. In Familien von Alkoholikern zeigten sich aber auch andere psychiatrische Erkrankungen häufiger. Bei all diesen Zusammenhängen bleibt zunächst unklar, inwieweit diese durch familiäre Belastung oder durch Vererbung bedingt sind. Näheren Aufschluß ergeben Zwillingsuntersuchungen über eineiige und zweieiige Zwillinge (monozygote und dizygote

Zwillinge). In verschiedenen Untersuchungen zeigte sich, daß die Konkordanzrate bei eineiigen Zwillingen deutlich größer ist als bei zweieiigen Zwillingen (s. Zerbin-Rüdin, 1989; Agarwal & Goedde, 1987, 1995). In der vorher zitierten umfangreichen Studie über 16.000 männliche Zwillingspaare wurden 271 monozygote und 444 dizygote Zwillingspaare mit jeweils wenigstens einem Partner als Alkoholiker identifiziert. Die Konkordanzrate für eineiige Zwillinge betrug 26 %, die für zweieiige Zwillinge 12 % (Cotton, 1979).

Adoptionsstudien zeigen, daß Söhne von Alkoholikern ungefähr viermal so häufig Alkoholiker wurden als ebenfalls adoptierte Kinder, deren biologische Eltern nicht Alkoholiker waren, wobei es gleichgültig war, ob diese bei nichtalkoholabhängigen oder bei alkoholabhängigen Stiefeltern oder ihren biologischen Eltern aufgewachsen waren (vgl. Maier, 1995). Aus Verlaufsuntersuchungen ergibt sich ebenfalls ein klarer Hinweis darauf, daß familiärer Alkoholismus in einem deutlich positiven Zusammenhang mit der Entwicklung einer Alkoholabhängigkeit steht (Vaillant, 1983). Zusammenfassend läßt sich sagen, daß bei der Entstehung von Alkoholismus eine genetische Grundlage angenommen werden muß. Wie hoch dieser Erbanteil ist, und ob dabei verschiedene Grundmuster des Alkoholmißbrauchs unterschieden werden müssen, ist noch eine ungelöste Frage (vgl. Schuckit, 1989; Pihl, Peterson & Finn, 1990; Agarwal & Goedde, 1995).

US-Studien weisen auf die Bedeutung der ethnischen Zugehörigkeit für die Entstehung der Alkoholabhängigkeit hin. Personen aus irischer Abstammung haben z. B. ein höheres Risiko für Alkoholmißbrauch als Personen aus italienischer oder jüdischer Abstammung. Bislang konnte allerdings nicht geklärt werden, ob dafür biologisch-genetische oder psychosoziale Faktoren maßgebend sind.

Sensitivität für Alkohol
Weitere biologische Faktoren betreffen die Sensitivität für positive und negative Alkoholwirkungen. Vor allem bei asiatischen Völkern kommt es bei Alkoholkonsum zu Unverträglichkeitsreaktionen (Flushing-Syndrom). Diese erhöhte Alkoholsensibilität zeigt sich in einer Gesichtsrötung, Steigerung der Herzfrequenz, Hitzegefühl im Magen und Muskelschwäche. Bei mongoloiden Völkern (Japaner, Chinesen, Koreaner) reagiert ein höherer Prozentsatz als bei weißen Völkern mit solchen Unverträglichkeitsreaktionen. Untersuchungen haben ergeben, daß diese gesteigerte Sensibilität auf einen erhöhten Acetaldehyd Spiegel aufgrund eines atypischen Enzyms der Alkoholdehydrogenase zurückzuführen ist (vgl. Agarwal & Goedde, 1995).

In der individuellen Wirkung von Alkohol auf das ZNS wird ein biologischer Entstehungsfaktor für eine spätere Alkoholabhängigkeit gesehen. Alkoholiker haben ein schlechter synchronisiertes Ruhe-EEG im Vergleich zu Kontrollgruppen. Alkohol führt zu einer besseren Synchronisation (mehr Alpha-Wellen) als bei Nicht-Alkoholabhängigen. Bei der Untersuchung von nicht-alkoholabhängigen Verwandten ergaben sich ähnliche EEG-Reaktionen. Die intensivere Wirkung in Richtung EEG Synchronisation (Aktivierung von Alpha-Wellen) wird als stärker entspannend erlebt und kann daher zur Entstehung der Alkoholabhängigkeit beitragen (vgl. Propping, 1984). Auch in anderen Untersuchungen ergibt sich bei Söhnen von Alkoholikern insgesamt eine stärker positive Alkoholwirkung (stärker stimulierend und stärker negative Gefühle dämpfend (Newlin & Thomson, 1990).

Hinsichtlich unerwünschter Alkoholwirkungen hat sich in einer meta-analytischen Zusammenfassung von Untersuchungen gezeigt, daß die Symptome für eine Alkoholintoxikation bei Söhnen von Alkoholikern signifikant schwächer ausgeprägt waren (Pollock, 1992). Zusammengefaßt weisen diese Untersuchungen daraufhin, daß bei Söhnen von Alkoholikern die positive Alkoholwirkung stärker und die negative Alkoholwirkung schwächer ausgeprägt sind als bei Kontrollpersonen.

Kognitive Funktionen
Heranwachsende Söhne von Alkoholikern zeigten im Vergleich zu Söhnen von Nicht-Alkoholikern neuropsychologische Defizite bei Untersuchungen des Gedächtnisses, der Sprachbeherrschung und bei perzeptiv-motorischen Fähigkeiten. Auch die Aufmerksamkeit und die Auffassungsgabe waren schlechter. Alkoholiker weisen häufig eine Beeinträchtigung des visuell-räumlichen Gedächtnisses, des nonverbalen Problemlösens, der kognitiven Flexibilität und psychomotorischen Schnelligkeit und Genauigkeit (Aufmerksamkeit, Konzentration) auf. (Parsons & Farr, 1981; Tarter, Arria & van Thiel, 1989; Miller, 1990; Mann, 1992; Mann & Dengler, 1995). Bei einer Alkoholabstinenz ergeben sich durch Wachstum von Nervensubstanz gute Rückbildungstendenzen, die sich auch durch objektive Verfahren nachweisen lassen (vgl. Mann, 1992). Zusammenfassende Interpretationen neuropsychologischer Defizite bei Alkoholabhängigen werden als Schädigung im Vorderhirnlappenbereich interpretiert. Die damit zusammenhängende, geringere kognitive Kontrollfähigkeit können zumindest zur Aufrechterhaltung des Alkoholmißbrauchs beitragen. Inwieweit prämorbid bereits entsprechende Defizite vorliegen, ist ungeklärt.

3.1.2.2 Persönlichkeitsfaktoren

Die Suche nach einer einheitlichen Alkoholikerpersönlichkeit gilt allgemein als erfolglos und wenig nützlich (Antons, 1980; Barnes, 1980; Graham & Strenger, 1988; Wanke, 1987. Dennoch kristallisieren sich in verschiedenen Überblicksarbeiten einige Grundcharakteristika heraus, die zumindest für Teilgruppen Gültigkeit haben (vgl. Barnes, 1983; Cox, 1985; Miller, 1990; Sher & Trull, 1994). Es wird differenziert zwischen einer prämorbiden Persönlichkeit und der Persönlichkeit unter Alkoholabhängigkeit. Außerdem müssen verschiedene Entwicklungen zur Alkoholabhängigkeit angenommen werden, so daß ein Einheitstyp nicht erwartet werden kann.

Prämorbide Persönlichkeit
Unter dem Aspekt der Entstehung der Alkoholabhängigkeit geht es hauptsächlich um prämorbide Persönlichkeitsmerkmale. Hauptthesen zur prämorbiden Persönlichkeitsmerkmale beziehen sich auf Defizite im Bereich der Kontrollfähigkeit und gleichzeitig erhöhter Impulsivität, was sich in antisozialen Verhaltensweisen zeigt, in einem Non-Konformitätssyndrom und in einer geringeren Frustrationstoleranz. Verschiedene Verlaufsuntersuchungen über Alkoholmißbrauch bei Jugendlichen konnten dies bestätigen (s. Abschnitt Theorieansätze aus entwicklungspsychologischer Perspektive). Auch wenn prämorbid die später Alkoholabhängigen oft nicht weiter sozial auffällig sind, zeigen sie gehäuft die eben skizzierten Merkmale (vgl. Cox, 1985).

Entsprechend der Entspannungshypothese könnte angenommen werden, daß die später Alkoholabhängigen bereits prämorbid ein höheres Spannungsniveau im Sinne einer Hyperaktivität aufweisen. Die Bedeutung dieses Faktors für die Entwicklung der Alkoholabhängigkeit konnte nicht bestätigt werden. Wenn man dazu die Rolle der Angst untersucht, dann zeigt sich eher ein gegenteiliger Effekt. Bei Männern konnte gezeigt werden, daß Angst prämorbid nicht als Risikofaktor, sondern als protektiver Faktor wirksam wird (Pulkkinen & Pitkönen, 1993).

Ein genereller Zusammenhang zwischen Alkoholismus und Depression im Sinne einer affektiven Störung konnte nicht bestätigt werden (vgl. Bronisch, 1985; Bienik, 1989; Schuckit, 1979b; Davidson & Ritson, 1993). Allerdings sind die Depressionswerte von Alkoholabhängigen vor einer Entwöhnungsbehandlung deutlich erhöht (vgl. nächsten Abschnitt). Diese werden jedoch reaktiv als Folge von vielfältigen Belastungssituationen des Alkoholabhängigen verstanden.

Cloninger, Sigvardsson und Bohman (1988) unterscheidet drei Grunddimensionen der Persönlichkeit bzw. des Verhaltens, die als Übergangsbereich zwischen biologischen und psychischen Faktoren angesehen werden können:
1. Neuigkeit suchendes Verhalten (novelty seeking),
2. schmerzvermeidendes Verhalten (harm avoidance),
3. belohnungsabhängiges Verhalten (reward dependency).

Zwei verschiedene Konstellationen dieser drei Grunddimensionen werden für die Entwicklung von Alkoholismus unterschieden:
Typ A: Mittel bis niedrige Werte hinsichtlich Neuigkeiten suchendes Verhalten; starke Vermeidungstendenz; starke Abhängigkeit von Belohnung.
Typ B: geringe Tendenz zur Schmerz- und Schadensvermeidung; geringe Abhängigkeit von Belohnungen; hohe Tendenz zu Neuigkeiten.

In einer eigenen Längsschnittstudie über Alkoholmißbrauch bei Jugendlichen sieht er sein Konzept bestätigt (Cloninger et al., 1988). Unklar bleibt die Spezifität dieses Ansatzes für die Entwicklung der Sucht, da prinzipiell auch andere Störungen mit diesen drei Grunddimensionen erklärt werden können (s. auch Abschnitt 1.2).

Alkoholikerpersönlichkeit
Untersuchungen mit Persönlichkeitstests bei aktuell Alkoholabhängigen ergaben im Durchschnitt erhöhte Werte im Bereich der Depression, der Psychopathie, ein labileres Selbstbild und eine geringere Affekt- und Frustrationstoleranz. Weitaus am häufigsten wurden mit dem MMPI Untersuchungen zur Persönlichkeit von Alkoholabhängigen durchgeführt. Es ergaben sich jeweils höhere Depressivitätswerte sowie höhere Werte auf den Skalen Psychopathie und Psychasthenie (vgl. Clapton, 1978; Barnes, 1980; Küfner, 1981b; Graham & Strenger, 1988).

Psychodynamik
Einzelne Persönlichkeitsfaktoren und kognitive Defizite sagen zunächst wenig über die inhaltlichen Probleme und Konflikte, mit denen sich der Alkoholabhängige aktuell auseinandersetzt. Die Anonymen Alkoholiker sagen, „ein Alkoholiker habe 1000 Gründe um zu trinken". Dies weist darauf hin, daß es keine spezifischen Konflikte oder Motive bei Alkoholabhängigen gibt. Auf einer abstrakteren Ebene ergibt sich jedoch ein einheitlicheres Bild. Wenn man von der Situation des Alkoholabhängigen in der Phase der Konfrontation mit seinen Alkoholproblemen ausgeht, dann treten regelmäßig Konflikte im Bereich Abhängigkeit (Bedürfnis nach Entspannung, Zuwendung, Unterstützung) und Autonomie (positives Selbstwertgefühl, Selbstwirksamkeit) auf. Das Eingeständnis, den eigenen Alkoholkonsum nicht unter Kontrolle zu haben, stellt eine schwere Kränkung des Selbstbildes und eine Beeinträchtigung der Handlungsfreiheit dar. Daraus ergibt sich die Tendenz, den Alkoholkonsum bzw. Alkoholmißbrauch vor sich selbst und vor anderen zu verschleiern und zu bagatellisieren. Auch die zahlreichen anderen Probleme im Zusammenhang mit dem Alkoholmißbrauch führen häufig zu Erfahrungen, die die Selbstkontrolle und das Selbstbild in Frage stellen. Dadurch befindet sich der Alkoholiker häufig in einem Kampf um Selbstkontrolle und Selbstbehauptung. Es kommt dabei zu Minderwertigkeitsgefühlen einerseits und Größenphantasien andererseits (Narzißmus-Hypothese, vgl. Lürßen, 1974). Seine Abhängigkeitstendenzen und seine Hilflosigkeit zeigen sich dann im Rückgriff auf die Droge Alkohol. In diesem Zusammenhang wird die von den Anonymen Alkoholikern geforderte Kapitulation als ersten Schritt aus der Sucht heraus verständlich. Abhängigkeits-/Autonomiekonflikte sind vor allem in der Anfangsphase der Entwicklung von Abstinenz- und Therapiemotivation ein hilfreiches Konzept (vgl. Küfner, 1984). Inwieweit solche Konflikte zwischen Abhängigkeits- und Autonomietendenzen auch prämorbid zur Entstehung der Alkoholabhängig-

keit beitragen, ist eine bislang ungeklärte Frage (Zur Frage von Abwehr- und Verleugnungstendenzen bei Alkoholikern s. John, 1990; Küfner, 1982).

3.1.3 Soziale Bedingungsfaktoren

Ansatzpunkt für eine soziologische Betrachtungsweise ist das Zusammenwirken von Faktoren, die das Suchtmittelangebot und die Suchtmittelnachfrage beeinflussen (Renn, 1988). Dabei ergeben sich Übergänge zum psychosozialen und psychologischen Bereich. Soziale Bedingungen sind zum Teil für den einzelnen vorgegebene Randbedingungen, zum Teil ergeben sie sich in Wechselwirkung mit suchtdisponierenden Faktoren der Person. Die Vielzahl an Untersuchungsergebnissen im sozialen Bereich lassen sich hauptsächlich folgenden zentralen Hypothesen zuordnen:
1. Soziale Bindungen (z. B. in Familie, Schule etc.) führen zu Belastungssituationen, die der Betroffene nicht mehr bewältigen kann, so daß er zum Alkohol als allgemeinen Problemlöser greift.
2. Die Zugehörigkeit zu sozialen Gruppen bedeutet, daß die dort geltenden Normen und Wertvorstellungen bezüglich der Droge Alkohol übernommen werden oder sich eine Gegenposition entwickelt. Neben dieser Wirkungskette ergibt sich ein direkte Reaktion bei alkoholauffälligem Verhalten (z. B. Billigung von Rauschzuständen in der Öffentlichkeit, Bestrafung von Autofahren unter Alkoholeinfluß u. a.). Je stärker jemand in soziale Gruppen integriert ist, desto mehr wird er sich an solche Normen und Wertvorstellungen halten.
3. Die Integration in einem sozialen Netz bedeutet aber auch, daß eine Reihe von sozialen Stützfaktoren für den einzelnen zur Verfügung gestellt werden.
4. Soziale Faktoren bestimmen die Verfügbarkeit (Griffnähe) von Alkohol auf vielfältige Weise: Gesetze über Herstellung und Vertrieb von Alkohol, Preispolitik, Jugendschutz u. ä. m.

Wir unterscheiden als soziale Bedingungsbereiche die Familie, die Gleichaltrigengruppe (peer-group), Schule und Beruf, Freizeit, Religionszugehörigkeit sowie makrosoziale Faktoren der Gesellschaft), wie z. B. Trinknormen und Trinkgewohnheiten sowie die Verfügbarkeit von Alkohol.

Eine Reihe von Längsschnittstudien (s. auch Abschnitt „Theorieansätze aus entwicklungspsychologischer Perspektive) haben ergeben, daß für die ersten Alkoholerfahrungen das Trinkverhalten der Eltern und später das der Gleichaltrigengruppe von entscheidender Bedeutung sind (z. B. Kandel & Kenneth, 1987). Aus der Vieldimensionalität des elterlichen Verhaltens sind die Faktoren Trinkverhalten, unterstützendes Klima in der Familie, Kontrolle des Verhaltens von Jugendlichen sowie Bindung des Betroffenen an die Familie am häufigsten untersucht worden. Ein gutes soziales Klima sowie eine mittlere Kontrollorientierung der Eltern werden als protektive familiäre Faktoren gegen die Entwicklung von Sucht angesehen (Barnes, Farell & Cairns, 1986; Velleman, 1992). Elterliche Billigung und Toleranz bezüglich eines erheblichen Alkoholkonsums stehen dagegen im Zusammenhang mit einem höheren Alkoholkonsums der Jugendlichen. Starkes Trinken des Vaters korreliert ebenfalls deutlich positiv mit dem späteren Alkoholkonsum von jungen Erwachsenen. Ebenso sind damit stärker alkoholbezogene Probleme verbunden (Barnes, Welte & Dintcheff, 1992). Dieser Zusammenhang schließt nicht aus, daß manche Jugendliche auch eine Gegenposition zum elterlichen Trinken einnehmen.

Die Normen und Verhaltensweisen bezüglich Alkohol von Gleichaltrigen sind ebenfalls von großem Einfluß auf Jugendliche, wenn diese beginnen, sich aus ihrer Herkunftsfamilie zu lösen. Dabei besteht allerdings eine Wechselwirkung: Der Jugendliche wird sich Freunde suchen mit ähnlichen Einstellungen und Verhaltensweisen, und umgekehrt gilt: Sein Drogenverhalten wird durch das seiner gewählten Bezugsgruppe beeinflußt (vgl. Kandel, 1978). In einer Längsschnittstudie von Kandel et al. (1987) wurde das Gewicht des Einflusses der Eltern und das der Peer-Gruppen auf das Trinkverhalten von Jugendlichen quantitativ analysiert. Es ergab sich ein Verhältnis von eins zu fünf zugunsten des Einflusses der Peer-Gruppen.

Inwieweit sozioökonomische Faktoren mit dem Trinkverhalten im Zusammenhang stehen erscheint umstritten. Sicher ist, daß über die Preisgestaltung bzw. Steuererhöhung bei alkoholischen Getränken der Alkoholkonsum zum Teil gesteuert werden kann (vgl. Popham et al., 1976; Ernst, 1979; Ornstein & Levy, 1983; Edwards et al., 1994). Erhöhten Alkoholkonsum bzw. Alkoholmißbrauch gibt es aber in allen sozioökonomischen Schichten (vgl. Feuerlein & Küfner, 1977). Bei Nichtseßhaften ist die Rate des Alkoholmißbrauchs und der Abhängigkeit besonders groß (Albrecht, 1981). Bestimmte Berufe, die mit Produktion und Vertrieb von alkoholischen Getränken zu tun haben, gelten als alkoholgefährdet und stehen mit einer höheren Alkoholismusrate in Zusammenhang (vgl. Feuerlein, 1989). Wenig geklärt ist der Effekt von Arbeitslosigkeit (vgl. Henkel, 1990, 1992) und der Arbeitsorganisation auf den Alkoholkonsum, weil auch hier Wechselwirkungen angenommen werden müssen, die empirisch-statistisch schwer voneinander zu trennen sind (vgl. Waldow & Klinik, 1986; Küfner & Feuerlein, 1989).

3.1.4 Theorien und Modellansätze

Biologische Theorien
Eine ausgearbeitete biologische Theorie des Alkoholismus gibt es bislang nicht. Lange Zeit stand die Aufklärung des Alkoholstoffwechsels und der Alkohol-

Folgekrankenheiten, das Alkohol-Entzugssyndroms und die genetische Grundlage im Vordergrund (vgl. Böning & Holzbach, 1987). Der Schwerpunkt biologischer Forschung wird zunehmend auf Risikofaktoren und auf die Erklärung psychischer Abhängigkeitsphänomene ausgerichtet (vgl. Goedde & Agarwal, 1989; Topel, 1989; Havemann-Reinecke, 1992; Strian, Zieglgänsberger & Holsboer, 1992).

Ein Kernpunkt biologischer Theoriebildung zur psychischen Abhängigkeit ist die Annahme eines oder mehrerer Belohnungssysteme im ZNS, auf das das Suchtmittel bzw. seine Metaboliten in verschiedenartigster Weise Einfluß nehmen (vgl. Engel et al., 1987; Rommelspacher, 1996). Die neurochemischen Substrate für diese Verstärkungsprozesse im Belohnungssystem sind aber nach wie vor unbekannt (vgl. Keup, 1985; Strian et al., 1992). Man nimmt allerdings an, daß die Dopaminfreisetzung im mesolimbischen System als grundlegend für die sucherzeugenden Verstärkungsprozesse anzusehen sind (Shippenberg & Herz, 1990).

Ausgangspunkt für die Annahme eines Belohnungssystems waren Selbstreizversuche von Tieren, die durch Elektrostimulation bestimmter Gehirnteile sich selbst belohnen konnten (Olds, 1958, zitiert in Jürgens, 1978). Die Gehirnregion für diese Selbstreizversuche erstreckte sich vom Frontalhirn bis zum verlängerten Mark. Es zeigte sich eine weitgehende Übereinstimmung mit dem limbischen System (Rommelspacher, 1992, 1995).

Bei der Suche nach einem Tiermodell der Sucht (meist mit Laborratten), wurden verschiedene Wege verfolgt:
1. Entwicklung einer körperlichen Abhängigkeit,
2. Inzuchtlinien von Tieren, die Alkohol präferieren,
3. Entsprechende Kontingenz- und Verstärkungspläne, so daß Tiere Alkohol zu sich nehmen und
4. Wahlmöglichkeit von Tieren zwischen verschiedenen alkoholfreien und alkoholhaltigen Flüssigkeiten über lange Zeiträume.

Nur der letzte Ansatz hat bislang bei Tieren zu Verhaltensweisen und Entwicklungsverläufen geführt, die als Abhängigkeit bezeichnet werden können. Bei diesem Tiermodell lassen sich nach Wolffgramm und Heyne (1992) vier Stadien unterscheiden:
1. Kennenlernen der Substanz,
2. kontrollierte der Substanzaufnahme,
3. gesteigerter Verbrauch der Substanz und
4. Stadium der Verhaltensabhängigkeit.

Die Parallelen zur Abhängigkeit beim Menschen erscheinen interessant, sind aber noch nicht ausreichend erforscht und diskutiert (vgl. Wolffgramm, 1996).

In anderen Tierversuchen konnte gezeigt werden, daß bestimmte Substanzen wie die Isoquinoline bei Tieren eine Alkoholpräferenz auslösen können (Myers & Melchior, 1977), so daß die Annahme eines biologisch bedingten Suchtverlangens naheliegt. Dabei wird angenommen, daß Alkohol bzw. dessen Metaboliten auf die Bildung von Isoquinolinen oder allgemeiner auf Alkaloide Einfluß nehmen.

Im Gegensatz zu den Opiaten gibt es für Alkohol keine speziellen Rezeptoren im ZNS. Zwischen Alkohol und Opiaten besteht keine Kreuztoleranz, d. h., Toleranzentwicklung gegenüber Alkohol bedeutet nicht Toleranzentwicklung gegenüber Opiaten und umgekehrt). Es gibt auch keine Kreuzsubstitutionswirkung (die Wirkung von Alkohol kann nicht durch Opiate ersetzt werden; vgl. Wanke & Täschner, 1985). Belohnungsmodulatoren für Alkohol sind die Neurotransmitter Dopamin, Noradrenalin und im geringeren Umfang auch Serotonin sowie die Endorphine. Man nimmt an, daß Alkohol vorwiegend indirekt auf die Funktion der Beta-Endorphine Einfluß nimmt und deren Wirkzeit verlängert (Endorphin-Hypothese, vgl. Topel, 1989; Spanagl & Zieglgänsberger, 1996).

Aus biologischer Sicht besteht die Alkoholgefährdung zum einen in einer weniger ausgeprägten negativen Reaktion auf die Gabe von Alkohol (keine so starken Symptome (z. B. Schwanken) einer Intoxikation wie bei Kontrollpersonen). Dem entspricht auch eine geringere Amplitude (P300) bei ereigniskorrelierten Potentialen im EEG (Begleiter & Porjesz, 1988). Zum anderen wird eine größere positive Verstärkungswirkung von Alkohol angenommen, die sich beispielsweise aus bereits zitierten Untersuchungen über die Auswirkungen von Alkohol auf die Alpha-Wellen Aktivität im EEG ergibt (vgl. Schuckit, 1992).

Psychodynamische Theorieansätze
Sucht wird in psychoanalytischen Therapieansätzen als Symptom einer zugrundeliegenden Persönlichkeitsstörung angesehen. Aspekte einer psychoanalytischen Theorie beziehen sich auf die Triebdynamik (Fixierung bzw. Regression auf die orale Thematik), auf die Objektbeziehungen (Beziehungen zu anderen und zu sich selbst) sowie auf Ich-psychologische Defizite, die als entscheidend für die Suchtentstehung angesehen werden. Die Triebdynamik steht bei älteren psychoanalytischen Theorieansätzen im Vordergrund. Das Alkoholverlangen wird als Ausdruck der Regression auf orale Wünsche gesehen (vgl. Überblick bei Lürssen, 1974; Heigl, Schultze-Dierbach & Heigl-Evers, 1993; Burian, 1984; Rost, 1986; Bilitza, 1993).

Der Aspekt der Objektbeziehungen umfaßt sowohl die Beziehungen zu anderen Menschen einschließlich der verinnerlichten Bilder und Vorstellungen als auch die Beziehung zu sich selbst. Das Suchtmittel wird als Objekt-Ersatz, als Partialobjekt oder als Übergangsobjekt aufgefaßt (s. Bilitza & Heigl-Evers, 1993). Sucht steht in einem deutlichen Zusammenhang mit Problemen des

Selbstwertgefühls, meist mit negativen Selbstwertgefühlen, die kompensatorisch mit Größenphantasien verbunden sind. Diese können zu entsprechenden Enttäuschungen und erneuten Minderwertigkeitsgefühlen führen. Probleme des Selbstbildes werden in der Psychoanalyse hauptsächlich unter dem Begriff des Narzißmus abgehandelt.

Ich-psychologische Defizite beziehen sich auf die Wahrnehmung, auf die Affekt- und Impulskontrolle (das Suchtmittel als Reizschutz gegen Angst, Schmerz, Depression), auf das Urteilsvermögen, auf integrative und organisierende Fähigkeiten sowie auf die Überich-Struktur (vgl. Aßfalg & Rothenbacher, 1987). Dabei ergibt sich auch ein Bezug zu Borderline-Störungen.

Psychogenetisch wird angenommen, daß es sich hauptsächlich um frühe Störungen handelt, wobei die Identitätsbildung (Selbstbild) die Entwicklung von Autonomie sowie die Entwicklung von Überich-Funktionen (Kontrollfähigkeiten) gestört sind.

Ein psychodynamischer Bezugsrahmen für die Erklärung süchtigen Verhaltens ergibt sich aus den Abhängigkeits-Autonomie-Konflikten von Alkoholabhängigen. Blane (1986) beschreibt folgende psychodynamische Typen:
1. Den Abhängigkeitstyp: Der Betroffene läßt sich treiben und steht zu seiner Sucht.
2. Den Gegenabhängigkeitstyp: Er verleugnet die Problematik und seine Abhängigkeit und versucht den Suchtmittelgebrauch unter Kontrolle zu bringen.
3. Den Abhängigkeits-Gegenabhängigkeit Typ: Es kommt immer wieder zu einen Wechsel zwischen Phasen der Abhängigkeit und der Gegenabhängigkeit.

Davon ausgehend wurden zwei allgemeine Grundmotivationen menschlichen Verhaltens, nämlich Bindung und Autonomie postuliert (Küfner, 1989). Die Bindungsmotivation gliedert sich in einen mehr passiven Anteil der Abhängigkeitsbedürfnisse (Prototyp: Kind-Mutter-Beziehung, vgl. Bowlby, 1969) und einen aktiven Teil der Fürsorge für andere. Die Autonomiebedürfnisse beziehen sich einmal auf die innere Autonomie (Selbstbild, Impulskontrolle, Ich-Funktionen) und auf die äußere Autonomie (Explorationsbedürfnisse, Macht, Einfluß auf andere). Phänomene des Suchtverhaltens wie Verleugnungstendenzen, die Bedeutung von Größenphantasien und die mangelnde Impulskontrolle u. a. lassen sich in dieses Modell als motivationales Bezugssystem besser einordnen (Küfner, 1984). Zur Erklärung der Suchtentstehung sind allerdings spezifische Annahmen über die Drogenwirkung erforderlich.

Verhaltenstheorien
Alkoholismus wird als gelerntes Verhalten betrachtet und unterliegt damit den gleichen Lernprinzipien, wie jede andere Verhaltensstörung auch. Entspre-

chend der Entwicklung der Lerntheorien und der Verhaltenstherapie wurden deren grundlegende Prinzipien auch auf das Suchtverhalten übertragen (vgl. Ferstl & Kraemer, 1976; Marlatt & Nathan, 1978). Die ersten Akoholerfahrungen erfolgen im Sinne eines Modellernens (Bandura, 1977) im sozialen Kontext der Familie oder in Gruppen von Gleichaltrigen. Unter der Alkoholwirkung kommt es allmählich zu einer Reihe von positiven, als entspannend und streßdämpfend oder auch als stimulierend und aktivierend erlebten Erfahrungen. Zur Erklärung der Folgen werden die beiden Lernprinzipien der klassischen und der operanten Konditionierung herangezogen. Durch die Kontingenz mit positiven Erfahrungen wird Alkohol zum klassisch konditionierten Verstärker, dessen positive Valenz durch Gegenkonditionierung mit negativen Verstärkern oder mit dadurch inkompatiplen Reaktionsweisen, wie z. B. Entspannung, gelöscht bzw. zu einem negativen Verstärker umkonditioniert werden, beispielsweise im Rahmen von Aversionstherapien mit Elektroschock oder mit Emetika, die ein Erbrechen auslösen. Die kognitive Theorie erklärt die positive Valenz des Alkohols nicht durch klassische Konditionierung, sondern im Sinne einer Erfolgserwartungstheorie. Die erwartete Wirkung des Alkohols wird aufgrund zahlreicher experimenteller Untersuchungen als entscheidend angesehen (vgl. Marlatt & Rohsow, 1980).

Das Paradigma der operanten Konditionierung besteht hauptsächlich in der negativen Verstärkung des Alkoholkonsums durch Reduzierung aversiv erlebter Zustände und entspricht damit der Spannungs-Reduktions-Hypothese und dem Streß-Ansatz (vgl. Pohorecky, 1991). Die Situation und die Umstände des Konsums können als diskriminative Stimuli für Alkoholkonsum aufgefaßt werden. Es kommt aber auch zu einer positiven Verstärkung, zumindest in der Anfangsphase, wenn kleine Dosen von Alkohol zu einer allgemeinen Stimulierung und Aktivierung beitragen.

Zur Erklärung mangelnder Kontrolle des Alkoholkonsums wird angenommen, daß die diskriminativen Reize für negative Folgen des Alkoholkonsums nicht beachtet werden. Auf dieser Überlegung basieren z. B. Versuche, die Wahrnehmung der Blutalkoholkonzentration zu trainieren (Loviband & Caddy, zit. in Miller, 1976). Kurzfristig betrachtet steht die positive Alkoholwirkung im Vordergrund, langfristig die negative, so daß die positive Verstärkung des Alkoholkonsums überwiegt.

Süchtiges Verhalten wird, wie andere Verhaltensstörungen auch, nach dem S-O-R-K-C-Modell analysiert (vgl. Kanfer & Saslow, 1974). Dabei können einzelne Komponenten z. B. die Reaktionen (R) unterschiedlich komplex gesehen werden (Revenstorf & Metsch, 1986; Petry, 1993). Zumindest sollte zwischen affektiven, kognitiven und handlungsorientierten Reaktionen unterschieden werden.

Zentrale Bedeutung kommt dem Streß-Konzept zu. Unter sozialen Streßbedingungen erhöhen Alkoholiker ihren Alokoholkonsum, während sozial kontrollierte Trinker ihn reduzieren (Miller et al., 1974, zit. in Revenstorf & Metsch, 1986). Mangelnde soziale Kompetenzen können zu Streßsituationen verschiedenster Art beitragen, die wiederum durch Alkoholkonsum als allgemeinen Problemlöser besser bewältigt werden können. Das Training sozialer Kompetenzen soll dazu beitragen, Problemsituationen mit besser angepaßten Alternativreaktionen zu bewältigen.

Das Suchtverlangen wird zum Teil über konditionierte, subklinische Entzugserscheinungen (Ludwig & Wikler, 1974), zum Teil über Erfolgserwartungen hinsichtlich der Alkoholwirkung in einer Streßsituation (Steigerung der subjektiven Kompetenz) erklärt. Bei der Toleranzentwicklung wird die Abhängigkeit der Alkoholwirkung von situativen Bedingungen empirisch belegt und als klassische Konditionierung verstanden.

Mangelnde subjektive Kompetenz (geringe Selbstwirksamkeitserwartung) zur Bewältigung von Streßsituationen wird als disponierender Faktor angesehen und dieser Mangel werde durch die „Alkoholkompetenz" substituiert (Revenstorf & Metsch, 1986). Rückfälle werden hauptsächlich mit Streßsituationen in Zusammenhang gebracht. Mangelnde Streßbewältigung führt zu einem erneuten Rückgriff auf die „Alkoholkompetenz". Außerdem wird ein Abstinenzverletzungseffekt postuliert, der das Trinkverhalten verstärkt und aufrecht erhält (Marlatt & Gordon, 1985).

Die Kontrolle des Alkoholkonsums wird auch als Problem der Selbstkontrolle angesehen. Im Selbstregulationskonzept von Kanfer (1986) wird Alkoholismus allgemein als Störung der Selbstregulation aufgefaßt (s. auch Ruch & Zimbardo, 1974, zit. in Feser, 1986). Kognitive Theorieansätze wie die Attributionstheorie stellen das Selbstwirksamkeitskonzept des Betroffenen in den Vordergrund. Die gegenwärtige Entwicklung ist durch einen sozialkognitiven Ansatz (vgl. Petry, 1993a, b) und durch Konzepte der Selbstregulation bestimmt.

Soziologische Theorien
Das Ziel dieser Theorieansätze ist nicht die Erklärung der Suchtentwicklung im Einzelfall, sondern makroanalytische Erklärungen für den epidemiologischen Alkoholkonsum in einer Population oder in sozialen Gruppen. Im allgemeinen sind soziologische Faktoren Rahmenbedingungen, innerhalb dieser entwickelt sich das Suchtverhalten, zum Teil in Interaktion mit personenspezifischen Faktoren (vgl. Renn, 1988; Berger, Legnaro & Reuband, 1980). Unterschiede des Alkoholkonsums pro Kopf der Bevölkerung oder Unterschiede in den Trinkgewohnheiten und den Trinkkulturen in verschiedenen Gesellschaften werden mit sozialen Wertvorstellungen und mit sozialer Kontrolle in Zusammenhang gebracht (vgl. Bacon, 1976).

Der Schwerpunkt soziologischer Beiträge zur Sucht liegt bei der Erklärung der Angebotsseite von Alkohol (Renn, 1988).

Die Verfügbarkeit von Alkohol in Abhängigkeit von gesetzlichen Regelungen bezüglich Herstellung und Vertrieb alkoholischer Getränke sowie der Preispolitik ist ein wichtiger soziologischer Ansatz. Man nimmt außerdem an, daß allgemeine soziale Stressoren, z. B. durch Überbetonung des Leistungsprinzips oder durch Arbeitslosigkeit bzw. allgemeine Mängel der Arbeitsorganisation (vgl. z. B. Roman & Trice, 1976) zu einem verstärkten Alkoholkonsum beitragen können (vgl. Renn, 1988).

Die Rollentheorie von Winick (1983) geht davon aus, daß Suchtmittelabhängigkeit dann gehäuft auftritt, wenn
1. Suchtmittel verfügbar sind,
2. soziale Normen und Konventionen bezüglich ihres Konsums nicht anerkannt werden und
3. es zu Rollenüberforderungen oder zur Trennung von sozialen Rollen kommt.

Die Schwäche dieses Konzepts liegt in der mangelnden Konkretisierung der Rollen und ihrer Beziehungen. Ein Erklärungszusammenhang für konkretes Verhalten ergibt sich über die Annahme einer rollenbedingten Streßentwicklung und dessen Bewältigung.

Die Etikettierungstheorie (Labeling-Ansatz) versteht Sucht als abweichendes Verhalten, dessen Feststellung wesentlich von den jeweiligen Normen und Regeln einer Gesellschaft abhängig ist. Das Etikett „Alkoholiker" führt zu einer Reihe von abwertenden und einengenden Reaktionen durch soziale Bezugsgruppen und soziale Institutionen. Dadurch wird der einzelne zusätzlich belastet und kann seine Rolle als Alkoholiker schlechter bewältigen. Die Folge ist erneuter Alkoholkonsum zur Streßbewältigung und schließlich kognitiv eine geringe Selbstwirksamkeitserwartung hinsichtlich der eigenen Kontrollfähigkeit über Alkohol. Außerdem reduziere das Etikett Alkoholiker die Eigenverantwortung und hemmt die Selbstinitiative.

Theorieansätze aus entwicklungspsychologischer Perspektive
Verschiedene größere Längsschnittstudien zur Entwicklung des Drogenkonsums bei Jugendlichen haben eine eigenständige Theorieentwicklung angeregt, die in den klassischen Theorieansätzen nicht eingeordnet werden können. Dabei wird hinsichtlich der Bedingungsfaktoren zwischen legalen und illegalen Suchtmitteln häufig nicht mehr streng unterschieden. Allen gemeinsam ist eine mehr oder weniger differenzierte entwicklungspsychologische Perspektive. Außerdem sind sie als integrative Ansätze zu verstehen, zumindest bezüglich psychologischer und sozialer Faktoren, wobei allerdings biologische Variablen in der Regel ausgeklammert werden.

Die psychosoziale Theorie des Problemverhaltens von Jessor und Jessor (1977; Jessor, 1982)
Zur Struktur dieses Modells gehört das Persönlichkeitssystem mit den Subsystemen Motivation-Anregung, (z. B. das Streben nach Unabhängigkeit, persönlichen Überzeugungen und internalisierter Kontrolle), das Umweltsystem (Freunde, Familie) und das Verhaltenssystem (Problemverhalten versus angepaßtes Verhalten). Die Phase der Adoleszenz ist durch den Beginn des Drogenkonsums charakterisiert und stellt einen Teil des Problemverhaltens von Jugendlichen dar. Der Beginn dieses problematischen Drogenverhaltens bzw. die Anfälligkeit des Jugendlichen steht in Zusammenhang mit einer geringeren Wertschätzung von Leistung, einem größeren Ausmaß sozialer Kritik, einer größeren Toleranz gegenüber devianten Verhaltensweisen, mit weniger elterlicher Kontrolle und Unterstützung, mit einem im Vergleich zu nicht Abhängigen größeren Einfluß von Freunden und speziell mit einem größeren Einfluß von Freunden auf den Drogengebrauch. Diese Zusammenhänge wurden in verschiedenen Analysen empirisch belegt.

Theorieansatz von Kandel (1983)
Dieses Modell ist als Verlaufsmodell des Drogenkonsums zu verstehen. Kandel (1983) unterscheidet auf der Basis von Längsschnittdaten vier Entwicklungsphasen des Umgangs mit Suchtmitteln: (1) Konsum von Bier und Wein, (2) Tabakkonsum und harte alkoholische Getränke, (3) Marihuanakonsum, (4) andere illegale Drogen. Für den Beginn des Konsums legaler Drogen ist der familiäre Einfluß entscheidend, danach dominiert der Einfluß von Peer-Gruppen. Inwieweit dieses Sequenzmodell lediglich für die Verhältnisse in den USA Mitte der 70er Jahre typisch ist, bleibt unklar und bedarf der Überprüfung in anderen Gesellschaften.

Modell von Huber und Bentler (1981)
Im Rahmen der Entwicklung von Strukturgleichungsmodellen mit latenten Variablen zur Erklärung des Suchtmittelgebrauchs bei Jugendlichen gehen sie davon aus, daß der Drogenkonsum abhängig ist von Interaktionsprozessen zwischen vier Einflußbereichen: (1) Biologischen Faktoren (Genetik, Metabolismus des Alkohols), (2) Intrapersonale Faktoren (z. B. mangelnde Selbstwertgefühle), (3) Interpersonale Faktoren (z. B. Freunde, Familie), (4) Soziokulturelle Faktoren (Verfügbarkeit der Droge). Das Besondere an diesem Modellansatz besteht in der konsequenten Operationalisierung in einem Meßmodell und der empirischen Überprüfung in Längsschnittuntersuchungen durch Strukturgleichungsmodelle.

Umgang mit Drogen als Entwicklungsaufgabe
Die beiden Längsschnittuntersuchungen im deutschsprachigen Raum der Arbeitsgruppe von Hurrelmann (Hurrelmann & Hesse, 1991; Engel & Hurrelmann, 1989; Nordlohne, Hurrelmann & Holler, 1989; Nordlohne, 1992) und

von Silbereisen (Silbereisen & Eyferth, 1985; Silbereisen & Kastner, 1985) gehen ebenfalls von einer entwicklungspsychologischen Perspektive aus. Das bedeutet, daß der Umgang mit Drogen im Rahmen der allgemeinen Entwicklungsaufgaben von Jugendlichen betrachtet wird, zum Teil wird das Erlernen eines kontrollierten Umgangs mit Suchtmitteln auch als eigenständige Entwicklungsaufgabe verstanden.

Systemische Theorien
Man kann hier zwei Gruppen von Theorieansätzen unterscheiden:
1. Die systemisch-familientherapeutischen Theorieansätze (vgl. Schmidt, 1988) und
2. Systemwissenschaftlich orientierte Theorieansätze, die in der Systemwissenschaft ein Instrument zu integrativer Theorieentwicklung sehen und die nicht primär therapeutisch orientiert sind (vgl. van Dijk, 1983; Küfner, 1981; Tretter & Küfner, 1992). Beispiel dafür ist die Annahme spezifischer „Teufelkreise" für Entstehung und Aufrechterhaltung der Sucht (s. Abschnitt 3.2).

Zur Illustration systemisch-familientherapeutischen Vorgehens werden einige Charakteristika des systemischen Ansatzes zusammenfassend dargestellt (vgl. v. Villiez, 1986; Schmidt, 1988):

Das Suchtmittel ist ein zentrales, organisierendes Prinzip für die Interaktionen und Aktivitäten in der Familie. Im Mittelpunkt steht die Frage, inwieweit durch die Auseinandersetzung mit dem Suchtverhalten und dessen Folgen die verschiedensten Familieninteraktionen beeinflußt werden. Das Suchtverhalten des Index-Patienten hat die Funktion, die Familienkohäsion zu stärken und bestehende Konflikte zu entschärfen. Auf den destruktiven Anteil des Suchtverhaltens muß die Familie reagieren, damit sie als Ganzes ihre Aufgaben, z.B. der materiellen und emotionalen Sicherheit, weiterhin erfüllen kann. Das bedeutet, daß die einzelnen Familienmitglieder zunächst versuchen, das süchtige Verhalten zu kontrollieren und die negativen Folgen so gering wie möglich zu halten. Oder sie werden nach einigen Mißerfolgen versuchen, den Süchtigen aus der Familie auszugrenzen. Das Verhalten des Index-Patienten folgt den gleichen Spielregeln wie das der anderen Familienmitglieder auch. Damit wird gesagt, daß die Sucht kein eigenständiger Prozeß mit speziellen Regeln darstellt. Schließlich wird angenommen, daß es nicht die typische Alkoholiker- oder allgemeiner die typische Suchtfamilie gibt. So heterogen die Persönlichkeiten der Süchtigen sind, so heterogen sind auch die Familien mit einem Abhängigen. Damit soll vor voreiligen Verallgemeinerungen bezüglich bestimmter Familienkonstellationen gewarnt werden.

3.2 Verlauf und Aufrechterhaltung der Alkoholabhängigkeit

Jugendlicher Alkoholismus ist durch eine kurze Entwicklungszeit von zwei bis drei Jahren charakterisiert (vgl. Meinhard-Helmrich, Seidel & Keup, 1980), während man bei alkoholabhängigen Erwachsenen im Durchschnitt eine Entwicklungszeit von ca. 10–12 Jahren festgestellt hat (Feuerlein, 1989). Dies bedeutet, daß eine in der Jugendzeit bereits manifeste Alkoholabhängigkeit eine andere Form des Alkoholismus darstellt oder zumindest auf einen größeren Schweregrad der Abhängigkeit hinweist (Typ B Alkoholismus, nach Babor et al., 1992).

Das bekannteste Verlaufsmodell des Alkoholismus wurde von Jellinek (1952, zit. in Feuerlein, 1989) entwickelt. Es basiert auf der Befragung von Mitgliedern der Anonymen Alkoholiker. Es wurden drei Phasen unterschieden:
1. Prodromalphase (Dauer Monate bis Jahre): Es kommt zu ausgedehnten Rauschzuständen mit Erinnerungslücken als Leitkriterium zu Beginn dieser Phase.
2. Kritische Phase: Hauptkriterium ist ein Kontrollverlust, der nach Beginn des Trinkens einsetzt.
3. Chronische Phase: Es kommt zu längeren Trinkexzessen, zu einem sozialen Abstieg und zu einem Persönlichkeitsabbau.

Die empirische Gültigkeit dieses Modells ist umstritten (s. Schulz, Dörmann & Schneider, 1992; Funke & Siemon, 1989). Vermutlich gilt dieses Modell am ehesten noch für den Gamma-Alkoholismus, der in den AA-Gruppen am stärksten vertreten war. Als problematisch angesehen wurde vor allem der progrediente Verlauf. Damit zusammenhängend wird auch in Frage gestellt, ob Abhängige ihren absoluten Tiefpunkt erreichen müssen, bevor sie aus dem Suchtprozeß aussteigen können. Die Bedeutung des sozialen Netzwerks für den Ausstieg aus dem Alkoholismus ist empirisch noch wenig geklärt. Soziale Beziehungen können entlasten und stützen, sie können aber auch belastend wirken (vgl. Amann, Baumann & Lexel-Gartner, 1988; s. auch Abschnitt 4.8).

Bedingungen für die Aufrechterhaltung der Sucht
Allgemein betrachtet sind aufrechterhaltende Faktoren um so stärker ausgeprägt, je mehr die wahrgenommenen Effekte des Alkoholkonsums und die eigenen Bedürfnisse übereinstimmen (Smith, 1983). Der Verlauf des Alkoholimus ist auch bei unbehandelten Fällen starken Schwankungen unterworfen (siehe Fillmore & Midanik, 1984; u. a.). Aus systemischer Sichtweise kann man verschiedene Teufelskreise der Sucht beschreiben (s. Abb. 1), die sich jeweils selbst aufrechterhalten, aber auch wechselseitig zu einer Stabilisierung beitragen (s. van Dijck, 1983; Küfner, 1981). Dabei erscheint auch wesentlich, daß der chronische Alkoholkonsum die Weiterentwicklung sozialer und psychischer

Kompetenzen behindert und damit die Abhängigkeit vom Problemlöser Alkohol sich verstärkt.

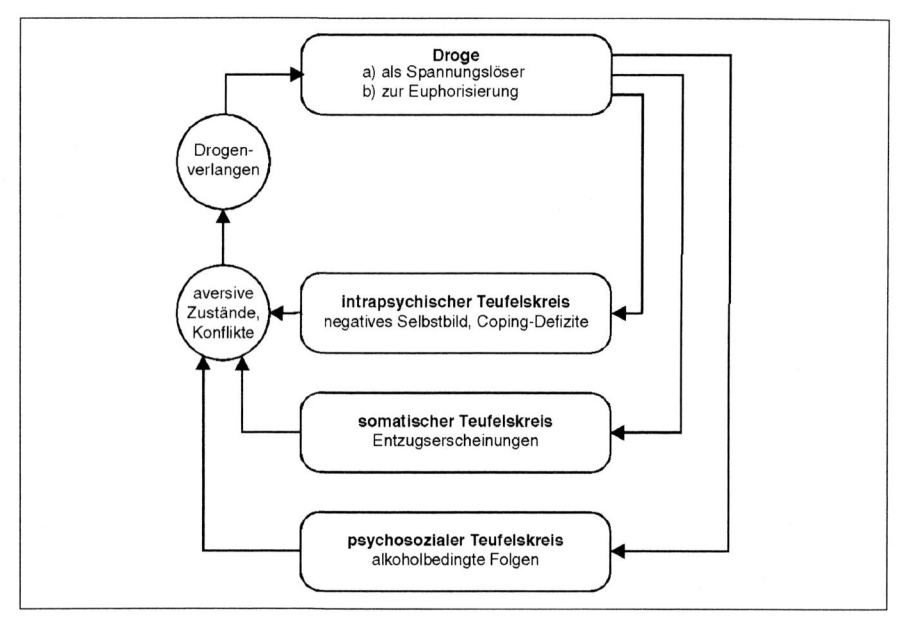

```
                    ┌─────────────────────┐
                    │       Droge         │
          ┌─────────│ a) als Spannungslöser│─────────┐
          │         │ b) zur Euphorisierung│         │
          │         └─────────────────────┘         │
    ┌──────────┐                                     │
    │  Drogen- │                                     │
    │ verlangen│                                     │
    └──────────┘                                     │
          ▲                                          │
    ┌──────────┐    ┌──────────────────────────┐    │
    │ aversive │    │ intrapsychischer Teufelskreis│  │
    │ Zustände,│◄───│ negatives Selbstbild,        │◄─┤
    │ Konflikte│    │ Coping-Defizite              │  │
    └──────────┘    └──────────────────────────┘    │
          ▲                                          │
          │         ┌──────────────────────────┐    │
          │         │  somatischer Teufelskreis │    │
          ├─────────│  Entzugserscheinungen     │◄───┤
          │         └──────────────────────────┘    │
          │                                          │
          │         ┌──────────────────────────┐    │
          │         │ psychosozialer Teufelskreis│   │
          └─────────│ alkoholbedingte Folgen    │◄───┘
                    └──────────────────────────┘
```

Abb. 1: Teufelskreismodell der Sucht (verändert nach Küfner, 1981, in Tretter & Küfner, 1992)

Unter dem Begriff der „Co-Abhängigkeit" wird der Beitrag von Bezugspersonen, vor allem des Lebenspartners, zur Aufrechterhaltung der Sucht diskutiert. Der Begriff „Co-Abhängigkeit" kommt ursprünglich aus dem Sprachgebrauch der Anonymen Alkoholiker. Das Verhalten des „Co-Abhängigen" trage dazu bei, das Suchtverhalten des Betroffenen aufrechtzuerhalten und die Abhängigkeit zu verlängern. Durch Abschwächen der negativen Folgen des Alkoholmißbrauchs, durch die Übernahme von Aufgaben, die eigentlich der Betroffene selbst zu verantworten und zu bewältigen hätte, verstärkt sich die Abhängigkeit. Der neuere Begriff der Co-Abhängigkeit löst sich vom Suchtverhalten des Betroffenen und bezieht sich mehr auf die Abhängigkeit der Bezugsperson von der Beziehungskonstellation mit dem Suchtkranken. Damit bekommt dieses Konzept eine von der Sucht relativ unabhängige, allgemeinere Bedeutung (vgl. Aßfalg, 1990).

Zusammenfassend hat Nelson (1985, zitiert in Rennert, 1990) verschiedene Stile suchtfördernden Verhaltens in einer Reihe von Punkten beschrieben:
1. Vermeiden und Beschützen: Negative Folgen des Suchtmittelmißbrauchs werden abgeschwächt.

2. Versuche, den Suchtmittelkonsum zu kontrollieren: Dies führt in der Regel zu versteckteren Formen des Mißbrauchs.
3. Übernehmen von Verantwortung: Da der Abhängige immer weniger seine Aufgaben und Funktionen in der Familie oder am Arbeitsplatz wahrnehmen kann, muß oft notgedrungen jemand anderer, z. B. der Ehepartner oder ein Arbeitskollege, seine Aufgaben übernehmen.
4. Rationalisieren und Akzeptieren: Das Verhalten des Betroffenen wird durch irgendwelche Gründe verständlich gemacht und das soziale Umfeld versucht sich darauf einzustellen.
5. Kooperation und Kollaboration: Bei der Beschaffung der Droge leisten andere Unterstützung und Hilfe.
6. Retten und sich nützlich machen: Der Abhängige wird vor den schlimmsten Folgen bewahrt und es ergeben sich zahlreiche Möglichkeiten, dem Betroffenen zu helfen.

Umstritten bleibt die Frage, inwieweit Co-Abhängigkeit als Reaktion einer Bezugsperson auf die Defizite und Veränderung des Alkoholabhängigen aufgefaßt werden kann oder inwieweit sie als Folge einer primären Disposition auf seiten des Co-Abhängigen zu verstehen ist. Co-Abhängigkeit stellt letztlich eine Extremform eines ursprünglich positiven Hilfeverhaltens dar. Als eigenständige Diagnoseform, wie sie von manchen Autoren konzipiert wird, erscheint sie jedoch wenig nützlich. Besonders problematisch ist eine eventuelle Schuldzuweisung an die co-abhängige Bezugsperson.

Bedingungen für die Beendigung des Alkoholismus
Faktoren, die zur Beendigung des Alkoholismus beitragen sind veränderte Lebensumstände bzw. Lebensereignisse wie Unfall, Krankheit, Wechsel der Berufstätigkeit u. a., die Furcht vor Verlust der Arbeitsfähigkeit bei fortgesetztem Alkoholkonsum, ein neu erwachtes Interesse an früheren Aktivitäten, die in Folge des Drogengebrauchs nicht mehr gepflegt wurden, und eine stärkere Zukunftsorientierung, z. B. wegen eigener Familie oder wegen einer beruflicher Karriere, deren Ziele mit dem weiteren Drogengebrauch nicht vereinbar sind (Smith, 1983). Nach der Konzeption von Kaplan (1983) ergibt sich dann eine Beendigung des Drogenmißbrauchs, wenn die „selbstabwertenden" Folgen des Drogenmißbrauchs die „selbstaufwertenden" Folgen überwiegen. Von den Anonymen Alkoholikern wird die Wichtigkeit eines Tiefpunkts („hit the bottom") betont, der als Ausgangspunkt einer stabilen Abstinenz notwendig erscheint.

Vaillant (1983, 1989) kommt in einer 40 Jahre umfassenden Längsschnittstudie zu dem Ergebnis, daß hauptsächlich vier Faktoren zu einem Ausstieg aus der Sucht beitragen:
1. Ersatzabhängigkeiten (ohne Suchtmittel) z. B. Anschluß an eine religiöse Gemeinschaft (s. auch Adlaf & Smart, 1985).

2. Rituelle Erinnerungen an die Wichtigkeit der Abstinenz: Das kann bspw. durch den Besuch von Selbsthilfegruppen geschehen.
3. Soziale und medizinische Unterstützung: Eine berufliche und soziale Reintegration verstärkt alkoholunabhängige Gewohnheiten. Eine medizinische Unterstützung im weiteren Sinn als professionelle Hilfe fördert diese Reintegrationsprozesse.
4. Wiederherstellen der Selbstachtung des Betroffenen: Ein stabiles Selbstwertgefühl ist ein zentraler Persönlichkeitsfaktor, der den Aufbau einer abstinenten Lebensweise erleichtert.

Zum Problem der Spontanremission gibt es nur wenige empirische Untersuchungen, da es schwierig ist, eine Gruppe unbehandelter Alkoholabhängiger aufzufinden (vgl. Klingemann, 1992). In einer Übersichtsarbeit von Miller und Hester (1980) wird die Spontanremissionsrate als Jahresprävalenz auf 19 % geschätzt. Das bedeutet nicht, daß diese Personen auch nach zwei oder mehr Jahren abstinent bleiben. Die Zahl der dauerhaft abstinenten Personen liegt sicherlich deutlich niedriger. In einer älteren Arbeit über 500 bereits verstorbene Alkoholabhängige (Lemere, 1953, zitiert in Feuerlein, 1989), gaben 11 % aus nicht geklärten Gründen ihren Alkoholkonsum auf, 22 % erst nachdem sich Zeichen einer zum Tode führenden Krankheit bemerkbar gemacht hatten, 10 % konnten ihren Alkoholkonsum unter Kontrolle bringen und 57 % behielten ihr problematisches Trinkverhalten bei.

Rückfälle sind auch nach einer Entwöhnungsbehandlung ein relativ häufiges Ereignis (s. Abschnitt 4.7). Sie sind aber stark unterschiedlich hinsichtlich des Ausmaßes an Alkoholkonsum und hinsichtlich der damit verbundenen Folgen. Die Gründe bzw. Ursachen für Rückfälle sind ebenso zahlreich wie die Gründe, die zur Entstehung beigetragen haben (vgl. Körkel & Lauer, 1988). Entscheidend erscheinen zum einen wiederauftauchende oder auch neue schwerwiegende Belastungssituationen, deren Bewältigung nicht anders als mit Alkohol möglich erscheint, sowie eine abnehmende Bereitschaft, die abstinente Alkoholikerrolle zu akzeptieren, weil dies als permanente Kränkung erlebt wird (s. Abschnitt über Rückfallbehandlung).

4 Interventionen

4.1 Allgemeine Aspekte der Therapie des Alkoholismus

Die verschiedenen Therapiesysteme vor allem in angelsächsischen (vgl. Institute of Medicine, 1990) und deutschsprachigen Raum lassen zwei unterschiedliche Ansätze erkennen, die allerdings in der klinischen Praxis auch häufig als Mischformen auftreten:

1. Ein mehr sozialwissenschaftlich-pragmatischer Ansatz (Marlatt, 1989; Heather, 1986; Sobell & Sobell, 1973; Miller, 1980):
   Zwischen Mißbrauch und Abhängigkeit besteht ein Kontinuum abgestufter Schweregrade der Abhängigkeit. Unterschiede zwischen verschiedenen Suchtmitteln werden als sekundär angesehen. Das kontrollierte Trinken wird als mögliches Therapieziel akzeptiert. Das Krankheitsmodell erscheint eher als problematisch und wenig hilfreich. Bezüglich einer Therapieindikation besteht lediglich eine tendenzielle Aussage der Art, daß mit zunehmenden Schweregrad auch eine intensivere Behandlung einschließlich der Alkoholabstinenz erforderlich ist (Miller & Hester, 1986). Die Therapieansätze sind pragmatisch und überwiegend verhaltenstherapeutisch orientiert mit zunächst minimalen Interventionsprogrammen (Bien, Miller & Tonigan, 1993), zum Teil auch mit Selbsthilfe-Manualen (vgl. Heather, 1986) oder einmaligen Beratungsgesprächen (Orford & Edwards, 1977). Erst wenn der Erfolg dieser minimalen Therapieansätze nicht ausreichend ist, werden intensivere Therapieprogramme eingesetzt (vgl. Ritson, 1986). Zu Selbsthilfegruppen besteht eher Distanz und Zurückhaltung, deren Aussagen, wie z.B. die Bedeutung der Abstinenz oder des Kontrollverlustes, werden häufig in Frage gestellt.
2. Ein diagnose- und suchtorientierter Ansatz (vgl. Feuerlein, 1989):
   Ein Abhängigkeitssyndrom bedeutet eine qualitative Differenz zum sozial kontrollierten Alkoholkonsum. Zur Bewältigung der Abhängigkeit ist eine Entwöhnungsbehandlung meist umfangreicherer Art erforderlich. Ein kontrolliertes Trinken ist kein vertretbares Therapieziel. Das Krankeitsmodell hat deutlich mehr Vorteile. Als Orientierungsmodell der Behandlung wird ein idealtypisches Phasenmodell bevorzugt. Das Suchtverhalten hat Vorrang vor anderen Therapiezielen. Wesentliche Elemente des Therapiesystems sind Beratungsstellen, Fachkliniken und Selbsthilfegruppen.

Die Entwicklung eines Behandlungssystems wird auch in erheblichen Maße vom jeweiligen Sozial- und Krankenversicherungssystem geprägt. Bspw. würden die Kosten für eine 6-Monatsbehandlung weder in Großbritannien noch in den USA von Kranken- oder Rentenversicherungen als Kostenträger übernommen werden. Bei der weiteren Darstellung wird hauptächlich das im deutschen Sprachraum dominierende Behandlungssystem dargestellt.

Individueller Veränderungsprozeß und Behandlungsphasen
Alkoholabhängige haben unterschiedliche Ausgangssituationen hinsichtlich ihres Problembewußtseins, ihrer Bereitschaft zur Alkoholabstinenz und zur Therapie sowie hinsichtlich anderer Probleme und Störungen. Diese Verschiedenheit gilt es zu berücksichtigen, wenn der Patient mit der diagnostischen Abklärung seines Suchtproblems, mit der Abstinenzforderung oder mit dem Angebot einer Therapie konfrontiert wird (zur Indikation s. Abschnitt 4.7).

Das vielfältige und differenzierte Behandlungsangebot von den Suchtfachkliniken, den psychiatrischen Krankenhäusern, Tageskliniken, Beratungsstellen bis hin zu den Übergangswohnheimen und Selbsthilfegruppen wird im Suchtbereich als Behandlungsnetz (frühere Behandlungskette) bezeichnet (vgl. Ziegler, 1989). Problematisiert wird die Frage, welcher Anteil der Gesamtpopulation von Alkoholabhängigen in der klassischen Trias Beratungsstelle, Suchtfachklinik und Selbsthilfe behandelt wird und was mit der Mehrheit der nicht behandelten Abhängigen geschieht, die beispielsweise nur bei niedergelassenen Ärzten auftauchen, aber nie eine alkoholismusspezifische Behandlung erfahren (vgl. Wienberg, 1992). Besonders im Blickpunkt steht dabei die Gruppe der chronisch mehrfach geschädigten Alkoholiker (früher Depravierte genannt), die häufiger in psychiatrischen Kliniken zu finden sind und als schwer behandelbar gelten (vgl. Rothenbacher, Fritz-Pfannkuch & Weithmann, 1985).

Der Behandlungsprozeß selbst wird nach Feuerlein (1989) in vier Behandlungsphasen, nämlich der Kontaktphase, der Entzugs- oder Entgiftungsphase, der Entwöhnungsphase und der Nachsorgephase eingeteilt. Die Entzugsphase nimmt insofern eine Sonderstellung ein, als sie sich häufig bei ambulanter Durchführung nicht klar abgrenzen läßt und sowohl als Eingangsphase in der Entwöhnungsbehandlung als auch der Kontaktphase, z. B. als ambulanter, ohne Medikamente erfolgender Entzug, zugeordnet werden kann. Immer häufiger werden auch bei einer stationären Entzugsbehandlung Maßnahmen der Motivationsentwicklung zur Abstinenz und zur Therapie durchgeführt (qualifizierter Entzug) (vgl. Miller, 1985; Veltrup & Driesen, 1993). Die kettenartige Abfolge der einzelnen Behandlungsphasen ist idealtypisch zu verstehen. In der klinischen Realität gibt es verschiedenartige Verlaufsformen und Übergänge. In allen Behandlungsphasen können Rückfälle auftreten. Dabei sollte zwischen solchen Rückfällen unterschieden werden, bei denen der Patient in der jeweiligen Behandlungsphase verbleibt und solchen, bei denen der Patient aus der Behandlungsphase ausscheidet oder in eine vorhergehende Behandlungsphase zurückgeht (s. auch Abschnitt über Rückfälle). Andererseits kann, wenn auch nur mit geringer Wahrscheinlichkeit, damit gerechnet werden, daß einige Patienten auch schon in der Kontaktphase zur Alkoholabstinenz finden und dabei andere Behandlungsphasen überspringen.

Therapieziele
Die verschiedenen Therapieziele beziehen sich auf den Suchmittelmißbrauch einerseits und auf die soziale Integration bzw. Persönlichkeitsentwicklung andererseits, manchmal auch als Nachreifung bezeichnet. Die Alkoholabstinenz als wichtigstes Therapieziel wird in der Literatur von Zeit zu Zeit in Frage gestellt (vgl. Sobell & Sobell, 1973; Heather & Robertson, 1983; Körkel, 1993; Petry, 1993). Im deutschsprachigen klinischen Bereich wird das Therapieziel der totalen Alkoholabstinenz weitgehend akzeptiert. Therapieansätze des kontrollierten Trinkens haben sich zumindest bezüglich der Alkoholabhängigen

als nicht realistisch erwiesen (vgl. Vollmer & Kraemer, 1982). Im angelsächsischen Sprachraum (Miller & Hester, 1986) geht man davon aus, daß bei leichteren Formen der Abhängigkeit bzw. des Mißbrauchs ein kontrolliertes Trinken ein sinnvolles Therapieziel sei. Bei Vorliegen einer Alkoholabhängigkeit erscheint gegenwärtig das Therapieziel „Kontrolliertes Trinken" nicht vertretbar (vgl. Watzl & Olbrich, 1976). Auch wenn ein kleiner Prozentsatz von Alkoholkranken evtl. zum kontrollierten Trinken fähig sein sollte, wissen wir nicht im vorhinein, wer dazu in der Lage ist. Auch aus diesem Grund erscheint das Risiko des Therapieziels „Kontrolliertes Trinken" als zu hoch. Bei schweren alkoholbedingten Folgekrankheiten ist nur durch Abstinenz eine Rückbildung zu erwarten.

Eine alkoholspezifische Therapie sollte immer als die beiden Hauptziele das Suchtverhalten einerseits und die Persönlichkeitsentwicklung und soziale Integration andererseits umfassen. Vorrang hat aber die Veränderung des Suchtmittelmißbrauchs, weil dieser die Entwicklung anderer Bereiche, z. B. der sozialen Kompetenzen, blockiert oder zumindest behindert. Diese Priorität des Suchtverhaltens gegenüber der sozialen Integration ist bei der Behandlung von Drogenabhängigen umstritten (s. Beitrag Drogen und Medikamentenabhängigkeit), insbesondere deshalb, weil bei Drogenabhängigen existenzielle Grundbedingungen der materiellen und gesundheitlichen Absicherung sowie der sozialen Integration häufiger als bei Alkoholabhängigen erheblich gefährdet sind.

Wichtig erscheint einerseits der Grundsatz, den Patienten dort abzuholen, wo er gerade in seinem Veränderungsprozeß steht. Das heißt, ihn bei der Bewältigung seiner Probleme und Störungen zu unterstützen, für die er Hilfe sucht. Andererseits soll das globale Therapieziel der Alkoholabstinenz nicht aus dem Auge verloren werden, weil dieses als Voraussetzung für dauerhafte Verhaltensänderungen angesehen werden muß. In manchen Fällen ist es nützlich, sich mit dem Klienten auf einen Abstinenzzeitraum von beispielsweise einem Jahr zu einigen, und danach eine neue Entscheidung zu treffen.

Krankheitseinsicht und Therapiemotivation
Je nach Behandlungsphase sind Krankheitseinsicht (von einem ersten Problembewußtsein bis zum Aufgeben der Vorstellung eines kontrollierten Trinkens) und Therapiemotivation (als sich helfen lassen und sich selbst ändern wollen) Ziel oder Voraussetzung für eine erfolgreiche Therapie. Krankheitseinsicht und Therapiemotivation sind Prozesse, die sich häufig erst allmählich und in wechselseitiger Abhängigkeit entwickeln, nachdem der Alkoholiker mit seinen Alkoholproblemen und den sich daraus ergebenden Folgerungen konfrontiert worden ist. In jedem Fall ist die Motivationsentwicklung, besonders zu Beginn einer Behandlung ein wesentliches therapeutisches Teilziel (vgl. Brenk-Schulte & Pfeiffer, 1987; Petry, 1993 b, Schwoon, 1990; Pfeiffer, 1989 a, b; Miller &

Rollnik, 1991). Auf drei grundlegende Aspekte der Behandlungsmotivation weisen Riedel und Ehinger (1979) hin. Sie unterscheiden:
1. den Aspekt des Leidensdrucks,
2. die Hoffnung auf positive Änderung durch das Behandlungsangebot und
3. die durch die Therapie erwartete Belastung.

Für die Strukturierung des Motivationsprozesses sind die Formulierung von Zwischenzielen und der Versuch, aus dem Verhalten des Klienten das Erreichen dieser Ziele zu beurteilen, von Bedeutung (vgl. Hänsel, 1983; Feuerlein, 1989; s. Abschnitt 4.2). Solche Zwischenziele sind nach Feuerlein (1993):
1. Die Erkenntnis, daß ein Alkoholproblem vorliegt.
2. Die Einsicht, daß es so nicht weitergehen kann (individueller Tiefpunkt).
3. Die Kapitulation vor der Droge Alkohol (Schritt 1 der 12 Schritte der Anonymen Alkoholiker).
4. Die Einsicht, es nicht allein zu schaffen und sich von anderen helfen zu lassen.

4.2 Die Kontakt- und Entzugsphase

Neben der diagnostischen und anamnestischen Abklärung (einschließlich einer Analyse des Trinkverhaltens) gehört zu den Zielen dieser Phase die Behandlung aktueller körperlicher Alkoholfolgeerkrankungen durch Internisten oder Neurologen, die Entwicklung einer Therapie- und Abstinenzmotivation, eine vorläufige Alkoholabstinenz sowie Kriseninterventionen bspw. bei akuter Suizidalität. Die Abklärung der psychischen und sozialen Situation führt in der Regel zu einer ersten, wenn auch oft nur vorläufigen Erleichterung und Entspannung der Problemsituation. In der Regel kommt es unabhängig von den körperlichen Entzugserscheinungen zu verschiedenartigen Beschwerden der Depressivität und der Angst, z. B. Ängste in sozialen Situationen, Antriebslosigkeit, Schuldgefühle oder Hoffnungslosigkeit. Unter Umständen ist auch eine stationäre Krisenintervention erforderlich. Wenn nach einer Abstinenzzeit von 10–14 Tagen schwere Depressionen und Angstzustände anhalten, kann es hilfreich sein, befristet Antidepressiva zu verordnen. Eine medikamentöse Dauerbehandlung ist nicht zu vertreten (vgl. Litten & Allen, 1991; s. auch Abschnitt 4.6).

Behandlungsmethoden
Zahlreiche Untersuchungen haben zeigen können, daß Interventionen des Therapeuten einen Einfluß auf den Motivationsprozeß ausüben. Miller und Sanches (1993) haben zusammenfassend sechs Faktoren als wirksam herausgearbeitet, die durch das Akronym FAMES charakterisiert sind: Feedback (bezüglich negativer Folgen), Advice (hinsichtlich Ziele und Vorgehensweise), Menu

(Wahlmöglichkeiten zwischen verschiedenen Therapieformen), Empathy (einfühlendes Verstehen) and Self-efficacy (Förderung der Selbstwirksamkeitserwartung bezüglich Veränderungen). Diese Faktoren gelten vermutlich auch für die Entwöhnungsbehandlung. Zur Förderung der „Compliance" hat sich eine aktive Kontaktaufnahme (Briefe, Telefonanrufe durch den Therapeuten) als hilfreich herausgestellt. Auch die Wahlmöglichkeit zwischen verschiedenen Therapieformen führt zu einer größeren Therapiebereitschaft.

Für eine Unterbrechung des Alkoholkonsums bzw. einer Rückfallphase sind Regeln und Hinweise der Anonymen Alkoholiker sehr nützlich (z. B. 24-Stunden Regel; „ich will die nächsten 24 Stunden trocken sein"; kein Alkohol zuhause; Kontakt mit einer Vertrauensperson, um über die Trinkimpulse hinwegzukommen u. a. (s. Neuendorff & Schiel, 1982).

Komplexere Behandlungsprogramme wurden hauptsächlich als Kurzintervention entwickelt und zum Teil auch empirisch überprüft (vgl. Pfeiffer, Fahrner & Feuerlein, 1987; Pfeiffer, 1989; Schwoon, 1990; Petry, 1993; Bien et al., 1993). Sie beinhalten meist die vorher erwähnten Einzelinterventionen in unterschiedlicher Zusammensetzung und Intensität. Petry (1993 a) hat auf verhaltenstheoretischer Grundlage vier gruppentherapeutische Programme zur Behandlungsmotivierung konzipiert, nämlich zur Informationsvermittlung, zur Verhaltensdiagnostik, zur kognitiven Umstrukturierung und gegen Rückfallgefährdung. Diese sind aber über eine Motivationsbehandlung hinaus wesentliche Bausteine einer alkoholismusspezifischen Entwöhnungsbehandlung auf verhaltenstheoretischer Grundlage und überschreiten damit die begrenzten Ziele einer Behandlungsmotivierung im engeren Sinn.

Inwieweit auch Selbsthilfe-Literatur motivationsfördernd wirkt, ist für die deutschsprachige Situation nicht empirisch überpüft (z. B. Schneider, 1991; Lindenmeyer, 1990). Für den englischsprachigen Raum wurden positive Auswirkungen bestätigt (vgl. Heather, 1986).

Entzug (Entgiftung)
Eine Entgiftungsbehandlung ist nicht bei jedem Alkoholiker erforderlich, sondern nur bei jenen, für die nach Absetzen des Alkohols beträchtliche Entzugssyndrome erwartet werden müssen (vgl. Tretter, Bussello-Spieth & Bender, 1994). Besonders gefährdet sind solche Patienten, die früher bereits ein Alkoholdelir entwickelt haben oder bei denen Krampfanfälle aus der Vorgeschichte bekannt sind sowie Patienten, die zusätzlich Medikamente zu sich nehmen (vgl. Zilker, 1993). In solchen Fällen erscheint eine stationäre Aufnahme auf einer internistischen Station zur Entgiftung angebracht. In leichteren Fällen, bei denen die soziale Situation günstiger und die Motivation zur Abstinenz größer erscheint, kann eine ambulante Entgiftung auch ohne Medikamente durchgeführt werden (s. auch Abschnitt 4.6). In manchen Fällen ist eine Entzugsbehandlung auch deshalb erforderlich, weil es einem Patienten nicht ge-

lingt, eine Phase vorläufiger Abstinenz oder zumindest eine deutliche Reduzierung seines Alkoholkonsums zu erreichen. Auch fordern die meisten Suchtfachkliniken eine Entzugsbehandlung als Voraussetzung für eine Entwöhnungsbehandlung. Als Trend zeigt sich eine Erweiterung der Entzugsbehandlung mit Komponenten der Therapie- und Abstinenzmotivation sowie der Rückfallprophylaxe (z. B. Veltrup & Driessen, 1993).

4.3 Die Entwöhnungsbehandlung

Die Entwöhnungsbehandlung gilt als Kern der Alkoholismusbehandlung (vgl. Feuerlein, 1989; Schmidt, 1986; Schlüter-Dupont, 1990; John, 1985). Sie kann ambulant, z. B. an einer auf Sucht spezialisierten psychiatrischen oder psychosozialen Beratungs- und Behandlungsstelle oder stationär in Suchtfachkliniken oder in psychiatrischen Krankenhäusern erfolgen. Die psychotherapeutische Ausrichtung ist tiefenpsychologisch, verhaltenstherapeutisch oder pragmatisch-integrativ, das heißt an keiner bestimmten Therapierichtung orientiert. Hauptziele sind eine dauerhafte Abstinenz als Verhaltensgewohnheit und eine Stabilisierung der Persönlichkeit. Letzteres bedeutet Stärkung der Selbstkontrolle, Abbau von Ängsten, Verbesserung sozialer Kompetenzen, z. B. der Kommunikations- und Durchsetzungsfähigkeit, Stärkung des Selbstvertrauens und des Selbstwertgefühls sowie der Affekt- und Frustrationstoleranz.

Ambulante Entwöhnungsbehandlung
Die Behandlung erfolgt ambulant häufig an psychosozialen Beratungsstellen, die auf den Suchtbereich spezialisiert sind, kann aber auch von niedergelassenen Psychiatern und Psychotherapeuten durchgeführt werden, wenn der Therapeut über spezifische Erfahrungen in der Suchtbehandlung verfügt. Einzelne Programme wurden beispielsweise von Vollmar und Kraemer (1982), Dittmar, Feuerlein und Voit (1978) und Feldhege (1980) entwickelt. Hauptkomponenten verhaltenstherapeutischer Programme sind die Verhaltensanalyse des Suchtverhaltens, Interventionen zur Verbesserung der Selbstkontrolle bezüglich Trinken und der sozialen Kompetenzen (einzelne Techniken s. Stationäre Entwöhnungsbehandlung). Tiefenpsychologische Konzepte sind durch ein geringeres Ausmaß an Strukturierung und durch eine längere Behandlungsdauer charakterisiert (vgl. Heigl et al., 1993; Schallehn & Vogelbruck, 1993; Rost, 1986; Küfner, 1978). Der Ansatz der Rückfallprävention erscheint in der herkömmlichen ambulanten Therapie an Beratungsstellen noch wenig integriert (s. Abschnitt Rückfallbehandlung).

Die ambulante Entwöhnungsbehandlung kann als Gruppentherapie oder als Einzeltherapie erfolgen. Hinzu kommt die Einbeziehung von Angehörigen des Patienten in die Entwöhnungsbehandlung, zum Beispiel in Form von zusätzlichen Dreiergesprächen, oder in Angehörigengruppen oder alternativ als Familientherapie (vgl. Steinglass, 1993; O'Farrell, 1995). Insgesamt ist das Angebot verschiedenster Therapieverfahren im ambulanten Bereich weniger umfassend als bei stationärer Behandlung (z. B. meist keine Arbeits- und Beschäftigungstherapie, kein Sport u. a.). Tageskliniken für Suchtkranke gibt es bislang nur wenige (vgl. Kielstein, 1991). Die einzelnen Methoden entsprechen weitgehend denen bei stationärer Therapie (s. Abschnitt Stationäre Entwöhnungsbehandlung).

Empirische Untersuchungen über die Effekte einzelner Therapiekomponenten bei ambulanter Behandlung sind im deutschsprachigen Raum nicht bekannt. Unter den Aspekten minimaler Therapie und möglichst frühzeitiger Intervention wurden ambulante Therapieformen hauptsächlich in den angelsächsischen Ländern empirisch analysiert (vgl. Ritson, 1986; Heather, 1989; Bien et al., 1993). Die wichtigsten Ergebnisse sind unter dem Aspekt der Behandlungsmotivierung bereits im vorhergehenden Abschnitt 4.2 dargestellt worden. Ein großes Problem stellt die hohe Abbruchquote bei ambulanter Behandlung von ca. 25–50 % (vgl. Harrison, Hoffmann & Streed, 1991; Pfeiffer et al., 1987; Küfner, 1981 a) dar, die wahrscheinlich durch eine strengere Indikation sowie einer Kombination von Einzel- und Gruppenbehandlung gesenkt werden kann.

Die Behandlungsdauer und die Intensität ambulanter Behandlung ist sehr unterschiedlich. Bei einer Therapiefrequenz von ein bis zwei Sitzungen pro Woche sollte für tiefenpsychologische Therapien mindestens mit einer Behandlungsdauer von einem Jahr gerechnet werden, für Verhaltenstherapien gibt es auch deutlich kürzere ambulante Behandlungsangebote mit anschließender längerer Nachsorge (s. z. B. Dittmar et al., 1978).

Stationäre Entwöhnungsbehandlung
Die stationäre Behandlung erfolgt in Suchtfachkliniken oder in speziellen Suchtstationen psychiatrischer Krankenhäuser (zum Therapieangebot s. Ziegler, 1989; Schuler, 1990). Einzelne Therapieprogramme werden von Schneider (1982) und Aßfalg (1980) beschrieben.

Die Therapieprogramme für eine stationäre Entwöhnungsbehandlung umfassen als Kernprogramm Gruppentherapie, Arbeits- und Beschäftigungstherapie und Sport. Hinzu kommen Einzelgespräche, die Einbeziehung von Angehörigen in Form von Einzelgesprächen oder in Form von Partnerseminaren sowie Entspannungsverfahren (Autogenes Training, Progressive Muskelrelaxation u. a.). Aus der Vielzahl der Behandlungsformen sowie der verschiedenen Therapeuten mit unterschiedlicher Ausbildung ergibt sich meist eine pragmatische Ausrichtung, auch wenn bspw. eine tiefenpsychologische (vgl. Aßfalg, 1980) oder eine verhaltenstherapeutische Grundorientierung (vgl. Schneider, 1982) im Vordergrund steht.

Im Rahmen der Verhaltenstherapie werden eine Reihe von Interventionen eingesetzt, die sowohl bei ambulanter als auch bei stationärer Therapie Anwendung finden (vgl. Petry, 1993a, Vollmer & Kraemer, 1982; Schneider, 1982; Dittmar et al., 1978). Zur Verbesserung der Alkoholkontrolle (vgl. Feldhege, 1980) werden Stimuluskontrolle, Gedankenstop-Training, verdeckte Sensibilisierung, Ablehnungstraining bei Alkoholangeboten sowie Expositionstechniken eingesetzt. Eine Rückfallprävention soll in umfassender Weise auf Rückfallgefährdungen und auf die Bewältigung bereits eingetretener Rückfälle vorbereiten. Zur Förderung sozialer Kompetenzen werden Kommunikationsübungen, Selbstbehauptungstrainings und Kontaktübungen durchgeführt (vgl. Feldhege & Krauthan, 1979; Chaney, O'Leary & Marlatt, 1978). Allgemeine Verfahren sind Verhaltensanalyse, Rollenspiele und kognitive Umstrukturierung (Petry, 1993a).

Die Behandlungsdauer reicht von sechs Wochen über drei bis vier Monate bis hin zur klassischen Sechs-Monatsbehandlung (gelegentlich wird bei entsprechender Indikation auch eine längere Behandlung durchgeführt). Häufig wird auch von einer variablen Therapiedauer ausgegangen, wobei erst im Verlauf der Behandlung die individuelle Therapiedauer des Patienten festgelegt wird (Missel, Zemlin, Lysloff & Baumann, 1987; Zemlin, 1993). Die Individualisierung zeigt sich als Trend hauptsächlich in verhaltenstherapeutisch orientierten Programmen. Neben der variablen Behandlungsdauer werden zur Individualisierung der Therapie auch sogenannte indikative Gruppen bspw. für ein Entspannungstraining oder für eine Sexualtherapie (vgl. Fahrner, 1982, 1990), eingesetzt.

Hinsichtlich der Wirksamkeit einzelner Therapiefaktoren gibt es zwar einige empirische Hinweise, die aber bislang kaum eine Verallgemeinerung erlauben. Costello (1975a, b) hat in einer Überblicksarbeit die Bedeutung einer aktiven und intensiven Behandlung, die Einbeziehung des Ehepartners oder anderer Angehöriger sowie die Wirksamkeit einer Verhaltenstherapie mit intensivem Feedback an die Patienten und aktiver Beteiligung der Klienten herausgestellt. In einer Untersuchung von Fichter und Frick (1993) konnte ein Effekt der Einbeziehung von Angehörigen nicht nachgewiesen werden. In einer multizentrischen Studie an 21 stationären Behandlungseinrichtungen für Alkoholabhängige (Münchner Evaluation der Alkoholismustherapie, MEAT-Studie, Küfner & Feuerlein, 1989), wurden in Abhängigkeit von Prognosevariablen der Klienten positive katamnestische Therapieeffekte für regelmäßige Einzeltherapie, für intensive Einbeziehung von Angehörigen, für das Durcharbeiten von Unpünktlichkeiten in der Therapie, für ein breites Therapieangebot, für eine getrennte Behandlung von Männern und Frauen (nur für die prognostisch ungünstige Gruppe) sowie für Gruppen zur konkreten Lebensplanung empirisch belegt.

4.4 Nachsorge, Nachbehandlung

Eine Nachsorge bzw. Nachbehandlung wird allgemein als sehr wichtig für die Sicherstellung eines längerfristigen Therapieerfolgs angesehen (Costello, 1975; Harrison, Hoffmann & Streed, 1991; McGrady & Delaney, 1995). Die Notwendigkeit einer Nachsorge ist aber individuell sehr verschieden. Die Rolle einer zufriedenen Abstinenz und die erreichten Veränderungen von Einstellungen und Verhaltensweisen der Persönlichkeit sind häufig nicht ausreichend stabil. Ihnen steht eine Bewährungsprobe unter den Bedingungen der Alltagssituation erst noch bevor (Lerntransfer). Veränderungsprozesse halten oft über den unmittelbaren Therapieprozeß hinaus noch an. Die erste Zeit nach der Entwöhnungsbehandlung (sechs Monate bis ein Jahr) gilt als besonders kritisch. In dieser Zeit ist die Rückfallquote am höchsten. Im ersten Halbjahr muß mit einer Rückfallquote von ca. 30 % bis 40 % gerechnet werden. In der MEAT-Studie, Küfner, Feuerlein & Florschütz, 1986; Küfner & Feuerlein, 1989) gab es im ersten Halbjahr nach stationärer Therapie 33 % Rückfälle mit unterschiedlichen Schweregraden. Im anschließenden Zeitraum von einem Jahr kamen weitere 16 % hinzu (Abstinzenrate nach 18 Monaten 53 %) und nach weiteren zweieinhalb Jahren wurden nur noch weitere 7 % rückfällig, so daß nach vier Jahren die Abstinenzquote 46 % betrug. Nicht alle Rückfälle sind gleich schwerwiegend, aber jeder Rückfall muß ernst genommen werden. Von denen, die im ersten Halbjahr rückfällig geworden sind, waren 45,6 % im zweiten Halbjahr abstinent (vgl. Küfner, Feuerlein & Huber, 1988).

Zur Nachsorge/Nachbehandlung gibt es verschiedene Angebote: Selbsthilfegruppen (Anonyme Alkoholiker, Blaukreuz-Gruppen Kreuzbund, Guttempler, regionaler Freundeskreis u. a.), Übergangsheime meist mit Therapieangebot, betreute Wohngemeinschaften, Nachsorge durch Gesundheitsämter bei niedergelassenen Ärzten und Psychotherapeuten, eventuell auch medikamentöse Stützung durch Disulfiram (Antabus).

Selbsthilfegruppen werden insgesamt weitaus am häufigsten genutzt (75 % mindestens einmal innerhalb von 18 Monaten, regelmäßig über 18 Monate nach stationärer Entwöhnung 25 %, MEAT-Studie). Je nach Untersuchung (s. Küfner, 1990) variieren die Angaben über Besuche von Selbsthilfegruppen zwischen 17 % und 50 %. Die Teilnahmebereitschaft hängt davon ab, wie die Abhängigen ihren Status als Alkoholiker akzeptieren (Pfrang & Schenk, 1982).

Über die Effekte von Selbsthilfegruppen ist relativ wenig bekannt (vgl. Ito & Donovan, 1986; Harrison et al., 1991; McGrady & Delaney, 1995). In der MEAT-Studie wurde ein Effekt regelmäßigen Besuchs mindestens sechs Monate lang im ersten Halbjahr nach stationärer Entwöhnung bei Abstinenten und vor allem aber bei Rückfälligen festgestellt. Effekte lassen sich bei zunächst Rückfälligen auch für Gruppentherapien und für Einzeltherapien (jeweils mindestens über ein halbes Jahr besucht) nachweisen. Bei den Gruppentherapien ist der Effekt für Abstinente nur noch schwach nachweisbar, bei Einzeltherapie überhaupt nicht mehr.

Es gibt sicher eine Gruppe von Abhängigen, die ohne weitere Nachsorge bzw. Nachbehandlung abstinent bleiben oder mit kleineren Rückfällen selbst fertig werden können. Wir können aber nicht ausreichend sicher angeben, wer zu dieser Gruppe gehört. Da das Risiko eines schweren Rückfalls groß ist, erscheint es notwendig, jedem Abhängigen eine Nachsorge bzw. Weiterbehandlung zu empfehlen, zumindest aber einen Kontakt herzustellen, so daß im Notfall die Schwelle für eine Kontaktaufnahme mit einer Selbsthilfgruppe oder Beratungsstelle nicht so groß ist. Die Hemmschwelle ist bei Selbsthilfegruppen niedriger als bei professioneller Therapie (Pfrang et al., 1982).

Maßnahmen zur Verbesserung der Inanspruchnahme des Nachsorgeangebots sind Telefonanrufe bei den Betroffenen, Informationsveranstaltungen und Treffen mit Leuten aus Selbsthilfegruppen (s. Ito & Donovan, 1986). Außerdem besteht ein negativer Zusammenhang zwischen der Entfernung der Gruppe vom Wohnort und der Besuchshäufigkeit. Inwieweit Ratgeber-Literatur zur weiteren Stabilisierung beitragen kann ist empirisch ungeklärt (s. z.B. Küfner, 1991).

Rückfallbehandlung
Eine Rückfallbehandlung ist für die professionelle Suchttherapie insgesamt, besonders aber in der Nachsorgephase ein wesentlicher Therapieansatz. Die unter dem Begriff Rückfallbehandlung eingeordneten Therapiekonzepte beziehen sich allerdings auch auf andere Therapiephasen und beinhalten als Rückfallprävention teilweise umfassende Therapiebausteine (vgl. Annis, 1986; Marlatt & Gordon, 1985; Körkel, 1988; Petry, 1993 a; Körkel, Lauer & Scheller, 1995). In der stationären Entwöhnungsbehandlung sind Rückfälle relativ selten (z.B. 10 % in der MEAT-Studie). In der ambulanten Behandlung kommt es allerdings deutlich häufiger zu Rückfällen, die für den Therapeuten oft eine Herausforderung darstellen. Der Schwerpunkt von Rückfallprogrammen im engeren Sinne liegt in der Nachsorge bzw. Nachbehandlung und stellt im Kern eine suchtspezifische Krisenintervention dar.

Rückfälle können in jeder Behandlungsphase auftreten, aber nicht jeder Rückfall ist gleich zu bewerten. Körkel (1991) unterscheidet den „Ausrutscher", den „trockenen Rückfall" als einer mit oder ohne Hilfe bewältigten Rückfallkrise, den „systemischen Rückfall", der kein Alkoholrückfall ist, sondern einen Rückfall in alte Verhaltensweisen innerhalb eines starren Familiensystems bedeutet, und dem „kontrollierten Trinken". Der Begriff Rückfall sollte aber im Zusammenhang der Sucht auf die Einnahme von Suchtmitteln beschränkt bleiben.

Die Theorieentwicklung zum Rückfall wurde entscheidend durch Marlatt (Marlatt & Gordon, 1985; Marlatt, 1989) angeregt. Ausgehend von einem Streßkonzept wird ein Rückfall als ein Bewältigungsprozeß verstanden, bei dem die auslösende Situation, die erwartete positive Alkoholwirkung und die eigene Selbstwirksamkeitserwartung entscheidend sind. Besonders herausgestellt werden negative Folgen einer Verletzung des Abstinenzgebots (Abstinenzverletzungseffekt) durch Entwicklung von Versagens- und Schuldgefühlen. Bei der Verarbeitung eines Rückfalls sei entscheidend, ob dieser auf eine persönliche Schwäche zurückgeführt wird (geringe Selbstwirksamkeitserwartung), die darüber hinaus eventuell als unveränderlich eingeschätzt wird, so daß es zu einem Zustand der Ohnmacht und Hilflosigkeit kommt. Als Hinweise auf Rückfallgefährdung gelten hauptsächlich eine gedrückte Stimmung und das Auftreten von Suchtverlangen (vgl. Rist, Watzl & Cohen, 1989). In retrospektiven Untersuchungen hat sich gezeigt, daß nicht rückfällig gewordene Alkoholabhängige etwa in gleicher Häufigkeit ein Suchtverlangen erleben, aber in anderer Weise damit umgehen. Sie setzen mehr Coping-Strategien des positiven Denkens, des Denkens an negative Folgen und der Suche nach sozialer Hilfe ein. Rückfallspzifische Bewältigungsstrategien werden als nicht ausreichend für eine stabile Abstinenz angesehen (de Jong-Meyer & Heyden, 1993).

4.5 Pharmakabehandlung

Schwerpunkte der Pharmakabehandlung sind bislang die Behandlung von ausgeprägten Entzugserscheinungen und von Alkoholfolgekrankheiten (s. Litten & Allen, 1991; Zilker, 1993; Lesch & Nimmerrichter, 1993). Im Rahmen der Entwöhnungsbehandlung ist eine Psychopharmakabehandlung nur in besonderen Fällen indiziert, z.B. bei auch bei unter Alkoholabstinenz länger anhaltenden schweren Depressionen, die nicht als psychogen beurteilt werden, können Antidepressiva eingesetzt werden. Bei phasenhaftem depressivem Verlauf wird gegebenenfalls eine Lithiumbehandlung durchgeführt (vgl. Lesch & Nimmerrichter, 1993).

Bei Entzugserscheinungen und Alkoholdelirien steht die Behandlung mit Sedativa im Vordergrund. In der Bundesrepublik Deutschland hat sich hierzu das Clomethiazol (Distraneurin) wegen seiner guten Behandlungserfolge eingebürgert. Clomethiazol ist aber kein völlig problemloses Mittel. Wegen des hohen Mißbrauchspotentials soll es nicht länger als 10 bis höchstens 14 Tage gegeben werden. Besondere Vorsicht ist bei ambulanter Medikation geboten.

In manchen Fällen erscheint eine begleitende Therapie mit Disulfiram (Antabus) erfolgversprechend, zum Beispiel wenn der Betroffene nicht von sich aus

eine Abstinenzphase erreicht, und wenn aus äußeren Gründen eine stationäre Behandlung nicht in Frage kommt (vgl. Brewer, 1993). Für eine Behandlung mit Disulfiram sollten folgende Voraussetzungen erfüllt sein (nach Feuerlein, 1989):
1. Aufklärung des Patienten über die Art der Behandlung und über mögliche Komplikationen (schriftliche Bestätigung!).
2. Gute Kooperation des Patienten.
3. Eine Bezugsperson, die die Einnahme überwacht (z. B. morgens dem Betroffenen wortlos die Tablette hinlegt).
4. Fortführung der Therapie über längere Zeit (mehrere Monate).
5. Kombination mit anderen (psychologischen) Verfahren (zum Beispiel Einschaltung einer Selbsthilfegruppe, Psychotherapie).
6. Strenge Beachtung der Kontraindikationen (schwere Leberfunktionsstörungen, schwere Nierenfunktionsstörungen, schwere Kreislaufinsuffizienz, Koronarschäden, Diabetes, Thyreotoxikose, Apoplexie, Gravidität, floride Magen- und Darmulcera, Enzephalopathien mit schwerem psychoorganischen Abbau, Epilepsien und Psychosen in der Vorgeschichte).
7. Antihistaminika und Neuroleptika vom Typ der Phenothiazine sowie Antikonvulsiva sollten nicht gleichzeitig gegeben werden, da teilweise die Wirkung des Disulfiram aufgehoben wird.

Neuerdings werden auch sogenannte Anti-Craving-Substanzen (z. B. Acamptosat (Campral®) zur Reduzierung des Suchtverlangens eingesetzt (vgl. Soyka, 1995). Andere Substanzen sind hinsichtlich ihrer Wirkung noch nicht ausreichend klinisch überprüft (vgl. Mann & Mundle, 1996).

4.6 Behandlungsergebnisse bei Alkohol

Zur Effektivität der Alkoholismusbehandlung gibt es zahlreiche katamnestische Untersuchungen und Überblicksarbeiten (vgl. Costello, Biever & Baillargeon, 1977; Feuerlein, 1984; Miller & Hester, 1986a; Miller et al., 1995; Süß, 1995). Für die Durchführung solcher Untersuchungen wurden von der Deutschen Gesellschaft für Suchtforschung und Suchttherapie (1992, erste Fassung 1984) sogenannte Dokumentationsstandards entwickelt. Nach einer etwas älteren Überblicksarbeit (Emrick, 1974, 1975) über 265 Studien war ca. ein Drittel der Patienten abstinent, ein Drittel gebessert und ein weiteres Drittel ungebessert. Allerdings wurden dabei unterschiedliche Katamnesezeiten, das Problem nicht vergleichbarer Patientenstichproben (Patientenselektion) und die unterschiedlichen Behandlungsmethoden nicht berücksichtigt. In einer Überblicksarbeit über ambulante Entwöhnungsbehandlungen, hauptsächlich im angloamerikanischen Raum ergab sich im Durchschnitt eine Besserungsrate (Abstinenz, kontrolliertes Trinken, deutliche Reduzierung des Alkoholkonsums) von 37 % (bei 27 Untersuchungen mit insgesamt 3 650 Patienten; Küfner, 1981 c).

In der multizentrischen prospektiven MEAT-Studie über 1 410 alkoholabhängige Patienten waren nach 18 Monaten 53,2 % und nach vier Jahren 46 % der während des gesamten Katamnesenzeitraums alkoholabstinent (Küfner et al., 1988; Küfner & Feuerlein, 1989; Feuerlein & Küfner, 1989); gebessert waren nach 18 Monaten weitere 8,5 % und nach vier Jahren 3 %. Auch andere Untersuchungen kommen zu ähnlich hohen Abstinenzraten. Bei Patienten, die zum wiederholten Mal eine Entwöhnungsbehandlung antraten, ergab sich immerhin noch eine Abstinenzrate von 39 % (nach 18 Monaten). Die stationäre Therapie in der Bundesrepublik erscheint nach einer meta-analytischen Studie von Süß (1995) erfolgreicher (höhere Abstinzen- und Besserungsraten) als in anderen Ländern. In einem globalen Vergleich verschiedener stationärer Therapieformen (Minimaltherapien, Disulfiramtherapie, eklektische Standardtherapie, Verhaltenstherapie) waren die Ergebnisse bei Minimaltherapie und Disulfiramtherapie signifikant schlechter als in den beiden anderen Therapieformen. Verhaltenstherapien waren am erfolgreichsten, unterschieden sich aber nicht signifikant von eklektischen Standardtherapien (Süß, 1995).

4.7 Prädiktion und Indikation

Nach Gibbs und Flanagan (1977) haben sich in einem Überblick über 55 Behandlungsgruppen und 208 untersuchten Indikatoren folgende allgemeine Prognosefaktoren ergeben:
1. Verheiratet oder mit einem Partner zusammenlebend,
2. Stabile Ehe oder Beziehung,
3. In einem Arbeitsverhältnis stehend zum Zeitpunkt der Aufnahme,
4. Eine berufliche Tätigkeit in gehobene Position,
5. Stabile berufliche Lebensgeschichte (keine häufige Stellenwechsel, nicht arbeitslos),
6. Höhere soziale Schicht,
7. Psychoneurose,
8. Wenig alkoholbedingte Arrestaufenthalte,
9. Kontakte mit dem AA zum Zeitpunkt der Aufnahme,
10. Hohe Werte im Wechsler-Subtest „Rechnen" (nicht bestätigt in anderen Überblicksarbeiten, Waisberg, 1990).

In einer weiteren Überblickarbeit (Küfner, 1984) ergaben sich ähnliche Aussagen. Als günstige Patientenmerkmale für einen Therapieerfolg gelten vor allem Merkmale der sozialen Stabilität.

In der MEAT-Studie (Küfner et al., 1986, 1988) wurden für die Männergruppe neun Prognosemerkmale gefunden:

1. mit Ehepartner lebend, 2. Wohnortgröße unter 100 000, 3. genau eine Arbeitsstelle in den letzten zwei Jahren, 4. keine Arbeitslosigkeit, 5. Wohnsituation: in Eigenheim oder Eigentum lebend, 6. Wohnsituation: nicht in Wohnheim oder Obdachlos, 7. kein Arbeitsplatzverlust wegen Alkoholmißbrauch, 8. kein Suizidversuch, 9. nicht vorher in einer Suchtfachklinik.

Die Effektgrößen dieser Prognosemerkmale weisen sehr niedrige Korrelationen von 0.1 bis 0.2 auf. Die Berechnung eines Prognoseindex mit diesen neun Items erbrachte für das Erfolgskriterium der Abstinenz nach 18 Monaten einen Zusammenhang von $r = .31$. Bei der Entlassungsuntersuchung waren stärkste Prädiktoren ein Therapieabbruch (sowohl bei Männern als auch bei Frauen) sowie ein Alkoholrückfall während der Behandlung (jeweils ungünstig). Durch Einbeziehungen dieser Prognosefaktoren am Ende der Behandlung erhöhte sich der korrelative Zusammenhang mit der Abstinenz auf $r = .40$. Andere Erfolgskriterien wie z. B. der Beschwerdenscore konnten besser vorhergesagt werden, wobei allerdings der jeweilige Ausgangswert zu Beginn der Behandlung den größten Effekt aufwies.

Im allgemeinen wäre es am sichersten, frühere Verhaltensweisen als Prädiktor auch für zukünftiges Verhalten zu verwenden. Damit würde man aber dem eigentlich interessierenden Anteil geänderten Verhaltens, sei es unter dem Einfluß einer Therapie oder sei es unter dem Einfluß anderer natürlicher Bedingungsfaktoren nicht gerecht werden. Wenn in katamnestischen Untersuchungen über eine einzelne Behandlungseinrichtung (z. B. Süß, 1988) zum Teil andere Prädiktoren gewonnen werden als in multizentrischen Studien (s. MEAT-Studie), dann ist der Grund wahrscheinlich darin zu sehen, daß die spezifischen Therapiebedingungen einer Einrichtung die Ergebnisse über Prognosefaktoren in spezifischer Weise beeinflussen. Bei empirisch gewonnenen Prädiktoren sollte daher immer auch angegeben werden, unter welchen therapeutischen Bedingungen diese gewonnen wurden, z. B. unter der Bedingung einer stationären Kurzzeittherapie mit einem bestimmten Therapieprogramm. Es sollte also zwischen allgemeinen, relativ therapieunabhängigen Prognosefaktoren und therapiespezifischen Prognosefaktoren unterschieden werden.

Bei der Indikationsstellung sind entsprechend einem unterschiedlichen Grundverständnis der Therapie drei Vorgehensweisen denkbar:
1. Nach dem Prinzip der abgestuften minimalen Interventionen: Eine Indikation im engeren Sinne ist nicht erforderlich, sondern ergibt sich pragmatisch aus den jeweils möglichen, noch nicht angewandten minimalen Interventionen.
2. Nach dem Prinzip der selektiven Zuordnung von Patient und Therapie mittels bestimmter Indikationskriterien z. B. der sozialen Stabilität unter

der Voraussetzung, daß diese für einzelne Therapieformen eine nachgewiesene unterschiedliche Bedeutung hat.
3. Nach dem Prinzip der spezifischen Zuordnung von einzelnen Störungen und einzelnen Interventionen (Therapiebausteinen) im Sinne einer adaptiven Selektion z. B. zu Beginn einer Behandlung (s. Missel et al., 1987; Zemlin, 1993).

Wenn keine Aussagen über eine selektive Zuordnung gemacht werden können, dann wäre das erste Prinzip sicherlich das in dieser Situation optimale pragmatische Vorgehen. Mit zunehmenden Wissen über das Wirkungsspektrum von Therapien ändert sich aber die Ausgangslage und die zweite und dritte Strategie gewinnen an Bedeutung.

Klinische Indikationsfragen sollten auf dem Hintergrund eines allgemeinen Bezugsrahmens diskutiert werden, der durch folgende Punkte charakterisiert werden kann:
1. Unter der Bedingung des jeweiligen Behandlungssystems gibt es natürliche Indikationsprozesse, die durch die Selbstselektion der Patienten, aber auch durch die Indikationsstellungen der Therapeuten bedingt sind (Küfner & Feuerlein, 1989).
2. Die Komplexität einer empirisch begründeten indikativen Zuordnung wird nach Finney & Moos (1986) durch drei grundlegende Probleme charakterisiert: Einmal durch die Auswahl geeigneter Indikationsvariablen innerhalb eines riesigen Pools von Patienten- und Behandlungsmerkmalen; zum anderen durch die Festlegung der Erfolgskriterien, die durch eine indikative Zuordnung optimiert werden sollen; und schließlich durch die Festlegung der Phase im Therapieprozeß, bei der eine Indikationsentscheidung getroffen werden soll.
3. Es gibt keine globale Indikationsentscheidung, sondern je nach Situation und Fragestellung können zahlreiche Indikationfragen unterschieden werden.
4. Für die Beantwortung dieser verschiedenen Indikationsfragen gibt es kein globales Indikationsmodell, aus dem alle Indikationsentscheidungen abgeleitet werden könnten.

Von klinisch-praktischer Relevanz sind vor allem folgende Indikationsfragen:
1. Braucht der einzelne Patient überhaupt professionelle Hilfe, um seine Alkoholprobleme zu bewältigen?
2. Ist eine stationäre oder ambulante Behandlung erforderlich?
3. Wie lange sollte die Behandlung für den betreffenden Patienten dauern?
4. Welche Art von Behandlung ist optimal für den Patienten?
5. Ist eine Nachsorge bzw. Nachbehandlung für den Patienten erforderlich?

Zur Beurteilung dieser Fragen werden in der Literatur hauptsächlich folgende Konzepte diskutiert: (1) verschiedene Schweregrade des Alkoholmißbrauchs und der Abhängigkeit, (2) die Schwere der alkoholbedingten Schäden und Folgekrankheiten, (3) Ausmaß der allgemeinen Psychopathologie, (4) die soziale Stabilität und (5) die Soziopathie (vgl. Miller & Hester, 1986b; Allan & Kaddan, 1995).

Zur Indikationsfrage 1: In der Regel kann man davon ausgehen, daß für die Bewältigung einer Alkoholabhängigkeit professionelle Hilfe erforderlich ist. Wenn ein Patient nicht bereit ist, professionelle Hilfe anzunehmen, dann ist der Hinweis auf Selbsthilfegruppen und Selbsthilfeliteratur, soweit vorhanden, indiziert. Wichtig erscheint auch, daß dem Klienten verschiedene Wahlmöglichkeiten offen stehen, was sich offensichtlich günstig für eine Therapiemotivation auswirkt (s. Ewing, 1977; Finney & Moos, 1986).

Zur Indikationsfrage 2: Miller und Hester (1986) kommen aufgrund ihres Literaturüberblicks zu dem Ergebnis, daß Patienten mit schweren alkoholbezogenen Problemen bei intensiverer Therapie einen größeren Therapieerfolg aufweisen, und Patienten mit weniger schweren Problemen bei einer minimalen Behandlung erfolgreicher sind. Außerdem schließen die Autoren aufgrund der im angelsächsischen Raum vorliegenden Untersuchungen, daß zwischen stationärer und ambulanter Therapie kein Unterschied in den Erfolgsquoten bestehen würde. Bei dieser Analyse wurden aber nur Kurzzeittherapien von vier bis acht Wochen berücksichtigt, also keine Langzeittherapie, wie sie im deutschsprachigen Raum weit verbreitet sind. Es gibt aber einige Hinweise, daß bei geringerer sozialer Stabilität und einem höheren Schweregrad an Psychopathologie eine stationäre Therapie effektiver ist (McLellan, 1986). Bei einem Literaturüberblick über zum großen Teil unkontrollierte Studien zeigte sich, daß der Behandlungserfolg bei ambulanter Therapie zwischen 37 % und 47 % liegt, während in der Überblicksarbeit vom Emrick (1974, 1975) die Besserungsrate für stationäre Behandlung bei 58 % liegt. Stationäre Behandlungen bieten im allgemeinen ein umfassendes, intensiveres Therapieprogramm als ambulante Therapien und ermöglichen gleichzeitig eine stärkere Entlastung von beruflichen und familiären Alltagsproblemen. Auch deshalb kann man davon ausgehen, daß für schwerer gestörte Patienten eine stationäre Behandlung erfolgversprechender ist.

Zur Indikationsfrage 3: In dem schon erwähnten Literaturüberblick (Miller & Hester, 1986) kommen die Autoren zu der Aussage, daß es zwischen Behandlungsprogrammen unterschiedlicher Dauer keine unterschiedlichen Behandlungserfolge gibt. Dagegen sprechen andere Überblicksarbeiten für einen leicht größeren Therapieerfolg bei längerer Behandlungsdauer (Finney & Moos, 1986; Finney et al., 1981; Küfner, 1984; Smart & Gray, 1978). Dies gilt jedoch nur, wenn man die Ergebnisse der sehr viel länger dauernden Therapie in der Bundesrepublik miteinbezieht (Süß, 1995).

Neben praktischen Gesichtspunkten (Abwesenheit von der Familie und Beruf u. a.) lassen sich aus der MEAT-Studie empirisch einige globale Hinweise für eine Indikation hinsichtlich der Behandlungsdauer ableiten:
- Kurzfristig Behandlung (6–12 Wochen): Keine prognostisch ungünstigen Patienten, d.h. mittlere bis gute soziale Stabilität, in der Regel keine Suizidversuche oder Entwöhnungsbehandlungen in der Vorgeschichte.
- Mittelfristige Behandlung (vier bis fünf Monate): Eher prognostisch ungünstige Patienten mit ambivalenter Behandlungsmotivation.
- Langfristige Behandlung (sechs Monate): Prognostisch günstige und auch prognostisch ungünstige Patienten. Am stärksten können prognostisch günstige Patienten die Angebote einer Langzeitbehandlung nützen (detaillierte Hinweise siehe Küfner et al., 1988; Küfner & Feuerlein, 1989).

Zur Indikationsfrage 4: In den USA wird hinsichtlich der Therapievariablen hauptsächlich die Unterscheidung einer Therapie, die auf das Training von Copingfähigkeiten ausgerichtet ist, und einer interaktionellen beziehungsorientierten Therapieform untersucht. Auf der Klientenseite wurden als Indikationsvariablen in erster Linie die beiden Konstrukte allgemeine Psychopathologie und Soziopathie überprüft. Es zeigten sich deutliche Effekte in der Weise, daß Alkoholabhängige mit höheren Werten für allgemeine Psychopathologie und Soziopathie bessere Ergebnisse in einer Therapie zum Training von Copingfähigkeiten erreichten, während jene mit niedrigeren Werten bessere Ergebnisse in der interaktionellen Therapie zeigten (s. Allen & Kadden, 1995).

Zur Indikationsfrage 5: Soweit es sich um eine professionelle Nachsorge bzw. Nachbehandlung handelt, gelten die gleichen Aspekte wie für die Entwöhnungsbehandlung. Spezielle empirisch belegte Indikationen für Selbsthilfegruppen sind nicht bekannt (vgl. McGrady & Delaney, 1995).

Literatur

Adlaf, E.M. & Smart, R.G. (1985). Drug use and religious affiliation, feelings and behaviors. *British Journal of Addiction, 80*, 163–171.

Albrecht, G. (1981). Nichtseßhaftigkeit und Sucht. In W. Feuerlein (Hrsg.), *Sozialisationsstörungen und Sucht. Entstehungsbedingungen, Folgen, therapeutische Konsequenzen* (S. 63–94). Wiesbaden: Springer.

Agarwal, D.P. & Goedde, H.W. (1995). Genetische Aspekte des Alkoholstoffwechsels und des Alkoholismus. In H.K. Seitz, C.S. Lieber & U.A. Simanowski (Hrsg.), *Handbuch Alkohol* (S. 73–92). Leipzig, Heidelberg: Barth GmbH.

Allen, J.P. & Kadden, R.M. (1995). Matching Clients to Alcohol Treatments. In R.K. Hester & W.R. Miller (Hrsg.), *Handbook of alcoholism treatment approaches* (S. 278–292). Boston, London, Toronto, Sydney, Tokyo, Singapore: Allyn and Bacon.

Amann, G., Baumann, U. & Lexel-Gartner, S. (1988). Soziales Netzwerk und soziale Unterstützung bei männlichen Alkoholikern. *Suchtgefahren, 34,* 369–378.

Anderson, P., Cremona, A., Paton, A., Turner, Ch. & Wallace, P. (1993). The risk of alcohol. *Addiction, 88,* 1493–1508.

Annis, H. M. (1986). A relapse prevention model for treatment of alcoholics. In W. R. Miller & N. Heather (Eds.), *Treating addictive behaviors: processes of change* (pp. 407–433). New York, London: Plenum Press.

Antons, K. (1980). Persönlichkeitsmerkmale des Süchtigen – Ursachen oder Folgen? In W. Keup (Hrsg.), *Sucht als Symptom.* 2. Wissenschaftliches Symposion der Deutschen Hauptstelle gegen die Suchtgefahren Bad Kissingen (S. 38–43). Stuttgart: Thieme.

Aßfalg, R. (1980). *Analytisch orientierte Gruppentherapie in einer Fachklinik für Alkoholkranke.* Kassel: Nicol.

Aßfalg, R. (1990). *Die heimliche Unterstützung der Sucht: Co-Abhängigkeit.* Hamburg: Neuland.

Aßfalg, R. & Rothenbacher, H. (1987). *Die Diagnose der Suchterkrankung.* Ein Leitfaden für die Praxis. Hamburg: Neuland.

Athen, D. & Schuster, B. (1981). Zur Häufigkeit von Alkoholikern im Krankengut einer medizinischen Klinik. In W. Keup (Hrsg.), *Behandlung der Sucht und des Mißbrauchs chemischer Stoffe,* (S. 43–47). Stuttgart: Thieme.

Auerbach, P. & Melchertsen, K. (1981). Zur Häufigkeit des Alkoholismus stationär behandelter Patienten aus Lübeck. Schlewig-Holstein. *Ärzteblatt, 5,* 223.

Bacon, M. K. (1976). Alcohol use in tribal societies. In B. Kissin & H. Begleiter (Eds.), *social aspects of alcoholism* (pp. 1–36). New York: Plenum Press.

Baekeland, F. & Lundwall, L. K. (1977). Engaging the alcoholic in treatment and keeping him there. In B. Kissin & H. Begleiter (Eds.), *Treatment and rehabilitation of the chronic alcoholics.* New York: Plenum.

Bandura, A. (1977). Self-efficacy: toward a unifying theory of behavioral change. *Psychology Review, 84,* 191–215.

Babor, Th. F., Dolinsky, Z. S., Meyer, R. E., Hesselbrock, M., Hofmann, M. & Tennen, H. (1992a). Types of alcoholics: concurrent and predictive validity of some common classification schemes. *British Journal of Addiction, 87,* 1415–1431.

Babor, Th. F., Hofmann, M., DelBoca, F. K., Hesselbrock, V., Meyer, R. E., Solinsky, Z. S. & Rounsaville, B. (1992b). Type of alcoholics, I. Evidence for an empirically derived typology based on indicators of vulnerability and severity. *Archives of General Psychiatry, 49,* 599–688.

Barnes, G. E. (1980). Characteristics of the clinical alcoholic personality. *Journal of Studies on Alcohol, 41,* 894–910.

Barnes, G. E. (1983). Clinical and prealcoholic personality characteristics. In B. Kissin & H. Begleiter (Eds.), *The biology of alcoholism* (Vol. 6) *The pathogenesis of alcoholism: Psychosocial factors.* New York: Plenum Press, 1983.

Barnes, G. E. (1983). Clinical and prealcoholic personality characteristics. In B. Kissin & H. Begleiter (Eds.), *The biology of alcoholism* (Vol. 6) *The pathogenesis of alcoholism: Psychosocial factors,* New York: Plenum Press, 1983.

Barnes, G. M., Farell, M. P. & Cairns, A. (1986). Parental socialization factors and adolescent drinking behaviors. *Journal of Marriage and the Family, 48*, 27–36.

Barnes, G. M., Welte, J. W. & Dintcheff, B. (1992). Alcohol misuse among college students and other young adults: finding from a general population study in New York state. *The International Journal of the Addictions, 27*, 917–934.

Begleiter, H. & Porjesz, B. (1988). Neurophysiological dysfunktion in alcoholism. In R. M. Rose & J. E. Barrett (Eds.), *Alcoholism: origins and outcome* (pp. 157–174). New York: Raven Press.

Berger, H., Legnaro, A. & Reuband, K.-H. (1980) (Hrsg.). *Alkoholkonsum und Alkoholabhängigkeit*. Stuttgart: Kohlhammer.

Bernadt, M. (1991). Screening and early detection of alcohol problems. In I. B. Glass (Eds.), *The international handbook of addiction behaviour* (pp. 185–190). London und New York: Tavistock/Routledge.

Bien, Th. H., Miller, W. R. & Tonigan, S. J. (1993). Brief interventions for alcohol problems: a review. *Addiction, 88*, 315–336.

Bienik, E. M. (1989). Alkoholismus und Depression. In H. W. Schied, H. Heimann & K. Mayer (Hrsg.), *Der chronische Alkoholismus* (S. 73–84). Stuttgart, New York: Gustav Fischer.

Bilitza, K. W. (Hrsg.). (1993). *Suchttherapie und Sozialtherapie*. Göttingen, Zürich: Vandenhoeck & Ruprecht.

Bilitza, K. W. & Heigl-Evers, A. (1993) Suchtmittel als Objekt-Substitut. Zur Objektbezeichnungs-Theorie der Sucht. In K. W. Bilitza (Hrsg.), *Suchttherapie und Sozialtherapie* (S. 158–184). Göttingen: Hubert & Co.

Blane, H. T. (1986). *The personality of the aloholic. Guises of dependency*. New York.

Blane, H. T. & Leonhard, K. E. (1987). *Psychological theories of drinking and alcoholism*. New York, London: The Guilford Press.

Böning, J. & Hozbach, E. (1987). Klinik und Pathophysiologie des Alkoholismus. In *Abhängigkeit und Sucht* (S. 143–179). Berlin: Springer.

Bowlby, I. (1969). *Attachment and loss*, Vol. 2 (1973), Vol. 3 (1980). New York: Basic Books.

Brenk-Schulte, E. & Pfeiffer, W. (1987). *Therapiemotivation in der Behandlung des Alkoholismus*. München: Röttger.

Brewer, C. (1993). Recent developments in dsulfiram treatment. *Alcohol & Alcoholism, 4*, 383–395.

Brickman, P., Rabinowitz, V. C., Karuza, J., Coates, D. L., Cohn, E. L. & Kidder, L. (1982). Models of helping and coping. *American Psychologist, 27*, 1302–1312.

Bron, B. (1976). Alkoholmißbrauch bei Kindern und Jugendlichen. *Suchtgefahren, 2*, 41–52.

Bronisch, T. (1985). Zur Beziehung zwischen Alkoholismus und Depression anhand eines Überblicks über empirische Studien. *Fortschritte der Neurologischen Psychiatrie, 53*, 454–468.

Bronisch, T. & Wittchen, H.-U. (1992). Lifetime and 6 month prevalence of abuse and dependence of alcohol in the Munich-Follow-up Study. *European Archives of Psychiatry and Clinical Neuroscience, 241*, 273–282.

Brown, S. A. (1989). Life events of adolescents in relation to personal and parental substance abuse. *American Journal of Psychiatry, 146*, 484–489.

Bühringer, G. & Simon, R. (1992). Die gefährlichste psychoaktive Substanz. *Psychologie, 18*, 14–18.

Burian, W. (1984). *Die Psychotherapie des Alkoholismus*. Göttingen: Vandenhoeck & Ruprecht.

Cahalan, D. (1970). *Problem Drinkers*. San Francisco: Jossey-Bass.

Capell, H. & Greeley, J. (1987). Alcohol and tension reduction: an update on research and theory. In H. T. Blane & K. E. Leonard (Eds.), *Psychological theories of drinking and alcoholism* (pp. 15–54). New York: Guilford.

Capell, H. & Hermann, C. P. (1972). Alcohol and tension reduction. *Journal of Studies on Alcohol, 33*, 33–64.

Chaney, E. F., O'Leary, M. R. & Marlatt, G. A. (1978). Skill training with alcoholics. *Journal of Consulting and Clinical Psychology, 46*, 1092–1104.

Christiansen, B. A., Smith, G. T., Roehling, P. V. & Goldman, M. S. (1989). Using alcohol expectancies to predict adolescent drinking behavior after one year. *Journal of Consulting and Clinical Psychology, 1*, 93–99.

Clapton, J. R. (1978). Alcoholism and the MMPI. A review. *Journal of Studies on Alcohol, 39*, 1540–1558.

Cloninger, R. C., Sigvardsson, S. & Bohman, M. (1988). Childhood personality predicts alcohol abuse in young adults. *Alcoholism: Clinical and Experimental Research, 12*, 494–505.

Costello, R. M. (1975 a). Alcoholism treatment and evaluation; in search of methods. *International Journal of the Addictions, 10*, 251–275.

Costello, R. M. (1975 b). Alcoholism treatment and evaluation; in search of methods II. *International Journal of the Addictions, 10*, 857–867.

Costello, R. M., Biever, P., Baillargeon, J. G. (1977). Alcoholism treatment programming: historical trends and modern approaches. *Alcohol Clin Exp. Res. 1*: 311–318.

Cotton, N. S. (1979). The Familial Incidence of Alcoholism. *Journal of Studies on Alcohol, 40*, 89–116.

Cox, W. M. (1985). Personality correlates of substance abuse. In G. M. Maisto (Ed.), *Determinants of substance abuse* (pp. 209–246) New York: Plenum Press.

Cox, W. M. (1987). Personality Theory and Research. In H. T. Blane & K. E. Leonard (Eds.), *Psychological theories of drinking and alcoholism* (pp. 55–84). New York: The Guilford Press.

Davidson, K. M. & Ritson, B. E. (1993). The relationship between alcohol dependence and depression. *Alcohol & Alcoholism, 2*, 147–155.

Davidson, R. (1987). Assesment of the alcohol dependence syndrom: A review of self-report screening questionnaires. *British Journal of Clinical Psychology, 26*, 243–255.

De Jong-Meyer, R. & Heyden, T. (Hrsg.). (1993). *Rückfälle bei Alkoholabhängigen*. München: Röttger.

Deutsche Gesellschaft für Suchtforschung und Suchttherapie (Hrsg.). (1992). *Dokumentationsstandards 2 für die Behandlung von Abhängigen*. Freiburg im Breisgau: Lambertus.

Deutsche Hauptstelle gegen die Suchtgefahren (Hrsg.). (1988). *Jahrbuch 1989 zur Frage der Suchtgefahren*. Hamburg: Neuland.

Dilling, H., Mombour, W. & Schmidt, M. H. (1991). *Internationale Klassifikation psychischer Störungen. ICD-10 Kapitel V (F). Klinisch-diagnotische Leitlinien*. Bern, Göttingen, Toronto: Hans Huber.

Dijk, van W. K. (1983). Biologische, psychogene und soziogene Faktoren der Drogenabhängigkeit. In D. J. Lettieri & R. Welz (Hrsg.), *Drogenabhängigkeit* (S. 176–184). Weinheim, Basel: Beltz.

Dittmar, F., Feuerlein, W. & Voit, C. (1978). Entwicklung von Selbstkontrolle als ambulante verhaltenstherapeutische Behandlung bei Alkoholkranken. Programm und erste Ergebnisse. *Zeitschrift für Klinische Psychologie, 7*, 90–109.

Driessen, M., Dierse, B. & Dilling, H. (1994). Depressive Störungen bei Alkoholismus. In M. Krausz & T. Müller-Thomsen (Hrsg.), *Komorbilität. Therapie von psychischen Störungen und Sucht* (S. 35–49). Freiburg: Lambertus.

Drummond, D. C. (1991). Individual therapy with drug takers: getting started. In I. B. Glass (Eds.), *The international handbook of addiction behaviour* (pp. 240–243). London und New York: Tavistock/Routledge.

Edwards, G. & Gross, M. (1976). Alcohol dependence: Provisional description of a clinical syndrome. *British Medical Journal, 1*, 1058–1061.

Edwards, G., Anderson, P., Babor, T. F., Casswell, S., Ferrence, R., Giesbrecht, N., Godfrey, C., Holder, H. D., Lemmens, P., Mäkelä, K., Midanik, L. T., Norström, T., Österberg, E., Romelsjö, A., Room, R., Simpura, J. & Skog, O.-J. (1994). *Alcohol Policy and the Public Good*. Oxford: Oxford University Press.

Edwards, G., Gross, M., Keller, M. & Moser, J. (1976). Alcohol-related problems in the disability perspective. *Journal of Studies on Alcohol, 37*, 1360–1382.

Emrick, C. A. (1974). A review of psychologically oriented treatment of alcoholism: The use and interrelationship of outcome criteria and drinking behavior following treatment. *Journal of Studies on Alcohol, 35*, 523–549.

Emrick, C. A. (1975). A review of psychological oriented treatment of alcoholism II. The relative effectiveness of different treatment. *Journal of Studies in Alcohol, 36*, 88–108.

Engel, J., Oreland, L., Ingvar, D. H., Pernow, B., Rössner, S. & Pellborn, L. A. (1987). *Brain Reward Systems and Abuse*. Seventh International Berzelius Symposium Göteborg. New York: Raven Press.

Engel, U. & Hurrelmann, K. (1989) *Psychosoziale Belastung im Jugendalter*. Berlin: De Gruyter.

Ernst, K. (1979). Eindämmung der Suchtkrankheiten: Nützen primärpräventive Gesetze? In C. Kulenkapff & W. Picard (Hrsg.), *Psychiatrie-Enquéte in internationaler Sicht* (S. 72–87). Köln: Reinhard.

Ernst, K. (1989). Primärprävention, Rückfallprophylaxe und fahrlässge Selbstschädigung. In H. Watzl, R. Cohen (Hrsg.), *Rückfall und Rückfallprophylaxe* (S. 1–15). Berlin: Springer-Verlag.

Ewing, J. A. (1977). Matching therapy and patients: The cafeteria plan. *British Journal of Addiction, 72*, 13–18.

Fahrner, E.-M. (1982). Sexualstörungen bei männlichen Alkoholabhängigen: Häufigkeit, Erklärungskonzepte, Behandlung. *Suchtgefahren, 28,* 27–37.

Fahrner, E.-M. (1990). Partnerinnen von Alkoholabhängigen: Sexuelle, partnerschaftliche und psychosoziale Probleme. *Suchtgefahren, 36,* 189–201.

Feldhege, F.-J. & Krauthan, G. (Hrsg.). (1979). *Verhaltenstrainingsprogramm zum Aufbau sozialer Kompetenz.* Berlin, Heidelberg, New York: Springer.

Feldhege, F.-J. (Hrsg.). (1980). *Selbstkontrolle bei rauschmittelabhängigen Klienten. Eine praktische Anleitung für Therapeuten.* Berlin, Heidelberg, New York: Springer.

Ferstl, R. & Kraemer, S. (1976). *Abhängigkeiten (Fortschritte der klinischer Psychologie).* München: Urban & Schwarzenberg.

Feser, H. (1986). Sozialpsychologische Beiträge zu einer Theorie von Mißbrauch und Abhängigkeit. In W. Feuerlein (Hrsg.), *Theorie der Sucht* (S. 1–14). Berlin, Heidelberg, New York, Tokyo: Springer.

Feuerlein, W. (1989). *Alkoholismus – Mißbrauch und Abhängigkeit.* 4. Auflage. Stuttgart und New York: Thieme.

Feuerlein, W. (1990). Langzeitverläufe des Alkoholismus. In D. R. Schwoon & M. Krausz (Hrsg.), *Suchtkranke. Die ungeliebten Kinder der Psychiatrie* (S. 69–80). Stuttgart: Ferdinand Enke.

Feuerlein, W. (1991). Alkoholismus im Kindes- und Jugendalter unter besonderer Berücksichtigung epidemiologischer Aspekte. *Nervenheilkunde, 10,* 211–215.

Feuerlein, W. (1992). Akute und chronische Alkoholschäden einschließlich Entzugssymptome. In H..Ch. Hopf, K. Poeck & H. Schliack (Hrsg.), *Neurologie in Praxis und Klinik Band II* (S. 5.1–5.24). Stuttgart, New York: Georg Thieme.

Feuerlein, W. (1993). Grundkonzepte der Behandlung süchtiger Patienten. In H.-J. Möller (Hrsg.), *Therapie psychiatrischer Erkrankungen,* Enke Stuttgart.

Feuerlein, W. & Küfner, H. (1977). Alkoholkonsum, Alkoholmißbrauch und subjektives Empfinden: Ergebnisse einer Repräsentativerhebung in der Bundesrepublik Deutschland. *Archiv Psychiatrische Nervenkrankheiten, 224,* 89–106.

Feuerlein, W., Küfner, H., Ringer, Ch. & Antons, K. (1979). *Münchner Alkoholismustest MALT,* Manual. Weinheim: Beltz.

Feuerlein, W. & Küfner, H. (1989). A prospective multicentre study of inpatient treatment for alcoholics: 18- and 48-month follow-up (Munich Evaluation for Alcoholism Treatment, MEAT). *European Archives of Psychiatry and Neurological Sciences, 239,* 144–157.

Feuerlein, W., Küfner, H. & Flohrschütz, T. (1994). Mortality in alcoholic patients given inpatient treatment. *Addiction (1989). 89,* 841–849.

Feuerlein, W., Küfner, H., Haf, C.-M., Ringer, C. & Antons, K. (1989). *Kurzfragebogen für Alkoholgefährdete KFA.* Weinheim: Beltz.

Feuerlein, W., Ringer, G. & Antons, K. (1987). Definition und Diagnose der Suchtkrankheiten. In K.P. Kisker, H. Lauter, J.-E. Meyer, C. Müller, & E. Strömgren (Hrsg.), *Abhängigkeit und Sucht* (S. 3–18). Berlin, Heidelberg, New York, London, Paris, Tokyo: Springer.

Fichter, M.M. & Frick, U. (1992). *Therapie und Verlauf von Alkoholabhängigkeit.* Berlin: Springer.

Fichter, M.M. & Frick, U. (1993). The key relative's impact on treatment and course of alcoholism. *Psychiatry Clinical Neuroscience, 243,* 87–94.

Fichter, M.M., Weyerer, S., Kellnar, S. & Dilling, H. (1986). Zur Epidemiologie des Alkoholismus. *Die medizinische Welt, 37,* 752–757.

Fillmore, K.M. & Midanik, L. (1984). Chronicity of drinking problems among men: A longitudinal study. *JSA, 45,* 228–236.

Finn, P.R., Zeitouni, N.C. & Pihl, R.O. (1990). Effects of alcohol on psychophysiological hyperreactivity to nonaversive and aversive stimuli in men at high risk for alcoholism. *Journal of Abnormal Psychology, 99,* 79–85.

Finney, J.W. & Moos, R.H. (1986). Matching patients with treatments: Conceptual and methodological issues. *Journal of Studies on Alcohol, 47,* 122–134.

Finney, I.W., Moos, R.H., Chan, D.A. (1981). Lenght of stay and program component effects in the treatment of alcoholism: a comparison of two techniques for process analyses. *Journal of Consulting and Clinical Psychology, 49,* 120–131.

Freed, E.X. (1978). Alcohol and mood; an update review. *The international Journal of the Addictions, 13,* 173–200.

Funke, W. (1990). Aspekte der Alkoholabhängigkeit: Differentielle Diagnosestrategien. In D.R. Schwoon & M. Krausz (Hrsg.), *Suchtkranke. Die ungeliebten Kinder der Psychiatrie* (S. 53–60). Stuttgart: Ferdinand Enke.

Funke, W., Funke, J., Klein, M. & Scheller, R. (1987). *Trierer Alkoholismusinventar (TAI).* Göttingen: Hogrefe.

Funke, W. & Siemon, W. (1989). Phasenabfolge des Alkoholismus nach Jellinek: Gedanken zu ihrem Stellenwert im diagnostischen uns therapeutischen Prozeß. *Bad Tönissteiner Blätter, 1,* 9–19.

Genz, A. (1991). *Suizid und Sterblichkeit neuropsychiatrischer Patienten – Mortalitätsrisiken und Präventionschancen.* Berlin, Heidelberg: Springer.

Gerchow, J. (1980). Zur Null-Promille-Forderung im Straßenverkehr. In W. Keup (Hrsg.), *Folgen der Sucht.* 3. Wissenschaftliches Symposion der Deutschen Hauptstelle gegen die Suchtgefahren in Tutzing (S. 168–178). Stuttgart-New York: Georg Thieme.

Gerchow, J. & Heberle, B. (1980). *Alkohol Alkoholismus Lexikon.* Hamburg: Neuland.

Gibbs, L. & Flanagan, J. (1977). Prognostic indicators of alcoholism treatment outcome. *The international Journal of the Addictions, 12,* 1097–1141.

Goedde, H.W. & Agarwal, D.P. (1987). Polymorphism of Aldehyde Dehydrogenase and Alcohol Sensitivity. *Enzyme, 37,* 29–44.

Goedde, H.W. & Agarwal, D.P. (1989). Alcoholism. *Biomedical and Genetic Aspects.* New York: Pergamon Press.

Goedde, H.W. & Agarwal, D.P. (1989). *Alcoholism, Biomedical and Genetic Aspects.* New York: Pergamon Press.

Graham, J.R. & Strenger, V.E. (1988). MMPI characteristics of alcoholics: A review. *Journal of Consulting and Clinical Psychology, 2,* 197–205.

Grünberger, J. (1977). *Psychodiagnostik des Alkoholkranken.* Wien: Wilhelm Maudrich.

Grünberger, J. (1989). Neurologische Defizite bei und nach chronischem Alkoholmißbrauch. In H.W. Schied, H. Heimann & K. Mayer (Hrsg.), *Der chronische Alkoholismus.* Stuttgart, New York: Gustav Fischer.

Hänsel, D. (1983). Zur Entwicklung der Motivation bei Alkoholikern. In O. Schrappe (Hrsg.), *Methoden der Behandlung von Alkohol-, Drogen- und Medikamentenabhängigkeit* (S. 19–26). Stuttgart: Schattauer.

Harrison, P. A., Hoffmann, N. G. & Streed, S. G. (1991). Drug and alcohol addiction treatment outcome. In N. S. Miller (Ed.), *Comprehensive handbook of drug and alcohol addiction* (pp. 1163–1197). New York, Basel, Hong Kong: Marcel Dekker.

Havemann-Reinecke, U. (1992). Biologische Mechanismen der Sucht unter Berücksichtigung genetischer Aspekte. *Sucht, 38,* 82–83.

Heather, N. (1986). Change without therapists: The use of self-help manual by problem drinkers. In W. R. Miller & N. Heather (Eds.), *Treating addictive behaviors: processes of change* (pp. 331–359). New York, London: Plenum Press.

Heather, N. (1989). Psychology and brief interventions. *British Journal of Addiction, 84,* 357–370.

Heather, N. & Robertson, J. (1983). *Controlled drinking.* London, New York: Methuen.

Heifer, U. (1991). Blutalkoholkonzentration und -wirkung, verkehrsmedizinische Charakterisierung und verkehrsrechtliche Relevanz von Alkoholgrenzwerten im Straßenverkehr. *Blutalkohol, 28,* 121–145.

Heigl, F., Schultze-Dierbach, E. & Heigl-Evers, A. (1993). Die Bedeutung des psychoanalytisch-interaktionellen Prinzips für die Sozialisation von Suchtkranken. In K. W. Bilitza (Hrsg.), *Suchttherapie und Sozialtherapie* (S. 230–249). Göttingen, Zürich: Vandenhoeck & Ruprecht.

Helzer, J. E. & Canino, G. J. (1992). *Alcoholism in North America, Europe and Asia.* New York: Oxford University Press.

Henkel, D. (1990). Arbeitslosigkeit und Alkoholismus. In D. R. Schwoon & M. Krausz (Hrsg.), *Suchtkranke. Die ungeliebten Kinder der Psychiatrie* (S. 35–49). Stuttgart: Ferdinand Enke.

Henkel, D. (1992). *Arbeitslosigkeit und Alkoholismus.* Weinheim: Deutscher Studien Verlag.

Horn, J. L. & Wanberg, K. W. (1994). Diagnosis of alcoholism. factors of drinking, background and current conditions in alcoholics. *Journal of Studies on Alcohol, 35,* 147–175.

Huber, G. J. & Bentler, P. M. (1981). A developmental theory of drug use: Derivation and assessment of a causal modelling approach. In P. B. Baltes & O. Brim Jr. (Eds.), *Lifespan development and behavior.* New York: Academic Press.

Hull, J. G. & Bond, C. F. Jr. (1986). Social and Behavioral Consequences of alcohol Consumption and Expectancy: A Meta-Analysis. *Psychological Bulletin, 99,* 347–360.

Hunt, W. A. (1983). Ethanol and the central nervous system. In B. Tabakoff, P. B. Sutker & C. L. Randall (Eds.), *Medical and social aspects of alcohol abuse.* New York: Plenum Press.

Hurrelmann, K. & Hesse, S. (1991). Drogenkonsum als problematische Form der Lebensbewältigung im Jugendalter. *Sucht, 37,* 240–252.

Institute of Medicine (Ed.). (1990). *Broadening the base of treatment for alcohol problems.* Washington, DC: National Academy Press.

Ito, J. R. & Donovan, D. M. (1986). Aftercare in alcoholism treatment. A review. In W. R. Miller & N. Heather (Eds.), *Treating addictive behaviors: processes of change* (pp. 435–456). New York, London: Plenum Press.

Jacobi, C. (1987). Mythen im Alkoholismus-Konzept. *Ernährungs-Umschau, 34,* 262–266.

Jacobi, C., Brand-Jacoby, J. & Marquardt, F. (1987). Die „Göttinger Abhängigkeitsskala" (GABS): ein Verfahren zur differentiellen Erfassung der Schwere der Alkoholabhängigkeit. *Suchtgefahren, 33,* 23–26.

Jacobsen, G. R. (1976). *The alcoholism: detections, diagnosis and assessment.* New York: Human Sciences Press,.

Jellinek, E. M. (1960). *The disease concept of alcoholism.* New Haven.

Jessor, R. (1982). The stability of change: Psychosocial development from adolescence to young adulthood. In D. Magnusson & V. Allen (Eds.), *Human develpoment: an interactional perspective.* New York: Academic Press.

Jessor, R. & Jessor, S. L. (1977). *Problem behavior and psychosocial development*: A longitudinal study of youth. New York: Academic Press.

John, E. (1992). Entwicklung eines Verfahrens zur Erfassung von Ausprägungen der Alkoholabhängigkeit aufgrund von Selbstaussagen: die Lübecker Alkoholabhängigkeitsskala (LAS). *Sucht 38,* 291–303.

John, U. (1985 a). *Rehabilitation Alkoholabhängiger. Ansätze und Grenzen sozialwissenschaftlicher Untersuchungen.* Freiburg: Lambertus.

John, U. (1985 b). Alkoholiker in Entzugsbehandlung – Alkoholiker in Therapie. Ein Vergleich. *Suchtgefahren, 31,* 47–56.

John, U. (1990). Psychische Abwehr Alkoholabhängiger: Erklärungsansätze, empirische Bestimmung und Behandlung. In D. R. Schwoon, & M. Krausz (Hrsg.), *Suchtkranke, Die ungeliebten Kinder der Psychiatrie* (S. 61–68). Stuttgart: Ferdinand Enke.

Johnson, K. A. & Jennison, K. M. (1992). The drinking-smoking syndrome and social context. *The International Journal of the Addictions, 27,* 749–792.

Jürgens, U. (1978). Intrakranielle Selbstreizung – ein Modell zum Suchtverhalten? In W. Keup (Hrsg.), *Sucht als Symptom.* 2. Wissenschaftliches Symposion der Deutschen Hauptstelle gegen die Suchtgefahren Bad Kissingen (S. 19–23). Stuttgart: Georg Thieme.

Junge, B. (1993). Alkohol. *Jahrbuch Sucht, 94,* 81–99.

Kandel, D. B. (Hrsg.). (1978). *Longitudinal research on drug use.* Washington: Hemisphere.

Kandel, D. B. (1980). Drug and drinking behavior among youth. *Annual Review of Sociology, 6,* 235–285.

Kandel, D. B. (1983). Entwicklungsstadien beim Drogengebrauch Jugendlicher. In D. J. Lettieri & R. Welz (Hrsg.), *Drogenabhängigkeit – Ursachen und Verlaufsformen* (S. 131–138). Weinheim: Beltz Verlag.

Kandel, D. B., Davies, M., Karus, D. & Yamaguchi, K. (1986). The consequences in young adulthood of adolescent drug involvement. An overview. *Archives of General Psychiatry, 43,* 746–754.

Kandel, D. B. & Kenneth, A. (1987). Processes of adolescent socialization by parents and peers. *The International Journal of the Addictions, 4,* 319–342.

Kanfer, F. H. (1986). Implications of a self-regulation model of therapy for treatment of addictive behaviors. In W. R. Miller & N. Heather (Eds.), *Treating addictive behaviors: processes of change* (pp. 29–47). New York, London: Plenum Press.

Kanfer, F. H., Reinecker, H. & Schmelzer, D. (Hrsg.). (1991). *Selbstmanagement-Therapie.* Berlin: Springer.

Kanfer, F. H. & Saslow, G. (1974). Verhaltenstheoretische Diagnostik. In D. Schulte (Hrsg.), *Fortschritte der Klinischen Psychologie 5. Diagnostik in der Verhaltenstherapie* (S. 24–59). München, Berlin, Wien: Urban & Schwarzenberg.

Kaplan, H. W. (1983). Das Selbstachtungsmotiv als Erklärungsvariable des Drogenkonsums. In D. J. Lettieri & R. Welz (Hrsg.), *Drogenabhängigkeit – Ursachen und Verlaufsformen* (S. 139–142). Weinheim: Beltz Verlag.

Kaplan, H. B., Martin, S. S. & Robbins, C. (1982). Application of a general theory of deviant behavior: Self-derogation and adolescent drug use. *Journal of Health and Social Behavior, 23,* 274–294.

Kaufman, E. & Kaufman, P. (1979). *Family therapy of drug and alcohol abuse.* New York: Gardner Press.

Keller, M. (1973). On the loss-of-control phenomenon in alcoholism. *British Journal of Addiction, 67,* 153–166.

Keup, W. (1985). Jahresstatistik 1983 der Fachkrankenhäuser für Suchtkranke. In H. Ziegler (Hrsg.), *Jahrbuch zur Frage der Suchtgefahren* (S. 116–130). Hamburg: Neuland.

Kielstein, V. (1991). Indikationskriterien und Prinzipien der ambulant/tagesklinischen Therapie von Alkoholkranken. *Sucht, 37,* 114–120.

Klein, M. (1992). *Klassifikation von Alkoholikern durch Persönlichkeits- und Suchtmerkmale.* Bonn: Nagel.

Klingemann, K.-H. (1992). Coping and Maintenance Strategies of Spontaneous Remitters from Problem Use of Alcohol and Heroin in Switzerland. *The International Journal of the Addictions, 27 (12),* 1359–1388.

Körkel, I. (Hrsg.). (1988). *Der Rückfall des Suchtkranken.* Berlin: Springer.

Körkel, J. (Hrsg.). (1991). *Praxis der Rückfallbehandlung. Ein Leitfaden für Berater, Therapeuten und ehrenamtliche Helfer.* Wuppertal, Bern: Blaukreuz.

Körkel, J. (1993). Paradigmawechsel in der Rehabilitation von Alkohol- und Medikamentenabhängigen. In Fachverband Sucht e. V. (Hrsg.), *Ambulante und stationäre Suchttherapie* (S. 74–98). Geesthacht: Neuland.

Körkel, J. & Lauer, G. (1988). Der Rückfall des Alkoholabhängigen: Einführung in die Thematik und Überblick über den Forschungsstand. In J. Körkel (Hrsg.), *Der Rückfall des Suchtkranken*. Berlin, Heidelberg: Springer.

Körkel, J., Lauer, G. & Scheller, R. (Hrsg.). (1995). *Sucht und Rückfall. Brennpunkte deutscher Rückfallforschung*. Stuttgart: Ferdinand Enke.

Krausz, M. & Müller-Thomsen, T. (1994). *Komorbilität. Therapie von psychiatrischen Störungen und Sucht*. Freiburg i. Br.: Lambertus.

Krüger, H.-P. (1991). Alkohol: Konsum, Wirkungen, Gefahren für die Verkehrssicherheit. *Zeitschrift für Verkehrssicherheit, 37*, 1–27.

Krystal, H. & Raskin, A. (1983). *Drogensucht: Aspekte der Ich-Funktionen*. Göttingen: Verlag für Med. Psychologie im Verl. Vandenhoeck u. Ruprecht.

Küfner, H. (1978). *Konzept einer ambulanten analytischen Gruppenpsychotherapie für Alkoholabhängige*. Kassel: Nicol.

Küfner, H. (1981 a). Entwicklung eines mehrdimensionalen Alkoholismustestes (MDA). Unveröff. Diss., Ludwig-Maximilian-Universität, München.

Küfner, H. (1981 b). Zur Persönlichkeit von Alkoholabhängigen. In E. Knischewski (Hrsg.), *Alkoholismus-Therapie, Vermittlung von Erfahrungsfeldern im stationären Bereich* (S. 23–40). Kassel: Nicol.

Küfner, H. (1981 c). Ambulante Therapie von Alkoholabhängigen: Empirische Ergebnisse und Indikation. In W. Keup (Hrsg.), *Behandlung der Sucht und des Mißbrauchs chemischer Stoffe* (S. 73–82). Stuttgart: Thieme.

Küfner, H. (1981 c). Systemwissenschaftlich orientierte Überlegungen zu einer integrativen Alkoholismustheorie. *Wiener Zeitschrift für Suchtforschung, 4*, 3–16.

Küfner, H. (1982). Zur Frage von Verleugnungstendenzen bei Alkoholabhängigen. *Drogalkohol, 6*, 21–36.

Küfner, H. (1984 a). Zur Prognose des Alkoholismus, *Therapiewoche, 34*, 3636–3643.

Küfner, H. (1984 b). Der Abhängigkeits-Autonomie-Ansatz bei der Behandlung von Alkoholabhängigen. *Schweizerische Fachstelle für Alkoholprobleme, 2*, 3–19.

Küfner, H. (1986). In V. Faust (Hrsg.), *Angst – Furcht – Panik*. Sonderdruck, Compendium Psychiatricum (S. 141–147). Stuttgart: Hippokrates.

Küfner, H. (1989). Bindung und Autonomie als Grundmotivationen des Erlebens und Verhaltens. *Forum für Psychoanalyse, 5*, 99–123.

Küfner, H. (1990). Die Zeit danach – Alkoholabhängige in der Nachsorgephase. In D. R. Schwoon & M. Krausz (Hrsg.), *Suchtkranke. Die ungeliebten Kinder der Psychiatrie* (S. 189–203). Stuttgart: Ferdinand Enke.

Küfner, H. (1991). *Die Zeit danach. Chancen und Entwicklungsmöglichkeiten für Betroffene nach Entwöhnungsbehandlung und Selbsthilfegruppe*. München: Röttger.

Küfner, H. & Feuerlein, W. (1983). Fragebogendiagnostik des Alkoholismus. *Wiener Zeitschrift Suchtforschung, 6*, 3–15.

Küfner, H. & Feuerlein, W. (1989). *In-patient-treatment for alcoholism. A multi-centre evaluation study*. Berlin: Springer.

Küfner, H., Feuerlein, W. & Florschütz, Th. (1986). Die stationäre Behandlung von Alkoholabhängigen. Merkmale von Patienten und Behandlungseinrichtungen, katamnestische Ergebnisse. *Suchtgefahren, 32*, 1–86.

Küfner, H., Feuerlein, W. & Huber, M. (1988). Die stationäre Behandlung von Alkoholabhängigen: Ergebnisse der 4-Jahreskatamnesen, mögliche Konsequenzen für Indikationsstellung und Behandlung. *Suchtgefahren, 34,* 157–272.

Küfner, H. & Yassouridis, A. (1990). Computer-Simulation des Alkoholismus. *Drogalkohol, 14,* 1940.

Kushner, M. G., Kenneth, M. A., Sher, J. & Breitman, B. D. (1990). The relation between alcohol problems and the anxiety disorders. *American Journal of Psychiatry, 147,* 685–695.

Lachner, G. & Wittchen, H.-U. (1995). Familiär übertragene Vulnerabilitätsmerkmale für Alkoholmißbrauch und -abhängigkeit. *Zeitschrift für Klinische Psychologie, 24,* 118–146.

Lelbach, W. K. (1995). Epiidemiologie des Alkoholismus und alkoholsassoziierter Organschäden. In H. K. Seitz, C. S. Lieber & U. A. Simanowski (Hrsg.), *Handbuch Alkohol* (S. 21–72). Leipzig, Heidelberg: Barth GmbH.

Ladewig, D., Graw, P., Miest, P.-Ch., Hobi, V. & Schwarz, E. (1976). Basler Drogen- und Alkoholfragebogen (BDA). *Pharmakopsychiatry, 9,* 305–312.

Lesch, O. M. (1985). *Chronischer Alkoholismus.* Stuttgart: Thieme.

Lesch, O. M., Dietzel, M., Musalek, M., Walter, H. & Zeiler, K. (1989). Therapiekonzepte und Therapieziele im Lichte langfristiger Katamnesen. In H. W. Schied, H. Heimann & K. Mayer (Hrsg.), *Der chronische Alkoholismus* (S. 267–284). Stuttgart, New York: Gustav Fischer.

Lesch, O. M. & Nimmerrichter, A. (1993). In H. J. Möller (Hrsg.), *Therapie psychiatrischer Erkrankungen* (S. 634–645). Stuttgart: Ferdinand Enke.

Lettieri, D. J. & Welz, R. (Hrsg.). (1983). *Drogenabhängigkeit – Ursachen und Verlaufsformen.* Weinheim und Basel: Beltz.

Levenson, R. W., Oyama, O. N. & Meek, P. S. (1987). Greater reinforcement from alcohol for those at risk: parental risk, personality risk, and sex. *Journal of Abnormal Psychology, 3,* 242–253.

Lindenmeyer, J. (1990). *Lieber schlau als blau. Informationen zur Entstehung und Behandlung von Alkohol- und Medikamentenabhängigkeit.* München: Psychologie Verlags-Union.

Liskow, B., Powell, B. J., Nickel, E. & Penick, E. (1991). Antisocial alcoholics: Are there clinically significant diagnostic subtypes? *Journal of Studies on Alcohol, 52,* 62–69.

Litt, M. D., Babor, Th. F., DelBoca, F. K., Kadden, R. M. & Cooney, N. L. (1992). Types of alcoholics, II. Application of an empirically derived typology to treatment matching. *Archives of General Psychiatry, 49,* 609–614.

Litten, R. Z. & Allen, J. P. (1991). Pharmacotherapies for alcoholism: promising agents and clinical issues. *Clinical and Experimental Research, 4,* 620–633.

Ludwig, A. M. & Wikler, A. (1974). „Craving" and relapse to drink: *Journal fo Studies on Alkohol, 35,* 108–130.

Ludwig, A. M. (1988). *Understanding the alcoholic's mind. The nature of craving and how to control It.* New York, Oxford: Oxford University Press.

Lürssen, E. (1974). Psychoanalytische Theorien über die Suchtstrukturen. *Suchtgefahren, 20*, 145–151.

MacAndrew, C. (1981). What the MAC scale tells us about men alcoholics; an interpretive review. *Journal of Studies on Alcohol, 42*, 604–625.

Mäkelä, K. (1978). Level of consumption and social consequences of drinking. In Y. Israel, F. B. Glaser, H. Kalant, R. E. Popham, W. Schmidt & R. G. Smart (Hrsg.), *Alcohol and drug problems, 4*, 303–348. New York, London: Plenum.

Maier, W. (1995). Mechanismen der familiären Übertragung von Alkoholabhängigkeit und Alkoholabusus. *Zeitschrift für Klinische Psychologie, 24* (2), 147–158.

Majewski, F. (1980). Alkohol als teratogene Noxe: Untersuchungen zur Klinik, Prognose, Häufigkeit und Pathogenese der Alkoholembryopathie. In W. Keup (Hrsg.), *Folgen der Sucht.* 3. Wissenschaftliches Symposion der Deutsche Hauptstelle gegen die Suchtgefahren in Tutzing (S. 159–167). Stuttgart, New York: Georg Thieme.

Mann, K. (1992). *Alkohol und Gehirn.* Berlin: Springer.

Mann, K. & Dengler, W. (1995). Zerebrale Veränderungen bei Alkoholabhängigen. *Zeitschrift für Klinische Psychologie, 24* (2), 159–165.

Mann, K. & Mundle, G. (1996). Die pharmakologische Rückfallprophylaxe bei Alkoholabhängigen. Bedarf und Möglichkeiten. In K. Mann & G. Buchkremer (Hrsg.), *Sucht/Grundlagen – Diagnostik – Therapie* (S. 317–322). Ulm: Franz Spiegel.

Marlatt, A. G. (1976). Alcohol, stress and cognitive control. In I. G. Sarason & C. D. Spielberger (Eds.), *Stress and anxiety* (pp. 271–296). Washington: Hemisphere Publication Corporation.

Marlatt, A. G. & Nathan, P. E. (1978). *Behavioral approaches to alcoholism.* New York: New Brunswick.

Marlatt, G. A. (1989). Rückfallprävention: Modell, Ziele und Stadien der Verhaltensänderung. In H. Watzl & R. Cohen (Hrsg.), *Rückfall und Rückfallprophylaxe* (S. 16–28). Tokyo, Hong Kong, Berlin, Heidelberg, New York, London, Paris: Springer.

Marlatt, G. A. & Gordon, J. R. (Eds.). (1985). *Relapse prevention: maintenance strategies in the treatment of addictive behaviors.* New York: Guilford.

Marlatt, G. A. & Rohsow, J. (1980). Cognitive Processes in alcohol use: Expectancy and the balanced placebo design. In N. K. Mello (Ed.), *Advances in substance abuse* (pp. 159–200). Greenwich, Conn.: JAI Press.

Maul, D. (1979). *Alkohol am Arbeitsplatz.* Hamburg: Neuland.

McGrady, B. S. & Delaney, S. I. (1995). Self-Help Groups. In R. K. Hester & W. R. Miller (Eds.), *Handbook of alcoholism treatment approaches* (S. 160–175). Boston, London, Toronto, Sydney, Tokyo, Singapore: Allyn and Bacon.

McLellan, A. T. (1986). Psychiatric severity as a predictor of outcome from substance abuse treatments. In R. E. Meyer (Ed.), *Psychopathology and addictive disorders.* New York: Guilford Press.

McLellan, A. T., Kushner, H., Metzger, D., Peters, R., Smith, I., Grissim, G., Pettinati, H. & Argerou, M. (1992). The fifth edition of the addiction severity index. *Journal of Substance Abuse Treatment, 9*, 199–213.

McLellan, A.T., Luborsky, L. & O'Brien, C.P. (1986). Alkohol and drug abuse treatment in three different populations: is there improvement and is it predictable? *American Journal of Drug and alcohol, 12*, 101–120.

McLelland, D.C., Davis, W.N., Kalin, Rl. & Wanner, E. (1972). *The drinking man. Alcohol and human motivation*. New York: Free Press.

Meinhard-Helmrich, P., Seidel, M. & Keup, W. (1980). Jugendliche Trinker – Verhalten und Folgen des Mißbrauchs (Zur Definition des Jugendalkoholismus). In W. Keup (Hrsg.), *Folgen der Sucht* (S. 68–74). Stuttgart, New York: Thieme.

Mendelson, J.H., LaDou, J. & Somomon, P. (1964). Experimentally induced chronic intoxication and whithdrawal in alcoholics, Part 3: *Psychiatric findings. Quart. J. Stud. Alc. Suppl., 2*, 40–52.

Meyer, R.E. & Dolinsky, Z. (1991). Alcohol reinforcement biobehavioral and clinical considerations. In R.E. Meyer et al. (Eds.), *Neuropharmacology of ethanol: new approaches*; symposium, San Juan, Puerto Rico, 1988. Boston, Basel: Birkhäuser.

Miller, L. (1990). Neuropsychodynamics of alcoholism and addiction: personality, psychopathology, and cognitive style. *Journal of Substance Abuse Treatment, 7*, 31–49.

Miller, P.M. (1976) (Ed.). *Behavioral treatment of alcoholism*. Oxford, New York, Toronto, Sydney, Paris, Frankfurt: Pergamon Press.

Miller, W.R. (1980) (Ed.). *The addictive behaviors. treatment of alcoholism, drug abuse, smoking and obesity*. Oxford, New York, Beijing, Frankfurt, Sao Paulo, Sydney, Tokyo, Toronto: Pergamon Press.

Miller, W.R. (1985). Motivation for treatment: a review with special emphasis on alcoholism. *Psychological Bulletin, 98*, 84–107.

Miller, W.R. & Hester, R.K. (1980). Treating the problem drinker: modern approaches. In W.R. Miller (Ed.), *The addictive behaviors. Treatment of alcoholism, drug, abuse, smoking and obesity* (pp. 11–142). Oxford, New York, Beijing, Frankfurt Sao Paulo, Sydney, Tokyo, Totonto: Pergamon Press.

Miller, W.R. & Hester, R.K. (1986a). The effectiveness of alcoholism treatment: what research reveals. In W.R. Miller & N. Heather (Eds.), *Treating addictive behaviors: processes of change* (pp. 121–174). New York, London: Plenum Press.

Miller, W.R. & Hester, R.K. (1986b). Matching problem drinkers with optimal treatments. In W.R. Miller & N. Heather (Eds.), *Treating addictive behaviors: processes of change* (pp. 175–203). New York, London: Plenum Press.

Miller, W.R., Brown, J.M., Simpson, T.L., Handmaker, N.S., Bien, T.H., Luckie, L.F., Montgomery, H.A., Hester, R.K. & Tonigan, J.S. (1995). What works? A methodological analysis of the alcohol treatment outcome literature. In R.K. Hester & WPR. Miller (Eds.), *Handbook of alcoholism treatmant approaches. Effective alternatives* (Bd. 2, S. 12–44). Boston, London, Toronto, Sydney, Tokyo, Singapore: Allyn and Bacon.

Miller, W.R. & Rollnik, S. (Eds.). (1991). *Motivational Interviewing*. New York: Guilford Press.

Miller, W.R. & Sanchez, V.C. (1993) Motivating young adults for treatment and lifestyle change. In Howard, G. (Ed.), *Issues in Alcohol Use and Misuse by Young Adults* (Notre Dame, IN, University of Notre Dame Press).

Missel, P., Zemlin, U., Lysloff, G. & Baumann, W. (1987). Individualisierung in der stationären Therapie Abhängigkeitskranker: Erste Ergebnisse einer Halbjahreskatamnese. *Suchtgefahren, 33,* 272–285.

Möller, H.J., Angermund, A. & Mühlen, B. (1987). Prävalenzraten von Alkoholismus an einem chirurgischen Allgemeinkrankenhaus: Empirische Untersuchungen mit dem Münchner Alkoholismus-Test. *Suchtgefahren, 33,* 199–202.

Moorweßel, E. (1988). Straßenverkehr und Alkohol. Statistik 1987. In Deutsche Hauptstelle gegen die Suchtgefahren (Hrsg.), *Jahrbuch zur Frage der Suchtgefahren 1989* (S. 149–156). Hamburg: Neuland.

Morey, L.C. & Blashfield, R.K. (1981). Empirical classifications of alcoholism; a review. *Journal of Studies on Alcohol, 42,* 925–937.

Myers, R.D. & Melchior, C.I. (1977). Alcohol drinking: abnormal intake caused by tetrahydropapaveroline in brain. *Science, 196,* 554.

Nerviano, V.J. & Gross, H.W. (1983). Personality types of alcoholics on objective inventories: A review. *Journal of Studies on Alcohol, 44,* 837–851.

Neuendorff, S. & Schiel, J. (1982). *Die Anonymen Alkoholiker. Porträt einer Selbsthilfeorganisation.* Weinheim, Basel: Beltz.

Newcomb, M.D. & Felix-Ortiz, M. (1992). Multiple protective and risk factors for drug use and abuse: cross-sectional and prospective findings. *Journal of Personality and Social Psychology, 2,* 280–296.

Newlin, D.B. & Thomson, J.B. (1990). Alcohol challenge with sons of alcoholics: a critical review and analysis. *Psychological Bulletin, 108,* 383–402.

Nordlohne, E. (1992). *Die Kosten jugendlicher Problembewältigung. Alkohol, Zigaretten- und Arzneimittelkonsum im Jugendalter.* Weinheim-München: Juventa.

Nordlohne, E., Hurrelmann, K. & Holler, B. (1989). Schulstreß, Gesundheitsprobleme und Arzneimittelkonsum. *Prävention, 12,* 47–53.

O'Farrell, T.J. (1995). Marital and Family Therapy. In R.K. Hester & W.R. Miller (Eds.), *Handbook of alcoholism treatment approaches* (S. 195–220). Boston, London, Toronto, Sydney, Tokyo, Singapore: Allyn and Bacon.

Orford, I. & Edwards, G. (1977). *Alcoholism.* Oxford: University Press.

Ornstein, S.I. & Levy, D. (1983). Price and income elasticities and the demand for alcoholic beverages. In A. Paredes (Ed.), Social mediators of alcohol problems: movement toward prevention strategies. *Recent developments in alcoholism, 1.*

Parsons, O.A. & Farr, S.P. (1981). The neuropsychology of alcohol and drug use. In S.B. Filskov & T.J. Boll (Eds.), *Handbook of clinical neuropsychology* (pp. 320–365). New York: Wiley.

Pattison, E.M., Coe, R. & Doerr, H.O. (1977). Population variation among alcoholism treatment facilities. In E.M. Pattison, M.B. Sobell & L.C. Sobell (Eds.), *Emerging concepts of alcohol dependence.* New York.

Pattison, E.M. & Kaufman, E. (Eds.). (1982). *Encyclopedic handbook of alcoholism.* New York: Gardner Press.

Peacock, C. (1992). International policies on alcohol-impaired driving: a review. *The International Journal of the Addictions, 27,* 187–208.

Petry, J. (1993a). *Alkoholismustherapie.* Weinheim: Psychologie Verlags Union, Beltz.

Petry, J. (1993 b). *Behandlungsmotivation.* Weinheim: Psychologie Verlags Union, Beltz.

Pfeiffer, W. K. (1989 a). *Therapiemotivation bei Alkoholabhängigen.* Verhaltenseffektivität und Stress, Band 17. Frankfurt am Main, Bern, New York, Paris: Peter Lang.

Pfeiffer, W. K. (1989 b). *Therapiemotivation bei Alkoholabhängigen: Vorhersage und Modifikation.* Frankfurt/M.: Peter Lang.

Pfeiffer, W., Fahrner, E. M. & Feuerlein, W. (1987). Katamnestische Untersuchung von ambulant behandelten Alkoholabhängigen. *Suchtgefahren, 33,* 309–320.

Pfrang, H., Schenk, J. & Reimer, F. (1988). Alkoholismus: Vorhersagbarkeit des Therapieergebnisses und der Teilnahme an Selbsthilfegruppen in der Nachsorge. *Suchtgefahren, 34,* 379–388.

Pihl, R. O., Peterson, J. & Finn, P. (1990). Inherited predisposition to alcoholism: characteristics of sons of male alcoholics. *Journal of Abnormal Psychology, 99,* 291–301.

Pittmann, D. J. (1964). *Gesellschaftliche und kulturelle Faktoren der Struktur des Trinkens, pathologischen und nichtpathologischen Ursprungs. Eine internationale Übersicht.* Vortrag 27. Internationaler Kongreß über Alkohol und Alkoholismus, Frankfurt/M. 1964. In Deutsche Hauptstelle gegen die Suchtgefahren (Hrsg.). Hamm: Neuland.

Pohorecky, L. A. (1991). Stress and alcohol interaction: an up-date of human research. *Alcoholism: Clinical and Experimental Research, 15,* 438–459.

Polich, J. M., Armor, D. J. & Braiker, H. B. (1980). *The course of alcoholism: four years after treatment.* Santa Monica, Cal.: Rand Corp.

Pollock, V. E. (1992). Meta-analysis of subjective sensitivity to alcohol in sons of alcoholics. *American Journal of Psychiatry, 149,* 1534–1538.

Popham, R. E., Schmidt, W. & Lint, J. (1976). The effects of legal restraints on drinking. In B. Kissin & H. Begleiter (Eds.), *The biology of alcoholism. Social aspects of alcoholism* (pp. 579–626). New York, London: Plenum.

Poser, W., Poser, S., Thaden, A., Eva-Condemarin, P., Dickmann, U. & Stötzer, A. (1990). Mortalität bei Patienten mit Arzneimittelabhängigkeit und Arzneimittelabusus. *Suchtgefahren, 36,* 319–331.

Propping, P. (1984). Genetische Einflüsse bei der Wirkung von Alkohol auf das Gehirn, besonders das EEG, beim Menschen. In K. Zang (Hrsg.), *Klinische Genetik des Alkoholismus* (S. 47–64). Stuttgart, Berlin, Köln, Mainz: W. Kohlhammer.

Pulkkinen, L. & Pitkönen, T. (1993). A prospective study on the precursors of problem drinking in young adulthood. *Journal of Studies on Alcohol* (in Druck.).

Regier, D. A., Farmer, M. E., Rae, D. S., Locke, B. Z., Keith, S. J., Judd, L. L. & Goodwin, F. K. (1990). Comorbity of mental disorders with alcohol and other drug abuse. *Journal of American Medical Association, 264,* 2511–2518.

Renn, H. (1987). Prävention. Orgnisatorische und evaluative Aspekte. In K. P. Kisker, H. Lauter, I.-E. Meyer, C. Müller & E. Strömgren (Hrsg.), *Psychiatrie der Gegenwart 3* (S. 53–79). Berlin: Springer.

Renn, H. (1988). Gesellschaftliche Wurzeln der Sucht. In I. Eisenburg (Hrsg.), *Sucht. Ein Massenphänomen als Alarmsignal.* Düsseldorf: Patmos,.

Rennert, M. (1990). *Co-Abhängigkeit: Was Sucht für die Familie bedeutet.* 2. Aufl. Freiburg i. B.: Lambertus.

Revenstorf, D. & Metsch, H. (1986). Lerntheoretische Grundlagen der Sucht. In W. Feuerlein (Hrsg.), *Theorie der Sucht* (S. 121-149). Berlin, Heidelberg, New York, Tokyo: Springer.

Riedel, P. & Ehinger, M. (1979). *Therapiemotivation bei Alkoholikern (Unveröffentliche Diplomarbeit)*. Tübingen: Psychologisches Institut der Universität Tübingen.

Rist, F., Watzl, H. & Cohen, R. (1989). Versuche zur Erfassung von Rückfallbedingungen bei Alkoholkranken. In H. Watzl & R. Cohen (Hrsg.), *Rückfall und Rückfallprophylaxe* (S. 126-138). Berlin, Heidelberg, New York, London, Paris, Tokyo, Hong Kong: Springer.

Ritson, B. (1986). Merits of simple intervention. In W. R. Miller, N. Heather (Eds.), *Treating addictive behaviors: processes of change* (pp. 375-387). New York, London: Plenum Press.

Robertson, I. (1986). Cognitive processes in addictive behavior change. In W. R. Miller & N. Heather (Eds.), *Treating addictive behaviors: processes of change* (pp. 319-329). New York, London: Plenum Press.

Roman, P. M. & Trice, H. M. (1976). Alcohol abuse and work organizations. In B. Kissin & H. Begleiter (Eds.), *Social aspects of alcoholism* (pp. 445-518). New York, London: Plenum Press.

Rommelspacher, H. (1992). Das mesolimbische dopaminerge System als Schaltstelle der Entwicklung und Aufrechterhaltung süchtigen Verhaltens. *Sucht, 38*, 91-92.

Rommelspacher, H. (1996). Welche neurobiologischen Mechanismen erklären Aspekte süchtigen Verhaltens? In K. Mann & G. Buchkremer (Hrsg.), *Sucht/Grundlagen – Diagnostik – Therapie* (S. 41-52). Stuttgart, Jena, New York: Fischer

Rost, W.-D. (1986). Konzeption einer psychodynamischen Diagnose der Alkoholabhängigkeit. *Suchtgefahren, 32*, 221-223.

Rost, W.-D. (1987). *Psychoanalyse des Alkohols*. Stuttgart: Klett-Cotta.

Roth, J. (1987). Fragebogen zur Klassifikation des Trinkverhaltens Alkoholabhängiger, Handanweisung. In Psychodiagnostisches Zentrum HUB (Hrsg.), *Fragebogen zur Klassifikation des Trinkverhaltens Alkoholabhängiger*. Psychodiagnostisches Zentrum HUB Berlin.

Rothenbacher, H., Fritz-Pfannkuch, G. & Weithmann, G. (Hrsg.). (1985). Sind Entwöhnungsstationen in Psychiatrischen Landeskrankenhäusern notwendig? Ein Vergleich der PLK-Klientel mit der Klientel der Fachkrankenhäuser. *Spectrum, 1*, 42-44.

Schallehn, E. & Vogelbruck, M. (1993). *Ambulante Suchttherapie in der Praxis*. Kassel: Nicol.

Schlüter-Dupont, L. (1990). *Alkoholismustherapie, Pathogenetische, psychodynamische, klinische und therapeutische Grundlagen*. Stuttgart, New York: Schattauer.

Schmidt, G. (1988). Rückfälle von als suchtkrank diagnostizierten Patienten aus systemischer Sicht. In J. Körkel (Hrsg.), *Der Rückfall des Suchtkranken: Flucht in die Sucht?* (S. 173-213). Berlin, Heidelberg, New York: Springer.

Schmidt, L. (1986). *Alkoholkrankheit und Alkoholmißbrauch*. Kohlhammer: Stuttgart.

Schmidt, W. & de Lint, J. (1969). Mortality experiences of male and female alcoholic patients, *Journal of Studies on Alcohol, 1*, 112-118.

Schmidt, W. & Popham, R. E. (1975/76). Heavy alcohol consumption and physical health problems. A review of the epidemiological evidence. *Drug and Alcohol Dependence, 1,* 27–50.

Schmitz-Moormann, K. (1992). *Alkoholgebrauch und Alkoholismusgefährdung bei alten Menschen.* Hamburg: Neuland.

Schneider, R. (Hrsg.). (1982). *Stationäre Behandlung von Alkoholabhängigen.* München: Röttger.

Schneider, R. (1991). *Die Suchtfibel. Informationen zur Abhängigkeit von Alkohol und Medikamenten.* München: Gerhard Röttger.

Scholz, H. (1982). Das Ausfallsyndrom nach Unterbrechung der Alkoholabhängigkeit. *Fortschritte Neurologie Psychiatrie, 50,* 279.

Schuckit, M. A. (1979a). *Drug and alcohol abuse. a clinical guide to diagnosis and treatment.* New York: Plenum.

Schuckit, M. A. (1979b). Biological vulnerability to alcoholism. *Journal of Consulting and Clinical Psychology, 3,* 301–309.

Schuckit, M. A. (1987) Biological Vulnerability to Alcoholism. *Journal of Consulting and Clinical Psychology, 55 (3),* 301–309.

Schuckit, M. A. (1992). Advances in understanding the vulnerability to alcoholism. In C. P. O'Brien & J. H. Jaffe (Eds.), *Addictive states* (pp. 93–108). New York: Raven Press.

Schuler, W. (1990). Die stationäre Versorgung Suchtkranker in Deutschland. In Deutsche Hauptstelle gegen die Suchtgefahren (Hrsg.), *Jahrbuch Sucht 91* (S. 149–156). Hamburg: Neuland.

Schulz, W., Dörmann, K. & Schneider, W. (1992). Empirische Überprüfung der Jellinek-Typologie. *Sucht, 38,* 27–38.

Schwoon, D. R. (1990). Motivationsbehandlung bei Alkoholkranken. In D. R. Schwoon & M. Krausz (Hrsg.), *Suchtkranke: Die ungeliebten Kinder der Psychiatrie* (S. 166–181). Stuttgart: Ferdinand Enke.

Scoufis, P. & Walker, M. (1982). Heavy drinking and the need for power. *Journal of Studies on Alcohol, 43,* 1010–1019.

Seit, H. K., Lieber, C. S. & Simanowski, U. A. (Hrsg.) (1995). *Handbuch Alkohol.* Leipzig, Heidelberg: Barth GmbH.

Seitz, H. K. & Osswald, B. R. (1995). Alkohol und Alter. In H. K. Seitz, C. S. Lieber & U. A. Simanowski (Hrsg.), *Handbuch Alkohol* (S. 121–134). Leipzig, Heidelberg: Barth GmbH.

Selzer, M. L. (1971). The Michigan Alcoholism Screening Test. *American Journal of Psychiatry, 127,* 1653–1658.

Sher, K. J. & Levenson, R. W. (1982). Risk for alcoholism and individual differences in the stress-response-dampening effect of alcohol. *Journal of Abnormal Psychology, 91,* 350–367.

Sher, K. J. & Trull, T. J. (1994). Personality and disinhibitory psychopathology: alcoholism and antisocial personality disorder. *Journal of Abnormal Psychology, 1,* 92–102.

Shiffman, S. & Wills, Th. A. (1985). *Coping and substance use*. Orlando: Academic Press.

Shippenberg, T. S. & Herz, A. (1990). Motivational effects of opioids II: involvement of the mesolimbic dopamine system. *Naunyn-Schmiedeberg's Arch. Pharmacol., Suppl. Vol., 341*, 367.

Sieber, M. & Angst, J. (1981). *Drogen-, Alkohol- und Tabakkonsum*. Bern: Huber.

Silbereisen, R. K. & Eyferth, K. (1985). Der Berliner Jugendlängsschnitt. Projekt „Jugendentwicklung und Drogen". Dritter Fortsetzungsantrag an die Deutsche Forschungsgemeinschaft. In R. K. Silbereisen & H. Eyferth (Eds.), *Berichte aus der Arbeitsgruppe Tudrop Jugendforschung*, 50/85. Berlin: Technische Universität.

Silbereisen, R. K. & Kastner, P. (1985). Entwicklungstheoretische Perspektiven für die Prävention des Drogengebrauchs Jugendlicher. In J. Brandstätter & H. Gräser (Eds.), *Entwicklungsberatung unter dem Aspekt der Lebensspanne* (S. 83–102). Göttingen: Hogrefe.

Simon, R. & Wiblishauser, P. (1993). Ergebnisse der Repräsentativerhebung 1990 zum Konsum und Mißbrauch von illegalen Drogen, alkoholischen Getränken, Medikamenten und Tabakwaren. *Sucht, 3*, 177–180.

Skinner, H. A. & Allen, B. A. (1982). Alcohol dependence syndrome: measurement and validation. *Journal of Abnormal Psychology, 91*, 199–209.

Skinner, H. A., Holt, S., Allen, B. A. & Haakonson, H. (1980). Correlation between medical and behavioral data in the assessment of alcoholism. *Alcoholism, 4*, 371–377.

Smart, R. G. & Gray, G. (1978). Multiple predictors of dropout from alcoholism treatSment. *Archives General Psychiatry, 35*, 363–367.

Smith, G. M. (1983). Wahrgenommene Effekte des Substanzengebrauchs. In D. J. Lettieri & R. Welz (Hrsg.), *Drogenabhängigkeit* (S. 61–70). Weinheim, Basel: Beltz.

Sobell, M. B. & Sobell, L. C. (1973). Individualized behavior therapy for alcoholics. *Behavior Therapy, 4*, 49–72.

Soyka, M. (1995). Wirksamkeit von Acomprosat in der Rückfallprphylaxe der Alkoholabhängigkeit. *Nervenheilkunde, 14*, 83–86.

Süß, H.-M. (1988). *Evaluation von Alkoholismustherapie*. Bern: Huber.

Süß, H.-M. (1995). Zur Wirksamkeit der Therapie bei Alkoholabhängigen. Ergebnisse einer Meta-Analyse. *Psychologische Rundschau, 46*, 248–266.

Stamm, D., Hansert, E. & Feuerlein, W. (1984). Detection and exclusion of alcoholism in men on the basis of clinical chemical findings. *Journal of Clinical Chemistry and Clinical Biochemistry, 22*, 79–96.

Steinglass, P. (1993). Familientherapie mit Alkoholabhängigen: Ein Überblick. In E. Kaufman & P. N. Kaufman (Hrsg.), *Familientherapie bei Alkohol- und Drogenabhängigkeit* (S. 165–199). Freiburg: Lambertus.

Stephan, E. (1986). Die Legalbewährung von nachgeschulten Alkoholersttätern in den ersten zwei Jahren unter Berücksichtigung ihrer BAK-Werte. *Zeitschrift für Verkehrssicherheit, 32*, 2–9.

Stephan, E. (1988). Trunkenheitsdelikte im Verkehr. *Suchtgefahren, 34*, 464–471.

Stephan, E. (1989). Rückfallprophylaxe bei trunkenheitsauffälligen Kraftfahrern: Zur notwendigen Berücksichtigung der Alkoholismusforschung. In H. Watzl & R. Cohen (Hrsg.), *Rückfall und Rückfallprophylaxe* (S. 81–103). Berlin, Heidelberg, New York, London, Paris, Tokyo, Hong Kong: Springer.

Strian, F., Zieglgänsberger, W. & Holsboer, F. (1991). Neurobiologische Forschungsstrategien zur Alkoholkrankheit. In Projektträgerschaft Forschung im Dienste der Gesundheit in der Deutschen Forschungsanstalt für Luft- und Raumfahrt e. V. (DLR) (Hrsg.), *Suchtforschung – Bestandsaufnahme und Analyse des Forschungsbedarfs* (S. 50–75). Bremerhaven: Wirtschaftsverlag NW, Verlag für neue Wissenschaft GmbH.

Tarter, R. E., Arria, A. M. & Thiel, van D. H. (1989). Neurobehavioral disorders associated with chronic alcohol abuse. In H. W. Goedde & D. P. Agarwal (Eds.), *Alcoholism* (pp. 113–129). New York: Pergamon Press.

Temple, M. T., Middleton Fillmore, K., Hartka, E., Johnstone, B., Leino, E. V. & Motoyoshi, M. (1991). A meta-analysis of change in marital and employment status as predictors of alcohol consumption on a typical occassion. *British Journal of Addiction, 86,* 1269–1281.

Teschke, R. & Lieber, C. S. (1981). *Alkohol und Organschäden.* Witzstrock, Baden-Baden.

Thaler, H. (1977). Voraussetzungen für den alkoholischen Leberschaden. *Therapiewoche, 27,* 6580–6585.

Topel, H. (1989). Endogene Opioide und Alkoholismus. In H. W. Schied, H. Heimann & K. Mayer (Hrsg.), *Der chronische Alkoholismus* (S. 185–202). Stuttgart, New York: Gustav Fischer.

Tretter, F., Bussello-Spieth, S. & Bender, W. (Hrsg.). (1994). *Therapie von Entzugssyndromen.* Berlin, Heidelberg, New York: Springer.

Tretter, F. & Küfner, H. (1992). Netzwerke der Sucht. *Supplement Psycho, 18.*

Trojan, A. (1980). Epidemiologie des Alkoholkunsums und der Alkoholkrankheit in der Bundesrepublik Deutschland. *Suchtgefahren, 26,* 1–17.

Vaillant, G. E. (1983). *The natural history of alcoholism.* Cambridge, Massachusetts, London: Harvard University Press.

Vaillant, G. E. (1989). Was können wir aus Langzeitstudien über Rückfall und Rückfallprophylaxe bei Drogen- und Alkoholabhängigen lernen? In H. Watzl & R. Cohen (Hrsg.), *Rückfall und Rückfallprophylaxe* (S. 29–52). Berlin, Heidelberg, New York: Springer.

Velleman, R. (1992). Interactional effects – a review of environmentally oriented studies concerning the relationship between parental alcohol problems and family disharmony in the genesis of alcohol and other problems. II: The intergenerational effects of family disharmony. *The International Journal of the Addictions, 27,* 367–389.

Veltrup, C. & Driessen, M. (1993). Erweiterte Entzugsbehandlung für alkoholabhängige Patienten in einer psychiatrischen Klinik. *Sucht, 39,* 168–171.

Villiez, T. v. (1986). Sucht und Familie. Berlin, Heidelberg, New York: Springer.

Vollmer, H. C. & Krämer, S. (1982). *Ambulante Behandlung junger Alkoholabhängiger.* München: Röttger.

Waisberg, J. I. (1990). Patient characteristics and outcome of inpatient treatment for alcoholism. *Alcohol & Substance Abuse, 8,* 3–4.

Waldow, M. & Klink, M. (1986). *Rehabilitationsverlauf Alkohol- und Medikamentenabhängiger nach stationärer Behandlung. FPR-REHA, Band 7, Praxis der Psychosozialen Prävention und Rehabilitation.* Marburg: Elwert.

Wanke, K. (1986). Definition und Nomenklatur. In W. Feuerlein (Hrsg.), *Theorie der Sucht* (S. 180–192). Berlin: Springer.

Wanke, K. (1987). Zur Psychologie der Sucht. In K. P. Kisker, H. Lauter, I.-E. Meyer, C. Müller & E. Strömgren (Hrsg.), *Psychiatrie der Gegenwart,* Band 3. Berlin: Springer.

Wanke, K. & Täschner, K.-L. (1985). *Rauschmittel.* Stuttgart: Ferdinand Enke.

Wartburg von, J. P. (1985). Genetische Suchtdisposition: Mögliche biochemische Mechanismen. In W. Keup (Hrsg.), *Biologie der Sucht* (S. 15–30). Berlin, Heidelberg, New York, Tokyo: Springer.

Watzl, H. & Olbrich, R. (1976). Kontrolliertes Trinken in der Behandlung des Alkoholismus. *Psychiatrische Praxis, 3,* 204–213.

Watzl, H. & Gutbrod, K. (1983). Verlangen nach Alkohol – Begriffsbestimmung, empirische Befunde und Erklärungsansätze. *Suchtgefahren, 20,* 19–27.

Welz, R. (1987). Epidemiologie des Drogenmißbrauchs. In K. P. Kisker, H. Lauter, I.-E. Meyer, C. Müller & E. Strömgren (Hrsg.), *Psychiatrie der Gegenwart,* Bd. 3, 3. Auflage (S. 105–125). Berlin, Heidelberg, New York: Springer.

Wienberg, G. (Hrsg.). (1992). *Die vergessene Mehrheit.* Bonn: Psychiatrie-Verlag.

Wills, T. A. (1985). Stress and coping related to smoking and alcohol use in early adolescence. In S. Shiffmann & T. A. Wills (Eds.), *Coping and substance abuse.* New York: Academic Press.

Wilsnack, S. C. (1974). The effects of social drinking on womans fantasy. *Journal of Personality, 42,* 43.

Wilson, G. T. (1987). Cognitive Studies in Alcoholism. *Journal of Consulting and Clinical Psychology, 55,* 325–331.

Winick, Ch. (1983). Rollentheorie, Zugang und Einstellung gegenüber Drogen. In D. J. Lettieri & R. Welz (Hrsg.), *Drogenabhängigkeit* (S. 246–255). Weinheim, Basel: Beltz.

Wolffgramm, J. (1996). Die Bedeutung der Grundlagenforschung für die Behandlung von Abhängigen. In K. Mann & G. Buchkremer (Hrsg.), *Sucht/Grundlagen – Diagnostik – Therapie* (S. 3–18). Stuttgart, Jena, New York: Fischer.

Wolffgramm, J. & Heyne, A. (1992). Kontrollierte Substanzeinnahme versus Abhängigkeit: Die Entwicklung einer Sucht im Tiermodell. *Sucht, 38,* 93–96.

World Health Organization (1952). WHO-Expert Comitee on dependence producing drugs. *WHO Technical Report Series Nr. 48.* Genf: WHO.

Wünschmann, B. (1989). Alkohol. In DHS (Hrsg.), *Jahrbuch zur '90 Frage der Sucht Gefahren* (S. 67–97). Hamburg: Neuland.

Wünschmann, B. (1992). Alkohol. In DHS (Hrsg.), *Jahrbuch Sucht 1993,* 33–49. Hamburg: Neuland.

Zemlin, J. U. (1993). *Indikationsstellung in der stationären Therapie Alkohol- und Medikamentenabhängiger: Vorstellung eines Indikationsverfahrens für ein individualisiertes, stationäres Behandlungsprogramm.* Unveröffentl. Diss. der Universität Marburg.

Zerbin-Rüdin, E. (1989). Genetische Befunde zum chronischen Alkoholismus. In H. W. Schied, H. Heimann & K. Mayer (Hrsg.), *Der chronische Alkoholismus* (S. 175–184). New York, Stuttgart: Gustav Fischer.

Ziegler, H. (1984). Alkoholismus in der Arbeitswelt. Hamburg: Neuland.

Ziegler, H. (1989). Zur Versorgung Suchtkranker in der Bundesrepublik Deutschland. In DHS (Hrsg.), *Jahrbuch '90 zur Frage der Suchtgefahren* (S. 23–31). Hamburg: Neuland.

Zilker, T. (1993). Der körperliche Entzug. In J. H. Möller & H. J. (Hrsg.), *Therapie psychiatrischer Erkrankungen* (S. 612–618). Stuttgart: Ferdinand Enke.

Zuckerman, M. (1984). Experience and desire: A new format for Sensation Seeking Scales. *Journal of Behavorial Assessment, 6,* 101–114.

7. Kapitel

Drogen- und Medikamentenabhängigkeit

Mißbrauch und Abhängigkeit
von illegalen Drogen und Medikamenten

Gerhard Bühringer und Heinrich Küfner

Mit dem Begriff „illegale Drogen und Medikamente" werden zahlreiche psychoaktive Substanzen zusammengefaßt, die pharmakologisch wenig gemeinsam haben, zum Beispiel aufputschende Stoffe wie Kokain oder amphetaminhaltige Medikamente und beruhigende Stoffe wie Barbiturate oder Heroin. Eine Besonderheit liegt darin, daß einige Substanzen, etwa Tranquilizer oder Schmerzmittel, wichtige Heilmittel sind, jedoch bei langandauernder Einnahme die Gefahr besteht, daß sich eine gefährliche Abhängigkeit entwickelt.

Die Problematik der Zuordnung wird dadurch deutlich, daß sich bei der gleichen Substanzklasse ganz unterschiedliche Ausprägungen des Störungsbildes zeigen können, so daß man als Laie kaum Gemeinsamkeiten erkennen kann: Einerseits der regelmäßig arbeitende und sozial integrierte Angestellte, der am Wochenende Heroin schnupft oder inhaliert, und zumindest in der Anfangszeit wenig negative Auswirkungen hat, andererseits der körperlich schwer erkrankte, stark selbstmordgefährdete Abhängige mit intravenösem Konsum von Heroin, ohne Arbeit, ohne festen Wohnsitz, ohne soziale Kontakte und mit deutlichen Zeichen der Verwahrlosung. Personen greifen, je nach Alter und sozialer Integration, zu jeweils spezifischen Substanzgruppen bei teilweise gleicher Wirkungsweise. Phänomenologisch kann man zur Verdeutlichung der Komplexität dieses Störungsbereiches vereinfacht vier Gruppen unterscheiden:
- Sozial destabilisierte Jugendliche und junge Erwachsene mit Heroinabhängigkeit; 20 bis 35 Jahre alt; Männer und Frauen etwa gleich verteilt; Beginn des Mißbrauchs illegaler Drogen mit 14 bis 18 Jahren; Beikonsum von Kokain und zahlreichen anderen Substanzen vor allem bei Heroinmangel; ausgeprägtes Störungsbild mit deutlichen psychosozialen Entwicklungs-

störungen und sozialer Verwahrlosung; zunehmend auch ältere Personen über 40 Jahre.
- Sozial integrierte Erwachsene mit Kokainmißbrauch; 25 bis 45 Jahre alt, überwiegend Männer; beruflich und sozial integriert und zumeist erfolgreich; gehäuft aus „kreativen" Berufen; zunächst gelegentlicher Mißbrauch zur privaten, dann beruflichen Leistungssteigerung.
- Sozial integrierte Erwachsene mittleren und höheren Alters mit einem alternierenden Mißbrauch legaler Stimulantien (morgens, vor beruflichen Anforderungen) und Beruhigungsmittel (abends); 35 bis 50 Jahre alt, zumeist Männer, beruflich erfolgreich, überwiegend im Management.
- Sozial integrierte ältere Erwachsene mit Beruhigungs- und Schlafmittelmißbrauch; 50 Jahre und älter, zumeist Frauen; Störungen häufig durch ärztliche Verschreibung bedingt.

Über die erste Gruppe liegen die meisten Erkenntnisse vor, während zu den weiteren drei Gruppen wenig bekannt ist. Entsprechend liegt der Schwerpunkt dieses Beitrags ebenfalls bei der ersten Gruppe. Die geringen Kenntnisse über die anderen Personengruppen sind zum Teil durch deren soziale Unauffälligkeit und fehlende Behandlungseinsicht bedingt, zum Teil dadurch, daß das Abhängigkeitspotential psychoaktiver Medikamente erst in den letzten 30 Jahren deutlich wurde und weiten Teilen der Bevölkerung bis heute unbekannt ist. Trotz aller beschriebenen Unterschiede haben die genannten Stoffe eine Reihe von Gemeinsamkeiten, die vor allem in der Forschung der letzten Jahre wieder stärker in den Mittelpunkt gerückt sind: Sie können Personen psychisch und körperlich so abhängig machen, daß diese ihr gesamtes Leben dem Erwerb und dem Konsum einer psychoaktiven Substanz unterordnen, bis hin zum völligen körperlichen, emotionalen und sozialen Ruin.

1 Diagnostik

1.1 Definition des Substanzmißbrauchs

Unter dem Oberbegriff Substanzmißbrauch werden alle Formen des regelmäßigen Konsums psychoaktiver Substanzen verstanden, die zumindest zu einer psychischen Abhängigkeit, in der Regel auch zu einer körperlichen Abhängigkeit, führen. Körperliche Abhängigkeit besteht dann, wenn nach Absetzen der Substanz Entzugssymptome (z.B. Schwitzen, Schmerzen, Unruhezustände) auftreten und der Körper eine Toleranz entwickelt hat (zur Erreichung des gleichen Effekts muß eine zunehmend größere Menge der Substanz eingenommen werden). Psychische Abhängigkeit ist durch das starke Verlangen bis hin zur „Gier" gekennzeichnet, eine psychoaktive Substanz regelmäßig einzunehmen, um einen lustvollen Zustand zu erreichen beziehungsweise Unlustgefühle zu vermeiden. Ein drittes Kennzeichen aller Formen des Substanzmißbrauchs sind die als Folge auftretenden körperlichen, emotionalen und sozialen Störungen, die trotz möglicherweise gravierendster Auswirkungen nicht dazu führen, daß die Drogeneinnahme dauerhaft eingestellt wird.

Die Gewichtung der körperlichen und psychischen Abhängigkeit in ihrer Relevanz für die Entwicklung eines langfristigen Substanzmißbrauchs variierte in den letzten Jahrzehnten in der Expertenmeinung, darüber hinaus auch zwischen verschiedenen Schulen: So betont etwa das amerikanische Klassifikationssystem DSM in der vorletzten Version III stärker als in der aktuellen Version IV die Merkmale der körperlichen Abhängigkeit, während das WHO-Klassifikationssystem ICD in der vorletzten Version 9 stärker die psychische Abhängigkeit hervorhob. In der aktuellen Version 10 des ICD wurde dies zurückgenommen. Edwards, Arif und Hadgson (1981; vgl. auch Babor, Cooney & Lauerman, 1986) haben für ihre Definition des Substanzmißbrauchs das Konzept des Abhängigkeitsyndroms mit folgenden Einzelsymptomen entwickelt, das heute weitgehend als Arbeitsgrundlage akzeptiert wird:
1. Einengung des Verhaltensrepertoires auf die Ausführung eines regelmäßigen Konsummusters.
2. Zunehmende Bedeutung der Substanzeinnahme im Verhältnis zu anderen Verhaltensweisen, trotz damit verbundener negativer Konsequenzen.
3. Entwicklung einer Toleranz.
4. Auftreten von Entzugssymptomen nach kurzen Abhängigkeitsperioden.
5. Konsum von psychoaktiven Substanzen, um den Entzug zu vermeiden.
6. Entwicklung eines Zwangs zum Substanzgebrauch, damit verbunden „Craving" (unstillbare Gier, die Substanz einzunehmen) und die Unfähigkeit, die Einnahme zu kontrollieren.
7. Erhöhte Wahrscheinlichkeit, daß das genannte Syndrom nach Phasen der Abstinenz sich sofort voll entwickelt, wenn es zu einem ersten Rückfall kommt.

In letzter Zeit wird häufig die psychische Abhängigkeit allein als zentrales Merkmal angesehen. Es wird von einem „abhängigen Verhalten" gesprochen, das auch, ohne Konsum psychoaktiver Substanzen, bei anderen Störungen auftreten kann (sogenannte „nichtstoffgebundene Süchte" wie Eßstörungen, pathologisches Spielen oder „Sexsucht"). Gossop (1989b) nennt folgende Merkmale:
1. Starker Drang oder Gefühl des Zwangs, ein besonderes Verhalten durchführen zu müssen (vor allem, wenn diese Möglichkeit nicht vorhanden ist).
2. Unzureichende Fähigkeit, das Verhalten zu kontrollieren (insbesondere in Hinblick auf die Kontrolle des Beginns oder der Verhinderung des Verhaltens, oder in Hinblick auf die Kontrolle dessen Ausprägung).

3. Unbehagen beziehungsweise Streß, wenn das Verhalten verhindert oder beendet wird.
4. Kontinuierliche Weiterführung des Verhaltens trotz der klaren Evidenz, daß es zu Problemen führt.

Bei diesem Ansatz werden die Wechselwirkungen zwischen psychischer Abhängigkeit und den Folgen psychoaktiver Substanzen übersehen, die mit eigenständigen Störungen verbunden sind (z. B. Entzugserscheinungen, körperlicher Verfall). Darüber hinaus fällt mit dieser Definition des abhängigen Verhaltens eine Abgrenzung zu anderen Störungsbildern (z. B. Zwänge, siehe Margraf in diesem Band) schwer.

1.2 Klassifikation des Substanzmißbrauchs

Die beiden internationalen Klassifikationssysteme unterscheiden sich in der gegenwärtig gültigen Fassung DSM-IV (American Psychiatric Association, 1994) beziehungsweise ICD-10 (Dilling, Mombour & Schmidt, 1991) in ihrer Struktur und Logik nur noch geringfügig, auch wenn einzelne Symptome unterschiedlich betont werden (Tab. 1). Beide kennen zwei Abstufungen des Mißbrauchsverhaltens, neben der Substanzabhängigkeit beziehungsweise dem Abhängigkeitssyndrom noch eine schwächere Form der Ausprägung, den „Mißbrauch[1] psychotroper Substanzen" (DSM-IV) bzw. den „schädlichen Gebrauch" (ICD), bei dem jeweils körperliche und psychische Folgeschäden gegeben sein müssen, nicht aber die „klassischen" Kriterien der psychischen und körperlichen Abhängigkeit.

Tabelle 1: Diagnostische Leitlinien für die Klassifikation durch psychoaktive Substanzen (Illegale Drogen und Medikamente) nach DSM-IV und ICD-10

Mißbrauch DSM	1. Zumindest eines der folgenden Symptome trifft zu: 1) Fortgesetzter Konsum, der zu Versagen bei wichtigen Verpflichtungen führt (z. B. in der Arbeit, Schule); 2) Fortgesetzter Konsum in gefährlichen Situationen (z. B. Straßenverkehr); 3) Juristische Probleme aufgrund fortgesetzten Konsums; 4) Fortgesetzter Konsum trotz Kenntnis der sozialen Probleme, die dadurch verursacht/verstärkt werden. 2. Auftreten der Symptome in den letzten 12 Monaten. 3. Keine Abhängigkeit.
Schädlicher Gebrauch ICD	1. Konsumverhalten, das zu einer Gesundheitsschädigung führt (körperliche und psychische Störungen). 2. - - - 3. Kein Abhängigkeitssyndrom.

---

[1] Der Begriff „Mißbrauch" ist insofern mißverständlich, als er (1) als Oberbegriff für alle Formen des kritischen Gebrauchs und (2) als Bezeichnung für eine weniger schwere Ausprägung in DSM-IV verwendet wird.

Tabelle 1: Fortsetzung

Abhängigkeit DSM	1. Zumindest drei der folgenden Kriterien treffen zu: 1) Toleranz; 2) Entzug; Einnahme der Substanz zur Bekämpfung von Entzugssymptomen; 3) Konsum häufig in größeren Mengen als beabsichtigt; 4) Wunsch/erfolglose Versuche zur Abstinenz/Kontrolle der Substanz; 5) Hoher Zeitaufwand für die Beschaffung (z. B. Diebstahl); 6) Einschränkung sozialer, beruflicher oder Freizeitaktivitäten aufgrund des Substanzmißbrauchs; 7) Fortgesetzter Mißbrauch trotz Kenntnis der Folgeprobleme. 2. Aufreten der Symptome innerhalb eines Zeitraums von 12 Monaten.
Abhängigkeitssyndrom ICD	1. Zumindest drei der folgenden Kriterien treffen zu: 1) Toleranz; 2) Körperliches Entzugssyndrom; 3) Substanzgebrauch mit dem Ziel, Entzugssymptome zu mildern; 4) Verminderte Kontrollfähigkeit bezüglich des Beginns, der Beendigung und der Menge des Konsums; 5) Starker Wunsch, bestimmte Substanzen zu konsumieren; 6) Eingeengtes Verhaltensmuster im Umgang mit psychoaktiven Substanzen; 7) Fortschreitende Vernachlässigung anderer Vergnügen oder Interessen; 8) Anhaltender Substanzkonsum trotz eindeutiger körperlicher und psychischer Folgen. 2. Auftreten der Symptome über einen Zeitraum von 12 Monaten.

Zur Kategorie „Psychoaktive Substanzen" gehören neben dem Alkohol (siehe Kapitel Küfner & Bühringer, in diesem Band) zahlreiche Substanzgruppen, die jeweils einzeln klassifiziert werden (Tab. 2). Diese Substanzen beruhigen (z. B. Heroin), regen an (z. B. Kokain oder Amphetamine) oder ändern kognitive Funktionen wie etwa die Wahrnehmung (z. B. Halluzinogene). Auch hier er-

Tabelle 2: Klassifikation der psychoaktiven Substanzen nach DSM-IV und ICD-10

Mißbrauch/ schädlicher Gebrauch		Substanzklasse	Abhängigkeits- syndrom	
DSM	ICD		DSM	ICD
305.50	F 11.1	Opiode	304.00	F 11.2
305.20	F 12.1	Cannabinoide	304.30	F 12.2
305.40	F 13.1	Sedativa/Hypnotika	304.10	F 13.2
305.60	F 14.1	Kokain	304.20	F 14.2
305.70	F 15.1	andere Stimulatien/Amphetamine	304.40	F 15.2
305.30	F 16.1	Halluzinogene	304.50	F 16.2
–	F 17.1	Nikotin	305.10	F 17.2
305.90	F 18.1	Flüchtige Lösungsmittel/Inhalantien	304.60	F 18.2
–	F 19.1	Multipler Gebrauch/andere Substanzen	–	F 19.2
305.90	–	Phencyclidine	304.90	–

gibt sich bei den beiden Klassifikationssystemen eine relativ hohe Übereinstimmung, lediglich die Numerierung ist unterschiedlich. Neben der Grundklassifikation erlauben beide Systeme weitere Merkmalskodierungen: Beim Abhängigkeitssyndrom nach ICD kann zum Beispiel auf der fünften Stelle der aktuelle Zustand kodiert werden (z. B. abstinent oder gegenwärtig konsumierend), darüber hinaus können neben dem schädlichen Gebrauch und dem Abhängigkeitssyndrom auch andere Symptome in Zusammenhang mit dem Mißbrauchsverhalten erfaßt werden, etwa akute Intoxikationen, Entzugssyndrome oder verzögert auftretende psychotische Störungen (304.90).

1.3 Störungsbild

Für die umfassende Beschreibung des Störungsbildes sind die weiter oben genannten Symptome des Abhängigkeitsyndroms von Edwards et al. (1981) zwar notwendige Bedingungen, sie reichen aber in Hinblick auf die Behandlungsplanung nicht aus. Im folgenden sind die wichtigsten Symptome nach körperlichen, psychischen und sozialen Störungen geordnet. Sie können als gemeinsames Syndrom der Abhängigkeit von psychoaktiven Substanzen angesehen werden (Bühringer, 1994; Ferstl & Bühringer, 1991). Soweit empirische Angaben zur Auftrittshäufigkeit einzelner Symptome vorhanden sind, sind sie jeweils angegeben. Die Gliederung in drei Hauptbereiche von Störungen ist künstlich und wurde nur für Darstellungszwecke gewählt. So ist zum Beispiel die Arbeitslosigkeit eine Störung im sozialen Bereich, wobei diese neben dem geringen Arbeitsangebot und der Unfähigkeit, als Drogenabhängiger regelmäßig arbeiten zu können, auch dadurch bedingt sein kann, daß eine Person aufgrund psychischer Störungen (z. B. Unfähigkeit, selbstsicher aufzutreten) eine geringere Wahrscheinlichkeit hat, einen neuen Arbeitsplatz zu finden.

Körperliche Störungen
1. *Körperliche Abhängigkeit von einer Hauptsubstanz*
   - Toleranz, Entzug
2. *Zusätzlicher Mißbrauch anderer psychoaktiver Substanzen (täglich 25 %; im letzten Monat: 75 %, Platt, 1995b)*
3. *Körperliche Begleit- und Folgeerkrankungen*
   - Magen- und Darmerkrankungen
   - Lebererkrankungen (35 %, Hanel, 1992)
   - Haut- und Geschlechtskrankheiten
   - Zahnerkrankungen (45 %, Hanel, 1992)
   - Allgemeine Abwehrschwäche, hohes Infektionsrisiko (z. B. Hepatitis; HIV: 20 %, Kleiber, 1992)

Psychische Störungen
4. *Psychische Abhängigkeit*
   - unbeherrschbarer Zwang (Gier) nach ständiger Einnahme einer psychotropen Substanz
   - Ausführung verbotener bzw. extrem riskanter Verhaltensweisen zur Sicherstellung der Substanzeinnahme
   - schnelle Entwicklung des gesamten Syndroms bei einem Rückfall/nach Phasen der Abstinenz
5. *Psychische Funktionsstörungen*
   Wahrnehmungsstörungen
   - Zahlreiche, ursprünglich neutrale, interne und externe Reize wirken als konditionierte Stimuli für abhängigkeitsbezogenes Erleben und Verhalten (z.B. Entzugserscheinungen, Wunsch nach Droge, Beschaffung, Konsum)
   Gedächtnisstörungen
   - starke Konzentrationsstörungen
   Denkstörungen
   - langandauernde Perioden zwanghaft eingeschränkter Gedanken über Rauscherlebnisse, über erneuten Konsum und geeignete Wege zur Beschaffung der Drogen
   - einseitige Problemlösung durch Flucht in erneute Drogeneinnahme
   Sprachstörungen
   - eingeschränktes Sprachrepertoire für emotionale Äußerungen
   - drogenbezogenes eingeschränktes Sprachrepertoire (bei jungen Drogenabhängigen)
   Emotionale Störungen
   - unausgeglichenes und situationsunangepaßtes impulsives, verbal und körperlich aggressives Verhalten, Rückzugstendenzen
   - je nach Substanz und Drogenkonsum depressives bzw. euphorisches Verhalten
   - Wechsel zwischen schwachem und übersteigertem Selbstwertgefühl
   Motivationsstörungen
   - geringe Kompromißfähigkeit
   - geringe Fähigkeit zur Bewältigung schwieriger Situationen und langwieriger Aufgaben
   - geringe Toleranz gegenüber verzögerten Erfolgserlebnissen
   - geringe Fähigkeit im Umgang mit Mißerfolgen
   Störung der Psychomotorik
   - stark verlangsamte oder agitierte Psychomotorik (je nach pharmakologischer Wirkung der Substanzen)
   Psychopathologische Störungen
   - vor allem Angststörungen (50 %), Depressionen (25–50 %) und Suizidversuche (25–40 %), insgesamt 65 % bis 75 % (Platt, 1995 b)

6. *Entwicklungsstörungen im Bereich der Lebensführung*
   (Beginn des Substanzmißbrauchs bereits während der Pubertät oder im Jugendalter)
   - altersunangepaßtes „kindisches" Verhalten (z. B. keine Übernahme von Verantwortung)
   - fehlende Fähigkeit zu einer selbständigen Lebensführung
   - mangelnde Freizeitgestaltung
   - fehlende oder lediglich drogenkonsumierende Bezugsgruppe
   - fehlende Partnerschaften (oder nur auf Drogenerwerb zweckbezogen, häufig verbunden mit Partnerschafts- und Sexualstörungen)
   - Vernachlässigung von Körperhygiene und Kleidung

Soziale Störungen
7. *Kriminelle Verhaltensweisen*
   - Drogenhandel
   - Beschaffungskriminalität, zum Beispiel Diebstahl, Einbruch, Rezeptfälschung; Gerichtsurteile aller Art: etwa 80 %; Gefängnisstrafen: 60 % (Hanel, 1992); Eigentumsdelikte: 75 %; Schwerstkriminalität: 50 % (Platt, 1995 b)
8. *Arbeitslosigkeit*
   - fehlende oder abgebrochene Schul- und Berufsausbildung
   - wiederholte Erwerbslosigkeit
   - zahlreiche, wenig qualifizierte Kurzzeittätigkeiten
9. *Prostitution*
   - Duldung bzw. Ausführung unangenehmer/gefährlicher Sexualpraktiken zur Geldbeschaffung

Die Übersicht zeigt insgesamt ein umfangreiches und komplexes Störungsbild. Es verdeutlicht die Notwendigkeit einer umfassenden Diagnostik und Behandlung auf der körperlichen, emotionalen und sozialen Ebene. Dabei muß berücksichtigt werden, daß die meisten der genannten Störungen zwar Funktionen des langjährigen Substanzmißbrauchs sind, sich aber so weit verselbständigt haben, daß sie nach einem Entzug weiter aufrecht erhalten werden, wenn sie nicht zusätzlich behandelt werden.

Ein Medikamentenmißbrauch ist in der Regel wesentlich schwerer erkennbar als ein Mißbrauch illegaler Drogen. Medikamentenabhängige sind sozial integriert und erhalten häufig ihre Substanzen vom Arzt verschrieben. Besonders kritisch ist die „low dose dependency". Die psychische Abhängigkeit steht im Vordergrund bei niedriger, zumeist vom Arzt verschriebener Dosierung der Substanzen, aber jahrelanger, regelmäßiger Einnahme besonders von Benzodiazipinen.

1.4 Diagnostische Instrumente

Die Diagnostik einer Abhängigkeit von illegalen Drogen oder Medikamenten ist grundsätzlich schwierig, auch wenn die Störung bei einem schwer Abhängigen von Heroin oder Kokain mit Verwahrlosungstendenzen offensichtlich erscheint. Die Schwierigkeit liegt zum einen darin begründet, daß der Konsum der meisten Substanzen illegal und damit mit Strafe bedroht ist. Darüber hinaus entwickeln Abhängige im Laufe der Jahre eine hohe Kompetenz darin, ihr Konsumverhalten zu leugnen und in der Kommunikation mit Dritten jegliche Hinweise auf ihre Abhängigkeit zu vermeiden, um den Konsum unauffällig weiterführen und eine Behandlung vermeiden zu können. Zusätzlich ist vielen Medikamentenabhängigen das Risiko ihres Verhaltens selbst unklar. Die Gültigkeit diagnostischer Daten kann nur dadurch gesichert werden, daß statt eines einmaligen Gesprächs Kontakte mit Abhängigen möglichst über längere Zeit erfolgen, weil dann Veränderungen besser erkannt werden können, und dadurch, daß möglichst Informationen aus folgenden Datenquellen vorliegen:
1. Selbstangaben des Patienten,
2. Fremdangaben,
3. Fragebogen und Tests sowie
4. körperliche Untersuchungen.

Selbst- und Fremdangaben
Selbstangaben des Klienten sind eine wichtige Grundlage für die Diagnostik und Therapieplanung, müssen aber immer unter dem Vorbehalt bewußter Verfälschungen durch den Patienten betrachtet werden. Dies gilt insbesondere für alle Konsumangaben, vor allem dann, wenn von den Klienten gegenwärtig eine abstinentes Verhalten oder im Rahmen der Methadonsubstitution der Verzicht auf die Einnahme anderer Substanzen erwartet wird. Neben der bewußten Verleugnung des Konsumverhaltens haben Abhängige ein gutes Gespür für sozial erwünschte Antworten entwickelt. Erscheinen dem Therapeuten die langjährige Abhängigkeit und die schwierigen Lebensbedingungen wichtig, so wird der Patient dies betonen, geht es dagegen um die Frage, ob eine ambulante Behandlung aufgrund der eher gering ausgeprägten Symptomatik in Frage kommt, wird er auch dies bestätigen, solange sich der Abhängige davon Vorteile verspricht. Grundsätzlich ist als Arbeitshypothese immer davon auszugehen, daß ein Abhängiger solche Antworten gibt, die den aktuellen Konsum unbemerkt lassen, ihn langfristig wieder ermöglichen oder zumindest für den „Notfall" die Möglichkeit lassen, erneut Drogen zu nehmen. Dies bedeutet, daß zu den Selbstangaben immer Fremdangaben eingeholt werden müssen. In Frage kommen dafür frühere Behandlungseinrichtungen, Akten des Jugendamts, des Staatsanwaltes und des Gerichts sowie Informationen von Ärzten und Angehörigen.

Allgemeine Fragebogen und Tests

Fragebogen und Tests spielen in der Praxis der Behandlung von Abhängigen illegaler Drogen eine geringe Rolle, etwa im Vergleich zur Behandlung von Alkoholabhängigen. Dies liegt zum Teil an der kürzeren Forschungstradition, zum Teil an den sehr unterschiedlichen Substanzen. Im deutschsprachigen Raum wurde ein erster Fragebogen von Bühringer und de Jong (1980) entwickelt und bei der stationären Behandlung von Drogenabhängigen erprobt. Er umfaßt Informationen zu sechs Problembereichen von Drogenabhängigen als Grundlage für die Therapieplanung: Drogenverhalten, Freizeitverhalten, Arbeitsverhalten, Sozialverhalten, Selbst- und Umweltorganisation sowie Problemlösen und Entscheiden.

Der am besten statistisch untersuchte und am weitesten verbreitete Fragebogen in den USA ist der „Addiction Severity Index" (ASI; McLellan, Luborsky, Woody & O'Brien, 1980; McLellan et al., 1985). Es handelt sich dabei um ein strukturiertes klinisches Interview, das den Grad der Problembelastung in sieben wichtigen Bereichen erfaßt: körperliche Situation, Arbeitssituation, Drogenkonsum, Alkoholkonsum, kriminelles Verhalten, Familienbeziehungen und psychiatrische Situation. In jedem Bereich werden verschiedene Daten zur Zahl, zum Ausmaß und zur Dauer bestimmter Symptome erfaßt, und zwar für die Lebenszeit und für die letzten 30 Tage. Der Patient gibt darüber hinaus einen persönlichen Bericht über die Problembelastung in den letzten 30 Tagen und über die subjektive Bedeutung jedes einzelnen Problembereichs. Das Interview dauert 40 bis 50 Minuten und erfordert ein gutes und zeitaufwendiges Training der Interviewer.

Aus den Interviewdaten werden zwei Maße gebildet: Zunächst werden für jeden Bereich auf einer Zehn-Punkte-Skala Interviewer-Ratings über den Schweregrad der Probleme erstellt. Problembelastung (Severity) ist dabei definiert als „Bedarf an zusätzlicher Behandlung" (McLellan et al., 1985). Das zweite Maß sind anhand der Einzeldaten berechnete „Composite Scores". Diese korrelieren hoch mit den Severity Ratings (r = .88) und können für die Evaluation von Patientenveränderungen und in Therapieerfolgsstudien verwendet werden. Bei sachgerechter Anwendung und guter Interviewerschulung sind eine hohe Reliabilität (durchschnittlich = .89) und gute Validitätswerte zu erwarten. Seit 1992 liegt eine deutsche Version von Gsellhofer, Fahrner und Platt (1992) vor, die für europäische Verhältnisse von einer Arbeitsgruppe von Experten aus mehreren Ländern als „European Addiction Severity Index" (EuropASI; Kokkevi et al., 1993) adaptiert wurde. Da der ASI für jüngere Patienten unter einem Alter von etwa 16 Jahren wenig geeignet ist, wurde eine spezielle Form entwickelt, die „Adolescent Drug Abuse Diagnosis" (ADAD; Friedman & Utada, 1989).

Aufgrund des hohen Zeitaufwandes für das Training der Interviewer und die Durchführung des ASI, der für Forschungszwecke akzeptabel erscheint, wurden für die praktische Anwendung immer wieder Versuche zur Entwicklung von Fragebogen gemacht, die einen geringeren Zeitaufwand benötigen und/oder vom Patienten selbst ausgefüllt werden können. Ein Versuch ist die „Chemical Use Abuse and Dependence Scale" (CUAD; McGovern & Morrison, 1992), bei der es sich ebenfalls um ein halbstrukturiertes Interview handelt. Der Aufwand richtet sich nach der Menge mißbrauchter Substanzen und beträgt maximal 20 Minuten. Ergebnis ist ein quantitativ gebildeter „Substance Severity Score" für jede Einzelsubstanz sowie ein „Total Severity Score" für den gesamten Fragebogen. Darüber hinaus erlauben die Antworten auf die Fragen auch eine automatische Kodierung der DSM-III-R-Diagnosen für jede Substanzklasse.

Der Drug Abuse Screening Test (DAST; Skinner, 1982; Staley & El-Guebaly, 1990) ist ein weiterer Versuch, den Aufwand für Fragebogen zu reduzieren. In diesem Fall handelt es sich um 28 Items, die nach dem Michigan-Alkoholismus-Screening-Test (MAST; Selzer, 1971) parallelisiert wurden und vom Patienten selbst ausgefüllt werden können. Mit einem mathematisch gebildeten Score wird der Umfang der Probleme im Zusammenhang mit dem Drogenmißbrauch erfaßt. Im Gegensatz zum ASI und den daraus abgeleiteten einfacheren Versionen geht der DAST von einer einzigen Dimension oder Achse der Problembelastung aus und berücksichtigt auch nicht unterschiedliche Probleme aufgrund des Mißbrauchs unterschiedlicher Substanzklassen. Die Autoren geben gute Reliabilitäts- und Validitätswerte an und betonen, daß ihr Test auch für Screening-Zwecke geeignet ist, vor allem in psychiatrischen Patienten-Populationen (Staley & El-Guebaly, 1990).

Der „Severity of Opiate Dependence Questionnaire" (SODQ; Burgess, Stripp, Pead & Holman, 1989) basiert auf dem theoretischen Konzept des Abhängigkeitssyndroms von Edwards (Edwards et al., 1981; vgl. Kapitel 1.1) und geht in Abgrenzung vom Addiction Severity Index davon aus, daß sich der Schweregrad der *Probleme* als Folge des Mißbrauchs von Opiaten deutlich unterscheidet vom Schweregrad der *Opiatabhängigkeit* selbst. Der SODQ umfaßt acht Bereiche, von denen fünf nach den Symptomen des Abhängigkeitssyndroms von Edwards et al. (1981) gebildet sind. Dazu kommen demographische Angaben, subjektive Angaben des Patienten zum Schweregrad der Abhängigkeit und weitere Aspekte des Abhängigkeitssyndroms, die in früheren Fassungen für Alkoholabhängige nicht adäquat erfragt werden konnten. Der Interviewer schätzt die jeweiligen Ausprägungen der Symptome auf Fünf-Punkte-Ratingskalen. Einer der kürzesten Fragebogen zur Erfassung der Abhängigkeit ist die „Severity of Dependence Scale" (SDS; Gossop et al., in Druck) mit insgesamt fünf Fragen, die vom Patienten auf vierstufigen Ratingskalen beantwortet werden können.

Fragebogen für bestimmte Teilbereiche

Die Erfassung des Mißbrauchs einzelner Substanzen im Hinblick auf die Häufigkeit, das Muster und die Dauer haben Darke, Heather, Hall, Ward und Wodak (1991) mit einem Fragebogen standardisiert. Für jeweils elf Substanzklassen werden fünf Fragen über den Drogenkonsum im letzten Monat gestellt. Daraus wird ein Wert für die Konsumepisoden pro Tag errechnet. Die Untersuchungen zeigen gute psychometrische Eigenschaften, der Fragebogen ist darüber hinaus einfach durchzuführen und benötigt mit 10 Minuten wenig Zeit. Einen Medikamentenmißbrauch bzw. eine Mehrfachabhängigkeit bei Alkoholabhängigen erfaßt der sehr kurze Fragebogen von Watzl, Rist, Höcker und Miehle (1991). Darke, Ward, Zador und Swift (1991) entwickelten eine „Gesundheitsskala" in Form einer Check-Liste mit Ja/Nein-Antworten zur schnellen Erfassung der zahlreichen Gesundheitsstörungen von Drogenabhängigen. Entzugssymptome können mit der vor 50 Jahren entwickelten, aber noch heute verwendeten Himmelsbach-Skala (Himmelsbach, 1941; Kolb & Himmelsbach, 1938) sowie mit der sehr kurzen „Short Opiate Withdrawal-Scale" (SOWS; Gossop, 1990) mit Selbstangaben des Patienten erfaßt werden. Mit dem „Minnesota Cocaine Craving Scale" kann die „zwanghafte Gier" (craving) zu erneutem Kokainkonsum in Phasen der Abstinenz im Hinblick auf Ausprägung, Häufigkeit und Dauer erfaßt werden (Halikas, Kuhn, Crosby, Carlson & Crea, 1991).

Für die Analyse des Rückfalls liegt der Situational Confidence Questionnaire (Heroin) vor (SCQ; Barber, Cooper & Heather, 1991). Es handelt sich dabei um eine Modifikation des früher entwickelten Fragebogens für die Beurteilung des Trinkverhaltens (Annis, 1982). Der Fragebogen erfaßt mit 22 Items hochriskante Situationen in Hinblick auf einen Rückfall. Er baut auf den theoretischen Überlegungen von Marlatt und Gordon (1985) auf, die in ihrem Rückfallmodell der „self-efficacy" einer Person, das heißt der persönlichen Einschätzung ihrer Fähigkeit, rückfallkritische Situationen zu meistern, einen hohen Rang zuordnen. Demnach sollen Patienten solche hochriskanten Situationen und ihre jeweilige persönliche Risikoeinschätzung kennen und auf der Grundlage dieser Werte Trainingsprogramme zur Verbesserung der self-efficacy erhalten. Das Instrument eignet es sich sowohl für die Diagnose hochriskanter Situationen im individuellen Einzelfall als auch für die Evaluation entsprechender Trainingsprogramme.

Körperliche Untersuchungen

Neben der Abklärung einer Vielzahl von Folgeerkrankungen (z. B. Hepatitis) und des körperlichen Allgemeinzustandes ist die Suche nach Einstichstellen als Zeichen für regelmäßige Injektionen von psychoaktiven Substanzen eine Möglichkeit der Verifizierung einer Abhängigkeitsdiagnose. Dabei ist zu berücksichtigen, daß Personen mit einem seltenen (d. h. nicht täglichen) Konsum sorgfältig darauf achten, daß Einstichstellen möglichst wenig auffällig sind (in Muttermalen, Hautfalten, wenig zugänglichen Stellen). Sie sind deshalb für den medizinischen Laien als diagnostisches Symptom schwierig abzuklären, es sei denn, daß ein Drogenabhängiger bereits schwerste Formen des Substanzmißbrauchs entwickelt hat und auf jegliche Schutzmaßnahmen verzichtet. Vor allem sozial integrierte Abhängige vermeiden Injektionen und schnupfen, inhalieren oder rauchen die Substanzen oder nehmen sie oral ein. Methode der Wahl bei körperlichen Untersuchungen für alle Personengruppen mit einem Mißbrauchsverhalten sind deshalb Labortests, insbesondere Urinproben. Urinproben erlauben je nach Substanz eine vergleichsweise einfache und objektive Untersuchung, ob eine Person in der letzten Zeit Drogen genommen hat (Bühringer, Simon & Vollmer, 1988; für eine Beschreibung der Verfahren und ihrer jeweiligen Genauigkeit vgl. Schwartz, Okorodudu, Carnahan, Wallace & Briggs, 1991). Bei der Interpretation von Urinprobenergebnissen müssen folgende Zeiten zwischen Drogeneinnahme und Probeabnahme beachtet werden, da sonst ein Nachweis nicht mehr sicher möglich ist (Myers & Andersen, 1991):

- Kokain, Morphin, Heroin: 12 bis 48 Stunden,
- Amphetamine, Codein: 48 bis 96 Stunden,
- Marihuana: 7 Tage bis länger als 2 Monate.

Die Nachweiszeiten verdeutlichen, daß Urinproben etwas über den aktuellen Konsum aussagen, nicht aber über die Geschichte des Substanzmißbrauchs in den vergangenen Jahren. Sie sind aber dann hilfreich, wenn es um Fragen der gegenwärtigen Abstinenz im Rahmen einer Behandlung oder zur Vorbereitung einer Behandlung geht. Bei der Abgabe von Urinproben müssen zur Kontrolle von Betrugsversuchen geeignete Maßnahmen getroffen werden (Abgabe unter Sichtkontakt, Prüfung des Urinbehälters auf Körpertemperatur).

2 Epidemiologie

2.1 Soziale Epidemiologie

Lebenszeit-Prävalenz illegaler Drogen
In Deutschland wird seit 1982 in vierjährigem Turnus eine Repräsentativerhebung zum Konsum und Mißbrauch von illegalen Drogen, alkoholischen Getränken, Medikamenten und Tabakwaren in Form einer schriftlichen Fragebogenuntersuchung durchgeführt, seit 1990 (zusätzlich 1992) auch in den neuen Bundesländern. Da sich die Altersgruppen und Fragen teilweise verändert haben, sind nicht alle Werte über die verschiedenen Erhebungszeitpunkte hinweg vergleichbar. Abbildung 1 zeigt die Lebenszeit-Prävalenz für die illegalen Substanzklassen in den alten und neuen Bundesländern zwischen 1986 und 1992. Die Daten zeigen, daß der Gesamtwert in den alten Bundesländern für den

zumindest einmaligen Konsum irgendeiner illegalen Droge von 12,1 Prozent in 1986 auf 16,0 Prozent in 1990 gestiegen ist (Alter: 12 bis 29 Jahre). Den größten Anteil an der Gesamtprävalenz 1990 stellen die Konsumenten von Haschisch (14,5 %), einen Konsum von Opiaten geben 1,5 Prozent an, von Kokain 1,3 Prozent (Alter: 12 bis 39; Herbst, Schumann & Wiblishauser, 1993; Simon, Bühringer & Wiblishauser, 1991).

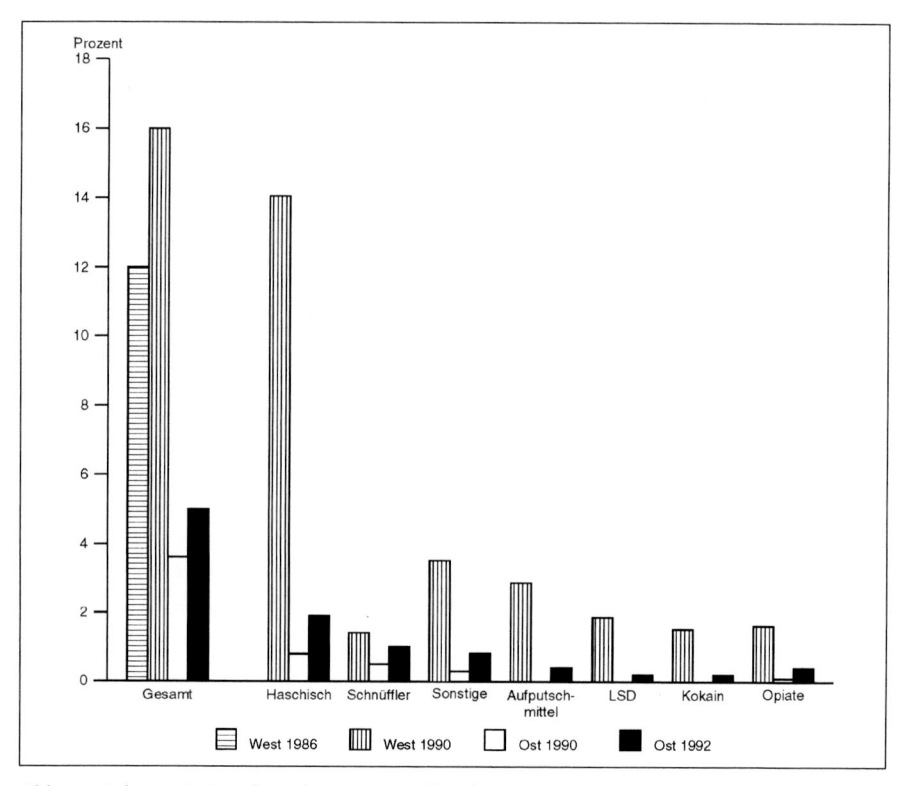

Abb. 1: Lebenszeit-Prävalenz des Konsums illegaler Drogen 1986–1992 in den alten und neuen Bundesländern (Herbst, Schumann & Wiblishauser, 1993; N = 5501/19206/2424/4455; Gesamtwerte: 12–29 Jahre, Einzelwerte: 12–39 Jahre; Simon, Bühringer & Wiblishauser, 1991)

Erstmals wurden 1990 und 1992 in vergleichbarer Weise Werte für die neuen Bundesländer erhoben. Die Abbildung zeigt, daß alle Werte deutlich niedriger liegen. Allerdings ist die Lebenszeit-Prävalenz innerhalb von zwei Jahren von 1,4 Prozent auf 3,8 Prozent gestiegen (12 bis 39 Jahre; in Abbildung 1 für die mit dem Westen vergleichbare Altersgruppe 12 bis 29: von 1,9 % auf 4,9 %). Auch hier stellen die Haschisch-Konsumenten mit 0,8 Prozent bzw. 2,0 Prozent den größten Anteil. Opiat- und Kokainkonsumenten sind aufgrund ihrer sehr geringen Absolutwerte kaum erfaßbar (1992: 0,3 % und 0,2 %).

In Abbildung 2 sind die Lebenszeit-Prävalenzwerte für 12 bis 39jährige nach dem Alter aufgeschlüsselt (ohne 1986, da nur die Altersgruppe bis 29 Jahre erfaßt wurde). Es zeigt sich, daß in den neuen Bundesländern der illegale Drogenkonsum größtenteils in der Altersgruppe 16 bis 29 Jahre stattfindet, während, aufgrund der längeren Geschichte des Konsums illegaler Drogen, in den alten Bundesländern die betroffene Altersgruppe von 14 bis 39 Jahre reicht und bei der zukünftigen Ausweitung der Stichprobe in höhere Altersgruppen sicher auch noch darüber hinaus. Die Prävalenzwerte für Frauen liegen in den alten Bundesländern deutlich niedriger als für Männer; die Relation weiblich : männlich ist je nach Substanz 1 : 1,5 bis 2,0. In den neuen Bundesländern sind verläßliche Angaben wegen der geringen Absolutwerte nicht möglich.

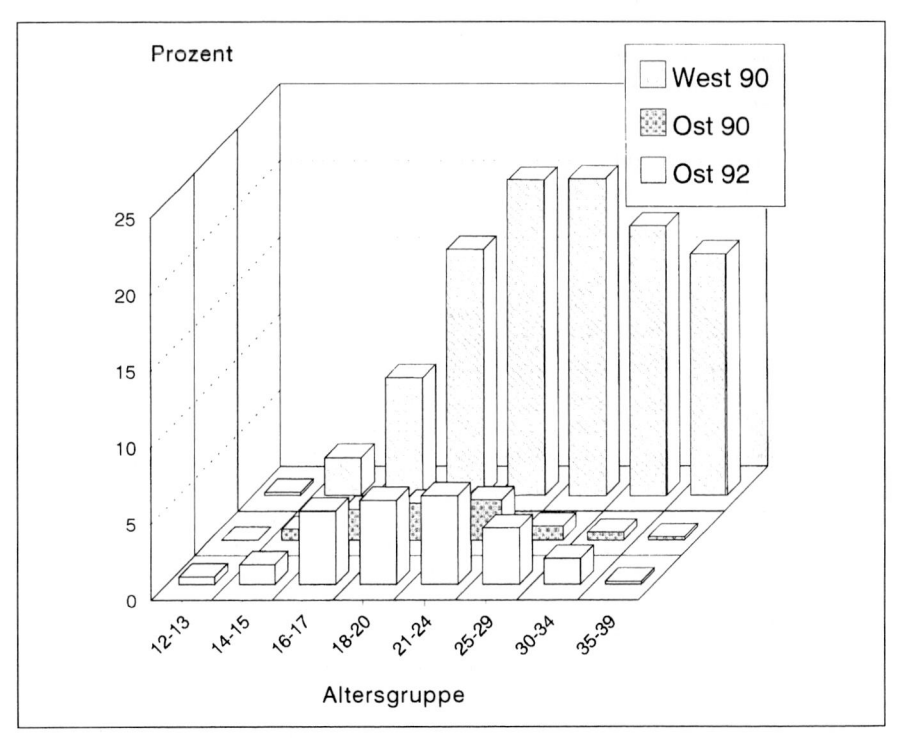

Abb. 2: Lebenszeit-Prävalenz des Konsums illegaler Drogen nach Alter (Herbst et al., 1993; N = 19206/2424/4455; 12–39 Jahre)

Aktuelle Prävalenz illegaler Drogen

Die folgenden Angaben aus den gleichen Untersuchungen beziehen sich auf den Konsum in den letzten zwölf Monaten (1990; West). Alle Werte liegen bei

etwa einem Drittel der Lebenszeit-Prävalenz. Frauen sind beim aktuellen Konsum ebenfalls von der Bevölkerung her unterrepräsentiert, haben aber einen deutlich höheren Anteil als bei der Lebenszeit-Prävalenz:
- Konsum insgesamt: 6,3 % (1986: 4,5 %)
- Haschisch 6,0 %
- Aufputschmittel 0,6 %
- Kokain 0,5 %
- Opiate 0,2 %
- LSD 0,2 %

Bei Repräsentativerhebungen ist wegen der geringen Antwortbereitschaft „harter" Konsumenten mit einer Unterschätzung der wahren Prävalenz bei Heroin und Kokain zu rechnen. Aufgrund von Hochrechnungen auf der Basis anderer Statistiken (z. B. Bundeskriminalamt und Statistik der Drogentoten) wurden verschiedene Modellrechnungen für die Prävalenz der aktuellen Konsumenten von „harten" Drogen in Deutschland erstellt (IFT Institut für Therapieforschung, Institut für Rechtsmedizin & Bundeskriminalamt, 1993). Demnach ist gegenwärtig von 70 000 bis 105 000 Konsumenten in der Bevölkerung mit einer intravenösen Applikation („harter Kern") zu rechnen. Dies würde bedeuten, daß Repräsentativerhebungen dieser Art die Prävalenzwerte um den Faktor 7 bis 10 für „harte" Drogen unterschätzen. Die Autoren der Repräsentativerhebung (Herbst et al., 1993) gehen davon aus, daß der Unterschätzungsfaktor für die Prävalenz „weicher" Drogen und für den Probierkonsum „harter" Drogen deutlich niedriger liegt.

Europäische und internationale Vergleiche zu illegalen Drogen
Vergleiche der Prävalenzwerte zwischen verschiedenen Staaten sind aufgrund der unterschiedlichen methodischen Vorgehensweisen, der unterschiedlichen Definitionen der Kategorien und der unterschiedlichen statistischen Vorgehensweise nahezu unmöglich. Bühringer, Künzel-Böhmer, Lehnitzk, Jürgensmeyer und Schumann (1993) haben verschiedene Parameter des Substanzmißbrauchs für einige europäische Länder und Städte sowie für die USA verglichen. Deutschland hat demnach in Europa durchschnittliche, im Vergleich zu den USA deutlich niedrigere Prävalenzwerte.

Medikamentenmißbrauch
Bis heute liegen nur wenige epidemiologische Daten zum Medikamentenmißbrauch in Deutschland vor. Dies ist teilweise dadurch bedingt, daß das Mißbrauchspotential zahlreicher Medikamentengruppen erst in den letzten 30 Jahren deutlich wurde, und zum anderen dadurch, daß das Mißbrauchsverhalten zumeist durch eine jahrelange Verschreibung psychoaktiver Medikamente entsteht und über lange Zeit unauffällig bleibt.

Vom Marktvolumen her standen Psychopharmaka, inklusive Schlaf- und Beruhigungsmittel, 1991 mit DM 840 Mio. (4,6 % Anteil) an zweiter Stelle der

15 großen Arzneimittelgruppen (Glaeske, 1992). Unter den meistverordneten Arzneimitteln innerhalb der gesetzlichen Krankenversicherung stand an 18ter Stelle mit 2,58 Mio. Verordnungen Rohypnol, das wegen seiner sehr langen Halbwertzeit nicht als Mittel der Wahl gilt, dessen Abhängigkeits- und Mißbrauchspotential aber vielfach beschrieben wurde, und das vor allem bei Abhängigen von illegalen Drogen als Ersatzmittel sehr beliebt ist (Glaeske, 1992).

Die medizinische Lehrmeinung, daß psychoaktive Medikamente nur wenige Tage bis Wochen verschrieben werden sollten, um die Entwicklung eines Mißbrauchsverhaltens zu vermeiden, wird durchgängig und im großen Stil in der Bundesrepublik mißachtet. Dies zeigt sich insbesondere bei älteren Personen. In einer regionalen Untersuchung in Nordrhein-Westfalen (Glaeske, 1992) konnte gezeigt werden, daß Personen über 60 Jahre einen Anteil von 23 Prozent in der Bevölkerung haben, daß sie aber etwa 65 Prozent der Psycholeptika (Beruhigungsmittel, Schlafmittel und Neuroleptika), 60 Prozent der Psychoanaleptika (Antidepressiva und Psychostimulanzien) und fast 90 Prozent bestimmter Psychopharmaka wie Schlafmittel oder Tranquillizer vom Benzodiazepintyp bekommen. Glaeske (1992) geht davon aus, daß 60 Prozent der älteren Menschen unter Langzeitmedikation mit diesen Stoffen stehen, obwohl bereits nach vier bis acht Wochen Verschreibung das Risiko eines Mißbrauchsverhaltens deutlich steigt.

Melchinger, Schnabel und Wyns (1992) haben in einer sorgfältigen Untersuchung eine repräsentative Stichprobe von niedergelassenen Allgemeinärzten und Internisten aus dem Bereich einer Ortskrankenkasse gezogen und 28 908 Verordnungen für 6 748 Patienten analysiert. In Übereinstimmung mit den Therapieempfehlungen der Arzneimittelkommission der deutschen Ärzteschaft wurde als kritischer Wert eine Verordnungsmenge von mehr als 42 Tagesdosen (6 Wochen) festgelegt. Analysiert wurden das zweite bis vierte Quartal 1988. 6,7 Prozent aller Patienten (455) erhielten im zweiten Quartal 1988 Verordnungen von psychoaktiven Medikamenten über zumindest sechs Wochen. Von diesen 455 Patienten (= 100 %) erhielten 86 Prozent auch im folgenden Quartal und 82 Prozent im dritten Quartal Medikamente mit einem Abhängigkeitspotential über einen Zeitraum von jeweils zumindest 6 Wochen verschrieben. 3,9 Prozent aller Patienten erhielten in jedem der drei aufeinanderfolgenden Quartale mehr als die kritische Menge von 42 Tagesdosen. Zusammenfassend gehen die Autoren davon aus, daß für knapp 7 Prozent aller Patienten (Anteil der Benzodiazepine und benzodiazepinhaltigen Kombinationspräparate: 75 %) Medikamente mit einem Abhängigkeitspotential über eine so lange Dauer verschrieben wurden, daß von einem Substanzmißbrauch gesprochen werden kann. Diese Ergebnisse aus dem ländlichen Raum korrespondieren gut mit einer Untersuchung von Ferber, Krappweis und Feiertag (1989, 1990), die in einer Großstadtregion ärztliche Verordnungen und Behandlungsscheine bei einer Stichprobe von 280 Patienten über einen Zeitraum von drei Quartalen analysierten und davon ausgehen, daß 5 Prozent der Patienten als sicher abhängig und 4,6 Prozent als fraglich abhängig eingestuft werden können.

Aufgrund entsprechender repräsentativer Erhebungen aus regionalen Bereichen geht Glaeske (1992) davon aus, daß es allein für den Benzodiazepinbereich in der Bundesrepublik 600 000 bis 700 000 „Langzeitkonsumenten" gibt, die schwer oder gar nicht mehr ohne die jeweiligen verschriebenen Mittel auskommen und als potentiell abhängig gelten dürften. Eindeutig überrepräsentiert sind dabei ältere Personen und Frauen (Konsumentengruppe vier aus der Einleitung zu diesem Text).

Als zweite kritische Gruppe für den Medikamentenmißbrauch werden von Glaeske (1993) Kinder und Jugendliche genannt. In einer Untersuchung von Nordlohne, Hurrelmann und Holler (1989) wurden 1 700 Schüler und Schülerinnen im Alter von 12 bis 17 Jahren befragt. Davon gaben 32 Prozent an, daß sie zumindest wöchentlich einmal ein Medikament gegen Schulstreß und Leistungsüberforderungen einnehmen. Ähnliche Ergebnisse zitiert Glaeske (1993) aus einer im Jahre 1988 im Land Nordrhein-Westfalen durchgeführten repräsentativen Umfrage bei 2 000 Müttern nach den Arzneimittelkonsumgewohnheiten ihrer 6- bis 14jährigen Kinder. 40 Prozent der befragten Mütter gaben unter anderem zumindest eine Verhaltensauffälligkeit ihrer Kinder an (Konzentrationsmängel, Zappeligkeit, Kopf- und Magenschmerzen, Schlafschwierigkeiten). 38 Prozent dieser Mütter gaben ihren Kindern aufgrund der berichteten Auffälligkeiten Arzneimittel, die sie direkt und ohne Einschaltung eines Kinderarztes in der Apotheke gekauft hatten. Hier wird deutlich, daß unter präventiven Gesichtspunkten die Aufklärung der Eltern sehr viel stärker als bisher betrieben werden muß und daß entsprechende psychotherapeutische Maßnahmen zur Verfügung gestellt werden müssen.

2.2 Klinische Epidemiologie

In den 418 ambulanten Einrichtungen für Suchtkranke, die 1992 an dem standardisierten Dokumentationssystem EBIS teilgenommen haben (Simon, Bühringer & Strobl, 1992; Simon et al., 1993), wurden im Durchschnitt pro Einrichtung 255 Patienten intensiv behandelt, davon 17,4 Prozent mit der Diagnose Abhängigkeitssyndrom oder schädlicher Gebrauch von illegalen Drogen bzw. 2,2 Prozent von Medikamenten (Tab. 3). Dies entspricht etwa 18 500 bzw. 2 300 Personen mit einer entsprechenden Diagnose, umgerechnet 37 000 bzw. 4 600 in den alten Bundesländern, da die Beteiligungsrate an dem Dokumentationssystem bei etwa 50 Prozent liegt. Für den stationären Bereich standen 1992/93 etwa 4 000 Behandlungsplätze für Drogenabhängige zur Verfügung. Die Zahl für Medikamentenabhängige ist unbekannt und wahrscheinlich keine

Konstante, da Medikamentenabhängige in der Regel in Einrichtungen für Alkoholabhängige behandelt werden. Bei einer durchschnittlichen Verweildauer von etwa 178 Tagen (Küfner, Denis, Roch, Arzt & Rug, 1993) können pro Jahr etwa 8 000 Drogenabhängige stationär behandelt werden. Die Zahl der stationär in psychiatrischen Kliniken behandelten Drogenabhängigen ist unbekannt, wird aber auf etwa 2 000 geschätzt. Demnach muß davon ausgegangen werden, daß 1992/93 pro Jahr insgesamt etwa 47 000 Fälle mit Abhängigkeit von illegalen Drogen behandelt wurden, nach Abzug von Mehrfachnennungen etwa 35 000 bis 40 000.

Tabelle 3: Verteilung der Störungsgruppen in ambulanten Einrichtungen für Suchtkranke 1992 (Simon et al., 1993; nur alte Bundesländer; N = 19 254 Patienten aus einer Teilgruppe von 146 Einrichtungen; keine Mehrfachnennungen)

Hauptdiagnose	Gesamt Anzahl	%	Geschlecht Männer (%)	Frauen (%)
Alkohol	11854	61,6	70,6	43,5
Heroin	2485	12,9	13,9	10,8
Methadon	44	0,2	0,2	0,2
Codein-Präparate	122	0,5	0,5	0,7
sonstige opiathaltige Mittel	19	0,1	0,1	0,0
Cannabinoide	415	2,2	2,5	1,5
Sedativa/Hypnotika	427	2,2	1,0	4,6
Kokain	135	0,7	0,9	0,3
andere Stimulantien	60	0,3	0,3	0,3
Halluzinogene	24	0,1	0,1	0,2
Tabak	28	0,1	0,1	0,3
flüchtige Lösungsmittel	6	0,0	0,0	0,0
andere psychotrope Substanzen	20	0,1	0,1	0,1
Mißbrauch von Substanzen ohne Abhängigkeit	35	0,2	0,0	0,4
Eßstörungen	604	3,1	0,2	9,0
pathologisches Spielen	505	2,6	3,7	0,5
sonstige Diagnosen	2471	12,8	5,5	27,5
Zahl der Fälle	192254	100,0	66,8	33,2

Bei der Aufschlüsselung der Patienten ambulanter Einrichtungen nach den Hauptdiagnosen (Tab. 3) wird deutlich, daß opiathaltige Mittel, vor allem Heroin mit 12,9 Prozent den größten Anteil bei den illegalen Substanzen stellen. Es folgen Sedativa/Hypnotika mit 2,2 Prozent, während Kokain mit 0,7 Prozent und Cannabinoide, ganz im Gegensatz zu den Prävalenzwerten in der Bevölkerung, mit 2,2 Prozent einen relativ geringen Anteil stellen.

Aus der größten deutschen Untersuchung zur stationären Behandlung von Drogenabhängigen (Küfner et al., 1993) mit einer Stichprobe von 8 801 Patienten aus 34 stationären Einrichtungen mit einer durchschnittlichen Größe von 41 Therapieplätzen liegen zahlreiche Angaben zu den Charakteristika der Patienten vor. Einige sozioökonomische Angaben sind in Tabelle 4 zusammengefaßt. Über 90 Prozent der Patienten sind Abhängige von Heroin oder einem anderen Opiat, bei 29,9 Prozent liegen körperliche Folge- und Nebenerkrankungen vor, bei 9,4 Prozent neurologische Erkrankungen und bei 12,9 Prozent zusätzliche psychiatrische Erkrankungen. Insgesamt zeigen die Daten aus ambulanten und stationären Einrichtungen, daß es sich um eine schwer gestörte Klientel mit langjährigem Substanzmißbrauch, hoher psychiatrischer Komorbidität und zahlreichen behandlungsbedürftigen Problembereichen handelt.

Tabelle 4: Sozioökonomische Merkmale stationär behandelter Drogenabhängiger (Küfner et al., 1993; N = 8 801 Patienten aus 34 Einrichtungen)

Geschlecht	m	76,1 %
	w	23,9 %
Alter	m	27,2 J (s = 4.82)
	w	25,0 J (s = 4.45)
Familienstand*	ledig	75,1 %
	verheiratet	14,1 %
	verwitwet	0,5 %
	geschieden	10,3 %
Erwerbstätigkeit*	m	29,2 %
	w	22,9
Schulausbildung*	keine	0,1 %
	Sonderschule	2,9 %
	Hauptschule	
	ohne Abschluß	12,9 %
	mit Abschluß	47,3 %
	weiterführende Schule	
	ohne Abschluß	12,9 %
	mit Abschluß	18,9 %
	Hoch-/Fachschule	
	ohne Abschluß	3,5 %
	mit Abschluß	1,6 %

* Teilstichprobe von N = 1 405

Quantitative Daten zur Behandlung von Medikamentenabhängigen (vor allem Gruppe 3 und 4 aus der Einleitung zu diesem Text, d. h. sozial integrierte ältere Erwachsene) sind kaum bekannt. In den ambulanten Drogen- und Alkoholberatungsstellen wird in der Statistik nicht zwischen diesen Gruppen und den Drogenabhängigen mit einem gelegentlichen Mißbrauch legaler Medikamente getrennt. Stationär werden Medikamentenabhängige dieser Formen überwiegend in Kliniken für Alkoholabhängige behandelt. Medikamentenabhängigkeit als alleinige Diagnose wird von 1,7 Prozent der Patienten angegeben, die im stationären Dokumentationssystem DOSY 1992 erfaßt wurden (Simon, 1993). Bei Medikamentenmißbrauch oder Medikamentenabhängigkeit in Verbindung mit anderen Diagnosen (vor allem Alkohol) steigt der Anteil allerdings auf 30 bis 40 Prozent (z. B. bei Ladewig, 1989).

2.3 Langzeitverläufe des Substanzmißbrauchs

Beginn des Mißbrauchverhaltens

Abgesehen von Langzeitkatamnesen bei behandelten Drogenabhängigen mit einem Zeitraum von bis zu 10 Jahren, die sich aber auf nicht repräsentative Stichproben (behandlungsmotivierte Patienten) beziehen, gibt es wenige Daten über Langzeitverläufe des Substanzmißbrauchs. Die einzige umfassende Langzeitstudie bei Drogenabhängigen von Vaillant (1989) bezieht sich auf 100 Männer, die 1952 erstmals behandelt worden waren und über 18 Jahre untersucht wurden. Die weiteren Angaben aus dieser Studie sind deshalb möglicherweise auch durch Stichprobenselektionseffekte beeinflußt. Aus einer eigenen Sekundäranalyse von angloamerikanischen und deutschen Therapiestudien ergeben sich folgende Mittelwerte für den Beginn des Konsum- bzw. Mißbrauchverhaltens, wobei hohe Schwankungsbreiten bestehen:

- erster Tabakkonsum: etwa 14 bis 16 Jahre,
- erster Alkoholkonsum: etwa 14 bis 18 Jahre,
- erster Konsum von Haschisch: etwa 16 bis 18 Jahre,
- erster Konsum von Opiaten: etwa 18 bis 20 Jahre,
- erster Konsum von Kokain: etwa 21 Jahre,
- erster regelmäßiger Opiatkonsum (Abhängigkeit): etwa 1 Jahr nach dem ersten Opiatkonsum.

Platt (1986) kommt in einer Literaturübersicht zu ähnlichen Werten für das durchschnittliche Einstiegsalter in den USA: Alkohol etwa 14 Jahre, Cannabis 16 Jahre, Injektion harter Drogen etwa 16 bis 20 Jahre. Die Schätzung der Wahrscheinlichkeitsverteilung des Einstiegsalters aus Daten, die in retrospektiven Querschnittsuntersuchungen gewonnen wurden, ist häufig problematisch, insbesondere, da die Stichproben in der Regel aus Personen unterschiedlichen Lebensalters bestehen. Die Teilstichproben für verschiedene Ereigniszeitpunkte sind dann nicht identisch, so daß zum Beispiel die Berechnung des Mittelwertes auf der Basis aller Daten unzulänglich ist. Bei einer Survivalanalyse (vgl. Herbst, 1992a) werden die Ereigniswahrscheinlichkeiten für verschiedene Zeitpunkte aus den Daten der jeweiligen Risikomenge geschätzt, d. h. es werden nur die Personen berücksichtigt, die das entsprechende Lebensalter erreicht haben und bei denen das Ereignis noch nicht eingetreten ist (Hazardfunktionen).

In Abbildung 3 sind die Harzardfunktionen für den Beginn des Tabakrauchens, des Alkoholkonsums und des Konsums illegaler Drogen für Männer in den alten Bundesländern dargestellt (Bühringer, Kraus, Herbst & Simon, 1994). Demnach liegt das höchste Risiko für Tabak bei 16 Jahren, für Alkohol und illegale Drogen bei 18 Jahren. Die Werte für Frauen beziehungsweise für Personen aus den neuen Bundesländern liegen etwa ein bis zwei Jahre später. Darüber hinaus zeigen die Daten, daß der Konsumbeginn von illegalen Drogen erst nach dem Beginn des Tabak- und Alkoholkonsums erfolgt (Kraus, Schumann, Wiblishauser & Herbst, 1994).

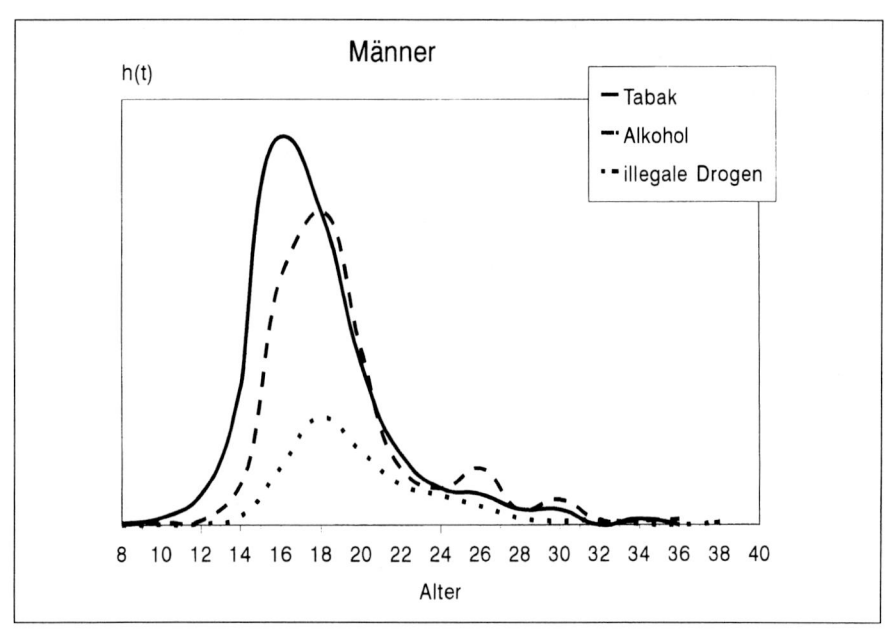

Abb. 3: Hazard-Funktionen (bedingte Wahrscheinlichkeit) zum Einstiegsalter in den Konsum von illegalen Drogen (Bühringer et al., 1993)

Verlauf des Substanzmißbrauchs

Platt (1986) geht aufgrund verschiedener Untersuchungen davon aus, daß es bei einem Heroinkonsumenten im Durchschnitt ein Jahr (6 Monate bis 2 Jahre) dauert, bis sich ein Abhängigkeitssyndrom mit entsprechenden Verhaltensstörungen entwickelt hat. Der abhängige Konsum von illegalen Drogen, insbesondere bei intravenöser Zufuhr, ist ein für viele Lebensbereiche hochriskantes Verhalten. Nahezu 100 Prozent werden im Laufe der Zeit in irgendeiner Form kriminell; 4,0 bis 8,0 Prozent der Frauen verdienen ihren Lebensunterhalt überwiegend durch Prostitution (Kleiber & Velten, 1994; Küfner et al., 1993b). Etwa 20 Prozent der Drogenabhängigen werden HIV-infiziert (Kleiber, 1992). Je nach Untersuchung sterben zwischen einem und drei Prozent der Drogenabhängigen pro Jahr (für eine ausführliche Analyse und Darstellung der wichtigsten Literatur sowie einer Untersuchung zur Analyse von Drogentoten in Deutschland vergleiche Heckmann et al., 1983). Die Zahl der Drogentoten hat in Deutschland seit 1973 wellenförmig zugenommen mit einem ersten Gipfel

Drogen- und Medikamentenabhängigkeit   535

1979 (623 Tote) und einem zweiten Gipfel 1991 (2 125 Tote), und ging seither wieder zurück auf 1 738 Tote in 1993 (Bundeskriminalamt, 1994). Europäische Vergleichsdaten sind in Abbildung 4 dargestellt. Die Bundesrepublik hat demnach, wie alle anderen Länder, eine deutliche Steigerung in den Jahren 1989 bis 1992 erlebt und liegt derzeit in einem mittleren Bereich. Die Länder mit einem Stern haben eine einheitliche, relativ weit gefaßte Definition des Drogentotes, so daß die niedrigeren Prävalenzwerte der anderen Länder möglicherweise eine Folge unterschiedlicher Definitionen sind (Bühringer et al., 1993).

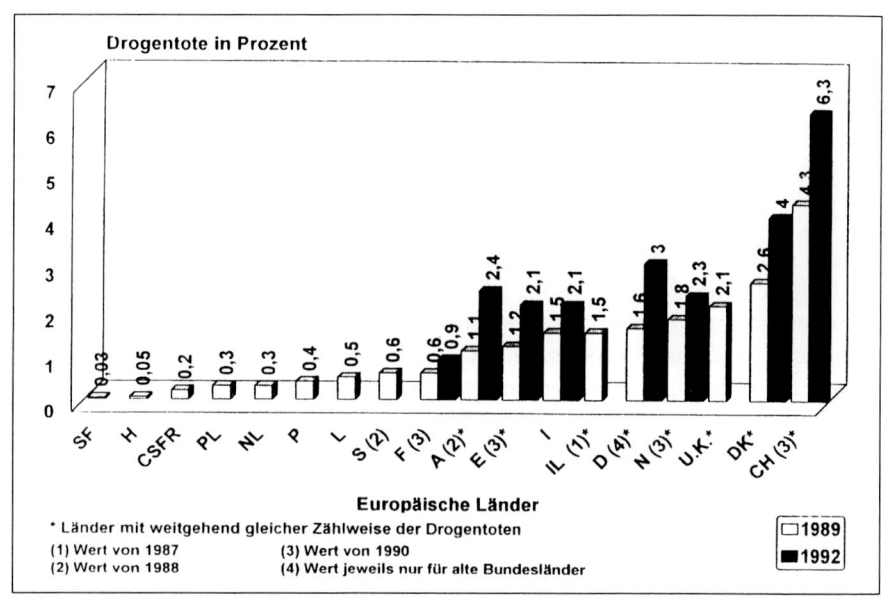

Abb. 4: Drogentodesfälle pro 100 000 Einwohner in Europa (WHO, 1992; Bundeskriminalamt, 1994)

Beendigung des Substanzmißbrauchs

Die meisten Wissenschaftler tendieren heute dazu, Substanzmißbrauch als eine chronische Verhaltensstörung zu bezeichnen, die zyklische Verläufe aufweist im Hinblick auf den Wechsel von Phasen des Mißbrauchs, der Behandlung und der Abstinenz (Platt, 1995 a; Prochaska & DiClemente, 1992; Prochaska, DiClemente & Norcross, 1992). Das Langzeitverhalten von Drogenabhängigen ist relativ unbekannt. Ergebnisse verschiedener Untersuchungen deuten darauf hin, daß Drogenabhängige etwa 8 bis 20 Jahre ihr Verhalten fortführen (Iguchi et al., 1992; Waldorf, 1983; Winick, 1965). Winick (1965) hat erstmals den Begriff „Maturing Out" für das Phänomen verwendet, da es zum damaligen Zeitpunkt kaum Drogenabhängige im Alter von über 30 Jahren gab. Er hat dies damit erklärt, daß Drogenabhängige die Substanzen in dieser Lebensphase nicht mehr zur Bewältigung schwieriger Lebensprobleme benötigen (im Sinne eines Coping-Mechanismus), und daß der langjährige Druck der Polizei und der sozialen Umwelt zunehmend störender wird, so daß sie den Mißbrauch allmählich aufgeben. Diese Hypothese wird von zahlreichen Untersuchungen gestützt beziehungsweise widerlegt (vgl. Platt, 1986), wobei in einer neueren Übersicht von Platt (1995a) die Meinung vertreten wird, daß zunehmend mehr Daten für die Annahme von Winick sprechen. Allerdings tritt dieses Phänomen heute in höheren Lebensphasen auf: Drogenabhängige über 40 Jahre sind auch in Deutschland keine Seltenheit mehr.

3 Störungswissen

3.1 Substanzbeschreibung

Opiate sind aufgrund ihrer hauptsächlich sedierenden, betäubenden Eigenschaft der Gruppe der Narkotika zugeordet. Sie werden aus speziellen Mohnarten der Gattung Papaver Somniferum gewonnen. Der Grundwirkstoff dieser Gruppe ist Morphin, das pharmakologisch zu den stark wirksamen Analgetika gehört. Bei wiederholtem Gebrauch stellt sich zusätzlich eine europhorisierende Wirkung ein.

Heroin wird halbsynthetisch aus der aus Rohopium gewonnenen Morphinbase hergestellt. Es ist aus der Gruppe der Opiate die vorherrschende Droge auf dem illegalen Markt. Opium und Morphin spielen nur noch untergeordnete Rollen. Die verbreiteste Handelsform ist das Heroin Nr. 4, ein braun-beigefarbenes oder weißes kristallines Pulver, das allerdings den Endverbraucher meist nur in vielfach gestreckter Form erreicht. Heroin wird in der Hauptsache intravenös injiziert, aber auch zunehmend geraucht, geschnupft oder inhaliert (Geschwinde, 1990). Heroin erzeugt die gleichen Effekte wie Morphin, allerdings durch seine 5 bis 10mal stärkere Wirksamkeit schon bei deutlich niedrigerer Dosierung. Die Wirkung hält etwa eine bis vier Stunden an.

Kokain gehört zu der Gruppe der Stimulantien, die durch ihre anregende und leistungssteigernde Wirkung charakterisiert sind. Es wird aus den Blättern des Coca-Strauches gewonnen. Die verbreiteste Handelsform ist Kokain-Hydrochlorid („Schnee"), ein weißes, kristallines Pulver mit einem Wirkstoffanteil von bis zu 90 %, das meist geschnupft wird. Kokain ist aber auch in Form von Tee („Cocamate"), Paste oder in Blattform und nach einer Weiterverarbeitung als „Crack" erhältlich (für weitere Substanzen bzw. weitere Informationen vgl. Geschwinde, 1990).

3.2 Entwicklung und Aufrechterhaltung eines Mißbrauchsverhaltens

Die lerntheoretischen Konzepte haben bis heute die fruchtbarste Integration von empirischen Einzelergebnissen für ein Erklärungsmodell zur Entwicklung und Aufrechterhaltung des Substanzmißbrauchs geleistet. Insbesondere die frühen Arbeiten von Wikler (1953, 1965, 1973) sowie von Crowley (1972) sind bis heute die wichtigsten Grundlagen für die Entwicklung eines lerntheoretischen Modells. Dazu kommen neuere Arbeiten aus der Arbeitsgruppe von O'Brien (z. B. O'Brien, Childress, McLellan & Ehrman, 1992; O'Brien, Ehrman & Ternes, 1986). In Abbildung 5 ist aus den verschiedenen Einzeluntersuchungen ein Modell für die Entstehung und Aufrechterhaltung der Substanzabhängigkeit dargestellt, wobei als Grundlage die pharmakologische Wirkung der Drogen, die sozialen Lerntheorien sowie die Prinzipien der klassischen und operanten Konditionierung herangezogen werden.

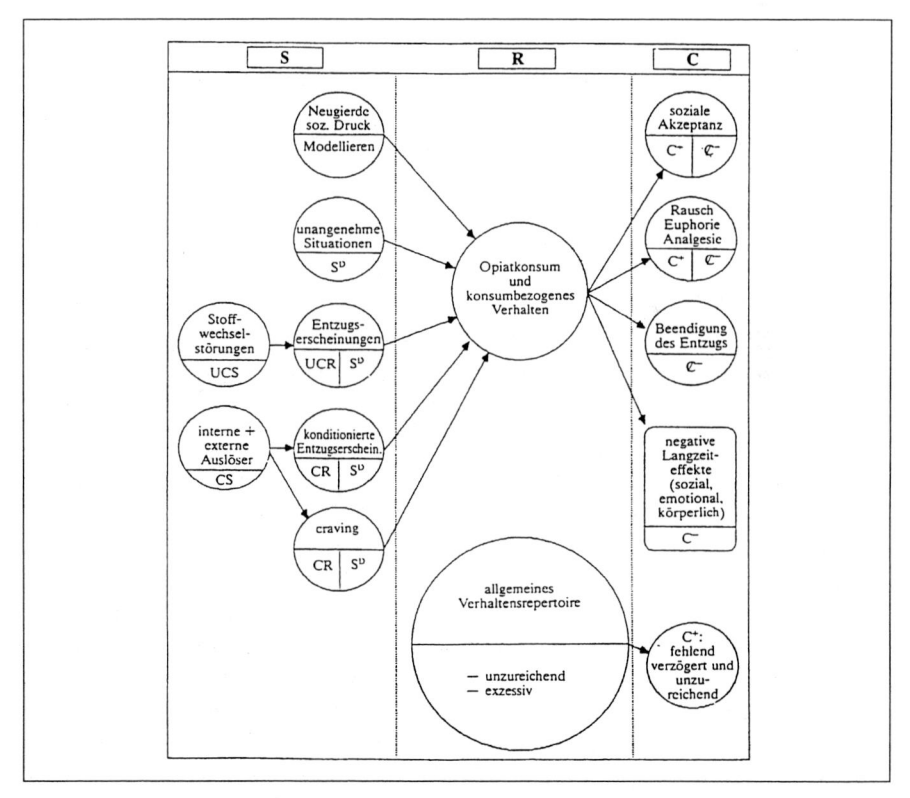

Abb. 5: Modell für die Entstehung und Aufrechterhaltung einer Opiatabhängigkeit (Bühringer, 1974; Ferstl & Bühringer, 1991)

Initialer Drogenkonsum

Der initiale Drogenkonsum wird vor allem als eine Konsequenz von Neugierde und sozialem Druck in der Bezugsgruppe angenommen (Abb. 5). Die Wahrscheinlichkeit eines ersten Konsums wird durch folgende Rahmenbedingungen erhöht: Verfügbarkeit von psychoaktiven Substanzen, starke Bindung an eine soziale Bezugsgruppe Gleichaltriger, positive Bewertung des Drogenkonsums in dieser Bezugsgruppe, Beeinflußbarkeit des Individuums durch Gruppendruck und Bereitschaft zur Übertretung sozialer (Erwachsenen-) Normen.

Entgegen zahlreicher Annahmen ist es für die meisten Personen nicht einfach, illegale Drogen zu beschaffen. Zwischen 85 und 90 Prozent geben nach einer repräsentativen Befragung (Simon et al., 1991) an, daß sie dies nicht innerhalb von 24 Stunden könnten, weitere 6 bis 9 Prozent sehen Schwierigkeiten. Initialer Drogenkonsum setzt also voraus, daß die Schwelle zum Erwerb dieser Substanzen herabgesenkt wird, etwa durch Angebote innerhalb der eigenen Bezugsgruppe. Darüber hinaus lehnen 99 Prozent der Bevölkerung es ab, „harte" Drogen zu nehmen, es besteht also eine sehr geringe Probierbereitschaft. Dies bedeutet, daß die Bezugsgruppe einen gewissen Druck zum Drogenkonsum, etwa im Sinn von Initiationsriten ausüben muß, und daß konsumerfahrene Personen, die gleichzeitig in der Gruppe akzeptiert sind, eine positive Bewertung abgeben müssen (Voraussetzungen für Modellernen; Bandura, 1969, 1986).

Initialer Drogenkonsum ist nicht als ungeeigneter Problemlösungsversuch zu sehen, wie dies häufig angenommen wird, sondern tatsächlich als Folge eines teilweise auch zufälligen Faktorenbündels der oben genannten Motive und situativer Bedingungen für das Probieren von Drogen bzw. gegen ein solches Probieren (z. B. Angst vor Strafe oder körperlichen Folgen des Drogenkonsums; Paschke, 1970). Die meisten Probierer geben den Konsum auch nach kurzer Zeit wieder auf: So liegt die Lebenszeit-Prävalenz des Konsums irgendeiner Droge bei den 12- bis 39jährigen in Deutschland bei 16,3 Prozent, während die aktuelle Prävalenz bei 4,8 Prozent liegt, die aktuelle Prävalenz von Opiaten und Kokain bei 0,2 bzw. 0,3 Prozent (Simon et al., 1991). Verschiedene Untersuchungen konnten zeigen, daß sich Abhängige im Vergleich zu gleichaltrigen Freunden, die keine Drogenkarriere entwickeln, im Alter von 10 bis 15 Jahren dadurch auszeichnen, daß sie unter Lebensbedingungen aufwachsen, die ein sehr frühes abweichendes Verhalten erlauben, zum Beispiel in bezug auf ein frühzeitiges kriminelles Verhalten oder den frühzeitigen Kontakt mit gleichaltrigen oder älteren Personen mit einem bereits entwickelten abweichenden Verhalten (Nurco, Balter & Kinlock, 1994). Die Untersuchungsergebnisse stimmen auch mit Beobachtungen überein, daß der frühzeitige Beginn abweichenden Verhaltens den Grad krimineller Verhaltensweisen im Erwachsenenalter bestimmt (z. B. Loeber & LeBlanc, 1990).

Entwicklung der psychischen Abhängigkeit

Der initiale Drogenkonsum hat nach Angaben von Patienten auf der pharmakologisch-physischen Ebene zumeist nur geringe, manchmal sogar keine oder negative Auswirkungen, wie zum Beispiel Übelkeit. Wichtig für die Weiterführung des Konsums ist die Verstärkung durch soziale Zuwendung der Bezugsgruppe (Abb. 5) und die beobachtete positive Wirkung des Drogenkonsums bei anderen (Modellernen). Wird aufgrund dieser beiden Faktoren der Drogenkonsum fortgesetzt und auf weitere Substanzgruppen wie zum Beispiel Heroin oder Kokain ausgeweitet, so werden zunehmend die positiven pharmakologischen Auswirkungen der Droge erlebt: je nach Substanz Entspannung, Anspannung, verändertes Bewußtsein, Glücksgefühle und Rauscherlebnisse auf der Sinnes- und Wahrnehmungsebene. Zu den positiven körperlichen und emotionalen Folgen aufgrund der Substanzwirkung kommt noch im Sinne einer negativen Verstärkung die zumindest zeitweilige Ausblendung unangenehmer Situationen, vor allem dann, wenn der Konsument sich über längere Zeit in einer emotional negativen Situation befindet (z. B. Schul- oder Arbeitsprobleme, Probleme im Elternhaus, Probleme in der Übergangszeit zum Erwachsenen oder Partnerschaftsprobleme). Somit entsteht eine erste operante Konditionierung mit diskriminativen Stimuli, ohne daß bereits eine körperliche Abhängigkeit ausgebildet sein muß: Positiv erlebte soziale Situationen innerhalb der Bezugsgruppe sowie unangenehme Empfindungen und unbewältigte Situationen im Lebensalltag werden zum Hinweisreiz für einen erneuten (Opiat-) Konsum, der wiederum durch die positiven sozialen Reaktionen in der Bezugsgruppe, durch die Beendigung unangenehmer Situationen und durch die positiven pharmakologischen Wirkungen der Droge verstärkt wird.

Je negativer die aktuelle Lebenssituation ist, und je positiver die sozialen, emotionalen und körperlichen Folgen des Drogenkonsums erlebt werden, desto stärker und schneller entwickelt sich eine psychische Abhängigkeit von dieser Substanz. Aus Tierversuchen ist bekannt, daß die psychische Abhängigkeit sehr stark ist und auch nach Beendigung einer körperlichen Abhängigkeit weiter besteht. Zum Beispiel nahmen Ratten, die körperlich abhängig waren und nach Beendigung ihrer Abhängigkeit wieder Opioide angeboten bekommen, viermal soviel Substanz zu sich wie nichtabhängige Kontrolltiere (Wolffgramm & Heyne, 1992).

Entwicklung einer körperlichen Abhängigkeit

Wird der Konsum weitergeführt, kommt es nach relativ kurzer Zeit zur Entwicklung einer körperlichen Abhängigkeit mit der Notwendigkeit einer regelmäßigen Zufuhr der jeweiligen Substanz. Ist diese Abhängigkeit ausgebildet, so ist eine Einnahme im Falle des Heroins etwa alle drei bis fünf Stunden notwendig. Wird der Rhythmus nicht eingehalten, führt dies zu einer Stoffwechselstörung im Körper (UCS) und diese löst als unkonditionierte Reaktion (UCR) das Abstinenzsyndrom aus (z. B. Schmerzen, Zittern, Schweißausbrüche, Angst und Depressionen). Die Entzugserscheinungen werden ebenfalls zu diskriminativen Stimuli für einen erneuten Opiatkonsum, der jetzt zusätzlich durch die sofortige Beendigung der Entzugserscheinung bekräftigt wird (negative Verstärkung). Entzugserscheinungen, Opiatkonsum, Beendigung der Entzugserscheinungen bedingen sich gegenseitig im Sinne eines „Teufelskreises".

Die Mechanismen der klassischen und operanten Konditionierung sind in Tierversuchen bereits seit Jahren gut untersucht (für eine ausführliche Übersicht vgl. Young & Herling, 1986). Beim Menschen dauert der Prozeß vom ersten Probierkonsum mit Heroin bis zur Ausprägung einer Abhängigkeit etwa sechs Monate bis zwei Jahre. Die Gründe für die unterschiedlich lange Zeitdauer sind unbekannt, mit hoher Wahrscheinlichkeit spielt der Grad bereits entwickelter psychischer und sozialer Störungen eine Rolle (Vernachlässigung durch die Eltern, erlebte schwierige soziale Situationen, vorhandene psychische Störungen). Möglicherweise wirken bei der Auftrittshäufigkeit und Dauer dieses Prozesses für die Entwicklung einer Abhängigkeit auch genetische Faktoren mit.

Genetische Einflußfaktoren
Während es für den Alkoholmißbrauch eindeutige Hinweise auf eine genetische Mitwirkung im Sinne einer geringeren Sensibilität bei Kindern von alkoholabhängigen Eltern gegenüber den Folgen des Alkoholkonsums und auch auf ein höheres Risiko für Alkoholmißbrauch gibt (vgl. für eine Übersicht Küfner & Bühringer, in diesem Band; Schuckit, 1992), ist die Situation für den Bereich der illegalen Drogen weniger eindeutig. Dies mag zum Teil auch daran liegen, daß unter dem Begriff ganz unterschiedliche Substanzen mit unterschiedlichem Wirkungspotential zusammenfaßt werden. Schuckit (1992) geht aufgrund zahlreicher Untersuchungen davon aus, daß Kinder von Alkoholabhängigen die Wirkungen des Alkoholkonsums und damit auch die Warnsignale eines (langjährigen) Mißbrauchs weniger intensiv wahrnehmen als Kinder von Personen ohne Mißbrauchsverhalten, und daß sie aufgrund dieser geringeren Sensibilität ein höheres Risiko für die Entwicklung einer Alkoholabhängigkeit haben. In einer Übersicht von Platt (1995a) wird zwar deutlich, daß Familienangehörige von Drogenabhängigen ebenfalls ein erhöhtes Risiko für diese Störung haben, doch können bei diesen Untersuchungen aufgrund der gewählten Methodik Lerneffekte nicht ausgeschlossen werden (Vorbild der Eltern, Verfügbarkeit von illegalen Drogen).

Aufrechterhaltung und langfristige Entwicklung des Substanzmißbrauchs
Im Laufe der Zeit treten die positiven sozialen, emotionalen und körperlichen Auswirkungen als positive Verstärkung in den Hintergrund. Drogenabhängige stehen jetzt aufgrund des hohen Geldbedarfs im Konkurrenzkampf mit anderen Drogenkonsumenten und geben relativ schnell ihre soziale Bindungen auf.

Darüber hinaus dominieren die Entzugserscheinungen und die nach erneutem Drogenkonsum jeweils unmittelbar erlebte Beendigung dieser Entzugserscheinungen das Leben eines Abhängigen mehr und mehr. Allmählich gerät das gesamte Verhaltensrepertoire unter die vollständige Kontrolle des Erwerbs und Konsums einer Droge. Die Illegalität des Verhaltens, der hohe Geldaufwand und die Notwendigkeit einer regelmäßigen Substanzzufuhr erfordern einen großen Zeitaufwand, der zwar regelmäßig und kontingent verstärkt wird, aber für andere Formen der Lebensgestaltung kaum noch Zeit läßt. Die Verschiebung im Verhaltensrepertoire einer Person wird um so wahrscheinlicher, je mehr Defizite vor Beginn des Drogenmißbrauchs vorhanden waren. Langfristig kann es zum totalen Zusammenbruch alltäglicher Verhaltensweisen kommen, da einzig und allein die Beseitigung der Entzugserscheinung durch erneuten Drogenkonsum im Vordergrund steht. Es kommt dann zu Verwahrlosungstendenzen im Hinblick auf die Körperhygiene, die Kleidung sowie die gesamte Lebensführung. Die negativen Konsequenzen des Drogenkonsums, zum Beispiel Erkrankungen oder justitielle Probleme, treten zeitlich sehr verzögert auf und werden über lange Zeit durch die unmittelbar positiven Folgen einer Injektion dominiert.

In Tierversuchen wurde bereits in den sechziger und siebziger Jahren gezeigt, daß Ratten oder Affen mit einer ausgebildeten Abhängigkeit alle sonstigen Verhaltensweisen wie Nahrungsaufnahme, Schlafen oder sexuelle Aktivitäten nach und nach völlig vernachlässigen, um psychoaktive Substanzen zu erhalten, und zwar bis zur völligen physischen Erschöpfung, manchmal bis zum Tod. War die Substanzzufuhr nur aufgrund schwieriger Aufgaben oder mit häufigen Zeitverzögerungen zu erhalten, was in etwa der Lebenssituation von Drogenabhängigen mit einer sehr unregelmäßigen Opiatzufuhr entspricht, dann waren die beschaffungsbezogenen Verhaltensweisen bei Beendigung der Opiatzufuhr sehr löschungsresistent.

3.3 Motivation zur Behandlung

Die fehlende Motivation zum Beginn der Behandlung und zu ihrem planmäßigen Abschluß sowie der häufige Rückfall sind zwei zentrale Probleme bei der Behandlung von Abhängigen. Sie erfordern eine sorgfältige diagnostische Abklärung und werden deshalb in den folgenden beiden Abschnitten gesondert berücksichtigt. Die aktive Förderung der Motivation zur Behandlung war über Jahre weder ein Thema in der Forschung noch in der Praxis. Es wurde abgewartet, bis ein Patient „von selbst" in Behandlung kam, d. h. aufgrund schwerer körperlicher, psychischer und sozialer Störungen. Will man Abhängige frühzeitig behandeln, dann tritt die Frage der Bedingungsanalyse der jeweiligen Motivation für bestimmte Behandlungsschritte in den Vordergrund. Motivation wird hier definiert als die Wahrscheinlichkeit, daß eine Person eine bestimmte Veränderungsstrategie beginnt, fortführt oder planmäßig abschließt (Miller & Rollnick, 1991).

Es gibt wenige gesicherte Erkenntnisse über Faktoren, die dazu beitragen, daß ein Drogenabhängiger versucht, den Drogenkonsum aufzugeben, entweder im Rahmen eines Selbstheilungsversuchs oder durch eine professionelle Behandlung. Auf der Grundlage des weiter oben dargestellten verhaltenstheoretischen Modells (Abb. 5) kann man ableiten, daß für den Beginn einer Behandlung, soweit es sich nicht um eine zwangsweise Form wie etwa im Rahmen des Strafvollzugs handelt, folgende Faktoren eine Rolle spielen:

- *Zunahme der negativen Konsequenzen des Substanzmißbrauchs* (Abb. 5)
  Die ursprünglich nur langfristig wirksamen negativen Konsequenzen werden immer stärker und treten auch zeitlich in „Konkurrenz" zu den positiven Konsequenzen. Es handelt sich dabei um zunehmende körperliche Erkrankungen, emotionale Störungen sowie zahlreiche soziale Probleme wie Verlust des Arbeitsplatzes, Entfernung aus dem Elternhaus und justitielle Sanktionen. Es kann eine Situation auftreten, in der der Drogenabhängige nicht mehr „vor und zurück" kann, und darüber hinaus aufgrund zufälliger aktueller Gründe (Geldmangel, Substanzmangel, körperliche Erschöpfung) nicht mehr in der Lage ist, die regelmäßige Zufuhr der Substanz sicherzustellen.
- *Positive Erwartungen an die Kompetenz von Fachleuten*
  Zwar kennen die meisten Drogenabhängigen die Palette möglicher therapeutischer Einrichtungen, doch machen sie sich häufig falsche Vorstellungen über therapeutische Prinzipien und Abläufe in stationären Einrichtungen. Ist diese positive Erwartung nicht vorhanden, kommt es in der Regel zunächst zu Selbstheilungsversuchen.
- *Positive Erwartungen in die eigene Kompetenz zur Verhaltensänderung*
  Bandura (1977) und, für den Bereich des Substanzmißbrauchs, vor allem Marlatt (Marlatt & Gordon, 1985) gehen davon aus, daß die positiven Erwartungen in die eigene Kompetenz zur Meisterung kritischer Situationen (self-efficacy) eine große Rolle für das Einleiten von Veränderungen im Lebensablauf spielen.

Die Bereitschaft zur Aufgabe des Mißbrauchsverhaltens und zur Behandlung ist instabil. Beginnt eine Person eine professionelle Behandlung oder einen Selbstheilungsversuch, so klingt ein großer Teil der negativen Symptome des Drogenkonsums relativ schnell ab (körperliche Erkrankungen, Mangelernährung, fehlende soziale und emotionale Unterstützung, soziale Isolierung). Gerade in der ersten Zeit der Behandlung fehlt dadurch die Motivation und darüber hinaus auch die Kompetenz zur langfristigen Abstinenz, weiterhin sind die konditionierten Auslöser für Rückfälle nach wie vor intensiv. Sie werden noch dadurch verstärkt, daß ein Abhängiger erhebliche Schwierigkeiten hat, sich nach einer langjährigen Abhängigkeitszeit wieder in „nüchternem" Zustand zurechtzufinden. Dies gilt insbesondere dann, wenn es sich um Personen mit einem Mißbrauchsbeginn im Jugendalter handelt, da sich sehr viele Kompetenzen, die ein Erwachsener zum selbständigen Leben benötigt, noch nicht entwickelt haben. Ambivalenz zwischen erneutem Drogenkonsum und Abstinenz ist deshalb das zentrale Merkmal eines Abhängigen in der Phase der Überlegungen zu Beginn einer Behandlung und anschließend über Monate, in vielen Fällen über Jahre des Wechsels von Lebensphasen mit und ohne Drogenkonsum.

Die mehr aus klinischen Erfahrungen gewonnenen Beobachtungen über die Veränderungsbereitschaft von Abhängigen wurden erstmals von Prochaska und DiClemente systematisch untersucht und in ausführlichen und vielbeachteten Publikationen dargestellt (1986 a, b). In zahlreichen Untersuchungen, zunächst an Rauchern, später an Alkoholabhängigen und anderen Störungsbildern haben sie fünf Phasen der Veränderungsbereitschaft gefunden, die bei den meisten Abhängigen mehrfach im Leben in zyklischer Form ablaufen: Ein Abhängiger lebt demnach zunächst in einer Phase des kontinuierlichen Konsums ohne jegliche Bereitschaft zur Veränderung („Precontemplation"). Aufgrund zunehmender Probleme kommt es zu einem Einstieg in die Phase des Nachdenkens über die Vor- und Nachteile des Drogenkonsums und über eine mögliche Aufgabe dieses Verhaltens („Contemplation"). Überwiegen in diesem kognitiven Prozeß die Vorteile für eine Verhaltensänderung, so wird diese mittels Selbstheilungsversuch oder Behandlung angestrebt (Preparation" und „Action"). Anschließend kommt die Phase der Aufrechterhaltung der Abstinenz („Maintenance"). Bei sehr vielen Abhängigen kommt es zu einem erneuten Rückfall und damit zunächst wieder zu einer Phase ohne jegliche Bereitschaft zur Verhaltensänderung (für eine ausführliche Beschreibung vgl. Prochaska & DiClemente, 1992).

Das Modell hat einen nachhaltigen Einfluß auf die weitere Forschung und auf die Praxis der Therapie von Abhängigen hinterlassen. Zahlreiche Fragebogen und Skalen zur Erfassung der jeweiligen Phase eines Klienten wurden entwickelt (Prochaska & DiClemente, 1992). Für die Praxis wurde deutlich, daß das Abwarten, bis ein Drogenabhängiger aufgrund der negativen Konsequenzen genügend Behandlungsmotivation erwirbt („to hit the bottom"), aus ethischen Gründen nicht mehr aufrechterhalten werden kann. Darüber hinaus ergeben sich zahlreiche Anhaltspunkte für die Verbesserung der Therapie: Zum Beispiel ist es nicht sinnvoll, eine stationäre drogenfreie Behandlung mit starken Einschränkungen der Lebensführung vorzuschlagen, wenn ein Klient noch in der Phase des Nachdenkens („Contemplation") über Vor- und Nachteile einer Behandlung überhaupt ist (vgl. Abschnitt 4, Interventionen).

3.4 Rückfall

Rückfall ist ein zentrales Ereignis bei der Behandlung von Abhängigen: Zwei bis vier Jahre nach Ende einer abstinenzorientierten stationären Behandlung sind etwa 70 bis 80 Prozent der Patienten vollständig rückfällig geworden, und auch ein Teil der abstinenten Personen hat einen oder mehrere kleinere Rückfälle erlebt. Während der Rückfall in der Vergangenheit in der Forschung und in der Praxis trotz der hohen praktischen Relevanz ein kaum beachtetes Thema war, hat sich dies seit einigen Jahren deutlich verändert.

Auch der Rückfall kann in das in Abbildung 5 dargestellte verhaltenstheoretische Konzept eingeordnet werden: Ursprünglich neutrale interne und externe Situationen (z. B. Stimmungen, Situationen, Personen oder Orte) wurden während der Zeit des Substanzmißbrauchs zu konditionierten Auslösern für konditionierte Entzugserscheinungen. Diese konditionierten Entzugserscheinungen sind wiederum diskriminative Stimuli für den erneuten Drogenkonsum zur Beseitigung der negativen Empfindungen. Zusätzlich oder alternativ kann, ebenfalls durch klassische Konditionierung, ein sehr starkes Bedürfnis zum erneuten Drogenkonsum (Craving) ohne Entzugserscheinungen auftreten, das ebenfalls einen diskriminativen Stimulus für erneuten Drogenkonsum darstellt. Der jeweilige Stellenwert von konditionierten Entzugserscheinungen beziehungsweise Craving als diskriminativer Stimulus für Rückfall ist bis heute ungeklärt und Gegenstand wissenschaftlicher Kontroversen.

Konditionierte Entzugserscheinungen wurden bereits von Wikler (1973) und Wikler und Prescor (1967) in Tierversuchen experimentell erzeugt. Drogenabhängige berichten noch jahrelang nach Beendigung ihrer körperlichen Abhängigkeit von konditionierten Entzugserscheinungen (O'Brien, O'Brien, Mintz & Brady, 1975; Wikler, 1968); darüber hinaus lassen sich konditionierte Entzugserscheinungen bei drogenfreien früheren Abhängigen erzeugen, wenn man ihnen Situationen im Zusammenhang mit dem Drogenkonsum in einem Film vorführt (O'Brien, 1975; Sideroff & Jarvik, 1980).

Über klassische Konditionierung ist auch das Gegenteil von konditionierten Entzugserscheinungen herzustellen, nämlich verschiedene Formen von „druglike conditioned responses", wie zum Beispiel konditionierte Auswirkungen der früheren Drogeneinnahme, wenn diese häufig genug mit ursprünglich neutralen Stimuli gepaart wird (vgl. z. B. O'Brien, 1975; Pavlov, 1927). Bekanntes Beispiel sind „needle-freaks", bei denen allein der Einstich einer Spritzennadel (mit einer Placebosubstanz) Wirkungen ähnlich einer psychoaktiven Substanz auslöst. Ebenfalls übereinstimmend mit der klinischen Praxis ist eine Beobachtung, daß negative emotionale Zustände wie Depression, Angst und Ärger die konditionierten Reaktionen auf opiatbezogene Stimuli erhöhen und so den Rückfall wahrscheinlicher machen. Untersuchungen zeigen, daß nach Ende einer körperlichen Abhängigkeit die konditionierten opiatähnlichen Reaktionen relativ schnell gelöscht werden, während die konditionierten Entzugserscheinungen einschließlich des Craving sehr löschungsresistent sind (O'Brien, Greenstein, Ternes, McLellan & Grabowski, 1980) und deshalb mit hoher Wahrscheinlichkeit eine verantwortliche Rolle für Rückfälle spielen.

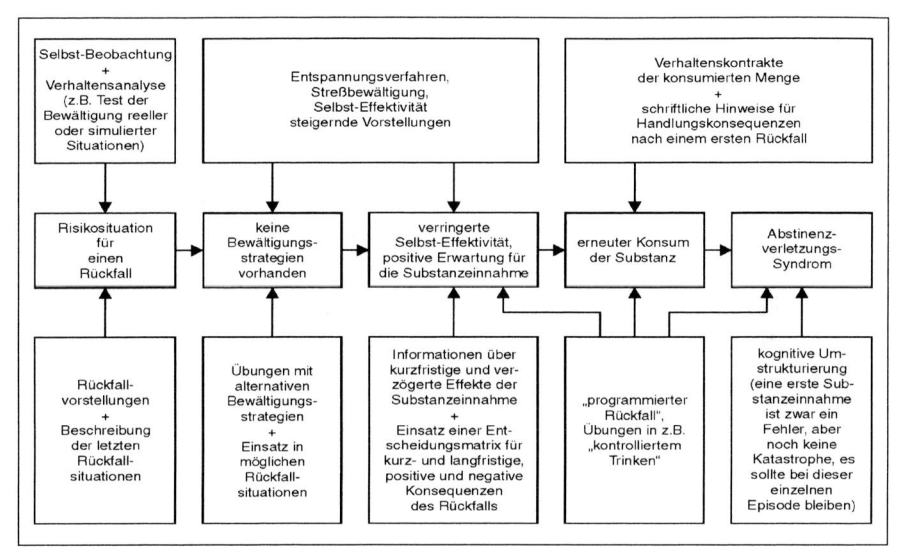

Abb. 6: Modell des Rückfallprozesses und geeignete Interventionsstrategien (Marlatt & Gordon, 1985; übersetzt in Ferstl & Bühringer, 1991)

Die bisherigen Konzepte über Auslöser von Rückfällen nach drogenfreien Zeiten gehen alle von klassisch konditionierten Reaktionen aus (Entzugserscheinungen, Craving), die in der Zeit des Drogenmißbrauchs diskriminative Stimuli für einen erneuten Konsum waren. Marlatt hat in einer sehr einflußreichen Arbeit (Marlatt & Gordon, 1985) als Alternative zur klassischen Konditionierung ein Modell zum Rückfall vorgestellt, das vor allem kognitive Aspekte berücksichtigt (Abb. 6). Er geht davon aus, daß ein Rückfall in den seltensten Fällen ein plötzliches Ereignis ist, sondern sich in zahlreichen Einzelschritten auf der kognitiven und der Verhaltensebene vorbereitet. Für jede Person gibt es aufgrund ihrer Lerngeschichte spezifische Risikosituationen. Die Wahrscheinlichkeit eines erneuten Konsums nach Phasen der Abstinenz ist von drei Bedingungen abhängig:
1. allgemeine kritische Lebenssituation („unbalanced lifestyle"),
2. Konfrontation mit einer Risikosituation und
3. fehlende Bewältigungsstrategien für den Umgang mit einer Risikosituation.

Führt eine solche Konstellation zu einem ersten Konsum („Ausrutscher", „lapse"), so ist dieser entgegen der klassischen Meinung nicht automatisch mit einem vollständigen Rückfall in das alte Mißbrauchsmuster verbunden. Die weitere Entwicklung hängt vielmehr von folgenden Bedingungen ab:
1. dem Grad der Einschätzung der eigenen Fähigkeit zur Bewältigung der Situation (self-efficacy) und
2. dem Grad der negativen oder positiven Erwartung an eine fortgesetzte Substanzeinnahme.

Ist der Grad der Erwartung hoch und die Selbsteinschätzung gering, kommt es zu einem fortschreitenden Substanzmißbrauch bis hin in das alte Gebrauchsmuster.

Die Arbeiten von Marlatt und das daraus entwickelte Konzept haben die Behandlung von Abhängigen ebenfalls entscheidend beeinflußt; sie sind zur Grundlage umfangreicher Forschungen zur Überprüfung des Konzepts einerseits und zur Weiterentwicklung der therapeutischen Ansätze zur Verhinderung eines Rückfalls andererseits geworden. Für die Diagnostik bedeutet dies, daß frühere Rückfallsituationen nach Abstinenzversuchen sorgfältig analysiert werden müssen im Hinblick auf die jeweils spezifischen Risikosituationen, die Rückfallverläufe, die Versuche des Patienten, einmalige „Ausrutscher" zu bewältigen und die Mechanismen, die die Vermeidung eines vollständigen Rückfalls gefördert bzw. verhindert haben (vgl. Abschnitt 4, Interventionen).

Das bereits beschriebene Konzept von Wikler und O'Brien mit konditionierten Entzugserscheinungen und konditioniertem Craving als Auslöser für Rückfälle steht dem kognitiven Modell von Marlatt mit positiven Erwartungen an einen erneuten Drogenkonsum und weiteren kognitiven Einflußfaktoren diametral gegenüber. Die fachliche Diskussion über den Stellenwert der beiden Modelle ist bis heute nicht entschieden; es bleibt unklar, ob eines der Modelle Rückfallsituationen besser erklärt oder ob es möglicherweise individuelle Unterschiede gibt. Soweit hierzu Studien vorliegen, unterstützen sie entweder die Ausweitung des kognitiven Modells um klassisch konditionierte Erklärungsansätze (vgl. u.a. Heather & Stallard, 1989) oder eher das kognitive Modell (z.B. Powell, Bradley & Gray, 1992).

3.5 Individuelle Differenzen und Typologien der Abhängigkeit

Es gibt eine langjährige Forschungstradition zur Analyse möglicher individueller Differenzen bei Abhängigen, vor allem unter dem Aspekt der Genese des Substanzmißbrauchs einerseits sowie als Grundlage für die Therapieplanung und für die Prognose des Therapieerfolgs andererseits. Individuelle Differenzen beziehen sich sowohl auf Unterschiede auf der Ebene einzelner Personen als

auch auf Gruppenunterschiede. Für letzteres sind zwei Forschungsansätze hervorzuheben:
1. die Analyse spezifischer Personencharakteristika (z. B. Geschlecht) und sozioökonomischer Variablen (z. B. Schulausbildung) sowie
2. die Persönlichkeitsforschung mit ihrer Suche nach Abhängigkeitstypologien.

Individuelle Differenzen
Die großen multizentrischen Studien in den USA (für eine Übersicht vgl. Tims, Fletcher & Hubbard, 1991) und in Deutschland (Hanel, 1992; Küfner et al., 1993) zeigen, daß sich Abhängige, entgegen früher formulierter Hypothesen, in zahlreichen Variablen unterscheiden. Insbesondere in der US-amerikanischen Forschung nimmt die Untersuchung individueller Differenzen einen großen Raum ein, wobei kritisch angemerkt werden muß, daß die Relevanz dieser Unterschiede für die Gestaltung der Therapie oder die Prognose des Therapieerfolgs häufig nicht deutlich wird. Die meisten Studien zeigen korrelativ einen Zusammenhang zwischen bestimmten Merkmalen der Person oder ihres Drogenkonsums einerseits und dem Therapieergebnis andererseits. Inwieweit diese Unterschiede aber tatsächlich eine therapeutische und prognostische Relevanz haben, ist zunächst eine hypothetische Annahme. Zur Prüfung dieser Annahme wäre es anschließend notwendig, auf individuelle Unterschiede der Patienten gezielt einzugehen, um so das Ergebnis von Teilgruppen mit einer korrelativ gefundenen, schlechteren Prognose zu verbessern. Ein gut untersuchtes Beispiel dafür ist der Grad der Kompetenzen zur Lösung sozialer Probleme („social problem solving skills"). Es konnte gezeigt werden, daß Personen mit niedrigen Kompetenzwerten mit größerer Wahrscheinlichkeit rückfällig werden als Personen mit hoher Kompetenz (Platt & Labate, 1977), und daß ein spezifisches Training ihre Prognose verbessert (Platt, 1995 a). Untersuchungen dieser Art sind selten.

Die wichtigsten geschlechtsspezifischen Differenzen sind im folgenden zusammengefaßt (Hanel, 1992; Hser, Anglin & Chou, 1988; Moise, Reed & Ryan, 1982): Frauen
- haben eine schlechtere Berufsausbildung,
- beginnen jünger mit dem Drogenkonsum und mit der ersten Behandlung,
- haben weniger kriminelle Belastungen,
- haben höhere, klinisch auffällige Depressionswerte,
- haben mehr behandlungsbedürftige Lebensprobleme (Arbeit, Freizeit, Partnerschaft, Selbstmordgedanken) und
- wurden häufiger sexuell mißbraucht.

Es gibt eine Reihe weiterer individueller Differenzen, die eine diagnostische Relevanz für die Therapieplanung haben:

Psychologische Variablen
- Antisoziales Verhalten (Sutker & Allain, 1988),

- Depression (Sutker & Allain, 1988),
- Soziale Problemlösungs-Kompetenz (Platt & Husband, 1993),
- Doppel-Diagnosen (Gold & Slaby, 1991).

Konsumverhalten und Kriminalitätsbelastung
- Kriminelle Lebensgeschichte (Faupel, 1987),
- Alter bei Mißbrauchsbeginn,
- Kontinuierlicher Mehrfachmißbrauch,
- Aktueller oder sehr frühzeitiger schwerer Alkoholmißbrauch (Lehman & Simpson, 1990).

Typologien
Im Gegensatz zum Alkoholmißbrauch ist die Forschung über gemeinsame Variablen für Teilgruppen von Abhängigen im Sinne einer Typologiebildung bei den illegalen Substanzen wenig entwickelt. Im Vordergrund der Forschung der letzten Jahre steht eindeutig die Herausarbeitung von individuellen Unterschieden. Die Arbeitsgruppe um Nurco (Nurco, 1992) untersucht seit Jahren neben individuellen Unterschieden in einer sorgfältig ausgewählten Population von Drogenabhängigen auch typologische Ansätze und verwendet dabei drei Beschreibungsdimensionen für den Status einer Person:
1. Abhängiger Lebensabschnitt,
2. Leben in der normalen sozialen Umgebung und nicht abhängig und
3. Gefängnisaufenthalte und nicht abhängig.

Nurco konnte bei einer Stichprobe von etwa 500 Patienten in einem Zehnjahreszeitraum fünf Typen empirisch absichern, die sich in den genannten drei Dimensionen unterscheiden. Er geht davon aus, daß die diagnostischen Unterschiede wichtige Hinweise für die Therapieplanung liefern.

Die Suche nach umfassenden Persönlichkeitskonzepten, die mit der Entwicklung und der Ausprägung eines Mißbrauchsverhaltens oder mit dem Behandlungserfolg bei Abhängigen in Zusammenhang stehen, wurde in den letzten Jahren aufgegeben: Craig (1982), Platt (1986) und Wanke (1987) fassen übereinstimmend die Literatur zu Persönlichkeitskonzepten mit der Schlußfolgerung zusammen, daß es keine empirischen Hinweise für eine Suchtpersönlichkeit gibt.

4 Interventionen

Für die Behandlung von Drogenabhängigen gibt es eine nahezu unübersehbare Vielfalt therapeutischer Ansätze. Diese Vielfalt mit teilweise bizarren Ausprägungen spiritueller oder religiöser Art ist dadurch bedingt, daß die am Therapieerfolg orientierte Forschung vergleichsweise jung ist und daß der überwiegende Anteil der therapeutischen Mitarbeiter nicht ausreichend ausgebildet ist, um Weiterentwicklungen aus der Forschung interpretieren und für die eigene Arbeit umsetzen zu können. Dazu kommt, daß in Deutschland zahlreiche Mitarbeiter um 1970/75 in das neu aufzubauende therapeutische Versorgungssystem für Drogenabhängige eingestellt wurden, die ein ausgeprägtes Mißtrauen gegenüber der Forschung hatten. Wegen der großen Vielfalt und Unübersichtlichkeit der therapeutischen Ansätze wird zur besseren Übersicht zunächst auf grundsätzliche Anforderungen an die Behandlung von Drogenabhängigen (4.1) und auf Behandlungsstrategien (4.2) eingegangen, anschließend auf die Beschreibung konkreter Maßnahmen (4.3) und Ergebnisse (4.4). Es folgen Abschnitte zur Behandlung unter justitiellen Zwängen (4.5), zur Indikation (4.6) und zur Frage der Legalisierung illegaler Drogen (4.7).

4.1 Anforderungen an die Behandlung

Ausgehend von den theoretischen Überlegungen und empirischen Ergebnissen aus Abschnitt 3 lassen sich folgende Anforderungen an jede Form einer modernen *professionellen Behandlung* richten:

1. *Individuelle Diagnostik und Therapieplanung*
   Die Darstellung der individuellen Differenzen im Hinblick auf die Vorgeschichte, die Entwicklung des Substanzmißbrauchs sowie die spezifischen Rückfallauslöser machen deutlich, daß eine individuelle Diagnostik und Therapieplanung unerläßlich sind.
2. *Analyse der Lebensgeschichte vor Mißbrauchsbeginn*
   Verschiedene Untersuchungen bestätigen die prognostische Aussagekraft einzelner Aspekte der Lebensgeschichte vor Mißbrauchsbeginn. Unter anderem muß erfaßt werden, ob eine primäre Delinquenz vorliegt (zunehmend häufiger, wichtig für die Auswahl des Therapiesettings), welche möglichen Problemsituationen den initialen Drogenkonsum verstärkt haben, die nach Aufgabe des Substanzmißbrauchs möglicherweise bestehen bleiben und welche Aufgaben und Verhaltensweisen für den Patienten positiv verstärkend sind (z. B. für die Berufsplanung und Freizeitgestaltung).
3. *Erfassung der Psychopathologie*
   Die Untersuchungen zur Komorbidität machen deutlich, daß ein zunehmender Anteil von Drogenabhängigen vor Beginn des Substanzmißbrauchs bzw. im Verlauf zusätzliche psychopathologische Störungen entwickelt. Diese Störungen müssen zwar nicht in jedem Fall behandelt werden, da sie nicht selten als Folge der Behandlung spontan abklingen (für ein Beispiel siehe die Veränderung der Depressionswerte im Laufe der Behandlung, Hanel, 1992), doch müssen sie zumindest in die Behandlungsplanung als potentielle therapeutische Zielbereiche einbezogen werden.

4. *Analyse der früheren Rückfälle*
   Aktive Rückfallprävention ist im Gegensatz zu früher, als das Thema in der Behandlung kaum berücksichtigt wurde, ein zentraler Bestandteil der Behandlung von Abhängigen. Dazu gehört, da die Frage der individuellen Relevanz konditionierter Stimuli für Entzugserscheinungen und für Craving (Modell von Wikler und O'Brien) bzw. kognitiver Erwartungshaltungen in Hinblick auf die Meisterung einer Rückfallsituation (Modell von Marlatt; siehe dazu Abschnitt 3.4) nach dem gegenwärtigen Stand der Forschung nicht zu klären ist, daß entsprechende Informationen für beide Konzepte in der Diagnostik erhoben werden mit dem Versuch, den jeweiligen Stellenwert im individuellen Einzelfall zu erfassen. Dies bedeutet, daß die internen und externen konditionierten Auslöser zusammengestellt werden, weiterhin die bisher eingesetzten Coping-Mechanismen zur Bewältigung konditionierter Entzugserscheinungen und des konditionierten Cravings. Es muß mit den Patienten versucht werden, im Sinne des Modells von Marlatt, die kognitiven Abläufe in kritischen Rückfallsituationen zu erfassen, den Grad der Ausprägung der self-efficacy im Hinblick auf die Bewältigung der Situationen, insbesondere nach ersten „lapses", sowie die jeweils kognitiv erwarteten positiven Auswirkungen eines erneuten Substanzmißbrauchs.
5. *Erfassung der Veränderungsbereitschaft*
   Nach dem Konzept von Prochaska und DiClemente (1986a) spielt die jeweilige Phase der Veränderungsbereitschaft eine zentrale Rolle für die Festlegung der Therapieziele und die Auswahl der Therapieplanung.
6. *Umfassendes Therapieprogramm*
   Das komplexe Störungsbild auf der körperlichen, emotionalen und sozialen Ebene macht deutlich, daß zumindest von der grundsätzlichen Zielsetzung her die Behandlung von Drogenabhängigen immer ein umfassendes Behandlungsprogramm voraussetzt. Einbezogen werden müssen folgende Bereiche: Körperliche Situation, Drogenverhalten, Freizeitbereich, Arbeitsbereich, alltägliche Selbstorganisation, Sozialverhalten und Problemlösungskompetenzen. Aus Gründen der momentanen Veränderungsbereitschaft bzw. der jeweils mit dem Patienten angestrebten Ziele ist es aber innerhalb eines solchen Rahmens im Einzelfall sinnvoll und notwendig, strategisch einzelne Bereiche und Ziele herauszugreifen.
7. *Aufbau eines Arbeitsbündnisses mit dem Patienten*
   Im Gegensatz zu der früher vorherrschenden, konfrontativen Gegenüberstellung der Patienten mit einem standardisierten Behandlungsprogramm ohne Einwirkungsmöglichkeit ist es aufgrund der jeweiligen Problemlage einerseits und der Veränderungsbereitschaft des Patienten andererseits notwendig, ein Arbeitsbündnis über die Ziele und Maßnahmen mit dem Patienten zu schließen. Hierfür ist relativ viel Zeit am Anfang notwendig (vgl. Kanfer, 1986, insbesondere die ersten vier Phasen seines Modells über den Ablauf der Behandlung).

8. *Motivierung als integrierter Bestandteil der Behandlung*
   Motivierung, hier verstanden als Veränderungsbereitschaft der Patienten in Hinblick auf den Beginn einer Behandlung, den Verbleib bis zum planmäßigen Ende und die langfristige Abstinenz nach Behandlungsende, ist im Gegensatz zu früher heute eine normale therapeutische Aufgabe. Damit sollen vor allem die hohen Abbruchquoten reduziert werden.
9. *Rationale Entscheidung über das Behandlungssetting*
   Zahlreiche Entscheidungen über das Therapiesetting werden nicht nach therapeutischen Überlegungen getroffen, sondern zum Beispiel aufgrund traditioneller Vorstellungen über die prinzipiellen Vorteile der stationären Behandlung oder zufälliger Kooperationsabkommen zwischen verschiedenen Einrichtungen. Für die ambulante und stationäre Behandlung muß aufgrund der Einzelfallsituation und in Kooperation mit dem Patienten eine möglichst rationale und begründbare Entscheidung getroffen werden. Es gibt hierzu wenig Untersuchungen, so daß derzeit vor allem klinische Erfahrungswerte relevant sind.
10. *Vorbereitung des Patienten auf kritische Situationen im Verlauf der Therapie*
    Insbesondere zu Beginn der Behandlung, in der Phase der Entgiftung und in der Zeit unmittelbar danach, in der der Drogenabhängige zum ersten Mal „nüchtern" seine häufig desolate Situation erkennt, aber auch im Verlauf der langfristigen Behandlung gibt es immer wieder kritische Situationen im Hinblick auf die Rückfallgefahr. Es ist notwendig, den Patienten auf diese Situationen vorzubereiten. Dazu gehört die Erklärung der Mechanismen, die zum Beispiel konditionierte Entzugserscheinungen hervorrufen, und die Vermittlung von Bewältigungsstrategien, um mit solchen schwierigen Situationen umzugehen.

Die beschriebenen Anforderungen an die Behandlung von Drogen- und Medikamentenabhängigen sind ein Ergebnis der Forschung aus den letzten Jahren und bei weitem nicht Routinebestandteil professionell geführter therapeutischer Einrichtungen. Im völligen Gegensatz dazu stehen von ehemaligen Abhängigen geführte Therapeutische Gemeinschaften, die die genannten fachlichen Kriterien für ihre Arbeit weitgehend ablehnen (siehe auch Abschnitte 4.2 und 4.3).

4.2 Übersicht über grundsätzliche Behandlungsstrategien

Es lassen sich einige grundlegende Unterscheidungsdimensionen therapeutischer Programme herausarbeiten, die sich teilweise überschneiden, die jedoch für ein Verständnis der Konzeption sowie für Kategorisierungszwecke hilfreich sind. Für alle Dimensionen gibt es fließende Übergänge. Die „klassische" Phaseneinteilung gliedert die Behandlungsmaßnahmen in Entzug (körperliche Entgiftung), Entwöhnung (Hauptphase) und Nachsorge. Erster Schritt für einen

Patienten ist die Therapieaufnahme, wobei zwischen *hoch- und niederschwelligen Ansätzen* unterschieden wird: hochschwellige Einrichtungen (früher die Regel) setzen zum Beispiel mehrmalige Kontaktaufnahme, Wartezeiten oder die Bereitschaft zum sofortigen Entzug voraus, bevor mit der (eigentlichen) Entwöhnungsbehandlung begonnen wird. Niederschwellige Einrichtungen verwenden geringe oder keine Auflagen. Teilweise gelten die Kategorien auch für die Durchführung der Behandlung, zum Beispiel in Hinblick auf die Art der Sanktionen bei Regelverstoß oder bei kontinuierlichem Drogenkonsum.

Es kann weiterhin zwischen *ambulanten, teilstationären und stationären Behandlungsformen unterschieden werden.* Die stationäre Behandlung, ob professionell oder in Selbsthilfegruppen, war über Jahre die Methode der Wahl. Es hat sich allerdings herausgestellt, daß viele Patienten aus den unterschiedlichsten Gründen eine solche stationäre Behandlung nicht wünschen, ganz abgesehen von den erheblichen Behandlungskosten. Während die ambulante Methadon-Substitution in den letzten Jahren stark zunimmt, erfolgt der Ausbau teilstationärer und ambulanter abstinenzorientierter Programme nur zögernd.

Kurzzeit- und Langzeitbehandlung sind ein zusätzliches Unterscheidungsmerkmal. Klassische Behandlungsform ist in Deutschland die stationäre Langzeitbehandlung, die sich auf dem Hintergrund der komplexen Störung, der zumeist jugendlichen Patienten und der frühen amerikanischen Selbsthilfegruppen mit Lebenszeitcharakter entwickelt hat. Teilweise wurden in Deutschland Drogenabhängige bis zu zwei Jahre stationär behandelt. Abgesehen von den hohen Kosten waren die Abbruchquoten erheblich, vor allem bei eher konfrontativen Konzepten aus der Selbsthilfebewegung, so daß sich in den letzten Jahren in Deutschland insbesondere in professionell geleiteten Einrichtungen kürzere Behandlungszeiten in der Größenordnung von etwa sechs bis zwölf, gelegentlich auch drei Monate entwickelt haben.

Während in Deutschland die meisten stationären Einrichtungen für Drogenabhängige unter *professioneller Leitung* geführt werden, ist dies vor allem in den USA nicht der Fall, wo ein großer Anteil der Einrichtungen von *Selbsthilfegruppen* ehemaliger Drogenabhängiger getragen wird.

Von der inhaltlichen Konzeption her lassen sich *medikamentöse, psychotherapeutische* und *soziotherapeutische* Ansätze unterscheiden. Der bekannteste medikamentöse Ansatz bei Opiatabhängigen ist die Substitution mit Methadon mit dem Ziel, daß Patienten keine illegalen Drogen mehr zu sich nehmen, so daß die gesundheits- und kriminalitätsbedingten Störungen wegfallen. Psychotherapeutische Ansätze sind in der Regel professionell geführt und beziehen sich auf tiefenpsychologische, verhaltenstherapeutische oder in der Praxis zumeist eklektizistische Ansätze verschiedener psychotherapeutischer Schulen. Sie betonen in der Regel die Einzel- und Gruppentherapie. Soziotherapeutische Ansätze sind überwiegend von Laienhelfern oder ehemaligen Abhängigen geleitet, betonen das gemeinsame Leben und Arbeiten in einer therapeutischen Gemeinschaft mit teilweise jahrelanger, manchmal lebenslanger Dauer und einem geringen Stellenwert der Einzel- und Gruppentherapie. Zahlreiche Einrichtungen kombinieren die Ansätze in unterschiedlichster Form.

Eine weitere Unterscheidungsdimension für das fachliche Konzept liegt in der grundsätzlichen Zielsetzung einer *abstinenzorientierten* oder an dem Prinzip der *„harm reduction"* (Schadensminimierung) orientierten Behandlung. Deutlich an der Abstinenz orientierte Behandlungsformen sind die stationäre, professionell oder selbsthilfegeführte Behandlung. Häufig wird mit starker Konfrontation gearbeitet, Abstinenz ist quasi die Voraussetzung für eine Behandlung. Es folgt die ambulante drogenfreie Behandlung, die in den ersten Wochen die Fortführung des Substanzmißbrauchs toleriert, solange eine Entwicklung in Hinblick auf die Abstinenzorientierung sichtbar wird. Dieses Prinzip galt ursprünglich auch für die Methadon-Substitution. Von der Konzeption her sollte nur übergangsweise substituiert werden, bis der Patient im sozialen und emotionalen Bereich wieder stabilisiert ist und dann in einem zweiten Schritt die Abstinenz anstrebt. Faktisch, vor allem in den USA und in Ländern mit einem großen Anteil der Substitution an der Behandlung, wie etwa in den Niederlanden, ist die Abstinenzorientierung weitgehend aufgegeben worden.

Explizit auf das langfristige Therapieziel Abstinenz und damit auf fast alle Formen der Konfrontation verzichten die Ansätze im Rahmen der „harm reduction". Dieses „Konzept" entwickelte sich vor allem in der Folge der hohen HIV-Infektionsrate bei Drogenabhängigen und orientiert sich an kurzfristigen Zielen, die dem Abhängigen helfen sollen, seine aktuellen Probleme zu bewältigen (z. B. Spritzenvergabe, Übernachtungsmöglichkeiten, Zurverfügungstellung von sicheren Räumen für die Injektion der Opiate bis hin zu Überlegungen über die Vergabe der gewünschten Substanzen wie z. B. Heroin oder Kokain). Teilweise wird mit dem Schlagwort „Recht auf Rausch" die grundsätzliche Berechtigung zu einer Lebensführung mit kontinuierlichem Substanzmißbrauch postuliert, mit der Konsequenz, daß es die Aufgabe staatlicher bzw. therapeutischer Einrichtungen sei, diese Lebensführung entsprechend zu unterstützen („akzeptierende Drogenarbeit"). Die Diskussion um das Konzept der „harm reduction" wird kontrovers geführt. Die Gefahr droht, daß sich bei einem vollständigen Verzicht auf das langfristige Therapieziel Abstinenz jegliches therapeutische Handeln letzten Endes an den Wünschen der Patienten orientiert, und damit aufgrund des Krankheitsbildes an der kontinuierlichen Sicherstellung eines ungestörten Substanzmißbrauchs. Auf der anderen Seite hat das Konzept der Schadensminimierung dazu geführt, daß viele unberechtigte Therapiehindernisse abgebaut wurden. Die starke Unterstützung der „harm reduction"-Bewegung in den letzten Jahren ist unter anderem als Folge erheblicher therapeutischer Kunstfehler und eines schlechten Ausbildungsniveaus der Mitarbeiter zu sehen. Es wurde im Rahmen der klassischen Abstinenzorientierung übersehen, daß bei einem mehrjährigen und massiven Substanzmißbrauch mit chronischem Charakter das Therapieziel Abstinenz nicht in konfrontativer Form sofort vom Patienten gefordert werden kann, ohne daß es zu hohen Abbruchraten kommt. Verhaltenstherapeutische Prinzipien der Behandlung, wie etwa die Schaffung eines Arbeitsbündnisses auf der Grundlage gemeinsamer Ziele und die hierarchische Bildung von kurzfristigen und langfristigen Zielen, waren weitgehend unüblich.

4.3 Beschreibung umfassender therapeutischer Programme

Entzug (Entgiftung)
Bei einer körperlichen Abhängigkeit ist eine Entzugsbehandlung notwendig. Sie wird in Deutschland im Regelfall stationär durchgeführt, auf internistischen Stationen von Allgemeinkrankenhäusern, in Spezialstationen für Drogenabhängige oder in psychiatrischen Landeskrankenhäusern und dauert etwa eine bis drei Wochen. Nach Absetzen der Substanz entstehen innerhalb weniger Stunden Entzugserscheinungen, die von Patienten unterschiedlich wahrgenommen werden, von schmerzhaft und stark belastend bis eher mild und relativ problemlos. Nach drei bis zehn Tagen klingen die organisch bedingten Entzugssymptome ab (für konditionierte Entzugserscheinungen vergleiche Abschnitt 3.4). Der Entzug ist unter medizinischen Gesichtspunkten mit Ausnahme von Barbituratentzügen weitgehend komplikationslos, erfordert aber eine sorgfältige Überwachung. Bei Opiatabhängigen ist entweder ein Entzug ohne Medikamente üblich (sogenannter „kalter Entzug"), oder es werden die unterschiedlichsten Medikamente zur Beruhigung, Schmerzlinderung und Schlafförderung verabreicht. Die Entwicklung einer Abhängigkeit von einer neuen Substanz muß vermieden werden. Zur Entzugsbehandlung gehört auch die Diagnose und Behandlung von somatischen und psychiatrischen Begleit- und Folgeerkrankungen, da ein großer Teil der therapeutischen Einrichtungen für die anschließende Entwöhnungsbehandlung kein medizinisches Personal beschäftigt. Diese Maßnahmen verlängern häufig die Behandlungsdauer über das für den Entzug notwendige Maß hinaus. Die Abbruchrate ist mit etwa 30 bis 50 Prozent (De Jong, Bühringer, Kaliner, Kraemer & Henrich, 1978) hoch (zur Entgiftung vgl. Daunderer, 1990; Platt, 1995b; sowie für verschiedene Formen der Medikamentenabhängigkeit Zilker, 1993).

Lange Jahre galt eine Entzugsbehandlung ohne vorherige Motivierung und Verpflichtung des Patienten zur anschließenden langfristigen Entwöhnungsbehandlung wegen der hohen Rückfallrate (85–95 %; Platt 1995b) als Kunstfehler. Dies hat sich in den letzten Jahren unter der Zielsetzung, möglichst viele Drogenabhängige möglichst häufig in therapeutischen Kontakt zu bringen, deutlich verändert. Zur HIV-Prävention ist jedes drogenfreie Intervall wünschenswert, und sei es noch so kurz. Darüber hinaus ist es eine kostengünstige Behandlung, selbst wenn nur einige wenige Prozent von dieser Maßnahme allein drogenfrei werden. Die veränderte Sichtweise hat dazu geführt, daß Patienten heute auch ohne Selbstverpflichtung zur Weiterbehandlung in die Entzugsbehandlung aufgenommen werden („niederschwelliger" Entzug).

Psychotherapeutische Maßnahmen wie etwa Vorschläge zur Umstellung der Einnahmeform oder Maßnahmen zur Vermeidung von Rückfällen werden erst in letzter Zeit einbezogen, obwohl ein solches Programm bereits in den 80er Jahren erprobt wurde (de Jong et al., 1978; Kraemer & Feldhege, 1980). Damit soll der „Leerlauf", der häufig aufgrund der medizinischen Maßnahmen entsteht, psychotherapeutisch genutzt werden, auch mit dem Ziel der Motivierung für eine langfristige Behandlung, bzw. zumindest für weniger riskante Verhaltensweisen (etwa Umstellung von intravenöser auf orale Einnahme). Leider gibt es noch zu wenig Untersuchungen über eine solche Behandlung, um begrenzte psychotherapeutische Maßnahmen erweiterte Entzugsbehandlung. Die zweite Weiterentwicklung stellt die *ambulante Entzugsbehandlung* dar, die früher ebenfalls als Kunstfehler galt. In anderen Ländern bereits seit langem angewandt, in Deutschland erstmals um 1980 in einer Pilotstudie zur ambulanten Behandlung von Drogenabhängigen (Dehmel, Klett & Bühringer, 1986; Spies, Böhmer & Bühringer, 1992), wird sie in den letzten Jahren etwas häufiger durchgeführt. Ziel ist wiederum, möglichst viele Drogenabhängige für eine Behandlung zu motivieren, die zu einem stationären Aufenthalt nicht bereit sind.

Ambulante abstinenzorientierte Entwöhnungsbehandlung
Nach der Entzugsbehandlung ist eine mehrmonatige Behandlung notwendig, die in Deutschland mit dem Fachbegriff „Entwöhnungsbehandlung" bezeichnet wird. Ziel ist die Beendigung der psychischen Abhängigkeit, so daß es zu keinem Rückfall kommt, darüber hinaus die therapeutische Bearbeitung emotionaler und sozialer Probleme, die als Folge der langjährigen Abhängigkeit entstanden sind. Die ambulante Behandlung mit dem Ziel der Abstinenz wird wenig durchgeführt; in Deutschland galt sie lange als Kunstfehler. Im Gegensatz zur skeptischen Einschätzung der Fachwelt konnte in der oben genannten Pilotstudie zur ambulanten Behandlung von Drogenabhängigen gezeigt werden, daß zwei wichtige Zielgruppen erreicht werden:
1. solche Personen, die *noch nicht* zu einer stationären Behandlung bereit sind (zum Beispiel kurzzeitig Abhängige mit einer Dauer von etwa zwei bis drei Jahren) und
2. solche Personen, die aufgrund unterschiedlichster Bedingungen (z. B. mehrmals gescheiterte stationäre Behandlung) *nicht mehr* zu einer stationären Behandlung bereit sind.

Weiterhin sind die Ergebnisse insgesamt durchaus mit solchen stationärer Behandlung vergleichbar (siehe Abschnitt 4.4).

Die geringe Verbreitung ambulanter Therapie liegt auch daran, daß sie eine individuelle Therapiegestaltung erfordert, kaum in Gruppen durchgeführt werden kann, eine gute Ausbildung der Therapeuten voraussetzt und zumindest in den ersten Wochen intensiv mit täglichem Kontakt und kostenaufwendigen Urinproben durchgeführt werden muß. Dieser Aufwand war bis zur Regelung der Kostenerstattung für ambulante Behandlungen durch die Rentenversicherungsträger vor einigen Jahren nicht finanzierbar und verhinderte zusammen mit der mangelnden Bereitschaft der Therapeuten und ihrer mangelnden Ausbildung den Ausbau dieser Behandlungsform. Darüber hinaus besteht auch ein erheblicher Forschungsbedarf zur Optimierung ambulanter Entwöhnungsbehandlung.

Ambulante Substitution mit Methadon
Diese Behandlungsform ist heute am meisten wissenschaftlich untersucht und steht in vielen Ländern im Vordergrund. Allein in den USA wurden um 1987/89 etwa 80 000 der 100 000 behandelten Drogenabhängigen substituiert (Ball & Ross, 1991). Methadon wurde im Zweiten Weltkrieg in Deutschland als Schmerzmittel entwickelt. Dole und Nyswander haben damit 1963 ihre erste Studie zur Substitution bei Drogenabhängigen begonnen. Methadon ist ein synthetisches Opiat, das oral eingenommen werden kann (Vermeidung von injektionsbedingten Infektionen). Weiterhin hat es eine analgetische Wirkung und beendet Entzugserscheinungen, aber keine euphorische Wirkung, so daß der Drogenabhängige arbeits- und kontaktfähig bleibt. Bei einer ausreichend hohen Dosierung, die individuell eingestellt werden muß, hat die Einnahme weiterer (illegaler) Opiate keine zusätzliche Wirkung. In den ersten Untersuchungen verwendeten Dole und Nyswander (1965, 1966) eine hoch ausgewählte Klientel und eine therapeutisch intensive und strikt kontrollierte Form der Durchführung der Substitution. Die Behandlung war zunächst über einen Zeitraum von sechs Wochen stationär zur Einstellung der Methadondosis. Danach folgte eine mehrmonatige ambulante Phase II mit einem intensiven therapeutischen Kontakt zum Wiederaufbau alltäglicher Lebensbezüge. In der Phase III erhielten die Drogenabhängigen nur noch Methadon und sollten weitgehend sozial integriert sein. Urinkontrollen wurden in den ersten drei Monaten täglich (!) durchgeführt, später ein bis zweimal pro Woche. Patienten mit einem kontinuierlichen Gebrauch illegaler Drogen wurden aus dem Programm ausgeschlossen, ebenso solche Patienten, die sich nicht an die Regeln hielten. Die ersten Ergebnisse (Dole, Nyswander & Warner, 1968; Nyswander, 1967) waren im Vergleich zur damals üblichen Behandlung derart positiv, daß die Substitution innerhalb weniger Jahre zum wichtigsten Standardprogramm in den USA wurde.

Aufgrund der hohen Kosten der ursprünglichen Programmdurchführung und der fehlenden stationären Therapieplätze wurde das ursprüngliche Programm in den letzten 20 Jahren in zahlreichen Aspekten modifiziert: Die Aufnahmekriterien wurden reduziert, die stationäre Einstellungsphase aufgegeben, die täglichen Urinproben in den ersten drei Monaten abgeschafft oder auf weniger Stichproben reduziert. In zahlreichen Einrichtungen der USA ist das gesamte Programm auf die reine Abgabe des täglichen Methadons ohne jegliche soziale und psychotherapeutische Maßnahmen reduziert. Aufgrund der geringeren Selektion der Klientel, der geringeren Anforderungen an die Behandlung und des Abbaus von Ausschlußkriterien sind die Ergebnisse wesentlich schlechter gegenüber früher (für einen ausführlichen Überblick vgl. Platt, 1995b). Eine weitere Veränderung der Substitution wurde insbesondere in den Niederlanden mit dem Ziel niederschwelliger Programme durchgeführt, wobei die Auflagen zur Behandlung noch weiter reduziert und alle psychosozialen Begleitmaßnahmen bewußt weggelassen wurden. Um den Weg zur Therapieeinrichtung zu sparen, erfolgt die Vergabe teilweise durch einen in der Gemeinde fahrenden Bus. Begleitkonsum wird bis zu einem sehr hohen Maße toleriert.

Trotz der jetzt über 20jährigen Erfahrungen mit der Methadonsubstitution gibt es nach wie vor in vielen Ländern eine Diskussion über den Einsatz dieser Behandlung. Ein Aspekt beschäftigt sich grundsätzlich mit der Substitution. Es wird argumentiert, daß eine große Patientengruppe von ständiger (öffentlicher) pharmakologischer Unterstützung nahezu lebenslang abhängig sei und die Motivation für eine drogenfreie Behandlung entfalle. Zweites Thema sind Fragen der optimalen Durchführung. Hier geht es insbesondere darum, ob ein hochschwelliger Ansatz durchgeführt werden soll, mit strikter Selektion der Klientel, hohen Eingangskontrollen für die Behandlung, sorgfältiger Kontrolle des Beigebrauchs und Ausschluß bei Regelverstoß. Dies führt dazu, daß die Abbruchquoten steigen und insgesamt die Erreichbarkeit der Zielgruppe reduziert wird (zu dieser Kontroverse vgl. Ball & Van de Wijngaart, 1994 und die zahlreichen Kommentare in Heft 89 der Zeitschrift Addictions). Der andere Ansatz geht von einer möglichst „niederschwelligen" Zielsetzung aus, in der im Extremfall fast jeder Abhängige substituiert werden kann, der Beigebrauch nicht mehr zum Ausschluß führt und auf jegliche Motivierung zur zusätzlichen psychosozialen Behandlung und zur langfristigen Aufgabe der Substitution verzichtet wird. Die Erreichbarkeit von Patienten beziehungsweise die Haltequoten sind bei einem solchen Ansatz höher, doch werden gleichzeitig wesentlich stärkere Nebenwirkungen in Kauf genommen (größerer illegaler Methadonmarkt, hohes Risiko von Unfällen aufgrund von Überdosierungen bis hin zum erhöhten Todesfallrisiko, Weiterführung des Lebens eines Drogenabhängigen mit den üblichen Verhaltensweisen). Nach Platt (1995a) läßt sich die umfangreiche, vor allem amerikanische Forschung der letzten Jahre folgendermaßen zusammenfassen:
- Die Methadonsubstitution reduziert den Gebrauch von Heroin und anderer illegaler Substanzen sowie das kriminelle Verhalten in einer signifikant besseren Weise als dies für Patienten in einer Kontrollgruppe oder mit einer alleinigen Entgiftungsbehandlung zutrifft.

- Die Methadonsubstitution ist in den oben genannten Kriterien der drogenfreien ambulanten und stationären Behandlung gleichwertig.
- Die Abbruchquote ist bei der Methadonsubstitution im Vergleich zu allen anderen Behandlungsformen signifikant geringer (vgl. Roch, Küfner, Arzt, Böhmer & Denis, 1992).

Relativ wenig erforscht ist die langfristige Beendigung der Substitution. Eine zwangsweise Beendigung durch den Therapeuten führt in fast 100 Prozent der Fälle zu einem Rückfall. Es ist deshalb notwendig, in einem kontinuierlichen Prozeß Drogenabhängige zu einer allmählichen Reduzierung der Substitution bis hin zur Aufgabe zu bewegen, falls man das langfristige Ziel der Abstinenz weiter aufrecht erhält. Eine solche Reduzierung ist nur bei hoher sozialer Stabilisierung und emotionaler Distanzierung von der Drogenszene sinnvoll, da ansonsten aufgrund der dann zunehmend geringeren Effekte der Substanz der Begleitkonsum von illegalen Opiaten wieder zunimmt. Eine gute Übersicht über die wissenschaftliche Literatur und über Ergebnisse zur Gestaltung einzelner Merkmale der Substitution (z.B. Kriterien für die Aufnahme in das Programm, Dosierung der Substanz, Urinproben, Effekte von psychosozialen Begleitmaßnahmen u.ä.) geben Ball und Ross (1991), Gerstein und Harwood (1990), Platt (1995b) sowie Ward, Mattick und Hall (1992).

Stationäre Entwöhnungsbehandlung
Diese Form der stationären Behandlung ist ausschließlich abstinenzorientiert (bis auf die Ausnahme kurzzeitiger stationärer Behandlung zur Einstellung der Methadon-Dosis), dauert in der Regel 6 bis 12 Monate, früher auch bis zu zwei Jahren. Es lassen sich zwei zentrale Konzepte (und viele Übergänge) unterscheiden:
1. die Therapeutische Gemeinschaft als Selbsthilfeansatz ehemaliger Drogenabhängiger und einer teilweise lebenslangen Orientierung und
2. professionell geleitete stationäre Einrichtungen mit einem zeitlich befristeten therapeutischen Programm auf der Grundlage psychotherapeutischer Schulen.

Es gibt eine gewisse Begriffsverwirrung, da sich auch professionelle Einrichtungen als Therapeutische Gemeinschaften bezeichnen.

Die therapeutische Gemeinschaft geht auf amerikanische Ansätze in den sechziger und siebziger Jahren zurück, insbesondere auf die erste Therapeutische Gemeinschaft Synanon, die 1958 in Kalifornien von Charles Diederichs, einem ehemaligen Abhängigen mit zunächst 50 „Mitbewohnern" nach dem Konzept der Selbsthilfegruppen der Anonymen Alkoholiker gegründet wurde. Weitere bekannt gewordene Ansätze dieser Art sind die Phoenix- sowie Odysseehäuser, alle in den USA gegründet und teilweise auch in andere westliche Länder übertragen. Im Vergleich zu den USA hat allerdings der Selbsthilfeansatz in Deutschland für Drogenabhängige kaum Fuß gefaßt, weniger als fünf der etwa

100 stationären Einrichtungen für Drogenabhängige in Deutschland gehören zu diesem Typ. Gemeinsam waren den genannten Selbsthilfekonzepten in der Anfangszeit folgende Merkmale (für eine ausführliche Übersicht vgl. Platt, 1986; zur Geschichte vor allem Yablonsky, 1990):

- Hohe Aufnahmeschwelle mit einer intensiven Motivationsprüfung und absoluter Aufgabe aller sozialen Kontakte für einige Monate.
- „Kalter Entzug", d. h. Entzug ohne medikamentöse Unterstützung, aber mit starker emotionaler Hilfe durch die Mitbewohner.
- Absolutes Verbot des Gebrauchs irgendwelcher psychoaktiver Substanzen einschließlich Tabak.
- Leitung durch ehemalige Abhängige.
- Leben in einer stark autoritären Struktur mit genauen, statusbezogenen Hierarchien und einem System zur sukzessiven Erweiterung persönlicher Freiheitsrechte, materieller Vorteile und Statusverbesserungen.
- Strenges Bestrafungssystem für Regelverletzungen (z. B. Verlust von Privilegien bis hin zur Kopfrasur).
- Lebensnahe Beschäftigung in Arbeitsprojekten, die die fast ausschließliche Einnahmequelle der therapeutischen Gemeinschaft darstellen.
- Als therapeutische Maßnahme tägliche Gruppentreffen (zur Regelung administrativer Aspekte des Zusammenlebens) sowie im engeren psychotherapeutischen Sinn „Games" (eine Art Gruppentherapie) und „Trips" (zeitlich sehr lang angesetzte Gruppentreffen) mit stark konfrontativen Diskussionen über die drogenbezogenen Verhaltensweisen, Einstellungen und Äußerungen der einzelnen Mitglieder.
- Lebenslange Orientierung (bei Synanon).

Das Ziel des gesamten Konzepts ist es, nach einem abrupten und vollständigen Bruch mit den bisherigen drogenbezogenen Verhaltensweisen, Gedanken, Einstellungen und Bezugspersonen eine möglichst komplette Neuorientierung der gesamten Persönlichkeit zu erreichen, auf der Grundlage von Vorbildern, einem ausgeprägtem Regelsystem, und der emotionalen Hilfe der Mitbewohner. Alle ähnlichen Konzepte in den USA oder in den europäischen Ländern stellen Modifikationen des ursprünglichen Synanon-Programms dar in Hinblick auf
1. die Außenorientierung (stärkere Motivierung zum Verlassen der Therapeutischen Gemeinschaft nach Behandlungsende),
2. die Rigidität der Regeln und
3. die Einbeziehung professioneller Mitarbeiter (z. B. für psychiatrische Untersuchungen oder bestimmte Behandlungsmaßnahmen).

Während die Odysseehäuser eine externe wissenschaftliche Beurteilung weitgehend ablehnten, haben die Phoenixhäuser über längere Zeit eine unabhängige wissenschaftliche Abteilung mit externen Wissenschaftlern vorgehalten, deren Arbeiten, insbesondere von De Leon und Mitarbeitern, ein hohes wissenschaftliches Niveau erreicht haben und heute zu den führenden Untersuchungen über abstinenzorientierte Programme im englischsprachigen Raum gehören (vgl. Abschnitt 4.4.).

Sehr unterschiedlich haben sich die professionell geleiteten stationären Einrichtungen für Drogenabhängige entwickelt, vor allem in Deutschland, wo sie die überwiegende Mehrheit stellen. Es handelt sich vorwiegend um eklektizistische Ansätze, in denen verschiedene therapeutische Verfahren kombiniert werden (v. a. aus dem Bereich der Gestalttherapie und der „humanistischen" Psychologie) und die weitgehend ohne ein gemeinsames theoretisches Konzept zusammengestellt sind. Gesprächspsychotherapie wird ebenfalls häufig eingesetzt, während die tiefenpsychologischen Verfahren, vor allem die psychoanalytische Einzeltherapie, kaum eine Rolle spielen. Verhaltentherapeutische Prinzipien sind in fast allen therapeutischen Programmen zu finden, allerdings selten theoriegeleitet und häufig aufgrund mangelnder theoretischer Kenntnisse nicht „lege artis" durchgeführt. Trotz der umfangreichen verhaltenstheoretisch orientierten Forschung sind umfassende verhaltenstherapeutische Programme mit einer differenzierten Ausarbeitung selten zu finden.

Im folgenden sind für ein verhaltenstherapeutisches Programm die wichtigsten Maßnahmen den bereits in Abschnitt 1.3 genannten Funktions- und Entwicklungsstörungen als dem wichtigsten Teil des dort beschriebenen Abhängigkeitssyndroms gegenübergestellt (Bühringer 1994; für eine ausführliche Darstellung, vgl. Kraemer & De Jong, 1980). Die Übersicht zeigt, daß im Rahmen der Verhaltenstherapie ein differenziertes, individuell auf den einzelnen Patienten abgestimmtes, therapeutisches Programm notwendig ist, das im Vergleich zu eher eklektizistischen Programmen mehr Aufwand für die Diagnostik, Therapieplanung und Durchführung erfordert:

Psychische Funktionsstörungen	Therapeutische Maßnahmen
Wahrnehmungsstörungen	
– zahlreiche ursprünglich neutrale interne und externe Reize wirken als konditionierte Stimuli für abhängigkeitsbezogenes Verhalten (z.B. Entzugserscheinungen, Wunsch nach Drogen, Beschaffung, Konsum)	– Sammlung individueller Stimuli – Gedankenstop – Coverantenkontrolle – verdeckte Sensibilisierung – Ablehnungstraining
Gedächnisstörungen	
– starke Konzentrationsstörungen	– Aufgabenschwierigkeit steigern (mit Kontrakten)
Denkstörungen/Problemlösestörungen	
– langandauernde Perioden zwanghaft eingeschränkter Gedanken über Rauscherlebnisse, erneuten Konsum und geeignete Wege zur Beschaffung der Drogen – einseitige Problemlösung durch Flucht in erneute Drogeneinnahme	– Gedankenstop – Verhaltensalternativen üben – Problemanalyse und Entscheidungstraining

Sprachstörungen – eingeschränktes Sprachrepertoire für emotionale Äußerungen – abhängigkeitsbezogenes Sprachrepertoire (bei jungen Drogenabhängigen auch mit subkultuellen Begriffen)	– Löschung drogenbezogener Begriffe – Selbstkontrollverfahren
Emotionale Störungen – unausgeglichenes und nicht situationsangepaßtes impulsives Verhalten (verbal und körperlich aggressives Verhalten, Rückzugtendenzen, depressives Verhalten) – schnell wechselnde Stimmungen	– Selbstbeobachtung – Kommunikationsübungen – Rollenspiele
Motivationsstörungen – Geringe Kompromißfähigkeit – Geringe Fähigkeit zur Bewältigung schwieriger Situationen und langwieriger Aufgaben – Geringe Toleranz gegenüber verzögerten Erfolgserlebnissen – Geringe Fähigkeit im Umgang mit Mißerfolgen	– Zusammenstellung schwieriger Situationen – Rollenspiele – Kontrakte mit abgestufter Schwierigkeit
Störungen der Psychosomatik – Stark verlangsamte oder agitierte Psychosomatik (je nach pharmakologischer Wirkung der Substanzen)	– Symptomatik verschwindet nach längerer Abstinenz – Aktivierungsübungen

Entwicklungsstörungen im Bereich der Lebensführung	**Therapeutische Maßnahmen**
(Beginn des Substanzmißbrauchs bereits während der Pubertät oder im Jugendalter)	
– Altersunangepaßtes „kindisches" Verhalten (z.B. keine Übernahme von Verantwortung) – Fehlende Fähigkeit zu einer selbständigen Lebensführung – Fehlende oder abgebrochene Schul- und Berufsausbildung – Mangelnde Freizeitgestaltung – Fehlende oder lediglich drogenkonsumierende Bezugsgruppe – Fehlende Partnerschaften (oder nur zweckbezogen auf Drogenerwerb); häufig mit Partnerschafts- und Sexualstörungen verbunden	– Sammlung von Interessen (Beruf, Freizeit) – Rollenspielübungen (Bewerbungsgespräche, Kommunikation, Selbstsicherheit) – Partnerschafts- und Sexualtherapie abgestufte Dauer täglicher Arbeit (mit Punktesystemen) – Kontrakte (z.B. Verantwortung übernehmen)

Alle professionellen stationären Behandlungseinrichtungen kombinieren ihre Maßnahmen in unterschiedlicher Ausprägung mit den Prinzipien der Therapeutischen Gemeinschaft (Selbsthilfe-Konzept). Dazu gehören z.B. das gemeinsame Leben in einem nicht-medizinischen Setting, die gemeinsame Durchführung der Arbeiten zur Selbstorganisation (Reinigung, Organisation, teilweise auch Kochen), die Umstrukturierung des Tagesablaufes, möglichst realitätsnahe Beschäftigungen sowie die Mitwirkung der „Bewohner" an der Aufnahme, vorzeitigen Entlassung und Höherstufung von einzelnen Patienten. Zu allen therapeutischen Programmen gehören weiterhin soziotherapeutische Maßnahmen wie etwa Entschuldungshilfe, Hilfe bei der Beschaffung einer neuen Wohnmöglichkeit, der Wiedereinschulung oder der Beschaffung eines Arbeitsplatzes.

Als Entwicklungen der letzen Jahre, vor allem in Deutschland, lassen sich folgende Aspekte festhalten, die nur zum Teil empirisch begründet sind:
- *Verkürzung der stationären Therapiedauer von zunächst ein bis zwei Jahren auf heute überwiegend sechs bis zwölf Monate*
  Dazu kommen einige Kurzzeiteinrichtungen mit etwa drei Monaten. Allerdings ist es notwendig, die Verkürzung der stationären Behandlungsdauer durch eine Intensivierung und Verlängerung der Nachsorge im Sinne einer ambulanten Weiterbehandlung auszugleichen.
- *Höherer Anteil professioneller therapeutischer Merkmale zu ungunsten von Maßnahmen aus dem Selbsthilfekonzept*
  Zunehmend werden die in den achtziger Jahren eingeführten Maßnahmen aus dem Selbsthilfekonzept wie etwa die Mitbestimmung bei Aufnahme oder vorzeitiger Entlassung von Patienten, die Betonung der Gruppentherapie, die Hierarchisierung der Rechte und Pflichten sowie die (therapeutische) Gleichbehandlung aller Patienten zugunsten einer stärker individuell orientierten und professionell geleiteten Behandlung reduziert.
- *Individualisierung der Behandlung* (Bühringer, 1990 a)
- *Gemeindenähe*
  Während stationäre Einrichtungen für Drogenabhängige um 1970 bewußt weit entfernt von Städten gegründet wurden, wird heute stärker auf eine räumliche Anbindung an Schul-, Arbeits- und Freizeitmöglichkeiten geachtet, um eine zu starke Isolierung zu vermeiden.
- *Vorbereitung auf die Zeit nach Ende der stationären Behandlung*
  Während sich die frühen stationären Programme mehr oder weniger auf das Zusammenleben in der Einrichtung im Sinne einer lebenslangen Gemeinschaft konzentriert haben, geht die Orientierung heute stärker auf die Vorbereitung eines drogenfreien und selbständigen Lebens nach Ende der Behandlung. Dazu gehören vor allem Maßnahmen zur Rückfallprävention beziehungsweise zum Umgang mit Rückfällen, die sukzessive Wiedereingliederung in alltägliche Lebensumstände (Unterkunft, Arbeit und Freizeit) sowie die frühzeitige Beschäftigung mit möglichen Problemen und Konflikten in der späteren Lebensumwelt.

Sonstige medikamentöse Behandlungsformen

Bereits seit einigen Jahren wird mit dem in Deutschland jedoch nicht verkehrsfähigen Betäubungsmittel LAAM (Levo-Alpha-Acetyl-Methadol Hydrochlorid) experimentiert, einem synthetischen Analgetikum mit den Charakteristika des Methadons, aber einer Langzeitwirkung bis zu 72 Stunden. Die tägliche Einnahme kann auf dreimal pro Woche reduziert werden, was eine erhebliche Erleichterung für die Patienten und eine deutliche Kosteneinsparung für therapeutische Einrichtungen darstellt. Untersuchungen zeigen, daß diese Substanz eher für stabile Patienten mit einem geringeren therapeutischen Kontakt geeignet ist (für eine Übersicht vgl. Platt, 1995b). Ein anderer medikamentöser Ansatz, der zwar recht gut erforscht ist, bis heute aber wenig eingesetzt wird, ist die Behandlung mit einem Opiat-Antagonisten, zum Beispiel Naltrexon. Die Substanz bindet die Opiatrezeptoren im Gehirn, so daß es bei abstinenten Personen zu keiner Wirkung bei einer erneuten Opiateinnahme kommt. Damit soll sowohl die operante Konditionierung (durch Fehlen positiver Konsequenzen) als auch die klassische Konditionierung (durch fehlende Koppelung positiver Reaktionen mit neutralen Umgebungsreizen) gelöscht werden. Die Behandlung mit Naltrexon erfordert eine drogenfreie Zeit von etwa fünf bis zehn Tagen, damit kein Entzugssyndrom entsteht, da bei drogenabhängigen Personen die Rezeptoren ebenfalls gebunden werden, so daß das Opiat nicht mehr ansetzen kann. Danach erfolgt üblicherweise eine zweimalige orale Gabe der Substanz pro Woche. Die Ergebnisse zeigen, daß diese Behandlung ebenfalls für sozial stabilisierte Personen mit einer hohen Motivation geeignet ist, da es ansonsten genügt, die Substanz wenige Tage abzusetzen, damit die Wirkung eines Opiatkonsums wieder erlebt wird (für eine ausführliche Darstellung der Opiat-Antagonisten und ihrer Wirkung vgl. Ladewig, 1994 und Platt, 1995b).

4.4 Effektivität der Behandlung

Methodische Probleme
Wissenschaftliche Untersuchungen über Therapieergebnisse bei Drogenabhängigen sind mit zahlreichen Schwierigkeiten verbunden:
- *Mangel an experimentellen Studien*
  Experimentelle Studien mit einer Zufallszuordnung sind äußerst selten. Dies hat damit zu tun, daß Drogenabhängige immer eine umfassende Intervention benötigen, die zumeist nur im Rahmen vorhandener Institutionen durchgeführt werden kann. Soweit experimentelle Studien vorliegen, befassen sie sich vor allem mit der Wirksamkeit einzelner isolierter Verfahren (z.B. Löschung von drogenbezogenen konditionierten Auslösern) im Bereich der Verhaltenstherapie oder der Methadonsubstitution (z.B. Veränderungen der Dosis oder der Häufigkeit der Urinproben). Alle vorhandenen großen Untersuchungen unter Einbeziehung mehrerer Programme sind Feldstudien.
- *Fehlende Kontrollgruppen*
  Aus praktischen und ethischen Gründen gibt es bei fast keiner der wenigen experimentellen Untersuchungen unbehandelte Kontrollgruppen. Zum einen ist die Motivation zur Behandlung instabil, so daß die Patienten sofort den Kontakt aufgeben, wenn sie auf eine Warteliste gesetzt werden. Darüber hinaus ist die Weiterführung des Drogenkonsums mit zahlreichen

Risiken behaftet, so daß die zeitweilige Nichtbehandlung eines motivierten Drogenabhängigen ethisch nicht zu rechtfertigen ist. Methodisch problematisch ist die Verwendung von Drogenabhängigen aus der Drogenszene für eine Kontrollgruppe, da die Bereitschaft zum Beginn einer Behandlung ein wichtiger Prognosefaktor für den Therapieerfolg ist.

- *Unterschiedliche Therapieziele und Erfolgskriterien*
Ein methodisches Problem stellt der Vergleich abstinenzorientierter Programme mit Substitutionsprogrammen dar. Im ersten Fall ist die Behandlung auf eine bestimmte Zeit beschränkt, Drogenfreiheit ist unmittelbares Therapieziel. Bei den Substitutionsprogrammen zeigt die therapeutische Erfahrung, daß Drogenabhängige nahezu lebenslang, zumindest aber über Zeiträume von 5 bis 10 Jahren substituiert werden müssen. Während die Zielkriterien im Bereich der Legalitätsbewährung und sozialen Integration bei beiden Therapieorientierungen gleich sind, entfällt das Kriterium der Abstinenz. Bei der Methadonsubstitution wird es durch das Kriterium der Abstinenz von allen Substanzen außer der Substitutionssubstanz ersetzt. Vergleiche werden durch den unterschiedlichen therapeutischen Aufwand (einige Monate vs. Zeiträume von bis zu zehn Jahren) zusätzlich erschwert. Aber auch innerhalb der Abstinenz- bzw. Substitutionsprogramme gibt es Diskrepanzen in bezug auf die Therapieziele und damit auch die Erfolgskriterien: Z. B. werden je nach Studie gelegentliche kurze Rückfälle („lapses") oder der Konsum weniger riskanter Drogen wie etwa Haschisch unterschiedlich gewertet.

- *Hohe Datenausfälle bei Katamneseuntersuchungen*
Aufgrund der hohen Rückfallquoten und der damit verbundenen Fortführung des illegalen Verhaltens sowie der teilweise unregelmäßigen Lebensführung sind Katamneseuntersuchungen bei Drogenabhängigen schwierig. Ausfallquoten von bis zu 50 Prozent sind keine Seltenheit. Darüber hinaus ist bei punktuellen Katamneseuntersuchungen die Bestimmung der Drogenfreiheit, insbesondere über zurückliegende Zeiträume, problematisch. Nur ein Teil der Untersuchungen arbeitet zusätzlich mit objektiven Verfahren (z. B. Urinproben) bzw. mit Beurteilungen Dritter (z. B. Krankenakten für die Wiederaufnahme der beruflichen Tätigkeit oder Justizakten zur Kontrolle erneuter Straffälligkeit).

- *Unterschiedliche Berechnungsformen für das Therapieergebnis*
Die geringen Ausschöpfungsquoten bei Katamneseuntersuchungen erschweren auch die Vergleichbarkeit der Methodik zur Erfolgsberechnung, da die nicht erreichten Patienten unterschiedlich in die Berechnung einbezogen werden. Im Extremfall werden nur die planmäßig entlassenen und in der Katamneseuntersuchung erreichten Patienten als Grundgesamtheit für den Therapieerfolg verwendet; man erhält dann Erfolgsquoten von 80 bis 90 Prozent. Im anderen Extrem werden alle Patienten, die die Behandlung begonnen haben, als Grundgesamtheit verwendet und konservativ alle

nicht erreichten Patienten in der Katamneseuntersuchung als Mißerfolg gewertet; dann liegt die Erfolgsquote bei etwa 20 bis 25 Prozent. Die Deutsche Gesellschaft für Suchtforschung und Suchttherapie hat deshalb in ihren Dokumentationsstandards (1992) verschiedene standardisierte Berechnungsformen ausgearbeitet, die es erlauben, den unbekannten „wahren Wert" für planmäßige und vorzeitig entlassene Patienten in Form eines Schwankungsbereichs zu errechnen. Durch die ausgewählten vier Berechnungsformen lassen sich Therapieergebnisse vergleichen, vorausgesetzt, daß sie einheitliche Erfolgskriterien verwenden. Auch hierfür liegen Standards in der genannten Publikation vor.

Wichtige Untersuchungen
Es gibt in den USA und in Deutschland einige große multizentrische Feldstudien, die zwar in ihren Ergebnissen schwer vergleichbar sind, aber doch zumindest innerhalb jeder Studie über mehrere Therapieeinrichtungen vergleichbare Ergebnisse erbracht haben. Dazu kommen einige Studien über einzelne Therapieprogramme, die aufgrund ihrer methodischen Anlage wichtig sind. In Tabelle 5 sind einige zentrale Studien aus den USA zusammengestellt, in Tabelle 6 aus Deutschland. Über weitere europäische Untersuchungen, vor allem in der Schweiz und in Großbritannien, informieren u. a. Kleiner (1987); Feuerlein, Bühringer und Wille (1989).

Die amerikanischen Ergebnisse zeigen relativ vergleichbare Werte für die verschiedenen Formen der Behandlung, weiterhin recht gute langfristige Ergebnisse, etwa zehn Jahre nach der Indexbehandlung. Dabei ist allerdings zu berücksichtigen, daß in dieser Zeit ein großer Teil der Patienten mehrfach in Behandlung war. Die langfristige Stabilität bezieht in der Regel neben dem Drogenkonsum auch die Legalitätsbewährung ein, wobei die Daten in Klammern die Ergebnisse bei weniger strengen Erfolgskriterien bedeuten. Minimale Interventionsformen, die zum Teil einer Kontrollgruppe gleichkommen, wie etwa die Gruppe mit einer bloßen Aufnahme ohne Behandlungsbeginn (A) sowie mit einer reinen Entgiftungsbehandlung (E), erbringen deutlich schlechtere Ergebnisse und geben zumindest einen Hinweis darauf, daß die Therapie von Drogenabhängigen einen Effekt hat, der deutlich über der Spontanremission liegt.

Bei den deutschen Studien ist zunächst auffällig, daß es sich nahezu ausschließlich um die Evaluation *stationärer Behandlung* handelt, was auch den Schwerpunkt der therapeutischen Einrichtungen in Deutschland widerspiegelt. Nur je eine Studie zur ambulanten Behandlung beziehungsweise zur Methadonsubstitution liegt bisher vor. Die Erfolgskriterien in bezug auf den Substanzmißbrauch sind in der Regel wesentlich schärfer als in den USA. Trotzdem erscheinen die Ergebnisse im Durchschnitt besser als in den USA, wobei schlüssige Erklärungen für diese Unterschiede nicht vorliegen. Etwa ein Drittel der

Tabelle 5: Wichtige US-amerikanische Studien zur Therapieevaluation bei Drogenabhängigen (nach Tims et al., 1991; übersetzt u. ergänzt)

Studie und Wissenschaftler	Beschreibung	Stichprobe	Einrichtungs-/ Behandlungstyp	Therapiedauer	Haltequote (Zeit)/ Planmäßiges Therapieende	Langfristige Stabilität <= 1 Jahr	2–4 Jahre	6–12 Jahre
1. Lebensläufe von Drogenabhängigen Vaillant (1973, 1989)	Langzeitstudie von behandelten Männern (1952) mit Katamnesen bis zu 18 Jahren	100 Männer	STB	22 W (P)	–	–	41 %	23 % (18 J.: 35.%)
2. California Civil Addict Program (CAP) Anglin (1988)	Evaluation justitiell angeordneter Behandlung (Behandlung 1962–1964)	1974–1976: Nachuntersuchung von 949 Patientenzugängen	STB und Bewährungsauflage	1–2 J Behandlung im Gefängnis, dann Bewährung; insgesamt 7 J (P)	–	–	–	7 Jahre: 36.% vs. 28.% (KG) 11–13 Jahre: 57.% vs. 46.% (KG)
3. Evaluation des Phoenix House De Leon (1991), De Leon & Ziegenfuss (1986)	Evaluation stationärer Einrichtungen (Behandlung 1970–1971 und 1974 sowie Katamnesen nach 2 und 5 Jahren) sowie andere Studien ähnlicher Art	525 Patienten aus 2 Einrichtungen	STB	18–24 M (P)	10–25.% (1 J)/10–15.%	–	siehe DARP	–
4. Drug Abuse Reporting Program (DARP) Simpson & Sells (1982, 1990)	Langzeitevaluation öffentlich geförderter Einrichtungen (Behandlung 1969–1974) sowie Katamnese nach 6 und 12 Jahren	1969–1973: Aufnahmedaten von 43.943 Patienten aus 52 Einrichtungen, 1975–1979: 6-Jahres-Katamnese mit 4.627 Patienten, 1982-193; 12-Jahres-Katamnese mit 490 Patienten	A, E, MM, AB, STB	A: (variabel) E: ~2–8 W MM: ~12 M AB: ~ 4 M STB: ~ 4 M	– (variabel)	A: 14.% (27.%) E: 15.% (25.%) MM:27.% (41.%) AB: 24.% (33.%) STB: 28.% (40.%)	3 J: 14.% (37.%)	6 J': 12.% (39.%) 12 J': 11.% (30.%)

Tabelle 5: Fortsetzung

Studie und Wissenschaftler	Beschreibung	Stichprobe	Einrichtungs-/ Behandlungstyp	Therapiedauer	Haltequote (Zeit)/ Planmäßiges Therapieende	Langfristige Stabilität <= 1 Jahr	2–4 Jahre	6–12 Jahre
5. Treatment Alternatives To Street Crime (TASC) Cook & Weinmann (1988)	Evaluation der stationären Behandlung unter justitiellem Druck in Routineprogrammen ab 1972	–	–	–	in TOPS-Studie enthalten	–	–	–
6. Treatment Outcome Prospective Study (TOPS) Hubbard et al. (1984, 1986, 1989)	Langzeitevaluation öffentlich geförderter Einrichtungen (Behandlung 1979–1981) mit Katamnesen nach 3 Monaten und 1, 2 und 3–5 Jahren	1979–1981: Zugangsdaten über 11.750 Patienten aus 41 Einrichtungen, 1981–1982: 3-Monats-Katamnese (1.223 Patienten), 1-Jahres-Katamnese (2.383 Patienten), 2-Jahres-Katamnese (807 Patienten)	E, MM, AB, STB	MM: 38 W (D) AB: 15 W (D) STB: 21 W (D)	MM: 34.% (> 1 J)/– AB: 7.% (> 1 J)/– STB: 13.% (> 1 J)/–	–[2]	–[2]	–[2]
7. Methadon-Studie (EMMT) Ball & Ross (1991)	Längsschnittstudie von Patienten in Methadon-Behandlung (1985–1986) und Katamnesen nach 1 Jahr	617 männliche Patienten aus 6 Einrichtungen (Katamnesestichprobe: 107 Patienten)	MM	48 W (D)	38.% (1 J)/–	18–30.%	–	–

[1] keine Unterschiede mehr zwischen den verschiedenen Behandlungsmodalitäten, [2] keine vergleichbaren Ergebnisberechnungen vorhanden
A: nur Aufnahme (1 Tag), E: Entgiftung, MM: Methadon-Substitution, AB: ambulante drogenfreie Behandlung, STB: stationäre Behandlung (P: Planmäßige Dauer, D: Durchschnittliche Dauer, W: Woche, M: Monat, J: Jahr, KG: Kontrollgruppe

Tabelle 6: Wichtige deutsche Studien zur Therapie-Evaluation bei Drogenabhängigen

Studie und Wissenschaftler	Beschreibung	Stichprobe	Einrichtungs-/ Behandlungs-typ	Therapie-dauer (Wochen)	Haltequote (Zeit)/ Planmäßiges Therapieende	Langfristige Stabilität		
						< = 1 Jahr	2-4 Jahre	6-12 Jahre
1. Verhaltenstherapeutische Behandlung DeJong & Bühringer (1978), Klett (1987)	Therapieverlauf und Langzeitergebnisse (1, 3, 6, 12, 24 Monate und 8 Jahre)	99/89 Patienten (Behandlung 1972–1975), min. 7 Tage Therapie (Ausschluß: 10 %)	STB	17 (D)	–24 %	37 %	32 %	24 % (31 %) (5–10 Jahre)
2. Hammer Modell Raschke & Schlihe (1985), Raschke & Rometsch (1987)	Katamnese-untersuchung	264/218 Patienten (Behandlung 1970–1982), min. 1 Monat Therapie (Ausschluß: 18 %)	STB	28 (D)	–42 %	–	–	27 % (36 %) (1–12 Jahre)
3. EBIS-Dokumentationssystem Simon, Bühringer & Strobl (1992), Simon et al. (1993)	Routine-Dokumentationssystem für ambulante Einrichtungen in Deutschland	seit 1980, derzeit etwa 100.000 Patienten pro Jahr aus etwa 500 Einrichtungen, davon (1992) Drogenabhängige: 17 %, Medikamentenabhängige: 3 %	AB	–	–40 % Alle Gruppen)	–	–	–
4. Pilotstudie zur ambulanten verhaltenstherapeutischen Behandlung Spies, Böhmer & Bühringer (1992)	Therapieverlauf und Katamneseergebnisse (6 Monate)	78 Patienten (Behandlung 1983–1987)	AB	(24 (D)	–33 %	18 %	–	–
5. Münchner Multizentrische Evaluationsstudie (MTES) Hanel (1992), Herbst 1992 a)	Multizentrische Studie zur Prognose von Therapieabbruch und Katamnese-Status (3, 12, 24 und 48 Monate)	304 Patienten (Behandlung 1985–1987) aus 13 Einrichtungen	STB	16–80	–47 %	29–35 %	–	–

Drogen- und Medikamentenabhängigkeit 569

Tabelle 6: Fortsetzung

Studie und Wissenschaftler	Beschreibung	Stichprobe	Einrichtungs-/ Behandlungs-typ	Therapie-dauer (Wochen)	Haltequote (Zeit)/ Planmäßiges Therapieende	Langfristige Stabilität		
						< = 1 Jahr	2–4 Jahre	6–12 Jahre
6. Stationäre Krisen-intervention Küfner et al (1992, 1993 a)	Multizentrische Studie zur Analyse und Prognose des Therapieabbruchs	8.800 Patienten (Behandlung 1987–1993) aus 34 Einrichtungen	STB	26 (D)	–28 % (9–66 %)	–	–	–
7. Nordrh.-westf. Erprobungsvorhaben Methadon Ministerium für Arbeit, Gesundheit und Soziales NRW (1993)	Therapieverlauf und -erfolg	247 Patienten (Behandlung 1987–1992) in 8 Standorten	MM		16–228	62 % (3 J)/ 2 %	–	–
8. Stationäre Behand-lung von Drogen-abhängigen Kampe & Kunz (1985)	Katamnese-ergebnisse	108 Patienten	STB	108–124	25 %	–	14 %	–
9. Therapie unter Freiheitsentzug Melchinger (1989)	Therapieverlauf und Katamnese-ergebnisse im Maßregelvollzug (Behandlung; 1981–1986)	64 Patienten	STB	≥36 %	–35 %	–	31 %	–

A: nur Aufnahme (1 Tag), E: Entgiftung, MM: Methadon-Substitution, AB: ambulante drogenfreie Behandlung, STB: stationäre Behandlung, P: Planmäßige Dauer, D: Durchschnittliche Dauer, J: Jahr

Patienten hat über längere Katamnesezeiträume einen abstinenten und stabilen Status. Interessant in der multizentrischen Studie von Küfner et al. (1993) ist die Schwankungsbreite planmäßiger Therapiebeendigung zwischen den beteiligten 34 Einrichtungen (9–66 %). Da das planmäßige Therapieende neben der Therapiedauer einer der wichtigsten prognostischen Faktoren für den langfristigen Therapieerfolg ist (vgl. Herbst, 1992b), werden mit hoher Sicherheit die langfristigen Ergebnisse, die in dieser Studie nicht untersucht wurden, ebenfalls zwischen den Therapieeinrichtungen variieren.

Differentielle Effekte
Trotz der großen Zahl von Evaluationsstudien gibt es noch wenige Hinweise darauf, welche therapeutischen Maßnahmen bzw. Rahmenbedingungen einen Effekt auf die durchschnittlichen Ergebniswerte haben. Erschwerend kommt hinzu, daß die meisten der im folgenden zusammengestellten Informationen durch korrelationsanalytische Untersuchungen an großen Stichproben erhoben wurden, deren Ergebnisse (Hypothesen) nur selten kreuzvalidiert wurden. Allerdings findet sich ein Teil der Ergebnisse in zahlreichen Studien, so daß dies zumindest einen Hinweis auf die Gültigkeit der Zusammenhänge gibt. Das Problem der gesamten Analyse differentieller Effekte liegt unter anderem auch daran, daß es sich zumeist um sehr komplexe Therapieprogramme handelt, bei denen die Wirksamkeit einzelner Bestandteile schwer zu isolieren ist. Folgende Faktoren haben einen positiven Effekt auf die Behandlungsergebnisse:
- Langzeitorientierung bei der Methadonsubstitution (zumindest 2–4 Jahre), eher hohe Dosierung sowie zusätzliche psychotherapeutische und soziale Angebote (Ball & Ross, 1991).
- Justitielle Auflagen zum Antritt bzw. zum Verbleib in der Behandlung; anschließende langfristige Bewährungsauflagen (5–7 Jahre), verbunden mit intensiver Supervision und Möglichkeiten zur erneuten Behandlung (Anglin, 1988; Bühringer, 1991; Melchinger, 1989; Simpson, 1990).
- Soziale Unterstützung durch die Familie oder Gemeinde (Hall, Wasserman & Havassy, 1991).
- Individualisierte Auswahl der Therapiemaßnahmen unter Einbeziehung des Patienten (Vollmer, Ferstl & Ellgring, 1992).
- Löschung von konditionierten Auslösereizen für Rückfall (O'Brien, Childress & McLellan, 1991).

4.5 Behandlung unter justitiellen Zwängen

Erwerb, Handel und Besitz von illegalen Drogen sind strafbar, dazu kommen zahlreiche illegale Handlungen zur Deckung des hohen Geldbedarfes. Drogenabhängige sind zugleich behandlungsbedürftig und kriminell und somit immer Gegenstand des therapeutischen und justitiellen Systems. Diese beiden Systeme haben unterschiedliche Interessen und Zielsetzungen, und die Gefahr ist groß, daß die therapeutischen Interessen zu kurz kommen, wie etwa bei einem langjährigen Strafvollzug ohne therapeutische Betreuung. Es gab immer wieder Versuche, die beiden Systeme optimaler aufeinander abzustimmen, zuletzt in Deutschland im Rahmen einer umfangreichen Reform des Betäubungsmittelgesetzes 1981, in der unter dem Schlagwort „Therapie statt Strafe" mehrere Möglichkeiten geschaffen wurden, den Vollzug einer drohenden beziehungsweise bereits ausgesprochenen Strafe zugunsten eines therapeutischen Aufenthaltes zurückzustellen.

Die Überlegungen zum Einsatz justitieller Sanktionen unter therapeutischen Gesichtspunkten haben in den letzten Jahren eine zusätzliche Aktualität durch das hohe Risiko einer HIV-Infektion aufgrund langjährigen Drogenmißbrauchs erhalten. Es wird stärker als früher versucht, Drogenabhängige möglichst frühzeitig therapeutisch zu betreuen. Das Dilemma besteht darin, daß bei einer kurzen Abhängigkeitsdauer die positiven gegenüber den negativen Konsequenzen überwiegen und nur punktuell eine Bereitschaft zur Behandlung besteht. In diesem Zusammenhang entstanden Überlegungen, inwieweit durch justitiellen Druck Drogenabhängige zu einer Behandlung motiviert werden können. Unter anderem sollen folgende Ziele erreicht werden:
1. frühzeitigerer Behandlungsbeginn,
2. Sicherstellung von Verhaltensänderungen während der Behandlung, die für eine langfristige Abstinenz notwendig sind, u. a. durch Erhöhung des Anteils von Personen mit planmäßiger Beendigung der Therapie und
3. Sicherstellung langfristiger Stabilität nach Ende der Behandlung.

Eine Behandlung als Alternative zu einem Gefängnisaufenthalt kann dazu dienen, daß Drogenabhängige für eine gewisse Zeit erstmals den therapeutischen Alltag, die Mitarbeiter sowie ein drogenfreies Leben nach Jahren des Drogenkonsum kennenlernen. Das ist vor allem bei jungen Drogenabhängigen wichtig, die noch nie oder nur wenig in Behandlung waren und möglicherweise über Erzählungen Dritter negative Vorurteile aufbauen. Justitielle Zwänge können so dazu beitragen, die abhängige Lebensweise zumindest versuchsweise und für zeitlich definierte Fristen zu unterbrechen. Der Vorteil besteht weiterhin darin, daß sie noch in der Anfangszeit der Therapie weiterwirken, wenn aufgrund der raschen Fortschritte (Abstinenz, Beendigung der Erkrankungen) die Motivation für die Fortführung der Behandlung ambivalent wird, so daß es zu hohen Abbruchquoten kommt. Durch dieses zeitlich befristete, abstinente Leben in einer therapeutischen Einrichtung haben Drogenabhängige überhaupt die Chance, zwischen den „Vorteilen" einer Fortführung des Drogenkonsums und den Vorteilen eines drogenfreien Lebens abwägen zu können. Diese Zeit gibt auch Therapeuten die Möglichkeit, mit kognitiven Verfahren dieses Abwägen der zukünftigen Lebensweise mit dem Ziel einer Abstinenz zu beeinflussen (für eine ausführliche Darstellung der Argumentation vgl. Bühringer, 1991).

Voraussetzung für den Einsatz justitieller Zwänge unter therapeutischen Gesichtspunkten ist neben der Klärung zahlreicher ethischer Überlegungen vor allem der Nachweis der Wirksamkeit im Hinblick auf die klassischen Parameter für den Erfolg einer Behandlung, nämlich die Reduzierung der Abbruchquote, die Verbesserung der langfristigen Abstinenzquote, die Verbesserung der Legalbewährung und der sozialen Integration. Die Forschung in den USA, die bereits um 1961 im Rahmen des „Californian Civil Addict Program, CAP" (intensive Bewährungsauflage nach Strafvollstreckung) und später im „Treatment Alternatives to Street Crime, TASC" Programm (Überleitung in eine Therapieeinrichtung als Alternative zum Strafprozeß bzw. zur Strafvollstreckung) begonnen wurde, sowie die Untersuchungen zum Maßregelvollzug und zu den Auswirkungen der §§ 35 und 37 des Betäubungsmittelgesetzes in Deutschland (Therapieaufenthalt als Alternative zur Einleitung eines Strafprozesses bzw. als Alternative zur Strafvollstreckung bis zu einer Maximalstrafe von 2 Jahren) zeigen übereinstimmend folgende Ergebnisse (für eine Übersicht der amerikanischen Literatur vergleiche Platt, 1995 a; für die Literatur in Deutschland Bühringer, 1991; Egg, 1992; Kurze, 1993; Stosberg, Pfeiffer-Beck & Lungershausen, 1985):
- Die Ergebnisse für Drogenabhängige, die unter justitiellen Zwängen in Behandlung waren, sind entgegen früherer Erwartungen nicht schlechter als diejenigen für Patienten ohne solche Zwänge, sondern zumindest vergleichbar, obwohl diese Patientengruppe eine schlechtere Prognose hat (höhere primäre Kriminalitätsrate, mehr Verwahrlosungstendenzen, weniger Bereitschaft zur Behandlung). Es bestehen einige Hinweise, daß sogar die Abbruchquote geringer, die Legalitätsbewährung besser, der Substanzmißbrauch geringer und insgesamt die langfristige Stabilität besser ist.
- Positive Ergebnisse sind davon abhängig, daß das justitielle System qualifiziert und mit einem guten Personalschlüssel arbeitet: Zum Beispiel zeigen die Ergebnisse des Californian Civil Addict Program, daß eine langfristige Bewährungsauflage nach Ende der Behandlung (5 bis 7 Jahre) nur dann positive Ergebnisse bringt, wenn gut ausgebildete Bewährungshelfer mit einem hohen Zeitaufwand und einem guten Personalschlüssel für jeden einzelnen Drogenabhängigen zur Verfügung stehen. Sind eine qualifizierte Betreuung und eine sorgfältige Vorbereitung solcher Programme nicht gegeben, scheitern sie, wie etwa in New York (Platt, 1995 a).
- Die Behandlung von Abhängigen, die aufgrund justitiellen Drucks in die Behandlung kommen, wird für die Therapeuten zumindest in der Anfangszeit deutlich schwieriger. Dies bedeutet, daß gut ausgebildete Therapeuten mit einem verbesserten Personalschlüssel zur Verfügung stehen müssen, um die zumeist fehlende Anfangsmotivation durch geeignete kognitive

Verfahren mit dem Ziel der Auseinandersetzung des Patienten mit seiner Situation und seiner Bereitschaft zur Aufgabe des Drogenkonsums zu fördern. Insgesamt sind justitielle Zwänge nur dann sinnvoll, wenn sie mit einem qualitativ und quantitativ hochstehendem therapeutischen Angebot verbunden sind.

Trotz positiver Ergebnisse bleiben zahlreiche Fragen offen. Es ist unbekannt, ob durch justitielle Zwänge Drogenabhängige frühzeitiger erreicht werden können. Weitgehend unerforscht sind mögliche differentielle Effekte im Hinblick auf die Art und Dauer justitieller Zwänge einerseits und bestimmter Patientenmerkmale andererseits, so daß insgesamt noch ein erheblicher Forschungsbedarf besteht.

4.6 Indikation und Prognose

Dieser Abschnitt befaßt sich mit Patientenvariablen, die für den Therapieerfolg prognostisch günstig sind. Die Forschung dazu ist im Drogenbereich relativ neu und wird für die Zuordnung von Patienten zu Therapiemaßnahmen unter dem Schlagwort „matching" vor allem in der amerikanischen Literatur geführt. Forschungsmethodologisch ist dieser rein statistisch orientierte Ansatz bei der Vielzahl der Patientenvariabeln und Therapiealternativen äußerst kompliziert, so daß es bis heute mehr theoretische als empirische Arbeiten dazu gibt (für eine Übersicht siehe Miller & Hester, 1986 sowie Platt, 1995 a). Auch hier gilt, daß die meisten Variablen in multizentrischen Studien im Sinne von Hypothesen erfaßt wurden. Wegen der Vielzahl der Studien ist allerdings für eine ganze Reihe von Faktoren anzunehmen, daß sie auch prospektiv bestätigt werden könnten, wobei insgesamt die Aussagekraft für die klinische Praxis eher gering ist:

- Eine negative Prognose haben jüngere Patienten (Vollmer, Ellgring & Ferstl, 1992) sowie solche mit einem sehr niedrigen Einstiegsalter in den Heroinkonsum (Ball & Ross, 1991); weiterhin Patienten mit einem geringeren sozioökonomischen und sozialen Status (McLellan & Alterman, 1991), mit psychiatrischen Störungen (Jainchill & DeLeon, 1992) sowie mit einer kriminellen Entwicklungsgeschichte (Nurco, 1992).
- Im Verlauf der Behandlung haben Patienten mit einer hohen Craving-Symptomatik einen schlechtere Prognose (Kampe & Kunz, 1992).
- Eine gute Prognose haben Patienten, die zur ambulanten Behandlung regelmäßig erscheinen (Ball & Ross, 1991), bei denen sich aus subjektiver und objektiver Sicht eine Verbesserung der Problemlage im Therapieverlauf ergibt, die die Behandlung planmäßig beenden, die länger behandelt werden und eine Nachsorge sofort nach Ende der stationären Therapie beginnen (Herbst, 1992 b).

Die beiden wichtigsten und über alle Studien stabilsten prognostischen Faktoren sind die planmäßige Beendigung der Behandlung sowie eine möglichst lange drogenfreie Zeit während und nach Ende der Behandlung. Therapieabbrecher mit einer Verweildauer unter sechs Monaten haben einen wesentlich schlechteren Behandlungserfolg als solche mit mehr als 6 Monaten (Roch et al., 1992). Die planmäßige Therapiebeendigung verdoppelt darüber hinaus die Wahrscheinlichkeit eines langfristigen positiven Ergebnisses (von etwa 20 Prozent bis 30 Prozent auf etwa 60 Prozent bis 80 Prozent; z. B. Klett, 1987). Nach etwa zwei Jahren Abstinenz (Therapiezeit und die Zeit danach zusammengenommen) sinkt die bedingte Wahrscheinlichkeit, im nächsten Zeitraum noch rückfällig zu werden, auf etwa 10 bis 20 Prozent (Herbst, 1992 b).

Trotz der zahlreichen und aufwendigen Untersuchungen ist die „Ausbeute" an Erkenntnissen über prognostische Faktoren und über Informationen zu Indikationen eher gering. Das ist aufgrund der Vielzahl von Patienten-, Therapeuten- und Therapievariablen auch nicht verwunderlich. Es erscheint deshalb sinnvoller, stärker klinische Erfahrungswerte für indikative Entscheidungen im Einzelfall heranzuziehen und in einem hypothesenorientierten Vorgehen einzelne Maßnahmen auszuprobieren. Dabei sollte stärker als bisher auf das Prinzip einer ökonomischen Auswahl von Maßnahmen statt umfangreicher „Breitbandprogramme" und auf die Einbeziehung der Patientenvorstellungen geachtet werden. Vollmer et al. (1992) konnten z. B. zeigen, daß in einer stationären verhaltentherapeutischen Einrichtung die individuelle Auswahl der Therapiemaßnahmen durch den Patienten dem Standardprogramm überlegen ist.

4.7 Exkurs: Legalisierung illegaler Drogen als präventives und therapeutisches Mittel?

Die Werthaltungen einer Gesellschaft für den Umgang mit psychoaktiven Substanzen wie Alkohol, Tabak und illegalen Drogen beziehungsweise für den Umgang mit den mißbrauchsbedingten Folgeschäden haben über alle Jahrhunderte hinweg unterschiedliche Phasen gesundheitspolitischer und öffentlicher Diskussion erlebt. Dies galt zum Beispiel für den zunehmenden Alkoholmißbrauch im 16. Jahrhundert in Deutschland oder den zunehmenden Tabakkonsum im 17. Jahrhundert in ganz Europa. Die Geschichte des Gebrauchs psychoaktiver Substanzen ist auch eine Geschichte öffentlicher und fachlicher Auseinandersetzungen über geeignete Wege zur Eindämmung mißbräuchlicher Konsumformen. In jüngster Zeit wurde in Deutschland und in anderen Ländern erneut eine sehr kontrovers geführte Diskussion über den „richtigen" Umgang mit illegalen Drogen begonnen. Die Forderungen zur Liberalisierung reichen bis zur völligen Legalisierung und freien Verfügbarkeit als normales Handelsgut für Haschisch, Opiate oder Kokain. Die fehlende Möglichkeit großangelegter sozialer Experimente für eine optimale soziale und justitielle Form der Kontrolle psychoaktiver Substanzen erschwert eine wissenschaftliche Analyse der Fragestellung. Übersehen wird dabei, daß neben den wissenschaftlich erfaßbaren Auswirkungen der einen oder anderen Option zusätzlich Werthaltungen über den Umgang mit psychoaktiven Substanzen in einer Gesellschaft eine zentrale Rolle spielen. Zum Beispiel ist es wichtig, ob eine Gesellschaft bei einer Freigabe illegaler Drogen ein zu erwartendes zusätzliches Mißbrauchspotential in der Größenordnung des Alkoholmißbrauchs für akzeptabel hält oder nicht.

In einer Studie mit Szenarien über die Auswirkungen unterschiedlicher Formen der Liberalisierung (Bühringer et al., 1993; vgl. auch Platt, 1995 a) kommen die Autoren zu folgenden Schlußfolgerungen:
- Bei einer Freigabe des Konsums illegaler Drogen wird es zu einer erheblichen Zunahme der Prävalenz und der Konsummenge kommen (analog der Prävalenzwerte zum Alkohol- und Tabakkonsum).
- Die Zunahme der Prävalenz bedingt eine Zunahme der Personen mit einem Mißbrauchsverhalten und damit mit den entsprechenden gesundheitlichen, emotionalen, sozialen und finanziellen Folgeproblemen.
- Die Beschaffungskriminalität wird zurückgehen, die Kriminalität im Zusammenhang mit der Ausweitung des Konsums (Straßenverkehr, Gewaltdelikte, jugendschutzbedingte Delikte) wird zunehmen.

Zusammenfassend kann man die Meinung von Jonas (1992) vertreten, daß eine Legalisierungspolitik das Problem der drogenhandelsbezogenen Kriminalität reduzieren würde, aber kaum Einfluß auf das Problem des Mißbrauchsverhaltens und damit der Therapie hätte. Bühringer et al. (1993) kommen zu der Schlußfolgerung, daß es wenig sinnvoll ist, die derzeit illegalen Drogen weitgehend zu entkriminalisieren oder gar zu legalisieren, da die Freiheiten für einen Teil der Bevölkerung mit erheblichen Folgeschäden für einen anderen Teil erkauft werden. Allerdings halten sie die Fortführung der grundsätzlichen Strafbewehrung nur dann für sinnvoll, insbesondere unter Glaubwürdigkeitsaspekten für Jugendliche und junge Erwachsene, wenn der Mißbrauch legaler Substanzen stärker als bisher durch präventive Maßnahmen reduziert wird. Darüber hinaus schlagen sie vor, daß Personen mit einem beginnenden Mißbrauchsverhalten (z.B. Jugendliche mit einem Probierkonsum von Haschisch) sowie abhängige Personen noch stärker als bisher von der Strafverfolgung und -vollstreckung zugunsten einer präventiven bzw. therapeutischen Orientierung befreit werden (Entpönalisierung).

5 Ausblick

Seit dem Beginn des aktuellen Drogenproblems in den westlichen Staaten um etwa 1970 lag der Schwerpunkt der Forschung in der Beschreibung der Patienten und der globalen langfristigen Therapieergebnisse. Erst in den letzten Jahren ergibt sich eine Schwerpunktverlagerung im Hinblick auf eine differenzierte Beschreibung der Therapiemaßnahmen, eine individuelle Zuordnung der therapeutischen Maßnahmen zu den Patienten und ein stärkeres Interesse an Fragen der Prognose des Therapieerfolgs für einzelne Teilgruppen. Diese Forschung muß in Zukunft erheblich ausgeweitet werden. Dazu sind auch forschungsmethodologische Verbesserungen notwendig: Die häufig noch dichotome Einteilung der Therapieergebnisse in Erfolg (abstinent) und Mißerfolg (alle anderen Fälle) muß durch ein System abgelöst werden, das auch Abstufungen des Erfolgs differenziert erfaßt (vgl. dazu die Standards der Deutschen Gesellschaft für Suchtforschung, 1992). Ein Thema im Bereich der klinischen Forschung wird die Verbesserung der Rückfallprävention sein, insbesondere unter Berücksichtigung verhaltenstherapeutischer Verfahren zur rechtzeitigen Erkennung kritischer konditionierter Auslöser, zur Löschung dieser Auslöser bzw. zur Bewältigung kritischer Rückfallsituationen. Als drittes wird die Erforschung optimaler Kombinationen pharmakologischer und verhaltenstherapeutischer Maßnahmen im Mittelpunkt stehen.

Notwendig ist auch ein stärkerer Ausbau der Forschung zur Analyse kritischer Ereignisse im Lebensverlauf von Drogenabhängigen. Dazu zählen vor allem bei Probierkonsumenten die „Entscheidung" über die Fortführung oder Beendigung des Konsums, die Variablen, die die Motivation zur ersten Behandlung, und nach Jahren des chronischen Mißbrauchs, den Ausstieg aus dem Drogenkonsum bestimmen. Solche Längsschnittuntersuchungen sind aufwendig, aber notwendig für das Verständnis chronischer Suchtverläufe, für geeignete Ansatzpunkte zur Primär- und Sekundärprävention sowie für die Gestaltung des therapeutischen Versorgungssystems.

Dieser Text befaßt sich vor allem mit dem Typ des jungen Opiatabhängigen mit multiplem Mißbrauchsverhalten und Zeichen sozialer Verwahrlosung. Über die anderen in der Einleitung beschriebenen Gruppen, wie etwa sozial integrierte Personen mit einem Kokainkonsum oder über den iatrogenen Medikamentenmißbrauch bei älteren Personen ist wenig bekannt. Gerade die letztere Gruppe mit wesentlichen höheren Prävalenzzahlen im Vergleich zu Drogenabhängigen stellt für die Zukunft ein auch gesundheitspolitisch wichtiges Forschungsthema dar.

Literatur

American Psychiatric Association (Hrsg.). (1994). *Diagnostic and statistical manual of mental disorders* (4th ed.). Washington, DC: APA Press.

Anglin, M. D. (1988). The efficacy of civil commitment in treating narcotic addiction. In C. G. Leukefeld & F. M. Tims (Eds.), *Compulsory treatment of drug abuse: Research and clinical practice* (pp. 8–34). NIDA Research Monograph 86. Rockville, MD: NIDA.

Annis, H. (1982). *Situational confidence questionnaire.* Toronto: Addiction Research Foundation of Ontario.

Babor, T. F., Cooney, N. L. & Lauerman, R. J. (1986). The drug dependence syndrome concept as an organizing principle in the explanation and prediction of relapse. In F. M. Tims & C. G. Leukefeld (Eds.), *Relapse and recovery in drug abuse* (pp. 20–35). NIDA Research Monograph 72. Rockville, MD: NIDA.

Ball, J. C. & Ross, A. R. (1991). *The effectiveness of methadone maintenance treatment: Patients, programs, services, and outcome.* New York: Springer-Verlag.

Ball, J. C. & Van de Wijngaart, G. F. (1994). A Dutch addict's view of methadone maintenance – an American and a Dutch appraisal. *Addiction, 89,* 799–802.

Bandura, A. (1969). *Principles of behavior modification.* New York: Holt, Rinehart and Winston.

Bandura, A. (1977). Self-efficacy: Toward a unifying theory of behavior change. *Psychological Review, 84,* 191–215.

Bandura, A. (1986). *Social foundations of thought and action: A social cognitive theory.* Englewood Cliffs, NJ: Prentice-Hall.

Barber, J. G., Cooper, B. K. & Heather, N. (1991). The situational confidence questionnaire (Heroin). *The International Journal of the Addictions, 26* (5), 565–575.

Bühringer, G. (1974). *Zur Entstehung drogenabhängigen Verhaltens bei Jugendlichen* (S. 252–258) (Bericht über den 28. Kongreß der Deutschen Gesellschaft für Psychologie, Bd. 4). Göttingen: Hogrefe.

Bühringer, G. (1990a). Individualisierung der Suchttherapie – Forschung und Praxis. In M. Heide (Hrsg.), *Individualisierung der Suchttherapie. Beiträge zum 2. Heidelberger Kongreß* (S. 27–48). Saarbrücken-Scheidt: Verlag Rita Dadder.

Bühringer, G. (1990b). Mißbrauch und Abhängigkeit von illegalen Drogen und Medikamenten. In H. Reinecker (Hrsg.), *Lehrbuch der Klinischen Psychologie* (S. 196–221). Göttingen: Hogrefe.

Bühringer, G. (1991). Therapie von Drogenabhängigen unter Bedingungen äußeren Zwangs. In R. Egg (Hrsg.), *Brennpunkte der Rechtspsychologie. Polizei – Justiz – Drogen* (S. 119–137). Bonn: Forum Verlag Godesberg.

Bühringer, G. (1994). Mißbrauch und Abhängigkeit von illegalen Drogen und Medikamenten. In H. Reinecker (Hrsg.), *Lehrbuch der Klinischen Psychologie. Modelle psychischer Störungen* (S. 299–325). Göttingen: Hogrefe.

Bühringer, G. & de Jong, R. (1980). Manual für die stationäre Behandlung (Entwöhnung) von Drogenabhängigen. In S. Kraemer & R. de Jong (Hrsg.), *Therapiemanuale für ein verhaltenstherapeutisches Stufenprogramm zur stationären Behandlung von Drogenabhängigen* (S. 97–207). München: Gerhard Röttger Verlag.

Bühringer, G., Kraus, L., Herbst, K. & Simon, R. (1994). Epidemiologic research on substance abuse in Germany and recent trends. In National Institute on Drug Abuse (Ed.), *Epidemiologic trends in drug abuse*, Vol. II: Proceedings. Community Epidemiology Work Group, Dec. 1993 (pp. 328–341). Rockville, MD: NIDA.

Bühringer, G., Künzel-Böhmer, J., Lehnitzk, Ch., Jürgensmeyer, S. & Schumann, J. (1993). *Expertise zur Liberalisierung des Umgangs mit illegalen Drogen* (IFT-Berichte, Bd. 65). München: IFT Institut für Therapieforschung (veröff. vom Bundesministerium für Gesundheit).

Bühringer, G., Simon, R. & Vollmer, H. (1988). Urinkontrollanalysen in der Therapie von Drogenabhängigen. In W. Arnold, M. Möller & W. Poser (Hrsg.), *Suchtkrankheiten. Diagnose, Therapie und analytischer Nachweis* (S. 108–125). Berlin: Springer-Verlag.

Bundeskriminalamt (1994). *Rauschgiftjahresbericht 1993*. Wiesbaden: BKA, RG 12.

Burgess, P. M., Stripp, A. M., Pead, J. & Holman, C. P. (1989). Severity of Opiate Dependence in an Australian Sample: further validation of the SODQ. *British Journal of Addiction, 84*, 1451–1459.

Cook, L. F. & Weinman, B. A. (1988). Treatment alternatives to street crime. In C. G. Leukefeld & F. M. Tims (Eds.), *Compulsory treatment of drug abuse: Research and clinical practice* (pp. 99–105). NIDA Research Monograph 86. Rockville, MD: NIDA.

Craig, R. J. (1982). Personality characteristics of heroin addicts: Review of empirical research 1976–1979. *International Journal of the Addictions, 17*, 227–248.

Crowley, T. (1972). The reinforcers for drug abuse: Why people take drugs. *Comprehensive Psychiatry, 13*, 51–62.

Darke, S., Heather, N., Hall, W., Ward, J. & Wodak, A. (1991). Estimating drug consumption in opioid users: Reliability and validity of a ‚recent use' episodes method. *British Journal of Addiction, 86*, 1311–1316.

Darke, S., Ward, J., Zador, D. & Swift, G. (1991). A scale for estimating the health status of opioid users. *British Journal of Addiction, 86*, 1317–1322.

Daunderer, M. (1990). Morphinentzug. In M. Daunderer (Hrsg.), *Drogenhandbuch für Klinik und Praxis: Diagnose, Nachweis, Therapie, Prophylaxe, Recht, Drogenprofile* (II-6.4.1.1). Landsberg/Lech: ecomed.

De Jong, R. & Bühringer, G. (Hrsg.). (1978). *Ein verhaltenstherapeutisches Stufenprogramm zur stationären Behandlung von Drogenabhängigen*. München: Gerhard Röttger Verlag.

De Jong, R. & Henrich, G. (1978). Ergebnisse eines stationären Programms zur Behandlung jugendlicher Drogenabhängiger: Katamnesen nach einem bzw. zwei Jahren. In R. De Jong & G. Bühringer (Hrsg.), *Ein verhaltenstherapeutisches Stufenprogramm zur stationären Behandlung von Drogenabhängigen* (S. 281–310). München: Gerhard Röttger Verlag.

De Jong, R., Bühringer, G., Kaliner, B., Kraemer, S. & Henrich, G. (1978). Ergebnisse eines stationären Programms zur Behandlung jugendlicher Drogenabhängiger: Beschreibung der Klientel, Verlauf der Behandlung und erste Ergebnisse. In R. De Jong & G. Bühringer (Hrsg.), *Ein verhaltenstherapeutisches Stufenprogramm zur stationären Behandlung von Drogenabhängigen* (S. 105–279). München: Gerhard Röttger Verlag.

De Leon, G. (1991). Retention in drug-free therapeutic communities. In R. W. Pickens, C. G. Leukefeld & C. R. Schuster (Eds.), *Improving drug abuse treatment* (pp. 218–244). NIDA Research Monograph 106. Rockville, MD: NIDA.

De Leon, G. & Ziegenfuss, J. (Eds.). (1986). *Therapeutic communities for addictions: Readings in theory, research, and practice.* Springfield: Charles C. Thomas.

Dehmel, S., Klett, F. & Bühringer, G. (1986). Description and first results of an outpatient drug-free treatment program for opiate dependents. In W. E. Miller & N. Heather (Eds.), *Treating addictive behaviors. Processes of change* (pp. 263–277). New York: Plenum Press.

Deutsche Gesellschaft für Suchtforschung und Suchttherapie e. V. (Hrsg.). (1992). Dokumentationsstandards 2 für die Behandlung von Abhängigen. Freiburg: Lambertus.

Dilling, H., Mombour, W. & Schmidt, M. H. (Hrsg.). (1991). *Internationale Klassifikation psychischer Störungen. ICD-10 Kapitel V (F).* Klinisch-diagnostische Leitlinien, Weltgesundheitsorganisation. Bern: Verlag Hans Huber.

Dittrich, J., Gnerlich, F., Hünnekens, H., Rometsch, W. & Thomas, B. (1976). Erfolg und Mißerfolg bei der stationären Behandlung von Drogenabhängigen. *Suchtgefahren 4*, 121–140.

Dole, V. P. & Nyswander, M. E. (1965). A medical treatment for diacetylmorphine (heroin) addiction. *Journal of the American Medical Association, 193*, 646–650.

Dole, V. P. & Nyswander, M. E. (1966). Rehabilitation of heroin addicts after blockade with methadone. *New York State Journal of Medicine, 66*, 2011–2017.

Dole, V. P., Nyswander, M. E. & Kreek, M. J. (1966). Narcotic blockade. *Archives of Internal Medicine, 118*, 304–309.

Dole, V. P., Nyswander, M. E. & Warner, A. (1968). Successful treatment of 750 criminal addicts. *Journal of the American Medical Association, 206*, 2708–2711.

Edwards, G., Arif, A. & Hadgson, R. (1981). Nomenclature and classification of drugs- and alcohol-related problems: A WHO memorandum. *Bulletin of the World Health Organization, 59* (2), 225–242.

Egg, R. (Hrsg.). (1992). *Die Therapieregelungen des Betäubungsmittelrechts. Deutsche und ausländische Erfahrungen.* Kriminologie und Praxis, Band 9. Wiesbaden: Eigenverlag Kriminologische Zentralstelle e. V.

Faupel, C. E. (1987). Heroin use and criminal careers. *Qualitative Sociology, 10* (2), 115–131.

Ferber, L. von, Krappweis, J. & Feiertag, H. (1989). Das Abhängigkeitspotential von Psychopharmaka in der ambulanten Versorgung. *Suchtgefahren, 35*, 377–383.

Ferber, L. von, Krappweis, J. & Feiertag, H. (1990). Allgemeinärzte und Internisten verschreiben Psychopharmaka. *Sozial- und Präventionsmedizin, 35*, 152–157.

Ferstl, R. & Bühringer, G. (1991). Störungen durch psychotrope Substanzen: Intervention. In M. Perrez & U. Baumann (Hrsg.), *Lehrbuch Klinische Psychologie, Band 2: Intervention* (S. 322–334). Bern: Verlag Hans Huber.

Feuerlein, W., Bühringer, G. & Wille, R. (Hrsg.). (1989). *Therapieverläufe bei Drogenabhängigen. Kann es eine Lehrmeinung geben?* Berlin: Springer-Verlag.

Friedman, A. S. & Utada, A. (1989). A method for diagnosing and planning the treatment of adolescent drug abusers (The Adolescent Drug Abuse Diagnosis (ADAD) instrument). *Journal Drug Education, 19* (4), 285–312.

Geschwinde, Th. (1990). *Rauschdrogen. Marktformen und Wirkungsweisen* (2. stark erweiterte Auflage). Berlin: Springer-Verlag.

Gerstein, D. R. & Harwood, H. J. (Eds.). (1990). *Treating drug problems. A study of the evaluation, effectiveness, and financing of public and private drug treatment systems,* Vol. 1. Washington, DC: National Academy Press.

Glaeske, G. (1992). Arzneimittel. In Deutsche Hauptstelle gegen die Suchtgefahren (Hrsg.), *Jahrbuch Sucht '93* (S. 77–98). Geesthacht: Neuland.

Glaeske, G. (1993). Arzneimittel 1992. In Deutsche Hauptstelle gegen die Suchtgefahren (Hrsg.), *Jahrbuch Sucht '94* (S. 160–177). Geesthacht: Neuland.

Gold, M. S. & Slaby, A. E. (Eds.). (1991). *Dual diagnosis in substance abuse.* New York: Marcel Dekker.

Gossop, M. (Ed.). (1989 a). *Relapse and addictive behaviour.* London and New York: Tavistock/Routledge.

Gossop, M. (1989 b). Introduction. In M. Gossop (Ed.), *Relapse and addictive behaviours* (pp. 1–10). London: Tavistock/Routledge.

Gossop, M. (1990). The development of a Short Opiate Withdrawal Scale (SOWS). *Addictive Behaviors, 15,* 487–490.

Gossop, M., Darke, S., Griffiths, P., Hando, J., Powis, B., Hall, W. & Strang, J. (in press). The Severity of Dependence Scale (SDS): Psychometric properties of the SDS in English and Australian samples of heroin, cocaine and amphetamine users. *British Journal of Addiction.*

Gossop, M., Griffiths, P., Powis, B. & Strang, J. (1992). Severity of dependence and route of administration of heroin, cocaine and amphetamine. *British Journal of Addiction, 87,* 1527–1536.

Gsellhofer, B., Fahrner, E.-M. & Platt, J. J. (1992). *European Addiction Severity Index. EuropASI* (Deutsche Version). Vervielfältigtes Manuskript. München: IFT Institut für Therapieforschung München (nach dem amerikanischen Original in der Fassung von 1992).

Haderstorfer, B. & Künzel-Böhmer, J. (1992). The Munich multicenter treatment evaluation study: results of the first follow-up. In G. Bühringer & J. J. Platt (Eds.), *Drug addiction treatment research. German and American perspectives* (pp. 353–365). Malabar, Florida: Krieger.

Halikas, J. A., Kuhn, K. L., Crosby, R., Carlson, G. & Crea, F. (1991). The measurement of craving in cocaine patients. Using the Minnesota cocaine craving scale. *Comprehensive Psychiatry, 32* (1), 22–27.

Hall, S. M., Wasserman, D. A. & Havassy, B. E. (1991). Relapse prevention. In R. W. Pickens, C. G. Leukefeld & C. R. Schuster (Eds.), *Improving drug abuse treatment* (pp. 279–292). NIDA Research Monograph 106. Rockville, MD: NIDA.

Hanel, E. (1992). Client characteristics and the therapeutic process in residential treatment centers for drug addicts. In G. Bühringer & J. J. Platt (Eds.), *Drug addiction treatment research. German and American perspectives* (pp. 187–196). Malabar, Florida: Krieger.

Heather, N. & Stallard, A. (1989). Does the Marlatt model underestimate the importance of conditioned craving in the relapse process? In M. Gossop (Ed.), *Relapse and addictive behaviour* (pp. 180–208). London: Tavistock/Routledge.

Heckmann, W., Püschel, K., Schmoldt, A., Schneider, V., Schulz-Schaeffer, W., Soellner, R., Zenker, Ch. & Zenker, J. (1993). *Drogennot- und -todesfälle. Eine differentielle Untersuchung der Prävalenz und Ätiologie der Drogenmortalität: Drogentodesfälle in Berlin, Bremen, Hamburg, Drogenotfälle in Bremen und Hamburg* (Schriftenreihe des Bundesministeriums für Gesundheit, Band 28). Baden-Baden: Nomos Verlagsgesellschaft.

Herbst, K. (1992 a). Prediction of dropout and relapse. In G. Bühringer & J. J. Platt (Eds.), *Drug addiction treatment research. German and American perspectives* (pp. 291–299). Malabar, Florida: Krieger.

Herbst, K. (1992 b). Verlaufsanalyse bei Drogenabhängigen nach stationärer Behandlung. *Sucht 38*, 147–154.

Herbst, K., Schumann, J. & Wiblishauser, P. M. (1993). *Repräsentativerhebung zum Konsum und Mißbrauch von illegalen Drogen, alkoholischen Getränken, Medikamenten und Tabakwaren. Untersuchung in den neuen Ländern 1992* (IFT-Berichte, Bd. 66). München: IFT Institut für Therapieforschung (veröff. vom Bundesministerium für Gesundheit).

Himmelsbach, C. (1941). The morphine abstinence syndrome, its nature and treatment. *Annals of Internal Medicine, 15,* 829–839.

Hser, Y.-I., Anglin, M. D. & Chou, C. (1988). Evaluation of drug abuse treatment: A repeated measures design assessing methadone maintenance. *Evaluation Review, 12* (5), 547–570.

Hubbard, R. L. & Marsden, M. E. (1986). Relapse to use of heroin, cocaine, and other drugs in the first year after treatment. In F. M. Tims & C. G. Leukefeld (Eds.), *Relapse and recovery in drug abuse* (pp. 157–166). NIDA Research Monograph 72. Rockville, MD: NIDA.

Hubbard, R. L., Collins, J. J., Rachal, J. V. & Cavanaugh, E. R. (1988). The criminal justice client in drug abuse treatment. In C. G. Leukefeld & F. M. Tims (Eds.), *Compulsory treatment of drug abuse: Research and clinical practice* (pp. 57–80). NIDA Research Monograph 86. Rockville, MD: NIDA.

Hubbard, R. L., Marsden, M. E., Rachal, J. V., Harwood, H. J., Cavanaugh, E. R. & Ginzburg, H. M. (1989). *Drug abuse treatment: A national study of effectiveness.* Chapel Hill, NC: University of North Carolina Press.

Hubbard, R. L., Rachal, J. V., Craddock, S. G. & Cavanaugh, E. R. (1984). Treatment outcomeprospective study (TOPS): Client characteristics and behaviors before, during and after treatment. In F. M. Tims & J. P. Ludford (Eds.), *Drug abuse treatment evaluation: Strategies, progress, and prospects* (pp. 42–68) (NIDA Research Monograph 51). Rockville, MD: NIDA.

IFT Institut für Therapieforschung, Institut für Rechtsmedizin & Bundeskriminalamt (1993). *Expertise über Schätzverfahren zum Umfang der Drogenproblematik in Deutschland* (IFT-Berichte, Bd. 71). München: IFT Institut für Therapieforschung.

Iguchi, M. Y., Platt, J. J., French, J., Baxter, R. C., Kushner, H., Lidz, V. M., Bux, D. A., Rosen, M. & Musikoff, H. (1992). Correlates of HIV seropositivity among injection drug users not in treatment. *Journal of Drug Issues, 22* (4), 849–866.

Jainchill, N. & De Leon, G. (1992). Therapeutic community research: Recent studies of psychopathology and retention. In G. Bühringer & J.J. Platt (Eds.), *Drug addiction treatment research. German and American perspectives* (pp. 367–388). Malabar, Florida: Krieger.

Jonas, S. (1992). Public health approach to the prevention of substance abuse. In J.H. Lowinson, P. Ruiz, R.B. Millman & J.G. Langrod (Eds.), *Substance abuse: A comprehensive textbook* (pp. 928–943). Baltimore, MD: Willams and Wilkins.

Kampe, H. & Kunz, D. (1983). *Was leistet Drogentherapie? Evaluation eines stationären Behandlungsprogramms.* Weinheim: Beltz.

Kampe, H. & Kunz, D. (1985). Evaluation der Langzeitbehandlung von Drogenabhängigen in einer therapeutischen Gemeinschaft. *Suchtgefahren, 31,* 236–245.

Kampe, H. & Kunz, D. (1992). Factors influencing relapse and treatment dropout. In G. Bühringer & J.J. Platt (Eds.), *Drug addiction treatment research. German and American perspectives* (pp. 301–319). Malabar, Florida: Krieger.

Kleiber, D. (1992). HIV-infection rates in intravenous drug abusers in the Federal Republic of Germany. In G. Bühringer & J.J. Platt (Eds.), *Drug addiction treatment research. German and American perspectives* (pp. 465–481). Malabar, Florida: Krieger.

Kleiber, D. & Velten, D. (1994). *Prostitutionskunden: Eine Untersuchung über soziale und psychologische Charakteristika von Besuchern weiblicher Prosituierter in Zeiten von AIDS.* (Schriftenreihe des Bundesministeriums für Gesundheit, Band 30). Baden-Baden: Nomos Verlagsgesellschaft.

Kleiner, D. (Hrsg.). (1987). *Langzeitverläufe bei Suchtkranken.* Berlin: Springer-Verlag.

Klett, F. (1987). Langzeitverläufe bei Drogenabhängigen bis zu 10 Jahren nach Behandlungsende. In D. Kleiner (Hrsg.), *Langzeitverläufe bei Suchtkrankheiten* (S. 162–178). Berlin: Springer-Verlag.

Kokkevi, A., Hartgers, Ch., Blanken, P., Fahrner, E.-M., Pozzi, G., Tempesta, E. & Uchtenhagen, A. (1993). *European Addiction Severity Index. EuropASI* (Europäische Version). Vervielfältigtes Manuskript.

Kolb, L. & Himmelsbach, C. (1938). Clinical studies of drug addiction. III. A critical review of the withdrawal treatments with method of evaluating abstinence syndromes. *American Journal of Psychiatry, 94,* 759–799.

Kraemer, S. & De Jong, R. (Hrsg.). (1980). *Therapiemanual für ein verhaltenstherapeutisches Stufenprogramm zur stationären Behandlung von Drogenabhängigen.* München: Gerhard Röttger Verlag.

Kraemer, S. & Feldhege, F.-J. (1980). Manual für die Behandlung von Drogenabhängigen während der Entgiftung. In S. Kraemer & R. De Jong (Hrsg.), *Therapiemanual für ein verhaltenstherapeutisches Stufenprogramm zur stationären Behandlung von Drogenabhängigen* (S. 11–94). München: Gerhard Röttger Verlag.

Kraus, L., Schumann, J., Wiblishauser, P.U. & Herbst, K. (1994). Die Entwicklung des Konsums von legalen und illegalen Drogen in den neuen Bundesländern. *Sucht, 2,* 107–120.

Küfner, H., Denis, A., Roch, I. & Böhmer, M. (1992). The dropout rate among drug addicts during the first ninety days of residential treatment. In G. Bühringer & J.J. Platt (Eds.), *Drug addiction treatment research. German and American perspectives* (pp. 227–240). Malabar, Florida: Krieger.

Küfner, H., Denis, A., Roch, I., Arzt, J. & Rug, U. (1993 a). *Ergebnisse der wissenschaftlichen Begleitung des Modellprogramms „Stationäre Krisenintervention bei Drogenabhängigen"*. (IFT-Berichte, Bd. 68 a). München: IFT Institut für Therapieforschung.

Küfner, H., Denis, A., Roch, I., Arzt, J. & Rug, U. (1993 b). *Ergebnisse der wissenschaftlichen Begleitung des Modellprogramms „Stationäre Krisenintervention bei Drogenabhängigen. Tabellenband*. (IFT-Berichte, Bd. 68 b). München: IFT Institut für Therapieforschung.

Kurze, M. (1993). *Strafrechtspraxis und Drogentherapie. Eine Implementationsstudie zu den Therapieregelungen des Betäubungsmittelrechts.* (Kriminologie und Praxis, Band 1). Wiesbaden: Eigenverlag Kriminologische Zentralstelle e. V.

Ladewig, D. (1987). Katamnesen bei Opiatabhängigkeit. In D. Kleiner (Hrsg.), *Langzeitverläufe bei Suchtkrankheiten* (S. 55–69). Berlin: Springer-Verlag.

Ladewig, D. (1989). Medikamenten- und Drogenabusus. *Gazette Medicale, 19,* 1861–1865.

Ladewig, D. (1990). Naltrexon – eine wirksame Stütze im psychosozialen Rehabilitationsprozeß ehemaliger Drogenabhängiger. *Therapeutische Umschau, Monatsschrift für praktische Medizin, 3,* 247–250.

Ladewig, D. (Hrsg.). (1994). *Die Bedeutung eines Opiatantagonisten im Rehabilitationsprozeß von Drogenabhängigen. Internationales Nemexin-Symposium Basel, Februar 1994.* Wiesbaden: LYWIS-Verlag

Lehman, W. E. K. & Simpson, D. W. (1990). Predictions of 12-year outcomes. In D. D. Simpson & S. B. Sells (Eds.), *Opioid addiction and treatment: A 12-year follow-up* (pp. 203–220). Malabar, Florida: Krieger

Leukefeld, C. G. & Tims, F. M. (Eds.). (1988). *Compulsory treatment of drug abuse: Research and clinical practice* (NIDA Research Monograph 86). Rockville, MD: NIDA.

Loeber, R. & LeBlanc, M. (1990). Toward a development criminology. *Crime and Justice, 12,* 375.

Marlatt, G. A. & Gordon, J. R. (Eds.). (1985). *Relapse prevention: Maintenance strategies in the treatment of addictive behaviors.* New York: Guilford Press.

McGovern, M. P. & Morrison, D. H. (1992). The Chemical Use, Abuse, and Dependence Scale (CUAD). Rationale, reliability, and validity. *Journal of Substance Abuse Treatment, 9,* 27–38.

McLellan, A. T. & Alterman, A. I. (1991). Patient treatment matching: A conceptual and methodological review with suggestions for future research. In R. W. Pickens, C. G. Leukefeld & C. R. Schuster (Eds.), *Improving drug abuse treatment* (pp. 114–135) (NIDA Research Monograph 106). Rockville, MD: NIDA.

McLellan, A. T., Luborsky, L., Cacciola, J., Griffith, J., Evans, F., Barr, H. L. & O'Brien, Ch. P. (1985). New data from the Addiction Severity Index. Reliability and validity in three centers. *The Journal of Nervous and Mental Disease, 173* (7), 412–423.

McLellan, A. T., Luborsky, L., Woody, G. E. & O'Brien, C. P. (1980). An improved evaluation instrument for substance abuse patients: The Addiction Severity Index. *The Journal of Nervous and Mental Disease, 168,* 26–33.

Melchinger, H. (1989). Therapie unter Freiheitsentzug – Katamnestische Untersuchungen bei Klienten der Fachklinik Brauel. In W. Feuerlein, G. Bühringer & R. Wille (Hrsg.), *Therapieverläufe bei Drogenabhängigen. Kann es eine Lehrmeinung geben?* (S. 245–264). Berlin: Springer-Verlag.

Melchinger, H., Schnabel, R. & Wyns, B. (1992). *Verordnungspraxis von Medikamenten mit Abhängigkeitspotential* (Schriftenreihe des Bundesministeriums für Gesundheit, Bd. 13). Baden-Baden: Nomos Verlagsgesellschaft.

Miller, W. R. & Hester, R. K. (1986). Matching problem drinkers with optimal treatments. In W. E. Miller & N. Heather (Eds.), *Treating addictive behaviors. Processes of change* (pp. 175–203). New York: Plenum Press.

Miller, W. R. & Rollnick, S. (Eds.). (1991). *Motivational interviewing: Preparing people to change addictive behaviors.* New York: Guilford Press.

Ministerium für Arbeit, Gesundheit und Soziales des Landes Nordrhein-Westfalen (Hrsg.). (1993). *Medikamentengestützte Rehabilitation bei i. v. Opiatabhängigen. Prognos-Abschlußbericht über das wissenschaftliche Erprobungsvorhaben.* Köln: MAGS.

Moise, R., Reed, B. G. & Ryan, V. (1982). Issues in the treatment of heroin-addicted women: A comparison of men and women entering two types of drug abuse programs. *International Journal of the Addictions, 17* (1), 109–139.

Myers, D. P. & Andersen, A. R. (1991). Adolescent addiction – Assessment and Identification. *Journal of Pediatric Health Care, 5* (2), 86–93.

Nordlohne, E., Hurrelmann, K. & Holler, B. (1989). Schulstreß, Gesundheitsprobleme und die Rolle des Arzneimittelkonsums. *Prävention, 2* (12), 47–53.

Nurco, D. N. (1992). Variations in behavior among narcotic addicts. In G. Bühringer & J. J. Platt (Eds.), *Drug addiction treatment research. German and American perspectives* (pp. 211–224). Malabar, Florida: Krieger.

Nurco, D. N., Balter, M. B. & Kinlock, T. (1994). Vulnerability to narcotic addiction: preliminary findings. *Journal of Drug Issues, 24,* 293–314.

Nyswander, M. E. (1967). The methadone treatment of heroin addiction. *Hospital Practice, 2,* 27–33.

O'Brien, C. P. (1975). Experimental analysis of conditioning factors in human narcotic addicition. *Pharmacol Review, 27,* 535–543.

O'Brien, C. P., Childress, A. R. & McLellan, A. T. (1991). Conditioning factors may help to understand and prevent relapse in patients who are recovering from drug dependence. In R. W. Pickens, C. G. Leukefeld & C. R. Schuster (Eds.), *Improving drug abuse treatment* (pp. 293–312). NIDA Research Monograph 86. Rockville, MD: NIDA.

O'Brien, C. P., Childress, A. R., McLellan, A. T. & Ehrman, R. (1992). A learning model of addiction. In C. P. O'Brien & J. H. Jaffe (Eds.), *Addictive states* (pp. 157–177). New York: Raven Press.

O'Brien, C. P., Ehrman, R. N. & Ternes, J. W. (1986). Classical conditioning in human opioid dependence. In S. R. Goldberg & I. P. Stolerman (Eds.), *Behavioral analysis of drug dependence* (pp. 329–356). Orlando, Florida: Academic Press.

O'Brien, C. P., Greenstein, R., Ternes, J., McLellan, T. & Grabowski, J. (1980). Unreinforced self-injections: Effects on rituals and outcome in heroin addicts. In

NIDA (Ed.), *Problems of drug dependence* (pp. 275–281) (NIDA research monograph, 27). Rockville, MD: NIDA.

O'Brien, C. P., O'Brien, T. J., Mintz, J. & Brady, J. P. (1975). Conditioning of narcotic abstinence symptoms in human subjects. *Drug Alcohol Dependence, 1,* 115 –123.

Paschke, W. R. (1970). The addiction cycle: A learning theory – Peer group model. *Corrective Psychiatry and Journal of Social Therapy, 16,* 74–81.

Pavlov, I. P. (1927). *Conditioned reflexes.* London: Oxford University Press.

Platt, J. J. (1986). *Heroin addiction. Theory, research, and treatment. Second edition.* Malabar, Florida: Krieger.

Platt, J. J. (1995 a). *Heroin addiction. Theory, research, and treatment. The addict, the treatment process, and social control* (Vol. 2). Malabar, Florida: Krieger.

Platt, J. J. (1995 b). *Heroin addiction. Theory, research, and treatment. Treatment advances and Aids* (Vol. 3). Malabar, Florida: Krieger.

Platt, J. J. & Husband, S. D. (1993). An overview of problem-solving and social skills approaches in substance abuse treatment. *Psychotherapy, 30* (2), 276–283.

Platt, J. J. & Labate, C. (1977). Wharton treact narcotics treatment program: Parole outcome and related studies. In J. J. Platt, C. Labate & R. J. Wicks (Eds.), *Evaluative research in correctional drug abuse treatment: A guide for professionals in criminal justice and the behavioral sciences* (pp. 185–196). Lexington, MA: Lexington Books/D. C. Health.

Powell, J., Bradley, B. & Gray, J. (1992). Classical conditioning and cognitive determinants of subjective craving for opiates: An investigation of their relative contributions. *British Journal of Addiction, 87,* 1133–1144.

Prochaska, J. O. & DiClemente, C. C. (1986 a). Toward a comprehensive model of change. In W. E. Miller & N. Heather (Eds.), *Treating addictive behaviors: Processes of change* (pp. 3–27). New York: Plenum Press.

Prochaska, J. O. & DiClemente, C. C. (1986 b). The transtheoretical approach: Towards a systematic electic framework. In J. C. Norcross (Ed.), *Handbook of electic psychotherapy.* New York: Brunner/Mazel.

Prochaska, J. O. & DiClemente, C. C. (1992). Stages of change in the modification of problem behaviors. In M. Hersen, R. M. Eisler & P. M. Miller (Eds.), *Progress in behavior modification* (pp. 184–218). Sycamore, IL: Sycamore.

Prochaska, J. O., DiClemente, C. C. & Norcross, J. C. (1992). In search of how people change. Applications to addictive behaviors. *American Psychologist,* 1102–1114.

Raschke, P. & Rometsch, W. (1987). Ausgewählte Ergebnisse einer Zwölfjahresstudie behandelter Drogenkonsumenten. In D. Kleiner (Hrsg.), *Langzeitverläufe bei Suchtkrankheiten* (S. 179–196). Berlin: Springer-Verlag.

Raschke, P. & Schliehe, F. (1985). *Therapie und Rehabilitation bei Drogenkonsumenten, Langzeitstudie am Beispiel des „Hammer Modells".* Düsseldorf: Minister für Arbeit, Gesundheit und Soziales des Landes Nordrhein-Westfalen.

Roch, I., Küfner, H., Arzt, J., Böhmer, M. & Denis, A. (1992). Empirische Ergebnisse zum Therapieabbruch bei Drogenabhängigen. *Sucht, 5,* 304–322.

Schuckit, M. A. (1992). Advances in understanding the vulnerability to alcoholism. In C. P. O'Brien & J. H. Jaffe (Eds.), *Advances in understanding vulnerability to alcoholism* (pp. 93–108). New York: Raven Press.

Schwartz, J. G., Okorodudu, A. O., Carnahan, J. J., Wallace, J. E. & Briggs, J. E. (1991). Accuracy of common drug screen tests. *American Journal of Emergency Medicine*, 9 (2), 166–170.

Selzer, M. L. (1971). The Michigan Alcololism Screening Test: The quest for a new diagnostic instrument. *American Journal of Psychiatry, 127*, 1653–1658.

Sideroff, S. & Jarvik, M. E. (1980). Conditioned responses to a video-tape showing heroin-related stimuli. *International Journal of the Addictions, 15*, 529 –536.

Simon, R. (1993). Jahresstatistik der professionellen Suchtkrankenhilfe. Daten aus EBIS und DOSY 1992. In Deutsche Hauptstelle gegen die Suchtgefahren (Hrsg.), *Jahrbuch Sucht '94* (S. 38–47). Geesthacht: Neuland.

Simon, R., Bühringer, G. & Strobl, M. (1992). Trend analysis of treatment service data from the EBIS information system. In G. Bühringer & J. J. Platt (Hrsg.), *Drug addiction treatment research. German and American perspectives* (pp. 127–138). Malabar, Florida: Krieger.

Simon, R., Bühringer, G. & Wiblishauser, P. M. (1991). *Repräsentativerhebung 1990 zum Konsum und Mißbrauch von illegalen Drogen, alkoholischen Getränken, Medikamenten und Tabakwaren. Berichtszeitraum: 1.1.1990–31.12.1990* (IFT-Berichte, Bd. 62). München: IFT Institut für Therapieforschung (veröff. vom Bundesministerium für Gesundheit).

Simon, R., Strobl, M., Bühringer, G., Helas, I., Schmidtobreick, B. & Hüllinghorst, R. (1993). *Jahresstatistik 1992 der ambulanten Beratungs- und Behandlungsstellen für Suchtkranke in der Bundesrepublik Deutschland. Berichtszeitraum: 1.1.1992–31.12.1992* (EBIS-Berichte, Bd. 18). Hamm: EBIS AG bei der DHS.

Simon, R., Strobl, M., Hüllinghorst, R., Bühringer, G., Helas, I. & Schmidtobreick, B. (1994). *Jahresstatistik 1993 der ambulanten Beratungs- und Behandlungsstellen für Suchtkranke in der Bundesrepublik Deutschland. Berichtszeitraum: 1.1.1993–31.12.1993.* (EBIS-Berichte, Bd. 19). Hamm: EBIS AG bei der DHS.

Simpson, D. D. (1990). Final comments. In D. D. Simpson & S. B. Sells (Eds.), *Opioid addiction and treatment: A 12-year follow-up* (pp. 239–252). Malabar, Florida: Krieger.

Simpson, D. D. & Sells, S. B. (Eds.). (1982). Effectiveness of treatment for drug abuse: An overview of the DARP research program. *Adv Alcohol Subst Abuse 2* (1), 7–29.

Simpson, D. D. & Sells, S. B. (Eds.). (1990). *Opioid addiction and treatment: A 12-year follow-up.* Malabar, Florida: Krieger.

Skinner, H. A. (1982). The drug abuse screening test. *Addictive Behaviors, 7*, 363–371.

Spies, G., Böhmer, M. & Bühringer, G. (1992). Evaluation of a drug-free outpatient treatment program for drug addicts. In G. Bühringer & J. J. Platt (Eds.), *Drug addiction treatment research. German and American perspectives* (pp. 323–332). Malabar, Florida: Krieger.

Spöhring, W. & Dörner, J. (in Druck). *„COUDEX – 14 Tage ohne Drogen". Ein Modellprojekt des medikamentenfreien („kalten") Drogenentzuges im außerklinischen Setting.*

Staley, D. & El-Guebaly, N. (1990). Psychometric properties of the drug abuse screening test in a psychiatric patient population. *Addictive Behaviors, 15*, 257–264.

Stosberg, K., Pfeiffer-Beck, M. & Lungershausen, E. (1985). *Wege aus der Heroinabhängigkeit. Ergebnisse einer katamnestischen Untersuchung bei Patienten einer Langzeittherapieeinrichtung.* Erlangen: perimed Fachbuch-Verlagsgesellschaft.

Strobl, M., Simon, R., Helas, I., Schmidtobreick, B., Hüllinghorst, R. & Bühringer, G. (1992). *Erweiterte Jahresstatistik 1990 der ambulanten Beratungs- und Behandlungsstellen für Suchtkranke in der Bundesrepublik Deutschland – Referenzstichprobe. Berichtszeitraum: 1.1.1990–31.12.1990* (EBIS-Berichte, Bd. 17) Hamm: EBIS AG bei der DHS.

Sutker, P. B. & Allain, A. N. (1988). Issues in personality conceptualizations of addictive behaviors. *Journal of Consulting and Clinical Psychology, 56* (2), 172–182.

Tims, F. M., Fletcher, B. W. & Hubbard, L. (1991). Treatment outcomes for drug abuse clients. In R. W. Pickens, C. G. Leukefeld & C. R. Schuster (Eds.), *Improving drug abuse treatment.* NIDA Research Monograph Series 106 (pp. 93–113). Washington, DC: U.S. Government Printing Office.

Vaillant, G. E. (1973). A 20-year follow-up of New York narcotic addicts. *Arch. Gen. Psychiatry, 29,* 237–241.

Vaillant, G. E. (1989). Was können wir aus Langzeitstudien über Rückfall und Rückfallprophylaxe bei Drogen- und Alkoholabhängigen lernen? In H. Watzl & R. Cohen (Hrsg.), *Rückfall und Rückfallprophylaxe* (S. 29–52). Berlin: Springer-Verlag.

Vollmer, H. C., Ellgring, H. & Ferstl, R. (1992). Prediction of premature termination of therapy in the treatment of drug addicts. In G. Bühringer & J. J. Platt (Eds.), *Drug addiction treatment research. German and American perspectives* (pp. 253–269). Malabar, Florida: Krieger.

Vollmer, H. C., Ferstl, R. & Ellgring, H. (1992). Individualized behavior therapy for drug addicts. In G. Bühringer & J. J. Platt (Eds.), *Drug addiction treatment research. German and American perspectives* (pp. 333–352). Malabar, Florida: Krieger.

Waldorf, D. (1983). Natural recovery from opiate addiction: Some social-psychological processes of untreated recovery. *Journal of Drug Issues, 13* (2), 237–280.

Wanke, K. (1987). Zur Psychologie der Sucht. In K. P. Kisker, H. Lauter, J.-E. Meyer, C. Müller & E. Strömgren (Hrsg.), *Psychiatrie der Gegenwart 3: Abhängigkeit und Sucht* (S. 19–52). Berlin: Springer.

Ward, J., Mattick, R. P. & Hall, W. (1992). *Key issues in methadone maintenance treatment.* Kensington: New South Wales University Press.

Watzl, H., Rist, F., Höcker, W. & Miehle, K. (1991). Entwicklung eines Fragebogens zur Erfassung von Medikamentenmißbrauch bei Suchtpatienten. Impulsreferat zur Schwerpunktgruppe: „Medikamentenkonsum bei psychosomatischen Störungen: Therapie – Mißbrauch – Abhängigkeit". In M. Heide & H. Lieb (Hrsg.), *Sucht und Psychosomatik* (S. 123–139). Bonn: H. N. Druck und Verlag.

WHO. (1992). *European summary on drug abuse.* WHO. Regional Office for Europe. Copenhagen EUR/HFA Target 17.

Wikler, A. (1953). *Opiate addiction.* Springfield, Ill.: Charles C. Thomas.

Wikler, A. (1965). Conditioning factors in opiate addiction and relapse. In D. M. Wilner & G. G. Kasselbaum (Eds.), *Narcotics* (pp. 85–100). New York: McGraw-Hill.

Wikler, A. (1968). Interaction of physical dependence and classical and operant conditioning in the genesis of relapse. *The Addictive States, 46,* 280–287. Baltimore: Williams and Wilkins.

Wikler, A. (1973). Dynamics of drug dependence: Implications of a conditioning theory for research and treatment. In S. Fisher & A. M. Freedman (Eds.), *Opiate addiction: Origins and treatment.* New York: Wiley.

Wikler, A. & Prescor, F. (1967). Classical conditioning of a morphine abstinence phenomenon, reinforcement of opioid-drinking behavior and relapse in morphine-addicted rats. *Psychopharmacologia, 10,* 255–284.

Wille, R. (1987). Welchen Einfluß hat die staatlich legalisierte Verschreibung von Heroin oder Methadon auf den Genesungsprozeß Heroinabhängiger? Eine Zehnjahresuntersuchung Heroinabhängiger aus Großbritannien. In D. Kleiner (Hrsg.), *Langzeitverläufe bei Suchtkrankheiten* (S. 197–208). Berlin: Springer-Verlag.

Winick, C. (1962). Maturing out of narcotic addiction. *Bulletin on Narcotics, 14,* 1–7.

Winick, C. (1965). Epidemiology of narcotics use. In D. M. Wilner & G. G. Kasselbaum (Eds.), *Narcotics* (pp. 3–18). New York: McGraw-Hill.

Wolffgramm, J. & Heyne, A. (1992). Kontrollierte Substanzeinnahme versus Abhängigkeit: Die Entwicklung einer Sucht im Tiermodell. *Sucht, 38,* 93–96.

Yablonsky, L. (1990). *Die Therapeutische Gemeinschaft. Ein erfolgreicher Weg aus der Drogenabhängigkeit.* Weinheim & Basel: Beltz Verlag.

Young, A. M. & Herling, S. (1986). Drugs as reinforcers: Studies in laboratory animals. In S. R. Goldberg & J. P. Stolerman (Eds.), *Behavioral analysis of drug dependence* (pp. 9–67). Orlando, Florida: Academic Press, Inc.

Zilker, T. (1993). Der körperliche Entzug. In H.-J. Möller (Hrsg.), *Therapie psychiatrischer Erkrankungen* (S. 612–618). Stuttgart: Ferdinand Enke Verlag.

8. Kapitel

Eßstörungen

Reinhold G. Laessle und Karl-Martin Pirke

1 Einleitung

Eßstörungen haben innerhalb der letzten zwei Jahrzehnte sowohl in der wissenschaftlichen Forschung als auch in der Öffentlichkeit zunehmend Beachtung gefunden. Vor allem das Auftauchen der Bulimie und ihre Klassifikation als eigenständige psychiatrische Erkrankung hat zu einem rapiden Anstieg an Publikationen seit Anfang der 80er Jahre geführt (Fichter, 1980a).

Im Diagnostischen und Statistischen Manual psychischer Störungen (DSM-III-R, APA, 1987) sind unter der Rubrik „Eßstörungen" fünf Krankheitsbilder aufgeführt: Anorexia nervosa, Bulimia nervosa, Pica, Ruminationsstörung im Kleinkindalter und nicht näher bezeichnete Eßstörungen. Übergewicht bzw. Adipositas wird nach DSM-III-R nicht als psychische Störung klassifiziert, sondern gilt als rein somatische Erkrankung. In diesem Kapitel wird auf die drei Störungsbilder Bezug genommen, die am häufigsten vorkommen: Bulimia nervosa, Anorexia nervosa und Übergewicht/Adipositas. Anorexia nervosa und Bulimia nervosa werden zum Teil gemeinsam abgehandelt, da zwischen beiden Krankheitsbildern enge Beziehungen bestehen.

2 Anorexia nervosa

2.1 Symptomatik

Das auffälligste Merkmal der Patienten ist der gravierende Gewichtsverlust, der bis zur lebensbedrohlichen Unterernährung gehen kann. Die Gewichtsabnahme wird überwiegend durch eine strikte Reduktion der Kalorienaufnahme erreicht. Kleinste Mahlzeiten oder wenige Bissen extrem kalorienarmer Nahrungsmittel werden zumeist alleine im Rahmen spezifischer Eßrituale eingenommen. Manche Patienten legen sich beispielsweise eine genau berechnete

Menge Brot, Käse etc. auf einen Teller. Dann werden die Nahrungsmittel in winzige Stücke zerteilt und anschließend mit einem kleinen Löffel oder einer Kuchengabel gegessen. Typisch sind auch Verhaltensweisen im Umgang mit Nahrung, wie z. B. im Essen herumstochern, Essen verkrümeln oder Essen in der Kleidung verreiben. Neben der stark reduzierten Kalorienaufnahme wird die Gewichtsabnahme von vielen Patienten noch durch andere Maßnahmen wie Erbrechen oder Laxantien- und Diuretikaabusus unterstützt. Ein weiteres charakteristisches Verhaltensmerkmal anorektischer Patienten ist die Hyperaktivität (z. B. Dauerläufe, stundenlange Spaziergänge, Gymnastik), die zumindest von einer Subgruppe bewußt zur Gewichtskontrolle eingesetzt wird.

Als Folge des Gewichtsverlustes und der Mangelernährung kommt es zu einer Vielzahl von somatischen Symptomen wie z. B. Hypothermie (unternormale Körperwärme), Hypotonie (Erniedrigung des Blutdrucks), Bradykardie (persistierender Ruhepuls von 60 oder darunter), Lanugo (Flaumhaarbildung) und Oedemen sowie weiteren metabolischen und neuroendokrinen Veränderungen (Pirke & Ploog, 1986). Bei fast allen weiblichen Patienten bleibt die Regelblutung aus (Amenorrhoe). Trotz ihres kritischen Zustandes verleugnen oder minimalisieren die meisten Patienten über lange Zeit die Schwere ihrer Krankheit und sind uninteressiert an einer Therapie bzw. lehnen aktiv eine Behandlung ab. Hervorstechendes psychisches Merkmal der Anorexia nervosa ist das beharrliche Streben, dünner zu werden. Gleichzeitig haben die Patienten starke Angst davor zuzunehmen. Diese Angst kann panikartige Ausmaße annehmen, selbst wenn nur minimale Gewichtssteigerungen (z. B. 50 g) konstatiert oder antizipiert werden. Das Körperschema der Patienten ist verzerrt. Trotz ihres stark abgemagerten Zustandes geben die Patienten an, eine völlig normale Figur zu haben oder bezeichnen sich sogar als zu dick. Auch in anderer Hinsicht erscheint die Beziehung zum eigenen Körper gestört. Bestimmte Körpersignale werden entweder kaum beachtet oder fehlinterpretiert. So wird Hunger in der Regel geleugnet. Die Aufnahme kleinster Nahrungsmengen kann zu langanhaltenden Klagen über Völlegefühl und Magenbeschwerden führen. Weiterhin zeigen viele Patienten eine Unempfindlichkeit gegenüber Kälte oder auch gegenüber sich selbst zugefügten Verletzungen. Experimentell belegt sind im Vergleich zu Normalpersonen signifikant erhöhte Schmerzschwellen (Lautenbacher, Pauls, Strian, Pirke & Krieg, 1991). Kennzeichnend für alle Patienten ist die fortwährende Beschäftigung mit dem Thema „Essen". Nicht selten treten Zwangsrituale beim Umgang mit Nahrungsmitteln und bei Mahlzeiten auf. Die Patienten lesen oft stundenlang in Kochbüchern, lernen Rezepte auswendig und bereiten umfangreiche Mahlzeiten für andere zu.

Bei ca. 50 % aller Magersüchtigen kommt es nach einiger Zeit des erfolgreichen Fastens zu plötzlich auftretenden Heißhungeranfällen (Garfinkel, Moldofsky & Garner, 1980). Der dadurch drohenden „Gefahr" einer Gewichtszunahme begegnen die Patienten oft durch selbstinduziertes Erbrechen unmittelbar nach dem Essen. Diese bulimischen Anorexie-Patienten (sogenannte „bulimics") unterscheiden sich in klinischen und demographischen Merkmalen von Patienten, die ausschließlich Diät halten (sogenannte „restrictors"). „Bulimics" sind bei Krankheitsbeginn älter, haben ein höheres prämorbides Gewicht, scheinen sozial besser integriert und sexuell aktiver. Sie weisen deutlichere Störungen des Körperschemas auf und sind depressiver (Garner, Olmsted & Garfinkel, 1985).

2.2 Diagnostische Kriterien

Nach dem derzeit gültigen „Diagnostischen und Statistischen Manual für Psychische Störungen" (DSM-IV, APA, 1994) müssen folgende Kriterien für die Diagnose einer Anorexia nervosa erfüllt sein:
a) Das Körpergewicht wird absichtlich nicht über dem der Körpergröße oder dem Alter entsprechenden Minimum gehalten, d. h. Gewichtsverlust auf ein Gewicht von 15 % oder mehr unter dem zu erwartenden Gewicht bzw. während der Wachstumsperiode Ausbleiben der zu erwartenden Gewichtszunahme mit der Folge eines Gewichts von 15 % oder mehr unter dem erwarteten Gewicht.
b) Starke Angst vor Gewichtszunahme oder Angst vor dem Dickwerden, obgleich Untergewicht besteht.
c) Störung der eigenen Körperwahrnehmung hinsichtlich Gewicht, Größe oder Form, d. h. die Person berichtet sogar im kachektischen Zustand, sich „zu dick zu fühlen" oder ist überzeugt, ein Teil des Körpers sei „zu dick", obwohl offensichtliches Untergewicht besteht.
d) Bei Frauen Aussetzen von mindestens drei aufeinanderfolgenden Menstruationszyklen, deren Auftreten sonst zu erwarten gewesen wäre (primäre oder sekundäre Amenorrhoe). Bei Frauen liegt eine Amenorrhoe vor, wenn die Menstruation nur bei Gabe von Hormonen, z. B. Östrogenen, eintritt.

Zusätzlich soll spezifiziert werden, welcher Subtyp vorliegt:
– nicht-bulimischer Typ: Während der aktuellen Episode der Anorexia nervosa zeigt die betroffene Person keine Verhaltensweisen wie Eßanfälle oder selbstinduziertes Erbrechen, und betreibt keinen Laxantien-Mißbrauch oder den Mißbrauch von Diuretika oder Einläufen.
– bulimischer Typ: Während der aktuellen Episode der Anorexia nervosa zeigt die betroffene Person regelmäßig Verhaltensweisen wie Eßanfälle oder selbstinduziertes Erbrechen, oder Laxantien-Mißbrauch oder betreibt Mißbrauch von Diuretika oder Einläufen.

Problematisch ist bei den DSM-IV Kriterien vor allem, daß bei den Kriterien „a)" bis „d)" Verhaltensweisen zur Gewichtsreduktion nicht genannt werden und eine klare Abgrenzung zu anderen Störungen, die ebenfalls mit Gewichtsverlust einhergehen können (z. B. Depression), erschwert wird (Garner, Shafer & Rosen, 1992). In den diagnostischen Kriterien der Anorexia nervosa nach der ICD-10 (Weltgesundheitsorganisation, 1991) wird dem Rechnung getragen, indem spezifiziert wird, daß der Gewichtsverlust selbst herbeigeführt wird durch:

a) Vermeidung von hochkalorischen Speisen; und eine oder mehrere der folgenden Möglichkeiten:
b) selbstinduziertes Erbrechen,
c) selbstinduziertes Abführen,
d) übertriebene körperliche Aktivität,
e) Gebrauch von Appetitzüglern und/oder Diuretika.

Differential-Diagnose

Gewichtsverlust kann eintreten bei depressiven Störungen und bestimmten körperlichen Erkrankungen (z. B. Hirntumore, Morbus Crohn). Hier fehlen jedoch die Störungen des Körperschemas und die übersteigerte Angst, dick zu werden. Schizophrene Patienten, die bizarre Eßgewohnheiten zeigen oder aufgrund von Wahnvorstellungen ihre Nahrungsaufnahme einschränken, zeigen ebenfalls nicht die Gewichtsphobie und den Drang, beständig weiter abzunehmen.

3 Bulimia nervosa

3.1 Symptomatik

Dem Wortsinn nach bedeutet Bulimia „Ochsenhunger" (von griechisch limos = Hunger, bous = Stier, Ochse) und nimmt Bezug auf das Hauptmerkmal der Störung, das wiederholte Auftreten von Eßanfällen, bei denen oft große Nahrungsmengen in sehr kurzer Zeit konsumiert werden. Häufig handelt es sich dabei um hochkalorische, leicht eßbare Nahrung, die keiner aufwendigen Zubereitung bedarf. Während eines solchen Heißhungeranfalls hatte eine Patientin beispielsweise folgende Nahrungsmittel verzehrt (Waadt, Laessle & Pirke, 1992): zwei Portionen Kartoffelbrei, eine Packung Vollkornbrot, vier Scheiben Käse, drei Essiggurken, fünf Scheiben Schinken, fünf Tomaten, fünf Stück Nußkuchen, einen Fertig-Pudding, einen halben Liter Milch, eine Flasche Mineralwasser. Solche Heißhungeranfälle können mehrmals pro Woche bis hin zu mehreren Attacken täglich auftreten. Klinische Beobachtungen und neuere empirische Studien zeigen, daß nicht nur Eßanfälle als Ausdruck der Eßstörung zu werten sind, sondern daß das Eßverhalten insgesamt hinsichtlich Quantität,

Qualität und zeitlicher Struktur von den in der Normalbevölkerung gängigen Standards erheblich abweicht.

Nach Daten aus Tagebuchaufzeichnungen treten Eßanfälle bei den meisten Patienten hauptsächlich nachmittags und abends auf (Woell, Fichter, Pirke & Wolfram, 1989). Bei selbstberichteten Eßanfällen unterscheidet sich sowohl die aufgenommene Kalorienmenge als auch die Nahrungszusammensetzung bezüglich der Makronährstoffe deutlich von normalen Mahlzeiten. Rosen, Leitenberg, Fisher und Khazam (1986) analysierten bei 20 Patienten mit Bulimie nach DSM-III Ernährungsprotokolle für sieben Tage vor dem Beginn einer Therapie. Insgesamt deklarierten die Patienten in diesem Zeitraum 199 bulimische Episoden. Die mittlere Kalorienaufnahme pro Eßanfall betrug 1459 kcal, die Spannweite reichte von 45 kcal bis 5138 kcal. Zu ähnlichen Ergebnissen kamen Rossiter und Agras (1990) bei 32 Patienten, die die strengeren Kriterien des DSM-III-R für Bulimia nervosa erfüllten. Nach Informationen aus 7-Tage-Protokollen umfaßte ein durchschnittlicher Eßanfall 1255 kcal; die Angaben gingen von 52 kcal bis 5465 kcal. Höhere Werte berichten Woell et al. (1989) bei den von ihnen über einen Zeitraum von drei Wochen untersuchten 30 Patienten mit Bulimie nach DSM-III. Bei einem Eßanfall nahmen die Patienten im Durchschnitt 1945 kcal auf, die Spannweite betrug 680 bis 8500 kcal. Zusammengefaßt zeigen die Daten aus diesen Feldstudien, daß selbstberichtete Eßanfälle bei den meisten Patienten durch eine relativ große Kalorienaufnahme gekennzeichnet sind. Hervorzuheben ist jedoch eine erhebliche intra- und interindividuelle Variabilität. In Laborstudien wurde versucht, das Eßverhalten bulimischer Patienten objektiv zu erfassen (Kissileff, Walsh, Kral & Cassidy, 1986). Allerdings unterliegen die Ergebnisse aus solchen Studien gewissen Einschränkungen, da die Laborsituation mit den Umständen, in denen spontan Eßanfälle auftreten, nur wenig gemeinsam hat. In den vier vorliegenden Laborstudien konsumierten die Patienten unter der Instruktion „Eßanfall" im Durchschnitt zwischen 3000 und 4500 kcal (Kaye, Gwirtsman & George, 1989; Kissileff et al., 1986; Walsh, Kissileff, Cassidy & Dantzic, 1989). Die im Vergleich zu den Feldstudien höheren Werte lassen sich möglicherweise durch Selektionseffekte bei der Patientenauswahl erklären. Zum einen war bei den jeweiligen Studien nur etwa die Hälfte der angesprochenen Patienten bereit, an der Untersuchung teilzunehmen. Zum anderen handelte es sich zum größten Teil um stationär aufgenommene Frauen, deren Störung zum Untersuchungszeitpunkt besonders schwerwiegend war.

Die Nahrungszusammensetzung bei Eßanfällen ist charakterisiert durch einen hohen Fett- und einen relativ geringen Proteinanteil. In der Studie von Woell et al. (1989) betrug der Fettanteil an der Gesamtkalorienaufnahme während eines Eßanfalls im Durchschnitt 43 %, der Proteinanteil 12 % und der Kohlenhydratanteil 42 %. Vergleichbare Ergebnisse berichten Walsh et al. (1989) unter Laborbedingungen. Diese Verteilung der Makronährstoffe spiegelt die

Nahrungspräferenzen bei Eßanfällen wider. Bevorzugt werden Süßigkeiten, Brot, Milchprodukte mit hohem Fettgehalt, Teigwaren und Nudeln sowie als Getränke vor allem Soft-Drinks (Limonaden, Cola etc.) (Woell et al., 1989). Die Mikrostruktur des Eßverhaltens während eines Eßanfalls ist gekennzeichnet durch eine fast doppelt so hohe Eßgeschwindigkeit unter der Instruktion „Eßanfall" als unter der Instruktion „normale Mahlzeit" (84,3 kcal/min. vs. 44,1 kcal/min.) (Hadigan, Kissileff & Walsh, 1989). Zu Beginn eines „Eßanfalls" im Labor konsumierten die bulimischen Patienten überwiegend Desserts und Snacks (z. B. Eiskrem, Kuchen, Kartoffelchips), während sie bei der „normalen Mahlzeit" zu Beginn vorzugsweise Fleisch oder Wurstwaren aßen.

Eßverhalten außerhalb von Eßanfällen

Generell läßt sich das Eßverhalten bulimischer Patienten charakterisieren als „intermittierendes Diätieren", d. h. Zeiten exzessiver Kalorienaufnahme (Eßanfälle) wechseln sich ab mit Zeiten, in denen die Nahrungsaufnahme sowohl quantitativ als auch qualitativ stark eingeschränkt wird. Empirisch belegt wird dies durch Ergebnisse aus Feldstudien. Schweiger, Laessle, Fichter und Pirke (1988) verglichen die Ernährungsdaten von 26 Patienten mit Bulimie nach DSM-III und 18 alters- und gewichtsparallelisierten Kontrollpersonen über einen Zeitraum von drei Wochen. Die Patienten hatten in der 3-Wochen-Periode durchschnittlich 12 Tage, an denen keine Eßanfälle auftraten. An diesen Tagen war die Kalorienaufnahme der Patienten signifikant niedriger als in der Kontrollgruppe. Im Mittel hatten die Patienten in der 3-Wochen-Periode sechs Tage, an denen die Kalorienzufuhr unter 1500 kcal lag. Nicht nur quantitativ, sondern auch in der Nahrungszusammensetzung nach Makronährstoffen zeigten sich deutliche Abweichungen bei den bulimischen Patienten. An den Tagen ohne Eßanfälle war im Vergleich zur Kontrollgruppe der Proteinanteil signifikant erhöht, der Kohlenhydratanteil jedoch signifikant vermindert. Patienten, die unter stationären Behandlungsbedingungen drei Wochen nur sehr eingeschränkte Möglichkeiten zu Eßanfällen und Erbrechen hatten, nahmen im Durchschnitt nur 1100 kcal pro Tag zu sich (Kaye, Ebert, Raleigh & Lake, 1984). Rossiter, Agras und Losch (1988) berichten eine durchschnittliche Kalorienaufnahme von 1200 kcal pro Tag bei „normalen" Mahlzeiten bei einer Gruppe von Patienten, die nach einer ambulanten Behandlung mit Antidepressiva die Anzahl der Eßanfälle deutlich reduziert hatten. In die gleiche Richtung deuten Ergebnisse aus den Laborstudien von Hadigan et al. (1989) und Walsh et al. (1989). Verglichen wurden hier jeweils bulimische Patienten und eine alters- und gewichtsparallelisierte Kontrollgruppe unter der 70 bis 90 % aller Patienten mit der Diagnose Bulimia nervosa praktizieren Erbrechen zumeist unmittelbar nach den Eßanfällen (Fairburn & Cooper, 1982). Manche Patienten erbrechen darüber hinaus auch nach fast allen „normalen" Mahlzeiten. Das Erbrechen funktioniert nach einiger Zeit fast automatisiert. Manchmal werden jedoch auch mechanische „Brechhilfen", wie z. B. Holzstäbe und ähnliches benutzt. Zum Teil werden elaborierte Methoden verwendet, um sicherzugehen, daß die gesamte, während des Eßanfalls aufgenommene Nahrung auch wieder erbrochen wurde. So essen manche Patienten zu Beginn eines Eßanfalls ein farbiges „Markierungsnahrungsmittel" und erbrechen so lange, bis dieses wieder aufgetaucht ist. Andere trinken im Anschluß an den Eßanfall Wasser und erbrechen so oft, bis das Erbrochene keinerlei Nahrungspartikel mehr enthält.

Etwa 20 % der Patienten nehmen regelmäßig Abführmittel in größeren Mengen ein (Mitchell, Hatsukami, Pyle & Eckert, 1986). Die Einnahme erfolgt dabei entweder unmittelbar nach den Eßanfällen oder aber routinemäßig täglich mit der Hoffnung, die Resorption von Nahrungsmitteln aus dem Darm zu reduzieren und dadurch an Gewicht zu verlieren bzw. nicht zuzunehmen. Da Laxantien jedoch erst in einem Darmabschnitt angreifen, in dem die Resorption weitgehend abgeschlossen ist, handelt es sich bei den erlebten Gewichtsverlusten weitgehend um Wasserverluste. Das „Erfolgserlebnis„ kurz nach der Einnahme solcher Substanzen wirkt jedoch als wichtiger Verstärker für das vorausgehende Verhalten, obwohl die langfristigen Konsequenzen negativ sind. Seltener werden Appetitzügler und Diuretika (Substanzen zur Steigerung der Harnausscheidung) zur Gewichtskontrolle eingesetzt. Exzessive körperliche Aktivität kommt vor, jedoch nicht in dem bei Anorexia nervosa zu beobachtenden Ausmaß.

Diabetische Patienten mit Bulimia nervosa benutzen oft Insulin-Unterdosierung, um über die Glucosurie (Zuckerausscheidung im Harn) „überschüssige" Kalorien wieder loszuwerden (Waadt, Duran, Laessle, Herschbach & Strian, 1990).

Psychologisch am auffälligsten ist die übertriebene Beschäftigung mit dem eigenen Körpergewicht und der Figur sowie die überragende Bedeutung dieser körperlichen Merkmale für das Selbstwertgefühl der betroffenen Patienten (Fairburn & Garner, 1986). Wegen des häufig unkontrollierbar scheinenden Eßverhaltens lebt die Mehrzahl der Patienten in einer ständigen Furcht, an Gewicht zuzunehmen und dicker zu werden. Diese Besorgnis drückt sich unter anderem im „Wiege-Verhalten" aus. Viele Betroffene stellen sich mehrmals pro Tag auf die Waage und fühlen sich extrem unwohl, wenn dieses Verhalten verhindert wird. Andere wiederum wiegen sich überhaupt nie, sind aber dennoch extrem um ihre Figur besorgt und achten ängstlich auf Hinweisreize wie etwa die Enge von Kleidungsstücken. Im Gegensatz zur Anorexia nervosa ist bei der Bulimia nervosa der Wunsch, ganz besonders dünn zu sein, weniger stark ausgeprägt. Im Durchschnitt liegt das Wunschgewicht der Patienten kaum unter dem nicht-eßgestörter junger Frauen (Fairburn & Cooper, 1984). Allerdings stellt das Wunschgewicht bei den Patienten eine sehr unflexible Marke dar, von der sie auf keinen Fall abrücken wollen. Die übertriebene Besorgnis um Figur und Aussehen konzentriert sich meistens auf bestimmte Körperpartien wie Bauch, Hüften, Gesäß oder Oberschenkel. Die Bewertung erfolgt z. B. über das „Enge-Gefühl" in bestimmten Kleidungsstücken oder die „Sichtprüfung" vor dem Spiegel. Eine Minderheit mißt regelmäßig den Umfang bestimmter Körperstellen. Daneben gibt es eine große Gruppe von Patienten, die ihre derzeitige Figur so häßlich und unansehnlich finden, daß sie jede Situation vermeiden, in der sie mit ihrem Körper konfrontiert werden könnten. Dies kann so weit gehen, daß sie sich im Dunkeln an- und ausziehen oder nur noch bekleidet duschen.

Viele Patienten leiden unter depressiven Symptomen wie Stimmungslabilität, Gefühle der Wertlosigkeit, Schuld- und Suizidgedanken. Fast 40 % der Patienten haben bereits einen oder mehrere Suizidversuche hinter sich (Laessle, Kittl, Fichter, Wittchen & Pirke, 1987). Nahezu die Hälfte erhält im akuten Stadium der Bulimie die Zusatzdiagnose einer affektiven Störung (Hudson, Pope, Jonas & Yurgelun-Todd, 1983). Oftmals sind Stimmungsschwankungen direkt mit bulimischen Anfällen verbunden (Johnson & Larson, 1982). Auch Angststörungen treten als Begleitsymptomatik bei über der Hälfte bulimischer Patienten auf (Laessle, Wittchen, Fichter & Pirke, 1989).

Die generelle Kontrollüberzeugung bulimischer Patienten scheint durch eine eher externale Kontrollorientierung geprägt zu sein (Allerdissen, Florin & Rost, 1981). In einer Studie zur Selbstkontrollfähigkeit verglichen Westenhöfer, Pudel, Maus und Schlaf (1987) 484 Patienten mit Bulimie nach DSM-III mit 89 nicht-eßgestörten Frauen auf den Skalen des Self-Control-Schedule (SCS) (Jacobi, Brand-Jacobi, Westenhöfer & Weddige-Diedrichs, 1986). Die Patienten zeigten signifikant niedrigere Werte auf den Subskalen „Selbstkontrolle von Stimmungen", „Fähigkeit zum Bekräftigungsaufschub" und „Selbstkontrolle erwünschter Gedanken". Auf den anderen Subskalen des SCS wie „Selbstkontrolle von Schmerzen", „Impulskontrolle" und „Planvolles Handeln" gab es allerdings keine signifikanten Unterschiede zwischen den Gruppen. Insofern besteht offenbar kein generelles, sondern möglicherweise ein spezifisch auf das Eßverhalten bezogenes Defizit, das allerdings bei vielen Patienten im Sinne einer Verringerung eigener Kompetenzerwartung auf andere Verhaltensbereiche übertragen wurde. Ingesamt sind bulimische Patienten bezüglich psychologischer Merkmale jedoch ein sehr heterogenes Kollektiv. So konnte Paul (1987) in einer Untersuchung mit dem Freiburger Persönlichkeitsinventar an 266 Patienten zeigen, daß in der Gesamtgruppe drei deutlich unterscheidbare Untergruppen existieren, die man als „sozial-phobisch", „impulsiv" und als „unauffällig" charakterisieren kann.

Häufig geraten Patienten im Verlauf ihrer Erkrankung infolge des extrem abweichenden Eßverhaltens zunehmend in soziale Isolation sowie in berufliche und finanzielle Schwierigkeiten. Hinzu kommt dann in ca. 20 % der Fälle noch

Alkohol- oder Drogenabhängigkeit (Mitchell, Hatsukami, Pyle & Eckert, 1986).

3.2 Diagnostische Kriterien

Nach DSM-IV (APA, 1994) müssen für die Diagnose einer Bulimia nervosa folgende Kriterien erfüllt sein:
A) Wiederholte Episoden von Eßanfällen. Bei einem Eßanfall müssen die beiden folgenden Bedingungen erfüllt sein:
  1. Innerhalb einer begrenzten Zeitspanne (z. B. 2 Stunden) wird eine Nahrungsmenge gegessen, die deutlich die Nahrungsaufnahme der meisten Personen in der gleichen Zeit und unter ähnlichen Umständen überschreitet.
  2. Das Gefühl des Kontrollverlustes während des Eßanfalls (z. B. das Gefühl, mit dem Essen nicht mehr aufhören zu können, oder nicht kontrollieren zu können, was oder wieviel man ißt).
B) Um einer Gewichtszunahme entgegenzusteuern, greift der Betroffene regelmäßig zu unangemessenen Maßnahmen wie selbstinduziertes Erbrechen, Gebrauch von Laxantien oder Diuretika, strenge Diäten oder Fastenkuren oder übermäßiger körperliche Betätigung.
C) Durchschnittlich mindestens zwei Eßanfälle (und kompensatorisches Verhalten) pro Woche über einen Mindestzeitraum von drei Monaten.
D) Die Selbstbewertung wird in übertriebener Weise von Figur und Körpergewicht beeinflußt.
E) Die Störung tritt nicht ausschließlich während Episoden von Anorexia nervosa auf.
Der Typ soll spezifiziert werden

„purging"-Typ: regelmäßiges selbstinduziertes Erbrechen oder Mißbrauch von Abführmethoden oder Diuretika.

„non-purging"-Typ: häufiges strenges Diäthalten, Fasten oder übermäßige körperliche Betätigung, aber kein „purging".

Vor allem Kriterium „A" ist vielfach kritisiert worden, da es sich auf ein Schlüsselsymptom der Erkrankung bezieht, jedoch keine Operationalisierung vorgibt (Garner et al., 1992). Es ist unklar, warum „schnelle" Konsumption erforderlich sein soll, ebensowenig wird ausgeführt, wie die Eßgeschwindigkeit gemessen werden soll. Noch problematischer ist die Quantifizierung von Eßanfällen. Wie bereits erwähnt, erleben Patienten auch die Aufnahme objektiv kleiner Nahrungsmengen (z. B. < 300 kcal) subjektiv als Eßanfall und reagieren darauf z. B. mit Erbrechen. Von manchen Autoren wurde vorgeschlagen, eine Mahlzeit erst ab einer Konsumption von mindestens 1000 kcal als Eßanfall zu werten (Fairburn & Cooper, 1987). Dieser normative Ansatz hat zwar den Vorteil einer klaren Grenzziehung; es bleiben jedoch Probleme der Messung und der intra-individuellen Variabilität. Im DSM-IV (APA, 1994) wird zwar vorgegeben, daß die innerhalb einer 2-Stunden-Periode aufgenommene Nahrungsmenge definitiv größer sein muß als eine Menge, die die meisten Menschen in einer vergleichbaren Zeitspanne zu sich nehmen würden. Sehr viel mehr Klarheit bringt diese Änderung jedoch nicht, da immer noch völlig offen bleibt, welche Vergleichspersonen in welchen (Eß-) Situationen herangezogen werden sollen.

Die ICD-10-Definition der Bulimia nervosa muß insgesamt als noch weniger befriedigend als die DSM-IV-Klassifikation bewertet werden, da weder eine Spezifikation eines Eßanfalls noch ein Häufigkeitskriterium genannt wird. Es wird jedoch gefordert, daß Patienten eine voll ausgeprägte oder „verdeckte" Anorexia nervosa in der Vorgeschichte aufweisen sollen. Empirische Studien haben jedoch gezeigt, daß nur etwa 50 % aller Patienten, die typische Merkmale einer Bulimie zeigen, früher auch anorektische Episoden hatten (Mitchell & Eckert, 1987).

Differentialdiagnose

Episoden von unkontrollierbarem Heißhunger finden sich auch bei etwa 50 % der Adipösen. Bei diesen fehlen jedoch zumeist Erbrechen oder andere extreme Maßnahmen zur Gewichtskontrolle. Bestimmte neurologische Erkrankungen (z.B. Tumore des Zentralnervensystems, Klüver-Bucy-ähnliche Syndrome, Kleine-Levin-Syndrom), aber auch Schizophrenien, die mit ungewöhnlichem Eßverhalten verbunden sein können, sind differentialdiagnostisch auszuschließen.

4 Epidemiologie, Verlauf und Nosologie

95 % aller von Anorexia nervosa Betroffenen sind Frauen (Fichter, 1985). Die Prävalenzraten in Stichproben aus verschiedenen Populationen reichen von 1/800 bis 1/100 für Frauen in der Altersgruppe zwischen 12 und 20 Jahren (Mitchell & Eckert, 1987). Mehrere Untersuchungen zur Behandlungsinzidenz deuten auf einen leichten Anstieg seit Anfang der 70er Jahre hin (Jones, Fox, Babigian & Hutton, 1980; Willi & Grossmann, 1983).

Bulimia nervosa kommt häufiger vor. Die Prävalenzschätzungen aus dem anglo-amerikanischen Raum liegen zwischen 1 % und 3 % für Frauen in der Altersgruppe zwischen 18 und 35 Jahren (Fairburn & Beglin, 1990). Für die weibliche Gesamtbevölkerung in Westdeutschland wurde eine Prävalenzrate von 2,4 % geschätzt (Westenhöfer, 1992). Nur ca. 1 % der Fälle sind Männer

(Fairburn & Cooper, 1984). Sowohl anorektische als auch bulimische Patienten stammen vorwiegend aus der Mittel- und Oberschicht (Garfinkel & Garner, 1982; Mitchell, Hatsukami, Eckert & Pyle, 1985).

Wesentlich häufiger als das vollständige Syndrom einer Eßstörung kommen in der Bevölkerung einzelne Symptome gestörten Eßverhaltens vor. Die Diskrepanz zwischen dem derzeit vorherrschenden – vielfach unreflektiert übernommenen – Schlankheitsideal und dem eigenen Körpergewicht bringt offenbar viele Frauen dazu, neben Schlankheitsdiäten auch gesundheitsschädliche Maßnahmen zur Gewichtskontrolle zu benutzen. 2,6 % der erwachsenen weiblichen Gesamtbevölkerung der Bundesrepublik Deutschland ohne die Diagnose einer Eßstörung induzieren regelmäßig Erbrechen, 5 % aller Frauen benutzen Laxantien zur Gewichtsregulation (Westenhöfer, 1992). Die regelmäßige Einnahme von Appetitzüglern und Diuretika ist ebenfalls keine Seltenheit (Reinberg & Baumann, 1986). Bei 8 % aller Frauen tritt mindestens einmal pro Woche eine Eßepisode auf, die subjektiv als Eßanfall erlebt wird (Westenhöfer, 1992).

Anorexia nervosa beginnt meistens in der früheren Adoleszenz (daher auch „Pubertätsmagersucht"). Die in der Literatur beschriebenen Ergebnisse zum Langzeitverlauf behandelter Patienten deuten darauf hin, daß bei Berücksichtigung eines Follow-up Zeitraums von mindestens vier Jahren ca. 30 % der Fälle vollständig gebessert sind, 35 % etwas gebessert sind, 25 % der Fälle chronisch krank bleiben und ca. 10 % verstorben sind. Diese Verteilung scheint relativ unabhängig von der jeweiligen Behandlungsstrategie zu sein (Herzog, Keller & Lavory, 1988; Hsu, 1988; Steinhausen & Glanville, 1983) und wurde auch in neueren Studien mit Follow-up Zeiträumen bis zu 20 Jahren bestätigt (Engel, 1990; Ratnasuriya, Eisler, Szmukler & Russell, 1991). Bei vielen Patienten persistieren auch nach Gewichtsnormalisierung anorektische Einstellungen zu Gewicht und Figur. Ca. 50 % der Patienten scheinen ein verändertes Eßverhalten beizubehalten, das zwar nicht zu einem massiven Gewichtsverlust führt, jedoch zur Aufrechterhaltung spezifischer physiologischer Dysfunktionen (z. B. verminderte Ansprechbarkeit des sympathischen Nervensystems) beitragen kann (Pirke & Ploog, 1986).

Die Bulimia nervosa entwickelt sich häufig im frühen Erwachsenenhalter. Zirka 4/5 erkranken vor dem 22. Lebensjahr (Paul, Brand-Jacobi & Pudel, 1984). In ca. der Hälfte der Fälle geht der Bulimia nervosa eine Anorexie voraus (Mitchell, Hatsukami, Eckert & Pyle, 1985). Zum Verlauf der Bulimie ist bislang noch wenig bekannt. In klinischen Stichproben ergab sich eine mittlere Krankheitsdauer von mehr als fünf Jahren, bevor der erste Behandlungsversuch unternommen wurde. 32 % litten seit mehr als zehn Jahren an dieser Eßstörung (Paul et al., 1984). In zwei Follow-up Studien waren zwei Jahre nach einer stationären Therapie jeweils ca. 40 % der Patienten deutlich gebessert, 20 %

teilweise gebessert und 40 % chronisch erkrankt (Fallon, Walsh, Sadik, Saoud & Lukasik, 1991; Fichter, Quadflieg & Rief, 1992).

Die Abgrenzung der Bulimie von der Pubertätsmagersucht ist umstritten (Russell, 1979). Gemeinsames Merkmal von Anorexia nervosa- und Bulimiepatientinnen ist eine übersteigerte Angst davor, zuzunehmen bzw. dick zu werden. Auch bei der Bulimia nervosa kann im Vergleich zum prämorbiden Gewicht ein erheblicher Gewichtsverlust eingetreten sein, da viele Patienten in der Vorgeschichte übergewichtig waren und beinahe alle drastische Diätphasen durchmachten (Garner, Garfinkel & O'Shaugnessy, 1985). Gegen eine Unterteilung in normalgewichtige Bulimikerinnen einerseits und extrem untergewichtige, bulimische oder fastende Anorektikerinnen andererseits sprechen die häufigsten Übergänge von der Anorexie zur normalgewichtigen Bulimie sowie Forschungsergebnisse, denen zufolge stark untergewichtige anorektische Patienten mit bulimischer Symptomatik normalgewichtigen Patienten mit Bulimia nervosa demographisch, klinisch und psychometrisch ähnlicher sind als den anorektischen Patienten ohne bulimisches Verhalten (Garner et al., 1985). In der klinischen Praxis ist jedoch im Hinblick auf die Behandlung eine Differenzierung der normal- bzw. nur leicht untergewichtigen Bulimie von der extrem untergewichtigen bulimischen oder fastenden Anorexie sinnvoll.

Depressive Symptome treten sowohl bei der Anorexie als auch bei der Bulimie häufiger auf als bei nichtpsychiatrischen Vergleichsgruppen (Laessle et al., 1987). Familienangehörige anorektischer und bulimischer Patienten zeigen ein erhöhtes Risiko für affektive Erkrankungen (Gershon et al., 1984; Hudson et al., 1983).

Patienten mit Eßstörungen sprechen in manchen Fällen auf antidepressive Medikation an und reagieren in vielen biologischen Funktionstests ähnlich wie Depressive. Diese Befunde unterstützen auf den ersten Blick die Hypothese einer engen nosologischen Beziehung dieser beiden Krankenheitsbilder (Strober & Katz, 1988). Andere Untersuchungen haben jedoch gezeigt, daß vor allem die psychologischen und physiologischen Korrelate des pathologischen Eßverhaltens dazu beitragen, daß sich sekundär zu der Eßstörung depressive Symptome entwickeln (Laessle, 1989).

Viele anorektische Symptome haben zwangartigen Charakter (z. B. Kalorienzählen, Wiegen, Eßrituale). Aufgrund empirischer Befunde ist anzunehmen, daß zwischen Magersucht und Zwangsstörungen enge Zusammenhänge bestehen und daß anorektische Patienten mit ausgeprägter Zwanghaftigkeit eine schlechtere Prognose haben (Fichter, 1985; Hecht, Fichter, Postpischil, 1983). Für die Bulimie wird eine Beziehung zu Abhängigkeitserkrankungen diskutiert, wobei als gemeinsame Grundlage beider Krankheitsbilder eine eingeschränkte Impulskontrolle angenommen wird (Brand-Jacobi, 1984). Gemeinsamkeiten zwischen Eßstörungen und Schizophrenie wurden von Bruch (1973) hinsichtlich Psychodynamik und Symptomatik und von Selvini-Palazzoli (1975) hinsichtlich des Familiensystems hervorgehoben. In der Literatur wurde das Auftreten von schizophrenen Psychosen im Verlauf einer Anorexia nervosa in 3 % bis 17 % der Fälle genannt (Übersicht bei Fichter, 1985). Bei schwer untergewichtigen Patienten können transient schizophrenie-ähnliche Zustände vorkommen.

5 Biologische Funktionsstörungen bei Anorexia Nervosa und Bulimia Nervosa

Die permanente Einschränkung der Nahrungsaufnahme und der resultierende massive Gewichtsverlust zieht bei Patienten mit einer anorektischen Eßstörung eine Vielzahl somatischer Folgeerscheinungen nach sich (Pirke & Ploog, 1986). Dazu gehören Störungen der Funktion der Nebennierenrinde, der Gonaden, der Schilddrüse sowie der zentralen Regulation dieser Drüsen durch Hypophyse und Hypothalamus. Weiterhin wurden Veränderungen im sympathischen Nervensystem, der Körperzusammensetzung in bezug auf den Fettanteil und der fettfreien Körpermasse, der Temperaturregulation, des Stoffwechsels, des Wasser- und Mineralstoffhaushalts, Hirnatrophie, Herzrhythmusstörungen und Rupturen (Zerreißungen) der Magen- und Oesophagusmuskulatur beobachtet.

Im Gegensatz zur Anorexia nervosa liegt das Körpergewicht von Patienten mit Bulimia nervosa in der Regel im Normalbereich. Deshalb wurde angenommen, daß biologische Konsequenzen von Untergewicht bei diesen Patienten keine große Rolle spielen. Neue Untersuchungen zeigen jedoch, daß auch bei der Bulimie zahlreiche biologische Funktionsstörungen auftreten, die in Wechselwirkung mit psychologischen Faktoren im Sinne eines Circulus vitiosus zur langfristigen Aufrechterhaltung der Eßstörung beitragen könnten. Dazu gehören vor allem Störungen zentraler Neurotransmitter, wie des Noradrenalins und des Serotonins, aber auch metabolische und endokrine Anpassungsprozesse an eine veränderte Ernährungslage.

5.1 Metabolische und endokrinologische Befunde

Sowohl stark untergewichtige anorektische, aber auch normalgewichtige bulimische Patienten zeigen metabolische Zeichen von Mangelernährung, wie signifikant erniedrigte Glucosespiegel, erhöhte Konzentrationen für freie Fettsäure, für Betahydroxybuttersäure und für Acetoacetat (Pirke, Pahl, Schweiger & Warnhoff, 1985). Eine weitere Veränderung auf metabolischer Ebene ist die verminderte Insulinsensitivität, wie sie beim Glucosetoleranztest nachgewiesen werden konnte (Schweiger et al., 1987).

Hypothalamus-Hypophysen-Nebennierenrinden-Achse (HHN-Achse)

Bei stark untergewichtigen Patienten mit Anorexia nervosa finden sich Zeichen der Überfunktion der HHN-Achse: fehlende Suppression im Dexamethasontest (DST), ein erhöhter basaler Plasma-Cortisol-Spiegel, vermehrte episodische Sekretionen sowie eine Verlängerung der Halbwertzeit des Cortisols im Plasma. (Überblick siehe Pirke & Ploog, 1986).

Bei normalgewichtigen bulimischen Patienten sind die Ergebnisse weniger einheitlich. Während Mortola, Rasmussen und Yen (1989) in einer Gruppe von acht Patienten mit Bulimie (nach DSM-III) signifikant erhöhte 24-Stunden Serum-Cortisol- und Corticotropin (ACTH)-Spiegel sowie erhöhte längerdauernde Sekretionspeaks für Cortisol und ACTH berichten, konnten Fichter, Leibl, Brunner, Schmidt-Auberger und Engel (1990); Gold et al. (1986) und Walsh et al. (1989) im Gruppenmittel bei den untersuchten Patienten keine derartigen Veränderungen fest stellen. Auch Gwirtsman et al. (1989), die Cortisol und ACTH im Liquor einer Stichprobe von 14 Patienten bestimmten, fanden keinen Gruppenunterschied gegenüber einer gesunden Kontrollgruppe.

In vier unkontrollierten Studien zeigten sich bei 35 bis 67 % der untersuchten Patienten pathologische DST-Ergebnisse (Gwirtsman et al., 1989; Hughes, Wells & Cunningham, 1987; Lindy, Walsh, Roose, Gladis & Glassmann, 1985; Mitchell, Pyle, Hatsukami & Boutasoff, 1984). Wurden Patienten mit einer parallelisierten gesunden Kontrollgruppe bezüglich der NonSuppressionsrate verglichen, so fanden sich signifikante Unterschiede in den Studien von Hudson et al. (1983); Kiriike, Nishiwaki, Izumiya und Kawakita (1986); Levy und Dixon (1987), Musisi und Garfinkel (1985) und Walsh (1989), nicht jedoch bei Gold et al. (1986). Pathologische ACTH und Cortisolausschüttung nach Stimulation mit Corticotropin-Releasing-Hormon wurde nur bei der Anorexie, nicht bei der Bulimie nachgewiesen (Gold et al., 1986).

Eine mögliche Erklärung für die inkonsistenten Resultate und die auf Gruppenebene geringere Beeinträchtigung der HHN-Achse bei der Bulimie ergibt sich aus den Daten der Untersuchung von Fichter et al. (1990). Wurde die Gesamtgruppe der Patienten nach der durchschnittlichen Kalorienzufuhr dichotomisiert, so zeigten nur die Patienten mit der geringeren Kalorienzufuhr pathologische Ergebnisse im DST. In dieser Gruppe waren auch die basalen Cortisol-Spiegel erhöht. Signifikante korrelative Zusammenhänge bestanden zwischen Funktionsstörungen der HHN-Achse und Indikatoren von Mangelernährung wie hohen Werten für Betahydroxybuttersäure, niedrigen Trijodthyronin(T3)-Werten sowie einem niedrigen Fettanteil in der Nahrung. Die bei bulimischen Patienten zu beobachtenden Veränderungen der Funktion der HHN-Achse scheinen also in Abhängigkeit von kurzfristigen Veränderungen des Eßverhaltens zu variieren.

Hypothalamus-Hypophysen-Gonaden-Achse (HHG-Achse)

Amenorrhoe ist bei der Anorexia nervosa ein obligatorisches Symptom. Mit großer Wahrscheinlichkeit ist die Mangelernährung für die Unterdrückung der gonadalen Funktion verantwortlich (Überblick bei Pirke & Ploog, 1986). Auch bei der Bulimie treten Störungen der endokrinologischen Regulation reproduktiver Funktionen auf. (Pirke et al., 1987).

Von insgesamt 50 Patienten mit einer Bulimie nach DSM-III zeigten nur 10 % normale Zyklen, die Mehrzahl wies Störungen unterschiedlichen Schweregrades auf. 45 % hatten Follikelreifungsstörungen, charakterisiert durch persistierend niedrige Östradiol-Spiegel. Weitere 45 % zeigten Lutealphasenstörungen, die gekennzeichnet sind durch einen zu geringen und zu kurz andauernden Progesteronanstieg. Der Schweregrad der Beeinträchtigung der HHG-Achse war gewichtsabhängig. Patienten mit der schwereren Störung waren im Durchschnitt leichter (Pirke et al., 1987). Es ist jedoch davon auszugehen, daß die gesamte Struktur des Eßverhaltens und der anderen Maßnahmen zur Gewichtskontrolle zu den funktionellen Störungen beiträgt.

Hypothalamus-Hypophysen-Schilddrüsen-Achse (HHS-Achse)

Pirke et al. (1985) fanden nicht nur bei stark untergewichtigen anorektischen Patienten, sondern auch bei einer Gruppe von 15 normalgewichtigen Patienten mit Bulimie beim Vergleich mit einer parallelisierten Kontrollgruppe signifikant erniedrigte Trijodthyronin-Werte. Bestätigt wurde dieser Befund in weiteren Studie von Schweiger, Pirke, Laessle und Fichter (1992) bei 22 Patienten, während Schreiber et al. (1991) keine signifikanten Unterschiede zwischen 13 bulimischen Patienten und einer Kontrollgruppe fanden, und auch Kaplan (1987) bei einer Gruppe von 40 konsekutiv untersuchten Patienten fast ausschließlich normale Trijodthyronin(T3)-Werte feststellte.

Bei Fichter et al. (1990) wies die Gesamtgruppe bulimischer Patienten eine, im Vergleich zu den gesunden Kontrollen, signifikant erniedrigte Sekretion des Thyreoideastimulierenden Hormons (TSH) nach Injektion des Thyreotropin Releasing Hormons (TRH) auf. Wurde die Gruppe dichotomisiert nach der Nahrungszufuhr, so zeigten diejenigen mit der geringeren Kalorienaufnahme die niedrigste Ausschüttung des Thyreoideastimulierenden Hormons (TSH). Für die gesamte Patientengruppe war die TSH-Antwort um so niedriger, je niedriger die Kohlenhydratzufuhr war. Diese Ergebnisse sprechen dafür, daß Veränderungen der HHS-Achse bei normalgewichtiger Bulimie mit der Mangelernährung zusammenhängen und die unterschiedlichen Ergebnisse in den jeweiligen Stichproben vermutlich den intra- wie interindividuell sehr stark variierenden Ernährungsstatus widerspiegeln.

5.2 Neurotransmitter und Neuromodulatoren

Die bei Eßstörungen bislang am besten untersuchten Neurotransmitter sind das Noradrenalin und das Serotonin.

Beide Transmittersysteme sind beim Menschen entscheidend an der Regulation wesentlicher Bereiche des Erlebens und Verhaltens beteiligt. Ein veränderter Stoffwechsel dieser Transmitter – beispielsweise durch Pharmakagabe – beeinflußt affektive Funktionen (z. B. Stimmung), vegetative Funktionen (z. B. Schlaf) und kognitive Funktionen (z. B. Aufmerksamkeit) (Van Praag, 1986). Noradrenalin und vor allem Serotonin sind darüber hinaus von Bedeutung für die Regulation von Hunger und Sättigung (Blundell & Hill, 1987) sowie für die Steuerung neuroendokriner Systeme.

Noradrenerge Aktivität

Die Ergebnisse der bislang vorliegenden Studien sprechen für eine verminderte noradrenerge Aktivität bei Anorexia nervosa und Bulimia nervosa.

Pirke et al. (1985) fanden sowohl bei anorektischen als auch bei normalgewichtigen Patienten mit Bulimie (nach DSM-III) eine Woche nach Klinikaufnahme einen im Vergleich zur Kontrollgruppe signifikant verminderten Anstieg des Noradrenalins im Orthostase-Test. Kaye et al. (1984, 1990) fanden ebenfalls signifikant erniedrigte Noradrenalin-Konzentrationen im Plasma und im Liquor. George, Kaye, Goldstein, Brewerton und Jimerson (1990) berichten bei 14 Patienten, die während einer stationären Behandlung keine Eßattacken mehr hatten, im Vergleich zur gesunden Kontrollgruppe erniedrigte Plasma-Noradrenalin-Konzentrationen, erniedrigten Ruhepuls und einen erniedrigten systolischen Blutdruck. Bei Infusion des beta-adrenergen Agonisten Isoproterenol zeigten die Patienten eine größere Sensitivität insofern, als die für eine Pulserhöhung von 25 Schlägen pro Minute notwendige Isoproterenol-Dosis signifikant niedriger war. Dieses Ergebnis spricht für eine gesteigerte Empfindlichkeit der cardio-vaskulären beta-adrenergen Rezeptoren, die eine Folge der insgesamt verringerten Katecholamin-Ausschüttung sein könnte.

Mahlzeiten führen normalerweise zu einem deutlichen Anstieg der Noradrenalinkonzentration im Blut. Dieser Stimulationseffekt ist bei Patienten mit Anorexie und Bulimie sehr viel geringer ausgeprägt (Pirke et al., 1988).

Bemerkenswert ist die Beobachtung von Pirke et al. (1992), daß die stark abgeschwächte Noradrenalinantwort nach Testmahlzeiten auch vier Jahre nach Gewichtsnormalisierung bei ehemals anorektischen Patienten noch nachweisbar war.

Als Folge der verminderten Transmittersekretion kann es zu Rezeptorveränderungen kommen. Nachgewiesen werden konnte eine Vermehrung der alpha-2-Adrenorezeptoren der Thrombozyten, sowohl bei der Anorexie als auch bei der Bulimie (Heufelder, Warnhoff & Pirke, 1985). Die Postrezeptor-Effekte, nämlich die Aktivierung der Acetylatzyklase durch Prostaglandin E_1 und die Inhibition durch Adrenalin werden deutlich verstärkt. Durch diese Rezeptorveränderung könnte die verminderte Noradrenalinbildung zu einem Teil kompensiert werden.

Zusammenfassend deuten die Ergebnisse darauf hin, daß auch die nicht mit einem deutlichen Gewichtsverlust verbundene intermittierende Mangelernährung bei der Bulimie eine herabgesetzte noradrenerge Aktivität zur Folge hat. Die veränderte Transmitterfunktion ihrerseits könnte an der Entwicklung und Aufrechterhaltung verschiedener Symptome der bulimischen Eßstörungen, wie z. B. verminderter Energieverbrauch, Suppression der Gonadotropinausschüttung sowie an einer Beeinträchtigung der Befindlichkeit beteiligt sein.

Serotonerge Aktivität

Die Serotoninsynthese im Gehirn wird nicht nur durch die Menge der Kalorienzufuhr, sondern vor allem durch die Zusammensetzung der Nahrung aus den Makronährstoffen Kohlenhydrat und Protein beeinflußt (Wurtman, 1983). Kohlenhydratreiche Diät führt zu einer Zunahme der Serotonin-Synthese, proteinreiche Diät eher zu einer Verminderung.

Dieser Zusammenhang gewinnt bei Eßstörungen besondere Bedeutung, da nicht nur quantitative, sondern auch qualitative Abweichungen des Eßverhaltens vorliegen. Experimentelle Studien mit Testmahlzeiten (Schweiger, Warnhoff, Pahl & Pirke, 1986; Schweiger, Warnhoff & Pirke, 1985) und Messungen des Serotonin-Metaboliten 5-Hydroxyindolessigsäure in Liquor cerebrospinalis (Kaye, Gwirtsman, Ebert & Weiss, 1984) deuten auch tatsächlich auf eine Beeinträchtigung der Serotonin-Synthese im Gehirn anorektischer und bulimischer Patienten hin. Neben der chronischen oder intermittierenden Kalorienrestriktion trägt hierzu vor allem ein zu geringer Kohlehydratanteil der aufgenommenen Nahrung bei.

Neuromodulatoren

Da bulimisches Eßverhalten eine Störung der Kurzzeitregulation der Sättigung impliziert, sind Peptidhormone, deren Wirkungsmechanismus für die Regulation von Hunger und Sättigung bedeutsam sein könnte, besonders relevant.

Erste Ergebnisse liegen zum Cholecystokinin (CCK) vor, dessen Beteiligung an der Induzierung von Sattheit beim Menschen durch experimentelle Studien belegt ist (Überblick bei Silver & Morley, 1991 und bei Smith & Gibbs, 1987). Geracioti und Liddle (1988) untersuchten 14 Patienten mit Bulimia nervosa (DSM-III-R) und bestimmten CCK-Konzentrationen vor und nach Gabe einer Brei-Mahlzeit (400 ml, 662 kcal) mit hohem Fettgehalt. Die Baseline-Werte des CCK unterschieden sich nicht zwischen Patienten- und Kontrollgruppe, der postprandiale Anstieg des CCK war bei den Patienten jedoch signifikant geringer. Die Patienten gaben an, nach der Mahlzeit weniger gesättigt zu sein. Dieses Ergebnis konnte allerdings in einer Untersuchung von Philipp, Pirke, Kellner und Krieg (1991) an einer Stichprobe von sieben bulimischen Patienten nicht repliziert werden. Ebensowenig gelang es, durch CCK-Gabe die Kalorienaufnahme bei im Labor provozierten „Eßanfällen" zu vermindern (Mitchell, Laine, Morley & Levine, 1986).

5.3 Somatische Komplikationen

Häufiges Erbrechen führt zu Zahnschädigungen. Es finden sich Erosionen des Zahnschmelzes und Verlust der Zahnhartsubstanz. Dabei wird die Zahngröße oft drastisch verringert (Willershausen, Philipp, Pirke & Fichter, 1990). Karies und Zahnfleischschäden werden infolge der guten Mundhygiene (Zähneputzen nach dem Erbrechen) nicht häufiger als bei Gesunden beobachtet. Die Ansäuerung der Mundhöhle durch erbrochenen Magensaft führt zu Schwellung und Entzündung der Speicheldrüsen (Mayerhausen, Vogt, Fichter & Stahl, 1990). Die Speicheldrüsenstörung führt zu einem Anstieg des Enzyms Amylase, dessen Erhöhung aber auch Ausdruck einer Pankreasstörung sein kann. Die Pankreatitis tritt oft plötzlich nach Freßattacken auf. Sie geht mit schwersten abdominalen Schmerzen, Fieber und Tachycardie einher (Gavish et al., 1987) und weist eine Mortalität von 10 % auf. Eine weitere Folge gehäuften Erbrechens sind Elektrolytstörungen. Besonders schwerwiegend ist der Kaliumverlust, der sich nicht nur in niedrigen Plasmaspiegeln des Kaliums, sondern auch in spezifischen elektrocardiographischen Veränderungen äußert. Klinisch macht sich der Kaliummangel in Herzmuskelschwäche und Rhythmusstörungen bemerkbar. Neben diesen lebensbedrohlichen cardialen Komplikationen werden Verwirrtheit, Muskelschwäche, Krämpfe, Paraestnesien, Polyurie und Obstipation beobachtet. Kompliziert werden Kaliummangelzustände häufig durch Magnesiummangel.

Laxantienabusus kann wegen der Elektrolytverluste (Bicarbonat, Kalzium, Magnesium und Kalium) zu schwerwiegenden, lebensbedrohlichen Nierenschädigungen führen. Neben der Nierenschädigung führt Laxantienabusus zu rektalen Blutungen, zu Wasserverlust, Dehydration und selten zu lebensbedrohenden Erschlaffungszuständen des Dickdarms. Infolge des Verschlingens großer Nahrungsmengen und des anschließenden Erbrechens kommt es zu einer Reihe weiterer gastrointestinaler Störungen. Eine zunächst harmlose Störung ist der verlangsamte Transport der Nahrungsmittel und die verzögerte Magenentleerung (Lautenbacher, Galfe, Hölzl & Pirke, 1989). Hieraus können sich akute atonische Magenerweiterungen, die mit schwersten Schmerzzuständen im Abdomen einhergehen, entwickeln. Die schwerste und häufig letale Komplikation ist dann die Magenruptur (Letalität 80 %). Rupturen der Speiseröhre sind nach Erbrechen beschrieben worden und sind gleichfalls mit einer sehr hohen Letalität belastet. Trockene Haut und trockene brüchige Haare mit Haarausfall werden bei 10 bis 30 % der Bulimiepatienten gefunden. Ursache dürfte eine leichte Verminderung der Schilddrüsenhormonwirkung sein. Bei ca. 80 % der anorektischen und bei ca. 50 % der bulimischen Patienten finden sich morphologische Veränderungen des Gehirns, die als Pseudoatrophie bezeichnet werden (Krieg, Lauer & Pirke, 1989).

5.4 Körperzusammensetzung und Energiestoffwechsel bei Eßstörungen

Die starke Gewichtsverminderung bei anorektischen Patienten betrifft sowohl die magere Körpermasse wie das Fettgewebe. Bei Gewichtszunahme kommt es zunächst zu einer Normalisierung der mageren Körpermasse, während der Fettanteil erst später normalisiert wird (Pirke et al., 1986). Bulimische Patienten haben nicht nur ein normales Gewicht, sondern auch eine normale Körperzusammensetzung (Pirke, Muenzing, Moser & Beumont, 1989).

Der Energiestoffwechsel anorektischer und bulimischer Patienten wurde von einer Reihe von Arbeitsgruppen untersucht (Übersicht bei Melchior, Rigaud, Rozen & Apfelbaum, 1989). Alle Studien fanden einen verminderten Energieverbrauch unter Ruhebedingung. Allerdings ist unklar, ob sich der Grundumsatz nur entsprechend der Abnahme der mageren Körpermasse vermindert oder ob er darüber hinaus reduziert ist. Casper, Schoeller, Kushner, Hnilicka und Gold (1991) fanden einen Grundumsatz, der stärker reduziert war als es der mageren Körpermasse entsprach. Pirke et al. (1991) fanden dagegen eine Abnahme des Grundumsatzes proportional zur Reduktion der mageren Körpermasse. Diese Diskrepanz wird möglicherweise durch das Ausmaß der Hyperaktivität bestimmt, da körperliche Anstrengung den Grundumsatz bis zu 24 Stunden nach Aktivität erhöhen kann (Poehlmann & Horton, 1989). Die diätinduzierte Thermogenese war in fast allen Studien normal (Melchior et al., 1989). Lediglich Stordey, Marks, Kalucy und Crisp (1977) berichteten eine erhöhte diätinduzierte Thermogenese. Der Gesamtenergieverbrauch anorektischer Patienten wird offenbar stark von dem Ausmaß der Hyperaktivität beeinflußt (Pirke et al., 1991). Diese Beobachtung erklärt, warum einzelne Patienten einen sehr niedrigen, andere dagegen einen sehr hohen Gesamtenergieverbrauch haben. Der Gesamtenergieverbrauch bei untergewichtigen Patienten lag zwischen 1600 bis 3300 kcal/Tag (Pirke et al., 1991).

Bulimische Patienten wiesen einen verminderten Grundumsatz auf, nachdem sie längere Zeit keine Eßanfälle mehr hatten (Devlin, Walsh, Kral, Heymsfield, Pi-Sunyer & Dantzic, 1990).

Zusammenfassend kann festgehalten werden, daß der Energieverbrauch sehr stark von der Hyperaktivität beeinflußt wird, die bei der Mehrzahl dieser Patienten beobachtet wird (Falk, Halmi & Tyron, 1985; Kron, Katz, Gorzynski & Weiner, 1987).

6 Methoden zur Erfassung der Symptomatologie bei Eßstörungen

Als Hauptmerkmale bei eßgestörten Patienten gelten auf Verhaltensebene ein pathologisches Eßverhalten sowie extreme Methoden der Gewichtskontrolle. Auf emotionaler und kognitiver Ebene stehen die übermäßige Beschäftigung mit Figur/Gewicht und darauf bezogene, irrationale Ängste und Wahrnehmungsverzerrungen im Vordergrund. Auf der physiologischen Ebene bestehen metabolische und endokrine Störungen. Die folgende Darstellung von Instrumenten zur Diagnostik orientiert sich an der Erhebungsmethode.

6.1 Verfahren zur Fremdeinschätzung

Strukturiertes Interview zur Anorexia und Bulimia nervosa (SIAB) (Fichter, Elton & Engel, 1990; Fichter, 1993): Das SIAB ist das einzige im deutschsprachigen Raum entwickelte und validierte Interview für Eßstörungen. Es ist relativ breit ausgelegt und erfaßt nicht nur Störungen im Eßbereich und damit zusammenhängende Kognitionen, sondern auch relevante angrenzende Bereiche wie z. B. Depressivität, Drogen- oder Alkoholmißbrauch, soziale Anpassung sowie familiäre und partnerschaftliche Interaktion. Das Interview enthält

Fragen, die eine Diagnosestellung nach den ICD-10 und DSM-III-R-Kriterien erlauben. Die Items des SIAB müssen vom Untersucher zumeist auf einer Skala nach Ausprägungsgrad von 0 bis 4 einmal für den gegenwärtigen Zustand und getrennt davon für den maximalen Ausprägungsgrad in der Vergangenheit eingeschätzt werden. Untersuchungen zur Interrater-Reliabilität erbrachten zufriedenstellende Ergebnisse (.94 für den Symptomteil, .89 für den Familienteil). Auf der Basis von Faktorenanalysen bei einer Stichprobe von 346 Patienten werden für das SIAB für den Symptomteil sechs Subskalen angegeben, die folgende Bereiche erfassen:

I: Körperbild und Schlankheitsideal
II: Soziale Integration und Sexualität
III: Depressivität
IV: Zwänge und Ängste
V: Bulimisches Verhalten
VI: Laxantien-Abusus

Für den Familienteil ergaben sich vier Faktoren:
I: Ehezufriedenheit und familiäre Desintegration
II: Familiäre Leistungsorientierung und -erwartung
III: Rigidität und familiäre Interaktion
IV: Familiäre Enge und Verstrickung

Das SIAB kann im deutschsprachigen Raum als gut bewährtes Forschungsinstrument gelten. Zur Vergleichbarkeit mit anglo-amerikanischen Verfahren liegen bislang noch keine Daten vor. In der klinischen Praxis kann das SIAB als Leitfaden zur Erhebung aller relevanten Symptombereiche bei anorektischen und bulimischen Syndromen dienen.

Eating Disorder Examination (EDE) (Cooper & Fairburn, 1987): Das EDE ist ein halbstrukturiertes Interview und umfaßt 60 Items, die sich auf die spezifische Psychopathologie, das Eßverhalten und Methoden der Gewichtskontrolle beziehen. Die Antworten der Patienten werden von Untersuchern auf einer sechsstufigen Skala mit definierten Ankerpunkten eingeschätzt. Zugrundegelegt wird ein Zeitraum von vier Wochen vor dem Interview. Analysen zur methodischen Qualität des Verfahrens zeigten befriedigende Ergebnisse (Interrater-Korrelationen für fast alle Items > .90). Das EDE wurde bislang vor allem als Foschungsinstrument zur Veränderungsmessung bei Therapiestudien eingesetzt (Fairburn et al., 1991). Für den routinemäßigen klinischen Gebrauch erscheint es weniger geeignet. Aus dem anglo-amerikanischen Raum liegen noch zwei weitere Interviews vor.

Das „Clinical Eating Disorder Rating Instrument" (CEDRI: Palmer, Christie, Dordle, Davies & Kenrick, 1987), das im Vergleich zum EDE weniger Fragen zum Eßverhalten enthält, dafür aber Items zur allgemeine Psychopathologie, sowie das „Diagnostic Survey for Eating Disorders" (DSED: Johnson 1985), das vor allem als Screening-Instrument eingesetzt wurde.

6.2 Standardisierte Fragebogen

Der älteste deutschsprachige Fragebogen zur Erfassung anorektischer Symptome ist das von Fichter und Keeser (1980) entwickelte „Anorexia Nervosa Inventar zur Selbstbeurteilung" (ANIS). Es besteht aus sechs faktorenanalytisch gewonnen Subskalen mit den Bezeichnungen „Figurbewußtsein", „Überforderung", „Anankasmus", „Negative Auswirkungen des Essens", „Sexuelle Ängste" und „Bulimie". Reliabilität und Validität konnten als zufriedenstellend nachgewiesen werden. Der Fragebogen eignet sich vor allem für die Veränderungsmessung und für Forschungszwecke. Nachteilig ist die fehlende internationale Vergleichbarkeit.

Der weltweit am häufigsten eingesetzte Fragebogen zur mehrdimensionalen Erfassung psychologischer Merkmale und Verhaltenscharakteristika anorektischer und bulimischer Patienten ist das „Eating Disorder Inventory" (EDI) (Garner, Olmsted & Polivy, 1983; Garner 1991), dessen deutschsprachige Form von Thiel und Paul (1988) im Hinblick auf Reliabilität und Validität empirisch überprüft wurde. Von diesen Autoren existieren auch Normwerte aus größeren Stichproben von nicht-eßgestörten Probanden. Das EDI besteht aus 64 Items, die jeweils auf einer sechsstufigen Skala (0 = immer, 5 = nie) eingeschätzt werden. Es enthält drei Subskalen, die spezifische Einstellungen und Verhaltensweisen bezüglich des Essens, der Figur und des Gewichtes erfassen („Schlankheitsstreben", „Tendenz zu Bulimieattacken", „Unzufriedenheit mit dem Körper") sowie fünf zusätzliche Subskalen, die weitere, für Eßstörungen als relevant betrachtete kognitive und emotionale Dimensionen abbilden („Gefühl der Ineffektivität", „Perfektionismus", „Interpersonales Mißtrauen", „Interoceptive Wahrnehumg", „Ängste vor dem Erwachsenwerden"). Die internen Konsistenzen (Cronbachs alpha) der Subskalen liegen in klinischen Stichproben zwischen .82 und .90. Die Validität konnte in zahlreichen Studien nachgewiesen werden (Überblick bei Garner, 1991). Das EDI liefert vor allem deskriptive Informationen zum Ausprägungsgrad der Psychopathologie bei Eßstörungen und kann vorzugsweise zur Therapieevaluation sowie allgemein zu Foschungszwecken eingesetzt werden.

Ein Verfahren zur Erfassung grundlegender Dispositonen des menschlichen Eßverhaltens ist der „Fragebogen zum Eßverhalten" (FEV: Pudel & Westenhöfer, 1989), die deutsche Version des „Three-factor Eating Questionnaire" (Stunkard & Messick, 1985). Er enthält drei faktorenanalytisch gewonnene Subskalen:

1. Kognitive Kontrolle des Eßverhaltens, gezügeltes Essen,
2. Störbarkeit des Eßverhaltens und
3. erlebte Hungergefühle und deren Verhaltenskorrelate.

Hohe Werte auf Skala I charakterisieren Personen mit stark ausgeprägtem gezügelten Eßverhalten und einer weitgehend kognitiv gesteuerten Kontrolle des Eßverhaltens. Niedrige Werte charakterisieren spontanes, ungezügeltes Eßverhalten, das weitgehend durch autonom regulierte Hunger- und Sättigungssignale bestimmt wird. Skala II charakterisiert bei gezügelten Essern die Tendenz zur Enthemmung der ausgeübten kognitiven Kontrolle durch situative und emotionale Belastungsfaktoren. Hohe Werte auf Skala III können interpretiert werden als Hinweis auf stark erlebte, oft auch als störend empfundene Hungergefühle, die zu einer erhöhten Nahrungsaufnahme motivieren. Die internen Konsistenzen (Cronbachs alpha) der drei Skalen liegen über .75, die Konstrukt-Validität kann als gesichert gelten. Normwerte sind vorhanden. Der Anwendungsbereich des Fragebogens liegt in klinischen Gruppen mit Eßstörungen bei der Therapieverlaufskontrolle, in Normalpopulationen bei der Abschätzung des Diätverhaltens.

Zur Erhebung des für Eßstörungen zentralen Merkmals der übertriebenen Beschäftigung mit Figur und Gewicht eignet sich der 34 Items umfassende „Body Shape Questionnaire" (Cooper, Taylor, Cooper & Fairburn, 1987), der auch in einer deutschen Fassung vorliegt (Laessle, 1987), die bereits vorläufig im Hinblick auf Reliabilität und Validität überprüft wurde (Laessle, Tuschl, Kotthaus & Pirke, 1989).

Körperbezogene Einstellungen können auch mit einem von Steinhausen (1985) vorgelegten semantischen Differential gemessen werden, das 16 Adjektivpaare (z. B. fett – dünn, hübsch – häßlich, fest – wabbelig) enthält. Durch seine Praktikabilität und Ökonomie eignet sich der Fragebogen besonders zur Deskription von Veränderungen des Körperbildes im Laufe von Therapien.

Als weitere Selbsteinschätzungsskalen zur Erfassung eßstörungsspezifischer Einstellungen und Verhaltensweisen werden im anglo-amerikanischen Sprachraum folgende Instrumente häufiger eingesetzt: der „Eating Attitudes Test" (Garner & Garfinkel, 1979), der „Anorectic Attitudes Questionnaire" (Goldberg et al., 1980) und der „Bulimic Investigatory Test Edinburgh" (Henderson & Freeman, 1987).

6.3 Methoden zur Erfassung des Eßverhaltens

Eßprotokolle: Eßprotokolle stellen im diagnostischen Prozeß eine notwendige Ergänzung zu Interviews und Fragebogen dar, da Eßverhaltensmuster wie Diäten sowie Art und Ausmaß bulimischer Episoden im Längsschnitt sichtbar werden. Zum einen ist diese Information unerläßlich für die Therapieplanung, zum anderen können Veränderungen pathologischen Eßverhaltens detailliert evaluiert werden. Je nach Genauigkeit der zur Verfügung stehenden Information kann die Auswertung erfolgen bezüglich des Kaloriengehaltes, bezüglich der Makronährstoffzusammensetzung und bezüglich der zeitlichen Struktur, jeweils tage- bzw. wochenweise oder aber bezogen auf einzelne Mahlzeiten oder bulimische Episoden. Beispiele für die Anwendung dieser Methodik finden sich in Woell et al. (1989) und bei Waadt, Laessle & Pirke (1992).

Testmahlzeiten: Zur Diagnostik des aktuellen Eßverhaltens und der damit verbundenen Emotionen und Kognitionen wurden von Rosen und Leitenberg (1985) standardisierte Testmahlzeiten verwendet. Die Patienten erhalten dabei verschiedene, vorher abgewogene Nahrungsmittel und werden instruiert, soviel zu essen, wie ihnen angenehm ist. Die Patienten wissen dabei, daß sie $1^{1}/_{2}$ Stunden nach dem Essen der Testmahlzeit nicht erbrechen dürfen. Gemessen werden kann die Art und Menge der unter diesen Bedingungen konsumierten Speisen. Darüber hinaus wurden häufig Einschätzungen von Hunger, Sättigung, Angst, körperlichen Empfindungen sowie des Wunsches nach Erbrechen erhoben.

Kissileff et al. (1986) beschreiben ein technisch aufwendiges Verfahren, den „universal eating monitor", der eine Analyse der Mikrostruktur des Eßverhaltens erlaubt. Mit Hilfe einer verdeckten elektronischen Waage in Form eines Tellers, auf dem die Speisen dargeboten werden, können beispielsweise die Eßgeschwindigkeit sowie die Größe einzelner Bissen gemessen werden.

6.4 Methoden zur Einschätzung von Körperdimensionen

Ein Aspekt des für Eßstörungen als zentral beschriebenen Merkmals der Körperschemastörung ist die Schwierigkeit, eigene Körperdimensionen richtig einzuschätzen. Übersichten über die Vielzahl der bislang entwickelten Methoden geben Meermann und Vandereycken (1988) sowie Hsu und Sobkiewicz (1991). Die wichtigsten Verfahren werden kurz dargestellt.

Video-Verzerr-Technik (Bowden, Touyz, Rodriguez, Hensley & Beumont, 1989): Hierbei wird ein Bild der Patientin (in standardisierter Kleidung) über eine Videokamera auf einen Fernsehschirm projiziert. Mit Hilfe eines Potentiometers kann die Patientin die Breite des Videobildes auf die subjektiv erlebte Breite ihres Körpers einstellen. Die für die Verzerrung notwendigen Spannungsveränderungen dienen als Maß für die Unter- bzw. Überschätzung der Körpermaße.

Bild-Markierungs-Technik (Askevold, 1975): Bei diesem Verfahren zeichnet die Patientin bestimmte Körperbreitenmaße (z. B. Hüfte, Taille, Schultern) aus einer definierten Distanz im Maßstab 1:1 an eine Wandtafel.

Technik beweglicher Markierungen (Gleghorn, Penner, Powers & Schulman, 1987). Hier stellt die Patientin den Abstand zwischen zwei beweglichen Markierungspunkten entsprechend ihrer Einschätzung der Breite verschiedener Körperteile ein. Als Maß für die Über- bzw. Unterschätzung von Körperdimensionen wird im allgemeinen der sog. „body perception index" (BPI) berechnet (subjektive Einschätzung/reale Breite x 100).

6.5 Physiologische Meßverfahren

Methoden zur Messung der Körperzusammensetzung

Die Referenzmethode zur Messung der Körperzusammensetzung ist die Unterwasserwägung. Sie beruht auf der Kenntnis des unterschiedlichen spezifischen Gewichts von Fettgewebe und magerer Körpermasse.

Bei der Kalium-40-Methode wird der Körpergehalt an radioaktivem Kalium-40 gemessen. Kalium findet sich nur in der mageren Körpermasse, aber nicht im Fettgewebe. Dieses außerordentlich gute Meßverfahren kann jedoch nicht überall angewandt werden, da die Erdstrahlung mit der Messung interferiert und da eine Abschirmung der Umweltstrahlung nur mit großem technischem Aufwand möglich ist. Darüber hinaus ist bekannt, daß sich der intrazelluläre Kaliumgehalt bei Mangelernährung verringert, so daß es zu einer Unterschätzung der mageren Körpermasse kommen kann. Die Körperzusammensetzung kann auch mit Hilfe der stabilen Isotopen, Sauerstoff 18 und Deuterium bestimmt werden. Dies setzt jedoch die Verfügbarkeit eines (sehr teuren) Massenspektrometers voraus. Eine einfache Methode mit allerdings geringer Zuverlässigkeit ist die Messung der Fettfaltendicke an standardisierten Körperstellen. Dieses Verfahren setzt viel Übung voraus und bringt dennoch relativ unreliable Ergebnisse. In den letzten Jahren hat die Impedanzmessung Anwendung gefunden, die darauf basiert, daß der elektrische Widerstand im Körperfett und in der fettfreien Masse verschieden ist. Zur Messung müssen jeweils zwei Elektroden an der Hand- und Fußoberfläche angebracht werden. Dieses Verfahren liefert auch bei eßgestörten Patienten gute Resultate (Pirke et al., 1986).

Messungen der körperlichen Aktivität

Die Messung der körperlichen Aktivität stellt ein fast unüberwindliches Problem dar. Es ist zwar möglich, mit Hilfe von Radar und anderen Techniken sehr präzise Messungen der Aktivität in speziell ausgerüsteten Meßräumen zu erhalten. Diese Meßwerte sind allerdings dadurch verfälscht, daß die Probanden in relativ kleinen Räumen eingeschlossen sind. Eine Information über die Aktivität unter Alltagsbedingungen kann so nicht gewonnen werden. Zur Aktivitätsmessung sind auch Schrittzähler und Aktometer, die an Arm und Fuß getragen werden, verwandt worden. Aus methodischen Gründen sind so erhaltene Meßwerte jedoch mit großer Vorsicht zu interpretieren, da die Geräte relativ leicht manipuliert werden können. Für klinische Zwecke ausreichend ist häufig das Führen eines Aktivitätstagebuches bzw. die Beobachtung der Patienten durch das Pflegepersonal.

Messung des Energieverbrauchs

Die Messung des Energieverbrauchs bei eßgestörten Patienten ist mit verschiedenen Verfahren vorgenommen worden. Die indirekte Kaloriemetrie erlaubt die Messung des Grundumsatzes und der diätinduzierten Thermogenese. Der Gesamtenergieverbrauch kann entweder in respiratorischen Kammern gemessen werden, die allerdings nur in wenigen Orten in der Welt zur Verfügung stehen oder mit Hilfe der Doppelisotopenmethode. Die letztgenannte Methode besteht darin, daß eine auf das Körpergewicht bezogene Menge an deuteriertem 18-O-Wasser getrunken wird. Das Deuterium wird in der Form von D_2O ausgeschieden. Der Sauerstoff (^{18}O) wird sowohl als Wasser wie als Kohlendioxyd ausgeschieden. Beobachtet wird die allmähliche Abnahme der Deuterium- und ^{18}O-Konzentration im Harn über einige Wochen. Korrigiert man nun die ^{18}O-Ausscheidung über die Deuteriumausscheidung, so läßt sich die Gesamtmenge an Kohlendioxyd errechnen, die in einem gegebenen Zeitraum produziert wurde. Aus dieser Meßgröße kann bei bekanntem respiratorischen Quotienten die Gesamtenergieproduktion berechnet werden. Die Methode ist allerdings aufwendig und teuer, da für die Isotopenbestimmung ein Massenspektometer benötigt wird.

Messung biochemischer Indikatoren für Mangelernährung

Die Messung folgender klinisch-chemischen Parameter kann einen Hinweis auf die permanente oder intermittierende Mangelernährung geben: Betahydroxybuttersäure, freie Fettsäuren und Blutzucker. Sind die beiden ersten Parameter erhöht und die Glucose erniedrigt und findet sich gleichzeitig ein verminderteter T3-Spiegel, so kann dies als sicherer Hinweis für das Bestehen einer Mangelernährungssituation gelten.

Messung biochemischer Indikatoren für Erbrechen, Laxantien-Abusus

Beim Erbrechen kommt es zu einer Verminderung des Kaliumspiegels im Blut. Der Verlust an Magensäure kann zur Störung des Säurebasenhaushaltes im Sinne einer Alkalose führen. Diese Störung kann mit Hilfe der Blutgasanalyse erfaßt werden. Einen klinisch-chemischen Parameter zur sicheren Erfassung des Laxantien-Abusus gibt es nicht.

6.6 Medizinische Diagnostik

Bei der Anorexie und bei der Bulimie sind eine Reihe von medizinischen Komplikationen beschrieben worden. Infolge der Mangelernährung und des Erbrechens kommt es zu Elektrolytverschiebungen, die zur Störung der Herzfunktion und der Nierenfunktion führen können. Es ist daher notwendig, bei allen eßgestörten Patienten die Elektrolytspiegel im Serum zu überprüfen. Infolge der permanenten oder intermittierenden Mangelernährung kann es zu einer Reihe verschiedener Stoffwechselstörungen kommen. Bei der Anorexie sind mehrere Fälle einer tödlich verlaufenden Hypoglykämie beschrieben worden. Die Ableitung eines Elektrokardiogramms und die Überprüfung des Blutzuckerspiegels bei stark untergewichtigen Patienten ist zu empfehlen.

Nierenstörungen entwickeln sich gelegentlich bei anorektischen, aber auch bei bulimischen Patienten. Eine Messung von Harnstoffen, Kreatinin, wird empfohlen. Störungen der Leberfunktion werden häufig bei eßgestörten Patienten beobachtet. Diese Störungen sind allerdings klinisch meist unbedeutend. Sicherheitshalber sollten jedoch die Leberenzyme gemessen werden. Eine schwerwiegende Funktionsstörung der Pankreasfunktion kann sich bei bulimischen Patienten entwickeln. Eine akute Pankreatitis mit häufig letalem Verlauf ist, wenn auch relativ selten, zu befürchten.

Es empfiehlt sich die Messung der Amylase und der Lipase. Amylasewerte allein können irreführend sein, da sich bei der sehr häufig bestehenden Parotitis (Entzündung der Oberspeicheldrüse), die sich als Folge des Erbrechens entwickelt, gleichfalls erhöhte Amylasewerte finden.

Eine besonders schwerwiegende Komplikation ist bei der Infusionstherapie stark untergewichtiger anorektischer Patienten beobachtet worden. Werden Kohlehydratinfusionen zusammen mit Insulin gegeben, so entwickelt sich nicht selten eine tödlich verlaufende Hypophosphatämie (herabgesetzter Phosphatgehalt im Serum). Es sollten daher sicherheitshalber bei allen stark untergewichtigen anorektischen Patienten Phosphatwerte im Serum bestimmt werden.

Wie oben ausgeführt, kommt es bei anorektischen, aber auch bei vielen bulimischen Patienten zu einem Ausbleiben des menstruellen Zykluses. Der Mangel an Östrogenhormonen, der sich so entwickelt, kann im Laufe einiger Monate bereits zur Osteoporose (Verminderung des Knochengewebes) führen. Die Knochendichtemessung gibt Auskunft über das Ausmaß der Osteoporose und das damit verbundene Risiko für Frakturen. Bei länger bestehender Amenorrhoe empfiehlt sich eine Substitution mit Östrogen-Gestagen-Präparaten. Die Fertilitätsstörungen bei Eßstörungen sind vom Osteoporoserisiko abgesehen in aller Regel nicht behandlungsbedürftig, da sie nach Überwinden der Krankheit wieder verschwinden. Bei anorektischen Patienten muß nach Gewichtsnormalisierung mindestens ein halbes Jahr abgewartet werden, da vorher ein spontanes Wiederauftreten der Zyklen nicht erwartet werden kann. Erst bei langfristigem Ausbleiben der Zyklen nach Überwinden der Erkrankung, d. h. nach ein bis zwei Jahren, empfiehlt sich eine gynäkologische Abklärung der Zyklusstörungen.

7 Erklärungsansätze bei Anorexia und Bulimia nervosa

Einheitliche, empirisch belegte Modelle zur Pathogenese und Aufrechterhaltung der Anorexia nervosa und Bulimia nervosa existieren nicht. Aufgrund der bislang vorliegenden Daten ist zu vermuten, daß unidimensionale Konzepte (z. B. rein soziokulturell oder rein biologisch orientierte Modelle) für sich alleine nicht ausreichen, um die Symptomentwicklung bei Eßstörungen hinreichend zu erklären. Als heuristisches Konzept wird deshalb das allgemeine Modell psychosomatischer Störungen von Weiner (1977) herangezogen, das für die Entwicklung einer Störung die Interaktion multipler Prädispositions- oder Vulnerabilitätsfaktoren mit spezifischen auslösenden Bedingungen postuliert. Gesondert betrachtet werden Faktoren, die zur Aufrechterhaltung der Störung beitragen.

7.1 Prädisponierende Faktoren

Diese Faktoren sind dadurch gekennzeichnet, daß sie bereits vor dem Auftreten der Störung über längere Zeit bestanden und möglicherweise auch nach Krankheitsbeginn weiter wirksam sind.

7.1.1 Soziokulturell vorgegebenes Schlankheitsideal

Während früher Körperfülle als Symbol von Wohlstand galt und daher besonders geschätzt wurde, wird heute Dicksein überwiegend negativ bewertet (Westenhöfer, 1991). Mit der Diskriminierung Dicker ging eine zunehmend positive Bewertung des schlanken, ja mageren Körpers einher. Vor allem gefördert durch die Medien hat sich seit Beginn der Sechziger Jahre das Schönheitsideal für Frauen in westlichen Industrienationen immer mehr in Richtung einer extrem schlanken Figur verschoben. Dies wird besonders deutlich in einer Untersuchung von Garner, Garfinkel, Schwartz und Thompson (1980), die zeigt, daß das Durchschnittsgewicht der „Centerfold"-Modelle des Herrenmagazins „Playboy" ebenso wie das der Teilnehmerinnen an Schönheitswettbewerben wie „Miss America" zwischen 1959 und 1979 signifikant gesunken ist. Andererseits stieg das Durchschnittsgewicht von Frauen im gleichen Zeitraum infolge günstiger Ernährungsbedingungen und geringer körperlicher Beanspruchung eher an. Die Kluft zwischen idealer und realer Figur hat sich dadurch vergrößert. Da 64 körperliche Attraktivität eine wesentliche Quelle des weiblichen Selbstwertgefühls darstellt, unterliegen die meisten Frauen einem starken Druck, der sozialen Norm ungeachtet ihrer individuellen, zum Teil biologisch determinierteren Konstitution zu entsprechen (Rodin, Silberstein & Striegel-Moore, 1985). Der „Schlankheitsdruck" wirkt zum Teil bereits in der Kindheit. In einer Untersuchung von Wardle und Beales (1986) an 12jährigen Mädchen fand sich die Mehrzahl zu dick und war unzufrieden mit der eigenen Figur. Die negative Bewertung der eigenen Körperform bringt viele Frauen dazu, vielfältige Maßnahmen zur Gewichtsabnahme zu versuchen. Diäthalten scheint ein so selbstverständlicher Bestandteil des Alltags vieler Frauen geworden zu sein, daß die von Westenhöfer et al. (1987) geprägte Bezeichnung „kollektives Diätverhalten" durchaus berechtigt ist. Erfolgreiche Gewichtskontrolle führt in den meisten Fällen zu kurzfristig positiven Konsequenzen in der sozialen Umgebung. Für einige Frauen begünstigen diese soziokulturellen Bedingungen, daß gerade in der Phase der Entwicklung einer eigenen Identität während der Adoleszenz Gewichtskontrolle und Schlanksein zur alleinigen Quelle des Selbstwertgefühls werden und extreme Formen – wie die Anorexie – annehmen kann.

Der wesentliche Beitrag soziokultureller Faktoren liegt vor allem in der Erklärung der weitaus größeren Häufigkeit von Eßstörungen bei Frauen als bei Männern, für die der Schlankheitsdruck in sehr viel geringerem Ausmaß (oder nur in bestimmten Gruppen wie z.B. Tänzern) vorhanden ist (Striegel-Moore, Silberstein & Rodin, 1986).

7.1.2 Bedingungen in der Familie

Interaktionsstörungen im Familiensystem als pathogenetischer Faktor für Magersucht und Bulimie werden vor allem von Selvini-Palazzoli (1978) und Minuchin, Rosman und Baker (1978) hervorgehoben. Demnach ist das Familiensystem eßgestörter Patienten durch spezifische Interaktionsmuster gekennzeichnet, die sich als (1) „Verstrickung", (2) „Rigidität", (3) „Überbehütung", (4) „Konfliktvermeidung" und (5) „wechselnde Koalitionsbildungen" beschreiben lassen (Minuchin et al., 1978). Nach diesem systemischen Modell wird ein Familienmitglied zum Symptomträger, um damit die „Stabilität" des Familiensystems aufrecht zu erhalten und offene Konflikte, insbesondere zwischen den Eltern, zu verhindern.

Im deutschen Sprachraum wurden familientheoretische Aspekte von Stierlin und Weber (1987) vertreten. Sie heben hervor, daß in der Beziehungsdynamik von Familien mit eßgestörten Patienten oft ausgeprägte, meist verdeckte Geschwisterrivalitäten bestehen. Dadurch kann es zu einem Wettstreit des Vernichtens und Aufopferns in der Familie kommen. Das Streben nach Autonomie und eigener Identität wird verhindert. Konflikte werden vermieden oder verleugnet und es besteht die Tendenz, möglichst eine schnelle (Pseudo-) Harmonie wieder herzustellen.

Im Rahmen dieser systemtheoretischen Sichtweise wird allerdings kaum erklärt, durch welche Mechanismen die familiären Beziehungsmuster gerade Diätieren auslösen und aufrechterhalten sollen. Darüber hinaus ist die empirische Evidenz für das Vorhandensein der postulierten Beziehungsmuster eher schwach. In Fragebogen-Untersuchungen zur Wahrnehmung der familiären Interaktion durch eßgestörte Patienten und deren Eltern zeigte sich beim Vergleich mit Kontroll-Familien (ohne eßgestörte Patienten) als einzig konsistentes Ergebnis, daß in den Patienten-Familien der offene Ausdruck von Bedürfnissen und Gefühlen weniger akzeptiert wird und häufiger konfliktreiche Interaktionen erlebt wurden. (Überblick bei Strober und Humphrey, 1987). In einer methodisch gut fundierten Beobachtungsstudie von Kog und Vandereycken (1989) fanden sich für Familien zwar Hinweise für das Vorhandensein der Beziehungsmuster „Konfliktvermeidung", „Verstrickung" und „Rigidität", nicht jedoch für die anderen Konzepte von Minuchin. Familien mit normalgewichtigen bulimischen Patienten waren gekennzeichnet durch starke interpersonelle Abgrenzung der einzelnen Familienmitglieder. Generell bringen Untersuchungen zu familiären Interaktionsmustern besondere methodische Schwierigkeiten mit sich, die vor allem das Problem der Kausalität betreffen. Familiäre Auffälligkeiten zum Zeitpunkt der akuten Eßstörung liefern keine eindeutigen Aufschlüsse darüber, ob die pathologischen Interaktionsmuster bereits vor dem Beginn der Erkankung bestanden oder erst als deren Folgen aufgetreten sind. Darüber hinaus müßte gezeigt werden, daß die beobachteten Interaktionsmuster spezifisches Merkmal sogenannter „Eßstörungsfamilien" sind, und nicht in gleichem Ausmaß auch in Familien mit anderweitig gestörten Mitgliedern auftreten (Strober & Humphrey, 1987).

7.1.3 Lernerfahrungen; individuelle Faktoren

Eine ganz wesentliche Rolle für die Entwicklung einer Eßstörung spielen sicherlich individuelle Lernerfahrungen im Zusammenhang mit Nahrungsaufnahme (Johnson & Maddi, 1986). Nahrungsverweigerung kann beispielsweise bereits im frühkindlichen Stadium als außerordentlich potentes Mittel eingesetzt werden, um die Umgebung zu manipulieren. Insbesondere im Anfangsstadium der Anorexie können solche Erfahrungen zum Tragen kommen. Besonders relevant für die Entwicklung einer Bulimie scheint das erlebte Ausmaß sein, in dem Essen als Mittel der Ablenkung, Belohnung oder Entspannung verwendet wurde, um unangenehmen Situationen oder Gefühlen zu entgehen bzw. diese erst gar nicht zu erleben. Darüber hinaus kann eine häufig von physiologischen Bedürfnissen abgekoppelte Nahrungsaufnahme zu einem „Verlernen" normaler Hunger- und Sättigungsempfindungen führen (Booth, 1989).

7.1.4 Biologische Faktoren

Als Ursache für einige zentrale Symptome der Anorexia nervosa wurde eine primäre hypothalamische Dysfunktion diskutiert. Alle neuroendokrinen Veränderungen bei Magersüchtigen im akuten Krankheitsstadium können jedoch auch durch experimentell induzierte Mangelernährung hervorgerufen werden (Pirke & Ploog, 1986). Eine primäre hypothalamische Störung ist daher sehr unwahrscheinlich. Für die Bulimie wurden primäre Störungen bzw. eine spezifische Vulnerabilität des serotonergen Systems angenommen. Es ist jedoch eher zu vermuten, daß solche Störungen erst sekundär als Konsequenz eines pathologischen Eßverhaltens auftreten (Schweiger et al., 1988). Ein wesentlicher Risikofaktor auf biologischer Ebene kann in einem genetisch bedingten relativ erniedrigten Energieverbrauch und damit einer Prädisposition zu einem höheren Gewicht bei normaler Nahrungsaufnahme liegen (Striegel-Moore et al., 1986). Ein dem gängigen Schlankheitsideal entsprechendes Körpergewicht wäre dann nur durch deutliche Einschränkungen der Kalorienzufuhr zu erreichen. Empirisch unterstützt wird diese Annahme durch die Beobachtung, daß Patienten mit Bulimie vor Entwicklung der Eßstörung häufig leicht übergewichtig waren (Mitchell et al., 1985).

7.2 Auslösende Ereignisse

Prädisponierende Faktoren können erklären, warum eine bestimmte Krankheit als „Kompromißlösung" bei bestehender Konfliktkonstellation „gewählt" wurde, jedoch nicht, zu welchem Zeitpunkt sie erstmals auftritt. Dem Beginn der Anorexia oder Bulimia nervosa gingen in vielen Fällen externe Ereignisse voraus, die als sog. „kritische Lebensereignisse" beschrieben werden können (z. B. Trennungs- und Verlustereignisse, neue Anforderungen, Angst vor Leistungsversagen oder auch körperliche Erkrankungen; s. Halmi, 1974). Gemeinsam ist diesen Ereignissen, daß sie Anpassungsanforderungen stellen, denen die Patienten zu diesem Zeitpunkt nicht gewachsen sind (Garfinkel & Garner, 1986). Eine strikte Reduktionsdiät per se kann bei entsprechend vulnerablen Personen ebenfalls fortgesetztes chronisches Diätieren und pathologisch veränderte Einstellungen zu Gewicht und Figur hervorrufen (Beumont, Abraham & Argall, 1978). In jüngerer Zeit wird auch die Rolle körperlicher Aktivität bei der Auslösung einer Anorexia nervosa diskutiert (Touyz, Beumont & Hook, 1987), da experimentell gezeigt werden konnte, daß eine Zunahme physischer Aktivität mit einer Verringerung der Kalorienaufnahme einhergehen kann (Epling, Pierce & Stefan, 1983).

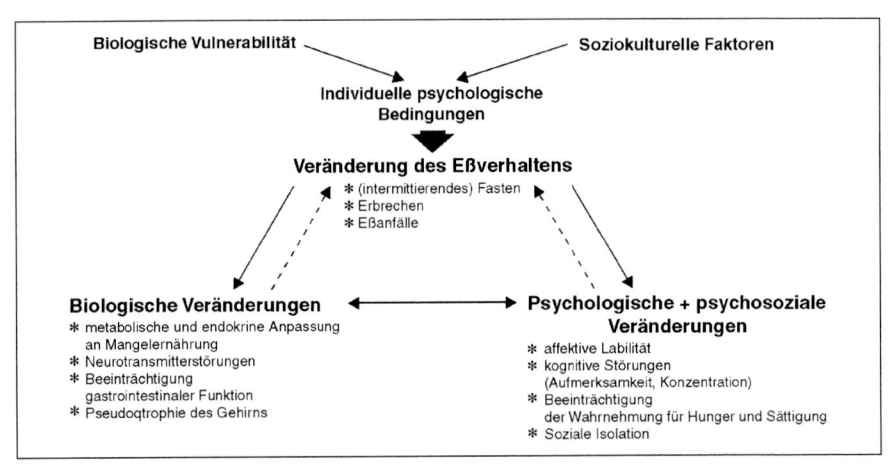

Abb. 1: Psychobiologische Interaktionen bei Störungen des Eßverhaltens

7.3 Faktoren der Aufrechterhaltung

Sowohl bei der Anorexia als auch bei der Bulimia kommt es durch das veränderte Eßverhalten zu einer Vielzahl von biologischen und psychologischen Veränderungen, die ihrerseits zur Aufrechterhaltung des gestörten Eßverhaltens beitragen können, auch wenn andere, ursprünglich an der Entstehung beteiligte Bedingungen gar nicht mehr vorhanden sind. Für die Anorexia nervosa wurde mehrfach ein selbstperpetuierender Kreislaufprozeß (Circulus vitiosus) beschrieben, der sich durch Mangelernährung ergibt (Lucas, 1981; Ploog & Pirke, 1987). Aus Untersuchungen an diät- haltenden Probanden (Keys, Brozek, Henschel, Mickelson & Taylor, 1950) ist bekannt, daß Mangelernährung zu einer ständigen gedanklichen Beschäftigung mit Essen führt und manchmal bizarre Verhaltensweisen im Umgang mit Nahrungsmitteln auslöst. Weiterhin kommt es zu gravierenden Veränderungen im affektiven (z. B. depressive Stimmung, Reizbarkeit) und im kognitiven Bereich (Konzentrationsmangel, Entscheidungsunfähigkeit). Vegetative Funktionen (z. B. Schlaf, Sexualität) werden in erheblichem Ausmaß negativ beeinflußt. Auf psychosozialer Ebene ist davon auszugehen, daß infolge der durch das abnorme Eßverhalten bedingten Isolation und des reduzierten Interesses an anderen Bereichen die Defizite in Selbstwertgefühl und Selbstwahrnehmung vergrößert werden. Die mangelnde Einflußnahme auf Erfolgserlebnisse im zwischenmenschlichen Bereich kann häufig den Versuch verstärken, über die Kontrolle des Gewichtes und der Figur eine vermeintlich fehlende Attraktivität zu erreichen. Längerfristige permanente (wie bei der Anorexia nervosa) oder intermittierende (wie bei der Bulimie) Mangelernährung führt zu metabolischen und endokrinen Veränderungen, die als Maßnahme zur Herabsetzung des Energieverbrauchs interpretiert werden können (Pirke & Ploog, 1987). Diese Veränderungen persistieren auch bei ausreichender Kalorienzufuhr noch längere Zeit. Normales Eßverhalten würde unter diesen Bedingungen kurzfristig eine Gewichtszunahme bedeuten, die jedoch die spezifischen Ängste eßgestörter Patienten aktiviert und zu erneutem Versuch der Kontrolle des Eßverhaltens führt. Dadurch aber wird eine langfristige Normalisierung der biologischen Veränderungen verhindert (Laessle, Waadt, Schweiger & Pirke, 1987). Von besonderer Bedeutung für das von vielen Patienten selbst nach kleinsten Mahlzeiten geäußerte Völlegefühl könnten sekundäre Veränderungen gastrointestinaler Funktionen (z. B. Magenmotilität, Magenentleerung) sein (Lautenbacher et al., 1989; Tuschl, 1987). Zusammenfassend sind die Interaktionen zwischen Eßverhalten, biologischen und psychologischen Veränderungen in Abb. 1 dargestellt.

7.4 Ein psychobiologisches Modell zur Entstehung und Aufrechterhaltung bulimischen Eßverhaltens

Patienten mit bulimischer Symptomatik zeigen an Tagen ohne Eßanfälle häufig ein extrem „gezügeltes" Eßverhalten (Schweiger et al., 1988). Aufgrund der bislang vorliegenden Daten und aufgrund theoretischer Überlegungen zu den Mechanismen der Nahrungsaufnahmeregulation kann angenommen werden, daß ein gezügeltes Eßverhalten die Wahrscheinlichkeit für das Auftreten von Eßattacken stark erhöht und darüber hinaus zum Auftreten länger anhaltender biologischer und psychologischer Störungen führt.

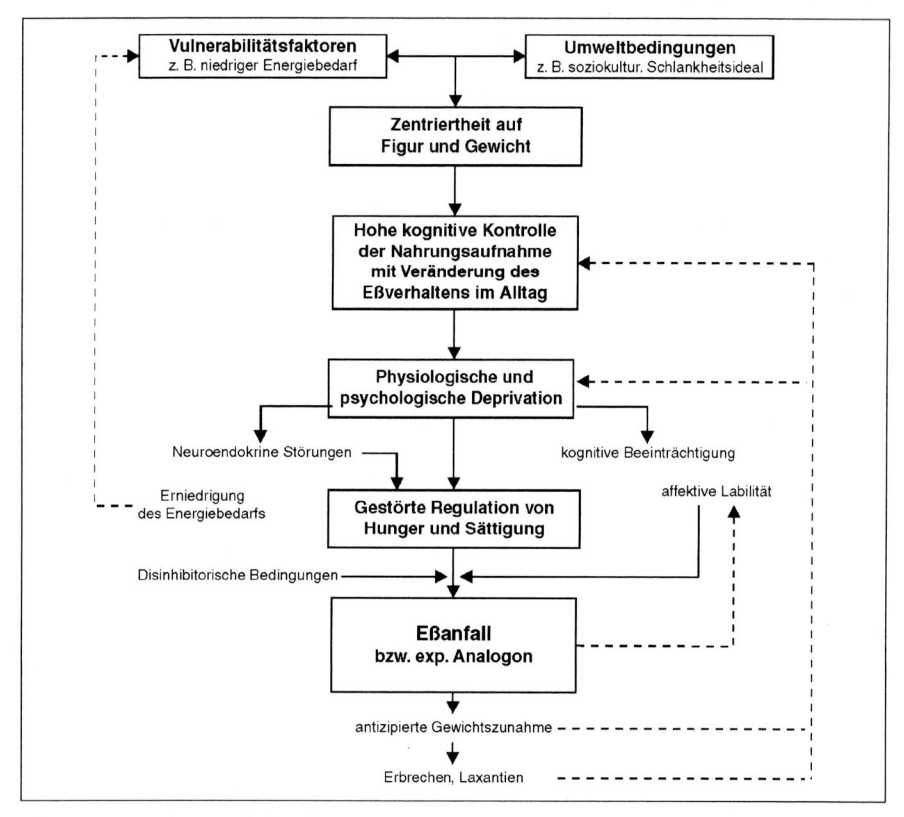

```
┌─────────────────────────┐         ┌─────────────────────────┐
│ Vulnerabilitätsfaktoren │◄───────►│   Umweltbedingungen     │
│ z. B. niedriger         │         │ z. B. soziokultur.      │
│ Energiebedarf           │         │ Schlankheitsideal       │
└─────────────────────────┘         └─────────────────────────┘
                │                            │
                └──────────────┬─────────────┘
                               ▼
                   ┌───────────────────────┐
                   │   Zentriertheit auf   │
                   │   Figur und Gewicht   │
                   └───────────────────────┘
                               │
                               ▼
                   ┌───────────────────────┐
                   │ Hohe kognitive        │
                   │ Kontrolle der         │
                   │ Nahrungsaufnahme      │◄─ ─ ─ ─ ─ ─┐
                   │ mit Veränderung des   │            │
                   │ Eßverhaltens im Alltag│            │
                   └───────────────────────┘            │
                               │                        │
                               ▼                        │
                   ┌───────────────────────┐            │
                   │ Physiologische und    │◄─ ─ ─ ─ ─ ─┤
                   │ psychologische        │            │
                   │ Deprivation           │            │
                   └───────────────────────┘            │
          Neuroendokrine Störungen   kognitive Beeinträchtigung
                               │              affektive Labilität
  Erniedrigung ─ ─ ─  ┌───────────────────────┐
  des Energiebedarfs  │ Gestörte Regulation   │
                     │ von Hunger und         │
                     │ Sättigung              │
                     └───────────────────────┘
  Disinhibitorische Bedingungen ──►│
                               ▼
                   ┌───────────────────────┐
                   │      Eßanfall         │
                   │   bzw. exp. Analogon  │──── ─ ─ ─ ─┘
                   └───────────────────────┘
                               │
               antizipierte Gewichtszunahme ─ ─ ─ ─ ─ ─ ─ ─
                               │
                   Erbrechen, Laxantien ─ ─ ─ ─ ─ ─ ─ ─
```

Abb. 2: Die Bedeutung hoher kognitiver Kontrolle der Nahrungsaufnahme für die Entstehung von Eßanfällen

Empirische Hinweise zur Bedeutung gezügelten Eßverhaltens als Risikofaktor für das Auftreten von Eßanfällen stammen aus verschiedenen Bereichen. Sowohl bei anorektischen Patienten mit bulimischer Symptomatik als auch bei normalgewichtigen Patienten mit Bulimia nervosa sind die ersten Eßanfälle nach längeren Diätperioden aufgetreten (Garfinkel et al., 1980). Bei Teilnehmern an einem Fastenexperiment traten sowohl während als auch noch nach Beendigung der Fastenperiode Eßanfälle auf, die keine der Personen vorher erlebt hatte (Keys et al., 1950). Experimentelle Studien zum Eßverhalten zeigen, daß Personen den erzwungenen Verzicht auf eine Mahlzeit durch erhöhte Nahrungsaufnahme bei der nächstmöglichen Gelegenheit ausgleichen (Bellisle, Lucas, Amrani & Le Magnen, 1984). Schließlich wurde in Tierexperimenten gezeigt, daß unter Deprivationsbedingungen die aufgenommene Nahrungsmenge pro Mahlzeit mit der Länge der Deprivationsperiode ansteigt (Le Magnen, Deves, Gaudillere, Louis-Sylvestre & Tallon, 1976). Ein experimentelles Paradigma zur Untersuchung spezifischer Auslösefaktoren und Voraussetzungen für Eßanfälle entwickelte die Arbeitsgruppe von Herman (Übersicht bei Herman & Polivy, 1988). In einer Reihe von Experimenten konnte gezeigt werden, daß sich Personen, die mit Hilfe eines Fragebogens in gezügelte und ungezügelte Esser eingeteilt wurden, im Labor signifikant in ihrem Eßverhalten unterscheiden. Normalerweise essen gezügelte Esser im Labor bei einem als Geschmackstest deklarierten Versuch weniger als ungezügelte Esser. Der Verzehr einer erzwungenen Vormahlzeit („preload") hat jedoch bei den gezügelten Essern den paradoxen Effekt, daß sie im nachfolgenden Geschmackstest mehr zu sich nehmen als die ungezügelten Esser. Andere disinhibierende Bedingungen (z.B. Alkohol, Induktion von Angst) haben dieselbe Wirkung. Dieses Phänomen kann als ein experimentelles Analogon zu den Eßattacken bei der Bulimia nervosa angesehen werden. In Abhängigkeit vom Ausmaß der ausgeübten kognitiven Kontrolle der Nahrungsaufnahme kommt es bei gezügelten Essern zu verstärkten Hunger- und Frustrationsgefühlen. Diäthaltende Personen nehmen sich vor, allen in unserer Gesellschaft reichlich vorhandenen kulinarischen Verlockungen zu widerstehen, obwohl die Anreizvalenz der „verbotenen" Speisen durch den vorhergehenden Verzicht besonders erhöht sein kann (Tuschl, Laessle, Kotthaus & Pirke, 1988). Die permanente Ignorierung von Hungergefühlen führt darüber hinaus vermutlich zu der, von bulimischen Patienten oft berichteten Unfähigkeit, interozeptive Signale adäquat wahrzunehmen (Garner et al., 1983). Die Bevorzugung von Diätnahrungsmitteln und der Gebrauch künstlicher Süßstoffe können weiter dazu führen, daß vertraute orale Reize, wie die Geschmacksqualität des Süßen, dem Organismus keine reliable Vorhersage des Energiegehaltes einer Speise mehr erlauben (Blundell & Hill, 1986). Andere Maßnahmen zur Gewichtskontrolle, wie z.B. Erbrechen oder die Einnahme von Abführmitteln, bewirken möglicherweise zusätzlich, daß konditionierte Sättigungssignale gelöscht werden und tragen zu einer schrittweisen Inaktivierung der psychophysiologischen Regulation der Nahrungsaufnahme bei. Hunger- und Frustrationsgefühle wie auch eine gestörte Hunger- und Sättigungswahrnehmung treten also als Folge des „restrained eating" auf und erleichtern das Auftreten von Heißhungeranfällen. Sind solche Eßanfälle erst einmal aufgetreten, wird anstatt mit einer Lockerung meist mit einer Verschärfung der kognitiven Kontrolle des Eßverhaltens reagiert. Dies verstärkt die Beeinträchtigung der physiologischen und psychologischen Regulation der Nahrungsaufnahme und führt zu dem für das Bulimie-Syndrom typischen Teufelskreis des Fastens und Fressens. Die beschriebenen Zusammenhänge sind in Abbildung 2 noch einmal zusammenfassend dargestellt. Aus der Interaktion von Vulnerabilitätscharakteristika (z.B. einem niedrigen Energiebedarf mit der Folge eines relativ erhöhten Körpergewichts) mit Umweltbedingungen (z.B. einer soziokulturell vorgegebenen Schlankheitsnorm) entwickelt sich eine zunehmende Beschäftigung und Unzufriedenheit mit Figur und Gewicht, resultierend aus dem Erlebnis einer Diskrepanz zwischen dem eigenen tatsächlichen Körpergewicht und der Idealnorm. Um ein niedriges Körpergewicht zu erreichen bzw. aufrechtzuerhalten, wird das Eßverhalten verstärkt kognitiv kontrolliert. Die korrespondierenden Verhaltensänderungen sind beispielsweise wiederholte Schlankheitsdiäten oder permanente, relativ unauffällige Nahrungsrestriktionen (z. B. Mahlzeiten auslassen, Verzicht auf Süssigkeiten oder Fett etc.), die phasenweise zu einer negativen Energiebilanz führen. Sowohl auf physiologischer (z. B. durch kurzfristige Erschöpfung der Glykogenreserven) als auch auf psychologischer Ebene (z. B. durch mangelnde Befriedigung hedonischer Bedürfnisse) ergeben sich dadurch intermittierend Deprivationszustände. Diese begünstigen langfristig Störungen der „normalen" erlernten Regulation von Hunger und Sattheit. Wenn unter diesen Bedingungen die kognitive Kontrolle durch Disinhibitoren (z. B. erzwungene Vormahlzeit, negative Affekte etc.) reduziert oder ganz beseitigt wird, werden Mahlzeiten sehr wahrscheinlich erst beim Erreichen der Kapazitätsgrenze des Magens beendet, d. h. es treten Eßanfälle auf. Solche Anfälle ihrerseits induzieren Angst vor Kontrollverlust und Gewichtszunahme und motivieren deshalb zu weiteren, noch strikteren Nahrungsrestriktionen bzw. anderen Maßnahmen, wie z. B. Erbrechen oder Laxantienabusus. Dadurch wird die Beeinträchtigung der psychophysiologischen Regulationsmechanismen der Nahrungsaufnahme weiter verstärkt. Es treten längerfristige Veränderungen, wie der bereits dargestellte Hypometabolismus auf. Das Risiko der Gewichtszunahme nach kurzfristig „normaler" Nahrungsaufnahme wird tatsächlich erhöht und führt darüber hinaus zu psychophysiologischen Mißempfindungen, wie Müdigkeit, Reizbarkeit und Stimmungsschwankungen. So entsteht ein Teufelskreis mit sich abwechselnden Phasen des Fastens und des Überessens.

8 Interventionsansätze bei Anorexia und Bulimia nervosa

Als wichtiges allgemeines Prinzip bei der Behandlung von Anorexia und Bulimia nervosa gilt, daß Interventionen auf zwei Schienen erfolgen sollten (Garner & Isaacs, 1986). Kurzfristig ist eine direkte Modifikation des Körpergewichtes (bei extrem untergewichtigen Patienten) bzw. des Eßverhaltens (bei Anorexie und Bulimie) notwendig, um eine möglichst rasche Rückbildung der biologischen Dysfunktionen zu erreichen. Langfristig müssen die Patienten unterstützt und befähigt werden, psychologische und psychosoziale Bedingungen, die in funktionalem Zusammenhang mit dem gestörten Eßverhalten stehen, wahrzunehmen und zu verändern.

8.1 Kurzfristige Strategien

Gewichtssteigerung

Aufgrund somatischer Risiken ist bei Patienten mit extremer Untergewichtigkeit (Body Mass Index [BMI] < 14 kg/m²) häufig ein stationärer Aufenthalt erforderlich. Kurzfristig sollte ein Körpergewicht angestrebt werden, das medizinisch ohne gravierende Risiken vertretbar ist. Zu diesem Zweck können nach operanten Prinzipien aufgebaute verhaltenstherapeutische Programme eingesetzt werden (Überblick bei Bemis, 1987). Üblicherweise bestehen sie aus dem systematischen Einsatz von Verstärkern für Gewichtszunahme. Von wesentlicher Bedeutung ist ein Therapievertrag, der die grundlegenden Prinzipien und konkreten Maßnahmen des jeweiligen Therapieprogrammes für die Patienten transparent und verbindlich macht. Beispiele für solche Programme finden sich bei Gerlinghoff, Backmund und Mai (1988) und Meermann und Vandereycken (1987). Im Gegensatz zu den früher durchgeführten sehr restriktiven Programmen, die häufig Isolation und Verstärkerentzug beinhalten, wird in neueren Ansätzen ein erheblich geringeres Ausmaß der Fremdkontrolle vertreten, da sich beim direkten Vergleich strenger und flexibler Maßnahmen keine Unterschiede bezüglich der Gewichtssteigerung ergeben haben (Touyz, Beumont, Glann, Philips & Cowie, 1984). Die in den meisten Studien zur operanten Konditionierung angestrebten und oft auch erzielten hohen Gewichtszunahmen von 1 bis 1,5 kg pro Woche (siehe Bemis, 1987) sind aus heutiger Sicht nicht mehr zu befürworten, da in keiner der vorliegenden Langzeitstudien zur Anorexie ein Zusammenhang zwischen der Geschwindigkeit bzw. dem Ausmaß der initialen Gewichtszunahme und der langfristigen Besserung nachgewiesen werden konnte (Steinhausen, 1991).

Ernährungsmanagement

Biologische Dysfunktionen hängen bei vielen Patienten mit Bulimie weniger mit den Eßanfällen als vielmehr mit der intermittierenden Mangelernährung infolge des stark gezügelten Eßverhaltens „zwischen" den Heißhungeranfällen zusammen (Schweiger et al., 1988). Ziel des Ernährungsmanagements muß daher eine Normalisierung des alltäglichen Eßverhaltens sein. Dabei kommt es nicht nur auf eine ausreichende Kalorienzufuhr an, sondern vor allem auch auf eine adäquate Nahrungszusammensetzung und zeitliche Verteilung der Nahrungsaufnahme. Programme zum Ernährungsmanagment bestehen aus einer Phase der Diagnose des Eßverhaltens (Selbstbeobachtung, strukturiertes Interview), einer Phase der Informationsvermittlung und Edukation (Erklärung der physiologischen und psychologischen Konsequenzen von Mangelernährung) und einer Übungsphase, in der vor allem Methoden des Kontrakt- und Kontingenzmanagements eingesetzt werden, um sukzessive eine zunehmende Anzahl strukturierter Eßtage zu erreichen. Eine detaillierte Beschreibung solcher Interventionen findet sich bei Waadt et al. (1992). Die Wirksamkeit dieser Maßnahmen wurde von Laessle et al. (1991) in einer Studie an 55 Patienten mit Bulimia nervosa (nach DSM-III-R) untersucht. Nach 15 ambulanten Gruppensitzungen innerhalb von drei Monaten verminderte sich die durchschnittliche Anzahl von Eßanfällen mit Erbrechen pro Woche von 11,8 auf 3,5. Bei Therapieende waren 50 %, bei einer Follow-up Untersuchung nach 12 Monten 60 % der Patienten symptomfrei.

8.2 Langfristige Strategien

Die Wiederherstellung einer normalen ernährungsphysiologischen Verfassung ist eine notwendige, jedoch meist keine hinreichende Bedingung für eine dauerhafte Besserung der Eßstörung. Ausgehend von einem multifaktoriellen Modell der Entstehung und Aufrechterhaltung anorektischer und bulimischer Symptome werden zur langfristigen Behandlung von Eßstörungen multimodale Konzepte favorisiert (Fichter, 1990; Garner & Garfinkel, 1989; Meermann & Vandereycken, 1987). Solche Konzepte beinhalten Verhaltenstherapie, kognitive Therapie, Familientherapie sowie körperorientierte Therapieverfahren. Verhaltenstherapeutische Maßnahmen umfassen vor allem Selbstbeobachtung des Eßverhaltens, Selbstkontrolle, Stimulus-Kontrolle sowie Exposition und Reaktionsverhinderung. Kognitiv-verhaltentherapeutische Strategien wurden von Garner und Bemis (1983) für die Anorexia nervosa und von Fairburn und Cooper (1987) für die Bulimia nervosa beschrieben. Diese Interventionen basieren weitgehend auf dem von Beck (1976) entwickelten Ansatz zur kognitiven Therapie der Depression. Bei Anorexia nervosa und Bulimie sollen vorwiegend dysfunktionale Denkschemata und irrationale Annahmen modifiziert werden, die sich auf die Bereiche Gewicht, Figur, Eßverhalten, Nahrungsmittel beziehen, aber auch den interpersonalen und den Leistungsbereich betreffen können. Weiterhin wird bei diesen Programmen häufig ein Training allgemeiner Problemlösestrategien sowie die Einübung alternativer Bewältigungsstrategien für belastende Situationen angeboten, um die Patienten in die Lage zu versetzen, mit möglichst vielen Schwierigkeiten des alltäglichen Lebens umgehen zu können, ohne häufig auf pathologisches Eßverhalten als Mittel der Kontrolle zurückgreifen zu müssen. Für die Anorexia nervosa liegen zur Wirksamkeit kognitiver Verhaltenstherapie bislang nur Fallbeschreibungen vor (Cooper & Fairburn, 1984). Für die Bulimia nervosa sind seit 1981 mehr als 40 Artikel publiziert worden, in denen verhaltenstherapeutische oder kognitive Verfahren zur Anwendung kommen. Lennerts (1991) analysierte 32 Studien, bei denen 928 Patienten einzel- oder gruppentherapeutisch behandelt wurden. Die durchschnittliche Anzahl durchgeführter Therapiesitzungen betrug 16 (Spannweite

5 bis 52 Sitzungen). In der Mehrzahl der Therapiestudien wird eine signifikante Verbesserung der bulimischen Symptomatik berichtet. Die durchschnittliche Häufigkeit bulimischer Episoden pro Woche sank von 10,5 auf 2,5 bei Therapieende. Dies entspricht einer durchschnittlichen Reduktion um 75 % (Spannweite 14,5 bis 100 %). Viele Therapiestudien berichten darüber hinaus Verbesserungen psychopathologischer Symptome. Eßstörungsspezifische Einstellungen und Kognitionen (z. B. Unzufriedenheit mit der Figur) besserten sich signifikant in 59 % der publizierten Studien, Verbesserungen hinsichtlich Deppressivität wurden in 32 % der Studien registriert.

Patienten in Wartegruppen zeigten hingegen keinerlei Verbesserungen. Für einen großen Anteil der behandelten Patienten konnte allerdings keine völlige Symptomfreiheit erzielt werden. Ohne bulimische Symptome bei Therapieende waren im Durchschnitt 38 % der behandelten Patienten. Bei Katamnesen, die im Mittel 8 Monate nach Beendigung der Therapie stattfanden, betrug der Anteil symptomfreier Patienten 43 %. Leitenberg, Rosen, Gross, Nudelmann und Vara (1988) verglichen kognitive VT, Reaktionsverhinderung des Erbrechens (RVE) in verschiedenen Alltagssituationen und RVE in der Klinik mit einer Wartebedingung. Bei Therapierenden waren jeweils 33 % der mit RVE behandelten Patienten symptomfrei, jedoch nur 8,5 % der mit kognitiver VT behandelten. Sechs Monate nach Therpaieende waren 50 % der Patineten, die mit RVE in ihrer Alltagsumgebung behandelt worden waren, symptomfrei, hingegen nur noch 18 % der in der Klinik behandelten. Für die kognitive VT war nach sechs Monaten ein Anteil von 33 % symptomfreier Patienten zu verzeichnen. Insgesamt scheint der Effekt alleiniger RVE nicht größer als der durch kognitive VT zu erzielende. Eine besonders hohe Wirksamkeit durch die Kombination beider Verfahren ist bislang nicht nachgewiesen. In mehreren Studien wurde die relative Wirksamkeit unterschiedlicher Interventionen überprüft. Agras et al. (1989) verglichen drei Bedingungen: (1) Selbstbeobachtung des Eßverhaltens + non-direktive unterstützende Therapie, (2) kognitive VT, (3) kognitive VT + Reaktionsverhinderung bei Erbrechen (RVE) jeweils mit einer Wartegruppe. Alle drei Bedingungen führten zu signifikanten Verbesserungen der bulimischen Symptomatik. Der Anteil symptomfreier Patienten war bei der kognitiven VT ohne RVE am höchsten (56 %), gefolgt von kognitiven VT + RVE (31 %) und der reinen Selbstbeobachtung (24 %). Bei einer Follow-up-Untersuchung sechs Monate nach Therapieende waren jedoch nur die Erfolge der kognitiven VT stabil geblieben, während in den anderen beiden Gruppen wieder eine Verschlechterung eingetreten war.

Untersuchungen zur Effektivität nicht verhaltenstherapeutischer Ansätze sind bislang selten. Fokale Kurzzeittherapie (Fairburn et al., 1986), interpersonale Therapie (Fairburn et al., 1991), stützende Psychotherapie (Garner et al., 1993) und unspezifische Gruppentherapie (Freeman et al., 1988) erwiesen sich im statistischen Vergleich im Hinblick auf Verbesserungen der bulimischen Symptomatik als ebenso effektiv wie die jeweils als Vergleichsbedingung herangezogene kognitive Verhaltenstherapie.

Eine am Familiensystem orientierte Behandlung richtet sich zunächst auf eine Beleuchtung der dysfunktionalen Verhaltensmuster der Familie, die die Symptome aufrechterhalten und verstärken. In der gemeinsamen Arbeit mit der Familie sollen dann schrittweise bisherige Strukturen des Systems modifiziert werden. Dazu werden beispielsweise sog. „Familienmahlzeiten" abgehalten, bei der die Patientin, Familienmitglieder und die Therapeuten gemeinsam essen (Rosman, Minuchin & Liebman, 1975). Detaillierte Beschreibungen der Ziele und des Vorgehens geben Meermann und Vandereycken (1987). Zur Effektivität familientherapeutischer Interventionen liegt bislang nur eine kontrollierte Studie vor (Russell, Szmukler, Dare & Eisler, 1987). Verglichen wurde Familientherapie mit individuell stützender Psychotherapie jeweils in drei Subgruppen anorektischer Patienten, die nach Erkrankungsalter und Erkrankungsdauer gebildet worden waren sowie bei bulimischen Patienten. Beide Behandlungsbedingungen wurden im Anschluß an einen stationären Aufenthalt ein Jahr lang angeboten. Lediglich in der Subgruppe jüngerer anorektischer Patienten (Erkrankungsbeginn vor dem 18. Lebensjahr) mit kurzer Krankheitsdauer (< 3 Jahre) war die Familientherapie sowohl im Hinblick auf Gewichtssteigerung als auch bezüglich des psychopathologischen und psychosozialen Ausgangs (6 von 10 Patienten deutlich gebessert) erfolgreicher als die Individualtherapie (1 von 11 Patienten deutlich gebessert). Für ältere anorektische sowie normalgewichtigte bulimische Patienten war der Outcome ein Jahr nach Klinikentlassung generell schlecht (nur 7 % deutlich gebessert), und es fanden sich auch keine Unterschiede zwischen Familien- und Individualtherapie. Diese Ergebnisse müssen allerdings aufgrund der kleinen Fallzahlen und des fehlenden Follow-up Zeitraumes noch sehr vorsichtig beurteilt werden.

8.3 Psychopharmakologische Behandlung

Für die Anorexia nervosa sind die bisherigen Ergebnisse kontrollierter psychopharmakologischer Studien nicht sehr vielversprechend (Fichter, 1993). Weder appetitstimulierende Medikamente wie z. B. Cyproheptadin (Halmi, Ekkert, LaDu & Cohen, 1986) noch noradrenerg wirksame Substanzen wie z. B. Clonidin (Casper, Schlemmer & Javoid, 1987) zeigten nennenswerte Effekte bezüglich einer Gewichtssteigerung. Auch die Wirksamkeit trizyklischer Antidepressiva im Hinblick auf eine – im Vergleich zu Placebo – erhöhte Gewichtszunahme ist bislang nicht nachgewiesen (z. B. Mitchell et al., 1989), obwohl unkontrollierte Studien einen kurzfristigen Effekt nahelegen (z. B. Gwirtsman, Guze, Yager & Gainsley, 1990).

Erfolgversprechender im Hinblick auf eine kurzfristige Reduktion der Häufigkeit von Eßattacken sehen die Ergebnisse bei der Bulimia nervosa aus (Fichter, 1993). Sowohl für trizyklische Antidepressiva wie Imipramin oder Desipramin (z. B. Agras, Dorian, Kirkley, Arnow & Bachman, 1987; Barlow, Blouin & Blouin, 1988) als auch für serotonerge Antidepressiva wie z. B. Fluoxetine (Levine et al., in Druck) zeigen sich signifikante Effekte im Vergleich zu Placebo. Die Reduktion der Häufigkeit von Eßanfällen unter Medikation betrug zwischen 40 % und 91 %.

Zu allen psychopharmakologischen Behandlungen ist allerdings kritisch anzumerken, daß in manchen Fällen beträchtliche Nebenwirkungen der Medikation auftreten (z. B. Zittern, Schwindel, Benommenheit), welche zu hohen Abbruchquoten beitragen können (im Durchschnitt bei den von Fichter referierte Studien 20 %, Spannweite 0–50 %).

Bislang ist nur wenig über die Effekte einer Kombination von psychologischer und pharmakologischer Behandlung der Bulimie bekannt. Im einzigen vorliegenden kontrollierten Vergleich wurde von Mitchell et al. (1990) der Effekt von Imipramin alleine, Imipramin plus Verhaltenstherapie, Placebo alleine und Placebo plus Verhaltenstherapie untersucht. Auf nahezu allen Kriteriumsmaßen zeigte sich eine signifikante Überlegenheit der psychologischen Gruppenbehandlung im Vergleich zur ausschließlich medikamentösen oder Placebo-Behandlung. Die Addition von Imipramin zur psychologischen Therapie erbrachte keinen zusätzlichen positiven Effekt.

Aus theoretischer Sicht ist die Anwendung von Serotonin-Agonisten bei der Bulimie vor allem deshalb als problematisch zu beurteilen, weil gezügeltes Eßverhalten bzw. Gewichtsabnahme erleichtert wird (Craighead & Agras, 1991), was sich z. B. in einer Studie von Fichter et al. (1990) deutlich zeigte. Langfristig kann dadurch die Lockerung des „restrained eating" verhindert werden und das Risiko für das Wiederauftreten von Heißhungerattacken nach dem Absetzen der Medikamente bleibt hoch.

8.4 Prognostische Faktoren

Aus zusammenfassenden Darstellungen zur Verlaufsforschung bei der Anorexia nervosa läßt sich ableiten, daß vor allem Patienten mit einem frühen Beginn der Störung und kurzfristige Dauer der Symptome vor erstmaliger Therapie eine günstige Prognose haben (Herzog et al., 1988; Steinhausen, 1991). Als prognostisch ungünstig erwiesen sich folgende Faktoren: längere Krankheitsdauer, Erbrechen, Heißhungeranfälle, Laxantien-Abusus, Persönlichkeitsstörung, gestörtes Familiensystem. Kein Zusammenhang besteht offenbar zwischen der Gewichtsteigerung während eines Klinikaufenthaltes und der längerfristigen Besserung.

Aus sieben Studien zur Bulimia nervosa mit einem follow-up Zeitraum von mehr als einem Jahr ergaben sich Komorbidität, Alkoholabhängigkeit, mehrfache Suizidversuche in der Vorgeschichte sowie extreme Störungen des Körperbildes als Prädiktoren für einen ungünstigen Krankheitsverlauf (Fallon et al., 1991; Fichter et al., 1992; Herzog et al., 1988).

9 *Adipositas*

Viele Menschen empfinden sich als zu dick, obwohl sie nach statistischen Vergleichswerten normalgewichtig sind. Andere wiederum sind nach diesen Standards adipös, halten sich aber für „gerade richtig". Es gibt eine Vielzahl von Adipositas-Definitionen, die alle insofern übereinstimmen, als sie direkt oder indirekt auf die Relation von Fettgewebe und fettgewebsfreier Körpermasse abheben. Die exakte Bestimmung des Fettgewebeanteils ist allerdings methodisch sehr aufwendig. Für praktische Zwecke eignen sich zur Quantifizierung des Übergewichtsgrades neben der Messung der Hautfaltendicke vor allem Körperhöhen/Gewichts-Indizes. Häufig verwendet wird der Broca-Index, der die prozentuale Abweichung vom Referenzgewicht nach Broca (= [Körperhöhe (in cm) – 100 kg]) angibt. Dieses Broca-Referenzgewicht wird umgangssprachlich auch als „Normalgewicht" bezeichnet und gilt für viele als das medizinisch erwünschte Körpergewicht. Von amerikanischen Lebensversicherungsgesellschaften gibt es empirisch gewonnene Tabellen zur Bestimmung des sog. „Idealgewichts", d.h. desjenigen Gewichts, das die höchste Lebenserwartung verspricht. Annäherungsweise erhält man das „Idealgewicht" durch Minderung des Broca-Referenzgewichtes um 10–15 %. In der wissenschaftlichen Literatur wird inzwischen fast ausschließlich der sog. Body Mass Index (BMI: kg/m^2) verwendet, dessen Korrelation zur Fettgewebemasse bei etwa .80 liegt. Nach Bray (1987b) liegt das akzeptable Normalgewicht für Frauen bei einem BMI von 19 bis 24, für Männer bei einem BMI von 20 bis 25. Übergewicht beginnt darüber und geht bis zu einem BMI von 30. Eine behandlungsbedürftige Adipositas liegt bei einem BMI über 30 vor.

Hauptargument für eine Indikation zur Gewichtsreduktion bei Überschreiten des Normal- bzw. Idealgewichts war lange Zeit der postulierte Zusammenhang zwischen Übergewichtsgrad und einem erhöhten Mortalitätsrisiko sowie einem erhöhten Morbiditätsrisiko insbesondere für Erkrankungen des kardiovaskulären Systems. Empirisch abgesichert ist eine erhöhte Mortalität jedoch lediglich bei massivem Übergewicht (Drenick, Gurunanjappa, Seltzer & Johnson, 1980; Lew & Garfinkel, 1979). Leichtes bis mäßiges Übergewicht bringt kaum ein gesundheitliches Risiko mit sich (Keys, 1980). Weiterhin gibt es Hinweise für eine besondere gesundheitliche Gefährdung von Personen, die wiederholte Phasen kurzfristiger Gewichtsabnahmen durchmachen (Garner & Wooley, 1991). Zunehmend diskutiert wird auch die Bedeutung der regionalen Fettverteilung für die Entstehung von Gesundsheitsrisiken. Unterschieden wird dabei zwischen einer androiden Form und einer gynoiden Form der Adipositas. Die androide Form findet sich vor allem bei Männern und ist durch eine Konzentration der Fettmasse im Bauchbereich charakterisiert. Die bei Frauen häufige gynoide Form geht mit einer Fettansammlung vor allem im Hüft- und Oberschenkelbereich einher. Mehrere Studien kamen inzwischen zu dem übereinstimmenden Ergebnis, daß ein androides Fettverteilungsmuster unabhängig von anderen geschlechtsspezifischen Faktoren ein höheres Gesundheitsrisiko bedingt (Hartz et al., 1990; Ohlson et al., 1985). Bei geringgradigem Übergewicht sollten im Einzelfall die antizipierten Vorteile einer Gewichtsreduktion sorgfältig gegen die möglichen negativen Konsequenzen einer Reduktionsdiät (z.B. Bulimieattacken) abgewogen werden (Wooley & Wooley, 1984). Häufig liegen wohl die Probleme nicht am Gewicht per se, sondern in der subjektiven Bewertung und Einstellung, die vor allem durch das bereits im vorangegangenen Abschnitt diskutierte soziokulturell vorgegebene Schlankheitsideal entscheidend geprägt ist.

9.1 Epidemiologie

In der Deutschen Herz-Kreislauf-Präventionsstudie (DHP: Bergmann et al., 1989) wurde das Gewicht von 2 301 Männern und 2 486 Frauen im Alter zwischen 25 und 69 Jahren durch Wiegen ermittelt. 41 % der Frauen und 61 % der Männer erhielten dabei einen BMI zwischen 24 und 30, 17 % der Frauen und 15 % der Männer überschritten einen BMI von 30. Es zeigte sich ein deutlicher Zusammenhang zwischen Lebensalter und Übergewicht. Der Median der Gewichtsverteilung steigt von 23,8 bei 25–29jährigen Männern auf 27,6 bei den 50–59jährigen, bei den Frauen entsprechend von 22,1 auf 26,4. Die Häufigkeit des Übergewichts nimmt mit steigendem sozioökonomischen Status ab. Ähnliche Ergebnisse teilen Pudel und Westenhöfer (1991) aus Repräsentativ-Umfragen an 2 000 Personen mit. In einem Bereich von 5 % bis 15 % über dem Broca-Referenzgewicht liegen 18 % der Frauen und 22,9 % der Männer. Ein Gewicht mehr als 15 % über dem Broca-Referenzgewicht hatten 15,5 % der Frauen und 11,7 % der Männer.

9.2 Erklärungsansätze

Eine notwendige Voraussetzung zur Manifestation einer Adipositas ist eine positive Energiebilanz. Dabei kann theoretisch die Energiezufuhr erhöht, der Energiebedarf durch Bewegungseinschränkung vermindert oder aber auch der Energiestoffwechsel generell verändert sein. Ein einheitliches Modell zur Erklärung der Entstehung und Aufrechterhaltung einer positiven Energiebilanz existiert nicht. Es ist wie bei Anorexia nervosa und Bulimia nervosa davon auszugehen, daß der Adipositas eine multifaktorielle Ätiologie zugrunde liegt. Im folgenden werden einige Komponenten und Faktoren diskutiert, zu denen empirische Ergebnisse vorliegen und die jeweils zu verschiedenen Aspekten der Pathogenese der Adipositas beitragen können.

Persönlichkeitsmerkmale

Vor allem tiefenpsychologische Ansätze betonen den Stellenwert neurotischer Persönlichkeitsstrukturen oder unbewußter emotionaler Konfliktkonstellation für die Genese der Adipositas. Als Beleg für die Plausibilität dieser Annahmen wurde u. a. darauf hingewiesen, daß eine Gewichtsabnahme häufig zu Depressions- und Angstsymptomen führt. In den meisten empirischen Untersuchungen mit standardisierten Persönlichkeitsfragebogen fanden sich bislang allerdings keine bedeutsamen Unterschiede in der Persönlichkeitsstruktur zwischen Adipösen und Normalgewichtigen (Striegel-Moore et al., 1986; Diehl, Paul & Daum, 1984). Die auf dem „klinischen Eindruck" beruhenden Persönlichkeitsstereotypien Adipöser beruhen also möglicherweise eher auf der Tatsache, daß adipöse Patienten, die eine Behandlung aufsuchen, vermutlich nur eine spezielle Untergruppe aller Übergewichtigen darstellen (Leon & Roth, 1977).

Merkmale des Eßverhaltens

Untersuchungen zur Kalorienaufnahme belegen nicht eindeutig, daß Übergewichtige überdurchschnittlich viel essen. In 29 laborexperimentellen Studien zeigte sich nur bei neun ein Unterschied in der vermuteten Richtung (Spitzer & Rodin, 1981). In Feldstudien fand sich bei fünf von acht Studien eine erhöhte Kalorienzufuhr bei Übergewichtigen. Im Rahmen experimenteller Forschung wurden Bedingungen, die zu einer erhöhten Kalorienaufnahme führen, genauer untersucht.

(1) Externalität (Außenreizabhängigkeit)

Die von Schachter (1971) formulierte Externalitätshypothese besagt, daß Übergewichtige eher außenreiz- und nicht so sehr innenreizgesteuert sind. Ihr Eßverhalten scheint weitgehend determiniert durch „environmental food cues", wie Aussehen, Geruch und Geschmack der Nahrung, aber auch durch Uhrzeit, Menge und Verfügbarkeit von Nahrung. Adipöse Probanden sind dagegen weniger sensitiv gegenüber internalen physiologischen Hunger- und Sättigungssignalen (Schachter, Goldman & Gordon, 1968; Schachter & Gross, 1968). Neuere Arbeiten konnten die ursprünglichen Ergebnisse allerdings nicht immer bestätigen. Pudel (1982) konnte in einer Reihe von Experimenten belegen, daß Externalität kein spezifisches Merkmal Adipöser ist. Normalgewichtige Personen, die als „gezügelte" Esser klassifiziert wurden, zeigten ebenfalls eine erhöhte Außenreizabhängigkeit. Diese Befunde sprechen gegen eine spezifische ätiologische Beziehung zwischen Externalität und Übergewicht. Da viele Adipöse wegen der sozialen Diskrimierung der Adipositas häufige Versuche zur Gewichtskontrolle unternehmen, ist es wahrscheinlich, daß Externalität bei Adipösen auch eine Konsequenz der bei einer Diät auftretenden Deprivationszustände ist (Nisbett, 1972).

(2) Gestörte Regulation der Sättigung

Experimente von Pudel (1982) belegen eine veränderte Sättigungsregulation bei Adipösen. Diese zeigen im Eßlabor typischerweise einen linear ansteigenden Verlauf der Nahrungsaufnahme, der offenbar weitgehend unbeeinflußt von internen Sättigungssignalen bleibt. Diese veränderte Sättigungsregulation führt zu erhöhter Nahrungsaufnahme und langfristig zu einer positiven Energiebilanz.

(3) Fehlender oder verzögerter Appetenz-Verlust

Unter dem Begriff der Sättigung kann man unterscheiden zwischen einer mehr körperlich lokalisierbaren Sättigung (Magendruck, Völlegefühl) und einer mehr psychischen Sättigung (Appetenzverlust, Geschmacksaversion). Adipöse benötigen offenbar sehr viel mehr orale Stimulation, bis sie im Verlauf einer Mahlzeit denselben Appetenzverlust erleben wie Normalgewichtige (Maus, Paul, Pudel & Westenhöfer, 1988).

Für beide Phänomene – die gestörte Sättigung und den verzögerten Appetenzverlust – gilt allerdings, daß sie auch bei normalgewichtigen, aber „gezügelten" Essern auftreten (Maus et al., 1988). Ebenso wie die Außenreizabhängigkeit können diese Verhaltensänderungen nicht nur als Ursache des Übergewichts, sondern genauso als Folge des mit häufigen Gewichtskontrollversuchen einhergehenden Energiemangelzustandes interpretiert werden (Pudel, 1985).

Biologische Faktoren

Aufgrund neuerer Ergebnisse ist anzunehmen, daß genetische Faktoren bei der Entwicklung von Übergewicht eine große Rolle spielen. Stunkard et al. (1986a) untersuchten den Einfluß genetischer Faktoren und familiärer Bedingungen an 540 Adoptivkindern. Es ergab sich eine hohe Korrelation zwischen dem relativen Gewicht der Kinder und dem ihrer biologischen Eltern, aber kein Zusammenhang mit dem relativen Gewicht der Adoptiv-Eltern. Auch Studien an jeweils ca. 2 000 monozygotischen und dizygotischen Zwillingspaaren sprechen für eine starke genetische Komponente des Übergewichts (Stunkard, Foch & Hrubec, 1986b; Stunkard, Harris, Pedersen & Mc Claern, 1990). Die Konkordanzraten für Übergewicht waren bei den monozygotischen Zwillingen doppelt so hoch. Die Heretabilitätskoeffizienten für den BMI betrugen im Alter von 20 Jahren .77, im Alter von 45 Jahren .84. Die Mechanismen, über die sich die genetische Komponente manifestiert, sind allerdings bislang noch relativ unklar. Eine Annahme ist, daß die Anzahl der Fettzellen entweder genetisch festgelegt ist oder bereits im Säuglingsalter festgeschrieben wird. Einmal angelegte Fettzellen können nicht mehr eliminiert, sondern höchstens in ihrer Größe reduziert werden (Pudel, 1982)

Von Jéquier (1987) wird diskutiert, daß bei Adipösen trotz normaler Ernährung eine positive Energiebilanz vorhanden ist, da sie eine eingeschränkte diätinduzierte Thermogenese aufweisen. Dazu könnte die Insulin-Resistenz beitragen, die in einer Subgruppe Adipöser festgestellt wurde. Möglicherweise spielt auch eine verminderte Ansprechbarkeit des sympathischen Nervensystems auf Änderungen der Energie-Bilanz ein Rolle. Ein weiterer Faktor für eine gesteigerte Nutzung zugeführter Energie scheint in einer Vermehrung der Lipoproteinlipase zu liegen, die verantwortlich ist für die Hydrolyse von Fettsäuren in Lipoproteine, die dann in den Fettzellen gespeichert werden können (Bray, 1987a). Je mehr Lipoproteinlipase vorhanden ist, desto leichter wird also aufgenommene Energie als Fett gespeichert. Ein verminderter Energieverbrauch kommt jedoch nicht nur als Ursache des Übergewichts in Frage, sondern kann auch als Folge der von Übergewichtigen häufig durchgeführten Reduktionsdiäten auftreten. Tierexperimente belegen, daß wiederholte Gewichtsreduktion eine erhöhte metabolische Effizienz nach sich ziehen kann (Brownell, Greenwood, Stellar & Shrager, 1986). Beim Menschen sind analoge metabolische Veränderungen anzunehmen (Tuschl et al., 1988). Dies bedeutet, daß der Energieverbrauch erniedrigt bleibt, auch wenn die Kalorienzufuhr langfristig normalisiert wird. Wenn also Personen mit einer erhöhten metabolischen Effizienz wieder so viel essen würden wie vor dem Beginn ihrer ersten Diät, würde ihr Gewicht zunächst über ihr damaliges Gewicht steigen. Bei vielen Adipösen können also wiederholte Versuche der Gewichtsabnahme paradoxerweise zu einer langfristigen Erhöhung des Gewichts führen.

Die genannten Faktoren können auch im Rahmen der Setpoint-Hypothese des Körpergewichtes betrachtet werden. Diese besagt, daß das Gewicht, ähnlich wie Blutdruck oder Körpertemperatur, eine regulierte Größe ist, die normalerweise nur innerhalb einer bestimmten Bandbreite variiert (Keesey, 1993). Abweichungen vom Sollwert, dem sog. Setpoint-Gewicht, führen zu entsprechenden kompensatorischen Maßnahmen, die sich sowohl auf Verhaltensebene (durch Veränderung der Kalorienaufnahme) als auch auf metabolischer Ebene (durch Veränderung des Grundumsatzes) manifestieren können. Die Hypothese erklärt, warum das Körpergewicht bei Menschen und Tieren unter sehr unterschiedlichen Bedingungen über lange Zeit relativ konstant bleibt. Unklar ist jedoch, ob das Setpoint-Gewicht weitgehend genetisch festgelegt ist und unveränderbar bleibt oder ob es durch längerdauernde Veränderungen von Verhaltensweisen, die Energiezufuhr und -verbrauch bestimmen (Eßverhalten, körperliche Aktivität), zu dauerhaften Verschiebungen des Setpoints kommen kann. Die bisherige empirische Evidenz spricht dafür, daß die biologischen Regulationsmechanismen im Hinblick auf die Verteidigung einer unteren Gewichtgrenze gut funktionieren, bei der Verhinderung einer Gewichtszunahme jedoch weniger effektiv sind.

9.3 Interventionsansätze

Prinzipiell sollten bei der Adipositas-Therapie zwei Teilziele verfolgt werden (Pudel & Westenhöfer, 1991): Kurzfristig muß eine initiale Gewichtsreduktion erreicht werden, anschließend sollte das niedrigere Gewichtsniveau langfristig beibehalten werden. Entsprechend der multifaktoriellen Ätiologie der Adipositas wird derzeit als am meisten Erfolg versprechendes therapeutisches Vorgehen eine Kombination verschiedener Ansätze angesehen.

Auf die Vielzahl rein diätetischer Maßnahmen kann hier nicht näher eingegangen werden. Im Rahmen empirischer Prüfungen als effizient im Hinblick auf kurzfristige Gewichtsreduktionen haben sich vor allem das modifizierte Fasten (Überblick bei Pudel & Westenhöfer, 1991) sowie stark kalorienreduzierte Diäten erwiesen (Überblick bei Wadden, 1993). Die Durchführung solcher Maßnahmen sollte jedoch in jedem Falle medizinisch überwacht und begleitet werden.

Als im engeren Sinne medizinische Maßnahmen gelten (Überblick bei Zuber & Kepplinger, 1991): invasive Verfahren wie die Applikation von Magenballons oder die Kieferverdrahtung; chirurgische Verfahren wie z. B. der Magen-Bypass, die operative Magenverkleinerung, die Fettschürzenentfernung und das subkutane Absaugen von Fettgewebe; pharmakologische Behandlung z. B. durch Appetitzügler.

Zusammenfassende Beurteilungen dieser Methoden finden sich bei Lerman und Care (1989) und Stunkard, Stinnett und Smoller (1986). Generell gilt, daß solche Verfahren nur bei einer kleineren Gruppe schwer übergewichtiger Patienten indiziert sind.

Psychologische Interventionsmethoden

Die ersten verhaltenstherapeutischen Programme zur Behandlung des Übergewichts umfaßten vor allem die Selbst-Beobachtung der Nahrungsaufnahme und die damit assoziierten Verhaltensweisen sowie Stimulus-Kontroll-Techniken (Ferster, Nurnberger & Levitt, 1962; Stuart, 1967). Der relativ schlechte Langzeit-Erfolg dieser Programme hat seit den 70er Jahren zu einem deutlichen Wandel der Therapiestrategien geführt (Übersicht bei Brownell & Wadden, 1986). Die derzeit favorisierten Programme sind multimodal angelegt und beinhalten neben rein verhaltenstherapeutischen Techniken kognitive Maßnahmen, nutritive Edukation, Gymnastik- und Bewegungsprogramme, soziale Unterstützung sowie die Vermittlung spezifischer Strategien zur Rückfallprophylaxe.

(1) Verhaltenstherapeutische Standardtechniken

Diese basieren weitgehend auf Ansätzen der Selbstkontrolle. Wesentliche Bestandteile sind (s. Stunkard, 1987):
- Selbstbeobachtung von Eßverhalten, Gewichtsverlauf und körperlicher Bewegung.
- Verhaltensanalyse: Systematische Analyse situativer und personinterner Bedingungen der Nahrungsaufnahme.
- Zielplanung: Zielvorstellungen für Nahrungsaufnahme, Gewichtsabnahme und Bewegung sollen selbständig festgelegt werden.
- Stimuluskontrolle: Dazu gehören Maßnahmen, die eine allmähliche Kontrolle über diskriminative Stimuli herbeiführten, die bisher die Nahrungsaufnahme auslösten (z.B. Nahrungsmittel außer Sichtweite aufbewahren; nur nach dem Essen einkaufen; sofort nach dem Essen den Tisch verlassen etc.).
- Selbstkontrolle des Eßvorgangs (z.B. langsam kauen, alle Nebentätigkeiten während des Essens vermeiden).
- Inkompatible Verhaltensweisen als Alternative zu unnötigen Zwischenmahlzeiten (z.B. körperliche Aktivität, Telefonate etc.).
- Selbstbelohnung für Zielannäherung.
- Selbstinitierte Verstärkung durch die Umwelt einsetzen (Soziale Belohnung; Vereinbarung mit selbsternannten „Co-Therapeuten").

(2) Kognitive Umstrukturierung

Dabei geht es vor allem um die Identifikation und Modifikation negativer Einstellungen und Selbst-Verbalisationen, die eine Veränderung des Eßverhaltens und eine Gewichtsabnahme erschweren (Stunkard, 1987) (z. B. alte Einstellung: „Es dauert ewig, bis ich endlich abnehmen werde" – Alternative: „aber ich nehme bereits ab, und diesmal werde ich lernen, wie ich mein Gewicht halten kann"). Einstellungsänderungen sollten in allen anderen Teile eines Therapieprogramms integriert werden, um auf diese Weise das Einüben und Durchhalten eines neuen Lebensstils zu erleichtern. Der positive Effekt kognitiver Umstrukturierung zur Modifikation eines negativen Körperbildes konnte empirisch nachgewiesen werden (Rosen, Saltzberg & Srebnik, 1989).

(3) Edukative Maßnahmen zur Ernährung

In den frühen Behandlungsprogrammen wurde der Bereich der adäquaten Ernährung zu wenig beachtet. Manchmal wurden sogar diätetische Maßnahmen durchgeführt, die mit gesundheitlichen Risiken verbunden waren (Brownell & Wadden, 1986). Es müssen deshalb innerhalb eines Behandlungsprogramms solche Informationen zur Änderung von Ernährungsgewohnheiten vermittelt werden, die nicht nur kurzfristig zur Gewichtsreduktion nützlich sind (z. B. Information über Kaloriengehalt von Lebensmitteln), sondern langfristig eine Umstellung des alltäglichen Eßverhaltens gewährleisten. Dazu gehört beispielsweise die Vermittlung von Wissen über ausgewogene Ernährung oder über die fettarme, vitaminschonende Zubereitung von Speisen.

(4) Körperliche Aktivität

Während sich isoliert (d. h. nicht in Kombination mit anderen Maßnahmen) eingesetzte sportliche Aktivität zur Adipositas-Therapie als unwirksam erwiesen hat, hat die Integration geplanter körperlicher Aktivität in komplexe Programme zu einer deutlichen Steigerung der kurzfristigen Gewichtsreduktion und zu einer besseren Gewichtsstabilisierung nach der Abnahmephase geführt (Foreyt, 1987). Als Vorteile der sportlichen Aktivität gelten vor allem die Steigerung des Energieverbrauchs, die Umverteilung von Fett zu Muskelmasse, sowie eine Verbesserung des allgemeinen Befindens. Die Aktivitäts-Komponente sollte innerhalb des Gesamt-Programms so angenehm wie möglich gestaltet und möglichst gut in Alltagsaktivitäten integriert werden (z. B. Treppensteigen statt Aufzugbenutzung).

(5) Strategien zur Rückfallprophylaxe

Durchschnittlich nehmen Patienten auch nach einem multidimensionalen Gewichtsreduktionsprogramm innerhalb eines Jahres wieder ein Drittel des verlorenen Gewichts zu (Brownell & Wadden, 1986). Zur Verbesserung der Langzeit-Effekte hat sich die Einführung spezifischer Techniken zur Rückfall-Prophylaxe bereits während des Therapieprogramms als günstig erwiesen (Perri, Shapiro, Ludwig, Twentyman & McAdvo, 1984). Patienten lernen dabei z. B. belastende Situationen, die zum vermehrten Essen führen können, rechtzeitig wahrzunehmen und mit entsprechenden Problemlösestrategien damit umzugehen. Neuere Studien zeigen darüber hinaus, daß ein Gewichtsverlust offenbar dann besser gehalten werden kann, wenn spezifische Nachsorgemaßnahmen (z. B. Planung körperlicher Aktivität, regelmäßige Therapeuten-Kontakte etc.) über mindestens ein Jahr durchgeführt werden (Perri et al., 1988).

9.4 Beurteilung der Therapieergebnisse

Trotz zunehmender Komplexität der Behandlungsprogramme und einer nachgewiesenen Effizienz bezüglich kurzzeitiger Gewichtsreduktion, sehen die bisherigen Ergebnisse bei längeren Follow-up Zeiträumen (fünf Jahre) nicht besonders ermutigend aus. Wadden und Stunkard (1986) fanden bei einer Kombination von Verhaltenstherapie mit VLCD (very-low-calory-diet) einen mittleren Gewichtsverlust von 16,8 kg nach 26 Wochen Therapiedauer. Zwölf Monate später betrug der Gewichtsverlust noch 10,5 kg. Fünf Jahre nach Behandlungsende hatten die Patienten 2,9 kg über ihr Ausgangsgewicht zugenommen (Wadden, Sternberg, Letizia, Stunkard & Foster, 1989). Auch in anderen Studien zeigte sich, daß der Therapieerfolg bezüglich des Körpergewichts unabhängig von der Therapiemethode mit zunehmender Länge des Katamnese-Intervalls sinkt (Überblick bei Wadden, 1993). Die Gründe für die eher entmutigenden Langzeit-Ergebnisse liegen sicher in den noch sehr lückenhaften Erkenntnissen zu den Regulationsmechanismen des Körpergewichtes und des Eßverhaltens. Insbesondere die biologischen Grundlagen des Energieverbrauchs beim Menschen sowie Bedingungen und Konsequenzen einer Veränderung sind noch unzureichend erforscht. Aus pragmatischer Sicht gibt es dennoch eine Reihe von Ansatzpunkten zur Verbesserung der Langzeit-Erfolge von Übergewichtstherapien (Brownell & Wadden, 1992). Dazu gehört vor allem die Entwicklung von Kriterien, die im Sinne einer differentiellen Indikation die optimale Zuweisung von Patienten zu spezifischen Interventionen ermöglichen. Beispielsweise schlagen Pudel und Westenhöfer (1991) vor, Patienten entsprechend dem Ausmaß der im Fragebogen gemessenen Merkmale „kognitive Kontrolle des Eßverhaltens" und „Störbarkeit des Eßverhaltens" zu klassifizieren und dementsprechend verschiedene Trainingsprogramme im Rahmen einer Therapie anzubieten.

Angesicht der negativen psycholgoischen und physiologischen Folgen häufig wiederholter Reduktionsdiäten sollte bei leichtem bis mäßigem Übergewicht auf spezifische diätorientierte Maßnahmen ganz verzichtet werden (Garner & Wooley, 1991). Anzustreben ist vielmehr eine qualitative Umstellung der Ernährungsgewohnheiten (z. B. eine Reduktion des Fettanteils in der Nahrung) und eine gesteigerte körperliche Aktivität im Rahmen eines Therapieprogramms, das im übrigen auf einer individuellen Verhaltens- und Problemanalyse basieren muß und darauf zugeschnittene Elemente (z. B. Streßbewältigungstraining) enthalten sollte. Für die Wirksamkeit solcher „Anti-Diät-Programme" bei der Behandlung Übergewichtiger im stationären Bereich gibt es bereits empirische Belege (Rief, Stock & Fichter, 1991).

10 Ausblick

Weitere wesentliche Fortschritte zum Verständnis der Entwicklung und Aufrechterhaltung sowohl der Eßstörungen Anorexia und Bulimia nervosa als auch der Adipositas sind vor allem aus der Aufklärung der psychobiologischen Mechanismen der Regulation von Hunger, Appetit und Sättigung zu erwarten. Die Forschungsarbeiten innerhalb der letzten Dekade haben gezeigt, daß neben „klassischen" Neurotransmittern (wie z. B. Serotonin) eine Vielzahl von Neuropeptiden an der Regulation der Nahrungsaufnahme beteiligt ist (Morley & Blundell, 1988). Als peripher wirksames sättigungsrelevantes Peptidhormon gilt vor allem das Cholecystokinin (CCK), dessen möglicherweise veränderte Funktion bei der Anorexia und Bulimie noch kaum untersucht ist. Insbesondere ist noch unklar, inwieweit chronische bzw. intermittierende Mangelernährung per se zur veränderten Funktion von Neuropeptiden beiträgt.

Im Hinblick auf die Pathogenese und Aufrechterhaltung der Adipositas ist vor allem die weitere Aufklärung von Determinanten für die Veränderungen des Energiestoffwechsels relevant. Bislang gibt es kaum Humanstudien zu den langfristigen Konsequenzen mehrfacher Reduktionsdiäten. Dabei sollte insbesondere untersucht werden, welche Komponenten des Energieverbrauchs (z. B. Grundumsatz, diätinduzierte Thermogenese) sich unter welchen Bedingungen verändern und innerhalb welcher Zeiträume sich Veränderungen stabilisieren bzw. nicht mehr zurückbilden.

Bei der Anorexie und Bulimie wurden bislang chronische körperliche Folgeerscheinungen des gestörten Eßverhaltens noch wenig beachtet. Erst in den letzten Jahren wurden Zusammenhänge zwischen der vom Eßverhalten abhängigen hormonellen Regulation bei Eßstörungen und von schweren Störungen des Knochenstoffwechsels mit der Konsequenz einer Osteoporose näher untersucht (z. B. Rigotti, Neer, Skates, Herzog & Nussbaum, 1991). Hier müssen Maßnahmen zur Prophylaxe (z. B. Östrogen-Gestagen-Substitution) weiterentwickelt und in ihrer langfristigen Wirksamkeit überprüft werden. Im Rahmen psychologischer Behandlung bei Eßstörungen wird es verstärkt darum gehen, durch gezielte Diagnostik und entsprechende Informationsvermittlung die Akzeptanz prophylaktischer Interventionen zu fördern.

Ein nach wie vor ungelöstes Problem ist der hohe Anteil chronischer Verläufe bei der Anorexie und Bulimie. Hier muß es zunächst um eine genaue Charakterisierung dieser Patientengruppen gehen. Bei der Bulimia nervosa scheint es beispielsweise eine Teilgruppe von Patienten zu geben, die durch multiple impulsive Verhaltensweisen (z. B. Selbstverletzung, Kleptomanie) charakterisiert ist und langfristig von den bislang angewandten Therapien kaum profitiert (Fichter, 1993).

Aufgrund von Kosten-Nutzen Überlegungen ist es bei der Vielzahl der derzeit für die Therapie von Eßstörungen vorgeschlagenen Interventionsmethoden außerordentlich wichtig, die für bestimmte Subgruppen jeweils wirksamsten Behandlungskomponenten zu identifizieren. Nur dann läßt sich ein effizienzorientiertes therapeutisches Vorgehen im Sinne eines sogenannten „stepped care approach" realisieren, wie es für die Behandlung Übergewichtiger von Brownell und Wadden (1992) und für die Bulimie von Fairburn und Peveler (1990) beschrieben wurde. Bei diesem Vorgehen soll nicht für alle Patienten von vornherein ein möglichst umfangreiches „Therapie-Paket" angeboten werden, sondern es wird nach einer Klassifikationsentscheidung (z. B. nach dem Ausmaß des Übergewichts) zunächst die am wenigsten intensive, jedoch als wirksam belegte Intervention eingesetzt (z. B. Ernährungsmanagement). Erst wenn der gewünschte Erfolg ausbleibt, wird die Behandlung um kostenintensive Komponenten (bis hin zum stationären Aufenthalt) erweitert.

Literatur

Agras, W. S., Dorian, B., Kirkley, B. G., Arnow, B. & Bachman, J. (1987). Imipramine in the treatment of bulimia: A double-blind controlled study. *International Journal of Eating Disorders, 6*, 29–35.

Allerdissen, R., Florin, I. & Rost, W. (1981). Psychological characteristics of women with bulimia nervosa (bulimarexia). *Behaviour Analysis and Modification, 4*, 314–317.

American Psychiatric Association (1987). *Diagnostic and Statistical Manual of Mental Disorders* (3rd ed., rev.). Washington, DC: American Psychiatric Press.

American Psychiatric Association (1991). *DSM-IV options book: work in progress. Task force on DSM-IV*. Washington, DC: American Psychiatric Association.

American Psychiatric Association (Ed.). (1994). *Diagnostic and statistical manual of mental disorders* (4th ed.). Washington, DC: APA Press.

Askevold, F. (1975). Measuring body image. *Psychotherapy and Psychosomatics, 26,* 71–77.

Barlow, J., Blouin, J. & Blouin, A. (1988). Treatment of bulimia with desipramine. A double-blind cross-over study. *Canadian Journal of Psychiatry, 330,* 129–133.

Beck, A. T. (1976). *Cognitive therapy and the emotional disorders.* New York: Intern. Univ. Press.

Bellisle, F., Lucas, F., Amrani, R. & Le Magnen, J. (1984). Deprivation, palatability and the micro-structure of meals in human subjects. *Appetite, 5,* 85–94.

Bemis, K. (1987). The present status of operant conditioning for the treatment of anorexia nervosa. *Behavior Modification, 11,* 432–463.

Bergmann, K. E., Menzel, R., Bergmann, E., Tietze, K., Stolzenberg, H. & Hoffmeister, H. (1989). Verbreitung von Übergewicht in der erwachsenen Bevölkerung der Bundesrepublik Deutschland. *Aktuelle Ernährungsmedizin, 14,* 205–208.

Beumont, P. J. V., Abraham, S. F. & Argall, W. J. (1978). The onset of anorexia nervosa. *Australian and New Zealand Journal of Psychiatry, 12,* 145–149.

Blundell, J. E. & Hill, A. J. (1986). Paradoxical effects of an intense sweetener (aspartam) on appetite. *Lancet, i,* 1092–1093.

Blundell, J. E. & Hill, A. J. (1987). Serotonergic modulation of the pattern of eating and the profile of hunger-satiety. *International Journal of Obesity, 11,* 141–155.

Booth, D. A. (1989). Mood- and nutrient conditioned appetites. Culture and physiological bases for eating disorders. *Annals of the New York Academy of Sciences, 575,* 122–135.

Bowden, P. K., Touyz, S. W., Rodriguez, P. J., Hensley, R. & Beumont, P. J. V. (1989). Distorting patient or distorting instrument? *British Journal of Psychiatry, 155,* 196–201.

Brand-Jacobi, J. (1984). Bulimia nervosa: Ein Syndrom süchtigen Eßverhaltens. *Psychotherapie, Psychosomatik, Medizinische Psychologie, 34,* 151–160.

Bray, G. A. (1987a). Factors leading to obesity: physical (including metabolic) factors and disease states. In A. E. Bender & L. J. Brooks (Eds.), *Body weight control.* Edinburgh: Churchill Livingstone.

Bray, G. A. (1987b). Overweight is risking fate: Definition, classification, prevalence, and risks. *Annals of the New York Academy of Sciences, 499,* 14–28.

Brownell, K. D., Greenwood, M. R. C., Stellar, E. & Shrager, E. E. (1986). The effects of repeated cycles of weight loss and regain in rats. *Physiology & Behavior, 38,* 459–464.

Brownell, K. D. & Wadden, T. A. (1986). Behavior therapy for obesity: Modern approaches and better results. In K. D. Brownell & J. P. Foreyt (Eds.), *Handbook of Eating Disorders* (pp. 180–197). New York: Basic Books.

Brownell, K. D. & Wadden, T. A. (1992). Etiology and treatment of obesity: understanding a nervous, prevalent and refractory disorder. *Journal of Consulting and Clinical Psychology, 60,* 505–517.

Bruch, H. (1973). *Eating Disorders.* New York: Basic Books Inc. Publishers.

Casper, R. C., Schlemmer, R. F. & Javoid, J. I. (1987). A placebo controlled crossover study of oral clonidine in acute anorexia nervosa. *Psychiatry Research, 20,* 249–260.

Casper, R. C., Schoeller, D. A., Kushner, R., Hnilicka, J. & Gold, S. T. (1991). Total daily energy expenditure and activity level in anorexia nervosa. *American Journal of Clinical Nutrition, 53,* 1143–1150.

Cooper, P. J., Taylor, M. J., Cooper, Z. & Fairburn, C. G. (1987). The development and validation of the Body Shape Questionnaire. *International Journal of Eating Disorders, 6,* 485–494.

Cooper, P. J. & Fairburn, C. G. (1984). Cognitive Behavior therapy for anorexia nervosa: some preliminary findings. *Journal of Psychosomatic Research, 28,* 493–499.

Cooper, Z. & Fairburn, C. G. (1987). The eating disorders examination: A semi-structured interview for the assessment of the specific psychopathology of eating disorders. *International Journal of Eating Disorders, 6,* 1–8.

Craighead, L. W. & Agras, W. S. (1991). Meachnisms of action in cognitive-behavioral and pharmacological interventions for obesity and bulimia nervosa. *Journal of Consulting and Clinical Psychology, 59,* 115–125.

Devlin, M. J., Walsh, B. T., Kral, J. G., Heymsfield, S. B., Pi-Sunyer, F. X. & Dantzic, S. (1990). Metabolic abnormalities in bulimia nervosa. *Archives of General Psychiatry, 47,* 144–148.

Diehl, J. M., Paul, T. & Daum, I. (1984). Relativgewicht und Persönlichkeit. *Aktuelle Ernährungsmedizin, 9,* 220–232.

Drenick, E. J., Gurunanjappa, S. B., Seltzer, F. S. A. & Johnson, D. G. (1980). Excessiv mortality and causes of death in morbidly obese men. *Journal of the American Medical Association, 243,* 443–445.

Engel, K. (1990). Ein Leitkriterium zur Abschätzung des Therapieerfolges von Anorexiebehandlungen. *Psychotherapie, Psychsomatik und Medizinische Psychologie, 40,* 474–479.

Epling, W. F., Pierce, W. D. & Stefan, L. (1983). A theory of activity based anorexia. *International Journal of Eating Disorders, 3,* 7–46.

Fairburn, C. G. & Beglin, S. J. (1990). Studies of the epidemiology of bulimia nervosa. *American Journal of Psychiatry, 147,* 401–408.

Fairburn, C. G. & Cooper, P. J. (1982). Self-induced vomiting and bulimia nervosa: A undetected problem. *British Medical Journal, 284,* 1153–1155.

Fairburn, C. G. & Cooper, P. J. (1984). Binge eating, self-induced vomiting and laxative abuse. A community study. *Psychosomatic Medicine, 14,* 401–410.

Fairburn, C. G. & Cooper, Z. (1987). Behavioral and cognitive approaches to the treatment of anorexia nervosa and bulimia nervosa. In P. J. V. Beumont, G. D. Burrows & R. C. Casper (Eds.), *Handbook of eating disorders* (Part I., pp. 271–298, Anorexia and Bulimia nervosa). Amsterdam: Elsevier.

Fairburn, C. G. & Garner, D. M. (1986). The diagnosis of bulimia nervosa. *International Journal of Eating Disorders, 5,* 403–419.

Fairburn, C. G., Jones, R., Peveler, R., Carr, S. I., Solomon, R. A., O'Connor, M., Burton, J. & Hope, R. A. (1991). Three psychological treatments for bulimia nervosa. *Archives of General Psychiatry, 48,* 463–469.

Fairburn, C. G. & Peveler, R. C. (1990). Bulimia nervosa and a stepped care approach to management. *Gut, 31,* 1220–1222.

Falk, J. R., Halmi, K. A. & Tyron, W. T. (1985). Activity measures in anorexia nervosa. *Archives of General Psychiatry, 42,* 811–814.

Fallon, B. A., Walsh, B. T., Sadik, C., Saoud, J. B. & Lukasik, V. (1991). Outcome and clinical course in inpatient bulimic women: a 2- to 9-year follow-up study. *Journal of Clinical Psychiatry, 52,* 272–278.

Ferster, C. D., Nurnberger, J. I. & Levitt, E. B. (1962). The control of eating. *Journal of Mathetics, 1,* 87–109.

Fichter, M. M. (1985). *Magersucht und Bulimie.* Berlin: Springer.

Fichter, M. M. (1989a). Bulimia nervosa und bulimisches Verhalten. In M. M. Fichter (Hrsg.), *Bulimia nervosa* (S. 1–9). Stuttgart: Enke Verlag.

Fichter, M. M. (1989b). Psychologische Therapien bei Eßstörungen. In M. M. Fichter (Hrsg.), *Bulimia nervosa.* Stuttgart: Enke Verlag

Fichter, M. M. (1993). *Das strukturierte Interview für Anorexia nervosa und Bulimie.* Manual Klinik Roseneck, Prien.

Fichter, M. M., Elton, M. & Engel, K. (1990). The structured interview for anorexia and bulimia (SIAB). In M. M. Fichter (Ed.), *Bulimia nervosa: basic research, diagnosis and therapy* (pp. 57–70). Chichester: Wiley.

Fichter, M. M. & Keeser, W. (1980). Das Anorexia nervosa Inventar zur Selbstbeurteilung. *Archiv für Psychiatrie und Nervenkrankheiten, 228,* 67–89.

Fichter, M. M., Leibl, C., Brunner, E., Schmidt-Auberger, S. & Engel, R. R. (1990). Fluoxetine vs. Placebo: A double-blind study with bulimic inpatients undergoing psychotherapy. *Pharmacopsychiatry, 24,* 1–7.

Fichter, M. M., Quadflieg, N. & Rief, W. (1992). The German Longitudinal Bulimia nervosa study. In W. Herzog (Eds.), *The Course of Eating Disorders* (pp. 133–149). Heidelberg: Springer.

Fichter, M. M. (1993). Die medikamentöse Behandlung von Anorexia und Bulimia nervosa – eine Übersicht. *Nervenarzt, 64,* 21–35.

Foreyt, J. P. (1987). Issues in the assessment and treatment of obesity. *Journal of Consulting and Clinical Psychology, 55,* 677–684.

Freeman, C. P. L., Barny, F., Dunkeld-Turnbull, J. & Hendersen, A. (1988). Controlled trial of psychotherapy for bulimie nervosa. *British Medical Journal, 296,* 521–525.

Garfinkel, P. E. & Garner, D. M. (1982). *Anorexia nervosa: A multidimensional perspective.* New York: Brunner/Mazel.

Garfinkel, P. E. & Garner, D. M. (1986). Anorexia nervosa and adolescent mental health. *Advances in Adolescent Mental Health, 1,* 163–204.

Garfinkel, P. E., Moldofsky, H. & Garner, D. M. (1980). The heterogeneity of anorexia nervosa: Bulimia as a distinct subgroup. *Archives of General Psychiatry, 37,* 1036–1040.

Garner, D. M. (1991). *Eating disorder inventory. Professional Manual.* Odessa, FC: Psychological Assessment Resources, Inc.

Garner, D. M. & Bemis, K. (1983). Cognitive therapy for anorexia nervosa. In D. M. Garner & R. E. Garfinkel (Eds.), *Handbook of Psychotherapy for Anorexia nervosa und Bulimia nervosa* (pp. 513–572). New York: Guilford Press.

Garner, D. M., Fairburn, C. G. & Davies, R. (1987). Cognitive-behavioral treatment of bulimia nervosa a critical appraisal. *Behavior Modification, 11*, 398–431.

Garner, D. M. & Garfinkel, P. E. (1979). The eating attitudes test: an index to the symptoms of anorexia nervosa. *Psychological Medicine, 9*, 237–279.

Garner, D. M., Garfinkel, P. E. & O'Shaugnessy, M. (1985). The validity of the distinction between bulimia with and without anorexia nervosa. *American Journal of Psychiatry, 142*, 581–587.

Garner, D. M., Garfinkel, P. E., Schwartz, D. & Thompson, M. (1980). Cultural expectations of thinness in women. *Psychological Reports, 47*, 483–491.

Garner, D. M. & Isaacs, P. (1986). Psychological issues in the diagnostis and treatment of anorexia nervosa and bulimia. In R. E. Hales & A. J. Francis (Eds.), *Psychiatry Update* (Vol. 4, pp. 503–515). Washington, DC: American Psychiatric Press.

Garner, D. M., Olmsted, M. P. & Garfinkel, P. E. (1985). Similarities among bulimic groups selcted by weight and weight history. *Journal of Psychiatric Research, 19*, 129–134.

Garner, D. M., Olmsted, M. P. & Polivy, J. (1983). Development and validation of a multidimensional eating disorder inventory for anorexia nervosa and bulimia. *International Journal of Eating Disorders, 2*, 15–35.

Garner, D. M., Rockert, W., Davis, R., Garner, M. V., Olmsted, M. P. & Eagle, M. (1993). Comparison of Cognitive-Behavioral and Supportive-Expressive Therapy for Bulimia nervosa. *American Journal of Psychiatry, 150*, 37–46.

Garner, D. M., Shafer, C. L. & Rosen, L. W. (1992). Critical Appraisal of the DSM-III-R Diagnostic Criteria for Eating Disorders. In S. R. Hooper, G. W. Hynd & R. E. Mattison (Eds.), *Child Psychopathology* (pp. 261–303). New Jersey: Lawrence Erlbaum Associates, Inc.

Garner, D. M. & Wooley, S. C. (1991). Confronting the failure of behavioral and dietary treatments for obesity. *Clinical Psychology Review, 11*, 729–780.

Gavish, D., Eisenberg, S., Berry, E. M., Kleinman, Y., Witztum, E., Norman, J. & Leitersdorf, E. (1987). An underlying behavioral disorder in hyperlipidemic pancreatitis: a prospective multidisciplinary approach. *Archives of Internal Medicine, 147*, 705–708.

George, D. T., Kaye, W. H., Goldstein, D. S., Brewerton, T. D. & Jimerson, D. C. (1990). Altered norepinephrine regulation in bulimia: Effects of pharmacological challenge with isoproterenol. *Psychiatry Research, 33*, 1–10.

Geracioti, T. D. & Liddle, R. A. (1988). Impaired cholecystokinin secretion in bulimia nervosa. *The New England Journal of Medicine, 11*, 683–688.

Gerlinghoff, M., Backmund, H. & Mai, N. (1988). *Magersucht*. München: Psychologie Verlags Union.

Gershon, E. S., Schreiber, J. L., Hamovit, J. R., Dibble, E. D., Kaye, W. H., Nurnberger, J. I., Andersen, A. & Ebert, M. H. (1984). Clinical findings in patients with anorexia nervosa and affective illness in their relatives. *American Journal of Psychiatry, 141*, 1419–1422.

Gleghorn, A. A., Penner, C. A., Powers, P. S. & Schulman, R. (1987). The psychometric properties of several measures of body image. *Journal of Psychopathology and Behavioral Assessment, 9*, 203–219.

Gold, P. W., Gwirtsman, H., Avgerinos, P. C., Niemann, L. K., Gallucci, P. S., Kaye, W., Jimerson, D., Ebert, M., Rittmaster, R., Loriaux, O. & Chrousos, G. (1986). Abnormal hypothalamic-pituitary-adrenal function in anorexia nervosa. *New England Journal of Medicine, 314*, 1335–1342.

Goldberg, S. C., Halmi, K. A., Eckert, E. D., Casper, R. C., Davis, J. & Roper, M. (1980). Attitudinal dimensions in anorexia nervosa. *Journal of Psychiatric Research, 15*, 239–251.

Gwirtsman, H. E., Guze, B. H., Yager, J. & Gainsley, B. (1990). Fluoxetine treatment of anorexia nervosa: an open clinical trial. *Journal of Clinical Psychiatry, 51*, 378–382.

Gwirtsman, H. E., Kaye, W. H., George, D. T., Jimerson, D. C., Ebert, M. H. & Gold, P. W. (1989). Central and peripheral ACTH and cortisol levels in anorexia nervosa and bulimia. *Archives of General Psychiatry, 46*, 61–69.

Hadigan, C. M., Kissileff, H. R. & Walsh, B. T. (1989). Patterns of food selection during meals in women with bulimia. *American Journal of Clinical Nutrition, 50*, 759–766.

Halmi, K. A. (1974). Anorexia nervosa: Demographic and clinical features in 94 cases. *Psychosomatic Medicine, 36*, 18–25.

Halmi, K. A., Eckert, E. D., LaDu, T. J. & Cohen, J. (1986). Anorexia nervosa. Treatment efficacy of cyproheptadine and amitryptiline. *Archives of General Psychiatry, 43*, 177–181.

Hartz, A., Grubb, B., Wild, R., Van Nort, J., Kuhn, E., Freedman, D. & Rimm, A. (1990). The association of weist-hip ratio and angiographically dtermined coronary heart disease. *International Journal of Obesity, 14*, 657–665.

Hecht, H., Fichter, M. M. & Postpischil, F. (1983). Obsessive compulsive neurosis and anorexia nervosa. *International Journal of Eating Disorders, 2*, 69–77.

Henderson, M. & Freeman, C. P. L. (1987). A self-rating scale for bulimia: The BITE. *British Journal of Psychiatry, 150*, 18–24.

Herman, C. P. & Polivy, J. (1988). Restraint and excess in dieters and bulimics. In K. M. Pirke, W. Vandereycken & D. Ploog (Eds.), *The psychobiology of Bulimia Nervosa* (pp. 33–41). Heidelberg: Springer.

Herzog, D. B., Keller, M. B. & Lavory, P. W. (1988). Outcome in anorexia nervosa and bulimia nervosa. *Journal of Nervous and Mental Disease, 176*, 131–143.

Heufelder, A., Warnhoff, M. & Pirke, K. M. (1985). Platelet-alpha-2-adrenoceptors and adenylate cyclase in patients with anorexia nervosa and bulimia. *Journal of Clinical Endocrinology and Metabolism, 61*, 1053–1057.

Hsu, L. K. G. (1988). The outcome of anorexia nervosa: a reappraisal. *Psychological Medicine, 18*, 807–812.

Hsu, L. K. G. & Sobkiewicz, T. A. (1991). Body image disturbances: Time to abandon the concept for eating disorders. *International Journal of Eating Disorders, 10*, 15–30.

Hudson, J. I., Pope, H. G. Jr., Jonas, J. M. & Yurgelun-Todd, D. (1983). Family history of anorexia nervosa and bulimia. *British Journal of Psychiatry, 142*, 133–138.

Hughes, P. L., Wells, L. A. & Cunningham, C. J. (1987). The dexamethasone suppression test in bulimia before and after successful treatment with desipramine. *Journal of Clinical Psychiatry, 47*, 515–517.

Jacobi, C., Brand-Jacobi, J., Westenhöfer, J. & Weddige-Diedrichs, A. (1986). Entwicklung einer deutschsprachigen Form des Self-Control-Schedule und der Desirability of Control Scale. *Diagnostica, 32*, 229–247.

Jequier, E. (1987). Energy metabolism in the human body. In A. E. Bender & L. J. Brooks (Eds.), *Body weight control*. Edinburgh: Churchill Livingstone.

Johnson, C. (1985). The initial consultation for patients with bulimia and anorexia nervosa. In D. M. Garner & P. W. Garfinkel (Eds.), *Handbook of psychotherapy for Anorexia and Bulimia* (pp. 19–51). New York: Guilford Press.

Johnson, C. & Larson, R. (1982). Bulimia: An analysis of moods and behavior. *Psychosomatic Medicine, 44*, 341–351.

Johnson, C. & Maddi, K. L. (1986). Factors that affect the onset of bulimia. *Seminars in Adolescent Medicine, 2*, 11–19.

Jones, D., Fox, M. M., Babigian, H. M. & Hutton, H. E. (1980). Epidemiology of anorexia in Monroe Country. New York: 1960–1975. *Psychosomatic Medicine, 42*, 551–558.

Kaplan, A. (1987). Thyroid function in bulimia. In J. I. Hudson & H. G. Pope (Eds.), *The Psychobiology of Bulimia* (pp. 55–72). Washington: Americsan Psychiatric Press.

Kaye, W. H., Ebert, M. H., Raleigh, M. & Lake, C. R. (1984). Abnormalities in CNS monoamine metabolism in Anorexia nervosa. *Archive of General Psychiatry, 41*, 350–355.

Kaye, W. H., Gwirtsman, H. E., Ebert, M. H. & Weiss, S. (1984). Differences in brain serotonergic metabolism between nonbulimic and bulimic patients with anorexia nervosa. *American Journal of Psychiatry, 141*, 1598–1601.

Kaye, W. H., Gwirtsman, H. E., George, D. T., Jimerson, D. C., Ebert, M. H., Lake, C. R. (1990). Disturbances of noradrenergic systems in normal weight bulimia: relationship to diet and menses. *Biological Psychiatry, 27*, 4–21.

Kaye, W. H., Gwirtsman, H. E. & George, D. T. (1989). The effect of bingeing and vomiting on hormonal secretion. *Biological Psychiatry, 25*, 768–780.

Keesey, R. E. (1993). Physiological Regulation of Body Energy. In A.-J. Stunkard & T. A. Wadden (Eds.), *Obesity: Theory and Therapy*, 2nd ed. (pp. 77–96). New York: Raven Press.

Keys, A. (1980). Overweight, obesity, coronary heart disease and mortality. *Nutrition Reviews, 38*, 297–307.

Keys, A., Brozek, J., Henschel, A., Mickelson, O. & Taylor, H. L. (1950). *The biology of human starvation*. Minneapolis: University of Minnesota Press.

Kiriike, N., Nishiwaki, S., Izumiya, Y. & Kawakita, Y. (1986). Dexamethasone suppression test in bulimia. *Biological Psychiatry, 21*, 325–328.

Kissileff, H. R., Walsh, B. T., Kral, J. G. & Cassidy, S. M. (1986). Laboratory studies of eating behavior in women with bulimia. *Physiology & Behavior, 38*, 563–570.

Kog, E. & Vandereycken, W. (1989). Family interaction in eating disorder patients and normal controls. *International Journal of Eating Disorders, 8*, 11–23.

Krieg, J. C., Lauer, C. & Pirke, K. M. (1989). Structural brain abnormalities in patients with bulimia nervosa. *Psychiatry Research, 27*, 39–48.

Kron, L., Katz, J. L., Gorzynski, G. & Weiner, H. (1987). Hyperactivity in anorexia nervosa: A fundamental clinical feature. *Comprehensive Psychiatry, 19*, 433–440.

Laessle, R. G. (1987). *Fragebogen zum Figurbewußtsein*. München: Max-Planck-Institut für Psychiatrie.

Laessle, R. G. (1989). Affektive Störungen und bulimische Syndrome. In M. M. Fichter (Hrsg.), *Bulimia nervosa* (S. 93–110). Stuttgart: Enke Verlag.

Laessle, R. G., Beumont, P. J. V., Butow, P., Lennerts, W., O'Connor, M., Pirke, K. M., Touyz, S. & Waadt, S. (1991). A comparison of nutritional management and stress management in the treatment of bulimia nervosa. *British Journal of Psychiatry, 159*, 250–261.

Laessle, R. G., Kittl, S., Fichter, M. M., Wittchen, H.-U. & Pirke, K. M. (1987). Major affective disorder in anorexia nervosa and bulimia. A descriptive diagnostic study. *British Journal of Psychiatry, 151*, 785–789.

Laessle, R. G., Tuschl, R. J., Kotthaus, B. & Pirke, K. M. (1989). Comparison of the validity of three scales for the assessment of dietary restraint. *Journal of Abnormal Psychology, 98*, 504–507.

Laessle, R. G., Waadt, S., Schweiger, U. & Pirke, K. M. (1987). Zur Therapierelevanz psychobiologischer Befunde bei Bulimia nervosa. *Verhaltensmodifikation und Verhaltensmedizin, 8*, 297–313.

Laessle, R. G., Wittchen, H. U., Fichter, M. M. & Pirke, K. M. (1989). The significance of subgroups of bulimia and anorexia nervosa: lifetime frequency of psychiatric disorders. *International Journal of Eating Disorders, 8*, 569–574.

Lautenbacher, S., Galfe, G., Hölzl, R. & Pirke, K. M. (1989: Gastrointestinal transit is delayed in patients with eating disorders. *International Journal of Eating Disorders, 8*, 203–208.

Lautenbacher, S., Pauls, A. M., Strian, F., Pirke, K. M. & Krieg, J.-C. (1991). Pain sensivity in anorexia nervosa and bulimia nervosa. *Biological Psychiatry, 29*, 1073–1078.

Leitenberg, H., Rosen, J. C., Gross, J., Nudelman, S. & Vara, L. S. (1988). Exposure plus response prevention treatment of bulimia nervosa. *Journal of Consulting and Clinical Psychology, 56*, 535–541.

Le Magnen, J., Deves, M., Gaudillere, J. P., Louis-Sylvestre, J. & Tallon, S. (1976). Role of a lipostatic mechanism in regulation by feeding of energy balance in rats. *Journal of Comparative and Physiological Psychology. 84*, 1–23.

Lennerts, W. (1991). *Ernährungsmanagement versus Streßmanagement: Eine therapievergleichende Längsschnittstudie zur ambulanten Gruppentherapie bei Bulimia nervosa*. Dissertation, Universität München.

Leon, G. R. & Roth, C. (1977). Obesity: psychological causes, correlations, and speculations. *Psychological Bulletin, 84*, 117–139.

Leon, G. R., White, P. P., Kelly, I. T., Patten, S. R. (1986). The symptoms of bulimia and the menstrual cycle. *Psychosomatic Medicine, 48*, 415–418.

Lerman, R. H. & Care, D. R. (1989). Medical and surgical management of obesity. *Annals of Internal Medicine, 34*, 127–164.

Levine, L. R., Pope, H. G., Enas, G. G. et al. (in press). Fluoxetine in the treatment of bulimia nervosa: a multicenter placebo – controlled double-blind trial. *Archives of General Psychiatry*.

Levy, A. B. & Dixon, K. N. (1987). DST in bulimia without endogenous depression. *Biological Psychiatry, 22*, 783–786.

Lew, E. A. & Garfinkel, L. (1979). Variations in mortality by weight among 750 000 men and women. *Journal of Chronic Diseases, 32*, 563–576.

Lindy, D. C., Walsh, B. T., Roose, S. R., Gladis, M. & Glassman, A. H. (1985). The dexamethasone suppression test in bulimia. *American Journal of Psychiatry, 142*, 1375–1376.

Lucas, A. R. (1981). Towards the understanding of anorexia nervosa as a disease entity. *Mayo Clinic Proceedings, 56*, 254–264.

Maus, N., Paul, T., Pudel, V. & Westenhöfer, J. (1988). Behavioral factors involved in control of food intake in man. *International Journal of Vitamine and Nutrition Research, 58*, 356–366.

Mayerhausen, W., Vogt, H.-J., Fichter, M. M. & Stahl, S. (1990). Dermatologische Aspekte bei Anorexia und Bulimia nervosa. *Hautarzt, 41*, 476–484.

Meermann, R. & Vandereycken, W. (1987). *Therapie der Magersucht und Bulimia nervosa*. Berlin: Walter de Gruyter.

Meermann, R. & Vandereycken, W. (1988). Body image disturbances in eating disorders from the viewpoint of experimental research. In K. M. Pirke, W. Vandereycken & D. Ploog (Eds.), *The psychobiology of bulimia nervosa* (pp. 158–171). Berlin: Springer-Verlag.

Melchior, J. C., Rigaud, D., Rozen, R. & Apfelbaum, M. (1989). Energy expenditure economy induced by decrease in lean body mass in anorexia nervosa. *European Journal of Clinical Nutrition, 43*, 793–799.

Minuchin, S., Rosman, B. L. & Baker, L. (1978). *Psychosomatic families: Anorexia nervosa in context*. Cambridge (Mass.): Harvard University Press.

Mitchell, J. E. & Eckert, E. D. (1987). Scope and significance of eating disorders. *Journal of Consulting and Clinical Psychology, 55*, 628–634.

Mitchell, J. E., Hatsukami, D., Eckert, E. D. & Pyle, R. L. (1985). Characteristics of 275 patients with bulimia. *American Journal of Psychiatry, 142*, 482–485.

Mitchell, J. E., Hatsukami, D., Pyle, R. L. & Eckert, E. D. (1986). The bulimia syndrome: Course of the illness and associated problems. *Comprehensive Psychiatry, 27*, 165–170.

Mitchell, J. E., Laine, D. E., Morley, J. E. & Levine, A. S. (1986). Naloxone but not CCK-8 may attenuate binge-eating behavior in patients with the bulimia syndromes. *Biological Psychiatry, 21*, 1399–1406.

Mitchell, J. E., Pyle, R. L., Eckert, E. D., Hatsukami, D., Pomeroy, C. & Zimmerman, R. (1989). A comparison study of antidepressants and structured intensive group psychotherapy in the treatment of bulimia nervosa. *Archives of General Psychiatry, 46*, 501–509.

Mitchell, J. E., Pyle, R. L., Hatsukami, D. & Boutasoff, C. I. (1984). The dexamethasone suppression test in patients with bulimia. *Journal of Clinical Psychiatry, 45*, 508–511.

Morley, J. E. & Blundell, J. E. (1988). The neurobiological basis of eating disorders. *Biological Psychiatry, 23*, 53–78.

Mortola, J. F., Rasmussen, D. D. & Yen, S. S. C. (1989). Alterations of the adrenocorticotropin-cortisol axis in normal weight bulimic women: Evidence for a central mechanism. *Journal of Clinical Endocrinology and Metabolism, 68*, 517–522.

Musisi, S. & Garfinkel, P. E. (1985). Comparative dexamethasone suppression test measurement in bulimia, depression and normal controls. *American Journal of Psychiatry, 30*, 190–194.

Nisbett, R. E. (1972). Hunger, obesity and the ventromedial hypothalamus. *Psychological Review, 79*, 433–453.

Ohlson, L. O., Larsson, B., Svärdsudd, K., Welin, L., Eriksson, H., Björntorp, P. & Tibblin, G. (1985). The influence of body fat distribution on the incidence of diabetes mellitus. *Diabetes, 34*, 1055–1058.

Palmer, R., Christie, M., Dordle, C., Davies, D. & Kenrick, J. (1987). The Clinical Eating Disorder Rating Instrument (CEDRI). *International Journal of Eating Disorders, 6*, 9–14.

Paul, T. (1987). Zur Heterogenität des Krankheitsbildes der Bulimia nervosa. *Zeitschrift für Klinische Psychologie, 16*, 99–114.

Paul, T., Brand-Jacobi, J. & Pudel, V. (1984). Bulimia nervosa. Ergebnisse einer Untersuchung an 500 Patienten. *Münchener Medizinische Wochenschrift, 126*, 614–618.

Perri, M. G., McAllister, D. A., Gange, J. J., Jordan, R. C., McAdvo, W. G. & Nezu, A. M. (1988). Effects of four maintenance programs on the long term management of obesity. *Journal of Consulting and Clinical Psychology, 56*, 529–534.

Perri, M. G., Shapiro, R. M., Ludwig, W. W., Twentyman, C. T. & McAdvo, W. G. (1984). Maintenance strategies for the treatment of obesity: An evaluation of relapse prevention training and posttreatment contact by mail and telephone. *Journal of Consulting and Clinical Psychology, 52*, 404–413.

Philipp, E., Pirke, K. M., Kellner, M. B. & Krieg, J. C. (1991). Disturbed Cholecystokinin secretion in patients with eating disorders. *Life Sciences, 48*, 2443–2450.

Pirke, K. M., Fichter, M. M., Chlond, C., Schweiger, U., Laessle, R. G., Schwingenschloegel, M. & Hoehl, C. (1987). Disturbances of the menstrual cycle in bulimia nervosa. *Clinical Endocrinology, 27*, 245–251.

Pirke, K. M., Kellner, M., Philipp, E., Laessle, R., Krieg, J. C. & Fichter, M. M. (1992). Plasma norepinephrine after a standardized test meal in acute and remitted patients with anorexia nervosa and in healthy controls. *Biological Psychiatry, 31*, 1074–1077.

Pirke, K. M., Muenzing, W., Moser, E. A. & Beumont, P. J. V. (1989). Assessment of body composition by measurement of electrical conductivity in patients with anorexia and bulimia. *International Journal of Eating Disordorders, 8*, 479–482.

Pirke, K. M., Pahl, J., Schweiger, U., Muenzing, W., Lang, P. & Buell, U. (1986). Total body potassium, intracellular potassium and body composition in patients with anorexia nervosa during refeeding. *International Journal of Eating Disorders, 5*, 347–354.

Pirke, K. M., Pahl, J., Schweiger, U. & Warnhoff, M. (1985). Metabolic and endocrine indices of starvation in bulimia: A comparison with anorexia nervosa. *Psychiatry Research, 15*, 33–39.

Pirke, K. M. & Ploog, D. (1986). The psychobiology of anorexia nervosa. In R. J. Wurtman & J. J. Wurtman (Eds.), *Nutrition and the Brain* (pp. 167–198). New York: Raven Press.

Pirke, K. M., Riedel, W., Tuschl, R., Schweiger, U. & Spyra, B. (1988). Effect of standardized test meals on plasma norepinephrine in patients with anorexia nervosa and bulimia. *International Journal of Eating Disorders, 7*, 356–360.

Pirke, K. M., Trimborn, P., Platte, P. & Fichter, M. (1991). Average Total Energy Expenditure in Anorexia Nervosa, Bulimia Nervosa, and Healthy Young Women. *Biological Psychiatry, 30*, 711–718.

Ploog, D. & Pirke, K. M. (1987). Psychobiology of anorexia nervosa. *Psychological Medicine, 17*, 843–859.

Poehlman, E. T. & Horton, E. S. (1989). The impact of food intake and exercise on energy expenditure. *Nutrition Review, 47*, 129–137.

Polivy, J. & Herman, C. P. (1985). Dieting and binging: A causal analysis. *American Psychologist, 40*, 193–201.

Pudel, V. (1982). *Zur Psychogenese und Therapie der Adipositas*. Berlin: Springer.

Pudel, V. (1985). Eßverhalten. In H. D. Basler & I. Florin (Hrsg.), *Klinische Psychologie und körperliche Krankheit* (S. 63–79). Stuttgart: Kohlhammer.

Pudel, V. & Westenhöfer, J. (1989). *Fragebogen zum Eßverhalten*. Göttingen: Hogrefe.

Pudel, V. & Westenhöfer, J. (1991). *Ernährungspsychologie*. Göttingen: Hogrefe.

Pyle, R. L., Halvorson, P. A., Neuman, P. A. & Mitchell, J. E. (1986). The increasing prevalence of bulimia in freshman college students. *International Journal of Eating Disorders, 5*, 631–647.

Ratnasuriya, R. H., Eisler, I., Szmukler, G. I. & Russell, G. F. M. (1991). Anorexia nervosa: outcome and prognostic factors 20 years. *British Journal of Psychiatry, 158*, 495–502.

Reinberg, K. & Baumann, U. (1986). Gewichtskontrolle und Gewichtsregulation: Eine empirische Studie über die Häufigkeit einzelner Methoden. *Psychotherapie, Psychosomatik, Medizinische Psychologie, 36*, 392–398.

Rief, W., Stock, C. & Fichter, M. M. (1991). Das Anti-Diät-Programm als integrativer Therapiebaustein bei anorektischen, bulimischen und adipösen Patienten. *Verhaltenstherapie, 1*, 47–65.

Rigotti, N. A., Neer, R. M., Skates, S. J., Herzog, D. B. & Nussbaum, S. F. (1991). The clinical course of osteoporosis in anorexia nervosa. *Journal of the American Medical Association, 265*, 1133–1138.

Rodin, J., Silberstein, L. R. & Striegel-Moore, R. H. (1985). Women and weight. A normative descontent. In T. B. Sondereggen (Ed.), *Psychology and Gender* (pp. 267–307). Lincoln: Univ. of Nebraska Press.

Rosen, J. C. & Leitenberg, H. (1985). Exposure plus response prevention treatment of bulimia. In D. M. Garner & P. E. Garfinkel (Eds.), *Handbook of Psychotherapy for Anorexia nervosa and Bulimia* (pp. 193–212). New York: Guilford Press.

Rosen, J. C., Leitenberg, H., Fisher, C. & Khazam, C. (1986). Binge-eating episodes in bulimia nervosa: The amount and type of food consumed. *International Journal of Eating Disorders, 5,* 255–267.

Rosen, J. C., Saltzberg, E. & Srebnik, D. (1989). Cognitive behavior therapy for negative body image. *Behavior Therapy, 20,* 393–404.

Rosman, B. L., Minuchin, S. & Liebman, R. (1975). Family lunch session: An introduction to family therapy in anorexia nervosa. *American Journal of Orthopsychiatry, 45,* 846–853.

Rossiter, E. M. & Agras, W. S. (1990). An empirical test of the DSM-III-R definition of binge. *International Journal of Eating Disorders, 9,* 513–518.

Rossiter, E. M., Agras, W. S. & Losch, M. (1988). Changes in self-reported food intake in bulimics as a consequence of antidepressant treatment. *International Journal of Eating Disorders, 7,* 779–783.

Rossiter, E. M. & Wilson, G. T. (1985). Cognitive restructuring and response prevention in the treatment of bulimia nervosa. *Behaviour Research and Therapy, 23,* 349–360.

Russell, G. F. M. (1979). Bulimia nervosa. An ominous variant of anorexia nervosa. *Psychological Medicine, 9,* 429–448.

Russell, G. F. M., Szmukler, G. I., Dare, C. & Eisler, I. (1987). An evaluation of family therapy in anorexia nervosa and bulimia. *Archives of General Psychiatry, 44,* 1047–1056.

Schachter, S. (1971). *Emotion, Obesity, and Crime.* New York: Academic Press.

Schachter, S., Goldman, R. & Gordon, A. (1968). Effects of fear, food deprivation and obesity on eating. *Journal of Personality and Social Psychology, 10,* 91–97.

Schachter, S. & Gross, L. P. (1968). Manipulated time and eating behavior. *Journal of Personality and Social Psychology, 10,* 98–106.

Schreiber, W., Schweiger, U., Werner, D., Brunner, G., Tuschl, R., Laessle, R., Krieg, J., Fichter, M. & Pirke, K. M. (1991). Circadian pattern of large neutral amino acids, glucose, insulin and food intake in anorexia nervosa and bulimia nervosa. *Metabolism, 40,* 503–507.

Schweiger, U. (1991). Menstrual function and luteal-phase deficiency in relation to weight changes and dieting. *Clinical Obstetrics & Gynecology, 34,* 191–197.

Schweiger, U., Laessle, R. G., Fichter, M. M. & Pirke, K. M. (1988). Consequences of dieting at normal weight: implications for the understanding and treatment of bulimia. In K. M. Pirke, W. Vandereycken & D. Ploog (Eds.), *The Psychobiology of Bulimia Nervosa* (pp. 77–86). New York: Springer.

Schweiger, U., Pirke, K. M., Laessle, R. G. & Fichter, M. M. (1992). Gonadotropin secretion in Bulimia nervosa. *Journal of Clinical Endocrinology and Metabolism, 74,* 1122–1127.

Schweiger, U., Poellinger, J., Laessle, R., Wolfram, G., Fichter, M. M. & Pirke, K. M. (1987). Altered insulin response to a balanced test meal in bulimic patients. *International Journal of Eating Disorders, 6,* 551–556.

Schweiger, U., Warnhoff, M., Pahl, J. & Pirke, K. M. (1986). Effects of carbohydrate and protein meals on plasma large neutral amino acids, glucose, and insulin plasma levels of anorectic patients. *Metabolism, 35,* 938–942.

Schweiger, U., Warnhoff, M. & Pirke, K. M. (1985). Brain tyrosine availability and the depression of central nervous norepinephrine turnover in acute and chronic starvation in adult male rats. *Brain Research, 335,* 207–212.

Selvini-Palazzoli, M. (1975). Die Familie des Anorektikers und die Familie des Schizophrenen: Eine transkulturelle Untersuchung. *Ehe, 3,* 107–116.

Selvini-Palazzoli, M. (1978). *Self-starvation – From Individual to Family Therapy in the Treatment of Anorexia nervosa.* New York: Jason Aronson.

Silver, A. J. & Morley, J. E. (1991). Role of CCK in regulation of food intake. *Progress in Neurobiology, 36,* 23–34.

Smith, G. P. & Gibbs, J. (1987). The satiety effect of cholecystokinin. *Annals of the New York Academy of Sciences, 48,* 417–423.

Spitzer, L. & Rodin, J. (1981). Human eating behavior: a critical review of studies in normal weight and overweight individuals. *Appetite, 2,* 293–329.

Steinhausen, H. C. (1985). Das Körperbild bei jungen Mädchen und Frauen im Vergleich zu anorektischen Patienten: Prüfung eines Meßinstrumentes. *Nervenarzt, 56,* 1–5.

Steinhausen, H. C. (1991). Ergebnisse der Verlaufsforschung zur Anorexia nervosa. In C. Jacobi, T. Paul (Hrsg.), *Bulimia nervosa and Anorexia nervosa* (pp. 217–226). Berlin u. a.: Springer.

Steinhausen, H. C. & Glanville, K. (1983). Follow-up studies of anorexia nervosa: a review of research findings. *Psychological Medicine, 9,* 429–448.

Stierlin, H. & Weber, G. (1987). Anorexia nervosa: Family dynamics and family therapy. In P. J. V. Beumont, G. D. Burrow & R. C. Casper (Eds.), *Handbook of Eating Disorders* (Part 1, pp. 319–348). New York: Elsevier.

Stordy, B. J., Marks, V., Kalucy, R. S. & Crisp, A. H. (1977). Weight gain, thermic effect of glucose and resting metabolic rate during recovery from anorexia nervosa. *American Journal of Clinical Nutrition, 30,* 138–146.

Striegel-Moore, R. H., Silberstein, L. R. & Rodin, J. (1986). Towards an understanding of risk factors for bulimia. *American Psychologist, 41,* 246–263.

Strober, M. & Humphrey, L. L. (1987). Familial contributions to the etiology and course of anorexia nervosa and bulimia. *Journal of Consulting and Clinical Psychology, 55,* 654–659.

Strober, M. & Katz, J. L. (1988). Depression in the eating disorders: A review and analysis of descriptive, family and biological findings. In D. M. Garner & P. E. Garfinkel (Eds.), *Diagnostic issues in Anorexia nervosa and Bulimia nervosa.* New York: Brunner & Mazel.

Stuart, R. B. (1967). Behavioral control of overeating. *Behaviour Research and Therapy, 5,* 357–365.

Stunkard, A. J. (1987). Behavior therapy for obesity. In A. E. Bender & L. J. Brookes (Eds.), *Body Weight Control* (pp. 127–139). Edinburgh: Churchill Livingston.

Stunkard, A. J. (1988). Some perspectives on human Obesity. *Bulletin of the New York Academy of Medicine, 64,* 924–940.

Stunkard, A. J., Foch, T. T. & Hrubec, Z. (1986b). A twin study of human obesity. *Journal of the American Medical Association, 256,* 51–54.

Stunkard, A. J., Harris, J. R., Pedersen, N. L. & Mc Claern, G. E. (1990). The body mass index of twins who have been reared apart. *New England Journal of Medicine, 322,* 1483–1487.

Stunkard, A. J. & Messick, S. (1985). The three factor eating questionnaire to measure dietary restraint, disinhibition and hunger. *Journal of Psychosomatic Research, 29,* 71–81.

Stunkard, A. J., Sorensen, T., Hanis, C., Teasdale, T. W., Chakraborty, R., Schull, W. J. & Schulsinger, F. (1986a). An adoption study of human obesity. *New England Journal of Medicine, 314,* 193–198.

Stunkard, A. J., Stinnett, J. L. & Smoller, J. W. (1986). Psychological and social aspects of the surgical treatment of obesity. *American Journal of Psychiatry, 143,* 417–429.

Thiel, A. & Paul, T. (1988). Entwicklung einer deutschsprachigen Version des Eating-Disorder-Inventory (EDI). *Zeitschrift für Diagnostische und Differentielle Psychologie, 9,* 267–278.

Touyz, S. W., Beumont, P. J. V., Glann, D., Philips, T. & Cowie, J. (1984). A comparison of lenient and strict operant conditioning programms in refeeding patients with anorexia nervosa. *British Journal of Psychiatry, 144,* 512–520.

Touyz, S. W., Beumont, P. J. V. & Hook, S. (1987). Exercise anorexia: a new dimension in anorexia nervosa? In P. J. V. Beumont, G. D. Burrows & R. C. Casper (Eds.), *Handbook of eating disorders* (Part 1, pp. 143–158). *Anorexia and bulimia nervosa.* Amsterdam: Elsevier.

Tuschl, R. J. (1987). *Postprandiale psychophysiologische Reaktionen anorektischer Patientinnen.* Philosophische Dissertation. Universität München.

Tuschl, R. J., Laessle, R. G., Kotthaus, B. & Pirke, K. M. (1988). Vom Schlankheitsideal zur Bulimie: Ursachen und Folgen willkürlicher Einschränkungen der Nahrungsaufnahme bei jungen Frauen. *Verhaltenmodifikation und Verhaltensmedizin, 9,* 195–216.

Van Praag, H. M. (1986). Monoamines and depression. In R. I. Plunchik & H. Kellerman (Eds.), *Emotion* (pp. 335–349). Orlando: Academic Press.

Waadt, S., Duran, G., Laessle, R. G., Herschbach, P. & Strian, F. (1990). Eßstörungen bei Patienten mit Diabetes mellitus: Eine Übersicht über Falldarstellungen und Therapiemöglichkeiten. *Verhaltensmodifikation und Verhaltensmedizin, 11,* 281–305.

Waadt, S., Laessle, R. G. & Pirke, K. M. (1992). *Bulimie: Ursachen und Therapie.* Heidelberg: Springer.

Wadden, T. A. (1993). The treatment of obesity. In A. J. Stunkard & T. A. Wadden (Eds.), *Obesity: Theory and therapy* (pp. 197–217), New York: Raven Press.

Wadden, T. A., Sternberg, J. A., Letizia, K. A., Stunkard, A. J. & Foster, G. D. (1989). Treatment of obesity by very low caloric diet, behavior therapy, and their combination: a five-year perspective. *International Journal of Obesity, 13,* 39–46.

Wadden, T. A. & Stunkard, A. J. (1986). Controlled trial of very low caloric diet, behavior therapy, and their combination in the treatment of obesity. *Journal of Consulting and Clinical Psychology, 54,* 482–488.

Wadden, T. A., Stunkard, A. J. & Brownett, K. D. (1983). Very low caloric diets: their efficancy, safety and future. *Annals of Internal Medicine, 99,* 675–684.

Wadden, T. A., Stunkard, A. J. & Liebschutz, J. (1988). Three year follow-up by very low caloric diet, behavior therapy, and their combination. *Journal of Consulting and Clinical Psychology, 56*, 925–928.

Walsh, B. T., Kissileff, H. R., Cassidy, S. M. & Dantzic, S. (1989). Eating behavior of women with bulimia. *Archives of General Psychiatry, 46*, 54–58.

Walsh, B. T., Roose, S. P., Katz, J. L., Dyrenforth, I., Wright, L., Vande Wiele, R. & Glassman, A. H. (1989). Hypothalamic-pituitary-adrenal-cortical activity in anorexia nervosa and bulimia. *Psychoneuroendocrinology, 12*, 131–140.

Wardle, J. & Beales, S. (1986). Restraint, body image and food attitudes in children from 12 to 18 years. *Appetite, 7*, 209–217.

Weiner, H. (1977). *Psychobiology and Human Disease*. New York: Elsevier.

Weltgesundheitsorganisation (1991). *Internationale Klassifikation psychischer Störungen*. Herausgegeben von H. Dilling, W. Mombour & M. H. Schmidt. Bern: Hans Huber.

Westenhöfer, J. (1992). *Gezügeltes Essen und Störbarkeit der Kontrolle*. Göttingen: Hogrefe.

Westenhöfer, J. & Pudel, V. (1990). Einstellungen der deutschen Bevölkerung zum Essen. *Ernährungsumschau, 37*, 311–316.

Westenhöfer, J., Pudel, V., Maus, N. & Schlaf, J. (1987). Das kollektive Diätverhalten deutscher Frauen als Risikofaktor für Eßstörungen. *Aktuelle Ernährungsmedizin, 12*, 154–159.

Willerhausen, B., Philipp, E., Pirke, K. M. & Fichter, M. M. (1990). Orale Komplikationen bei Patienten mit Anorexia nervosa und Bulimia nervosa. *Zahn-Mund-Kieferheilkunde, 78*, 293–299.

Willi, J. & Grossmann, S. (1983). Epidemiology of Anorexia nervosa in a defined region of Switzerland. *American Journal of Psychiatry, 140*, 564–567.

Woell, C., Fichter, M. M., Pirke, K. M. & Wolfram, G. (1989). Eating behavior of patients with bulimia nervosa. *International Journal of Eating Disorders, 8*, 557–568.

Wooley, S. C. & Wolley, O. W. (1984). Should obesity be treated at all? In A. J. Stunkard & E. Stellar (Eds.), *Eating and its disorders*. New York: Raven Press.

Wurtman, R. J. (1983). Behavioral effect of nutrients. *Lancet, 1*, 1145–1150.

Zuber, J. & Kepplinger, J. (1991). Therapie der Adipositas permagna. *Praxis der Klinischen Verhaltensmedizin und Rehabilitation, 13*, 5–21.

9. Kapitel

Schlafstörungen

Hartmut Schulz und Beate Paterok

1 Einleitung

Schlaf ist ein in der Psychologie weitgehend vernachlässigter Forschungsgegenstand. Der Grund dafür ist hauptsächlich darin zu sehen, daß Schlaf phänomenologisch einen Ruhezustand darstellt, der durch einen Rückzug aus der sozialen Alltagswelt, eine reduzierte Reaktivität auf Außenreize und ein nur minimales Spontanverhalten gekennzeichnet ist. Das Bewußtsein ist im Schlaf reduziert und verändert; Erleben und Befindlichkeit im Schlaf sind nach dem Erwachen kaum erinnerbar und sprachlich nur schwer zu vermitteln. Selbst das für den Schlaf typische Träumen ist wegen seiner geringen Erinnerbarkeit der psychologischen Erforschung nur schwer zugänglich. Dies wären Gründe genug, die Erforschung des Schlafes und seiner Störungen einigen Spezialisten zu überlassen, wenn der Schlaf nicht ein unverzichtbarer Bestandteil unseres Lebens darstellen würde, dessen Integrität eine wesentliche Voraussetzung für ungestörtes Denken, Handeln und Erleben im Wachen ist. Umgekehrt ist ein als befriedigend erlebtes Wachsein am Tage eine notwendige Voraussetzung für ungestörten Schlaf. Dieser Zustand ist daher wesentlich enger mit Themen psychologischer Forschung verbunden, als dies in der psychologischen Theoriebildung und beim psychologischen Handeln zum Ausdruck kommt. Ganz besonders gilt dies natürlich für die klinische und die angewandte Psychologie. Die große Häufigkeit von chronischen Schlafstörungen, die nach verschiedenen Untersuchungen mit 10 bis 20 Prozent angegeben wird, läßt vermuten, daß solche Störungen auch in der psychologischen Beratung und Therapie ein wichtiges Thema darstellen. Dies gilt nicht nur für die vielfältigen Schlafstörungen bei ansonsten gesunden Personen, sondern auch für Schlafstörungen im Zusammenhang mit organischen oder psychiatrischen Erkrankungen.

Auf Ergebnissen der tier- und humanexperimentellen Grundlagenforschung aufbauend, hat sich in den letzten Jahren das neue Gebiet der Schlafmedizin entwickelt, dessen wichtigstes diagnostisches Instrument die Polysomnographie darstellt, d. h. die kontinuierliche Mehrkanalregistrierung physiologischer Meßgrößen im Schlaf. Diese Methode erlaubt es, Art und Ausmaß von Schlafstörungen zu objektivieren und Therapieempfehlungen rational zu begründen. Die Technologie des Schlaflabors ist eine wesentliche Ergänzung der anamnestischen Befunderhebung bei Patienten mit Schlafstörungen. Schließlich werden Schlaftagebücher, Fragebögen und objektive psychologische Testverfahren benutzt, um die Beurteilung der Störung durch den Patienten selbst zu erfassen und um Beeinträchtigungen psychischer Funktionen im Wachen zu messen.

Wesentliche Impulse erhielt die Erforschung der Schlafstörungen darüber hinaus durch die Chronobiologie. Während sich die experimentelle Schlafforschung vorwiegend mit der Phänomenologie und der Regelung des Schlafes selbst beschäftigt, untersucht die Chronobiologie biologische Rhythmen wie z. B. den 24stündigen Ruhe-Aktivitätszyklus. Durch Untersuchungen in zeitgeberfreien Versuchsbedingungen konnte die Selbstorganisation und Autonomie der zirkadianen Rhythmen nachgewiesen werden. Die Chronobiologie hat wesentlich zu einem besseren Verständnis der Physiologie und Pathophysiologie der Regulation von Schlafen und Wachen beigetragen. Im Bereich der Schlafstörungen sind es vor allem erzwungene Rhythmusstörungen, wie sie z. B. für die Schichtarbeit typisch sind, oder Veränderungen zirkadianer Parameter, etwa im Alter, die im Rahmen chronobiologischer Modelle erklärt und damit einer spezifischen Beratung und Therapie zugänglich gemacht werden können.

In diesem Kapitel werden die Grundlagen des diagnostischen Instrumentariums, die Diagnostik von Schlafstörungen und vor allem die nichtmedikamentösen Maßnahmen in der Therapie von Schlafstörungen dargestellt. Da es sich bei Schlafstörungen um ein heterogenes Störungsbild mit vielfachen Verbindungen zu anderen medizinischen Erkrankungen und psychischen Störungen handelt, wird empfohlen, zur Vertiefung die angegebene weiterführende Literatur zu benutzen.

Schließlich noch eine terminologische Vorbemerkung. In diesem Kapitel wird statt möglicher Alternativen (z. B. Klient) durchgehend der Begriff Patient verwendet. Dies entspricht der in der Schlafmedizin gebräuchlichen Terminologie und auch dem Selbstverständnis der meisten Menschen, die an Schlafstörungen leiden.

2 Die Rolle des Schlaflabors im diagnostischen Prozeß

Die Untersuchungsmöglichkeiten des Schlaflabors bilden heutzutage die wesentliche Grundlage im diagnostischen Prozeß bei der Untersuchung von Schlafstörungen. Schlafpolygraphische Untersuchungen sind bei bestimmten

Schlafstörungen, wie z. B. Hypersomnien unabdingbar, aber auch bei einfach erscheinenden Insomnien erwies sich die auf anamnestischen Angaben basierende Diagnose nach Durchführung einer Polysomnographie häufig als unzureichend und mußte geändert werden (Jacobs, Reynolds, Kupfer, Lovin & Ehrenpreis, 1988).

Für viele Patienten mit ernsthaften Schlafstörungen bedeutet die Untersuchung im Schlaflabor eine wesentliche Entlastung, da sie zum erstenmal erfahren, daß die von ihnen erlebte Störung angemessen untersucht und objektiv dargestellt werden kann. Trotzdem stellt sich die gesundheitspolitisch relevante Frage, ob die Kosten für die Durchführung einer schlafpolygraphischen Untersuchung vom Ergebnis her gerechtfertigt sind. Die Ergebnisse der klinischen Schlafforschung zeigen, daß eine erhebliche Zahl von Schlafstörungen nur im Schlaflabor zuverlässig diagnostiziert und damit einer Therapie zugänglich gemacht werden können. Besonders eindrucksvoll wurde dies in den vergangenen Jahren für das Teilgebiet der schlafabhängigen Atemregulationsstörungen nachgewiesen (Cirignotta, Coccagna, Partinen, D'Allessandro & Lugaresi, 1991), die vor der Einführung der Polysomnographie nahezu unbekannt waren und heute als die wichtigste Ursache für Tagesschläfrigkeit angesehen werden (Meier-Ewert, 1989).

2.1 Die Technik der Polysomnographie

Als Polysomnographie wird die kontinuierliche Registrierung von physiologischen Funktionen während des Schlafes bezeichnet. Die Auswahl der Meßgrößen hängt dabei von den Anforderungen ab, die sich aus der vorausgehenden Anamneseerhebung ergeben (Penzel et al., 1993).

Die Deutsche Gesellschaft für Schlafforschung und Schlafmedizin (DGSM) hat eine Trennung in eine kleine und eine große Polysomnographie vorgeschlagen. Die Durchführung einer kleinen Polysomnographie wird empfohlen, wenn
- psychogene/psychiatrische Krankheitsbilder sehr wahrscheinlich oder gesichert sind,
- epileptologische Bilder differentialdiagnostisch in Frage kommen oder
- eine Therapie kontrolliert wird, die nicht auf Atemparameter zielt.

Bei der kleinen Polysomnographie werden folgende Variablen registriert:

Elektroenzephalogramm (EEG)	Elektrodenpositionen C4-A1 und C3-A2 Zeitkonstante 0,3 s obere Grenzfrequenz 70 Hz Verstärkung 7 mV/mm
Elektromyogramm (EMG)	Ableitung aus der Kinnregion (M. mentalis oder M. submentalis)

Elektrookulogramm (EOG)	Getrennte Ableitung horizontaler und vertikaler Augenbewegungen Zeitkonstante > 0,3 s obere Grenzfrequenz 30 Hz
Elektrokardiogramm (EKG)	Brustwandableitung zur Bestimmung der Herzfrequenz

Die kleine Polysomnographie ist geeignet, um die Schlafstadien zu differenzieren und damit den Schlafverlauf und die Schlafstruktur darzustellen.

Eine große Polysomnographie ist dann angezeigt, wenn
– über hartnäckige und therapieresistente Schlafstörungen geklagt wird, die vermutlich nicht psychogener/psychiatrischer Natur sind, oder
– nach Fremdbeobachtung starkes Schnarchen berichtet wird oder andere Hinweise auf Atemstörungen im Schlaf bestehen,
– der Verdacht auf periodische Beinbewegungen im Schlaf abgeklärt werden soll oder
– über Tagesschläfrigkeit geklagt wird.

Außer den schon erwähnten EEG-, EOG- und EMG-Ableitungen werden bei der großen Polysomnographie folgende Messungen durchgeführt:

Luftfluß an Nase und Mund	Gemessen wird mit einem Thermistor, der den Luftstrom beim Atmen registriert
Thorakale Atemexkursionen	Atembewegungen des Brustkorbs mittels Induktionsplethysmographie, Impedanzmessung oder Dehnungsmeßstreifen
Abdominale Atemexkursionen	Atembewegungen des Abdomens auf Nabelhöhe
Blutgase	Arterielle Sauerstoffsättigung mittels Pulsoximetrie
Schnarchlaute	Mikrophon im Schlafraum
EMG der Beinmuskulatur beidseits	M. tibialis anterior
Peniserektionen	Phallometrie mit Dehnungsmeßstreifen

Weitere Variablen, die im klinischen Schlaflabor häufig gemessen werden, sind:

Körpertemperatur	Bestimmung der tiefen Körpertemperatur mittels Rektalsonde
Körperbewegungen	Aktographie mittels Beschleunigungsaufnehmer, die am Körper oder am Bett befestigt werden
Bildaufzeichnung	Videometrie; diagnostisch wertvoll vor allem bei nächtlichen Bewegungsstörungen

2.2 Die Auswertung der Polysomnographie

Die Auswertung der Polysomnographie wird nach den Richtlinien von Rechtschaffen und Kales (1968) durchgeführt. Als Grundlage dienen die Registrierung von EEG, EOG und EMG. Diese Biosignale werden während der Nacht kontinuierlich, meist mit einer Geschwindigkeit von 10 mm/s, auf Papier aufgezeichnet und visuell ausgewertet. Zur quantitativen Analyse der verschiedenen Biosignale werden diese Informationen heute häufig digital auf einer optischen Platte abgespeichert und mit speziellen Programmen weiterverarbeitet (Schulz & Jobert, 1992).

Tabelle 1: Wichtigste Merkmale zur Bestimmung der Schlafstadien und des Wachzustandes in der Polysomnographie

Zustand	Merkmale
Wach (W)	EEG: Vorherrschen eines flachen, höherfrequenten EEG mit α-Wellen (8–12 Hz) und β-Wellen (≥ 13 Hz) EOG: Sakkaden, Lidschläge und Lidbewegungen („Blinks") EMG: Höhe des Muskeltonus von der Körperlage und von Bewegungen abhängig
S1	EEG: Unregelmäßige Grundaktivität Verschwinden der α-Aktivität und vermehrtes Auftreten von Wellen im Frequenzbereich 4–8 Hz Vertexzacken über der Zentralregion EOG: Langsame, rollende Augenbewegungen („schwimmende Bulbi"); keine Blinks EMG: Wechselnde Grundspannung; viele phasische Aktivierungen
S2	EEG: niederamplitudige δ-Wellen. Auftreten von Schlafspindeln (13–15 Hz) und K-Komplexen (hochamplitudige, biphasische Wellenkomplexe; spontan oder durch Reize ausgelöst) EOG: Keine Augenbewegungen EMG: Wechselnde Grundspannung; weniger phasische Aktivität als in S1
S3	EEG: 20–50 % der Wellen im δ-Frequenzbereich (< 2 Hz) mit Ampliduden > 75 mV EOG: Keine Augenbewegungen EMG: Wechselnde Grundspannung; weniger phasische Aktivität als in S2
S4	EEG: > 50 % der Wellen im δ-Frequenzbereich (< 2 Hz) mit Amplituden > 75 mV EOG: Keine Augenbewegungen EMG: Wechselnde Grundspannung; weniger phasische Aktivität als in S3
REM	EEG: Niedergespanntes, unregelmäßiges EEG (ähnlich wie in S1); Sägezahnartige Wellenmuster (saw tooth waves) häufig vor raschen Ausgenbewegungen. Gruppe(n) hochamplitudiger Wellen zu Beginn einer REM-Schlafepisode EOG: Schnelle, konjugierte Augenbewegungen (Sakkaden), einzeln oder in Gruppen auftretend. Im normalen Schlaf nimmt die Augenbewegungsdichte im Laufe der Nacht zu
MT	MT = movement time, Bewegungszeit. Dieses Stadium wird für eine 30 s Epoche codiert, wenn die EEG-und EOG-Ableitungen, bedingt durch Körperbewegungen, gestört sind. Das EMG zeigt einen hohen Tonus an

Die visuelle Analyse, die auf Halbminutenabschnitten, sog. Epochen, basiert, erlaubt eine Einteilung der Registrierung in die drei Zustände Wachsein, Non-REM (NREM)-Schlaf und REM-Schlaf. REM ist das Akronym für Rapid Eye

Movement (Schlaf mit raschen Augenbewegungen). Der NREM-Schlaf wird nach dem EEG weiter in die Stadien 1, 2, 3 und 4 untergliedert. S1 entspricht dabei dem leichtesten Schlaf, S4 dem tiefsten NREM-Schlaf. Die Stadien S3 und S4 werden häufig zusammengefaßt und nach dem dominanten Wellenmuster im EEG als langsamwelliger Schlaf (slow wave sleep, SWS) bezeichnet. Die wichtigsten Kriterien für die Definition der Stadien sind in Tabelle 1 zusammengestellt.

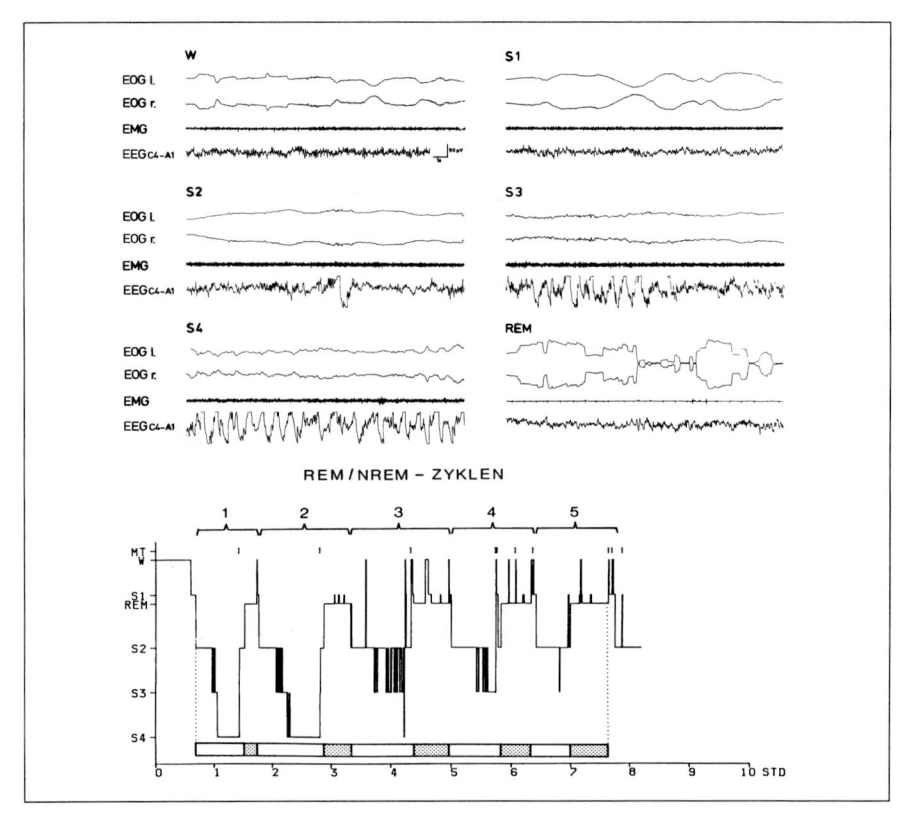

Abb. 1: Im oberen Teil der Abbildung sind charakteristische Abschnitte aus den Schlafstadien dargestellt. W: Wach, S1: Stadium 1, S2: Stadium 2, S3: Stadium 3, S4: Stadium 4 und REM: REM-Schlaf. Die Stadien 1–4 bilden den Non-REM-Schlaf. Die Stadien 3 + 4 werden nach dem EEG-Muster zusammenfassend als langsamwelliger Schlaf (engl.: slow wave sleep, SWS) bezeichnet. Für jedes Stadium sind von oben nach unten folgende Ableitungen dargestellt: Augenbewegungen (EOG), Muskeltonus vom Kinn (EMG) und Elektroenzephalogramm (EEG) von der Ableiteposition C4-A1. Im unteren Teil der Abbildung ist das Schlafprofil einer Nacht wiedergegeben. Die Zeit ist auf der x-Achse dargestellt, die Stadien sind auf der y-Achse aufgetragen. Diese Nacht umfaßt fünf REM/NREM-Zyklen. Der Wechsel der Schlafphasen (REM (gepunktet) und NREM (weiß)) ist unter dem Schlafprofil als Balkendiagramm dargestellt.

Registrierbeispiele für die verschiedenen Stadien sind in Abbildung 1 wiedergegeben.

Der Zeitverlauf des Schlafes wird in Form eines Schlafprofils dargestellt. In dieser zweidimensionalen Abbildung wird die Bettzeit auf der Abszisse abgetragen, die Sequenz der Stadien entlang der Ordinate.

Die wichtigsten Parameter, die aus der visuellen Schlafauswertung extrahiert werden, sind
- die Einschlafzeit,
- die Gesamtschlafzeit,
- die Schlafeffizienz, d. h. der prozentuale Schlafanteil an der Registrierzeit,
- die Latenz der ersten REM-Schlafepisode nach dem Einschlafen (REM-Latenz) und
- der Anteil der verschiedenen Stadien (in Minuten und prozentual) an der Registrierzeit.

Darüber hinaus wird die Verteilung der Schlafstadien in den Nachtdritteln oder REM-NREM-Zyklen berechnet sowie die Anzahl oder Dichte (Anzahl/Zeit) von Augen- und Körperbewegungen (Pollmächer & Lauer, 1992).

Die Computeranalyse erlaubt außerdem eine direkte Quantifizierung der EEG-Aktivität mit Hilfe der Powerspektralanalyse (Achermann & Borbély, 1987) oder der Frequenz-Amplituden-Analyse (Feinberg, Fein, Floyd & Aminoff, 1983; Haustein, Pilcher, Klink & Schulz, 1986). Mit Hilfe der automatischen Analyse können auch charakteristische EEG-Muster wie Schlafspindeln und K-Komplexe (Jobert, Poiseau, Jähnig, Schulz & Kubicki, 1992; da Rosa & Paiva, 1993) und Nicht-EEG-Variable, wie z. B. der Muskeltonus (Haustein et al., 1986) zuverlässig ausgewertet werden. Damit steht heute an breites Repertoire an Meß- und Analysemethoden zur Verfügung, das zur Beurteilung des Schlafverlaufs bei Patienten mit Schlafstörungen eingesetzt werden kann.

3 Der Zusammenhang zwischen der Polysomnographie und der subjektiven Bewertung des Schlafes

Für die Beurteilung einer Schlafstörung stehen häufig zwei unabhängige Informationen zur Verfügung, nämlich neben der Beurteilung des Schlafes durch den Patienten selbst, die Messung des Schlafes mittels der Polysomnographie. Daher stellt sich die Frage nach der Übereinstimmung der beiden Informationen.

Die konsistentesten Zusammenhänge zwischen gemessenen und beurteiltem Schlaf fanden sich in verschiedenen Studien für die Dauer des Einschlafens. Für diesen und andere Parameter sind die Zusammenhangsmaße in Tabelle 2 zusammengestellt. Die Korrelationskoeffizienten in dieser Tabelle müssen vorsichtig interpretiert werden, da sich die Studien nach der Größe und Zusammensetzung der Stichproben, in der Formulierung der Fragen und in der Art der Berechnung unterscheiden. Nur in einer Untersuchung (Spiegel, 1981) findet sich eine differenzierte Ergebnisdarstellung mit einer separaten Berechnung der Korrelationskoeffizienten für Männer und Frauen sowie getrennt für drei Untersuchungsnächte.

Tabelle 2: Der Zusammenhang zwischen polygraphisch gemessenen und beurteilten Merkmalen des Schlafes

Beurteiltes Merkmal	Gemessenes Merkmal	Korrelation	Autor(en)
Einschlafdauer	Einschlaflatenz	0,72**	5
	Einschlaflatenz	0,60***	2
	Einschlaflatenz	0,38**	4
	Wachanteil am Schlaf	0,32**	4
	Wach im 1. Nachtdrittel	0,46***	4
	S3+4 im 1. Nachtdrittel	−0,40**	4
Gesamtschlafzeit	Anzahl der Wachepisoden	−0,27*	2
Schlafqualität	Schlafeffizienz	0,34	5
	% REM-Schlaf	0,37*	1
	REM-Latenz	−0,23*	1
Frischegefühl	Anzahl Körperbewegungen	0,64*	3
nach dem Aufstehen	Schlafdauer	0,39 (n. s.)	3

Quellen: 1. Caille & Bassano (1975), 2. Carskadon et al. (1976), 3. Lienert & Othmer (1965), 4. Spiegel (1981), 5. Baekeland & Hoy (1971)

Ein quantitativer Vergleich der objektiven Meßmethode mit der subjektiven Schätzung zeigt, daß die Einschlafdauer meist überschätzt, die Schlafdauer hingegen unterschätzt wird (Baekeland & Hoy, 1971).

Ein Problem der Bestimmung des Einschlafzeitpunktes besteht darin, daß dieser Zeitpunkt auf drei verschiedenen Meßebenen bestimmt werden kann und daß zwischen den Meßebenen ein komplexer Zusammenhang besteht. Die Meßebenen sind (a) die Polysomnographie, (b) die subjektive Beurteilung und (c) die Schwellenbestimmung, etwa durch Messung der Reaktionszeit auf akustische Reize. Bonnet und Moore (1982) prüften die „Schlafschwelle", indem sie 12 junge, gesunde Erwachsene 1, 2, 4, 8, 16, 25 und 140 Minuten nach dem Auftreten der ersten Schlafspindel weckten. Während die Schwelle für akustische Reize schon eine Minute nach dem EEG-definierten Einschlafzeitpunkte (erste Schlafspindel) deutlich erhöht war, wurde die Schwelle der Schlafwahrnehmung, d. h. der Zeitpunkt, an dem 50 % der Probanden angaben, geschlafen zu haben, 2 bis 4 Minuten nach dem Auftreten der ersten Schlafspindel erreicht. Bei normalen Schläfern besteht demnach ein enger Zusammenhang zwischen den drei Maßen, wobei die subjektive Schlafschwelle relativ unscharf ist: Einschlafen wird als ein häufig elaborierter Prozeß erlebt (Linschoten, 1955a, b).

Auch Ogilvie und Wilkinson (1988) verglichen den Zusammenhang zwischen der Reaktivität auf (sehr schwache) akustische Signale und den polysomnographisch definierten Schlafstadien. Als Verhaltensantwort auf die akustischen Reize verlangten sie von den Probanden die Betätigung eines Mikroschalters, der an der Hand befestigt war. Die mittlere Wahrscheinlichkeit für eine Reaktion betrug im Stadien 1 = 0,24 und im Stadium 2 = 0,02. In den Stadien 3, 4 und REM wurde kaum auf die schwachen Töne reagiert. Die Antwortrate im Wachen betrug 0,94, d. h. auch beim wachen Liegen im Bett wurden einige Töne nicht beantwortet. Es zeigte sich aber schon ein ausgeprägter Abfall in der Antworthäufigkeit im Stadium 1, also schon vor dem Auftreten der ersten Schlafspindel. Sewitch (1983) weckte Probanden mit akustischen Reizen aus Stadium 2-Schlaf oder REM-Schlaf und ließ beurteilen, ob sie gerade schliefen oder wach waren. Im Stadium 2 bestand ein deutlicher Zusammenhang mit der Dauer von ununterbrochenem Schlaf vor der Weckung. War der Schlaf für längere Zeit vor der Weckung ununterbrochen gewesen (> 20 Minuten), dann wurde er auch als Schlaf beurteilt, war er hingegen in den letzten 15 Minuten vor der Weckung einmal kurz durch Alpha-Aktivität im EEG unterbrochen worden, dann gaben die Schläfer an, daß sie wach lagen.

Hauri und Olmstead (1983) untersuchten die Abweichung bei der Beurteilung der Einschlafdauer bei normalen Schläfern und Insomnikern genauer. Während sie bei gesunden Schläfern eine hohe Übereinstimmung zwischen der Latenz bis zum ersten Auftreten von Stadium 2-Schlaf und der geschätzten Einschlaflatenz fanden, korrelierte die beurteilte Dauer des Einschlafens bei Insomniepatienten am besten mit dem Auftreten der ersten 15 Minuten ununterbrochenen Schlafs. Die Autoren schlossen daraus, daß Insomniker nicht generell dazu neigen, ihre Einschlafzeit zu überschätzen, sondern daß sie ein anderes Kriterium zur Beurteilung des Schlafbeginns verwenden. Diese Interpretation stimmt auch mit einer früheren Beobachtung von Rechtschaffen und Monroe (1969) überein, die fanden, daß Insomniker häufiger als normale Schläfer angaben, noch wach gelegen zu haben, wenn sie 10 Minuten nach der ersten Epoche S2 angesprochen oder geweckt und befragt wurden. Diese Ergebnisse lassen vermuten, daß Schlafgestörte häufiger als Gesunde Teile des polysomnographisch definierten Schlafes noch als Wachzeit erleben. Ein Grund dafür könnte ein unterschiedliches Erregungsniveau bei guten und schlechten Schläfern sein. Monroe (1967) beobachtete bei schlechten Schläfern eine erhöhte Herzfrequenz und eine erhöhte Rektaltemperatur im Schlaf; Adam, Tomeny und Oswald (1985) fanden bei schlechten Schläfern am Tage eine höhere Oraltemperatur als bei guten Schläfern und Johns, Gay, Masterton und Bruce (1971) höhere Kortikosteroidspiegel. Zusammenfassend weisen die Ergebnisse darauf hin, daß schlechter Schlaf mit Anzeichen gesteigerter Erregung sowohl in EEG- wie auch in Nicht-EEG-Maßen einhergeht. Ein wesentlicher psychologischer Faktor, der zu dem hohen Erregungsniveau schlechter Schläfer und von Patienten mit Insomniebeschwerden beiträgt, ist das häufig beobachtete hohe Angstniveau dieser Gruppen (Johns et al., 1971; Coursey, Buchsbaum & Frankel, 1975; Kazarian, Howe, Merskey & Deinum, 1978; Goldenberg, Goldenberg, Lacombe & Benoit, 1981).

4 Die Klassifikation von Schlafstörungen

4.1 Ältere Klassifikationssysteme

Finke und Schulte (1970) verwenden eine Einteilung der Schlafstörungen, die im deutschen Sprachraum weit verbreitet ist. Sie unterscheiden drei große Gruppen nämlich
- funktionelle Schlafstörungen,
- organisch bedingte Schlafstörungen und
- Schlafstörungen bei Psychosen.

Funktionelle Schlafstörungen werden definiert als „Schlafstörungen mit überwiegend exogener oder (bzw. und) psychoreaktiver Verursachung, bei Ausschluß organischer Grundleiden und endogener Psychosen" (Finke & Schulte, 1970, S. 24). Funktionelle Schlafstörungen können verursacht sein durch
- Rhythmusänderungen (z. B. bei Flugreisen oder Schichtarbeit),
- ungewohntes Klima,
- ungewohnte Schlafumgebung oder
- ungewohnte Sinneseindrücke.

Psychoreaktive Schlafstörungen können ausgelöst werden durch
- verschiedenste akute oder chronische Konflikte und
- psychische Belastungen.

Als begünstigend für psychoreaktive Schlafstörungen gelten Faktoren des Lebensstils wie mangelnde körperliche Auslastung, Reizüberflutung, Überbewertung von Tempo und Leistung sowie die Vernachlässigung emotionaler Kräfte.

Aus dieser Beschreibung auslösender und unterstützender Faktoren ergeben sich auch die von den Autoren genannten therapeutischen Maßnahmen, nämlich (a) einleitendes Gespräch, (b) Umstellung und Regelung der Lebensweise, (c) physikalische Maßnahmen, (d) psychotherapeutische Bemühungen und (e) medikamentöse Unterstützung.

Als Sonderformen der funktionellen Schlafstörungen nennen Finke und Schulte den Somnambulismus, den Pavor nocturnus, die Schlaftrunkenheit, automatisches Handeln (aus dem Wachsein heraus), die Jactatio capitis (rhythmische Bewegungen des Kopfes oder des Oberkörpers), kindliche Gewohnheiten

(„Kinderfehler"), übertriebenes Einschlafzeremoniell im Kindesalter, nächtliches Zähneknirschen und Enuresis nocturna.

Auf die Einteilung der organisch bedingten Schlafstörungen und der Schlafstörungen bei Psychosen durch Finke und Schulte soll hier nicht weiter eingegangen werden, um unnötige Überlappungen mit den nachfolgend aufgeführten Klassifikationssystemen zu vermeiden.

In jüngster Zeit konkurrieren zwei Klassifikationssysteme für Schlafstörungen, nämlich die Diagnosegruppen nach DSM-IV (siehe Tab. 3) und die Internationale Klassifikation der Schlafstörungen (International Classification of Sleep Disorders, ICSD; 1990). Die Klassifikation der Schlafstörungen nach DSM-IV ist in vielen Punkten der ICSD-Klassifikation angeglichen worden. Im DSM-IV-Manual wird jeweils auf die Kriterien der Diagnosestellung nach ICSD hingewiesen.

4.2 Die Klassifikation nach DSM-III-R und DSM-IV

Für die Erhebung eines psychopathologischen Schlafbefundes nach DSM-III-R wurde für den deutschsprachigen Raum ein strukturiertes Interview entwickelt (Schramm, Hohagen, Graßhoff & Berger, 1991). Schramm (1992) weist zwar auf die gröbere Einteilung der Klassifikation von DSM-III-R im Vergleich zu ICSD hin, nimmt dafür aber eine höhere Reliabilität der Diagnosen bei nicht speziell in Schlafmedizin geschulten Klinikern an. In der Version IV des DSM wurden Schlafstörungen nun ebenfalls weiter ausdifferenziert (siehe Tab. 3).

Tabelle 3: Klassifikation der Schlafstörungen nach DSM-IV (American Psychiatric Association, 1994)

A. Primäre Schlafstörungen
  1. Dyssomnien
     - Primäre Insomnie
     - Primäre Hypersomnie
     - Narkolepsie
     - Atmungsbezogene Schlafstörungen
     - Zirkadian bedingte Störungen des Schlafes
  2. Parasomnien
     - Alptraum
     - Schlafterror (Pavor nocturnus)
     - Schlafwandeln
     - Andere Parasomnien
B. Schlafstörungen in Verbindung mit psychiatrischen Erkrankungen
   Ausgeprägte Schlafstörung als Folge einer diagnostizierbaren psychiatrischen Erkrankung (häufig einer affektiven Erkrankung oder einer Angststörung). Es wird angenommen, daß pathophysiologische Mechanismen, die für die psychiatrische Erkrankung verantwortlich sind, auch die Schlaf-Wach-Regulation beeinflussen. Diese Störungen können in der Form von Insomnien, Hypersomnien, Parasomnien oder als Mischformen auftreten.

Tabelle 3: Fortsetzung

C. Schlafstörungen aufgrund einer allgemeinen medizinischen Erkrankung
    Die Schlafstörung muß ausgeprägt genug sein, um selbständige klinische Bedeutung zu haben und sie muß durch die allgemeine medizinische Erkrankung bedingt sein. Diese Störungen können in der Form von Insomnien, Hypersomnien, Parasomnien oder als Mischformen auftreten.

D. Substanz-induzierte Schlafstörungen
    Die Symptome einer ausgeprägten Schlafstörung treten im Zusammenhang mit einem Substanzmißbrauch oder -entzug auf. Bei den Substanzen kann es sich um Drogen, Alkohol, toxische Stoffe oder Medikamente handeln. Die Störungen können in der Form von Insomnien, Hypersomnien, Parasomnien oder als Mischformen auftreten.

4.3 Die Klassifikation nach ICSD

Ebenso wie DSM-IV ist das diagnostische System ICSD axial aufgebaut. Auf *Achse A* wird die primäre Schlafstörung kodiert. Die Schlafstörungen werden dabei in vier Hautgruppen eingeteilt:
- *Dyssomnien.* Hierzu gehören sowohl Insomnien als auch Hypersomnien.
- *Parasomnien.* Autonome oder motorische Störungen, die im Schlaf auftreten, aber keine Störungen des Schlafzustandes oder des Wachseins per se darstellen.
- *Schlafstörungen bei medizinischen/psychiatrischen Erkrankungen.* Da prinzipiell alle Erkrankungen zu Störungen des Schlafes oder des Wachseins führen können, werden in dieser Gruppe nur die Krankheiten angeführt, die mit erheblichen Störungen des Schlafes oder des Wachseins einhergehen können.
- *Vorgeschlagene Schlafstörungen.* Bedingt durch die rasche Entwicklung der Schlafmedizin werden auch neue Schlafstörungen diagnostiziert. In dieser Gruppe werden solche Störungsbilder zusammengefaßt und zur Diskussion gestellt.

Auf der *Achse B* werden alle Verfahren beschrieben, die im Rahmen der Diagnostik und Therapie von Schlafstörungen zur Anwendung kommen (Tab. 4). Als Quellen für die genauere Beschreibung der verschiedenen Verfahren sei auf Guilleminault (1982), Schramm und Riemann (1955) und Kryger, Roth und Dement (1994) verwiesen.

Auf der *Achse C* werden schließlich alle medizinischen und psychiatrischen Erkrankungen kodiert, die nicht selbst Schlafstörungen sind. Zur Kodierung werden dabei die entsprechenden ICD-9-CM Kodierungsnummern benutzt.

Im Anhang zu diesem Kapitel sind die Schlafstörungen nach ICSD sowie Kurzbeschreibungen der Störungsbilder angegeben.

Tabelle 4: Verfahren, die bei der Diagnostik und Therapie von Schlafstörungen eingesetzt werden.

Schlafuntersuchungen	Polysomnographie
	Multipler Schlaflatenz-Test (MSLT)
	Multipler Wachbleibe-Test (MWT)
	Aktographie (ambulante Bewegungsmesssung)
	Erhebungen unter konstanter Routine (24stündige Messungen)
	Andere Methoden zur Bestimmung der zirkadianen Phasenlage
	Pupillometrie
	Elektrophysiologische Messungen
	Ambulantes Schlafmonitoring
	Schlaf-Video-Monitoring
	Andere Schlafuntersuchungen
Atmungsuntersuchungen	Arterielle Blutgase
	Lungenfunktionstests
	Andere Untersuchungen der Atmungsfunktion
Kardiologische Untersuchungen	Echokardiographie
	Elektrokardiogramm
	Holter-EKG
	Andere Untersuchungen der Herzarbeit
Bildgebende Verfahren	Computertomographie des Kopfes
	Röntgenaufnahmen des Kopfes und des Halsbereichs
	Magnetresonanzverfahren (NMR)
	Andere bildgebende Verfahren
Psychologische Testverfahren	Intelligenztests
	Andere Leistungstests
	Persönlichkeitstests
	Psychiatrische Skalen (z. B. Depression)
	Strukturierte Interviews
	Neuropsychologische Tests
	Schlaftagebuch
	Instrumente zur Beurteilung der Müdigkeit (z. B. Stanford Sleepiness Scale, SSS)
	Schlaffragebögen
	Andere Verfahren
Otolaryngologische Untersuchungen	
Psychiatrische und psychologische Therapien	Psychiatrische medikamentöse Therapie
	Hypnose
	Verhaltenstherapie
	Familientherapie
	Andere Verfahren
Therapie von Atmungsstörungen	Intermittierende positive Druckbeatmung
	Nasale kontinuierliche Druckbeatmung (CPAP)
	Sauerstofftherapie
	Andere Verfahren
Zahnärztliche Verfahren und Therapien	Vor allem bei Bruxismus
Andere Verfahren	Gastroösophageales pH-Monitoring
	Penisplethysmographie
	Ösophageale Manometrie
	Lichttherapie

Tabelle 4: Fortsetzung

Chirurgische Therapien	HNO-ärztliche Operationen bei Behinderung der Atmung im Schlaf
	Andere chirurgische Verfahren bei schlafgebundenen organischen Störungen

Das ICSD-Diagnose- und Kodierungssystem erlaubt nach seiner Struktur eine vollständige Dokumentation der diagnostischen Untersuchungen und therapeutischen Maßnahmen bei jeglicher Art von Schlafstörung. Das ICSD-Manual selbst kann als Referenzbuch benutzt werden, da es zu jedem Krankheitsbild eine Symptombeschreibung sowie Angaben zur Prävalenz, zum Manifestationsalter, zum Geschlechtsverhältnis und zur Differentialdiagnose enthält. Außerdem werden Angaben zu den diagnostischen Kriterien sowie zur Bewertung des Schweregrades und der Erkrankungsdauer gemacht.

Das ICSD-Manual wurde in Zusammenarbeit verschiedener Schlafforschungsgesellschaften erstellt und spiegelt von allen verfügbaren Diagnosesystemen den derzeitigen Kenntnisstand über Schlafstörungen am besten wieder. Eine deutsche Übersetzung, die sich eng an das ICSD-Manual anlehnt und zu jedem Krankheitsbild genaue Therapieempfehlungen gibt, ist kürzlich erschienen (Lund & Clarenbach, 1992; siehe auch Schramm & Riemann, 1995). Mehr auf die Bedürfnisse von Patienten mit Schlafstörungen zugeschnitten ist ein Ratgeber von Schulz, Kursawe und Wilde-Frenz (1993).

5 Epidemiologie

Die Bestimmung der Prävalenz von Schlafstörungen ist ein schwieriges Unterfangen, da es sich um sehr heterogene Störungsbilder handelt, die ohne eine intensive Befragung nicht einfach von vorübergehenden und in der Ausprägung leichten Befindlichkeitsstörungen abgegrenzt werden können. Außerdem hängen Angaben zur Häufigkeit ganz entscheidend von der Auswahl und der Zusammensetzung der untersuchten Grundgesamtheit ab. Diese methodischen Schwierigkeiten wurden von Stephan (1992) eingehend diskutiert.

In repräsentativen Bevölkerungsumfragen, die zwischen 1958 und 1983 durchgeführt wurden (Piel, 1985) gaben jeweils 50–60 % der Befragten an, daß sie „leicht" einschlafen. 20–30 % sagten „es geht" und 15–20 % schliefen „schwer" ein. Ganz ähnlich war auch die Verteilung bei der Frage nach dem Durchschlafen. Frauen geben häufiger Schlafstörungen an als Männer, und dieser Unterschied nimmt im Alter noch zu. Schlafstörungen weisen insgesamt eine ausgeprägte Altersabhängigkeit auf.

Weyerer und Dilling (1991) ließen 1536 Personen, die älter als 15 Jahre waren, in einer Feldstudie in Oberbayern durch trainierte Psychiater befragen. Auch diese Studie bestätigte eine altersabhängige Zunahme von Klagen über Insomnie. Wiederum lag die Häufigkeit von Schlafstörungen bei Frauen höher als bei Männern (Tab. 5).

Tabelle 5: Prävalenz der Insomnie (in den letzten 7 Tagen) bei Männern und Frauen im Alter ab 15 Jahren

Alter (Jahre)	Männer			Frauen		
	Leichte Insomnie (%)	Mittl./Schwere Insomnie (%)	Anzahl der Befragten (N)	Leichte Insomnie (%)	Mittl./Schwere Insomnie (%)	Anzahl der Befragten (N)
15–19	6,9	1,1	87	5,6	2,8	72
20–29	7,2	4,1	97	10,1	3,1	129
30–39	9,4	3,6	138	11,2	9,0	134
40–49	14,5	10,3	117	16,1	14,5	124
50–59	16,7	23,0	90	15,6	24,3	148
60–69	19,4	15,1	93	23,0	29,4	126
70+	19,4	12,9	62	24,1	34,8	112

In dieser, wie auch in anderen epidemiologischen Studien zeigte sich eine überdurchschnittlich hohe Rate von Schlafstörungen bei den Befragten mit einer psychiatrischen Diagnose. Eine besonders hohe Prävalenz für gestörten Schlaf hatten Befragte mit einer affektiven Psychose oder einer Angststörung.

In einer Bevölkerungsumfrage, die 1991 in Westdeutschland durchgeführt wurde, wurde außer über Insomnie von einem beachtlichen Anteil der Befragten über Tagesmüdigkeit geklagt: 15 % hatten gelegentlich Probleme und 2 % ständige Probleme mit Tagesmüdigkeit (Hajak & Rüther, 1992). In zukünftigen Untersuchungen muß geklärt werden, ob es sich hierbei eher um ein Symptom der Insomnie handelt oder um Probleme von erhöhter Tagesschläfrigkeit als Merkmal einer Hypersomnie.

Angaben zur Prävalenz einzelner Schlafstörungen finden sich bei Coleman et al. (1982) und in dem Manual der ICSD-Klassifikation.

6 Zur Pathogenese von Schlafstörungen

Schlafen und Wachen sind integrative Funktionszustände des Organismus, deren Störung sich nur in seltenen Fällen durch eine Funktionsstörung eines bestimmten Organs oder eines isolierten Hirngebietes erklären läßt. Alle Lokalisationsversuche des Schlafes oder seiner Unterstadien haben sich als unzulänglich erwiesen. Zwar gibt es heute ein breites neurophysiologisches Tatsachenwissen über die Kontrolle von Schlafen und Wachen (Steriade & McCarley, 1990), Störungen dieser Funktionsabläufe sind jedoch meist multifaktoriell bedingt. An der Genese von Schlafstörungen können sowohl innere als auch äußere Faktoren spezifischer oder unspezifischer Art beteiligt sein. Da diese

Störungen außerdem nicht ein einheitliches Störungsbild bedingen, müssen für die verschiedenen Formen von Schlafstörungen unterschiedliche ätio-pathogenetische Modelle entwickelt werden.

Im folgenden sollen aktuelle Vorstellungen über die Entstehung von Insomnien, Hypersomnien, Parasomnien und chronobiologischen Schlafstörungen dargestellt werden.

6.1 Insomnien

Insomnien sind die häufigste Form von Schlafstörungen, die nahezu jedem aus eigenem Erleben in der einen oder anderen Form bekannt sind. Kennzeichnend für das Beschwerdebild ist die Unfähigkeit, zur gewünschten Zeit oder für die gewünschte Dauer schlafen zu können, häufig verbunden mit dem Gefühl von beeinträchtigtem Befinden und eingeschränkter Leistungsfähigkeit am Tage. Obwohl die Patienten häufig über Tagesmüdigkeit klagen, zeigten Laboruntersuchungen mit dem multiplen Schlaflatenztest (MSLT), daß die Schlaffähigkeit von Insomnikern auch am Tage nicht erhöht ist (Mendelson, James, Garnett, Sack & Rosenthal, 1986). Dies entspricht auch der Erfahrung der Patienten selbst. In der Mehrzahl psychometrischer Untersuchungen fanden sich keine Unterschiede zwischen Insomnikern und Gesunden in psychomotorischen Tests oder Vigilanztests. Es zeigten sich jedoch Beeinträchtigungen bei semantischen Gedächtnisaufgaben (Mendelson, Garnett, Gillin & Weingartner, 1984a).

Bei einer Dauer von bis zu vier Wochen spricht man von einer akuten Insomnie, dauert die Störung länger als sechs Monate an, dann handelt es sich um eine chronische Insomnie. Die Behandlungsbedürftigkeit einer Insomnie ergibt sich aus der Dauer, dem Schweregrad und der Art der Insomnie.

6.1.1 Psychophysiologische Insomnie

Die Gruppe der Insomnien ist äußerst heterogen. Es kann sich um ein eigenständiges Beschwerdebild handeln, das ohne nachweisbare organische oder psychiatrische Ursache auftritt. Diese Gruppe der psychophysiologischen Insomnien wird häufig nicht adäquat diagnostiziert oder behandelt, da bei den Patienten außer der Schlafstörung keine andere Erkrankung vorliegt. Wie groß diese Gruppe von Insomnien sein dürfte, läßt sich indirekt aus einer breitangelegten Praxisstudie (Hohagen et al., 1991) abschätzen, in der sich herausstellte, daß nur bei einem Drittel der schwer Schlafgestörten diese Beschwerden dem Arzt bekannt waren. Die Mehrzahl dieser Patienten sieht in einer medikamentösen Behandlung keine adäquate Lösung ihres Problems und verzichtet daher auf die Einnahme von Hypnotika oder nimmt diese nur sporadisch ein. Patienten mit chronischer psychophysiologischer Insomnie dürften in Zukunft eine Hauptzielgruppe für den Einsatz kognitiver und verhaltenstherapeutischer Therapieverfahren sein. Einige der psychischen, sozialen und ökologischen Ursachen für diese Form der Insomnie sind in Tabelle 6 aufgeführt.

Tabelle 6: Ursachen für Schlafstörungen (Insomnie)

psychische Ursachen	– Erhöhtes Erregungsniveau durch Ärger, Angst, Überforderung – Gelerntes schlafunverträgliches Verhalten – Schlafinkompatible Kognition – Persönlichkeitseigenschaften/Psychiatr. Erkrankungen – Depression – Angststörungen
körperliche Ursachen	– Mit Schmerzen und Fieber verbundene Erkrankungen – Verletzungen – Operationen – Neurologische, internistische, pneumologische Erkrankungen – Erkrankungen der Gelenke und des Bewegungsapparates – Körperliche Behinderungen – Alterungsprozesse – Medikamente, Genußmittel, Alkohol
soziale Ursachen	– Belastungen und Spannungen im privaten und beruflichen Bereich – Finanzielle Belastungen – Scheidung/Trennung – Verlust des Arbeitsplatzes
ökologische Ursachen	– Lärm und Licht – Ungeeigneter Schlafraum – Schlechte Wohnverhältnisse – Reisen mit raschen Zeitzonenwechseln – Schichtarbeit – Fehlende Rückzugs- und Ruhemöglichkeit am Tage

Polysomnographisch stellt die psychophysiologische Insomnie ebenfalls ein vielfältiges Störungsbild dar. Als gemeinsames Merkmal zeigen alle Patienten eine verminderte Schlafeffizienz, die in der Mehrzahl der Fälle unter 85 % liegt, wobei erhebliche Schwankungen von Nacht zu Nacht typisch sind. Ursache für die verminderte Schlafeffizienz können sein (a) ein verzögertes Einschlafen, (b) mehrfaches nächtliches Erwachen bei insgesamt flachem Schlaf oder (c) nur gelegentliches oder auch nur einmaliges nächtliches Erwachen, verbunden mit der Unfähigkeit, wieder einzuschlafen. Isolierte Störungen des Ein- oder Durchschlafens sind eher selten, weit häufiger sind kombinierte Störungsmuster. Bis auf die kleine Gruppe der Patienten mit einer Störung der Schlafwahrnehmung (bei denen sich bisher im Schlaflabor kein Befund nachweisen läßt, der mit der subjektiven Beschwerde korrespondiert) besteht im allgemeinen eine recht gute Übereinstimmung zwischen subjektiver Beschwerde und objektivem Befund. Diese brauchbare Übereinstimmung erlaubt es auch, die Konfrontation des Patienten mit seinem Schlaflaborbefund als Baustein in der Beratung und Therapie zu benutzen. Der Schlafdiagnostiker steht nicht länger mit „leeren Händen" da, und der Patient fühlt sich mit seinen Beschwerden ernstgenommen. Ein günstiger Nebeneffekt dieser Konfrontation besteht darin, daß Patienten angesichts ihrer eigenen „Schlafkurve" lernen können, häufig anzutreffende Überschätzungen der Einschlafdauer und nächtlicher Wachzeiten zu korrigieren.

Eine attraktive aber relativ unspezifische Theorie erklärt die psychophysiologische Insomnie als Folge eines erhöhten Erregungsniveaus. Für diese Theorie spricht die Beobachtung, daß sowohl interne als auch externe Reize zu einer Weckreaktion (arousal reaction) mit einer Abflachung des Schlafes oder zu vollem Erwachen führen können. Grundlegend für das Arousal-Konzept sind die Untersuchungen von Moruzzi und Magoun (1949), die durch Reizung der Formatio reticularis des Hirnstamms eine Weckreaktion im EEG hervorrufen konnten. Neuere Untersuchungen haben gezeigt, daß die Aktivitätssteigerung retikulärer Neurone des Hirnstamms, die zum Thalamus projizieren und Acetylcholin als Neurotransmitter benutzen, das erste Anzeichen für Arousal darstellen, oder aber für den Übergang vom NREM- in den REM-Schlaf (Steriade, Datta, Paré, Oakson & Curro Dossi, 1990). Andere Kerngebiete, die an der Regelung von Arousal beteiligt sind, sind cholinerge Neurone des basalen Vorderhirns, monoaminerge Neurone des Locus coeruleus, die den cholinergen Hirnstammneuronen der Reticularis benachbart sind, und histaminerge Neurone des posterioren Hypothalamus. Außer den genannten, schnell reagierenden, neurophysiologischen Systemen sind jedoch auch andere, langsamer reagierende Systeme (autonomes Nervensystem, Hormone) an der Regelung des Aktivations-Tonus im Schlaf beteiligt. Die Bedeutung eines tonisch erhöhten Aktivationsniveaus für schlechten Schlaf wurde beispielhaft von Monroe (1967) nachgewiesen.

Untersuchungen zur Persönlichkeitsstruktur und zu typischen Reaktionsmustern von Insomnikern unterstützen die Hypothese, daß ein erhöhtes Aktivationsniveau an der Aufrechterhaltung der Schlafstörung beteiligt ist. Insomniker zeigen auf Fragebogendimensionen typischerweise erhöhte Werte für Depression, Angst und Hypochondrie (Beutler, Thornby & Karacan, 1978; Hauri & Fisher, 1986; Kales & Kales, 1984). Interne Faktoren, wie die gelernte negative Erwartung gegenüber dem Schlaf, können ebenfalls zu einem schlafinkompatiblen erhöhten Erregungsniveau beitragen. Schließlich beginnen viele chronische Insomnien in einer akuten Krisen- oder Streßsituation und überdauern diese.

6.1.2 Insomnie bei psychiatrischen Erkrankungen

Eine zweite große Gruppe stellen die sekundären Insomnien bei psychiatrischen oder organischen Erkrankungen dar. Bei den psychiatrischen Erkrankungen sind es vor allem depressive Störungen, die nahezu regelmäßig (in etwa 90 % der Fälle) mit Schlafstörungen, überwiegend Insomnien, verbunden sind. Die Patienten klagen über schweres Einschlafen, zerhackten Schlaf und häufig auch über quälendes Früherwachen am Morgen. Die Mehrzahl polysomnographischer Untersuchungen wurde mit Patienten durchgeführt, bei denen die Diagnose nach DSM-III-Kriterien gestellt wurde. Polysomnographisch sind die Schlafstörungen dadurch charakterisiert, daß neben Störungen des Einschlafens und einer verringerten Schlafkontinuität depressive Patienten typische Veränderungen von REM-Schlafparametern aufweisen. Dazu gehören eine Verkürzung der REM-Latenz bzw. das Auftreten von Einschlaf-REM-Episoden. Außerdem ist die Augenbewegungsdichte im REM-Schlaf erhöht – und dies schon in den ersten REM-Schlafepisoden einer Nacht. Während beim gesunden Schläfer die Dauer und phasische Aktivität (z. B. Dichte der Augenbewegungen) der REM-Episoden im Laufe der Nacht zunimmt, zeigen diese beiden Merkmale bei depressiven Patienten über die Nacht hinweg einen flachen Verlauf (Buysse & Kupfer, 1990; Reynolds et al., 1990). Schlafstörungen bei depressiven Patienten wurden in den vergangenen Jahren intensiv erforscht, um über ein Verständnis der neurobiologischen Grundlagen dieser Schlafstörungen einen besseren Zugang zum Verständnis der Grunderkrankung selbst zu gewinnen. Das Interesse konzentrierte sich hierbei vor allem auf spezifische Transmitterhypothesen. Da aus Grundlagenuntersuchungen bekannt war, daß cholinerge neuronale Systeme an der Auslösung und Aufrechterhaltung von REM-Schlaf beteiligt sind (Hobson, Lydic & Baghdoyan, 1986) und eine Disinhibition von REM-Schlaf ein Merkmal des gestörten Schlafs in der Depression ist, wurde vermutet, daß es in der Depression zu einer Imbalance cholinerger und aminerger Transmittersysteme, mit einer Hypersensitivität cholinerger Systeme, komme. Diese Hypothese ist eine Erweiterung der Monoaminmangel-Hypothese der Depression, die annimmt, daß bei depressiven Patienten ein Mangel an Noradrenalin und Serotonin vorliege. Tatsächlich lassen sich durch die Gabe von Cholinomimetika wie z. B. Physostigmin oder der Testsubstanz RS86 bei depressiven Patienten – im Vergleich zu gesunden Kontrollpersonen – deutliche REM-Latenzverkürzungen auslösen (Berger, Riemann, Höchli & Spiegel, 1989). Untersuchungen mit dem REM-Schlaf-Induktionstest bei schizophrenen Patienten zeigten, daß auch bei diesen Patienten kurze REM-Latenzen und Einschlaf-REM-Episoden ausgelöst werden können. Dies Ergebnis läßt vermuten, daß die Hypothese einer cholinerg-aminergen Imbalance nicht spezifisch für depressive Erkrankungen ist. Die weitere Forschung wird zeigen, ob sich vielleicht spezifische Zusammenhänge auf der Symptomebene ergeben, die über die klinisch-klassifikatorischen Einteilungen hinwegreichen und eine Einteilung nach biologischen Reaktionstypen erlauben.

Ein weiteres Thema, das bei depressiven Patienten intensiv erforscht wurde, ist die Wirkung von Schlafentzug auf das klinische Zustandsbild. In einer Vielzahl von Untersuchungen konnte nachgewiesen werden, daß totaler oder partieller Schlafentzug bei vielen depressiven Patienten zu einer vorübergehenden, zum Teil sehr ausgeprägten Stimmungsaufhellung führen kann. Der therapeutische Nutzen der Maßnahme wird allerdings dadurch erheblich eingeschränkt, daß es sich um einen transienten Effekt handelt, der meist nur für einen Tag anhält. Gerade auf dem Hintergrund der depressiven Insomnie stellt die Wirkung des Schlafentzuges jedoch ein äußerst interessantes Phänomen dar, das verschiedene Deutungen zuläßt:

- Die spontan auftretende Schlafstörung in der Depression ist ein frustraner Umstellungsversuch („Versuch der Selbstheilung") der nur bei kontrolliertem, vollständigem Schlafentzug erfolgreich ist. Schlafentzug würde somit helfen, einen Zustand zu vermeiden, der depressionsfördernd ist.
- Die spontan auftretende Schlafstörung mit einer ausgeprägten Instabilität der Schlafzustände und häufigen Wechseln zwischen den Zuständen Wach, REM-Schlaf und NREM-Schlaf verstärkt das depressiogene Geschehen. Diese Annahme würde mit dem häufig beobachteten Morgentief in Einklang stehen. Schlafentzug diente somit der Vermeidung störender Zustandswechsel.
- Nur der Übergang in bestimmte Phasen des Schlafes, z. B. REM-Schlaf, ist während der Depression kritisch und wird durch Schlafentzug vermieden. Dafür sprächen die Beobachtungen, daß die überwiegende Zahl von Antidepressiva REM-Schlaf inhibieren (Buysse, Nofzinger, Reynolds & Kupfer, 1993) sowie die antidepressive Wirkung von selektivem REM-Schlafentzug durch wiederholtes Wecken des Schläfers beim Auftreten erster Anzeichen von REM-Schlaf (Vogel, Vogel, McAbee & Thurmond, 1980).
- Während der Depression kommt es zu einer Störung zirkadianer Rhythmen und damit während der Nachtzeit zu einer kritischen Phasenlage, die durch Schlafentzug oder Schlafverschiebung vermieden werden kann (Wehr & Wirz-Justice, 1981).
- Schließlich entwickelten Borbély und Wirz-Justice (1982), ausgehend von dem Zwei-Prozeß-Modell des Schlafes (Borbély, 1982) die Hypothese, daß Schlafentzug eine Stärkung von Prozeß S und damit eine Zunahme des Anteils an langsamwelligem Schlaf bewirke, der von verschiedenen Autoren bei depressiven Patienten als defizitär angenommen wird. Borbély und Wirz-Justice nehmen auch an, daß das frühe Auftreten von REM-Schlaf eine Folge des Defizits an langsamwelligem Schlaf bei depressiven Patienten sei. Kritisch anzumerken ist jedoch, daß das verfrühte Auftreten von REM-Schlaf in der Nacht bei anderen Formen von Insomnie mit einem Mangel an langsamwelligem Schlaf ganz ungewöhnlich ist.

Die verschiedenen Hypothesen zur therapeutischen Wirkung von Schlafentzug wurden hier aufgeführt, um zu zeigen, daß schlechter Schlaf und Schlafentzug nicht einfach auf einem gedachten Kontinuum angeordnet werden können, das von gutem Schlaf bis hin zu völligem Verlust von Schlaf reicht. Schlafentzug kann je nach der Ausgangslage des Systems entweder zu Beeinträchtigungen von Stimmung und Leistung führen, was beim Gesunden meist der Fall ist (Bonnet, 1994) oder aber auch zu einer klinischen Besserung, wie im angeführten Fall affektiver Erkrankungen.

6.1.3 Insomnie bei organischen Erkrankungen

Eine Vielzahl organischer Erkrankungen führen zu sekundärer Insomnie. Dazu gehören neurologische, internistische und mit Hautreizung verbundene dermatologische Erkrankungen, vor allem auch jede Form von chronischen Schmerzzuständen, die vom Skelett oder Bindegewebe ausgehen (Wooten, 1989). Auch nächtliche Atemstörungen oder periodische Beinbewegungen im Schlaf (PMS-Syndrom) sowie das Restless-legs-Syndrom (Danek & Pollmächer, 1990) können eine Insomnie verursachen. Das gemeinsame Bindeglied zwischen der Grundstörung und der Insomnie ist im allgemeinen eine Abflachung des Schlafes mit einer Reduktion des langsamwelligen Schlafes und eine Zunahme häufig kurzdauernder Weckreaktionen, die den Schlafablauf unterbrechen und die Erholungsfunktion des Schlafes beeinträchtigen (Bonnet, 1986).

Eine weitere häufige Ursache für eine chronische, sekundäre Insomnie besteht in dem Mißbrauch von Alkohol oder Sedativa. In beiden Fällen entwickelt sich die Insomnie entweder als Folge der Toleranzentwicklung oder als Entzugssymptom (Clift, 1975; Kales & Kales, 1984).

Treten Schlafstörungen im Rahmen anderer Grunderkrankungen auf, dann sollte auch überlegt werden, ob die medikamentöse Behandlung der Grundkrankheit bei der Insomnie eine Rolle spielen könnte. Nachfolgend sind einige Medikamente aufgeführt, die eine Schlafstörung auslösen können:
- Durchblutungsfördernde Medikamente (z. B. Dihydroergotoxin),
- Antihypertensiva,
- Antibiotika, vor allem Gyrasehemmer,
- Migränemittel,
- Antiasthmatika (z. B. Theophyllin),
- Glucokortikoide (z. B. Prednison),
- Hormonpräparate,
- Antiparkinson-Medikamente (z. B. L-Dopa),
- Antiepileptika (z. B. Phenytoin) und
- Zytostatika.

Bei der Behandlung von sekundären Insomnien steht immer die Behandlung der Grunderkrankung im Vordergrund. Wenn diese jedoch mit schweren, chronifizierten Schlafstörungen verbunden sind, bedarf die Schlafstörung einer angemessenen Beachtung und Therapie. Dies ist besonders wichtig, wenn die Schlafstörung die ursprüngliche Krankheit überdauert. In nicht wenigen Fällen kommt es auch zum unangemessen langen Gebrauch von Sedativa oder Hypnotika, wenn Patienten diese Medikamente im Rahmen einer stationären Behandlung erhalten und am Ende des Krankenhausaufenthaltes nicht auf ein rechtzeitiges, kontrolliertes Absetzen geachtet wird.

6.2 Hypersomnien

Die hypersomnischen Schlafstörungen wurden lange Zeit in ihrer Verbreitung und Bedeutung unterschätzt. Erst durch die Diagnostik im Schlaflabor trat ein grundlegender Wandel im Verständnis der Hypersomnien ein. In der Auswahl der Patienten für eine polysomnographische Untersuchung dürfte in den meisten Schlaflaboren die Gruppe der Hypersomnien die der Insomnien sogar übersteigen. In einer Verbundstudie von Schlaflaboren in den USA, mit annähernd 4000 polysomnographisch untersuchten Patienten, die Anfang der 80er Jahre veröffentlicht wurde, wurde bei etwa bei der Hälfte der Patienten eine Hypersomnie diagnostiziert und bei einem Drittel eine Insomnie. Der Rest verteilte sich auf Parasomnien und chronobiologische Schlafstörungen. Patienten mit einer Hypersomnie stellen nicht nur zahlenmäßig eine große Gruppe dar, es handelt sich häufig auch um Patienten mit einem hohen Risiko für Unfälle aufgrund von Tagesschläfrigkeit oder für negative berufliche und soziale Konsequenzen (Broughton & Ghanem, 1976) als Folge der Erkrankung.

Das wichtigste Merkmal für die Diagnose einer Hypersomnie ist das Symptom der Tagesschläfrigkeit sowie unwillkürliches Einschlafen am Tage. Im Schlaflabor läßt sich die erhöhte Schlafbereitschaft durch verkürzte Schlaflatenzen im multiplen Schlaf-Latenz-Test (MSLT) objektivieren (Carskadon, 1994). Als pathologisch gelten dabei im allgemeinen Schlaflatenzen unter 5 Minuten. Der Begriff Hypersomnie beschreibt das Krankheitsbild in der Mehrzahl der Fälle nicht wirklich zutreffend: Betrachtet man die Schlafmenge in 24 Stunden, dann ist die Gesamtschlafzeit meist nicht erhöht, entscheidender ist die Neigung, zu unangemessenen Zeiten zu schlafen. Bei vielen Hypersomnieformen ist eine nächtliche Schlafstörung mit einer verringerten Schlafeffizienz mit der Tagesschläfrigkeit assoziiert. Dennoch gehören sowohl die Dysregulation der Vigilanz am Tage als auch die nächtliche Schlafstörung zu einem völlig anderen Krankheitsbild als die Insomnie, da bei letzterer die Schlaffähigkeit nachts und am Tage vermindert ist.

6.2.1 Narkolepsie

Der Prototyp einer hypersomnischen Erkrankung ist die Narkolepsie, die zuerst von Westphal (1877) und Gélineau (1880) als eigenständiges Krankheitsbild beschrieben wurde.

Zu den obligatorischen Symptomen der Narkolepsie gehören (a) Einschlafattacken und Tagesschläfrigkeit sowie (b) Kataplexien, d. h. meist durch bestimmte Emotionen ausgelöster lokalisierter oder generalisierter Tonusverlust der Halte- und Stellmuskulatur. Auslöser für eine kataplektische Attacke sind bevorzugt kurze, „pointierte" Affekte wie Überraschung, Freude (Lachen), Wut oder das Erzählen von Witzen. Meier-Ewert (1989) weist darauf hin, daß langanhaltende Emotionen wie Schmerz, Trauer, Kummer, Liebe u.s.w. nie kataplektische Attacken auslösen. Kataplexie tritt also bevorzugt in Situationen auf, die wie eine Pointe durch plötzliche Spannungslösung gekennzeichnet sind. In der eher milden Form bekommen die Patienten „weiche Knie", sie können kurzfristig nicht weitergehen oder nicht weitersprechen. Bei schweren kataplektischen Attacken können sie kraftlos zu Boden sinken. Die Attacken sind in der Regel von kurzer Dauer, meist im Bereich mehrerer Sekunden bis höchstens Minuten. Während dieser Episoden sind die Patienten bei vollem Bewußtsein und können sich anschließend sowohl an das Ereignis selbst als auch an die Reaktion von Beobachtern erinnern. Da kataplektische Attacken von den Betroffenen als unangenehm und peinlich empfunden werden, versuchen sie diese durch verschiedene Manöver, wie z.B. Luft anhalten oder Muskeln anspannen, zu kontrollieren. Viele Patienten lernen es, mit der Zeit kritische Emotionen oder soziale Situationen zu vermeiden. Dies wird von ihnen aber meist als Verarmung erlebt und bedauert. Der Umgang mit der komplexen Symptomatik stellt für die Patienten eine lebenslange Herausforderung dar, da die Krankheit schon früh im Leben auftreten kann (das Hauptrisikoalter für den Krankheitsbeginn liegt im jungen Erwachsenenalter) und die Krankheit chronisch verläuft.

Mit Hilfe des Merkmals affektiver Tonusverlust kann die Narkolepsie eindeutig von anderen Hypersomnien unterschieden werden. Weitere Merkmale der Erkrankung sind Schlaflähmungen, d.h. Tonusverlust aus dem Schlaf heraus, bevozugt aber beim Einschlafen. Beim Einschlafen können darüber hinaus hypnagoge Halluzinationen erlebt werden, d.h. optische, akustische oder taktile Sinneserscheinungen mit ausgeprägtem Realitätscharakter, die vom Schläfer meist als äußerst beängstigend oder belastend empfunden werden. Er sieht und spürt z.B. kleine Gnome, die über seine Bettdecke marschieren und ihn bedrohen, oder er hört eine Person die Treppe hochsteigen, obwohl das Haus verschlossen ist und er allein ist. Die Bedrohlichkeit der Situation steigert sich noch dadurch, daß der Betroffene durch die Schlaflähmung unfähig ist, sich zu bewegen oder sich zu äußern. Ähnlich wie bei einem Angsttraum kann das

Erlebnis überdauernden Charakter haben und den Schläfer noch für längere Zeit beunruhigen.

Schlafattacken, Kataplexien, Schlaflähmungen und hypnagoge Halluzinationen stellen die vier Kardinalsymptome der Narkolepsie dar („narkoleptische Tetrade"). Zusätzliche Symptome, die am Tage auftreten, wie z. B. automatische Handlungen, sind Folge der Tagesschläfrigkeit: Der Patient führt Handlungen weiter, über die er keine Kontrolle mehr hat. Dies reicht von kurzen Sequenzen, wie Weitersprechen ohne Sinnzusammenhang oder Weiterschreiben, das in unleserliches Kritzeln übergeht, bis hin zu komplexen Handlungsabläufen, wie dem Verlegen von Gegenständen an dafür völlig ungeeignete Orte.

Der Nachtschlaf der meisten Narkolepsiepatienten ist vielfältig gestört. Das Einschlafen erfolgt meist ungewöhnlich rasch, mit einer Schlaflatenz die gewöhnlich weniger als fünf Minuten beträgt. Im Schlaflabor kann es Schwierigkeiten bereiten, den Patienten überhaupt bis zum geplanten Beginn der Schlafregistrierung wachzuhalten. Ein weiteres typisches Merkmal ist die extreme Verkürzung der REM-Latenz und das regelmäßige Auftreten von Einschlaf-REM-Episoden, die zuerst von Vogel (1960) und Rechtschaffen, Wolpert, Dement, Mitchell und Fisher (1963) beschrieben wurden.

Im weiteren Verlauf des Schlafes findet sich eine z.T. sehr hohe Anzahl von Stadienwechseln; dies gilt sowohl für den NREM-Schlaf als auch insbesondere für den REM-Schlaf, der häufig durch kurze Episoden von Stadium 1 oder Wach unterbrochen wird. Unter häuslichen Bedingungen haben es sich viele Patienten angewöhnt, das Bett nachts für längere Zeit zu verlassen, um andere Arbeiten zu erledigen. Die Vigilanz ist somit nicht nur am Tage, sondern auch nachts durch eine geringe Stabilität und häufige Fluktuationen zwischen verschiedenen Verhaltenszuständen gekennzeichnet. Broughton spricht daher von einer für die Narkolepsie charakteristischen Schrankenstörung (Broughton et al., 1986), die sich in einem ausgeprägt polyphasischen Schlaf-Wach-Muster manifestiert.

Die Einschlaf-REM-Episoden, die bei Narkolepsiepatienten auch tagsüber im MSLT nachgewiesen werden können, geben einen Hinweis auf die der Krankheit zugrundeliegende Pathophysiologie. Es gilt heute als sicher, daß es sich bei der Narkolepsie primär um eine Störung des REM-Schlafes und seiner neurophysiologischen Kontrollmechanismen handelt. Als Folge der mangelnden Inhibition des REM-Schlafes lassen sich auch die meisten narkoleptischen Symptome erklären. Dies gilt für die Kataplexie, die Schlaflähmung und auch für die hypnagogen Halluzinationen. Die nicht ausreichende Blockade tonischer und phasischer Komponenten des REM-Schlafes führt zum direkten Übergang vom Wachsein in den REM-Zustand bzw. zur Überlagerung von Teilkomponenten beider Zustände.

Die Narkolepsie entwickelte sich in den letzten Jahren aufgrund von genetischen und immunologischen Befunden zu einer Art Modellkrankheit in der Schlafforschung. Ausgangspunkt für die Suche nach einem genetischen Marker der Erkrankung war die schon lange bekannte Tatsache, daß es eine familiäre Häufung im Auftreten der Narkolepsie gibt. Während der Häufigkeitswert der Erkrankung in der Normalbevölkerung auf etwa 0,05 % geschätzt wird, d. h. fünf Betroffene je 10 000 Einwohner, ist das Erkrankungsrisiko von Angehörigen deutlich höher und wird nach einer japanischen Arbeit mit 1,1 % (Honda, Asaka, Tanaka & Juji, 1983), nach einer amerikanischen Arbeit mit 2,5 % (Kessler, 1976) angegeben.

1984 berichteten sowohl Juji, Sataki, Honda und Doi als auch Langdon, Welsh, van Dam, Vaughan und Parkes, daß alle oder fast alle von ihnen untersuchten Narkolepsiepatienten Träger des Human-Leukozyten-Antigens (HLA) DR2 waren. Dieses Antigen gehört zum major histocompatibility complex (MHC), der auf dem kurzen Arm von Chromosom 6 lokalisiert ist. Dies ist die engste bekannte Assoziation zwischen einem HLA-Faktor und einer Erkrankung. Obwohl die Assoziation zwischen HLA-DR2 und der Narkolepsie sehr eng ist, wurden einige DR2-negative Fälle mit dem Vollbild der Erkrankung dokumentiert (Honda & Matsuki, 1990). In der Zwischenzeit ist auch bekannt, daß bei Schwarzen die Koppelung mit dem DR2-Haplotyp weniger eng ist als mit HLA-DQw1 (Aldrich, 1990).

Die Assoziation zwischen der Erkrankung und dem MHC ließ die Vermutung aufkommen, daß ein Immun- oder Autoimmunprozeß an der Krankheit beteiligt ist. Durch Untersuchungen an monozygoten Zwillingen, bei denen meist nur einer der Zwillinge an Narkolepsie erkrankt war, weiß man, daß Umweltfaktoren bei der Auslösung der Krankheit eine entscheidende Rolle spielen müssen (Pollmächer et al., 1990). Nach den vorliegenden Daten kann angenommen werden, daß eine spezifische genetische Disposition zum Erwerb der Krankheit besteht, und daß es unter dem Einfluß einer externen Noxe zu einer Reaktion des Immunsystems kommt, die eine Schädigung des REM-Schlaf kontrollierenden Systems zur Folge hat.

Die Symtome der Narkolepsie-Kataplexie sind auch bei verschiedenen Hunderassen und anderen Tieren bekannt. An diesem Tiermodell werden derzeit sowohl die Art der genetischen Übertragung untersucht als auch pharmakologische und neurochemische Faktoren der Erkrankung (Mignot, Guilleminault, Dement & Grumet, 1992).

Bei der Therapie der Narkolepsie geht es um die Beeinflussung der beiden Hauptsymptome Tagschlaf und Kataplexie. Zur symptomatischen Behandlung der gesteigerten Schlafbereitschaft am Tage werden ZNS-Stimulantien eingesetzt, wie z. B. Mazindol (Teronac), Pemolin (Tradon) und Methylphenidat (Ritalin). Einige dieser Medikamente, wie das Methylphenidat, fallen unter das

Betäubungsmittelgesetz. Die Entscheidung über die Notwendigkeit und die Art einer medikamentösen Behandlung hängt von der Schwere der Erkrankung, der Berufs- und Lebenssituation des Patienten sowie von anderen individuellen Faktoren ab. Daher gibt es kein pauschales Behandlungsschema, sondern die Behandlung gehört in die Hand eines mit dem Krankheitsbild Narkolepsie gut vertrauten Arztes. Das Problem der Behandlung mit Stimulantien besteht prinzipiell darin, daß es sich um eine chronische, lebenslang bestehende Erkrankung handelt, die eine Dauerbehandlung erforderlich macht. Effektiv und meistens mit weniger Problemen behaftet ist die Behandlung der Kataplexie. In diesem Fall erweisen sich Antidepressiva als wirksam, da sie den REM-Schlaf unterdrücken und damit die REM-Schlaf assoziierten Symptome günstig beeinflussen. Nähere Angaben über Therapiestrategien finden sich bei Meier-Ewert (1989). Bei vielen Patienten mit Narkolepsie sind intensive Beratungen und nicht-pharmakologische Therapien oder Zusatztherapien wünschenswert, um die vielfältigen Belastungen, die die Erkrankung mit sich bringt, besser zu bewältigen.

6.2.2 Schlafbezogene Atmungsstörungen

Bedingt durch die liegende Körperhaltung und im Zusammenhang mit der veränderten Vigilanz kommt es im Schlaf zu Umstellungen der Atemregulation. Diese Veränderungen der atemmechanischen Bedingungen, die verminderte Sensitivität der Chemorezeptoren auf hyperkapnische und hypoxämische Reize im Schlaf sowie Obstruktionen der Atemwege führen dazu, daß bestehende Erkrankungen der Atemwege und der Lunge, wie das Asthma bronchiale, im Schlaf verstärkt werden und andere Störungen, wie das Schlafapnoesyndrom, typischerweise nur im Schlaf auftreten. Die Schlafapnoe ist heute als wichtigste Ursache für Tagesschläfrigkeit erkannt.

Als Schlafapnoe wird ein Zustand bezeichnet, bei dem es im Schlaf zu wiederholten Atempausen kommt. Von einem Schlafapnoe-Syndrom spricht man, wenn das vollständige Sistieren des Atemflusses an Mund und Nase mit einer Häufigkeit von mindestens fünf Ereignissen pro Stunde bei einer Dauer der apnoeischen Pausen von mindestens zehn Sekunden auftritt. Klinisch wird zwischen einer zentralen, einer obstruktiven und einer gemischten Form der Schlafapnoe unterschieden. Die zentrale Form ist durch ein Ausbleiben der Aktivierung der gesamten Atmungsmuskulatur gekennzeichnet. In diesem Fall sistiert nicht nur der Luftstrom, sondern es fehlen auch die Thoraxexkursionen. Bei der obstruktiven Form der Schlafapnoe bleibt zwar der Atemantrieb erhalten, durch einen Verschluß der oberen Luftwege kann jedoch die Luft nicht befördert werden. Die Ursache für die obstruktive Schlafapnoe kann ein selektives Fehlen der Aktivierung der Muskelgruppen sein, die für das Offenhalten des Pharynx in der Inspirationsphase – während der in den oberen Abschnitten des Atemtraktes ein negativer Druck entsteht – verantwortlich sind, oder aber eine mechanische Behinderung des Atemflusses durch eine Verlegung der oberen Atemwege. Einen Hinweis auf eine Erhöhung des Atemwegswiderstandes im Schlaf gibt das bekannte Phänomen des Schnarchens, das daher auch bei der Anamneseerhebung im Rahmen einer Schlafstörung eine wichtige Rolle spielt. Eine dritte Form der Apnoe ist die gemischte Schlafapnoe bei der initial die Thoraxexkursionen fehlen und der Luftstrom unterbrochen ist; im weiteren Verlauf der apnoeischen Episode setzen dann zuerst die thorakalen Atembewegungen wieder ein und werden stärker, bis die Luftwege – häufig mit einem lauten Geräusch verbunden – wieder frei sind. Peter et al. (1992) berichten, daß die gemischte Form der Schlafapnoe mit mehr als 90 % der Fälle eindeutig dominiert.

Bei der Beurteilung einer Schlafapnoe müssen auch Phasen einer verminderten Atmung im Schlaf, sogenannte Hypopnoen, berücksichtigt werden. Hypopnoen werden meist durch eine Reduktion der Atemarbeit um 50 % definiert. Apnoen, wie auch Hypopnoen führen je nach Dauer und Ausprägung zu einer Abnahme der Sauerstoffsättigung und zu einer Weckreaktion (Arousal) am Ende des Ereignisses. Beide Effekte werden für die gesteigerte Tagesschläfrigkeit bei Patienten mit Schlafapnoe verantwortlich gemacht. Bedingt durch die häufigen Weckreaktionen kommt es zu erheblichen Störungen des Schlafablaufs, mit einer Verflachung des Schlafes und einem Defizit an langsamwelligem Schlaf. Ebenso kommt es am Ende der apnoeischen Pausen zu phasischen Erhöhungen des Muskeltonus und zu vermehrten Körperbewegungen. Der Schlaf von Patienten mit Schlafapnoe ist meist sehr unruhig. Bei der Schlafapnoe findet sich somit gewöhnlich eine Kombination aus verkürzter Schlaflatenz und verringerter Schlafeffizienz. Da die Patienten die schlafinternen Störungen nicht erinnern, haben sie am Morgen meist keine Erklärung für das Gefühl des Nichtausgeschlafenseins und die Tagesschläfrigkeit. Anamnestisch sind die Berichte der Bettpartner wichtig, denen in den meisten Fällen sowohl das laute und unregelmäßige Schnarchen als auch die Atempausen bekannt sind, über die sie häufig beunruhigt sind.

Organische Risikofaktoren einer unbehandelten Schlafapnoe sind eine pulmonale Hypertonie, kardiale Arrhythmien, Bluthochdruck und Rechtsherzinsuffizienz. Andere Folgeerscheinungen sind kognitive Beeinträchtigungen und Persönlichkeitsveränderungen (Guilleminault & Partinen, 1990).

Die Prävalenz der Schlafapnoe ist hoch und wird auf 1–2 % geschätzt, bei einer deutlichen Altersabhängigkeit. Das Haupterkrankungsalter liegt zwischen dem 40. und dem 60. Lebensjahr. Männer sind etwa acht mal häufiger betroffen als Frauen (ICSD – International classification of sleep disorders, 1990).

Das primäre Ziel der Behandlung der Schlafapnoe ist, die Durchgängigkeit der Atemwege im Schlaf zu sichern. Die wichtigste Therapiemaßnahme ist heute die maschinelle Beatmung mit Hilfe der nasalen kontinuierlichen Überdruckbeatmung (nCPAP; Issa & Sullivan, 1986). Bei dieser Therapie atmet der Patient über eine Atemmaske Luft unter leichtem Überdruck (5–15 cm Wassersäule) ein, wodurch die Atemwege „geschient" werden und ein Kollaps der Schlundmuskulatur vermieden wird. Die Anpassung der Atemmaske und die Druckeinstellung sollte unter polysomnographischer Kontrolle im Schlaflabor erfolgen. Hier läßt sich auch der Effekt der Behandlung auf die gemessenen Atmungs- und Schlafparameter dokumentieren. Bei Patienten mit ausgeprägter Tagessymptomatik (Einschlafneigung, Konzentrationsmangel, mangelnde Resistenz gegen Monotonie, Impotenz) ist die Compliance für die regelmäßige Benutzung des CPAP-Gerätes hoch, da Tagesbeeinträchtigungen nach Beginn der Behandlung prompt und weitgehend reversibel sind. Größere Probleme mit der Compliance ergeben sich bei Patienten mit weniger stark ausgeprägten Effekten am Tage (Krieger, 1992). Hier ist eine eingehende Beratung und kontinuierliche Betreuung des Patienten unbedingt erforderlich.

Vor Behandlungsbeginn sind neben polysomnographischen Untersuchungen unter Einschluß von Atmungsparametern HNO-ärztliche Untersuchungen erforderlich, um mechanische Atemhindernisse, wie z. B. vergrößerte Tonsillen, zu erkennen. Da Patienten mit Schlafapnoe häufig anatomische Veränderungen im Bereich der oberen Atemwege aufweisen, werden auch mechanische Vorrichtungen wie die sog. Esmarch-Klemme (Meier-Ewert & Brosig, 1987) verwendet oder aber in einigen Fällen operative Eingriffe wie die Uvulopalatopharyngoplastik (UPPP) oder die maxillo-mandibuläre Osteotomie vorgenommen (Hochban, Brandenburg & Kunkel, 1993). Die Risiken und Nebenwirkungen dieser Therapieverfahren müssen vor ihrem Einsatz genauestens überlegt werden (Lund, Stumpner, Jochems & Häußinger, 1989).

Verhaltenstherapeutische Verfahren wurden vor allem für lageabhängige Formen der Schlafapnoe entwickelt. Da viele Patienten in der Rückenlage vermehrte und lange Apnoephasen haben, wird versucht, dem Schläfer die Körperlage rückzumelden und ihn von der Rückenlage abzuhalten (Cartwright, Lloyd, Lilie & Kravitz, 1985). Bei vielen Patienten mit Schlafapnoe sind außerdem schlafhygienische Maßnahmen angezeigt. Dazu gehört das Vermeiden von Alkohol, Tranquilizern und sedierenden Medikamenten, da diese den Muskeltonus erniedrigen und den Atemantrieb hemmen. Weitere Maßnahmen bestehen in einer systematischen Gewichtsreduktion, da ein Großteil der Patienten übergewichtig ist und die Fettansammlung im Halsbereich zur Behinderung der Atmung beiträgt (Guilleminault, van den Hoed & Mitler, 1978).

6.2.3 Diagnostische Strategie bei Tagesschläfrigkeit

Meier-Ewert (1988) hat für den diagnostischen Entscheidungsprozeß beim Vorliegen des Leitsymptoms Tagesschläfrigkeit das in Tabelle 7 angegebene Schema aufgestellt. Es soll an dieser Stelle wiedergegeben werden, da es auch andere Ursachen für Tagesschläfrigkeit berücksichtigt, die in dem bisher Gesagten nicht angesprochen wurden.

Tabelle 7: Diagnostische Strategie bei Tagesschläfrigkeit

Frage	ja Klinische Verdachtsdiagnose
Einnahme von Medikamenten mit sedativer Wirkkomponente Müdigkeit (Neuroleptika, Antidepressiva, Tranquilizer, Antihypertonika etc.)	→ Medikamentös bedingte Müdigkeit
Schnarchen mit Aussetzern	→ Schlafapnoe
Kataplektische Attacken	→ Narkolepsie
Morgendliche Schlaftrunkenheit	→ NREM- oder symptomatische Hypersomnie
Schlafperioden mit freien Intervallen von Monaten oder Jahren	→ Episodische Hypersomnie, evtl. Kleine-Levin-Syndrom
Schädelhirntrauma, Enzephalitis	→ Symptomatische Hypersomnie
Schichtarbeit oder häufige Interkontinentalflüge	→ Chronische Störung des Schlaf-Wach-Rhythmus
Stimulanzienabusus	→ Medikamentenabhängigkeit
Grübelsucht, Schwarzseherei	→ Depression mit Rückzugstendenz und vermehrter Schlafneigung
„Enuresis", Blut und Speichel im Bett	→ Nächtliche Krampfanfälle

6.3 Zirkadiane Schlafstörungen

Schlafen ist ein Teil des 24stündigen Schlaf-Wach-Rhythmus und damit eng an andere biologische Rhythmen im zirkadianen Frequenzbereich gekoppelt. Störungen der zirkadianen Rhythmik müssen immer dann bei der Diagnostik und Therapie von Schlafstörungen berücksichtigt werden, wenn Patienten über unpassende Schlafzeiten klagen, d.h. wenn sie entweder ungewöhnlich früh oder aber ungewöhnlich spät zu Bett gehen. Zirkadiane Schlafstörungen können auch durch eine erzwungene Verschiebung der Schlafzeit hervorgerufen werden, etwa bei Wechselschichtarbeit oder als Folge von Zeitzonenwechseln bei Interkontinentalflügen. Bei vielen Personen, die sonst gute Schläfer sind, können die Nachwirkungen einer Flugreise, wie das abrupte nächtliche Erwachen mit der Unfähigkeit des Wiedereinschlafens, eine eindrucksvolle und ungewohnte Erfahrung darstellen. Wie diese Beispiele zeigen, ist das Zusammenspiel zwischen körpereigenen zirkadianen Rhythmen und externen Zeitgebern eine notwendige Voraussetzung für ungestörten Schlaf. Sowohl beim Menschen wie auch bei allen untersuchten Tierspezies verhalten sich die zirkadianen Rhythmen nach den Regeln von selbsterregten Schwingungen, d. h. sie sind endogenen Ursprungs, werden aber durch externe Zeitgeber mit der geophysikalischen 24-Stunden-Periodik der Umwelt synchronisiert (Wever, 1979; Aschoff, Daan & Groos, 1982).

Untersuchungen an Menschen, die für längere Zeit (meist für einen Monat) ohne Kenntnis externer Zeitgeber lebten, haben gezeigt, daß die bevorzugte Phasenlage der selbstgewählten Schlafzeit, wie auch die Schlafdauer, von der Beziehung der Ruhezeit zu anderen zirkadianen Rhythmen abhängt (Zulley, 1993). Die bevorzugte Schlafzeit korrespondiert mit dem tiefsten Punkt (Nadir) des Temperaturrhythmus. Die Schlafdauer ist ebenfalls mit der Temperaturperiodik synchronisiert: Wird bei absteigender Körpertemperatur geschlafen, dann werden normale oder lange Schlafzeiten beobachtet, während die Schlafzeit kurz ist, wenn der Schlaf spät nach dem Temperaturminimum oder erst beim Maximum der Körpertemperatur beginnt. Die Phasenlage der bevorzugten Schlafzeit bleibt auch bei Dauerbettruhe erhalten (Campbell, 1984).

Bei der Untersuchung des „Tagesgangs" der einzelnen Schlafstadien zeigte sich, daß REM-Schlaf eng mit dem Tagesgang der Körpertemperatur gekoppelt ist: Höchste Anteile von REM-Schlaf finden sich in der Nähe des Temperaturminimums, niedere Anteile in der Nähe des Temperaturmaximums (Czeisler, Weitzman, Moore-Ede, Zimmermann & Knauer, 1980).

Im Unterschied dazu wird langsamwelliger Schlaf (Schlafstadien 3 und 4) homöostatisch reguliert (Borbély, 1982) und ist nur wenig von zirkadianen Rhythmen abhängig. Dies kann einer der Gründe dafür sein, warum die Schlafphasen bei manchen Schlafstörungen in ungewöhnlicher Weise gegeneinander verschoben sein können, wie etwa in der Depression oder bei der Narkolepsie.

Weitere Kennzeichen der Modulation der Schlafbereitschaft innerhalb von 24 Stunden sind der zweite Gipfel erhöhter Schlafbereitschaft am Nachmittag (Siesta) und ein ausgeprägtes Minimum der Schlafbereitschaft gegen Abend (Lavie & Scherson, 1981).

Licht ist der wichtigste Zeitgeber für die Synchronisation zirkadianer Rhythmen. Der Lichteffekt wird über den Nucleus suprachiasmaticus vermittelt, ein hypothalamisches Kerngebiet, dessen Läsion bei Versuchstieren zum Verschwinden der spontanen Zirkadianperiodik des Ruhe-Aktivitätsverhaltens und der Nahrungsaufnahme führt (Stephan & Zucker, 1972). Melatonin, das Hauptprodukt des Pinealorgans, ist ein Hormon mit ausgeprägtem Tagesgang und maximaler Sekretion in der Dunkelphase. Die Phasenlage des Melatoninrhythmus kann durch helles Licht deutlich beeinflußt werden (Lewy, Wehr & Goodwin, 1980). Da Melatonin selbst eine hypnotische Wirkung besitzt, kann dieses Hormon umgekehrt auch zur Resynchronisation einer veränderten Phasenlage zirkadianer Rhythmen eingesetzt werden (Arendt, Borbély, Franey & Wright, 1984). Die Therapie der zirkadianen Schlafstörungen mit hellem Licht wird in Kapitel 7.6.2 besprochen.

6.4 Parasomnien

Parasomnien sind körperliche Symptome oder Verhaltensweisen nichtepileptischer Ursache, die im Schlaf oder beim Schlaf-Wach-Übergang auftreten, ohne für den Schlafzustand konstituierend zu sein. Einige der Parasomnien sind universeller Natur, wie z. B. das Sprechen im Schlaf, und bedürfen keiner besonderen Behandlung.

Parkes (1985) hat nach dem jeweils primär betroffenen System eine Einteilung der Parasomnien in autonome und motorische Störungen vorgeschlagen. Zu den autonomen Störungen gehören schlafabhängiges Asthma, kardiovaskuläre Symptome, Halbseitenkopfschmerz, nächtliche Erektionsstörungen und die Begleiterscheinungen des Pavor nocturnus. Typische motorische Parasomnien sind das Schlafwandeln, nächtliches Zähneknirschen, Jactatio capitis nocturna (rhythmische Kopfbewegungen) und nächtliche paroxysmale Dystonien (abnorme Bewegungen oder Haltungen).

Ein anderes wesentliches Einteilungskriterium für Parasomnien ist der Verhaltenszustand bzw. das Schlafstadium, an das die Störung gebunden ist und die Art der Bewußtseinsstörung, mit der das parasomnische Phänomen assoziiert ist. Eine solche Einteilung betont den Aspekt, daß es sich bei vielen Parasomnien um Arousal-Störungen handelt (Broughton, 1968). Dissoziationen zwischen den Elementen eines Verhaltenszustandes, wie sie für die Parasomnien typisch sind, können nach dem von Koella (1988) vorgeschlagenen Modell „lokaler Vigilanzen" gut verstanden werden. Dieses Modell betont die Tatsache, daß wir es nicht nur mit einem Vigilanzkontinuum zu tun haben, das sich zwischen den Polen aufmerksames Wachsein und tiefer Schlaf erstreckt und die Gesamtreaktivität des Systems bestimmt, sondern auch mit lokalen Vigilanzen, d. h. mit der Reaktivität von Teilsystemen. Dabei wird zwischen fünf Systemen unterschieden, nämlich höheren, niedrigen, sensorischen, motorischen und vegetativen Funktionen. Je nach der Aktivitätslage dieser Funktionen verfügt jeder Verhaltenszustand und jedes Schlafstadium über ein eigenes Vigilanzprofil. REM-Schlaf unterscheidet sich im Vigilanzprofil von langsamwelligem Schlaf (Schlafstadien 3 und 4) vor allem dadurch, daß im REM-Schlaf die motorischen und die vegetativen Funktionen stark inhibiert sind, während höhere und niedere ZNS-Funktionen in diesem Zustand hoch aktiv sind. Aus diesem Grund sind auch viele Parasomnien zustandsgebunden. Typische Parasomnien des langsamwelligen Schlafes, mit einer Häufung im ersten Nachtdrittel, sind das Schlafwandeln und der Pavor nocturnus. Entsprechend der hohen (lokalen) Vigilanz des motorischen und des vegetativen Systems bei niedriger Vigilanz höherer Funktionen kann es in diesen Zuständen zu motorischen oder vegetativen Entäußerungen kommen, ohne daß die entsprechende Kontrolle regulierend eingreift. Auch die Amnesie für diese Parasomnien läßt sich aus der geringen Reaktivität höherer Funktionen während der parasomnischen Episode erklären. Umgekehrt zeichnen sich Parasomnien des REM-Schlafes durch eine ausgeprägte Reaktivität höherer Funktionen aus, wie sie etwa für Alpträume typisch ist. Es wäre eine lohnende Aufgabe für die Zukunft, die Vielzahl unterschiedlicher Parasomnien entsprechend dem Koellaschen Konzept der lokalen Vigilanzen neu zu ordnen und damit auch einen wesentlichen Beitrag zum Verständnis ihrer Pathophysiologie zu leisten.

Neuere deutschsprachige Übersichten über Parasomnien finden sich bei Broughton (1990), Riemann (1992) und Mayer (1993).

7 Ansätze zur Behandlung von Schlafstörungen

Schlafstörungen, insbesondere Insomnien, stellen in der Regel sehr hartnäckige Beschwerden mit chronischem Verlauf dar, bei denen in der Regel ohne Behandlung keine spontane Remission zu erwarten ist. Die mittlere Störungsdauer beträgt etwa 14 Jahre (Hauri, Percy, Hellekson, Hartmann & Russ, 1982). Das bedeutet, daß erst nach 14 Jahren einer unerfreulichen Patientenkarriere die Betroffenen adäquat diagnostiziert und/oder behandelt werden.

Im folgenden werden vor allem kognitiv-verhaltenstherapeutische Methoden bei der Behandlung von Insomnien dargestellt. Diese Verfahren können entweder als eigenständige Behandlungen oder aber in Kombination mit pharmakologischen Behandlungen eingesetzt werden. Hinweise zur Pharmakotherapie von Schlafstörungen finden sich u. a. bei Lund und Clarenbach (1992) sowie bei Berger (1992).

7.1 Entspannungsverfahren

Die Entspannungstechniken bei der Behandlung von Insomnien gehen davon aus, daß schlechte Schläfer ein erhöhtes physiologisches bzw. somatisches, kognitives oder emotionales Erregungsniveau aufweisen („Arousal"-Hypothese). Zu den wichtigsten Entspannungstechniken gehören:
- Progressive Muskelrelaxation,
- Biofeedback,

- Autogenes Training,
- Meditationstraining.

7.1.1 Progressive Muskelrelaxation

Die Progressive Muskelrelaxation (PM) wurde von allen therapeutischen Ansätzen am häufigsten zum Gegenstand systematischer Untersuchungen gemacht. Diese Methode, deren Hauptkomponenten (a) in der sukzessiven Anspannung und Entspannung aller Muskelgruppen und (b) in der Focussierung der Aufmerksamkeit auf das Erlebnis der Entspannung liegen, zeichnet sich durch ihre leichte und schnelle Erlernbarkeit aus.

Seit 1973, als die erste kontrollierte Studie zur PM von Borcovec und Fowles durchgeführt wurde, liegt eine Vielzahl von Untersuchungen vor, die die Überlegenheit der PM gegenüber von Placebo- und „No treatment"-Bedingungen bei der Behandlung von Schlafstörungen aufzeigen konnte (Bootzin & Nicassio, 1978; Lichstein & Fischer, 1985). In fast allen Studien stand die Einschlaflatenz als abhängige Variable im Mittelpunkt.

Wiederholt wurde gezeigt, daß die muskuläre Entspannungskomponente einen wesentlichen Anteil an der Verbesserung der objektiven und subjektiven Schlafparameter hat (Borkovec, 1982). Die Spannung/Entspannung-Komponente wurde daher als die entscheidende aktive Variable bei der Behandlung von Schlafstörungen angesehen. Andere Untersucher konnten allerdings nachweisen, daß auch die passive Entspannung (d. h. Konzentration auf die Körperempfindungen ohne muskuläre Entspannung) zu einer signifikanten Verkürzung der Einschlaflatenz führt (Lichstein & Fischer, 1985).

Übersichtsstudien zeigen eine bestenfalls als moderat zu bezeichnende Effektivität der PM. Demnach verkürzt sich die subjektive Einschlaflatenz um etwa 45 %. Nachuntersuchungen zeigten, daß der Effekt für einige Monate relativ stabil blieb (Borkovec, 1982; Lichstein & Fischer, 1985). In polysomnographischen Daten war die Veränderung insgesamt geringer als in den subjektiv erhobenen Daten.

7.1.2 Biofeedback-Verfahren

Noch unmittelbarer als bei der PM werden bei Biofeedback-Verfahren die psychophysiologischen Korrelate von Spannung und Entspannung verwendet. Bei Schlafstörungen wurden hauptsächlich zwei Verfahren eingesetzt und in Therapiestudien untersucht:

- Das Frontalis EMG-Feedback, bei dem die Spannung des Stirnmuskels gemessen und rückgemeldet wird. Dabei wird davon ausgegangen, daß mit der Entspannung der Stirnmuskulatur andere Muskeln nicht weiter verspannt bleiben können.
- Das EMG plus Theta Feedback als Kombinationsverfahren, bei dem zunächst das EMG- und anschließend das EEG-Theta-Rhythmus-Training erfolgt. Hier wird davon ausgegangen, daß Theta-Wellen eine tiefe Entspannung signalisieren, die in manchen Stadien der Meditation erreicht wird. Für die Kombination beider Verfahren sprechen Untersuchungsergebnisse, die zeigten, daß tiefe Muskelentspannung (mittels des EMG-Feedback) für die Mehrheit der Behandelten die Voraussetzung für das Erzeugen des Theta-Rhythmus ist (Hauri, 1978).

Die positive Wirkung von EMG-Biofeedback bei Einschlafstörungen wurde in mehreren Untersuchungen nachgewiesen. Haynes, Sides und Lockwood (1977) beobachteten eine Verkürzung der subjektiven Einschlaflatenz beim Einsatz von EMG-Biofeedback im Vergleich zu einer Placebogruppe. Der Effekt hielt auch nach drei Monaten an und war mit dem einer mit PM behandelten Vergleichsgruppe vergleichbar. Zu ähnlichem Ergebnis kamen Freedman und Papsdorf (1976), die bei ihrem Vergleich der PM und des EMG-Biofeedbacks zusätzlich polysomnographische Erhebungen durchführten. Engel, Knab und Albus (1985) fanden beim Vergleich von EMG-Biofeedback mit einem gezielten Aktivitätstraining und mit einer Behandlung mit Flunitrazepam vergleichbare Effekte im Sinne einer Abnahme der objektiven Einschlaflatenz. Bei der Entspannungs- und Aktivitätsgruppe wurde zusätzlich eine Zunahme des Tiefschlafs beobachtet. Aufschlußreich war auch die von den Autoren durchgeführte Analyse der subjektiven Beurteilung der Therapieeffekte. Lediglich in den beiden Psychotherapiegruppen fühlten sich die Behandelten in der Lage, gezielt gegen ihre Schlafstörungen vorzugehen, und schätzten ihre Schlafprobleme als nicht mehr so gravierend ein wie vor der Behandlung. Die verhältnismäßig geringe Popularität dieser Biofeedback-Technik ist u. a. auf die extreme Schwierigkeit zurückzuführen, mit der das Erzeugen des Theta-Rhythmus gelernt wird (Hauri, 1981).

7.1.3 Autogenes Training

Autogenes Training (AT) gehört auch bei Schlafgestörten zu den am besten bekannten Entspannungsverfahren. Trotz seiner Popularität wurde das AT in der klinischen Schlafforschung bei weitem nicht so intensiv untersucht wie die Progressive Muskelrelaxation.

Engel-Sittenfeld, Engel, Huber und Zangl (1980) konnten in ihrer Untersuchung, in der AT, EMG plus Theta-Biofeedback und nondirektive Gesprächstherapie verglichen wurden, zeigen, daß alle drei Interventionstechniken bei der Behandlung chronischer Schlafstörungen ähnlich wirksam waren. Alle drei Methoden bewirkten außerdem eine signifikante Abnahme des Schlafmittelkonsums sowie eine Verbesserung der subjektiven Ausgeruhtheit, wogegen die Einschlafdauer und die Einschlaflatenz sich nicht änderten. Die einzige feststellbare und stabile Veränderung innerhalb der schlafspezifischen Parameter betraf die Wiedereinschlaflatenz nach nächtlichem Erwachen, die sogar in einer Nachuntersuchung nach 6 Monaten kürzer war als bei Therapieende. Die drei untersuchten Therapieformen unterschieden sich lediglich in der Anzahl von Abbrechern, die in der Gesprächstherapie viel höher lag als in den beiden Entspannungsgruppen. Die Autoren vermuteten, daß die Gesprächspsychotherapie von den Behandelten nicht als geeignete Maßnahme zur Beseitigung von Schlafstörungen angesehen wurde. Zum anderen sehen sie die hohe Abbruchquote im Zusammenhang mit der Persönlichkeitsstruktur von chronisch Schlafgestörten, „die durch Abwehr, emotionale Gehemmtheit und Überkontrolliertheit gekennzeichnet ist" (Engel-Sittenfeld et al., 1980, S. 46).

7.1.4 Meditation

Meditationstraining wird gerade auf dem Hintergrund des erhöhten kognitiven Erregungsniveaus bei Schlafgestörten oft als Therapie der Wahl empfohlen, da es die sich zwanghaft wiederholenden Gedankengänge von Schlafgestörten zu neutralisieren vermag. Ähnlich wie beim AT liegen hier allerdings nur wenige Studien zur Effektivität des Verfahrens unter kontrollierten Bedingungen vor.

Woolfolk, Carr-Kaffashan und McNulty (1976) konnten in einer kontrollierten Studie zeigen, daß zwei unterschiedliche Arten der Meditation (Zen und Yoga) zu einer mit der Muskelrelaxation vergleichbaren Verkürzung der Einschlaflatenz und zu einer Verbesserung des Durchschlafens führten. Der Effekt hielt auch sechs Monate nach Ende der Therapie noch an.

7.2 Systematische Desensibilisierung

Die Systematische Desensibilisierung (SD) gehört zu den bekanntesten Verfahren der Verhaltenstherapie, welche in den letzten dreißig Jahren eine breite Anwendung bei der Behandlung von Ängsten fand. Bei der Behandlung von Schlafstörungen, bei der für gewöhnlich eine an Bett-Aktivitäten gebundene Angsthierarchie an die Progressive Muskelentspannung gekoppelt wird, wurde die SD ebenfalls erfolgreich eingesetzt (z. B. Gershman & Clouser, 1974). Nach den Ergebnissen einer Metaanalyse liegt die Effektivität der SD im Bereich der anderen, bisher vorgestellten Verfahren (Lichstein & Fischer, 1985).

7.3 Paradoxe Intention

Das von Frankl im Rahmen der Logotherapie entwickelte Verfahren der paradoxen Intention (PI) wird vorwiegend zur Behandlung von Einschlafschlafstörungen eingesetzt. Es wird angenommen, daß die Entstehung und Aufrechterhaltung von Schlafstörungen in dem Nacht für Nacht unternommenen Versuch der Betroffenen begründet ist, den Schlaf willentlich herbeizuführen; ein Versuch, der ebenso verkrampft wie erfolglos ist. Dadurch wird letztendlich ein erhöhtes Erregungsniveau erzeugt, das zur Chronifizierung der Schlafstörung beiträgt.

In der klinischen Praxis wird die PI als eine Selbstkontrollstrategie eingesetzt, bei der der Schlafgestörte dazu aufgefordert wird, sich auf das Wachbleiben zu konzentrieren. Auf diese Weise kann der Teufelskreis aus falschem Bemühen und Erwartungsangst durchbrochen werden. Die beängstigenden Gedanken über das Nichteinschlafenkönnen stehen nicht mehr im Zentrum der Aufmerksamkeit, und gerade dadurch kann das Einschlafen gefördert werden. Dieses so scheinbar einfache Prinzip stellt allerdings für den Therapeuten eine im Vergleich mit Entspannungstechniken oder Stimuluskontrolle schwierige und unbequeme Aufgabe dar, da der Patient gerade zu tun aufgefordert wird, wovor er die meiste Angst hat. Turner (1986) betont in diesem Zusammenhang die Wichtigkeit der Patientenaufklärung vor dem Einsatz der PI. Diese Technik kann nicht mechanisch angewendet werden, sondern verlangt vom Therapeuten besonderes Geschick, Einfühlung und Überzeugungskraft (Knab, 1989).

7.4 Stimuluskontrolle / Schlafhygiene

Die Stimuluskontrolle (SK) gehört zu den vorrangigen verhaltenstherapeutischen Methoden bei Schlafstörungen. Ihr Einsatz wurde durch die lerntheoretische Hypothese begründet, daß für Schlafgestörte das Bett und seine Umgebung nicht mehr mit Ruhe und Schlaf verknüpft werden, sondern mit schlafinkompatiblen Aktivitäten (Fernsehen, Lesen, Arbeiten, Grübeln, Problemlösen etc.), die letztendlich durch ein erhöhtes Erregungsniveau dem Schlaf entgegenwirken. Das Ziel der SK besteht darin, bei Schlafgestörten die „richtigen" Zusammenhänge zwischen Bett und Schlafen wieder herzustellen und einen stabilen Schlaf-Wach-Rhythmus aufzubauen (Bootzin & Nicassio, 1978). Dabei werden die bestehenden falschen Gewohnheiten durch die Vermittlung folgender Regeln korrigiert:
– nur dann zu Bett gehen, wenn man müde ist,
– keine Aktivitäten wie Fernsehen, Lesen, Grübeln etc. im Bett,

- bei Einschlaf- und/oder Durchschlafschwierigkeiten nicht länger als 10 Minuten im Bett bleiben, dann aufstehen und erst wieder ins Bett gehen, wenn man sich müde genug fühlt,
- regelmäßige Aufstehzeiten einhalten und
- keinen Mittagsschlaf halten.

Lacks, Bertelson, Sugerman und Kunkel (1983) führten eine gut kontrollierte Vergleichsstudie (Stimulus-Kontrolle, Paradoxe Intention, Progressive Muskelrelaxation) durch mit dem Ergebnis, daß SK die wirksamste Behandlung war, unabhängig vom Schweregrad der Schlafstörung. Der Prozentsatz der im Hinblick auf die Schlaflatenz „gebesserten" Patienten betrug in dieser Studie sogar 93 %, bei den zwei anderen Interventionen 57 % bzw. 68 %. Bestätigt wurde das überlegene Bild der SK gegenüber anderen verhaltenstherapeutischen Methoden auch in einer von Lacks und Powlishta (1989) durchgeführten Reanalyse der Ergebnisse von sieben Therapiestudien mit insgesamt 216 Patienten.

In einem Gruppentherapieprogramm von Lacks (1987) werden die beiden Maßnahmen SK und Schlafhygiene als therapeutischen Einheit verwendet.

7.5 Schlafbeschränkungstherapie

Spielman, Saskin und Thorpy (1987) gingen bei der Entwicklung der Schlafbeschränkungstherapie („sleep restriction therapy") von der Annahme aus, „that excessive time spend in bed is one of the important factors that perpetuates insomnia" (S. 45). Folglich wird hier konsequent die Gesamtbettzeit der Behandelten (time in bed: TIB) der unter Ausgangsbedingungen beobachteten Gesamtschlafzeit (total sleep time: TST) angepaßt.

Die Therapie ist so aufgebaut, daß der Patient zuerst zwei Wochen lang ein Schlaftagebuch führt, mit Angaben zur Bettzeit, zum Einschlafen und zu den nächtlichen Schlafunterbrechungen. Aufgrund dieser Angaben wird die mittlere Schlafzeit ermittelt. Die erlaubte Bettzeit wird zu Beginn der Behandlung auf die ermittelte Schlafzeit reduziert. Im weiteren Verlauf der Behandlung wird die erlaubte Schlafzeit schrittweise um jeweils 15 Minuten verlängert und zwar solange, bis die erwünschte Schlafdauer erreicht ist. Als Kriterium für die schrittweise Schlafverlängerung gilt, daß in jeder Etappe mindestens 90 % der im Bett verbrachten Zeit als Schlafzeit gewertet werden. Außerhalb der Nachtzeit darf nicht geschlafen werden. Durch die Schlafbeschränkung kommt es zu Beginn der Therapie zu einem (erwünschten) Schlafdefizit, das Tagesmüdigkeit erzeugt und die vermutete Übererregung des schlafgestörten Patienten dämpft.

Die bei 35 Patienten mit Einschlaf- und Durchschlafstörungen eingesetzte Methode erbrachte nach einer achtwöchigen Behandlung und 36 Wochen nach

Therapieende signifikante Verbesserungen in der Einschlaflatenz, Schlafeffizienz und Wachzeit in der Nacht. 86 % der Behandelten gaben eine globale Besserung der Symptomatik an.

Diese positiven Ergebnisse wurden durch dieselbe Arbeitsgruppe bei über 50 älteren Schlafgestörten bestätigt (Anderson et al., 1988). Die Autoren fanden zwischen der Schlafbeschränkungstherapie und einer reinen Stimuluskontrolle kaum Unterschiede in der Effektivität.

7.6 Kombinierte Verfahren

Die Theorieentwicklung hinsichtlich der Entstehung und Aufrechterhaltung von Schlafstörungen begünstigte in den letzten 15 Jahren zunehmend multifaktorielle Ansätze, die der Komplexität des Störungsbildes eher gerecht werden. Dabei wurden zwar die Forderungen nach entsprechenden breit angelegten Therapieprogrammen immer lauter (Killen & Coates, 1984; Schindler, 1990; Thoresen, Coates, Krimil-Gray & Rosekind, 1981), die praktische Resonanz blieb jedoch hinter diesen Forderungen weit zurück. Im folgenden werden Studien diskutiert, bei denen kombinierte Techniken zur Anwendung kamen. Dabei werden zunächst solche Therapieansätze berücksichtigt, bei denen die Entspannung im Vordergrund stand. Anschließend werden die bisher entwikkelten kombinierten Selbsthilfeprogramme und breitbandig angelegte Therapien vorgestellt.

7.6.1 Kombinierte Entspannungstechniken

Die bisher dargestellten Entspannungstechniken haben ihren Schwerpunkt in der Reduktion entweder physiologischer oder kognitiver Spannung. Nur vereinzelt findet man frühe Untersuchungen, die die Wirksamkeit von kombinierten Entspannungsverfahren überprüften. Die Pionierarbeiten zu einem solchen Vorgehen stammen von Mitchell (1979), der sich in seinen Untersuchungen mit den separaten und kumulativen Effekten der physiologischen und kognitiven Relaxationstechniken beschäftigte: 24 Einschlafgestörte wurden per Zufall in drei Behandlungsgruppen aufgeteilt, in denen die meisten Interventionen mittels eines Tonbands, d. h. ohne Therapeuteneinflüsse, erfolgten:
- Progressive Muskelrelaxation (PM),
- PM und kognitive Kontrolltechniken wie z. B. Gedankenstop, Selbstdesensibilisierung, rationales Denken u. ä. (PMK),
- Aufklärung über die Natur des Schlafes und Aktivitätsaufbau (AA),
- Kontrollbedingung (KG) ohne Behandlung.

Sowohl unmittelbar nach der Therapie als auch sechs Wochen später zeigte sich (bis auf die Variable „Gesamtschlafzeit") eine deutliche Überlegenheit des kombinierten Verfahrens. So verkürzte sich beispielsweise die Einschlaflatenz bei der kombinierten PMK um 71 %, nach der reinen Entspannung (PM) hingegen nur um 40 %.

Die Wirksamkeit eines kombinierten Einstellungsänderung-Entspannungstrainings wurde auch in einer Studie von Becker-Carus, Heyden und Kelle (1985) nachgewiesen, in der neben der Entspannung zwei weitere Behandlungsmethoden – Nadel-Akupunktur und Laser-Akupunktur – miteinander verglichen wurden. In dem Einstellungsänderung-Entspannungstraining wurden drei verschiedene Techniken miteinander kombiniert: die muskuläre Tiefenentspannung, die sog. „Reise durch den Körper" und die Schwere-/Wärmeübung des Autogenen Trainings. Zusätzlich zu diesen Interventionen wurden mittels umfangreicher Informationen zum Schlaf, Medikamentenkonsum etc. Veränderungen ungünstiger, dysfunktionaler Einstellungen zum Schlaf angestrebt. Die Resultate zeigten, daß es in allen Behandlungsgruppen – wenn auch in unterschiedlichem Ausmaß und Zeitraum – zu positiven Veränderungen der dort erfaßten abhängigen Variablen (Schlaferholsamkeit, Einschlafdauer, Aufwachhäufigkeit und Medikamenteneinnahme) kam. Auffällig war jedoch, daß die stärkste signifikante Abnahme des Medikamentenkonsums in der Einstellungs-Entspannungsgruppe verzeichnet wurde. Es scheint also, daß die in der Therapie erlernten neuen Coping-Strategien (körperliche und kognitive Entspannung) als hilfreiche Alternative zur medikamentösen Behandlung der Störung eingesetzt wurden.

7.6.2 Kombinierte Selbsthilfeprogramme

Selbsthilfeprogramme gehören im weitesten Sinne zu den sog. Bibliotherapien, die – durch schriftliches Material gesteuert – ohne Therapeuten bei verschiedenen Störungsbildern eingesetzt werden können. Eine der wenigen kontrollierten Untersuchungen, die sich mit diesem Thema bei Schlafgestörten beschäftigte, wurde von Morawetz (1989) durchgeführt. Das durch schriftliches Material und Tonbandaufnahmen gesteuerte Selbsthilfeprogramm umfaßte die Vermittlungen von Informationen zum Schlaf, die Regeln der Stimuluskontrolle und die meditative Relaxation. Die aus einer umfangreichen Stichprobe (N = 141) gewonnenen Daten zeigten, daß für Personen ohne Medikamenteneinnahme ein solches Programm eine effektive und ökonomische Behandlungsmöglichkeit darstellt. Im Gegensatz dazu scheint für die Untergruppe der mit Medikamenten behandelten Patienten der begleitende Einsatz von Therapeuten notwendig zu sein.

Ein in der Literatur häufig zitiertes Selbsthilfeprogramm „How to sleep better: A drug free program for overcoming insomnia" wurde von Coates und Thoresen entwickelt und auch ins Deutsche übersetzt (Coates & Thoresen, 1982).

Dieses sehr übersichtlich und verständlich konzipierte Programm umfaßt mehrere Bereiche, die sowohl auf die Störung als auch auf die übrige Lebenssituation der Betroffenen abzielen. Zu störungsspezifischen Strategien gehören beispielsweise: Informationsvermittlung über den Schlaf und Einfluß von Medikamenten, Analyse des eigenen Schlafverhaltens, Ermittlung und ggf. Veränderung von Gedanken und Selbstgesprächen zum Schlaf, körperliche und kognitive Entspannung. Über diese Einzelstrategien hinausgehende Interventionsvorschläge beziehen sich auf das Erkennen und Bewältigen von belastenden Situationen im Alltag. Mit Sicherheit stellt das Selbsthilfeprogramm von Coates und Thoresen eine Annäherung an umfassendere, dem komplexen Störungsbild gerechtere Sichtweisen dar. Leider liegen z. Zt. keine kontrollierten Therapiestudien mit klinischen Stichproben zur Evaluation des Programms vor.

Ein ähnlich konzipiertes, ebenfalls noch nicht evaluiertes Selbsthilfeprogramm wurde von Hauri und Linde (1990) publiziert. Dieses sehr umfassende Programm wurde inzwischen ins Deutsche übersetzt.

Im deutschsprachigen Raum liegt ein bereits evaluiertes Selbsthilfeprogramm von Mittelmann und Löchte (1995) vor.

7.6.3 Multifaktorielle einzel- und gruppentherapeutische Ansätze

Studien mit multifaktoriell angelegten Therapieprogrammen für Schlafgestörte wurden zuerst von der Arbeitsgruppe um Thoresen (Thoresen et al., 1981) und im deutschen Sprachraum von Schindler und Hohenberger (Schindler & Hohenberger, 1982; Schindler, Hohenberger & Müller, 1984) durchgeführt. Die Autoren entwickelten ein verhaltenstherapeutisches Behandlungsprogramm, das aus den verschiedenen Aspekten des Beschwerdebildes abgeleitet wurde (Hohenberger & Schindler, 1984). Im Wesentlichen ergaben sich dabei zwei übergeordnete therapeutische Zielbereiche: die Veränderung des Schlafverhaltens und die Veränderung der übrigen Lebenssituation. Die therapeutischen Maßnahmen des ersten Zielbereiches umfaßten u. a. die Veränderung der Einstellung zum Schlaf, das Erlangen der Fähigkeit zur körperlichen und kognitiven Entspannung und die Wiederherstellung eines geregelten Schlaf-Wach-Rhythmus, während sich die Interventionen des zweiten Zielbereiches auf Streßmanagment, Stimmungsbeeinflussung und den Ausbau von sozialen und anderen Aktivitäten konzentrierten. Aus diesen Zielbereichen ergaben sich auch die zwei Therapiephasen des Programms (Phase A: schlaffördernde Maßnahmen; Phase B: Änderung der Lebenssituation), denen eine individuelle Verhaltensanalyse vorangeschaltet wurde. Die Wirksamkeit des elf Sitzungen umfassenden Therapieprogramms wurde anschließend an einer Stichprobe von 24 Personen in Einzelsitzungen durchgeführt und einer unbehandelten Wartekontrollgruppe (N = 9) gegenübergestellt. Ein prä-post Vergleich der ausschließlich subjektiv erhobenen Daten zeigte, daß sich die primären Zielvariablen Schlafdauer und Einschlaflatenz nach der Therapie signifikant besserten, nicht jedoch die nächtlichen Wachperioden. Ebenso zeigten sich nach der Therapie deutliche Verbesserungen in den ebenfalls erhobenen sekundären Zielvariablen wie Reaktion auf Belastung (Entspannungsfähigkeit) und Depressivität. Diese Veränderungen erwiesen sich in der nach sechs Monaten durchgeführten Kontrolluntersuchung im Hinblick auf die primären Zielvariablen als stabil. Bei den sekundären Zielvariablen Depression und Reaktion auf Belastung zeigte sich hingegen eine Tendenz zur Verschlechterung, ebenso stellte sich z. T. der Medikamentenkonsum wieder ein. Hohenberger und Schindler (1984) weisen daher darauf hin, daß in Zukunft vor allem die zweite Therapiekomponente (Veränderungen der Belastungsbedingungen), die lediglich vier Sitzungen umfaßte, weiter ausgebaut werden sollte.

Tabelle 8: Multifaktorielle Therapiestudien

Autor(en)	N	KG	E/G	Instrumente	NU
Bootzin, 1985	1	–	E	PSG, TB, BDS, TMA	4
Coates & Thoresen, 1979	1	–	E	PSG, TB, SSS	12/24/36
Thoresen et al., 1980	2	–	E	PSG	6
Thoresen et al., 1981	3	–	E	PSG, TB	3/12
Hohenberger & Schindler, 1984	24	+	E	Schlaffragebogen, TB, EMI-B, DS, Belastungsskala	6
Davies, 1989	15	–	G	Schlaffragebogen, ASCH, GHQ, CRQ, TB	12
Davies, 1990	26	–	G	s. Davies, 1989	–
Scharfenstein & Basler, 1991	17	+	G	Interview, STAI, DS, BL, TB, PSG, VEV	3
Schindler, 1991	31	–	E	Schlaffragebogen, EMI, Belastungsfragebogen, Streß-Skala, LZS, DS, VEV	6/12/18
Paterok & Weglage, 1993	27	+	G	Schlaftagebuch, PSG, Psychometrie	3/6

Erklärung der Abkürzungen:		
	ASCH	Ashton Symptom Checklist (Ashton, 1984)
	BDS	Beck Depression Scale
	BL	Beschwerde-Liste (v. Zerssen, 1976)
	CRQ	Coping Response Questionnaire (Billings & Moos, 1981)
	DS	Depressivitätsskala (v. Zerssen, 1976)
	E/G	Einzeltherapie/Gruppentherapie
	EMI	Emotionalitätsinventar (Ullrich de Muynck & Ulrich, 1977)
	GHQ	The General Health Questionnaire (Goldberg, 1972)
	KG	Kontrollgruppe (+: ja, –: nein)
	LSQ	Leicester Sleep Questionnaire
	LZ	Lebenszufriedenheits-Skala (Blau, 1977)
	NU	Nachuntersuchung (in Monaten)
	PSG	Polysomnographie
	SSS	Stanford Sleepiness Scale
	STAI	Stait-Trait-Angst-Inventar (Laux et al., 1981)
	TB	Schlaftagebücher
	TMA	Taylor Manifest Anxiety
	VEV	Veränderungsfragebogen des Erlebens und Verhaltens (Zielke & Kopf-Mehnert, 1978)

In Tabelle 8 sind die bisher publizierten multifaktoriellen einzel- und gruppentherapeutischen Studien zusammengestellt.

In einer späteren Studie von Schindler (1991) wurde dies zumindest partiell berücksichtigt. Die Effektivität dieses 14 – statt vorher 11 – Sitzungen umfassenden Breitbandprogramms konnte bestätigt werden. Für die Gesamtgruppe der 31 Patienten ergaben sich signifikante Veränderungen in neun von zwölf Variablen. Dabei wurden Nachkontrollen 6, 12 und 18 Monate nach Ende der Therapie erhoben mit dem Ergebnis, daß es zu einer Stabilisierung bzw. Verbesserung der Therapieerfolge innerhalb des Zeitraums von $1^{1}/_{2}$ Jahren kam. Schindler (1991) wählte als Kriterium des Therapieerfolges neben den subjektiven Schlafvariablen auch den Veränderungsfragebogen des Erlebens und Verhaltens (VEV) von Zielke und Kopf-Mehnert (1978). Diese Wahl kommt den Annahmen des Breitbandprogramms entgegen, daß „gestörter Schlaf nur dann dauerhaft verbessert werden kann, wenn die funktionalen Bedingungen verändert werden, die zu einem erhöhten Maß an Streß und Belastung führen" (Schindler, 1991, S.123). Durch eine standardisierte Analyse des Therapieverlaufs (Prozeßanalyse) wurde nachgewiesen, daß die Prädiktoren für den erfolgreichen vs. wenig erfolgreichen Therapieabschluß auf der Ebene der therapeutischen Beziehung (d.h. in solchen Variablen wie Einfühlung, Unterstützung, Direktivität) zu suchen sind.

Ein gruppentherapeutisch konzipiertes Modell mit 10–13 Sitzungen wurde von Davies (1989, 1990) entwickelt. Es enthält ein breites Spektrum an spezifischen verhaltenstherapeutischen (wie z.B. Muskelrelaxation, Stimuluskontrolle) und kognitiven (z.B. kognitive Umstrukturierung, Angstbewältigung) Maßnahmen, erlaubt aber einen in Abhängigkeit vom Störungsbild flexiblen Einsatz. Die Überprüfung des Therapieprogramms an (relativ kleinen) Stichproben von Schlafgestörten mit und ohne regelmäßige Medikamenteneinnahme erbrachte sowohl in symptomspezifischen als auch übergreifenden (z.B. Angst, Leistungsfähigkeit, körperliche Beschwerden) Parametern deutliche Veränderungen. Besonders effektive Wirkung zeigte sich auch in der Reduktion bzw. im Absetzen von Medikamenten, die in einer Nachuntersuchung nach einem Jahr noch weitgehend anhielt.

Eine neuere Studie von Scharfenstein und Basler (1991), in der ebenfalls ein verhaltenstherapeutisches, mehrere Komponenten umfassendes, ambulantes Gruppenprogramm eingesetzt wurde, bestätigte die von Hohenberger und Schindler (1984) hervorgehobene Bedeutung der übergreifenden Veränderungen. Die Ergebnisse dieser Untersuchung zeigten zwischen Therapie- (N = 17) und Kontrollgruppe (N = 6) deutliche Unterschiede hinsichtlich einer verbesserten Tagesstimmung, Leistungsfähigkeit sowie einer Abnahme der Depressivität und der körperlichen Beschwerden. Dies spiegelte sich auch darin wieder, wie die Gruppenteilnehmer die aufgetretenen Veränderungen beurteilten: Die

Werte lagen höher für die Aspekte, die nicht den Schlaf direkt betrafen, sondern den Umgang mit der Schlafstörung und das psychische Wohlbefinden. Das entscheidende Moment der Verbesserung lag hier nach Ansicht der Autoren in dem Erwerb eines selbstkontrollierten Umgangs mit dem chronischen Leiden: Daher stellte sich die globale Wirkung der Therapie ausgeprägter als die symptomatische dar.

In einer breit angelegten Therapiestudie untersuchten Paterok und Weglage (1993) den Effekt einer Gruppentherapie mit einem gestuften Programm bei 27 Insomnie-Patienten, die die DSM-III-R-Kriterien für eine primäre Insomnie erfüllten. Als weitere Ein- und Ausschlußkriterien wurde gefordert, daß die Patienten medikamentenfrei waren und daß die Patienten keine Therapieerfahrung hatten. Die mittlere Dauer der Schlafstörung betrug 13 Jahre. Elf Patienten bildeten eine Wartegruppe, die vor und nach dem $3^1/_2$ Monate dauernden Therapiezeitraum mit den gleichen Meßinstrumenten untersucht wurden, wie die Therapieteilnehmer ohne Wartezeit.

Als Meßinstrumente wurden zur Baseline (a) ein Eingangsfragebogen, (b) ein Schlaftagebuch, (c) eine psychometrische Testbatterie und (d) eine Polysomnographie (zwei Nachtschlafregistrierungen) eingesetzt. Unmittelbar nach Ende der Therapie wurden die Erhebungen (b) und (c) wiederholt, drei Monate nach Therapieende die Messungen (b), (c) und (d) und schließlich sechs Monate nach Ende der Therapie die Messungen (b) und (c).

Die Eingangswerte für die drei Schlafparameter (1) Gesamtschlafzeit, (2) Schlaflatenz und (3) mittlere Dauer von nächtlichen Schlafunterbrechungen sind in Tabelle 10 dargestellt. Hierbei werden die aus der Literatur bekannten Diskrepanzen (Knab und Engel, 1988) zwischen verschiedenen Meßebenen für Schlafparameter eindrücklich sichtbar (Tab. 9).

Tabelle 9: Beurteilter und gemessener Schlaf (Mediane) bei N = 27 Patienten mit primärer Insomnie nach DSM-III-R- Kriterien (Paterok & Weglage, 1993)

Schlafparameter	Fragebogen	Tagebuch	Polysomnographie
Gesamtzeit (Std.)	4,0	6,0	6,0
Schlaflatenz (Min.)	75,0	25,0	20,0
Mittl. Dauer der Wachperioden (Min.)	45,0	30,0	4,2

Die Therapie umfaßte 15 dreistündige Sitzungen, die in 5er und 6er Gruppen mit jeweils zwei Therapeuten durchgeführt wurden. Jeder Patient erhielt darüber hinaus 5–7 begleitende Einzelsitzungen. Das Therapieprogramm setzte sich aus den folgenden drei Bausteinen zusammen:

Wochen 1– 4: Schlaferziehung. Vermittlung schlafhygienischer Maßnahmen, Regeln der Stimuluskontrolle, Konfrontation mit den Ergebnissen der Polysomnographie, Aufklärung über die Schlafphysiologie.

Wochen 5– 8: Progressive Muskelrelaxation.
Wochen 9–15: Vermittlung von Problemlösestrategien und Aufbau von Freizeitaktivitäten.

In der Polysomnographie zeigten sich beim prä-post-Vergleich eine Verkürzung der Schlaflatenz (68 % der Patienten), eine Verkürzung der Dauer nächtlicher Wachphasen (73 % der Patienten) und eine Erhöhung der Schlafeffizienz (77 % der Patienten). In der Wartekontrollgruppe gab es keine signifikanten Effekte. Die Tagebuchdaten zeigten drei Monate nach Therapieende eine Verbesserung für das Einschlafen und die Schlaferholsamkeit. Bei den psychometrischen Daten nahmen drei Monate nach der Therapie die Werte für Grübeln, psychophysiologischer Aktiviertheit und Depressivität ab. Bei 77 % der Patienten zeigte sich im Veränderungefragebogen des Erlebens und Verhaltens eine Veränderung in Richtung Entspannung, Gelassenheit und Optimismus.

7.7 Chronotherapie

Schlafstörungen, bei denen eine Störung des 24-Stunden-Rhythmus im Vordergrund steht, spielen unter den heutigen Lebensbedingungen eine zunehmend wichtigere Rolle (Knauth & Rutenfranz, 1992). Die Hauptgruppen, die davon betroffen sind, sind neben Schichtarbeitern Flugpersonal sowie Urlaubs- und Geschäftsreisende, die häufig Transkontinentalflüge mit Zeitzonenwechseln unternehmen. Daneben gibt es chronobiologisch bedingte Schlafstörungen, die nicht berufsbedingt sind. Dazu gehören Probleme der verschobenen Schlafzeit (Phasenvorverlagerung oder Phasenrückverlagerung) bei erhaltener Schlaffähigkeit oder auch die seltenen Fälle von Patienten mit Schlaf-Wach-Rhythmen, die systematisch von 24 Stunden abweichen.

Hinweise für die Verbesserung der Schlafqualität bei Schichtarbeit finden sich bei etwa bei Monk (1994) und Knauth und Rutenfranz (1992). Die wesentlichen Punkte sind hierbei:
– die Auswahl geeigneter Personen für Schichtarbeit,
– die Optimierung von Schichtplänen und die Einhaltung ausreichender Ruhezeiten,
– kompensatorische Maßnahmen (z. B. Reduktion von Lärm und anderen störenden Faktoren),
– die Entwicklung von Copingstrategien (z. B. Informations- und Trainingsprogramme).

Zum Teil ähnliche Regeln gelten zur Eindämmung chronobiologischer Probleme bei Flugzeugbesatzungen (Graeber, 1994):
– Personalauswahl unter Berücksichtigung der Anpassungsfähigkeit des zirkadianen Systems,

- Optimierung der Flugpläne und Berücksichtigung ausreichender Ruhepausen.

Verhaltens- und Anpassungsregeln zur Reduzierung der Folgen des Jet-lag-Syndroms finden sich auch in Schulz et al. (1993). Darüber hinaus werden Hypnotika mit kurzer Halbwertzeit und neuerdings auch Melatonin zur Beeinflussung des zirkadianen Systems (Arendt, Aldhous & Marks, 1986) eingesetzt.

Zur Behandlung chronobiologischer Schlafstörungen wurden in den letzten Jahren jedoch auch spezifische Behandlungsstrategien entwickelt, die im folgenden behandelt werden.

7.7.1 Behandlung von Phasenverschiebungen

Für die Behandlung des Syndroms der verzögerten oder rückverlagerten Schlafphase wurde eine spezielle Chronotherapie entwickelt (Czeisler et al., 1981). Zuerst wird die habituelle Schlafzeit, z. B. 3 Uhr bis 11 Uhr, über einen längeren Zeitraum mit einem Schlaftagebuch und eventuell auch mittels Aktometrie dokumentiert. Danach beginnt eine kontrollierte Umstellungsphase der Schlafzeit, die entweder im Schlaflabor oder auch ambulant durchgeführt werden kann. Die Schlafzeit wird dabei täglich um 3 Stunden im Uhrzeigersinn verschoben, und zwar so lange, bis die gewünschte Phasenlage für das Einschlafen (z. B. 23 Uhr) erreicht ist. Danach folgt eine Stabilisierungs- und Kontrollphase, in der der Patient die neue Schlafzeit strikt einhalten muß. Diese Kontrolle der Schlafzeit muß durch ein entsprechendes Verhaltensprogramm für die Tagesaktivität ergänzt werden, um die neue Zeiteinteilung zu stabilisieren. Während der Umstellungsphase lebt der Patient etwa eine Woche lang einen 27-Stunden-Tag. Diese vorübergehende Verlängerung der Tage stellt kein Problem dar, während es den Patienten nicht möglich ist, durch eine Rückverlagerung der Schlafphase das angestrebte Therapieziel zu erreichen. Dieses Phänomen wird durch die Tatsache erklärt, daß zirkadiane Rhythmen bei den meisten Menschen die inhärente Tendenz haben, von 24 Stunden im Sinne einer Verlängerung abzuweichen (Zulley, 1993). Dies dürfte – neben möglichen sozialen Faktoren – auch die Ursache für die unerwünschte Phasenlage bei Patienten mit einer Phasenverzögerung („phase delay"-Syndrom) sein.

Das Syndrom der vorverlagerten Schlafphase ist nach dem heutigen Kenntnisstand sehr viel seltener und in der Literatur gibt es nur vereinzelt Berichte über entsprechende Behandlungsversuche (Wagner, 1990). Auch bei diesem Syndrom wurde die nachfolgend beschriebene Lichttherapie als eine Behandlungsmaßnahme eingesetzt.

Die Unfähigkeit, einen mit dem 24-Stunden-Tag synchronisierten Schlaf-Wach-Rhythmus einzuhalten, ist ein sehr seltenes klinisches Syndrom. Mit größerer Häufigkeit kann die Störung bei Blinden oder bei Patienten mit bestimmten Hirnläsionen (Okawa, Takahashi & Sasaki, 1986) auftreten. Bei diesem Störungsbild wurde außer einer Regulierung der Schlafzeit durch den Einsatz sozialer Zeitgeber in einigen Fällen erfolgreich mit Vitamin B12 behandelt (Kamgar-Parsi, Wehr & Gillin, 1983).

7.7.2 Lichttherapie

Zirkadiane Rhythmen hängen wesentlich von der Intaktheit des Nucleus suprachiasmaticus (SCN), einer kleinen, paarig angelegten Gruppe von Zellkernen über dem Chiasma opticum, ab (Weindl, 1990). Über den retino-hypothalamischen Trakt erhält dieses Kerngebiet Information über die externe Helligkeit. Da Licht der stärkste Zeitgeber für die Synchronisation des zirkadianen Systems darstellt (Minors & Waterhouse, 1981; Moore-Ede, Sulzman & Fuller, 1982), wurde auch Licht zur Behandlung chronobiologischer Störungen eingesetzt. Voraussetzung für einen Effekt auf das zirkadiane System ist allerdings eine ausreichende Lichtintensität, die beim Menschen mehr als 2000 Lux betragen muß (Lewy, Wehr & Goodwin, 1980).

Am häufigsten wurde Licht in den letzten Jahren in der Behandlung der Winterdepression („seasonal affective disorder", SAD) eingesetzt. Diese Patienten zeigen neben den affektiven Symptomen typischerweise eine Hypersomnie und/oder eine veränderte Schlafphase. Eine Behandlung mit hellem Licht ist heute die Methode der Wahl bei Behandlung der Winterdepression (Wirz-Justice et al., 1987; Rosenthal & Blehar, 1989). Lichttherapie wird aber auch bei anderen Formen depressiver Syndrome eingesetzt (Kripke, Mullaney, Savides & Gillin, 1989) und zunehmend auch bei der Behandlung chronobiologischer Schlafstörungen. Mit diesem Verfahren kann die Phase des zirkadianen Schrittmachers beeinflußt werden (Czeisler et al., 1989). Da die experimentelle Situation der Lichttherapie und die helle Beleuchtung (bis 10 000 Lux; Dawson & Campbell, 1990) das Verhalten der Patienten beeinflußt, empfiehlt es sich, den Zeitpunkt der Lichtapplikation auf die gewünschte Phasenverschiebung abzustimmen. Soll z. B. ein Syndrom mit vorverlagerter Schlafphase mit Licht beeinflußt werden, dann sollte die Lichtapplikation abends vor dem Zubettgehen stattfinden.

7.8 Fazit

In den letzten Jahren wurden Klassifikationssysteme entwickelt, die sowohl für die klinischen Bedürfnisse wie auch für die Forschung eine objektive Einteilung von Schlafstörungen erlauben. Diese Klassifikationssysteme berücksichtigen klinisch-anamnestische und polysomnographische Daten. Die wichtigsten Störungsbilder sind die Dyssomnien mit Hypo- und Hypersomnien und zirkadianen Schlaf-Wach-Störungen, die Parasomnien und Schlafstörungen bei medizinischen und psychiatrischen Erkrankungen. Diese differenzierte Diagnostik bietet eine rationale Basis für die Therapie von Schlafstörungen, auch wenn eine ätiologisch orientierte Klassifikation bisher erst in Ansätzen erkennbar ist.

Neben der Pharmakotherapie gewinnen nicht-pharmakologische, vor allem verhaltens- und psychotherapeutisch orientierte Verfahren zunehmende Bedeutung bei der Behandlung von Schlafstörungen. Eine vordringliche Aufgabe für die Zukunft besteht darin, psychologische und physiologische Methoden und Daten bei der Diagnostik und Therapie von Schlafstörungen in geeigneter Form miteinander in Beziehung zu setzen.

Literatur

Achermann, P. & Borbély, A. A. (1987). Dynamics of EEG slow wave activity during physiological sleep and after administration of benzodiazepine hypnotics. *Human Neurobiology, 6,* 203–210.

Adam, K., Tomeny, M. & Oswald, I. (1985). Do poor sleepers have less restorative sleep than good sleepers? In W. P. Koella, E. Rüther & H. Schulz (Eds.), *Sleep 84* (pp. 48–49). Stuttgart, New York: Gustav Fischer Verlag.

Aldrich, M. S. (1990). Narcolepsy. *New England Journal of Medicine, 323,* 389–394.

American Psychiatric Association (Ed.). (1994). *Diagnostic and Statistical Manual of Mental Disorders* (4th ed.). Washington, DC: APA Press.

Anderson, M. W., Zendell, S. M., Rosa, D. P., Rubinstein, M. L., Harrera, C. O., Simons, O., Caruso, L. & Spielman, A. J. (1988). Comparison of sleep restriction therapy and stimulus control in older insomniacs: An update. *Sleep Research*, p. 141.

Arendt, J., Aldhous, M. & Marks, V. (1986). Alleviation of jet-lag by melatonin: Preliminary results of a controlled double blind trial. *British Medical Journal,* 292–170.

Arendt, J., Borbély, A. A., Franey, C. & Wright, J. (1984). The effects of chronic, small doses of melatonin given in the late afternoon on fatigue in man: A preliminary study. *Neuroscience Letter, 45,* 317–321.

Aschoff, J., Daan, S. & Groos, G. A. (Eds.). (1982). *Vertebrate Circadian Systems.* Berlin, Heidelberg: Springer-Verlag.

Baekeland, F. & Hoy, P. (1971). Reported vs. recorded sleep characteristics. *Archives of General Psychiatry, 24,* 548–551.

Becker-Carus, C., Heyden, T. & Kelle, A. (1985). Die Wirksamkeit von Akupunktur und Einstellungs-Entspannungstraining zur Behandlung primärer Schlafstörungen. *Zeitschrift für Klinische Psychologie und Psychotherapie, 33*, 161–172.

Berger, M. (Hrsg.). (1992). *Handbuch des normalen und gestörten Schlafs.* Berlin, Heidelberg: Springer.

Berger, M., Riemann, D., Höchli, D. & Spiegel, R. (1989). The cholinergic REM-sleep-induction test with RS86: State- or traitmarker of depression? *Archives of General Psychiatry, 46*, 421–428.

Beutler, L. E., Thornby, J. I. & Karacan, I. (1978). Psychological variables in the diagnosis of insomnia. In R. L. Williams & I. Karacan (Eds.), *Sleep disorders: Diagnosis and treatment*, 2nd ed. (pp. 61–100). New York: Wiley.

Bonnet, M. H. (1986). Performance and sleepiness following moderate sleep disruption and slow wave sleep deprivation. *Physiology and Behavior, 37*, 915–918.

Bonnet, M. H. (1994). Sleep deprivation. In M. H. Kryger, T. Roth & W. C. Dement (Eds.), *Principles and practice of sleep medicine*, 2nd ed. (pp. 50–67). Philadelphia: Saunders.

Bonnet, M. H. & Moore, S. E. (1982). The threshold of sleep: Perception of sleep as a function of time asleep and auditory threshold. *Sleep, 5*, 267–276.

Bootzin, R. R. & Nicassio, P. M. (1978). Behavioral treatments for insomnia. *Progress in Behavior Modification, 6*, 1–41.

Bootzin, R. R. (1985). Insomnia. In M. Hersen & G. G. Last (Eds.), *Behavior therapy casebook* (pp. 133–143). New York: Springer.

Borbély, A. A. (1982). A two process model of sleep regulation. *Human Neurobiology, 1*, 195–204.

Borbély, A. A. & Wirz-Justice, A. (1982). Sleep, sleep deprivation and depression. *Human Neurobiology, 1*, 205–210.

Borkovec, T. D. (1982). Insomnia. *Journal of Consulting and Clinical Psychology, 50*, 880–895.

Borkovec, T. D. & Fowles, D. C. (1973). Controlled investigation of the effects of progressive and hypnotic relaxation on insomnia. *Journal of Abnormal Psychology, 82*, 153–158.

Borkovec, T. D., Kaloupek, D. G. & Salma, K. (1975). The facilitative effect of muscle tension-release in the relaxation treatment of sleep disturbance. *Behavioral Therapy, 6*, 301–309.

Broughton, R. (1968). Sleep disorders: Disorders of arousal? *Science, 159*, 1070–1078.

Broughton, R. & Ghanem, Q. (1976). The impact of compound narcolepsy on the life of the patient. In C. Guilleminault, W. C. Dement & P. Passouant (Eds.), *Narcolepsy* (pp. 201–219). New York: Spectrum.

Broughton, R. (1990). Motorische und Verhaltens-Parasomnien. In K. Meier-Ewert & H. Schulz (Hrsg.), *Schlaf und Schlafstörungen* (S. 120–131). Berlin, Heidelberg: Springer-Verlag.

Broughton, R., Valley, V., Aguirre, M., Roberts, J., Suwalski, E. & Dunham, W. (1986). Excessive daytime sleepiness and the pathophysiology of narcolepsy-cataplexy. A laboratory perspective. *Sleep, 9*, 205–215.

Buysse, D.J. & Kupfer, D.J. (1990). Diagnostic and research applications of electroencephalic sleep studies in depression: Conceptual and methodological issues. *Journal of Nervous and Mental Diseases, 178*, 405–414.

Buysse, D.J., Nofzinger, E.A., Reynolds III, C.F. & Kupfer, D.J. (1993). Antidepressants. In M.A. Carskadon (Ed.), *Encyclopedia of sleep and dreaming* (pp.40–43). New York: Macmillan.

Caille, E.J. & Bassano, J.L. (1975). Value and limits of sleep statistical analysis. Objective parameters and subjective evaluations. In G. Dolce, H. Künkel (Eds.), *Computerized EEG Analysis* (pp.227–235). Stuttgart, New York: Gustav Fischer Verlag.

Campbell, S. (1984). Duration and placement of sleep in a „disentrained" environment. *Psychophysiology, 21*, 106–113.

Carskadon, M.A. (1994). Measuring daytime sleepiness. In M.H. Kryger, T. Roth & W.C. Dement (Eds.), *Principles and practice of sleep medicine*, 2nd ed. (pp.961–966). Philadelphia: Saunders.

Carskadon, M.A., Dement, W.C., Mitler, M.M., Guilleminault, C., Zarcone, V.P. & Spiegel, R. (1976). Complaint versus sleep laboratory findings in 122 drug-free subjects with a complaint of chronic insomnia. *American Journal of Psychiatry, 133*, 1382–1387.

Cartwright, R.D., Lloyd, S., Lilie, J. & Kravitz, H. (1985). Sleep position training as treatment for sleep apnea syndrome: A preliminary study. *Sleep, 8*, 87–94.

Cirignotta, F., Coccagna, G., Partinen, M., D'Alessandro, R. & Lugaresi, E. (1991). Epidemiology and natural history of obstructive sleep apnea syndrome. In J.H. Peter, T. Penzel, T. Podszus & P. von Wichert (Eds.), *Sleep and health risk* (pp.84–91). Berlin, Heidelberg: Springer-Verlag.

Clift, A.D. (Ed.). (1975), *Sleep disturbance and hypnotic drug dependence*, 155–177. Amsterdam: Excerpta Medica.

Coates, T.J. & Thoresen, C.E. (1979). Treating arousals during sleep using behavioral self-management. *Journal of Consulting and Clinical Psychology, 47*, 603–605.

Coates, T.J. & Thoresen, C.E. (1982). *Endlich wieder schlafen können*. Salzburg: Otto Müller Verlag.

Coleman, R.M., Roffwarg, H.P., Kennedy, S.J., Guilleminault, C., Cohn, M.A., Karacan, I., Kupfer, D.J., Lemmi, H., Miles, L.E., Orr, W.C., Phillips, E.R., Roth, T., Sassin, J.F., Schmidt, H.S., Weitzman, E.D. & Dement, W.C. (1982). Sleep-wake disorders based on a polysomnographic diagnosis: A national cooperative study. *Journal of the American Medical Association, 247*, 997–1003.

Coursey, R.D., Buchsbaum, M. & Frankel, B.L. (1975). Personality measures and evoked reponses in chronic insomniacs. *Journal of Abnormal Psychology, 84*, 239–249.

Czeisler, C.A., Kronauer, R.E., Allan, J.S., Duffy, J.F., Jewett, M.E., Brown, E.N. & Ronda, J.M. (1989). Bright light induction of strong (type 0) resetting of the human circadian pacemaker. *Science, 244*, 1328–1332.

Czeisler, C.A., Richardson, G.S., Coleman, R.M., Zimmermann, J.C., Moore-Ede, M., Dement, W.C. & Weitzman, E.D. (1981). Chronotherapy: Resetting the circadian clock of patients with delayed sleep phase insomnia. *Sleep, 4*, 1–21.

Czeisler, C. A., Weitzman, E. D., Moore-Ede, M. C., Zimmermann, J. C. & Knauer, R. S. (1980). Human sleep: Its duration and organization depend on its circadian phase. *Science, 210,* 1264–1267.

da Rosa, A. C. & Paiva, T. (1993). Automatic detection of K-complexes: Validation in normals and dysthymic patients. *Sleep, 16,* 239–248.

Danek, A. & Pollmächer, Th. (1990). Restless-legs-Syndrom. Klinik, Differentialdiagnose, Therapieansätze. *Nervenarzt, 61,* 69–76.

Davies, D. R. (1989). A multiple treatment to the group treatment of insomnia: a follow-up study. *Behavioural Psychotherapy, 17,* 323–331.

Davies, D. R. (1990). Hypnotic withdrawal and alternative approaches to the drug treatment of insomnia. In J. Horne (Ed.), *Sleep 90* (pp. 220–222). Bochum: Pontenagel Press.

Dawson, D. & Campbell, S. S. (1990). Bright light treatment: Are we keeping our subjects in the dark? *Sleep, 13,* 267–271.

Engel, R. R., Knab, B. & Albus, M. (1985). Relaxation versus activity training treatment for chronic insomnia: A longterm, EEG-controlled study of therapeutic effects and mechanism of change. In W. P. Koella, E. Rüther & H. Schulz (Eds.), *Sleep 84* (pp. 136–138). Stuttgart: Gustav Fischer Verlag.

Engel-Sittenfeld, P., Engel, R., Huber, P. H. & Zangl, K. (1980). Wirkmechanismen psychologischer Therapieverfahren bei der Behandlung chronischer Einschlafstörungen. *Zeitschrift für Klinische Psychologie, 9,* 1–19.

Feinberg, J., Fein, G., Floyd, T. C. & Aminoff, M. J. (1983). Delta (.5–3Hz) EEG waveforms during sleep in young and elderly normal subjects. In M. H. Chase & E. D. Weitzman (Eds.), *Sleep disorders: Basic and clinical research* (pp. 449–462). New York: Spectrum.

Finke, J. & Schulte, W. (1970). *Schlafstörungen. Ursachen und Behandlung.* Stuttgart: G. Thieme-Verlag.

Freedman, R. & Papsdorf, J. D. (1976). Biofeedback and progressive relaxation treatment of sleep-onset insomnia. A controlled, all-night investigation. *Biofeedback and Self-Regulation, 1,* 253–271.

Gershman, L. & Clouser, R. A. (1974). Treating insomnia with relaxation and desensitization in a group setting by an automated approach. *Journal of Behavior Therapy and Experimental Psychiatry, 5,* 31–35.

Gélineau, J. (1880). De la narcolepsie. *Gazette Hòpital (Paris), 53,* 626–628; *54,* 635–637.

Goldenberg, F., Goldenberg, E., Lacombe, J. & Benoit, O. (1981). Eveil intra-sommeil chez de mauvais dormeurs de 20 à 30 ans. Correlation avec le niveau d'anxieté et la personnalité. *Revue EEG Neurophysiologie, 11,* 102–109.

Graeber, C. R. (1994). Jet lag and sleep disruption. In M. H. Kryger, T. Roth. & W. C. Dement (Eds.), *Principles and practice of sleep medicine,* 2nd ed. (S. 463–470). Philadelphia: W. B. Saunders.

Guilleminault, C. (Ed.). (1982). *Sleeping and waking disorders: Indications and techniques.* Menlo Park, California: Addison-Wesley Publishing Co.

Guilleminault, C. & Partinen, M. (Eds.). (1990). *Obstructive sleep apnea syndrome: Clinical research and treatment.* New York: Raven Press.

Guilleminault, C., van den Hoed, J. & Mitler, M M. (1978). Clinical overview of the sleep apnea syndromes. In C. Guilleminault & W. C. Dement (Eds.), *Sleep apnea syndromes* (pp. 1–11). New York: Alan R. Liss.

Hajak, G. & Rüther, E. (1992). Schlafstörungen – ein dringliches Gesundheitsproblem. In H. Schulz & A. Engfer (Hrsg.), *Schlafmedizin heute* (S. 14–34). München: MMV Medizin Verlag.

Hauri, P. J. (1978). Biofeedback techniques in the treatment of chronic insomnia. In M. D. Williams & I. Karacan (Eds.), *Sleep disorders: Diagnosis and treatment* (pp. 145–159). New York: Wiley.

Hauri, P. J. (1981). Treating psychophysiologic insomnia with biofeedback. *Archives of General Psychiatry, 38*, 752–758.

Hauri, P. & Linde, S. (1990). *No more sleepless nights.* New York: Wiley.

Hauri, P. & Olmstead, E. (1983). What is the moment of sleep onset for insomniacs? *Sleep, 6,* 10–15.

Hauri, P. J. & Fisher, J. (1986). Persistent psychophysiological (learned) insomnia. *Sleep, 9,* 38–53.

Hauri, P. J., Percy, L., Hellekson, C., Hartmann, E. & Russ, D. (1982). The treatment of psychophysiologic insomnia with biofeedback: a replication study. *Biofeedback and self-regulation, 7,* 223–235.

Haustein, W., Pilcher, J., Klink, J. & Schulz, H. (1986). Automatic analysis overcomes limitations of sleep stage scoring. *Electroencephalography and Clinical Neurophysiology, 64,* 364–374.

Haynes, S. N., Sides, H. & Lockwood, G. (1977). Relaxation instructions and frontalis electromyographic feedback intervention with sleep-onset insomnia. *Behavior Therapy, 8,* 644–652.

Hobson, J. A., Lydic, R. & Baghdoyan, H. A. (1986). Evolving concepts of sleep cycle generation: From brain centers to neuronal populations. *Behavioral Brain Sciences, 9,* 371–448.

Hochban, W., Brandenburg, U. & Kunkel, M. (1993). Die chirurgische Behandlung des obstruktiven Schlafapnoesyndroms durch Gesichtsskelettosteotomien. *Pneumologie, 47,* 761–765.

Hohagen, F., Graßhoff, U., Schramm, E., Riemann, D., Weyerer, S. & Berger, M. (1991). Häufigkeit von Schlafstörungen in der allgemeinen Praxis. *Praxis der klinischen Verhaltensmedizin und Rehabilitation, 15,* 177–182.

Hohenberger, E. & Schindler, L. (1984). Ein verhaltenstherapeutisches Programm zur Behandlung von Schlafstörungen. In Brengelmann, J. C. & Bühringer, G. (Hrsg.), *Therapieforschung in der Praxis.* München: Röttger (S. 55–71).

Honda, Y. & Matsuki, K. (1990). Genetic aspects of narcolepsy. In M. Thorpy (Ed.), *Handbook of sleep disorders* (pp. 217–234). New York, Basel: Marcel Dekker.

Honda, Y., Asaka, A., Tanaka, Y. & Juji, T. (1983). Discrimination of narcoleptic patients by using genetic markers and HLA. *Sleep Research, 12,* 254.

ICSD – International classification of sleep disorders: Diagnostic and coding manual. (1990). Classification Steering Committee, Thorpy, M. J., Chairman. Rochester, Minnesota: American Sleep Disorders Association.

Issa, F. G. & Sullivan, C. E. (1986). Reversal of central apnea using nasal CPAP. *Chest, 90*, 165–171.

Jacobs, E., Reynolds, C. F., Kupfer, D., Lovin & Ehrenpreis, A. B. (1988). The role of polysomnography in the differential diagnosis of chronic insomnia. *American Journal of Psychiatry, 145*, 346–349.

Jobert, M., Poiseau, E., Jähnig, P., Schulz, H. & Kubicki, St. (1992). Pattern recognition by matched filtering: an analysis of sleep spindle and K-complex density under the influence of lormetazepam and zopiclone. *Neuropsychobiology, 26*, 100–107.

Johns, W. M., Gay, T. J. A., Masterton, J. P. & Bruce, D. W. (1971). Relationship between sleep habits, adrenocortical activity and personality. *Psychosomatic Medicine, 33*, 499–508.

Juji, T., Sataki, M., Honda, Y. & Doi, Y. (1984). HLA-antigens in Japanese patients with narcolepsy. *Tissue Antigens, 24*, 316–319.

Kales, A. & Kales, J. D. (1984). *Evaluation and treatment of insomnia.* New York, Oxford: Oxford Univ. Press.

Kamgar-Parsi, B., Wehr, T. A. & Gillin, J. C. (1983). Successful treatment of human non-24-hour sleep wake syndrome. *Sleep, 6*, 257–264.

Kazarian, S. S., Howe, M. G., Merskey, H. & Deinum, E. J. (1978). Insomnia: Anxiety, sleep-incompatible behaviors and depression. *Journal of Clinical Psychology, 34*, 865–869.

Kessler, S. (1976). Genetic factors in narcolepsy. In C. Guilleminault, W. C. Dement & P. Passouant (Eds.), *Narcolepsy.* New York: Spectrum.

Killen, J. & Coates, T. J. (1984). The complaint of insomnia: What is it and how do we treat it? In C. M. Franks (Ed.), *New developments in behavior therapy: From research to clinical application* (pp. 377–408). New York: Haworth Press.

Knab, B. & Engel, R. R. (1988). Perception of waking and sleeping: Possible implications for the evaluation of insomnia. *Sleep, 11*, 265–272.

Knab, B. (1989). *Schlafstörungen.* Stuttgart: Kohlhammer.

Knauth, P. & Rutenfranz, J. (1992), Schlafstörungen bei Verschiebungen des Schlaf-Wach-Zyklus. In M. Berger (Hrsg.), *Handbuch des normalen und gestörten Schlafs* (S. 219–242). Berlin, Heidelberg: Springer-Verlag.

Koella, W. P. (1988). *Die Physiologie des Schlafes.* Stuttgart, New York: Gustav Fischer Verlag.

Krieger, J. (1992). Long-term compliance with nasal continuous positive airway pressure (CPAP) in obstructive sleep apnea patients and nonapneic snorers. *Sleep, 15*, S42-S46.

Kripke, D. F., Mullaney, D. J., Savides, T. J. & Gillin, J. C. (1989). Phototherapy for nonseasonal major depressive disorders. In N. E. Rosenthal & M. Blehar (Eds.), *Seasonal Affective Disorders and Phototherapy* (pp. 342–356), Guilford, NY: The Guilford Press.

Kryger, M. H., Roth, T. & Dement, W. C. (Eds.). (1994, 2nd ed.). *Principles and practice of sleep medicine.* Philadelphia: W. B. Saunders.

Lacks, P. & Powlishta, K. (1989). Improvement following behavioral treatment for insomnia: Clinical significance, long-term maintenance, and predictors of outcome. *Behavior Therapy, 20*, 117–134.

Lacks, P. (1987). *Behavioral treatment for persistent insomnia.* New York: Pergamon Press.

Lacks, P., Bertelson, A. D., Sugerman, J. & Kunkel, J. (1983). The treatment of sleep-maintenance insomnia with stimulus-control techniques. *Behavior Research and Therapy, 21,* 291–295.

Langdon, N., Welsh, K., van Dam, M., Vaughan, R. V. & Parkes, D. (1984). Genetic markers in narcolepsy. *Lancet 2,* 1178–1180.

Lavie, P. & Scherson, A. (1981). Ultrashort sleep-waking schedule. I. Evidence of ultradian rhythmicity in „sleepability". *Electroencephalography and clinical Neurophysiology, 52,* 163–174.

Lewy, A. J., Wehr, T. A., Goodwin, F. K., Newsome, D. A., Gillin, J. C. & Markey, S. P. (1980). Light suppresses melatonin secretion in humans. *Science, 210,* 1267–1269.

Lichstein, K. L. & Fischer, S. M. (1985). Insomnia. In M. Hersen & A. S. Bellack (Ed.), *Handbook of clinical behavior therapy with adults* (pp. 319–352). New York: Plenum Press.

Lienert, G. A. & Othmer, E. (1965). Objective Correlates of the refreshing effects of sleep. In K. Akert, C. Bally, J. P. Schadé (Eds.), *Progress in Brain Research, Vol. 18,* (pp. 170–174). Amsterdam: Elsevier.

Linschoten, J. (1955 a). Über das Einschlafen. I. Einschlafen und Erleben. *Psychologische Beiträge, 2,* 70–97.

Linschoten, J. (1955 b). Über das Einschlafen. II. Einschlafen und Tun. *Psychologische Beiträge, 2,* 266–298.

Lund, R. & Clarenbach, P. (1992). *Schlafstörungen: Klassifikation und Behandlung.* Neubiberg: Arcis-Verlag.

Lund, R., Stumpner, J., Jochems, P. & Häußinger, K. (1989). Behandlung eines Patienten mit Schlaf-Apnoe-Syndrom. *Münchner Medizinische Wochenschrift, 131,* 801–804.

Mayer, G. (1993), Parasomnien. In K. Meier-Ewert & E. Rüther (Hrsg.), *Schlafmedizin.* Stuttgart, Jena: Gustav Fischer Verlag.

Meier-Ewert, K. (1988). Differentialdiagnose abnormer Tagesschläfrigkeit. *Schweiz. Rundschau der Medizinischen Praxis, 77,* 920–925.

Meier-Ewert, K. (1989), *Tagesschläfrigkeit. Ursachen, Differentialdiagnose, Therapie.* Weinheim: VCH Verlagsgesellschaft.

Meier-Ewert, K. & Brosig, B. (1987). Treatment of sleep apnea by prosthetic mandibular advancement. In J. H. Peter, T. Podszus & P. von Wichert (Eds.), *Sleep related disorders and internal diseases.* (pp. 341–345). Berlin, Heidelberg: Springer.

Mendelson, W. B., Garnett, D., Gillin, J. C. & Weingartner, H., (1984 a). The experience of insomnia and daytime and nighttime functioning. *Psychiatry Research 12,* 235–250.

Mendelson, W. B., Garnett, D. & Linnoila, M. (1984 b). Do insomniacs have impaired daytime functioning? *Biological Psychiatry, 19,* 1261–1264.

Mendelson, W. B., James, S. P., Garnett, D., Sack, D. A. & Rosenthal, N. E. (1986). A psychophysiological study of insomnia. *Psychiatry Research, 19,* 267–284.

Mignot, E., Guilleminault, C., Dement, W. C. & Grumet, C. (1992). Genetically determined animal models of narcolepsy, a disorder of REM sleep. In P. Driscol (Ed.), *Genetically defined animal models of neurobehavioral dysfunction* (pp. 90–110). Cambridge, Mass.: Birkhäuser Boston.

Minors, D. S. & Waterhouse, J. M. (1981). *Circadian rhythm and the human.* Bristol: Wright PSG.

Mitchell, K. R. (1979). Behavioral treatment of presleep tension and intrusive cognitions in patients with severe predormital insomnia. *Journal of Behavioral Medicine, 2,* 57–69.

Mittelmann, K. & Löchte, B. (1995). *So finden Sie Schlaf.* München: Kösel-Verlag.

Monk, T. H. (1994). Shift work. In M. H. Kryger, T. Roth, W. C. Dement (Eds.), *Principles and practice of sleep medicine,* 2nd ed. (S. 471–476). Philadelphia: W. B. Saunders.

Monroe, L. J. (1967). Psychological and physiological differences between good and poor sleepers. *Journal of Abnormal Psychology, 72,* 255–264.

Moore-Ede, M. C., Sulzman, F. M. & Fuller, C. A. (1982). *The clocks that time us.* Cambridge, Mass.: Harvard University Press.

Morawetz, D. (1989). Behavioral self-help treatment for insomnia: A controlled evaluation. *Behavior Therapy, 20,* 365–379.

Moruzzi, G. & Magoun, H. W. (1949). Brain stem reticular formation and activation of the EEG. *Electroencephalography and clinical Neurophysiology, 1,* 455–473.

Ogilvie, R. D. & Wilkinson, R. T. (1988). Behavioral versus EEG-based monitoring of all-night sleep/wake patterns. *Sleep, 11,* 139–155.

Okawa, M., Takahashi, K. & Sasaki, H. (1986). Disturbance of circadian rhythm in severely brain-damaged patients correlated with CT findings. *Journal of Neurology, 233,* 274–282.

Parkes, D. (1985). *Sleep and its disorders.* Philadelphia: Saunders.

Paterok, B. & Weglage, J. (1993). Gruppenpsychotherapie bei Insomnie. In Meier-Ewert, K. & Rüther, E. (Hrsg.), *Schlafmedizin* (S. 77–85). Stuttgart, Jena: Gustav Fischer Verlag.

Penzel, T., Hajak, G., Hoffmann, R. M., Lund, R., Podszus, T., Pollmächer, T., Schulz, H., Sonnenschein, W. & Spiewег, I. (1993). Empfehlungen zur Durchführung und Auswertung polygraphischer Ableitungen im diagnostischen Schlaflabor. *Zeitschrift für EEG-EMG, 24,* 65–70.

Peter, J. H., Faust, M., Penzel, T., Podzus, T., Schneider, H., Weber, K. & von Wichert, P. (1992). Atmung und Schlaf: Schlafbezogene Atmungsstörungen. In M. Berger (Hrsg.), *Handbuch des normalen und gestörten Schlafs* (S. 268–300). Berlin, Heidelberg: Springer-Verlag.

Piel, E. (1985). Schlafschwierigkeiten und soziale Persönlichkeit. In V. Faust (Hrsg.), *Schlafstörungen* (S. 14–26). Stuttgart: Hippokrates Verlag.

Pollmächer, T. & Lauer, C. (1992). Physiologie von Schlaf und Schlafregulation. In M. Berger (Hrsg.), *Handbuch des normalen und gestörten Schlafs* (S. 1–44). Berlin, Heidelberg: Springer-Verlag.

Pollmächer, T., Schulz, H., Geisler, P., Kiss, E., Albert, E.D. & Schwarzfischer, F. (1990). DR2-positive monozygotic twins discordant for narcolepsy. *Sleep, 13,* 336–343.

Rechtschaffen, A. & Kales, A. (Eds.). (1968). *A manual of standardized terminology, techniques and scoring system for sleep stages of human subjects.* Los Angeles: UCLA Brain Information Service/Brain Research Institute.

Rechtschaffen, A. & Monroe, L.J. (1969). Laboratory studies of insomnia. In A. Kales (Ed.), *Sleep: Physiology and pathology,* (pp. 158–169). Philadelphia and Toronto: Lippincott.

Rechtschaffen, A., Wolpert, E.A., Dement, W.C., Mitchell, S. & Fisher, C. (1963). Nocturnal sleep of narcoleptics. *Electroencephalography and Clinical Neurophysiology, 15,* 599–609.

Reynolds, C.F., Kupfer, D.J., Thase, M.E., Frank, E., Jarrett, D.B., Coble, P.A., Hoch, C.C., Buysse, D.J., Simons, A.D. & Houck, P.R. (1990). Sleep, gender and depression: An analysis of gender effects on the electroencephalographic sleep of 302 depressed outpatients. *Biological Psychiatry, 28,* 673–684.

Riemann, D. (1992). Die Parasomnien. In M. Berger (Hrsg.), *Handbuch des normalen und gestörten Schlafs* (S. 200–218). Berlin, Heidelberg: Springer-Verlag.

Rosekind, M.R. (1980). Treating the complaint of insomnia: Self-managment perspectives. In J.M. Ferguson & C.B. Taylor (Eds.), *A comprehensive handbook of behavioral medicine.* New York: Spectrum.

Rosenthal, N.E. & Blehar, M. (Eds.). (1989). *Seasonal affective disorders and phototherapy.* Guilford, NY: Guilford Press.

Scharfenstein, A. & Basler, H.-D. (1991). Psychologische Gruppenbehandlung chronischer Schlafstörungen in Allgemeinpraxen: Eine Pilotstudie. *Praxis der Klinischen Verhaltensmedizin und Rehabilitation, 15,* 212–220.

Schindler, L. (1990). Schlafstörungen. In H. Reinecker (Hrsg.), *Lehrbuch der Klinischen Psychologie* (S. 275–294). Göttingen: Hogrefe.

Schindler, L. (1991). *Die empirische Analyse der therapeutischen Beziehung.* Berlin, Heidelberg: Springer-Verlag.

Schindler, L. & Hohenberger, E. (1982). Die verhaltenstherapeutische Behandlung von Schlafstörungen: Status und Perspektiven. *Psychologische Beiträge, 24,* 549–582.

Schindler, L., Hohenberger, E. & Müller, G. (1984). Der Vergleich von guten und schlechten Schläfern: Eine Studie zur Exploration möglicher Interventionsbereiche. *Praxis der Psychotherapie und Psychosomatik, 29,* 145–153.

Schramm, E. (1992). Psychodiagnostische Erfassung von Schlafstörungen. In M. Berger (Hrsg.), *Handbuch des normalen und gestörten Schlafs* (S. 45–66). Berlin, Heidelberg: Springer-Verlag.

Schramm, E., Hohagen, F., Graßhoff, U. & Berger, M. (1991). *Strukturiertes Interview für Schlafstörungen nach DSM-III-R (SIDS-D).* Weinheim: Beltz-Verlag.

Schramm, E. & Riemann, D. (1995). *Internationale Klassifikation der Schlafstörungen ICSD.* Weinheim: Beltz, Psychologie Verlags Union.

Schulz, H. & Jobert, M. (1992). Analysemethoden zum Wirkungsvergleich verschiedener Hypnotika auf die Schlafstruktur. In H. Schulz & A. Engfer (Hrsg.), *Schlafmedizin heute. Diagnostische und therapeutische Empfehlungen* (S. 48–62). München: MMV, Medizin-Verlag.

Schulz, H., Kursawe, H. K. & Wilde-Frenz, J. (1993). *Warum kann ich nicht schlafen?* München: Piper, und Weinheim: VCH-Verlagsgesellschaft.

Sewitch, D. E. (1983). The ability to perceive sleep in normal sleepers. *Sleep Research, 12,* 164.

Spiegel, R. (1981). *Sleep and sleepiness in advanced age.* Lancaster: MTP Press, Falcon House.

Spielman, A. J., Saskin, P. & Thorpy, M. J. (1987). Treatment of chronic insomnia by restriction of time in bed. *Sleep, 10,* 45–56.

Stephan, F. K. & Zucker, I. (1972). Circadian rhythms in drinking behavior and locomotor activity of rats are eliminated by hypothalamic lesions. *Proceedings of the National Academy of Sciences USA, 69,* 1583–1586.

Stephan, K. (1992). *Schlaf und Zivilisation. Epidemiologie der Schlafstörungen.* Berlin: De Gruyter.

Steriade, M. & McCarley, R. W. (1990). *Brainstem control of wakefulness and sleep.* New York: Plenum Press.

Steriade, M., Datta, S., Paré, D., Oakson, G. & Curro Dossi, R. (1990). Neuronal activities in brainstem cholinergic nuclei related to tonic activation processes in thalamocortical systems. *Journal of Neuroscience. 10,* 2541–2559.

Thoresen, C. E., Coates, T. J., Zarcone, V. P., Krimil-Gray, K. & Rosekind, M. R. (1980). Treating the complaint of insomnia: Self-management perspectives. In J. M. Ferguson & C. B. Taylor (Eds.), *A Comprehensive Handbook of Behavioral Medicine.* New York: Spectrum.

Thoresen, C. E., Coates, T. J., Krimil-Gray, K. & Rosekind, M. (1981). Behavioral self-management in treating sleep-maintenance insomnia. *Journal of Behavioral Medicine, 4,* 41–52.

Turner, R. M. (1986). Behavioral self-control procedures for disorders of initiating and maintaining sleep (DIMS). *Clinical Psychology Review, 6,* 27–38.

Vogel, G. (1960). Study in psychophysiology of dreams. III. The dream of narcolepsy. *Archives of General Psychiatry, 3,* 421–428.

Vogel, G. W., Vogel, F., McAbee, R. S. & Thurmond, A. J. (1980). Improvement of depression by REM sleep deprivation: new findings and a theory. *Archives of General Psychiatry, 37,* 247–253.

Wagner, D. R. (1990). Circadian rhythm sleep disorders. In M. J. Thorpy (Ed.), *Handbook of sleep disorders.* New York, Basel: Marcel Dekker.

Wehr, T. A. & Wirz-Justice, A. (1981). Internal coincidence model for sleep deprivation and depression. In W. P. Koella (Ed.), *Sleep 1980. Proceedings of the 5th European Congress of Sleep Res*earch (pp. 26–33). Basel: Karger.

Weindl, A. (1990). Nucleus suprachiasmaticus und Steuerung biologischer Rhythmen. In K. Meier-Ewert & H. Schulz (Hrsg.), *Schlaf und Schlafstörungen* (S. 16–23). Berlin, Heidelberg: Springer-Verlag.

Westphal, C. (1877). Eigenthümliche mit Einschlafen verbundene Anfälle. *Archiv für Psychiatrie und Nervenkrankheiten, 7,* 631–635.

Wever, R. (1979), *The Circadian system of man.* Berlin, Heidelberg: Springer-Verlag.

Weyerer, S. & Dilling, H. (1991). Prevalence and treatment of insomnia in the community: Results from the upper bavarian field study. *Sleep, 14,* 392–398.

Wirz-Justice, A., Schmid, A. C., Graw, P., Kräuchi, K., Pöldinger, W., Fisch, H.-U. & Buddenberg, C. (1987). Dose relationship of morning bright white light in seasonal affective disorders (SAD). *Experientia, 43,* 574–576.

Woolfolk, R. L., Carr-Kaffashan, L. & McNulty, T. F. (1976). Meditation training as a treatment for insomnia. *Behavior Therapy, 7,* 359–363.

Wooten, V. (1989). In M. H. Kryger, T. Roth & W. C. Dement (Eds.), *Principles and practice of sleep medicine* (pp. 456–475). Philadelphia, Saunders.

Zielke, M. & Kopf-Mehnert, G. (1978). *Der Veränderungsbogen des Erlebens und Verhaltens.* Weinheim: Beltz.

Zulley, J. (1993). *Schlafen und Wachen als biologischer Rhythmus.* Regensburg: S. Roderer Verlag.

Anhang
Internationale Klassifikation der Schlafstörungen mit Kurzbeschreibungen

I. Dyssomnien

A. *Intrinsische Schlafstörungen, d. h. Schlafstörungen, die durch innere Ursachen bedingt sind*

1. *Psychophysiologische Insomnie*
   Die Störung ist mit körperlicher Verspannung, erhöhter Erregung und schlafverhindernden Gedanken (z. B. Grübeln) verbunden. Die Leistungsfähigkeit im Wachen ist vermindert.
2. *Fehlwahrnehmung des Schlafzustandes*
   Bei dieser Störung wird über Schlaflosigkeit geklagt, ohne daß sich in der Schlafregistrierung ein entsprechender objektiver Befund nachweisen läßt.
3. *Idiopathische Insomnie*
   Eine lebenslängliche Unfähigkeit genügend Schlaf zu bekommen. Vermutet wird eine Störung der neurologischen Kontrollsysteme für den Schlaf-wach-Rhythmus.
4. *Narkolepsie*
   Eine neurologische Störung, die gekennzeichnet ist durch Tagesschläfrigkeit und Schlafattacken, Kataplexie (plötzlicher Verlust der Muskelkraft, meist ausgelöst durch gefühlsbetonte Situationen), Schlaflähmungen und hypnagoge Halluzinationen (ungewöhnliche, traumartige Erlebnisse beim Einschlafen). Die Regelung des REM-Schlafes ist gestört.
5. *Wiederkehrende Hypersomnie*
   Eine seltene Erkrankung mit wiederkehrenden Episoden von ausgeprägter Hypersomnie, Freßanfällen und starker Sexualität.
6. *Idiopathische Hypersomnie*
   Vermutlich eine Störung der schlafregulierenden Zentren im Gehirn; mit normalem oder verlängertem Nachtschlaf und langen Schlafepisoden am Tage. Störung der NREM- Schlafregulation.
7. *Posttraumatische Hypersomnie*
   Übermäßiges Schlafbedürfnis als Folge einer Schädigung des zentralen Nervensystems.
8. *Obstruktives Schlafapnoe-Syndrom*
   Wiederholte Atemstillstände durch Verschluß der oberen Atemwege im Schlaf und einem damit verbunden ein Abfall der Sauerstoffsättigung des Blutes. Tagesschläfrigkeit.

9. *Zentrales Schlafapnoe-Syndrom*
   Unterbrechung des Atemantriebes im Schlaf, verbunden mit einem Abfall der Sauerstoffsättigung des Blutes. Als Ursache wird eine Störung in den atemregulierenden Zentren des Gehirns angenommen. Häufigkeit viel seltener als obstruktive Schlafapnoe.
10. *Alveoläres Hypoventilationssyndrom*
    Verminderte Atmungskapazität im Schlaf.
11. *Periodische Beinbewegungen*
    Wiederholte Serien von Beinbewegungen während des Schlafes. Häufig verbunden mit kurzen Weckreaktionen. Kann zu Tagesschläfrigkeit führen.
12. *Restless-legs-Syndrom*
    Unangenehme Mißempfindungen in den Beinen vor dem Einschlafen. Führt zu Unruhe und kann das Einschlafen beeinträchtigen.
13. *Andere intrinsische Schlafstörungen*

B. *Extrinsische Schlafstörungen,*
   die durch äußere Ursachen bedingt sind

1. *Inadäquate Schlafhygiene*
   Schlafstörungen aufgrund von Verhaltensweisen, die schlafunverträglich sind.
2. *Umgebungsbedingte Schlafstörungen*
   Störungen aufgrund von störenden Umwelteinflüssen innerhalb und außerhalb des Schlafraumes.
3. *Höhenbedingte Insomnie*
   Akute Schlaflosigkeit, verbunden mit Kopfschmerzen, Appetitverlust und Müdigkeit bei Aufenthalt in extremen Höhenlagen (über 4000 Meter).
4. *Schlafstörungen bei akuten Konflikten*
   Vorübergehende Schlafstörungen, bedingt durch plötzliche Belastung (Streß), akute Konflikte und emotionale Erregung.
5. *Schlafmangelsyndrom*
   Störung bei langdauerndem Schlafmangel mit Beeinträchtigung der Wachheit am Tage, z. B. bedingt durch berufliche oder andere schlafverhindernde Aktivitäten.
6. *Störung durch reglementierte Schlafzeiten*
   Vor allem bei Kinder vorkommende Schlafstörung durch falsch vorgegebene Bettzeiten.
7. *Einschlafstörung durch fehlende oder unpassende Einschlafgewohnheiten.*
   Diese Schlafstörung tritt bei Kindern dann auf, wenn die sonst üblichen Einschlafrituale nicht eingehalten werden.

8. *Insomnie bei Nahrungsmittelallergie*
   Äußert sich bei Kindern als Ein- oder Durchschlafstörung, z. B. bedingt durch Kuhmilchunverträglichkeit.
9. *Syndrom des nächtlichen Essens oder Trinkens*
   Zwanghaftes Bedürfnis nachts zu essen oder zu trinken, vorwiegend bei Kindern.
10. *Schlafmittelbedingte Schlafstörung*
    Schlafmangel oder Tagesschläfrigkeit bei Schlafmittelgewöhnung oder Entzug.
11. *Stimulantienbedingte Schlafstörung*
    Verminderung des Schlafes bis hin zur Schlafunterdrückung durch Einnahme von Aufputschmitteln (Stimulantien). Erhöhte Tagesmüdigkeit bei Absetzen dieser Mittel.
12. *Alkoholbedingte Schlafstörung*
    Schlafstörungen aufgrund von seltenem oder regelmäßigem Gebrauch von Alkohol. Beginnt häufig mit der Verwendung von Alkohol als Einschlafhilfe („Schlummertrunk").
13. *Toxisch bedingte Schlafstörung*
    Schlafstörungen bedingt durch Umweltgifte, wie z. B. Schwermetalle und organische Lösungsmittel.
14. *Andere extrinsische Schlafstörungen*

C. *Störungen des zirkadianen Rhythmus*

1. *Störungen bei Zeitzonenwechsel*
   Schlafstörungen bei Transkontinentalflügen, bedingt durch Zeitverschiebung zwischen dem äußeren Tag-Nacht-Rhythmus und den körpereigenen, biologischen Rhythmen.
2. *Schlafstörungen bei Schichtarbeit*
   Vorübergehende Störung des Schlaf-wach-Rhythmus durch rotierende Schichtpläne.
3. *Unregelmäßiges Schlaf-wach-Muster*
   Schlafstörungen aufgrund sehr unterschiedlicher Bettzeiten. Als Ursachen kommen eine unregelmäßige Lebensführung oder neurologische Krankheitsbilder und Alterungsprozesse in Betracht.
4. *Syndrom der verzögerten Schlafphase*
   Einschlafstörung und Schwierigkeiten zur gewünschten Zeit aufzustehen. Extreme Form von „Nachteulen". Leistungstief am Morgen.
5. *Syndrom der vorverlagerten Schlafphase*
   Unfähigkeit bis zur gewünschten Einschlafzeit wach zu sein, starke Müdigkeit am Abend, schnelles Einschlafen und vorzeitiges Erwachen am Morgen. Extreme Form von „Lerchen".

6. *Syndrom des von 24-Stunden abweichenden Schlaf-wach-Rhythmus*
   Ständige Unfähigkeit den Schlaf-wach-Rhythmus mit dem 24-Stunden-Rhythmus in Übereinstimmung zu bringen. Bei dieser seltenen Störung kommt es zu einer täglichen Verschiebung der Schlafzeit von etwa ein bis zwei Stunden.
7. *Andere Störungen des Schlaf-wach-Rhythmus*

II. Parasomnien

A. *Aufwachstörungen (Arousal-Störungen)*

1. *Schlaftrunkenheit*
   Verwirrtheit nach dem Erwachen aus dem Schlaf. Besonders ausgeprägt beim Erwachen oder Gewecktwerden aus dem Tiefschlaf. Schlaftrunkenheit ist bei Kindern in den ersten Lebensjahren nicht ungewöhnlich und ist in der Regel nicht behandlungsbedürftig.
2. *Schlafwandeln*
   Schlafwandeln beginnt bevorzugt im Tiefschlaf. Es kann sich auf ein Aufsetzen im Bett beschränken, oder aber der Schläfer verläßt das Bett. Dem Schläfer fehlt anschließend jede Erinnerung an das Geschehene. Die größte Häufigkeit wird bei Kindern beobachtet.
3. *Pavor nocturnus*
   Panikartiges Erwachen aus dem Tiefschlaf, häufig mit einem durchdringenden Schrei beginnend. Das Ereignis wird begleitet von körperlichen Anzeichen starker Angst. Betroffene Personen sind nach dem Erwachen verwirrt und desorientiert. Im allgemeinen keine Traumerinnerung.

B. *Störungen des Schlaf-wach-Überganges*

1. *Rhythmische Bewegungsstörungen*
   Stereotyp wiederholte Bewegungen von Kopf und Oberkörper vor allem vor dem Einschlafen und im leichten Schlaf. Häufig bei Kleinkindern zu beobachten.
2. *Einschlafzuckungen*
   Kurze Zuckungen der Beine, gelegentlich auch der Arme oder des ganzen Körpers beim Übergang vom Wachen in den Schlaf. Es handelt sich dabei um eine weitverbreitete, normale Begleiterscheinung des Einschlafvorgangs.
3. *Sprechen im Schlaf*
   Lautäußerungen und Sprechen im Schlaf. Die Häufigkeit ist bei Kindern

am größten. Bei Erwachsenen oft mit Belastungssituationen verbunden. Nicht behandlungsbedürftig.

4. *Nächtliche Krämpfe in den Beinen*
Nächtliche Krämpfe, die bis zu einer halben Stunde dauern können, führen aufgrund ihrer Schmerzhaftigkeit zum Erwachen. Mögliche verursachende Erkrankungen müssen abgeklärt werden.

C. *Parasomnien im REM-Schlaf*

1. *Alpträume*
Träume mit erschreckendem oder furchteinflößendem Inhalt, die zum Erwachen des Schläfers führen. Im Unterschied zum Pavor nocturnus kann sich der Schläfer immer an den Inhalt des Alptraums erinnern. Alpträume können beim Absetzen bestimmter Medikamente gehäuft auftreten.
2. *Schlaflähmung*
Kurzdauernde Bewegungsunfähigkeit beim Übergang in den Schlaf oder beim Erwachen aus REM-Schlaf. Die Schlaflähmung kann als isolierte Störung vorkommen oder aber als Merkmal der Narkolepsie.
3. *Beeinträchtigung schlafabhängiger Erektionen*
Deutliche Abschwächung oder Ausbleiben der im REM-Schlaf normalerweise auftretenden Erektionen.
4. *Schlafabhängige schmerzhafte Erektionen*
In seltenen Fällen können Erektionen im REM-Schlaf schmerzhaft sein und zum Erwachen des Schläfers führen.
5. *REM-Schlaf-abhängige Asystolie*
Veränderung der Herztätigkeit im REM-Schlaf. Es kann zu längeren Pausen in der Herzaktion kommen. Abhängig von der Häufigkeit und Ausprägung der Ereignisse kann eine kardiologische Untersuchung ratsam sein.
6. *Verhaltensstörungen im REM-Schlaf*
Patienten mit dieser Störung zeigen ein abnormes Traumverhalten. Dabei werden Handlungen ausgeführt, die dem Traumgeschehen entsprechen. Bei besonders heftigen Bewegungen können sich die Betroffenen selbst oder ihren Bettpartner verletzen. Grundlage der Störung ist eine zeitweilige Aufhebung der Hemmung des Muskeltonus im REM-Schlaf.

D. *Andere Parasomnien*

1. *Nächtliches Zähneknirschen (Bruxismus)*
Stereotype Bewegungen der Kiefer im Schlaf in Form von Zähneknirschen oder -mahlen. Die dabei entstehenden Geräusche werden vom Bettpartner als unangenehm empfunden. Es kann zu zahnärztlichen Folgen wie Zahn-

schmelzdefekten und Kieferschäden führen. Der Schläfer kann mit Kieferschmerzen erwachen. Bruxismus kann in Belastungssituationen auftreten, es gibt aber auch chronische (dauernde) Formen.

2. *Nächtliches Bettnässen (Enuresis)*
Wiederholte, unwillkürliche Blasenentleerung im Schlaf. Bettnässen wird dann auffällig, wenn es nach dem fünften Lebensjahr auftritt, ohne daß ein anderer medizinischer Grund als Erklärung vorliegt. Bettnässen kann in allen Schlafstadien auftreten, die meisten Ereignisse finden sich jedoch im ersten Nachtdrittel.

3. *Schlafabhängiges pathologisches Schlucksyndrom*
Bei dieser Störung kommt es nachts zum Verschlucken von Speichel. Als Folge treten Husten, Atemnot und Weckrektionen auf. Diese seltene Störung tritt im mittleren Lebensalter auf.

4. *Nächtliche paroxysmale Dystonie*
Ein neurologisches Krankheitsbild mit wiederholt auftretenden nächtlichen Bewegungsstörungen, wobei die Bewegungen kürzer als eine Minute dauern. Die Bewegungsstörungen können zu ausgeprägten Schlafstörungen führen. Im neurologischen Schlaflabor muß diese Störung gegen eine Epilepsie abgegrenzt werden.

5. *Syndrom des ungeklärten pötzlichen nächtlichen Todes*
Pötzlicher Tod eines jungen, gesunden Erwachsenen im Schlaf. Das Syndrom tritt ver allem in Südostasien auf. Eine Erklärung für das Krankeitsgeschehen fehlt bisher.

6. *Primäres Schnarchen*
Lautes nächtliches Schnarchen ohne Episoden von Atemstillständen oder Minderatmung wie bei der Schlafapnoe. Schnarchen tritt vor allem in der Rückenlage auf. Es weist auf einen erhöhten Widerstand der oberen Atemwege im Schlaf hin. Vergrößerte Mandeln oder andere Behinderungen der Atemwege begünstigen das Schnarchen. Dämpfende Medikamente, Schlafmittel und Alkohol fördern das Schnarchen. Schnarchen ist weit verbreitet; es wird bei 40–60 % der über 65jährigen beobachtet. Männer sind häufiger betroffen als Frauen.

7. *Schlafapnoe bei Säuglingen*
Atemstillstände (Apnoe) bei Säuglingen. Die Apnoen treten überwiegend im Schlaf auf. Es kann zu lebensbedrohlichen Zuständen kommen. Daher brauchen Risikokinder eine gründliche medizinische Untersuchung einschließlich einer Untersuchung der Atmung im Schlaf.

8. *Angeborenes zentrales Hypoventilationssyndrom*
Bei dieser Krankheit besteht eine Minderatmung, die im Schlaf ausgeprägter ist als im Wachen. Als Ursache wird ein Versagen der automatischen Kontrolle der Atmung angenommen. Die normale Reaktion der Atmung auf eine Veränderung der Blutgase ist gestört.

9. *Plötzlicher Kindstod*
Unerklärlicher, plötzlicher Tod, der meist während des Schlafes eintritt. Die Häufigkeit wird mit ein bis zwei Fällen auf eintausend Geburten angegeben. Risikokinder sind Frühgeborene, Mehrlingsgeburten und Geschwister von Betroffenen. Eine genaue kinderärztliche Untersuchung und Beratung ist in diesen Fällen notwendig.
10. *Gutartiger Schlafmyoklonus beim Neugeborenen*
Seitenungleiche Zuckungen des Körpers und der Extremitäten im NREM-Schlaf bei Neugeborenen.
11. *Andere Parasomnien*

III. Schlafstörungen bei medizinischen/psychiatrischen Erkrankungen

A. *Bei psychiatrischen Erkrankungen*

1. *Psychosen*
Schlafstörungen sind weitverbreitet bei Geistes- und Nervenkrankheiten (Psychosen) wie z. B. der Schizophrenie und der Alkoholpsychose.
2. *Affektiven Störungen*
Schlafstörungen sind weitverbreitet bei Gemütserkrankungen wie z. B. der Depression und der Manie.
3. *Angststörungen*
Schlafstörungen in der Form von Einschlaf- und Durchschlafstörungen bei Pateinten mit Angstsyndromen, Vermeidungsverhalten (Phobien) und Zwängen.
4. *Panikstörungen*
Schlafstörungen bei Patienten mit kurzzeitigen intensiven Angst- und Furchtzuständen mit körperlichen Begleiterscheinungen der Angst. Bei dieser Störung kann es zum plötzlichem Erwachen aus dem Schlaf kommen.
5. *Alkoholismus*
Schlafstörungen bei chronischem Mißbrauch und Alkoholabhängigkeit.

B. *Bei neurologischen Erkrankungen*

1. *Degenerative Hirnerkrankungen*
Schlafstörungen bei langsam fortschreitendem Abbau von Hirnfunktionen und des Bewegungsapparates.
2. *Demenz*
Schlafstörungen bei Patienten mit einem Verlust von Gedächtnis und gei-

stigen Fähigkeiten aufgrund von fortschreitenden Hirnabbauprozessen. Diese Schlafstörungen können verbunden sein mit gesteigerter Erregung, Verwirrtheit und nächtlichem Herumwandern.
3. *Parkinson-Krankheit*
Parkinsonpatienten haben folgende Symptome: Zittern, Muskelschwäche und Muskelstarre. Schlafstörungen können bei diesen Patienten sowohl durch die Erkrankung selbst als auch durch die medikamentöse Behandlung entstehen.
4. *Letale familiäre Insomnie*
Sehr seltene, tödlich verlaufende Erkrankung mit familiärer Häufung. Die Grundlage dieser neurologischen Erkrankung ist eine Zerstörung von Nervenzellen in einem tiefer liegenden Hirngebiet (Thalamus).
5. *Schlafbezogene Epilepsie*
Die Epilepsie ist gekennzeichnet durch zeitweilige, plötzliche Entladungen von Nervenzellgruppen des Gehirns. Schlaf kann die epileptische Aktivität begünstigen.
6. *Elektrischer Status epilepticus im Schlaf*
Dieses epileptische Krankheitsbild ist gekennzeichnet durch fortlaufend auftretende gestörte EEG-Muster im NREM-Schlaf. Betroffen sind vorwiegend Kinder.
7. *Schlafgebundene Kopfschmerzen*
Kopfschmerz-oder Migräneanfälle, die im Schlaf beginnen. Sie beginnen bevorzugt im REM-Schlaf oder in benachbarten Schlafabschnitten und führen zum Erwachen.

C. *Bei anderen medizinischen Erkrankungen*

1. *Afrikanische Schlafkrankheit (Trypanosomiasis)*
Der Überträger der afrikanischen Schlafkrankheit gelangt durch den Biß der Tsetsefliege in den Körper des Betroffenen. Als Folge enteht ein vielfältiges Krankheitsbild, das nach unterschiedlichem Verlauf mit Beeinträchtigung verschiedenster Körperfunktionen unbehandelt zum Tode führt.
2. *Nächtliche kardiale Ischämie*
Nächtliche Durchlutungsstörung (Verminderung oder Unterbrechung) des Herzens. Die Patienten erleben ausstrahlende Druck- und Schmerzgefühle im Brustbereich. Kardiologische Untersuchungen sind erforderlich.
3. *Chronisch obstruktive Lungenerkrankung*
Behinderung der Lungenatmung und damit des Gasaustausches zwischen der Lunge und der Umgebungsluft. Schlafstörungen verbunden mit häufigen Erwachen, Atemnot, Kurzatmigkeit und nächtlichem Husten. Führt zu Unausgeschlafenheit am Morgen und gelegentlichen morgendlichen

Kopfschmerzen. Diagnose und Behandlung durch einen Lungenfacharzt mit Kenntnissen in Schlafmedizin.
4. *Schlafgebundenes Asthma*
Nächtliche Asthmaanfälle sind verbunden mit Atemnot, Lufthunger und Beklemmungsgefühlen. Die dadurch bedingten Schlafunterbrechungen führen zu Tagesmüdigkeit.
5. *Schlafgebundener gastroösophagealer Reflux*
Rückfluß von saurem Mageninhalt in die Speiseröhre. Die Patienten wachen mit einem sauren Geschmack im Mund oder brennendem Gefühl im Brustbereich auf.
6. *Magenulkus*
Nächtliche Schmerzen und Koliken, die zum Erwachen bis hin zur Insomnie führen können. Die Grunderkrankung muß behandelt werden.
7. *Fibrositis-Syndrom*
Chronische Schmerzen der Muskulatur, des Bindegewebes und der Knochen. Die Patienten klagen über leichten Schlaf, Müdigkeitsgefühle und Erschöpftheit.

IV. Vorgeschlagene Schlafstörungen

Hierunter werden Störungen zusammengefaßt, die derzeit noch in der Diskussion sind.

1. *Kurzschläfer*
Personen, deren Nachtschlafdauer immer deutlich unter der Altersnorm liegt. Diese Personen sind tagsüber nicht schläfrig und sie klagen nicht über die Schlafqualität.
2. *Langschläfer*
Gewohnheitsmäßige Schlafdauer deutlich über der Altersnorm. Keine Tagesschläfrigkeit und keine Klagen über die Qualität des Nachtschlafs.
3. *Subvigiles Syndrom*
Klagen über mangelnde Wachheit (Vigilanz) am Tage ohne objektive Hinweise auf gestörten Nachtschlaf oder Tagesschläfrigkeit.
4. *Fragmentierter Myoklonus (Schlafmyoklonus)*
Kurze unwillkürliche Zuckungen von Armen und Beinen vor allem im NREM-Schlaf. Gutartiger Verlauf. Kann zu erhöhter Tagesschläfrigkeit führen.
5. *Nächtliches Schwitzen*
Übermäßiges nächtliches Schwitzen, das zu Schlafunterbrechungen führen kann. Häufig müssen Bettwäsche und Bekleidung gewechselt werden.

6. *Menstruationsbezogene Schlafstörungen*
   Schlafmangel oder erhöhtes Schlafbedürfnis in zeitlichem Zusammenhang mit der Regelblutung oder der Menopause.
7. *Schwangerschaftsbezogene Schlafstörungen*
   Schlafmangel oder erhöhtes Schlafbedürfnis im Verlaufe einer Schwangerschaft. Die beiden Störungen können abwechselnd auftreten.
8. *Beängstigende hypnagoge Halluzinationen*
   Furchterregende Traumerlebnisse beim Einschlafen.
9. *Schlafabhängige neurogene Tachypnoe*
   Beschleunigte Atmung im Schlaf. Die Störung kann zu Tagesschläfrigkeit führen.
10. *Schlafabhängiger Laryngospasmus*
    Stimmritzenkrampf. Führt zu plötzlichem Erwachen mit Erstickungsgefühl und pfeifenden Atemgeräuschen. Die Episoden können bis zu etwa fünf Minuten dauern und hören von selbst auf.
11. *Erstickungsanfall im Schlaf*
    Häufiges Erwachen mit Erstickungsgefühl, verbunden mit starker Angst. Eine psychiatrische Störung kann zugrunde liegen.

10. Kapitel

Funktionelle Sexualstörungen

Dirk Zimmer

1 Einleitung

Störungen der Sexualität und ihre Bedeutung für die Entwicklung und Behandlung von Neurosen waren seit Beginn dieses Jahrhunderts zentrale Themen psychotherapeutischer Modellbildung (Freud, 1905). Die empirische Prüfung der in der klinischen Praxis entwickelten Hypothesen begann jedoch vergleichsweise spät in den 60er Jahren mit den bahnbrechenden Arbeiten von Masters und Johnson (1966, 1970). Waren es zunächst gesellschaftliche und religiöse Tabus, die die Forschung behinderten, so stellt heute die Komplexität der beteiligten und miteinander interagierenden somatischen, psychologischen und paardynamischen Prozesse für die Forschung eine Schwelle und Herausforderung dar.

Der Beitrag beschäftigt sich v. a. mit funktionellen Sexualstörungen, also Störungen einer befriedigenden sexuellen Interaktion. Kurz soll aber auch auf Probleme der sexuellen Orientierung und auf die Arbeit mit Opfern und Tätern sexueller Gewalt eingegangen werden.

Die psychotherapeutische Arbeit mit Menschen, die unter sexuellen Störungen leiden, stützt sich auf die gleichen klinisch-psychologischen Grundlagen wie jede andere empirisch fundierte Psychotherapie. Aus diesem Grunde halten wir den verbreiteten Ausdruck Sexualtherapie für ebenso unsinnig und aussagelos wie den der Angstbehandlung oder Depressionstherapie.

In diesem Beitrag muß eine Auswahl getroffen und auf weiterführende Literatur verwiesen werden. Es werden vorrangig Arbeiten besprochen, die eine hinreichende empirische Prüfung nachweisen können.

2 Grundlagen

2.1 Klassifikation sexueller Störungen

Diagnostik und Klassifikation dienen der Vergleichbarkeit empirischer Befunde zu Behandlungserfolgen und -prognosen und dem Wunsch nach einer spezifischen Therapieplanung. Ein Klassifikationssystem sollte die empirisch als relevant befundenen Variablen erfassen. Auf diesem Hintergrund wurde Kritik geäußert an Störungsbegriffen wie Frigidität, Impotenz oder Perversion, die zu global und schlecht definiert sind und zudem diskriminierend wirken können.

Mit Sigusch (1979) wollen wir den Begriff sexuelle Dysfunktionen für organisch bedingte Funktionsstörungen der Sexualität reservieren, im Gegensatz zu funktionellen Sexualstörungen, bei denen eine psychogene Bedingtheit angenommen wird. Im folgenden verstehen wir unter funktionellen Sexualstörungen Beeinträchtigungen im Erleben, Verhalten und den physiologischen Reaktionsweisen, die eine für beide Partner befriedigende sexuelle Interaktion behindern oder unmöglich machen. Diese Definition mißt der Zufriedenheit beider Partner große Bedeutung bei.

Hiervon abzugrenzen sind Probleme der sexuellen Orientierung. Der Begriff der abweichenden Sexualität oder Paraphilie, der den alten Begriff der Perversion abgelöst hatte, verweist darauf, daß kulturelle Normen bzw. Vorstellungen über sog. normale sexuelle Orientierungen in die Definition eingehen (Bancroft, 1985). Eine homosexuelle Orientierung wurde zu bestimmten Zeiten und in bestimmten Kulturen als gleichwertige Lebensform, in anderen als behandlungsbedürftige Krankheit eingestuft.

Probleme der sexuellen Gewalt können in verschiedenen Beziehungen (Vergewaltigung innerhalb der Ehe, von Fremden, als Ausbeutung kindlicher Abhängigkeit) und unabhängig von der sexuellen Orientierung auftreten. Zentrales Merkmal ist die Ausnutzung eines Machtgefälles bzw. von Abhängigkeit, so daß das freiwillige Einverständnis zur sexuellen Interaktion beider Partner nicht sicher gegeben ist. Für diese Definition sind physische Gewalt oder gar Verletzungen nicht notwendig.

Die meisten Klassifikationssysteme beziehen sexuelle Symptome auf den Ablauf der sexuellen Erregung (ICD-10; Dilling, Mombour & Schmidt, 1992), in Anlehnung an Kaplan (1974), die Störungen der Appetenz, der Erregung und des Orgasmus unterschied (auch: DSM-IV; APA, 1994). „Das Problem dieser sehr breiten Kategorien liegt besonders in der Erfolgs- und Prognoseforschung. (...) So besteht die Aufgabe, ein eher multidimensionales Klassifikationssystem zu finden, das doch die Einfachheit der Struktur bewahrt" (Heiman, LoPiccolo und LoPiccolo, 1981, S. 599). Schover, Friedman, Weiler, Heiman & LoPiccolo (1982) formulierten ein sog. „multiaxiales problemorientiertes System sexueller Funktionsstörungen". Auch Arentewicz und Schmidt (1980, 1986) versuchten eine differenziertere Symptombeschreibung. Tabelle 1 (aus Zimmer, 1985) stellt eine Erweiterung und Zusammenfassung dieser Ansätze dar.

Tabelle 1:   Klassifikation funktioneller Sexualstörungen

Problemklasse	Symptomatik	
A. Appetenzphase	1.	Aversion gegen Sexualität
	2.	Appetenzverlust/Libidoverlust
	3.	Exzessive sexuelle Appetenz
B. Erregungsphase	4.	Probleme, erregt zu werden
	5.	Erregungsverlust
C. Orgasmusphase	6.	Vorzeitiger Orgasmus
	7.	Verzögerter/ausbleibender Orgasmus
	8.	Mangelnde subjektive Befriedigung
D. Koitusprobleme	9.	Vaginismus
	10.	Dyspareunie
E. Ausklingphase	11.	Mißempfindungen nach Sexualität
F. Frequenz	12.	Divergierende Häufigkeitswünsche
G. Formale Charakteristika	a)	akut (initial) vs. chronisch
	b)	primär (lebenslang) vs. sekundär
	c)	global vs. (situations-) spezifisch
H. Spezifizierende Informationen	I.	Organmedizinischer Befund
	II.	Medikamenten-Nebenwirkungen
	III.	Psychopathologischer Befund
	IV.	Qualität der Beziehung/Partnerschaft
	V.	Sexuelle Orientierung

Im folgenden werden die Probleme kurz beschrieben und erste Hinweise zur Bedingungsanalyse gegeben (siehe auch Zimmer, 1985).

A.   *Probleme der Appetenzphase*

1. Aversion gegen Sexualität: Ein Mangel an sexuellem Interesse kann auf Aversion, Ekel und Mißempfindungen zurückgehen. Im Hintergrund stehen oft traumatische Erlebnisse oder eine rückwirkende Generalisierung: Probleme mit Orgasmus oder Erregung wirken sich negativ auf die vorausgehenden Schritte aus. Die Antizipation von Enttäuschung kann belasten, was urspünglich angenehm war, z. B. zärtliche Berührungen.
2. Appetenzverlust dagegen bezeichnet erniedrigtes sexuelles Interesse bei an sich funktionierendem sexuellen Erleben, bei dem Erregung und Orgasmus nicht notwendigerweise gestört sind. Angesichts der großen Streuungen gibt es kein klares Kriterium. Hier spielen sowohl die Frequenz sexueller Aktivitäten, die erlebte Intensität sexueller Wünsche als auch das subjektive

Leiden an dem verringerten Interesse eine Rolle (Hawton, 1985; Hawton, Catalan & Fagg, 1991; Leiblum & Rosen, 1990). Kockott (1977) betrachtet Frequenzwünsche von ein Mal pro Monat oder weniger als erniedrigte Appetenz. Mangel an sexuellem Interesse muß nicht mit Unzufriedenheit einhergehen. Meist klagen eher die Partner. Appetenzverlust kann Folge jeder Art von Krankheit, von Depressionen, von Problemen des Selbstwertes oder der Partnerschaft sein, aber auch auf Nebenwirkungen von Medikamenten oder Suchtmittelmißbrauch zurückgehen. Auch nach traumatischen Ereignissen wie Vergewaltigung ist die Appetenz stärker als die Orgasmusfähigkeit betroffen (siehe Absatz 3.3). 40 % von Patienten mit Appetenzproblemen hatten auch Erregungs- und Orgasmusprobleme (Segraves & Segraves, 1991).

3. Exzessive sexuelle Appetenz läßt sich ebenfalls schwer an quantitativen Kriterien festmachen. Gesellschaftliche Normen erlauben keine Abgrenzung und sind umstritten. Gelegentlich kann exzessive Appetenz auf Psychosen bzw. Depressionen zurückgehen. Sie kann aber auch sekundär aus Orgasmusproblemen resultieren, d. h. ein immer wieder neuer Versuch sein, doch noch Befriedigung zu finden (Schnabl, 1983; Mathews & Weinmann, 1982). In der Mehrzahl der Fälle finden sich Wünsche nach Selbstbestätigung durch das Erleben der eigenen erotischen Anziehungskraft, sowie eine Unfähigkeit, auch über andere, nicht nur erotische Wege Nähe und Intimität zu erreichen. Die Unfähigkeit, langfristige und vertrauensvolle Beziehungen aufzubauen, kann die Faszination erhöhen, die von ständig neuen Beziehungen ausgeht.

B. Probleme der Erregungsphase

Probleme der Erregungsphase kommen ohne Beteiligung anderer sexueller Symptome extrem selten vor, so daß es fraglich ist, ob hier eine eigenständige diagnostische Einheit notwendig ist (Segraves & Segraves, 1991).

1. Probleme, erregt zu werden, subjektiv wie physiologisch, können sekundäre Folgen von Orgasmusproblemen und/oder entsprechenden Leistungsängsten sein. Frauen klagen über mangelnde vaginale Lubrikation, Männer darüber, daß die Erektion unbefriedigend oder instabil ist. Vielfach können sich Menschen nicht entspannen und andere konfliktreiche Gedanken ausblenden (z. B. an die Arbeit, Familie). Ungünstige äußere Bedingungen (z. B. elterliche Wohnung), mangelnde Vertrautheit mit dem Partner, Probleme der Kommunikation oder der Art der sexuellen Stimulation können eine Rolle spielen.
2. Erregungsverlust: Viele Klienten berichten über den plötzlichen Abbruch der Erregung nach anfänglich positiver sexueller Erregung. Während selbstunsichere Frauen über diesen Punkt hinweggehen und trotz man-

gelnder innerer Beteiligung mit dem Partner schlafen können, ist ein Verkehr beim Erektionsverlust des Mannes nicht möglich. Eine funktionale Analyse kann in der Regel interne und externe Auslöser festmachen, die eine Konzentration auf die angenehme Stimulation behindern. Neben sexuellen Leistungsängsten können Erinnerungen an unangenehme Erlebnisse (z. B. Mißbrauch), Beziehungskonflikte u. ä. m. eine Rolle spielen.

C. *Probleme der Orgasmusphase*

1. Vorzeitiger Orgasmus: Bei minimaler Stimulation wird ein Orgasmus ausgelöst. Frauen, die dies erleben, kommen allerdings selten mit Klagen darüber in Therapie. Bei Männern wird dies Phänomen Ejakulatio praecox genannt. Es ist durchaus nicht immer behandlungsbedürftig. Manche Klienten berichten, daß das Symptom nicht bei der Masturbation, sondern nur in der sexuellen Interaktion auftrete. Hier sind oft ausgeprägte Ängste vor der Symptomatik bzw. vor dem Verkehr (Kockott, 1981) beteiligt.
Kriterien für die Diagnose Ejakulatio praecox sind umstritten. Unstritig ist die Diagnose, wenn der Mann überhaupt nicht intravaginal ejakulieren kann, sondern den Samenerguß schon vorher (ante portas) erlebt. Die Definition von Masters und Johnson (1970), Ejakulatio praecox liege vor, wenn bei weniger als 50 % der Koitusversuche die Partnerin zum Orgasmus komme, ist bedenklich, da die Fähigkeit der Frau, einen Orgasmus zu erleben, von verschiedenen Faktoren abhängt. Entgegen mechanistischen Kriterien, etwa der Dauer von der Einführung des Penis bis zur Ejakulation von 30–60 Sekunden oder der Zahl von weniger als 10 Penisbewegungen, halten wir mit Kaplan (1974) (1) den beiderseitigen Wunsch des Paares und (2) den klaren Mangel an Kontrolle über den Verlauf der Erregung als Kriterien für notwendig.
2. Verzögerter oder ausbleibender Orgasmus: Bei Frauen wurde das Problem früher Frigidität, später auch Anorgasmie oder Präorgasmie genannt, beim Mann ist die Bezeichnung Ejakulatio retardata oder Ejakulatio deficiens geläufig. Die Tatsache, daß eine Frau bei rein intravaginaler Stimulation durch Penis-Bewegungen selten oder nicht zum Orgasmus kommt, sollte nicht als sexuelle Störung betrachtet werden, da dies bei einem höheren Prozentsatz auch der zufriedenen Frauen der Fall ist (bei Schnabl 45 %). Bei einer Stimulation des klitoralen Bereichs (ggf. simultan während des Koitus) fällt das Erleben des Höhepunktes vielfach leichter (Hawton, 1989).
Negative Lernerfahrungen und alle Probleme, die eine Konzentration auf angenehmes Körpererleben behindern, können bedeutsam sein: Leistungsängste, selbstgesetzte Normen (Orgasmuszwang), Unsicherheiten im Selbstbild als Frau oder Unsicherheiten auf seiten des männlichen Partners, der aus dem Ausbleiben des Orgasmus seiner Partnerin schließt, ein

schlechter Liebhaber zu sein. Darüber hinaus können Angst vor Schwangerschaft, ungelöste Beziehungskonflikte oder andere negative Emotionen und Gedanken beteiligt sein (Zimmer, 1985).

Bei Männern tritt Ejakulatio retardata meist nur bei sexuellem Kontakt mit der Partnerin auf, seltener bei Masturbationsversuchen. Diese Männer haben keine Probleme mit der Erektion, können aber oft trotz langer Koitus-Versuche nicht oder nur selten zum Orgasmus kommen. Vielfach finden sich hier Leistungsdruck und -ängste, Defizite im Bereich Selbstsicherheit, Hemmungen, eigene Bedürfnisse, Ärger und aggressive Gefühle zu äußern. Aus Rücksichtnahme auf die Partnerin geht die Fähigkeit verloren, sich lustvoll und auch egoistisch auf die Wahrnehmung des eigenen Körpers zu konzentrieren.

3. Mangelnde subjektive Befriedigung: In selteneren Fällen berichten Klienten beiderlei Geschlechts, daß sie Orgasmus bzw. Ejakulation ohne subjektiv angenehmes Gefühl wahrnehmen. Die Ätiologie völliger Empfindungslosigkeit ist unklar. Eine somatische Ursache wurde bislang nicht gefunden. Systematische Behandlungsansätze sind nicht bekannt. Eine stark reduzierte subjektive Empfindung kann allerdings bei hoher Belastung und Erschöpfung periodisch auftreten.

Klagen über mangelnde Intensität des Erlebens sind gelegentlich Ausdruck von Ansprüchen nach regelmäßig sehr hoher Intensität der Erregung. Die Suche nach dem außergewöhnlichen Erlebnis kann zu exzessivem Gebrauch von Hilfsmitteln, Pornographie u. ä. führen. Gelegentlich ist Sexualität zu sehr zur Routine geworden oder wird zu häufig inkongruent zum aktuellen Beziehungserleben vollzogen. Konflikte der Beziehung werden nicht gelöst, sondern durch sexuelle Aktivitäten überspielt (Kaplan, 1974; Zimmer, 1985).

D. Koitus-Probleme

1. Vaginismus: Die reflexhafte, unwillkürliche Verkrampfung der Scheidenmuskulatur macht ein Einführen des Penis und selbst gynäkologische Untersuchungen meist unmöglich. Nach Untersuchungen von Hawton und Catalan (1990) werden seltener traumatische Ereignisse (Vergewaltigung) berichtet, als von Masters und Johnson (1970) vermutet wurde. Vielmehr unterscheiden sich die Paare durch größere sexuelle Unerfahrenheit, religiöse Tabus und negative Einstellungen zum Körper, andererseits aber auch durch geringere Beziehungskonflikte und Kommunikationsprobleme von Paaren mit anderen sexuellen Problemen. Meist sind sie besonders hoch motiviert für eine Therapie.
2. Dyspareunie: Symptome wie Jucken, Brennen, dumpfe Schmerzen, oft verbunden mit Verkrampfungen, können organische, meist infektiöse Ursachen haben und sollten ärztlich untersucht werden. So kann ein Östro-

genmangel nach dem Klimakterium zu vaginalen Atrophien führen und Hormonsubstitution erforderlich machen. Da primär organisch bedingte Schmerzen auch funktionalen Charakter bekommen können, sollte nach weiteren sexuellen Symptomen ebenso gefragt werden wie nach kommunikativen Problemen (Fähigkeit, nein zu sagen). Als wichtigster Faktor bei weiblichen Schmerzen sind zu intensive Stimulation oder Koitusversuche bei mangelnder Lubrikation anzusehen (Kaplan, 1974).

E. Probleme der Auskling-Phase

Mißempfindungen nach Sexualität: Gelegentlich werden am Ende oder nach dem Orgasmus körperliche Schmerzen oder negative Gefühle berichtet. Sofern sie nicht unmittelbar mit Erlebnissen während der sexuellen Interaktion zusammenhängen, können es Verarbeitungsprobleme sein: Depressiv strukturierte Menschen mögen bei Genuß Schuldgefühle empfinden. Eine Person, die sich zur Sexualität gedrängt oder gar ausgenützt fühlt, wird eher aggressive Gefühle erleben (Arentewicz & Schmidt, 1980).

F. Frequenzunzufriedenheit

Einer der Partner wünscht häufiger, der andere dagegen seltener sexuelle Kontakte. Die Sorgen, überfordert zu werden bzw. zu wenig vom Partner zu bekommen, steigern sich gegenseitig. Gelegentlich sind die Klagen verbunden mit anderen Problemen der Erregung oder des Orgasmus. Nicht selten drücken sich Beziehungskonflikte in Frequenzklagen aus. Der Kampf um mehr oder weniger Sexualität kann so manchmal als Lösungssuche auf der falschen Ebene gesehen werden (Arentewicz & Schmidt, 1980; Kaplan, 1974).

G. Formale Charakteristika

1. Probleme, die bei den ersten Versuchen sexueller Interaktionen entstehen (Initialproblematik), sind trotz des Schocks für die Beteiligten prognostisch eher günstig anzusehen als chronifizierte Verläufe, von denen man bei einer Symptomdauer von über 2 Jahren spricht.
2. Primär vs. sekundär: Wir verstehen die Unterteilung (lebenslang vs. nicht lebenslang) in dem Sinne, daß bei sekundärer Problematik wenigstens ein problemfreies Erlebnis vorliegen sollte. Die Unterscheidung ist insofern sinnvoll, als sekundäre Symptomatiken häufiger mit teils massiven Beziehungskrisen verbunden und vor allem bei Frauen schwerer zu behandeln sind. Wichtig ist, daß kürzere Perioden sexueller Enttäuschung verbreitet sind und nicht dramatisiert werden sollten.
3. Global vs. situationsspezifisch: Globale Probleme sind seltener. Sie sind unabhängig von Situation, Partner und verwendeter Praktik. Situations-

spezifische Sexualprobleme können (a) partnerbezogen sein, d. h. treten nur bei bestimmten Partnern auf (z. B. beim Ehepartner, nicht aber bei anderen Sexualkontakten), (b) interaktionsbezogen, d. h. treten nur mit einem Partner auf, nicht aber bei der Masturbation, oder (c) praktikbezogen sein. Dann ist die sexuelle Erlebnisfähigkeit ist an bestimmte Stimulationstechniken gebunden (z. B. klitorale Reizung oder masochistisches Ritual).

H. Spezifizierende Informationen

Für die Therapieplanung und Prognose sind eine Reihe von weiteren Informationen erforderlich. Neben (1) somatischen Befunden, die als direkte Verursachung der Symptomatik aufzufassen sind, sind sekundäre Auswirkungen anderer Erkrankungen, (2) bestimmter Medikamente oder auch Suchtmittel zu berücksichtigen. Darüber hinaus sollte ein Eindruck von (3) der allgemeinen Psychopathologie gewonnen werden (vor allem Psychosen, Depressionen). Von besonderer Bedeutung ist die Einschätzung latenter oder offener (4) Krisen in der Partnerschaft. Weiterhin ist zu berücksichtigen, daß Funktionsstörungen sekundär auch Folgen der (5) sexuellen Orientierung sein können: Eine homoerotische Orientierung kann zu Problemen in heterosexuellen Beziehungen werden.

I. Zur Definition abweichender sexueller Orientierung

In die Definition der Gruppe, die Bancroft (1985) sexuelle Minoritäten nennt, gehen soziale Vorstellungen von Normalität und Abweichung ein. Wie die meisten der neueren Autoren faßt Bancroft die Gruppe der Homosexuellen als eigene Kategorie, die er nicht unter dem Begriff abweichender Sexualität gefaßt wissen will.

Im DSM-IV (APA, 1994) werden unter dem Oberbegriff Paraphilie zusammengefaßt: Exhibitionismus, Fetischismus, Frotteurismus, Pädophilie, Masochismus, Sadismus, transvestitischer Fetischismus, Voyeurismus. Unter der Kategorie NNB werden seltenere Formen wie Sodomie u. a. zusammengefaßt. Eine Diagnose setzt voraus, daß starke Impulse und Phantasien über einen Zeitraum von wenigstens sechs Monaten aufgetreten sein müssen und daß die Person die Impulse in reales Verhalten umsetzt bzw. unter ihnen leidet. Leidensdruck entsteht oftmals erst, wenn das Fehlen geeigneter Partner, Vorwürfe vorhandener Partner oder Konflikte aufgrund von Straftaten Anlaß dazu geben (Schorsch, Galedary, Haag, Hauch & Lohse, 1985). Während einige Patienten unter ihrer sexuellen Orientierung weniger als unter den sozialen Konsequenzen leiden, machen sich andere große Selbstvorwürfe, da sie ihre Neigungen in Kontrast zu ihren Wertvorstellungen erleben.

2.2 Diagnostik funktioneller Sexualstörungen

Ziel der diagnostischen Bemühungen ist (a) die Einschätzung der jeweils individuellen Aspekte der Ätiologie und Aufrechterhaltung bei beiden Partnern, (b) die interaktionelle Bedingtheit der Symptome, aber auch (c) die Einbettung der sexuellen Symptomatik in andere Störungsbilder (etwa Depression, Suchtmittelabhängigkeit, gestörte Partnerschaft o. a.). Die Basis stellt sinnvollerweise eine fachärztliche Untersuchung dar. Diagnostik muß aufgrund der komplexen Zusammenhänge zunächst breit angelegt werden. So berichten Catalan, Hawton und Day, (1990), daß von 200 Paaren mit funktionellen Störungen 35 % starke Beziehungsprobleme hatten und daß bei 30 % andere psychiatrische Störungen gefunden wurden.

Exploration und Anamnese stellen nach wie vor die wichtigsten Methoden dar. Getrennte Explorationen erleichtern Offenheit bei der individuellen Erhebung, gemeinsame Gespräche geben dagegen einen besseren Eindruck vom Zustand der Beziehung. Inhalte und Methoden der Gesprächsführung finden sich bei Buddeberg (1983), Arentewicz und Schmidt (1980, 1986) und Zimmer (1985).

Fragebögen haben bislang primär in der Forschung eine Rolle gespielt, können aber begleitend zur Exploration eingesetzt werden (z. B. der Anamnesebogen ASP, Zimmer, 1989). Als recht zeitaufwendig, aber reliabel und valide erwies sich der SII (Sexual Interaction Inventory) von LoPiccolo und Steger (1974), den wir an einer deutschen Stichprobe überprüften (Zimmer, 1985, S. 18f.). Eher breiter im Sinne der multiaxialen Diagnostik angelegt ist der TSST (Tübinger Skalen zur Sexual-Therapie; Zimmer, 1989), dessen Faktoren ebenfalls befriedigende Reliabilitäts- und Validitätswerte haben. Neben der genaueren Erfassung der Symtomatik werden insbesondere paardynamische Aspekte erfaßt. Aus der angloamerikanischen Literatur sei auf den gut untersuchten GRISS-Bogen (Rust & Golombok, 1986) und auf den differenzierten DSFI (Derogatis Sexual Functioning Inventory; Derogatis & Melisaratos, 1979) verwiesen.

Einschätzungen der Symptomschwere durch Therapeut und Patient divergieren in der Regel (Arentewicz & Schmidt, 1980), teilweise erheblich (Korrelation nur $r = .20$ bei Dekker, Dronkers & Staffeleu, 1985).

Psychophysiologische Methoden, etwa Penisplethysmographie bei Männern (Bancroft & Mathews, 1971) oder Erfassung der vaginalen Durchblutung (Wincze, Hoon & Hoon, 1976) sind bislang primär von Forschungsinteresse (Bancroft, 1985), weil die Zusammenhänge zum subjektiven Erleben komplex sind (Rowland & Heiman, 1991): So finden sich bei belasteten Männern und gesunden Kontrollpersonen unterschiedliche Korrelationen von subjektiven und psychophysiologisch erhobenen Daten. Allein die Messung nächtlicher

Spontanerektionen fand einen breiteren Einsatz als Ausschlußkriterium einer organischen Verursachung von Erektionsproblemen. Einen Literaturüberblick geben Langer und Hartmann (1992), Schiavi (1988), Mohr und Beutler (1990).

Verschiedene Selbstbeobachtungsskalen existieren zur Verlaufsbeschreibung sexueller Aktivitäten (z. B. Adkins & Jehu, 1985; Marks, Cordess & Verde, 1988).

Derzeit gibt es bedauerlicherweise kein international akzeptiertes und abgesichertes Maß, das – ähnlich dem Beck-Depressions-Inventar (Beck, Rush, Shaw & Emery, 1981) in der Depressionsforschung – als Basis metaanalytischer Vergleiche dienen kann. Am häufigsten wird noch der SII von LoPiccolo (s. o.) verwendet. In Übersichtsarbeiten werden daher in der Regel Quoten der als „etwas bis vollständig gebesserten" Patienten angegeben (klinische Beurteilung). Hier ist noch viel Arbeit zur Etablierung international einheitlich zu verwendender Kriterien und zur Absicherung der Reliabilitäten sowohl strukturierter Interviews als auch von Selbstbeurteilungsmaßen erforderlich.

2.3 Die Verbreitung funktioneller Sexualstörungen

Bislang können Angaben über die Verbreitung sexueller Symptome nur mit Vorsicht gemacht werden, da die Studien unterschiedliche Klassifikationsansätze verwenden und teilweise methodisch unzulänglich sind (z. B. Hite-Report: Hite, 1977, 1982; oder RALPH-Report: Eichner & Habermehl, 1978). Zudem ist wenig klar, wie repräsentativ diejenigen sind, die freiwillig bei einer anonymen Umfrage mitarbeiten. Die Rücklaufquote streut zwischen 3 % (Hite-Report) und 45 % (Schnabl, 1983; die wohl umfangreichste und glaubwürdigste Erhebung Ende der sechziger Jahre in der ehemaligen DDR).

(1) Prävalenz manifester sexueller Symptome

Viel zitiert wird die Arbeit von Schnabl (1983): Chronische Probleme fand er bezüglich des Orgasmus-Erlebens bei 9 % der Frauen, stark erniedrigte Appetenz bei 13 % der Frauen, allgemeine Sexualprobleme bei 13 % der Männer. Spector und Carey (1990) geben einen Überblick über 23 Studien zur Prävalenz. Für methodisch relativ sicher halten sie folgende Einschätzungen: (a) Orgasmusprobleme von Frauen: 5–10 % der Bevölkerung, (b) Erektionsprobleme 4–9 %; (c) Ejakulatio praecox 36–38 %. Bekannt ist, daß die Prävalenz von Erektionsproblemen mit dem Alter zunimmt und auf bis zu 60 % der Männer über 65 Jahren ansteigt (Finckle, 1973).

(2) Wieviele Menschen haben vorübergehend sexuelle Störungen?

Perioden sexueller Symptomatik scheinen die meisten Menschen zu kennen: Für Männer streuen die Angaben von 67 % (Schnabl, 1983) bis 87 % (Hunt, 1974), für Frauen von 48 % (Schnabl, 1983) bis 88 % (Arentewicz & Schmidt, 1980). Die Symptome müssen nicht mit stärkerer Unzufriedenheit einhergehen. 60 % der Frauen von glücklichen Ehepaaren berichten über Perioden von Problemen, einen Orgasmus zu erleben (Hoch, Safir, Peres & Shepher, 1981). Sexualität ist also bei den meisten Menschen störbar, ohne daß dies den Verlauf einer chronifizierten Symptomatik nehmen muß.

(3) Wieviele Menschen sprechen ihren Arzt wegen behandlungswürdiger sexueller Symptome an?

Eicher (1984) schätzt die Quote auf 10 % aller Patienten. Buddeberg (1983) befragte 163 Schweizer Ärzte: 4 % aller Patienten kamen primär wegen sexueller Symptome in die Praxen. Arentewicz und Schmidt (1980) berichten, daß allein in Hamburg jede Woche über 1000 Patienten einen Arzt wegen manifester sexueller Probleme aufsuchen. Die Dunkelziffer wird unterschiedlich angesetzt, z.B. 5:1 bei Eicher (1984). Nach Buddeberg (1983), der in ausgewählten Praxen systematische Befragungen durchführte, litten wenigstens 29 % der Frauen und 25 % der Männer unter funktionellen Sexualproblemen. Nach seinen Angaben ist die Relation von realen zu behandelten Problemfällen etwa 7:1.

(4) Die relative Häufigkeit der Störungen

Innerhalb der Gruppe, die sich zur Behandlung anmeldet, ergab sich in einer amerikanischen Umfrage bei 289 Sexualtherapeuten (Kilman et al., 1986) als häufigstes Problem Diskrepanzen der Partner bzgl. der Häufigkeit sexueller Aktivitäten. Nach Masters und Johnson (1970) und Arentewicz und Schmidt (1980) klagen Männer am häufigsten über sekundäre Formen der Erektionsstörung oder Ejakulatio praecox, seltener über primäre Erektionsstörungen oder Ejakulatio retardata, Frauen etwa gleich häufig über primäre und sekundäre Erlebens- oder Orgasmusprobleme, vergleichsweise selten über Vaginismus. Sekundäre Sexualprobleme, verbunden mit Ehekrisen, scheinen das Hauptkontingent der Probleme darzustellen (Watson & Brockman, 1982).

Der relative Anteil von Paaren mit Appetenzproblemen in amerikanischen Sexualberatungsstellen nimmt kontinuierlich zu, nach Schover und LoPiccolo (1982) steigerte sich der Anteil von 1971 bis 1982 von 30 % auf 50 %. Bei ca. 40 % der Paare mit erniedrigter sexueller Appetenz ist der Mann der Symptomträger.

2.4 Sexuelles Interesse: Trieb oder Motivation?

Das drängende, irrationale und gelegentlich chaotische Element der Reizsuche in der Sexualität wurde mit dem Begriff Trieb umschrieben – analog zu anderen biologisch angelegten motivationalen Zuständen, wie etwa Hunger oder Durst. Der Begriff Trieb ist mehr als Beschreibung, er unterstellt eine Erklärung (Freud, 1905). Das sogenannte psychohydraulische Modell, das in ähnlicher Form auch von der Ethologie (Konrad Lorenz u. a.) vertreten wurde, unterstellt eine stetige Kumulation eines Triebes, die zu verstärkter Suche nach dem Triebobjekt führt, das dann eine Triebabfuhr bzw. Spannungsentladung gestattet.

Freud gab später der Sexualität eine umfassendere Bedeutung: Statt einem engen Sexualtrieb betonte er das Konzept des Lustprinzips, das mit dem Realitätsprinzip in Konflikt stehe. Aus der Auseinandersetzung sollen durch Sublimierung kreative und kulturelle Leistungen erwachsen. Die Aufgabe eines nur biologisch orientierten Triebmodelles führte zu einer stärkeren Gewichtung lebensgeschichtlicher Erfahrungen (Triebschicksal). Weder Unterdrükkung lusthafter Impulse noch freies Ausleben von Sexualität erschienen als Merkmale seelischer Gesundheit.

Auf nachfolgende Konzepte etwa von Wilhelm Reich (1969) und ihrer Kritik (Arieti, 1973) kann hier nicht eingegangen werden.

Die Plausibilität und auch die umgangssprachliche Verbreitung des Triebbegriffes dürfen nicht darüber hinwegtäuschen, daß hier sprachliche Benennung und Erklärung leicht verwechselt werden. Schmidt (1983) kommt nach einer kritischen Überprüfung und Sichtung der Befunde zu der Einschätzung, daß das klassische Konzept des Sexualtriebes nicht haltbar sei. In der Tat hat das psychohydraulische Modell Schwächen und ist mit einigen Befunden nicht in Einklang zu bringen:

Eine klare somatische Basis eines Triebes in dieser Form ist nicht gefunden worden, auch wenn die komplexe psychophysiologische, hormonelle und zentralnervöse Steuerung sexueller Prozesse immer besser verstanden wird (Bancroft, 1985; Langer & Hartmann, 1992). Die Ausstattung mit entsprechenden Hormonen als Basis sexueller Erlebnisfähigkeit hat einen erheblichen Sicherheitsspielraum und führt nur bei extremen Defiziten zu einer Behinderung. Erfüllte Sexualität im Alter erscheint mit der hormonellen Entwicklung unkorreliert, aber abhängig von einer Geschichte positiver Erfahrungen. Sexuelle Abstinenz muß zu keinem körperlich meßbaren Stau führen. Meist führt sie eher zu einem Nachlassen des Interesses und der Ansprechbarkeit, während befriedigende sexuelle Aktivität das Interesse und die Ansprechbarkeit steigern.

Sexuelles Interesse und die möglichen Auslöser sind somit abhängig von positiven und negativen Erfahrungen.

Oft beeinflussen nichtsexuelle Motive die Stärke sexuellen Interesses, z.B. Wünsche nach Selbstbestätigung, Nähe und Hautkontakt, Konfliktvermeidung oder danach, Macht und Einfluß zu erleben. Sexuelles Zusammensein ist ein sehr elementares, rational nicht vollständig erfaßbares Erleben, in dem Emotionen v. a. nicht-sprachlich mitgeteilt und gerade deswegen tiefer empfunden werden können als durch Sprache.

Diese Ausführungen sollen nicht vorgeben, das Problem des komplexen Zusammenspiels biologischer Anlagen, biographischer, paardynamischer und gesellschaftlicher Faktoren auf einen einfachen Nenner gebracht zu haben. Nur soviel sei festgehalten: Der Sexualtrieb ist keine Erklärung, er bedarf der Erklärung.

2.5 Modelle des weiblichen Orgasmus

Einige neuere Ergebnisse zum weiblichen Orgasmus sollen kurz diskutiert werden: Die klassische Psychoanalyse hatte zwischen klitoralem und vaginalem Orgasmus unterschieden. Nur der vaginale wurde als reifer Orgasmus angesehen. Seit den Arbeiten von Masters und Johnson (1966) ging man davon aus, daß diese Unterscheidung nicht sinnvoll sei: Es gebe nur eine Art orgastischer Reaktion, die jedoch verschieden ausgelöst werden könne. Direkt oder indirekt sei die Klitoris immer beteiligt (Kaplan, 1974). Die Diskussion, ob es nicht doch einen eigenständigen vaginalen Orgasmus gebe, wurde durch die Untersuchung zweier Phänomene neu belebt: (1) des sogenannten Grafenberg-Punktes (G-Spot), (2) und des PC-Muskels:
1. Der sogenannte Grafenberg-Punkt (G-Punkt) soll ein sensibler, schwellfähiger Punkt mit 1 bis 3 cm Durchmesser im oberen Bereich der Vagina sein, der bei Reizung anschwillt und in der Lage sei, sexuelle Erregung und auch Orgasmus auszulösen. In der ersten Veröffentlichung postulierten Perry und Whipple (1981), daß alle Frauen einen G-Punkt hätten.
2. Parallel berichtete Graber (1981) von Korrelationen zwischen der Stärke des PC-Muskels (musculus pubococcygeus) und orgastischer Erlebnisfähigkeit.

In einer vorsichtig und gründlich durchgeführten Studie von Goldberg et al. (1983) konnten zwei Gynäkologen nur bei 4 von 11 Frauen einen sogenannten G-Punkt feststellen (Übereinstimmung der Untersucher: 82%). Die Funktion des G-Punktes blieb unklar. Die Autoren bleiben unsicher, „ob hier tatsächlich eine eigenständige anatomische Struktur vorliegt mit Verbindungen zu spezifischen Nerven (...). Eine andere Hypothese wäre, daß der Grafenberg-Punkt überhaupt nicht existiert, sondern unspezifische Gewebe-Irregularitäten darstellt, die man bei einigen Frauen erwarten kann." (Goldberg et al., 1983, S. 36). Hoch, dessen Arbeiten von Kahn-Ladas, Whipple & Perry (1982) als Beleg für den G-Spot herangezogen wurden, grenzt sich scharf von diesen Autoren ab: „Der G-Spot existiert als solcher nicht, und die professionelle Verwendung dieses Begriffes wäre nicht nur unkorrekt, sondern führt in die falsche Richtung. (...) Der weibliche Orgasmus resultiert aus erfolgreicher Stimulation des sensorischen Arms des weiblichen Orgasmusreflexes, bestehend aus gleichzeitiger Erregung der Klitoris und der äußeren vaginalen Wand oder aus der separaten Stimulation einer der beiden Komponenten." (Hoch, 1983, S. 166). Wir halten die Erklärung von Hoch für das sparsamste Denkmodell, dem wir uns anschließen möchten.

Auch die Rolle des PC-Muskels ist alles andere als gesichert, obgleich Trainings-Programme zur Stärkung des PC-Muskels (und damit angeblich der Orgasmus-Fähigkeit) zunehmende Verbreitung erfahren. Chambles et al. (1982) fanden keine Zusammenhänge zwischen der Stärke dieses Muskels und der Frequenz und Intensität des erlebten Orgasmus; ebensowenig mit der Zufriedenheit der Frauen. Ein Training des PC-Muskels (sog. Kegel-Übung) erwies sich in einer kontrollierten Studie als unwirksam (Trudel & Saint-Laurent, 1983).

3 Entstehung und Aufrechterhaltung funktioneller Sexualstörungen

3.1 Krankheit und Sexualität

An dieser Stelle kann kein auch nur annähernd vollständiges Bild der psychophysiologischen und hormonellen Steuerung der Sexualität und der somatischen Störungsursachen gegeben werden. Hier verweisen wir auf Bancroft (1985), Langer und Hartmann (1992) und zu Fragen der medizinischen Diagnostik auf Kaplan (1983). Im folgenden sollen exemplarisch einige Fragen aufgegriffen werden.

Praktisch jede Krankheit, die eine Beeinträchtigung des Wohlbefindens oder Schmerzen verursacht, kann negativ auf sexuelle Appetenz wirken. Bei manchen Erkrankungen sind die Schmerzen speziell bei sexueller Interaktion belastend (z. B. Hüftgelenks-Arthrose). Im folgenden sollen einige Erkrankungen genannt werden (zur Übersicht: Kaplan, 1983).

a) Erkrankungen oder Mißbildungen der Genitalien

Bei Männern können Vorhautverengung (Phimose), Hautrisse am Frenulum, Entzündungen oder Infektionen, krankhafte Veränderungen an den Schwellkörpern (Induratio penis plastica) bzw. der Schwellkörpermuskulatur, gefäßbedingte Durchblutungsstörungen oder ein Tumor am Penis oder der Prostata sexuelles Erleben beeinträchtigen (Eicher, 1982; Jehu, 1979; Krause, 1981 b; Langer und Hartmann, 1992). Bei Frauen können diverse gynäkologische Probleme beteiligt sein, z. B. Hymenreste, Narbenbildungen nach einem Dammschnitt während der Geburt, Entzündungen oder Infektionen. Mehrfach mußten sich Frauen, die zu uns in Behandlung kamen, einer erneuten Operation unterziehen, weil nach der Geburt der Dammschnitt zu eng vernäht worden war.

b) Neurologische Erkrankungen

Jede Schädigung, die die afferenten und efferenten Bahnen zwischen Gehirn, Rückenmark und Genitalien betrifft, kann einen negativen Einfluß auf das sexuelle Erleben haben. Hier spielen Verletzungen oder traumatische Schädigungen bei Unfällen eine besondere Rolle. Je nach Art und Ort der Läsion können bei Querschnittslähmungen alle Funktionen erhalten bleiben oder ausfallen. Schuler (1982) beschreibt verschiedene Beratungsprogramme für Querschnittsgelähmte für den Umgang mit Sexualität.

Man nimmt an, daß bei Diabetes mellitus die Sexualprobleme über begleitende Neuropathien der peripheren Nerven zustande kommen. Jehu (1979) zitiert jedoch eine Arbeit von Ellenberg (1977), bei der das Ausmaß sexueller Probleme diabetischer Frauen mit Veränderungen der Neuropathie nicht korrelierte. Bei Männern betrachtet Jehu (1979, S. 24) den Zusammenhang aber als wahrscheinlich. Weitere Erkrankungen wie traumatische Schäden, die Thalamus, Hypothalamus und limbisches System betreffen, werden von Bancroft (1985) und Kockott (1977) dargestellt.

c) Endokrine Störungen

Vaginale Atrophien wurden mit Östrogenmangel in Verbindung gebracht und erfolgreich durch Substitution von Östrogen behandelt. Dies betrifft v. a. Frauen nach dem Klimakterium. Hackl, Appel, Abrahamsson und Tyreman (1981) fanden bei sublibidinösen Frauen (ohne emotionale oder soziale Konflikte) verglichen mit einer Kontrollgruppe ein erniedrigtes Testosteron-Niveau, das auf niedrige Werte eines Nebennierenhormons (DHEA) zurückgeführt wurde.

Männliche Sexualprobleme scheinen selten mit Mangel an Androgenen verbunden zu sein (Krause, 1981 a; Schiavi & White, 1976; Sigusch, 1979). Nach

Jehu (1979, S. 27) wie auch Pirke, Kockott & Ditmar (1974) sprechen die Befunde dafür, daß ein erniedrigter Androgenspiegel im Blut nicht nur Ursache, sondern auch Folge der Belastung durch Impotenz oder auch Folge von depressiven Verstimmungen sein kann. Darüber hinaus werden Leber-, Nieren- und Schilddrüsenerkrankungen, sowie das Klinefelter- und Cushingsyndrom als mögliche Ursachen sexueller Dysfunktionen genannt (Kaplan, 1983).

d) Durchblutungsstörungen

Störungen der peripheren Durchblutung, Hypotonie, thrombotische Erkrankungen und spezielle Rückfluß-Störungen des Blutes aus dem Penis (Priapismus) können Ursachen sexueller Probleme sein.

e) Psychische Reaktionen auf organische Erkrankungen

Verschiedene Erkrankungen, die selbst nichts mit der Sexualfunktion zu tun haben, können aufgrund mißlungener Verarbeitung sexuelle Symptome auslösen: Ein negatives Körperselbstbild, depressive Verstimmungen, Zweifel, für den Partner weiterhin attraktiv zu sein, oder auch Ängste vor körperlichen Schäden durch sexuelle Aktivitäten können Ergebnis einer ungünstigen Verarbeitung somatischer Krankheiten sein und zu sexuellen Problemen führen.

So berichtet Egger (1982), rund 90 % von Patienten nach dem ersten Herzinfarkt hätten keine ausreichenden Informationen über die Möglichkeiten sexueller Aktivitäten. Bis zu 70 % der Patienten geben Beeinträchtigungen der sexuellen Erregbarkeit an (Cole, Levin, Whitley & Young, 1979). Vielen ist durch die Information zu helfen, daß Todesängste bei sexuellen Aktivitäten meist unbegründet sind.

Fitting, Salisbury, Davies und Mayclin (1978) untersuchten 50 querschnittsgelähmte Frauen und fanden verbreitet organisch bedingte Probleme im Orgasmuserleben. Sie erfuhren aber auch, daß die Hälfte der Frauen (54 %) nach einigen Jahren stärkerer psychischer Belastung wieder zu einer körperlichen Selbstakzeptierung und zu großer Zufriedenheit bei sexuellen Interaktionen gefunden hat.

f) Medikamentöse Nebenwirkungen

Eine große Zahl von Medikamenten und Drogen kann negative Auswirkungen auf das sexuelle Erleben haben. Ungünstig auf die sexuelle Appetenz wirken je nach Dosierung viele Medikamentengruppen, insbesondere Psychopharmaka (zur Übersicht: Kaplan, 1983; Krause, 1981, 1982; Strauß & Gross, 1984).

g) Alkohol und Drogen

Alkohol in höheren Dosen kann zu schweren, gelegentlich andauernden Problemen der Erregung und Erektion führen (Wilson, 1977). 75 % von 116 Alkoholikern in stationärer Behandlung zeigten deutliche sexuelle Symptome (Fahrner, 1984, 1987), am häufigsten Appetenzverlust (47 %), Erektionsstörungen (42 %) und Ejakulatio praecox (42 %), 44 % mehrere der Symptome. Kurzzeittherapien waren jedoch erfolgreich (Fahrner, 1987).

Auch bei Jugendlichen, die unter Abhängigkeit verschiedener Suchtmittel leiden, sind sexuelle Probleme verbreitet. Vollmoeller (1981) führt dies aber stärker auf Kontaktprobleme zurück. Unbestritten ist, daß bis zu zwei Drittel der von Heroin abhängigen Männer Probleme mit der Ejakulation haben (Jehu, 1979, S. 29).

Folgerungen

Die Ausführungen belegen die Notwendigkeit, nach körperlichen Krankheiten, nach dem Konsum von Medikamenten und von Suchtmitteln zu fragen. Medikamentenkonsum kann auch ein erster Hinweis auf weitere psychische Probleme sein. Auch bei einem organischen Befund können psychotherapeutische Verfahren eine mögliche Hilfe sein. Dies setzt selbstverständlich eine enge Zusammenarbeit mit entsprechenden Fachärzten voraus.

3.2 Erfahrungen in der Ursprungsfamilie

In der Ursprungsfamilie werden die ersten Beziehungserfahrungen gemacht. Viele Lernprozesse von kognitiven, emotionalen und interaktionellen Beziehungs- und Konfliktlösungsmustern, der Entwicklung von Identität und Selbstvertrauen sind von fundamentaler Bedeutung und können später nur sehr viel schwerer geändert werden. Einige Forschungsarbeiten belegen, daß Erfahrungen in der Ursprungsfamilie günstig oder hinderlich für die spätere Zufriedenheit in der Beziehung und mit der Sexualität sein können.

Bekannt sind die Arbeiten von Harlow und Harlow (1970, 1971), die zeigen konnten, daß Affen, die von ihren Eltern isoliert wurden und ohne körperlich-emotionale Zuwendung aufwuchsen, später emotionale Probleme in Beziehungen hatten, kein normales Sexualverhalten praktizieren konnten, und auch als Eltern selbst abweisend waren.

Retrospektive Arbeiten sprechen dafür, daß frühe Verlusterlebnisse (Trennung, Scheidung der Eltern, Tod eines Elternteils oder Geschwisters) bei Sexualklienten häufiger auftreten als bei unbelasteten Kontrollpersonen (44 % vs. 28 % bei Hoch et al., 1981; über 50 % bei O'Connor & Stern, 1972).

Einige recht aufwendige Arbeiten haben spezifischere Erfahrungen aus der Ursprungsfamilie mit späteren Sexualerfahrungen bei Frauen in Verbindung gebracht. Zusammengefaßt sprechen sie dafür, daß elterliche emotionale Unterstützung und Ausdruck von Zuneigung sowie Fehlen familiärer Zerrüttung mit späteren eigenen positiven Sexualerfahrungen korrelieren. Jayne (1981) faßt Untersuchungen von Fisher (1973) und Uddenberg (1974) mit 285 und 101 untersuchten Frauen zusammen. Die wichtigsten Ergebnisse sind in Tabelle 2 wiedergegeben.

Tabelle 2: Ursprungsfamilie und späteres Sexualerleben bei Frauen

Signifikante Variablen	Nicht-signifikante Variablen
1. Zusammenhänge zur Konsistenz des Orgasmuserlebens	
Mutter mit Ehe zufrieden	Kontakt zum Vater nach Pubertät
Weniger Scheidungen/Todesfälle	Sexualzufriedenheit der Mutter
Sehr guter Kontakt zum Vater	Beziehung zur Mutter in Kindheit
Vater ähnelt Ehemann	Schwangerschaftserleben der Mutter
Keine ältere Schwester	Ähnlichkeit Mutter-Tochter
Wenig Konflikte mit Mutter	Einstellung der Tochter zur Mutter
Mutter akzeptiert Geschlecht der Tocher	Mutter ist Informantin über Sex
2. Zusammenhänge zur sexuellen Zufriedenheit	
Guter Vaterkontakt nach Pubertät	Vaterbeziehung während Kindheit
Ähnlichkeit zum Vater	Mutterbeziehung während Kindheit
Mutter mit Ehe zufrieden	Ähnlichkeit Mutter-Tochter
Keine ältere Schwester	Sexualzufriedenheit der Mutter
Mutter nicht ambivalent zur Tochter	Wunsch der Mutter nach Sohn

Festzuhalten ist, daß diese Bedingungen unterschiedlich auf (a) die Konsistenz des Orgasmuserlebens oder (b) auf die sexuelle Zufriedenheit bezogen sind. Einige methodische Kritikpunkte (Alphainflationierung aufgrund fehlender Datenreduktion vor der Hypothesenprüfung) schränken die Interpretation ein.

Ähnlich differenzierte und groß angelegte Untersuchungen sind für Männer nicht bekannt. Die Ergebnisse von Darling und Hicks (1983) und Wallace (1981) weisen darauf hin, daß emotionale Unterstützung der Eltern auch für die spätere Zufriedenheit von Männern von Bedeutung ist.

3.3 Aversive Lernerfahrungen

3.3.1 Sexualtabus

„Die Gleichung ‚Sexualität ist unmoralisch' ist tief in unserer Kultur verwurzelt" (Kaplan, 1974, S. 175). Manche Klienten leiden an dem Kontrast, daß sexuelle Regungen während Kindheit und Jugend tabuisiert und bestraft, mit der Eheschließung aber gefordert werden. Auch wenn die verheerenden Auswirkungen sexualfeindlicher Botschaften mancher pädagogischer und religiöser Instanz im Einzelfall nicht bestritten werden soll, gibt es doch nur sehr wenige Befunde, die dafür sprechen, daß negative Sanktionen primär verantwortlich für spätere sexuelle Probleme wären.

Schuldgefühle korrelieren negativ mit sexueller Erlebnisfähigkeit (Gerrard & Gibbons, 1982) und beschränken Anzahl und Reichhaltigkeit erotischer Fantasien (z. B. Abramson & Mosher, 1979; Hariton & Singer, 1974). Nach Eysenck (1976) korreliert eine konservative Einstellung positiv mit Kirchenbesuch und negativ mit sexuellen Erfahrungen. Aber angesichts der kulturellen Verbreitung von Sexualtabus „stehen wir nach wie vor der unbeantworteten Frage, warum eine restriktive Erziehung bei einigen Menschen zu funktionellen Sexualstörungen führt, bei anderen aber nicht" (Jehu, 1979, S. 34).

3.3.2 Sexueller Mißbrauch von Kindern

Erst seit etwa 10 Jahren wird das schreckliche Ausmaß von Kindesmißbrauch adäquat erforscht und ernst genommen (Fürnis, 1992). Allzulange waren Berichte von Kindern oder Patientinnen als Phantasien oder angstbesetzte Wünsche interpretiert worden (Masson, 1984). Immer noch meiden Therapeuten das Thema (Jehu, 1989).

Nach den Daten des Bundeskriminalamtes wurden 1991 in den alten Ländern der BRD knapp 17 000 Delikte eines sexuellen Mißbrauchs von Kindern unter 14 Jahren dokumentiert, zu 76 % Mädchen (BKA, 1992; siehe auch: Baurmann, 1983; Kavemann & Lohstöter, 1984). Die Gesamtsumme wird auf 150 000 und 300 000 Delikte geschätzt, ist aber umstritten, da die Dunkelziffer unterschiedlich angesetzt wird (zwischen 1:6 und 1:20; Rutschky, 1992). Zudem erschweren verschiedene Definitionen und Kriterien für sexuellen Mißbrauch die Vergleichbarkeit der Daten (Altersgrenze zwischen 14 und 18 Jahren; Altersabstandskriterium zwischen Täter und Opfer; Anwendung von Zwang; Art der Mißbrauchshandlung, die von Zeigen von Nacktheit bis zu versuchtem oder vollendetem Geschlechtsverkehr reicht). Bedauerlicherweise gibt es für die BRD bislang keine abgeschlossene systematische Studie zur Prävalenz.

Die Prävalenz in den USA und in Kanada ist zwischen 27 % und 62 % (Wyatt, 1985) der Frauen anzusiedeln. In der allgemein anerkannten nationalen Erhebung von Finkelhor, Hotaling, Lewis und Smith (1990) berichteten 27 % der Frauen und 16 % der Männer von früherem sexuellen Mißbrauch (versuchter oder vollendeter Geschlechtsverkehr 13 % bzw. 9 %). Eine ähnlich groß angelegte Studie in England (Baker & Duncan, 1985) fand Mißbrauch vor dem

16. Lebensjahr bei 12 % der Frauen und 8 % der Männer. Die Ergebnisse sind schichtunabhängig. In 70 bis 80 % geschehen die Verbrechen in der elterlichen Wohnung, die Täter sind überwiegend Familienmitglieder, Verwandte, Nachbarn oder nahe Bezugspersonen.

Auswirkungen sexuellen Mißbrauchs von Kindern: Das Trauma besteht nicht nur in der seelischen und körperlichen Mißhandlung selbst, sondern auch darin, daß meist eine extreme Situation der Hilflosigkeit und Schutzlosigkeit folgt, da Vertrauenspersonen des Kindes entweder selbst Täter sind oder aufgrund der Beziehung zum Täter die Berichte in Frage stellen. Oft handelt es sich nicht um einmalige Entgleisungen, sondern um jahrelangen Mißbrauch. Ohne die Folgen verharmlosen zu wollen, muß auf die methodische Schwierigkeit hingewiesen werden, zu klären, welche der Effekte auf das traumatische Ereignis selbst, welche auf die folgende mangelhafte Unterstützung, und welche allgemein auf andere problematische Bedingungen des familiären Umfeldes zurückzuführen sind.

Langzeitfolgen: Baker und Duncan (1985) interviewten 1049 Frauen. Von 119, die als Kind mißbraucht worden waren, schätzten 54 % das Ereignis so ein, daß es bleibende Schäden für ihr Leben bewirkt habe. Diese Quote steigt, wenn der Mißbrauch in der Familie stattfand (67 %) oder gar von einem Elternteil verübt wurde (75 %). 34 % meinten, es gäbe überhaupt keine Auswirkungen. Bifulco, Brown & Adler (1991) berichten, daß über 60 % der Opfer später eine klinisch bedeutsame Form der Depression entwickeln. Briere und Runtz (1988; auch Briere, 1988; Cahill, Llewelyn & Pearson, 1991) geben einen Überblick über nachgewiesene Langzeitschäden. Hier finden sich Ängste, Schuldgefühle, Depression, erniedrigtes Selbstwertgefühl, Beziehungs- und Sexualprobleme und eine Gefährdung dafür, später erneut zum Opfer sexueller Gewalt zu werden. Posttraumatische Streßreaktionen zeigen sich an Albträumen, störenden Erinnerungen (Flashbacks), Unkonzentriertheit u. ä. m. (Foa, Steketee & Olasov-Rothbaum, 1989). Brown und Anderson (1991) fanden in der Psychiatrie Mißbrauchserlebnisse in der Vorgeschichte insbesondere bei Patienten mit Persönlichkeitsstörungen (v. a. Borderline), dissoziativen Störungen oder Abhängigkeit von Suchtmitteln.

Jehu (1989) untergliedert die Auswirkungen bei seiner Stichprobe in: (a) Kognitiv-emotionale Folgen: Schuldgefühle, Selbstvorwürfe, negatives Selbstbild; (b) Beziehungsprobleme: Spätere Vertrauensbeziehungen werden entweder vermieden oder wandeln sich in Beziehungen, in denen sich die Frau ausgenutzt fühlt (Wyatt, Guthrie & Notgrass, 1992). (c) Sexuelle Symptome: Patientinnen mit sexuellen Störungen scheinen häufiger Mißbrauchserfahrungen hinter sich haben. Baisden und Baisden (1979) geben sogar eine Quote von 90 % an. „Das klinische Profil schließt in unterschiedlicher Ausprägung folgende Aspekte ein: Die Frauen haben selten Probleme einen Orgasmus zu erleben, gerade und nur durch Koitus. Sie erleben aber wenig sexuelle Appetenz vor dem Kontakt und minimale Erregung während des Kontaktes. Sie ergreifen selten die Initiative und erleben Schwierigkeiten, den Partner zu berühren und zu streicheln. Sie erleben oft Ekel und Aversion" (McGuire & Wagner 1978, S. 12).

Die Befunde sprechen dafür, daß die Auswirkungen stärker sind, wenn der Mißbrauch häufiger vorkam, sich über einen längeren Zeitraum erstreckte, die Kinder jünger waren, der Täter verwandt (insbesondere der Vater) war und wenn es zu sexuellem Verkehr in irgendeiner Form gekommen war (zur Übersicht: Browne & Finkelhor, 1986; Wilson & James, 1992). Tsai et al. (1979) verglichen Frauen, (a) die als Kind belästigt wurden, aber keine Symptome entwickelten mit (b) Frauen, die später Symptome zeigten und (c) nichtbelästigten Frauen. Sexuelle Symptome fanden sich v. a. dann, wenn sexueller Mißbrauch gehäuft und wiederholt aufgetreten war und bis in die Pubertät hineingereicht hatte. Wyatt und Newcomb (1990) fanden aufgrund pfadanalytischer Datenauswertung, daß Langzeitfolgen durch zwei Variablengruppen bedingt waren, (a) die Nähe der Beziehung zum Täter und die Schwere des Mißbrauchs und (b) wie stark die unmittelbar negativen Erlebnisse des Opfers waren, wie sehr es sich selbst Vorwürfe machte, und wie verschlossen es reagierte und Offenheit mied.

Anmeldegründe zu einer Therapie sind bei diesen Frauen oft ihre mangelnde emotionale Beteiligung bei Sexualität, störende, plötzlich auftretende Erinerungen an die traumatischen Ereignisse, Schuldgefühle wegen eigener Ekelreaktionen oder beginnende Erektionsprobleme des Partners.

3.3.3 Vergewaltigung

Auch bei der Vergewaltigung entsteht in der Regel ein extremes Gefühl von Hilflosigkeit, meist sogar Todesangst (Katz & Mazur, 1979; Kilpatrick, Veronen & Best, 1985). Für das Opfer ist kaum kalkulierbar, welche Reaktion den Täter reizt, aggressiver zu werden. Foa und Mitarbeiter ordnen Vergewaltigung in die Reihe posttraumatischer Stressreaktionen ein, die mit der Bedrohlichkeit der Situation, ihrer Unvorhersehbarkeit und Unkontrollierbarkeit in Verbindung gebracht werden (Foa et al., 1989) und durch die Theorie der erlernten Hilflosigkeit verstehbar werden (Peterson & Seligman, 1983).

Nach dem traumatischen Ereignis finden Frauen oft zu wenig Akzeptanz, Verständnis und Unterstützung, so daß viele das Erlebnis verschweigen. Sie suchen nach Erklärungen für das unvorhergesehene Ereignis und neigen oft – gerade auch mangels Gelegenheit zu unterstützenden Gesprächen – zu einer internalen Kausalattribuierung und zu Selbstvorwürfen (Veronen & Kilpatrick, 1983).

Frank, Anderson und Rubinstein (1979) berichtet, daß 21 % der Opfer stark und 23 % mäßig stark depressiv reagieren. Becker, Skinner, Abel und Treacy (1982, 1984) fanden bei 52 % einer Stichprobe sexuelle Störungen, die in drei Viertel der Fälle auf die Vergewaltigung zurückgeführt werden konnten. Manche der sexuellen Probleme können über Jahre aufrechterhalten bleiben.

Feldman-Summer, Gordon und Meagher (1979) fassen Untersuchungen zusammen, die zeigen, daß nicht zwangsläufig bleibende Symptome aus einer Vergewaltigung resultieren müssen. In einer eigenen Studie mit 50 Vergewaltigungsopfern fanden sie deutliches sexuelles Vermeidungsverhalten und Einbrüche in der Zufriedenheit, aber keine Unterschiede zu Kontrollpersonen hinsichtlich der Konsistenz des Orgasmuserlebens.

3.3.4 Andere Quellen aversiver Erfahrung

Negative Lernerfahrungen resultieren nicht nur aus einzelnen oder wiederholten traumatischen Ereignissen. Sehr viel häufiger findet man Frauen, die über Jahre hinweg sexuelle Aktivitäten nur dem Manne zuliebe toleriert haben. Nicht selten spielen sie ihrem Partner auch einen Orgasmus vor, um ihm die Kränkung zu ersparen, ein schlechter Liebhaber zu sein. Dies mag mit mangelnder sozialer Kompetenz zusammenhängen („Man sollte nicht ja sagen, wenn man nicht nein sagen kann"), mit Einstellungen im Sinne einer traditionellen Frauenrolle („Die Bedürfnisse anderer zählen mehr als die eigenen!"), mit Unkenntnis über Sexualität oder problematischen Normen („Sexualität als eheliche Pflicht") oder schlicht aus einem Abhängigkeitsgefälle resultieren (Kaplan, 1974).

Mangelnde Lubrikation als Ausdruck der Mißachtung eigener Bedürfnisse ist vermutlich die häufigste Ursache aversiver Konditionierungen, die sich in Schmerzen, nachlassendem Interesse an Sexualität und in Rückzugsverhalten äußern können (Arentewicz & Schmidt, 1980).

Andere Quellen von Schmerzen können organisch bedingt sein (vaginale Pilzinfektionen), nach einer Geburt z. B. mit Vernarbungen einer Dammschnittvernähung zusammenhängen oder auf Spannungen zurückgeführt werden, die wiederum auf Probleme im Beziehungserleben verweisen. Interaktionsängste und Hemmungen, Grenzen zu ziehen, können die Basis dafür sein, daß Schmerzen negativ verstärkt werden (Krankheitsgewinn).

Besonders problematisch ist der sexuelle Mißbrauch von Patientinnen durch Therapeuten, über den in den letzten Jahren zunehmend geschrieben wurde. So wiederholt sich in der therapeutischen Beziehung die Opfersituation in einer emotionalen Abhängigkeitsbeziehung und stellt eine weitere erhebliche Erschwerung dar, die Problematik des Kindesmißbrauchs zu bewältigen (Reimer, 1991).

4 Individuelle Faktoren der Aufrechterhaltung funktioneller Sexualstörungen

Biographische Faktoren können die Entwicklung befriedigender Partnerschaft und Sexualität erschweren. Über die Hälfte der Menschen hat zu Beginn oder während der ersten Jahre Phasen, in denen sexuelle Symptome auftreten (Hoch et al., 1981). Offensichtlich gelingt es aber vielen, mit diesen Symptomen fertig zu werden. Zu erklären ist daher weniger, weshalb periodisch sexuelle Unzufriedenheit auftritt, sondern weshalb manche Paare die Symptomatik nicht bewältigen. Während aus den Informationen zur Ätiologie Hinweise für präventive Überlegungen gewonnen werden können, sind Informationen über die Aufrechterhaltung für die Therapieplanung von besonderer Bedeutung.

4.1 Angst, Versagensangst, Aufmerksamkeitsprozesse

Viele Autoren gehen von einer inhibitorischen Wirkung der Angst auf sexuelle Erregung aus, z. B. Wolpe (1958) in seinem Konzept der reziproken Hemmung. Die referierten Ängste sind teils spezifisch, z. B. Angst vor Blut (Lazarus, 1971) oder vor Geschlechtsteilen (Cronbach, 1982) oder auch komplexer, z. B. Angst vor Kontrollverlust, Verlust des Partners, vor Intimität und Nähe (Kaplan, 1979). Die am häufigsten genannte Angst (Cooper, 1969; Masters & Johnson, 1970; Kockott, 1981) bezieht sich auf eigenes Versagen und ist mit ängstlicher Selbstbeobachtung (spectatoring) verbunden. Sie ist mit Leistungs- und Prüfungsängsten vergleichbar (Beck & Barlow, 1984) und aufgrund der antizipierten Kritik des Partners weniger Phobien als sozialen Ängsten zuzuordnen (Zimmer, 1985).

Empirische Befunde

Frühe Untersuchungen begannen auf das komplexe Zusammenspiel physiologischer Erregung, ablenkenden und bedrohlichen Gedanken aufmerksam zu machen. Während starke Angst offensichtlich inkompatibel mit sexuellen Gefühlen ist, konnte leichte bis mittlere Angsterregung in einigen Studien die physiologische Seite sexueller Erregung steigern (Hoon, Wincze & Hoon, 1977). Die Arbeitsgruppe um Barlow und Beck führte in den achtziger Jahren eine Reihe von Experimenten durch, die zusammengefaßt folgendes Bild ergaben (Barlow, Sakheim & Beck, 1983; Beck & Barlow, 1984; Beck, 1986):
– Sexuelle Versagensangst hat mehrere Facetten, d. h. autonome, physiologische Komponenten und solche der Aufmerksamkeitsfokussierung (Selbst- vs. Partnerzuwendung; Leistungsorientierung vs. Wahrnehmung eigener Emotionen). Die verschiedenen Aspekte sind mit den entsprechenden se-

xuellen Erlebens- und Reaktionsebenen nicht eindeutig korreliert (Barlow, 1986).
- Die physiologische Komponente der Angst (operationalisiert durch angstinduzierende Schockandrohungen) hat relativ wenig Erklärungspotential. Zum einen kann mittlere Angst sexuelle Erregung steigern. Dann kann es offensichtlich auch paradoxe Effekte geben, daß eine externale Erklärung der Bedrohung im Experiment sexualgestörte Männer eher entlastet.
- Die kognitive Seite der Leistungsangst und die Aufmerksamkeitsprozesse haben einen höheren Erklärungswert. Externale Ablenkung stört die Erektion unbelasteter Männer. Die Aufmerksamkeit auf eigene positive emotionale Befindlichkeit fällt belasteten Männern schwerer (Abrahamson, Barlow, Beck, Sakheim & Kelly, 1985). Die Fokussierung auf die eigene genitale Reaktion und insbesondere auf die Erregung der Partnerin ist bei belasteten Männern mit einer Abnahme der Erektion verbunden (Beck, Barlow & Sakheim, 1983; Abrahamson et al., 1985; Wincze, Venditti, Barlow & Mavissakalian, 1980). Gestörte und nicht belastete Männer zeigen offensichtlich eine unterschiedliche Informationsverarbeitung und Stimulusorientierung. In diesem Kontext fällt es belasteten Männern schwer, positive Fantasien und Gefühle zu kultivieren. Die physiologische Angstkomponente scheint eher Begleitprozeß und Ergebnis als primäre Ursache der mißlungenen sexuellen Interaktion zu sein.

„Wenn hohe Erregung der Partnerin für belastete Männer eine Erregung zerstörende Wirkung hat, niedrige Erregung der Partnerin aber als eigenes Versagen erlebt wird, (...) wäre zu erwarten, daß mittlere, unklare sexuelle Erregung der Partnerin optimal sein müßte, um beide Gefahren (...) zu vermeiden" (Beck et al., 1983). In Körperselbstwahrnehmungsübungen (sensate focus) oder über geleitete Fantasien versuchen Therapeuten, diese Aufmerksamkeitsfokussierung zu ändern.

Bei Morokoff und Heiman (1980) zeigten sich keine Unterschiede in der sexuellen Erregung unbelasteter und belasteter Frauen auf erotisches Material, wohl aber in der berichteten subjektiven Intensität. Die Akkuratheit der Einschätzung physiologischer sexueller Erregung ist vermutlich auch bei Männern mit Ejakulatio praecox gestört.

4.2 Wissenslücken und Mythen

„Es erstaunt mich immer wieder, wie oft Klienten (...) einfach unter Unwissenheit leiden. Oft wissen beide nicht, wo die Klitoris liegt und was ihre Funktion für sexuelles Vergnügen ist" (Kaplan, 1974, S. 150). In der Literatur werden diverse Mythen berichtet (McCary, 1973; Zilbergeld, 1983), und es gibt eine weite Aufklärungsliteratur, um diesem Unwissen entgegenzuwirken. Hier finden sich Informationen über Anatomie, normale Körpermaße, Verbreitung von Symptomen etc. Trotz dieser uniformen Annahme, daß Aufklärung nötig sei und helfe, gibt es keine klaren empirischen Hinweise, daß Informationsmangel und Mythen ursächlich mit sexuellen Symptomen in Verbindung stehen, geschweige denn, daß Aufklärung und Information deutliche Besserungen bewirken könne. Meist bleiben die Berichte anekdotisch (z.B. Masters & Johnson, 1970; Lazarus, 1971). Baker und de Silva (1988) konnten zeigen, daß sexuell belastete Männer häufiger von den von Zilbergeld (1983) beschriebenen Mythen überzeugt waren.

Empirisch belegt sind andere Wissenslücken, nämlich das Wissen um die Empfindungen des Partners. Auch glückliche Paare wissen oft herzlich wenig voneinander. So fanden Frank, Anderson und Rubinstein (1978) auch bei 30 % der Frauen von glücklichen Paaren deutliche sexuelle Schwierigkeiten, aber nur die Hälfte ihrer Partner wußte davon. Partner in sexuell gestörten Beziehungen scheinen noch weniger voneinander zu wissen, wie Arbeiten von Hoch et al. (1981) und Derogatis und Melisaratos (1979) nahelegen. Diese Art der Wissenslücken verweist auf die unten besprochenen interpersonellen Ängste und Kommunikationsprobleme.

4.3 Sexuelle Fantasien

Fantasien sind hochwirksame Auslöser sexueller Erregung, wie empirische Befunde eindeutig zeigen (Hartmann, 1989; Heimann, 1977; Wincze, Hoon & Hoon, 1977; u.a.m.). Menschen unterscheiden sich in ihrer Neigung, zu fantasieren (Singer, 1978; Hariton & Singer, 1974), obgleich das Fantasieren gelernt werden kann: Mit häufigerer Übung steigt die Fähigkeit, über Fantasien erotische Erregung auszulösen (Stock & Geer, 1982). Fantasien drücken die sexuelle Orientierung aus (McGuire, Carlisle & Young, 1965) und scheinen ein sehr potentes Übungsfeld für Reiz-Reaktionspaarungen zu sein, wobei die erotische Auslösequalität erotischer Fantasiestimuli zunimmt (Abel, Blanchard & Jackson, 1974; Evans, 1968).

Fantasien sind aktives Verhalten (Zimmer, Borchardt & Fischle, 1983), das wohl auch zur Reduktion aversiver Zustände eingesetzt wird, wie etwa Langeweile, das aber – entgegen psychoanalytischen Annahmen – in der Regel kein Ausdruck von Störungen oder Unzufriedenheit ist. Eine positive Einstellung zur Sexualität ist mit einer größeren Zahl fantasierbarer Auslöser verbunden (Wincze et al., 1976). Fantasien korrelieren eher mit Zufriedenheit (Abramson & Mosher, 1979; Zimmer et al., 1983) und interessanterweise positiv mit der realen Frequenz sexueller Aktivitäten (Zimmer et al., 1983), sind also offenkundig nicht Ausdruck von sexueller Deprivation.

Fantasien werden häufig zur Auslösung erotischer Gefühle eingesetzt (Zimmer et al., 1983: 71 % einer unbelasteten Stichprobe). 60 % zufriedener Frauen setzen Fantasien beim Koitus ein (Hariton & Singer, 1974). Die Gemeinsamkeiten zwischen den Geschlechtern sind ausgeprägter als einzelne Unterschiede, wenn beispielsweise Rollenverhalten (aktiv-passiv) differiert (Zimmer et al., 1983). Schuldgefühle blockieren Fantasien (z. B. Abramson & Mosher, 1979; Nutter & Condron, 1983). Belastete haben weniger spontane erotische Fantasien und konzentrieren sich in den Fantasien häufiger auf die eigene Erregung als auf ihre Partner (Zimmer et al., 1983). Zur weiteren Übersicht sei auf Hartmann (1989) und Zimmer (1985) verwiesen.

4.4 Soziale Kompetenz

Die Wahrscheinlichkeit, daß Sexualität befriedigend verläuft, ist aus klinischer Erfahrung höher, wenn eine Person Fertigkeiten zur Aufnahme und Gestaltung von Beziehungen besitzt, und auch gelernt hat, Konflikte anzusprechen, Wünsche zu formulieren und Grenzen zu ziehen. Dies gilt für die Beziehung insgesamt, aber auch für die sexuelle Interaktion, wo eine flexible Abstimmung von Wünschen und Rollen notwendig ist (etwa aktive Stimulation vs. passives Genießen; Geben und Nehmen; Blockieren unangenehmer Aktivitäten, Anregung von Alternativen; Arentewicz & Schmidt, 1980; Zimmer, 1985; s. u.).

Einige Befunde zeigen, daß Schüchternheit (Eysenck, 1976) und vier der sechs Faktoren des Unsicherheitsfragebogens (Ullrich & Ullrich, 1977), insbesondere die Kritik- und Fehlschlagangst und die Angst nein zu sagen, negativ mit sexueller Zufriedenheit korrelieren (Fahrner, 1983). Selbstsicherheitstraining kann unspezifisch positiv auf sexuelle Zufriedenheit wirken (Ullrich & Ullrich, 1980; Reynolds, 1981).

Rigidität im Geschlechtsrollenverhalten wirkt sich negativ aus. Die Fähigkeit, im Sinne des Androgynitätskonzeptes (Bem, 1974) männliche wie weibliche Rollenanteile (also sowohl instrumentelles und rationales als auch expressives und unterstützendes Verhalten) zu leben, ist nicht nur mit einer geringeren Zahl psychopathologischer Symptome (Nevill, 1977), sondern auch mit größerer sexueller Zufriedenheit verbunden (Safir, Peres, Lichtenstein, Hoch & Shepher, 1982). Siehe hierzu auch Abschnitt 4.4.2.

4.5 Depression

Jede schwere psychische Belastung kann Auswirkungen auf sexuelles Empfinden haben. „In der Psychiatrie sehen wir Sexualstörungen als Folge anderer Erkrankungen am häufigsten bei den psychotischen (endogenen) Depressionen. Hier ist der Libido-Verlust zusammen mit anderen Vitalstörungen (...) ein pathognomisches Zeichen. Da jede Form der Depression, auch neurotische und reaktive Depressionen, zu Libidostörungen führen kann (...), sollte man zur differentialdiagnostischen Abklärung immer nach depressiven Symptomen fragen" (Kockott, 1977, S. 51).

Man schätzt, daß ca. 60 % der depressiv Erkrankten v. a. Appetenzprobleme, weniger Erregungs- oder Orgasmusprobleme haben (Cassidy, Flangan, Spellmann & Cohen, 1957; Beck, 1973). Die empirische Basis für diesen Zusammenhang ist jedoch klein. Mathews und Weinmann (1982) verglichen 51 endogen depressive Patienten mit einer parallelisierten gesunden Kontrollgruppe (N = 51) und fanden keine Unterschiede in der sexuellen Funktionsfähigkeit. Appetenzprobleme hatten jedoch 31 % der Depressiven (vs. 6 % der Gesunden). Darüber hinaus zeigten 22 % der Depressiven exzessive Libido (0 % bei den Kontrollpersonen). Möglicherweise stellt die gesteigerte sexuelle Aktivität einen mißglückten Problemlöseversuch dar, denn interessanterweise korrelierte das sexuelle Aktivitätsniveau negativ mit Orgasmusfähigkeit.

Sexuelle Probleme können Ausdruck einer depressiven Erkrankung sein, können sich aber ihrerseits auf die Schwere depressiver Symptome auswirken:
- Depressive sind oft schwierige Interaktionspartner, die soziale Verstärkung für problematisches Verhalten (jammern, klagen) bekommen und dafür intermittierend verstärkt und bestraft werden (Lewinsohn & Schaffer, 1971). Sie sehen sich somit häufig Verlusten und zwischenmenschlichen Konflikten ausgesetzt, zu denen auch mißlungene Abstimmung sexueller Bedürfnisse kommen kann. Da direkte Versuche der Kontrolle und Planung sexueller Gefühle in der Regel scheitern, kann Hilflosigkeitserleben resultieren (Seligman, 1979), insbesondere, wenn die Erlebnisse internal attribuiert werden (Abramson, Seligman & Teasdale, 1978).
- Sexuelle Mißerfolge können leicht depressive Schemata aktivieren, die wiederum zu einer selektiven Fokussierung der Aufmerksamkeit auf Versagenserlebnisse und zu einer global negativen Selbstbewertung führen und entsprechend negative Zukunftserwartungen generieren (Beck et al., 1981).

In unserer Therapiestudie mit Paaren, die wegen sekundären Orgasmusproblemen der Frau behandelt wurden, (Zimmer, 1987) fanden sich – gemessen mit der Befindlichkeitsskala (Bf-S; v. Zerrsen, 1976) – Hinweise auf depressive Stimmungen: Bei 83 % der 44 Paare hatte wenigstens einer der Partner mittelstarke depressive Werte (Bf-S > 25), bei 47 % der Paare sogar hohe Werte (Bf-S > 35).

Wir halten es für sinnvoll, die Hypothese weiter zu prüfen, ob der schwer zu behandelnde sekundäre Libidoverlust mit einem derartigen Syndrom von depressiver Verstimmung, inkompetentem Interaktionsverhalten, Beziehungskonflikten und depressiver Informationsverarbeitung zusammenhängt. Dies könnte Implikationen für eine Erweiterung der therapeutischen Angebote haben.

4.6 Körperselbstbild

Viele Menschen sehen ihren eigenen Körper negativ. Dies hängt zusammen mit der Idealisierung eines schlanken, jugendlichen Körpers, aber auch den verbreiteten Problemen mit Übergewicht und Mangel an körperlicher Bewegung. In Therapien äußern Patienten Zweifel daran, vom Partner attraktiv gefunden zu werden, negative Partneräußerungen über den eigenen Körper werden oft als sehr kränkend beschrieben.

Trotz dieser klinischen Erfahrungen ist die Forschung spärlich. Negative Einstellungen zum eigenen Körper korrelieren mit der allgemeinen Selbstbewertung und mit Selbstsicherheit (Secord & Jourard, 1953), was die Hypothese nahelegt, daß negatives Körpererleben weniger objektive Selbstbeschreibung als Ausdruck allgemeiner Selbstakzeptanz ist. Wendt (1979) berichtet, daß Körperschema und sexuelle Zufriedenheit miteinander korrelieren.

Eine besondere Rolle spielt das Thema sicherlich bei Körperbehinderten (Steward, 1975). Fitting et al. (1978) berichteten etwa Verläufe bei 24 querschnittsgelähmten Frauen, die zunächst starke Probleme mit Selbstbild und Sexualität angaben, aber dann in beiden Dimensionen positive Entwicklungen zeigten.

5 Paarkonflikte als Faktoren der Aufrechterhaltung

Sexualität ist ein wichtiger Bereich der Partnerbeziehung. Sind Sexualprobleme Ausdruck einer gestörten Allgemeinbeziehung? Grundsätzlich sind drei Formen des Zusammenhanges zwischen Sexualität und der Qualität der Beziehung denkbar:
1. Konflikte in der Partnerschaft belasten auch die Sexualität;
2. Unzufriedenheit in der Sexualität führt zu Spannungen in der Beziehung;
3. Beziehungserleben und sexuelle Zufriedenheit stehen in Wechselwirkung, d.h. beeinflussen sich gegenseitig positiv oder im Sinne eines circulus vitiosus negativ.

Einige persönliche Fähigkeiten bzw. Qualitäten sind ebenso für die nichtsexuelle wie die sexuelle Beziehung bedeutsam (Mandel, Mandel, Stadter & Zimmer, 1971; Zimmer, 1985; siehe die folgenden Abschnitte): In beiden Bereichen ist es günstig, wenn die Partner über hinreichende Selbstachtung und Achtung vor dem anderen verfügen, für eigene Interessen eintreten, aber auch Rücksicht nehmen und Kompromisse schließen können, wenn sie ein ausgewogenes Verhältnis von Geben und Nehmen, von Egoismus und Altruismus entwickeln, und wenn sie lernen, mit Unstimmigkeiten, Konflikten und Enttäuschungen umzugehen. Sie haben sich mit Themen wie Abhängigkeit und Selbständigkeit, mit Distanz- und Nähebedürfnissen auseinanderzusetzen und Vertrauen in die Verläßlichkeit der Beziehung immer wieder aufzubauen, obwohl jeder von beiden nicht nur Stärken, sondern auch Schwächen, ungelöste Themen und Probleme in sich trägt. Beide müssen ihre Rollen und Aufgaben finden, ohne in Rigidität zu verfallen, und eine Form wechselseitigen Einflusses entwickeln, in der keiner unterdrückt wird und sich auf Dauer als Opfer fühlt.

Konflikte sind hierbei kaum vermeidbar. Überstandene Konflikte und Krisen sind aber von zentraler Bedeutung für die Entwicklung von Vertrauen in die Stabilität einer Beziehung. Es ist naheliegend zu vermuten, daß Lernerfahrungen in den genannten Themen daher sowohl das Erleben in der Partnerschaft als auch in der gemeinsamen Sexualität beeinflussen.

Üblicherweise sind massive Eheprobleme ein Ausschlußkriterium für eine symptomorientierte Behandlung sexueller Probleme. Trotz dieser Vorselektion erwies sich die Qualität der Beziehung immer wieder als Prädiktor für den Erfolg (s. u.). So schreiben Watson und Brockman (1982) in einem Rückblick auf die Arbeit in einer ambulanten britischen Sexualklinik: „Ein Überblick über 152 Paare, die 1975 und 1976 in die Klinik kamen, legt nahe, daß mit den Sexualproblemen häufig schwerwiegende Ehekonflikte verbunden waren, und daß relativ wenige dieser Paare in der Lage waren, die Therapieprogramme bis zum Ende durchzuhalten. (...) Die hohe Rate schwerer Eheprobleme, sowie die Rate von Zusammenbrüchen der ehelichen Beziehung bis zur Nachuntersuchung (35,5 %) sprechen dafür, daß die Klinik sich genauso auf die Eheprobleme oder sogar noch eher auf diese als auf die Sexualprobleme konzentrieren sollte" (Watson & Brockman, 1982, S. 143f.).

5.1 Allgemeine Hinweise zur Bedeutung von Paarkonflikten

Kaplan (1974) und Sager (1974) schätzen, daß bis zu 75 % der Paare, die sich wegen Eheschwierigkeiten bei den Autoren zur Therapie angemeldet hatten, auch unter sexuellen Symptomen litten, und daß ca. 70 % der Paare, die wegen sexueller Störungen zur Therapie kamen, deutliche Beziehungsprobleme hatten. Im Münchner Projekt zur Therapie von Partnerschaftsproblemen (Hahlweg, Schindler & Revenstorf, 1982) kreuzten 48 % der Paare an, auch im sexuellen Zusammenleben unzufrieden zu sein (Schindler, 1981, S. 136).

Einige Studien sprechen gegen eine ursächliche Rolle von Beziehungskonflikten:In der Tschechoslowakei nannten 39.5 % von 160 scheidungswilligen Paaren als Hauptscheidungsgrund Unzufriedenheit im sexuellen Zusammenleben (Raboch, 1981). Unklar bleibt, ob die Ehezerwürfnisse oder die Sexualprobleme zuerst auftraten. Frank, Anderson und Kupfer (1976) verglichen 29 Ehetherapiepaare mit 25 Paaren mit sexuellen Problemen und kamen zu dem Schluß, daß die Ehen der Sexualtherapiepaare erheblich besser seien. Da die Klienten nicht genauer beschrieben wurden, kann über die Repräsentativität der Befunde nichts gesagt werden.

Studien, die für einen engen Zusammenhang zwischen Beziehungs- und Sexualstörungen sprechen:
- Verschiedene Autoren berichten positive Korrelationen zwischen emotionaler Nähe in der Beziehung und dem Interesse an gemeinsamer Sexualität (Hunt, 1974; Kaats & Davis, 1970; Udry, 1974; Schenk et al., 1983).
- Frauen erleben in Beziehungen, die als emotional sicher und stabil beschrieben werden, auch leichter einen Orgasmus (Fisher, 1973; Gebhard, 1966).
- Aber auch Männer bevorzugen Sexualität mit einem festen Partner (Pietropinto & Simenauer, 1977).
- Nach Kinsey, Pomeroy und Martin (1953) nimmt die Orgasmusfähigkeit der Frau mit der Ehedauer zu.
- Clark und Wallin (1964) argumentieren aber, daß diese Weiterentwicklung nur in den als sehr positiv bewerteten Beziehungen stattfinde.
- In die gleiche Richtung weisen auch Resultate von Schnabl (1983).
- Uddenberg (1974) kam zu dem Ergebnis, daß ein positives Verhältnis zum Partner wohl mit der sexuellen Zufriedenheit, nicht jedoch mit der Orgasmuskonsistenz korreliert (also mit der Regelmäßigkeit des Orgasmus bei gemeinsamer Sexualität).

In einer eigenen Studie (Zimmer, 1984, 1985) mit N = 116 Personen (d. h. 27 zufriedenen und 31 sexuell belasteten Paaren mit sekundären Erregungs- und Orgasmusproblemen der Frauen) korrelierten die drei Variablen der Beziehung (1. Stabilität der Beziehung vs. Trennungsgedanken, 2. erlebter Respekt vom Partner und 3. Ängste vor offener Kommunikation) jeweils mit sieben der elf Subskalen des SII (LoPiccolo & Steger, 1974). Im folgenden sollen speziellere Aspekte der Beziehung auf ihre Auswirkungen auf sexuelle Zufriedenheit untersucht werden:

5.2 Die Rollenverteilung in der Beziehung

Rollenflexibilität: Die Flexibilität, nicht nur typisch männliche oder weibliche Verhaltensmuster zu zeigen, korreliert positiv mit psychischer Gesundheit und mit sexueller Zufriedenheit (Safir et al., 1982). Auch die Ergebnisse von Schenk und Pfrang (1983 b) lassen sich in diesem Sinne interpretieren.

Gerechtigkeit: Vertreter der Austausch- und Equitytheorie postulieren, daß die Stabilität einer Beziehung aus einer subjektiven Verrechnung von Kosten und Nutzen resultiert, die jeder der beiden Partner für sich und hinsichtlich der Ausgewogenheit und Gerechtigkeit zwischen den Partnern überprüfe (Thibaut & Kelly, 1959). Die Entscheidung, eine ungünstige Bilanz zum Anlaß einer Trennung zu nehmen, ist jedoch auch abhängig von den alternativen Möglichkeiten, die eine Person sieht. Walster und Walster (1979) fanden, „daß Paare in einer gleichwertigen Beziehung sexuell am aktivsten sind, und daß beide Partner den Wunsch nach Geschlechtsverkehr haben. Bei Paaren, die in einer nicht-gleichgewichtigen Beziehung leben, ist es viel seltener, daß beide Partner den gleichen Wunsch verspüren" (Walster & Walster, 1979, S. 68). Ein weiteres Ergebnis war, daß sowohl die Gruppe derjenigen, „die sich gleichwertig behandelt fühlten, als auch diejenigen, die zur Kategorie der Überbegünstigten gehörten, vor Abstechern in außereheliche Sex zurückscheuten" (ebda. S. 69).

In einer eigenen Studie (Zimmer, 1984, 1985) gab es enge korrelative Zusammenhänge zwischen sexueller Zufriedenheit und dem erlebten Respekt durch den Partner (Faktor 2 des TSST). Die Frequenz der sexuellen Interaktion mit dem Partner und die dabei erlebte Erregungsintensität laden ebenfalls auf Faktor 2 des TSST, dessen Items Einflußverteilung und Respekt abbilden. Dies repliziert die oben zitierten Befunde von Walster und Walster (1979).

Rollenzufriedenheit: Frank, Anderson & Rubinstein (1979) gingen der Frage nach, welche Bedeutung Diskrepanzen zwischen der erlebten und der als ideal vorgestellten eigenen Rolle für sexuelles Erleben haben, und verglichen 80 zufriedene Paare mit jeweils 50 Ehetherapie- und Sexualtherapiepaaren. Beide Therapiegruppen zeigten mehr Diskrepanzen (marital role strain) als die Zufriedenen, wobei die Ehetherapiepaare deutlich belasteter erschienen als die Sexualklienten. In allen Gruppen gab es negative Korrelationen zwischen Rollenunzufriedenheit (role strain) und sexueller Zufriedenheit. In ihrer Interpretation unterstützen die Autoren die Position von Mandel (1979): „Grundlage unserer Interpretation ist die Überzeugung, daß man zuerst ein positives Selbstwertgefühl haben muß, um eine intime Beziehung einzugehen. Dies sollte besonders für sexuelle Beziehungen gelten (...). Da ein Aspekt des Selbstbildes ist, zu welchem Grad man die Rollen erfüllen kann, die man möchte (...), ist zu erwarten, daß Menschen, die hinsichtlich ihrer Rollen in der Ehe unzufrieden sind, auch sexuell unzufrieden sind" (Frank et al., 1979, S. 1102).

5.3 Interpersonelle Ängste

Angesichts der hohen Rate von Ehescheidungen und Trennungen und der Tatsache, daß mehr als die Hälfte der Kinder in zerbrochenen Familien groß werden, sind Probleme des Vertrauens in die Stabilität von Beziehungen verstehbar. Sowohl die Angst vor Nähe und Intimität als auch die Angst davor, zumindest vorübergehend ohne eine intime Beziehung leben zu müssen, sind verbreitet und können sexuelles Erleben belasten: „Eine Frau, die sich ihres Mannes nicht sicher ist und sich ihrer Bedeutung für ihren Mann nicht bewußt ist, wird Schwierigkeiten haben, sich soweit einem sexuellen Erlebnis auszuliefern, daß sie in der Lage ist, einen Orgasmus zu erleben" (Kaplan, 1974, S. 186). Arentewicz und Schmidt (1980) vermuten, daß Sexualverhalten im Ambivalenzmanagement von Nähe- und Distanzängsten eine steuernde Funktion übernehmen kann. Sexuelle Interaktion kann Nähe herstellen, wo Angst vor Distanz besteht. Appetenzverlust kann Distanz schaffen, wenn Nähe als bedrohlich oder belastend erlebt wird. „Manchmal leiden beide Partner an Intimitätskonflikten. Solche Paare suchen die Nähe, wenn sie aber einen bestimmten Punkt an Kontakt überschritten haben, reagieren sie ängstlich. Dann wird sich einer der beiden so verhalten, daß wieder mehr Distanz hergestellt wird. Wenn ein bestimmter Punkt an Distanz erreicht ist, suchen wieder beide mehr Nähe" (Kaplan, 1979, S. 184).

Unsere eigenen empirischen Daten (Zimmer, 1983, 1985, s. u.) sprechen dafür, daß komplementäre Ängste vor Nähe bzw. Distanz zwar verbreitet, aber nicht typisch für Klienten mit (sekundären) Sexualproblemen sind.

5.4 Streit und Aggression

Nach der klinischen Erfahrung führen sowohl Ängste davor, Ärgergefühle zu äußern, als auch exzessiver Streit zu sexuellen Problemen. Widersprüchliche Aussagen in der Literatur gehen u. E. auf eine uneinheitliche Verwendung des Aggressions-Begriffes und auf eine mangelnde Differenzierung von destruktiver Aggression und sozial kompetentem Konfliktverhalten zurück.

Nicht nur bei devianter sexueller Orientierung (wie Sadismus, Masochismus) wurde von einigen psychoanalytischen Autoren ein Zusammenhang von Aggression und Sexualität vermutet. So schreibt Stoller, daß „feindselige Gefühle (offen oder verborgen) die sexuelle Erregung erzeugen und steigern, und daß ihre Abwesenheit zu sexueller Indifferenz und Langeweile führt" (Stoller, 1979). Die entgegengesetzte Position wird von Kaplan (1974, 1979), einer ebenfalls psychoanalytisch orientierten Autorin, vertreten, die in Aggression und Partnerablehnung Hauptursachen für sexuelle Symptome sieht.

Arentewicz und Schmidt (1980) beschreiben Sexualität als möglichen Schauplatz von Machtkämpfen: Frauen würden dabei v. a. sexuelle Verweigerung als Strafe bzw. zur Vermeidung einer Niederlage einsetzen, während Männer eher sexuelle Forderungen und rücksichtsloses Verhalten praktizieren würden.

Aggressives Sexualverhalten wird in der Regel Männern zugeschrieben (Money & Erhardt, 1975). Andererseits reagieren Männer wie Frauen negativ auf gewalttätige Sexualfilme. Teilweise fanden sich jedoch Mischungen aus sexueller Erregung und Angst bzw. Schuldgefühlen beim Betrachten der Filme (Schmidt, 1975). Feshbach und Malamuth (1979) führten verschiedene Experimente durch, die nahelegen, daß sexuelle und aggressive Erregung sich gegenseitig steigern oder hemmen können.

Auf die Bedeutung von konstruktivem und negativem Streitverhalten für die Paarbeziehung kann an dieser Stelle nicht ausführlich eingegangen werden (siehe Revenstorf, Hahlweg & Schindler, 1981; Hahlweg, Schindler & Revenstorf, 1982), obgleich die Auswirkungen für die Ehezufriedenheit auch für die Bereitschaft zur sexuellen Interaktion wichtig sind. Streit ist sicherlich nicht Zeichen einer schlechten Beziehung. Offensichtlich streiten auch zufriedene Paare. Die Studien zeigen, daß bei ihnen die Rate positiven Austausches größer ist. Zudem sind sie besser in der Lage, einen Streit wieder zu beenden, und können Verlierer-Gewinner-Konstellationen vermeiden zugunsten von beiderseitigem Respekt. Die meisten Paartherapieprogramme unterstützen diesen Aspekt, indem sie Strategien der Bewältigung von Ärgerkonflikten vermitteln (Anneken et al., 1976; Mandel et al., 1971; Hahlweg et al., 1982; Zimmer, 1985).

Sager nennt die Bewältigung aggressiver Gefühle eine Voraussetzung für Sexualtherapie: „Paare müssen in der Lage sein, destruktive, feindliche Interaktionsformen zu kontrollieren, da sexuelle Reaktionen besonders verletzbar sind, und sensibel auf bewußte wie unbewußte Manifestationen feindseliger Gefühle reagieren" (Sager, 1974, S. 552). „Bei Vorliegen schwerer Eheprobleme – speziell bei Feindseligkeit – ist Sexualtherapie kaum durchführbar, da die Partner nicht mit der Therapie kooperieren können" (ebda. S. 561).

Empirische Hinweise

Schenk, Pfrang und Rausche (1983 a) fanden signifikante negative Zusammenhänge zwischen sexueller Zufriedenheit und verletzendem Verhalten des Partners oder der erlebten Verweigerung von Unterstützung. Die Korrelationen sexueller Zufriedenheit mit positiven Aspekten der Beziehung waren allerdings noch höher.

Roffe und Britt (1981) untersuchten Beschreibungen des Selbst und des Partners bei 242 Sexualtherapiepaaren und unterzogen die Daten einer Faktorenanalyse. 26 % entsprachen dem Bild einer konfliktzentrierten Beziehung, die dadurch gekennzeichnet ist, daß ein Partner sehr kritisch und anklagend auf den anderen reagiert. In zwei Drittel der Fälle war die Frau der vorwurfsvollere Partner. Leider liegen keine Verhaltensdaten vor.

Konfliktvermeidung: Nicht jeder Konflikt wird zu Beginn einer Therapie deutlich angesprochen. Die Vermeidung, bestimmte negative Emotionen verbal zu äußern, kann nicht verhindern, daß sie nonverbal ausgedrückt werden. Als Vincent, Friedman, Nugent und Messerly (1979) unglückliche Paare baten, so miteinander zu sprechen, als wären sie glücklich, unterschieden sie sich von zufriedenen Paaren nicht mehr im Verbalverhalten, jedoch weiterhin signifikant im nonverbalen Ausdruck. Diese Signale wirken destruktiver auf die Beziehung als die Verbalisierung der Unzufriedenheit (Trower, Bryant & Argyle, 1978). So erscheinen Beobachtungen von Kaplan (1974) und Sager (1974) plausibel, daß auch nicht akzeptierte oder nicht verbalisierte negative Emotionen große Auswirkungen haben.

In der erwähnten faktorenanalytischen Arbeit von Roffe und Britt (1981) fand sich eine Gruppe von 17 %, deren Stil als Konfliktvermeidung beschrieben wird. Bei diesen Paaren zeigte wenigstens ein Partner (in der Mehrzahl die Männer) das Bild gehemmten Ausdrucksverhaltens. Angesichts der Erhebungsmethode (Adjektivlisten zum Fremdbild vom Partner) wird die Gruppe der Paare, in der beide Partner Konflikte vermeiden, nur ungenau erfaßt, so daß die Angabe von 17 % wohl eine Unterschätzung darstellt.

Die weiter unten berichteten eigenen Daten sprechen ebenfalls dafür, daß neben verletzender Interaktion bei vielen Paaren eine Hemmung offener, konfliktklärender Kommunikation vorhanden ist (s. u.).

5.5 Kommunikative Fertigkeiten

Die Fähigkeit, offen und einfühlsam mit einem intimen Partner umzugehen, kann als spezieller Bereich der sozialen Kompetenz angesehen werden. Erfahrungsgemäß wirken sich soziale Ängste und Defizite in der Beziehung zum eigenen Lebenspartner am stärksten aus, weil die befürchteten Konsequenzen am unmittelbarsten und weitreichendsten sind.

Die meisten Autoren sehen in einer vertrauensvollen Kommunikation eine der entscheidenden Bewältigungsmöglichkeiten auch für sexuelle Unzufriedenheit. „Von den interpersonalen Faktoren ist das Ausmaß der Kommunikation in der Beziehung des Paares der wichtigste. Sie spielt nicht nur bei Paaren mit ausgeprägten sexuellen Symptomen eine entscheidende Rolle, sondern stellt auch bei Paaren mit weniger starken sexuellen Problemen, die keine ausgiebige Sexualbehandlung benötigen, eine der wichtigeren Variablen dar" (Lobitz & Lobitz, 1978, S. 97).

Empirische Studien

Bei Frank et al. (1978) wird deutlich, daß auch bei Paaren, die sich als glücklich bezeichnen, nur die Hälfte der Männer darüber Bescheid weiß, wenn ihre Frauen Probleme mit der sexuellen Erregung haben. Dies ist bei Paaren mit sekundären Orgasmusproblemen der Frau in verstärktem Maße der Fall (Kilman et al., 1984).

Hoch et al. (1981) verglichen 120 Paare mit sexuellen Störungen mit 60 zufriedenen Paaren mittels Fragebogen und Auswertung eines Interaktionsspiels. Bedauerlicherweise wird über die Analyse der Interaktion nicht im Detail berichtet. Die Autoren schreiben jedoch dazu: „Die wichtigste Folgerung aus der Analyse der Daten bezüglich der sexuellen Aktivitäten der Paare liegt im Mangel angemessener Kommunikation über Sexualität zwischen den Partnern der Therapiegruppe. Dieser Befund fand sich auf mehreren Ebenen:
1. Die Patienten waren oft unfähig, ihre Gefühle bezogen auf Formen sexueller Aktivitäten einzuschätzen.
2. In den Antworten zeigten sich häufig deutliche Wissenslücken über die Zufriedenheit des Partners mit der Häufigkeit und Ausgestaltung bestimmter sexueller Aktivitäten.
3. Wann immer Patienten angaben, ein solches Wissen zu besitzen, zeigten sich deutliche Über- oder Unterschätzungen bei der Einschätzung der Gefühle des Partners" (Hoch et al., 1981, S. 202).

Weiterhin fanden sie bei den Zufriedenen eine erheblich höhere Flexibilität im Umgang mit sexuellen Wünschen. Dies legt nahe, daß in der Tat rigide und gehemmte Kommunikationsstrukturen ungeeignet sind, sexuelle Probleme zu bewältigen: „Es soll daran erinnert werden, daß 60 % der Frauen und 25 % der Männer der zufriedenen Kontrollgruppe über sexuelle Probleme in der Vergangenheit berichteten. Jedoch aufgrund ihrer Flexibilität, ihrer Bereitschaft zur Kommunikation und zum gemeinsamen Experimentieren waren diese Paare offensichtlich in der Lage, die wirksamsten Formen gegenseitiger Stimulation zu entdecken und sexuelle Zufriedenheit zu erlangen. So gesehen zeigte die Kontrollgruppe mehr symmetrisches Verhalten zwischen Mann und Frau, was die Initiative zur Sexualität und verschiedenen Formen dieser Aktivität angeht" (Hoch et al., 1981, S. 202).

Mittels Pfadanalyse untersuchten Fliegel, Neumann und Paar (1984) Zusammenhänge zwischen kommunikativen Fertigkeiten, gegenseitigem Verstehen und Zufriedenheit mit der gemeinsamen Sexualität. Die hohen Korrelationen legen eine gegenseitige Beeinflussung nahe. In zwei Untersuchungen wollten wir das Bild kommunikativer Defizite sexuell belasteter Paare klären (Zimmer, 1983, 1985): In der ersten Studie verglichen wir drei Gruppen, nämlich (1) 20 zufriedene Paare mit (2) 19 Ehetherapiepaaren und (3) 20 Sexualtherapiepaaren hinsichtlich bevorzugter kommunikativer Strategien (Kommunikation in der Partnerschaft; KIP: Zimmer et al., 1978). Ehelich belastete und sexuell unzufriedene Paare unterschieden sich unwesentlich, zeigten aber auf 10 der 11 Verhaltensklassen problematischere Werte als die zufriedenen Paare. Am stärksten differenzierten die Variablen „Ausgedrückte Achtung des Partners" und „Explizierung von Hintergrundswünschen" (Zimmer, 1983).

In einer zweiten Studie analysierten wir Videoaufzeichnungen von Konfliktgesprächen von 74 Personen, d.h. (1) 10 zufriedenen Paaren, (2) 6 Ehetherapiepaaren und (3) 21 Sexualtherapiepaaren (N = 21). Die sexuell belasteten Paare teilten wir post hoc in eine Gruppe, die wenig depressive Verstimmung aufwies (N = 10) und in eine zweite Gruppe, die bei einem Partner ausgeprägte depressive Verstimmung (Bf-S > 35) erkennen ließ (N = 11). Die Auswertung durch 12 Psychologen mittels 26 Ratingskalen (mittlere Übereinstimmung: r = .81) zeigte einige Dimensionen überraschenderweise als nicht differenzierungsfähig: z.B. Selbsteröffnung positiver wie negativer Gefühle, Empathie, oder Partnerakzeptierung. Auch wurden keine Unterschiede im Ausmaß der gezeigten Komplementarität der Bedürfnisse (nach mehr Nähe bzw. Distanz, mehr Ordnung bzw. mehr Freiheit) gefunden. Die Daten widersprechen so der Hypothese, daß derartige komplementäre Wünsche bzw. Ängste Merkmal vor allem gestörter Beziehungen sind. Signifikante Haupteffekte für Gruppenunterschiede gab es bei 11 Dimensionen, sechs davon betreffen bemerkenswerterweise nonverbales Verhalten. Interessant ist, daß zufriedene Paare sich gegenseitig etwa vier Mal so oft wie Sexualklienten unterbrachen. Unterbrechen mag als Engagement im Gespräch und als Ausdruck dafür gewertet werden, daß man etwas zu sagen hat. Insgesamt vermitteln die Ergebnisse den Eindruck, daß die Probleme der Interaktion bei den verschiedenen Gruppen in folgender Reihe zunehmen: Zufriedene Paare, Ehetherapiepaare, nichtdepressive und depressive Sexualklienten.

Konsequenzen: Eine Analyse und ggf. therapeutische Hilfe für paardynamische Konflikte, v.a. Ängste und Defizite in der Kommunikation und der resultierenden Achtung der eigenen Person und des Partners sollte vor einer Behandlung der sexuellen Symptomatik bedacht werden.

Einige Paare können sicher während der Arbeit an der sexuellen Symptomatik lernen, Verantwortung für sich zu übernehmen und den Partner zu respektieren. Nach den Daten vermuten wir, daß eine große Untergruppe paartherapeutische Hilfe benötigt, bevor sexuelle Symptome kooperativ bearbeitet werden können.

6 Die Behandlung funktioneller Sexualstörungen

Nachdem die Therapie funktioneller Sexualstörungen lange Jahre unter Klinikern als schwierig und wenig aussichtsreich gegolten hatte, begann die systematische Erforschung ihrer Wirksamkeit in den 60er Jahren mit Arbeiten zur systematischen Desensibilisierung (Lazarus, 1961, 1963; Brady, 1966). 1970 erschien dann die berühmte Arbeit „Human Sexual Inadequacy" von Masters und Johnson und begründete aufgrund ihrer beeindruckenden Erfolgsquoten großen Optimismus, der in den folgenden Jahren zu einer deutlich ansteigenden Publikationsrate führte. Seit wenigen Jahren ist das Interesse an der Arbeit mit Opfern und Tätern sexueller Gewalt gewachsen (Kap. 9).

Frühe Autoren wie Masters und Johnson (1970), Kaplan (1974) und andere entwickelten die speziellen Therapieverfahren für Sexualprobleme pragmatisch und ohne engen Bezug zur Theorie und Empirie der Klinischen Psychologie. Die Programme sind komplex, eklektisch und multimodal angelegt. Eine Untersuchung der Bedeutung einzelner Wirkmechanismen begann erst sehr viel später.

6.1 Grundprinzipien der Therapie

Unabhängig von ihrem verhaltenstherapeutischen oder psychoanalytischen Hintergrund entwickelten sich einige auffällige Gemeinsamkeiten bei den erfahrenen Praktikern in der Arbeit mit funktionellen Sexualstörungen:
– Kurze Therapiedauer
– Hohe Strukturiertheit und Direktivität
– Symptom- und Gegenwartsorientierung
– Erfahrungsorientierung und Einsatz von Beobachtungs- und Verhaltensanweisungen (Hausaufgaben)
– Arbeit mit dem Paar anstelle von Einzeltherapie
– Teilstandardisierung des Vorgehens

Aus klinisch-psychologischer Perspektive können verkürzt folgende Behandlungsprinzipien unterschieden werden, deren Anteil und Bedeutung für einzelne Symptombilder und Patientengruppen noch zu untersuchen ist (ausführlicher hierzu: Zimmer, 1985):

(1) Bewältigung negativer Emotionen

Die Bewältigung von Angst, Ekel bzw. Abneigung wird in der Regel durch Prinzipien der Habituation (Mandel, 1979), des schrittweisen, hierarchischen Vorgehens mittels in-vivo-Hausaufgaben und ggf. Bearbeitung der kognitiven

Anteile am emotionalen Prozeß angegangen. Seltener werden Desensibilisierungen in sensu mit und ohne medikamentöse Unterstützung durchgeführt.

(2) Entwicklung positiver Erlebensmöglichkeiten

Die Entdeckung neuer Formen des Genießens, der Entspannung und des gemeinsamen Wohlfühlens wird in der Regel durch systematisches Experimentieren des Paares angeregt, setzt aber oftmals die Bearbeitung anhedonischer Lebensansichten und depressiver Grundeinstellungen voraus (Zimmer, F.T., 1990). Die Arbeit mit Fantasien dient der Entdeckung oder Änderung möglicher Auslöser erotischer Gefühle.

(3) Erweiterung des Verhaltensrepertoires

Die Entdeckung neuer Formen, befriedigend miteinander umzugehen, kann die Bearbeitung verschiedener komplexer Verhaltensmuster erforderlich machen: Techniken des Streichelns und der erotischen Stimulation; Kommunikation von positiven und negativen Reaktionen im Sinne einer wechselseitigen Beeinflussung, insbesondere die Fähigkeit, den Partner zu stoppen; die Übernahme sowohl einer passiven wie auch einer aktiven Rolle; Initiative zu gemeinsamer Sexualität.

(4) Korrektur problematischer Kognitionen

Informationen über Anatomie, Formen und Funktionen menschlicher Sexualität und die Besprechung von Normen und Tabus spielen häufig eine Rolle, wobei Gewährung, Erlaubnis und Entdramatisierung vorrangige Verfahren sind. Wesentlich sind auch Wissensdefizite über das andere Geschlecht und konkret über Gedanken, Gefühle, Vorlieben, Abneigungen und Wünsche des Partners. Leistungsdenken muß oft zugunsten einer Orientierung an momentanen Bedürfnissen in Frage gestellt werden.

(5) Paartherapeutische Interventionen

Manche Autoren arbeiten explizit an einer Verbesserung der Kommunikation und des Verständnisses auch in anderen Bereichen als dem der Sexualität, um zu ermöglichen, daß Konflikte des Paares die Konzentration auf Sexualität und die Kooperation beider bei den Übungen nicht zu sehr stören.

Praxisnahe Beschreibungen der Verfahren findet der Leser in folgenden Werken: Arentewicz und Schmidt (1980, 1986), Zimmer (1985), Hawton (1985) und Wincze und Carey (1991), viele anekdotische Fallberichte darüber hinaus bei Kaplan (1974).

An dieser Stelle soll auch ein kurzer Einblick in gängige therapeutische Programme gegeben werden.

Die Basis ist wie bei jeder Psychotherapie eine therapeutische Beziehung, die als straf-freier Raum Unterstützung für die Besprechung angstbesetzter Themen gibt, aber hinreichend Struktur und Halt bietet, damit eine erfahrungsorientierte Bearbeitung möglich wird (Fliegel & Walsheim, 1983). Die neuen Therapieverfahren betonen systematische Anregungen für neuen Erfahrungen zuhause, die dann in der Therapie besprochen werden. Dies setzt eine gute Motivation, günstige äußere Lebensbedingungen und eine hinreichend konfliktfreie Beziehung voraus, in der es gelingt, Konflikte vorübergehend zurückzustellen und nicht mit ins Schlafzimmer zu nehmen.

6.2 Das Basisprogramm von Masters und Johnson

Das klassische Vorgehen (Masters & Johnson, 1970) wurde im deutschsprachigen Raum v. a. durch die Publikation von Arentewicz und Schmidt (1980, 1986) bekannt und unter stärker verhaltenstherapeutischer Systematik von Zimmer (1985) beschrieben. Es gliedert sich in mehrere Stufen:
1. Nichtgenitales Streicheln (sensate focus) dient dem Ziel, körperliche Intimität auf eine angstfreie und entspannte Art zu erleben, Verhaltens- und Kommunikationsdefizite zu beheben und den Austausch von Wünschen anzuregen. Die Übungen beginnen meist mit der Aufforderung, den Rükken des Partners auf verschiedene Arten zu streicheln oder zu massieren und dabei auf eigene Gefühle und auf Signale des Partners zu achten. Schrittweise werden weitere Bereiche des Körpers hinzugenommen.
2. Beim genitalen Streicheln werden erkundend die erogenen Zonen und Genitalien einbezogen. In einer angstfreien und entspannten Atmosphäre werden positive Gefühle wiederentdeckt.
3. Intravaginale Habituation: Als Übergangsphase kann es für einige Paare entscheidend sein, nach der Einführung des Penis vor weiteren Aktivitäten ohne Bewegungen entspannt beieinander zu liegen, um aufkommende Angst oder Druckgefühle zu kontrollieren. Am günstigen erscheinen dabei sexuelle Positionen, bei denen die Frau entweder oben oder in einer seitlichen Lage zum Partner liegt.

Wesentlich für die erfolgreiche Durchführung dieses Basisprogramms ist die Bearbeitung der im Prozeß auftretenden Schwierigkeiten (Einbrüche der Motivation, belastende emotionale Reaktionen, störende Kognitionen u. ä. m.; Mandel, 1979; Zimmer, 1985, S. 96–106).

Auf dieses Basisprogramm bauen Interventionen auf, die auf die Bewältigung umschriebener Symptombilder zielen. Sie gehen auf Masters und Johnson

(1970), aber auch auf Erfahrungen der Arbeitsgruppe um LoPiccolo (LoPiccolo & LoPiccolo, 1978) zurück.

6.3 Spezielle Verfahren für Männer

Bei Erektionsstörungen ist die Erfahrung wichtig, daß ein aktueller Erektionsverlust nicht endgültig sein muß. Die Instruktion für ein bewußtes Zurücknehmen der Erektion kann die Angst veringern helfen (Masters & Johnson, 1970; Zimmer, 1985). Hier spielen auch paradoxe Effekte eine Rolle. Eine Ablenkung von einer leistungsorientierten Selbstbeobachtung zugunsten lustvoller Körperorientierung ist für viele Patienten ein weiterer wichtiger Schwerpunkt.

Bei der Ejakulatio praecox dienen die Verfahren Stop & Start und die Squeeze-Technik dazu, vor Erreichen des Punktes, an dem die Ejakulation unvermeidbar wird, die Erregung zurückzunehmen. Dies kann in Selbstanwendung und/oder unter Einbeziehung der Partnerin geschehen. Anstatt nur auf eine Verlängerung der Erektionsdauer zu zielen, sollten auch andere Methoden der sexuellen Stimulation der Partnerin erworben werden. Vielfach ist die Behebung der sekundären Symptome (Sexualvermeidung, Spannungen in der Beziehung, Zärtlichkeitsdefizite) noch wichtiger für die langfristige Zufriedenheit als das Hauptsymptom (Zimmer, 1985).

Bei Patienten mit Ejakulatio retardata sind sowohl eine intensivere Körperwahrnehmung als auch mehr Selbstrespekt hilfreich, damit sich die Männer gestatten, auch an sich und ihre eigenen Wünsche zu denken, statt nur die vermuteten Wünsche der Partnerin zu befriedigen.

6.4 Spezielle Verfahren für Frauen

Für primär anorgastische Frauen wurde ein Masturbationstraining entwickelt (LoPiccolo & Lobitz, 1972; Hawton, 1989; Wendt, 1979), das im folgenden kurz beschrieben werden soll.

Meist im Rahmen einer Einzel- oder Gruppentherapie mit anderen Frauen werden die Patientinnen angeleitet, (a) sich zuhause erkundend mit dem eigenen Körper zu beschäftigen, um negative kognitiv-emotionale Reaktionen bzgl. des eigenen Körpers bearbeiten zu können. (b) Die Selbsterkundung wird auf den Genitalbereich ausgedehnt (taktil und visuell mit einem Spiegel). (c) Graduell wird die Selbsterkundung in eine Selbststimulation überführt, bei der die Aufmerksamkeit auf positive Empfindungen gelenkt wird. (d) Systematisch werden erotische Fantasien zu Hilfe genommen bzw. durch Lektüre unterstützt. (e) In den USA werden Vibratoren zur Intensivierung der sexuellen Stimulation häufig eingesetzt.

Der Transfer der Fortschritte von den individuellen Masturbationsübungen auf die Paarbeziehung kann zunächst durch passive Einbeziehung des Partners und anschließend dadurch erleichtert werden, daß der Mann von seiner Partnerin systematisch in den für sie besten Stimulationsverfahren unterwiesen wird. Häufig werden Paare instruiert, während des Verkehrs simultan die Klitoris zu stimulieren (Brückenübung), um die Möglichkeit, einen Orgasmus zu erleben, auch auf den Geschlechtsverkehr auszuweiten.

Für vaginistische Frauen werden ebenfalls Körpererkundungen empfohlen, um negative Reaktionen auf den eigenen Körper abzubauen. Im Sinne einer Desensibilisierung in vivo können dann unter Verwendung von Gleitmitteln (Babyöl) vorsichtige Dilatationsübungen gemacht werden, etwa indem die Patientin einen Finger einführt. Die Verwendung spezieller Stäbe (Masters & Johnson, 1970) bringt nach klinischer Erfahrung (Hawton, 1989) keine Vorteile. Mit zunehmendem Abbau der reflexhaften vaginalen Kontraktion kann der Partner einbezogen werden, bis am Ende der Hierarchie auch vorsichtig eine Intromission des Penis möglich wird.

6.5 Die Bedeutung des therapeutischen Rahmens

Der Erfolg einer Behandlung hängt nach den vorliegenden Studien nicht davon ab, ob massiert (14-Tage-Blocks) oder in verteilten Sitzungen gearbeitet wird, auch nicht davon, ob ein oder zwei Therapeuten zusammenarbeiten. Das Geschlecht des Therapeuten spielt offenbar ebenfalls keine Rolle (Arentewicz & Schmidt, 1980; Crowe, Gillan & Golombok, 1981; LoPiccolo, Heiman, Hogan & Roberts, 1985; Mathews et al., 1976).

Zur Arbeit in Paargruppen liegen ähnlich erfolgreiche Berichte vor wie zur Einzel- oder Paartherapie (Golden, Price, Heinreich & Lobitz, 1978; Nemetz, Craig & Reith, 1978). Mills und Kilman (1982) geben einen kritischen Überblick über 58 Arbeiten zur Gruppentherapie. Sie sind von den Möglichkeiten der Gruppe überzeugt, schreiben aber: „Die Literatur zeigt unzählige methodische Probleme. (...) Die Studien können die wichtige Frage nicht beantworten, welche Verfahren im Gruppenrahmen besonders geeignet sind" (Mills & Kilman, 1982, S. 277).

6.6 Globale Hinweise zur Effektivität

Die Forderung nach systematischer Forschung war verbunden mit Zweifeln an den Ergebnissen von Masters und Johnson (1970). Bekannt geworden ist die methodische Kritik von Zilbergeld und Evans (1980) an der „Inadequacy of Masters und Johnson" hinsichtlich der Genauigkeit von Diagnostik, Patientenbeschreibung und -selektion, Erfolgskriterien und des Fehlens adäquater Kontrollgruppen. Zilbergeld und Kilman (1984) charakterisieren das Werk von Masters und Johnson eher als große Sammlung unkontrollierter Fallberichte denn als kontrollierte Forschung. Es bleibt allerdings deren historisches Verdienst, in diesem tabuisierten Feld Therapien mit der beeindruckenden Stichprobe von insgesamt 790 Paaren durchgeführt und die Erfolge in 5-Jahres-Katamnesen überprüft zu haben. Die hohen Erfolgsquoten wurden in methodisch sauber kontrollierten Studien bislang nicht repliziert.

Bei der Durchsicht der über 100 bislang publizierten Effektivitätsstudien entsteht der Eindruck, daß nur wenige Autoren aus der Kritik an Masters und Johnson Konsequenzen gezogen haben (Bancroft et al., 1986). Methodische Kritikpunkte sind u. a. kleine und ungenau beschriebene Stichproben mit oftmals ganz heterogenen Symptombildern, unklare Selektionskriterien (Wurden z. B. Paare mit Eheproblemen, also schlechter Prognose, abgewiesen?), fehlende Kontrollgruppen, Katamnesen und nicht angemessen untersuchte Meßmittel. Manche Therapien sind unglaubwürdig – z. B. aufgrund einer Dauer von zwei Sitzungen – oder mangelhaft standardisiert.

Nur Arbeiten mit einigermaßen hinreichender Methodik werden hier referiert. Wir haben versucht, die Studien aus unserer Sicht entsprechend der Klassifikation der Symptomatik (s. o.) zu sortieren, auch wenn die Angaben hierzu oft undeutlich sind.

Zu Beginn fassen wir Feldstudien zusammen, in denen komplexe Therapieprogramme bei Patientengruppen mit heterogenen Sexualproblemen überprüft wurden. Die Erfolgsmaße sind meist nicht untersucht. Kontrollgruppen fehlen oft (Ausnahme: Die Arbeiten von Mathews et al., 1976, und Dekker & Everaerd, 1983).

6.6.1 Psychoanalyse

Nach Faulk (1971) wurden 42 % von 40 Frauen nach einer Psychoanalyse (zwischen 1 und 50 Sitzungen) von den Therapeuten als erfolgreich eingestuft. O'Connor und Stern (1972) berichten von 96 Patienten, die bis zu 2 Jahren viermal wöchentlich analytisch behandelt wurden. Nach ihren Angaben sind 43 % der Frauen und 26 % der Männer als geheilt zu bezeichnen, und weitere

34 % (Frauen) bzw. 20 % (Männer) als gebessert. Diese Arbeiten sind als Fallsammlungen ohne methodischen Anspruch zu betrachten.

6.6.2 Der Therapieansatz von Masters und Johnson

Masters und Johnson (1970) geben an, daß sie mit ihrem eklektischen Behandlungsprogramm, das u. a. durch 2 beteiligte Therapeuten, Paararbeit und massierte, tägliche Termine gekennzeichnet ist, bei 81,1 % ihrer Paare langfristig stabile Besserungen (5-Jahres-Katamnese, siehe auch Tab. 3, Kap. 10.) erreichen konnten. Von 223 an der Hamburger Klinik behandelten Paaren wurden immerhin noch 75 % teilweise oder ganz gebessert, bei der Einjahres-Katamnese betrug dieser Anteil 91 % der erreichten Patienten (Arentewicz & Schmidt, 1980). Unten werden die Ergebnisse bezogen auf Symptomgruppen detaillierter dargestellt.

Andere frühe Feldstudien beschrieben etwas niedrigere Erfolgsquoten: Kratochvil (1980) kam bei einem ähnlich komplexen Ansatz auf eine Gesamtrate von 76 % Besserung bei 70 Paaren, während sie bei anderen Autoren noch niedriger lag (Meyer, Schmidt & Lucas, 1972: 50 % von 16 Paaren; Lansky & Davenport, 1975: 43 % von 7 Paaren; Perreault, Wright & Mathieu, 1979: 33 % von 12 Paaren).

6.6.3 Weitere Studien mit heterogenen Gruppen

Jones und Parks (1972) waren bei 80 % von 76 Personen erfolgreich, die z. T. mit medikamentöser Unterstützung desensibilisiert wurden. Bei LoPiccolo und Lobitz (1972) und Lobitz und LoPiccolo (1975), die einen verhaltenstherapeutischen Breitspektrum-Ansatz vertreten, wurden 75 % von 34 Sexualklienten als stark gebessert eingestuft. Der Ansatz kombiniert u. a. Desensibilisierung, Selbstsicherheitstraining, Masturbations- und in vivo-Übungen. McGovern, Kirkpatrick & LoPiccolo (1976) erzielten bei 4 Paaren positive Ergebnisse mit dem Programm von LoPiccolo bei einer 6-Monats-Katamnese. Obler (1973) führte mit 40 Patienten eine erste Vergleichsstudie durch. Danach sind 10 Stunden Desensibilisierung wirksamer als 10 Stunden Psychoanalyse. Es muß allerdings bezweifelt werden, ob dies der Psychoanalyse gerecht wird. Nach Adam & Gingras (1982) war bei 19 Paaren ein komplexes Programm aus Sexual- und Partnerübungen (8 Gruppensitzungen) einer Wartegruppe überlegen. Ähnliches berichten Golden et al. (1978) von einem Gruppenprogramm von 12 Sitzungen.

Everaerd und Dekker (1981) behandelten 42 Paare entweder mit dem Vorgehen von Masters und Johnson oder mit einem Kommunikationstraining. Die Klienten zeigten verschiedene Störungsbilder. Die Therapiedauer war nicht festgelegt und lag im Schnitt bei 16 Stunden. „Die endgültigen Effekte beider Vorgehensweisen sind gleich, aber in der Sexualtherapie sind sie schon am Ende der Therapie sichtbar, beim Kommunikationstraining dagegen erst beim Follow up (6 Monate)" (Everaerd & Dekker, 1981, S. 287). Die Autoren berichten, daß der Gewinn der Frauen im Kommunikationstraining etwas auf Kosten der Männer gehe, die im Laufe der Therapie leicht unzufriedener werden. Klare Aussagen über Besserungsquoten sind leider nicht möglich.

Beeindruckend sind die Katamnesezeiträume von Dekker und Everaerd (1983), die bei 65 behandelten Paaren zwischen 5 und 8 Jahren nach Therapieende erhoben wurden. Zwar gab es wenig Hinweise für Rückfälle, schwere methodische Mängel lassen sichere Aussagen aber nicht zu (nur 46 % verwertbare Fragebogen; die Befindlichkeit vor und nach der Therapie wurde retrospektiv zum Katamnesezeitraum erhoben).

Positive Effekte von Workshops (zwischen 4 Stunden und drei Tagen) zur Verbesserung des Sexuallebens werden von Baker und Nagata (1978), Blakeney, Kinder, Creson, Powell und Sutton (1976), Chesney, Blakeney, Chan und Cole (1981) und Powell, Blakeney, Croft und Pullian (1974) nahegelegt. Leiblum und Rosen (1979) warnen jedoch aufgrund eigener Daten vor zu großen Erfolgserwartungen bei diesen Kurzprogrammen.

Crowe et al. (1981) fanden eine positive Generalisierung, als sie Ehetherapie (als Behandlung der Kontrollgruppe) mit dem Behandlungsansatz von Masters und Johnson verglichen und am Ende der Therapie wie bei den Katamnesen keine signifikanten Unterschiede feststellen konnten. Beide verbesserten die Sexualität deutlich. Leider wurden die Eheprobleme der Klienten nicht genau genug erfaßt.

Die Einschätzung der bisherigen Arbeiten ist dadurch eingeschränkt, daß erhebliche Divergenzen in Diagnostik, methodischem Anspruch und Operationalisierung der Verfahren gegeben ist. Die Arbeiten legen die kurzfristige Wirksamkeit komplexer Verfahren für ca. zwei Drittel der Klienten nahe. Die Berichte bleiben aber vielfach auf dem Niveau therapeutischer Anekdoten.

6.7 Globale Hinweise zur Indikation

Wenn man davon ausgehen kann, daß ca. 50 % bis 60 % der Paare, die eine Therapie wegen funktioneller Sexualstörungen beginnen, deutlich geholfen werden kann (Hawton, 1992) und 40 % bis 50 % langfristig stabile positive Änderungen erreichen (De Amicis, Goldberg, LoPiccolo, Friedman & Davies, 1985; Hawton, Catalan, Martin & Fagg, 1986), stellt sich doch die Frage, ob es übergreifende Kriterien dafür gibt, welche Paare eine günstige oder weniger günstige Prognose haben.

Bezogen auf die Art der Symptomatik zeigen die folgenden Kapitel, daß auf seiten der Frauen die Störungsbilder Vaginismus und primäre Orgasmusstörungen eine besonders gute Prognose haben. Weniger günstige Ergebnisse werden dagegen bei Appetenzproblemen (bei Männern wie Frauen) und vorzeitigem Samenerguß (Ejaculatio praecox) erzielt.

Faßte man alle Ausschlußkriterien zusammen, erschienen in einer englischen Sexualberatungsstelle von 200 Paaren, die sich wegen sexueller Probleme zur Behandlung angemeldet hatten, nur 55 für eine Psychotherapie geeignet (Catalan et al., 1990). Von diesen lehnten 30 % das psychotherapeutische Angebot ab. Die häufigsten Kriterien, aufgrund derer die Patienten keine Sexualtherapie angeboten bekamen, waren somatische oder psychiatrische Erkrankungen, massive eheliche Konflikte oder mangelnde Motivation, aber auch fortgeschrittene Schwangerschaft.

Interessant ist festzuhalten, daß weder Alter noch die Tatsache, daß beide Partner unter sexuellen Symptomen leiden (vs. ein Symptomträger), noch der Informationsstand und das Wissen über Sexualität oder die Ausgeprägtheit religiöser Überzeugungen in irgendeiner Richtung mit dem Ergebnis der Behandlung zusammenzuhängen scheinen (Hawton, 1992).

Empirisch konnten folgende Prädiktoren gefunden werden, deren Gewicht aber in weiteren Erhebungen repliziert werden sollte: Als besonders wichtiger negativer Faktor gilt immer wieder die Belastetheit der Beziehung (Mathews et al., 1976; Hawton & Catalan, 1986; siehe auch Kap. 5.), wenngleich eine vorgeschaltete Ehetherapie hier ausgleichend wirken kann (Zimmer, 1987a). Interessant ist, daß v.a. die Einschätzung der Frau von der Qualität der Beziehung prädiktive Bedeutung hat, nicht jedoch die des Mannes (Hawton & Catalan, 1986), was auf eine größere Sensibilität von Frauen für Beziehungskonflikte verweist.

Speziell die Kooperation des Mannes ist ein weiterer bedeutsamer Prädiktor (Hawton & Catalan, 1986). Dies paßt zu dem Ergebnis, daß frühe Fortschritte in der Therapie Aussagen über den Behandlungserfolg gestatten (ebenda).

7 Differentielle Behandlungseffektivität bei Problemen des Mannes

7.1 Erektionsprobleme

Die Spontanremission beträgt bei erektiver Impotenz nach Segraves, Knopf und Camic (1982) 14 % oder höher (Segraves, Camic & Ivanof, 1985), prognostische Kriterien hierfür konnten die Autoren nicht finden.

Wichtig ist auch, daß früher wohl zu wenig beachtet wurde, daß bei ca. einem Drittel dieser Symptome primär organische Faktoren verantwortlich sind (Mohr & Beutler, 1990). Da die Notwendigkeit der diagnostischen Abklärung somatischer Faktoren erst seit Mitte der achtziger Jahre hinreichend gesehen wird (Gregoire, 1992; Langer & Hartmann, 1992; LoPiccolo & Stock, 1986), sind alle frühen Studien replizierungsbedürftig, da die Patienten aufgrund fehlender Untersuchungen hinsichtlich der Verursachung der Symptomatik nicht adäquat beschrieben sind.

Medizinische Behandlungsmöglichkeiten: Für organisch bedingte Erektionsprobleme wurden verschiedene Therapien entwickelt: Bei der SKAT genannten Behandlung wird in die Schwellkörper (intracavernös) eine vasoaktive Papaverine-Lösung injiziert. Sie hat relativ weite Verbreitung aufgrund der Möglichkeit der Selbstanwendung. Neben positiven Berichten (Althof, Turner, Levine & Risen, 1991; Langer & Hartmann, 1992) stehen Berichte über zahlreiche Abbrüche, die mit zunehmender Katamnesedauer nach 12 bis 24 Monaten im Mittel bei ca. 50 % liegen (Langer & Hartmann, 1992), in einzelnen Berichten bis zu 80 % (Gilbert & Gingell, 1991) reichen. Ein weniger invasives Verfahren ist die Verwendung von Vakuum-Pumpen zur Auslösung von Erektionen. Hierfür wurden erste ermutigende Daten zu einer zwölfmonatigen Katamnese vorgelegt (Turner, Althof, Levine & Bodner, 1991). Auch die Entwicklung von Penisimplantaten hat deutliche Fortschritte gemacht, allerdings „mehr auf technischem Gebiet als hinsichtlich der Qualität der systematischen Evaluation" (Gregoire, 1992, S.315).

Biofeedback erwies sich in der einzigen kontrollierten Studie als ineffektiv (Reynolds, 1980).

Desensibilisierung: Nach frühen, überaus optimistischen Einschätzungen (Wolpe & Lazarus, 1966: 68 % Symptomfreiheit; Friedman, 1968: 80 %) wurden die Einschätzungen vorsichtiger: Nach Auerbach und Kilman (1977) war Desensibilisierung bei 24 Klienten zwar wirksamer als reine Entspannung, Jehu (1979) warnt aber vor einer Überbewertung, da auch bei der Desensibilisierungsgruppe noch bei einem Drittel der Koitusversuche Erektionsprobleme auftraten! Ähnliche Ergebnisse berichtet Ansari (1976). Kockott, Dittmar &

Nusselt (1975, 1977) erzielten nur geringe Erfolge mit der Desensibilisierung und urteilen: „Die allgemeine Anwendung der systematischen Desensibilisierung ist unzureichend, das Konzept der Angstreduktion für die Therapie psychisch bedingter Erektionsstörungen zu eng" (Kockott et al., 1977, S. 199). Wurden Klienten anschließend zusammen mit ihrer Partnerin mit dem komplexen Verfahren nach Masters und Johnson behandelt, stellten sich erheblich bessere Ergebnisse ein (Kockott et al., 1975).

Kognitive Therapie: Bei Munjack et al. (1984) war eine Rational-Emotive-Therapie (RET) sexueller Ängste bei 16 Klienten einer Wartegruppe kurzfristig überlegen. Nach 6 bis 9 Monaten hatte jedoch die Mehrzahl der RET-Klienten gravierende Rückfälle. Everaerd und Dekker (1985) fanden vergleichbare positive Effekte von RET und Desensibilisierung in zwei kleinen Studien, die sowohl primäre wie sekundäre Symptombilder umfaßten. Von 32 Paaren beendeten 50 % die Therapie vorzeitig.

Ein Selbstsicherheitstraining half beeindruckend, die sozialen Kontaktängste alleinstehender Männer und ihre Erektionsprobleme zu lindern (Reynolds, Cohen, Schochet, Price & Anderson, 1981).

Kombinierte Programme: Bei Masters und Johnson (1970) besserten sich zwischen 60 % (primäre) und 74 % (sekundäre Impotenz), bei Arentewicz und Schmidt (1980) 79 %. Über eine erfolgreiche Anwendung kombinierter Programme berichten Kockott (1977) und Cooper (1969: Entspannung, Aufklärung, Psychotherapie), Price, Heinrich und Golden (1980: Aufklärung, Fantasie- und Masturbationsübungen, Kommunikationstraining) und Everaerd und Dekker (1982: Rational-Emotive-Therapie, Masturbationstraining, Selbstsicherheitstraining). Die Besserungsquote betrug bei Cooper (1969) 49 %, bei Everaerd und Dekker (1982) 57 %. Price et al. (1980) geben nur die Überlegenheit gegenüber einer Kontrollgruppe an. Eine Kombination von sexueller Aufklärung und Beratung mit Training von Selbstsicherheit und Koitusverbot war bei Reynolds et al. (1981) einer Wartegruppe überlegen. Takefman und Brender (1984) konnten nicht belegen, daß Koitusverbot die Wirksamkeit eines sensate-focus-Programms signifikant erhöht. Die Effektivität einer 12stündigen Gruppentherapie für alleinstehende Männer, in der Möglichkeiten der Bewältigung erarbeitet wurden, konnte von Lobitz und Baker (1979) nur für Männer mit sekundären Erektionsproblemen, nicht jedoch mit primären Symptomen belegt werden.

Langfristige Effekte: Mittelfristig berichten Kilman et al. (1987), daß 81 % von Männern mit sekundären Symptomatiken erfolgreich waren (6-Monats-Katamnese). In der Hamburger Studie waren noch 70 % der Patienten mit Erektionsstörungen, die nach einem Jahr erreicht werden konnten, gebessert (Arentewicz & Schmidt, 1980). Von 36 an der Ambulanz der Universität Stony Brook behandelten Männern waren nach drei Jahren 50 % gebessert und 25 %

wieder verschlechtert (De Amicis et al., 1985). Hawton et al. (1986) berichten aus Oxford, daß 11 von 18 Patienten (61 %) bei einer Katamnese zwischen ein und drei Jahren gebessert waren.

Prädiktoren: Primäre Formen der Impotenz sind nach den vorliegenden Berichten schwerer zu behandeln als sekundäre (Lobitz & Baker, 1979; Masters & Johnson, s. o.; Ansari, 1976; Cooper, 1969). Eheprobleme werden als negative Prädiktoren genannt (Ansari, 1976; Cooper, 1969), ebenso höheres Lebensalter (Cooper, 1969).

7.2 Ejakulationsprobleme

Während zum Problem der Ejakulatio retardata nur einzelne Erfahrungen beschrieben wurden (Masters & Johnson, 1970; Arentewicz & Schmidt, 1980; Dow, 1981), gibt es für die häufigere Ejakulatio praecox mehrere zusammenfassende Berichte: In der Therapie wurden meist die Stop und Go oder die Squeeze-Technik eingesetzt. Masters und Johnson geben eine Erfolgsquote von 97 % an (Tab. 3, s. u.), die Hamburger Gruppe 84 %. Andere Angaben schwanken von 43 % (Cooper, 1969b bei N = 30), bis 100 % (Kaplan, Kohl, Pomeroy, Offit & Hogan, 1974 bei N = 4). Zeiss, Christensen und Levine (1978) konnten 3 von 6 Klienten erfolgreich behandeln, Yulis (1976) 80 % von 37 Klienten. In der bislang einzigen Vergleichs-Studie (Lowe & Mikulas, 1975) war ein Selbstkontrollprogramm mit schriftlichen Instruktionen (5 Klienten) einer Wartegruppe überlegen.

Zur langfristigen Stabilität liegen wiedersprüchliche Angaben vor. Der vorherrschende Optimismus wird durch Berichte über Rückfälle relativiert (Hawton et al., 1986). Bei De Amicis et al. (1985) verschlechterten sich anfängliche Besserungserfolge nach drei Jahren: Die Dauer bis zur Ejakulation beim Verkehr war dabei deutlich, d. h. beinahe auf das Niveau vor der Therapie zurückgegangen, ohne daß die eheliche Zufriedenheit davon negativ tangiert worden wäre.

7.3 Sonstige Symptome und Themen in der Behandlung von Männern

Appetenzprobleme

Obwohl Erfahrungsberichte nahelegen, daß die Symptomatik des Verlustes an sexuellem Interesse zu etwa 40 % von Männern (bezogen auf 100 % der Klagen) berichtet wird, gibt es noch nur wenige Hinweise zur Ätiologie und Prognose bei ausgewählten Behandlungsverfahren für Männer. Sie sprechen dafür, daß langfristig etwa der Hälfte geholfen werden kann. (De Amicis et al., 1985). Es steht zu vermuten, daß grundsätzlich ähnliche Mechanismen bei beiden Geschlechtern von Bedeutung sind (Leiblum & Rosen, 1990).

Probleme der sexuellen Orientierung

Eine Übersicht zur Behandlung von Patienten mit abweichender sexueller Orientierung würde den Rahmen dieses Beitrages sprengen. Näheres findet der Leser bei Bancroft (1974) und Schorsch et al. (1985).

Männer als Opfer

Wenigstens 15 % der Opfer sexuellen Kindesmißbrauchs sind Knaben. Zusammenfassende Berichte legen nahe, daß die traumatischen Bedingungen wenigstens so gravierend für Knaben wie für Mädchen sind, möglicherweise schlimmer (Finkelhor et al., 1986; Glöer, 1988). Zur Behandlung liegen erste Erfahrungsberichte vor (Glöer, 1988; Porter, 1986). Sie fußen auf ähnlichen Prinzipien wie die Therapie weiblicher Opfer (s. u.).

Männer als Täter

Inzwischen gibt es in der angloamerikanischen Literatur einen deutlichen Forschungsvorsprung zu den Hintergründen und der therapeutischen Behandlung von Tätern, die Kinder mißbrauchen. Der wichtigste und am häufigsten genannte ätiologische Faktor ist, daß Täter oftmals selbst als Kinder mißbraucht wurden (Groth & Burgess, 1979; Seghorn, Prentky & Boucher, 1987). Allerdings ist festzuhalten, daß nur ca. ein Drittel der Eltern, die als Kind mißbraucht worden waren, zur Risikogruppe der potentiellen Täter zählen (Egeland, 1988). Darüber hinaus sprechen manche Daten dafür, daß Täter in schlechten Ehen leben, die durch wenig positiven Austausch, Mißtrauen und Einsamkeit in der Beziehung gekennzeichnet sind (Lang, Langevin, Santen, Billingsley & Wright, 1990). Eltern, die als Kind Opfer waren, später aber eine positive und stabile Beziehung aufbauen konnten, sind weniger gefährdet (Egeland, 1988). Ehetherapeutische Hilfen sind somit von einer besonderen präventiven Bedeutung.

Die therapeutische Arbeit mit Tätern kann meist Freiwilligkeit und Kooperation nicht voraussetzen. Sie stellt an Therapeuten erhebliche persönliche Anforderungen, wenn er die beiden Fallen (a) der gemeinsamen Problemvermeidung wie (b) einer primär strafenden Interaktion umgehen will. Berichte zum Vorgehen findet der Leser bei Greer und Stuart (1983) und Marquit (1986) und eine Übersicht über Theorien, Befunde und Fragen der Psychotherapie bei Krug (1989).

8 Differentielle Behandlungseffektivität bei Problemen der Frau

8.1 Primäre Anorgasmie

Systematische Desensibilisierung: Die Anwendbarkeit des Verfahrens wurde in frühen Einzelfalldarstellungen (Brady, 1966; Madsen & Ullman, 1967; Caird & Wincze, 1974; et al.) oder unkontrollierten Therapieberichten gezeigt (Lazarus, 1963: N = 16; Jones & Parks, 1972: N = 55). Sotile und Kilman (1978) sicherten die Fortschritte in der Behandlung von 43 Frauen in einem Eigenkontrolldesign ab. In den Arbeiten von O'Gorman (1978) und Nemetz et al. (1978) erwies sich die Durchführung der Desensibilisierung einzeln oder in der Gruppe als gleich wirksam. Die Darbietung der Hierarchie-Items mittels Video erwies sich als eher hinderlich (Wincze & Caird, 1976). Desensibilisierung in vivo oder in der Vorstellung unterschieden sich nicht (Husted, 1975).

Während die Effizienz in den kontrollierten Studien insgesamt als eher gering angesehen werden muß (Andersen, 1983), erschienen die Einzelfalldarstellungen in über 50 % erfolgreich. Denkbar ist, daß bei den Fallberichten vor allem die Erfolge vorgestellt wurden. Auf diesem Hintergrund äußern Andersen (1983) und Kockott (s. o.) Zweifel, ob die Bedeutung von Ängsten nicht überschätzt werde.

Masters und Johnson (1970) erzielten mit ihrem Ansatz bei 83 % der 193 Paare Erfolge.

Masturbationsübungen: Ziel der Masturbationsübungen ist es, die eigenen körperlichen Erlebnisse kennen und beeinflussen zu lernen, um sie schließlich in der Interaktion mit dem Partner als Wünsche einbringen zu können (Nairne & Hemsley, 1983). Die theoretische Grundlage ist allerdings ungeklärt. Es ist interessant, daß bei nicht gestörten Frauen kein Zusammenhang zwischen Vorerfahrungen mit Masturbation und späterer sexueller Zufriedenheit besteht (Leff & Israel, 1983). Die Erfolgsquoten bei unkontrollierten Fallerfahrungen liegen zwischen 90 % und 100 % (LoPiccolo & Lobitz, 1972: N = 21; Kirkpatrick, McGovern & LoPiccolo, 1977: N = 4; Payn & Wakefield, 1982: N = 11; Barbach, 1974: N = 83; Wallace & Barbach, 1974: N = 17). Heinrich (1976) konnte in einer kontrollierten Studie mit 44 Frauen die Wirksamkeit des Vorgehens durch den Vergleich mit einer Wartegruppe belegen. In der Gruppentherapie waren alle Frauen erfolgreich (100 %), in einem Selbstkontrollprogramm (mit Manual) 47 %. Zu ähnlichen Ergebnissen kam Wendt (1979; N = 35), als er Masturbationsübungen mit gestalttherapeutischen Verfahren kombinierte und die Besserungen mit denen einer Wartegruppe verglich. Die Fortschritte konnten noch nach einem Jahr nachgewiesen werden. Bei McMullen und Rosen (1979) lag die Erfolgsquote mit 60 % signifikant höher als die einer Wartegruppe.

Meist werden die Übungen zunächst ohne Beisein des Partners durchgeführt. Offensichtlich aber sind die Frauen, bei denen der Partner mit in die Übungen einbezogen wird, bei der Nachkontrolle zufriedener als die Frauen, die die Übungen alleine durchgeführt haben (Ersner-Hershfield & Kopel, 1979). Frauen über 35 Jahre waren bei den Übungen erfolgreicher als Frauen unter 35 (Schneiderman & McGuire, 1976). Es gibt erste Hinweise, daß das Programm bei manchen Frauen auch in Selbsthilfe mit schriftlicher Anweisung durchführbar ist (Dodge, Glasgow & O'Neill, 1982). Hier scheint aber Vorsicht geboten.

In verschiedenen Studien wurden Elemente des Selbstsicherheitstrainings (Fabbri, 1976; Hammond & Oei, 1982; Kuriansky, Sharpe & O'Connor, 1982) oder der Hypnose (Beigel & Johnson, 1980) mit Desensibilisierung und anderen Verfahren kombiniert. Über die spezifischen Wirkungen dieser Verfahren ist noch nichts bekannt.

Riley und Riley (1978) verglichen das Vorgehen von Masters und Johnson (1970) mit Masturbationsübungen (bei 37 Frauen). Während 53 % der Frauen mit sensate focus als erfolgreich behandelt galten, war dies bei 90 % derjenigen der Fall, die Masturbations-übungen erhalten hatten. Bei Andersen (1981) unterschieden sich Desensibilisierung und Masturbationsübungen nicht, aber beide waren einer Kontrollbedingung (Wartegruppe) überlegen.

Insgesamt liegen zur Therapie primärer Anorgasmie für die Masturbationsübungen die überzeugendsten Ergebnisse vor, verglichen mit allen anderen Verfahren. Langfristig scheinen die positiven Änderungen stabil zu sein. De Amicis et al. (1985) berichten, daß 72 % der Patientinnen dieser Gruppe bei der Dreijahres-Katamnese als gebessert eingestuft werden konnten.

8.2 Sekundäre Orgasmusprobleme

Frauen mit sekundären Orgasmusproblemen wurden in der Regel mit dem eklektischen Breitspektrumansatz von Masters und Johnson (1970) behandelt. Sie stellen eine große Untergruppe in den Studien dar, in denen nicht zwischen primären und sekundären Symptomen differenziert wurde (Masters & Johnson, 1970; Mathews et al., 1976; Arentewicz & Schmidt, 1980; Blakeney et al., 1976; Chesney et al., 1981; Dekker & Everaerd, 1983; Golden et al., 1978; Jones & Park, 1972; Kratochvil, 1980; Meyer et al., 1972; Nemetz et al., 1978; Husted, 1975; Perreault et al., 1979).

Relativ wenige Studien wurden ausschließlich mit sekundären Problemen durchgeführt: Kilman et al. (1983) behandelten 48 Paare mit sekundären Orgasmusproblemen der Frau in nur zwei Sitzungen (!) mit Instruktion und Diskussion. Die Verbesserungen sind statistisch abgesichert, klinisch aber fragwürdig. Everaerd und Dekker (1982) behandelten ebenfalls 48 Paare. Sie verglichen eine Wartebedingung mit Desensibilisierung, dem Vorgehen von Masters und Johnson, sowie einer Kombination beider Verfahren. Alle drei Gruppen waren der Wartegruppe am Ende der Therapie überlegen. Die Kombinationsgruppe schnitt am schlechtesten ab, was die Autoren darauf zurückführen, daß es in 12 Sitzungen kaum möglich war, beide Verfahren sinnvoll miteinander zu verbinden. Fichten, Libman & Brender (1983) fanden, daß die Kombination von Streichelübungen mit einem Koitusverbot (paradoxe Verschreibung) zu einem signifikanten Anstieg im Genuß gegenseitigen Streichelns führte. Barbach und Flaherty (1980) modifizierten ihr Masturbationstraining für sekundäre Anorgasmie und kombinierten es mit einem Kommunikationstraining. Bei zwei Drittel der 24 Paare wurden gute Verbesserungen erreicht. Barbach (1984) behandelte über 72 Frauen in Gruppen mit einem Training zur Masturbation, Selbstsicherheit und Kommunikation. Von 28 Frauen, die nach 2 Jahren noch erreicht wurden, zeigten 23 positive Therapieeffekte. Bei 23 Paaren, die Libman et al. (1984) behandelten, war Paartherapie der Arbeit in der Gruppe und Selbsthilfe mit Minimalkontakt deutlich überlegen.

Zur Bedeutung expliziter Arbeit an der partnerschaftlichen Kommunikation liegen widersprüchliche Arbeiten vor:
- Kilman et al. (1986) behandelten 55 Paare mit einem von vier Verfahren: Kommunikationstraining, Sexualtraining sowie der Kombinationen beider Verfahren in unterschiedlicher Reihenfolge. Daneben gab es zwei Kontrollgruppen (Zuwendungsplacebo, Warteliste). Die methodisch gute Arbeit konnte die Überlegenheit der Verfahren gegenüber den Kontrollgruppen belegen, jedoch bei der 6-Monats-Katamnese zwischen den Behandlungsgruppen keinerlei Unterschiede mehr festmachen. Wir führen dies auf die zu geringe Therapiedauer von jeweils acht Sitzungen und auf das u. E. verkürzte Konzept der Ehetherapie zurück.
- Post-hoc-Befragungen von Patientinnen ergaben Wünsche nach einer verstärkten Bearbeitung ehelicher Kommunikationsprobleme (Milan, Kilman & Boland, 1988).
- Kilman et al. (1987) variierten die Reihenfolge von Kommunikationstraining und Sexualtherapie und fanden keine Unterschiede, ob mit dem einen oder anderen Verfahren begonnen wurde. Wir führen dies auf die kleine Stichprobe (4 Paare pro Versuchsgruppe) und auf die klinisch nicht überzeugende Dauer der Therapiebausteine von jeweils 4 Sitzungen zurück.
- In einer eigenen Studie (Zimmer, 1985, 1987) überprüften wir, ob eine Kombination von vorgeschalteter Ehe- und anschließender Sexualtherapie (EG2) bei Paaren mit sekundären Problemen der Frau einer Kombination aus Placebo (Entspannung plus Aufklärung) und anschließender Sexualtherapie (EG1) überlegen sei. Von der Gesamtdauer von 20 Sitzungen ent-

fielen auf den ersten Baustein (Ehetherapie oder Entspannung/Aufklärung) 9 Sitzungen. Die vorgeschaltete Ehetherapie führte zu einer statistisch und klinisch bedeutsamen Steigerung der Effektivität bei Therapieende und 3-Monats-Katamnese sowohl – wie erwartet – bzgl. der ehelichen Kommunikation als auch hinsichtlich der symptomatischen Besserung. Schon während der Ehetherapiephase zeigten sich signifikante Generalisierungseffekte zugunsten verbesserter sexueller Zufriedenheit, und zwar in einem deutlich größeren Maße als die Generalisierung der Sexualtherapie auf die Ehezufriedenheit.

Erfolgsprädiktoren: Barbach (1984) fand bei der 12-Monats-Katamnese, daß Frauen aus jungen, aber stabilen Beziehungen am meisten profitierten, Frauen aus Beziehungen, die älter als 3 Jahre waren, am wenigsten. In der Studie von Libman et al. (1984) waren Frauen erfolgreicher, die vor der Therapie Zärtlichkeiten eher genießen konnten, seltener masturbierten und weniger über die erotischen Präferenzen ihrer Partner Bescheid wußten. Wir vermuten, daß diese Befunde mit Aspekten von sozialer Kompetenz und Paarkonflikten zusammenhängen. Funktionsstörungen beim Partner erwiesen sich als negative Prädiktoren (Milan et al., 1988).

Langfristige Stabilität: Einige Studien belegen die Stabilität der Erfolge für Zeiträume bis zu zwei Jahren (Barbach, 1984). Milan et al. erreichten 38 von 66 Paaren bei einer Katamnesedauer zwischen 2 und 6 Jahren. Frauen, die in der Zwischenzeit nicht geschieden waren und keine weitere Therapie benötigt hatten (N = 28), zeigten nicht nur Stabilität, sondern weitere Verbesserungen in den wichtigsten Maßen (Zufriedenheit, Koitusfrequenz). Die anderen 10 (geschieden oder wiederholt in Therapie) verschlechterten sich.

8.3 Appetenzprobleme/Libidoverlust

Die Ergebnisse sind widersprüchlich. Dies mag damit zusammenhängen, daß es für Appetenzprobleme keine klare Definition gibt und daß es unklar ist, ob Appetenzprobleme nicht analog einer Depression Endprodukt einer Reihe recht verschiedenartiger Problemkonstellationen sind (Leiblum & Rosen, 1990). Kaplan (1979) vertritt die Hypothese, daß Appetenzprobleme die schwersten sexuellen Störungen mit der schlechtesten Prognose seien, und beschreibt psychoanalytische Hypothesen zur Ätiologie.

Schover und LoPiccolo (1982) führten daraufhin eine retrospektive Analyse über 747 behandelte Paare durch und analysierten die Daten von 152 Paare mit Appetenzproblemen. Sie fanden keine Unterschiede zwischen diesen und anderen Paaren hinsichtlich des kurzfristigen Therapieerfolgs oder der notwendigen Therapiedauer.

Nach Whitehead, Mathews und Ramage (1987) ist sowohl ein paarorientiertes Vorgehen im Sinne von Masters und Johnson als auch ein zunächst frauenzentriertes Arbeiten im Sinne von Barbach (s. o., 1984) unter späterer Einbeziehung des Partners von vergleichbarer Wirkung. Genauere Erhebungen zur Effektivität sprechen dafür, daß kurzfristig ca. 50 % der Patientinnen deutliche Besserung erfahren (Hawton et al., 1991; Schover & LoPiccolo, 1982; Whitehead & Mathews, 1986, 1987), daß aber längerfristig nur etwa ein Drittel als gebessert eingestuft werden können. Dies zeigte sich bei den von De Amicis et al. (1985) und Hawton et al. (1986) behandelten Frauen.

In der Annahme einer Beteiligung hormoneller Defizite wurde die Gabe des männlichen Sexualhormons Testosteron in Kombination mit Psychotherapie empfohlen. Anfänglich positiven Berichten (Carney, Bancroft & Mathews, 1978) folgte Ernüchterung: Methodisch sehr gut kontrollierte Arbeiten konnten die Hypothese einer positiven unterstützenden Wirkung von Testosteron nicht bestätigen (Mathews, Whitehead & Kellet, 1983; Whitehead et al., 1987). Dow und Gallagher (1989) schreiben: „Auf keinem Maß konnte für Testosteron eine signifikant überlegene Wirkung zu den anderen (psychotherapeutischen) Variablen belegt werden" (S. 201).

Prognostisch günstig erwies sich in der Studie von Whitehead und Mathews (1986), wenn vor der Behandlung wenig Beziehungsprobleme vorhanden waren, und wenn positivere sexuelle Vorerfahrungen berichtet wurden. Die Ergebnisse waren von der Chronizität der Symptomatik unabhängig. Eheprobleme und das Ausmaß allgemeiner Psychopathologie hatten in der Studie von Hawton et al. (1991) keine prädiktive Bedeutung vermutlich aufgrund einer strengen Vorselektion. Negative Prädiktoren waren sexuelle Symptome auf seiten des männlichen Partners und seine geringe Kooperationsbereitschaft in der Therapie.

8.4 Vaginismus

Feldstudien legen eine insgesamt günstige Prognose der Behandlung von Frauen mit Vaginismus nahe: Erfolgreich waren 100 % bei Masters und Johnson (1970), 78 % bei Arentewicz und Schmidt (1980), 80 % bei Hawton (1986), 81 % bei Hawton und Catalan (1990) und 91 % bei Dawkins und Tayler (1961). Die einzige kontrollierte Studie stammt von Fuchs et al. (1973). Bei 44 Frauen wurde Desensibilisierung in der Vorstellung und in vivo (vaginale Dilatation) verglichen. Die Erfolgsquoten lagen bei 66 % für die Desensibilisierung in der Vorstellung und bei 91 % für die in vivo-Übungen.

Auch die Stabilität der Änderungen ist zufriedenstellend. In den Studien zur Dreijahres-Katamnese von Hawton et al. (1986) waren 85 % ganz oder weitgehend gebessert.

9 Die therapeutische Arbeit mit Opfern sexueller Gewalt

Auf Prävalenz und die Folgen sexueller Traumata geht Abschnitt 3.3 ein. Ausführliche Erfahrungsberichte zur Behandlung finden sich bei Briere (1988), Jehu (1989), Draucker (1992) oder Douglas, Matson und Hunter (1989), Übersichten über erste empirische Ergebnisse zur Behandlung von Vergewaltigungsopfern bei Cahill, Llewelyn und Pearson (1991), Fitzgerald (1991) und Resick und Schnicke (1990), methodische Fragen künftiger Therapiestudien in diesem Bereich werden von Beutler und Hill (1992) erörtert.

Patientinnen werden meist einzeln oder in Gruppen behandelt, um (a) langsam Zugang zu ihrer Geschichte zu bekommen, um (b) die intensiven emotionalen Erinnerungen zu bewältigen, und v.a. (c) an problematischen Einstellungen wie Selbstvorwürfen zu arbeiten, und schließlich, um sich (d) real oder fantasiert mit den Tätern selbstsicher auseinanderzusetzen.

Foa, Olasov-Rothbaum, Riggs und Murdock (1991) verglichen drei Behandlungsformen bei 45 Vergewaltigungsopfern, die unter posttraumatischen Streßreaktionen litten, mit einer Warte-Kontrollgruppe. Sowohl (a) unterstützende Beratung, (b) Streßinokkulations-Training wie (c) Exposition konnten nach 9 Sitzungen zu signifikanten Besserungen führen. Bei der 3.5-Monats-Katamnese zeigte sich eine leichte Überlegenheit für das Expositionstraining.

Wilson und James (1992) plädieren für eine Kombination von Einzel- und Paartherapie, innerhalb derer neben neuem Verständnis zwischen beiden Partnern auch gelernt werden kann, selbstsicheres Verhalten als antagonistische Reaktion einzuüben zu dem Reaktionsmuster von Hilflosigkeit und Gefühlen des Ausgeliefertseins. Partner, die übertrieben rücksichtsvoll, hilflos oder auch verständnislos sind, erhalten hier Gelegenheit, neu mit der Partnerin und der Symptomatik umzugehen und eine Wiederholung der alten Beziehungsmuster von Intimität und Kontrollverlust zu verhindern.

Kriseninterventionsangebote von klinischen Einrichtungen für Frauen, die unmittelbar nach einem traumatischen Erlebnis Unterstützung suchen, sollten ausgebaut werden. Hier geht es selbstverständlich neben psychologisch stützenden Gesprächen auch um eine unmittelbare medizinische Versorgung und Rechtsberatung.

10 Zusammenfassende Einschätzung zur Erfolgsprognose und Aufgaben künftiger Forschung

Vergleicht man die verschiedenen sexuellen Symptombilder, so gehören Vaginismus und primäre Orgasmusprobleme der Frau zu den Störungen mit sehr guten Behandlungsaussichten. Kurzfristig sind gute Erfolge auch bei Ejakulatio praecox zu erzielen. Die Erfolge bei sekundären Orgasmusproblemen und bei Erektionsproblemen streuen stärker. Bei etwa der zwei Dritteln kann mit guten Ergebnissen gerechnet werden. Etwas ungünstiger sehen die Chancen bei Appetenzproblemen aus. Hier sind offensichtlich weitere Therapiemaßnahmen zu erkunden.

Die Tatsache, daß sekundäre Problematiken bei Frauen eine etwas schlechtere Prognose haben, ist möglicherweise auf die größeren Beziehungsprobleme dieser Gruppe zurückzuführen. Konflikte in der Partnerschaft sind wohl der wichtigste negative Prädiktor, der in verschiedensten Studien gefunden wurde, obgleich Eheprobleme meist zur Ablehnung einer Sexualtherapie und einer entsprechenden Überweisung führen. Paare mit schweren Konflikten können schlecht bei den Verhaltensanweisungen kooperieren und stellen auch die größte Gruppe vorzeitiger Therapiebeender dar (Watson & Brockman, 1982; Zimmer, 1987b).

Tabelle 3: Feldstudien zur langfristigen Effektivität

Symptomatik	Masters/Johnson		Hamburg		Stony Brook		Oxford	
N-Gesamt	790		223		104		106	
N-Katamnese	313		128		38		59	
Kat.-Zeitraum	5 Jahre		1 Jahr		3 Jahre		1–6 Jahre (x = 3)	
	N	E/B	N	E/B	N	E/B	N	E/B
Erektions-Probleme								
– Primäre	32	59 %	*		*			
– Sekundäre	213	73 %	33	70 %	36	52 %	18	61 %
Ejak. Praecox	186	98 %	22	95 %	17	59 %	8	25 %
Ejak. Retardata	17	82 %	5	60 %	2	50 %		
Libidoverlust					14	50 %		
Anorgasmie								
– Primäre	193	83 %	*		25	72 %	*	
– Sekundäre	149	77 %	56	91 %	21	81 %	2	(1 gebessert)
Vaginismus	29	100 %	17	88 %			20	90 %
Libidoverlust					26	42 %	32	34 %
Schmerzen					13	54 %	3	(2 gebessert)

Legende: N: behandelte Paare; % E/B: Anteil der erfolgreichen und gebesserten Paare; *: Primäre und sekundäre Störungen nicht differenziert

Um eine Übersicht über die langfristigen Effekte zu haben, faßt Tabelle 3 die Quoten der Paare zusammen, die zu Katamnesezeitpunkten als leicht bis vollständig gebessert eingestuft wurden. Wir beschränken uns an dieser Stelle auf die großen Erhebungen von Masters und Johnson (1970), in Hamburg (Arentewicz & Schmidt, 1980), in Stony Brook/New York (De Amicis et al., 1985) und in Oxford (Hawton et al., 1986).

Längerfristig sind Rückfälle v. a. bei Ejakulatio praecox, sekundären Erektionsproblemen des Mannes und Paaren mit Appetenzproblemen zu erwarten.

Trotz der beeindruckenden Zahl der bisherigen Publikationen legen die bei einer großen Zahl der Berichte zu findenden Probleme der internen und externen Validität weiterhin nahe, methodisch anspruchsvolle Projekte zu planen:

- Für eine Reihe von Symptombildern (etwa Erektions- und Appetenzprobleme des Mannes) sind auf der Basis besser abgesicherter diagnostischer Verfahren Hypothesen zur Ätiologie und Aufrechterhaltung ebenso wie Fragen der Effizienz von Behandlungsverfahren zu prüfen. Viele der vorgelegten Befunde zu den differentiellen Effekten und zur Prädiktion von Erfolgen sollten mit einer verbesserten Stichprobenbeschreibung und mit größeren Patientenzahlen repliziert werden. Dies gilt auch für die Frage der längerfristigen Effekte angesichts der uneinheitlichen Katamnesezeiträume und der unterschiedlichen Rücklaufquoten, die von 37 % (De Amicis et al., 1985) über 57 % (Arentewicz & Schmidt, 1980) bis 76 % (Hawton et al., 1986) streuen. Fragen nach der Repräsentativität der erreichten Patienten sind nur unsicher durch Vergleiche der Werte vor und nach der Therapie beantwortbar.
- Da viele Patienten keine festen Beziehungen haben (Catalan, Hawton & Day, 1991), beginnt ein verstärktes Bemühen um Angebote für Männer ohne derzeitig feste Partnerschaft (Reynolds, 1981, 1991).
- Auch über die Zielkriterien eines Behandlungerfolges sollte weiter nachgedacht werden: Es zeigt sich, daß die Zufriedenheit der Paare bei den Katamnesen nur wenig mit der Abwesenheit von sexuellen Symptomen abhängt. Da 75 % aller Patienten bei den langjährigen Nachbefragungen über wiederholte vorübergehende Phasen mit sexuellen Symptomen berichten (Hawton et al., 1986), sollten neben der Symptomatik, deren Dauer auch die Bewältigungsstrategien und inneren und interaktionellen Selbsthilfekompetenzen erfaßt werden (Zimmer 1985, S. 11ff.; Zimmer, 1989: Nachbefragungsbogen NSP).
- Der von Masters und Johnson begründete Optimismus ist einer nüchterneren Einschätzung gewichen. Die Vielfalt der Symptomatiken und die Komplexität der beteiligten Prozesse und Variablen auf den Ebenen des Körpers, der Persönlichkeit und ihrer Biographie, dem Bild der Paarbeziehung und kultureller Normen ist durch die Forschung deutlich geworden.
- Trotzdem haben sich klare, strukturierte, oftmals auch standardisierte Therapieverfahren mit kurzer Dauer sehr bewährt und sind derzeit ohne empirisch überprüfte Konkurrenz. Dieser scheinbare Widerspruch zwischen

der komplexen Problemanalyse und den teilstandardisierten Behandlungsverfahren läßt die Frage aufkommen, ob eine individuelle Therapieplanung und -gestaltung letztendlich größere und stabilere Erfolge ermöglicht (Schulte, Künzel, Pepping & Schulte-Bahrenberg, 1991). Denkbar ist auch, daß die teilstandardisierten Verfahren genügend Spielraum lassen, und daß einzelne Verfahren mehrere therapeutisch wirksame Prinzipien enthalten. So kann z. B. eine einfache Anleitung zur Rückenmassage sowohl angstreduzierend sein, Verhalten aufbauen, positives Erleben erleichtern, Geschlechtsrollen ändern (aktive Frau und passiver Mann), Kommunikation und Selbstverantwortung einzuüben helfen, um nur einige Aspekte herauszugreifen.

– Angesichts der Verbreitung sexueller Symptome sollte eine Weiterbildung in Diagnostik und Behandlung funktioneller Sexualprobleme Bestandteil jeder Ausbildung zum psychologischen Berater oder Psychotherapeuten sein, um den Mißstand zu überwinden, daß Psychotherapeuten immer noch zu häufig vermeiden, auf Ehe- und Sexualprobleme einzugehen.

Literatur

Abel, G. G., Blanchard, E. B. & Jackson, M. (1974). The role of fantasy in the treatment of sexual deviation. *Archives of General Psychiatry, 30,* 467–475.

Abrahamson, D. J., Barlow, D. H., Beck, J. G., Sakheim, D. K. & Kelly, J. P. (1985). The effects of attentional focus and partner responsiveness on sexual responding: Replication and extension. *Archives of Sexual Behavior, 14,* 361–371.

Abramson, L. Y., Seligman, M. E. P. & Teasdale, J. D. (1978). Learned helplessness in humans: Critique and reformulation. *Journal of Abnormal Psychology, 87,* 49–74.

Abramson, P. R. & Mosher, D. L. (1979). An empirical investigation of experimentally induced masturbatory fantasies. *Archives of Sexual Behavior, 8,* 27–39.

Adam, D. & Gingras, M. (1982). Short- and long-term effects of a marital enrichment program upon couples functioning. *Journal of Sex and Marital Therapy, 8,* 97–118.

Adkins, E. & Jehu, D. (1985). Analysis of a treatment program for primary orgastic dysfunction. *Behaviour Research and Therapy, 23* (2), 119–126.

Althof, S. E., Turner, L. A., Levine, S. B. & Risen, C. B. (1991). Sexual, psychological, and marital impact of selfinjection of papaverine and phentolamine: A longterm prospective study. *Journal of Sex and Marital Therapy, 17,* 101–112.

Amendt, G. (1974). *Haschisch und Sexualität. Eine empirische Untersuchung über die Sexualität Jugendlicher in der Drogensubkultur.* Stuttgart: Enke.

Andersen, B. L. (1981). A comparison of systematic desensitization and directed masturbation in the treatment of primary orgasmic dysfunction in females. *Journal of Consulting and Clinical Psychology, 49,* 568–570.

Andersen, B. L. (1983). Primary orgasmic dysfunction: Diagnostic considerations and review of treatment. *Psychological Bulletin, 93,* 105–136.

Anneken, R., Echelmeyer, L., Kaluza, K., Klein, H., Klockgeter-Kelle, A. & Zimmer, D. (1976). *Kommunikationstraining für Paare. Handanweisung für Therapeuten. Materialie Nr. 2 der DGVT*. Tübingen: Deutsche Gesellschaft für Verhaltenstherapie.

Ansari, J. M. A. (1976). Impotence: Prognosis – a controlled study. *British Journal of Psychiatry, 128*, 194–198.

American Psychiatric Association (Ed.). (1994). *Diagnostic and statistical manual of mental disorders (4th ed.)*. Washington, DC: APA Press.

Arentewicz, G. & Schmidt, G. (1980; 2. Auflage: 1986). *Sexuell gestörte Beziehungen. Konzept und Technik der Paartherapie*. Berlin: Springer.

Arentewicz, G., Schorsch, E. & Schorsch, E. M. (1976). Therapieabbrüche bei der Behandlung von Orgasmusstörungen der Frau. *Sexualmedizin, 5*, 38–42.

Arieti, S. (1973). Marcuse and Reich are wrong about sex. *Psychology Today, 1*, 26–88.

Auerbach, R. & Kilman, P. R. (1977). The effects of group systematic desensitization on secondary erectile failure. *Behavior Therapy, 8*, 330–339.

Baisden, M. J. & Baisden, J. R. (1979). A profile of women who seek counseling for sexual dysfunction. *American Journal of Family Therapy, 7*, 68–76.

Baker, A. W. & Duncan, S. P. (1985). Child sexual abuse: A study of prevalence in Great Britain. *Child Abuse and Neglect, Vol. 9*, 457–467.

Baker, C. D. & de Silva, P. (1988). The relationship between male sexual dysfunction and belief in Zilbergeld's myths: an empirical investigation. *Sex and Marital Therapy, 3*, 229–238.

Baker, L. D. & Nagata, F. A. (1978). A group approach to the treatment of heterosexual couples with sexual dissatisfaction. *Journal of Sex Education and Therapy, 4*, 15–18.

Bancroft, J. (1974). *Deviant sexual behaviour: Modification and assessment*. Oxford: Clarendon Press.

Bancroft, J. (1985). *Grundlagen und Probleme menschlicher Sexualität*. Stuttgart: Enke.

Bancroft, J., Dickerson, M., Fairburn, C. G., Gray, J., Greenwood, J., Stevenson, N. & Warner, P. (1986). Sex therapy outcome research: A reappraisal of methodology. *Psychological Medicine, 16*, 851–863.

Bancroft, J. & Mathews, A. (1971). Autonomic correlates of penile erection. *Journal of Psychosomatic Research, 15*, 154–167.

Barbach, L. G. (1974). Group treatment for preorgasmic women. *Journal of Sex and Marital Therapy, 1*, 139–145.

Barbach, L. G. (1984). Group treatment for women who have problems with orgasm. In H. I. Lief & Z. Hoch (Eds.), *International research in sexology. Selected papers from the 5th world congress* (pp. 107–114). New York: Praeger.

Barbach, L. G. & Flaherty, M. (1980). Group treatment of situationally orgasmic women. *Journal of Sex and Marital Therapy, 6*, 19–29.

Barlow, D. H. (1986). Causes of sexual dysfunction: The role of anxiety amd cognitive interference. *Journal of Consulting and Clinical Psychology, 54*, 140–148.

Barlow, D. H., Sakheim, D. K. & Beck, J. G. (1983). Anxiety increases sexual arousal. *Journal of Abnormal Psychology, 92*, 49–54.

Baurmann, M. C. (1983). *Sexualität, Gewalt und psychische Folgen*. Wiesbaden: BKA Forschungsreihe Band 15.

Beck, A. T. (1973). *The diagnosis and management of depression*. Philadelphia: University of Philadelphia Press.

Beck, A. T., Rush, J., Shaw, B. F. & Emery, G. (1981). *Kognitive Therapie der Depression*. München: Urban & Schwarzenberg.

Beck, J. G. (1986). Self-generated distraction in erectile dysfunction: The role of attentional processes. *Advances in Behaviour Research and Therapy, 8*, 205–221.

Beck, J. G. & Barlow, D. H. (1984). Current conceptualizations of sexual dysfunction: A review and an alternative perspective. *Clinical Psychology Review, 4*, 363–378.

Beck, J. G., Barlow, D. H. & Sakheim, D. K. (1983). The effects of attentional focus and partner arousal on sexual responding in functional and dysfunctional men. *Behaviour Research and Therapy, 21*, 1–8.

Becker, J. V., Skinner, L. J., Abel, G. G., Axelrod, R. & Treacy, E. C. (1984). Depressive symptoms associated with sexual assault. *Journal of Sex and Marital Therapy, 10*, 185–192.

Becker, J. V., Skinner, L. J., Abel, G. G. & Treacy, E. C. (1982). Incidence and types of sexual dysfunctions in rape and incest victims. *Journal of Sex and Marital Therapy, 8*, 65–74.

Beigel, H. G. & Johnson, W. R. (1980). *Application of hypnosis in sex therapy*. Springfield: C. C. Thomas.

Bem, S. L. (1974). The measurement of psychological androgyny. *Journal of Consulting and Clinical Psychology, 42*, 155–162.

Beutler, L. E. & Hill, C. E. (1992). Process and outcome research in the treatment of adult victims of childhood sexual abuse: Methodological issues. *Journal of Consulting and Clinical Psychology*, Vol. 60, 204–212.

Bifulco, A., Brown, G. W. & Adler, Z. (1991). Early sexual abuse and clinical depression in adult life. *British Jounal of Psychiatry, 159*, 115–122.

Blakeney, P., Kinder, B. N., Creson, D., Powell, L. C. & Sutton, C. (1976). A short-term intensive workshop approach for the treatment of human sexual inadequacy. *Journal of Sex and Marital Therapy, 2*, 124–129.

Brady, J. (1966). Brevital-aided treatment of frigidity. *Behaviour Research and Therapy, 4*, 71–77.

Briere, J. (1988). The long-term clinical correlates of childhood sexual victimization. *Annals New York Academy of Sciences, 528*, 327–338.

Briere, J. (1989). *Therapy for adults molested as children. Beyond survival*. New York: Springer.

Briere, J. & Runtz, M. (1988). Symptomatology associated with childhood sexual victimization in a nonclinical adult sample. *Child Abuse and Neglect*, Vol. 12, 51–59.

Brown, G. R. & Anderson, B. (1991). Psychiatric morbidity in adult inpatients with childhood histories of sexual and physical abuse. *American Journal of Psychiatry, 148*, 55–61.

Browne, A. & Finkelhor, D. (1986). Impact of child sexual abuse: A review of research. *Psychological Bulletin, 99*, 66–77.

Buddeberg, C. (1983). *Sexualberatung. Eine Einführung für Ärzte, Psychotherapeuten und Familienberater.* Stuttgart: Enke.

Bundeskriminalamt (1992). *Auszug aus dem Manuskript: Polizeiliche Kriminalstatistik 1990 und 1991, Sexueller Mißbrauch von Kindern.* Bundeskriminalamt KI 12.

Cahill, C., Llewelyn, S. P. & Pearson, C. (1991 a). Treatment of sexual abuse which occured in childhood: A review. *British Journal of Clinical Psychology, 30,* 1–12.

Cahill, C., Llewelyn, S. P. & Pearson, C. (1991 b). Long-term effects of sexual abuse which occured in childhood: A review. *British Journal of Clinical Psychology, 30,* 117 –130.

Caird, W. K. & Wincze, J. P. (1974). Videotaped desensitization of frigidity. *Journal of Behavior Therapy and Experimental Psychiatry, 5,* 175–178.

Carney, A., Bancroft, J. & Mathews, A. (1978). Combination of hormone and psychological treatment for female sexual unresponsiveness. *The British Journal of Psychiatry, 132,* 339–346.

Cassidy, W. L., Flangan, N. B., Spellmann, M. & Cohen, M. E. (1957). Clinical observations in manic-depressive disease. *Journal of American Medical Association, 164,* 1535–1546.

Catalan, J., Hawton, K. & Day, A. (1990). Couples referred to a sexual dysfunction clinic: Psychological and physical morbidity. *British Journal of Psychiatry, 156,* 61–67.

Catalan, J., Hawton, K. & Day, A. (1991). Individuals presenting without partners at a sexual dysfunction clinic: Psychological and physical morbidity and treatment offered. *Sexual and Marital Therapy, 6,* 15–23.

Chambles, D. L., Stern, T., Sultan, F. E., Williams, A. J., Goldstein, A. J., Lineberger, M. H., Lifshitz, J. L. & Kelly, L. (1982). The pubococcygens and female orgasm: A correlational study with normal subjects. *Archives of Sexual Behavior, 11,* 479–486.

Chesney, A. P., Blakeney, P. E., Chan, F. A. & Cole, C. M. (1981). The impact of sex therapy on sexual behaviors and marital communication. *Journal of Sex and Marital Therapy, 7,* 70–79.

Clark, A. & Wallin, P. (1964). The accuracy of husbands' and wifes' reports of the frequency of marital coitus. *Population Studies, 18,* 165–173.

Cole, C. M., Levin, E. M., Whitley, J. O. & Young, S. H. (1979). Brief sexual counseling during cardiac rehabilitation. *Heart and Lung. Journal of Critical Care, 8,* 124–129.

Cooper, A. J. (1969 a). Disorders of sexual potency in the male: A clinical and statistical study of some factors related to short-term prognosis. *British Journal of Psychiatry, 115,* 709–719 (dt.: Zur Klinik und Statistik einiger Parameter für die Kurzzeitprognose von Potenzstörungen des Mannes. In G. Kockott, 1977, 159–174).

Cooper, A. J. (1969 b). Clinical and therapeutic studies in premature ejaculation. *Comprehensive Psychiatry, 10,* 285–295.

Crombach, G. (1979). Verhaltenstherapie sexueller Störungen bei Männern ohne derzeitige Partnerin. *Partnerberatung, 16,* 69–79.

Crowe, M. J., Gillan, P. & Golombok, S. (1981). Form and content in the conjoint treatment of sexual dysfunction. *Behaviour Research and Therapy, 19,* 47–54.

Darling, C. A. & Hicks, M. W. (1983). Recycling parental sexual messages. *Journal of Sex and Marital Therapy, 9*, 233–243.

Dawkins, S. & Tayler, R. (1961). Non-consummation of marriage: A survey of seventy cases. *Lancet, 2*, 1029–1030 (zit. n. Jehu, 1979).

De Amicis, L. A., Goldberg, D. C., LoPiccolo, J., Friedman, J. & Davies, L. (1985). Clinical follow-up of couples treated for sexual dysfunction. *Archives of Sexual Behavior, 14*, 467–489.

Dekker, J., Dronkers, J. & Staffeleu, J. (1985). Treatment of sexual dysfunctions in male only groups: Predicting outcome. *Journal of Sex and Marital Therapy, 11*, 80–90.

Dekker, J. & Everaerd, W. (1983). A long-term follow-up study of couples treated for sexual dysfunctions. *Journal of Sex and Marital Therapy, 9*, 99–113.

Derogatis, L. R. & Melisaratos, N. (1979). The DFSI: A multidimensional measure of sexual functioning. *Journal of Sex and Marital Therapy, 5*, 244–281.

Dilling, H., Mombour, W. & Schmidt, M. H. (1991). *Internationale Klassifikation psychischer Störungen. ICD-10.* Bern: Huber.

Dodge, L. J. T., Glasgow, R. E. & O'Neill, H. K. (1982). Bibliotherapy in the treatment of female orgasmic dysfunction. *Journal of Consulting and Clinical Psychology, 50*, 442–443.

Douglas, A. R., Matson, I. & Hunter, S. (1989). Sex therapy for women incestuously abused as children. *Sexual and Marital Therapy, 4*, 143–160.

Dow, G. T. (1981). Retarded ejaculation as a function of non-aversive conditioning and discrimination: A hypothesis. *Journal of Sex and Marital Therapy, 7*, 49–53.

Dow, G. T. & Gallagher, J. (1989). A controlled study of combined hormonal and psychological treatment for sexual unresponsiveness in women. *British Journal of Clinical Psychology, 28*, 201–212.

Draucker, C. B. (1992). *Counselling survivors of childhood sexual abuse.* London: Sage.

Egeland, B. (1988). Breaking the cycle of abuse. In K. Brown, C. Davies & P. Stratton (Eds.), *Early prediction and prevention of child abuse* (pp. 89–99). New York: Wiley.

Egger, J. (1982). Sexualität nach Herzinfarkt. Die Situation in der kardiologischen Rehabilitation. *Sexualmedizin, 11*, 594–598.

Eicher, W. (1982). Genitalinfektionen der Frau. *Sexualmedizin, 11*, 576–579.

Eicher, W. (1984). Geminderte Erlebnisfähigkeit. *Sexualmedizin, 13*, 692–697.

Eichner, K. & Habermehl, W. (1978). *Der RALPH-Report. Das sexuelle Verhalten der Deutschen.* Hamburg: Hoffmann & Campe.

Ellenberg, M. (1977). Sexual aspects of the female diabetic. *Mount Sinai Journal of Medicin, 44*, 495–500.

Ersner-Hershfield, R. & Kopel, S. (1979). Group treatment of preorgasmic women: Evaluation of partner involvement and spacing of sessions. *Journal of Consulting and Clinical Psychology, 47*, 750–759.

Evans, D. R. (1968). Masturbatory fantasy and sexual deviation. *Behaviour Research and Therapy, 6*, 17–19.

Everaerd, W. & Dekker, J. (1981). A comparison of sex therapy and communication therapy: Couples complaining of orgasmic dysfunction. *Journal of Sex and Marital Therapy, 7*, 278–289.

Everaerd, W. & Dekker, J. (1982). Treatment of secondary orgasmic dysfunction: A comparison of systematic desensitization and sex therapy. *Behaviour Research and Therapy, 20*, 269–274.

Everaerd, W. & Dekker, J. (1985). Treatment of male sexual dysfunction: Sex therapy compared with systematic desensitization and rational emotive therapy. *Behaviour Research and Therapy, 23*, 13–25.

Eysenck, H.J. (1976). *Sexualität und Persönlichkeit*. Wien: Europa-Verlag (Frankfurt: Ullstein 1980).

Fabbri, R. (1976). Hypnosis and behavior therapy: A coordinated approach to the treatment of sexual disorder. *American Journal of Clinical Hypnosis, 19*, 4–8.

Fahrner, E.-M. (1983). Selbstunsicherheit – ein allgemeines Symptom bei funktionellen Sexualstörungen? *Zeitschrift für klinische Psychologie, 12*, 1–11.

Fahrner, E.-M. (1984). Häufigkeit von Sexualstörungen bei männlichen Alkoholabhängigen: Eine empirische Untersuchung. *Suchtgefahren, 30*, 153–159.

Fahrner, E.-M. (1987). Sexual dysfunction in male alcohol addicts: Prevalence and treatment. *Archives of Sex Behavior, 16*, 247–257.

Faulk, M. (1971). Factors in the treatment of frigidity. *British Journal of Psychiatry, 119*, 53–56.

Feldman-Summers, S., Gordon, P.E. & Meagher, J.R. (1979). The impact of rape on sexual satisfaction. *Journal of Abnormal Psychology, 88*, 101–105.

Feshbach, S. & Malamuth, N. (1979). Sex und Gewalt. Was sie verbindet, was sie trennt. *Psychologie Heute, 14* (2), 67–75.

Fichten, C.S., Libman, E. & Brender, W. (1983). Methodological issues in the study of sex therapy: Effective components in the treatment of secondary orgasmic dysfunction. *Journal of Sex and Marital Therapy, 9*, 191–203.

Finckle, A.L. (1973). Emotional quality and physical quality in aging males. *Journal of Geriatric Psychology, 6*, 70–79.

Finkelhor, D., Araji, S., Baron, L., Browne, A., Peters, S.D. & Wyatt, G.E. (1986). *A source book of child sexual abuse*. Beverly Hills: Sage.

Finkelhor, D., Hotaling, G., Lewis, I.A. & Smith, C. (1990). Sexual abuse in a national survey of adult men and women: Prevalence, characteristics, and risk factors. *Child Abuse and Neglect. Vol.14*, 19–28.

Fisher, S. (1973). *The female orgasm*. London: Allan Lane.

Fitting, M.D., Salisbury, S., Davies, N.H. & Mayclin, D.K. (1978). Self-concept and sexuality of spinal cord injured women. *Archives of Sexual Behavior, 7*, 143–156.

Fitzgerald, L.F. (1991). Behandlung von Opfern sexueller Gewalt: Ein integrativer Ansatz. *Praxis der Klinischen Verhaltensmedizin und Rehabilitation, 14*, 125–129.

Fliegel, S., Neumann, H. & Paar, F. (1984). Kommunikation, Zufriedenheit und Verstehen in der sexuellen Partnerbeziehung. Ein Modell kausaler Beziehungen und seine empirische Überprüfung. *Partnerberatung, 21*, 1–10.

Fliegel, S. & Walsheim, B. (1983). Therapeut und Klient in der Therapie sexueller Störungen. In D. Zimmer, *Die therapeutische Beziehung* (S. 216–227). Edition Psychologie.

Foa, E. B., Olasov-Rothbaum, B., Riggs, D. S. & Murdock, T. B. (1991). Treatment of posttraumatic stress disorder in rape victims: A comparison between cognitive-behavioral procedures and counseling. *Journal of Consulting and Clinical Psychology, 59*, 715–723.

Foa, E. B., Steketee, G. & Olasov-Rothbaum, B. (1989). Behavioral-cognitive conceptualizations of post-traumatic stress disorder. *Behavior Therapy, 20*, 155–176.

Frank, E., Anderson, C. & Kupfer, D. J. (1976). Profiles of couples seeking sex therapy and marital therapy. *American Journal of Psychiatry, 133*, 559–562.

Frank, E., Anderson, C. & Rubinstein, D. (1978). Frequency of sexual dysfunction in „normal" couples. *New English Journal of Medicine, 299*, 111–115.

Frank, E., Anderson, C. & Rubinstein, D. (1979). Marital role strain and sexual satisfaction. *Journal of Consulting and Clinical Psychology, 47*, 1096–1103.

Freud, S. (1905). *Drei Abhandlungen zur Sexualtheorie.* Ges. Werke (1949), Bd. V, 27–149. Leipzig, Wien: Deuticke.

Friedman, D. (1968). The treatment of impotence by brietal relaxation therapy. *Behaviour Research and Therapy, 6*, 257–262 (dt.: Die Behandlung von Impotenz mit Methohexital-Natrium. In G. Kockott (Hrsg.), Sexuelle Störungen (S. 184–189). München: Urban & Schwarzenberg 1977.

Fuchs, K., Hoch, Z., Paldi, E., Abramovici, H., Brandes, J., Timor-Tritsch, I. & Kleinhaus, M. (1973). Hypno-desensitization therapy of vaginismus. *International Journal of Clinical and Experimental Hypnosis, 21*, 144–156.

Fürnis, T. (1992). *Multiprofessionelles Handbuch sexueller Kindesmißhandlung.* Göttingen: Hogrefe.

Gebhard, P. H. (1966). Factors in marital orgasm. *Journal of Social Issues, 22*, 88–95. In J. LoPiccolo & L. LoPiccolo, (Hrsg.). (1978). *Handbook of sex therapy*, (S. 167–174). New York: Plenum.

Gerrard, M. & Gibbons, F. X. (1982). Sexual experience, sex guilt, and sexual moral reasoning. *Journal of Personality, 50*, 343–359.

Gilbert, H. W. & Gingell, J. C. (1991). The results of an intracoporeal pap a verine clinic. *Sex and Marital Therapy, 6*, 49–56.

Glöer, N. (1988). *Sexueller Mißbrauch von Jungen.* Unveröffentl. Diplomarbeit, Universität Freiburg.

Goldberg, D. C., Whipple, B., Fishkin, R. E., Waxman, H., Fink, P. J. & Weisberg, M. (1983). The Grafenberg spot and female ejaculation: A review of initial hypotheses. *Journal of Sex and Marital Therapy, 9*, 27–37.

Golden, J. S., Price, S., Heinrich, A. G. & Lobitz, W. C. (1978). Group vs. couple treatment of sexual dysfunctions. *Archives of Sexual Behavior, 7*, 593–602.

Graber, B. (1981). Circumvaginal musculature and female sexual function: The past, present and future. *Journal of Sex and Marital Therapy, 7*, 31–36.

Greer, J. G. & Stuart, I. R. (Eds.). (1983). *The sexual agressor. Current perspectives to treatment.* New York: Von Nostrand.

Gregoire, A. (1992). New Treatments for Erectile Impotence. *British Journal of Psychology, 160*, 315–326.

Groth, N. A. & Burgess, A. (1979). Sexual trauma in the life histories of rapists and child molesters. *Victimology, 4*, 10–16.

Hackl, H., Appel, C. P., Abrahamsson, L. & Tyreman, N. O. (1981). Hormonbefund der sublibidinösen Frau. Eine mögliche Wirkung des Dehydroepiandrostendions. *Sexualmedizin, 10*, 336–338.

Hahlweg, K., Schindler, L. & Revenstorf, D. (1982). *Partnerschaftsprobleme: Diagnose und Therapie. Handbuch für den Therapeuten.* Berlin: Springer.

Hammond, P. D. & Oei, T. P. (1982). Social skills training and cognitive restructuring with sexual unassertiveness in women. *Journal of Sex and Marital Therapy, 8*, 287–304.

Hariton, E. B. & Singer, J. L. (1974). Women's fantasies during sexual intercourse: Normative and theoretical implications. *Journal of Consulting and Clinical Psychology, 42*, 313–322.

Harlow, H. F. & Harlow, M. K. (1970). Developmental aspects of emotional behavior. In P. Black (Hrsg.), *Physiological correlates of emotion.* New York: Academic Press.

Harlow, H. F. & Harlow, M. K. (1971). Psychopathology in monkeys. In H. D. Kimmel (Hrsg.), *Experimental psychopathology.* New York: Academic Press.

Hartmann, U. (1989). *Inhalte und Funktionen sexueller Phantasien. Ergebnisse einer Panel-Studie an Männern und Frauen.* Stuttgart: Enke Verlag.

Hawton, K. (1985). *Sex therapy. A practical guide.* Oxford: Oxford University Press.

Hawton, K. (1989). Sexual dysfunctions. In K. Hawton, P. M. Salkovskis, J. Kirk & D. M. Clark (Eds.), *Cognitive behaviour therapy for psychiatric problems: a practical guide.* Oxford: Oxford University Press.

Hawton, K. (1992). Sex therapy: for whom is it likely to be effective? In K. Hawton & P. Cowen (Eds.), *Practical problems in clinical psychiatry* (pp. 93–105). Oxford: Oxford University Press.

Hawton, K. & Catalan, J. (1986). Prognostic factors in sex therapy. *Behaviour Research and Therapy, 24*, 377–385.

Hawton, K. & Catalan, J. (1991). Sex therapy for vaginismus: characteristics of couples and treatment outcome. *Sexual and Marital Therapy, 5*, 39–48.

Hawton, K., Catalan, J. & Fagg, J. (1991). Low sexual desire: Sex therapy results and prognostic factors. *Behaviour Research and Therapy, 29*, 217–224.

Hawton, K., Catalan, J., Martin, P. & Fagg, J. (1986). Long-term outcome of sex therapy. *Behaviour Research and Therapy, 24*, 665–675.

Heiman, J. R. (1977). A psychophysiological exploration of sexual arousal patterns in females and males. *Psychophysiology, 14*, 266–274.

Heiman, J. R. (1978). Uses of psychophysiology in the assessment and treatment of sexual dysfunction. In J. LoPiccolo & L. LoPiccolo, L. (Eds.), *Handbook of sex therapy* (pp. 123–135), New York: Plenum.

Heiman, J. R., LoPiccolo, L. & LoPiccolo, J. (1981). The treatment of sexual dysfunction. In A. S. Gurman & D. P. Kniskern (Eds.), *Handbook of family therapy* (pp. 592–630), New York: Brunner & Mazel.

Heinrich, A. G. (1976). *The effect of group and self-directed behavioral-educational treatment of primary orgasmic dysfunction in females treated without their partner.* University of Colorado, Boulder: Unveröffentlichte Dissertation (zit. n. Andersen, 1983).

Hite, S. (1977). *Hite Report – Das sexuelle Erleben der Frau.* München: Bertelsmann.

Hite, S. (1982). *Report II. Die sexuellen Praktiken des männlichen Geschlechts.* München: Bertelsmann.

Hoch, Z. (1983). The G Spot. *Journal of Sex and Marital Therapy, 9,* 166–167.

Hoch, Z., Safir, M. P., Peres, Y. & Shepher, J. (1981). An evaluation of sexual performance – Comparison between sexually dysfunctional and functional couples. *Journal of Sex and Marital Therapy, 7,* 195–206.

Hoon, P. W., Wincze, J. P. & Hoon, E. F. (1977 a). A test of reciprocal inhibition: Are anxiety and sexual arousal in women mutually inhibitory? *Journal of Abnormal Psychology, 86,* 65–74.

Hoon, P. W., Wincze, J. P. & Hoon, E. F. (1977 b). The effects of biofeedback and cognitive mediation upon vaginal blood volume. *Behavior Therapy, 8,* 694–702.

Hunt, M. (1974). *Sexual behavior in the 1970's.* Chicago: Playboy Press.

Husted, J. R. (1975). Desensitization procedures in dealing with female sexual dysfunctions. *Counseling Psychologist, 5,* 30–37.

Jayne, C. (1981). A two dimensional model of female sexual response. *Journal of Sex and Marital Therapy, 7,* 3–30.

Jehu, D. (1979). *Sexual dysfunction. A behavioral approach to causation, assessment, and treatment.* New York: Wiley.

Jehu, D. (1989). *Beyond sexual abuse. Therapy with women who were childhood victims.* New York: Wiley.

Jones, W. J. & Parks, P. M. (1972). Treatment of single partner sexual dysfunction by systematic desensitization. *Obstretics and Gynecology, 39,* 411–417.

Kaats, G. R. & Davis, K. E. (1970). The dynamics of sexual behavior in college students. *Journal of Marriage and Family, 32,* 390–399.

Kahn-Ladas, A., Whipple, B. & Perry, J. D. (1982). *The G spot and other recent discoveries about human sexuality.* New York: Holt, Rinehart & Winston.

Kaplan, H. S. (1974). *The new sex therapy. Active treatment of sexual dysfunction.* New York: Brunner & Mazel.

Kaplan, H. S. (1979). *Disorders of sexual desire. And other concepts and techniques in sex therapy.* New York: Brunner & Mazel.

Kaplan, H. S. (1983). *The evaluation of sexual disorders. Psychological and medical aspects.* New York: Brunner & Mazel.

Kaplan, H. S., Kohl, R. N., Pomeroy, W. B., Offit, A. K. & Hogan, B. (1974). Group treatment for premature ejaculation. *Archives of Sexual Behavior, 3,* 443–452.

Katz, S. & Mazur, M. A. (1979). *Understanding rape victims: A synthesis of research findings.* New York: Wiley.

Kavemann, B. & Lohstöter, I. (1984). *Väter als Täter.* Reinbek: Rowohlt TB.

Kilman, P. R. (1978). The treatment of primary and secondary orgasmic dysfunction: A methodological review of the literature since 1970. *Journal of Sex and Marital Therapy, 4*, 155–176.

Kilman, P. R., Boland, J. P., Norton, S. P., Davidson, E. & Caid, C. (1986). Perspectives of sex therapy outcome: A survey of AASECT providers. *Journal of Sex and Marital Therapy, 12*, 116–138.

Kilman, P. R., Milan, R., Boland, J., Mills, K. H., Caid, C., Davidson, E., Bella, B., Wanlass, R., Sullivan, J. & Montgomery, B. (1987). The treatment of secondary orgasmic dysfunction II. *Journal of Sex and Marital Therapy, 13*, 93–105.

Kilman, P. R., Milan, R., Boland, J., Nankin, H. R., Davidson, E., West, M. O., Sabalis, R. F., Caid, C. & Devine, J. M. (1987). Group treatment of secondary erectile dysfunction. *Journal of Sex and Marital Therapy, 13*, 168–182.

Kilman, P. R., Mills, K. H., Bella, B., Caid, C., Davidson, E., Drose, G. & Wanlass, R. (1983). The effects of sex education on women with secondary orgasmic dysfunction. *Journal of Sex and Marital Therapy, 9*, 79–87.

Kilman, P. R., Mills, K. H., Caid, C., Bella, B., Davidson, E. & Wanlass, R. (1984). The sexual interaction of women with secondary orgasmic dysfunction and their partners. *Archives of Sexual Behavior, 13*, 41–49.

Kilman, P. R., Mills, K. H., Caid, C., Davidson, E., Bella, B., Milan, R., Drose, G., Boland, J., Follingstad, D., Montgomery, B. & Wanlass, R. (1986). Treatment of secondary orgasmic dysfunction: An outcome study. *Archives of Sexual Behavior, 3*, 211–229.

Kilpatrick, D. G., Veronen, L. J. & Best, C. L. (1985). Factors predicting psychological distress among rape victims. In C. R. Figley (Ed.), *Trauma and its wake*. New York: Brunner/Mazel.

Kinsey, A. C., Pomeroy, W. B. & Martin, C. E. (1953). *Sexual behavior in the human male*. Philadelphia: Saunders.

Kinsey, A. C., Pomeroy, W. B., Martin, C. E. & Gebhard, P. H. (1953). *Sexual behavior in the human female*. New York: Simon & Schuster.

Kirkpatrick, C., McGovern, K. & LoPiccolo, J. (1977). Treatment of sexual dysfunction. In G. G. Harris (Ed.), *The group treatment of human problems*. New York: Grune & Stratton.

Kockott, G. (Hrsg.). (1977). *Sexuelle Störungen. Verhaltensanalyse und -modifikation*. München: Urban & Schwarzenberg.

Kockott, G. (1981). *Sexuelle Funktionsstörungen des Mannes*. Stuttgart: Enke.

Kockott, G., Dittmar, F. & Nusselt, L. (1975). Systematic desensitization of erectile impotence: A controlled study. *Archives of Sexual Behavior, 4*, 493–499.

Kockott, G., Dittmar, F. & Nusselt, L. (1977). Systematische Desensibilisierung bei Erektionsstörungen: Eine kontrollierte Studie. In G. Kockott (Hrsg.), *Sexuelle Störungen* (S. 190–199), München: Urban & Schwarzenberg.

Kratochvil, S. (1980). Sex therapy in an in-patient and out-patient setting. *Journal of Sex and Marital Therapy, 6*, 135–144.

Krause, W. (1981). Pharmakologische Sexualtherapie. *Sexualmedizin, 10*, 430–435.

Krause, W. (1982). Pharmaka in der Andrologie. Medikamentöse und hormonelle Einflüsse auf Libido und Potenz. *Sexualmedizin, 11*, 379–383.

Krug, I. (1989). *Hintergründe und Motivation bei sexuellem Mißbrauch an Mädchen und Jungen, unter besonderer Berücksichtigung der Täterseite*. Unveröffentl. Diplomarbeit, Universität Freiburg.

Kuriansky, J.B., Sharpe, L. & O'Connor, D. (1982). The treatment of anorgasmia: Long-term effectiveness of a short-term behavioral group therapy. *Journal of Sex and Marital Therapy, 8*, 29–43.

Lang, R.A., Langevin, R., Santen, V.v., Billingsley, D. & Wright, P. (1990). Marital Relations in incest offenders. *Journal of Sex and Marital Therapy, 16*, 214–229.

Langer, D. & Hartmann, U. (1992). *Psychosomatik der Impotenz. Bestandsaufnahme und integratives Konzept*. Stuttgart: Enke Verlag.

Lansky, M.R. & Davenport, C.A.E. (1975). Difficulties in brief conjoint treatment of sexual dysfunction. *American Journal of Psychiatry, 132*, 177–179.

Lazarus, A.A. (1961). Group therapy of phobic disorders by systematic desensitization. *Journal of Abnormal and Social Psychology, 63*, 505–510.

Lazarus, A.A. (1963). The treatment of chronic frigidity by systematic desensitization. *Journal of Nervous and Mental Disease, 136*, 272.

Lazarus, A.A. (1971). *Behavior therapy and beyond*. New York: McGraw Hill (dt.: Verhaltenstherapie im Übergang, München: Reinhardt 1978).

Leff, J.J. & Israel, M. (1983). The relationship between mode of female masturbation and achievement of orgasm in coitus. *Archives of Sexual Behavior, 12*, 227–236.

Leiblum, S.R. & Rosen, R.C. (1990). *Sexual Desire Disorders*. New York: The Guilford Press.

Leiblum, S.R. & Rosen, R.C. (1979). The weekend workshop for dysfunctional couples: Assets and limitations. *Journal of Sex and Marital Therapy, 5*, 57–69.

Lewinsohn, P. & Schaffer, M. (1971). The use of home observations as an integral part in the treatment of depression. *Journal of Consulting and Clinical Psychology, 37*, 87–94.

Libman, E., Fichten, C.S., Brender, W., Burstein, R., Cohen, J. & Binik, Y.M. (1984). A comparison of three therapeutic formats in the treatment of secondary dysfunction. *Journal of Sex and Marital Therapy, 10*, 147–159.

Lobitz, W.C. & Baker, E.L. (1979). Group treatment of single males with erectile dysfunctions. *Archives of Sexual Behavior, 8*, 127–138.

Lobitz, W.C. & Lobitz, G.K. (1978). Clinical assessment in the treatment of sexual dysfunction. In J. LoPiccolo & L. LoPiccolo (Eds.), *Handbook of sex therapy* (pp. 85–102). New York: Plenum.

Lobitz, W.C. & LoPiccolo, J. (1975). Clinical innovations in the behavioral treatment of sexual dysfunction. In A.S. Gurman & D.G. Rice (Eds.), *Couples in conflict*. New York: Jason Aronson.

LoPiccolo, J., Heiman, J.R., Hogan, D.R. & Roberts, C.W. (1985). Effectiveness of single therapists versus cotherapy teams in sex therapy. *Journal of Consulting and Clinical Psychology, 53*, 287–294.

LoPiccolo, J. & Lobitz, W. C. (1972). The role of masturbation in the treatment of orgasmic dysfunction. *Archives of Sexual Behavior*, 2, 163–171.

LoPiccolo, J. & Steger, J. C. (1974). The sexual interaction inventory: A new instrument for assessment of sexual dysfunction. *Archives of Sexual Behavior*, 3, 585–595.

LoPiccolo, J. & LoPiccolo, L. (Hrsg.). (1978). *Handbook of sex therapy*. New York: Plenum Press.

LoPiccolo, J. & Stock, W. E. (1986). Treatment of Sexual Dysfunction. *Jounal of Consulting and Clinical Psychology*. 2 (54), 158–167.

Lowe, J. C. & Mikulas, W. L. (1975). Use of written material in learning self-control of premature ejaculation. *Psychological Reports*, 37, 295–298.

Madsen, C. H. & Ullman, L. P. (1967). Innovations in the desensitization of frigidity. *Behaviour Research and Therapy*, 5, 67–68.

Mandel, A., Mandel, K. H., Stadter, E. & Zimmer, D. (1971). *Einübung in Partnerschaft durch Kommunikationstherapie und Verhaltenstherapie*. München: Pfeiffer.

Mandel, K. H. (1975). Übung zum Hautkontakt. In K. H. Mandel, A. Mandel & H. Rosenthal (Hrsg.), *Einübung der Liebesfähigkeit. Praxis der Kommunikationstherapie für Paare* (S. 43–56). München: Pfeiffer.

Mandel, K. H. (Hrsg.). (1979). *Therapeutischer Dialog. Bausteine zur Ehe-, Sexual- und Familientherapie*. München: Pfeiffer.

Mandel, K. H. (1979). Sexualtherapie durch Beeinflussung des Selbstwert- und Beziehungsgefühls. In K. H. Mandel (Hrsg.), *Therapeutischer Dialog* (S. 377–386). München: Pfeiffer.

Marks, I. M., Cordess, C. & Verde, F. (1988). A notation for sexual activity. *Journal of Sex Research*, 25, 555–563.

Marquit, C. (1986). Der Täter. Persönlichkeitsstruktur und Behandlung. In L. Backe, N. Leick, J. Merrick & N. Michelsen (Hrsg.), *Sexueller Mißbrauch an Kindern in Familien* (S. 118–136). Köln: Deutscher Ärzteverlag.

Masson, J. M. (1984). *Was hat man dir, du armes Kind, getan? Sigmund Freuds Unterdrückung der Verführungstheorie*. Reinbek: Rowohlt.

Masters, W. H. & Johnson, V. E. (1966). *Human sexual response*. Boston: Little Brown (dt.: Die sexuelle Reaktion. Reinbek: Rowohlt 1984).

Masters, W. H. & Johnson, V. E. (1970). *Human sexual inadequacy*. Boston: Little Brown.

Mathews, A., Bancroft, J., Whitehead, A., Hackman, A., Julier, D., Bancroft, J., Gath, D. & Shaw, P. (1976). The behavioural treatment of sexual inadequacy: A comparative study. *Behaviour Research and Therapy*, 14, 427–436.

Mathews, R. J. & Weinman, M. L. (1982). Sexual dysfunction in depression. *Archives of Sexual Behavior*, 11, 323–328.

Mathews, A., Whitehead, A. & Kellet, J. (1983). Psychological and hormonal factors in the treatment of female sexual dysfunction. *Psychological Medicine*, 13, 83–92.

McCary, J. L. (1973). *Human sexuality*. New York: Van Nostrand.

McGovern, K. B., Kirkpatrick, C. C. & LoPiccolo, J. (1976). A behavioral group treatment program for sexually dysfunctional couples. *Journal of Marital and Family*

Therapy, 2, 397–404 (in J. LoPiccolo & L. LoPiccolo (Hrsg.). (1978): Handbook of sex therapy (pp. 459–466). New York: Plenum.

McGovern, K. B., Stewart, R. C. & LoPiccolo, J. L. (1975). Secondary orgasmic dysfunction. I. Analysis and strategies for treatment. *Archives of Sexual Behavior, 4,* 265–275.

McGuire, L. S. & Wagner, N. N. (1978). Sexual dysfunction in women who were molested as children: One response pattern and suggestions for treatment. *Journal of Sex and Marital Therapy, 4,* 11–15.

McGuire, R. J., Carlisle, J. M. & Young, B. G. (1965). Sexual deviations as conditioned behavior: A hypothesis. *Behaviour Research and Therapy, 2,* 185–190.

McMullen, S. & Rosen, R. C. (1979). Self-administered masturbation training in the treatment of primary orgasmic dysfunction. *Journal of Consulting and Clinical Psychology, 47,* 912–918.

Meyer, J. K., Schmidt, C. W. & Lucas, M. J. (1972). Short term treatment of sexual problems: Interim report. *American Journal of Psychiatry, 132,* 172–176.

Milan, R. J., Kilman, P. R. & Boland, J. P. (1988). Treatment outcome of secondary dysfunction: A two- to six-year follow-up. *Archives of Sexual Behavior, 17,* 463–480.

Mills, K. H. & Kilman, P. R. (1982). Group treatment of sexual dysfunctions: A methodological review of the outcome literature. *Journal of Sex and Marital Therapy, 8,* 259–296.

Mohr, D. C. & Beutler, L. E. (1990). Erectile dysfunction: A review of diagnostic and treatment procedures. *Clinical Psychology Review, 10,* 123–150.

Money, J. & Ehrhardt, A. (1975). *Männlich-weiblich. Die Entstehung der Geschlechtsunterschiede.* Hamburg: Rowohlt.

Morokoff, P. J. & Heiman, J. R. (1980). Effects of erotic stimuli on sexually functional and dysfunctional women: Multiple measures before and after sex therapy. *Behaviour Research and Therapy, 18,* 127–137.

Morokoff, P. J. & LoPiccolo, J. (1986). A Comparative Evaluation of Minimal Therapist Contact and 15-Session Treatment for Female Orgasmic Dysfunction. *Journal of Consulting and Clinical Psychology, 3,* (54), 294–300.

Munjack, D. J., Cristol, A., Goldstein, A., Phillips, D., Goldberg, A., Whipple, K., Staples, F. & Kanno, P. (1976). Behavioral treatment of orgasmic dysfunction: A controlled study. *British Journal of Psychiatry, 129,* 497–502.

Munjack, D. J., Schlaks, A., Sanchez, V., Usigli, R., Zuleta, A. & Leonard, M. (1984). Rational-emotive therapy in the treatment of erectile failure: An initial study. *Journal of Sex and Marital Therapy, 10,* 170–175.

Nairne, K. D. & Hemsley, D. R. (1983). The use of masturbation training in the treatment of primary anorgasmia. *British Journal of Clinical Psychology, 22,* 283–294.

Nemetz, G. H., Craig, K. D. & Reith, G. (1978). Treatment of female sexual dysfunction through symbolic modeling. *Journal of Consulting and Clinical Psychology, 46,* 62–73.

Nevill, D. (1977). Sex-roles and personality correlates. *Human Relations, 30,* 751–759.

Nutter, D. E. & Condron, M. K. (1983). Sexual fantasy and activity patterns of females with inhibited sexual desire versus normal controls. *Journal of Sex and Marital Therapy, 9*, 276–282.

Obler, M. (1973). Systematic desensitization in sexual disorders. *Journal of Behavior Therapy and Experimental Psychiatry, 4*, 93–101.

Obler, M. (1975). Multivariate approaches to psychotherapy with sexual dysfunctions. *The Counseling Psychologist, 5*, 55–60.

O'Connor, J. F. & Stern, L. O. (1972). Developmental factors in functional sexual disorder. *New York State Journal of Medicine, 72*, 1838–1843.

O'Connor, J. F. & Stern, L. O. (1972). Results of treatment in functional sexual disorders. *New York State Journal of Medicine, 72*, 1927–1934.

O'Gorman, E. C. (1978). The treatment of frigidity: A comparative study of group and individual desensitization. *British Journal of Psychiatry, 132*, 580–584.

Payn, N. & Wakefield, J. (1982). The effect of group treatment of primary orgasmic dysfunction on the marital relationship. *Journal of Sex and Marital Therapy, 8*, 135–150.

Perreault, R., Wright, J. & Mathieu, M. (1979). The directive sex therapies in psychiatric outpatient settings. *Canadian Journal of Psychiatry, 24*, 47–54.

Perry, J. & Whipple, B. (1981). Pelvic muscle strength of female ejaculators: Evidence in support of a new theory of orgasm. *Journal of Sex Research, 17*, 22–39.

Peterson, C. & Seligman, M. E. P. (1983). Learned helplessness and victimization. *Journal of Social Issues, 2*, 103–116.

Pietropinto, A. & Simenauer, J. (1977). *Beyond the male myth.* New York: New York Times Books.

Pirke, K. M., Kockott, G. & Dittmar, F. (1974). Psychosexual stimulation and plasma testosterone in man. *Archives of Sexual Behavior, 3*, 577–584.

Porter, E. (1986). *Treating the young male victim of sexual assault. Issues and intervention strategies.* Syracuse: Safer Society Press.

Powell, L. C., Blakeney, P., Croft, H. & Pullian, G. P. (1974). Rapid treatment approach to human sexual inadequacy. *American Journal of Obstretics and Gynecology, 119*, 87–97.

Price, S., Heinrich, A. G. & Golden, J. S. (1980). Structured group treatment of couples experiencing sexual dysfunctions. *Journal of Sex and Marital Therapy, 6*, 247–257.

Raboch, J. (1981). Wo Scheidung droht. *Sexualmedizin, 10*, 473–475.

Reich, W. (1969). *Die Funktion des Orgasmus.* Köln: Kiepenheuer & Witsch.

Reimer, Ch. (1991). Über Mißbrauch von Abhängigkeit in der Psychotherapie. In P. Buchheim, M. Cierpka & Th. Seifert, *Psychotherapie im Wandel. Abhängigkeit. Lindauer Texte* (S. 212–232). Berlin: Springer.

Resick, P. A. & Schnicke, M. K. (1990). Treating symptoms in adult victims of sexual assault. *Journal of Interpersonal Violence*, Vol. 5, 4, 488–506.

Revenstorf, D., Hahlweg, K. & Schindler, L. (1981). Streit in der Ehe. Aggression und Interaktion. *Partnerberatung, 18*, 90–107.

Reynolds, B. S. (1980) Biofeedback and facilitation of erection in men with erectile dysfunction. *Archives of Sexual Behavior, 9*, 101–103.

Reynolds, B. S. (1991). Psychological treatment of erectile dysfunction in men without partners: Outcome results and a new direction. *Journal of Sex and Marital Therapy, 17*, 136–146.

Reynolds, B. S., Cohen, B. D., Schochet, B. V., Price, S. C. & Anderson, A. J. (1981). Dating skills training in the group treatment of erectile dysfunctions for men without partners. *Journal of Sex and Marital Therapy, 7*, 184–194.

Riley, A. J. & Riley, E. J. (1978). A controlled study to evaluate directed masturbation in the management of primary orgasmic failure in women. *British Journal of Psychiatry, 133*, 404–409.

Roffe, M. W. & Britt, B. C. (1981). A typology of marital interaction for sexual dysfunctional couples. *Journal of Sex and Marital Therapy, 7*, 207–222.

Rowland, D. L. & Heiman, J. R. (1991). Self-reported and genital arousal changes in sexually dysfunctional men following a sex therapy program. *Journal of Psychosomatic Research, 35*, 609–619.

Rust, J. & Golombok, S. (1986). The GRISS: A psychometric instrument for the assessment of sexual dysfunction. *Archives of Sexual Behavior, 15*, 157–165.

Rutschky, K. (1992). *Erregte Aufklärung. Kindesmißbrauch: Fakten und Fiktionen.* Hamburg: Klein.

Safir, M. P., Peres, Y., Lichtenstein, M., Hoch, Z. & Shepher, J. (1982). Psychological androgyny and sexual adequacy. *Journal of Sex and Marital Therapy, 8*, 228–240.

Sager, C. J. (1974). Sexual dysfunctions and marital discord. In H. S. Kaplan, *The new sex therapy* (pp. 549–567). New York: Brunner & Mazel.

Schenk, J., Pfrang, H. & Rausche, A. (1983 a). Personality traits versus the quality of the marital relationship as the determinant of marital sexuality. *Archives of Sexual Behavior, 12*, 31–42.

Schenk, J. & Pfrang, H. (1983 b). Aspekte des Geschlechtsrollenbildes bei Verheirateten. *Psychologische Beiträge, 25*, 176–193.

Schiavi, R. C. (1988). Nocturnal penile tumescence in the evaluation of erectile disorders: A critical review. *Journal of Sex and Marital Therapy, 14*, 83–97.

Schiavi, R. C. & White, D. (1976). Androgens and male sexual function. A review of human studies. *Journal of Sex and Marital Therapy, 2*, 214–227.

Schindler, L. (1981). *Empirische Analyse partnerschaftlicher Kommunikation.* Universität Tübingen: Unveröffentlichte Dissertation.

Schmidt, G. (1975). Male-female differences in sexual arousal and behavior during and after exposure to sexually explicit stimuli. *Archives of Sexual Behavior, 4*, 353–368.

Schmidt, G. (1983). Motivationale Grundlagen sexuellen Verhaltens. In H. Thomae, H. (Hrsg.), *Enzyklopädie der Psychologie*, Band II: Psychologie der Motive – Motivation und Emotion (S. 70–109). Göttingen: Hogrefe.

Schnabl, S. (1983). *Intimverhalten, Sexualstörungen, Persönlichkeit.* Berlin: VEB Deutscher Verlag der Wissenschaften.

Schneiderman, B. & McGuire, L. (1976). Group therapy for nonorgasmic women: Two age levels. *Archives of Sexual Behavior, 5*, 239–248.

Schorsch, E., Galedary, G., Haag, A., Hauch, M. & Lohse, H. (1985). *Perversion als Straftat. Dynamik und Psychotherapie*. Berlin: Springer.

Schover, L. R., Friedman, J., Weiler, S., Heiman, J. & LoPiccolo, J. (1982). Multiaxial problem-oriented system for sexual dysfunctions. An alternative to DSM III. *Archives of General Psychiatry, 39*, 614–619.

Schover, L. R. & LoPiccolo, J. (1982). Treatment effectiveness for dysfunctions of sexual desire. *Journal of Sex and Marital Therapy, 8*, 179–197.

Schuler, M. (1982). Sexual counseling for the spinal cord injured: A review of five programs. *Journal of Sex and Marital Therapy, 8*, 241–252.

Schulte, D., Künzel, R., Pepping, G. & Schulte-Bahrenberg, T. (1991). Maßgeschneiderte Psychotherapie vs. Standardtherapie bei der Behandlung von Phobikern. In D. Schulte (Hrsg.). *Therapeutische Entscheidungen* (S. 15–42). Göttingen: Hogrefe.

Secord, P. F. & Jourard, S. M. (1953). The appraisal of body-cathexis and the self. *Journal of Consulting Psychology, 17*, 343–347.

Seghorn, T., Prentky, R. & Boucher, R. (1987). Childhood sexual abuse in the lifes of sexually aggressives offenders. *Journal of American Child and Adolescent Psychiatry, 26*, 262–267.

Segraves, K. B. & Segraves, R. T. (1991). Hypoactive sexual desire disorder: Prevalence and comorbidity in 906 subjects. *Journal of Sex and Marital Therapy, 17*, 55–58.

Segraves, R. T., Camic, P. & Ivanoff, J. (1985). Spontaneous remission in erectile dysfunction: A partial replication. *Behaviour Research and Therapy, 23*, 203–204.

Segraves, R. T., Knopf, J. & Camic, P. (1982). Spontaneous remission in erectile impotence. *Behaviour Research and Therapy, 20*, 89–91.

Segraves, R. T. & Segraves, K. B. (1991). Diagnosis of female arousal disorder. *Journal of Sex and Marital Therapy, 6*, 9–14.

Seligman, M. E. P. (1975). *Learned Helplessness*. San Francisco: Freemann (dt.: Gelernte Hilflosigkeit. München: Urban & Schwarzenberg 1979, 2. veränd. Aufl., 1983).

Sigusch, V. (1979). *Therapie sexueller Störungen*. Stuttgart: Thieme, 2. Aufl.

Singer, J. L. (1974). *Imagery and daydream methods in psychotherapy and behavior modification*. New York: Academic Press (dt.: Phantasie & Tagtraum. Imaginative Methoden in der Psychotherapie. München: Pfeiffer 1978).

Sotile, W. M. & Kilman, P. R. (1978). The effects of group systematic desensitization of orgasmic dysfunction. *Archives of Sexual Behavior, 7*, 477–491.

Spector, I. P. & Carey, M. P. (1990). Incidence and prevalence of the sexual dysfunctions: A critical review of the empirical literature. *Archives of Sexual Behavior, 19*, 4, 389–408.

Steward, W. F. R. (1975). *Sex and the physically handicapped*. Horsham: National fund for Research in Crippling Disease. (zit. n. Jehu, 1979).

Stock, W. E. & Geer, J. H. (1982). A study of fantasy-based sexual arousal. *Archives of Sexual Behavior, 11*, 33–42.

Stoller, R. J. (1979). *Perversion – Die erotische Form von Haß*. Reinbek: Rowohlt.

Strauß, B. & Gross, J. (1984). Auswirkungen psychopharmakologischer Behandlung auf die sexuellen Funktionen. *Fortschritte der Neurologie und Psychiatrie, 52*, 293–301.

Swartz, J. (1985). Shockingly high sexual abuse rate in Canada survey. *Medical Tribune*, 26, 6.

Takefman, J. & Brender, W. (1984). An analysis of the effectiveness of two components in the treatment of erectile dysfunction. *Archives of Sexual Behavior*, 13, 321–340.

Thibaut, J. W. & Kelly, H. H. (1959). *The social psychology of groups*. New York: Wiley.

Trower, P., Bryant, B. & Argyle, M. (1978). *Social skills and mental health*. London: Methuen.

Trudel, G. & Saint-Laurent, S. (1983). A comparison between the effects of Kegel's exercises and a combination of sexual awareness, relaxation, and breathing on situational orgasmic dysfunction. *Journal of Sex and Marital Therapy*, 9, 204–209.

Tsai, M., Feldman-Summers, S. & Edgar, M. (1979). Childhood molestation: Variables related to differential impacts on psychosexual functioning in adult women. *Journal of Abnormal Psychology*, 88, 407–417.

Turner, L. A., Althof, S. E., Levine, S. B. & Bodner, D. R. (1991). External vacuum devices in the treatment of erectile dysfunction: A one-year study of sexual and psychosocial impact. *Journal of Sex and Marital Therapy*, 17, 81–93.

Uddenberg, N. (1974). Psychological aspects of sexual inadequacy in women. *Journal of Psychosomatic Research*, 18, 33–47.

Udry, J. R. (1974). *The social context of marriage*. Philadelphia: Lippincott.

Ullrich, R. & Ullrich de Muynck, R. (1977). *Der Unsicherheits-Fragebogen. Testmappe U*. München: Pfeiffer.

Ullrich, R. & Ullrich de Muynck, R. (1980). Das Assertiveness-Training-Programm ATP – Therapieresultate in der ambulanten Versorgung. In R. Ullrich, R. Ullrich, K. Grawe & D. Zimmer (Hrsg.). *Soziale Kompetenz*. Bd. II. (S. 333–395) München: Pfeiffer.

Veronen, L. J. & Kilpatrick, D. G. (1983). Stress management for rape victims. In D. Meichenbaum & M. E. Jaremko (Eds.), *Stress reduction and prevention*. New York: Plenum Press.

Vincent, J. P., Friedman, L. C., Nugent, J. & Messerly, L. (1979). Demand characteristics in observations of marital interaction. *Journal of Consulting and Clinical Psychology*, 47, 557–566.

Vollmoeller, W. (1981). Suchtmittelmißbrauch und Sexualprobleme. Erfahrungsbericht der Drogenberatungsstelle Düsseldorf e. V. *Sexualmedizin*, 10, 447–449.

Wallace, D. H. (1981). Affectional climate in the family of origin and the experience of subsequential sexual-affectional behaviors. *Journal of Sex and Marital Therapy*, 7, 296–306.

Wallace, D. H. & Barbach, L. G. (1974). Preorgasmic group treatment. *Journal of Sex and Marital Therapy*, 1, 146–154.

Walster, E. & Walster, W. (1979). Liebe: Das romantische Tauschgeschäft. *Psychologie Heute*, 14, 3, 62–69.

Watson, J. P. & Brockman, B. (1982). A follow up of couples attending a psychosexual problems clinic. *British Journal of Clinical Psychology*, 21, 143–144.

Wendt, H. (1979). *Integrative Sexualtherapie. Am Beispiel von Frauen mit Orgasmusstörungen*. München: Pfeiffer.

Whitehead, A. & Mathews, A. (1986). Factors related to successful outcome in the treatment of sexually unresponsove women. *Psychological Medicine, 16*, 373–378.

Whitehead, A. & Mathews, A. & Ramage, M. (1987). The treatment of sexually unresponsive women: A comparative evaluation. *Behaviour Research and Therapy, 25*, 195–205.

Wilson, G. T. (1977). Alcohol and human sexual behaviour. *Behaviour Research and Therapy, 15*, 239–252.

Wilson, K. & James, A. J. (1992). Child sexual abuse and couple therapy. *Journal of Sexual and Marital Therapy, 7*, 197–212.

Wincze, J. P. & Caird, W. K. (1976). The effects of systematic desensitization in the treatment of sexual dysfunction in women. *Behavior Therapy, 7*, 335–342.

Wincze, J. P. & Cary, M. P. (1991). *Sexual Dysfunction.* New York: Guilford Press.

Wincze, J. P., Hoon, E. F. & Hoon, P. (1976). Physiological responsivity of normal and sexually dysfunctional women during erotic stimulus exposure. *Journal of Psychosomatic Research, 20*, 445–451.

Wincze, J. P., Hoon, P. & Hoon, E. F. (1977). Sexual arousal in women: A comparison of cognitive and physiological responses by continuous measurement. *Archives of Sexual Behavior, 6*, 121–133.

Wincze, J. P., Venditti, E., Barlow, D. & Mavissakalian, M. (1980). The effects of a subjective monitoring task in the measure of genital response to erotic stimulation. *Archives of Sexual Behavior, 9*, 533–545.

Wolpe, J. (1958). *Psychotherapy by reciprocal inhibition.* Stanford: Stanford University Press.

Wolpe, J. & Lazarus, A. A. (1966). *Behavior therapy techniques.* New York: Pergamon.

Wyatt, G. E., Guthrie, D. & Notgrass, C. M. (1992). Differential Effects of Women's Child Sexual Abuse and Subsequent Sexual Revictimization. *Journal of Consulting and Clinical Psychology,* Vol. 60, No. 2, 167–173.

Wyatt, G. E. & Newcomb, M. (1990). Internal and External Mediators of Women's Sexual Abuse in Childhood. *Journal of Consulting and Clinical Psychology,* Vol. 58, No. 6, 758–767.

Wyatt, G. E. (1985). The Sexual Abuse of Afro-American and White American Women in Childhood. *Child Abuse and Neglect,* Vol. 9, 507–519.

Yulis, S. (1976). Generalization of therapeutic gain in the treatment of premature ejaculation. *Behavior Therapy, 7*, 355–358.

Zeiss, R. A., Christensen, A. & Levine, A. G. (1978). Treatment of premature ejaculation through male only groups. *Journal of Sex and Marital Therapy, 4*, 139–143.

Zerssen, D. v. (1976). *Die Befindlichkeitsskala.* Weinheim: Beltz.

Zilbergeld, B. (1983). *Männliche Sexualität* (Hrsg. D. Zimmer). Tübingen: DGVT (Forum 5).

Zilbergeld, B. & Evans, M. (1980). The inadequacy of Masters and Johnson. *Psychology Today, 8*, 29–43.

Zilbergeld, B. & Kilman, P. R. (1984). The scope and effectiveness of sex therapy. *Psychotherapy, 21*, 3, 319–326.

Zimmer, D. (Hrsg.). (1983 a). *Die therapeutische Beziehung. Konzepte, empirische Befunde und Prinzipien ihrer Gestaltung.* Weinheim: edition psychologie.

Zimmer, D. (1983 b). Interaction patterns and communication skills in sexually distressed, maritally distressed, and normal couples: Two experimental studies. *Journal of Sex and Marital Therapy, 9,* 251–265.

Zimmer, D. (1984). *Sexualität und Partnerschaft. Empirische Untersuchungen zur Aufrechterhaltung und Therapie funktioneller Sexualstörungen.* Unveröffent. Habilitationsschrift, Universität Tübingen.

Zimmer, D. (1985). *Sexualität und Partnerschaft – Grundlagen und Praxis psychologischer Behandlung.* München: Urban & Schwarzenberg.

Zimmer, D. (1987 a). Does marital therapy enhance the effectiveness of treatment for sexual dysfunction? *Journal of Sex and Marital Therapy, 3,* 193–209.

Zimmer, D. (1987 b). Motivational issues in premature termination of treatment for sexual dysfunction. *Journal of Sexual and Marital Therapy, 2,* 2, 153–161.

Zimmer, D. (1988, 2. überarbeitete Fassung 1989). *Fragebogen zur Sexualität und Partnerschaft (ASP, TSST, NSP).* Materialie Nr. 19 der Deutschen Gesellschaft für Verhaltenstherapie (DGVT). Tübingen.

Zimmer, D., Borchardt, E. & Fischle, C. (1983). Sexual fantasies of sexually distressed and nondistressed men and women: An empirical comparison. *Journal of Sex and Marital Therapy, 9* , 38–50.

Zimmer, D., Raschert, K. & Weinert, M. (1978). *Manual zum Fragebogen „Kommunikation in der Partnerschaft (KIP)".* Materialie Nr. 12 der DGVT. Tübingen: DGVT.

Zimmer, F. T. (1990). Psychotherapie der Anhedonie. In H. Heimann (Hrsg.), *Anhedonie – Verlust der Lebensfreude. Ein zentrales Phänomen psychischer Störungen* (S. 111–130). Stuttgart: Fischer.

11. Kapitel

Persönlichkeitsstörungen

Peter Fiedler

> Science provides only interim knowledge
> *Toksoz Byram Karasu*

1 Einführung

Die Persönlichkeitseigenschaften eines erwachsenen Menschen sind Ausdruck der für ihn charakteristischen Verhaltensweisen und Interaktionsmuster, mit denen er gesellschaftlich-kulturellen Anforderungen und Erwartungen zu entsprechen und seine zwischenmenschlichen Beziehungen mit Sinn zu füllen versucht. Dabei sind jene spezifischen Eigenarten, die eine Person unverkennbar *typisieren* und die sie zugleich von anderen *unterscheiden*, wegen ihrer individuellen Besonderheiten immer zugleich von sozialen Regeln und Erwartungen mehr oder weniger *abweichende* Handlungsmuster. Gewöhnlich werden person-typisierende Abweichungen innerhalb der Vielfalt gesellschaftlich-kultureller Ausdrucks- und Umgangsformen toleriert, ja sie sind – wie etwa im Falle kreativer Abweichung – sogar mit einer hohen sozialen Wertigkeit belegbar.

Persönlichkeitseigenschaften werden üblicherweise *erst dann* mit dem Etikett Persönlichkeitsstörung belegt, wenn sie deutlich in Richtung eines *Leidens der Betroffenen* (etwa unter der „Last ihrer Gewordenheit") oder wenn sie in Richtung Dissozialität oder *(anti-)sozialer* Devianz extremisieren. Da jedoch die Übergänge zwischen sozial akzeptierter und sozial *nicht* akzeptierter Abweichung sehr kontextabhängig und fließend sind, erfolgt die Diagnose „Persönlichkeitsstörung" fast zwangsläufig in einem Bereich persönlicher und zwischenmenschlicher, wissenschaftlicher und gesellschaftlich-kultureller Streitfragen und Konfliktzonen. Es nimmt nicht weiter Wunder, daß die Konzepte und Verstehensansätze der Persönlichkeitsstörungen von Kultur zu Kultur sowie innerhalb der verschiedenen psychiatrischen, psychologischen und psychotherapeutischen Richtungen und Traditionen wechseln. Diese Divergenzen beruhen insbesondere auf einem bisher kaum befriedigend gelösten *Grundproblem der Diagnostik von Persönlichkeitsstörungen*. Dieses Grundproblem hängt eng mit einem typischen Verallgemeinerungsprozeß diagnostischer Urteilsbildung zusammen, nämlich, von spezifisch abweichenden *Verhaltensmustern-in-Situationen* auf relativ *zeitstabile* und *kontextunabhänge* Personeigenschaften oder Persönlichkeitsstörungen rückzuschließen. In der Literatur wird dieses Probleme zumeist unter dem Stichwort „Stigmatisierungsproblem" abgehandelt, mit dem ein weiteres eng zusammenhängt, das sich am besten mit „Personperspektivierung einer Beziehungsstörung" umschreiben läßt. Da eine Kenntnis der Stigmatisierungsproblematik für eine kritische Rezeption dieses Übersichtskapitel Voraussetzung ist, soll sie hier einführend dargestellt werden (vgl. auch Glatzel, 1975).

1.1 Das Stigmatisierungsproblem: Die Personperspektivierung einer Beziehungsstörung

In der psychiatrischen Nomenklatur wurden bis in die jüngste Gegenwart hinein die Begriffe „Psychopathie" zur Kennzeichnung der Persönlichkeitsstörungen und „Psychopath" als Bezeichnung für einen Menschen mit Persönlichkeitsstörungen benutzt. Die „Psychopathie" bzw. den „Psychopathen" kennzeichnen extreme (d.h. bis ins scheinbar „Krankhafte" reichende) Störungen des Beziehungserlebens und Sozialverhaltens, die sich in zweierlei Hinsicht darstellen können: einerseits als ein extremes, oft mit subjektivem Leiden verbundenes Versagen im Beziehungs- und Leistungsbereich, andererseits eine mehr oder weniger aktive Tendenz zu ständiger Norm- und Regelverletzung (vgl. Saß, 1987). Für die besonders destruktiven und extrem unverantwortlichen Formen psychopathischer Störungen sind in der Psychiatrie noch die Begriffe „Soziopathie" zur Störungs- und „Soziopath" zur Personkennzeichnung gebräuchlich. Seit den ersten Versuchen zu Beginn des 19. Jahrhunderts, in der neuzeitlichen Psychiatrie die nosologische Einordnung gestörter Persönlichkeiten zu begründen, gilt es als ein zentrales Anliegen der Psychiatrie, die Unterscheidbarkeit psychopathisch-krankhafter und intendiert-verantwortbarer Dissozialität und Kriminalität (d.h. die Frage der Schuldfähigkeit) wissenschaftlich zu begründen. So wird u.a. verständlich, warum die meisten der früheren und selbst noch manche der aktuellen Versuche einer wissenschaftlich motivierten Definition und Beschreibung der Psychopathie wie Kataloge schlechter Eigenschaften, menschlicher Fehlverhaltensweisen und asozialer Tendenzen klingen (vgl. unten).

Die diagnostisch-definitorische Verquickung der psychischen Gestörtheit einer Person mit Aspekten der Personentwicklung und der Gesellschaftsschädlichkeit ihrer Handlungen hat in den sechziger und siebziger Jahren dieses Jahrhunderts zu einer teilweise heftig vorgetragenen Kritik der Psychiatrie-Klassifikation geführt. Sie erfolgte vor allem aus soziologisch-antipsychiatrischen Positionen heraus, die insbesondere die *stigmatisierende Dynamik der Diagnostik* (als Etikettierung/Labeling; z. B. Scheff, 1963) sowie *Prozesse der „gesellschaftlichen Organisierung psychischen Leidens"* (Keupp & Zaumseil, 1978) untersuchten. Im Gefolge dieser Kritik wurden vielfach nicht nur der Begriff, sondern das Konzept „psychopathische Persönlichkeit" überhaupt abgelehnt (vgl. u. a. Jervis, 1978; Keupp, 1976; Szasz, 1961; Wulff, 1972). Mehr noch als die diagnostische Feststellung bei anderen psychischen Störungen (wie etwa bei einer Phobie, Depression oder Schizophrenie) berührt nämlich die Diagnose „Persönlichkeitsstörung" unmittelbar das *Diagnostik-Problem der* Stigmatisierung, weil nicht nur einzelne Verhaltens- und Erlebensepisoden als „störend" bezeichnet werden, sondern weil sich die diagnostizierte Persönlichkeits-Abweichung – eben als eine Verallgemeinerung über die der Beurteilung zugrunde liegenden Devianzmuster hinaus – *immer auf die Person als Ganzes* bezieht.

Das Stigmatisierungsproblem setzt nun genau dort ein, wo sich ein Konsens über die Notwendigkeit der Korrektur oder Beendigung wiederholt gezeigter Verhaltensdevianz mit den Betroffenen nicht mehr herstellen läßt. Die (diagnostische) Feststellung einer Persönlichkeitsstörung, die den Bezugspersonen wie den professionellen Helfern Entlastung und Beruhigung bedeuten kann, weil sie Handlungsbedarf und Handlungsperspektive eröffnet, birgt – so die Kritik der Labelingperspektive – für die Betroffenen selbst die Gefahr einer überdauernden fixierenden Merkmals- und Identitätszuschreibung in sich. Zugleich wird die Möglichkeit zur Konsensfindung über die zugeschriebenen Persönlichkeitsstörungen eingeschränkt, als die Hinzuziehung professioneller Begutachtung und Hilfe zumeist die Unfähigkeit zur Einsicht in die eigenen charakterlichen Bruchstellen impliziert und damit eine Kompetenz der Betroffenen zur Mitgestaltung der aktuellen Situation eher infrage steht.

Persönlichkeitsstörungen gehören wie andere Persönlichkeitseigenarten zur Person dazu, weshalb zunächst *nicht* zu erwarten sein dürfte, daß ein Mensch – im Bereich des Übergangs von der sozial akzeptierten zur nicht mehr akzeptierten sozialen Abweichung – *sich selbst* die Diagnose einer „gestörten Persönlichkeit" gäbe. Dies dürfte schon deshalb nicht zu erwarten sein, als bei Vorliegen von Persönlichkeitsstörungen eine *intendierte Devianz* selten unterstellt werden kann, vielmehr lediglich eine sozial unangemessen extremisierte Verhaltensroutine, die vom Betroffenen selbst möglicherweise gar in bester interpersoneller Absicht eingesetzt wurde und wird. *Nur die Außenperspektive* der Bezugspersonen oder eines professionellen Diagnostikers erlaubt zunächst – unter sorgfältigem Abwägen von Lebensumständen und Lebenserfahrungen – die Schlußfolgerung einer *„gestörten Persönlichkeit"* (vgl. Fiedler, 1993 b).

Das Phänomen, daß die den Persönlichkeitsstörungen zugeschriebenen Devianzmuster aus der Eigenperspektive zunächst eher selten als störend, abweichend oder normverletzend erlebt werden und daß sie deshalb als solche bei sich selbst schwerlich als Persönlichkeitsstörungen diagnostizierbar sind, bezeichnet man als „Ich-Syntonie der Persönlichkeitsstörungen" (vgl. Vaillant & Perry, 1988). Die Ich-Syntonie verdeutlicht in prägnanter Weise, daß die interpersonellen Probleme auf *Verhaltensstörungen-aus-der-Außenperspektive* beruhen, die die betroffenen Menschen selbst eher als Eigenschaften denn als Gestörtheit ihrer Person bezeichnen würden. Ganz im Unterschied dazu werden die meisten anderen psychischen Störungen und Syndrome (wie beispielsweise die phobischen oder affektiv-depressiven Störungen) als *ich-dyston*, eben *als nicht zu sich zugehörig* erlebt, weshalb sich die Betroffenen von diesen Störungen gern wieder frei machen würden.

Zwischenmenschliche Interaktionsprobleme, die als Ausdruck von zugrundeliegenden „Persönlichkeitsstörungen" betrachtet werden können, werden den Betroffenen vielfach erst durch Kritik und Rückmeldung anderer transparent. Nicht in jedem Fall werden die Betroffenen akzeptieren, daß die kritisierten Verhaltensmuster unangemessen sind, Regelverstöße darstellen oder Änderungswert besitzen. Paradoxerweise wird die Möglichkeit, kritische Rückmeldung zu akzeptieren, in dem Maße eingeschränkt, wie sich Rückmeldung und Kritik nicht mehr nur auf Verhalten-in-Situationen, sondern zunehmend auf kontextübergreifende Persönlichkeitseigenschaften oder schließlich gar auf Persönlichkeitsstörungen beziehen, und dieser Perspektivwandel gleichsam die Möglichkeit der Reflexion der Situationsangemessenheit konkreter Handlungen einschränkt (Cohen, 1972).

Dieses ebenfalls im Rahmen der Labeling-Theorie kritisierte Problem des sozialen Prozesses der Zuschreibung und Begründung von Persönlichkeitsstörungen (der *Person-Perspektivierung eines interaktionellen Problems*) liegt nun vor allem darin, daß zwar der aktuelle Prozeß der Entstehung ausgesprochen interpersoneller Natur ist, im Ergebnis jedoch den Blick *einseitig* auf die lebensgeschichtliche, möglicherweise biologisch begründbare Gewordenheit der Person verschiebt (Keupp, 1976). Für die Interaktionspartner und Diagnostiker ist dies zunächst – wie angedeutet – eine außerordentlich beruhigende Situation, nicht zuletzt, weil die Diagnose Persönlichkeitsstörung „den Gedanken an ihrer etwaigen Mitschuld an dieser Störung oder gar am Scheitern der Beziehung ‚vernünftigerweise' garnicht aufkommen lassen kann" (Glatzel, 1977, S. 127). Welche weiteren Folgen sich daraus – v. a. bei Eintritt in die Institution Psychiatrie – möglicherweise als „Patientenkarriere" ergeben, sind im Rahmen der Labeling-Perspektive ausführlich beschrieben worden und sollen hier nicht weiter vertieft werden (vgl. Glatzel, 1975; Goffman, 1959; Keupp, 1976).

1.2 Aktuelle Entwicklungen in der Klassifikation und Diagnostik von Persönlichkeitsstörungen

Die Diskussion um die dargestellten Probleme der Klassifikation, der Diagnostik und der Begriffe der „Psychopathie" bzw. „Soziopathie" sind so alt wie die Geschichte dieser Begriffe selbst (vgl. Saß, 1987). Im Rückblick hat jedoch insbesondere die Zuspitzung dieser kritischen Auseinandersetzungen durch die Antipsychiatrie-Bewegung und *Labeling*-Kritik in den sechziger und siebziger Jahren und ihre Rezeption und Vertiefung in der Klinischen Psychologie und Psychiatrie nicht unerheblich zu einigen entscheidenden Veränderungen in den Klassifikationssystemen und damit in den psychiatrischen Diagnosegepflogenheiten beigetragen. Dies läßt sich insbesondere in den Entwicklungen der beiden aktuell wichtigsten Klassifikationssysteme zeigen, dem *Diagnostischen und Statistischen Manual Psychischer Störungen* (DSM; aktuelle Ausgabe: DSM-III-R; American Psychiatric Association, 1987; deutsch 1989) und der *International Classification of Diseases, Chapter V: Mental and Behavioural Disorders* (ICD der Weltgesundheitsorganisation; aktuelle Ausgabe ICD-10; Dilling, Mombour & Schmidt, 1991). Deren wichtigste Veränderungen umfassen die folgenden drei Perspektiven:

1. Störungsperspektive: Vor allem als konstruktive Reaktion auf die *Labeling*-Kritik wurden in beiden Systematiken u. a. jene kritisierten Kategorialfestlegungen „Psychopathie", „Soziopathie", „Charakterneurose" wegen ihrer theoretischen Mehrdeutigkeit und Stigmatisierungsneigung aufgegeben und durch den bislang weniger vorbelasteten Begriff der „Persönlichkeitsstörungen" ersetzt. Die Akzeptanz des Begriffs „Persönlichkeitsstörungen" *als allgemeiner Oberbegriff für behandlungsbedürftige Abweichungen der Persönlichkeitsentwicklung* erfolgte weltweit und innerhalb der unterschiedlichen Denktraditionen. Beide Klassifikationssysteme verwenden den Störungsbegriff, und zwar ohne weitergehende Implikationen in Richtung „Erkrankung", wie dies teilweise durch Begriffe wie „Psychopathie" und „Soziapathie" suggeriert wurde. Und in den Kriterieninhalten für die einzelnen Störungen tritt an die Stelle der Gestörtheit oder des Leidens der Gesellschaft unter persönlichkeitsbedingten Verhaltensauffälligkeiten einer Person *das Leiden der betroffenen Person selbst* sowie die sich daraus ergebenden *Einschränkungen ihrer sozialen Kompetenz* (American Psychiatric Association, 1987, S. 405 der deutschen Übersetzung; Dilling et al., 1991, S. 212; vgl. auch Widiger, Frances, Spitzer & Williams, 1988).
2. Prototypen-Perspektive: Die Hoffnung Kraepelins (z. B. 1903/1904), psychische Störungen mittels *kategorialer* Systematik nach natürlich vorfindbaren, klar voneinander abgrenzbaren Krankheitseinheiten ordnen zu können, hat sich bis heute nicht erfüllt (vgl. Bastine, 1990). Vielmehr stellen

gerade die *Grenzfälle und Überschneidungen* von Störungsbildern sowie die Frage der Komorbidität große Herausforderungen für die gegenwärtige Bemühungen dar, im Bereich der Klassifkation psychischer Störungen voranzukommen. Dies gilt insbesondere für den Bereich der Persönlichkeitsstörungen. Wegen des Zulassens einer gewissen „Randunschärfe" (Zerssen, 1973) gewannen deshalb in der Psychiatrie zunehmend sog. *typologische* Systematiken an Bedeutung (*Prototypenperspektive*). Diese Art typologischer Systematik folgt Modellüberlegungen, die in der Kognitiven Psychologie im Rückgriff auf einige Grundüberlegungen Wittgensteins (1958) als Prototypenmodell der Kategorisierung entwickelt wurden (z. B. Mervis & Rosch, 1981). Die Prototypenperspektive stellt u. a. folgende Anforderungen an eine Klassifikation von Persönlichkeitsstörungen (vgl. Livesley, 1985; Widiger & Frances, 1985; auch: Fiedler, 1993 a):

a) Akzeptanz einer Mehrfachdiagnose: Dies Kriterium ist beispielsweise durch die Multiaxialität des DSM-III (seit 1980) erfüllt; mit dem DSM-III-R (seit 1987) besteht zudem die Möglichkeit, mehrere Persönlichkeitsstörungen bei ein und derselben Person zu vergeben; im ICD-10 (seit 1991) gilt allgemein das Prinzip der Mehrfachdiagnosen (vgl. unten zur *Komorbidität*).

b) Die Diagnosekriterien sollten zur Reliabilitätserhöhung *polythetisch*, d. h. möglichst mehrstufig untergliedert angelegt sein (auch diese Anforderung des Prototypenansatzes kann ansatzweise als erfüllt angesehen werden, als jeweils eine *quantitativ* festgelegte Untergruppe von Kriterien für eine Diagnosebegründung herangezogen werden kann).

c) Die Kriterien sollten *qualitativ* gewichtet sein (diese Anforderung, die in gewissen Grenzen eine *Dimensionierung* der Schwere der Störung ermöglichen soll, wird bisher weder im DSM-III-R noch im ICD-10 ausreichend erfüllt, was auf einen Mangel an substantiellen empirischen Studien mit der Anwendung beider Systematiken zurückgeführt werden kann).

d) Weiter sollten *prototypische Merkmale* benannt sein, die für das jeweilige Störungsbild als besondere Markierungspunkte gelten (auch dieses Kriterium ist in den neuen Systematiken nur in Ansätzen ausgearbeitet).

e) Das mit Ausnahme gegebene Bemühen um eine weniger umfangreiche Liste mit störungs-typisierenden Merkmalen erhöht inzwischen die Zuverlässigkeit der (Differential-)Diagnose beträchtlich und vermindert den besonders im Bereich der Persönlichkeitsstörungen gegebenen Beurteiler-Bias, nämlich daß Beurteiler bei umfänglichen Merkmalslisten bereits bei Zutreffen von weniger als den geforderten Kriterien zur Diagnosevergabe neigen (vgl. Horowitz, Post, French, Wallis & Siegelman, 1981).

DSM-III-R wie ICD-10 verzichten inzwischen weitgehend auf Gesamteindrücke und intuitive Erfahrungen des Diagnostikers als Beurteilungsgrundlage. Sie fordern vielmehr eine Beurteilung des Problemverhaltens anhand *konkreter Verhaltensindikatoren* oder *Verhaltensmuster*, die für spezifische Persönlichkeitsstörungen als prototypisch betrachtet werden. Erste systematische Untersuchungen zur Prototypen-Entwicklung im Bereich der Persönlichkeitsstörungen wurden u. a. von Livesley (1985, 1986, 1987 a, b) und Horowitz et al. (1981) vorgelegt.

3. Interpersonelle Perspektive: Früher wurde vielfach versucht, aus sich wiederholenden Normabweichungen einer Person – unter Zuhilfenahme zumeist psychodynamischer Hypothesen – auf deren innerpsychische Struktur und Festgelegtheit als „Charakterstörungen" zurückzuschließen. Die aktuellen Systematiken fordern demgegenüber eine Beurteilung von, einer objektiven Beurteilung besser zugänglichen *interpersonellen Verhaltensmerkmalen* der Betroffenen. Die meisten Autoren betonen inzwischen den Aspekt der Beziehungsstörungen, und sie betrachten Persönlichkeitsstörungen als *komplexe Störungen der zwischenmenschlichen Interaktion* (z. B. McLemore & Benjamin 1979; Morey, 1985; Kiesler, 1986; Millon & Everly, 1985; Glatzel, 1990). Ein Verständnis der Persönlichkeitsstörungen als „Störungen des zwischenmenschlichen Beziehungsverhaltens" ermöglicht in besonderer Weise die Beachtung der Stigmatisierungsproblematik, als die (ätiologie-)theoretische Konzeptualisierung nur durch Vermeidung der Person-Perspektivierung und unter Berücksichtigung zwischenmenschlicher und soziokultureller Entwicklungen akzeptierbar wird. Die verschiedentlich erhobene Forderung, in den Klassifikationssystemen den Begriff „Persönlichkeitsstörungen" durch eine Kategorie der „komplexen Störungen des zwischenmenschlichen Beziehungsverhaltens" zu ersetzen (z. B. Kiesler, 1986; Benjamin, 1993), gilt vielen noch als zu weitgehend und findet aus verschiedenen Gründen keine ungeteilte Zustimmung (vgl. Tölle, 1986; Widiger, Frances, Harris, Jacobsberg, Fyer & Manning, 1991). Eines läßt sich inzwischen jedoch schon absehen: Dort wo die Ausrichtung der Diagnosekritierien an persönlichkeitstypischen *Interaktionsmerkmalen* erfolgte, hat dies in aktuellen Forschungsarbeiten erheblich zur Verbesserung der Zuverlässigkeit und Validität der Diagnose von Persönlichkeitsstörungen beigetragen (vgl. z. B. Morey, 1985).

In diesen drei veränderten Perspektiven der psychiatrischen Klassifikation von Persönlichkeitsstörungen sind auch die Gründe zu finden, die in den vergangenen Jahren viele Klinische Psychologen bewogen haben, ihre Vorbehalte weitgehend aufzugeben, vielmehr aktiv an ihrer Verbesserung mitzuarbeiten. Dieser veränderten Einstellung folgend ist auch die nachfolgende Darstellung an den aktuell gültigen Klassifikationssystematiken (DSM-III-R und ICD-10) orientiert. Die drei Perspektiven einer neutraleren Störungsdefinition, eines

Prototypenkonzeptes der Klassifikation sowie die Betonung der interpersonellen Aspekte für ein Verständnis der Persönlichkeitsstörung verleiten zwar deutlich weniger zu stigmatisierenden Werturteilen. Ob und wie der dargestellte Perspektivwechsel zu einer Überwindung der verengenden Personperspektivierung der Persönlichkeitsstörungen beitragen mag, bleibt abzuwarten.

Die einleitend dargestellten Ambivalenzen und Probleme, die mit der diagnostischen Feststellung von Persönlichkeitsstörungen verknüpft sind, offenbaren in besonderer Weise ein *Dilemma des Übergangs*, in dem sich die klinisch-psychologische und psychiatrische Diagnostik und Klassifikation jeweils befindet. So bedarf es klassifikatorischer Festlegungen, als nur sie eine vergleichbare Erforschung und Beurteilung sozial abweichender Verhaltensweisen und Persönlichkeitsstörungen ermöglichen. Letztlich ist auch erst mit der Diagnose die ihr unterstellte negative Stigmatisierungswirkung angemessen einschätzbar. Paradoxerweise schaffte zunächst einmal die Klassifikation der Persönlichkeitsstörungen selbst die Voraussetzung für Kritik und Veränderung.

2 Die Persönlichkeitsstörungen im DSM-III-R und im ICD-10: allgemeine Übersicht

Waren die beiden Klassifikationssysteme ICD der Weltgesundheitsorganisation (WHO) bis zum ICD-9 (Degkwitz, Helmchen, Kockott & Mombour, 1980) und das US-amerikanische DSM-I/DSM-II (American Psychiatric Association, 1952/1968) noch stark durch den Anspruch der kategorialen Erfassung im Bereich psychischer Störungen geprägt, so wird in den neuesten Fassungen beider Systeme (im DSM-III-R von 1987 und im ICD-10 von 1991) deutlich von der Kraepelinschen Konzeption nosologischer Einheiten Abstand genommen – und zwar in Richtung auf eine typologische Urteilsfindung. In beiden Systemen werden inzwischen auch Mehrfachdiagnosen zur Bestimmung möglicher Komorbiditäten nahegelegt. Und zur weiteren Differenzierung werden zeitliche und Verlaufsaspekte sowie der Schweregrad von Störungen stärker berücksichtigt, was zu einer erheblichen Diversifizierung der Klassifikationsmöglichkeiten beigetragen hat.

2.1 Einordnung

Im DSM-III-R (American Psychiatric Association, 1987; deutsch: 1989) wird der gegebenen Komplexität und Differenziertheit durch eine sog. „multiaxiale" Struktur entsprochen (vgl. das Kapitel über „Klassifikation" in Band 1):
– Danach werden die Persönlichkeitsstörungen (zusammen mit den Entwicklungsstörungen im Kindes- und Jugendalter auf der *Achse II*) geson-

dert von den klinischen Syndromen der sonstigen psychischen und psychiatrischen Störungen (auf der *Achse I*) und gesondert von möglichen körperlichen Störungen (*Achse III*) *gleichzeitig* beurteilt. Auf *Achse IV* wird der Schweregrad psychosozialer Belastungsfaktoren festgehalten, die im Jahr vor der Beurteilung in möglicherweise bedeutsamer Weise zum Ausbruch, zum Wiederauftreten oder zur Verschlechterung der psychischen oder Persönlichkeits-Störung beigetragen haben könnten. *Achse V* schließlich erlaubt eine Globalbeurteilung des psychosozialen Funktionsniveaus der Patienten zur Zeit der Diagnostik sowie hinsichtlich des höchsten Niveaus (psychischer Gesundheit) im zurückliegenden Jahr.

Im Unterschied zu den meisten Syndromdiagnosen der *Achse I*, die im Ergebnis neben der Vergabe von Mehrfachdiagnosen auch eindeutig voneinander abgrenzbare, d. h. gelegentlich einander ausschließende Diagnosen verlangen, sind im Bereich der *Persönlichkeitsstörungen* auf der *Achse II* grundsätzlich Mehrfachdiagnosen möglich, wenn die Betroffenen die Kriterien für mehr als eine Störung erfüllen. Gleichzeitig sind die Persönlichkeitstypologien ansatzweise dimensional konzipiert, als die Verhaltensmuster der Betroffenen erst bei Überschreiten kriteriengebundener Grenzwerte als Persönlichkeitsstörungen diagnostiziert werden dürfen. Durch die Achsenanordnung wird nahegelegt, im Zusammenhang mit einer spezifischen Störung auf der *Achse I* (z. B. einer Phobie oder Depression) zugleich immer die Diagnose ein Persönlichkeitsstörung in Betracht zu ziehen. Andererseits kann die Persönlichkeitsstörung begründet zur Hauptdiagnose avancieren, insbesondere, wenn sich mit Hilfe der *Achse I* keine weitere diagnostische Klassifikation vornehmen läßt.

Das ICD-10 (World Health Organization, 1990; deutsch: Dilling et al., 1991) listet die klinischen Syndrombereiche psychischer Störungen in Kapitel V (F) nacheinander auf:
– Organische, einschließlich symptomatischer psychischer Störungen (F0);
– Psychische und Verhaltenstörungen durch psychotrope Substanzen (F1);
– Schizophrenie, schizotype und wahnhafte Störungen (F2);
– Affektive Störungen (F3);
– Neurotische, Belastungs- und somatoforme Störungen (F4); Verhaltensauffälligkeiten mit körperlichen Störungen und Faktoren (F5);
– Persönlichkeitsstörungen und Verhaltensstörungen (F6);
– Intelligenzminderung (F7);
– Entwicklungsstörungen (F8);
– Verhaltens- und emotionale Störungen mit Beginn in der Kindheit und Jugend (F9).

Den klinisch-diagnostischen Leitlinien des ICD-10 entsprechend sollen so viele Diagnosen vergeben werden, wie zur Beschreibung des Zustandsbildes erforderlich scheinen (*Komorbiditätsprinzip*). Hauptdiagnose ist in der Regel die

Diagnose, der aktuell die größte Bedeutung zukommt. Unter Berücksichtigung der gesamten Vorgeschichte kann dies auch eine Lebenszeit-Diagnose oder die einer Persönlichkeitsstörung sein.

2.2 Kennzeichnung

In den Diagnosesystemen werden Persönlichkeitsstörungen als wiederholt beobachtbare, persontypische Interaktionseigenarten beschrieben, die als unflexibel und sozial als wenig angepaßt gelten können. Die Diagnose sollte erst gestellt werden, wenn sich die zwischenmenschlichen Beziehungsstörungen der Betroffenen in der Weise extremisieren, daß die berufliche und private Leistungsfähigkeit erheblich beeinträchtigt ist und wenn diese Beeinträchtigungen möglicherweise zu subjektiven Beschwernissen führen. Üblicherweise lassen sich die typischen Verhaltensmuster bereits in der Kindheit und Jugend beobachten. Dennoch sollte die Störungsdiagnose erst nach einer längeren Zeit der Personentwicklung *ab dem frühen Erwachsenenalter* erfolgen.

Persönlichkeitsstörungen werden im ICD-10 von den Persönlichkeitsänderungen unterschieden. Im DSM-III-R sind letztere teilweise im sog. *„organisch bedingten* Persönlichkeitssyndrom" enthalten, das als Untergruppe der „organisch bedingten psychischen Syndrome und Störungen" aufgeführt wurde. Im zu erwartenden DSM-IV wird in Angleichung an das ICD-10 diese Störungsgruppe in eine neue Kategorie der „Persönlichkeitsänderungen" überführt, die ebenfalls auf der *Achse II* angesiedelt sein dürfte (vgl. Task Force on DSM-IV, 1991). Im DSM-IV wie im ICD-10 werden *Persönlichkeitsänderungen* dann einheitlich geführt, und zwar als Persönlichkeitsauffälligkeiten, die (im Unterschied zu den Persönlichkeitsstörungen) *erst im Erwachsenenalter erworben* wurden. Von der Task Force on DSM-IV (1991) werden bisher – je nach Verursachungsbedingungen – folgende Bereiche unterschieden: (a) andauernde Persönlichkeitsänderungen nach Extrembelastung (z. B. Katastrophen, längerdauernde lebensbedrohliche Situationen, etwa als Folteropfer oder Terrorismuserfahrungen); (b) andauernde Persönlichkeitsänderungen nach traumatischer Erfahrung einer psychischen Störung oder psychiatrischen Erkrankung (die nicht als Residualsymptomatik der jeweiligen Störung oder Erkrankung gelten können); (c) sekundäre Persönlichkeitsänderungen in der Folge nichtpsychiatrischer medizinischer Behandlungen (z. B. intermittierend auftretende Aggressivität nach Hirnoperationen) sowie innerhalb einer Restkategorie (d) einige weitere Persönlichkeitsänderungen, die nicht den genannten Bereichen zugeordnet werden können (wie Persönlichkeitsänderungen in der Folge chronischer Schmerzerfahrungen, nach einem Trauerfall oder als Auswirkung grundlegender Änderungen der psychosozialen Lebensbedingungen).

In den aktuell gültigen Fassungen beider Klassifikationssysteme wurden Anzahl und Benennungen der spezifischen *Persönlichkeitsstörungen* deutlich vereinheitlicht. In der Tabelle 1 sind die Bezeichnungen der Persönlichkeitsstörungen im ICD-10 und im DSM-III-R aufgelistet. Zugleich beinhaltet die Tabelle eine Grobunterteilung der Störungen in drei Hauptgruppen, mit der im DSM-III-R versucht wurde, die Störungen hinsichtlich markanter beobachtbarer Interaktionstypiken zu systematisieren.

Tabelle 1: Persönlichkeitsstörungen im ICD 9, ICD 10, DSM II und DSM-III(-R) (Abfolge und Gruppierung der Störungsbilder in Anlehnung an das DSM-III-R)

ICD 9 (1978) (1989/1987)	ICD 10 (1991)	DSM-II (1968)	DSM-III/R (1980/1987)
			Gruppe A
paranoid	paranoid	paranoid	paranoid
schizoid	schizoid	schizoid	schizoid
( )	→***)	( )	schizotypisch
zyklothym (thymopatisch	→*)	zyklothym	→*)
			Gruppe B
soziopathisch	dissozial	antisozial	antisozial
	emotional instabil:		
erregbar	– impulsiv	explosibel	→**)
( )	– Borderline	( )	Borderline
hysterisch	histrionisch	hysterisch	histrionisch
	(****)	( )	narzißtisch
			Gruppe C
( )	ängstlich (vermeidend)	( )	selbstunsicher (*avoidant*)
( )	abhängig (asthenisch)	( )	dependent
anankastisch	anankastisch (zwanghaft)	zwanghaft	zwanghaft
	(****)	passiv-aggressiv	passiv-aggressiv
		unangemessen	( )
asthenisch	( )	asthenisch	

( ) im ICD-9 oder DSM-II noch nicht vorhanden bzw. im ICD-10 oder DSM-III-R nicht mehr vorhanden

→*) nunmehr DSM-III-R: Achse I (unter „Affektiven Störungen"), zur Kennzeichnung chronisch affektiver Verläufe mit hypomanischen Episoden und Perioden depressiver Verstimmung über mindestens zwei Jahre (entsprechen im ICD-10 unter F3: „Affektive Störungen")

→**) im DSM-III-R als „Intermittierend Explosible Störung" unter „Störungen der Impulskontrolle" auf der Achse I zu kodieren

→***) im ICD-10 als „Schizotypische Störung" unter F21 im Bereich F2 „Schizophrenie und wahnhafte Störungen" zu kodieren

(****) im ICD-10 sind die narzißtische und die passiv-aggressive Persönlichkeitsstörung unter der Restkategorie „andere spezifische Persönlichkeitsstörungen" aufgeführt (F60.8)

In der ersten *Hauptgruppe A* werden im DSM-III-R mit den paranoiden, schizoiden und schizotypen Persönlichkeitsstörungen Personen zusammengefaßt, die „häufig als sonderbar oder exzentrisch bezeichnet" werden (in der deutschen Fassung von 1989, S. 407). *Hauptgruppe B* beinhaltet die histrionische, narzißtische, antisoziale und Borderline-Persönlichkeitsstörung; „Personen mit solchen Störungen werden häufig als dramatisch, emotional oder launisch bezeichnet" (a. a. O.). *Hauptgruppe C* beinhaltet die selbstunsicheren, dependenten, zwanghaften und passiv-aggressiven Persönlichkeitsstörungen; „Menschen mit diesen Störungen zeigen sich oft ängstlich und furchtsam" (a. a. O.). Es gibt inzwischen eine Reihe weiterer Gruppierungsversuche, die ebenfalls auf der Grundlage beobachtbarer Interaktionsmuster (z. B. Millon & Everly, 1986) oder auch aufgrund psychopathologischer oder ätiologischer Überlegungen zu gänzlich anderen Gruppeneinteilungen gelangen (vgl. die Zusammenstellungen unterschiedlicher Gruppierungen bei Saß, 1986). Da die bisherigen Unterteilungsversuche vornehmlich konzeptueller Natur sind und empirische Belege für deren Sinnhaftigkeit weitgehend fehlen, wurde im ICD-10 auf eine Untergliederung der Persönlichkeitsstörungen gänzlich verzichtet.

2.3 Übersicht über aktuelle Veränderungen in den Diagnosesystemen

Tabelle 1 enthält zudem die wichtigsten Veränderungen der aktuellen Versionen gegenüber ihren beiden Vorfassungen ICD-9 und DSM-II. Einige der wesentlichen Begründungen für die erfolgten Neuerungen sollen nachfolgend kurz im Zusammenhang vorgestellt werden.

Gegenüber den Vorfassungen wurde die ursprüngliche Kategorie „*schizoide* Persönlichkeit" – die u. a. als (prämorbide) Persönlichkeitsstruktur schizophrener bzw. zur Schizophrenie prädisponierter Menschen aufgefaßt wurde – im DSM-III-R durch zwei Kategorien ersetzt: durch die „*schizoide Persönlichkeitstörung*" und durch die „*schizotypische* Persönlichkeitsstörung", wobei v. a. die schizotypische Persönlichkeitsstörung nunmehr jene Verhaltensmerkmale enthält, die eine besondere Prädispositon zur Schizophrenie nahelegen. Diese Unterteilung begründet sich wesentlich aus Ergebnissen wichtiger Familienstudien sowie aus Retrospektiv- und Prospektivstudien zur Erforschung der Langzeitverläufe der Schizophrenie (vgl. Siever, 1981). Genau aus diesem Grund jedoch und ganz im Unterschied zum DSM-III-R wurden die „schizotypen Störungen" im ICD-10 als Unterkategorie der Schizophrenie zugeordnet (ganz ähnlich, wie dies *beide* Systeme für die *dysthymen* bzw. *zyklothymen* Störungen mit deren Zuordnung zu den Affektiven Störungen vorsehen; vgl. unten).

Zugleich wurden zur weiteren Differenzierung im früheren Schizoidie-Komplex zwei völlig neue Störungstypisierungen eingeführt: Es sind dies das Konzept der „*Borderline-Persönlichkeitsstörung*" und das der „*selbstunsicheren* Persönlichkeitsstörung" (englisch: „*avoidant personality disorder*"). Obwohl beide Störungsbilder bei ihrer Einführung in das DSM-III (1980) keine ungeteilte Zustimmung fanden, liegen inzwischen eine Vielzahl empirischer Arbeiten vor, die die differentialdiagnostische Validität dieser Neusetzungen stützen (vgl. Widiger et al., 1988).

Im ICD-10 ist die Borderline-Persönlichkeitsstörung (als „*Borderline-Typus*") eine von zwei Unterformen der dort so bezeichneten „*emotional instabilen Persönlichkeitsstörung*"; die zweite Form (als „*impulsiver Typus*" bezeichnet) entspricht der sog. „*intermittierend explosiblen* Störung" des DSM-III-R, die dort auf der *Achse I* der Syndromgruppe der Störungen der Impulskontrolle zugerechnet wird. Die Zuordnung der episodenhaft und spontan auftretenden Aggressivität und Gewalt zum Bereich der Persönlichkeitsstörungen, geht auf die Einflüsse der europäischen Psychiatrie auf die Entwicklung des ICD zurück. Vor allem in deutscher Psychiatrie-Tradition war der aggressive Impulskontrollverlust immer schon als Psychopathie-Merkmal aufgefaßt und mit Begriffen wie *reizbare*, *explosible* oder *aggressive* Persönlichkeit(sstörung) belegt worden (vgl. Saß, 1987).

Die „*dependente* Persönlichkeitsstörung" war im DSM-I des Jahres 1952 noch eine Unterkategorie einer „*passiv-aggressiven Persönlichkeit*". Obwohl die Kategorie 1968 im DSM-II (im Sinne dieser Unterordnung) nicht mehr explizit vorhanden war, wurde sie erneut in das DSM-III und in das DSM-III-R übernommen – angeregt einerseits durch empirische Arbeiten, die eine Typendifferenzierung passiv-aggressiver versus depenter Persönlichkeitsmerkmale nahelegen, gestützt andererseits durch Konzeptdifferenzierungen, wie sie in den vergangenen Jahren vor allem von psychoanalytischen Autoren vorgelegt wurden (vgl. Malinow, 1981 a, b). Gleichfalls auf einen starken Einfluß psychoanalytischer Forscher zurückgeführt werden kann die Neusetzung der „*narzißtischen* Persönlichkeitsstörung", die jedoch nach wie vor wegen eines Mangels einschlägiger empirischer Befunde zur Stützung dieses Konzeptes kritisiert wird (Widiger et al., 1988). Dies ist auch einer der Gründe, weshalb die narzißtischen Persönlichkeitsstörungen nicht in das ICD-10 übernommen wurden. Für die empirische Absicherung des Konzeptes sind erst in jüngster Zeit einige Studien vorgelegt worden, die zugleich für das zu erwartende DSM-IV einige konzeptuelle Veränderungen nahelegen (z.B. Ronningstam & Gunderson 1990).

Ganz im Unterschied zu den mit der Schizophrenie in einen Zusammenhang gestellten Persönlichkeitseigenarten (paranoid, schizoid, schizotypisch) werden die mit der *Depression* assoziierten Persönlichkeitsstörungen (z.B. hyperthym, thymopathisch, zyklothym [noch im ICD-9] sowie zyklothym [auch im DSM-II]) in den beiden aktuellen Fassungen als *dysthyme* und *zyklothyme Störungen* in den jeweiligen Syndrom-Sektionen der „*Affektiven* Störungen" registriert.

Damit folgen ICD-10 und DSM-III-R einer durch eine Reihe von Studien gestützen Auffassung, derzufolge im Bereich der affektiv-depressiven Erkrankungen enge Verbindungen zwischen den weniger schweren, jedoch chronischen Verläufen (die auf subaffektiv wirkende Persönlichkeitsmerkmale zurückgeführt werden) und den episodenhaft verlaufenden affektiven Störungen bestehen (z. B. Akiskal, 1983; Akiskal, Hirschfeld & Yerevanian, 1983). In der jüngster Zeit wird jedoch verschiedentlich (unter Bezug auf eine Reihe einschlägiger Untersuchungen) gefordert, unter den Persönlichkeitsstörungen (auf der Achse II des Diagnostikmanuals) erneut eine „*depressive* Persönlichkeitsstörung" zusätzlich vorzusehen (Philips, Gunderson, Hirschfeld & Smith, 1990; vgl. auch Hirschfeld, 1990).

Auf zwei bisherige Diagnosemöglichkeiten, der „*asthenischen Persönlichkeit*" (sowohl im ICD-9 wie im DSM-II) sowie der „*unangemessen Persönlichkeit*" („*inadequate personality disorder*"; bisher nur im DSM-II) wurde in den aktuellen Versionen gänzlich verzichtet. Als Kennzeichen „*asthenischer Persönlichkeiten*" gelten verminderte Leistungsfähigkeit, körperlich empfundene Schwäche und erhöhte Erschöpfbarkeit ohne erkennbar organische Ursachen mit oftmals extrem ungünstigen Konsequenzen für die psychosoziale, v. a. berufliche Entwicklung (z. B. Frühinvalidität). Im ICD-10 sind Hauptmerkmale dieses Störungsbildes der dort auch so bezeicheten „*abhängigen (asthenischen)* Persönlichkeitsstörung" zugeordnet worden. Als Merkmal der „*unangemessenen Persönlichkeit*" galt ein durchgängig Muster ineffektiver Reaktionen auf emotionale, soziale, intellektuelle und körperliche Anforderungen, wenn sich bei den Betroffenen keine Hinweise auf verursachende körperliche oder geistige Defizite oder Behinderungen finden ließen.

Die wesentlichen Gründe für das Aufgeben beider Kategorien waren (a) differentialdiagnostische Unschärfen zwischen diesen beiden Typisierungen, (b) die fehlende Operationalisierung von Verhaltensindikatoren der über ihr „Nichtvorhandensein" definierten „inadäquaten" Persönlichkeitsmerkmale, (c) Differenzierungsschwierigkeiten zwischen asthenischen und affektiven Störungen in den für beide Bereiche als zentral betrachteten Merkmalen der Anhedonie und Hemmung, schließlich (d) die offenkundig außerordentlich seltene Nutzung v. a. der Asthenie-Kategorie zur Kennzeichnung von Persönlichkeitsstörungen (vgl. Lion, 1981). Im DSM-III-R gelten als Nachfolgekategorien für beide Bereiche einerseits die dependenten, selbstunsicheren und schizoiden Persönlichkeitsstörungen sowie andererseits manche Syndromspezifikationen der Affektiven Störungen (vgl. Turkat & Levin, 1984). Im ICD-10 sind *beide* Diagnosebegriffe im Zusammenhang mit der „abhängigen (asthenischen) Persönlichkeitsstörung" aufgeführt.

Sowohl im ICD-10 wie im DSM-III-R wurde die frühere Kennzeichnung „Hysterie" (hysterische Neurose; hysterische Persönlichkeit) wegen ihrer Vielgestaltigkeit (sehr heterogene Ätiologie-Implikationen; ähnliche Stigmatisierungsproblematik wie der Psychopathie-Begriff) gestrichen und im Bereich der Persönlichkeitsstörungen durch „*histrionische* Persönlichkeitsstörung" ersetzt („*Histrione*" war die griechische Bezeichnung für einen Schauspieler im antiken Rom). Damit wurde die seit langem geforderte Präzisierung der Kategorie konsequent bis hin zur begrifflichen Neusetzung vorgenommen.

Schließlich bleibt die Diagnose der „*passiv-aggressiven* Persönlichkeitsstörung" nach wie vor eine Besonderheit der US-amerikanischen Systematik. Im ICD-10 wird sie lediglich als eine Möglichkeit der nicht weiter definierten Restkategorie „*andere spezifische Persönlichkeitsstörungen*" aufgeführt. In der europäischen und vor allem deutschen Klassifikationstradition werden viele Personeigenarten, die mit der passiv-aggressiven Persönlichkeitsdiagnose verknüpft sind, mit der „dependenten" bzw. mit der „asthenischen Persönlichkeitsstörung" in einen Zusammenhang gestellt, die im ICD-10 als „abhängige (asthenische) Persönlichkeitsstörung" diagnostizierbar sind – obwohl diese Möglichkeit durch das ICD-10 selbst nicht angedeutet wird (vgl. Tölle, 1986). In dem in Kürze zu erwartende DSM-IV wird die passiv-aggressive Persönlichkeitsstörung keineswegs aufgegeben. Mit Hinweis auf das ICD-10 wird aller Voraussicht nach jedoch im Anhang des DSM-IV mit der sog. „*negativistischen* Persönlichkeitsstörung" eine neue Kategorie als zukünftig mögliche Alternative zur „*passiv-aggressiven Persönlichkeitsstörung*" zur weiteren Erforschung hinzugefügt (Task Force on DSM-IV, 1991; vgl. auch die späteren Ausführungen zur Konzeptbedeutung dieser Kategorie in den USA).

2.4 Häufigkeit und Verteilung

Epidemiologische Studien, in denen die unterschiedlichen Störungsbilder insgesamt und differentiell erfaßt werden, liegen bis heute nicht vor. Wegen der bis zur Einführung des DSM-III gegebenen Uneinheitlichkeit in der Klassifikation, wurden die Persönlichkeitsstörungen zumeist als eine Gruppe untersucht oder Erhebungen nur zu einzelnen Störungsbereichen durchgeführt (vgl. Merikangas & Weissman, 1986). Frühere Studien kommen – mit wenigen Ausnahmen – recht übereinstimmend zu Prävalenzraten zwischen 5 und 10 Prozent für das Vorhandensein von Persönlichkeitsstörungen in unterschiedlichen Bevölkerungsgruppen und Kulturkreisen: Bremer (1951) fand in Norwegen 9,4 %; Essen-Möller (1956) in Schweden 6,4 %; Langner und Michael (1963) in den USA 9,8 %; Ausnahme: Nielsen und Nielsen (1977) in Dänemark 2,4 % (die Erhebungen wurden jeweils an mehr als 1000 Personen durchgeführt).

Mit Einführung des DSM-III und bei zugleich erheblicher Verbesserung standardisierter Erhebungsmethoden (vgl. Reich 1987a) scheinen sich die frühen allgemeinen Prävalenzraten weitgehend zu bestätigen. So wurde beispielsweise für die Großstadtbevölkerung von Mannheim eine Prävalenz für Persönlichkeitsstörungen von 5,5 % gefunden (Schepank et al., 1984). Für das Zentrum einer etwas kleineren Stadt im Mittelwesten der USA (Iowa-City) finden Reich, Yates und Nduaguba (1989) eine Prävalenz von 11,1 %. Personen, die in letzterer Studie die Diagnose der Persönlichkeitsstörung gem. DSM-III-R erhalten hatten, waren durch einige weitere Merkmale auffällig: Sie hatten in der Regel ein niedrigeres Bildungsniveau und es wurde häufiger eine Alkoholabhängigkeit (bei 19 % vs 0,6 %) festgestellt. Die Verheirateten unter ihnen berichteten öfter über erhebliche Eheschwierigkeiten (29 % vs. 3,5 %).

2.5 Verlauf

Prospektive Langzeitstudien, die genaue Angaben über Verläufe ermöglichen, liegen u.W. nicht vor. Zwei *Katamnese*-Studien zu den weiteren Krankheitsverläufen psychiatrischer Patienten in der Bundesrepublik (Tölle, 1966; psychiatrische Patienten; Nachuntersuchung durchschnittlich 28 Jahre nach Erstuntersuchung) und in der Schweiz (Müller, 1981; Patienten mit Medikamenten-/Alkohol-Abhängigkeit bzw. forensisch-psychiatrischer Problematik; Nachuntersuchung durchschnittlich 30 Jahre nach Erstuntersuchung) ergaben weitgehend übereinstimmende Befunde: Die gefundenen Persönlichkeitsstörungen blieben in ihrer jeweiligen Störungsspezifität relativ unverändert, waren im Verlauf der Zeit insgesamt jedoch in ihrer Schwere rückläufig und im hohen Alter der Betroffenen nurmehr sehr abgeschwächt zu finden. Es fanden sich sehr unterschiedliche Verlaufseigenarten; Suizide kamen bei Patienten mit Persönlichkeitsstörungen auffallend häufig vor. Ungünstige Einflüsse der Persönlichkeitseigenarten auf die Lebensführung zeigten sich insbesondere im Zusammenhang mit extremen Lebensanforderungen und Lebenskrisen. Tölle (1986) zieht aus den Befunden beider Studien den Schluß, daß die einmal diagnostizierten spezifischen Persönlichkeitsmerkmale zwar bemerkenswert persontypisierend blieben. Anderseits hänge das Ausmaß der Auswirkungen der Persönlichkeitsstörungen auf das Befinden und Erleben der Betroffenen sowie auf die Qualität sozialer Beziehungen deutlich mit den jeweiligen Lebensumständen und mit dem erreichten Lebensalter zusammen.

Die gefundene Verminderung des Einflusses der Persönlichkeitsstörungen auf die Lebensführung der nachuntersuchten Patienten im späteren Leben entspricht der Beobachtung, daß Persönlichkeitsstörungen im hohen Alter allgemein seltener diagnostiziert werden (vgl. Solomon, 1981). Dennoch dürfte eine sorgsame Abklärung persönlichkeitsspezifischer Eigenarten bei älteren Patienten vor allem mit Blick auf psychotherapeutische Vorhaben unverzichtbar bleiben.

3 Die verschiedenen Persönlichkeitsstörungen

Nachfolgend sollen Konzeptentwicklung, Differentialdiagnose und Ätiologie der einzelnen Störungsbilder vorgestellt werden. In der Typisierung orientieren wir uns dabei im wesentlichen an den Kriterienvorgaben des DSM-III-R, weil zu dieser Einteilung in den vergangenen Jahren eine beträchtliche Zahl konzeptueller und empirischer Arbeiten publiziert wurden. Auf Besonderheiten, die sich aus den Unterschieden beider Systematiken ergeben, werden wir eingehen. Bei der Rezeption der ätiologischen Erklärungsansätze bleibt jeweils zwingend zu beachten, daß sie – nicht zuletzt wegen der aktuellen Neusetzungen der Persönlichkeitsstörungen in den aktuellen Diagnose-Systemen – in den meisten Fällen spekulativer Art sind, weil entsprechende empirische Arbeiten noch fehlen. Diese etwas unbefriedigende Situation dürfte sich erst im Verlauf der nächsten Jahre nach und nach ändern.

3.1 Paranoide Persönlichkeitsstörung

Das Attribut „paranoid" steht innerhalb der Diagnosesysteme zur Charakterisierung von drei unterschiedlichen Störungsbildern: paranoide Schizophrenie, wahnhafte (paranoide) Störung (Paranoia) und paranoide Persönlichkeitsstörung. Bei der *paranoiden* Schizophrenie werden die Patienten während der Erkrankung außer von anderen sog. Grundstörungen der Schizophrenie zugleich von ziemlich andauernden Wahnvorstellungen beherrscht. In der *wahnhaften (paranoiden)* Störung ist – unter Ausschluß einer Schizophrenie – ein über längere Zeit hinweg, gelegentlich lebenslang andauernder Wahn das einzige oder auffälligste klinische Charakteristikum. Beide Störungsbereiche sind detailliert beschrieben und wissenschaftlich extensiv untersucht (vgl. z. B. Maher & Ross, 1984; Carson, 1984) – ganz im Unterschied zur paranoiden Persönlichkeitsstörung, zu der vor allem konzeptuelle Überlegungen, kaum jedoch empirische Arbeiten vorliegen (vgl. Turkat & Banks, 1987). Dennoch bestanden über die Sinnhaftigkeit der Diagnose „paranoide Persönlichkeitsstörung" offensichtlich nie größere Meinungsunterschiede. So gibt es diese Klassifikationsmöglichkeit in den beiden Diagnosesystemen ICD-und DSM von Anfang an. In den Neuauflagen sind lediglich Präzisierungen vorgenommen worden, die weniger neue empirische Erkenntnisse reflektieren, sondern die vor allem Überlappungen (unakzeptierbare Komorbiditäten) mit anderen Störungen reduzieren helfen sollten (vgl. Siever, 1992).

Konzeptentwicklung. Hauptmerkmal der paranoiden Persönlichkeitsstörung ist gem DSM-III-R (vgl. Tab. 2) ein in verschiedenen Situationen auftretendes durchgängiges Mißtrauen und eine Neigung, neutrale oder gar freundliche Handlungen anderer als feindselig oder kränkend (fehl-) zu interpretieren. Dabei ist die auf eine hohe Empfindsamkeit rückführbare Fehlwahrnehmung interpersonellen Erfahrungen, die gelegentlich an ein Wahnerleben erinnern mag, in der paranoiden Persönlichkeitsstörung bei weitem nicht so ausgeprägt, wie es die Bezeichnung „paranoid" suggeriert – und wie sie bei Vorliegen der paranoiden Schizophrenie oder paronoiden Störung gerechtfertigt ist.

Die insofern etwas unglückliche Bezeichnung „paranoide Persönlichkeitsstörungen" hat sich jedoch ab der Mitte dieses Jahrhunderts gegenüber einer Reihe unterschiedlicher Begriffsetzungen allgemein durchgesetzt. Frühere Bezeichnungen betonen jeweils besondere Einsichten in das mögliche Gemeinsame des Phänomens: Mit *„expansiver Persönlichkeit"* versuchte Kretschmer (1921) Temperaments-Eigenschaften wie empfindsam, mißtrauisch, streitsüchtig, rechthaberisch unbeweglich und kämpferisch wahnhaft zusammenzufassen. Kraepelins *„Pseudoquerulanten"* (1903–1904) und *„Streitsüchtige"* (1909–1915) finden sich als *„querulatorische Persönlichkeiten"* noch bei Schulte und Tölle (1977). Letztere beschreiben die Betroffenen als „rechthaberische, halsstarrige, fanatische, unbelehrbare, zugleich verwundbare und auf geringfügiges oder auch nur vermeintliches Unrecht empfindlich reagierende Naturen, die stets zum Kampf gestimmt und für den Kampf gut ausgerüstet sind" (a. a. O., S. 96). Die Bezeichnung *„Fanatische Persönlichkeiten"* (Schneider, 1923) betont den Aspekt der Überwertigkeit von Ideen, die sich auf verschiedene Lebensbereiche beziehen können (Politik, Weltanschauung, Religion, Gesundheit etc.) sowie die scheinbare Rücksichtslosigkeit der Ideen-Durchsetzung, die Vernachlässigung berechtigter Anliegen anderer, bis hin zum Verlust des Überblicks über das Ganze.

Tabelle 2: Diagnostische Kriterien der paranoiden Persönlichkeitsstörung gem. DSM-III-R

A) Eine in den verschiedenen Situationen auftretende, durchgängige und ungerechtfertigte Neigung, die Handlungen anderer Menschen als absichtlich erniedrigend oder bedrohlich zu interpretieren. Der Beginn liegt im frühen Erwachsenenalter. Mindestens *vier* der folgenden Kriterien müssen erfüllt sein:
Der Betroffene
(1) fühlt sich – ohne ausreichenden Grund – von anderen ausgenutzt oder benachteiligt;
(2) stellt die Loyalität oder Glaubwürdigkeit von Freunden oder Mitarbeitern grundlos in Zweifel;
(3) mißt harmlosen Bemerkungen oder Vorkommnissen eine versteckte, für ihn abwertende oder bedrohliche Bedeutung zu, glaubt beispielsweise, daß der Nachbar seinen Müll am frühen Morgen herausstellt, nur um ihn zu ärgern;
(4) hegt lange Groll gegen andere oder vergibt Mißachtung, Beleidigungen oder verletzende Äußerungen nicht;
(5) vertraut sich nur zögernd anderen Menschen an, aus ungerechtfertigter Angst, die Informationen könnten gegen ihn verwandt werden;
(6) fühlt sich leicht mißachtet und reagiert schnell zornig oder startet einen Gegenangriff;
(7) bezweifelt ohne jeden Grund die Treue des Ehe- oder Sexualpartners.

B) Tritt nicht ausschließlich im Verlauf einer Schizophrenie oder einer Wahnhaften Störung auf.

aus: Diagnostisches und Statistisches Manual Psychischer Störungen: DSM-III-R. (1989, S. 409–410). © Beltz-Verlag, Weinheim. Abdruck mit Genehmigung des Verlags.

Diagnostik. Beide Diagnosesysteme geben – in weitgehender Übereinstimmung – folgende Erlebens- und Verhaltensweisen als zentrale Merkmale der paranoiden Persönlichkeitsstörung an: (a) ein überstarkes interpersonelles Mißtrauen (z. B. in der Erwartung persönlicher Kränkung oder Verletzung), (b) eine Überempfindlichkeit (z. B. gegenüber Zurückweisung und Zurücksetzung) sowie (c) eine situationsunangemesse Neigung zu einem streitsüchtigem bis zu feindselig vorgetragenem Beharren auf eigenen Ansichten oder Rechten (vgl. Tab. 2 mit den DSM-Kriterien). Andere Menschen charakterisieren die Betroffenen häufig auch als scharfsinnige Beobachter und als energisch und ehrgeizig.

Differentialdiagnostik. Von der *paranoiden Schizophrenie* und der *wahnhaften (paranoiden) Störung* grenzt sich die paranoide Persönlichkeitsstörung gewöhnlich durch das Fehlen psychotischer Symptome (wie Wahnphänomene und Halluzinationen) ab. Die paranoide Persönlichkeitsstörung kann bei Menschen mit einer der beiden spezifisch-paranoiden Störungen jedoch bereits vorliegen; sie wird gewöhnlich dann diagnostiziert, wenn die o. g. Kriterien außerhalb der psychotischen Episoden bzw. Krankheitsphasen bestehen bleiben. Einzelne Merkmale der paranoiden Persönlichkeitsstörung können bei der *antisozialen* und bei der *schizoiden Persönlichkeitsstörung* vorkommen und eventuell eine Komorbiditätsdiagnose rechtfertigen.

Erklärungsansätze. Insgesamt gibt es bisher nur wenige empirische Arbeiten zur Ätiologie der paranoiden Persönlichkeitsstörung. Die meisten Erklärungsversuche wurden aus zumeist sorgsam dokumentierten Einzelfallschilderungen heraus entwickelt (vgl. Thompson-Pope & Turkat, 1993).

In *psychoanalytischen Erklärungsversuchen* wird – seit Freuds Arbeiten über die Paranoia (Fall „Schreber"; 1911, 1922) – vor allem die Auffassung vertreten, daß es sich bei der psychotischen Paranoia wie bei der paranoiden Charakterstörung um einander ähnelnde Äußerungsformen einer Abwehrneurose handelte, deren hauptsächlicher Mechanismus die „Projektion" sei (Freuds Ansicht, daß zwischen Paranoia und verdrängter Homosexualität eine Verbindung bestehe, wird heute nicht mehr vertreten). Im Falle der *Projektion* nimmt die psychoanalytische Theorie an, daß aus dem Hineinprojezieren eigener, insbesondere aggressiver Impulse in den anderen eine Entlastung resultiere und daß deshalb die *projektive* Wahnbildung eine wesentliche Form der Konflikt-Abwehr und des Selbst-Schutzes im psychotischen Erleben darstelle (z. B. Mentzos, 1984). Bei den Formen (nicht-psychotischer) projektiv-paranoider Abwehr handelt es sich hingegen um allgemein-menschliche Versuche des Selbstversicherung und des Selbstschutzes gegenüber zwischenmenschlichen Unsicherheiten und Konflikten, die sich bei der *paranoiden Persönlichkeitsstörung* lediglich graduell hinsichtlich Permanenz und geringer Beeinflußbarkeit extremisierten (als „Stabilisierungsversuche eines recht brüchigen Selbstbildes und Selbstwertgefühls"; Mentzos, 1984, S. 195; auch Shapiro, 1965).

Insbesondere einige High-Risk-Studien zur Schizophrenie (z.B. Rosenthal, Wender, Kety, Welner, & Schulsinger, 1971; Kety, Rosenthal, Wender, & Schulsinger, 1971; Parnas, Schlusinger & Mednick, 1990) haben darauf aufmerksam gemacht, daß die paranoiden Persönlichkeitsstörungen – wie im übrigen auch die schizoiden, schizotypischen und Borderline-Persönlichkeitsstörungen (vgl. die nachfolgenden Störungsbeschreibungen) – bei biologischen Verwandten von schizophrenen Menschen deutlich häufiger als bei Kontrollpersonen vorkommen. Diese vier Persönlichkeitsstörungen zählen deshalb zum Risiko-Spektrum schizophrener, wahnhafter und affektiv-psychotischer Störungen. So werden in klinisch-psychiatrischen Falldokumentationen regelmäßig Patienten mit paranoider Persönlichkeitsstörung beschrieben, die unter besonders belastenden Lebensumständen in Richtung einer Schizophrenie oder der wahnhaft (paranoiden) Störung dekompensieren (Vaillant & Perry, 1988). Für ein Verständnis der paranoiden Persönlichkeitsstörung ist es deshalb naheliegend, sie – wie die anderen zum Schizophrenie-Spektrum zählenden Persönlichkeitsstörungen – im Rahmen einer sogenannten Vulnerabilitätsperspektive bzw. eines *Diathese-Streß-Modells* zu rekonzeptualisieren – wie es inzwischen bei der Schizophrenie und psychotisch-wahnhaften Störung geschieht.

Einem **allgemeinen** Diathese-Streß-Modell entsprechend (vgl. Süllwold, 1983; Fiedler 1993a) werden die Persönlichkeitsstörungen von einer sogenannten Vulnerabilität abhängig gesehen, mit der eine besondere dispositionelle Empfindlichkeit, Labilität oder Verletzlichkeit der Person gegenüber sozialen An-

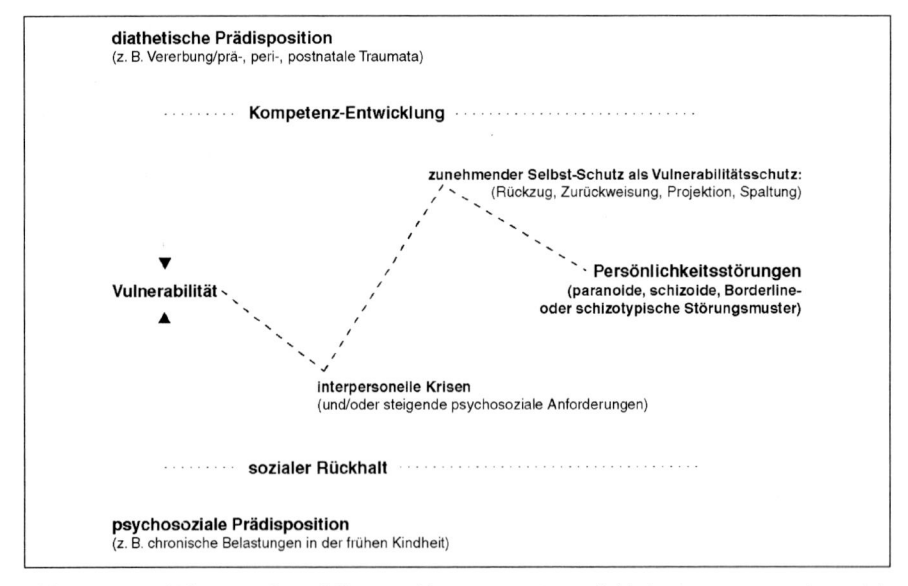

Abb. 1: Das Diathese-Streß-Modell zur Erklärung von Persönlichkeitsstörungen aus dem Risikospektrum wahnhaft (paranoider), schizophrener oder affektiver Störungen

forderungen und Streß gemeint ist. Diese Vulnerabiltität ist nun einerseits bestimmt durch eine *diathetische Prädisposition*. Unter Diathese wird das ungünstige Zusammenwirken von Erbeinflüssen und/oder von prä-, peri-, postnatalen Traumata zusammengefaßt, die dann als diathetische Vulnerabilität die weitere Persönlichkeitsentwicklung präformieren. Bei den meisten Persönlichkeitsstörungen ist die Risikowirkung solcher diathetischer Einflüsse inzwischen nachgewiesen (vgl. Millon, 1981). Anderseits wird die Vulnerabilität bestimmt durch eine psychosoziale Überformung der Diathese; als Bedingungen einer solchen *psychosozialen Prädisposition* werden vor allem ungünstige familiäre und erzieherische Einflüsse auf die frühkindliche Persönlichkeitsentwicklung beschrieben und untersucht. Markante Ereignisse, die regelmäßig im Zusammenhang mit Persönlichkeitsstörungen gefunden wurden, sind Kindesmißhandlungen, frühe Inzesterfahrungen oder miterlebte kriminelle Gewalttätigkeit eines Elternteils (z.B. Links, 1992; Marziali, 1992; Robins, 1978).

Das Diathese-Streß-Modell legt es nahe, die Persönlichkeitsstörungen vorrangig als *Störungen des zwischenmenschlichen Beziehungsverhaltens* aufzufassen (Fiedler, 1993): Die persönlichen (Problem-) Verhaltensweisen der Betroffenen werden als individuelle Eigenarten oder sogar als *Kompetenzen* verstehbar, auf psychosoziale Anforderungen, einschneidende Lebensereignisse oder zwischenmenschliche Krisen *sich selbst schützend* zu reagieren. Sie lassen sich damit auch als Teil eines Bemühens begreifen, gegenüber diesen Belastungen und Krisen zu bestehen und/oder die eigene Vulnerabilität zu schützen. Auf der anderen Seite hängt das mögliche Ausmaß der Störungen auch davon ab, ob und wie die Betroffenen bei ihren Angehörigen oder Mitmenschen Verständnis, Akzeptanz und *sozialen Rückhalt* finden. Nicht gerade selten dürften Menschen gerade wegen der Typik ihrer „Persönlichkeitsstörung" und bei gleichzeitiger Akzeptanz (wenn nicht gar gelegentlich sogar bei Bewunderung oder sogar bei Ablehnung ihrer Eigenarten durch ihre Gegner) in bestimmten beruflichen, politischen oder künstlerischen Berufen ausgesprochen erfolgreich sein. Dies dürfte in besonderer Weise gerade auch für die *paranoiden Persönlichkeitsstörungen* zutreffen, denen in beide Klassifikationssystemen ein ausgesprochenes Rechtsbewußtsein und eine scharfe Beobachtungsgabe zusprechen. So gibt es kaum einen Autor, der in seiner Beschäftigung mit der paranoiden Persönlichkeitsstörung nicht auf irgendeine mehr oder weniger berühmte Führerpersönlichkeit verweist, deren Erfolg vermeintlich auch auf ein paranoidem Interaktionsmuster rückführbar sei (z.B. Vaillant & Perry, 1988; Weintraub, 1981).

Mittels Vulnerabilitäts-Streß-Modell erklärt sich nun eine (episodenhafte) Extremisierung der Störungsmuster der *paranoiden Persönlichkeit* unter anderem aus einer *Eskalation interpersoneller Konflikte und Krisen*. Diese selbst haben ihre Ursache häufig darin, daß viele der von den Betroffenen *als Selbstschutz* gewählten zwischenmenschlichen Verhaltensweisen (wie Rückzug aus sozialen

Beziehungen, aggressive Abwehr sozialer Kritik als Projektion, beharrliches Bestehen auf Rechtspositionen) für die Bezugspersonen gar nicht als Vulnerabilitätsschutz verstehbar sind. Sie werden vielmehr zumeist *als Verletzung* interpersoneller Umgangsformen interpretiert und fordern deshalb – im Sinne eines *Circulus vitiosus* – geradezu vermehrt jene Ablehnung, Kritik und Feindseligkeit heraus, vor denen sich die Betroffenen gerade zu schützen versuchten.

3.2 Schizoide Persönlichkeitsstörung

Diese Störung wird bei Patienten diagnostiziert, die bis dahin bereits längere Zeit, möglicherweise bereits ihr ganzes Leben lang von anderen sehr zurückgezogen leben. In der Gesellschaft anderer fühlen sie sich unwohl. Und andere Menschen erleben sie als sehr isoliert und einsam.

Konzeptentwicklung. Die ersten Bemühungen um eine systematische Ausarbeitung einer „schizoiden Persönlichkeit" Anfang dieses Jahrhunderts sind eng mit der Erfassung und Erforschung der Schizophrenie verknüpft.

In der Ärztegruppe um Eugen Bleuler wurde schon früh die Beobachtung diskutiert, daß viele der nichtpsychotisch erkrankten Angehörigen schizophrener Patienten eine Reihe von Verhaltensauffälligkeiten aufwiesen, die in Familien nichtpsychotischer Patienten gar nicht oder nur selten beobachtet wurden: vor allem die Neigung zur sozialen Isolation und ein exzentrischer Kommunikationsstil. Es handelte sich dabei um Interaktionseigenarten, die auch bei schizophrenen Patienten im Krankheitsverlauf beobachtet wurden, und zwar, nachdem sich deren Erkrankung gebessert hatte. Bleuler vermutete ein Kontinuum, in dem sich die Grenzen zwischen *schizoidem Charakter* (innerhalb normaler Grenzen) und einer *latenten* Schizophrenie (mit ihren typischen Denkstörungen und sozialen Dysfunktionen) nicht eindeutig festlegen ließen (Bleuler, 1922, 1937, 1972).

Die Auffassung, daß zwischen gesunden („schizothymen") Persönlichkeiten, persönlichkeitsgestörten („schizoiden") Personen und manifest schizophrenen Patienten fließende Übergänge vorhanden sein müßten, wurde zeitgleich zu Bleuler von E. Kretschmer in dessen Konstitutionstypologie vertreten (1921, 1967).

Als wesentlichste Merkmale der schizoiden Persönlichkeiten beschreibt er ihre Neigung zu sozialer Isolation und zu einem autistischen In-Sich-Hineinleben. Überempfindliche, reizbare („*hyperaesthetische*") Züge stünden neben einer ausgeprägten Kühle und passiven („*anaesthetischen*") Gleichmütigkeit der Betroffenen. Es wird das Bild von Personen entworfen, die sich bis in das Interaktionsverhalten hinein äußerst *zwiespältig* darstellen: zurückgezogen, kühl, schroff und ablehnend auf der einen Seite, empfindsam, leicht verletzbar, launisch und sprunghaft auf der anderen.

Etwas mehr Klarheit und empirische Sicherheit bringen vor allem Adoptionsstudien zur Differenzierung der genetischen Einflüsse auf die Schizophrenie und der ätiologischen Bedeutung von Erziehungseinflüsse. Vor allem in den Kopenhagener *High-Risk*-Studien zur Schizophrenie wurde zunehmend deutlich, daß es viele Kinder schizophrener Eltern gab, die sich bereits im Kindes- und Jugendalter in ihrer Psychopathologie und sonstigen Verhaltensmerkmalen deutlich von gesunden Probanden unterschieden (z. B. Kety et al., 1971, 1975; Rosenthal, 1975). In der Folge dieser und anderer Studien (z. B. Mellsop, 1972, 1973) wurde jedoch auch deutlich, daß die im Vorfeld schizophrener Erkrankungen beobachtbaren Verhaltensauffälligkeiten nur begrenzt mit den Vorstellungen einer Schizoidie in Übereinstimmung zu bringen waren, wie sie seit Kretschmer als allgemeine Diagnostik-Konvention in der psychiatrischen Klassifikation galten.

Insbesondere die für die schizoide Persönlichkeit als wesentlich betrachteten („anaesthetischen") Eigenarten wie abweisende Scheu, stilles Verhalten und soziale Zurückgezogenheit haben bis heute keine sichere Beziehung zur Schizophrenie erkennen lassen (Parnas, Schulsinger, Schulsinger, Mednick & Teasdale, 1982). Hingegen scheinen einige andere Verhaltensmerkmale der ursprünglichen Schizoidie-Konzeption (v. a. die „hyperaesthetischen" im Sinne Kretschmers) sehr wohl eine prädiktive Validität als Risikomarker zu besitzen: Überempfindlichkeit gegenüber Kritik; Denk- und Kommunikationsstörungen (wenngleich weniger ausgeprägt als die Grundstörungen der Schizophrenie); exzentrisch, launenhaftes Verhalten (Spitzer, Endicott & Gibbon, 1979; Parnas, Schulsinger & Mednick, 1990). Zu einem ähnlichen Ergebnis kam Rieder (1979), der eigene Daten mit denen der Studien von Kety und Mitarbeitern verglichen, teils reanalysiert hatte.

Etwa zeitgleich schlugen Spitzer und Kollegen (1979) sowie Rieder (1979) schließlich vor, die Persönlichkeitsmerkmale der Spektrum-Schizophrenie von der bisherigen Schizoidie-Diagnose abzukoppeln und statt der bis dahin gebräuchlichen Kennzeichnung „Borderline-Schizophrenie" den Begriff *„schizotypical"* zu verwenden (vgl. Abschnitt 3.3 über die „schizotypischen Persönlichkeitsstörungen"). Den Vorschlag Rieders und Spitzers machte sich schließlich auch die Arbeitsgruppe zur Entwicklung des DSM-III zu eigen. Der Begriff *„schizoide Persönlichkeitsstörung"* sollte fürderhin *eingeschränkt* für Persönlichkeitsabweichungen benutzt werden, in denen die „anaesthetischen" Verhaltensmerkmale im Sinne Kretschmers im Vordergrund stehen: Gleichgültigkeit in sozialen Beziehungen und eine geringe emotionale Erlebnis- und Ausdrucksfähigkeit. Die Berechtigung bezieht diese Beschränkung ebenfalls aus den Genetik- und Adoptivstudien zur Schizophrenie (Siever, 1981).

Diagnostik. Die jetzige Diagnose „schizoide Persönlichkeitsstörung" nimmt also – wenn man so will – der bei Kretschmer beschriebenen Schizoidie ihre Zwiespältigkeit: Die eine Charakterseite, die Kretschmer beschrieb (nämlich: empfindsam, leicht verletzbar, launisch und sprunghaft), gilt numehr als möglicher Anteil der „schizotypen" Persönlichkeitsstörungen (vgl. 3.3). Verblieben ist der schizoiden Persönlichkeitsstörung die Seite des zurückgezogenen Menschen, der sich in interpersonellen Situationen vorrangig kühl, schroff und ablehnend verhält. Die Reliabilität der Diagnosestellung hat nach dieser Vereinfachung deutlich zugenommen (Mellsop, Varghese, Joshua & Hicks, 1982; Widiger, Frances, Spitzer & Williams, 1988). Andererseits ist beobachtbar, daß die Diagnose im klinischen Kontext nurmehr äußerst selten gestellt wird – ganz im Unterschied zur schizotypischen Persönlichkeitsstörung (Kass, Skodol, Charles, Spitzer, & Williams, 1985; Pfohl, Coryell, Zimmerman, & Stangl, 1986; Widiger, Trull, Hurt, Clarkin, & Frances, 1987). Die deutlich verringerte Prävalenzrate erklärt sich schließlich auch noch die Neueinführung der „selbstunsicheren Persönlichkeitsstörungen", die ebenfalls einige Merkmale der früheren Schizoidie-Kategorie zugewiesen bekam und die ebenfalls auf viele Patienten besser zutreffen dürfte, die früher als schizoide Persönlichkeiten diagnostiziert worden wären (Widiger et al., 1988; vgl. unten 3.8).

Tabelle 3: Diagnostische Kriterien der schizoiden Persönlichkeitsstörung gem. DSM-III-R

A) Hauptmerkmal dieser Störung ist ein in den verschiedenen Situationen auftretendes durchgängiges Verhaltensmuster, das durch Gleichgültigkeit gegenüber sozialen Beziehungen und eine eingeschränkte emotionale Erlebnis- und Ausdrucksfähigkeit gekennzeichnet ist. Die Störung beginnt im frühen Erwachsenenalter. Mindestens *vier* der folgenden Kriterien müssen erfüllt sein:
Der Betroffene
(1) hat weder den Wunsch nach engen Beziehungen noch Freude an solchen Beziehungen einschließlich der Situation, selbst Teil einer Familie zu sein;
(2) sucht fast immer Unternehmungen aus, die er allein machen kann;
(3) gibt von sich an oder scheint nur selten oder gar nicht starke Emotionen wie Zorn und Freude zu empfinden;
(4) zeigt, wenn überhaupt, nur wenig Interesse an sexuellen Kontakten mit anderen Personen (unter Berücksichtigung des Alters);
(5) ist gleichgültig gegenüber Lob und Kritik von seiten anderer;
(6) hat keine engen Freunde und Vertrauten – oder höchstens eine Person – außer aus dem Kreis seiner Verwandten ersten Grades;
(7) läßt einen eingeschränkten Affekt erkennen, d. h. er macht einen kalten, unnahbaren Eindruck und erwidert selten mit Gesten oder Gesichtsausdrücken wie Lächeln oder Nicken.

B) Tritt nicht ausschließlich im Verlauf einer Schizophrenie oder einer Wahnhaften Störung auf.

aus: Diagnostisches und Statistisches Manual Psychischer Störungen: DSM-III-R (1989, S. 411).
© Beltz-Verlag, Weinheim. Abdruck mit Genehmigung des Verlags.

Differentialdiagnostik. Die *Differentialdiagnostik* konzentriert sich im wesentlichen auf eine genaue Abgrenzung gegenüber der schizotypischen, der selbstunsicheren und der paranoiden Persönlichkeitsstörungen. Bei der *schizo-*

typischen Persönlichkeitsstörung treten die Unterschiede einerseits im Bereich der Kommunikation auf (stärkeres Unbehagen, ungewöhnliches Auftreten, Argwohn, Zurückhaltung gegenüber interpersonellen Festlegungen), andererseits in besonderen Verhaltensauffälligkeiten (wie Mitteilungen über seltsam anmutende Glaubensinhalte und magisches Denken, über Illusionen und das Spüren besonderer Kräfte; eigenartige Sprachgepflogenheiten). Bei der *selbstunsicheren Persönlichkeitsstörung* ist eine eventuelle soziale Isolierung eher durch eine soziale Unsicherheit und Überempfindlichkeit gegenüber Ablehnung bedingt. Auch im Unterschied zur *paranoiden Persönlichkeitsstörung* neigt die schizoiden Persönlichkeit eher zu schroffem Rückzug als zu Empfindsamkeit und zu offener Feindseligkeit gegenüber Kritik.

Erklärungsansätze. Die erst seit Beginn der achtziger Jahre gegebene Unterscheidung von schizoider und schizotypischer Persönlichkeitsstörung führt dazu, daß bisher nur wenige empirische Untersuchungen zur Entstehung und Aufrechtaltung beider Störungsbereiche vorliegen. Vor allem zur Genese der „neuen" Störungskategorie der schizoiden Persönlichkeitsstörung bewegen sich die meisten der in jüngster Zeit offerierten Erklärungsversuche im Bereich der Spekulation. Und bei früheren Erklärungsversuchen muß zwangsläufig beachtet werden, welche Störungsbeschreibung der Ätiologiekonzeption jeweils zugrunde liegt. Immerhin sind die aktuellen klassifikatorischen Neufestlegungen im DSM-III-R und im ICD-10 insofern *ätiologisch* orientiert, als sie eine persönlichkeitsspezifische Prädisposition zur Schizophrenie nunmehr vor allem in den Bereich der nachfolgend beschriebenen *schizotypischen* Persönlichkeitsstörung verankert.

So weist beispielsweise Siever (1981) im Rahmen der Neubewertung von Daten aus einigen retrospektiv wie prospektiv durchgeführten Studien zum Zusammenhang von Schizoidie und Schizophrenie daraufhin, daß eine Datenneubewertung im DSM-Sinne deutlich mache, daß schizoide Personmerkmale (den *heutigen* Kriterien entsprechend) *keine* Voraussage auf eine spätere Schizophrenie erlaubten (O'Neale & Robins, 1958; Mellsop, 1972, 1973). Käme zur schizophrenen Störung ein schizoides Persönlichkeitsmuster hinzu, sei zwar die Verlaufsprognose der Schizophrenie eindeutig ungünstiger (Gittelman-Klein & Klein, 1969; Roff, Knight & Wertheim, 1976). Letzteres erkläre jedoch nicht zwingend einen biologischen Zusammenhang beider Störungen, sondern entspräche vielmehr der allgemeinen Beobachtung, daß Persönlichkeitsstörungen Entwicklung und Verlauf psychischer Störungen ungünstig beeinflussen könnten.

Die jetzigen Kriterien der schizoiden Persönlichkeitsstörung entsprechen weitgehend Beschreibungen, wie sie schon länger von *psychoanalytisch*-orientierten Autoren vorgelegt wurden. Diese interpretieren die Neigung zu sozialer Selbstisolation und Kontaktvermeidung als Form der Abwehr gegen zwischenmenschlich nahe und intime Beziehungen. Hinter einer solchen Abwehr durch Kontaktvermeidung verberge sich zugleich eine hohe Empfindsamkeit, die nun ihrerseits eben genau für den „nicht-psychotisch schizoiden Modus" verantwortlich sei (Mentzos, 1986). Zurückgeführt wird diese Form interpersoneller Abwehr auf mögliche Störungen der sehr frühen (symbiotischen) Mutter-Kind-Interaktion, durch die dem Kind sehr nahe Erfahrungen von Zuneigung und Liebe nicht oder nicht vollständig ermöglicht wurden (Fairbairn, 1940, 1952). So stehe hinter der schizoiden Distanzierung aus zwischenmenschlichen Beziehung immer zugleich eine („primitive") Furcht vor intimer Erfahrung (Guntrip, 1969).

Verhaltens- und lerntheoretische Erklärungsversuche betonen – neben einer prädisponierten Vulnerabilität – ebenfalls vor allem den Aspekt eines möglichen *Kompetenzdefizits im Umgang mit zwischenmenschlichen gefühlvollen Beziehungen* (Turkat, 1990). Dieses Kompetenzdefizit muß sich (im Unterschied zur psychodynamischen Auffassung) jedoch nicht nur auf den Aspekt der Angst vor intimer Beziehung einschränken. So vermutet Millon (1981), daß auch ein dem Kind gewährter Schonraum (Verwöhnsituation) eine Grundhaltung begünstigen kann, interpersoneller Streß- und Belastungserfahrung zu meiden. Auch eine subjektive Neigung zur Vermeidung interpersoneller Konflikte müsse langfristig fast zwangsläufig dazu führen, daß differenzierte Interaktionserfahrungen nicht gemacht und entsprechend keine differenzierten Kompetenzen im Umgang mit gefühlsmäßig negativen wie positiven zwischenmenschlichen Beziehungen erworben werden. Insofern gelten ganz ähnliche *Circulus vitiosus* – Bedingungen, wie sie oben im Zusammenhang mit der *Vulnerabilitäts-Streß*-Hypothese beschrieben wurden (vgl. 3.1): Die schroff-distanzierenden Verhaltensmuster schizoider Persönlichkeiten provozieren möglicherweise *entweder* Kritik und feindselige Ablehnung *oder* führen zu Ablehnung und Distanz der Bezugspersonen. *Beide* Bedingungen erschweren – mangels Kompetenzdifferenzierung und Lernmöglichkeit – langfristig zunehmend die Möglichkeiten der Betroffenen, ihrerseits Schritte aus der Selbstisolierung und Vereinsamung heraus zu unternehmen (ähnlich auch: Beck, Freeman & Associates, 1989).

3.3 Schizotypische Persönlichkeitsstörung

Konzeptentwicklung. Bis weit in die siebziger Jahre hinein liefen die Forschungen und Konzeptentwicklungen zu den Schizophrenie-nahen Persönlichkeitsstörungen, v. a. der schizoiden, schizotypischen und Borderline-Persönlichkeitsstörung in der Psychiatrie und Psychoanalyse recht unverbunden nebeneinander her, begleitet von einer Reihe von Kontroversen über Begriff und Konzept (vgl. Stone, 1980).

Die Begriffsetzung „Schizotyp" geht ursprünglich auf Rado (1953) zurück, der die Bezeichnung als griffige Kennzeichnung für „schizophrener Genotyp" vorschlug. Nach seiner Auffassung müssen Menschen mit diesem Genotyp im späteren Leben nicht zwingend an einer klinisch bedeutsamen Schizophrenie erkranken, aber sie würden dennoch stets ein Ensembel psychodynamisch auffälliger Persönlichkeitsmerkmale zeigen, die er als „schizotype Organisiation" beschrieb. Rado unterstellt – ähnlich wie Bleuler (vgl. 3.2) – ein Kontinuum der möglichen Störungsentwicklung bzw. Störungsausprägung, das (a) als *„compensated schizo-adaption"* von einem Bereich angepaßter und stabiler Persönlichkeitsmerkmale (unter Einschluß der Schizoidie) ausgehe, das weiter (b) als *„decompensated schizo-adaption"* den Bereich der (proto-)schizotypischen Organisation mit auffälligen Persönlichkeitsveränderungen umfasse und das (c) bis hin zur offenen schizophrenen Psychose reiche. Den schizoadaptiven Zwischenbereich, der im Kern das Konzept der schizotypischen Persönlichkeitsstörung vorwegnimmt, nennt Rado (1953) – mit Blick auf Forschungsarbeiten von Hoch und Polatin (1949) – auch noch *„pseudo-neurotische Schizophrenie"*.

Hoch und Polatin hatten sich bereits seit Mitte der vierziger Jahre mit Patienten befaßt (sog. *„borderline cases"*), deren psychopathologische Auffälligkeiten zwar eine Ähnlichkeit mit den Grundstörungen der Schizophrenie besaßen, auf die jedoch die Diagnose „Schizophrenie" selbst nicht zutraf (1949;. vgl. auch Hoch & Catell, 1959, 1962). Die Autoren beschrieben vor allem eine Reihe formaler und inhaltlicher Denk- und Assoziationsstörungen (u. a. Störungen der Gedankenkontinuität, der Aufmerksamkeit und Konzentration als formale Störungen; sowie – inhaltlich – rigide und verzerrte Vorstellungen über die Bedeutung von Intellekt, Gefühl und Verhalten sowie eigenwillige Annahmen über Sexualität).

Es war dann Knight (1953), der für diese Gruppe von Auffälligkeiten im *Bulletin of the Menniger Clinics* im Rückgriff auf eine Arbeit von Stern aus dem Jahre 1938 den Begriff „Borderline-Störungen" wieder einführte und damit popularisierte (vgl. auch 3.5). Auch in der *psychiatrischen* Erforschung der Übergänge zwischen Normalität und Schizophrenie wurde zunächst der Begriff „Borderline" aufgegriffen (vgl. oben 3.2). Er wurde als „Borderline-Schizophrenie" vor allem in den erwähnten Adoptiv-Studien zur Kennzeichnung von Verhaltensauffälligkeiten bei Personen verwendet, bei denen eine der genetischen Prädisposition zur Schizoprenie vorlag. Später wurde der Begriff jedoch zeitweilig durch *„latente Schizophrenie"* ersetzt (im deutschen Sprachraum: „larvierte Schizophrenie"; vgl. Gross, Huber & Schüttler, 1982). Insbesondere bei Vergleichen der bis Mitte der siebziger Jahre vorliegenden Beschreibungen und Erklärungskonzepte zur Borderline-Problematik (*einerseits* der Ergebnisse und Konzepte aus den Adoptiv-Studien und aus empirischen Untersuchung *mit Kindern* schizophrener Eltern; *andererseits* der sich vor allem auf Therapieerfahrungen *mit erwachsenen Patienten* stützenden Konzeptentwicklungen innerhalb der Psychoanalyse) drängte sich zunehmend der Eindruck auf, daß es sich bei den von beiden Gruppen untersuchten „Borderline-Patienten" möglicherweise um zwei unterschiedliche Persongruppen handeln könnte (vgl. Siever & Gunderson, 1983). Diese Frage wurde insbesondere im Zusammenhang mit der Vorbereitung des DSM-III immer dringlicher, zumal schließlich auch noch Kernbergs frühe Arbeiten über die Borderline-Persönlichkeit und ihre Behandlung (1967, 1968) in der Psychoanalyse einen wahren Boom vor allem konzeptueller Überlegungen und Publikationen ausgelöst hatte.

Angesichts der begrifflichen Vielfalt und Uneindeutigkeit nahmen sich Spitzer und Endicott (1979) sowie Spitzer, Endicott & Gibbon (1979) als erste der Notwendigkeit einer empirischen Klärung der Differentialdiagnose an. Sie entwickelten eine Liste mit den wesentlichsten Merkmalen, die in der vorliegenden Literatur zur Kennzeichnung von Borderline-Eigenschaften und Übergangsphänomenen zur Schizophrenie benannt und untersucht worden waren.

Mit dieser Liste wurden dann USA-weit 808 Patienten, die von den Diagnostikern als Borderline-Patienten ausgewählt worden waren, und 808 von ihnen ausgewählten Kontrollpatienten beurteilt. In mehreren Diskriminanz- und Faktorenanalysen bestätigen sich schließlich die erwarteten zwei Hauptdimensionen, die relativ unabhängig voneinander erscheinen. Die Items der einen Hauptdimension repräsentieren Merkmale einer von ihnen als „*instabile* Persönlichkeitsstörung" bezeichneten Borderline-Persönlichkeit (es sind dies z. B. Identitätsstörungen, instabile intensive persönliche Beziehungen, Impulsivität mit Selbstschädigung als Folge, inadäquater intensiver Ärger, affektive Instabilität und ein chronisches Empfinden von Leere und Langeweile). Die Items der anderen Merkmalsgruppe bezeichneten sie als „*schizotypische* Persönlichkeitsstörung" wegen ihrer Nähe zu den Eigenarten der bisher häufig als „Borderline-*Schizophrenie*" untersuchten Störungsgruppe (es waren dies u. a. Merkmalen wie Kommunikationsstörungen, Beziehungsideen, selbstbezogenes Denken, paranoide Ideen, inadäquater Rapport, dauernde Angst, Hypersensitivität gegenüber echter und vermeintlicher Kritik, soziale Isolation). Diese empirisch gefundenen Zuteilungen scheinen dahingehend interpretierbar, daß die sog. „schizotypischen" Merkmale erhebliche Ähnlichkeiten mit den Eigenarten schizophrener Störungen besitzen, die sog. „instabilen" Merkmale hingegen weitgehend den Beschreibungen und Konzepten psychoanalytisch orientierter Autoren und Forscher entsprechen.

Es bleibt jedoch zu beachten, daß eine geringe Mehrheit der in der Arbeit von den Spitzer und Mitarbeitern (1979) diagnostizierten „Borderline-Patienten" die Kriterien sowohl der instabilen wie der schizotypischen Persönlichkeitsstörung erfüllten (nämlich 54 Prozent). Dennoch schlagen die Autoren für das DSM-III (1980) *zwei neue* Persönlichkeitsstörungen vor: Einerseits sollte der

Begriff „Borderline-Schizophrenie" zukünftig nicht mehr benutzt, vielmehr durch die Kennzeichnung *„schizotypische Persönlichkeitsstörung"* ersetzt werden. Anderseits sollte der Begriff „Borderline-Persönlichkeitsstörung" auf Personen angewendet werden, die Merkmale der von Spitzer et al. gefundenen „instabilen" Verhaltensmuster zeigten. Dieser Anregung wurde dann im DSM-III entsprochen. Das *Überlappungsproblem* sollte durch die Möglichkeit, Doppeldiagnosen im Bereich der Persönlichkeitsstörungen zuzulassen, gelöst werden; dies wurde schließlich im DSM-III-R (1987) ebenfalls vorgesehen.

Inzwischen liegen Studien vor, die im großen und ganzen Befunde und konzeptuelle Aufteilung von Spitzer und Mitarbeitern bestätigen (Khouri, Haier, Rieder & Rosenthal, 1980; Perry & Klerman, 1980; Sheehy, Goldsmith & Charles, 1980; Saß & Koehler, 1982; Gunderson, Siever und Spaulding, 1983; McGlashan & Fenton, 1990). Zumeist findet sich nach wie vor das Phänomen der häufigen Kodiagnosen (bzw. Komorbidität) von schizotypischer und Borderline-Persönlichkeitsstörung. Für Siever und Gunderson (1983) ist dies jedoch nicht weiter überraschend, da sich hier durch die Empirie lediglich bestätige, was sowohl in der psychoanalytischen Borderline-Konzeption wie in der psychiatrischen Spektrum-Diagnose zur Kennzeichnung des jeweiligen Störungsbildes als wesentlich beschrieben wurde.

In letzter Zeit mehren sich schließlich auch noch Stimmen, die eine Herauslösung der schizotypischen Störung aus der Achse II und ihre Zuordnung zu den schizophrenen Störungen vorschlagen, ähnlich wie dies im Bereich der affektiv-depressiven Störungen mit den dysthymen bzw. zyklothymen Persönlichkeitsauffälligkeiten geschehen ist (z. B. Frances, 1980; Kety, 1985). Dieser Vorschlag findet nach wie vor keine ungeteilte Zustimmung: Im ICD-10 wurde zwar jüngst diesem Vorschlag entsprochen; im zu erwartenden DSM-IV wird die schizotypische Störung im Bereich der Persönlichkeitsstörungen angesiedelt bleiben (vgl. Task Force on DSM-IV, 1991).

Diagnostik. Von neun Kriterien der schizotypischen Persönlichkeitsstörung müssen fünf erfüllt sein, um diese Diagnose gemäß DSM-III-R zu rechtfertigen (vgl. Tab. 4). Fünf der neun Kriterien reflektieren eine Störung der kognitiven Wirklichkeitserfassung und ihrer Verarbeitung – orientiert an den formalen und inhaltlichen Denkstörungen der Schizophrenie, wenngleich sie jedoch weniger ausgeprägt gedacht sind. Die übrigen (soziale Ängstlichkeit, exzentrisches Verhalten, soziale Isolierung, verminderter interpersoneller Rapport) betreffen die soziale Anpassung und zwischenmenschliche Eigenarten. Wie schon angedeutet, dürfte sich die Zuverlässigkeit der Diagnose erhöhen, wenn die kognitiven Störungsmerkmale stärker mit den interpersonellen Personeigenarten in einen Zusammenhang gestellt werden können (vgl. Benjamin, 1993; Kiesler, 1986).

Tabelle 4: Diagnostische Kriterien der schizotypischen Persönlichkeitsstörung gem. DSM-III-R

A) Hauptmerkmal dieser Störung ist ein in den verschiedenen Situationen auftretendes durchgängiges Muster, das durch Eigentümlichkeiten im Bereich der Vorstellungen, der äußeren Erscheinung, des Verhaltens sowie durch Mängel in den zwischenmenschlichen Beziehungen gekennzeichnet ist. Der Beginn liegt im frühen Erwachsenenalter. Mindestens *fünf* der folgenden Kriterien müssen erfüllt sein:
  (1) Beziehungsideen (jedoch kein Beziehungswahn);
  (2) extreme soziale Ängstlichkeit, z. B. extremes Unbehagen in sozialen Situationen, in denen der Betroffene mit ihm nicht vertrauten Personen konfrontiert wird;
  (3) seltsame Glaubensinhalte oder magisches Denken, was mit Normen kultureller Untergruppen unvereinbar ist und das Verhalten des Betroffenen beeinflußt, wie z. B. Aberglaube, Glaube an Hellseherei, Telepathie oder der „sechste Sinn", „andere können meine Gefühle fühlen" (bei Kindern und Adoleszenten sind es bizarre Phantasien und Befürchtungen);
  (4) ungewöhnliche Wahrnehmungen, z. B. Illusionen und das Spüren einer nicht tatsächlich vorhandenen Kraft oder Person (z. B. „ich hatte das Gefühl, meine verstorbene Mutter sei bei mir im Raum");
  (5) das Verhalten oder die äußere Erscheinung des Betroffenen wirken oft seltsam oder exzentrisch, er ist z. B. oft ungepflegt, ungewöhnlich maniriert oder führt Selbstgespräche;
  (6) keine engen Freunde oder Vertraute – oder höchstens eine Person – außer Verwandte ersten Grades;
  (7) eine eigenartige Sprache (ohne Lockerung von Assoziationen und Inkohärenz), die Sprache ist z. B. verarmt, weitschweifig, vage oder übermäßig abstrakt;
  (8) der Betroffene zeigt einen inadäquaten oder eingeschränkten Affekt, macht z. B. einen spröden und unnahbaren Eindruck und erwidert selten Gesten oder Gesichtsausdrücke wie Lächeln oder Grüßen;
  (9) Argwohn und paranoide Vorstellungen.
B) Tritt nicht ausschließlich im Verlauf einer Schizophrenie oder einer tiefgreifenden Entwicklungsstörung auf.

aus: Diagnostisches und Statistisches Manual Psychischer Störungen: DSM-III-R (1989, S. 413). © Beltz-Verlag, Weinheim. Abdruck mit Genehmigung des Verlags.

Differentialdiagnostik. Im Vergleich mit den *schizophrenen Störungen*, deren Kriterien inzwischen als recht reliabel gelten (Vorhandensein charakteristischer psychotischer Symptome während einer mindestens einwöchigen, sog. floriden Episode im Kontext einer sechsmonatigen Krankheitsphase mit deutlicher Leistungsminderung; vgl. das Kapitel „Schizophrenie" i. d. B.), ergeben sich Probleme in diesem Bereich lediglich in der Symptomabgrenzung zur Schizophrenie des *residualen Typus*; im letzten Fall findet sich in der Anamnese mindestens eine floride Phase. Neben der *Borderline-Persönlichkeitsstörung*, die sich nach wie vor eher schwierig von der schizotypischen Störung abgrenzen läßt und mit der die meisten Kodiagnosen aufgestellt werden, gibt es gewisse Überlappungen und Abgrenzungsprobleme zur *schizoiden* und zur *selbstunsicheren Persönlichkeitsstörung*. Als Unterschiedsmerkmale zu diesen beiden Störungen dürften insbesondere die formalen und inhaltlichen kognitiven Störungen gelten: Besonderheiten der Gedankengänge, Wahrnehmungsmitteilungen und sprachliche Eigenwilligkeiten. Letztere gelten auch als Abgrenzungshilfe gegenüber den *paranoiden Persönlichkeitsstörungen*.

Erklärungsansätze. Nachdem die o. g. *High-Risk-* und Familienstudien Anlaß waren, eine genetische Verwandtschaft zwischen der Schizophrenie und der (früher schizoiden, jetzigen) schizotypen Persönlichkeitsstörung zu postulieren, sind eine Reihe von Studien durchgeführt worden, mit denen vor allem abgesichert werden sollte, ob es sich bei den bei beiden Störungen unterstellten (schizophrenie-typischen bzw. -ähnlichen) Grundstörungen tatsächlich um gleichartige Phänomene handelt, die bei der schizotypen Störung möglicherweise eher unterschwellig und damit durch die Betroffenen kontrollierbar blieben. Die Einführung der schizotypischen Persönlichkeitsstörung hat zwischenzeitlich einen Boom experimenteller Studien ausgelöst, in denen die im Bereich der Schizophrenieforschung bewährten experimentellen Designs zur Untersuchung von Patienten mit dieser Persönlichkeitsstörung Anwendung fanden. Auf diese Weise konnten erwartungsgemäß auch bei Patienten mit schizotyper Störung kognitive Störungen, Aufmerksamkeits- bzw. Informationsverarbeitungsabweichungen bestätigt werden, die denen der Patienten mit schizophrenen Störungen weitgehend gleichen (vgl. Braff, 1981; Cornblatt & Erlenmeyer-Kimling, 1985; Siever, 1985; Siever & Davis, 1991; Siever, Keefe, Bernstein, Coccaro, Zemishlany, Peterson, Davidson, Mahon, Horvarth & Mohs, 1990; zusammenfassend auch Siever, 1992).

Sollten sich die möglichen Zusammenhänge von Schizotypie und Schizophrenie weiter erhärten lassen, scheint es naheliegend, die schizotypen Störungen in einen ähnlich Erklärungszusammenhang zu stellen wie die schizophrenen Störungen. Von verschiedener Seite wird deshalb eine bio-psychologische Erklärungsstruktur nahegelegt (vgl. Siever & Davis, 1991) – etwa im Sinne des oben dargestellten Diathese-Streß-Modells (vgl. 3.1 und Abb. 1), das z. Zt. im Bereich klinisch-psychologischer und psychiatrischer Forschungsarbeiten zur Schizophrenie als allgemeiner Orientierungsrahmen dient (Nuechterlein, 1987; Süllwold, 1983). Im Sinne dieses Erklärungskontextes wäre zu erwarten, daß die subschizophrenen kognitiven Störungen – ähnlich wie bei der Schizophrenie – mit subjektiver Belastung zunehmen, d. h. bei steigenden sozialen Leistungsanforderungen und bei zwischenmenschlichem Konflikten virulent werden. Entsprechend ließen sich die interpersonellen Eigenarten der schizotypen Persönlichkeitsstörung (soziale Angst, sozialer Rückzug, verringerter Rapport) teils als *Reaktion auf diese Belastungen* (soziale Angst, extremes Unbehagen), teils als persönlichkeitsspezifischer *Bewältigungsversuch zum Schutz vor Belastung* (sozialer Rückzug, verringerter Rapport) auffassen. Erste Studien zu kontextabhängigen Variation der schizotypen Interaktionsmerkmale scheinen diese Interpretationsmöglichkeit zu unterstützen (vgl. Siever & Gunderson, 1983; Süllwold, 1983).

3.4 Antisoziale Persönlichkeitsstörungen

Konzeptentwicklung. Die Konzeptentwicklung zur antisozialen Persönlichkeitsstörung deckt sich weitgehend mit der Entwicklung des psychiatrischen Psychopathie-Konzepts und damit mit der Entwicklungsgeschichte hin zum heutigen Verständnis von Persönlichkeitsstörungen. Sie ist zugleich eng verbunden mit der Geschichte der Psychiatrie als medizinische Wissenschaft überhaupt. Da sie für das Verständnis vieler auch heute noch gegebener Probleme mit dieser Diagnose-Kategorie von Bedeutung ist, soll sie hier in aller Kürze nachgezeichnet werden (vgl. auch Saß, 1987).

Im 18. Jahrhundert sahen sich die Staatsverwaltungen nicht nur angesichts einer zunehmenden Überfüllung der Zuchthäuser, sondern auch in der Folge der Kritik einiger aufgeschlossener Mediziner mit dem Problem konfrontiert, einige schwer unterscheidbare Personengruppen zu verwalten, die offensichtlich nicht als Verbrecher eingestuft werden konnten. Dabei ergab sich nun unversehens ein Abgrenzungsproblem, daß es nämlich neben den eindeutig geisteskranken „Irren" (für die damals die ersten „Irrenhäuser" eingerichtet wurden) einige Personen gab, die sich mehr oder weniger anomal verhielten, bei denen jedoch nicht eindeutig bestimmbar war, ob diesen Menschen karitative Fürsorge zuteil werden sollte oder ob sie für ihre Dissozialität einer gerechten Strafe zuzuführen seien. Der starke Ausbau des Systems der Irrenanstalten gehorchte sozialpolitischen Erfordernissen, entsprach jedoch auch einer Aufgabe, die für die ersten engagierten Psychiater schwieriger war als je zuvor: „nach Menschlichkeit, Vernunft und Recht den Schuldigen vom Kranken zu trennen" (Jervis 1978, S. 47).

Mit Pinels Beschreibung einer „manie sans délire" (1809) wird in Frankreich erstmals in der neuzeitlichen Psychiatrie eine Psychopathie-Definition vorgelegt und damit eine nosologische Einordnung gestörter Persönlichkeiten vorgenommen. Als entscheidendes Merkmal gilt nach Pinel eine *Beeinträchtigung der affektiven Funktionen bei ungestörten Verstandeskräften*. Bereits 1812 hat auch der Amerikaner Rush die Auffassungen Pinels aufgegriffen und Verwahrlosung, Aggressivität und mangelnde Rücksicht bei Personen beschrieben, deren Vernunft und Intellekt nicht gestört seien. Mit seiner Betonung einer „*perversion of moral faculties*" und einer „*moral alienation of mind*" hatte er zugleich eine gewisse Vereinseitigung der anglo-amerikanischen Psychopathieauffassungen in Richtung moralisch verwerfliche Devianz eingeleitet. Beträchtlichen Einfluß auf die Konzeptualisierung der Psychopathie im angelsächsischen Sprachraum hatte die Arbeit des Engländers Prichard (1835) über „moral insanity", die ebenfalls unter dem Einfluß Pinels verfaßt wurde.. Auch sie geriet unmittelbar in das Spannungsfeld, das sich bei dem Bemühen der Ärzte aufbaute, Verhaltensweisen, die mit rechtlichen Ordnungsvorstellungen in Konflikt gerieten, in die psychiatrischen Nosologie zu integrieren. Wenige Jahre später begründete Esquirol (1838) seine Lehre von den Monomanien, in der er dissoziale Verhaltensweisen und einige Delikttypen in den Bereich psychiatrischer Beurteilung und Behandlung einzubeziehen versuchte (z. B. Kleptomanie, Pyromanie, Erotomanie). Wirkungen dieser nosologischen Festlegungen finden sich noch in den heutigen Klassifikationssystemen, wo einige engumschriebene Symptombilder, wie z. B. „Pyromanie" und „Kleptomanie" den „Störungen der Impulskontrolle" zugewiesen sind (vgl. das Kapitel über „Dissoziative Störungen, vorgetäuschte Störungen und Störungen der Impulskontrolle" i. d. B.). In der damals geführten Diskussion spielte die Klärung der Verantwortlichkeit bei gewohnheitsmäßiger sozialer Devianz und Delinquenz eine zentrale Rolle. Prichards Landsmann Maudsley (1874) sprach sich für die Zuerkennung verminderter Schuldfähigkeit in Fällen aus, in denen die medizinische Zuständigkeit angesichts der mit der „*mental alienation*" verbundenen Kriminalität deutlich in Frage gestellt werden könne.

Für die einleitend angesprochene Problematik der terminologischen Verquickung der Persönlichkeitsabweichungen mit sozial-gesellschaftlichen Wertungen wegbereitend ist vor allem die Einführung der sog. „Degenerationslehren" in die französische Psychiatrie durch Morel (1857): Krankhafte Unterschiede zum normalen Bild des Menschen entstünden nach seiner Auffassung durch schädliche Umwelteinflüsse und würden durch Vererbung weitergegeben. Das in der Folge von den Sozialdarwinisten vertretene Konzept vom „geborenen Kriminellen" (Begriffssetzung „*delinquente nato*" durch den italienischen Psychiater Lombroso, 1876) blieb in Europa und Amerika lange Zeit wirksam und dürfte wesentlich zu den weitverbreiteten Negativurteilen gegenüber psychischen Störungen und Persönlichkeitsstörungen beigetragen haben.

Aus der deutschsprachigen Psychiatrie hervorgehend wurde der Ausdruck „Psychopathie" zum Oberbegriff für Persönlichkeitsstörungen. Er wird von Koch in seiner Monographie über die „Psychopathischen Minderwertigkeiten" (1891–1893) eingeführt, die unter dem Einfluß der französischen Degenerationslehren geschrieben wurde. Koch unterschied angeborene und erworbene psychopathische Verfassungen, wobei die meisten der später ausgearbeiteten Persönlichkeitstypen bei ihm auf angeborene Voraussetzungen zurückgeführt werden können. Auch bei Kraepelin (1903–1904) finden sich unter der Bezeichnung „*pychopathische Persönlichkeit*" zunächst vor allem noch Typisierungen wie der „geborene Kriminelle", der „Schwindler" oder der „Pseudoquerulant". In der 8. Auflage seines Lehrbuches (1909–1915) trat jedoch das Dissoziale als eine Unterform in die Gruppe der psychopathischen Persönlichkeiten zurück. Kraepelin unterscheidet 7 Haupttypen: Die „Erregbaren", die „Haltlosen", die „Triebmenschen", die „Verschrobenen", die „Lügner und Schwindler", die „Gesellschaftsfeinde" sowie die „Streitsüchtigen". Auch in dieser Nomenklatur – die zwar den Beginn einer Differenzierung im Bereich der Persönlichkeitsstörungen markiert – bleibt die moralisierende Verbindung von Psychopathie mit Minderwertigkeit und Gesellschaftsfeindlichkeit erhalten.

Erst Kurt Schneider (1923) versuchte Kraepelins soziologisch-wertende Begriffsetzungen durch eine beschreibende Typologisierung phänomenologisch präziser zu fassen. Er unterscheidet 10 Formen psychopathischer Persönlichkeiten: Die Hyperthymen, die Depressiven, die Selbstunsicheren (mit Unterformen der Ängstlichen und Zwanghaften), die Fanatischen, die Geltungsbedürftigen, die Stimmungslabilen, die Explosiblen, die Gemütlosen, die Willenlosen und die Asthenischen. Diese Einteilung Kurt Schneiders hat alle späteren deskriptiven Typologien wie schließlich auch die Klassifikationssysteme ICD und DSM maßgeblich beeinflußt.

Großen Einfluß auf die gegenwärtige Psychopathiekonzeption hatte dann v. a. Cleckleys 1941 erschienene und mehrfach wiederaufgelegte Monographie „*The Mask of Sanity*". In diesem Werk argumentiert er gegen eine zu weit gefaßte Gruppe der Persönlichkeitsstörungen. Er vertritt eine Beschränkung des Psychopathiebegriffs auf Personen mit *antisozialen Verhaltensweisen*, die keine adäquate Motivaton erkennen lassen und nicht durch eine Psychose, Neurose oder geistige Behinderung bedingt sind. Cleckley konnte sich mit seiner Verengung des Psychopathiebegriffs letztlich *nicht* durchsetzen. Die in der *Task Force* der *American Psychiatric Association* zur Entwicklung eines Diagnosemanuals zur Klassifikation psychischer Störungen (des DSM-I; American Psychiatric Association, 1952) zusammengeschlossenen Psychiater bevorzugten die europäische Ansicht, daß ein lebenslanges Muster maladaptiven Verhaltens ein gemeinsames Charakteristikum der psychopathischen Störungen darstelle, deren Untergruppen zusammengenommen eine Hauptkategorie der Persönlichkeitsstörungen rechtfertige und von denen *nur eine* die (heute im DSM-III-R so bezeichneten) „antisozialen Persönlichkeitsstörungen" bilden könnte (vgl. Penna, 1981). Die wichtige Ausgangsbasis für die daraufhin weltweit einsetzende Erforschung der *antisozialen Persönlichkeitsstörungen* war jedoch die Beschreibung der Psychopathie-Kriterien durch Cleckley (1941), dessen 16 „Psychopathie"-Merkmale schließlich den wichtigsten Grundstock für die Merkmalsausarbeitung in den ersten beiden DSM-Manualen abgaben.

Weitere Bedeutung für die Neukonzeptualisierung der „antisozialen Persönlichkeit" im DSM-III(-R) und im ICD-9 hatten einige großangelegte Langzeitstudien (Glueck & Glueck, 1959; McCord & McCord, 1964; Robins, 1966, 1978). In diesem Studien werden Personen mit antisozialer Persönlichkeit vor allem als dissoziale, aggressive, höchst impulsive Menschen beschrieben, denen hemmende Einflüsse aus interpersoneller Angst und aus Schuldgefühl fehlen und die kaum in der Lage scheinen, dauerhafte Bindungen mit anderen Menschen einzugehen. Vor allem Robins Monographie „Deviant Children Grown up" (1966) gilt als Wegbereiter einer unvoreingenommenen Auseinandersetzung mit den persönlichkeitsspezifischen und psychosozialen Vorläufern einer „sociopathic personality" im Erwachsenenalter. Robins brachte die in der Forschung wohl einmalige, beinahe unglaubliche Meisterleistung zustande, 90 Prozent einer ursprünglich 594 Problemkinder umfassenden Stichprobe 30 Jahre später erneut zu untersuchen und mit 100 Kontrollprobanden (ebenfalls für beide Zeitpunkte) zu vergleichen. In seiner Studie wird als bester Prädiktor für eine spätere soziopathische Persönlichkeitsauffälligkeit das Ausmaß antisozialen und aggressiven Verhaltens in der Kindheit und Jugend herausgearbeitet (vgl. unten: *Erklärungskonzepte*). Auch Robins Auffassung, daß die „Soziopathie" immer bereits vor dem 15. Lebensjahr beginne, wurde in die Kriterien des DSM-III aufgenommen.

Diagnostik. Nicht alle Kriminellen sind antisoziale Persönlichkeiten. Folglich wäre es wichtig, zwischen persönlichkeitsbestimmten „antisozialen" und kriminellen Handlungen zu unterscheiden. Die mit 12 Eingangs- und 19 Haupt- und Nebenkriterien sehr umfangreiche Merkmalsauflistung des DSM-III-R gilt zwar als besonders reliabel (Hare, 1983; Mellsop et al., 1982; Spitzer, Forman & Nee, 1979), vermengt jedoch die beiden Aspekte. Sie hat deshalb in den vergangenen Jahren wiederholt sehr heftige Kritik erfahren (z.B. Frances, 1980; Hare, Hart & Harpur, 1991; Millon, 1981), weshalb sie in der gegenwärtigen Form nicht erneut in das DSM-IV aufgenommen wird (vgl. Task Force on DSM-IV, 1991). Wir beschränken uns hier deshalb zunächst auf eine Grobzusammenfassung der wesentlichen Kritererien. Als Hauptmerkmale der antisozialen Persönlichkeitsstörung beschreibt das DSM-III-R u.a...

„... ein Muster von verantwortungslosem und antisozialem Verhalten, das in der Kindheit oder in der frühen Adoleszenz beginnt und bis ins Erwachsenenalter hinein fortdauert. Die Diagnose einer Antisozialen Persönlichkeitsstörung wird dann gestellt, wenn der Betroffene mindestens 18 Jahre alt ist und wenn schon vor Vollendung des 15. Lebensjahres eine Störung des Sozialverhaltens diagnostiziert wurde. Typische Anzeichen in der Kindheit sind Lügen, Stehlen, Schuleschwänzen, Vandalismus, Anzetteln von Prügeleien, Fortlaufen von zu Hause und körperliche Grausamkeit. Die antisozialen Verhaltensmuster dauern im Erwachsenenalter fort und manifestieren sich dort möglicherweise in der Nichterfüllung von finanziellen Verpflichtungen, in der Unfähigkeit, die Verantwortung als Elternteil zu übernehmen oder vorausschauend zu planen oder aber eine dauerhafte Tätigkeit auszuüben. Die Betroffenen können sich nicht an die gesellschaftlichen Normen anpassen und begehen wiederholt antisoziale Handlungen, aufgrund derer sie verhaftet werden, z.B. Zerstörung fremden Eigentums, Belästigung anderer Personen, Diebstahl oder Ausübung einer illegalen Tätigkeit. Personen mit Antisozialer Persönlichkeitsstörung sind leicht reizbar und aggressiv und wiederholt in Schlägereien verwickelt... Charakteristisch für die Betroffenen ist ein häufiger Wechsel des Sexualpartners (so definiert, daß sie nie länger als ein Jahr eine monogame Beziehung führten). Schließlich empfinden sie gewöhnlich keine Reue wegen der Auswirkungen ihres Verhaltens auf andere... Nach Vollendung des 30. Lebensjahres können die auffälligeren antisozialen Verhaltensweisen, besonders der häufige Partnerwechsel, die Schlägereien und die Kriminalität, nachlassen" (American Psychiatric Association, 1989, deutsche Übersetzung, S. 414).

Auf der Grundlage seiner Studien zur Kriterien-Verbesserung und Konstruktvalidierung der Merkmale der antisozialen Persönlichkeitsstörungen des DSM-III hat Hare (1980, 1985) darauf aufmerksam gemacht, daß es durchaus einige reliabel einschätzbare Indikatoren der persönlichkeitsabhängigen Dissozialität gibt, die es zugleich erlauben könnten, das Übergewicht persönlichkeits*unabhängiger* dissozialer Verhaltensmuster in der DSM-Diagnostik zurückzunehmen. Eine von Hare entwickelte „Checklist for the Assessment of Psychopathy" (1985) nimmt zugleich wieder stärker Bezug auf die ursprünglich von Cleckley vorgelegten „psychologischeren" und zugleich „interaktionelleren" Beschreibungen. Neben „fehlendem Verantwortungsgefühl" und „fehlendem Schamgefühl" sind dies nach Hares Untersuchungen insbesondere „fehlende Empathie", „fehlende Sorge um andere" sowie ein „glatter und oberflächlicher Charme".

Die Forderung Hares nach stärkerer Berücksichtigung psychologischer Merkmale, die ja zugleich auch die besonderen *zwischenmenschlichen* Schwierigkeiten im Kontext antisozialer Persönlichkeitsstörungen betont, war zugleich von Millon (1981) erhoben worden, der ebenfalls eigene Vorschläge für die Revision des DSM vorlegte. Im DSM-III-R wurde schließlich von diesen Eigenschaften, die der Kommission offenkundig nicht verhaltensnah genug formulierbar schienen, lediglich der Aspekt „verspürt keine Gewissensbisse" als Item neu aufgenommen und die Berücksichtigung weiterer Vorschläge bis zum Vorliegen weiterer Forschungen zurückgestellt (vgl. Widiger et al., 1988). Im ICD-10 jedoch ist diesen Vorschlägen inzwischen weitgehend entsprochen worden (vgl. Dilling et al., 1991), und für das DSM-IV sind entsprechende Kriterienänderungen ebenfalls zu erwarten (vgl. Task Force on DSM-IV, 1991, S. R7). Als wesentliche Kriterien zur Beurteilung der dort so genannten *„dissozialen* Persönlichkeitsstörungen" führt das ICD10 u. a. an: Unbeteiligtsein gegenüber Gefühlen anderer; Mangel an Empathie; sehr geringe Frustrationstoleranz; Unfähigkeit zum Erleben von Schuldbewußtsein und zum Lernen aus Erfahrung, besonders aus Bestrafung; Neigung, andere zu beschuldigen; vordergründige Rationalisierungen für das eigene, soziale Konflikte provozierende Verhalten anzubieten; niedrige Schwelle für aggressives Verhalten; andauernde Reizbarkeit (vgl. Dilling et al., 1991, S. 214).

Differentialdiagnose. In der DSM-III-R-Diagnostik ermöglicht das Überwiegen von Delinquenzmerkmalen vor allem eine Beurteilung der Dissozialität.

Die DSM-Diagnose „antisoziale Persönlichkeitsstörung" erlaubt gegenwärtig keine Beurteilung der psychischen Eingeschränktheit und Gestörtheit der Person, und damit auch keine Aussage über die mögliche Schuldunfähigkeit. Saß (1987) gelangt in der Folge einer Untersuchung an 144 Probanden, die er forensisch untersuchte, zu dem Schluß, daß es im Einzelfall zwingend notwendig sei, bei Vorliegen der Diagnose „antisoziale Persönlichkeitsstörungen" einerseits sorgsam die *Möglichkeiten einer Komorbidität mit anderen psychischen Störungen* aufzuklären, andererseits eine *Abgrenzung zur Dissozialität* (ohne Bezug zu psychischen Störungen) vorzunehmen. Die antisozialen Persönlichkeitsstörungen stehen nach dieser Auffassung also in einem Spannungsverhältnis zwischen (krankheitsnaher, möglicherweise die Schuldfähigkeit beeinträchtigender) psychischer Gestörtheit und (strafrechtlich zu verfolgender) Dissozialität. Vor allem Spezifität, Ausmaß und Schwere einer möglichen Komorbidität (auf der Ebene einsichts- und handlungseinschränkender psychischer Erkrankungen [DSM-III-R: Achse 1] wie auf der Ebene der weiterer Persönlichkeitsstörungen [DSM-III-R: Achse II]) liefern wichtige Beurteilungshilfen zur Abschätzung der psychischen Beeinträchtigung einer Person und damit schließlich auch für die möglicherweise geforderte Behandlungsindikation (ausführliche Beurteilungshilfen finden sich bei Saß, 1987, S. 82ff.).

Erklärungsansätze. Die Spätfolgen der psychiatrischen Degenerations- und Konstitutionslehren aus dem Frankreich des vorigen Jahrhunderts in ihrer problematischen, teils verhängnisvollen Verquickung mit den sozialdarwinistischen und rassentheoretischen Leitorientierungen im Dritten Reich hatten nach dem zweiten Weltkrieg – als Gegenreaktion – zunächst die Erforschung der *psychosozialen* Faktoren devianten Verhaltens beflügelt. Erst in den siebziger Jahren steigt die Bereitschaft, erneut die möglichen heriditären Bedingungen antisozialen und kriminellen Verhaltens zu untersuchen und zugleich unvoreingenommen die Wechselwirkungen zwischen (psycho-)genetischer Prädisposition und psychosozialer Entwicklung aufzuklären.

So legen inzwischen eine Reihe von Zwillings- und Adoptionsstudien recht übereinstimmend eine Beteiligung heriditärer Faktoren an der Entwicklung antisozialer Persönlichkeitsstörungen nahe (im Sinne der oben beschriebenen „Dissozialität seit früher Kindheit und Jugend"; vgl. Crowe, 1975; Cadoret, 1978; Dusen, Mednick, Gabrielli & Hutchings, 1983; Mednick, Gabrielli & Hutchings, 1983; zusammenfassend: Eysenck & Eysenck, 1978; Amelang, 1986). Andererseits können die gleichen Studien zumeist selbst als Beleg für eine vermutlich größere Bedeutsamkeit entwicklungspsychologischer und psychosozial-gesellschaftlicher Faktoren gewertet werden. Wie groß der jeweilige Anteil von Erb- und Umwelteinflüssen auf eine spätere Dissozialitätsentwicklung ist, und ob sie additiv oder interaktiv wirken, das läßt sich gegenwärtig kaum beantworten.

Mit einer Reihe psychophysiologischer Studien wurde die Möglichkeit biologischer Vorläufer der antisozialen Persönlichkeitsstörungen abzusichern versucht. Eine Anzahl von EEG-Untersuchungen zu einer auffällig erniedrigten Hirnaktivität antisozialer Persönlichkeiten weisen zwar einige methodische und konzeptuelle Schwächen auf (vgl. Syndulko, 1978). Dennoch ist die aus den recht konvergenten Befunden abgeleitete Hypothese, daß antisoziale Persönlichkeitsmerkmale mit einem allgemein erniedrigten Aktivationsniveau in einem Zusammenhang stehen könnten, bis heute Gegenstand zahlreicher Studien (vgl. Brantley & Sutker, 1984). So scheinen die Betroffenen eine auffällig niedrige elektrodermale Erregung und Labilität aufzuweisen (Hare, 1978) und sie scheinen weniger ansprechbar auf schwache Reizung (Hare, 1968) und toleranter (d. h. weniger elektrodermal reagierend) gegenüber starker Reizung als Kontrollprobanden (Hare, 1978; zusammenfassend: Hare & Cox, 1978). Auf der Grundlage dieser Befunde wird nun verschiedentlich vermutet, daß Menschen mit antisozialer Persönlichkeitsstörung möglicherweise genetisch prädisponiert einerseits dazu neigen, in Situationen, die eher anreizarm und ermüdend sind, ein Handlungsbedürfnis und eine Suche nach (möglicherweise selbst initiierten) Anreizen zu entwickeln, die neu, verschiedenartig und nicht voraussagbar (Skrzypek, 1969) oder die mit Aktivitäten verbunden sind, die andere als gefährlich, tollkühn und schreckerregend betrachten würden, schließlich aber auch als „antisozial" bzw. „psychopathisch" bewerten müßten (sog. „sensation-seeking"; vgl. Eysenck, 1977, 1980; Hare, 1987).

In den bereits erwähnten Langzeitstudien von Cadoret (1978) und Robins (1978) erweisen sich einige Aspekte des Familienlebens als besonders folgenträchtig: Sowohl inkonsistente oder fehlende Orientierung bis Disziplinierung als auch das Vorliegen antisozialen Verhaltens beim Vater scheinen die bedeutsamsten Prädiktoren für antisoziales Verhalten im Erwachsenenalter. Allerdings bleibt zu beachten, daß diese ungünstigen Sozialisationsaspekte auch als Prädiktoren für eine ganze Anzahl klinischer Syndrome ohne ausgeprägte Dissozialität gelten (vgl. Wiggins, 1968). Und es gibt offensichtlich Unterschiede zwischen Männern und Frauen. In einer schwedischen Adoptivstudie konnten Cloninger und Mitarbeiten (1975) zeigen, daß ein Zusammenhang der Kriminalität von adoptierten Kindern in deren Ewachsenenalter und der früheren Dissozialität der biologischen Eltern vor allem bei adoptierten Männern nachzuweisen ist, während die adoptiert aufgewachsenen Frauen eher Somatisierungssyndrome und anderen Pesönlichkeitsstörungen zeigten (mit v.a hysterisch-histrionischen Merkmalen; Cloninger & Guze, 1970; Cloninger, Reich & Guze, 1975; Lilienfeld, VanValkenburg, Larntz & Akiskal, 1986).

Eine besondere Beachtung verdienen die besonderen Wechselwirkung von Dissozialität und Alkoholabhängigkeit. In Untersuchungen findet sich konsistent, daß die Prävalenz des Alkoholismus bei Menschen mit antisozialen Persönlichkeitsstörungen erhöht ist (Cloninger et al., 1982; Robins, 1978). In der

Adoptivstudie von Bohman, Cloninger und Mitarbeitern wurde eine größere Stichprobe der inzwischen erwachsenen Adoptivkinder danach klassifiziert, ob sie vorbestraft waren, Alkoholprobleme hatten oder ob beides bzw. keines von beidem der Fall war (Bohmann, Cloninger, Sigvardsson & Knorring, 1982; Cloninger et al., 1982). Vorbestrafte Alkoholiker hatten wiederholt Gewaltdelikte begangen, und dieses hing eindeutiger mit dem Alkoholismus als mit dem kriminellen Verhalten der biologischen Eltern zusammen. Zwischen den Eigenarten der kriminellen Handlungen der biologischen Eltern und ihren wegadoptierten Kindern trat ein Zusammenhang um so deutlicher hervor, je weniger Alkoholprobleme die adoptierten Kinder aufwiesen. Und die Alkoholabhängigkeit selbst ging vor allem von Vätern auf ihre Söhne über, wenn die Väter zugleich zur Gewalttätigkeit und zu massiver Kriminalität neigten. Überdies bestand ein Zusammenhang zwischen Kriminalitätsrisiko und häufigem Hin- und Hergeschobenwerden vor der endgültigen Adoption.

Die Befunde zur Erforschung der antisozialen Persönlichkeitsstörung lassen sich vermutlich am besten innerhalb ätiologischer Modellvorstellungen einordnen, die im Kontext der Erklärungsansätze für Persönlichkeitsstörungen als *biosoziale* Lerntheorien bezeichnet werden.

Die biosozialen Lerntheorien der Persönlichkeitsstörungen sind wesentlich durch Versuche stimuliert worden, psychische Störungen persönlichkeitspsychologisch zu begründen, wobei insbesondere das *dimensionale* Persönlichkeitsmodell Eysencks (1952; auch Eysenck & Rachman, 1967) weite Beachtung gefunden hat (vgl. das Kapitel über „Persönlichkeit" in Klinische Psychologie/Band 1 dieser Enzyklopädie). Persönlichkeitseigenschaften werden in diesem Modell auf den sog. Persönlichkeitsdimensionen Neurotizismus und Extraversion-Introversion eingeordnet, die von Eysenck faktorenanalytisch gewonnen wurden. Neurotizismus wird theoretisch mit einer weitgehend vererbten Labilität des autonomen Nervensystems und Extraversion-Introversion mit prädisponierten Funktionseigentümlichkeiten der Retikulärformation (Verschiebung im Erregungs-Hemmungs-Gleichgewicht) in Verbindung gebracht. Letztere soll eine leichtere Konditionierbarkeit der Introvertierten gegenüber den Extravertierten bewirken. Später überprüfte Eysenck (1980) mit dem Psychotismus eine weitere Persönlichkeitsdimension, die vor allem bei zur Psychose neigenden Menschen aber auch *bei Personen mit Psychopathie* stark ausgeprägt sein soll (v. a. bei Menschen mit *primärer* antisozialer Persönlichkeitsstörung) – im Unterschied zur *sekundären* Psychopathie, unter der Eysenck persönlichkeitsbedingte Devianzen im Kontext spezifischer (neurotischer) psychischer Störungen zusammenfaßt.

Eysenck versuchte auf diese Weise, die einseitigen biologischen Sichtweisen im medizinischen Krankheitsmodell und die bisher vielfach ebenfalls einseitigen Sichtweisen ausschließlich psycho-sozialer Verstehensansätze in Klinischer Soziologie und Psychologie miteinander zu verbinden. Nach seiner Auffassung erkläre vor allem das Vorliegen personspezifischer *biologischer Prädispositionen* die Unterschiede, warum Menschen im späteren Leben ebenso unterschiedliche psychische Störungen entwickeln. Und er versuchte diese Unterschiede in der je spezifischen Konditionierbarkeit von Personen mit seinen Persönlichkeitsdimensionen Extraversion/Introversion, Neurotizismus und Psychotismus aufzuklären. *Primäre Psychopathie* sollte danach in der Hauptsache auf einem genetisch prädisponierten „Psychotismus" bezogen sein, sekundäre Psychopathie vor allem auf hohem „Neurotizismus" und hoher „Extraversion". Letztere Konstellation unterstellt – wegen einer konzeptuell erwartbaren geringeren Konditionierbarkeit – zugleich eine weniger ausgeprägte Lernfähigkeit der Betroffenen (vgl. Eysenck, 1980).

In der biosozialen Lerntheorie Millons (1981; Millon & Everly, 1985) wird zusätzlich auf entscheidenden Einflüsse *psychosozialer Umgebungsfaktoren* in der Entwicklungspsychologie antisozialer Persönlichkeitsstörungen hingewiesen. Die biologischen Voraussetzungen und frühen neuropsychologischen Entwicklungsmöglichkeiten werden danach entscheidend durch kontextuelle Bedingungen, vor allem durch die jeweilige Ausgestaltung der zwischenmenschlichen Erfahrunsausbildung weiter überformt und verunsichert. Im Bereich antisozialer Persönlichkeitsentwicklung spielen nach seiner Auffassung v. a. drei Umgebungsfaktoren eine herausragende Rolle:
a) selbst erlebte elterliche Gewalt und Grausamkeit, die im wesentlichen als Modell für spätere gewalttätige Durchsetzung eigener, zumeist spontaner Bedürfnisbefriedigung dient;
b) fehlende elterliche Modelle für das Erlernen einer sozial akzeptierbaren Normorientierung;
c) vor allem aber ein wenig norm-konstant strukturiertes Erziehungsumfeld für das Erlernen eines grundlegenden zwischenmenschlichen Mißtrauens, das nach Millon für viele antisoziale Handlungen hohen zusätzlichen Erklärungswert bekomme.

Die biosozialen Lerntheorien Eysencks und Millons erklären in ihrer allgemeinen Form die Entwicklung von Persönlichkeitsstörungen und der mit ihr vielfach verknüpften Dissozialität aus möglichen unzureichenden hereditären und/oder neuropsychologischen Prädispositionen, die im Verlauf sich wiederholender, ungünstiger Lernprozesse in ein Muster von relativ zeit-stabilen, konsistenten und wenig flexiblen Verhaltensauffälligkeiten und Verhaltensabweichungen übergehen. Im Unterschied zur oben dargestellten *Diathese-Streß-Konzeption* (vgl. 3.1) vernachlässigt die biosoziale Lerntheorie den Aspekt der aktuellen *situativen Verhaltensvariabilität*, wonach das Ausmaß und die Schwankungen in der interpersonellen Ausprägung von Persönlichkeitsstörungen mit wechselnden psychosozialen Anforderungen und Krisen in einen Zusammenhang gestellt werden müssen.

3.5 Borderline-Persönlichkeitsstörung

Zentrales Merkmal der Borderline-Persönlichkeitsstörung ist ein durchgängiges Muster von Instabilität im Bereich der Stimmung, der zwischenmenschlichen Beziehungen und des Selbstbildes. Die nachfolgenden Ausführungen beschränken sich auf die Darstellung der Entwicklung des Konzeptes der Borderline-Persönlichkeitsstörungen, die zugleich mit wesentlichen Neuerung in der psychoanalytischen Theoriebildung verbunden ist (zur zeitgleichen Konzeptausarbeitung der häufig komorbid auftretenden schizotypischen Persönlichkeitsstörung: vgl. oben 3.2).

Konzeptentwicklung. Der Begriff *Borderline* war schon 1938 durch Stern in die psychoanalytische Diskussion zur Beschreibung von Phänomenen im damals unterstellten „Übergangsbereich" von Neurose und Psychose eingeführt worden. Knight greift 1953 darauf zurück, stützt seine Begriffsneusetzung im wesentlichen auf Arbeiten von Hoch und Catell (1959, 1962), die die von ihnen untersuchten Auffälligkeiten im Grenzbereich zur Schizophrenie schon längere Zeit als *„pseudoneurotische Schizophrenie"* bezeichnet hatten. Knights Arbeit gilt zurecht als Trendsetter in diesem Bereich, als sie eine unvorhersehbare Flut an Nachfolgepublikationen auslöste, die nach wie vor offensichtlich ihren Höhepunkt noch nicht überschritten hat (vgl. Kernberg, Selzer, Koenigsberg, Carr & Appelbaum, 1989; Clarkin, Marziali & Munroe-Blum, 1992).

In dem Maße jedoch, wie sich der Begriff „Borderline" in der Psychoanalyse durchsetzte, wuchs auch die Vielgestaltigkeit und Vieldeutigkeit der Konzepte, die mit ihm verbunden wurden. Viele, die den Begriff akzeptierten, waren sich schnell sehr uneinig darin, ob und wie sie ihn am besten einsetzen sollten, etwa zur nosographischen Kennzeichnung einer bestimmten *Gruppe von Patienten* (z.B. Zetzel, 1971) oder zur Benennung eines *strukturellen Modus* der Psychodynamik (*condition*; z.B. Cary, 1972), zur Bezeichnung einer *Charakterstörung* (z.B. Giovacchini, 1973) oder nur zur Beschreibung eines *akuten Zustands* (*borderline-state*; z.B. Weinshel, 1968). Wieder andere schlugen vor, mit ihm – vor allem zur diagnostischen Abgrenzung – zunächst ein *Syndrom von Verhaltensauffälligkeiten* zusammenzufassen (z.B. Grinker, Werble & Drye, 1968).

Es ist v.a. der Konstanz und Gründlichkeit zu verdanken, mit der Otto Kernberg von Anfang an Einfluß auf die Entwicklung des Borderline-Konzeptes nahm, daß der inflationäre Boom spekulativer Pionierleistungen in den siebziger Jahren deutlich zurückging. In der Folge seiner Arbeiten wurde zunehmend von einer *„Borderline-Personality-Organization"* und von *„Persönlichkeitsstörungen"* gesprochen (Kernberg, 1975). Im Detail handelte sich dabei weniger um einen Konsens über die Borderline-Dynamik und -Ätiologie, sondern vor allem um eine Vereinheitlichung in der psychoanalytischen Deskription des Borderline-Störungsbildes, die schließlich die Aufnahme der „Borderline-Persönlichkeitsstörungen" in das DSM-III maßgeblich vorbereitete.

Mit der Akzentuierung in Richtung Persönlichkeitsstörung hat Kernberg jedoch durchaus eine psychodynamische Erklärung im Auge. Er wollte dem Mißverständnis vorbeugen, die sogenannten „Grenzfälle" schwankten zwischen neurotischer und psychotischer Symptomatik. Vielmehr handelt es sich nach seiner Auffassung um stabile Strukturmerkmale der Persönlichkeit, die psychotische Episoden nur unter extremer Belastung oder unter regressionsfördernden Bedingungen (wie Drogeneinnahme oder ungünstige therapeutische Prozesse) zuließen; ansonsten bliebe jedoch in der Regel die Fähigkeit zur Realitätskontrolle erhalten. Durch den Erhalt eines Realitätsbezuges sei die *Abgrenzung zur Psychose* eindeutig gegeben. Andererseits imponierten nach seiner Auffassung eine Reihe von Symptomen und Verhaltensauffälligkeiten, die an psychoneurotische Störungen denken ließen: Ängste, Phobien und Zwänge sowie paranoide, schizoide und hypochondrischen Störungen. Der *Unterschied zur Neurose* läge jedoch im wesentlichen darin, daß diese Symptomatik erheblichen Intensitätsschwankungen unterliege und auch in ihrer qualitativen Ausgestaltung auf vielfältige Weise fluktuieren könne (Kernberg, 1967, 1971, 1975).

Für die Einrichtung der DSM-III-Typologie wegbereitend waren Versuche, das in der Psychoanalyse entwickelte Borderline-Konzept psychometrisch aufzuklären und es von den schizoiden, später auch schizotypischen Persönlichkeitsstörungen abzugrenzen.

Die wichtigsten Anstöße hierzu stammen von Gunderson und Singer (1975) und Gunderson und Kolb (1978), wobei das von Gunderson und Kolb (1978) entwickelte „Diagnostische Interview für Borderline-Patienten" (DIB; deutsch: Pütterich, 1985) inzwischen am besten überprüft ist (vgl. Kolb & Gunderson 1980; Eckert, 1987). Gunderson und Kolb unterscheiden sieben für die Borderline-Diagnose wichtige Bereiche:
1. niedriger sozialer Erfolg;
2. Impulsivität;
3. manipulative Suizidhandlungen;
4. gesteigerte Affektivität;
5. dezente psychotische Erlebnisse;
6. gesteigerte Kontaktbedürftigkeit;
7. gestörte enge zwischenmenschliche Beziehungen.

Ein Konstruktvalidierung des DIB mit dem von Kernberg (1977) entwickelten *„Strukturellen Interview für Borderline-Patienten"* erbrachte schließlich weitgehend übereinstimmende Befunde und zeigte eine konzeptuelle Nähe beider Ansätze (Carr, Goldstein, Howard & Kernberg, 1979).

Für die Aufnahme der Borderline-Persönlichkeitsstörung in das DSM-III letztendlich ausschlaggebend waren dann die bereits im Zusammenhang mit der schizoiden und schizotypischen Persönlichkeitsstörung dargestellten Analysen durch Spitzer und Endicott (1979; Spitzer et al., 1979), in deren Folge eine Verbesserung der differentialdiagnostischen Unterscheidung von schizotypischen und Borderline-Persönlichkeitsstörung möglich erschien (vgl. Abschnitte 3.2 und 3.3).

Diagnostik. Rohde-Dachser (1982, 1986) hat die von Kernberg und Gunderson sowie die in der Folgezeit auch von anderen psychoanalytisch orientierten Autoren vorgelegten Beschreibungen der Borderline-Störungen systematisiert und zusammengefaßt. Einige Beschreibungen in einer Auflistung von Rohde-Dachser (1986, S. 127f.) entsprechen wegen ihrer Betonung der Innenperspektive nicht den Anforderungen einer zuverlässig-reliable Diagnostik („Konfliktbereich", „fließende Übergänge von Ichsyntonie zu Ichdystonie", „Symptome, die Angst binden" usw.). Diese Aspekte erschließen sich in aller Regel erst in einem längeren, zumeist therapeutischen Kontakt mit dem Patienten. Der Einfluß der psychoanalytischen Beschreibungsversuche auf die DSM-III-R-Diagnostik ist jedoch unverkennbar (vgl. Tab. 5). Fünf der dort angegebenen Kriterien müssen erfüllt sein, bevor die Diagnose gestellt wird.

Tabelle 5: Diagnostische Kriterien der Borderline-Persönlichkeitsstörung gem. DSM-III-R

Ein durchgängiges Muster von Instabilität im Bereich der Stimmung, der zwischenmenschlichen Beziehungen und des Selbstbildes. Der Beginn liegt im frühen Erwachsenenalter, und die Störung manifestiert sich in den verschiedenen Lebensbereichen. Mindestens *fünf* der folgenden Kriterien müssen erfüllt sein:
(1) Ein Muster von instabilen, aber intensiven zwischenmenschlichen Beziehungen, das sich durch einen Wechsel zwischen den beiden Extremen der Überidealisierung und Abwertung auszeichnet;
(2) Impulsivität bei mindestens zwei potentiell selbstschädigenden Aktivitäten, z. B. Geldausgeben, Sexualität, Substanzmißbrauch, Ladendiebstahl, rücksichtsloses Fahren und Freßanfälle (außer Suizid oder Selbstverstümmelung, siehe dazu (5));
(3) Instabilität im affektiven Bereich, z. B. ausgeprägte Stimmungsänderungen von der Grundstimmung zu Depression, Reizbarkeit oder Angst, wobei diese Zustände gewöhnlich einige Stunden oder, in seltenen Fällen, länger als einige Tage andauern;
(4) übermäßige, starke Wut oder Unfähigkeit, die Wut zu kontrollieren, z. B. häufige Wutausbrüche, andauernde Wut oder Prügeleien;
(5) wiederholte Suiziddrohungen, -andeutungen oder -versuche oder andere selbstverstümmelnde Verhaltensweisen;
(6) ausgeprägte und andauernde Identitätsstörung, die sich in Form von Unsicherheit in mindestens zwei der folgenden Lebensbereiche manifestiert: dem Selbstbild, der sexuellen Orientierung, den langfristigen Zielen oder Berufswünschen, in der Art der Freunde oder Partner oder in den persönlichen Wertvorstellungen;
(7) chronisches Gefühl der Leere oder Langeweile;
(8) verzweifeltes Bemühen, ein reales oder imaginäres Alleinsein zu verhindern (außer Suizid oder Selbstverstümmelung, siehe dazu (5)).

aus: Diagnostisches und Statistisches Manual Psychischer Störungen: DSM-III-R (1989, S. 419–420).
© Beltz-Verlag, Weinheim. Abdruck mit Genehmigung des Verlags.

Besonderheiten im ICD-10: Im ICD-10 ist die Borderline-Störung eine von zwei Unterformen der dort so bezeichneten **emotional instabilen** Persönlichkeitsstörung (Dilling et al., 1991, S. 215). Als *emotional instabile Persönlichkeitsstörung, Borderline-Typus* wird sie grob jedoch ähnlich wie im DSM-III-R beschrieben. Die zweite Form wird als *emotional instabile Persönlichkeitsstörung, impulsiver Typus* bezeichnet und kennzeichnet Personen, deren mangelnde Impulskontrolle zu gewalttätigem und bedrohlichem Verhalten führt. Diese Kategorie entspricht der sog. „intermittierend explosiblen Störung", die im DSM-III-R auf der Achse I der Syndromgruppe der Störungen der Impulskontrolle zugerechnet wird. Die Zuordnung der vor allem bei Männern beobachtbaren episodenhaft und spontan auftretenden Aggressivität und Gewalt zum Bereich der Persönlichkeitsstörungen, geht auf Einflusse der europäischen Psychiatrie auf der Entwicklung des ICD zurück. Vor allem in deutscher Psychiatrie-Tradition war der persontypische, explosible Impulskontrollverlust immer schon als Persönlichkeitsstörung aufgefaßt und mit Begriffen wie *reizbare, explosible* und *aggressive Persönlichkeit(sstörung)* belegt worden (vgl. 2.3). Da dies Störungsbild ausführlich im Kapitel über Dissoziative Störungen, vorgetäuschte Störungen und Störungen der Impulskontrolle beschrieben wurde, gehen wir hier nicht weiter darauf ein (vgl. Fiedler & Mundt, i.d.B.).

Differentialdiagnostik. Von den Autoren, die im Sinne Kernbergs schon längere Zeit die Borderline-Symptomatik als Ausdruck einer von der Schizophrenie unabhängigen Persönlichkeitsstörung begreifen, wird immer wieder auf das Auftreten kurzzeitiger psychotischer Episoden berichtet (Hoch & Catell, 1959; Knight, 1953; Rohde-Dachser, 1989; Schmideberg, 1959). Ihr Auftreten scheint an folgende Bedingungen geknüpft (Gunderson & Singer, 1975):
1. Kurzzeitig psychotische Episoden treten bei Borderline-Patienten in der Folge psychischer Erregung (Streß) auf.
2. Sie sind auch ohne Behandlung voll reversibel.
3. Sie gehen schnell vorüber (innerhalb weniger Stunden und Tage).
4. Sie werden als ich-fremd (ich-dyston) erlebt.
5. Sie folgen keiner Regelhaftigkeit.

Die gegenwärtigen Diagnosekriterien sind gegenwärtig noch nicht ausreichend geeignet, etwa eine prognostisch valide Differential-Diagnose gegenüber *schizophrenen Störungen* vorzunehmen. Angesichts der gegebenen Unsicherheiten empfiehlt sich bei Auftreten kurzzeitiger psychotischer Episoden eine längere (mehrmonatige) Verlaufsbeobachtung, um das Vorhandensein oder die Entwicklung schizophrener Störungen auszuschließen (zur Schizophrenie-Diagnose: vgl. Rist & Watzl i.d.B.). Andererseits sind beim gegenwärtigen Kenntnisstand in einzelnen Fällen durchaus Komorbiditätsüberlegungen sinnvoll, so daß das Vorliegen schizophrener Störungen eine Boderline-Persönlichkeitsstörung nicht zwingend ausgeschlossen muß.

Zurückhaltung und Behutsamkeit in der Diagnose-Festlegung empfiehlt sich auch bei Unsicherheiten einer differentialdiagnostischen Abgrenzung gegenüber der *schizotypischen Persönlichkeitsstörung*, da die gegenwärtigen Diagnosekriterien beider Typologien nach wie vor nur in etwa der Hälfte der Fälle eine eindeutige Zuordnung zur schizotypischen bzw. Borderline-Persönlichkeitsstörung erlauben (Khouri et al., 1980; Perry & Klerman, 1980; Saß & Koehler, 1982a, b; Gunderson et al., 1983; Sheehy et al., 1980; vgl. Abschnitt 3.3).

Besondere Probleme stellen sich auch bei einer Differentialdiagnose gegenüber der *narzißtischen Persönlichkeitsstörung*, mit der es konzeptuelle Gemeinsamkeiten gibt und die deshalb gemäß DSM-III-R häufig zusammen mit der Borderline-Störung auftreten kann (vgl. American Psychiatric Association, 1989, S. 423f.): Im Falle diagnostischer Unsicherheiten wird die Komorbiditäts-Diagnose nahegelegt; zur möglichen Abgrenzung findet sich der Hinweis, daß Personen mit narzißtischer Persönlichkeitsstörung gewöhnlich eine stabiler ausgebildete Persönlichkeitsstruktur haben und im Unterschied zu den Borderline-Patienten weniger impulsiv und emotional sind (vgl. unten zum Verstehensansatz der narzißtischen Persönlichkeitsstörung im Abschnitt 3.7).

Schließlich sei hier noch auf eine in jüngster Zeit häufiger vertretene Hypothese verwiesen, nach der es sich bei den Symptomen der *multiplen Persönlichkeitsstörungen* (DSM-Achse I im Bereich der *dissoziativen* Störungen) zugleich auch um eine Grundsymptomatik der Borderline-Persönlichkeitsstörungen handeln könne (vgl. hierzu ausführlicher: Fiedler & Mundt i. d. B.).

Erklärungsansätze. Die Konzeptentwicklung der Borderline-Störungen ist eng mit einigen modernen Weiterentwicklungen der psychoanalytischen Theorie verknüpft, die zumeist unter der Bezeichnung „*Objektbeziehungstheorien*" zusammengefaßt werden. Im Mittelpunkt psychoanalytischer Arbeiten zur Objektbeziehungstheorie, die zumeist hermeneutische Analysen therapeutischer Verläufe *erwachsener* Borderline-Patienten darstellen, steht die Beschreibung und Untersuchung sog. *internalisierter Objekt-Beziehungen* (d. h. die intrapsychische Repräsentation der gefühlsmäßigen Beziehungen von Patienten zu ihren Bezugspersonen). Gefragt wird v. a. nach der Bedeutung frühkindlich vermittelter zwischenmenschlicher Erfahrungen für die weitere Persönlichkeitsentwicklung – oder konkreter: nach ihrer überdauernden Repräsentation im Ich bzw. im Selbst, die als „*Selbstrepräsentanzen*" einerseits die affektiv-kognitive Struktur von Erfahrungen der eigenen Person in Beziehungen beinhalten, andererseits als „*Objektrepräsentanzen*" die kognitiv-affektiven Beziehungserfahrungen mit relevanten Bezugspersonen. Wichtig für ein allgemeines Verständnis der Persönlichkeitsstörungen ist dabei die Hypothese, daß sie sich vor allem in der Folge einer sozialisatorisch bedingten Verzögerung oder Behinderung in der Entwicklung differenzierter Selbst- und Objektrepäsentanzen ausbilden könnten.

Wesentliche Impulse für ein objektbeziehungstheoretisches Verständnis von Borderline-Persönlichkeitsstörungen gingen von Kernberg (1975, 1976) aus. Kernberg nahm an, daß Borderline-Patienten eine möglicherweise konstitutionsbedingte Unfähigkeit zur Affektregulation in zwischenmenschlichen Beziehungen aufweisen würden, die sie für die Entwicklung psychischer Störungen bei Auftreten ungünstiger Lernerfahrungen in der Eltern-Kind-Beziehung prädisponieren würden. Nach seiner Auffassung seien – bei Vorliegen einer solchen Prädisposition (als interpersonelle Vulnerabilität) – insbesondere frühe (traumatisierende) Objektbeziehungen für das spätere Beziehungsverhalten bestimmend (miterlebte Gewalt, sexueller Mißbrauch, Inzesterfahrungen), wenn verschiedenste, v. a. affektiv-diffuse oder konflikthafte Selbst-Objekt-Repräsentanzen erhalten blieben. Für ihren Umgang mit Beziehungsambivalenzen entwickeln die Betroffenen alsbald eine für die Borderline-Störungen typische Form des Selbstschutzes (oder Vulnerabilitätsschutzes; Rohde-Dachser, 1986), der für das weitere Leben als persönliches Grundmuster der Beziehungsregulierung bestimmend bleibt. Kernberg bezeichnet diese besondere Form der Abwehr als *Spaltung*. Und er erklärt damit die bei Borderline-Patienten persistierenden affektiven Instabilitäten, die fluktuierenden Symptombildungen, die abrupten Einstellungsverschiebungen und den episodischen Verlust der Impulskontrolle. Die interpersonell auffälligen Besonderheiten der Betroffenen werden so als Selbstschutzmöglichkeit vor potentiell verletzenden Beziehungserfahrungen begreifbar.

3.6 Histrionische Persönlichkeitsstörung

Mit der Benennung *histrionische Persönlichkeitsstörung* wurde in den beiden aktuellen Diagnosesystemen DSM-III-R und ICD-10 die bis dahin gebräuchliche Bezeichnung „hysterische Persönlichkeit" ersetzt. Die histrionische Persönlichkeitsstörung kennzeichnet ein durchgängiges Interaktionsmuster übermäßiger Emotionalität oder ein übermäßiges Verlangen nach Aufmerksamkeit. Die Auffälligkeiten wurden früher mit der Charakterstörung „Hysterie" in einen Zusammenhang gestellt, für die zwei besondere Ausdrucksformen *neurotischen* Verhaltens als prototypisch angesehen wurden: die Konversionsstörungen und die *dissoziativen* Störungen (vgl. die Kapitel über Somatoforme und Dissoziative Störungen i. d. B.). Sowohl in den Vorläufern des DSM-III wie des ICD-10 war bis Ende der 70er Jahre für diese als „hysterisch" betrachteten Reaktionsformen die Diagnosekategorie „*hysterische Neurosen*" vorgesehen. Wegen der Vielgestaltigkeit des Hysterie-Begriffs (v. a. wegen der heterogenen Ätiologie-Implikationen; ähnliches Stigmatisierungsproblem wie bei dem Psychopathie-Begriff) wurde die Begriffe „Hysterie" (hysterische Neurose und hysterische Persönlichkeit) sowohl im DSM-III(-R) wie auch im ICD-10 gestrichen, und im Bereich der Persönlichkeitsstörungen durch das Attribut „histrionisch" ersetzt – ganz im Unterschied zu vielen konzeptuellen, v. a. psychoanalytisch orientierten Arbeiten, weil den hysterischen Neurosen wie der hysterischen Charakterstörung vielfach eine gleichartige Psychodynamik unterstellt wird.

Konzeptentwicklung. Schon seit der Antike werden bestimmte körperliche, psychische und interaktionelle Auffälligkeiten als „hysterisch" benannt, die organische Krankheiten oder Schäden (Lähmungen, Mutismus, Erstickungsanfälle usw.) nachahmen, ohne daß sich eine eindeutige organische Erkrankung festellten läßt. Schon in frühen Papyrus-Aufzeichnungen der Ägypter, im antiken Griechenland und Rom brachten die Ärzte die hysterischen Phänomene mit einer „Wanderung" der Gebärmutter (*gr.: hystera*) im Körper in einen Zusammenhang (Veith, 1979). Noch im 18. Jahrhundert gilt die Auffassung einer typischen Erkrankung der Frau, die entsprechend gynäkologisch behandelt werden müsse. Erst in Sydenhams „Study of Hysteria" (in seinen medizinischen Werken; Sydenham, 1787) wurden gleichartige Auffälligkeiten bei Männern berichtet (die er mit „Hypochondrie" bezeichnete); und von ihm wurde erstmals eine psychosoziale Verursachung vermutet. In der übrigen Psychiatrie wurde hingegen eine neurologische Erkrankung unterstellt (z. B. Griesinger, 1871). Erst in der Folge mehrerer Arbeiten über Hysterie, die um die Jahrhundertwende gemeinsam von Breuer und Freud (z. B. 1893) publiziert wurden, ergaben sich plausible Gründe für eine psychologische Verursachung der Hysterie: Hysterische Symptome erschienen als Folge vorausgehender *traumatischer Erfahrungen*; denn sie pflegten zu verschwinden, sobald es in der Hypnose gelang, die aus dem Bewußtsein verdrängten Erfahrungen wieder in Erinnerung zu bringen und neu zu verarbeiten (vgl. Fiedler & Mundt, i. d. B.).

Freud entfernte sich jedoch alsbald von der mit Breuer gemeinsam vertretenen Position (z. B. 1896, 1905). Innerhalb seines Verstehensansatzes war die Hysterie schließlich begreifbar als Ergebnis *konflikthafter psychischer Verdrängungs- oder Abwehrprozesse*, mittels derer normativ und zwischenmenschlich unakzeptabel erscheinende oder subjektiv bedrohliche Erfahrungs- und Erlebensinhalte, die zugleich eng mit psychosexuellen Bedürfnissen und Wünschen verknüpft schienen, zwar aktiv aus dem Bereich bewußter Wahrnehmung ausgeschlossen würden. In der hysterischen Konversions- und Dissoziations-Symptomatik oder als hysterische Charaktereigenschaft kehre das Verdrängte jedoch in *symbolischer* Funktion (als körperliches Symptom oder Form einer zwischenmenschlichen Inszenierung) zurück. Historisch gesehen überzeugte Freuds Position, lieferte sie doch endlich nicht nur eine plausible Erklärung für die um die Jahrhundertwende vielfach diskutierten hysterischen Störungen, sondern es empfahl sich mit der Psychoanalyse zugleich ein erfolgversprechendes Konzept ihrer Behandlung. Die Dominanz (oder auch: Attraktivität) des psychoanalytischen Verständnisses der hysterischen Störungen, dessen Evidenz sich fast ausschließlich in Fallbeschreibungen nachweisen ließ, zeigt sich denn auch weitgehend unverändert in den Begriffsetzungen der andererseits sehr wohl zunehmend empirisch begründeten psychiatrischen Diagnosesysteme bis hin zum ICD-9 (1980) und DSM-II (1968) – und dies, obwohl bereits seit Mitte des Jahrhunderts von Kritikern zunehmend geltend gemacht wurde, daß sich die auf konzeptueller Ebene unterstellten Zusammenhänge zwischen Konversion, Dissoziation und hysterischer Persönlichkeit empirisch nicht nachweisen ließen (z. B. Nemiah, 1980, 1985; vgl. ergänzend: Fiedler & Mundt, i. d. B.).

Diagnostik. Mit einer konsequent vorgenommenen Enttheoretisierung der Diagnosesysteme seit Anfang der 80er Jahre wurde der Hysteriebegriff gestrichen, und zugleich kam es zu einer erheblichen Diversifizierung diagnostischer Untergliederungen. Die Folgen zeigen sich besonders anschaulich in der beachtlichen Anzahl von Diagnosegruppen, in denen sich viele der bisher mit der hysterischen Neurose und hysterischen Persönlichkeit assoziierten Merkmale wiederfinden, die jedoch zukünftig nicht mehr automatisch mit der seitdem so bezeichneten *histrionischen Persönlichkeitsstörung* in einen Zusammenhang gestellt werden sollten:

– Im Bereich der *Somatoformen* Störungen sind dies z. B. die Konversionsstörung, die Hypochondrie und die Somatisierungsstörung; im Bereich *Dissoziativer* Störungen sind dies die Psychogene Amnesie, die Psychogene Fugue und die Multiple Persönlichkeitsstörung; und es finden sich bestimmte Auffälligkeiten im Syndrombereich der sog. *vorgetäuschten* Störungen wieder (vgl. hierzu die entsprechenden Kapitel i. d. B.). Selbst viele der Merkmale, die früher der hysterischen Persönlichkeit zugeschrieben wurden, dürften sich heute in den Typologien unterschiedlicher Persönlichkeitsstörungen wiederfinden, insbesondere in denen der Borderline-, der schizotypischen und der antisozialen Persönlichkeitsstörungen, mit denen die histrionische Persönlichkeitsstörung auch aus diesem Grund die meisten Komorbiditätsdiagnosen aufweist (vgl. Abschnitt 4 zur Komorbidität).

Als Hauptmerkmale der histrionischen Persönlichkeitsstörungen gelten heute vor allem Interaktionsmerkmale eines eindeutig lebhaften, in den Mittelpunkt drängenden Verhaltens mit übertriebener Neigung zur Emotionalisierung zwischenmenschlicher Beziehungen (vgl. Tab. 6).

Differentialdiagnostik. Kritisch vorgebracht wurde, daß die jetzigen Merkmale – wie schon bei der „Hysterie" – zu sehr auf typisch weibliche Verhaltensstereotype abgestellt seien, obwohl es durchaus männliche Entsprechungen gäbe (etwa im Sinne eines „dandy"- bzw. „machohaften" Verhaltensmusters; Widiger et al., 1988). In manchen Fällen ist – u. a. aus diesem Grund – eine

Unterscheidung zur *Borderline-Persönlichkeitsstörung* nur schwer möglich, obwohl bei der histrionischen Persönlichkeitsstörung Identitätstörungen und psychotische Episoden eher seltener vorkommen dürften. Eine Abgrenzung zu den *Dissoziativen Störungen* und zu den *Somatoformen (insbesondere Konversions-)Störungen* sollte – zur Vermeidung einer vorschnellen „Hysterie"-Konfundierung – zunächst sehr genau erwogen werden; die interaktionellen Merkmale der histrionischen Persönlichkeitsstörungen lassen sich nämlich recht häufig auch im Zusammenhang mit anderen psychischen Störungen beobachten, z. B. bei den *affektiven Störungen* und bei den *vorgetäuschten Störungen* (vgl. die entsprechenden Kapitel i. d. B.).

Tabelle 6: Diagnostische Kriterien der histrionischen Persönlichkeitsstörung gem. DSM-III-R

Ein durchgängiges Muster übermäßiger Emotionalität oder eines übermäßigen Verlangens nach Aufmerksamkeit. Der Beginn liegt im frühen Erwachsenenalter, und die Störung manifestiert sich in den verschiedensten Lebensbereichen. Mindestens *vier* der folgenden Kriterien müssen erfüllt sein:
Der Betroffene
(1) verlangt ständig von anderen Bestätigung, Anerkennung und Lob;
(2) ist übertrieben attraktiv und verführerisch im Äußeren und im Gehabe;
(3) ist übertrieben besorgt um sein Äußeres;
(4) zeigt übertrieben seine Emotionen, umarmt z. B. flüchtige Bekannte übertrieben bei der Begrüßung, schluchzt unkontrolliert in einer wenig sentimentalen Situation, hat Wutausbrüche;
(5) fühlt sich unwohl in Situationen, in denen er nicht im Mittelpunkt steht;
(6) zeigt rasch wechselnde und oberflächliche Emotionen;
(7) ist stark egozentrisch, das Handeln ist auf unmittelbare Befriedigung ausgerichtet, Frustration durch Belohnungsaufschub wird schwer ertragen;
(8) hat einen übertrieben impressionistischen Sprachstil, der keine Details kennt. Bei der Beschreibung der eigenen Mutter heißt es z. B. nur: „Sie war eine wunderbare Frau."

aus: Diagnostisches und Statistisches Manual Psychischer Störungen: DSM-III-R (1989, S. 422).
© Beltz-Verlag, Weinheim. Abdruck mit Genehmigung des Verlags.

Erklärungsansätze. Wegen der Neusetzung der Diagnosekategorie bewegen sich die ätiologischen Überlegungen nach wie vor im Bereich der Spekulation, zumal empirische Arbeiten kaum vorliegen. Auch die *psychoanalytischen Erklärungsansätze* – die nach wie vor der Konversion, der Dissoziation und die histrionischen Charaktereigenschaften eine gemeinsame Psychodynamik als „Hysterie" unterstellen – sind eher zur Analyse und Bewertung aktueller Beziehungseigenarten der histrionischen Persönlichkeitsstörung geeignet, als daß sie bereits sichere Antworten auf die Frage nach den Ursachen liefern könnten (vgl. die Arbeiten in Horowitz, 1991 a). Die der Interaktionstypik der histrionischen Persönlichkeitsstörung inhärente Theatralik wird dabei zumeist als *Inszenierung* aufgefaßt, die es den Betroffenen erlaube, eine nicht vollständig ausgebildete Selbstrepräsentanz zu verbergen: Sie dienen (zumeist als unbewußte Inszenierungen) dem Ziel (nicht nur für die anderen, sondern auch für sich selbst), anders zu erscheinen, als man (nicht) ist (Mentzos, 1984; vgl. auch die Überlegungen zu den histrionischen Facetten einer interaktionellen „alsob"- oder Pseudo-Präsentation von Persönlichkeitsmustern bei Horowitz, 1991b, sowie bei Blaker & Tupin, 1991).

In jüngeren Forschungsarbeiten über familiäre Zusammenhänge und Ursachen der Persönlichkeitsstörungen wird wiederholt die Vermutung geäußert, daß es sich bei der (eher weiblichen) histrionischen Persönlichkeitsstörung und der (eher männlichen) antisozialen Persönlichkeitsstörung um geschlechtstypische Ausformungen ein und derselben Grundstruktur (Prädisposition) handeln könne (vgl. Cloninger et al., 1975; Kaplan, 1983; Lilienfeld et al., 1986). Histrionische Patientinnen entammen überzufällig häufig Familien, in denen auf seiten der Väter eine antisoziale Persönlichkeitsstörung festgestellt werden konnte; entsprechend häufig wird bei den Betroffenen über frühkindliche Erfahrungen familiärer Gewalt und des Mißbrauchs berichtet. Als stützende Indikatoren für die Nähe zur *antisozialen Persönlichkeitsstörung* werden weiter eine beobachtbare geringe Impulskontrolle, ein mit inszenierten Übertreibungen häufig verbundenes „ausweichendes Verhalten" sowie weiter die Unfähigkeit, enge Beziehungen aufrechtzuerhalten, sowie schließlich eine mangelne Schuld- und Schamfähigkeit als wesentlich angeführt.

Für Millon und Everly (1985) ist die trotz möglicher gemeinsamen Prädisposition vorfindbare Unterschiedlichkeit zur (männlichen) antisozialen und der (weiblichen) histrionischen Persönlichkeitsentwicklung ein wichtiger Beleg dafür, welch erhebliche Bedeutung den kindlichen Sozialisationsbedingungen bei der Ausformung von Persönlichkeitsstörungen zukommt. Im Kontext ihrer *biosozialen Lerntheorie* spielen für die Entwicklung der histrionischen Persönlichkeitsstörung folgende Umgebungsfaktoren eine wichtige Rolle: (a) häufige Bekräftigung eines aufmerksamkeitssuchenden Verhaltens, (b) mögliche elterliche Modelle für histrionisches Verhalten; (c) kurzfristiges Erfüllen interpersoneller Bedürfnisse nach Nähe, Zuwendung und Unterstützung. Das schließlich resultierende Rollenverhalten verhindere gleichzeitig die Entwicklung eines sozial-bezogenen Selbstkonzeptes. Die Folge sei, daß den Betroffenen angesichts einer bedrohlichen Zuspitzung zwischenmenschlicher Konflikte und Krisen nur die scheinbar selbstsichere *Inszenierung gelernter Rollen als Selbstschutz* verbleibe, eben – weil wenigstens diese gelernt und gekonnt werden – als allein oder vor allem anderen Sicherheit versprechende interaktionelle Kompetenz.

3.7 Narzißtische Persönlichkeitsstörung

„Narzißmus" gehört zu den zentralen Begriffen der Psychoanalyse. Er bezeichnet in seiner allgemeinen Form die interaktionelle Fähigkeit eines Menschen, relativ konstante positive wie negative zwischenmenschliche Beziehungen auszubilden. Nun ist allerdings der Begriff mit sehr vielen unterschiedlichen Bedeutungsaspekten belegt worden, so daß damit fast alles, was zwischen günstigen und ungünstigen Beziehungseigenarten einordbar ist, klassifiziert werden könnte.

Konzeptentwicklung. Freud selbst hatte den Grundstein für die spätere heterogene Begriffsnutzung gelegt. Als er den Narzißmusbegriff in die Psychoanalyse einführte, gebrauchte er das Attribut „narzißtisch" in vier Bedeutungsfacetten (Freud, 1914):
1. zur Charakterisierung einer Person, die sich durch eine pathologische Selbstverliebtheit gekennzeichnet ist;
2. zur Kennzeichnung einer spezifischen „Objektwahl", also der interpersonellen Bevorzugung einer Person (ein Mensch liebt an einem anderen, was er selbst ist, war oder sein möchte);
3. zur Beschreibung libido-theoretischer Vorgänge einer narzißtisch-neurotischen Entwicklung in Richtung Charakterstörungen, die er zugleich als eine Möglichkeit der Psychosenentwicklung verstand (der Patient zieht seine libidinösen Besetzungen vom gewählten Objekt zurück und wendet sie in Richtung auf die eigene Person); schließlich
4. in der Beschreibung eines gesunden Narzißmus, der im Sinne eines gesunden Selbstwertgefühls verstehbar war.

Freud selbst war noch der Meinung, daß narzißtische (Charakter-)Störungen (wegen der dem Narzißmus inhärenten Libido-Besetzung der eigenen Person – des „Ich" – und der daraus folgenden „Überich-Isolierung" oder „Gewissenlosigkeit") einer psychoanalytischen Behandlung *nicht* zugänglich seien, weil ja das Prinzip der psychoanalytischen Therapie in der Bearbeitung von Übertragung und Widerstand bestehe und deshalb dort nicht anwendbar sei, wo es mangels libidinöser Energie Objektbesetzung nicht gäbe, folglich Übertragung und Widerstand vermindert seien, wenn nicht gar fehlten.

Seit den fünfziger Jahren – beginnend mit den Arbeiten von Hartmann (zusammenfassend: 1972) – sind einige entscheidende theoretische Weiterungen der psychoanalytischen Theorie vorgenommen worden, die bis heute unter den Überschriften „Objekt-Beziehungs-Theorien" oder „Narzißmus-Theorien" fortgeschrieben werden. Insbesondere unter der Narzißmusperspektive sind von psychoanalytischer Seite wichtige Versuche unternommen worden, Rahmensetzungen auch für ein Verständnis von *Persönlichkeitsstörungen* zu entwickeln. Seitdem wird auch das Freudsche Diktum der Nichtbehandelbarkeit von Charakterstörungen weitgehend aufgegeben, indem zugleich zunehmend differenziertere Behandlungsvorschriften entwickelt werden, die sich zugleich deutlich von der klassischen Therapieauffassung entfernen (vgl. unten zur Therapie).

Für die Kriterienentwicklung zur *narzißtischen Persönlichkeitsstörung* im DSM-III-(R) wegbereitend waren vor allem die Auffassungen, die im Kontext der sog. Objekt-Beziehungs-Theorie Kernbergs (1975, 1976) und seiner Nachfolger entwickelt wurden und die eng mit einem Verständnis der Borderline-Persönlichkeitsstörung verknüpft sind (vgl. Rohde-Dachser, 1986).

Nach dieser Auffassung handelt es sich bei der Borderline-Persönlichkeitsstörung um die schwerere Störung in der Entwicklung eines zum Menschen üblicherweise zugehörigen gesunden Narzißmus (Selbstwertgefühls). Die in der Borderline-Störung auffindbaren fluktuierenden Selbstwert- und Identitätsprobleme werden – wie oben dargelegt – als das Ergebnis traumatischer Interaktionserfahrungen in den ersten, für die Entwicklung eines gesunden Selbstwertgefühls wesentlichen Lebensjahren betrachtet. Die *narzißtische Persönlichkeitsstörung* verweist nun nach Kernbergs Auffassung auf eine besondere Form der im weiteren Reifungsprozeß erworbenen, wenngleich vereinseitigten Fähigkeit zur persönlichen Bewältigung früher Interaktionstraumatisierungen, und zwar *in Richtung auf eine Überidealisierung des eigenen Selbst*. Aus diesem Grund seien die für die Borderlinestörung typischen, extremen Selbstwertdiffusitäten bei der narzißtischen Persönlichkeitsstörung nicht gegeben, weil eine überhöhte Selbsteinschätzung („pathologisches Größen-Selbst") eine darunter liegende Borderline-Struktur verdecke.

Diese Betrachtung der narzißtischen Persönlichkeitsstörung als Spezialfall der Borderline-Persönlichkeitsstörung ist jedoch in der Psychoanalyse nicht unumstritten (vgl. Kohut, 1971, 1977; vgl. auch Rohde-Dachser, 1986). Dennoch ist die aktuelle DSM-Kriteriensetzung von den Vertretern dieser Theorieperspektive deutlich beeinflußt worden.

Diagnostik. Obwohl die Begriffssetzung vordergründig die Neigung der Betroffenen zur Überidealisierung von Selbst- und Wirklichkeitskonzepten betont, liegen die Hauptmerkmale der *narzißtischen Persönlichkeitsstörung* im zwischenmenschlichen Bereich. Diese beinhalten ein Mangel an Empathie, ein durchgängiges Muster von sozialem Unbehagen und die Angst vor negativer Beurteilung durch andere (vgl. Tab. 7).

Die Kriterien sind zunächst auf deutliche Kritik gestoßen, weil sich die valide Zuordnung einer Person zu diesem Störungsbild vor allem über eine genaue Kenntnis der Innenperspektive vornehmen läßt, die sich möglicherweise erst im Verlauf einer therapeutischen Behandlung erschließt (Bursten, 1973; Widiger et al., 1988). Im ICD-10 ist die Typologie deshalb auch nicht enthalten. Mit Hilfe verbesserter standardisierter Interviews ließ sich die Diagnose zwischenzeitlich jedoch an Patienten mit unterschiedlichen Persönlichkeitsstörungen als recht zuverlässig absichern, weshalb sie auch erneut in das DSM-IV aufgenommen wird (vgl. Gunderson, Ronningstam & Bodkin, 1990; Ronningstam & Gunderson, 1990; Cooper & Ronningstam, 1992).

Tabelle 7: Diagnostische Kriterien der narzißtischen Persönlichkeitsstörung gem. DSM-III-R

Ein durchgängiges Muster von Großartigkeit (in Phantasie oder Verhalten), Mangel an Einfühlungsvermögen, Überempfindlichkeit gegenüber der Einschätzung durch andere. Der Beginn liegt im frühen Ewachsenenalter, und die Störung manifestiert sich in den verschiedensten Lebensbereichen. Mindestens *fünf* der folgenden Kriterien müssen erfüllt sein:
Der Betroffene
(1) reagiert auf Kritik mit Wut, Scham oder Demütigung (auch wenn dies nicht gezeigt wird);
(2) nützt zwischenmenschliche Beziehungen aus, um mit Hilfe anderer die eigenen Ziele zu erreichen;
(3) zeigt ein übertriebenes Selbstwertgefühl, übertreibt z. B. die eigenen Fähigkeiten und Talente und erwartet daher, selbst ohne besondere Leistung als „etwas Besonderes" Beachtung zu finden;
(4) ist häufig der Ansicht, daß seine Probleme einzigartig sind und daß er nur von besonderen Menschen verstanden werden könne;
(5) beschäftigt sich ständig mit Phantasien grenzenlosen Erfolges, Macht, Glanz, Schönheit oder idealer Liebe;
(6) legt ein Anspruchsdenken an den Tag: stellt beispielsweise Ansprüche und übermäßige Erwartungen an eine bevorzugte Behandlung, meint z. B., daß er sich nicht wie alle anderen auch anstellen muß;
(7) verlangt nach ständiger Aufmerksamkeit und Bewunderung, ist z. B. ständig auf Komplimente aus;
(8) zeigt einen Mangel an Einfühlungsvermögen: kann z. B. nicht erkennen und nachempfinden, wie andere fühlen, zeigt sich z. B. überrascht, wenn ein ernsthaft kranker Freund ein Treffen absagt;
(9) ist innerlich sehr stark mit Neidgefühlen beschäftigt.

aus: Diagnostisches und Statistisches Manual Psychischer Störungen: DSM-III-R (1989, S. 424).
© Beltz-Verlag, Weinheim. Abdruck mit Genehmigung des Verlags.

Differentialdiagnostik. Relativ häufig findet sich eine Komorbidität mit der histrionischen, der Borderline- und der antisozialen Persönlichkeitsstörung, weshalb es – wegen der geringen empirischen Erforschung dieses Störungsbildes – in manchen Fällen gegenwärtig angebracht scheint, zur Bewertungsabsicherung mehr als eine Diagnose zu stellen.

Erklärungsansätze. Die *psychoanalytische Konzeptbildung* zur narzißtischen Persönlichkeitsstörungen ist seit Jahren durch eine Kontroverse um eine Auffassung narzißtischer (Charakter-)Störungen geprägt, die sich eng mit den theoretischen Auffassungen Kohuts und Kernbergs verbinden (vgl. Rudolf, 1987).

Nach Kohut (1971, 1976) differenziert sich der (biologisch vorgegebene) primäre Narzißmus zunächst in zwei Richtungen: einmal in Richtung auf eine vorübergehende Idealisierung seinerselbst, zum anderen in Richtung auf eine vorübergehende Idealisierung der intimen Bezugspersonen (Eltern). Mißlingt die entwicklungsnotwendige Auflösung der Narzißmusabkömmlinge Selbstidealisierung und Elternidealisierung, so können die grandiosen Selbstvorstellungen in verdrängter Form wirksam bleiben. Sie prägen in Gestalt von nicht befriedigten Größenansprüchen und entsprechend beschämenden Minderwertigkeitsgefühlen (als sekundärer Narzißmus) das Erleben narzißtisch gestörter Patienten.

Kernberg (1975, 1976) hingegen hebt zwei klinische Erscheinungsbilder voneinander ab, die *narzißtische Persönlichkeitsstörung* und die *Borderline-Persönlichkeitsstörung*. Nach seiner Auffassung handelt es sich – wie angedeutet – bei der Borderline-Persönlichkeitsstörung lediglich um die schwerere von zwei ähnlichen Störungsbildern in der Entwicklung eines zum Menschen üblicherweise zugehörigen gesunden Narzißmus (Selbstwertgefühls), die sich zugleich durch zwei unterschiedliche Formen der Abwehr zwischenmenschlich bedrohlicher Erfahrungen auszeichnen. In der *Borderline-Störung* dominiert die von ihm so bezeichnete „Spaltung", deren Hauptmerkmal die Dissoziation in eine multiple Symptombildung ist. Die in der besser entwickelten, *narzißtischen Persönlichkeitsstörung* vorherrschende sog. „narzißtische Abwehrstruktur" trägt hingegen weniger psychopathologische Züge (keine Symptomfluktuation, bessere Impulskontrolle, höhere soziale Anpassungsfähigkeit). Ein Mensch mit narzißtischer Persönlichkeitsstörung hat also im Sinne dieser Auffassung mit seinen narzißtischen Größen- und Unabhängigkeitsphantasien eine spezifische Kompetenz der Bewältigung einer dennoch zugrundeliegende Borderline-Struktur ausgebildet. Die narzißtischen Patienten zeichnen sich nach Kernberg deshalb durch einen ausgeprägten Eigenbezug aus, der ihnen hilft, eine dahinterliegende zwischenmenschliche Unsicherheit zu tarnen. Letztere sei jedoch durchaus sichtbar, denn die emotionalen Beziehungen seien gekennzeichnet durch ein ständiges Mißtrauen, eine Angst vor Abhängigkeit und durch mangelndes Einfühlungsvermögen.

Kognitiv-behaviorale Konzepte betonen vor allem die zirkulären interpersonellen Konsequenzen der Ich-Syntonie von Persönlichkeitsstörungen, die sich in geradezu paradigmatischer Weise am Beispiel der narzißtischen Persönlichkeitsstörung aufzeigen lassen (vgl. Millon & Everly, 1985; Beck et al., 1990; Fiedler, 1993 b). Obwohl die Bezeichnung „narzißtisch" das Überwiegen einer übermäßigen Selbstwertschätzung betont, liegen die Hauptmerkmale dieser Störung im interpersonellen Bereich: fehlende Empathie, soziales Unbehagen, Angst vor Kritik, Schüchternheit. Für die Autoren ist die narzißtische Persönlichkeitsstörung denn auch im Kern ein Feedback-Problem. Dies liegt in der Natur der auch öffentlich präsentierten Überhöhung des Selbstkonzeptes begründet. Es besteht in der Folge eine dauernde Bedrohung durch Infragestellen der Selbstpräsentation durch andere, die diese Überwertigkeit nicht zu teilen vermögen und eine realistischere Sichtweise der Wirklichkeit vom Betroffenen einfordern. Genau diese Bedrohung führt wiederum fast zwangsläufig in einen erneuten Rechtfertigungszwang und zu einer Aufrechterhaltung überwertiger kognitiver Konstruktionen. Die Folge sind sich eskalierende Beziehungsstörungen, die durch die Betroffenen selbst im Bemühen um die stets auf Neue und v. a. ichsynton präsentierte Glaubwürdigkeit ihrer gegenläufigen Wirklichkeitsauffassungen kaum auflösbar scheinen.

3.8 Selbstunsichere Persönlichkeitsstörung

Die deutsche Übersetzung „selbstunsicher" als Störungsbezeichnung dürfte der Gesamtheit der Merkmale, die Menschen mit dieser Persönlichkeitsstörung zugeschrieben werden, besser repräsentieren, als die im englischsprachigen DSM-III-Original benutzte Bezeichnung „avoidant personality disorder". Das ICD-10 benutzt mit *ängstlich (vermeidende)* Persönlichkeitsstörung eine gleich beide Aspekte betonende Kennzeichnung. Selbstunsichere Personen fallen durch einen angstbetont eingeschränkten Lebensstil auf und durch ihre Neigung, bestimmte Risiken und Aktivitäten wegen der von ihnen erlebten Bedrohlichkeit chronisch zu vermeiden. Insofern gehen sie auch keine engen Beziehungen ein, wenn sie nicht sicher sein können, akzeptiert zu werden.

Konzeptentwicklung. Soziale Unsicherheit und soziale Angst gehören mit dem zugehörigen Forschungsbereich der sozialen Kompetenz zu den bestuntersuchten Störungsbereichen in der Klinischen Psychologie (vgl. Eisler, 1976; Bellack, 1979). Es muß jedoch kritisch gesehen werden, daß bis in die siebziger Jahre hinein – u. a. wegen der eingangs erwähnten Vorbehalte der klinischen Psychologen gegenüber der Diagnostik von Persönlichkeitsstörungen – nur selten zwischen *sozialer* Phobie und *selbstunsicherer Persönlichkeit* differenziert wurde (vgl. Reinecker, 1993a). Dies hat sich deutlich geändert, nachdem – einem Vorschlag von Millon (vgl. 1981) folgend – im DSM-III von 1980 erstmals diese diagnostische Kategorie eingeführt wurde. Vorläufer dieser Störungskategorie finden sich jedoch bereits in den Beschreibungen eines „sensitiven Charakters" bei Kretschmer (1921) und in denen der „selbstunsicheren Persönlichkeit" bei Schneider (1923). In epidemiologischen Studien findet die Kategorie neuerlich in dem Maße Zuspruch und Verwendung, wie gleichzeitig die Bereitschaft zurückgeht, eine *schizoide* Persönlichkeitsstörung zu diagnostizieren, die bis dahin in vielen Fällen zur Charakterisierung ängstlich-vermeidender Persönlichkeiten benutzt wurde (vgl. Widiger et al., 1988).

Diagnostik. Eines der Hauptcharakteristika dieser Persönlichkeitsstörung ist die übergroße Empfindsamkeit gegenüber der Ablehnung durch andere. Prototypisches Merkmal scheint das Verharren in einem Konflikt zwischen Bindungs- und Autonomiebedürfnis (Vaillant & Perry, 1988): Die Betroffenen sehnen sich nach zwischenmenschlicher Nähe und Sicherheit, vermeiden jedoch enge Beziehungen, um nicht zurückgewiesen zu werden. Dem entspricht ein mangelndes Selbstvertrauen zu unabhängigen Entscheidungen, um sich nicht der Möglichkeit einer Lächerlichkeit preiszugeben (vgl. die Kriterien in Tab. 8).

Differentialdiagnostik. Eines der Hauptprobleme liegt gegenwärtig noch in einer erheblichen Kriterienüberlappung von selbstunsicherer Persönlichkeitsstörung und sozialer Phobie (Turner, Beidel, Dancu & Keys, 1986; Turner & Beidel, 1989; Turner, Beidel, Bordern, Stanley & Jacob, 1991). Die differentialdiagnostische Unterscheidung läßt sich – von der Möglichkeit der Komorbidität einmal abgesehen – am besten über folgende Merkmale vornehmen (Fiedler, 1993 b): Die *soziale Phobie* bezieht sich zumeist auf eng umschriebene Situationen, während die ängstlich-vermeidende Persönlichkeitsstörung auf unterschiedlichste soziale Bereiche und Anforderungen ausgedehnt ist. Die Entwicklung der Persönlichkeitsstörung reicht bis in die Kindheit zurück, während die Entwicklung der sozialen Phobie zumeist aus gut erinnerbaren traumatisierenden Erlebnissen in später Jugend oder im Erwachsenenalter hervorgeht. Die soziale Phobie dürfte eindeutiger *ich-dyston* erlebt werden, während sich viele Verhaltensmuster der selbstunsicheren Persönlichkeit eher als *ich-synton* darstellen. Die im DSM-III-R noch vorhandene Diagnose einer generalisierten sozialen Phobie, bei der sich die Überlappungsproblematik nicht so eindeutig aufheben läßt, dürfte im DSM-IV nicht mehr enthalten sein (vgl. Task Force on DSM-IV, 1991).

Tabelle 8: Diagnostische Kriterien der selbstunsicheren Persönlichkeitsstörung gem. DSM-III-R

Ein durchgängiges Muster von sozialem Unbehagen, von Angst vor negativer Beurteilung durch andere und Schüchternheit. Der Beginn liegt im frühen Erwachsenenalter, und die Störung manifestiert sich in den verschiedensten Lebensbereichen. Mindestens *vier* der folgenden Kriterien müssen erfüllt sein:
Der Betroffene
(1) ist durch Kritik oder Ablehnung leicht zu verletzen;
(2) hat enge Freunde oder Vertraute häufig nur aus dem Kreis seiner Verwandten ersten Grades (mit Ausnahme höchstens einer anderen Person);
(3) geht keine Beziehungen ein, sofern er sich nicht sicher ist, akzeptiert zu werden;
(4) vermeidet soziale und berufliche Aktivitäten, bei denen engere zwischenmenschliche Kontakte geknüpft werden, kann z. B. eine Beförderung ablehnen, in deren Folge höhere soziale Anforderungen gestellt würden;
(5) zeigt sich in Gesellschaft zurückhaltend, aus Angst, etwas Unpassendes oder Dummes zu sagen oder eine Frage nicht bantworten zu können;
(6) befürchtet, von anderen durch Erröten, Weinen oder durch Anzeichen von Angst in Verlegenheit zu geraten;
(7) übertreibt potentielle Probleme, körperliche Gefahren oder Risiken, die bei üblichen, für ihn jedoch ungewöhnlichen Aktivitäten auf ihn zukommen können, neigt z. B. dazu, gesellschaftliche Verpflichtungen abzusagen, weil er befürchtet, bereits im Vorfeld den Anstrengungen nicht gewachsen zu sein.

aus: Diagnostisches und Statistisches Manual Psychischer Störungen: DSM-III-R (1989, S. 426).
© Beltz-Verlag, Weinheim. Abdruck mit Genehmigung des Verlags.

Erklärungsansätze. Autoren aktueller Erklärungsversuche der selbstunsicheren Persönlichkeitsstörungen verweisen gern auf die Überlegungen der Neoanalytiker Horney und Sullivan als frühe Referenz für die Ausarbeitung eigener Ätiologiemodelle (vgl. Thompson-Pope & Turkat, 1993).

Nach Horney (1939, 1945) beeinflußt in erster Linie ein ursprüngliches Angstgefühl, das Ausdruck von Hilflosigkeit den elterlichen Erziehungspraktiken gegenüber ist, die Entwicklung einer von ihr seinerzeit bereits als „interpersonally avoidant" bezeichneten Persönlichkeitseigenart. Eine solche Entwicklung ist gekennzeichnet durch eine zunehmende interpersonelle Entfremdung und Feindseligkeit als natürliche Reaktionsformen auf erlebte Hilflosigkeit und Angst. Das der interpersonellen Vermeidung entgegengebrachte Unverständnis und eine vielfach kritische Aufforderung zur Aufgabe sozialer Isolation verstärke nurmehr den vermeidenden Rückzug, da Gefühle der Hilflosigkeit und Feindseligkeit nicht artikuliert werden dürften.

Sullivan (1953) hatte als Ursache für selbstunsicheres Verhalten eine besondere Form des Bemühens der Betroffenen um Erhalt der eigenen Selbstsicherheit angedeutet. Sozialer Rückzug und Vermeidung sind Selbst-Schutz-Reaktionen auf interpersonelle Ängste, die aus unbefriedigten fundamentalen Bedürfnissen nach Liebe (Bindung) und Selbstintegrität (Autonomie) resultieren. Da in der Folge interpersoneller Enthaltsamkeit kein interaktionell sinnvolles Selbstkonzept ausgebildet werden könne, kommt es über kurz oder lang zu einer Selbst-Entfremdung, die zugleich mit einer sich verstärkenden Entfremdung gegenüber anderen einhergeht. Auch in dieser Sicht folgt die Störungsentwicklung einem spiralförmigen Wechselprozeß, in dem sich wandelnde soziale und gesellschaftliche Umgangsformen nicht oder nur verzögert mitgelernt werden, weil man sich ihnen wegen eines bereits vorhandenen Entwicklungsrückstandes nicht angemessen aussetzen kann oder mag.

Ganz im Sinne dieser Vorläufer erklären beispielsweise Beck et al. (1990) mit ihrem *kognitionstheoretischen Ansatz* die Entwicklung zur selbstunsicheren Persönlichkeitsstörung einerseits (in Anlehnung an Millon, 1981) aus einer möglicherweise biologisch, vor allem aber (in Anlehnung an Horney, 1945) erzieherisch beeinflußten zwischenmenschlichen Empfindsamkeit (Vulnerabilität). Nach ihrer Auffassung neigen die Betroffenen im Laufe ihrer Entwicklung vermehrt dazu, zwischenmenschliche Gefahrensituationen und Krisen kognitiv als bedrohlich und gefahrvoll zu konzeptualisieren. Und sie scheuen – zum Schutz ihrer Vulnerabilität – zunehmend, Risiken einzugehen oder sich überhaupt auf neue Erfahrungen einzulassen. Im weiteren Verlauf werden Erfahrungen durch die bis dahin angelegte kognitive Struktur möglichst „geschützt" wahrgenommen, d. h. kognitiv nurmehr voreingestellt und damit voreingenommen evaluiert. Neue und vor allem alternative Erfahrungen werden vermieden. Kommt schließlich hinzu, daß die ursprüngliche Vulnerabilität selbst schließlich gar nicht mehr Richtschnur für das persönliche Interaktionsverhalten zum Schutz der Verletzlichkeit dient, sondern möglicherweise bereits eine realitätsfern konstruierte *vermeintliche* Empfindsamkeit („kognitive Vulnerabilität").

Da die Störungskategorie erst seit wenigen Jahren offiziell eingeführt ist, liegen verständlicherweise Forschungsarbeiten zu diesen Entwicklungshypothesen kaum vor. Die in diesen Ansätzen zumeist unterstellte ätiologische Bedeutsamkeit des elterlichen Erziehungsstils wurde bisher in einer Befragungsstudie von 15 Personen mit selbstunsicherer Persönlichkeitsstörung untersucht (Stravinsky, Elie & Franche, 1989). Die Betroffenen erinnerten das elterliche Verhalten im Unterschied zu einer Kontrollgruppe konvergent als eher unterdrückend, feindselig-einengend und nur wenig einfühlend. Insgesamt bleiben die vorgeschlagenen Erklärungsmuster jedoch vorläufig und spekulativ und müssen durch die gerade beginnenden Erforschung dieses Störungsbildes erst noch bestätigt werden.

3.9 Dependente Persönlichkeitsstörung

Das Hauptmerkmal dieser Persönlichkeitsstörung besteht in einer übermäßigen Abhängigkeit von relevanten Bezugspersonen, die zugleich jegliche Eigeninitiative erschwert. Es resultiert eine starke Hilflosigkeit, wenn unabhängige Entscheidungen getroffen werden müssen. Plötzliches Verlassenwerden durch Trennung und Tod eines Partners können gelegentlich in suizidale Handlungen einmünden.

Konzeptentwicklung. Konzeptüberlegungen zur dependenten Persönlichkeitsstörung greifen auch heute noch auf frühe Ausarbeitungen psychoanalytischer Autoren zurück. Sie beziehen sich zumeist auf Beschreibungen, wie sie bereits in den zwanziger Jahren von Karl Abraham (1924, 1982) vorgelegt wurden, der seinerzeit versucht hatte, typische Charaktereigenarten und -störungen mit den Freudschen Phasenüberlegungen zur Ich-Entwicklung („oral", „anal", „genital") in einen Zusammenhang zu stellen (vgl. Greenberg & Bornstein, 1988). Die seither von psychoanalytisch orientierten Autoren vielfach wiederholten und erweiterten Konzeptüberlegungen zu den Charaktereigenarten einer „oral-dependenten" Persönlichkeitsstruktur wurden von Lazare, Klerman und Armor (1966) zusammengefaßt und erstmals empirisch überprüft.

Ihre Auflistung umfaßt folgende Hauptmerkmale: Pessimismus, Passivität, oral-passive Aggressivität, gelegentlich offene Aggressivität, Unterwürfigkeit, Abhängigkeit und Sparsamkeit. Als solche hatten sie unter der Bezeichnung „passiv-dependente Persönlichkeit" auch bereits Eingang in das DSM-I (von 1952) gefunden. Lazare et al. (1966) untersuchten diese Merkmale im Vergleich mit den zwei anderen Charakterstrukturen „anal-zwanghaft" und „frühgenital-hysterisch". Während sie in ihren Faktorenanalysen der Ergebnisse einer Befragungsstudie für die zwanghaften und hysterischen Charaktereigenarten gute Faktorenentsprechungen fanden, korrelierten nur jeweils drei der o. g. sieben Merkmale (Abhängigkeit, Pessimismus und Passivität) akzeptierbar hoch mit einem erhofften Dependenz-Faktor. Insbesondere diese Befunde und eine zunehmend kritischere Auseinandersetzung mit dem frühen psychoanalytischen Phasenkonzept waren Anlaß, die Kategorie der dependenten Persönlichkeit nicht erneut in das DSM-II (1968) aufzunehmen. Auch in weiteren Replikationsversuchen (vgl. Lazare, Klerman & Armor, 1970) sowie in zwei weiteren Studien (Van den Berg & Helstone, 1975; Torgerson, 1980) erwiesen sich die psychoanalytischen Beschreibungen der „oral-dependenten" Persönlichkeit jeweils im Vergleich zu anderen Charaktereigenarten als am wenigsten eindeutig rekonstruierbar.

Immerhin hatte sich in den erwähnten Studien konvergent bestätigen lassen, daß wenigstens drei Merkmalsbereiche für eine dependente Persönlichkeitsstörung als prototypisch angesehen werden könnten (Passivität, Unterwürfigkeit, geringes bzw. eher hilflos-pessimistisch getöntes Selbstvertrauen). Diese drei Merkmale wurden als Kriterien einer „dependenten Persönlichkeitsstörung" erneut in das DSM-III (von 1980) aufgenommen, was zugleich von einer Reihe von Autoren als zu einseitig (v. a. als zu geschlechtsspezifisch „weiblich") vehement kritisiert wurde (vgl. insbesondere grundlegende Kritik der Kategorie als „typisches Hausfrauen-Syndrom" bei Kaplan, 1983, die in ironischer Vertiefung ihrer Überlegungen zugleich die Einrichtung einer gegenläufigen Störungsgruppe, der „independent personality disorder", vorschlug).

Diagnostik. Der Kritik des möglichen Geschlechts-Bias wurde durch die gegenüber dem DSM-III vorgenommene Kriterienerweiterung und Merkmalspräzisierung im DSM-III-R (1987) nur teilweise entsprochen (vgl. Tab. 9). Versuche, typisch männliche Merkmale der Dependenz zu entwickeln (z.B. das scheinbar männlich-selbstsicher vorgetragene, kontinuierliche Einfordern von Unterstützung) haben bislang keine Akzeptanz finden können, zumeist mit dem Hinweis darauf, daß geschlechtsspezifische Persönlichkeitsstörungen durchaus Sinn machten (Kass, Spitzer & Williams, 1983). Immerhin zeigen Studien jüngeren Datums aber auch, daß die zahlenmäßige Ungleichverteilung von Männern und Frauen, die diese Diagnose erhalten, bei weitem nicht so krass ausfällt, wie dies ursprünglich erwartet wurde (Reich, 1987b; Morey & Ochoa, 1989; Sprock, Blashfield & Smith, 1990).

„Dependente Persönlichkeitsstörung" ist die Bezeichnung des DSM-III-R. In früheren ICD-Versionen wurde die Dependenz als ein Merkmal der sog. „asthenischen" Persönlichkeitsstörung untergeordnet. Im ICD-10 findet sich neuerlich eine Nebenordnung in der damit dem DSM angeglichenen Kennzeichnung „*abhängige (asthenische) Persönlichkeitsstörung*". In beiden Systematiken ist die „Dependenz" Hauptmerkmal, konzeptualisiert jeweils als mangelnde Kompetenz oder fehlende Bereitschaft zur Übernahme autonomer Verantwortlichkeit bzw. zur Durchsetzung angemessener Ansprüche vor allem gegenüber Personen, zu denen eine Abhängigkeit besteht.

Tabelle 9: Diagnostische Kriterien der dependenten Persönlichkeitsstörung gem. DSM-III-R

Ein durchgängiges Muster von abhängigem oder unterwürfigem Verhalten. Der Beginn liegt im frühen Erwachsenenalter, und die Störung manifestiert sich in den verschiedensten Lebensbereichen. Mindestens *fünf* der folgenden Kriterien müssen erfüllt sein:
Der Betroffene
(1) ist unfähig, alltägliche Entscheidungen zu treffen, ohne ständig den Rat anderer einzuholen oder seine Entscheidungen billigen zu lassen;
(2) läßt andere die wichtigsten Entscheidungen für sich treffen, z. B. die Entscheidung über Wohnort und Art der von ihm ausgeübten Tätigkeit;
(3) pflichtet anderen stets und auch dann bei, wenn er diese im Unrecht sieht, nur um nicht abgewiesen zu werden;
(4) jegliche Eigeninitiative oder Eigenaktivitäten sind erschwert;
(5) übernimmt Tätigkeiten, die für ihn unangenehm oder erniedrigend sind, um die Zuneigung anderer zu gewinnen;
(6) fühlt sich alleine meist unwohl und hilflos und vermeidet dies nach Möglichkeit;
(7) ist am Boden zerstört oder hilflos, wenn enge Beziehungen in die Brüche gehen;
(8) hat gewöhnlich Angst davor, verlassen zu werden;
(9) ist bei Kritik oder Ablehnung leicht zu verletzen.

aus: Diagnostisches und Statistisches Manual Psychischer Störungen: DSM-III-R (1989, S. 428).
© Beltz-Verlag, Weinheim. Abdruck mit Genehmigung des Verlags.

Differentialdiagnostik. Da Merkmale der Abhängigkeit bei den meisten Persönlichkeitsstörungen auftreten, bereitet die Differentialdiagnose besondere Schwierigkeiten (vgl. Blashfield & Davis, 1993). Es macht – etwa mit Blick auf die Therapie – durchaus Sinn, genau herauszuarbeiten, ob die Dependenz Nebenmerkmal einer anderen Persönlichkeitsstörung ist, und dann lediglich ihre spezifische Funktion innerhalb der alternativen Störungsgruppe herauszuarbeiten. Dies gilt insbesondere für die passiv-aggressiven und für die Borderline-Persönlichkeitsstörungen. Interpersonelle Dependenz läßt sich jedoch auch bei vielen selbstunsicheren, histrionischen, schizotypischen und sogar bei paranoiden Patienten feststellen. Auch bei zahlreichen spezifischen psychischen Störungen (z.b. bei Angststörungen, insbesondere bei Agoraphobien, aber auch bei der Depression und bei der Schizophrenie) gehören Merkmale dieser Persönlichkeitsstörung zum jeweiligen Symptombild dazu. Da sie in ihrem Ausmaß zumeist deutlich mit der Schwere der jeweiligen Störung schwanken können, ist eine Persönlichkeitsdiagnose nur bei Permanenz der Dependenz über die Zeit der spezifischen psychischen Erkrankung hinaus sinnvoll.

Erklärungsansätze. Die dependente Persönlichkeitsstörung dürfte sehr gut einer Interaktionstypik entsprechen, wie sie seit über 30 Jahren in der *Psychoanalyse* im Kontext der Objekt-Beziehungs-Theorien als Folge der Entwicklung eines sog. „falschen Selbst" (oder auch „*lost self*") beschrieben und untersucht wird (Winnicott, 1965; Khan, 1971; Mertens, 1981, Kap. 3.6; popularisiert als „Drama des begabten Kindes" bei Miller, 1979). Aufgrund einer hohen und kompetenten Anpassungsleistung an elterliche Bedürfnisse und Reaktionen können die betroffenen Kinder kein sicheres Gefühl für ein eigenes Selbst ausbilden. Sie entwickeln vielmehr eine besondere Fähigkeit, die Erwartung der Eltern (und später die anderer Menschen) mit einer seismographischen Sicherheit zu erspüren und sich danach auszurichten. Da es diese Menschen kaum gelernt haben, ihre Gefühle und Bedürfnisse autonom und selbstsicher auszuleben, verbleiben sie im späteren Leben gleichsam in einer unterwürfigen Abhängigkeitshaltung, da sich ihre Interaktions- und Lebensgewohnheiten vor allem über die Selbst- und Wirklichkeitskonstruktionen anderer, wichtiger Bezugspersonen bestimmen. Ein für dieses Störungsbild typisches hohes Empathievermögen wirkt auf die Interaktionspartner vielfach ausgesprochen angenehm, und es wird zunächst überhaupt nicht erwartet, daß die Betroffenen möglicherweise nur eine Rolle spielen, aus der sie sich selbst nicht befreien können, weil dazu notwendige Autonomie- und Selbstkonzepte fehlen. So wird verständlich, warum die Betroffenen zu Hilflosigkeitsdepressionen und Suizid neigen, wenn ein bis dahin Sicherheit und Orientierung bietender Lebenspartner stirbt oder mit Trennung droht.

Ganz ähnlich wird die dependente Persönlichkeitsstörung innerhalb der *kognitiv-behavioralen Erklärungsversuche* konzeptualisiert (Beck et al., 1990; Turkat, 1990). Im Vordergrund der Störung steht nach dieser Auffassung eine *Angst vor unabhängigen Entscheidungen*, die aus einer frühgelernten, übermäßigen Neigung zur Anpassung und einem Zutrauen in die Richtigkeit der Verantwortungsübernahme durch andere resultiert. Dies wiederum führt langfristig dazu, daß Selbstvertrauen und Selbstsicherheit zunehmend weniger gelernt werden, weil die interpersonelle Kompetenz in Richtung Dependenz vereinseitigt. Der zunehmenden Selbst-Unsicherheit folgt ein allgemeiner Entwicklungsrückstand im Bereich der Entfaltung und Differenzierung eigener Bedürfnisse und Interessen und erhöht – im Sinne eines *Circulus vitiosus* – bei zunehmender Angst vor autonomen Entscheidung nurmehr die Notwendigkeit der Dependenz in Beziehungen.

3.10 Zwanghafte Persönlichkeitsstörung

Hauptmerkmale der zwanghaften Persönlichkeitsstörung sind Ordnungsliebe und Ausdauer mit einem übertriebenen Interesse für Details. Sie kann im Falle der Extremisierung jedoch in eine interpersonell störende Arbeitsverzögerung einmünden, die sich gewöhnlich in der Folge auffälliger Unentschlossenheit beim Abschluß übernommener Aufgaben und Tätigkeiten einstellt. Dennoch können sich die Betroffenen gewöhnlich recht gut in das Berufsleben einpassen, zumal Übersorgfalt selten als unangemessen erlebt wird. Entsprechend kommt die Störung in der Psychiatrie und in der psychotherapeutischen Praxis eher selten vor.

Konzeptentwicklung. Obwohl in der *Psychiatrie* immer schon versucht wurde, die zwanghafte Persönlichkeitsstörung (als *anankastische Persönlichkeitsstörung*) von den Zwangsstörungen abzugrenzen (z. B. bei Schneider, 1923, wo sie als eine Unterform der selbstunsicheren Persönlichkeitsstörung dargestellt wird), gingen *psychoanalytische* Autoren seit Freuds grundlegender Arbeit über „Charakter und Analerotik" (1908) immer eher von einer charakterlich präformierten Zwang*neurose* als von einer anankastischen Persönlichkeitsstörung aus. Inzwischen scheinen sich psychoanalytische Autoren zwar weitgehend einig, daß zwischen der Zwangsneurose (als Zwangsstörungen) und dem sog. Analcharakter, wie Freud ihn beschrieb (Ordnungsliebe, Sparsamkeit und Eigensinn), kein Zusammenhang besteht (vgl. Hoffmann, 1984). Andererseits blieb die Sicht einer der Zwangsneurose zugrundeliegenden *ich-syntonen* zwanghaften Charakterstruktur, aus der die (neurotischen) Zwangsstörungen in belastenden Situationen im Sinne einer Charakterdekompensation (als *ich-dystone* Erlebens- und Verhaltensweisen) hervorgehen können, weitgehend erhalten (Fenichel, 1945; Quint, 1970; Mentzos, 1984).

Im Unterschied dazu wurde von *psychologisch-verhaltenstherapeutischer* Seite immer die Nähe der Zwangstörungen zu den Angststörungen betont und empirisch untersucht (vgl. Reinecker, 1993 b; Sturgis, 1993). Dennoch wird auch dort nicht bestritten, daß eine Beziehung zwischen zwanghafter Persönlichkeitsstörung und Zwangstörungen bestehen kann (vgl. Cawley, 1974; Slade, 1974; Pollak, 1979; Coursey, 1984). Ein solcher Zusammenhang ließ sich empirisch eher finden, wenn in Studien klinische Interviews und projektive Tests durchgeführt wurden, die eine Interpretation der Psychodynamik nahelegen. Erheblich weniger eindeutig fallen die Befunde jedoch aus, wenn versucht wird, objektive Erhebungsinstrumente zur Zusammenhangsüberprüfung von Zwangsstörung und zwanghafter Persönlichkeitsstörung heranzuziehen. In diesen Arbeiten wird zumeist der situativ angstvermeidende Steuerungsimpuls der Zwangsstörungen deutlicher (phobische Angst als Leitsymptom von Zwangsgedanken, -handlungen und -impulsen). Zugleich ließ sich jeweils nur bei einem geringen Teil der Untersuchten ein Zusammenhang zwischen zwanghafter Persönlichkeitsstörung und Zwangsstörung finden (vgl. Sturgis, 1993). Bei der Entwicklung der psychiatrischen Diagnosesysteme haben sich die Autoren diese Sicht zu eigen gemacht und die Zwangstörungen dem Bereich der Angststörungen zugeordnet.

Diagnostik. Während in der Außenperspektive der zwanghaften Persönlichkeitsstörung das gewissenhafte Streben nach Sorgfalt und Perfektion vor allem durch eine nicht angemessene Erfüllung von beruflichen Aufgaben auffällt, verweist die Innenperspektive (Selbstsicht) auf eine große Unentschlossenheit der Betroffenen, einen Zweifel und eine übermäßige Vorsicht als Ausdruck einer tiefen persönlichen Unsicherheit (vgl. Tab. 10).

Tabelle 10: Diagnostische Kriterien der zwanghaften Persönlichkeitsstörung gem. DSM-III-R

Ein durchgängiges Muster von Perfektionismus und Starrheit. Der Beginn liegt im frühen Erwachsenenalter, und die Störung manifestiert sich in den verschiedensten Lebensbereichen. Mindestens *fünf* der folgenden Kriterien müssen erfüllt sein:
(1) Nichterfüllung von Aufgaben durch Streben nach Perfektion, z. B. können Vorhaben aufgrund der übermäßig strengen eigenen Normen häufig nicht realisiert werden;
(2) übermäßige Beschäftigung mit Details, Regeln, Listen, Ordnung, Organisation oder Plänen, so daß die Hauptsache dabei verlorengeht;
(3) unmäßiges Beharren darauf, daß die eigenen Arbeits- und Vorgehensweisen übernommen werden, **oder** unvernünftiger Widerwille dagegen, anderen Tätigkeiten zu überlassen, aus Überzeugung, daß diese nicht korrekt ausgeführt werden;
(4) Arbeit und Produktivität werden über Vergnügen und zwischenmenschliche Beziehungen gestellt (nicht bei offensichtlicher finanzieller Notwendigkeit);
(5) Unentschlossenheit: Entscheidungen werden vermieden oder hinausgezögert, z. B. können Aufträge nicht rechtzeitig erledigt werden, weil der Betroffene sich nicht über die Prioritäten klar wird (nicht zu berücksichtigen ist die Unentschlossenheit, die von einem übermäßigen Bedürfnis nach Ratschlägen oder Bestätigung durch andere herrührt);
(6) übermäßige Gewissenhaftigkeit, Besorgtheit oder Starrheit gegenüber allem, was Moral, Ethik oder Wertvorstellungen betrifft (nicht zu berücksichtigen sind kulturelle oder religiöse Identifikationen);
(7) eingeschränkter Ausdruck von Gefühlen;
(8) Mangelnde Großzügigkeit hinsichtlich Zeit, Geld oder Geschenken, sofern kein persönlicher Vorteil zu erwarten ist;
(9) Unfähigkeit, sich von verschlissenen oder wertlosen Dingen zu trennen, selbst wenn diese keinen Gefühlswert besitzen.

aus: Diagnostisches und Statistisches Manual Psychischer Störungen: DSM-III-R (1989, S. 430).
© Beltz-Verlag, Weinheim. Abdruck mit Genehmigung des Verlags.

Differentialdiagnostik. Die klassifikatorische Zuordnung der Zwangsstörungen zu den Angststörungen verweist auf einige Besonderheiten, die bei der differentialdiagnostischen Beurteilung der zwanghaften Persönlichkeitsstörung zu beachten sind. Die Zwangsstörung basiert zumeist auf einer phobischen Grundsymptomatik. Die für die Diagnose einer Zwangsstörung maßgeblichen Leitsymptome der Zwangsgedanken und Zwangshandlungen, die von den Betroffenen zugleich als *ich-dyston* erlebt werden, gehören nicht zwingend zum Merkmalsbereich der zwanghaften Persönlichkeitsstörung. Letztere werden interpersonell zugleich eher *ich-synton* ausgelebt. Dennoch ist es in vielen Fällen sinnvoll, beide Diagnosen zu vergeben. Eine zwanghafte Persönlichkeitsstörung wird jedoch häufig auch bei Patienten mit anderen psychischen Störungen (z. B. bei hypochondrischen Störungen und mit affektiven Störungen) beobachtet.

Erklärungsansätze. Die *Psychoanalyse* ging in der Folge von Freud (1908) lange Zeit davon aus, daß zwanghafte Charaktereigenarten aus einer fixierten Abwehr von Impulsen und Tendenzen aus sog. „analen Konflikten" entstehen. Die ursprünglich einseitige Betonung der Triebproblematik wurde in den letzten Jahrzehnten aufgegeben zugunsten der einseitigen Auflösungen des allgemeineren Konfliktes „Anpassung versus Auflehnung" in Richtung *„Anpas-*

sung" (z. B. durch strikte, übergenaue Normorientierung; Mentzos, 1984; Hoffmann, 1984). Die von Freud so sehr in den Mittelpunkt gerückten Schwierigkeiten in der Sauberkeitserziehung des Kindes decken dabei lediglich *einen* möglichen Entwicklungsaspekt zur Ausbildung eines zwangsneurotischen Erlebens- und Handlungsspektrums im späteren Erwachsenenleben ab. Im Konflikt zwischen Gehorsam (Fremdbestimmung) und Autonomie (Selbstbestimmung) läßt sich die Neigung zu zwanghafter Genauigkeit und Sorgfalt in einem viel umfassenderen Sinne zugleich als wichtige, *adaptive Überlebensstrategie* des Kindes gegenüber elterlichen Restriktionen und moralisierenden Schuldzuweisungen rekonstruieren. Im Kontext gesellschaftlich-kultureller Anforderungen können ausdauernde Leistung und Genauigkeit sogar große Wertschätzung erfahren, die Menschen mit zwanghafter Persönlichkeit in bestimmten Berufen, Kulturen oder sozialen Schichten „eine mehr oder weniger geglückte Überkompensation oder Sublimierung analer Tendenzen" ermöglicht (Mentzos, 1984, S. 165).

Über diese Perspektive hinaus reichen die theroretischen Ausarbeitungen des Psychoanalytikers Shapiro über die „Autonomiebestrebungen des rigiden Charakters" (1981). Ihn interessieren insbesondere die intra- und interpersonalen Konsequenzen des bei Personen mit zwanghafter Persönlichkeitsstörung dominierenden, detailorientiert-dysfunktionalen Denkstils. Er sieht das Hauptproblem der Störung vor allem in einer „aktiven Unaufmerksamkeit" gegenüber neuen Informationen oder externalen Einflüssen, die eine Verunsicherung der eigenen Kompetenz beinhalten könnten. Sämtliche Bestrebungen der Betroffenen zur zwanghaften Aufrechterhaltung einer scheinbar autonomen Handlungsfreiheit stehen selektiv verengt unter dem Regime moralischer, logischer, sozial angemessen erscheinender Regeln und Maximen.

Mit dieser Perspektivänderung zur Auffassung der Zwangsdynamik als soziale Anpassungsleistung holen Psychoanalytiker gegenwärtig eine Theorieperspektive ein, die seit den vierziger Jahren von einigen namhaften *Neoanalytikern*, die sich bereits damals von der Triebpsychologie losgesagt hatten, vorgedacht worden war. Insbesondere Sullivan (1953) hatte in seiner interpersonellen Theorie eine grundlegenden interaktionelle Unsicherheit und Hilflosigkeit der Menschen mit zwanghafter Persönlichkeitsstörung in den Mittelpunkt seiner Überlegungen gerückt. Die Überwindung dieser zwischenmenschlichen Unsicherheit wird nach Sullivans Auffassung in einem extremen Bemühen um Genauigkeit und Sorgfalt und – da die unmittelbaren Interaktionserfahrungen nicht durchgängige und ausreichende Selbst-Sicherheit versprechen – vor allem in einer Entsprechung allgemeiner Regel- und Normvorgaben zu erreichen versucht. Auch Shapiros Idee der „selektiven Unaufmerksamkeit" gegenüber das Selbstkonzept verunsichernden neuen Anforderungen und Unwägbarkeiten ist bereits zentraler Bestandteil der Sullivanschen Theorie. Letztlich führt nach seiner Auffassung auch eine interpersonelle Kritik (etwa des störenden

Verzögerungsaspektes) der Übersorgfalt die Betroffenen selbst zumeist verstärkt zur selbst-versichernden, selektiven Rückbindung des Handelns an allgemeine Sorgfaltsregeln und damit nurmehr zur Extremisierung zwanghafter Handlungsmuster, die sich schließlich in Richtung Zwangsstörungen zu exarzerbieren vermögen (ähnliche Überlegungen finden sich bei den auf die interpersonelle Theorie Sullivans aufbauenden Neoanalytikern Angyal, 1965, und Salzman, 1973; auch Salzman & Thaler, 1981).

Kognitiv-behavioral orientierte Klinische Psychologen haben sich bis in die jüngste Gegenwart hinein vor allem mit den ätiologischen Bedingungen von Zwangsstörungen befaßt (vgl. Reinecker, 1993 b). Erst mit ihrem zunehmenden Interesse an Persönlichkeitsstörungen seit Einführung des DSM-III (1980) liegen erste Überlegungen auch zur Ätiologie der zwanghaften Persönlichkeitsentwicklung vor. Interesanterweise (und aus naheliegenden Gründen) schließt sich die *Kognitive Theorie* von Beck et al. (1989) eng an die Überlegungen Sullivans und Shapiros an. Sie rückt ebenfalls die Analyse der intra- und interpersonellen Wirkungen des auf perfektionistische Problemlösung ausgerichteten (automatisiert-routinierten) Denkstils der Betroffenen in den Vordergrund, nach der sich deren zwanghafte Handlungsmuster auf ein Konglomerats basaler kognitiver Schemata mit dem Ziel des zwanghaften *Bemühens um Autonomieerhalt* funktional zurückführen lassen.

Insgesamt liegen zu sämtlichen Ätiologieüberlegungen kaum substantielle empirische Arbeiten vor, so daß sich erst zukünftig erweisen wird, ob sie über die jeweils vorhandenen Einzelfallschilderungen hinaus Geltung beanspruchen können.

3.11 Passiv-aggressive Persönlichkeitsstörung

Für dieses Störungsbild wird ein durchgängiges Muster passiven Widerstands gegenüber Forderungen nach angemessenen Leistungen im sozialen und beruflichen Bereich als typisch angesehen.

Konzeptentwicklung. Diese Diagnose steht historisch im Kontext der psychoanalytischen Persönlichkeitstheorien, hat jedoch in der europäischen, vor allem auch deutschsprachigen psychiatrischen Klassifikation bisher wenig Akzeptanz gefunden. So wird die „passiv-aggressive Persönlichkeitsstörung" im ICD-10 lediglich in der Restkategorie „andere spezifische Persönlichkeitsstörungen" ohne weitere Spezifizierung als eine weitere Diagnosemöglichkeit angeführt. In der Entwicklung des US-amerikanischen DSM hatte die passiv-aggressive Persönlichkeitsstörung hingegen durchgängig ihren Platz. Sie wurde in der Folge der Beschreibungen psychischer Störungen eingeführt, die bei aus dem 2. Weltkrieg heimkehrenden amerikanischen Soldaten beobachtet worden waren und die sich durch ein auffällig geringes Engagement und durch eine besondere inflexible Passivität gegenüber persönlichen, beruflichen und sozialen Anforderungen auszeichneten. Die bei den Veteranen beobachtbaren Persönlichkeitsauffälligkeiten als „psychopathisch" zu klassifizieren, wurde als unangemessen betrachtet, so daß es in den Vereinigten Staaten unter anderem an diesem Punkt zu einer Ausdifferenzierung des bisherigen Psychopathiekonzeptes in Richtung „pathologic personality, addiction and immaturity reactions" (so im DSM-I) kam. Letztere wurden damals definiert als „typisch neurotische Reaktionen gegenüber militärischem Streß, die sich in einer besonderen Hilflosigkeit manifestieren oder in unangemessenen Verhaltensweisen, wie Passivität, offenem Widerstand oder aggressiven Ausbrüchen" (vgl. Malinow, 1981 b).

Bei den so diagnostizierten amerikanischen Soldaten machten passiv-aggressive und abhängige Persönlichkeitsstörungen etwa 6 Prozent der Lazaretteinweisungen aus. In den Folgejahren wurde diese Diagnose ganz allgemein häufiger gestellt, die *„passive-aggressive personality"* avancierte zeitweilig gar zur meistdiagnostizierten Persönlichkeitsstörung überhaupt: So erhielten 9,1 Prozent aller Patienten einer Validierungsstudie zum DSM-II diese Diagnose (Pasternack, 1974). Bezogen auf alle Diagnosen in einem psychiatrischen Krankenhaus wurde bei etwa 3 Prozent eine passiv-aggressive Persönlichkeitsstörung festgestellt (Small, Small, Alig & Moore, 1970), während eine weitere Feldstudie die Prävalenz dieses Störungsbildes mit 0,9 Prozent angibt (Leighton, Harding, Macklin, MacMillan & Leighton, 1963).

Tabelle 11: Diagnostische Kriterien der passiv-aggressiven Persönlichkeitsstörung gem. DSM-III-R

Ein durchgängiges Muster passiven Widerstands gegenüber Forderungen nach angemessenen Leistungen im sozialen und beruflichen Bereich. Der Beginn liegt im frühen Erwachsenenalter, und die Störung manifestiert sich in den verschiedensten Lebensbereichen. Mindestens *fünf* der folgenden Kriterien müssen erfüllt sein:
Der Betroffene
(1) startet Verzögerungsmanöver, d. h. Sachen werden so lange aufgeschoben, daß Fristen nicht mehr eingehalten werden können;
(2) wird mürrisch, reizbar oder streitsüchtig, wenn von ihm etwas verlangt wird, was er nicht tun möchte;
(3) arbeitet scheinbar vorsätzlich langsam oder macht die Arbeit schlecht, die er nicht tun möchte;
(4) beschwert sich ohne Grund, daß andere unsinnige Forderungen an ihn stellen;
(5) vermeidet die Erfüllung von Pflichten mit der Behauptung, sie „vergessen" zu haben;
(6) glaubt seine Tätigkeit besser auszuüben, als andere es glauben;
(7) nimmt anderen nützliche Vorschläge zur Steigerung seiner Produktivität übel;
(8) behindert Bemühungen anderer, indem er seinen Arbeitsbeitrag nicht leistet;
(9) reagiert mit unmäßiger Kritik oder Verachtung auf Autoritätspersonen.

aus: Diagnostisches und Statistisches Manual Psychischer Störungen: DSM-III-R (1989, S. 432).
© Beltz-Verlag, Weinheim. Abdruck mit Genehmigung des Verlags.

Diagnostik. Die Diagnosekriterien zur passiv-aggressiven Persönlichkeitsstörung rücken den passiven Widerstand der Betroffenen in Mittelpunkt, sich grundsätzlich wesentlichen Anforderungen in persönlichen, sozialen und beruflichen Bereichen zumeist indirekt und mit passiven Mitteln zu widersetzen. Gemäß dem zumeist psychoanalytischen Verstehenshintergrund werde durch diese Passivität eine latente Aggressivität zum Ausdruck gebracht, die sich gelegentlich auch durch spontane Kritik und Wut Bahn brechen kann, die ihrerseits von den Interaktionspartnern als situationsunangemessen erlebt wird (vgl. Tab. 11).

Differentialdiagnostik. Es bleibt zwingend zu beachten, daß oppositionelles und obstruktives Verhalten bei einer ganzen Reihe psychiatrischer Störungen zum jeweiligen Störungsbild dazugehört, die im Rahmen der Differentialdiagnostik ausgeschlossen werden sollten: So kann scheinbare Widerständigkeit bei einer zwanghaften Persönlichkeitsstörung beobachtet werden, die sich dort jedoch vor allem aus der übergenauen Auseinandersetzung mit Details und dem übersorgfältig Erfüllen von Standards und Normen ergeben kann. Auch implizieren viele Eigenarten einer antisozialen Persönlichkeitsstörung die Nichterfüllung sozialer Anforderungen und Lebensverpflichtungen. Wesentlich erscheint auch eine genaue Abklärung *organischer* Hintergründe scheinbar widerständiger Persönlichkeitsmerkmale: Behinderungen der unterschiedlichsten Art, wie beispielsweise teilweise Erblindung oder weitgehende Taubheit, können Anlaß für eine ganze Reihe zwischenmenschlich frustrierender, ineffektiver und störender Erfahrungen sein, die nur selten zugleich die Diagnosestellung einer passiv-aggressiven Persönlichkeitsstörung erlauben.

Erklärungsansätze. Neben der dependenten Persönlichkeitsstörungen werden im Sinne der klassisch *psychoanalytischen* Auffassung von Entwicklungsphasen der Ich-Entwicklung („oral", „anal", „genital") auch die Ursprünge der passiv-aggressiven Persönlichkeitsstörung in der „oralen Phase" verortet. In den zwanziger Jahren hatte Karl Abraham (Wiederabdruck: 1979) neben der oraldependenten eine oral-sadistische Charaktereigenart konzeptualisiert, in der eine besondere Ambivalenz des Strebens nach Bedürfnisbefriedigung und der Bedürfnisunterdrückung als Folge strafend-abweisend erfahrener Versagung zum Ausdruck komme, die sich gelegentlich in Wut und Aggression Bahn brechen kann. In der Diskussion um die Sinnhaftigkeit dieser Störungskategorie (s. o.) wird denn auch von einigen Psychoanalytikern kritisch eingewendet, daß es sich bei dem passiv-aggressiven Handlungsmuster eher um einen speziellen, situations- und bedürfnisgebundenen Abwehr-Mechanismus handele, der bei unterschiedlichen Persönlichkeitsstörungen zum Tragen käme, und der deshalb nicht als eigenständige Charakterstörung betrachtet werden sollte (Vaillant, 1976). Nach heutiger psychoanalytischer Auffassung besteht dieser Abwehrmechanismus in einer Unterdrückung eigener Bedürfnisse aus Furcht vor interpersoneller Zurückweisung oder Bestrafung; er komme in besonderer

Weise in Beziehungen zum Tragen, in denen eine große Abhängigkeit bestehe, in der Ärger und Wut über erfahrene Frustrationen nicht direkt gezeigt werden könne. Ärger und feindselige Gefühle würden deshalb eher indirekt durch eine passive Verweigerung bei gemeinsamen Aufgabenstellungen zum Ausdruck gebracht (vgl. McCann, 1988).

Aktuelle *kognitiv-behaviorale* Verstehensansätze verstehen die passiv-aggressive Persönlichkeitsstörung „als spezifisches Muster, Ärger in sozialen Beziehungen auszudrücken, und zwar in einer maladaptiven verbalen und nichtverbalen Art, die zugleich selten oder nie zu befriedigenden Problemlösungen führt" (Perry & Flannery, 1982, S. 166). Der wesentliche ätiologische Faktor für die Ausbildung passiv-aggressiven Interagieren ist also *nicht gelernte* soziale Kompetenz im Umgang mit Ärger, also ein Verhaltensdefizit, das – wie bei den meisten anderen Persönlichkeitsstörungen – durch einen sich selbst aufrechterhaltender Regelkreis fortgeschrieben und verstärkt werden kann, in dem nämlich eine sozial angemessene Form des Ausdrucks von Ärger und Wut schwer veränderbar ist, weil sie bereits ichsynton fehlerhaft ausgedrückt wird und dadurch nurmehr jene Anlässe provoziert, für deren Auflösung sie eingesetzt wurde. Perry und Flannery (1982) geben drei mögliche Ursachen für den Erwerb der maladaptiven Selbstsicherheit bei passiv-aggressiver Persönlichkeitsstörungen an:
1. die Betroffenen haben niemals sozial angemessene Kompetenz im Umgang mit Ärger und Wut gelernt;
2. extreme Angst hat die angemessene Durchsetzung eigener Bedürfnisse gehemmt oder behindert;
3. die Antizipation von Bestrafung hat die Wahrscheinlichkeit für angemessene Ärgerreaktionen zunehmend vermindert (vgl. auch McCann, 1988).

4 Differentialdiagnostik und Komorbidität

Trotz der erheblichen Anzahl von Veränderungen und Präzisierungen, die die Klassifikation von Persönlichkeitsstörungen seit und mit ihrer Neusetzung im DSM-III (1980) erfahren haben, ist es angesichts der Vielzahl der Kriterienänderungen nicht weiter verwunderlich, daß es nach wie vor erhebliche Probleme gibt, die eng mit einer genauen Diagnostik und Abgrenzung der Persönlichkeitsstörungen untereinander und gegenüber anderen psychischen Störungen verknüpft sind. Weitgehend ungelöst sind bis heute u. a. folgende Fragen (vgl. Frances & Widiger, 1986):
a) Lassen sich brauchbare *Kriterien* oder *Abgrenzungsargumente* finden, die es ermöglichen, Persönlichkeitsstörungen von Personeigenarten zu unterscheiden, die noch innerhalb der Grenzen „normaler" Interaktionsbesonderheit tolerierbar wären? Diese Frage ist nicht zuletzt für die Begründung

therapeutischer, psychoedukativer oder auch juristischer Entscheidungen und Bewertungen von großem Belang.
b) Wie weit sind die gegenwärtig zwischen unterschiedlichen Persönlichkeitsstörungen gegebenen *Kriterienüberlappungen* tolerierbar? Bestimmte Interaktionstypiken gehören zwingend zum Bild unterschiedlicher Persönlichkeitsstörungen, die sich dem Diagnostiker erst aus einem Muster unterschiedlicher Störungskomponenten sinnvoll erschließen; eine strikte Vermeidung der Kriterienüberlappung könnte die Diagnose spezifischer Persönlichkeitsstörungen möglicherweise erschweren.
c) Mit der Kriterienüberlappung komplementär verknüpft ist die Frage nach der Bedeutsamkeit der hohen *Komorbidität* der Persönlichkeitsstörungen untereinander und gegenüber den spezifischen psychischen Störungen: Soll die zukünftige Kriterienpräzisierung eher darauf ausgerichtet sein, die Anzahl der Komorbiditätsdiagnosen zu verringern oder nicht?

In den vergangenen zehn Jahren sind erheblich Anstrengungen unternommen worden, die Differentialdiagnostik im Bereich der Persönlichkeitsstörungen v. a. durch die Entwicklung objektiver Erhebungsinstrumente zu verbessern. Viele dieser Verfahren sind zur diagnostischen Feststellung einzelner Störungsbilder entwickelt worden. Immerhin gibt inzwischen aber eine Reihe von Untersuchungsinstrumenten, die es ermöglichen sollen, das gesamte Spektrum der Persönlichkeitsstörungen im DSM-III-R (von 1987) bzw. auch bereits des ICD-10 (von 1992) differentialdiagnostisch zu erfassen. Die wichtigsten dieser übergreifend einsetzbaren Erhebungsverfahren seien hier kurz erwähnt (vgl. ergänzend die ausführlichere Darstellung und Bewertung einzelner Verfahren auch über die angegebenen hinaus bei Reich, 1987a; Bronisch, 1992; Merikangas & Weissman, 1992):

- Die bisher am häufigsten eingesetzten Verfahren sind *strukturierte Interviews* und beinhalten eine Diagnosestellung über Fremdratings. In enger Anlehnung an das DSM-III-(R) konstruiert wurden u. a. das *Structured Interview for DSM-III(-R) Disorders, Axis II* (SCID-II[-R]; Spitzer & Williams, 1984; Spitzer, Williams, Gibbon & First, 1990), das *Structured Interview for DSM-III(-R) Personality Disorders* (SIDP[-R]; Pfohl, Stangl & Zimmerman, 1982, 1989; Stangl, Pfohl, Zimmerman, Bowers & Corenthal, 1985) und das *Personality Disorders Examination* (PDE; Loranger, Susman, Oldham & Russakoff, 1985, 1987; eine aktuelle Fassung mit Anpassung auch an die ICD-10-Kriterien liegt ebenfalls vor).
- Inzwischen befinden sich auch erste *Selbstbeurteilungsfragebögen* in der Erprobung; u. a. sind dies der inzwischen gut untersuchte *Personality Disorders Questionaire* (PDQ[-R]; Hyler, Rieder & Spitzer 1983, 1987; Konstruktuvalidierung durch Skodol, Rosnick, Kellman, Oldham & Hyler, 1992) sowie der Vorschlag für eine *Scale of Cognitive Schemas in Personality Disorders* (als Anhang in: Beck et al., 1990).

– Alle hier erwähnten Verfahren sind zwischenzeitlich ins Deutsche übersetzt und befinden sich auch im deutschen Sprachraum in der Erprobung (vgl. u. a. Bronisch, 1992).

Objektivität, Zuverlässigkeit und interne Konsistenz der Verfahren können inzwischen als durchaus vergleichbar mit denen strukturierter Interviewdiagnosen für die spezifischen psychischen Störungen/Syndrome angesehen werden. So schwanken die Kappa-Werte der Test-Retest-Reliabilitäten für die einzelnen Störungen beispielsweise für den PDQ-Fragebogen zwar noch zwischen .17 und .85, die Interrater-Reliabilitäten der strukturierten Interviews erreichen jedoch inzwischen Kappa-Werte zwischen .60 und .96 (so im SCID, SIDP und PDE; vgl. die oben zitierten Arbeiten). Erste Ergebnisse zur Konstruktvalidierung der verschiedenen Erhebungsstrategien untereinander finden sich bei Oldham (1991). Eines der Hauptprobleme betrifft gegenwärtig vor allem die Validierung der Verfahren an externen Kriterien. Vorschläge gehen vor allem dahin, zur externen Validierung direkte Interaktionsbeobachtungen durchzuführen; die Praktikabilität dieser Möglichkeit wurde bisher vor allem konzeptuell vorgedacht bzw. erst erst ansatzweise am Beispiel einzelner Störungsbilder erprobt (Benjamin, 1987, 1992, 1993; Kohlhoff, 1992).

Eine der wichtigsten Eigenarten der Persönlichkeitsstörungen betrifft die Tatsache, daß es sich bei ihnen nicht um eindeutig voneinander abgrenzbare Entitäten handelt. Üblicherweise lassen sich bei ein und derselben betroffenen Person mehrere Persönlichkeitsstörungen finden, wenngleich zumeist bei hervorstechender Dominanz eines Störungsbereiches (*Komorbidität der* Persönlichkeitsstörungen untereinander). Und es ist auch weiter nicht ungewöhnlich, daß Personen, die an einer anderen psychischen Störung erkranken (z. B. an einer Depression, Schizophrenie oder Angststörung), zusätzlich die Merkmale einer oder mehrerer Persönlichkeitsstörungen besitzen können (*Komorbidität der Persönlichkeitsstörungen mit anderen spezifischen psychischen Störungen und Syndromen*). Im DSM-III-R ist diesem Phänomen insofern Rechnung getragen worden, als innerhalb dieses multiaxialen Diagnosesystems für die Persönlichkeitsstörungen die Achse II reserviert wurde. Durch die Achsenanordnung wird nahegelegt, im Zusammenhang mit der Diagnose einer spezifischen psychischen Störung auf der Achse I (z. B. bei einer Phobie, Depression, Schizophrenie usw.) zugleich immer die Zusatzdiagnose einer Persönlichkeitsstörung mit in Betracht zu ziehen. In der ICD-Klassifikation gilt seit dem ICD-10 (1992) ein ähnliches Komorbiditätsprinzip der multiplen Störungsdiagnostik.

Das Komorbiditätsproblem ist in den letzten Jahren zu einem zentralen Forschungsfeld im Bereich psychischer Störungen ausgewachsen. Denn das Vorliegen einer Komorbidität ist von beträchtlicher Bedeutung für das jeweilige Verständnis, die Behandlung und den Verlauf der psychischen Gestörtheit eines Menschen. So sind denn auch in den vergangenen Jahren eine Vielzahl von

Studien zum Komorbiditätsproblem der Persönlichkeitsstörungen durchgeführt worden (zur Komorbidität der Persönlichkeitsstörungen untereinander: vgl. u. a. Morey, 1988; Widiger et al., 1991; Oldham, Skodol, Kellman, Hyler, Rosnick & Davies, 1992; zur Komorbidität von spezifischen psychischen Störungen/Syndromen und Persönlichkeitsstörungen: vgl. u. a. Tyrer, Casey & Gall, 1983; Pfohl, Stangl & Zimmerman, 1984; Docherty, Fiester & Shea, 1986; Turner et al., 1991; Pfohl, Black, Noyes, Coryell & Barrash, 1991; Widiger & Shea, 1991; zusammenfassend auch: Fiedler, 1993 a).

Tabelle 12: Prozentuale Verteilung der Komorbiditätsraten von Persönlichkeitsstörungen aus vier Studien mit insgesamt 568 Patienten (in Entsprechung einer Tabellierung bei Widiger, Frances, Harris, Jacobsberg, Fyer & Manning, 1991).

	n	Präv	(%)	PAR	SZP	STP	ASP	B-P	HIP	NAP	SUP	DEP	ZWP
PAR	71	,07	100										
SZP	38	,05	83	3									
STP	95	,22	84	7	9								
ASP	67	,15	82	1	2	8							
A-B	190	,38	96	5	2	24	26						
HIP	147	,30	83	4	1	14	15	46					
NAP	79	,10	93	2	2	8	16	13	17				
SUP	126	,22	83	7	19	26	2	19	11	5			
DEP	99	,16	76	3	1	5	2	129	14	14	20		
ZWP	36	,06	69	3	2	1	0	4	4	3	9	4	
PAG	62	,15	88	12	2	1	18	18	19	10	20	15	11

Anmerkung: n = aufsummierte Zahl der Fälle in den vier Studien (N = 568); *Präv* = relativierte Häufigkeit des Vorkommens der Einzelstörungen in den vier Studien; *(%)* = Prozentsatz der Fälle mit Komorbiditätsdiagnosen; *PAR* = paranoid; *SZP* = schizoid; *STP* = schizotypisch; *ASP* = antisozial; *B-P* = borderline; *HIP* = histrionisch; *NAP* = narzißtisch; *SUP* = selbstunsicher; *DEP* = dependent; *ZWP* = zwanghaft; *PAG* = passiv-aggressiv.

Besonders überraschend sind die konvergent in den vorliegenden Studien gefundenen hohen Komorbiditäten der Persönlichkeitsstörungen untereinander (vgl. Tab. 12; Widiger et al., 1991). Die aufgelisteten Mehrfachdiagnosen (vgl. „%") entsprechen durchaus denen nicht einbezogener Studien, erscheinen als solche jedoch völlig konträr zu den bisher *in praxi* üblichen Diagnosegepflogenheiten. Besonders in (therapeutischen) Fallschilderungen finden sich üblicherweise Angaben über nur ein Störungsbild. Ganz ähnlich sieht die Befundlage zur Komorbidität spezifischer psychischer Störungen zu Persönlichkeitsstörungen aus. Auch hier findet sich regelmäßig der Befund, daß die meisten Patienten mit spezifischer Phobie, Depression oder Schizophrenie zusätzlich die Kriterien einer oder mehrerer Persönlichkeitsstörungen erfüllt. Krass ausgedrückt zeigt die bisherige Komorbiditätsforschung, daß es kaum jemanden gibt, der, wenn er die Kriterien einer spezifischen psychischen Störung oder Persönlichkeitsstörung erfüllt, nicht auch zugleich die mindestens einer anderen Persönlichkeitsstörung auf sich vereinigt. Das ist bei den Untersuchungen zur Komorbidität spezifischer psychischer Störungen untereinander etwas anders, für die inzwischen ja auch zumeist Ausschluß- und Abgrenzungskriterien entwickelt wurden. Insgesamt dürfen diese Befunde als wesentlicher Hinweis genommen werden, die Persönlichkeitsstörungen nicht als distinkte Größen zu betrachten – mit durchaus herausfordernden Implikation für die zukünftige ätiologische und therapeutische Forschung. Das gemeinsame Auftreten kann beispielsweise auf Gemeinsamkeiten in der Entwicklung der diagnostizierten Störungen verweisen. Und die üblicherweise angezielte Behandlung einer spezifischen Störung (einer Phobie beispielsweise) muß bei Vorliegen einer oder mehrerer Persönlichkeitsstörung(en) möglicherweise erheblich abgewandelt werden.

Die Zusammenstellung in Tabelle 13 faßt die wichtigsten vorliegenden Befunde nochmals zusammen. Sie gibt einen systematisierten Überblick darüber, (a) zwischen welchen Persönlichkeitsstörungen *interaktionelle Ähnlichkeiten* und *Kriterienüberlappungen* vorliegen, die *mögliche Komorbiditäten* eher wahrscheinlich machen, (b) bei welchen spezifischen psychischen Störungen konzeptuell und aufgrund vorliegender Studien Komorbiditäten erwartet werden können, *die dann differentialdiagnostisch auszuschließen sind*, wenn sie lediglich in Episoden der Exazerbation psychischer Störungen auftreten, sowie (c) welche Personmerkmale zur Differentialdiagnose *als besonders kennzeichnend und prototypisch* für die jeweilige Persönlichkeitsstörung angesehen werden (vgl. Siever & Klar, 1986).

Tabelle 13: Kriterienüberlappungen, Komorbiditäten und prototypische Merkmale der Persönlichkeitsstörungen im DSM-III-R

Paranoide Persönlichkeitsstörung: *Komorbidität/Kriterienüberlappung* mit schizoider, schizotyper, selbstunsicherer und zwanghafter Persönlichkeitsstörung; *Differentialdiagnose zur Komorbidität notwendig* bei paranoider Schizophrenie und wahnhaften Störungen; *prototypische Merkmale* sind Überempfindlichkeit gegenüber Kritik der Normorientierung eigenen Handelns und deutliches, zwischenmenschliches Mißtrauen.

Schizoide Persönlichkeitsstörung: *Komorbidität/Kriterienüberlappung* mit schizotypischer, paranoider, selbstunsicherer und zwanghafter Persönlichkeitsstörung; *Differentialdiagnose zur Komorbidität notwendig* bei schizophrenen Störungen; *prototypische Merkmale* sind Gleichgültigkeit gegenüber sozialen Situationen und sozialer Rückzug (ohne psychotische Symptome und ohne Angst vor Zurückweisung).

Schizotypische Persönlichkeitsstörung: *Komorbidität/Kriterienüberlappung* mit schizoider, paranoider, selbstunsicherer zwanghafter und Borderline-Persönlichkeitsstörung; *Differentialdiagnose zur Komorbidität notwendig* bei Depersonalisationsstörungen sowie bei schizophrenen Störungen (insbesondere des residualen Typus); *prototypische Merkmale* sind kognitive Verarbeitungsstörungen, exzentrische Interaktionseigenarten und Mangel an sozialen Beziehungen.

Antisoziale Persönlichkeitsstörung: *Komorbidität/Kriterienüberlappung* mit histrionischer und Borderline-Persönlichkeitsstörung; *Differentialdiagnose zur Komorbidität notwendig* bei affektiven Störungen (v. a. mit manischen Episoden), Substanzmißbrauch, intendierter Dissozialität oder Kriminalität, Störungen der Impulskontrolle; *prototypische Merkmale* sind kontinuierliche Verletzung der Rechte anderer bei fehlender Scham, fehlendem Verantwortungsgefühl und Mangel an Empathie.

Tabelle 13: Fortsetzung

Borderline-Persönlichkeitsstörung: *Komorbidität/Kriterienüberlappung* mit antisozialer, histrionischer und narzißtischer Persönlichkeitsstörung; *Differentialdiagnose zur Komorbidität notwendig* bei schizophrenen und affektiven Störungen, kurzzeitig reaktiver schizophrener Episode, Substanzmißbrauch, dissoziativen (insbesondere multiplen Persönlichkeits-) Störungen, Störungen der Impulskontrolle; *prototypische Merkmale* sind intensive und zugleich instabile zwischenmenschliche Beziehungen, impulsives und teils selbstdestruktives Verhalten, deutliche Wechsel in der Stimmungslage.

Histrionische Persönlichkeitsstörung: *Komorbidität/Kriterienüberlappung* mit antisozialer und Borderline-Persönlichkeitsstörung; *Differentialdiagnose zur Komorbidität notwendig* bei affektiven, (insbesondere dysthymen) Störungen, somatoformen (insbesondere Konversions-)Störungen, dissoziativen (insbesondere multiplen Persönlichkeits-)Störungen, vorgetäuschte Störungen; *prototypische Merkmale* sind eine Neigung zur Emotionalisierung zwischenmenschlicher Beziehung und ein auffällig lebhaftes, in den Mittelpunkt drängendes Verhalten.

Narzißtische Persönlichkeitsstörung: *Komorbidität/Kriterienüberlappung* mit zwanghafter, histrionischer, antisozialer und Borderline-Persönlichkeitsstörung; *Differentialdiagnose zur Komorbidität notwendig* bei depressiven (insbesondere dysthymen) Störungen; *prototypische Merkmale* sind eine Neigung zur Selbstwertüberhöhung bei gleichzeitiger Überempfindlichkeit gegenüber Kritik.

Selbstunsichere Persönlichkeitsstörung: *Komorbidität/Kriterienüberlappung* mit schizoider, schizotypischer und dependenter Persönlichkeitsstörung; *Differentialdiagnose zur Komorbidität notwendig* bei sozialer Phobie; *prototypisches Merkmal* ist eine hohe Empfindsamkeit gegenüber Zurückweisung.

Dependente Persönlichkeitsstörung: *Komorbidität/Kriterienüberlappung* mit selbstunsicherer und passiv-aggressiver Persönlichkeitsstörung; *Differentialdiagnose zur Komorbidität notwendig* bei Angststörungen, insbesondere bei Agoraphobie; *prototypische Merkmale* sind abhängiges, unterwürfiges Beziehungsverhalten und Angst vor dem Verlassenwerden.

Zwanghafte Persönlichkeitsstörung: *Komorbidität/Kriterienüberlappung* mit schizoider, schizotypischer und paranoider Persönlichkeitsstörung; *Differentialdiagnose zur Komorbidität notwendig* bei Zwangsstörungen; *prototypische Merkmale* sind detailorientierter Perfektionismus und übertriebene Sorgfalt.

Passiv-aggressive Persönlichkeitsstörung: *Komorbidität/Kriterienüberlappung* mit dependenter Persönlichkeitsstörung; *Differentialdiagnose zur Komorbidität notwendig* bei körperlichen Behinderungen; *prototypisches Merkmal* ist ein passiver Widerstand gegenüber sozialen Anforderungen.

5 Behandlung[1]

Systematische Forschungsarbeiten zur spezifischen Behandlung einzelner Störungsbilder liegen – wegen der erst vor wenigen Jahren erfolgten Neufestlegung der Diagnosekriterien im DSM-III (1980) und im ICD-10 (1991) – nur sehr vereinzelt vor. Dennoch gibt es inzwischen eine Reihe konzeptueller Arbeiten, in denen das vorliegende Wissen um die Behandlungsmöglichkeiten der spezifischen Persönlichkeitsstörungen – bezogen v. a. aus Einzelfallschilderun-

---

1 Bei der nachfolgenden Darstellung handelt es sich um die überarbeitete Fassung eines an anderer Stelle publizierten Kapitels über die Behandlung von Persönlichkeitsstörungen (Fiedler, 1993 a). Der erneute wörtliche Abdruck einzelner Passagen erfolgt mit Genehmigung des Hogrefe-Verlags, Göttingen.

gen – synoptisch zusammengefaßt wurden; so beispielsweise zur *paranoiden Persönlichkeitsstörung* (Meissner, 1989), zur *schizoiden* und *schizotypischen Persönlichkeitsstörung* (Stone, 1989 a; b), zur *histrionischen Persönlichkeitsstörung* (Chodoff, 1989), zur *narzißtischen Persönlichkeitsstörung* (Adler, 1989), zur *antisozialen Persönlichkeitsstörung* (Reid & Burke, 1989), zur *Borderline-Persönlichkeitsstörung* (Gunderson, 1989 b; Clarkin et al., 1992), zur *selbstunsicheren Persönlichkeitsstörung* (Frances & Widiger, 1989), zur *dependenten* und *passiv-aggressiven Persönlichkeitsstörung* (Perry, 1989 a; b) sowie zur *zwanghaften Persönlichkeitsstörung* (Salzman, 1989). Störungsdifferenzierende Übersichten finden sich bei Liebowitz, Stone & Turkat, 1986, und bei Stone, 1992).

Insbesondere die oben angedeutete Komorbiditätsvielfalt der Persönlichkeitsstörungen untereinander und ihr Auftreten im Zusammenhang mit weiteren spezifischen psychischen Störungen macht es erforderlich, zukünftig über die Entwicklung von Behandlungsansätzen für einzelne Persönlichkeitsstörungen hinauszudenken. Deshalb sollen im folgenden vor allem einige allgemeine Behandlungsansätze und Behandlungsgrundsätze angesprochen werden, die über die verschiedenen Störungsbilder hinweg als bedeutsam gelten. Dabei ist zu beobachten, daß die Behandlungskonzepte der Persönlichkeitsstörungen nach wie vor in der Tradition unterschiedlicher Therapieschulen (v. a. der Psychoanalyse oder Verhaltenstherapie) entwickelt und erprobt werden.

Das Problem der noch fehlenden empirischen Therapieforschung in diesem Bereich führt dazu, daß keine brauchbaren Indikationskriterien für eine Zuweisung der Patienten zu spezifischen Behandlungsverfahren vorhanden sind. In den Fallbeschreibungen dominiert eindeutig die individuelle Behandlungsform (zumeist als Verhaltenstherapie, als Kognitive Therapie oder die psychoanalytische Behandlung; Gunderson 1989a; Beck et al, 1989). Über Erfahrungen mit familien- und paartherapeutischen Behandlungen wurde bisher nur sehr vereinzelt berichtet (vgl. Shapiro, 1989). Das gleiche gilt für gruppentherapeutische Ansätze (vgl. Lescz, 1989). Letzteres wird verständlich, wenn man bedenkt, daß aus dem früheren psychoanalytischen Verständnis heraus Persönlichkeitsstörungen als nicht oder als nur besonders schwer mittels Psychotherapie beeinflußbar angesehen wurden. Dies ist vermutlich einer der Gründe, weshalb sie auch in der bisherigen Psychotherapieforschung eher am Rande der Aufmerksamkeit standen.

Natürlich gelten Persönlichkeitsstörungen als schwer zu behandeln (v. a. wegen der ihnen unterstellten Ich-Syntonie). Nun bleibt jedoch zwingend zu beachten, daß die Ich-Syntonie störungs- und vor allem situationsabhängig erheblich variiert. Eine mögliche Einsicht in die eigene Mitverantwortung an Interaktionskonflikten, aus denen heraus die Persönlichkeitsstörungen ja gewöhnlich erwachsen (vgl. die einleitenden Ausführungen), dürfte um so mehr bereits vorliegen, je länger die Leidensgeschichte der Betroffenen („unter der Last ihrer

Gewordenheit) möglicherweise schon andauert (vgl. Frances & Widiger, 1986). Und erst unter der Perspektive der Wandelbarkeit der Ich-Syntonie ergeben Versuche der therapeutischen Beeinflussung und Behandlung von Persönlichkeitsstörungen einen Sinn. Eine einseitige Innen- oder Personperspektivierung der Störung durch Überbetonung der Ich-Syntonie verkennt nur zu leicht, daß die Störungsmuster immer auch *interaktioneller* Natur sind und daß sie als solche nur in ihrer Komplementarität zum Interaktionsverhalten wichtiger Bezugspersonen verstehbar werden und daß sie deshalb schließlich grundsätzlich *als Interaktionsstörungen* behandelt werden sollten. Persönlichkeitsstörungen treten *episodenhaft, situationsspezifisch* und *situationsvariabel* auf. Sie exazerbieren als *kontextabhängige* Versuche der Betroffenen, ihre spezifische interpersonelle Vulnerabilität zu schützen. Wenn persontypische Interaktionsstörungen kontextuell schwanken, kann prinzipiell auch von einer Beeinflußbarkeit mittels Psychotherapie ausgegangen werden. Dies bedeutet in Konsequenz auch, bei der Begründung und Entwicklung therapeutischer Verfahren über die Einzeltherapie hinauszudenken und die Einbeziehung oder Beteiligung von Bezugspersonen gründlich auszuloten.

5.1 Psychoanalytische Behandlungsansätze

Das klassisch psychoanalytische Behandlungssetting (Langzeitbehandlung; Patienten liegen auf der Couch) setzt auf seiten des Patienten ein Vermögen zu *ich-dystoner* Reflexion und Bearbeitung der Psychodynamik seiner Störungen voraus (Introspektionsfähigkeit und freie Assoziation). Er sollte in der Lage sein, die mit seiner Störung zusammenhängenden intrapsychischen und interpersonellen Widerstände und Übertragungsmuster erkennen und durcharbeiten zu können. Verständlicherweise gilt das klassische Vorgehen für eine Behandlung schwerer Persönlichkeitsstörungen als *kontraindiziert*, wenn diese durch *ich-syntone* Persönlichkeitsmerkmale (u. a. durch ein fehlendes Störungsbewußtsein) dominiert werden. Hingegen gelten Patienten mit einer Dezentrierungsfähigkeit gegenüber einer Ichbeteiligung an interpersonelle Konflikten als durchaus mit psychoanalytischer Langzeittherapie behandelbar; dies wird vor allem bei Patienten mit passiv-dependenter und zwanghafter Persönlichkeitsstörung, aber auch noch bei selbstunsicherer und passiv-aggressiver Persönlichkeitsstörung als möglich angesehen (vgl. die Indikationsüberlegungen bei Stone, 1992).

Das seit Freud bestehende Diktum der prinzipiellen Unbehandelbarkeit von Charakterstörungen (vgl. 3.7) wurde nun in dem Maße fallengelassen, als – etwa seit Beginn der fünfziger Jahre – die Bereitschaft psychoanalytischer Forscher zunahm, das klassische Behandlungssetting selbst infrage zu stellen und zu verändern, um es störungsspezifischen Anforderungen anzupassen (vgl. Mertens, 1981). Insbesondere die im Rahmen der psychoanalytischen Theorie der Objektbeziehungen entwickelten Verstehensansätze führten schließlich zu einer radikalen Ausdifferenzierung der Settingvorschriften für die Durchführung der psychoanalytischen Therapie von Charakterstörungen. Es wurde u. a. kritisch gesehen, daß das klassische (regressionsfördernde) Couch-Setting die Wünsche, Phantasien und Frustrationserfahrungen persönlichkeitsgestörter Menschen sowie ihre zwischenmenschliche Verletzlichkeit *zu direkt* ansprechen könnte – und daß auf diese Weise die ich-syntone Abwehr (d. h. der Selbstschutz) *methodenbedingt* provoziert und verstärkt würde. Inzwischen wird von psychoanalytischer Seite der Aufbau einer engen, gut funktionierenden *kooperativen Arbeitsbeziehung,* die Widerstände und Verweigerungen der Patienten (als ich-syntonen Vulnerabilitätsschutz) nicht durch sich selbst provoziert, *als Voraussetzung* dafür angesehen, die tiefgreifenden Beziehungsdiffusitäten persönlichkeitsgestörter Menschen aufzuklären und zu behandeln. Ziele und technische Besonderheiten des veränderten Vorgehens seien kurz am Beispiel der psychoanalytischen Behandlung von Borderline-Patienten verdeutlicht (vgl. Rohde-Dachser, 1989; Kernberg et al., 1989; Clarkin, Koenigsberg, Yeomans, Selzer, Kernberg & Kernberg, 1992):

- Die Behandlung wird wöchentlich ein-, höchstens zweimal vis-à-vis-sitzend durchgeführt. Anstelle der klassischen Aufforderung zur freien Assoziation bestimmt der Therapeut mit dem Patienten zentrale Gesprächsthemen. Es findet also eine, die Gespräche strukturierende Themenselektion statt, mit Fokusbildung v. a. auf jene Bereiche, in denen die besondere Form der Borderline-Abwehr (die *Spaltung* als aktiver Vulnerabilitätsschutz; vgl. 3.6) gewöhnlich durch zwischenmenschliche Konflikte und Schwierigkeiten provoziert wird. Innerhalb der Gesprächsbereiche lenkt der Therapeut die inhaltlichen Mitteilungen des Patienten in Richtung eines verbesserten Realitätsbezuges (Kontrastierung *phantasierter* Interaktionserwartungen und -befürchtungen mit *realen* Interaktionserfahrungen). Der Therapeut regt dabei eine (Neu-)Bewertung und Integration separierter, von einander abgespaltener Erfahrungen und Erfahrungsmöglichkeiten an, indem er seine Interventionen daraus ausrichtet (a) den Patienten mit konflikthaften Anteilen und Widersprüchen seinerselbst (als gegebene menschliche Schwächen und Stärken) zu konfrontieren, (b) Schwächen und Vorzüge anderer Personen als menschlich zu ihnen zugehörig sehen zu lernen und (c) den Patienten so wiederholt das integrierende Erlebnis von Ambivalenz zu ermöglichen.
- Der kognitiv-affektiven Integration zwischenmenschlicher Beziehungsvielfalt stellen die meisten Autoren ein weiteres Therapieziel als gleichwertig bedeutsam gegenüber, das Rohde-Dachser (1989, S. 144f.) als „Suche nach den Ressourcen der Borderline-Patienten" bezeichnet. Sie versteht darunter, daß die angestrebte Integration abgespaltener Erfahrungsbereiche angemessen nur unter Nutzung und Förderung bereits vorhandener Ich-Anteile und Selbst-Schutz-Fähkeiten des Patienten gelingen kann. Die thera-

peutische Arbeit bei Borderline-Störungen sei „weniger auf die Pathologie als auf die *Coping*-Möglichkeiten der Patienten" auszurichten (a. a. O., S. 145). Die hier sichtbar werdende Akzentverschiebung psychoanalytischer Therapie impliziert also ausgesprochen *psychoedukative* Strategien und rückt das Vorgehen prinzipiell weit in die Nähe der Kognitiven Therapie und Verhaltenstherapie (vgl. unten).

Das Gros psychoanalytischer Arbeiten über eine Therapie der Persönlichkeitsstörungen war und ist in den vergangenen Jahren eindeutig der Behandlung von Borderline-Störungen gewidmet. Nur vereinzelt liegen Versuche vor, die Grundgedanken der Objektbeziehungstheorie auf die anderen Persönlichkeitsstörungen zu übertragen und entsprechende Schlußfolgerungen für eine störungsspezifische (oder diagnoseorientierte) psychoanalytische Behandlung zu entwickeln. Entsprechende Arbeiten liegen z. B. vor zur narzißtischen Persönlichkeitsstörung (Adler, 1986, 1989; Rohde-Dachser, 1986), weiter zur schizoiden und schizotypischen Persönlichkeitsstörung (Stone, 1985, 1989 a, b; Rohde-Dachser, 1986) sowie zur histrionischen und antisozialen Persönlichkeitsstörung (Allen, 1991; McCord, 1982). Die therapeutischen Empfehlungen mit Bezug zu den psychoanalytischen Objekttheorien konvergieren – abgesehen von störungsspezifischen Sonderheiten – in ihren zentralen Annahmen (vgl. Liebowitz et al., 1986; Stone, 1992):

a) eine – im Unterschied zur klassischen Abstinenzregel – klare, zieltransparente und zugleich hoffnungsvermittelnde Grundhaltung des Therapeuten;
b) längere, gegenwarts- und realitätsorientierte Anfangsphasen als stützend-direktive Therapie, die darauf abzielt, geeignete Themen- und Zielbereiche einer solchen Fokal-Therapie festzulegen;
c) Vermeidung regressionsfördernder, Selbstschutz, Abwehr und Widerstand provozierender Interventionen durch Behalt eines Realitäts- und Gegenwartbezugs;
d) Förderung der Akzeptanz des Patienten an seiner reziproken Mitverantwortung an zwischenmenschlichen Konflikten und Beziehungsstörungen mit dem Ziel, ich-syntone Störungsanteile in therapeutisch zugängliche ich-dystone Störungsmuster zu verwandeln;
e) wo immer sinnvoll und notwendig: eine psychoedukative Konfrontation der Patienten mit möglichen Negativfolgen impulsiv-gefahrvoller, aggressiver und potentiell selbstschädigender Intentionen und Handlungen.

5.2 Verhaltenstherapeutische Ansätze

Verhaltenstherapeuten haben sich – wegen ihrer eingangs erwähnten Vorbehalte gegenüber der psychiatrischen Klassifikation – erst in den vergangenen Jahren vermehrt um die Entwicklung spezifischer Programme zur Behandlung von

Persönlichkeitsstörungen bemüht (Perry & Flannery, 1989; Turkat, 1990; Übersicht bei Liebowitz et al., 1986). Für sie rücken dabei jedoch *nicht* die Persönlichkeitsstörungen als solche in den Mittelpunkt der Behandlung. Sie bevorzugen es vielmehr, in ihren Verhaltensanalysen die spezifischen Interaktionsstörungen und vor allem Interaktionsdefizite zu erfassen sowie deren Abhängigkeiten möglichst detailliert herauszuarbeiten (interpersonelle Auslöser, Folgen und Wechselwirkungen). Konsequenterweise steht denn auch vor allem das für die Behandlung komplexer zwischenmenschlicher Beziehungsstörungen inzwischen am besten untersuchte Verfahren im Vordergrund vieler Behandlungsvorschläge: das sog. *Training sozialer Fertigkeiten (Social Skills Training*; vgl. u. a. L'Abate & Milan, 1985).

Das Training sozialer Fertigkeiten zielt darauf ab, spezifische soziale Kompetenzen und Handlungsmöglichkeiten zu vermitteln, die auf der Grundlage individueller Verhaltensanalysen als defizitär eingeschätzt werden müssen. Dazu gehören u. a. (a) eigene Bedürfnisse auf sozial akzeptierbare Weise auszudrücken sowie (b) die damit zusammenhängenden negativen wie positiven Gefühle; (c) für berechtigte Bedürfnisse (öffentlich) einzutreten und diese (d) schließlich partnerbezogen durchzusetzen. Zentrale therapeutische Medien zum Erwerb und zur Evaluation sozialer Kompetenzen dienen dem Verhaltenstherapeuten vor allem: helfende *Instruktionen*; die Unterstützung durch geeignete *Vorbilder* und *Modelle*; *Rollenspiele* als wesentliches Agens zur Einübung alternativer Verhaltensweisen und Rollen; das *Video-Feedback* zur direkten Bewertung und Korrektur neu erprobter Verhaltensweisen; sowie der Einsatz gezielter *Hausaufgaben* zur Übertragung neugelernter Interaktionsmuster in alltägliche Kontexte. Zur Optimierung der Mediennutzung wird das Training sozialer Fertigkeiten üblicherweise in *Therapiegruppen* durchgeführt (vgl. Fiedler, 1986).

Im Bereich der bisherigen Entwicklung und therapeutischen Erprobung des *Social Skills Trainings* wurde von Verhaltenstherapeuten bis Mitte der achtziger Jahre kaum darauf geachtet, ob bei den jeweils behandelten Patienten auch eine Diagnose der spezifischen Persönlichkeitsstörungen gestellt werden könnte. Hauptindikationsbereich war das Vorliegen *komplexer Störungen im zwischenmenschlichen Beziehungsverhalten*, das als solches im Zusammenhang mit vielen spezifischen psychischen Störungen auftritt. Da soziale Angst und Unsicherheit auch bei den Persönlichkeitsstörungen als ein Leitsymptom gelten kann, wurde das Sozialtraining inzwischen als ein Baustein in der verhaltenstherapeutischen Behandlung insbesondere der *paranoiden, schizoiden, schizotypischen, dependenten, selbstunsicheren* und *passiv-aggressiven Persönlichkeitsstörung* empfohlen und eingesetzt (Perry & Flannery, 1989; Meissner, 1989; Stone, 1989 a, b; Liebowitz et al., 1986).

Das Training sozialer Fertigkeiten wird üblicherweise als ein Baustein in den Kontext einer ansonsten jedoch deutlich breiter angelegten Verhaltenstherapie einbezogen, die sich zugleich auf die weiteren persönlichen Lebensperspektiven und Lebensbezüge der Patienten ausrichtet. Dies schließt in aller Regel ein, wo dies möglich ist, auch die Angehörigen an einer Therapie persönlichkeitsgestörter Menschen zu beteiligen – oder aber ein in Gruppen durchgeführtes Social-Skills-Training in einzelnen Fällen um individuell durchgeführte Verhaltenstherapien zu ergänzen (vgl. die Behandlungsvorschläge bei Turkat, 1990). Als ein Beispiel für die konzeptuelle Anlage einer solchen *mehrdimensionalen Verhaltenstherapie* kann ein bereits in Manualform vorliegendes Programm zur Behandlung von Patienten mit *Borderline-Persönlichkeitsstörungen* gelten (Linehan, 1987, 1989; Linehan & Heard, 1992):

– Der Behandlungsansatz, den die Autorin als „dialektische Verhaltenstherapie" bezeichnet, besteht aus einer zeitgleichen Anwendung von Einzel- und Gruppentherapie. Die *Therapiegruppe* ist als psychoedukatives Sozialtraining konzipiert und vermittelt neue Möglichkeiten der zwischenmenschlichen Interaktion, des persönlichen Umgangs mit Streßerfahrungen und Selbstkontrolltechniken. Die *Einzeltherapie* ermöglicht den Patienten die Bearbeitung von vor allem persönlichen Problemen, die sich aus den Spezifika des Störungsbildes ergeben. Dazu gehören (a) Thematisierung der für Borderline-Patienten typischen Suizidneigung, (b) die Besprechung und (dialektisch-paradoxe) Auflösung spezifischer Widerstände der Patienten gegenüber der Therapie, (c) die Möglichkeit der Konfrontation der Patienten mit den selbst- und fremdschädigenden Konsequenzen eines Verlusts der Impulskontrolle, (d) Behandlung einer möglichen Wirklichkeitsflucht in Abhängigkeiten (z. B. exzessives Trinken), (e) die Einübung spezifischer Verhaltensmuster im Umgang mit den fluktuierenden affektiven Instabilitäten (z. B. Emotionsregulierung durch alternative, v. a. bedürfnisentsprechendere und bedürfnisfördernde Tätigkeiten; Erhöhung von Streßtoleranz) sowie (f) weitere Zielstellungen, die die Patienten selbst einbringen.

Beträchtliche Fortschritte deuten sich in den vergangenen Jahren durch die Entwicklung verhaltenstherapeutischer Behandlungsprogramme für die *antisozialen Persönlichkeitsstörungen* an, die wegen der vielfach gegebenen Normstrukturlosigkeit der Betroffenen und der damit einhergehenden Gewaltkriminalität als besonders schwer zu behandeln gelten (vgl. die Arbeiten in Roth, 1987 a). Es handelt sich dabei zumeist um Ansätze, die ausdrücklich für einen Einsatz im institutionellen Kontext entwickelt wurden (forensische Psychiatrie; sozialtherapeutischer Strafvollzug; vgl. Fiedler, 1992). Bei diesen Verhaltenstherapieprogrammen handelt es sich zumeist um unterschiedliche Formen des systematischen Einübens neuer und zur Impulsivität und spontanen Aggressivität alternativer Handlungs- und Problemlösungsmuster, die in aller Regel ein hochgradig kooperierendes Team gut ausgebildeter Therapeuten voraussetzen (Wong, Slama & Liberman, 1987; Romoff, 1987; Roth, 1987 b).

Die unterschiedlichen Programme setzen recht übereinstimmend Behandlungsschwerpunkte in folgenden Bereichen:
a) Herausarbeiten der für die jeweilige Person typischen Auslöser für Impulskontrollverlust und Aggressivität (interpersonelle Risikomerkmale);
b) Verbesserung der Wahrnehmung interpersoneller Risikomerkmale und der eigenen gefühlsmäßigen Reaktionen auf diese Risikofaktoren;
c) Einübung alternativer Fertigkeiten im Umgang mit aggressionsstimulierenden Bedingungen, v. a. das Erlernen neuer Formen, Ärger und Wut situationsangemessen auszudrücken, eigene Interessen und Bedürfnisse aggressionsfrei zu artikulieren, etc.;
d) frühzeitige Beteiligung von Angehörigen an der Erarbeitung und Erprobung neuer zwischenmenschlicher Konfliktlösungsmuster.

Trotz aller Strukturiertheit der stationären Behandlungsprogramme werden die konkreten Therapiemaßnahmen auf einzelne Personen ausgerichtet und setzen deshalb höchst individuelle Problem-, Defizit- und Kompetenzanalysen voraus (vgl. auch Reid & Burke, 1989).

5.3 Kognitiv orientierte Behandlungsansätze

Auch die heute vorliegenden Beiträge der Kognitiven Therapie zur Behandlung von Persönlichkeitsstörungen sind bislang vor allem an Einzelfällen dokumentiert oder konzeptueller Art. Wie die Verhaltenstherapeuten betonen die Kognitiven Therapeuten die Notwendigkeit sog. *mehrdimensionaler* Therapieansätze. Wichtige Eckpfeiler einer solchen Breitspektrumtherapie sind neben den von ihnen bevorzugten kognitiven Verfahren und Techniken vor allem die (oben besprochenen) Verhaltens- und Kompetenztrainings der klassischen Verhaltenstherapie wie die dort ebenfalls integrierten therapeutischen Schwerpunktsetzungen in der Familien- und Angehörigenarbeit sowie in der beruflichen Reintegration und Rehabilitation.

Im Unterschied zur klassischen Verhaltenstherapie begründet sich die kognitiv orientierte Therapiegesamtplanung aus einer sorgsamen Abklärung der Bedeutung kognitiver Strukturen (Schemata und/oder Werthaltungen) der Patienten für die Entstehung und Aufrechthaltung persontypischer (ich-syntoner) Interaktionsmuster und Interaktionsstörungen. Führt die frühzeitig in der Therapie vorgesehene kognitiv-behaviorale Problem-Analyse zu dem Ergebnis, daß interpersonelle *Handlungs- und Kompetenzdefizite* für die Aufrechterhaltung der Persönlichkeitsstörungen verantwortlich sind, schlagen auch die Kognitiven Therapeuten als grundlegende Therapiestrategie ein verhaltensorientiertes Training sozialer Fertigkeiten vor, das um kognitive Strategien sinnvoll ergänzt werden kann. Erst die intrapsychische Dominanz oder eine besondere interpersonelle Präsentation realitätsverzerrender oder handlungsdysfunktionaler kognitiver Werthaltungen oder Strukturen führt zu einer *kognitiven Schwerpunktsetzung* in der Therapie und zu einer Nebenordnung behavioraler Strategien. Im Regelfall sollte also die Problemanalyse der kognitiven Therapeuten ein sinnvolles Ergänzungsgefüge für verhaltens- und kognitionsorientierte Therapieschwerpunkte begründen (vgl. Freeman, Pretzer, Fleming & Simon, 1990).

Ganz ähnlich wie in den psychoanalytischen Therapieansätzen werden der *Aufbau und Behalt einer funktionierenden Therapeut-Patient-Beziehung* für den Erfolg der Behandlung von Persönlichkeitsstörungen als wesentliche Voraussetzung betrachtet. So wird beispielsweise im Behandlungskonzept von Beck und Mitarbeitern (1990) zur prophylaktischen Vermeidung therapeutischer Krisen eine sensible Beachtung der ich-syntonen Vulnerabilitäts- und Selbstschutzeigenarten von Patienten vorgeschlagen. Ein weiterer Grund für eine sorgsame Analyse der therapeutischen Beziehung in der Anfangsphase der Therapie wird in ihrer Bedeutsamkeit für die kognitiv-behaviorale Analyse gesehen: Offene oder verdeckte Widerstände der Patienten gegenüber Veränderung, ihre fehlende oder unzureichende Compliance oder ungünstige Übertragungsmuster gelten für die Autoren als prototypische Merkmale der Persönlichkeitsstörungen. Therapeuten hätten jeweils genau zu untersuchen, ob beobachtbare Erschwernisse im Aufbau einer tragfähigen Arbeitsbeziehung mit dem Patienten wirklich vorrangig in dessen persönlichkeitsbedingten Kooperationsstörungen zu suchen seien, oder ob therapeutische Krisen nicht auch gänzlich anders erklärt werden könnten, wie beispielsweise durch ein ungünstiges oder wenig passendes Setting oder auch durch die Schwierigkeiten der Therapeuten im interakionellen Umgang mit den jeweiligen Beziehungsstörungen ihrer Patienten.

Die nun schwerpunktmäßig kognitiv-orientierten (prinzipiellen wie technischen) Vorgehensweisen der Kognitiven Therapie begründen sich in aller Regel aus prototypischen kognitiven Schemata, wie sie von Beck et al. (1990) für die einzelnen Störungsbilder herausgearbeitet wurden (v. a. in ihren Dysfunktionalitäten für die Bewertung der eigenen Person, der Bezugspersonen und der daraus resultierenden zwischenmenschlichen Handlungen; vgl. den Anhang in Beck et al., 1990, S. 359–363; auch Young, 1990). Dabei ergeben sich für die konkrete Therapieplanung und Therapiedurchführung ausdrücklich *störungsspezifische* Handlungsanweisungen für die Therapeuten. Sie lassen sich zwar grob zu den folgenden Schwerpunkten zusammenfassen, können jedoch innerhalb der unterschiedlichen Störungsbilder jeweils mehr oder weniger in den Vordergrund treten (vgl. Beck et al., 1990, Kap. 6–15):

a) ein *affekt*-orientierter Zugang, der am Affekterleben der Patienten in zwischenmenschlichen Krisen- und Konfliktsituationen anzuknüpfen versucht und der vor allem die Realitätsangemessenheit emotionaler Impulsivität,

Feindseligkeit, Aggressivität, Selbstunsicherheit etc. zu überprüfen und zu differenzieren versucht;

b) ein eher *kognitions*-orientierter Zugang mit dem Ziel der Korrektur und Abschwächung dysfunktionaler Denkroutinen (Schemata), um diese durch flexiblere, d. h. weniger automatisiert-schematische, möglichst funktional-realistische Denk- und (daraus folgend:) Handlungsmuster zu ersetzen. Zur logischen Analyse und empirischen Überprüfung tief verankerter Überzeugungen und Annahmen über zwischenmenschliche Beziehungen kann sich der Therapeut spezieller Diskursstrategien bedienen. Es handelt sich dabei in aller Regel um sog. „sokratische" Befragungen der Patienten (keinesfalls um Indokrinationsversuche), die sich widerum mit der Realitätsangemessenheit festliegender Wirklichkeitsauffassungen der Patienten auseinandersetzen. In einem weiteren Sinn zielen solche sokratische Diskurse v. a. darauf ab, Lebensorientierung und Prinzipien der Weltanschauung neu zu diskutieren, indem diese auf die *aktuelle* Lebensrealität bezogen werden. Die Besprechung, Analyse und Neubewertung affektiver und kognitiver Interaktionsanteile wird aller Regel unterstützt durch

c) einen eher *handlungs*-orientierten Zugang. Vor allem durch gezielte Hausaufgaben wird der Patient angeregt, Hypothesen und Vorstellungen über sich selbst und andere im Lebensalltag einerseits zu überprüfen oder aber auch – andererseits – mit ihnen zu experimentieren. Schließlich finden sich noch

d) vielfältige weitere Maßnahmen zur *Absicherung eines Transfers*. Dazu zählen u. a. eine besondere Beschäftigung mit der möglichen Suizidalität der Patienten, das Kennenlernen und die Berücksichtigung spezifischer Merkmale des häuslichen oder beruflichen Milieus (möglichst Vorort, u. a. durch Hausbesuche) sowie – falls sinnvoll und möglich – die Einbeziehung von Bezugspersonen in die Therapie.

6 Schlußbetrachtung

Für denjenigen, der sich heute intensiv und kritisch in die vorhandene Literatur über Persönlichkeitsstörungen einzuarbeiten versucht, drängt sich zwangsläufig der Eindruck auf, daß es sich dabei um jenen Bereich der psychischen Störungen zu handeln scheint, zu dem mit die meisten Publikationen verfaßt wurden und zu dem zugleich das geringste Wissen vorliegt – und schließlich: als habe eine ernsthafte empirische Forschung gerade damit begonnen, erste Lichtungen in den „Urwald" teils hundert und mehr Jahre alter Annahmen und Spekulationen zu schlagen. Betrachtet man die ständig steigende Flut empirischer Arbeiten, die allein in den letzten zehn Jahren erschienen sind (davor gab es nur wenige substantielle Forschungsarbeiten), so scheinen mit der weitgehenden

Enttheoretisierung des DSM-III-(R) und des ICD-10 tatsächlich erste sichere Pfade angelegt worden zu sein. Das emsige publizierende Bemühen zunächst einiger weniger, schließlich immer neuer Forscher, schließlich auch namhafter Kollegen, machte in den letzten Jahren selbst jene neugierig, die lange Zeit von allem Abstand gehalten hatten oder sogar vehement gegen alles eingetreten waren, was in der Forschung mit Begriffen wie „Soziopathie", „Psychopathie", „Charakterstörung" belegt wurde. Sie beteiligen sich tatkräftig, obwohl viele zugleich immer wieder Zweifel bekunden, ob sie sich wirklich am weiteren Ausbau der inzwischen bestehenden Pfade zu festeren Straßen beteiligen sollen (z. B. Morey, 1985; Kiesler, 1986; Benjamin, 1993; vgl. auch Fiedler, 1993 a). Festausgebaute Straßen lassen sich – schon des Gewohnheitsrechts wegen – nur sehr selten neu verlegen. Müßten – eingedenk der früheren und nach wie vor geltenden Vorbehalte (insbesondere angesichts des kaum gelösten Problems der *Personperspektivierung von Interaktionsstörungen*; vgl. Einführung) – nicht möglicherweise doch erst neue Lichtungen geschlagen, gänzlich andere Pfade gesucht werden?

Im Rückblick auf die vorliegende Arbeit dürfte unschwer erkennbar sein, daß es trügerisch wäre, wollte man sich im Bereich der Persönlichkeitsstörungen auf die gegenwärtigen Klassifikationsmöglichkeiten beschränken. So ist etwa die schlichte Frage danach, wieviele Persönlichkeitsstörungen es denn nun gäbe, selbst mit der inzwischen erreichten Annäherung an eine zuverlässig einsetzbare Prototypendiagnostik nicht zu beantworten. Die Komorbiditätstudien zeigen, daß es kaum jemanden gibt, der, wenn er die Kriterien einer Persönlichkeitsstörung erfüllt, nicht auch zugleich die mindestens einer anderen Persönlichkeitsstörung auf sich vereinigt. Daraus ergibt sich für alle aktiv Beteiligten zwangsläufig die Notwendigkeit, die gegenwärtige Klassifikationssystematik der Persönlichkeitsstörungen ausdrücklich und perspektivisch als *Diagnostik im Wandel und im Übergang* zu betrachten, und daß sich deshalb eine schlichte Bestätigungsforschung verbietet.

Der Autor verbindet sein Engagement in diesem Bereich mit der Hoffnung, daß es gelingen könnte, die Personperspektivierung der Persönlichkeitsstörungen in Richtung Interaktionsperspektivierung zu verlagern. Entstehung und Aufrechterhalten der Persönlichkeitsstörungen werden stärker, als dies bei vielen anderen psychischen Störungen der Fall ist, nurmehr verständlich, wenn nach ihren Entsprechungen in den interpersonellen Erlebnissen und Erfahrungen der Betroffenen wie der Beteiligten (einschließlich des professionellen Diagnostikers) gesucht wird. Die lebensgeschichtliche Gewordenheit einer Person extremisiert *nur unter aktuell immer noch bestehenden Interaktionskomplikationen* in der Weise, daß Diagnostiker und Therapeuten mit den entstandenen Problemen überhaupt in Berührung kommen und *qua Dienstauftrag* zwangsläufig selbst in diese Interaktionsverflechtungen mit hineingeraten. Es spricht viel dafür, das jetzige Konzept der „Person-Störung" in Richtung auf eine Klassifikationsentität „*komplexe Störungen des zwischenmenschlichen Beziehungsverhaltens*" hin fortzuentwickeln. Das jedoch bedeutet in der Tat, viele festgefügte Diagnosepfade radikal zu verlassen und nach völlig neuen Wegen der Diagnostik und Beurteilung zwischenmenschlicher Beziehungskomplikationen zu suchen.

Literatur

Abraham, K. (1925). Psychoanalytische Studien zur Charakterbildung. In K. Abraham (1982), *Gesammelte Schriften*. Band 2 (S. 103–160). Frankfurt/M.: S. Fischer.

Adler, G. (1986). Psychotherapy of the narcissistic personality: two contrasting approaches. *American Journal of Psychiatry, 143,* 430–436.

Adler, G. (1989). Narcissistic personality disorder. In American Psychiatric Association (Ed.), *Treatments of psychiatric disorders* (Vol. 3, pp. 2736–2742). Washington, DC: APA.

Akiskal, H. S. (1983). Dysthymic disorders: Psychopathology of proposed chronic depressive subtypes. *American Journal of Psychiatry, 140,* 11–20.

Akiskal, H. S., Hirschfeld, R. M. A. & Yerevanian, B. I. (1983). The relationship of personality to affective disorders. *Archives of General Psychiatry, 40,* 801–810.

Allen, D. W. (1991). Basic treatment issues. In M. J. Horowitz (Ed.), *Hysterical personality and the histrionic personality disorder* (pp. 147–192). Northvale, NJ: Jason Aronson [rev. ed. of Hysterical personality (1977)].

Amelang, M. (1986). *Sozial abweichendes Verhalten. Entstehung – Verbreitung – Verhinderung*. Berlin: Springer.

American Psychiatric Association (1952). *Diagnostic and statistical manual of mental disorders* (1st ed.). Washington, DC: American Psychiatric Association.

American Psychiatric Association (1968). *Diagnostic and statistical manual of mental disorders* (2nd ed.). Washington, DC: American Psychiatric Association.

American Psychiatric Association (1980). *Diagnostic and statistical manual of mental disorders* (3rd ed.). Washington, DC: American Psychiatric Association.

American Psychiatric Association (1987). *Diagnostic and statistical manual of mental disorders* (3rd ed.; revised). Washington, DC: American Psychiatric Association [deutsch: (1989). Diagnostisches und Statistisches Manual Psychischer Störungen DSM-III-R. Weinheim: Beltz].

Angyal, A. (1965). *Neurosis and treatment: a holistic theory*. New York: Viking Press.

Bastine, R. (1990). *Klinische Psychologie*. Band 1 (2. Aufl.). Stuttgart: Kohlhammer.

Beck, A. T., Freeman, A. & Associates (1989). *Cognitive therapy of personality disorders*. New York: Guilford Press [dt. (1993). Kognitive Therapie der Persönlichkeitsstörungen. Weinheim: Psychologie Verlags Union].

Bellack, A. (1979). Behavioral assessment of social skills. In A. Bellack & M. Hersen (Eds.), *Research and practice in social skills training* (pp. 75–104). New York: Plenum Press

Benjamin, L. S. (1987). Use of the SASB dimensional model to develop treatment plans for personality disorders. I: Narcissism. *Journal of Personality Disorders, 1*, 43–70.

Benjamin, L. S. (1992). An interpersonal approach to the diagnosis of borderline personality disorder. In J. F. Clarkin, E. Marziali & H. Munroe-Blum (Eds.), *Borderline personality disorder. Clinical and empirical perspectives* (pp. 161–198). New York: Guilford.

Benjamin, L. S. (1993). *Interpersonal diagnosis and treatment of DSM personality disorders* (in press). New York: Guilford.

Blaker, K. H. & Tupin, J. P. (1991). Hysteria and hysterical structures: developmental and social theories. In M. J. Horowitz, M. J. (Ed.), *Hysterical personality stile and the histrionic personality disorder* (pp. 15–66). Northvale, NJ: Jason Aronson.

Blashfield, R. K. & Davis, R. T. (1993). Dependent and histrionic personality disorders. In P. B. Sutker & H. E. Adams (Eds.), *Comprehensive handbook of psychopathology* (2nd. ed., pp. 395–409). New York: Plenum Press.

Bleuler, E. (1922). Die Probleme der Schizoidie und der Syntonie. *Zeitschrift für die gesamte Neurologie und Psychiatrie, 78*, 373–399.

Bleuler, E. (1937). *Lehrbuch der Psychiatrie* (6. Aufl.). Berlin: Springer [12. Aufl. (1972), neubearbeitet von M. Bleuler (Hrsg.). Berlin: Springer].

Bohman, M., Cloninger, R. C., Sigvardsson, S. & Knorring, A. v. (1982). Predisposition to criminality in Swedish adoptees: I. Genetic and environmental heterogeneity. *Archives of General Psychiatry, 39*, 1233–1241.

Braff, D. L. (1981). Impaired speed of information processing in nonmedicated schizotypal patients. *Schizophrenia Bulletin, 7*, 499–508.

Brantley, P. J. & Sutker, P. B. (1984). Antisocial behavior disorders. In H. E. Adams & P. B. Sutker (Eds.), *Comprehensive handbook of psychopathology* (pp. 439–478). New York: Plenum Press.

Bremer, J. (1951). A social psychiatric investigation of a small community in northern Norway. *Acta Psychiatrica et Neurologica, Suppl. 62*, 1–166.

Breuer, J. & Freud, S. (1893). Über den psychischen Mechanismus hysterischer Phänomene. *Wiener medizinische Presse, 34 (4)*, 121–126. [In: Freud, S. (1971). Hysterie und Angst (Studienausgabe, S. 13–24). Frankfurt: Fischer].

Bronisch, T. (1992). Diagnostik von Persönlichkeitsstörungen nach den Kriterien aktueller internationaler Klassifikationssysteme. *Verhaltenstherapie, 2*, 140–150.

Bursten, B. (1973). Some narcissistic personality types. *International Journal of Psychoanalysis, 54*, 287–300.

Cadoret, R. J. (1978). Psychopathology in adopted-away offspring of biological parents with antisocial behavior. *Archives of General Psychiatry, 35*, 176–184.

Carr, A. C., Goldstein, E. G., Howard, F. & Kernberg, O. F. (1979). Psychological tests and borderline patients. *Journal of Personality Assessment, 43*, 582–590.

Carson, R. C. (1984). The schizophrenias. In H. E. Adams & P. B. Sutker (Eds.), *Comprehensive handbook of psychopathology* (pp. 411–438). New York: Plenum.

Cary, G. L. (1972). The borderline condition: a structural dynamic viewpoint. *Psychoanalytic Review, 59*, 33–54.

Cawley, R. (1974). Psychotherapy and obsessional disorders. In H. R. Beech (Ed.), *Obsessional states* (pp. 259–290). London: Methuen.

Chodoff, P. (1989). Histrionic personality disorder. In American Psychiatric Association (Ed.), *Treatments of psychiatric disorders* (Vol. 3, pp. 2727–2736). Washington, DC: APA.

Clarkin, J. F., Koenigsberg, H., Yeomans, F., Selzer, M., Kernberg, P. & Kernberg, O. F. (1992). Psychodynamic psychotherapy of the borderline patient. In J. F. Clarkin, E. Marziali & H. Munroe-Blum (Eds.), *Borderline personality disorder. Clinical and empirical perspectives* (pp. 268–287). New York: Guilford.

Clarkin, J. F., Marziali, E. & Munroe-Blum, H. (Eds.). (1992). *Borderline personality disorder. Clinical and empirical perspectives.* New York: Guilford.

Cleckley, H. (1941). *The mask of sanity: An attempt to clarify some issues about the socalled psychopathic personality.* St. Louis: Mosby [5th ed. (1976)].

Cloninger, C. R. & Guze, S. B. (1970). Psychiatric illness and female criminality: The role of sociopathy and hysteria in antisocial women. *American Journal of Psychiatry, 127,* 303–311.

Cloninger, C. R., Reich, T. & Guze, S. B. (1975). The multifactorial model of disease transmission: III. Familial relationships between sociopathy and hysteria (Briquets syndrome). *British Journal of Psychiatry, 127,* 23–32.

Cloninger, R. C., Sigvardsson, S., Bohman, M. & Knorring, A. v. (1982). Predisposition to petty criminality in Swedish adoptees: II. Cross-fostering analysis of gene-environment interaction. *Archives of General Psychiatry, 39,* 1242–1247.

Cohen, A. K. (1972). *Abweichung und Kontrolle* (3. Aufl.). München: Juventa.

Cooper, A. M. & Ronningstam, E. (1992). Narcissistic personality disorder. In A. Tasman & M. B. Riba (Eds.), *Review of psychiatry* (Vol. 11, pp. 80–97). Washington, DC: American Psychiatric Press.

Cornblatt, B. A. & Erlenmeyer-Kimling, L. (1985). Global attentional deviance as a marker of risk for schizophrenia: specifity and predictive validity. *Journal of Abnormal Psychology, 94,* 470–486.

Coursey, D. (1984). The dynamics of obsessive-compulsive disorder. In T. R. Insel (Ed.), *New findings in obsessive-compulsive disorder* (pp. 104–121). Washington, DC: American Psychiatric Association.

Crowe, R. (1975). Adoption studies of antisocial personality. *Biological Psychiatry, 10,* 353–371.

Degkwitz, R., Helmchen, H., Kockott, G. & Mombour, W. (Hrsg.). (1980). *Diagnoseschlüssel und Glossar psychiatrischer Krankheiten. Deutsche Ausgabe der internationalen Klassifikation der Krankheiten der WHO: ICD-(=International Classification of Diseases),* 9. Revision, Kapitel V. Berlin: Springer.

Dilling, H., Mombour, W. & Schmidt, M. H. (1991). *Klassifikation psychischer Krankheiten. Klinisch-diagnostische Leitlinien nach Kapitel V (F) der ICD-10.* Bern: Huber.

Docherty, J. P., Fiester, S. J. & Shea, T. (1986). Syndrome diagnosis and personality disorder. In A. J. Frances & R. E. Hales (Eds.), *American Psychiatric Association annual review* (Vol. 5, pp. 315–355). Washington, DC: American Psychiatric Press.

Dusen, K. T. van, Mednick, S. A., Gabrielli, W. F. & Hutchings, B. (1983). Social class and crime in an adoption cohort. *Journal of Criminal Law and Criminology, 74,* 249–269.

Eckert, J., Biermann-Ratjen, E. M., Papenhausen, R., Talmon-Gros, S., Tönnies, S., Seifert, R. & Spehr, W. (1987). Zur Diagnose von Borderline-Störungen: Überprüfung der Gütekriterien des „Diagnostischen Interview für Borderline-Störungen (DIB)". *Psychotherapie und Medizinische Psychologie, 37,* 68–74.

Eisler, R. (1976). The behavioral assessment of social skills. In M. Hersen & A. Bellack (Eds.), *Behavioral assessment: a practical handbook* (pp. 369–395). New York: Pergamon Press.

Esquirol, E. (1839). *Des maladies mentales considérées sous les rapports médical, hygiénique et médico-legal.* Paris: Baillière.

Essen-Möller, E. (1956). Individual traits and morbidity in a swedish rural population. *Acta Psychiatrica et Neurologica Scandinavia, Suppl. 100,* 1–160.

Eysenck, H. J. (1982). *The scientific study of personality.* London: Routledge & Kegan Paul.

Eysenck, H. J. & Rachman, S. (1967). *Neurosen – Ursachen und Heilmethoden.* Berlin: VEB Deutscher Verlag der Wissenschaften.

Eysenck, H. J. (1977). *Crime and personality.* London: Routledge & Kegan Paul.

Eysenck, H. J. (1980). Psychopathie. In U. Baumann, H. Berbalck & G. Seidenstücker (Hrsg.), *Klinische Psychologie – Trends in Forschung und Praxis* (Bd. 3, S. 323–360). Bern: Huber.

Eysenck, H. J. & Eysenck, S. B. G. (1978). Psychopathy, personality and genetics. In R. D. Hare & D. Schalling (Eds.), *Psychopathic behaviour: Approaches to research* (pp. 197–223). New York: Wiley.

Fairbairn, W. R. D. (1940). Schizoid factors in the personality. In Fairbairn, W. R. D. (Ed.), *Psychoanalytic studies of the personality.* London: Tavistock. [Wiederabdruck in: Fairbairn W. R. D (1952). An object-relations theory of the personality (pp. 3–27). New York: Basic Books].

Fenichel, O. (1945). *Psychoanalytische Neurosenlehre, Band II.* Freiburg: Walter, Olten.

Fiedler, P. (1986). Verhaltenstherapie in Gruppen: Überblick und Perspektiven. *Gruppendynamik, 17* (4), 341–360.

Fiedler, P. (1992). Psychosoziale Intervention und Anwendungsfelder der Klinischen Psychologie. In R. Bastine (Hrsg.), *Klinische Psychologie* (Band 2, S. 361–409). Stuttgart: Kohlhammer.

Fiedler, P. (1993a). Persönlichkeitsstörungen. In H. Reinecker (Hrsg.), *Lehrbuch der Klinischen Psychologie. Modelle psychischer Störungen* (2. Auflage; im Druck). Göttingen: Hogrefe.

Fiedler, P. (1993b). Persönlichkeitsstörungen: Schlüssel zum Verständnis therapeutischer Krisen. In M. Zielke & J. Sturm (Hrsg.), *Handbuch der stationären Verhaltenstherapie* (im Druck). Weinheim: Psychologie Verlags Union.

Fiedler, P. (1995). *Persönlichkeitsstörungen.* Weinheim: Psychologie Verlags Union.

Frances, A. (1980). The DSM-III personality disorder section: A commentary. *American Journal of Psychiatry, 137,* 1050–1054.

Frances, A. J. & Widiger, T. A. (1986). The classification of personality disorders: an overview of problems and solutions. In A. J. Frances & R. E. Hales (Eds.), *American Psychiatric Association annual review* (Vol. 5, pp. 240–257). Washington, DC: American Psychiatric Press.

Frances, A. J. & Widiger, T. A. (1989). Avoidant personality disorder. In American Psychiatric Association (Ed.), *Treatments of psychiatric disorders* (Vol. 3, pp. 2759–2762). Washington, DC: APA.

Freeman, A., Pretzer, J., Fleming, B. & Simon, K. (1990). *Clinical applications of cognitive therapy.* New York: Plenum Press.

Freud, S. (1896). Zur Ätiologie der Hysterie. *Wiener klinische Rundschau,* 10 (22), 379–381; (24), 413–415; (25) 432–433; (26), 450–452. [In: Freud, S. (1952). Gesammelte Werke (Band 1, S. 425–459). Frankfurt: Fischer].

Freud, S. (1905). Bruchstück einer Hysterie-Analyse. *Monatsschrift für Psychiatrie und Neurologie, 18* (4), 285–310; (5), 408–467. [In: Freud, S. (1952). Gesammelte Werke (Band 5, S. 163–286). Frankfurt: Fischer].

Freud, S. (1908). *Charakter und Analerotik.* [(1960), Gesammelte Werke (Band 10, S. 203–209). Frankfurt/M.: S. Fischer].

Freud, S. (1911). Psychoanalytische Bemerkungen über einen autobiographisch beschriebenen Fall von Paranoia (Dementia paranoides). *Jahrbuch der psychoanalytischen und psychopathologischen Forschung, 3,* 9–68. [(1960), Gesammelte Werke (Band 8, S. 240–316). Frankfurt/M.: S. Fischer].

Freud, S. (1922). Über einige neurotische Mechanismen bei Eifersucht, Paranoia und Homosexualität. *Internationale Zeitschrift für Psychoanalyse, 8,* 249–258. [(1960). Gesammelte Werke (Band 13, S. 195–207). Frankfurt/M.: S. Fischer].

Giovacchini, P. L. (1973). Character disorders: with special reference to the borderline states. *International Journal of Psychoanalytic Psychotherapy, 2,* 7–20.

Gittelman-Klein, R. & Klein, D. (1969). Premorbid asocial adjustment and prognosis in schizophrenia. *Journal of Psychiatric Research, 7,* 35–53.

Glatzel, J. (1975). *Die Antipsychiatrie. Psychiatrie in der Kritik.* Stuttgart: Fischer

Glatzel, J. (1977). *Das psychisch Abnorme. Kritische Ansätze zu einer Psychopathologie.* München: Urban & Schwarzenberg.

Glatzel, J. (1990). Psychiatric diagnosis in the German-speaking countries. In N. Sartorius, A. Jablensky, D. A. Regier, J. D. Burke & R. M. A: Hirschfeld (Eds.), *Sources and traditions of classification in psychiatry* (pp. 59–92). Göttingen: Hogrefe.

Glueck, S. & Glueck, E. (1959). *Predicting delinquency and crime.* Cambridge, Mass.: Harvard University Press [deutsch (1963). Jugendliche Rechtsbrecher. Wege zur Vorbereitung. Stuttgart: Enke].

Goffman, E. (1959). The moral career of the mental patient. *Psychiatry, 22,* 123–142 [auszugsweise deutsch (1972). Die moralische Karriere der psychisch gestörten Patienten. In H. Keupp (Hrsg.), Der Krankheitsmythos in der Psychopathologie (S. 122–135). München: Urban & Schwarzenberg.

Greenberg, R. P. & Bornstein, R. F. (1988a). The dependent personality disorder: I. Risk for physical disorders. *Journal of Personality Disorders, 2,* 126–135.

Greenberg, R. P. & Bornstein, R. F. (1988b). The dependent personality disorder: II. Risk for psychological disorders. *Journal of Personality Disorders, 2,* 136–143.

Griesinger, W. (1871). *Pathologie und Therapie der psychischen Krankheiten* (3. Aufl.). Braunschweig: Wreden. [1. Aufl. (1845). Stuttgart: Krabbe].

Grinker, R. R., Werble, B. & Drye, R. (1968). *The borderline-syndrome: a behavioral study of ego functions.* New York: Basic Books.

Gross, G., Huber, G. & Schüttler, R. (1982). Lavierte Schizophrenie? In K. Heinrich (Hrsg.), *Der Schizophrene außerhalb der Klinik* (S. 112–134). Bern: Huber.

Gunderson, J. G. (1984). *Borderline personality disorder.* Washington, DC: American Psychiatric Press.

Gunderson, J. G. (1989 a). Personality disorders. Introduction. In American Psychiatric Association (Ed.), *Treatments of psychiatric disorders* (Vol. 3, pp. 2633–2638). Washington, DC: APA.

Gunderson, J. G. (1989 b). Borderline personality disorder. In American Psychiatric Association (Ed.), *Treatments of psychiatric disorders* (Vol. 3, pp. 2749–2759). Washington, DC: APA.

Gunderson, J. G. & Kolb, J. E. (1978). Discriminating features of borderline patients. *American Journal of Psychiatry, 135,* 792–796.

Gunderson, J. G. & Singer, M. T. (1975). Defining borderline patients: An overview. *American Journal of Psychiatry, 132,* 1–10.

Gunderson, J. G., Ronningstam, E. & Bodkin, A. (1990). The diagnostic interview for narcissistic patients. *Archives of General Psychiatry, 47,* 676–680.

Gunderson, J. G., Siever, L. J. & Spaulding, E. (1983). The search for a schizotype: Crossing the border again. *Archives of General Psychiatry, 40,* 15–22.

Guntrip, H. (1969). *Schizoid phenomena, object relations, and the self.* New York: International Universities Press.

Hare, R. D. (1968). Detection threshold for electric shock in psychopaths. *Journal of Abnormal Psychology, 73,* 268–272.

Hare, R. D. (1978). Electrodermal and cardiovascular correlates of psychopathy. In R. D. Hare & D. Schalling (Eds.), *Psychopathic behavior: approaches to research* (pp. 107–144). New York: Wiley.

Hare, R. D. (1980). A research scale for the assessment of psychopathy in criminal populations. *Personality and Individual Differences, 1,* 111–119.

Hare, R. D. (1983). Diagnosis of antisocial personality disorders in two prison populations. *American Journal of Psychiatry, 140,* 887–890.

Hare, R. D. (1985). Comparison of procedures for the assessment of psychopathy. *Journal of Consulting and Clinical Psychology, 53,* 7–16.

Hare, R. D. (1987). Psychopathie. In W. Arnold, H. J. Eysenck & R. Meili (Hrsg.), *Lexikon der Psychologie* (Band 3, S. 1762–1771). Freiburg i. Br.: Herder.

Hare, R. D. & Cox, D. N. (1978). Clinical and empirical conceptions of psychopathy. In R. D. Hare & D. Schalling (Eds.), *Psychopathic behavior: approaches to research* (pp. 1–22). New York: Wiley.

Hare, R. D., Hart, S. D. & Harpur, T. J. (1991). Psychopathy and the DSM-IV criteria for antisocial personality disorder. *Journal of Abnormal Psychology, 100,* 391–398.

Hartmann, H. (1972). *Ich-Psychologie. Studie zur psychoanalytischen Theorie.* Stuttgart: Klett.

Hirschfeld, R. M. A. (1990). Personality and dysthymia. In S. W. Burton & H. S. Akiskal (Eds.), *Dysthymic disorders* (pp. 69–77). London: Gaskell – The Royal Collage of Psychiatrists.

Hoch, P. & Catell, J. (1959). The diagnosis of pseudoneurotic schizophrenia. *Psychiatric Quarterly, 33,* 17–43.

Hoch, P. & Catell, J. (1962). The course and outcome of pseudoneurotic schizophrenias. *American Journal of Psychiatry, 119,* 106–115.

Hoch, P. & Polatin, P. (1949). Pseudoneurotic forms of schizophrenia. *Psychiatry Quarterly, 23,* 248–276.

Hoffmann, S. O. (1984). *Charakter und Neurose. Ansätze zu einer psychoanalytischen Charakterologie.* Frankfurt/M.: Suhrkamp.

Hoffmann, S. O. (1986). Psychoneurosen und Charakterneurosen. In K. P. Kisker, H. Lauter, J. E. Meier, C. Müller & E. Strömgren (Hrsg.), *Psychiatrie der Gegenwart, Bd. 1: Neurosen, Psychosomatische Erkrankungen, Psychotherapie* (3. Aufl., S. 29–62). Berlin: Springer.

Horney, K. (1939). *New ways in psychoanalysis.* New York: Norton [dt. (1973). Neue Wege in der Psychoanalyse. München: Kindler].

Horney, K. (1945). *Our inner conflicts.* New York: Norton. [dt. (1984). Unsere inneren Konflikte. Frankfurt/M.: Fischer.]

Horowitz, L. M., Post, D. L., French, R. de S., Wallis, K. D. & Siegelman, E. Y. (1981). The prototype as a construct in abnormal psychology: 2. Clarifying disaggrement in psychiatric judgments. *Journal of Abnormal Psychology, 90,* 575–585.

Horowitz, M. J. (Ed.). (1991 a). *Hysterical personality stile and the histrionic personality disorder.* Northvale, NJ: Jason Aronson.

Horowitz, M. J. (1991 b). Core traits of hysterical or histrionic personality disorders. In M. J. Horowitz (Ed.), *Hysterical personality style and the histrionic personality disorder* (pp. 1–14). Northvale, NJ: Jason Aronson.

Hyler, S. E., Rieder, R. O. & Spitzer, R. L. (1983). *Personality Diagnostic Questionaire (PDQ[-R]).* New York: New York State Psychiatric Institute [rev. for DSM-III-R; 1987].

Jervis, G. (1978). *Kritisches Handbuch der Psychiatrie* (2. Aufl.). Frankfurt/M.: Syndikat.

Kaplan, M. (1983). A woman's view on DSM-III. *American Psychologist, 38,* 786–792.

Karasu, T. B. (1989). Introduction. In American Psychiatric Association (Ed.), *Treatments of psychiatric disorders* (Vol. 1, pp. xxxix–xIii). Washington, DC: APA.

Kass, F., Skodol, A. E., Charles, E., Spitzer, R. L. & Williams, J. B. W. (1985). Scaled ratings of DSM-III personality disorders. *American Journal of Psychiatry, 142,* 627–630.

Kass, F., Spitzer, R. & Williams, J. (1985). An empirical study of the issue of sex bias in the diagnostic criteria of DSM-III axis II personality disorders. *American Psychologist, 38,* 799–801.

Kernberg, O. F. (1967). Borderline personality organization. Journal of the *American Psychoanalytic Association, 15,* 641–685.

Kernberg, O. F. (1968). The treatment of patients with borderline personality organization. *International Journal of Psychoanalysis, 49,* 600–619.

Kernberg, O. F. (1971). Prognostic considerations regarding borderline personality organization. *Journal of the American Psychoanalytic Association, 19,* 595–635.

Kernberg, O. F. (1975). *Borderline conditions and pathological nacissism.* New York: Anronson [deutsch (1980). Borderline-Störungen und pathologischer Narzißmus (4. Aufl.). Frankfurt/M.: Suhrkamp].

Kernberg, O. F (1976). *Object relation theory and clinical psychoanalysis.* New York: Aronson [deutsch (1981). Objektbeziehungen und Praxis der Psychoanalyse. Stuttgart: Klett-Cotta].

Kernberg, O. F. (1977). The structural diagnosis of borderline personality organization. In P. Hartocollis (Ed.), *Borderline personality disorders* (pp. 87–121). New York: International Universities Press.

Kernberg, O. F., Goldstein, E. G., Carr, A. C., Hunt, H. F., Bauer, S. F. & Blumental, R. (1981). Diagnosing borderline personality: a pilot study using multiple diagnostic methods. *Journal of Nerveous and Mental Disease, 169,* 225–231.

Kernberg, O. F., Selzer, M. A., Koenigsberg, H. W., Carr, A. C. & Appelbaum, A. H. (1989). *Psychodynamic Psychotherapy of Borderline Patients.* New York: Basic Books. [dt. (1993). Psychodynamische Therapie bei Borderline-Patienten. Bern Huber].

Kety, S. S. (1985). Schizotypical personality disorder: an operational definition of Bleuler's latent schizophrenia? *Schizophrenia Bulletin, 11,* 590–594.

Kety, S. S., Rosenthal, D., Wender, P. H. & Schulsinger, F. (1971). Mental illness in the biological and adoptive families of adopted schizophrenics. *American Journal of Psychiatry, 128,* 302–306.

Kety, S. S., Rosenthal, D., Wender, P. H., Schulsinger, F. & Jacobson, B. (1976). Mental illness in the biological and adoptive families of adopted individuals who have become schizophrenics. *Behavior Genetics, 6,* 219–225.

Keupp, H. (1976). *Abweichung und Alltagsroutine. Die Labeling-Perspektive in Theorie und Praxis.* Hamburg: Hoffmann und Campe.

Keupp, H. & Zaumseil, M. (Hrsg.). (1978). *Die gesellschaftliche Organisierung psychischen Leidens. Zum Arbeitsfeld klinischer Psychologen.* Frankfurt/M.: Suhrkamp.

Khan, M. (1971). Infantile neurosis as a false-self organization. *Psychoanalytic Quarterly, 40,* 245–263. [deutsch (1977) Das falsche Selbst – eine infantile Neurose. In M. Khan (Ed.), Selbsterfahrung in der Therapie (S. 274–292). München: Kindler].

Khouri, P. J., Haier, R. J., Rieder, R. & Rosenthal, D. (1980). A symptom schedule for the diagnosis of borderline schizophrenia. A first report. *British Journal of Psychiatry, 137,* 140–167.

Kiesler, D. J. (1986). The 1982 interpersonal circle: An analysis of DSM-III personality disorders. In T. Millon & G. L. Klerman (Eds.), *Contemporary directions in psychopathology. Toward the DSM-IV* (pp. 571–597). New York: The Guilford Press.

Knight, R. P. (1953). Borderline states. *Bulletin of the Menninger Clinics, 1,* 1–12.

Koch, J. L. A. (1891–1893). *Die psychopathischen Minderwertigkeiten.* Ravensburg: Maier.

Kohlhoff, A. (1992). Zur differentialdiagnostischen Unterscheidbarkeit von sozialer Phobie und selbstunsicherer Persönlichkeitsstörung mittels „SASB – Structural Analysis of Social Behavior". Unveröffentlichte Diplomarbeit. Heidelberg: Psychologisches Institut der Universität.

Kohut, H. (1971). The analysis of the self. A systematic approach to the psychoanalytic treatment of narcissistic personality disorders. New York: International Universities Press [deutsch (1973). Narzißmus. Eine Theorie der Behandlung narzißtischer Persönlichkeitsstörungen (2. Aufl.). Frankfurt/M.: Suhrkamp].

Kohut, H. (1977). The restoration of the self. New York: International Universities Press [deutsch (1979). Die Heilung des Selbst. Frankfurt/M.: Suhrkamp].

Kolb, J. E. & Gunderson, J. G. (1980). Diagnosing borderline patients with a semistructured interview. Archives of General Psychiatry, 37, 37–41.

Kraepelin, E. (1903–1904). Psychiatrie. Ein Lehrbuch für Studierende und Ärzte (7. Aufl.). Leipzig: Barth [8. Aufl. (1909–1915). Leipzig: Barth].

Kretschmer, E. (1921). Körperbau und Charakter. Berlin: Springer [25. Aufl. (1967). Berlin: Springer].

L'Abate, L. & Milan, M. A. (1985). Handbook of social skills training and research. New York: John Wiley and Sons.

Langner, T. S. & Michael, S. T. (1963). Life stress and mental health. The midtown Manhattan study. New York: Glencoe.

Lazare, A., Klerman, G. L. & Armor, D. J. (1966). Oral, obsessive, and hysterical personality patterns: An investigation of psychoanalytic concepts by means of factor analysis. Archives of General Psychiatry, 14, 624–630.

Lazare, A., Klerman, G. L. & Armor, D. J. (1970). Oral, obsessive, and hysterical personality patterns: Replication of factor analysis in an independent sample. Journal of Psychiatry Research, 7, 275–290.

Leighton, D. C., Harding, J. S., Macklin, D. B., MacMillan, A. M. & Leighton, A. H. (1963). The charakter of danger. Psychiatric findings of the Stirling county study. New York: Basic Books.

Lescz, M. (1989). Group therapy. In American Psychiatric Association (Ed.), Treatments of psychiatric disorders (Vol. 3, pp. 2667–2678). Washington, DC: APA.

Liebowitz, M. R., Stone, M. H. & Turkat, I. D. (1986). Treatment of personality disorders. In A. J. Frances & R. E. Hales (Eds.), American Psychiatric Association annual review (Vol. 5, pp. 356–393). Washington, DC: American Psychiatric Press.

Lilienfeld, S. O., VanValkenburg, C., Larntz, K. & Akiskal, H. S. (1986). The relationship of histrionic personality disorder to antisocial personality and somatization disorder. American Journal of Psychiatry, 143, 718–722.

Linehan, M. (1987). Dialectic behavior therapy for boderline personality disorder: theory and method. Bulletin of the Menninger Clinic, 51, 261–276.

Linehan, M. (1989). Dialektische Verhaltenstherapie bei Borderline-Störungen. Praxis der Klinischen Verhaltensmedizin und Rehabilitation, 2, 220–227.

Linehan, M. M. & Heard, H. L. (1992). Dialectic behavior therapy for borderline personality disorder. In J. F. Clarkin, E. Marziali & H. Munroe-Blum, (Eds.), Borderline personality disorder. Clinical and empirical perspectives (pp. 248–267). New York: Guilford.

Links, P. S. (1992). Family environment and family psychopathology in the etiology of Borderlin personality disorder. In J. F. Clarkin, E. Marziali & H. Munroe-Blum (Eds.), *Borderline personality disorder. Clinical and empirical perspectives* (pp. 45–66). New York: Guilford.

Lion, J. R. (1981). A comparison between DSM-III and DSM-II personality disorders. In J. R. Lion (Ed.), *Personality disorders. Diagnosis and management* (2nd ed., revised for DSM-III, pp. 1–9). Baltimore: Williams & Wilkins.

Livesley, W. J. (1985). The classification of personality disorder: I. The choice of a catagory concept. *Canadian Journal of Psychiatry, 30*, 353–362.

Livesley, W. J. (1986). Trait and behavioral prototypes of personality disorders. *American Journal of Psychiatry, 143*, 728–732.

Livesley, W. J. (1987 a). A systematic approach to the delineation of personality disorder. *American Journal of Psychiatry, 144*, 772–777.

Livesley, W. J. (1987 b). Theoretical and empirical issues in the selection of criteria to diagnose personality disorders. *Journal of Personality Disorders, 1*, 88–94.

Lombroso, C. (1876). *L'uomo delinquente.* Mailand: Hoepli.

Loranger, A. W., Susman, V. L., Oldham, J. M. & Russakoff, L. M. (1987). *Personality Disorder Examination.* White Plains, NY: NY-Hospital – Cornell Medical Center Westchester Division.

Loranger, A. W., Susman, V. L., Oldham, J. M. & Russakoff, L. M. (1987). The personality disorder examination: a preliminary report. *Journal of Personality Disorders, 1*, 1–13.

Maher, B. & Ross, J. S. (1984). Delusions. In H. E. Adams & P. B. Sutker (Eds.), *Comprehensive handbook of psychopathology* (pp. 383–409). New York: Plenum.

Malinow, K. L. (1981 a). Dependent personality. In J. R. Lion (Ed.), *Personality disorders. Diagnosis and management* (2nd ed., revised for DSM-III, pp. 97–102). Baltimore: Williams & Wilkins.

Malinow, K. L. (1981 b). Passive-aggressive personality. In J. R. Lion (Ed.), *Personality disorders. Diagnosis and management* (2nd ed., revised for DSM-III, pp. 121–132). Baltimore: Williams & Wilkins.

Marziali, E. (1992). The etiology of Borderline personality disorder: developmental factors. In J. F. Clarkin, E. Marziali & H. Munroe-Blum (Eds.), *Borderline personality disorder. Clinical and empirical perspectives* (pp. 27–44). New York: Guilford.

Maudsley, H. (1874). *Responsibility in mental disease.* London: King.

McCann, J. T. (1988). Passive-aggressive personality disorder: a review. *Journal of Personality Disorders, 2*, 170–179.

McCord, W. M. (1982). *The psychopathic and milieu therapy.* New York: Academic Press.

McCord, W. M. & McCord, J. (1964). *The psychopath. An essay on the criminal mind* (2nd ed.). Princeton: Van Norstrand.

McGlashan, T. H. & Fenton, W. S. (1990). Diagnostic efficiency of DSM-III borderline personality disorder and schizotypical disorder. In Oldham, J. M. (Ed.), *Personality disorders: new perspectives on diagnostic validity* (pp. 121–143). Washington, DC: American Psychiatric Press.

McLemore, C. & Benjamin, L. S. (1979). Whatever happened to interpersonal diagnosis: a psychosocial alternative to DSM-III. *American Psychologist, 34*, 17–34.

Mednick, S. A., Gabrielli, W. F. & Hutchings, B. (1983). Genetic influence in criminal behavior: Evidence from adoption cohort. In K. T. van Dusen & S. A. Mednick (Eds.), *Prospective studies of crime and delinquency* (pp. 39–56). Boston: Cluver-Nijhoff.

Meissner, W. W. (1989). Paranoid personality disorder. In American Psychiatric Association (Ed.), *Treatments of psychiatric disorders* (Vol. 3, pp. 2705–2711). Washington, DC: APA.

Mellsop, G. W. (1972). Psychiatric patients seen as children and adults: Childhood predictors of adult illness. *Journal of Child Psychology and Psychiatry, 13*, 91–101.

Mellsop, G. W. (1973). Adult psychiatric patients on whom information was obtained during childhood. *British Journal of Psychiatry, 123*, 703–710.

Mellsop, G. W., Varghese, F., Joshua, S. & Hicks, A. (1982). The reliability of axis II of DSM-III. *American Journal of Psychiatry, 139*, 1360–1361.

Mentzos, S. (1984). *Neurotische Konfliktverarbeitung. Einführung in die psychoanalytische Neurosenlehre unter Berücksichtigung neuer Perspektiven.* Frankfurt/M.: Fischer.

Merikangas, K. R. & Weissman, M. M. (1986). Epidemiology of DSM-III Axis II personality disorders. In A. J. Frances & R. E. Hales (Eds.), *American Psychiatric Association Annual Review* (Vol. 5, pp. 258–278). Washington, DC: American Psychiatric Press.

Mertens, W. (1981). *Psychoanalyse.* Stuttgart: Kohlhammer [6. Auflage, 1992].

Mervis, C. & Rosch, E. (1981). Categorization of natural objects. *Annual Review of Psychology, 32*, 89–115.

Miller, A. (1979). *Das Drama des begabten Kindes und die Suche nach dem wahren Selbst.* Frankfurt/M.: Fischer.

Millon, T. (1981). *Disorders of Personality: DSM-III, Axis II.* New York: Wiley.

Millon, T. & Everly, G. S. (1985). *Personality and its disorders: a biosocial learning approach.* New York: Wiley.

Morel, B. A. (1857). *Traité des dégénérescenses physiques, intellectuelles et morales de l'espèce humaine et des causes qui produisent ces variétés maladives.* Paris: Baillière.

Morey, L. C. (1985). An empirical comparison of interpersonal and DSM-III approaches to classification of personality disorders. *Psychiatry, 48*, 358–364.

Morey, L. C. (1988). A psychometric analysis of the DSM-III-R personality disorder criteria. *Journal of Personality Disorders, 2*, 109–124.

Morey, L. C. & Ochoa, E. S. (1989). An investigation of adherence to diagnostic criteria: Clinical diagnosis of the DSM-III personality disorders. *Journal of Personality Disorders, 2*, 109–124.

Müller, C. (1981). *Psychische Erkrankungen und ihr Verlauf sowie ihre Beeinflussung durch das Alter.* Bern: Huber.

Nemiah, J. C. (1980). Dissociative disorders (hysterical neurosis, dissociative type). In H. Kaplan, A. M. Freeman & B. Sadock (Eds.), *Comprehensive textbook of psychiatry* (3rd Ed.; Vol. 2, pp. 1544–1561). Baltimore: Williams & Wilkins.

Nemiah, J. C. (1985). Dissociative disorders. In H. Kaplan & B. Sadock (Eds.), *Comprehensive textbook of psychiatry* (4th Ed., pp. 942–957). Baltimore: Williams & Wilkins.

Nielsen, J. & Nielsen, J. A. (1977). A census study of mental illness in Samsø. *Psychological Medicine, 7,* 491–503.

Nuechterlein, K. H. (1987). Vulnerability models for schizophrenia: state of the art. In H. Häfner, W. F. Gattaz & W. Janzarik (Eds.), *Search for the causes of schizophrenia* (S. 297–316). Berlin, New York: Springer.

Oldham, J. M. (Ed.). (1991). *Personality disorders: new perspectives on diagnostic validity.* Washington, DC: American Psychiatric Press.

Oldham, J. M., Skodol, A. E., Kellman, H. D., Hyler, S. E., Rosnick, L. & Davies, M. (1992). Diagnosis of DSM-III-R personality disorders by two structured interviews: patterns of comorbidity. *American Journal of Psychiatry, 149,* 213–220.

O'Neale, P. & Robins, L. N. (1958). The relation of childhood behavior problems to adult psychiatric status: A thirty year follow-up study with 150 subjects. *American Journal of Psychiatry, 114,* 961–969.

Parnas, J., Schulsinger, F., Schulsinger, H., Mednick, S. A. & Teasdale, T. W. (1982). Behavioral precursors of schizophrenia spectrum. A prospective study. *Archives of General Psychiatry, 39,* 658–664.

Parnas, J., Schulsinger, F. & Mednick, S. A. (1990). The Copenhagen high-risk study: Major psychopathological and etiological findings. In E. R. Straube & K. Hahlweg (Eds.), *Schizophrenia. Concepts, vulnerability, and intervention* (pp. 45–56). Berlin: Springer.

Partridge, G. E. (1930). Current conceptions of psychopathic personality. *American Journal of Psychiatry, 10,* 53–99.

Pasternack, S. A. (1974). The explosive antisocial, and passive-aggressive personalities. In J. R. Lion (Ed.), *Personality disorders* (pp. 63–82). Baltimore: Williams & Wilkins.

Penna, M. W. (1981). Classification of personality disorders. In J. R. Lion (Ed.), *Personality disorders. Diagnosis and management* (2nd ed., revised for DSM-III, pp. 10–31). Baltimore: Williams & Wilkins.

Perry, J. C. (1989a). Dependent personality disorder. In American Psychiatric Association (Ed.), *Treatments of psychiatric disorders* (Vol. 3, pp. 2762–2770). Washington, DC: APA.

Perry, J. C. (1989b). Passive-aggressive personality disorder. In American Psychiatric Association (Ed.), *Treatments of psychiatric disorders* (Vol. 3, pp. 2783–2789). Washington, DC: APA.

Perry, J. C. & Flannery, R. B. (1982). Passive-aggressive personality disorder: treatment implications of a clinical typology. *Journal of Nervous and Mental Disease, 170,* 164–173.

Perry, J. C. & Flannery, R. B. (1989). Behavior therapy. In American Psychiatric Association (Ed.), *Treatments of psychiatric disorders* (Vol. 3, pp. 2649–2659). Washington, DC: APA.

Perry, J. C. & Klerman, G. L. (1980). Clinical features of borderline personality disorder. *American Journal of Psychiatry, 137,* 165–173.

Pfohl, B., Black, D. W., Noyes, R., Coryell, W. H. & Barrash, J. (1991). Axis I and axis II comorbidity findings: implications for validity. In J. M. Oldham (Ed.), *Personality disorders: new perspectives on diagnostic validity* (pp. 145–161). Washington, DC: American Psychiatric Press.

Pfohl, B., Coryell, W., Zimmerman, M. & Stangl, D. (1986). DSM-III personality disorders: diagnostic overlap and internal consistency of individual DSM-III criteria. *Comprehensive Psychiatry, 27,* 21–34.

Pfohl, B., Stangl, D. & Zimmerman, M. (1982). *The structured interview for DSM-III personality disorders (SIDP).* Iowa-City: University of Iowa, Dep. of Psychiatry (rev. for DSM-III-R; 1989).

Pfohl, B., Stangl, D. & Zimmerman, M. (1984). The implication of DSM-III personality disorders for patients with major depression. *Journal of Affective Disorders, 7,* 309–318.

Philips, K. A., Gunderson, J. G., Hirschfeld, R. M. A. & Smith, L. E. (1990). A review of the depressive personality. *American Journal of Psychiatry, 147,* 830–837.

Pilkonis, P. A. (1984). Avoidant and schizoid personality disorder. In H. E. Adams & P. B. Sutker (Eds.), *Comprehensive handbook of psychopathology* (pp. 479–494). New York: Plenum Press.

Pinel, P. (1809). *Traité médico – philosophique sur l'aliénation mentale* (2. edn). Paris: Brosson.

Pollak, J. M. (1979). Obsessive-compulsive personality: a review. *Psychological Bulletin, 86,* 225–241.

Prichard, J. C. (1835). *A treatise on insanity and other disorders affecting the mind.* London: Sherwood, Gilbert & Piper.

Pütterich, H. (1985). *Diagnostisches Interview für das Borderlinesyndrom von J. G. Gunderson.* Weinheim: Beltz.

Quint, H. (1970). *Über die Zwangsneurose.* Göttingen: Vandenhoek & Ruprecht.

Rado, S. (1953). Dynamics and classification of disordered behavior. *American Journal of Psychiatry, 110,* 406–416.

Rado, S. (1956). Schizotypal organization: Preliminary report on a clinical study of schizophrenia. In S. Rado & G. E. Daniels (Eds.), *Changing concepts of psychoanalytic medicine* (pp. 225–236). New York: Grune & Stratton.

Reich, J. H. (1987a). Instruments measuring DSM-III and DSM-III-R personality disorders. *Journal of Personality Disorders, 1,* 220–240.

Reich, J. H. (1987b). Sex distribution of DSM-III personality disorders in psychiatric outpatients. *American Journal of Psychiatry, 144,* 485–488.

Reich, J. H. (1992). Measurement of DSM-III and DSM-III-R borderline personality disorder. In J. F. Clarkin, E. Marziali & H. Munroe-Blum (Eds.), *Borderline personality disorder. Clinical and empirical perspectives* (pp. 116–148). New York: Guilford.

Reich, J. H., Yates, W. & Nduaguba, M. (1989). Prevalence of DSM-III personality disorders in the community. *Social Psychiatry and Psychiatric Epidemiology, 24,* 12–16.

Reid, W. H. & Burke, W. J. (1989). Antisocial personality disorder. In American Psychiatric Association (Ed.), *Treatments of psychiatric disorders* (Vol. 3, pp. 2742–2749). Washington, DC: APA.

Reinecker, H. (1993 a). Spezifische und soziale Phobien. In H. Reinecker (Hrsg.), *Lehrbuch der Klinischen Psychologie: Modelle psychischer Störungen* (2. Aufl.; im Druck). Göttingen: Hogrefe.

Reinecker, H. (1993 b). Zwangsstörungen. In H. Reinecker (Hrsg.), *Lehrbuch der Klinischen Psychologie: Modelle psychischer Störungen* (2. Aufl.; im Druck). Göttingen: Hogrefe.

Rieder, R. O. (1979). Borderline schizophrenia: Evidence of its validity. *Schizophrenia Bulletin, 6*, 39–46.

Robins, L. N. (1966). *Deviant children grown up: A sociological and psychiatric study of sociopathic personality.* Baltimore: Williams & Wilkins.

Robins, L. N. (1978). Study of childhood predictors of adult antisocial behaviour: Replication from longitudinal studies. *Psychological Medicine, 8,* 811–816.

Roff, J. D., Knight, R. & Wertheim, E. (1976). A factor analytic study of childhood symptoms antecedent to schizophrenia. *Journal of Abnormal Psychology, 85,* 543–549.

Rohde-Dachser, C. (1986). Borderlinestörungen. In K. P. Kisker, H. Lauter, J. E. Meier, C. Müller & E. Strömgren (Hrsg.), *Psychiatrie der Gegenwart, Bd. 1: Neurosen, Psychosomatische Erkrankungen, Psychotherapie* (3. Aufl., S. 125–150). Berlin: Springer.

Rohde-Dachser, C. (1989). *Das Borderline-Syndrom* (4. Aufl.). Bern: Huber.

Romoff, V. (1987). Management and control of violent patients at the Western Psychiatric Institute and Clinic.. In L. H. Roth (Ed.), *Clinical treatment of the violent person* (pp. 235–260). New York: Guilford Press.

Ronningstam, E. & Gunderson, J. (1990). Identifying criteria for narcissistic personality disorder. *American Journal of Psychiatry, 147,* 918–922.

Rosenthal, D. (1975). The concept of subschizophrenic disorders. In R. R. Fieve, D. Rosenthal & H. Brill (Eds.), *Genetic research in psychiatry.* Baltimore: John Hopkins University Press.

Rosenthal, D., Wender, P. H., Kety, S. S., Welner, J. & Schulsinger, F. (1971). The adopted-away offspring of schizophrenics. *American Journal of Psychiatry, 128,* 307–311.

Roth, L. H. (1987 a). *Clinical treatment of the violent person.* New York: Guilford Press.

Roth, L. H. (1987 b). Treating violent persons in prisons, jails, and security hospitals. In L. H. Roth (Ed.), *Clinical treatment of the violent person* (pp. 207–234). New York: Guilford Press.

Rudolf, G. (1987). *Krankheiten im Grenzbereich von Neurosen und Psychose. Ein Beitrag zur Psychopathologie des Ich-Erlebens und der zwischenmenschlichen Beziehungen.* Weinheim: Deutscher Studien Verlag.

Rush, B. (1812). *Medical inquiries and observations upon the diseases of the mind.* Philadelphia: Richardson [wiederaufgelegt (1962). New York: Hafner Press].

Salzman, L. (1989). Compulsive personality disorder. In American Psychiatric Association (Ed.), *Treatments of psychiatric disorders* (Vol. 3, pp. 2771–2782). Washington, DC: APA.

Salzman, L. (1973). *The obsessive personality.* New York: Jason Aronson.

Salzman, L. & Thaler, F. H. (1980). Obsessive-compulsive disorders – a review of the literature. *American Journal of Psychiatry, 138,* 286–296.

Saß, H. (1987). *Psychopathie, Soziopathie, Dissozialität. Zur Differentialtypologie der Persönlichkeitsstörungen.* Berlin: Springer.

Saß, H. & Koehler, K. (1982a). Diagnostische Kriterien für die Borderline-Schizophrenie auf der Basis des SSDBS. *Archiv für Psychiatrie und Nervenkrankheiten, 232,* 53–62.

Saß, H. & Koehler, K. (1982b). Borderline-Syndrome, Neurosen und Persönlichkeitsstörungen. *Nervenarzt, 53,* 519–523.

Scheff, T. J. (1963). The role of mentally ill and the dynamics of mental disorder: a research framework. *Sociometry, 26,* 436–453 [deutsch (1972). Die Rolle des psychisch Kranken und die Dynamik psychischer Störung: Ein Bezugrahmen für die Forschung. In H. Keupp (Hrsg.), Der Krankheitsmythos in der Psychopathologie (S. 136–156). München: Urban & Schwarzenberg.].

Schepank, H., Hilpert, H., Hönmann, H., Janta, B., Parekh, H., Riedel, P., Schiessl, N., Stork, H., Tress, W. & Weinhold-Metzner, M. (1984). Das Mannheimer Kohortenprojekt. Die Prävalenz psychogener Erkrankungen in der Stadt. *Zeitschrift für Psychosomatische Medizin, 30,* 43–61.

Schmideberg, M. (1970). The borderline patient. In S. Arieti (Ed.), *American handbook of psychiatry.* Vol. 1 (pp. 398–416). New York: Basic Books.

Schneider, K. (1923). *Die psychopathischen Persönlichkeiten.* Leipzig: Thieme [9. Auflage (1950). Wien: Deuticke].

Schulte, W. & Tölle, R. (1977). *Psychiatrie* (4. Aufl.), Berlin: Springer.

Shapiro, D. (1965). *Neurotic stiles.* New York: Basic Books. [dt. (1992). Neurotische Stile. Göttingen: Vandenhoeck & Ruprecht].

Shapiro, D. (1981). *Autonomy and rigid character.* New York: Basic Books.

Shapiro, E. R. (1989). Family and couples therapy. In American Psychiatric Association (Ed.), *Treatments of psychiatric disorders* (Vol. 3, pp. 2660–2666). Washington, DC: APA.

Sheehy, M., Goldsmith, L. & Charles, E. (1980). A comparative study of borderline patients in psychiatric outpatient clinic. *American Journal of Psychiatry, 137,* 1374–1379.

Siever, L. J. (1981). Schizoid and schizotypical personality disorders. In J. R. Lion (Ed.), *Personality disorders. Diagnosis and management* (2nd ed., revised for DSM-III, pp. 32–64). Baltimore: Williams & Wilkins.

Siever, L. J. (1985). Biological markers in schizotypal personality disorder. *Schizophrenia Bulletin, 11,* 564–575.

Siever, L. J. (1992). Schizophrenia spectrum personality disorders. In A. Tasman & M. B. Riba (Eds.), *Review of Psychiatry* – Vol. 11 (pp. 25–42). Washington, DC: American Psychiatric Press.

Siever, L. J. & Davis, K. L. (1991). A psychobiological perspective on the personality disorders. *American Journal of Psychiatry, 148*, 1647–1658.

Siever, L. J. & Gunderson, J. G. (1983). The search for a schizotypal personality: Historical origins and current status. *Comprehensive Psychiatry, 24*, 199–212.

Siever, L. J. & Klar, H. (1986). A review of DSM-III criteria for the personality disorders. In A. J. Frances & R. E. Hales (Eds.), *American Psychiatric Association annual review* (Vol. 5, pp. 279–314). Washington, DC: American Psychiatric Press.

Siever, L. J., Keefe, R., Bernstein, D. P., Coccaro, E. F., Zemishlany, Z., Peterson, A. E., Davidson, M., Mahon, T., Horvarth, T. & Mohs, R. (1990). Eye tracking impairment in clinicallly identified patients with schizotypal personality disorder. *American Journal of Psychiatry, 147*, 740–745.

Skodol, A. E., Rosnick, L., Kellman, D., Oldham, J. M. & Hyler, S. (1992). Development of a procedure for validating structured assessment of axis II. In J. M. Oldham (Ed.), *Personality disorders: new perspectives on diagnostic validity* (pp. 41–70). Washington, DC: American Psychiatric Press.

Skrzypek, G. J. (1969). Effect of perceptual isolation and arousal on anxiety, complexity preference, and novelty preference in psychopathic and neurotic delinquents. *Journal of Abnormal Psychology, 74*, 321–329.

Slade, P. D. (1974). Psychometric studies of obsessional illness and obsessional personality. In H. R. Beech (Ed.), *Obsessional states* (pp. 95–112). London: Methuen.

Small, I. F., Small, J. G., Alig, V. B. & Moore, D. F. (1970). Passive-aggressive personality disorder: A search for a syndrome. *American Journal of Psychiatry, 126*, 973–983.

Solomon, K. (1981). Personality disorders and the elderly. In J. R. Lion (Ed.), *Personality disorders. Diagnosis and management* (2nd ed., revised for DSM-III, pp. 310–338). Baltimore: Williams & Wilkins.

Spitzer, R. L. & Endicott, J. (1979). Justification for separating schizotypical and borderline personality disorders. *Schizophrenia Bulletin, 5*, 95–100.

Spitzer, R. L. & Williams, J. B. W. (1984). *Structured clinical interview for DSM-III (SCID-II)* (revised). New York: NY State Psychiatric Institute (Biometric Research Department).

Spitzer, R. L., Endicott, J. & Gibbon, M. (1979). Crossing the border into borderline personality and borderline schizophrenia. *Archives of General Psychiatry, 36*, 17–24.

Spitzer, R. L., Forman, J. W. B. & Nee, J. (1979). DSM-III field trails: I. Initial interater diagnostic reliability. *American Journal of Psychiatry, 136*, 815–817.

Spitzer, R. L., Williams, J. B. W., Gibbon, M. & First, M. (1990). *The structured clinical interview for DSM-III-R, patient edition* (SCID-P, Version 1.0). Washington, DC: American Psychiatric Press.

Sprock, J., Blashfield, R. K. & Smith, B. (1990). Gender weighting of DSM-III-R- personality criteria. *American Journal of Psychiatry, 147*, 586–590.

Stangl, D., Pfohl, B., Zimmerman, M., Bowers, W. & Corenthal, C. (1985). A structured interview for DSM-III personality disorders. *Archives of General Psychiatry, 42*, 591–596.

Stern, A. (1938). Psychoanalytic investigation of and therapy in the borderline group of neurosis. *Psychoanalytic Quarterly, 7*, 467–489.

Stone, M. H. (1980). *The borderline syndromes: constitution, personality, and adaption.* New York: McGraw Hill.

Stone, M. H. (1985). Schizotypical personality: psychotherapeutic aspects. *Schizophrenia Bulletin, 11,* 576–589.

Stone, M. H. (1989a). Schizoid personality disorder. In American Psychiatric Association (Ed.), *Treatments of psychiatric disorders* (Vol. 3, pp. 2712–2718). Washington, DC: APA.

Stone, M. H. (1989b). Schizotypal personality disorder. In American Psychiatric Association (Ed.), *Treatments of psychiatric disorders* (Vol. 3, pp. 2719–2727). Washington, DC: APA.

Stone, M. H. (1992). Treatment of severe personality disorders. In A. Tasman & M. B. Riba (Eds.), *Review of psychiatry* (Vol. 11, pp. 98–115). Washington, DC: American Psychiatric Press.

Stravinsky, A., Elie, R. & Franche, Y. L. (1989). Perception of early parenting by patients diagnosed avoidant personality disorder: A test of the overprotected hypothesis. *Acta Psychiatrica Scandinavia, 80,* 415–420.

Sturgis, E. T. (1993). Obsessive-compulsive disorders. In P. B. Sutker & H. E. Adams (Eds.), *Comprehensive handbook of psychopathology* (2nd. ed., pp. 129–144). New York: Plenum Press.

Sullivan, H. S. (1953). *The interpersonal theory of psychiatry.* New York: Norton [dt. seit (1980). Die interpersonelle Theorie der Psychiatrie. Frankfurt: Fischer].

Süllwold, L. (1983). *Schizophrenie.* Stuttgart: Kohlhammer.

Sydenham, T. (1787). *Medizinische Werke* (übers. v. J. Mastalir). Wien: Hörling

Syndulko, K. (1978). Electrocortical investigations of sociopathy. In R. D. Hare & D. Schalling (Eds.), *Psychopathic behavior: approaches to research* (pp. 145–156). New York: Wiley.

Szasz, T. S. (1960). The myth of mental illness. *American Psychologist, 15,* 113–118 [deutsch (1972). Der Mythos von der seelischen Krankheit. In H. Keupp (Hrsg.), Der Krankheitsmythos in der Psychopathologie (S. 44–56). München: Urban & Schwarzenberg.].

Szasz, T. S. (1961). *The myth of mental illness. Foundations of a theory of personal conduct.* New York: Harper & Row [deutsch (1972). Geisteskrankheit – ein moderner Mythos. Olten: Walter.].

Task Force on DSM-IV (1991). *DSM-IV options book: Work in progress 9/1/91.* Washington, DC: American Psychiatric Association.

Thompson-Pope, K. & Turkat, I. D. (1993). Schizotypal, schizoid, paranoid, and avoidant personality disorders. In P. B. Sutker & H. E. Adams (Eds.), *Comprehensive handbook of psychopathology* (2nd. ed., pp. 411–434). New York: Plenum Press.

Tölle, R. (1966). *Katamnestische Untersuchungen zur Biographie abnormer Persönlichkeiten.* Berlin: Springer.

Tölle, R. (1986). Persönlichkeitsstörungen. In K. P. Kisker, H. Lauter, J. E. Meier, C. Müller & E. Strömgren (Hrsg.), *Psychiatrie der Gegenwart, Bd. 1: Neurosen, Psychosomatische Erkrankungen, Psychotherapie* (3. Aufl., S. 151–188). Berlin: Springer.

Torgerson, S. (1980). The oral, obsessive, and hysterical personality syndromes: A study of heredity and environmental factors by means of the twin method. *Archives of General Psychiatry, 37,* 1272–1277.

Trull, T. J., Widiger, T. A. & Frances, A. (1987). Covariation of criteria sets for avoidant, schizoid, and dependent personality disorders. *American Journal of Psychiatry, 144,* 767–771.

Turkat, I. D. (1990). *The personality disorders. A psychological approach to clinical management.* New York: Pergamon Press.

Turkat, I. D. & Banks, D. S. (1987). Paranoid personality and its disorder. *Journal of Psychopathology and Behavioral Assessment, 9,* 295–304.

Turkat, I. D. & Levin, R. A. (1984). Formulation of personality disorders. In H. E. Adams & P. B. Sutker (Eds.), *Comprehensive handbook of psychopathology* (pp. 495–523). New York: Plenum Press.

Turner, S. M. & Beidel, D. C. (1989). Social phobia: clinical syndrome, diagnosis, and comorbidity. *Clinical Psychological Review, 9,* 3–18.

Turner, S. M., Beidel, D. C., Dancu, C. V. & Keys, D. J. (1986). Psychopathology of social phobia and comparison to avoidant personality disorder. *Journal of Abnormal Psychology, 95,* 389–394.

Turner, S. M., Beidel, D. C., Bordern, J. W., Stanley, M. A. & Jacob, R. G. (1991). Social phobia: axis I and II corralates. *Journal of Abnormal Psychology, 100,* 102–106.

Tyrer, P., Casey, P. & Gall, J. (1983). Relationship between neurosis and personality disorder. *British Journal of Psychiatry, 142,* 404–408.

Vaillant, G. E. (1976). Natural history of male psychological health: V. The relation of choice of ego mechanisms of defense to adult adjustment. *Archives of General Psychiatry, 33,* 535–545.

Vaillant, G. E. & Perry, J. C. (1988). Persönlichkeitsstörungen. In A. M. Freedman, H. I. Kaplan, B. J. Sadock & U. H. Peters (Hrsg.), *Psychosomatische Störungen (Psychiatrie in Praxis und Klinik.* Band 4. S. 113–157). Stuttgart, New York: Georg Thieme Verlag.

Van den Berg, P. J. & Helstone, F. S. (1975). Oral, obsessive, and hysterical personality patterns: A Dutch replication. *Journal of Psychiatric Research, 12,* 319–327.

Veith, I. (1979). Four thousand years of hysteria. In M. J. Horowitz (Ed.), *Hysterical personality* (pp. 7–94). New York: Aronson.

Weinshel, E. M. (1968). Panal report: severe regressive states during analysis. *Journal of the American Psychoanalytic Association, 14,* 538–568.

Weintraub, W. (1981). Compulsive and paranoid personalities. In J. R. Lion (Ed.), *Personality disorders: diagnosis and management* (pp. 163–181). Baltimore: Williams & Wilkins.

Werble, B. (1970). Second follow-up study of borderline patients. *Archives of General Psychiatry, 23,* 3–7.

Widiger, T. A. & Frances, A. (1985). The DSM-III personality disorders. Perspectives from psychology. *Archives of General Psychiatry, 42,* 615–623.

Widiger, T. A. & Shea, T. (1991). Differentiation of axis I and axis II disorders. *Journal of Abnormal Psychology, 100,* 399–406.

Widiger, T. A., Frances, A. J., Harris, M., Jacobsberg, L. B., Fyer, M. & Manning, D. (1991). Comorbidity among axis II disorders. In J. M. Oldham (Ed.), *Personality disorders: new perspectives on diagnostic validity* (pp. 163–194). Washington, DC: American Psychiatric Press.

Widiger, T. A., Frances, A., Spitzer, R. L. & Williams, W. B. (1988). The DSM-III-R personality disorders: An overview. *American Journal of Psychiatry, 145,* 786–795.

Widiger, T. A., Miele, G. M. & Tilly, S. M. (1992). Alternative perspectives on the diagnosis of borderline personality disorder. In J. F. Clarkin, E. Marziali & H. Munroe-Blum (Eds.), *Borderline personality disorder. Clinical and empirical perspectives* (pp. 89–115). New York: Guilford.

Widiger, T. A., Trull, T. J., Hurt, S. W., Clarkin, J. & Frances, A. (1987). A multidimensional scaling of the DSM-III personality disorders. *Archives of General Psychiatry, 44,* 557–563.

Wiggins, J. (1968). Inconsistent socialization. *Psychological Reports, 23,* 303–336.

Winnicott, D. W. (1965). Ego distortion in terms of true and false self. In D. W. Winnicott (Ed.), *The maturational processes and the facilitating environment* (pp. 140–152). New York: International Universities Press [dt. (1974). Reifungsprozesse und fördernde Umwelt. München: Kindler].

Wittgenstein, L. (1958). *Philosophical investigations.* Oxford: Basil Blackwell. [Deutsch (1967). Philosophische Untersuchungen. Frankfurt: Suhrkamp].

Wong, S. E., Slama, K. M. & Liberman, R. P. (1987). Behavioral analysis and therapy for aggressive psychiatric and developmentally disabled patients. In L. H. Roth (Ed.), *Clinical treatment of the violent person* (pp. 20–53). New York: Guilford Press.

Wulff, E. (1972). *Psychiatrie und Klassengesellschaft.* Frankfurt/M.: Fischer Athenäum.

Young, J. E. (1990). *Cognitive therapy for personality disorders: a schema-focused approach.* Saratosa, Florida: Professional Resource Exchange.

Zerssen, D. v. (1973). Typus. In C. Müller (Hrsg.), *Lexikon der Psychiatrie* (S. 540–542). Berlin: Springer.

Zetzel, E. (1971). A developmental approach to the borderline patient. *American Journal of Psychiatry, 128,* 867–871.

Autorenregister

Aalpoel, P. J. 361–362, 384, 421
Abbott, P. 314, 350
Abbruzzese, M. 123
Abel, G. G. 744, 747, 780, 782
Abeles, M. 368, 421
Abou-Saleh, M. T. 204, 222
Abraham, K. 856, 865, 882
Abraham, S. F. 620, 641
Abrahamson, D. J. 746, 780
Abrahamsson, L. 737, 787
Abramovici, H. 786
Abramowitz, W. 435
Abrams, L. 38, 141
Abrams, R. 130
Abramson, L. Y. 174–175, 177, 222, 229, 749, 780
Abramson, P. R. 741, 747–748, 780
Abrose, M. J. 238
Abse, D. W. 374, 420–421, 430
Achermann, P. 661, 701
Ackenheil, M. 16, 129, 234
Ackner, B. 384, 421
Acton, T. M. G. 320, 351
Adam, D. 765, 780
Adam, K. 663, 701
Adkins, E. 732, 780
Adlaf, E. M. 473, 491
Adler, G. 872, 875, 882
Adler, L. 146
Adler, Z. 742, 782
Aebi, E. 105, 126
Agarwal, D. P. 437, 452–453, 457, 463, 491, 497
Agras, S. 304

Agras, W. S. 258, 292, 300, 304, 306, 593–594, 627, 629, 640, 642, 651
Aguirre, M. 702
Aitchinson, R. H. 152
Akhtar, S. 371, 421
Akiskal, H. 238
Akiskal, H. S. 201, 222, 226, 301, 812, 836, 882, 890
Albert, E. D. 709
Albrecht, G. 462, 491
Albus, M. 688, 704
Albus, M. J. 16, 129
Aldhous, M. 699, 701
Aldrich, M. S. 679, 701
Aldridge-Morris, R. 375, 377, 379, 392, 421
Alexander, F. 315, 349
Alexander, J. 253, 305, 318, 353
Alig, V. B. 864, 897
Allain, A. N. 547–548, 587
Allan, J. S. 703
Allebeck, P. 27, 121
Allen, B. A. 445, 509
Allen, C. R. 227
Allen, D. W. 875, 882
Allen, H. 54, 121
Allen, H. A. 68, 121
Allen, J. 74, 121
Allen, J. P. 478, 485, 491, 502
Allen, R. 249, 292
Allen, R. D. 407, 421
Allerdissen, R. 596, 640
Alliger, R. 91, 122
Allness, D. J. 13, 150
Alloy, L. B. 177, 222
Alm, T. 66, 121, 144
Alövir, J. 140

Alterman, A. I. 573, 583
Altherr, P. 221–222
Althof, S. E. 768, 780, 796
Amador, X. F. 14, 121
Amann, G. 471, 492
AMDP 16, 121
Amelang, M. 835, 882
Amendt, G. 780
Amenson, C. S. 163, 222
American Psychiatric Association 121, 158, 203, 223, 292, 349, 355, 359, 362, 364, 371, 374, 383, 387–388, 393, 396, 403, 406, 421–422, 516, 577, 640–641, 665, 701, 781, 803, 806, 832, 834, 843, 882
Ames, D. 71, 141
Amick, A. E. 298
Aminoff, M. J. 661, 704
Amrani, R. 622, 641
An der Heiden, W. 29, 108, 133–134, 140
Anastasiades, P. 295
Andersen, A. 644
Andersen, A. R. 525, 584
Andersen, B. L. 112, 146, 772–773, 780
Anderson, A. J. 769, 794
Anderson, B. 742, 782
Anderson, C. 115, 119, 136, 744, 747, 752–753, 786
Anderson, C. M. 136
Anderson, D. J. 253, 292
Anderson, D. M. 121
Anderson, G. 375–376, 433
Anderson, K. 178, 237
Anderson, M. W. 692, 701

Anderson, P. 447–448, 451, 453, 492, 495
Andreasen, N.C. 3, 6–10, 16, 20–21, 37, 39, 67–68, 71–72, 90–91, 121–122, 129, 133, 136, 148, 160, 223, 226, 228
Andrews, G. 182, 223, 249, 260, 272, 292
Andrews, J.A. 233
Andrews, V.H. 270, 293
Angel, R.W. 79, 141
Angermeyer, M. 50, 95, 117, 122
Angermeyer, M.C. 48, 50, 122, 220, 233
Angermund, A. 448, 505
Anglin, M.D. 547, 570, 577, 581
Angst, J. 15, 24, 26–27, 38, 80–81, 88, 102, 118, 122, 157, 159–160, 162–164, 168–169, 171, 173, 184–185, 194, 203, 223, 237, 241, 253–254, 259, 293, 447, 509
Angyal, A. 863, 882
Anker, M. 137, 147
Anneken, R. 755, 781
Annis, H. 524, 577
Annis, H.M. 484, 492
Ansari, J.M.A. 768, 770, 781
Anthony, J.C. 44, 122, 227, 301
Antons, K. 438, 445, 458, 492, 496
Apfelbaum, M. 607, 648
Appel, C.P. 737, 787
Appelbaum, A.H. 839, 889
Appelbaum, P. 152
Araji, S. 785
Aravagiri, M. 99, 151
Arbodela-Florez, J. 409, 422
Arendt, J. 685, 699, 701

Arentewicz, G. 725, 729, 731, 733, 744, 748, 754–755, 760–761, 763, 765, 769–770, 773, 776, 779, 781
Argall, W.J. 620, 641
Argerou, M. 503
Argyle, M. 756, 796
Arieti, S. 184, 223, 734, 781
Arif, A. 515, 579
Armor, D.J. 506, 856–857, 890
Arnow, B. 629, 640
Aronson, A.E. 69, 129
Arria, A.M. 458, 510
Arzt, J. 531, 558, 583, 585
Asaka, A. 679, 705
Asarnow, R.F. 62–63, 83, 122, 129
Aschoff, J. 684, 701
Aßfalg, R. 465, 472, 481, 492
Asher, R. 395–396, 422
Ashikaga, T. 27, 29, 134–135
Askevold, F. 613, 641
Astrup, C. 44, 122
Athen, D. 448, 492
Auerbach, P. 448, 492
Auerbach, R. 768, 781
Autry, J.H. 214, 227
Avgerinos, P.C. 645
Axelrod, R. 782
Ayllon, T. 111–112, 122
Azrin, N.H. 112, 122
Azzone, P. 151

Babigian, H.M. 598, 646
Babkoff, H. 125
Babor, T.F. 495, 515, 577
Babor, Th.F. 443–444, 471, 492, 502
Bach-y-Rita, G. 406–407, 422
Bachman, J. 629, 640
Backmund, H. 11, 122, 625, 644

Bacon, M.K. 467, 492
Bader, K. 210, 223
Baekeland, F. 492
Baghdoyan, H.A. 201, 231, 673, 705
Bailer, M. 162, 230
Bailey, S. 178, 237
Bailey, W. 237
Baillargeon, J.G. 486, 494
Baisden, J.R. 742, 781
Baisden, M.J. 742, 781
Baker, A.W. 741–742, 781
Baker, C.D. 747, 781
Baker, E.L. 769–770, 790
Baker, L. 618, 648
Baker, L.D. 766, 781
Baldwin, J.A. 169, 223
Bale, S.J. 232
Ball, J.C. 556–558, 570, 573, 577
Ball, R. 120, 143
Ballenger, J.C. 268, 293
Balmaceda, R. 409–410, 422
Balogh, D.W. 58–61, 122, 143
Balter, M.B. 538, 584
Ban, F.A. 161–162, 236
Bancroft, J. 724, 730–731, 734, 736–737, 764, 771, 776, 781, 783, 791
Bandura, A. 111, 122, 466, 492, 538, 542, 577
Banks, D.S. 815, 899
Barahal, H.S. 420, 422
Barbach, L.G. 772, 774–776, 781, 796
Barban, L. 375, 432
Barber, J.G. 524, 577
Bardeleben, U. von 198, 224
Bardens, R. 134
Bardenstein, K.K. 50, 142
Barker, J.C. 401, 422
Barlow, D. 270, 295, 746, 797
Barlow, D.H. 241, 248, 253, 255–256, 258–

260, 263, 267, 269–
272, 278–282, 286,
293–295, 299, 302–
303, 745–746, 780–782
Barlow, J. 629, 641
Barnard, P. J. 173, 178–
179, 237
Barnes, G. E. 458, 460,
492
Barnes, G. M. 462, 493
Barnett, J. 80, 139
Barnett, P. A. 178, 224
Barny, F. 643
Baron, L. 785
Barr, C. E. 47, 122, 142
Barr, H. L. 583
Barrash, J. 869, 894
Barrett, J. 184, 231
Barsky, A. J. 311, 349
Bartko, J. 37, 149
Bartko, J. J. 36, 125
Bartling, G. 257, 277, 293
Barton, R. 180, 234
Basler, H.-D. 695–696,
709
Bass, C. M. 317, 349
Bassano, J. L. 662, 703
Bastine, R. 803, 882
Bateson, G. 94, 109, 117,
123
Battegay, R. 163, 237,
394, 400, 422
Bauer, S. F. 889
Baumann, U. 16, 21, 123,
162, 183, 224, 471,
482, 492, 505, 599, 650
Baumgartner, A. 198–
199, 224
Baumgartner, R. 140
Baurmann, M. C. 741, 782
Baxter, R. C. 581
Beahrs, J. O. 375, 422
Beales, S. 617, 654
Bebbington, P. 118, 140,
182, 224
Bech, P. 157, 203, 224
Beck, A. T. 162, 173, 177–
178, 184, 206, 213,

224, 228, 230, 236,
257, 264, 293, 319,
330, 349, 626, 641,
732, 749, 782, 824,
852, 855, 859, 863,
867, 872, 879, 882
Beck, J. G. 745–746, 780–
782
Becker, E. S. 283, 287, 299
Becker, J. V. 744, 782
Becker, M. H. 321, 334,
348–349
Becker, T. 172, 234
Becker-Carus, C. 693, 702
Beckman, E. 236
Beckmann, H. 195, 224
Beckmann, J. 177, 233
Begleiter, H. 464, 493
Beglin, S. J. 598, 642
Behrens, S. 134
Beidel, D. C. 253, 279,
285, 305, 853, 899
Beigel, H. G. 773, 782
Beiser, M. 47, 91, 123,
138, 149
Bella, B. 789
Bellack, A. 853, 882
Bellack, A. S. 37, 75, 80,
116, 123, 143
Bellaire, W. 15, 147
Bellini, L. 75, 123
Bellisle, F. 622, 641
Bellissimo, A. 77, 123
Bem, S. L. 748, 782
Bemis, K. 625–626, 641,
644
Bemporad, J. 184, 223
Bender, W. 110, 123, 479,
510
Bendfeldt, F. 374, 429
Benedetti, G. 109–110,
123
Benedict, R. H. 54, 135
Benjamin, L. S. 805, 827,
868, 881, 883, 892
Benoit, O. 664, 704
Benowitz, L. I. 128
Bentall, R. P. 36, 38, 123

Bentler, P. M. 469, 498
Berenbaum, H. 81–82,
123
Berettini, W. H. 228
Berger, H. 467, 493
Berger, M. 196, 198, 200–
201, 206, 212–213,
224–225, 233, 236,
665, 673, 686, 702,
705, 709
Berger, P. A. 79, 141
Bergler, E. 382, 414, 422
Bergmann, E. 641
Bergmann, K. E. 631, 641
Berman, A. 105, 138
Berman, J. S. 213, 235
Berman, K. F. 75, 152
Bernadt, M. 445, 493
Bernati, H. 297
Berner, J. 141
Berner, P. 10, 123
Bernier, S. 81, 124
Bernstein, A. S. 64–66,
123, 148
Bernstein, D. P. 829, 897
Berrington, W. P. 373, 422
Berrios, G. E. 37, 124,
155, 225
Berry, E. M. 644
Bertelsen, A. 137
Bertelson, A. D. 691, 707
Best, C. L. 290, 298, 743,
789
Bettes, B. 81, 151
Bettmer, F. 408, 422
Beumont, P. J. V. 607,
612, 620, 625, 641,
647, 649, 653
Beutler, L. E. 672, 702,
732, 768, 777, 782, 792
Beyts, J. P. 346, 349
Bianchi, G. N. 313–314,
320, 349
Biehl, H. 29, 31–32, 124,
140, 142
Bien, T. H. 504
Bien, Th. H. 475, 479,
481, 493

Bienik, E. M. 459, 493
Biermann-Ratjen, E. M. 885
Biever, P. 486, 494
Bifulco, A. 742, 782
Bigler, E. D. 146
Bilder, R. M. 37, 65, 124
Bilitza, K. W. 464, 493
Bilker, W. 129
Billingsley, D. 771, 790
Binik, Y. M. 790
Binkert, M. 148
Birbaumer, N. 262, 296
Birchwood, M. 23, 141
Bird, B. L. 345, 349
Birk, L. 317, 349
Birley, J. 96–97, 125
Bishop, S. 217, 225
Bjornson, L. 375, 433
Björntorp, P. 649
Black, D. W. 869, 894
Blackburn, I. M. 217, 225
Blackburn, T. R. 375, 430
Blackwell, B. 102, 124
Blakeney, P. 766, 773, 782, 793
Blakeney, P. E. 766, 783
Blaker, K. H. 848, 883
Blanchard, E. B. 270, 293, 747, 780
Bland, R. C. 165–166, 225
Blane, H. T. 465, 493
Blank, R. H. 387, 422
Blanken, P. 582
Blankstein, K. R. 176, 227
Blasczynski, A. 430
Blashfield, R. K. 442–443, 505, 857–858, 883, 897
Blatt, S. 184, 225
Blazer, D. G. 232, 238, 254, 306
Blehar, M. 700, 709
Bleuler, E. 2–3, 19, 22, 26, 28, 34–35, 39, 51–52, 67, 72, 80, 124, 371, 410, 422, 820, 825, 883, 889

Bleuler, M. 26, 28, 35, 124
Blier, P. 195, 225
Bliss, E. L. 361, 374–375, 422, 435
Blouin, A. 629, 641
Blouin, J. 629, 641
Blowers, C. 274, 293
Blumental, R. 889
Blundell, J. E. 604, 623, 639, 641, 649
Bodkin, A. 850, 887
Bodner, D. R. 768, 796
Bohman, M. 459, 494, 837, 883–884
Böhmer, M. 555, 558, 582, 585–586
Boland, J. 789
Boland, J. P. 774, 789, 792
Bond, C. F., Jr. 456, 498
Böning, J. 438, 463, 493
Bonn, J. A. 268, 294
Bonnet, M. H. 662, 675, 702
Böök, J. A. 43, 124
Boone, S. E. 114, 151
Boot, D. 44, 135
Booth, D. A. 619, 641
Bootzin, R. R. 687, 690, 695, 702
Borbély, A. A. 661, 674, 684–685, 701–702
Borchardt, E. 747, 798
Bordern, J. W. 853, 899
Borkovec, T. D. 269–270, 274, 293–294, 305, 687, 702
Bornstein, R. F. 856, 886
Boronow, J. 90, 124, 146
Borst, U. 77, 124
Boruchow, J. 127
Boucher, R. 771, 795
Boulenger, J. 262, 294
Boulenger, J. P. 259, 305
Boutasoff, C. I. 602, 649
Bowden, P. K. 612, 641
Bowers, K. S. 361, 423
Bowers, W. 867, 897

Bowlby, I. 465, 493
Bowler, A. E. 151
Bowler, K. 218, 237
Bowman, E. S. 375, 423
Boyd, J. H. 163, 225, 258, 294, 301, 306, 310, 349
Bradford, J. 409–410, 422
Bradley, B. 546, 585
Brady, J. 759, 772, 782
Brady, J. P. 114, 124, 544, 585
Braff, D. 61, 150
Braff, D. L. 58–59, 61, 124, 829, 883
Braiker, H. B. 448, 506
Brand-Jacobi, J. 596, 599–600, 641, 646, 649
Brand-Jacoby, J. 445, 499
Brandenburg, U. 682, 705
Brandes, J. 786
Brandsma, J. M. 374, 429
Brandt, J. 403, 423
Brantley, P. J. 836, 883
Braun, B. G. 375–376, 392, 423, 427, 433
Braun, C. 81, 124
Bray, G. A. 630, 634, 641
Breier, A. 27, 134–135
Breitman, B. D. 456, 502
Bremer, J. 813, 883
Brender, W. 769, 774, 785, 790, 796
Brenk-Schulte, E. 477, 493
Brenner, H. D. 100, 113, 115–116, 124–125, 147
Brenner, I. 371, 421
Breuer, J. 358–359, 364, 423, 845, 883
Breuer, P. 262, 295
Brewer, C. 486, 493
Brewerton, T. D. 604, 644
Brewin, C. R. 175–176, 225
Brickman, P. 442, 493
Bridges, C. I. 407, 434
Bridges, K. W. 313, 349

Briere, J. 742, 777, 782
Briggs, D. 148
Briggs, J. E. 525, 586
Bright, P. 262, 294
Britt, B. C. 755–756, 794
Brix, R. J. 417–418, 423
Broadbent, D. E. 52–53, 55, 125
Brocas, H. 235
Brockington, I. F. 5, 138
Brockman, B. 733, 751, 778, 796
Brömer, A. 222, 239
Bromet, E. J. 32, 146
Bron, B. 493
Bronisch, T. 196, 224, 446, 459, 493, 867–868, 883
Brooks, G. W. 27, 29, 134–135
Brosig, B. 682, 707
Broughton, R. 676, 678, 685–686, 702
Brouillard, M. 306
Brown, C. H. 146
Brown, E. N. 703
Brown, G. 117, 125
Brown, G. R. 742, 782
Brown, G. W. 96–97, 106, 125, 153, 165–166, 181–183, 225, 742, 782
Brown, H. 122
Brown, J. M. 504
Brown, S. A. 494
Brown, T. A. 270–271, 294
Browne, A. 743, 782, 785
Brownell, K. D. 634, 636–638, 640–641
Brownett, K. D. 653
Brozek, J. 621, 646
Bruce, D. W. 663, 706
Bruce, M. 238
Bruce, M. L. 166, 238
Bruch, H. 600, 641
Bruder, G. E. 58, 125
Brunner, E. 602, 643, 651
Bryant, B. 756, 796

Buchanan, R. W. 125
Buchholz, W. 134
Buchkremer, G. 119, 125, 232
Buchsbaum, M. 664, 703
Buckley, P. 144
Bucy, P. 248, 298
Buddeberg, C. 731, 733, 783
Buddenberg, C. 711
Buell, U. 649
Bühringer, G. 446–447, 450, 494, 517–518, 522, 525–526, 528, 530, 533, 535, 540, 554–555, 560, 562, 565, 570, 572, 575, 577 579, 586 587
Bumke, E. 371, 423
Bumpass, E. R. 416–418, 423
Bundeskriminalamt 528, 535, 578, 581, 783
Bunney, W. E. 228
Burgdörfer, G. 25, 125
Burger, J. 15, 147
Burgess, A. 771, 787
Burgess, P. 129
Burgess, P. M. 523, 578
Burian, W. 464, 494
Burke, J. D. 172, 235, 301, 303, 310, 349
Burke, K. C. 172, 235
Burke, W. J. 872, 878, 895
Burns, B. H. 327, 349
Burns, L. E. 257, 259, 304
Burrows, G. D. 172, 231
Burstein, R. 790
Bursten, B. 394, 423, 850, 883
Burstin, K. J. 375, 423
Burton, J. 642
Bussello-Spieth, S. 479, 510
Butler, G. 274, 294
Butow, P. 647
Bux, D. A. 581

Buysse, D. J. 673–674, 703, 709
Bylund, D. B. 194, 225
Byrne, D. G. 163, 230

Cabot, M. 43, 125
Cacciola, J. 583
Cadoret, R. 1, 144
Cadoret, R. J. 835–836, 883
Cahalan, D. 441, 494
Cahalane, J. F. 218, 237
Cahill, C. 742, 777, 783
Caid, C. 789
Caille, E. J. 662, 703
Caird, W. K. 772, 783, 797
Cairns, A. 462, 493
Calderon, M. 140
Caldwell, C. B. 27, 125
Callaway, E. 83, 125
Cameron, O. G. 253, 255–256, 294, 304
Cameron, R. 115, 143
Camic, P. 768, 795
Campbell, S. 684, 703
Campbell, S. S. 700, 704
Campos-Barros, A. 199, 224
Canino, G. J. 451, 498
Canton, G. 97, 125
Cantrell, P. 38, 141
Capell, H. 494
Caputo, G. C. 262, 294
Cardeña, E. 361, 363–364, 368, 372, 378, 383–384, 388, 434
Care, D. R. 636, 648
Carey, G. 249, 294
Carey, M. P. 732, 760, 795
Carlisle, J. M. 747, 792
Carlson, G. 524, 580
Carnahan, J. J. 525, 586
Carney, A. 776, 783
Carpenter, B. N. 74, 125
Carpenter, C. L. 36, 125
Carpenter, J. S. 375, 423

Carpenter, J.T. 148
Carpenter, W.T. 21, 33, 36–38, 125–126, 146, 149
Carr, A.C. 839–840, 883, 889
Carr, S.I. 642
Carr-Kaffashan, L. 689, 711
Carroll, B.J. 198, 225
Carroll, G. 320, 351
Carskadon, M.A. 662, 676, 703
Carson, R.C. 815, 883
Carter, G. 59, 139
Cartwright, R.D. 682, 703
Caruso, L. 701
Cary, G.L. 839, 883
Cary, M.P. 797
Casanova, M.F. 91, 150
Casey, P. 869, 899
Caspar, R.C. 410, 423
Casper, R.C. 607, 628, 642, 645
Caspi, A. 85, 151
Cassano, G.B. 301
Cassidy, S.M. 593, 646, 654
Cassidy, W.L. 749, 783
Casswell, S. 495
Castle, D.J. 50, 126
Catalan, J. 726, 728, 731, 766–767, 776, 779, 783, 787
Cataldo, M.F. 345, 349
Catell, J. 825, 839, 842, 888
Cattell, J.P. 386, 423
Cattell, J.S. 386, 423
Cattell, R.B. 244, 294
Cavanaugh, E.R. 581
Cawley, R. 860, 884
Cazzullo, C.L. 151
Cegalis, J.A. 58, 126
Celada, M.T. 141
Cerny, J.A. 293
Cesana, B.M. 151

Chahal, R. 122
Chakraborty, R. 653
Chambles, D.L. 736, 783
Chambless, D.L. 257, 262, 264–265, 267–268, 274, 281, 294, 297
Chan, C. 101, 128
Chan, D.A. 497
Chan, F.A. 766, 783
Chaney, E.F. 482, 494
Chapin, K. 78, 147
Chaplin, C. 180, 234
Chapman, J.P. 25, 38, 51, 60, 72, 74, 82, 126, 140
Chapman, L.J. 25, 38, 51–53, 60, 72, 74, 82, 125–126, 131, 140, 142–143
Chaput, Y. 195, 225
Charcot, J.M. 358, 390, 423
Charles, E. 822, 827, 888, 896
Charney, D.S. 193, 195, 225–226, 262, 294
Charon, F. 235
Charry, J. 237
Checkley, S. 197, 199, 225
Chesney, A.P. 766, 773, 783
Chevron, E. 184, 211, 225, 233
Childress, A.R. 537, 570, 584
Childs, B. 146
Chlond, C. 649
Chodoff, P. 184, 231, 872, 884
Chou, C. 547, 581
Christensen, A. 770, 797
Christiansen, B.A. 494
Christie, J.E. 217, 225
Christie, M. 609, 649
Christison, G.W. 91, 100, 126, 150
Chrousos, G. 645
Chrousos, G.P. 194, 228
Ciompi, L. 26–28, 30, 39, 105, 126

CIPS: Collegium Internationale Psychiatriae Scalarum 16, 126
Cirignotta, F. 657, 703
Clabert, N. 99, 151
Clancy, J. 241, 259, 295, 321, 351
Clapton, J.R. 460, 494
Clarenbach, P. 668, 686, 707
Clark, A. 752, 783
Clark, C.R. 401, 423
Clark, D. 304
Clark, D.M. 260, 262, 267, 294–295, 299, 308, 318, 321, 326, 349, 353
Clark, L.A. 184, 225
Clarke, E. 400–401, 423
Clarkin, J. 822, 900
Clarkin, J.F. 50, 133, 839, 872, 874, 884
Clarkson, C. 271, 302
Clary, W.F. 375, 423
Clayton, P. 226
Clayton, P.J. 5, 127, 166, 184–185, 223, 226, 231, 310, 354
Cleckley, H. 832, 834, 884
Cleckley, S. 146
Clift, A.D. 675, 703
Climent, C.E. 406, 422
Cloninger, C. 310, 349
Cloninger, C.R. 5, 21, 127, 836, 848, 884
Cloninger, R.C. 459–460, 494, 836–837, 883–884
Clouser, R.A. 689, 704
Clum, G.A. 267, 295
Clyde, D.J. 127
Coates, D.L. 493
Coates, T.J. 692–695, 703, 706, 710
Cobb, J. 274, 293
Coble, P.A. 709
Coccagna, G. 657, 703
Coccaro, E.F. 829, 897
Coe, R. 439, 505

Cohen, A. K. 802, 884
Cohen, B. 74, 80
Cohen, B. D. 72, 127, 769, 794
Cohen, G. 91, 122
Cohen, H. 81, 124
Cohen, J. 628, 645, 790
Cohen, M. E. 749, 783
Cohen, R. 25, 77–78, 112–113, 116–118, 124, 127, 146, 152, 485, 507
Cohen, S. 183, 226
Cohn, E. L. 493
Cohn, M. A. 703
Cole, C. M. 738, 766, 783
Cole, J. O. 99–100, 105, 127
Coleman, M. 128, 148
Coleman, R. M. 669, 703
Collins, J. F. 227, 236
Collins, J. J. 581
Colohan, H. A. 144
Commichau, A. 116, 131
Condron, M. K. 748, 793
Connolly, J. 123
Conrad, K. 23, 127
Conte, G. 232
Conte, H. R. 213, 226
Cook, L. F. 578
Cook, M. 251, 304
Cooney, N. L. 444, 502, 515, 577
Coons, P. M. 363, 375–376, 423
Cooper, A. J. 745, 769–770, 783
Cooper, A. M. 850, 884
Cooper, B. K. 524, 577
Cooper, J. 45, 132
Cooper, J. E. 4–5, 17, 21, 127, 137, 147, 153
Cooper, P. J. 594–595, 599, 611, 626, 642
Cooper, Z. 166, 182, 211, 235, 598, 609, 611, 626, 642
Copeland, J. R. M. 127

Coplolov, D. L. 14, 142
Coppen, A. 194, 226
Cordess, C. 732, 791
Cording, C. 13, 153
Corenthal, C. 867, 897
Cornblatt, B. 57, 130
Cornblatt, B. A. 56, 127, 829, 884
Cornes, C. 227
Corrigan, S. 237
Coryell, W. 84, 127, 168–169, 223, 226, 238, 241, 259, 295, 822, 894
Coryell, W. H. 869, 894
Costello, C. G. 166, 226
Costello, J. 409, 422
Costello, R. M. 482–483, 486, 494
Cotton, N. S. 456–457, 494
Cotton, P. G. 27, 129
Coursey, D. 860, 884
Coursey, R. D. 664, 703
Covi, L. 213, 226, 407, 421
Cowie, J. 625, 653
Cowley, D. S. 272, 295
Cox, D. N. 836, 887
Cox, M. D. 63, 127
Cox, W. M. 442, 458–459, 494
Coyne, J. C. 174, 178, 180, 226
Coyne, L. 149
Craddock, S. G. 581
Craig, K. D. 763, 792
Craig, R. J. 548, 578
Craig, T. 127
Craighead, L. W. 629, 642
Cramer, B. 400, 424
Cramer, J. L. 146
Cramer, P. 80, 128
Craske, M. G. 270, 274, 295
Crea, F. 524, 580
Creer, T. L. 345, 349
Cremona, A. 447, 492

Creson, D. 766, 782
Cressler, D. L. 112, 130
Crisp, A. H. 608, 652
Cristol, A. 792
Crocetti, G. M. 43, 128
Croft, H. 766, 793
Crombach, G. 783
Cromwell, R. L. 63, 129, 148
Crosby, R. 524, 580
Cross, C. K. 162, 164–165, 231
Cross-National Collaborative Group 226
Croughan, J. 146
Crow, T. J. 19, 38–39, 45, 90, 119, 128, 137, 141
Crowe, M. J. 763, 766, 783
Crowe, R. 835, 884
Crowe, R. R. 253, 271, 292, 302
Crowley, T. 537, 578
Cullington, A. 274, 294
Cunnien, A. J. 403, 424
Cunningham, C. J. 602, 646
Curro Dossi, R. 672, 710
Curtis, G. C. 253, 255, 294, 304
Custer, R. 415, 424
Cutler, B. 391, 424
Cutting, J. 73, 81, 132, 144, 146
Cutting, J. C. 146
Czeisler, C. A. 684, 699–700, 703–704

D'Alessandro, R. 703
d'Elia, G. 66, 144
da Rosa, A. C. 661, 704
Daan, S. 684, 701
Dalen, P. 128
Dancu, C. V. 853, 899
Danek, A. 675, 704
Daniel, D. G. 150
Daniels, E. K. 69, 128

Dantzic, S. 593, 608, 642, 654
Dare, C. 628, 651
Darke, S. 524, 578, 580
Darley, F. L. 69, 129
Darling, C. A. 740, 784
Datta, S. 672, 710
Daum, I. 632, 642
Daunderer, M. 554, 578
Dauwalder, H. P. 105, 126
Davenport, C. A. E. 765, 790
Davidson, E. 789
Davidson, E. M. 127
Davidson, J. R. T. 203, 226, 419, 429
Davidson, K. M. 459, 494
Davidson, M. 829, 897
Davidson, R. 494
Davies, D. 609, 649
Davies, D. R. 695–696, 704
Davies, L. 766, 784
Davies, M. 500, 869, 893
Davies, N. H. 738, 785
Davies, R. 644
Davies, S. 262, 295
Davis, H. 410, 424
Davis, J. 645
Davis, J. M. 99, 101, 127–128, 196, 231
Davis, K. E. 752, 788
Davis, K. L. 36, 139, 193–194, 236, 829, 897
Davis, M. 248, 295
Davis, R. 644
Davis, R. T. 858, 883
Davis, W. N. 455, 504
Dawkins, S. 776, 784
Dawson, D. 700, 704
Dawson, M. E. 57, 66, 128, 144
Day, A. 731, 779, 783
Day, R. 41, 96–97, 128–129, 137, 147
De Amicis, L. A. 766, 770–771, 773, 776, 779, 784

de Jong, R. 494, 522, 554–555, 560, 577–578, 582
De Leon, G. 559, 579, 582
De Lisi, L. E. 32, 128
de Silva, P. 325, 352, 747, 781
De Silva, W. 70, 129
de Vry, J. 134
Dean, A. 165, 226
Deckert, J. 228
Degkwitz, R. 109, 129, 359, 424, 806, 884
Degreef, G. 148
Dehmel, S. 555, 579
Deinum, E. J. 664, 706
DeJong, R. 220, 227
DeJong-Meyer, R. 201, 216, 218, 220–221, 226–227, 230
Dekker, J. 731, 764–766, 769, 773–774, 784–785
De Le Horne, D. 421, 424
Delaney, S. I. 483, 491, 503
Delay, J. 99, 129
DelBoca, F. K. 444, 492, 502
Delgado, P. L. 195–196, 226
Delgado, R. A. 420–421, 424, 429
Delprato, D. J. 345, 350
DeLuca, R. V. 420–421, 424
Dement, W. C. 666, 678–679, 703, 706, 708–709
Dencker, S. J. 124
Dengler, W. 458, 503
Deniker, P. 99, 129
Denis, A. 531, 558, 582–583, 585
Dennert, J. W. 37, 122
DePaulo, B. M. 404, 424
Depue, R. A. 160, 227
Der, G. 44, 129, 163, 237

Derogatis, L. R. 213, 226, 731, 747, 784
Deutsche Gesellschaft für Suchtforschung und Suchttherapie 494, 579
Deutsche Hauptstelle gegen die Suchtgefahren 495
Deves, M. 623, 647
Devine, J. M. 789
Devlin, M. J. 608, 642
Di Nardo, P. A. 293
Di Simoni, F. G. 69, 129
Diamond, H. S. 394, 434
Dibble, E. 228
Dibble, E. D. 644
Dickerson, M. 781
Dickman, W. 253, 303
Dickmann, U. 448, 506
DiClemente, C. C. 535, 543, 550, 585
Dieci, M. 151
Diehl, J. M. 632, 642
Dierse, B. 495
Dieterle, D. M. 16, 129
Dietzel, M. 444, 502
Dijk, W. K. van 470, 495
Dillavon, D. 33, 149
Dilling, H. 9, 33, 129, 232, 253, 295, 355, 360–361, 364–365, 368–369, 372, 375, 382, 387–388, 393, 406, 409, 412, 424, 437, 440, 446, 495, 497, 516, 579, 668, 711, 724, 784, 803, 807, 834, 842, 884
DiMascio, A. 213, 232, 238
DiNardo, P. A. 270, 293
Dintcheff, B. 462, 493
Dittmar, F. 480–482, 495, 768, 789, 793
Ditton, U. 29, 140
Dittrich, J. 579
Dixon, H. 13, 129
Dixon, J. C. 383, 424

Dixon, K. N. 602, 648
Dixon, L. 152
Dixon, W. J. 99, 142
Dobler-Mikola, A. 171, 223, 241, 254, 259, 293
Dobson, K. S. 178, 213, 217, 227, 236
Docherty, J. P. 23, 129, 227, 869, 884
Dodge, C. S. 281, 297
Dodge, L. J. T. 773, 784
Doerr, H. O. 439, 505
Doerr, P. 196, 224
Dohrenwend, B. P. 45–46, 129
Dohrenwend, B. S. 45, 129
Doi, Y. 679, 706
Dolan, R. T. 236
Dole, V. P. 556, 579
Dolinsky, Z. 454, 504
Dolinsky, Z. S. 492
Dollard, J. 247, 295
Dollinger, S. J. 393, 424
Donahoe, C. P. 114, 151
Donati, R. 248, 297
Done, D. 79, 83, 131
Donovan, D. M. 483–484, 499
Dordle, C. 609, 649
Dorian, B. 629, 640
Dörmann, K. 471, 508
Dörner, J. 586
Douglas, A. R. 777, 784
Douglas, M. S. 37, 143
Dow, G. T. 770, 776, 784
Downey, G. 85, 151
Drachman, R. H. 349
Drake, R. E. 27, 129
Draucker, C. B. 777, 784
Drenick, E. J. 630, 642
Dressing, H. 394, 426
Driessen, M. 480, 495, 510
Dronkers, J. 731, 784
Drose, G. 789

Drummond, D. C. 440, 495
Drye, R. 839, 887
Dryman, A. 227
Duane, G. S. 200, 237
Dube, K. C. 128
Düffort, R. 415, 424
Duffy, J. F. 703
Dugas, L. 381, 424
Duncan, E. M. 163, 170, 233–234
Duncan, S. P. 741–742, 781
Duncan-Jones, P. 230
Dunham, H. W. 45, 130
Dunham, W. 702
Dunkeld-Turnbull, J. 643
Dunner, D. L. 168, 227
Duran, G. 595, 653
Durell, J. 105, 138
Durie, H. 409, 422
Dusen, K. T. van 835, 885
Dworkin, R. H. 39, 129, 140
Dy, A. J. 421, 425
Dyrenforth, I. 654

Eagle, M. 644
Eagles, J. M. 129
Earle-Boyer, E. A. 68, 135
Eaton, W. W. 32, 41, 44–45, 47, 129, 146, 150, 163, 227
Eaves, L. J. 162, 167, 232, 249, 272, 298
Eben, E. 16, 129
Ebert, M. 645
Ebert, M. H. 594, 605, 644–646
Echelmeyer, L. 781
Eckert, E. D. 410, 423, 427, 595, 597–599, 628, 645, 648
Eckert, J. 840, 885
Eckhardt, A. 394–402, 424
Eckman, T. 140
Edelberg, R. 64, 140

Edell, W. S. 25, 57, 126, 144
Edgar, M. 796
Edwards, G. 437, 439, 449, 451, 462, 475, 495, 505, 515, 518, 523, 579
Edwards, J. G. 146
Egeland, B. 771, 784
Egeland, J. A. 193, 227, 232
Egg, R. 572, 579
Egger, J. 738, 784
Ehinger, M. 478, 507
Ehlers, A. 161, 178, 234, 253, 256–257, 259–262, 295–296, 299–300, 304, 306
Ehrenpreis, A. B. 657, 706
Ehrhardt, A. 792
Ehrman, R. 537, 584
Ehrman, R. N. 537, 584
Eicher, W. 733, 737, 784
Eichhorn, S. 47, 134
Eichner, K. 732, 784
Eisenberg, S. 644
Eisendrath, S. J. 394, 424
Eisler, I. 599, 628, 650–651
Eisler, R. 853, 885
El-Guebaly, N. 523, 587
El-Yousof, M. K. 231
Elder, J. P. 152
Elie, R. 856, 898
Elizur, A. 410, 425
Elkin, I. 214, 227, 236
Elkins, I. J. 63, 129
Ellenberg, M. 737, 784
Ellenberger, H. 374, 425
Ellgring, H. 570, 573, 587
Elliott, D. S. 59, 139
Elton, M. 608, 643
Emery, G. 178, 184, 213, 224, 257, 293, 330, 349, 732, 782
Emmelkamp, P. M. G. 268, 296

Emrick, C. A. 486, 490, 495
Enas, G. G. 648
Endicott, J. 8, 18, 130–131, 148, 223, 226, 238, 310, 353, 821, 826, 841, 897
Engel, J. 463, 495
Engel, K. 599, 602, 608, 642–643
Engel, R. 688, 704
Engel, R. R. 643, 688, 697, 704, 706
Engel, U. 469, 495
Engel-Sittenfeld, P. 688–689, 704
Ensel, W. M. 165, 226
Epling, W. F. 620, 642
Epstein, N. 184, 224
Epstein, S. 246, 296
Erbaugh, J. 162, 224
Erderlyi, M. H. 362, 425
Eriksson, H. 649
Erlbach, F. 415, 425
Erlenmeyer-Kimling, L. 56–57, 127, 130, 829, 884
Ernberg, G. 28, 128, 137, 140, 147
Ernst, K. 106, 130, 451, 462, 495
Ersner-Hershfield, R. 773, 784
Ervins, F. R. 406, 422
Eshleman, S. 232
Esquirol, E. 831, 885
Essen-Möller, E. 813, 885
Eva-Condemarin, P. 448, 506
Evans, D. R. 747, 784
Evans, F. 583
Evans, M. 764, 797
Everaerd, W. 764–766, 769, 773–774, 784–785
Everly, G. S. 805, 810, 838, 848, 852, 892
Ewing, J. A. 490, 495
Eyferth, K. 470, 509

Eysenck, H. J. 111, 130, 244, 296, 741, 748, 785, 835–838, 885
Eysenck, M. W. 273, 296
Eysenck, S. B. G. 835, 885
Eysenck, W. M. 273

Fabbri, R. 421, 425, 773, 785
Faber, R. 69, 130
Fagelman, F. D. 418, 423
Fagg, J. 726, 766, 787
Fähndrich, E. 16, 32, 130
Fahrenberg, J. 244, 296
Fahrner, E.-M. 482, 496, 522, 580, 582, 739
Fahrner, E. M. 479, 506
Fairbairn, W. R. D. 824, 885
Fairburn, C. G. 594–595, 598–599, 609, 611, 626–627, 640, 642–644, 781
Fairweather, G. W. 112, 130
Falk, J. R. 608, 643
Fallon, B. A. 600, 630, 643
Falloon, I. R. H. 102, 110, 118–119, 130
Farell, M. P. 462, 493
Faris, R. E. L. 45, 130
Farmer, A. 142
Farmer, A. E. 39, 132
Farmer, M. E. 506
Farmer, R. 320, 351
Farnhill, D. 102, 145
Farr, S. P. 458, 505
Fätkenheuer, B. 134
Faulk, M. 764, 785
Faupel, C. E. 548, 579
Faust, M. 708
Fava, G. A. 327, 350
Federn, P. 381, 425
Feiertag, H. 529, 579
Feighner, J. 195, 235
Fein, G. 661, 704
Feinberg, J. 661, 704
Feinstein, A. 388, 425

Feinstein, E. 146
Felder, W. 168, 223
Feldhege, F.-J. 480, 482, 496, 555, 582
Feldman-Summers, S. 785, 796
Felix-Ortiz, M. 505
Fenichel, O. 410, 425, 860, 885
Fenton, W. S. 5, 8, 16, 33, 35–38, 130, 142, 827, 891
Ferber, L. von 529, 579
Fergeson, P. 57, 149
Ferguson, J. 346, 352
Fernandez, R. 141
Ferrence, R. 495
Ferris, C. 152
Ferster, C. D. 636, 643
Ferstl, R. 466, 496, 518, 570, 573, 579, 587
Feser, H. 467, 496
Feshbach, S. 755, 785
Feuerlein, W. 437–438, 442, 445–453, 462, 471, 474–476, 478–480, 482–483, 486–487, 489, 491, 495–496, 501–502, 506, 509, 565, 579
Fichten, C. S. 774, 785, 790
Fichter, M. 352, 650–651
Fichter, M. M. 446–447, 449, 482, 497, 589, 593–594, 596, 598, 600–603, 606, 608, 610, 626, 628–630, 639, 643, 645, 647–651, 654
Fiedler, P. 16, 119, 130, 143, 173, 235, 408, 425, 801, 804, 818–819, 842–843, 845–846, 852, 854, 869, 871, 876–877, 881, 885
Fiegenbaum, W. 257, 267, 293, 296
Fiester, S. J. 227, 869, 884

Fieve, R. R. 168, 227
Fillmore, K. M. 471, 497
Finckle, A. L. 732, 785
Fink, M. 205, 227
Fink, P. J. 786
Finke, J. 664–665, 704
Finkelhor, D. 741, 743, 771, 782, 785
Finn, P. 457, 506
Finn, P. R. 497
Finney, I. W. 489–490, 497
First, M. 867, 897
First, M. B. 148
Fisch, H.-U. 711
Fischer, A. A. 235
Fischer, S. M. 687, 689, 707
Fischle, C. 747, 798
Fishbain, D. A. 409–410, 425
Fisher, C. 369, 371, 373, 425, 593, 651, 678, 709
Fisher, J. 672, 705
Fisher, S. 740, 752, 785
Fishkin, R. E. 786
Fiszbein, A. 16, 39, 138
Fitting, M. D. 738, 750, 785
Fitzgerald, L. F. 777, 785
Flaherty, M. 774, 781
Flanagan, J. 487, 497
Flanagan, S. 130
Flangan, N. B. 749, 783
Flannery, R. B. 866, 876, 893–894
Flaum, M. 6–7, 9–10, 21, 91, 121–122
Fleiss, J. H. 14, 148
Fleiss, J. L. 125, 168, 227
Fleming, B. 879, 886
Fleming, J. A. 13, 27, 151
Fletcher, B. W. 547, 587
Flett, G. L. 176, 227
Fliegel, S. 757, 761, 785–786
Flohrschütz, T. 448, 496

Florin, I. 111–112, 127, 131, 596, 640
Florio, L. 166, 238, 254, 306
Florio, L. P. 238
Florschütz, Th. 483, 501
Floyd, T. C. 661, 704
Foa, E. B. 262, 264, 268, 287–288, 291, 296, 301, 304, 742–743, 777, 786
Foch, T. T. 634, 652
Foerster, A. 92, 131
Folkman, S. 246, 299
Follingstad, D. 789
Folsom, A. T. 74, 134
Folstein, M. 122
Ford, C. V. 372, 390–391, 396, 400, 425
Ford, M. J. 347, 350
Foreyt, J. P. 637, 643
Forman, J. W. B. 833, 897
Forman, M. D. 394, 434
Foster, G. D. 638, 653
Foulds, G. A. 373, 422
Fowles, D. C. 13, 36, 131, 687, 702
Fox, M. M. 598, 646
Foy, D. 130
Foy, D. W. 114, 151
Fraccon, I. G. 97, 125
Frame, C. L. 56, 131
Frances, A. 152, 248, 301, 804, 822, 827, 833, 885, 899
Frances, A. J. 13, 129, 803, 805, 866, 869, 872–873, 886, 900
Franche, Y. L. 856, 898
Franey, C. 685, 701
Frank, A. F. 133, 149
Frank, E. 171, 205, 219, 227, 709, 744, 747, 752–753, 757, 786
Frankel, B. L. 664, 703
Fras, I. 417, 425
Fraser, G. A. 375, 433
Fraser, W. 71, 150

Fraser, W. I. 71, 131
Fredericksen, T. 346, 351
Freed, E. X. 454–455, 497
Freedman, B. 52, 131
Freedman, D. 645
Freedman, E. G. 59, 139
Freedman, R. 688, 704
Freeman, A. 824, 879, 882, 886
Freeman, C. P. L. 611, 627, 643, 645
Freeman, H. 129
Freeman, H. L. 107, 131
Freeman, R. 52, 149
French, J. 581
French, R. de S. 804, 888
Freud, S. 242, 244, 246–247, 265, 297, 358–359, 364, 382, 423, 425–426, 723, 734, 786, 845, 849, 860–862, 873, 883, 886
Frey, R. 168, 223
Frick, U. 482, 497
Friedman, A. S. 213, 227, 522, 580
Friedman, D. 768, 786
Friedman, H. S. 394, 434
Friedman, J. 725, 766, 784, 795
Friedman, L. C. 756, 796
Friedrich, B. 395, 414, 428
Frischholz, E. J. 363, 426
Frith, C. 81, 132
Frith, C. D. 79–80, 83, 90, 123, 131, 137
Fritz-Pfannkuch, G. 476, 507
Fritze, J. 196–197, 228
Frosch, J. P. 133
Fuchs, K. 776, 786
Fuger, J. 203, 232
Fuller, C. A. 700, 708
Funke, B. 116, 131
Funke, J. 444, 497
Funke, W. 444, 471, 497
Fürnis, T. 741, 786

Fyer, A. J. 18, 131
Fyer, M. 805, 869, 900

Gabrielli, W. F. 835, 885, 892
Gadaleta, D. 140
Gaebel, W. 21, 28, 31–33, 35, 101, 131, 145, 232
Gainsley, B. 628, 645
Galbraith, K. 77, 131
Galderisi, S. 91, 138
Galedary, G. 730, 795
Galfe, G. 607, 647
Gall, J. 869, 899
Gallagher, J. 776, 784
Gallagher, R. 262, 294
Galle, K. 113, 150
Galli, L. 301
Gallucci, P. S. 645
Gambini, O. 123
Gange, J. J. 649
Ganser, S. R. 388, 398, 426, 431
Gansert, U. 116, 132
Gants, E. S. 80, 147
Ganzell, S. 75, 133
Garbarini, M. 151
Gardner, G. G. 421, 426
Garfield, S. L. 236
Garfinkel, L. 630, 648
Garfinkel, P. E. 590–591, 599–600, 602, 611, 617, 620, 622, 626, 643–644, 649
Garner, D. M. 590–592, 595, 597, 599–600, 610–611, 617, 620, 623–624, 626–627, 631, 639, 642–644
Garner, M. V. 644
Garnett, D. 670, 707–708
Garver, D. L. 99, 128, 196, 228
Gasperetti, C. 148
Gates, C. 27, 129
Gath, D. 327, 350, 791
Gattaz, W. F. 134, 394, 400–401, 426

Gaudillere, J. P. 623, 647
Gauthier, J. 411, 426
Gavish, D. 606, 644
Gay, T. J. A. 663, 706
Gebhard, P. H. 752, 786, 789
Gebhard, R. 165, 228
Gebhart, J. 128
Geer, J. H. 747, 795
Geider, F. J. 148
Geisler, P. 709
Geissner, W. 352
Gelder, M. 268, 274, 294–295, 297, 327, 350
Gelder, M. G. 255, 257, 278, 300–301
Gelernter, J. 193, 228
Gélineau, J. 677, 704
Gendlin, E. G. 110, 147
Genz, A. 448, 497
George, D. T. 593, 604, 644–646
Gepponi, I. 301
Geraci, M. F. 305
Geracioti, T. D. 606, 644
Gerchow, J. 448–449, 497
Gerhard, D. S. 227, 232
Gerlach, J. 100, 132
Gerling, H. M. D. 13, 146
Gerlinghoff, M. 625, 644
Germer, C. K. 54, 149
Gerrard, M. 741, 786
Gershberg, M. R. 400, 424
Gershman, L. 689, 704
Gershon, E. S. 166, 191–193, 228, 235, 600, 644
Gerstein, D. R. 558, 580
Geschwinde, Th. 536, 580
Gessler, S. 81, 132
Gestefeld, M. 1, 135
Gestrich, J. 116, 135
Geyer, M. 61, 124, 150
Geyer, M. A. 58, 61, 124
Ghanem, Q. 676, 702
Gibbens, T. C. N. 409, 426

Gibbon, M. 821, 826, 867, 897
Gibbons, F. X. 741, 786
Gibbons, H. 148
Gibbs, J. 606, 652
Gibbs, L. 487, 497
Gibson, T. 144
Giedke, H. 199, 228
Giesbrecht, N. 495
Giggs, J. 45, 132
Gilbert, H. W. 768, 786
Gilbert, P. 191, 228
Gillan, P. 763, 783
Gillespie, R. D. 371, 427
Gillin, J. C. 670, 700, 706–707
Gillis, M. M. 267–268, 274, 281, 294
Gilmore, G. C. 63–64, 148, 152
Gingell, J. C. 768, 786
Gingras, M. 765, 780
Ginns, E. I. 232
Ginzburg, H. M. 581
Giobbio, G. M. 151
Giovacchini, P. L. 839, 886
Gittelman-Klein, R. 823, 886
Gittleson, N. 314, 350
Gladis, M. 602, 648
Glaeske, G. 529–530, 580
Glann, D. 625, 653
Glanville, K. 599, 652
Glasgow, R. E. 773, 784
Glass, D. R. 180, 227, 229, 236
Glassman, A. H. 648, 654
Glatzel, J. 800, 802, 805, 886
Gleghorn, A. A. 613, 645
Glen, A. I. M. 217, 225
Glick, I. D. 50, 107, 133, 150
Glithero, E. 311, 353
Glöer, N. 771, 786
Glover, A. 411, 426

Glover, G. R. 44, 132
Glueck, E. 832, 886
Glueck, S. 832, 886
Glynn, S. M. 107, 114, 132, 143
Gmelin, E. 374, 426
Gnerlich, F. 579
Godfrey, C. 495
Goedde, H. W. 437, 452–453, 457, 463, 491, 497
Goethe, J. W. 242, 265, 297
Goffman, E. 802, 886
Goklaney, M. 238
Gold, A. 119, 141
Gold, J. M. 69, 132
Gold, M. S. 548, 580
Gold, P. W. 194, 228, 602, 645
Gold, S. T. 607, 642
Goldberg, A. 792
Goldberg, B. 39
Goldberg, D. C. 735–736, 766, 784, 786
Goldberg, D. P. 313, 349
Goldberg, E. M. 46, 132
Goldberg, R. L. 75, 147
Goldberg, S. C. 103, 105, 127, 132, 136, 138, 611, 645
Goldberg, T. E. 74–75, 132, 150
Golden, J. S. 763, 765, 769, 773, 786, 793
Goldenberg, E. 664, 704
Goldenberg, F. 664, 704
Goldiamond, I. 318, 350
Goldin, L. 193, 228
Goldin, L. R. 228
Goldman, M. J. 409–411, 426
Goldman, M. S. 494
Goldman, R. 633, 651
Goldsmith, L. 827, 896
Goldstein, A. J. 257, 264, 297, 783
Goldstein, A. M. 232
Goldstein, D. S. 604, 644

Goldstein, E. G. 840, 883, 889
Goldstein, J. M. 50, 122
Goldstein, K. 73, 132
Goldstein, M. J. 50, 95, 124, 132
Goldstein, A. 792
Golombok, S. 731, 763, 783, 794
Gonsalvez, C. J. 73, 132
Goodhead, D. 127
Goodman, P. A. 237
Goodrich, S. 380, 431
Goodwin, F. K. 194–195, 201, 224, 228, 237, 506, 684, 700, 707
Goodwin, G. M. 203, 228
Gordon, A. 633, 651
Gordon, J. R. 467, 484–485, 503, 524, 542, 545, 583
Gordon, P. E. 744, 785
Gorham, D. R. 15, 145
Gorman, J. M. 15, 121
Gorman, W. F. 403, 426
Gorzynski, G. 608, 647
Gossard, D. 304
Gossop, M. 515, 523–524, 580
Gotlib, I. H. 173–174, 178, 188, 202, 224, 226, 228
Gottesman, I. I. 27, 39, 85, 88, 125, 132, 134, 142
Gottesmann, I. I. 249, 294
Graber, B. 735, 786
Grabowski, J. 545, 584
Graeber, C. R. 698, 704
Graham, J. R. 458, 460, 497
Granholm, E. 62, 122
Graßhoff, U. 665, 705, 709
Graw, P. 445, 502, 711
Grawe, K. 248, 297
Gray, G. 490, 509
Gray, J. 546, 585, 781

Gray, J. A. 244–245, 258, 297
Greeley, J. 454, 494
Green, J. 320, 351
Green, M. 56, 133
Green, M. F. 66, 75, 116, 133, 140
Greenberg, D. 207, 237
Greenberg, H. R. 419–420, 426
Greenberg, R. 173, 177, 224, 257, 293, 330, 349
Greenberg, R. P. 856, 886
Greenstein, R. 545, 584
Greenwald, D. P. 136
Greenwood, J. 781
Greenwood, M. R. C. 634, 641
Greer, J. G. 771, 786
Gregoire, A. 768, 787
Greiffenstein, M. 77, 133
Griesinger, W. 845, 887
Griez, E. 305
Griffith, J. 583
Griffiths, P. 580
Grillon, C. 61, 124
Grinker, R. R. 839, 887
Grissim, G. 503
Grochocinski, V. J. 227
Groos, G. A. 684, 701
Grose, D. 393, 430
Gross, G. 26–27, 29–30, 133, 136–137, 825, 887
Gross, H. W. 442, 505
Gross, J. 627, 647, 738, 795
Gross, L. P. 633, 651
Gross, M. 437, 439, 495
Grosscup, S. J. 179, 234
Grossmann, S. 598, 654
Groth, N. A. 771, 787
Grove, W. M. 68, 71, 121, 133, 160, 223, 228
Grubb, B. 645
Gruenberg, A. M. 35, 133, 139
Gruenberg, E. 303

Gruenberg, E. M. 122
Gruenberg, S. 349
Gruenewald, D. 380, 426
Grumet, C. 679, 708
Grünbaum, A. 248, 297
Grünberger, J. 438, 455, 497–498
Grundmann, J. 78, 133
Grusche, A. 112, 127
Gruzelier, J. H. 123
Gsellhofer, B. 522, 580
Guajardo, C. 419, 429
Gudjonsson, G. H. 409–411, 426
Guilleminault, C. 666, 679, 681–682, 703–705, 708
Gunderson, J. 811, 850, 895
Gunderson, J. G. 110, 133, 149, 184, 235, 812, 826–827, 829, 840, 842–843, 850, 872, 887, 890, 894, 897
Guntrip, H. 824, 887
Gurland, B. J. 125, 127
Gurney, C. 241, 303
Guroff, J. J. 228, 375, 432
Gursky, D. M. 262, 303
Gurunanjappa, S. B. 630, 642
Gutbrod, K. 438, 511
Guthrie, D. 742, 797
Gutterman, D. F. 62, 149
Guze, B. H. 628, 645
Guze, S. B. 5, 127, 310, 354, 836, 884
Gwirtsman, H. 645
Gwirtsman, H. E. 593, 602, 605, 628, 645–646

Haag, A. 730, 795
Haaga, D. A. F. 206, 228
Haakonson, H. 445, 509
Haas, G. 13, 129, 152
Haas, G. L. 50, 75, 133, 150
Haas, S. 47, 134

Habermehl, W. 732, 784
Hackl, H. 737, 787
Hackman, A. 295, 791
Haderstorfer, B. 580
Hadgson, R. 515, 579
Hadigan, C. M. 594, 645
Hadley, S. W. 214, 227
Haefner, D. P. 349
Haenel, T. 394, 400, 426
Haf, C.-M. 496
Hafez, H. 29, 149
Häfner, H. 5, 21–22, 32, 41, 44, 47–48, 50, 106–108, 113, 117, 122, 133–134, 150
Hagnell, O. 41, 134, 164, 228
Hahlweg, K. 118, 130, 146, 180, 211, 228, 752, 755, 787, 793
Haier, R. J. 827, 889
Hajak, G. 669, 705, 708
Hakstian, A. R. 215, 234
Haley, J. 94, 123
Halford, W. K. 114–115, 134
Halikas, J. A. 524, 580
Hall, S. M. 570, 580
Hall, W. 524, 558, 578, 580, 587
Hallam, R. S. 253, 264, 297, 346, 350
Hallopeau, X. 418, 426
Hällström, T. 165, 228
Halmi, K. A. 410, 423, 608, 620, 628, 643, 645
Halvorson, P. A. 650
Hambrecht, M. 134
Hamilton, E. W. 175, 229
Hamilton, M. 162, 229
Hamlin, R. M. 74, 134
Hammen, C. 180, 229
Hammen, C. L. 173, 188, 202, 228
Hammond, P. D. 773, 787
Hamovit, J. 228
Hamovit, J. R. 644
Hampton, B. 79, 141

Hand, I. 414–415, 426, 428
Handmaker, N. S. 504
Hando, J. 580
Hanel, E. 518, 520, 547, 549, 580
Hanis, C. 653
Hank, G. 146
Hänsel, D. 478, 498
Hansert, E. 445, 509
Hanson, D. R. 87, 134
Harden, T. 218, 237
Harding, C. M. 27–30, 35, 134–135, 149
Harding, J. S. 864, 890
Hare, R. D. 833–834, 836, 887
Hariton, E. B. 741, 747–748, 787
Harlow, H. F. 739, 787
Harlow, M. K. 739, 787
Harpur, T. J. 833, 887
Harrera, C. O. 701
Harris, A. E. 54, 135
Harris, J. R. 634, 653
Harris, M. 127, 805, 869, 900
Harris, T. 165–166, 181–183, 225
Harrison, G. 44, 135
Harrison, P. A. 481, 483, 498
Harrison, R. P. 184, 224
Harrow, M. 39, 69, 73–74, 135, 145
Hart, S. D. 833, 887
Hartgers, Ch. 582
Hartka, E. 510
Hartmann, E. 686, 705
Hartmann, H. 849, 887
Hartmann, U. 732, 734, 736–737, 747–748, 768, 787, 790
Hartwich, P. 110, 135
Hartz, A. 631, 645
Harvey, P. D. 52, 54, 56, 68, 135–136, 152

Harwood, H.J. 558, 580–581
Haskell, A. 54, 149
Hatsukami, D. 410, 427, 595, 597, 599, 602, 648–649
Hattersley, A. 388, 425
Hauch, M. 730, 795
Haug, K. 386, 427
Haughton, E. 111, 122
Hauri, P. 663, 694, 705
Hauri, P.J. 672, 686, 688, 705
Häußinger, K. 682, 707
Haustein, W. 661, 705
Hautzinger, M. 25, 125, 157, 161–166, 171–174, 178, 180–183, 186, 190, 202, 205–206, 212–213, 216–218, 220–221, 227, 229–234
Havassy, B.E. 570, 580
Havemann-Reinecke, U. 463, 498
Hawton, K. 169, 230, 726–728, 731, 760, 762–763, 766–767, 770, 776–777, 779, 783, 787
Hayes, K. 149
Hayes, R.L. 114–115, 134
Hayes, T. 148
Haynes, R.B. 345, 351
Haynes, S.N. 688, 705
Hayward, C. 304
Heard, H.L. 877, 890
Heath, A.C. 162, 167, 232, 249, 272, 298
Heather, N. 475–476, 479, 481, 498, 524, 546, 577–578, 581
Heber, S. 376, 433
Heberle, B. 448, 497
Hecht, H. 600, 645
Heckel-Guhrenz, S. 181, 230
Heckmann, W. 534, 581

Hedge, B. 320, 351
Hegley, D.C. 72, 140
Heifer, U. 449, 498
Heigl, F. 464, 480, 498
Heigl-Evers, A. 464, 493, 498
Heiman, J. 725, 795
Heiman, J.R. 724, 731, 746, 763, 787, 790, 792, 794
Heimberg, R.G. 281, 297
Heims, L.W. 417, 427
Heinrich, A.G. 769, 772, 786, 788, 793
Heinrichs, D.W. 38, 125
Helas, I. 586–587
Hell, D. 1, 135
Hellekson, C. 686, 705
Helmchen, H. 156, 161, 230, 253, 297, 359, 424, 806, 884
Helstone, F.S. 857, 899
Helzer, J.E. 10, 146–147, 303, 451, 498
Hemsley, D. 70, 129
Hemsley, D.R. 54–55, 135, 772, 792
Hendersen, A. 643
Henderson, A.S. 249, 292
Henderson, D.K. 371, 427
Henderson, M. 611, 645
Henderson, S. 163, 182–183, 230
Hendred, R. 417, 429
Hengesch, G. 15, 147
Heninger, D.B. 193, 225
Heninger, G.R. 195, 226, 262, 294
Henkel, D. 462, 498
Henneberry, J. 127
Henrich, G. 220, 227, 554, 578
Henschel, A. 621, 646
Hensley, R. 612, 641
Herbert, W. 418, 427

Herbst, K. 526, 528, 533–534, 570, 573–574, 578, 581–582
Herling, S. 540, 588
Herman, C.P. 623, 645, 650
Herman, J.L. 380, 427
Herman, M. 391, 427
Hermann, C.P. 454, 494
Hermanutz, M. 116, 125, 135
Hernstein, R.J. 250, 297
Herrle, J. 210, 220, 230
Herrmann, H. 129
Herschbach, P. 595, 653
Herz, A. 463, 509
Herz, M.J. 22–23, 25, 136
Herzog, C. 244, 305
Herzog, D.B. 599, 629–630, 640, 645, 650
Hesse, S. 469, 499
Hesselbrock, M. 492
Hester, R.K. 474–475, 477, 486, 490, 504, 573, 584
Heston, L.L. 86, 136
Hetherington, E.M. 249, 303
Heufelder, A. 605, 645
Hewer, W. 394, 426
Hewitt, P.L. 176, 227
Heyden, T. 485, 494, 693, 702
Heymanns, G. 381, 427
Heymsfield, S.B. 608, 642
Heyne, A. 463, 511, 539, 588
Hibbert, G. 274, 294
Hibbert, G.A. 253, 297
Hicks, A. 822, 892
Hicks, M.W. 740, 784
Hilgard, E.R. 361, 374, 379, 427
Hill, A.J. 604, 623, 641
Hill, C.E. 777, 782
Hill, E. 380, 431, 435
Hiller, W. 16, 136, 307, 352

Hillman, R. G. 365, 385, 427
Hilpert, H. 896
Himle, J. 254, 304
Himmelsbach, C. 524, 581–582
Hinsch, R. 281, 297
Hippius, H. 234
Hirsch, S. R. 22, 95, 103, 117, 136–137
Hirschfeld, R. 226
Hirschfeld, R. M. 165, 184–185, 231, 235
Hirschfeld, R. M. A. 812, 882, 888, 894
Hirt, M. 58, 147
Hite, S. 732, 788
Hnilicka, J. 607, 642
Hoberman, H. 186, 233
Hoberman, H. M. 163, 233
Hobi, V. 445, 502
Hobson, J. A. 201, 231, 673, 705
Hoch, C. C. 709
Hoch, P. 825, 839, 842, 888
Hoch, Z. 733, 736, 740, 745, 747–748, 757, 786, 788, 794
Hochban, W. 682, 705
Höchli, D. 673, 702
Höcker, W. 524, 587
Hodel, B. 125
Hodgson, R. 243, 298, 302, 330, 352
Hodgson, R. J. 284–285, 303
Hoehl, C. 649
Hoehn-Saric, R. 253, 270–271, 298
Hoenig, J. 2–3, 136
Hoenk, P. 383, 431
Hoffman, L. J. 238
Hoffman, R. E. 136
Hoffmann, D. 409, 431
Hoffmann, N. 173, 180, 230–231

Hoffmann, N. G. 481, 483, 498
Hoffmann, R. M. 708
Hoffmann, S. O. 860, 862, 888
Hoffmeister, H. 641
Hofmann, M. 492
Hofmann, S. O. 307, 350
Hogan, B. 770, 788
Hogan, D. R. 763, 790
Hogarty, G. E. 103, 110, 115, 119, 121, 136
Hohagen, F. 665, 670, 705, 709
Hohenberger, E. 694–696, 705, 709
Holborn, S. W. 420–421, 424
Holder, H. D. 495
Holler, B. 469, 505, 530, 584
Hollon, S. D. 191, 213, 231, 236
Holman, C. P. 523, 578
Holsboer, F. 197–199, 222, 224, 231, 463, 510
Holsboer-Trachsler, E. 232
Holt, S. 445, 509
Holton, A. 44, 135
Holzer, C. 166, 238
Holzer, C. E. 301
Hölzl, R. 607, 647
Holzman, P. S. 68–69, 88–89, 128, 136, 142, 148
Hommer, D. 124
Honda, Y. 679, 705–706
Honigfeld, G. 105, 136
Hönmann, H. 896
Hook, S. 620, 653
Hoon, E. F. 731, 745, 747, 788, 797
Hoon, P. 731, 747, 797
Hoon, P. W. 745, 788
Hoover, T. M. 71, 141
Hope, D. A. 281, 297
Hope, R. A. 642
Hopkins, M. 270, 294

Hops, H. 233–234
Horevitz, R. P. 375–376, 427
Horn, J. L. 444, 498
Horn, R. 153, 238
Horney, K. 854–855, 888
Hornung, P. 119, 125
Horowitz, L. M. 804–805, 888
Horowitz, M. 291, 298
Horowitz, M. J. 847–848, 888
Horton, E. S. 608, 650
Horvarth, T. 829, 897
Hostetter, A. M. 227
Hotaling, G. 741, 785
Hotchkiss, A. P. 52, 136
Houben, M. E. 410, 432
Houck, P. R. 709
Housman, D. E. 227
Howard, F. 840, 883
Howat, J. 127
Howe, M. G. 664, 706
Hoy, P. 662, 701
Hoyt, I. P. 363, 428
Hozbach, E. 493
Hrubec, Z. 634, 652
Hser, Y.-I. 547, 581
Hsu, L. K. G. 599, 612, 645
Hubbard, J. W. 124
Hubbard, L. 547, 587
Hubbard, R. L. 581
Huber, G. 19, 22, 24, 26–30, 39, 90, 133, 136–137, 825, 887, 889
Huber, G. J. 469, 498
Huber, M. 483, 502
Huber, P. H. 688, 704
Hubschmid, T. 126
Hudson, J. I. 409–410, 427, 430, 596, 600, 602, 645
Hugdahl, K. 298
Hughdahl, K. 244, 249–250, 276, 298, 302
Hughes, M. 232

Hughes, P. L. 602, 646
Hull, J. G. 456, 498
Hüllinghorst, R. 586–587
Humphrey, L. L. 618–619, 652
Hünnekens, H. 579
Hunt, H. F. 889
Hunt, M. 733, 752, 788
Hunt, N. 156, 236
Hunt, W. A. 455, 498
Hunter, J. E. 33, 149
Hunter, S. 777, 784
Huntzinger, R. 148
Hurrelmann, K. 469, 495, 499, 505, 530, 584
Hurry, J. 182, 224
Hurt, S. W. 69, 132, 822, 900
Husband, J. 90, 137
Husband, S. D. 548, 585
Husted, J. R. 772–773, 788
Hutchings, B. 835, 885, 892
Hutton, H. E. 598, 646
Huttunen, M. O. 47, 142
Hyler, S. 867, 897
Hyler, S. E. 867, 869, 888, 893
Hyyppa, M. 146

Iacono, W. G. 47, 91, 123, 138, 149
ICSD 665, 705
IFT Institut für Therapieforschung 528, 581
Iguchi, M. Y. 535, 581
Imber, S. D. 227, 236
Ingham, J. G. 237
Ingram, J. C. 71, 143
Ingram, R. 231
Ingvar, D. H. 495
Insel, T. R. 285, 298
Institute of Medicine 474, 499
Inz, J. 270, 294
Ireland, P. 400, 427
Irvine, A. 404, 424
Isaacs, P. 624, 644

Israel, M. 772, 790
Issa, F. G. 682, 706
Ito, J. R. 483–484, 499
Ivanoff, J. 795
Izumiya, Y. 602, 646

Jablensky, A. 28, 42, 128, 137, 140, 147
Jackel, L. 270, 295
Jackson, D. D. 94, 109, 123
Jackson, J. H. 37
Jackson, J. R. 127
Jackson, M. 747, 780
Jacob, R. G. 398, 435, 853, 899
Jacobi, C. 441, 445, 499, 596, 646
Jacobs, E. 657, 706
Jacobs, H. E. 140
Jacobs, S. 96, 137
Jacobsberg, L. B. 805, 869, 900
Jacobsen, G. R. 499
Jacobson, B. 889
Jacobson, E. 173, 231
Jaffe, R. 410, 425
Jahn, T. 78, 101, 137
Jähnig, P. 661, 706
Jainchill, N. 573, 582
James, A. J. 743, 777, 797
James, S. P. 670, 708
James, W. 381, 427
Jameson, D. H. 374, 429
Jamieson, R. 402, 427
Janet, P. 357–359, 362, 364, 367, 371, 378, 381, 427, 432
Janke, W. 248, 298
Jankowski, D. S. 231
Janssen, H. 408, 427
Janta, B. 896
Janzarik, W. 2, 29, 137
Jarrett, D. B. 227, 709
Jarrett, R. B. 227
Jarvik, M. E. 544, 586
Jaspers, K. 7, 137

Jauss, M. 148
Javna, C. J. 136
Javoid, J. I. 628, 642
Jayne, C. 740, 788
Jeavons, A. 295
Jehu, D. 732, 737–739, 741–742, 768, 777, 780, 788
Jellinek, E. M. 414, 427, 438, 442–443, 471, 497, 499, 508
Jennison, K. M. 499
Jeppsen, E. A. 375, 422
Jequier, E. 646
Jervis, G. 801, 830, 888
Jessor, R. 469, 499
Jessor, S. L. 469, 499
Jewett, M. E. 703
Jimerson, D. 645
Jimerson, D. C. 196, 231, 604, 644–646
Jobert, M. 659, 661, 706, 710
Jochems, P. 682, 707
John, E. 445, 499
John, U. 461, 480, 499
Johns, W. M. 663–664, 706
Johnsen, B. H. 250, 298
Johnson, A. L. 119, 141
Johnson, C. 596, 610, 619, 646
Johnson, D. G. 630, 642
Johnson, K. A. 499
Johnson, V. E. 723, 727–728, 733, 735, 745, 747, 759, 761–766, 769–770, 772–774, 776, 778–779, 791
Johnson, W. R. 773, 782
Johnston, D. W. 257, 301, 345, 350
Johnstone, B. 510
Johnstone, E. C. 26, 90, 119, 137, 141
Jolley, A. G. 22, 103, 136–137

Jonas, J. M. 410, 427, 596, 645
Jonas, S. 575, 582
Jones, D. 598, 646
Jones, F. D. E. 418, 427
Jones, P. 92, 137
Jones, R. 642
Jones, W. J. 765, 772–773, 788
Jordan, A. 404, 424
Jordan, R. C. 649
Joseph, E. D. 371, 425
Joshua, S. 822, 892
Jourard, S. M. 750, 795
Joyce, P. R. 220, 222, 231
Judd, F. K 172, 231
Judd, L. L. 506
Juji, T. 679, 705–706
Julier, D. 791
Jung, E. 29, 109, 124
Junge, B. 451, 499
Jürgens, U. 463, 499
Jürgensmeyer, S. 528, 578

Kaats, G. R. 752, 788
Kadden, R. M. 444, 491, 502
Kahlbaum, K. L. 155, 231
Kahn-Ladas, A. 736, 788
Kales, A. 659, 672, 675, 706, 709
Kales, J. D. 672, 675, 706
Kalin, Rl. 455, 504
Kaliner, B. 554, 578
Kallweit, E. 401, 433
Kaloupek, D. G. 702
Kalucy, R. S. 608, 652
Kaluza, K. 781
Kamgar-Parsi, B. 700, 706
Kammer, D. 173–174, 231
Kampe, H. 573, 582
Kampman, R. 146
Kandel, D. B. 461–462, 469, 499–500
Kane, J. M. 99–103, 137, 140, 147

Kanfer, F. H. 466–467, 500
Kanner, A. D. 246, 299
Kanno, P. 792
Kanowski, S. 105, 137
Kaplan, A. 603, 646
Kaplan, H. B. 473, 500
Kaplan, H. S. 724, 727–729, 735–736, 738, 740, 744–746, 751, 754, 756, 759–760, 770, 775, 788
Kaplan, M. 848, 857, 888
Karacan, I. 672, 702–703
Karasu, T. B. 213, 226, 799, 888
Kardiner, A. 368, 427
Karno, M. 238
Karus, D. 500
Karuza, J. 493
Kasanin, J. 12, 138
Kasl, S. U. 238
Kasper, S. 17, 144, 203–204, 232
Kasprison, A. 130
Kass, F. 822, 857, 888
Kastner, P. 470, 509
Katon, W. 312, 329, 350
Katsanis, J. 91, 138
Katschnig, H. 10, 123, 138
Katz, H. M. 133
Katz, J. L. 600, 608, 647, 652, 654
Katz, K. 29, 152
Katz, S. 743, 788
Kaufman, E. 500, 505
Kaufman, I. 417, 427
Kaufman, P. 500
Kaunisto, E. 414, 426, 428
Kavanagh, D. J. 118–119, 138, 141
Kavemann, B. 741, 788
Kawakita, Y. 602, 646
Kay, D. W. K. 169, 236
Kay, S. R. 16, 37–39, 138
Kayce, M. M. 127
Kaye, W. 645

Kaye, W. H. 593–594, 604–605, 644–646
Kazarian, S. S. 664, 706
Kazdin, A. E. 112, 138
Keck, P. E. 410, 430
Keefe, R. 829, 897
Keegan, D. L. 124
Keeser, W. 610, 643
Keesey, R. E. 635, 646
Keilp, J. G. 75, 150
Keith, S. J. 8, 21, 23, 109–110, 138, 143, 506
Kellam, S. G. 105, 138
Kelle, A. 693, 702
Keller, F. 162, 205, 230, 232
Keller, M. 226, 238, 439–440, 495, 500
Keller, M. B. 184, 226–227, 231, 599, 645
Keller, R. 372, 427
Kellermann, B. 414, 428
Kellet, J. 776, 791
Kellman, D. 867, 897
Kellman, H. D. 869, 893
Kellnar, S. 446, 497
Kellner, M. 649
Kellner, M. B. 606, 649
Kellner, R. 308, 312, 314, 317, 325, 327, 331, 350, 418, 428
Kelly, D. H. W. 386, 428
Kelly, H. H. 753, 796
Kelly, I. T. 647
Kelly, J. P. 746, 780
Kelly, L. 783
Kelsoe, J. R. 150, 193, 232
Kemali, D. 91, 138
Kemp, I. W. 47, 138
Kendell, R. 71, 150
Kendell, R. E. 5, 47, 71, 127, 131, 138, 160, 232
Kendler, K. S. 35–36, 84–86, 133, 138–139, 162, 167, 201, 232, 249, 272, 298
Kennedy, C. R. 281, 297
Kennedy, R. B. 382, 428

Kennedy, S. J. 703
Kenneth, A. 461, 500
Kenneth, M. A. 456, 502
Kenrick, J. 609, 649
Kenyon, F. E. 312, 316, 331, 350
Kepplinger, J. 635, 654
Kernberg, O. F. 362, 428, 839–840, 844, 852, 874, 883–884, 888–889
Kernberg, P. 874, 884
Kerner, H. J. 408, 427
Kerr, T. A. 241, 303
Kesic, B. 43, 128
Kessler, R. C. 162–164, 167, 232, 238, 272, 298
Kessler, S. 679, 706
Kestenbaum, E. 148
Kety, S. 238
Kety, S. S. 13, 86, 139, 147, 818, 821, 827, 889, 895
Keup, W. 463, 471, 500, 504
Keupp, H. 801–802, 889
Keys, A. 621–622, 631, 646
Keys, D. J. 853, 899
Kezur, E. 391, 429
Khan, M. 858, 889
Khazam, C. 593, 651
Khouri, P. J. 827, 843, 889
Kidd, K. K. 227, 232
Kidder, L. 493
Kielstein, V. 481, 500
Kiesler, D. J. 110, 147, 805, 827, 881, 889
Kihlstrom, J. F. 363, 428
Killen, J. 692, 706
Killian, G. A. 101, 128
Kilman, P. R. 733, 757, 763–764, 768–769, 772–774, 781, 789, 792, 795, 797
Kilpatrick, D. G. 290–291, 298, 743, 789, 796
Kinarch, C. 101, 128
Kinder, B. N. 766, 782

King, K. 71, 150
King, K. M. 71, 131
King, R. 304
Kinlock, T. 538, 584
Kinon, B. 100, 147
Kinsey, A. C. 752, 789
Kirch, D. G. 100, 126
Kiriike, N. 602, 646
Kirk, J. 282–283, 288, 303
Kirkley, B. G. 629, 640
Kirkpatrick, B. 21, 126
Kirkpatrick, C. 772, 789
Kirkpatrick, C. C. 765, 791
Kirscht, J. P. 338, 349, 352
Kirshner, L. A. 368, 428
Kiss, E. 709
Kissileff, H. R. 593–594, 612, 645–646, 654
Kissling, W. 101–102, 139, 204, 232
Kittl, S. 596, 647
Klar, H. 870, 897
Kleiber, D. 518, 534, 582
Kleider, W. 143
Klein, D. 823, 886
Klein, D. F. 109, 131, 254, 259, 263, 298, 301
Klein, H. 781
Klein, K. H. 163, 237
Klein, M. 444, 497, 500
Kleiner, D. 565, 582
Kleinhaus, M. 786
Kleinman, A. 312, 350
Kleinman, A. M. 140
Kleinman, Y. 644
Klepsch, R. 414–416, 428
Klerman, G. K. 268, 298
Klerman, G. L. 127, 155, 166, 184, 206, 211, 213, 221, 231–233, 235, 238, 241, 306, 311, 349, 827, 843, 856–857, 890, 894
Klett, F. 555, 574, 579, 582
Klett, L. J. 15, 141
Kletti, R. 365, 385, 431

Klimes, I. 274, 294
Klimitz, H. 165, 228
Klingemann, K.-H. 474, 500
Klink, J. 661, 705
Klink, M. 511
Klockgeter-Kelle, A. 781
Klonoff, E. 402, 428
Kluft, R. P. 375, 378, 392, 428, 433, 435
Klug, J. 134, 153, 238
Klüver, H. 248, 298
Knab, B. 688, 690, 697, 704, 706
Knapp, P. H. 133, 149
Knauer, R. S. 684, 704
Knäuper, B. 162, 164, 233, 238
Knauth, P. 698, 706
Knight, R. 823, 895
Knight, R. A. 59–60, 73, 80, 139
Knight, R. P. 825, 839, 842, 889
Knopf, J. 768, 795
Knorring, A. v. 837, 883–884
Knowles, R. R. 127
Kober, J. 127
Koch, J. L. A. 831, 889
Kockott, G. 359, 424, 726–727, 737–738, 745, 749, 768–769, 772, 789, 793, 806, 884
Koehler, C. 295
Koehler, K. 6, 153, 827, 843, 896
Koella, W. P. 685, 706
Koeller, D. M. 162, 239
Koenigsberg, H. 874, 884
Koenigsberg, H. W. 839, 889
Kog, E. 618, 647
Kohl, R. N. 770, 788
Kohlhoff, A. 868, 890
Kohn, M. L. 46, 139
Kohut, H. 850–851, 890
Kokkevi, A. 522, 582

Kolb, J. E. 840, 887, 890
Kolb, L. 524, 582
Kolko, D. J. 418, 428
Konrad, M. 119, 139
Kopel, S. 773, 784
Kopelman, M. D. 368, 428
Kopf-Mehnert, G. 695–696, 711
Kopp, B. 79, 139
Korchin, S. 184, 231
Körkel, I. 484, 500
Körkel, J. 441, 474, 476, 484, 500–501
Kornblith, S. J. 136
Kornetsky, C. 57, 145
Korten, A. 28, 128, 137, 140, 147
Koss, M. P. 290, 298
Kotthaus, B. 611, 623, 647, 653
Kovacz, M. 213, 236
Kozak, M. J. 288, 296
Kraemer, S. 116, 125, 139, 466, 477, 480, 482, 496, 554–555, 560, 578, 582
Kraepelin, E. 2–3, 12, 25–26, 33, 36, 44, 48, 51–52, 57, 89, 139, 155, 160, 233, 831, 890
Kral, J. G. 593, 608, 642, 646
Kramer, M. 41, 122, 129, 227, 301
Krämer, S. 510
Krappweis, J. 529, 579
Krasner, L. 111, 151
Kratochvil, S. 765, 773, 789
Kräuchi, K. 711
Kraus, A. 173, 235
Kraus, L. 533–534, 578, 582
Krause, R. 81, 149, 257, 293
Krause, W. 737–738, 789–790

Krausz, M. 13, 142, 450, 501
Krauthammer, C. 166, 233
Krauthan, G. 482, 496
Kravitz, H. 682, 703
Kreek, M. J. 579
Kreel, L. 90, 137
Kreitman, N. B. 237
Kretschmer, E. 816, 820–822, 853, 890
Kreutzer, C. S. 411, 428
Krieg, J. 651
Krieg, J.-C. 590, 647
Krieg, J. C. 606–607, 647, 649
Krieger, J. 682, 706
Krimil-Gray, K. 692, 710
Kringlen, E. 86, 88, 139, 145
Kripke, D. F. 700, 706
Krishaber, M. 380, 428
Krishnan, K. R. R. 419–420, 429
Kron, L. 608, 647
Kronauer, R. E. 703
Krug, I. 771, 790
Kruger, G. 124
Krüger, H.-P. 449, 451, 501
Krüger, M. 119, 139
Krumm, B. 29, 124, 134, 140
Kryger, M. H. 666, 706
Krystal, H. 501
Kubicki, St. 661, 706
Küfner, H. 438, 444–448, 451, 456, 460–462, 465, 470–471, 480–484, 487–491, 496, 501–502, 510, 517, 531–532, 534, 540, 547, 558, 570, 582–583, 585
Kuhl, J. 176–177, 233
Kuhn, E. 645
Kuhn, K. L. 524, 580
Kühn, L. 48, 50, 122

Kühner, C. 210, 220, 230, 233
Kuhnley, E. F. 417, 429
Kuhs, H. 204, 233
Kuipers, L. 118, 120, 140, 143
Kulcar, Z. 43, 128
Kulhanek, F. 124
Kumakura, N. 163, 237
Kunkel, J. 691, 707
Kunkel, M. 682, 705
Kunz, D. 573, 582
Künzel, R. 780, 795
Künzel-Böhmer, J. 528, 578, 580
Kuperman, S. 383, 431
Kupfer, D. 657, 706
Kupfer, D. J. 200, 205, 227, 233, 237, 673–674, 703, 709, 752, 786
Kupper, Z. 126
Kuriansky, J. B. 773, 790
Kursawe, H. K. 668, 710
Kurze, M. 572, 583
Kushner, H. 503, 581
Kushner, M. G. 456, 502
Kushner, R. 607, 642
Kwapil, T. R. 72, 140

L'Abate, L. 876, 890
Labate, C. 547, 585
Lachner, G. 452, 502
Lacks, P. 691, 707
Lacombe, J. 664, 704
Ladee, G. A. 327, 350
Lader, M. H. 146, 243, 299
Ladewig, D. 445, 502, 532, 563, 583
LaDou, J. 454, 504
LaDu, T. J. 628, 645
Laessle, R. 649, 651
Laessle, R. G. 592, 594–596, 600, 603, 611–612, 621, 623, 626, 647, 649, 651, 653
Laine, D. E. 606, 648
Lake, C. R. 594, 646

Lanczik, M. 228
Lang, H. 173, 235
Lang, M. 50, 148
Lang, P. 649
Lang, P. J. 243, 246, 299, 316, 350
Lang, R. A. 771, 790
Langdon, N. 679, 707
Lange, K. 68, 83, 88, 142
Langer, D. 732, 734, 736–737, 768, 790
Langevin, R. 771, 790
Langner, T. S. 813, 890
Lanin-Kettering, I. 74, 135
Lanke, J. 164, 228
Lansky, M. R. 765, 790
Largen, J. W., Jr. 90, 140
Larkin, C. 144
Larntz, K. 836, 890
Larson, J. 149
Larson, R. 596, 646
Larsson, B. 649
Laser, P. S. 404, 424
Lasky, J. J. 15, 141
Lässle, R. 116, 139
Last, C. G. 263, 299
Latimer, P. R. 317, 347, 350–351
Lauer, C. 607, 647, 661, 709
Lauer, C. H. 200, 233
Lauer, G. 474, 484, 501
Lauerman, R. J. 515, 577
Lautenbacher, S. 590, 607, 621, 647
Lauter, H. 205, 236
Lavie, P. 684, 707
Lavori, P. 226
Lavori, P. W. 227
Lavory, P. W. 599, 645
Lazare, A. 856–857, 890
Lazarus, A. A. 745, 747, 759, 768, 772, 790, 797
Lazarus, R. S. 246, 299
Le Magnen, J. 622–623, 641, 647

Leaf, P. J. 166, 238, 254, 301, 306
Leber, W. R. 227
LeBlanc, M. 538, 583
Leckman, J. F. 228, 253, 299
LeDoux, D. E. 248, 299
Lee, I. 318, 353
Lee, R. G. 60, 148
Leek, M. R. 54, 135
Leen, D. 58, 126
Leenan, F. H. H. 345, 351
Leff, J. 28, 40, 140
Leff, J. J. 772, 790
Leff, J. P. 6, 95, 136, 138
Legnaro, A. 467, 493
Legros, S. 235
Lehman, W. E. K. 548, 583
Lehnitzk, Ch. 528, 578
Leibl, C. 602, 643
Leiblum, S. R. 726, 766, 771, 775, 790
Leighton, A. H. 864, 890
Leighton, D. C. 864, 890
Leino, E. V. 510
Leitenberg, H. 593, 612, 627, 647, 650–651
Leitersdorf, E. 644
Lelbach, W. K. 450, 502
Lelliott, P. 259, 299
Lemkau, P. V. 43, 128
Lemmens, P. 495
Lemmi, H. 703
Lemon, M. 54, 57, 149
Lennerts, W. 626, 647
Lentz, R. J. 112, 145
Lenz, G. 10, 123
Lenzenweger, M. F. 39, 129, 140
Leon, A. C. 226
Leon, C. 128
Leon, G. R. 632, 647
Leonard, M. 792
Leonhard, K. 160, 233, 314, 331, 351
Leonhard, K. E. 493

Lerman, R. H. 636, 648
Lesch, O. M. 444, 448, 485, 502
Lescz, M. 872, 890
Lesse, S. 327, 351
Letizia, K. A. 638, 653
Lettieri, D. J. 502
Leukefeld, C. G. 583
Levav, I. 129
Levenson, R. W. 454, 502, 508
Leventhal, D. 63–64, 152
Leventhal, D. B. 63, 127
Levin, E. M. 738, 783
Levin, G. A. 388, 431
Levin, R. A. 812, 899
Levin, S. 128
Levine, A. G. 770, 797
Levine, A. S. 606, 648
Levine, D. 128
Levine, J. E. 237
Levine, L. R. 648
Levine, S. B. 768, 780, 796
Levinson, D. F. 64, 140
Levitt, E. B. 636, 643
Levy, A. B. 602, 648
Levy, B. 127
Levy, D. 451, 462, 505
Levy, J. S. 382, 384, 386, 393, 429
Lew, E. A. 630, 648
Lewandowski, L. 119, 125
Lewinsohn, P. 749, 790
Lewinsohn, P. M. 162–164, 169–170, 172–173, 179–180, 186, 191, 202, 212, 222, 230, 233–234, 236, 239
Lewis, A. B. 50, 133
Lewis, D. J. 361–362, 384, 421
Lewis, I. A. 741, 785
Lewis, M. S. 47, 140
Lewis, N. D. C. 417–418, 429
Lewis, R. 77, 133
Lewis, S. 92, 131, 140

Lewis, S. W. 92, 145
Lewty, W. 385, 434
Lewy, A. J. 684, 700, 707
Lexel-Gartner, S. 471, 492
Liang, K.-Y. 146
Liberman, R. P. 102, 107, 114–116, 130, 140, 143, 152, 407, 436, 877, 900
Libermann, R. P. 124
Libman, E. 774–775, 785, 790
Lichstein, K. L. 687, 689, 707
Lichtenstein, M. 748, 794
Liddell, D. W. 373, 422
Liddle, P. 37, 140
Liddle, R. A. 606, 644
Lidz, V. M. 581
Lieber, C. S. 450–451, 508, 510
Lieberman, J. A. 100, 103, 140, 147
Lieberman, P. 29, 149
Liebman, R. 628, 651
Liebowitz, M. R. 872, 875–876, 890
Liebschutz, J. 654
Lienert, G. A. 662, 707
Lifshitz, J. L. 783
Liira, J. 146
Lilie, J. 682, 703
Lilienfeld, S. O. 836, 848, 890
Lin, K. M. 28, 140
Linde, S. 694, 705
Linden, M. 102, 140, 156, 161, 180, 221, 230, 232, 234, 253, 297
Linden, R. D. 415, 424
Lindenmeyer, J. 479, 502
Lindsay, S. J. 345, 351
Lindsley, O. R. 111, 141
Lindstrom, L. H. 66, 121
Lindy, D. C. 602, 648
Lineberger, M. H. 783
Linehan, M. 877, 890
Linehan, M. M. 877, 890

Link, B. G. 129
Links, P. S. 819, 891
Linn, L. 390–391, 429
Linnoila, M. 124, 707
Linschoten, J. 662, 707
Lint, J. 451, 506–507
Lion, J. R. 406–407, 422, 429–430, 812, 891
Lipinski, J. F. 5, 146
Lipman, R. S. 213, 226
Lipowski, Z. J. 315, 317, 346, 351
Lipton, S. D. 391, 429
Lisansky, J. 327, 350
Liskow, B. 442, 502
Litt, M. D. 444, 502
Litten, R. Z. 478, 485, 502
Livesley, W. J. 804–805, 891
Llewelyn, S. P. 742, 777, 783
Lloyd, S. 682, 703
Lobitz, G. K. 757, 790
Lobitz, W. C. 757, 762–763, 765, 769–770, 772, 786, 790–791
Lobo, M. L. 73, 132
Löchte, B. 694, 708
Locke, B. L. 227
Locke, B. Z. 506
Lockhart, J. J. 80, 147
Lockwood, G. 688, 705
Loeber, R. 538, 583
Loewenstein, R. J. 368, 371, 429
Löffler, W. 134
Loh, J. 148
Lohr, N. 380, 431
Lohse, H. 730, 795
Lohstöter, I. 741, 788
Lombroso, C. 831, 891
Long, M. 75, 150
Long, R. T. 232
Loosen, P. T. 191, 199, 213, 231, 234, 236
LoPiccolo, J. 725, 731, 733, 752, 762–763, 765–766, 768, 772, 775–776, 784, 787, 789–792, 795
LoPiccolo, L. 724, 762, 787, 791
Loranger, A. W. 867, 891
Loriaux, O. 645
Lorr, M. 15, 141
Losch, M. 594, 651
Losito, P. G. 237
Louis-Sylvestre, J. 623, 647
Lousberg, H. 305
Lovin 657, 706
Lowe, J. C. 770, 791
Lu, R.-B. 140
Luborsky, L. 504, 522, 583
Lubowsky, J. 123
Luby, J. L. 210, 234
Lucas, A. R. 621, 648
Lucas, F. 622, 641
Lucas, M. J. 765, 792
Luchins, D. J. 81, 144
Luckie, L. F. 504
Luderer, H. J. 1, 141
Ludwig, A. M. 374, 429, 438, 467, 501–502
Ludwig, W. W. 638, 649
Lugaresi, E. 657, 703
Luka-Krausgrill, U. 172, 234
Lukasik, V. 600, 643
Lukoff, D. 16, 130, 141, 152
Lund, R. 196, 224, 668, 682, 686, 707–708
Lunde, I. 238
Lundwall, L. K. 492
Lungershausen, E. 572, 587
Lürssen, E. 464, 503
Lydic, R. 201, 231, 673, 705
Lysloff, G. 482, 505

MacAndrew, C. 445, 503
MacCrimmon, D. 77, 131
Machon, R. A. 47, 142

MacKain, S. 114, 132
Mackarness, R. 341, 351
Macklin, D. B. 864, 890
MacMillan, A. M. 864, 890
MacMillan, F. 23, 141
MacMillan, J. F. 119, 141
Madakasira, S. 365, 385, 429
Madania, M. J. 136
Maddi, K. L. 619, 646
Maddock, R. J. 304
Madsen, C. H. 772, 791
Maedow, R. 398, 401, 429
Magaro, P. A. 38, 141
Magoun, H. W. 672, 708
Maher, B. 815, 891
Maher, B. A. 68, 70–71, 141
Mahon, T. 829, 897
Mai, N. 625, 644
Maier, C. 105, 126
Maier, W. 18, 145, 453, 457, 503
Maiman, L. A. 349
Maj, M. 91, 138
Majewski, F. 450, 503
Mäkelä, K. 495, 503
Malamuth, N. 755, 785
Malenka, R. C. 79–80, 141
Malinow, K. L. 406, 429, 811, 864, 891
Malla, A. K. 97, 144
Mallinger, A. G. 227
Mallott, D. B. 60, 148
Malm, U. 124
Mamalis, N. 375, 430
Mandal, M. K. 80, 141
Mandel, A. 751, 755, 791
Mandel, K. H. 751, 753, 759, 761, 791
Mann, K. 458, 486, 503
Manning, D. 805, 869, 900
Mannino, F. V. 420–421, 424, 429
Mannuzza, S. 131

Manschreck, T. C. 55, 70–72, 141
Marchione, K. 267, 301
Marder, S. 130
Marder, S. R. 23, 99–100, 102, 129, 141, 151
Marengo, J. T. 69, 135
Margraf, J. 161, 234, 242, 253, 256–257, 259–263, 267, 278–280, 283, 287, 292, 295–296, 299–300, 304, 306
Maricq, H. R. 64, 140
Marini, J. L. 407, 434
Markey, S. P. 707
Markowitsch, H. H. 368, 429
Markowitz, J. S. 306
Marks, I. 259, 264, 280, 299
Marks, I. M. 241, 243, 248, 250, 253–255, 257–259, 262–264, 267–268, 275–281, 288, 297, 299–300, 302, 304, 314, 325–326, 345, 351, 353, 732, 791
Marks, V. 608, 652, 699, 701
Marlatt, A. G. 455–456, 466–467, 475, 482, 484–485, 494, 503
Marlatt, G. A. 524, 542, 545–546, 550, 581, 583
Marmot, M. G. 345, 352
Marquardt, F. 445, 499
Marquit, C. 771, 791
Marsden, M. E. 581
Marsella, A. 128
Marshal, P. G. 418, 430
Martin, C. E. 752, 789
Martin, J. R. 71, 147
Martin, M. 295
Martin, M. F. 374, 435
Martin, N. G. 249, 298
Martin, P. 766, 787
Martin, R. H. 5, 127

Martin, S. S. 500
Martinez, M. 193, 228
Marziali, E. 819, 839, 884, 891
Maß, R. 13, 142
Maser, J. D. 226
Massel, H. K. 140
Masson, J. M. 741, 791
Masten, V. 61, 150
Masters, W. H. 723, 727–728, 733, 735, 745, 747, 759, 761–766, 769–770, 772–774, 776, 778–779, 791, 797
Masterton, J. P. 663, 706
Mastropaolo, J. 75, 147
Mathews, A. 270, 274, 293, 300, 731, 763–764, 767, 773, 776, 781, 783, 791, 797
Mathews, A. M. 257, 263–264, 267, 274, 294, 301, 331, 351
Mathews, R. J. 726, 749, 791
Mathieu, M. 765, 793
Matson, I. 777, 784
Matsuki, K. 679, 705
Matt, G. E. 217, 238
Mattes, J. A. 407, 429
Matthews, S. M. 5, 8, 21, 23, 105, 130, 138, 142
Matthysse, S. 88–89, 136, 142
Mattick, R. P. 558, 587
Matussek, N. 196, 234
Matussek, P. 110, 142
Maudsley, H. 831, 891
Maul, D. 503
Maurer, K. 22, 29, 31, 124, 134, 142
Maus, N. 596, 633, 648, 654
Mavissakalian, M. 746, 797
May, P. R. A. 99, 142
Mayclin, D. K. 738, 785
Mayer, G. 686, 707

Mayer-Gross, W. 381, 430
Mayerhausen, W. 606, 648
Maynard, H. 112, 130
Mayou, R. 312, 314, 350–351
Mazur, M. A. 743, 788
Mc Claern, G. E. 634, 653
McAbee, R. S. 674, 710
McAdvo, W. G. 638, 649
McAllister, D. A. 649
McCann, B. S. 253, 305
McCann, J. T. 866, 891
McCarley, R. W. 669, 710
McCary, J. L. 746, 791
McChesney, C. M. 271, 302
McConaghy, S. L. 411, 430
McCord, J. 832, 891
McCord, W. M. 832, 875, 891
McCormick, R. A. 414, 433
McCormick, R. V. 29, 135
McCue, E. C. 253, 301
McCue, P. A. 253, 301
McDonald, D. 184, 225
McEachran, A. B. 227
McElroy, S. L. 410–411, 430
McGeary, J. 218, 237
McGhie, A. 53, 142
McGinn, T. 60, 148
McGlashan, T. H. 16, 27–28, 30, 32–33, 35–38, 50, 130, 142, 827, 891
McGlynn, F. D. 345, 350
McGonagle, K. A. 232
McGorry, P. D. 14, 17, 142
McGovern, K. 772, 789
McGovern, K. B. 765, 791–792
McGovern, M. P. 523, 583
McGrady, B. S. 483, 491, 503
McGrath, J. 146
McGrath, P. 418, 430

McGue, M. 84, 87–88, 142
McGuffin, P. 39, 132, 142
McGuire, L. 773, 794
McGuire, L. S. 743, 792
McGuire, M. 43, 81, 151
McGuire, R. J. 747, 792
McKee, E. 402, 427
McKinney, W. T. 173, 201, 222, 234
McLean, P. D. 215–216, 234
McLellan, A. T. 445, 490, 503–504, 522, 570, 573, 583–584
McLellan, T. 537, 545, 584
McLelland, D. C. 455, 504
McLemore, C. 805, 892
McLeod, D. R. 298
McMullen, S. 772, 792
McNair, D. M. 15, 141
McNally, R. J. 249–250, 262, 264, 276, 301, 303
McNamee, G. 259, 299
McNulty, T. F. 689, 711
Meagher, J. R. 744, 785
Meares, R. 393, 430
Mednick, S. A. 47, 92–94, 122, 142, 818, 821, 835, 885, 892–893
Meehl, P. E. 87–88, 134, 142–143
Meek, P. S. 454, 502
Meeks, J. E. 409, 417, 430
Meermann, R. 612, 625–626, 628, 648
Mehl, J. 280, 301
Meichenbaum, D. 115, 143
Meier-Ewert, K. 657, 677, 680, 682–683, 707–708
Meinhard-Helmrich, P. 471, 504
Meissner, S. 134
Meissner, W. W. 872, 876, 892

Melchertsen, K. 492
Melchinger, H. 529, 570, 584
Melchior, C. I. 464, 505
Melchior, J. C. 607–608, 648
Melin, L. 346, 351
Melisaratos, N. 731, 747, 784
Mellsop, G. W. 821–823, 833, 892
Melnick, S. 400–401, 423
Melville, C. 22–23, 136
Melzack, R. 323, 351
Mendel, J. G. 254, 301, 400, 430
Mendelson, J. H. 454, 504
Mendelson, M. 162, 173, 224, 234
Mendelson, W. B. 670, 707–708
Mendlewicz, J. 193, 235
Menekes, D. B. 193, 225
Menn, A. Z. 105, 142–143
Menninger, K. 396, 400, 430, 435
Mentzos, S. 817, 824, 847, 860, 862, 892
Menzel, R. 641
Merchant, A. 122
Merikangas, K. R. 253, 255, 299, 306, 813, 867, 892
Merritt, R. D. 58, 60–61, 122, 143
Merskey, H. 398, 430, 664, 706
Mertens, W. 858, 873, 892
Mervis, C. 804, 892
Messerly, L. 756, 796
Messick, S. 610, 653
Metalsky, G. I. 177, 222
Metsch, H. 466–467, 507
Metzger, D. 503
Meyer, G. 413, 430
Meyer, J. K. 765, 773, 792
Meyer, M. 414, 428

Meyer, R. E. 454, 485, 492, 494, 504
Meyer-Osterkamp, S. 111–112, 127, 131
Mezzich, J. E. 253, 305
Michael, S. T. 813, 890
Michels, R. 248, 301
Michelson, L. 264, 267, 301
Michitsuji, S. 47, 134
Mickelson, O. 621, 646
Midanik, L. 471, 497
Midanik, L. T. 495
Middleton Fillmore, K. 510
Middleton, H. 295
Middleton, W. 166, 235
Midha, K. K. 124
Miehle, K. 524, 587
Miele, G. M. 900
Miest, P.-Ch. 445, 502
Mignot, E. 679, 708
Mikulas, W. L. 770, 791
Milan, M. A. 876, 890
Milan, R. 789
Milan, R. J. 774–775, 792
Milavetz, J. J. 141
Milberg, W. 77, 133
Miles, L. E. 703
Milici, N. 91, 138
Miller, A. 858, 892
Miller, D. 320, 325, 351
Miller, E. N. 60, 126
Miller, J. G. 74, 135
Miller, L. 504
Miller, N. E. 247, 295
Miller, P. M. 237, 466, 504
Miller, R. 102, 153
Miller, S. D. 375, 430, 433
Miller, W. R. 458, 474–478, 486, 490, 493, 504, 542, 573, 584
Millon, T. 805, 810, 819, 824, 833–834, 838, 848, 852–853, 855, 892
Mills, K. H. 763, 789, 792

Milstein, V. 363, 375–376, 423
Mineka, S. 184, 225, 251, 265, 301, 304
Ministerium für Arbeit, Gesundheit und Soziales des Landes Nordrhein-Westfalen 584
Minors, D. S. 700, 708
Mintz, J. 66, 128, 544, 585
Minuchin, S. 618, 628, 648, 651
Mischel, W. 180, 234, 243, 301
Mischlove, M. 25, 143
Missel, P. 482, 489, 505
Mitchell, J. E. 154, 410, 427, 595, 597–599, 602, 606, 619, 628–629, 648–650
Mitchell, K. R. 692, 708
Mitchell, S. 678, 709
Mitchill, S. L. 374, 430
Mitler, M M. 682, 703, 705
Mittelmann, K. 694, 708
Mittleman, F. 149
Miura, S. 420, 431
Mock, J. 162, 224
Modrzewska, K. 43, 124
Mohr, D. C. 732, 768, 792
Mohs, R. 829, 897
Moise, R. 547, 584
Moldofsky, H. 590, 643
Moles, E. A. 127
Möller, H. J. 13, 31, 33, 143, 153, 203, 232, 448, 505
Mombour, W. 9, 16, 129, 136, 153, 253, 295, 355, 359, 424, 437, 495, 516, 579, 724, 784, 803, 806, 884
Mombur, W. 238
Money, J. 755, 792
Monk, T. H. 698, 708
Monopolis, S. 406, 430

Monroe, J. T. 420, 430
Monroe, L. J. 663, 672, 708–709
Monroe, R. R. 406, 430
Monroe, S. M. 160, 227
Montgomery, B. 789
Montgomery, H. A. 504
Montigny, D. 195, 225
Moore, D. F. 864, 897
Moore, E. 120, 143
Moore, S. E. 662, 702
Moore-Ede, M. 703
Moore-Ede, M. C. 684, 700, 704, 708
Moorweßel, E. 449, 505
Moos, R. H. 489–490, 497
Moras, K. 270, 294
Morawetz, D. 693, 708
Moreau, D. 221, 235
Morel, B. A. 831, 892
Morey, L. C. 442–443, 505, 805, 857, 869, 881, 892
Morice, R. 75, 143
Morice, R. D. 71, 143
Morley, J. E. 606, 639, 648–649, 652
Morokoff, P. J. 746, 792
Morris, C. 130
Morrison, D. H. 523, 583
Morrison, R. 398, 435
Morrison, R. L. 37, 75, 80–81, 123, 143
Morrison, S. L. 46, 132
Mortensen, P. B. 129
Mortola, J. F. 602, 649
Moruzzi, G. 672, 708
Moser, E. A. 607, 649
Moser, J. 439, 495
Mosher, D. L. 741, 747–748, 780
Mosher, H. R. 5, 130
Mosher, L. R. 105, 109–110, 142–143
Moss, J. L. 80, 139
Motoyoshi, M. 510
Moutier, F. 381, 424

Mowrer, O. H. 247, 249, 258, 276, 301
Mueller, T. I. 226
Muenzing, W. 607, 649
Mueser, K. T. 37–38, 75, 80, 107, 110, 123, 140, 143
Mufson, L. 221, 235
Mühlen, B. 448, 505
Mukherjee, S. 37, 124, 148
Mullaney, D. J. 700, 706
Müllejans, R. 163, 237
Müller, C. 26, 110, 126, 143, 814, 892
Müller, F. 234
Müller, G. 694, 709
Müller, H. 109, 143
Müller, P. 101–103, 143
Müller, U. 146
Müller-Thomsen, T. 450, 501
Mundle, G. 486, 503
Mundt, C. 16–17, 29, 119, 130, 143–144, 173, 235
Munjack, D. J. 769, 792
Munk-Jorgensen, P. 47, 122, 134
Munoz, R. F. 212, 239
Munroe-Blum, H. 839, 884
Murdock, T. B. 291, 296, 777, 786
Murphy, D. 144
Murphy, G. E. 236–237
Murphy, M. R. 308, 310, 317, 349, 351
Murray, R. 92, 131
Murray, R. M. 44, 50, 92–93, 126, 129, 137, 144–146
Musalek, M. 444, 502
Musikoff, H. 581
Musisi, S. 602, 649
Mussgay, L. 101, 113, 116, 137, 144, 150
Myers, D. P. 525, 584

Myers, J. 96, 137
Myers, J. K. 259, 301
Myers, R. D. 464, 505

Nadelson, T. 400, 431
Nadi, N. S. 228
Nagata, F. A. 766, 781
Naghdi, S. 83, 125
Nairne, K. D. 772, 792
Nankin, H. R. 789
Nathan, P. E. 455, 466, 503
Nathan, R. S. 285, 305
Naveh, G. 129
Nduaguba, M. 814, 894
Neale, J. M. 55–56, 94–95, 144–145
Neale, M. C. 162, 167, 232, 272, 298
Nee, J. 833, 897
Neer, R. M. 640, 650
Neilson, D. 44, 135
Nelson, C. B. 232
Nelson, C. J. 152
Nemetz, G. H. 763, 772–773, 792
Nemiah, J. C. 317, 351, 361–362, 367, 371, 374, 378, 381, 391, 431, 846, 893
Nerviano, V. J. 442, 505
Nesse, R. M. 253, 255, 294, 304
Nestadt, G. R. 122
Netter, P. 248, 298
Neu, C. 238
Neuendorff, S. 479, 505
Neuman, P. A. 650
Neumann, H. 757, 785
Nevill, D. 748, 792
Newcomb, M. 743, 797
Newcomb, M. D. 505
Newcomer, V. D. 420, 435
Newlin, D. B. 458, 505
Newman, S. C. 165, 225
Newsome, D. A. 707
Nezu, A. M. 649
Ni Nuallain, M. 43, 144

Nicassio, P. M. 687, 690, 702
Nickel, E. 442, 502
Niedermeier, T. 119, 130
Nielsen, J. 813, 893
Nielsen, J. A. 128, 813, 893
Niemann, L. K. 645
Niemeyer, M. 241, 302
Niemeyer, R. A. 213, 235
Nimmerrichter, A. 485, 502
Ninan, P. T. 124
Nisbett, R. E. 250, 301, 633, 649
Nishiwaki, S. 602, 646
Nisita, C. 271, 301
Nofzinger, E. A. 674, 703
Nolen-Hoeksema, S. 164, 235
Norcross, J. C. 535, 585
Nordby, H. 66, 144
Nordlohne, E. 469, 505, 530, 584
Noren, P. 346, 351
Norman, J. 644
Norman, R. M. 97, 144
Norris, M. 57, 144
Norström, T. 495
North, C. 1, 124, 144
Norton, G. R. 376, 433
Norton, S. P. 789
Notgrass, C. M. 742, 797
Novic, J. 81, 144
Noyes, R. 241, 253, 259, 271–272, 292, 295, 302, 321, 351, 365, 383, 385, 431, 869, 894
Nudelman, S. 647
Nuechterlein, K. H. 16, 23, 57, 62, 66, 83, 128, 133, 141, 144, 150, 829, 893
Nugent, J. 756, 796
Nurco, D. N. 538, 548, 573, 584
Nurcombe, B. 417, 431

Nurnberger, J. I. 166, 191–192, 228, 235, 636, 643–644
Nussbaum, S. F. 640, 650
Nusselt, L. 769, 789
Nutter, D. E. 748, 793
Nyswander, M. E. 556, 579, 584

O'Brian, K. 365, 385, 429
O'Brien, C. P. 504, 522, 537, 544–545, 570, 583–585
O'Brien, Ch. P. 583
O'Brien, G. T. 263, 267, 299, 302
O'Brien, T. J. 544, 585
O'Callaghan, F. 47–48, 144
O'Connor, D. 773, 790
O'Connor, J. F. 740, 764, 793
O'Connor, M. 642, 647
O'Farrell, T. J. 481, 505
O'Gorman, E. C. 772, 793
O'Gorman, T. W. 321, 351
O'Hare, A. 43, 144, 151
O'Leary, M. R. 482, 494
O'Neale, P. 823, 893
O'Neil, M. 80, 128
O'Neill, H. K. 773, 784
O'Shaugnessy, M. 600, 644
O'Sullivan, G. 267, 288, 302
Oades, R. D. 73, 91, 149
Oakson, G. 672, 710
Oberndorf, C. P. 382, 387, 431
Obler, M. 765, 793
Ochoa, E. S. 857, 892
Oei, T. P. 773, 787
Oesterreich, K. 381, 431
Offit, A. K. 770, 788
Ogata, S. 380, 431
Ogilvie, R. D. 663, 708
Oguchi, T. 420, 431

Ohayon, J. 56, 145
Ohlson, L. O. 631, 649
Ohlund, L. S. 144
Öhman, A. 65–66, 121, 144, 250, 280, 302
Öjesjö, L. 164, 228
Okawa, M. 700, 708
Okeya, B. L. 100, 151
Okorodudu, A. O. 525, 586
Olasov-Rothbaum, B. 742, 777, 786
Olatawura, M. 128
Olbrich, R. 29, 98, 116–117, 132, 144–145, 477, 511
Oldham, J. M. 867–869, 891, 893, 897
O'Leary, D, 295
Oliveau, D. 258, 292
Olmstead, E. 663, 705
Olmsted, M. P. 591, 610, 644
Olsen, S. 121
Olsen, S. A. 37, 122
Oltmanns, T. F. 55–56, 81–82, 94–95, 123, 131, 144–145
Onstad, S. 86, 145
Opler, L. A. 16, 39, 138
Oppenheim, H. 265, 302
Oreland, L. 495
Orford, I. 475, 505
Orne, H. 165, 225
Ornstein, S. I. 451, 462, 505
Orr, W. C. 703
Ortmann, J. 238
Orvaschel, H. 301, 303
Orzack, M. H. 57, 145
Osswald, B. R. 508
Öst, L.-G. 144
Ost, L. G. 66, 121, 249–250, 255, 259, 276–277, 298, 302
Österberg, E. 495
Oswald, I. 663, 701
Othmer, E. 662, 707

Ottens, A. J. 421, 431
Ouellette, R. 241, 306
Overall, J. E. 15, 145
Owen, M. 92, 131
Owen, M. J. 92, 145
Owens, D. 44, 135
Oyama, O. N. 454, 502

Paar, F. 757, 785
Padian, N. 238
Pahl, J. 601, 605, 649–651
Paiva, T. 661, 704
Palchoudhury, S. 80, 141
Paldi, E. 786
Palmer, R. 609, 649
Pandurangi, A. K. 37, 124
Pankratz, L. 394, 400, 431
Papenhausen, R. 885
Papsdorf, J. D. 688, 704
Paré, D. 672, 710
Parekh, H. 896
Parker, L. 345, 349
Parkes, D. 679, 685, 707–708
Parks, P. M. 765, 772, 788
Parloff, M. B. 214, 227, 236
Parnas, J. 818, 821, 893
Parsons, O. A. 458, 505
Partinen, M. 657, 681, 703–704
Partridge, G. E. 893
Paschke, W. R. 538, 585
Pasternack, S. A. 864, 893
Patel, C. 345, 352
Paterok, B. 695, 697, 708
Pathak, D. 314, 350
Pato, C. 32, 146
Paton, A. 447, 492
Patten, S. R. 647
Patterson, T. 123
Pattison, E. M. 439, 441–442, 450, 505
Pattison, J. H. 213, 226
Paul, G. L. 112, 145

Paul, T. 596, 599, 610, 632–633, 642, 648–649, 653
Pauleikhoff, B. 409, 431
Pauls, A. M. 590, 647
Pauls, D. L. 227, 232, 253, 299
Pauls, S. M. 124
Pavlov, I. P. 544, 585
Paykel, E. S. 97, 145, 166, 182–183, 211, 213, 232, 235
Payn, N. 772, 793
Payne, R. W. 73, 145
Peacock, C. 449, 505
Pead, J. 523, 578
Pearson, C. 742, 777, 783
Pedersen, N. L. 634, 653
Pedley, M. 56, 135
Peeke, H. V. 253, 303
Pellborn, L. A. 495
Pellerin, D. 411, 426
Penick, E. 442, 502
Penna, M. W. 832, 893
Pennebaker, J. W. 251, 302
Penner, C. A. 613, 645
Penzel, T. 657, 708
Pepping, G. 780, 795
Percy, L. 686, 705
Perel, J. M. 227
Peres, Y. 733, 748, 788, 794
Perline, R. 81, 144
Pernow, B. 495
Perreault, R. 765, 773, 793
Perri, M. G. 638, 649
Perris, C. 160, 235
Perry, J. 735, 793
Perry, J. C. 380, 427, 802, 818–819, 827, 843, 853, 866, 872, 876, 893, 899
Perry, J. D. 736, 788
Persson, G. 166, 228
Peszke, M. A. 388, 431
Petchers-Cassell, M. 73, 139

Peter, J. H. 681, 708
Peters, R. 503
Peters, S. D. 785
Peters, U. H. 109, 145
Peterson, A. E. 829, 897
Peterson, C. 174, 235, 743, 793
Peterson, J. 457, 506
Peterson, R. A. 262, 303
Petracca, A. 301
Petry, J. 441, 466–467, 476–477, 479, 482, 484, 505–506
Pettinati, H. 503
Peveler, R. 642
Peveler, R. C. 640, 643
Pfeifer-Kurda, M. 47, 134
Pfeiffer, W. 477, 479, 481, 493, 506
Pfeiffer, W. K. 477, 479, 506
Pfeiffer-Beck, M. 572, 587
Pfingsten, U. 281, 297
Pfingstmann, G. 183, 224
Pfohl, B. 822, 867, 869, 894, 897
Pfrang, H. 483–484, 506, 753, 755, 794
Philipp, E. 606, 649, 654
Philipp, M. 18, 145
Philips, H. C. 317, 346, 352
Philips, K. A. 812, 894
Philips, T. 625, 653
Phillips, D. 792
Phillips, E. R. 703
Phillips, K. A. 184, 235
Pi, E. H. 100, 151
Pi-Sunyer, F. X. 608, 642
Piatowska, O. 102, 145
Pickar, D. 124, 146
Piel, E. 668, 708
Pierce, W. D. 620, 642
Pierloot, R. A. 410, 432
Pietropinto, A. 752, 793
Pietzcker, A. 21, 31–33, 35, 101, 131, 145

Pihl, R. O. 457, 497, 506
Pilcher, J. 661, 705
Pilkonis, P. A. 227, 236, 279, 302, 894
Pilowsky, I. 313–315, 327, 331, 352
Pinel, P. 830, 894
Pinsker, H. 253, 303
Pirke, K. M. 590, 592–594, 596, 599, 601–608, 611–613, 619, 621, 623, 645, 647, 649–654, 738, 793
Pitkönen, T. 459, 506
Pittmann, D. J. 506
Platt, J. J. 518–520, 522, 533–536, 540, 547–548, 554, 557–559, 563, 572–573, 575, 580–581, 585
Platte, P. 650
Pliner, P. 176, 227
Plomin, R. 249, 303
Ploog, D. 590, 599, 601–603, 619, 621, 650
Plutchik, R. 213, 226
Podell, K. 75, 123
Podszus, T. 708
Podzus, T. 708
Poehlman, E. T. 650
Poellinger, J. 651
Pogue-Geile, M. F. 39, 145
Pohorecky, L. A. 466, 506
Poiseau, E. 661, 706
Poland, R. E. 197, 236
Polatin, P. 825, 888
Pöldinger, W. 232, 711
Polich, J. M. 448, 506
Polivy, J. 610, 623, 644–645, 650
Poljakov, J. 70, 145
Pollack, K. 1, 145
Pollak, J. M. 860, 894
Pollmächer, T. 661, 679, 708–709
Pollmächer, Th. 675, 704
Pollock, G. H. 410, 414, 417, 435

Pollock, V. E. 458, 506
Pomerantz, J. R. 64, 148
Pomeroy, C. 648
Pomeroy, W. B. 752, 770, 788–789
Pope, H. G. 5, 146, 410, 427, 430, 648
Pope, H. G. Jr. 596, 645
Popham, R. E. 451, 462, 506, 508
Poppenberg, A. 32, 131
Popper, K. R. 248, 302
Porjesz, B. 464, 493
Porter, E. 771, 793
Porterfield, A. L. 112, 146
Poser, S. 506
Poser, W. 241, 259, 302, 448, 506
Pössl, J. 184, 239
Post, D. L. 804, 888
Post, R. M. 204, 214, 235, 259, 262, 294, 305, 375, 432
Postpischil, F. 600, 645
Potter, M. 13, 146
Powell, B. J. 442, 502
Powell, J. 546, 585
Powell, L. C. 766, 782, 793
Powers, P. S. 613, 645
Powis, B. 580
Powlishta, K. 691, 707
Pozzi, G. 582
Pracht, B. 16, 143
Prange, A. J. 199, 234
Prentky, R. 771, 795
Prescor, F. 544, 588
Prescott, C. A. 62, 149
Pretzer, J. 879, 886
Price, L. H. 195, 226
Price, S. 763, 769, 786, 793
Price, S. C. 769, 794
Prichard, J. C. 830, 894
Prien, R. F. 205, 227, 235
Prince, M. 358, 378, 432
Prior, K. 418, 430

Pristach, E. A. 64, 148
Prochaska, J. O. 535, 543, 550, 585
Propping, P. 146, 458, 506
Prosen, M. 74, 135
Proulx, R. 81, 124
Prusoff, B. 213, 232
Prusoff, B. A. 238, 253, 299
Pruzinsky, T. 269, 294
Pudel, V. 596, 599, 610, 631, 633–635, 638, 648–650, 654
Pulkkinen, L. 459, 506
Pullian, G. P. 766, 793
Pulver, A. E. 47–48, 146
Purdon, S. E. 191, 236
Püschel, K. 581
Putchat, C. 59, 139
Putnam, F. W. 363–364, 375–379, 432
Pütterich, H. 840, 894
Pyle, R. L. 595, 597, 599, 602, 648–650

Quadflieg, N. 600, 643
Quinlan, D. 184, 225
Quinlan, D. M. 73, 135, 417, 429
Quinn, K. M. 404, 432
Quint, H. 860, 894

Raber, J. I. 414, 433
Rabinowitz, V. C. 493
Raboch, J. 752, 793
Rachal, J. V. 581
Rachman, S. 243, 250, 258, 286, 298, 302, 837, 885
Rachman, S. J. 243, 284–285, 303, 325–326, 330, 352
Rachmann, S. 111, 130
Rado, S. 825, 894
Rae, D. S. 506
Raleigh, M. 594, 646
Ram, R. 32, 146
Ramage, M. 776, 797

Ramirez, L. F. 414, 433
Ramos-Lorenzi, J. 140
Rapaport, O. 362, 432
Rapee, R. M. 270, 295
Raphael, B. 166, 235
Rapkin, B. 152
Raschert, K. 798
Raschke, P. 585
Raskin, A. 127, 501
Raskin, M. 253, 303
Rasmussen, D. D. 602, 649
Ratcliff, K. S. 146
Ratnasuriya, R. H. 599, 650
Ratner, R. A. 419–420, 432
Rauchfleisch, U. 394, 426
Raulin, M. 64, 148
Rausche, A. 755, 794
Ravdin, L. 115, 149
Ravichandran, G. K. 140
Rawlings, R. 47, 151
Rayner, R. 250, 305
Raz, N. 146
Raz, S. 90, 146
Read, T. 13, 146
Readhead, C. P. 268, 294
Reagor, P. 375, 433
Rechtschaffen, A. 659, 663, 678, 709
Redd, W. H. 112, 115, 146
Reed, B. G. 547, 584
Reed, G. F. 385, 432
Reed, J. 391, 424
Regier, D. A. 303, 506
Regier, P. A. 172, 235
Reich, J. 321, 351
Reich, J. H. 813–814, 857, 867, 894
Reich, S. S. 73, 146
Reich, T. 223, 836, 884
Reich, W. 734, 793
Reichland, R. E. 417, 423
Reid, W. H. 872, 878, 895
Reidel, J. 148

Reimer, Ch. 744, 793
Reimer, F. 506
Reinberg, K. 599, 650
Reinecker, H. 116, 131, 500, 853, 860, 863, 895
Reinecker, H.S. 282, 285, 287, 303
Reiser, D.E. 417, 427
Reiss, D. 249, 303
Reiss, D.J. 121, 136
Reiss, S. 262, 265, 303
Reith, G. 763, 792
Reitz, C. 148
Remington, M. 253, 305
Renn, H. 461, 467–468, 506
Rennert, M. 472, 506
Rennie, D. 166, 237
Resick, P.A. 291, 303, 777, 793
Resnick, P.J. 403, 432
Retterstol, N. 26, 31, 146
Rettig, R. 16, 143
Reuband, K.-H. 467, 493
Reus, H.W. 235
Reveley, A. 92, 144
Revenstorf, D. 364, 390, 432, 466–467, 507, 752, 755, 787, 793
Reynolds III, C.F. 674, 703
Reynolds, B.S. 748, 768–769, 779, 794
Reynolds, C.F. 200, 218, 233, 237, 657, 673, 706, 709
Ribot, T. 381, 432
Rice, J. 223
Richardson, G.S. 703
Richardson, P.H. 54, 135
Richter, S. 32, 130
Rickel, K. 195, 235
Ricks, D. 93, 152
Ridgeway, V. 331, 351
Riecher, A. 134
Riedel, J.A. 123
Riedel, P. 478, 507, 896
Riedel, W. 650

Rieder, R. 827, 889
Rieder, R.O. 37, 124, 821, 867, 888, 895
Rief, W. 64, 146, 307, 352, 600, 639, 643, 650
Rieg, C. 95, 118, 146
Riemann, D. 200–201, 225, 233, 666, 668, 673, 686, 702, 705, 709
Ries, R.K. 312, 350
Rigaud, D. 607, 648
Riggs, D.S. 291, 296, 777, 786
Rigotti, N.A. 640, 650
Riley, A.J. 773, 794
Riley, E.J. 773, 794
Rimm, A. 645
Rimon, R. 146, 327, 353
Ringer, C. 496
Ringer, Ch. 438, 445, 496
Ringer, G. 496
Ripp, K. 13, 150
Rippere, V. 341, 352
Risch, C. 346, 352
Risch, S.C. 196, 231
Risen, C.B. 768, 780
Rist, F. 77–79, 139, 146, 485, 507, 524, 587
Ritson, B. 475, 481, 507
Ritson, B.E. 459, 494
Rittmaster, R. 645
Roback, H. 402, 427
Robbins, C. 500
Roberts, C.W. 763, 790
Roberts, J. 702
Roberts, J.E. 100, 146
Roberts, R.E. 233
Roberts, W.W. 383, 432
Robertson, I. 507
Robertson, J. 476, 498
Robinette, C. 86, 139
Robins, E. 310, 353
Robins, L.N. 10, 18, 94, 146–147, 259, 303, 819, 823, 832–833, 836, 893, 895
Robinson, D.S. 195, 235

Robinson, E. 269, 294
Robinson, L. 213, 235
Roch, I. 531, 558, 574, 582–583, 585
Rochester, S.R. 71, 147
Rockert, W. 644
Rockstroh, W. 16, 129
Roder, V. 116, 147
Rodin, J. 617, 632, 650, 652
Rodnick, E. 77, 147
Rodriguez, P.J. 612, 641
Roehling, P.V. 494
Roerig, J.L. 154
Roff, J.D. 80, 139, 823, 895
Roffe, M.W. 755–756, 794
Roffwarg, H.P. 703
Rogers, C.R. 109–110, 147
Rogers, R. 403, 432
Rohde, P. 172, 233–234, 236
Rohde-Dachser, C. 841–842, 844, 850, 874–875, 895
Rohsow, J. 466, 503
Rollnick, S. 542, 584
Rollnik, S. 478, 504
Roman, P.M. 468, 507
Romanoski, A.J. 122
Romelsjö, A. 495
Rometsch, W. 579, 585
Rommelspacher, H. 463, 507
Romoff, V. 407, 432, 877, 895
Ronda, J.M. 703
Ronningstam, E. 811, 850, 884, 887, 895
Room, R. 495
Roose, S.P. 654
Roose, S.R. 602, 648
Roper, G. 325, 352
Roper, M. 645
Roper, M.T. 105, 142
Rorsman, B. 164, 228
Rosa, D.P. 701

Rosch, E. 804, 892
Rosekind, M. 692, 710
Rosekind, M.R. 709–710
Rosen, A.J. 80, 147
Rosen, J.C. 593, 612, 627, 637, 647, 650–651
Rosen, L.W. 592, 644
Rosen, M. 581
Rosen, R.C. 726, 766, 771–772, 775, 790, 792
Rosenbaum, G. 77–78, 133, 147
Rosenbaum, M. 163, 233, 373, 391, 432
Rosenhan, D.L. 372, 432
Rosenstock, I.M. 338, 352
Rosenthal, D. 13, 86, 139, 147, 238, 818, 821, 827, 889, 895
Rosenthal, J.E. 141
Rosenthal, N.E. 670, 700, 708–709
Rosenthal, R. 149
Rosenzweig, L. 148
Rösler, M. 15, 147
Rosman, B.L. 618, 628, 648, 651
Rosnick, L. 867, 869, 893, 897
Ross, A.R. 556, 558, 570, 573, 577
Ross, C.A. 375–379, 382, 390, 392, 432–433
Ross, J.S. 815, 891
Rosse, R.B. 75, 147
Rossi, A. 123
Rossiter, E.M. 593–594, 651
Rössler, W. 106, 117, 134
Rossmann, P. 221, 236
Rössner, S. 495
Rost, W. 596, 640
Rost, W.-D. 464, 480, 507
Roth, C. 632, 647
Roth, J. 443–444, 507
Roth, L.H. 407–408, 433, 877, 895

Roth, M. 169, 236, 241, 248, 303
Roth, T. 666, 703, 706
Roth, W.T. 253, 256, 259–260, 262, 295–296, 300, 304, 306
Rothbaum, B.O. 291, 296
Rothenbacher, H. 465, 476, 492, 507
Rouly, W.W. 154
Rounsaville, B. 211, 233, 492
Rowland, D.L. 731, 794
Roy, A. 124, 311, 352
Roy-Byrne, P.P. 259, 272, 295, 305
Rozen, R. 607, 648
Rubin, R.T. 197, 236
Rubinstein, D. 744, 747, 753, 786
Rubinstein, M.L. 701
Rucklos, M.E. 70, 141
Ruckstuhl, U. 73–74, 147
Rudolf, G. 851, 895
Rudolf, G.A.E. 216, 218, 227, 230
Rudolf, K. 278, 280, 300
Ruff, G.A. 298
Rug, U. 531, 583
Runtz, M. 742, 782
Rupp, H.U. 18, 153
Rush, A.J. 178, 213, 224, 227, 236
Rush, B. 830, 895
Rush, J. 732, 782
Russ, D. 686, 705
Russakoff, L.M. 867, 891
Russell, G.F.M. 599–600, 628, 650–651
Russo, A.M. 414–415, 433
Rust, J. 731, 794
Rutenfranz, J. 698, 706
Rüther, E. 669, 705, 708
Rutishauser, C. 126
Rutschky, K. 741, 794
Rutter, D. 70, 147
Ryan, V. 547, 584

Ryle, J.A. 315, 352

Sabalis, R.F. 789
Sacchetti, E. 151
Saccuzzo, D.P. 58, 124, 147
Sack, D.A. 670, 708
Sadik, C. 600, 643
Safer, D. 407, 421
Saffermann, A. 147
Safir, M.P. 733, 748, 753, 788, 794
Sager, C.J. 751, 755–756, 794
Saint-Cyr, J.A. 74, 132
Saint-Laurent, S. 736, 796
Sakheim, D.K. 745–746, 780–782
Salisbury, S. 738, 785
Salkovksis, P.M. 352
Salkovskis, P.M. 282–283, 286–288, 295, 303
Salma, K. 702
Saltzberg, E. 637, 651
Salvati, A. 91, 138
Salzinger, K. 70, 147
Salzman, L. 863, 872, 896
Samson, J.A. 13, 147
Sanchez, V. 792
Sanchez, V.C. 504
Sanders, D.H. 112, 130
Sanderson, W.C. 271, 303
Santangelo, S.L. 50, 132
Santen, V. v. 771, 790
Saoud, J.B. 600, 643
Sapira, J.D. 400, 427
Sarantakos, S. 140
Sargant, W. 368, 433
Sarlin, C.N. 386, 433
Sarner, C.A. 419–420, 426
Sartorius, N. 14, 17, 21, 28, 35, 41–42, 128, 137, 140, 147, 153
Saß, H. 414, 433, 800, 803, 810–811, 827, 830, 835, 843, 896
Sasaki, H. 700, 708
Sashidharan, S.P. 237

Saskin, P. 691, 710
Saslow, G. 466, 500
Sass, H. 6, 153
Sassin, J. F. 703
Sataki, M. 679, 706
Satorius, N. 161–162, 236
Satz, P. 75, 133
Sauer, H. 148, 205, 236
Savides, T. J. 700, 706
Scarone, S. 123
Sceery, W. 228
Schachter, S. 632–633, 651
Schaffer, C. B. 101, 128
Schaffer, M. 749, 790
Schallehn, E. 480, 507
Schapira, K. 241, 303
Scharfenstein, A. 695–696, 709
Scharfetter, C. 2, 33, 109, 148, 394, 433
Scharfman, E. L. 393, 433
Scheff, T. J. 801, 896
Scheier, I. H. 244, 294
Schell, A. M. 66, 128
Scheller, R. 444, 484, 497, 501
Schenk, J. 483, 506, 752–753, 755, 794
Schepank, H. 814, 896
Scherson, A. 684, 707
Schiavi, R. C. 732, 737, 794
Schied, H. W. 2, 148
Schiel, J. 479, 505
Schiessl, N. 896
Schilder, P. 368, 381, 421, 433
Schildkraut, J. J. 193, 236
Schindler, L. 692, 694–696, 705, 709, 752, 755, 787, 793–794
Schlaf, J. 596, 604, 621, 654
Schlaks, A. 792
Schlemmer, R. F. 628, 642
Schlesser, M. A. 197–199, 236
Schliehe, F. 585

Schlüter-Dupont, L. 480, 507
Schmauss, A. 401, 433
Schmelzer, D. 500
Schmelzer, J. L. 105, 138
Schmid, A. C. 711
Schmid, R. 116, 139
Schmid-Degenhard, M. 236
Schmideberg, M. 842, 896
Schmidt, C. W. 765, 792
Schmidt, G. 470, 507, 725, 729, 731, 733–734, 744, 748, 754–755, 760–761, 763, 765, 769–770, 773, 776, 779, 781, 794
Schmidt, H. S. 703
Schmidt, L. 480, 507
Schmidt, M. H. 9, 129, 253, 295, 355, 424, 437, 495, 516, 579, 724, 784, 803, 884
Schmidt, W. 451, 506–508
Schmidt-Auberger, S. 602, 643
Schmidt-Michel, P. O. 119, 139
Schmidtke, A. 134
Schmidtobreick, B. 586–587
Schmitz-Moormann, K. 449–450, 508
Schmoldt, A. 581
Schnabel, R. 529, 584
Schnabl, S. 726–727, 732–733, 752, 794
Schneider, H. 708
Schneider, K. 816, 832, 853, 860, 896
Schneider, R. 479, 481–482, 508
Schneider, S. 161, 234, 242, 260, 267, 300, 304
Schneider, V. 581
Schneider, W. 471, 508
Schneiderman, B. 773, 794
Schneyer, M. 141

Schneyer, M. L. 141
Schnicke, M. K. 291, 303, 777, 793
Schnitzer, R. 149
Schnur, D. B. 91, 148
Schochet, B. V. 769, 794
Schoeller, D. A. 607, 642
Scholes, G. 375, 430
Scholz, H. 438, 508
Schoolar, J. C. 140
Schooler, N. R. 103, 105, 136, 138, 148
Schorsch, E. 730, 771, 781, 795
Schorsch, E. M. 781
Schou, M. 236
Schover, L. R. 725, 733, 775–776, 795
Schramm, E. 15, 153, 206, 212–213, 236, 238, 665–666, 668, 705, 709
Schreiber, J. L. 644
Schreiber, W. 603, 651
Schröder, H. T. 234
Schröder, J. 37, 148
Schubart, C. 29, 124
Schuck, J. R. 60, 148
Schuckit, M. A. 443, 453, 457, 459, 464, 508, 540, 586
Schuldberg, D. 74, 121
Schuler, M. 737, 795
Schuler, W. 481, 508
Schull, W. J. 653
Schulman, R. 613, 645
Schulsinger, F. 13, 86, 139, 147, 238, 653, 818, 821, 889, 893, 895
Schulte, D. 780, 795
Schulte, W. 664–665, 704, 816, 896
Schulte-Bahrenberg, T. 780, 795
Schulte-Brandt, W. 415, 433
Schultes, H. 234
Schultz, R. 375, 433

Schultze-Dierbach, E. 464, 498
Schulz, H. 659, 661, 668, 699, 705–706, 708–710
Schulz, W. 471, 508
Schulz-Schaeffer, W. 581
Schumann, J. 526, 528, 534, 578, 581–582
Schuppli, R. 394, 426
Schuster, B. 448, 492
Schütte, F. 413, 433
Schüttler, R. 26, 29–30, 137, 825, 887
Schwartz, B. D. 60, 148
Schwartz, B. L. 75, 147
Schwartz, D. 617, 644
Schwartz, G. F. 315, 353
Schwartz, J. E. 32, 146
Schwartz, J. G. 525, 586
Schwartz, S. 129
Schwartz-Place, E. J. 63–64, 148
Schwarz, E. 445, 502
Schwarzfischer, F. 709
Schweiger, U. 594, 601–603, 605, 619, 621, 625, 647, 649–652
Schwenkmezger, P. 244, 304
Schwingenschloegel, M. 649
Schwoon, D. R. 477, 479, 508
Scodel, A. 414, 433
Scoufis, P. 455, 508
Secord, P. F. 750, 795
Sedman, G. 382–386, 432–433
Seech, Ph. 127
Seeley, J. R. 172, 233–234, 236
Seeman, M. V. 50, 148
Segal, Z. V. 178, 236
Seghorn, T. 771, 795
Segraves, K. B. 726, 795
Segraves, R. T. 726, 768, 795
Seidel, M. 471, 504

Seidman, D. 123
Seifert, R. 885
Seit, H. K. 449, 508
Seitz, H. K. 449, 451, 508
Sekerke, H. J. 196, 231
Seligman, M. E. P. 173–174, 222, 235–236, 250, 264–265, 304, 372, 432, 743, 749, 780, 793, 795
Sell, H. 112, 127
Sells, S. B. 586
Seltzer, F. S. A. 630, 642
Selvini-Palazzoli, M. 601, 618, 652
Selzer, M. 874, 884
Selzer, M. A. 839, 889
Selzer, M. L. 445, 508, 523, 586
Semler, G. 15, 18, 153, 161, 238
Sevy, S. 235
Sewitch, D. E. 663, 710
Shader, R. I. 105, 138, 393, 433
Shadick, R. N. 270, 294
Shafer, C. L. 592, 644
Shah, K. A. 394, 434
Shakow, D. 77, 147
Shapiro, D. 817, 896
Shapiro, E. R. 872, 896
Shapiro, R. M. 638, 649
Shapiro, S. 122, 227
Sharon, E. 394, 434
Sharpe, L. 127, 773, 790
Shaw, B. F. 178, 213, 224, 732, 782
Shaw, P. 791
Shaye, J. 57, 151
Shaywitz, B. A. 372, 427
Shea, M. T. 227
Shea, T. 185, 231, 869, 884, 899
Shea, T. M. 215, 236
Shear, M. K. 241, 248, 259, 293, 301
Sheard, M. H. 407, 434
Sheehan, D. V. 259, 304

Sheehy, M. 827, 843, 896
Sheikh, J. 304
Shelton, R. C. 191, 213, 231, 236
Shenton, M. E. 68, 128, 136, 148
Sheperd, M. 152
Shepher, J. 733, 748, 788, 794
Sher, J. 456, 502
Sher, K. J. 443, 454, 458, 508
Sherer, M. 59, 139
Sherman, T. 62, 122
Shields, J. 85–86, 132
Shiffman, S. 509
Shippenberg, T. S. 463, 509
Sholomskas, D. 238
Shon, W. L. 92, 144
Shore, D. L. 78, 147
Shrager, E. E. 634, 641
Shrout, P. E. 129
Shurley, J. T. 385, 434
Sideroff, S. 544, 586
Sides, H. 688, 705
Sieber, M. 447, 509
Siegelman, E. Y. 804, 888
Siemon, W. 471, 497
Siever, L. J. 193–194, 236, 810, 815, 821, 823, 826–827, 829, 870, 887, 896–897
Sigusch, V. 724, 737, 795
Sigvardsson, S. 459, 494, 837, 883–884
Sijben, A. E. S. 235
Silbereisen, R. K. 470, 509
Silberman, E. K. 375, 432
Silberstein, L. R. 617, 650, 652
Silk, K. 380, 431
Silver, A. J. 606, 652
Silver, A. L. S. 109, 148
Silver, J. 193, 228
Silverstein, S. M. 64, 148
Silverstone, T. 156, 236
Silverton, L. 92–94, 142

Simanowski, U. A. 451, 508
Simenauer, J. 752, 793
Simon, K. 879, 886
Simon, P. 235
Simon, R. 127, 446–447, 449–450, 494, 509, 525–526, 530–533, 538, 578, 586–587
Simons, A. D. 218, 220, 236–237, 709
Simons, O. 701
Simpson, D. D. 570, 586
Simpson, D. W. 548, 583
Simpson, J. C. 13, 50, 132, 147
Simpson, T. L. 504
Simpura, J. 495
Sims-Knight, J. E. 73, 139
Simson, P. G. 238
Sincoff, J. B. 362, 434
Singer, J. L. 361–362, 434, 741, 747–748, 787, 795
Singer, M. T. 840, 842, 887
Singh, B. S. 14, 142
Siris, S. G. 23, 129
Skates, S. J. 640, 650
Skinner, B. F. 111, 141
Skinner, H. A. 445, 509, 523, 586
Skinner, L. J. 744, 782
Skodol, A. E. 129, 822, 867, 869, 888, 893, 897
Skog, O.-J. 495
Skre, I. 86, 145
Skrzypek, G. J. 836, 897
Slaby, A. E. 548, 580
Slade, P. D. 860, 897
Slama, K. M. 407, 436, 877, 900
Slater, E. 311, 353, 368, 433
Sloan, P. 365, 385, 434
Slymen, D. 383, 431
Slymen, D. J. 431
Small, I. F. 864, 897
Small, J. G. 864, 897

Smart, R. G. 473, 490–491, 509
Smith, A. L. 162–164, 166, 237
Smith, B. 857, 897
Smith, C. 741, 785
Smith, G. M. 471, 473, 509
Smith, G. P. 606, 652
Smith, G. T. 494
Smith, I. 503
Smith, J. 23, 141
Smith, J. E. 213, 226
Smith, L. E. 184, 235, 812, 894
Smith, M. N. 127
Smith, M. R. 37, 122
Smith, R. C. 140
Smith, S. 385, 434
Smoller, J. W. 636, 653
Sobell, L. C. 475–476, 509
Sobell, M. B. 475, 509
Sobkiewicz, T. A. 612, 645
Soellner, R. 581
Solinsky, Z. S. 492
Solomon, E. J. 58, 126
Solomon, K. 814, 897
Solomon, R. A. 642
Solomon, R. S. 375, 434
Solomon, V. 375, 434
Solovay, M. R. 68, 136, 148
Somomon, P. 454, 504
Sonnenschein, W. 708
Sorensen, T. 653
Sorosky, A. D. 420, 434
Sotile, W. M. 772, 795
Sotsky, S. M. 227, 236
Soyka, M. 486, 509
Spaulding, E. 827, 887
Spaulding, W. 59, 148
Spector, I. P. 732, 795
Spehr, W. 885
Spellman, M. P. 43, 151
Spellmann, M. 749, 783
Spence, J. T. 246, 304
Spence, K. W. 246, 304

Spencer, J. H. 50, 133
Spencer, T. J. 58, 147
Spengler, P. 15, 153
Spiegel, D. 361, 363–364, 368, 372, 378, 383–384, 388, 434
Spiegel, H. 368, 427
Spiegel, R. 662, 673, 702–703, 710
Spielberger, C. D. 244, 304
Spielman, A. J. 691, 701, 710
Spies, G. 555, 586
Spieweg, I. 708
Spiro, H. R. 400, 434
Spitzer, L. 632, 652
Spitzer, R. 822, 857, 888
Spitzer, R. H. 8, 14, 18, 130, 148
Spitzer, R. L. 310, 353, 803, 821–822, 826, 833, 841, 867, 888, 897, 900
Spohn, H. E. 69, 149
Spöhring, W. 586
Sponheim, S. R. 91, 149
Spray, J. 149
Spring, B. 52–54, 56–57, 98, 149, 154, 251, 306
Spring, B. J. 115, 149
Sprock, J. 857, 897
Spyra, B. 650
Sramek, J. J. 100, 151
Srebnik, D. 637, 651
Stadter, E. 751, 791
Staffeleu, J. 731, 784
Stahl, S. 606, 648
Staley, D. 523, 587
Stallard, A. 546, 581
Stamm, D. 445, 509
Stamm, J. L. 382, 434
Stangl, D. 822, 867, 869, 894, 897
Stanley, M. A. 853, 899
Stanton, A. H. 110, 149
Stanton, A. K. 163, 233
Staples, F. 792
Stark, W. 206, 213, 230

Stassen, H. H. 168, 223
Stavrakaki, C. 253, 304
Steele, H. 123
Stefan, L. 620, 642
Steffy, R. 77, 131
Steffy, R. A. 77, 123, 131
Steger, J. C. 731, 752, 791
Steimer-Krause, E. 81, 149
Stein, L. I. 107, 149
Steinberg, M. 382–383, 385, 434
Steiner, B. 205, 230, 232
Steinglass, P. 481, 509
Steinhausen, H. C. 599, 611, 625, 629, 652
Steinmeyer, E. M. 175, 184, 237
Steketee, G. 742, 786
Steketee, G. S. 249, 276, 287, 301, 304
Stellar, E. 634, 641
Stenback, A. 327, 353
Stengel, E. 368, 373, 399, 434
Stephan, E. 449, 509–510
Stephan, F. K. 684, 710
Stephan, K. 668, 710
Stephens, S. D. G. 346, 350
Steriade, M. 669, 672, 710
Stern, A. 825, 839, 897
Stern, L. O. 740, 764, 793
Stern, M. 400, 424
Stern, T. 783
Sternberg, J. A. 638, 653
Sterner, U. 277, 302
Stevens, M. J. 420, 435
Stevenson, N. 781
Steward, G. 292
Steward, W. F. R. 750, 795
Stewart, R. C. 792
Sticher, M. B. 420–421, 434–435
Stieglitz, R. D. 16, 21, 123, 130
Stiensmeier-Pelster, J. 174, 237

Stierlin, H. 618, 652
Stinnett, J. L. 636, 653
Stock, C. 639, 650
Stock, W. E. 747, 768, 791, 795
Stoffelmayr, B. E. 149
Stoll, K. 345, 351
Stoller, R. J. 754, 795
Stolorow, R. S. 387, 435
Stoltzman, R. 301
Stolzenberg, H. 641
Stone, M. H. 400, 435, 824, 872–873, 875–876, 890, 898
Stopek, S. 71, 136
Stordy, B. J. 652
Stork, H. 896
Stosberg, K. 572, 587
Stötzer, A. 448, 506
Strang, J. 580
Stratta, B. 123
Straube, E. 1, 123, 149
Straube, E. R. 54, 73, 91, 149
Strauß, B. 738, 795
Strauss, D. H. 14, 121
Strauss, E. 29, 145
Strauss, J. S. 27, 29, 36–37, 125, 134–135, 149
Strauss, M. E. 62, 149
Strauss, S. J. 33
Strauss, W. 218, 227
Stravinsky, A. 207, 237, 856, 898
Stravynski, A. 279, 304
Streed, S. G. 481, 483, 498
Strenger, V. E. 458, 460, 497
Strian, F. 200, 237, 241, 304, 463, 510, 590, 595, 647, 653
Striegel-Moore, R. H. 617, 619, 632, 650, 652
Strik, W. 228
Stripp, A. M. 523, 578
Strober, M. 600, 618–619, 652
Strobl, M. 530, 586–587

Strömgren, E. 11, 33, 35, 128, 134, 150
Struck, M. 228
Stuart, E. 163, 237
Stuart, I. R. 771, 786
Stuart, R. B. 636, 652
Stueve, A. 129
Stumpner, J. 682, 707
Stunkard, A. J. 610, 634, 636–638, 652–654
Sturgis, E. T. 860, 898
Stutman, R. K. 361, 435
Subotnik, K. L. 23, 150
Suddath, R. L. 90–91, 150
Sugerman, J. 691, 707
Sullivan, C. E. 682, 706
Sullivan, H. S. 854–855, 862, 898
Sullivan, J. 789
Sullivan, P. 109, 127
Süllwold, L. 15, 24, 150, 818, 829, 898
Sultan, F. E. 783
Sulz, K. H. D. 116, 139
Sulzman, F. M. 700, 708
Surtees, P. G. 166, 182, 237
Süß, H.-M. 486–488, 490, 509
Susman, V. L. 867, 891
Sussex, J. N. 227
Sutker, P. B. 547–548, 587, 836, 883
Sutton, C. 766, 782
Sutton, S. 125
Suwalski, E. 702
Svärdsudd, K. 649
Swartz, J. 796
Swartz, M. 232
Swayze, V. W. 91, 122
Swebelius, B. G. 346, 351
Sweeney, J. 13, 129
Sweeney, J. A. 75, 150
Sweeney, P. D. 178, 237
Swerdlow, N. 61, 150
Swift, G. 524, 578
Sydenham, T. 845, 898

Sylvester, D. 258, 292
Syndulko, K. 836, 898
Szasz, T. S. 801, 898
Szmukler, G. I. 599, 628, 650–651
Szymanski, S. 100, 147

Takahashi, K. 700, 708
Takahashi, R. 128
Takefman, J. 769, 796
Talbott, J. A. 107, 150
Tallon, S. 623, 647
Talmon-Gros, S. 885
Tam, D. 146
Tanaka, Y. 679, 705
Targum, S. D. 228
Tarrier, N. 116, 118, 130, 150
Tarter, R. E. 458, 510
Täschner, K.-L. 464, 511
Task Force on DSM-IV 365, 388, 435, 808, 813, 827, 833–834, 854, 898
Tataryn, D. J. 363, 428
Tayler, R. 776, 784
Taylor, C. B. 253, 256, 262, 296, 300, 304, 306
Taylor, D. W. 349, 352
Taylor, H. L. 621, 646
Taylor, J. A. 304
Taylor, M. A. 5, 62, 130
Taylor, M. J. 611, 642
Taylor, W. S. 374, 435
Teasdale, J. 174, 222
Teasdale, J. D. 173, 178–179, 237, 749, 780
Teasdale, T. W. 653, 821, 893
Telch, M. 306
Telch, M. J. 267, 299
Tellenbach, H. 185, 237
Tempesta, E. 582
Temple, M. T. 448, 510
Templeton, B. 400, 427
Tennant, C. 182, 224
Tennen, H. 492
Tepperman, J. H. 415, 435

Teri, L. 186, 233
Ternes, J. 545, 584
Ternes, J. W. 537, 584
Terry, D. J. 345, 352
Teschke, R. 450, 510
Test, M. A. 13, 107, 149–150
Thaden, A. 448, 506
Thaler, F. H. 863, 896
Thaler, H. 453, 510
Thase, M. E. 200, 218, 227, 237, 709
Thibaut, J. W. 753, 796
Thiel, A. 610, 653
Thiel, D. H. van 458, 510
Thiemann, S. 79, 141
Thomas, B. 579
Thomas, G. 415, 435
Thomas, P. 71, 131, 150
Thompson, M. 617, 644
Thompson, S. 52, 149
Thompson-Pope, K. 817, 854, 898
Thomson, J. B. 458, 505
Thoresen, C. E. 692–695, 703, 710
Thornby, J. I. 672, 702
Thorpe, G. L. 257, 259, 304
Thorpy, M. J. 691, 705, 710
Thurm-Mussgay, L. 113, 150
Thurmond, A. J. 674, 710
Thyer, B. 353
Thyer, B. A. 253–255, 294, 304
Tibblin, G. 649
Tien, A. Y. 44, 150
Tienari, P. 94, 150
Tierney, A. 75, 123
Tietze, K. 641
Tilly, S. M. 900
Timmons, B. A. 268, 294
Timor-Tritsch, I. 786
Tims, F. M. 547, 583, 587
Tischler, G. L. 238, 301

Tobena, A. 259, 299
Tölle, R. 204, 233, 805, 813–814, 816, 896, 898
Tomarken, A. J. 251, 265, 301, 304
Tomeny, M. 663, 701
Tonigan, J. S. 504
Tonigan, S. J. 475, 493
Tönnies, S. 885
Toone, B. K. 311–312, 353
Topel, H. 463–464, 510
Torem, M. S. 375, 435
Torgersen, S. 86, 145, 272, 305
Torgerson, S. 857, 899
Tornatore, F. L. 100, 151
Torrey, E. 40, 43, 46–47, 91, 150–151
Torrey, E. F. 43, 151
Touyz, S. 647
Touyz, S. W. 612, 620, 625, 641, 653
Townsley, R. M. 279, 305
Treacy, E. C. 744, 782
Treiber, R. 206, 213, 216, 220, 227, 230
Tress, W. 896
Tretter, F. 470, 479, 510
Trice, H. M. 468, 507
Trimborn, P. 650
Trojan, A. 446–447, 510
Trower, P. 756, 796
Truax, C. B. 110, 147
Trudel, G. 736, 796
Trull, T. J. 7, 152, 443, 458, 508, 822, 899–900
Trütsch, K. 126
Tsai, M. 743, 796
Tsuang, M. T. 12–13, 27, 35, 50, 132–133, 139, 147, 151
Tuma, A. H. 99, 142
Tune, L. E. 62, 149
Tupin, J. P. 848, 883
Turkat, I. D. 812, 815, 817, 824, 854, 859, 872, 876–877, 890, 898–899

Turkheimer, E. 146
Turner, Ch. 447, 492
Turner, L. A. 768, 780, 796
Turner, R. J. 46, 151
Turner, R. M. 690, 710
Turner, S. M. 253, 279, 285, 305, 398, 404, 435, 853, 869, 899
Tuschl, R. 650–651
Tuschl, R. J. 611, 621, 623, 634, 647, 653
Twentyman, C. T. 638, 649
Tyreman, N. O. 737, 787
Tyrer, P. 318, 353, 869, 899
Tyrer, P. J. 253, 305
Tyron, W. T. 608, 643

Uchtenhagen, A. 582
Uddenberg, N. 740, 752, 796
Udry, J. R. 752, 796
Uexküll, T. von 307, 353
Uhde, T. W. 259, 262, 294, 305
Ullman, L. P. 772, 791
Ullmann, L. P. 111, 151
Ullrich de Muynck, R. 257, 280–281, 305, 748, 796
Ullrich, H. 401, 433
Ullrich, R. 257, 280–281, 305, 748, 796
Ulrich, R. F. 103, 136
Unland, H. 17–18, 153
Usala, P. D. 244, 305
Usigli, R. 792
Utada, A. 522, 580

Vaclav, J. F. 75, 133
Vaillant, G. E. 457, 473, 510, 533, 587, 802, 818–819, 853, 865, 899
Valley, V. 702
van Dam, M. 679, 707
Van de Wijngaart, G. F. 557, 577
Van den Berg, P. J. 857, 899
van den Hoed, J. 682, 705
Van den Hout, M. A. 305
van der Kolk, B. A. 380, 427
van der Molen, G. M. 305
Van Kammen, D. P. 23, 129
Van Nort, J. 645
Van Praag, H. M. 237, 604, 653
Van Putten, T. 99–100, 151
Vande Wiele, R. 654
Vandereycken, W. 612, 618, 625–626, 628, 647–648
Vandersall, J. A. 417, 435
Vannicelli, M. L. 133, 149
VanValkenburg, C. 836, 890
Vara, L. S. 627, 647
Varghese, F. 822, 892
Vargo, B. 253, 304
Vasey, M. W. 270, 305
Vassart, G. 235
Vaughan, R. V. 679, 707
Veiel, H. O. E. 230
Veith, I. 845, 899
Velleman, R. 462, 510
Velten, D. 534, 582
Veltrup, C. 476, 480, 510
Venables, P. 78, 152
Venables, P. H. 123
Venditti, E. 746, 797
Venn, J. 372, 435
Ventura, J. 16, 141
Verde, F. 732, 791
Vermilyea, B. B. 270, 293
Vermilyea, J. 270, 293
Vermilyea, J. A. 293
Veronen, L. J. 290, 298, 743, 789, 796
Villeponteaux, L. A. 298
Villiez, T. v. 470, 510

Vincent, J. P. 756, 796
Vita, A. 91, 151
Vittone, B. J. 259, 305
Vogel, F. 674, 710
Vogel, G. 678, 710
Vogel, G. W. 674, 710
Vogelbruck, M. 480, 507
Vogt, H.-J. 606, 648
Voit, C. 480, 495
Vollmer, H. 525, 578
Vollmer, H. C. 477, 482, 510, 570, 573–574, 587
Vollmoeller, W. 739, 796
Vollrath, M. 253, 293
Von Korff, M. R. 122
von Wichert, P. 708
Vreeland, R. G. 417, 435

Waadt, S. 592, 595, 612, 621, 626, 647, 653
Wachtel, P. L. 382, 384, 386, 393, 429
Wacker, H. R. 163, 237
Waddell, M. T. 258, 293
Wadden, T. A. 635–638, 640–641, 653–654
Waddington, J. L. 144
Wagenfeld, M. O. 46, 151
Wagman, A. M. 38, 125
Wagner, D. R. 699, 710
Wagner, G. 81, 149
Wagner, N. N. 743, 792
Waisberg, J. I. 487, 511
Wakefield, J. 772, 793
Waldman, I. N. 47, 151
Waldorf, D. 535, 587
Waldow, M. 462, 511
Walker, E. 56–57, 81, 85–86, 133, 151
Walker, M. 455, 508
Wallace, C. 114–115, 140
Wallace, C. J. 114–115, 140, 151–152
Wallace, D. H. 740, 772, 796
Wallace, J. E. 525, 586
Wallace, P. 447, 492

Waller, M. B. 417, 435
Wallin, P. 752, 783
Wallis, K. D. 804, 888
Wallisch, H. S. 13, 150
Walsh, B. T. 593–594, 600, 602, 608, 642–643, 645–646, 648, 654
Walsh, D. 43, 144, 151
Walshe, D. 144
Walsheim, B. 761, 786
Walster, E. 753, 796
Walster, W. 753, 796
Walter, H. 444, 502
Walters, C. J. S. 386, 428
Wanberg, K. W. 444, 498
Wanke, K. 437, 458, 464, 511, 548, 587
Wanlass, R. 789
Wanner, E. 455, 504
Ward, J. 524, 558, 578, 587
Wardle, J. 617, 654
Waring, M. 93, 152
Warner, A. 556, 579
Warner, P. 781
Warnhoff, M. 601, 605, 645, 650–652
Wartburg, J. P. von 511
Warwick, H. M. C. 308, 319, 325–326, 330, 343–344, 353
Wasilewski, B. 234
Wasserman, D. A. 570, 580
Waterhouse, J. M. 700, 708
Watkins, J. T. 227, 236
Watson, C. G. 72, 152
Watson, D. 184, 225
Watson, J. B. 250, 305
Watson, J. P. 733, 751, 778, 796
Watt, D. C. 29, 152
Watzl, H. 117–118, 152, 438, 477, 485, 507, 511, 524, 587
Waxman, H. 786
Weakland, J. W. 94, 123

Weaver, G. M. 373, 391, 432
Weber, G. 618, 652
Weber, K. 708
Webster, A. 238
Weddige-Diedrichs, A. 596, 646
Wedel, K. 402, 435
Weegmann, M. 80, 128
Weglage, J. 695, 697, 708
Wehr, T. A. 201, 237, 674, 684, 700, 706–707, 710
Weiden, P. J. 13, 102, 129, 152
Weiler, S. 725, 795
Weinberger, D. R. 74–75, 91, 132, 146, 150, 152
Weindl, A. 700, 710
Weiner, H. 608, 616, 647, 654
Weinert, M. 798
Weingartner, H., 670, 707
Weinhold-Metzner, M. 896
Weinman, B. A. 578
Weinman, J. 81, 132
Weinman, M. L. 791
Weinshel, E. M. 839, 899
Weinstein, L. 52, 54, 149
Weintraub, W. 819, 899
Weisberg, M. 786
Weisenberg, M. 346, 353
Weiskrantz, L. 248, 305
Weiss, J. M. 194, 237–238
Weiss, S. 605, 646
Weiss, S. M. 315, 353
Weissman, M. M. 162–166, 172, 206, 211, 213, 221, 225, 227, 232–233, 235, 237–238, 241, 253–255, 259, 285, 299, 301, 303, 306, 813, 867, 892
Weisstein, C. C. 141
Weisz, R. 130
Weithmann, G. 476, 507
Weitz, C. J. 79, 141

Weitzman, E. D. 684, 703–704
Welin, L. 649
Wellens, W. 410, 432
Wells, D. S. 63–64, 152
Wells, L. A. 602, 646
Welner, J. 86, 147, 818, 895
Welsh, K. 679, 707
Welsh, R. S. 418, 435
Welte, J. W. 462, 493
Weltgesundheitsorganisation 158, 238, 592, 654
Welz, R. 446, 502, 511
Wender, H. 192, 238
Wender, P. H. 13, 86, 139, 147, 818, 889, 895
Wendt, H. 750, 762, 772, 796
Werble, B. 839, 887, 899
Werner, D. 651
Wertheim, E. 823, 895
Wesner, R. 168, 238
West, L. J. 435
West, M. O. 789
Westbrook, D. 287–288, 303
Westen, D. 380, 431
Westenhöfer, J. 596, 598–599, 610, 617, 631, 633, 635, 638, 646, 648, 650, 654
Westergaard, C. K. 80, 147
Westphal, C. 258, 306, 677, 711
Wethington, E. 39, 140
Wetterberg, L. 43, 124
Wetzel, R. D. 237
Wetzler, S. 271, 303
Wever, R. 684, 711
Weyerer, S. 446, 497, 668, 705, 711
Whalley, L. J. 217, 225
Whipple, B. 735–736, 786, 788, 793
Whipple, K. 792
Whitaker, A. 27, 129
White, D. 737, 794, 797

White, G. L. 375, 430
White, K. L. 430
White, M.T. 70, 141
White, P.P. 647
Whitehead, A. 776, 791, 797
Whitley, J.O. 738, 783
WHO 17–18, 28, 31, 33, 36, 152, 587
Wiblishauser, P. 446, 449, 509
Wiblishauser, P.M. 526, 581, 586
Wiblishauser, P.U. 534, 582
Widiger, T.A. 7, 152, 803–805, 811, 822, 834, 846, 850, 853, 866, 869, 872–873, 886, 899–900
Wiedemann, G. 146
Wiedesheim, K. 241, 302
Wiegand, C. 414, 433
Wielgus, M.S. 54, 68, 135, 152
Wienberg, G. 446, 476, 511
Wiener, J.M. 417, 435
Wieselgren, I.-M. 144
Wig, N. 128
Wiggins, J. 836, 900
Wikler, A. 467, 502, 537, 544, 546, 550, 587–588
Wilbur, C.B. 374, 392, 429, 435
Wild, K.V. 213, 226
Wild, R. 645
Wilde-Frenz, J. 668, 710
Wilkins, S. 78, 152
Wilkinson, R.T. 663, 708
Wille, R. 565, 579, 588
Willerhausen, B. 654
Willi, J. 598, 654
Williams, A.J. 783
Williams, J. 857, 888
Williams, J.B.W. 148, 822, 867, 888, 897

Williams, W.B. 803, 822, 900
Wills, T.A. 183, 226, 455, 511
Wills, Th.A. 454, 509
Wilsnack, S.C. 455, 511
Wilson, G.T. 511, 651, 739, 797
Wilson, K. 743, 777, 797
Wilson, T. 250, 301
Wincze, J.P. 731, 745–747, 760, 772, 783, 788, 797
Winer, J.A. 410, 414, 417, 435
Wing, J.K. 17–18, 21, 26, 31, 106–107, 152–153
Winick, C. 535–536, 588
Winick, Ch. 468, 511
Winnicott, D.W. 858, 900
Winokur, G. 168–169, 226, 238
Winslow, W.W. 314, 350
Winstead, D.K. 60, 148
Wirshing, W.C. 99, 151
Wirz-Justice, A. 201, 237, 674, 700, 702, 710–711
Wiseman, I.C. 102, 153
Wittchen, H.-U. 6, 13, 15–18, 136, 153, 161–164, 232–233, 238, 241, 254–255, 259, 285, 306, 446, 452, 493, 502, 596, 647
Wittels, F. 410, 436
Wittgen, C. 117–118, 152
Wittgenstein, L. 900
Wittlin, B. 130
Wittmann, W.W. 217, 238
Witztum, E. 644
Wlazlo, Z. 414, 428
Wodak, A. 524, 578
Wodarz, N. 228
Woell, C. 593–594, 612, 654
Woerner, M. 140
Woggon, B. 203, 239

Wold, J. 72, 152
Wolfersdorf, M. 205, 230, 232
Wolff, E.A. 262, 294
Wolffgramm, J. 463, 511, 539, 588
Wolfram, G. 593, 651, 654
Wolley, O.W. 654
Wolpe, J. 306, 745, 768, 797
Wolpert, E.A. 678, 709
Wolyniec, P. 146
Wong, S.E. 407, 436, 877, 900
Wooden, W.S. 418, 436
Woodruff, R.A. 310, 354
Woody, G.E. 522, 583
Wooff, K. 129
Wooley, S.C. 631, 639, 644, 654
Woolfolk, R.L. 689, 711
Woolson, R.F. 27, 151
Wooten, V. 675, 711
Word, C.H. 162, 224
World Health Organisation 354
World Health Organization 252, 306, 437, 511
Worrall, H. 162, 230
Wright, J. 685, 701, 765, 793
Wright, L. 654
Wright, P. 771, 790
Wulff, E. 801, 900
Wünschmann, B. 447, 450–451, 511
Wurmthaler, C. 172, 234
Wurtman, R.J. 605, 654
Wyatt, G.E. 741–743, 785, 797
Wyatt, R.J. 99–100, 126, 153
Wynne, L.C. 95, 109, 128
Wyns, B. 529, 584

Yablonsky, L. 559, 588
Yager, J. 628, 645

Yale, S. A. 15, 121
Yalom, I. D. 210, 234
Yamaguchi, K. 500
Yarnell, H. 417–418, 429
Yassa, R. 402, 436
Yassouridis, A. 451, 502
Yates, E. 409, 436
Yates, W. 814, 894
Yates, W. R. 271, 302
Yen, S. S. C. 602, 649
Yeomans, F. 874, 884
Yerevanian, B. I. 812, 882
Young, A. M. 540, 588
Young, B. G. 747, 792
Young, J. E. 879, 900
Young, S. H. 738, 783
Youngren, M. A. 179–180, 234, 239
Yozawith, A. 125
Yule, W. 279, 304
Yulis, S. 770, 797
Yurgelun-Todd, D. 596, 645

Zador, D. 524, 578
Zahn, T. P. 123
Zangl, K. 688, 704
Zarcone, V. P. 703, 710
Zaudig, M. 6, 13, 153, 238
Zaumseil, M. 801, 889
Zec, R. F. 75, 152
Zeiler, J. 13, 153
Zeiler, K. 444, 502
Zeiss, A. M. 170, 212, 234, 239
Zeiss, R. A. 770, 797
Zeitouni, N. C. 497
Zemishlany, Z. 829, 897
Zemlan, F. P. 196, 228
Zemlin, J. U. 482, 489, 512
Zemlin, U. 482, 505
Zendell, S. M. 701
Zenker, Ch. 581
Zenker, J. 581
Zerbin-Rüdin, E. 85, 153, 193, 239, 457, 512
Zerssen, D. v. 13, 15–16, 31, 33, 136, 143, 153, 797, 804, 900
Zerssen, D. von 162, 184–185, 196, 201, 224–225, 228, 239
Zetzel, E. 839, 900
Zhao, S. 232
Ziegenfuss, J. 579
Ziegler, H. 476, 481, 512
Zieglgänsberger, W. 463–464, 510
Zielke, M. 210, 239, 695–696, 711
Zilbergeld, B. 746–747, 764, 781, 797
Zilker, T. 479, 485, 512, 554, 588
Zimbardo, P. G. 279, 302
Zimmer, D. 725, 728, 731, 745, 747–749, 751–755, 758–762, 767, 774, 778–779, 781, 791, 798
Zimmer, F. T. 222, 239, 760, 798
Zimmerman, M. 127, 822, 867, 869, 894, 897
Zimmerman, R. 648
Zimmermann, J. C. 684, 703–704
Zinbarg, R. E. 270, 294
Ziskind, E. 385, 436
Zito, J. M. 154
Zollo, L. J. 281, 297
Zuber, J. 635, 654
Zubin, J. 4, 39, 98, 154
Zucker, I. 684, 710
Zuckerman, M. 454, 512
Zuleta, A. 792
Zuroff, D. 184, 225

Sachregister

Abbrecher 216
- Zahlen 215

Abführmittel 341, 595

Abhängigkeit/Abhängige 172, 413, 739
- Abhängigkeitsbedürfnisse 465
- Abhängigkeitskonflikte 460
- Abhängigkeitssyndrom 440, 515, 518, 534
- Alkoholabhängigkeitssyndrom 439
- Anforderungen an die Behandlung 549
- Behandlung unter justitiellen Zwängen 570
- Belohnungssysteme im ZNS 463
- Effektivität der Behandlung 563
- Entstehung 452
- genetische Disposition 453
- geschlechtsspezifische Differenzen 547
- grundsätzliche Behandlungsstrategien 551
- Indikation und Prognose 573
- Konflikte 460
- körperliche Abhängigkeit 438, 539
- medikamentöse Behandlungsformen 562
- psychische Abhängigkeit 438, 515, 539
- psychische Kompetenz 472
- Risikofaktoren 452
- Rückfallrate 554
- soziale Kompetenz 472
- Spiel- 414
- Typologien 465, 546, 548
- Veränderungsbereitschaft von Abhängigen 543
- Verhaltenstherapie bei Abhängigen 560
- Vermeidung von Rückfällen 555

Abstinenz
- Motivation 460
- Verletzungseffekt 485

Abstraktionsfähigkeit 73

Abwehr 358, 362, 386
- Tendenzen 461

Acetaldehyd 453, 457

Achsenanordnung 807

Achtung 751

Addiction Severity Index (ASI) 445, 522

Adipositas 589

Adoleszenz 469

Adoptionsstudien 86, 191–192, 457

Affektive Störungen 155
- Altersgipfel 164
- Behandlung 202
- Bipolare Verläufe 160
- Diagnostik 157
- Epidemiologie 162
- Erstmanifestationsalter 163
- Geschlechtsunterschied 164
- Krankheitsverlauf 168
- Prognose 168
- Risikofaktoren 162
- Rückfall 168
- Rückfallneigung 163
- Symptomatik 156
- Unipolare Verläufe 160

Affekttoleranz 460

Aggression 754

Aggressivität 405

Agoraphobie 256

Aktivierung 208

Aktivität, sexuelle
- Frequenz 748

Alcohol Use Inventory (AUI) 444

Alexithymie 317

Alkaloide 464

Alkohol
- -halluzinose 437, 440
- „problem drinkers" 441
- „Schädlicher Gebrauch" 439
- Abbaugeschwindigkeit im Körper 453
- Abstinenz 476

- als allgemeiner Problemlöser 461
- als Problemlöser 467
- Alte Menschen 449
- Angst 456
- Biphasische Wirkung 454
- Delirium 450, 485
- Doppelfunktion 455
- Embryopathie 450
- Erwartungen 455
- Erwartungshaltung 453
- Folgeerkrankungen 478
- Genetik 469
- Grundstimmung 455
- Halluzinose 450
- Informationsverarbeitung 455
- Intoxikation 448
- Klassisch konditionierter Verstärker 466
- Konsum 341
- Metabolismus 469
- Mißbrauch bei Jugendlichen 449
- Nahrungsmittel 453
- Normen und Wertvorstellungen 461
- Persönlichkeit 458, 460
- Präferenz 464
- Preispolitik 468
- Sensibilität 457
- Stoffwechsel 452
- Straßenverkehr 448
- Streßreduzierende Wirkung 454
- Verfügbarkeit 461, 468
- Verlangen 464

Alkoholismus 437, 837
- „Hit the bottom" 473
- Alpha-Trinker 442
- als Krankheit 441
- Angehörige 480
- Behandlungsmethoden 478
- Behandlungsphasen 476
- Beta-Trinker 443
- Bierkkonsum 447
- Chronische Phase 471
- Delta-Trinker 443
- Entwicklungspsychologische Perspektive 468
- Entwöhnungsbehandlung 480
- Folgekrankheiten 450
- Gamma- 471
- Gamma-Trinker 443
- Gefährdungsindex 447
- Genetische Faktoren 456
- ICD-10 440
- Konsumindex 447
- Kontrolliertes Trinken 475, 477
- Kosten für Behandlungsmaßnahmen 450
- Krankheitseinsicht 477
- Kritische Phase 471
- Nachsorge 483
- Pharmaka 485
- Prädikion 487
- Primärer 443
- Pro-Kopf-Konsum 447
- Prodromalphase 471
- Rate 452
- Risikofaktoren 448
- Rückfälle 474
- Sekundärer 443
- Selbstwertgefühl 455
- Soziale Schichten 447
- Sozioökonomische Faktoren 462
- Spontanremission 474
- Systemische Theorien 470
- Therapie 474, 476, 487
- Therapiemotivation 460, 477
- Typ A 443
- Typ B 444
- Typologie 442
- und Depression 459
- Verhaltenstheorien 465
- Weinkonsum 447

AMDP-System 16
Amenorrhoe 603
Amine
- Biogene 191
- Hypothesen 196

Amnesie 378
- Anterograde 367
- Dissoziative 366
- Posttraumatische 367
- Retrograde 366

Amobarbitalinterview 391
Anamnesebogen 731
Androgynitätskonzept 748

Sachregister

Angst 459, 478, 742
- Arbeitsdefinition 244
- Genetik der Angststörungen 248
- Komplementäre 754
- Medikamentöse Behandlung von Angstanfällen 268
- Neuropsychologisches Modell von Gray 245
- Psychophysiologische Modelle der Angstanfälle 260
- Theorien von Freud 246
- Versagens- 745
- Zustands- 244
Angst-Management-Programm 274
Ängstlichkeit 244
Angststörungen 155, 172
- Zwänge 172
Anhedonie 25, 760
Anonyme Alkoholiker 471, 473, 558
Anorexia nervosa 589
Anorgasmie 727
- Primäre 772, 778
- Sekundäre 773, 778
Anpassungsstörungen 172
Antidepressiva 161, 327, 485
- Nebenwirkungen 204
- Nicht-trizyklische 203
- Trizyklische 203
Antikonvulsiva 204
Appetenz 725–726, 743
- Exzessive sexuelle 726
- Probleme 726, 733, 749, 767, 770, 775, 779
- Sexuelle 736, 738
- Verlust 726, 739, 754
Arbeits- und Beschäftigungstherapie 481
Arbeitslosigkeit 462
Arousal-Störungen 685, 715
Asthma 315
Atmungsstörungen
- Schlafbezogene 680
- Therapie 667
Atopische Dermatitis 315
Attribution
- Kausal- 174
Attributionstheorie 467

Aufklärungsliteratur 747
Aufmerksamkeit 52
- Fokussierung 745
Aufrechterhaltende Faktoren 337
Aufrechterhaltung 190
- der Störung 318
Auseinandersetzungen, interpersonelle 211
Ausschlußkriterien 767
Austauschtheorie 753
Autogenes Training 687–688
Automatischer Gedanke 330
Autonomie 184, 465
- Äußere 465
- Bedürfnis 465
- Innere 465
- Konflikte 460
Autoregulation 361
Aversion 743
Avoidant personality disorder 853

Basler Drogen- und Alkoholfragebogen (BDA) 445
Bauchspeichelentzündungen 450
Begründungen geben 212
Behandlungsmilieu 105
Belastung, familiäre 166
Belastungsstörungen, posttraumatische 363, 365, 385
Belastungsverarbeitung 384
Besessenheitszustände 388
Bewältigung
- Mechanismen 187
- Strategien 213
Beziehung
- Belastetheit 767
- Störung 800, 805
- Therapeutische 761
Bier 469
Bio-psycho-soziales Erklärungsmodell 201
Biochemische Hypothesen 193
Biofeedback 317, 768
Biofeedback-Verfahren 686–687
- EMG-Biofeedback 688
- Theta Feedback 688
Biologische Erklärungsansätze 191

944   Sachregister

Blutalkoholkonzentration 466
Body Mass Index 630
Borderline
– Persönlichkeitsstörung 810, 827, 839, 850
– Schizophrenie 825
– Störungen 825
Brandstiftung 417
Brief Psychiatric Rating Scale (BPRS) 15
Briquet-Syndrom 310
Broca-Index 630
Broken-home Situation 449
Brückenübung 763
Bulimia nervosa 589

Chlorpromazin-Äquivalente 101
Cholecystokinin (CCK) 606
Chronifizierung 168, 729
Chronizität 776
Chronobiologie 201, 656
Chronotherapie 698–699
Clomethiazol 485
Cloze procedure 70
Co-Abhängigkeit 472
Compliance 102, 321
– Non 102
Confirmatory bias 320
Corticotrope Releasing Hormon (CFH) 197
Crack 536
Craving 545
Crossover Effekt 76

Deception 403
Defizite
– Neuropsychologische 458
– Soziale 211
Degenerationslehren 831
Delirium tremens 437
Delta-Aktivität 200
Dependenz
– Interpersonelle 184
Depression 155–156, 312, 460, 478, 485, 673, 726, 742, 749, 775
– Angstdepressionen 161
– bei Kindern und Jugendlichen 221

– Depressive Verstimmung 738
– Endogene 159
– Hoffnungslosigkeits- 177
– im Alter 221
– Komponenten der psychologischen Therapie 212
– Major- 410
– Schemata, depressive 178
– Überwindung depressiver Störungen 190
– und Alkoholismus 459
– Winter- („seasonal affective disorder", SAD) 700
– Wirksamkeit psychologischer Therapie 213
Depressionsklassen 160
Depressive Episoden 159
Deprivation
– Sensorische 385
Derealisation 381
Derogatis Sexual Functioning Inventory (DSFI) 731
Desensibilisierung 760, 765, 768, 772, 774, 776
Desynchronie 243
Devianz
– Soziale 799
Dexamethason 197
Diagnose
– Wechsel 168
Diagnostik 331
– Dilemma des Übergangs 806
– Mehrfachdiagnose 804
Diathese-Streß-Modell 273, 362, 818, 829
Digit-Span-Test 55
Dissozialität 799
Dissoziation 357, 361
Disulfiram 485
Dopamin 463–464
Double bind 94, 117
Dreiecksmodell 452
Drogen
– -konsum, initialer 538
– -tote 534
– Illegale 469, 513
– Legalisierung illegaler - 574

Dromomania 371
Drug Abuse Screening Test (DAST) 523
Drug-like conditionend responses 544
Dysbalancen multipler Transmittersysteme 197
Dysfunktionen
- sexuelle 724
Dyspareunie 728
Dysregulations-Hypothese 193
Dyssomnie 665–666
Dyssomnien 712
Dysthymie 155

Effektstärken 217
Eheprobleme 751, 770
Einflußfaktoren
- Soziale 181
Einjahresprävalenz 162
Einschlaf
- Attacken 677
- REM-Episoden 678
Ejakulatio deficiens 727
Ejakulatio praecox 727, 732–733, 739, 762, 767, 770, 778–779
Ejakulatio retardata 727, 733, 762, 770
Ekel 743
- Bewältigung 759
Elektroenzephalogramm (EEG) 657
- K-Komplexe 661
- Schlafspindeln 661
Elektrokrampftherapie 205, 327
Elektrookulogramm (EOG) 658
Emotionen
- Ausdruck 80
- Wahrnehmung 80
Empfänglichkeit 182
Endogenität 155
Endorphine 464
- Beta- 464
- Hypothese 464
Energie
- Bilanz 632
- Stoffwechsel 607
- Verbrauch 634
Entgiftung 554
Entkatastrophisieren 209

Entlastung 211
Entspannung 769
Entspannungsverfahren 317, 481, 686
- Kombinierte Techniken 692
Entwöhnung 551
- ambulante abstinenzorientierte -sbehandlung 555
- stationäre -sbehandlung 558
Entzug 479, 551, 554
- -serscheinungen 485
- -ssymptome 438
- -ssyndrom, protrahiertes 438
- ambulante -sbehandlung 555
- qualifizierter - 476
- serscheinungen 541, 544
Equitytheorie 753
Erbrechen 594
Erektion
- Probleme 732, 779
- Störungen 733, 739
- Verlust 727
Erfahrungen
- Aversive 186
Erfolgsstabilisierung 219
Erhaltungstherapie 205
Erklärung
- Ansätze, psychologische 173
- Modell 328
- Hypothesen 173
Erkrankungen
- Schizoaffektive 161
Ernährung 340
- Management 625
Eß-
- Anfälle 592
- Verhalten 592
- Verhalten, gezügeltes 622
Eßstörungen 375
Etikettierung 801
Experimentalpsychologie 51
Exposition 325, 777
Expressed Emotion 118
Extraversion 837

Fahruntüchtigkeit, absolute 449
Faktoren
- Auslöse- 190

- Genetische 191
- Makrosoziale 461
- Organische 768
- Protektive 165, 186
- Provozierende 182
- Soziale 165
- Symptomformende 182

Familien
- -System 618
- Kohäsion 470
- Studien 191
- Therapie 109, 481

Fantasien
- Erotische 741

Feedback
- Problem 852

Fehlinterpretationen 324, 338
Fehlschlagangst 748
Feldstudien 765
Fertigkeitendefizite 180
Fettleber 450
Fettverteilung, regionale 631
Filter, defekter 53
Final-Common-Pathway-Modell 201
Flushing-Syndrom 457
Forschungsfragen 220
Fragebogen zur Klassifikation des Trinkverhaltens: Alkoholabhängiger (FTA) 444
Frankfurter Beschwerdefragebogen 15

Frauen
- anorgastische 762
- Vaginistische 763

Fremd
- Beobachtungsskalen 161

Frequenz-Amplituden-Analyse 661
Frontalhirn 198
Frustrationstoleranz 459–460

Fugue
- Dissoziative 369, 371
- Psychogene 399

Gastrointestinale Störungen
- Gastritis 450
- Magengeschwüre 450

Gedächtnis 458
Gedanken, automatische 209

Gedankenstop 325
Generalisiertes Angstsyndrom 269
Genießen 760
Genußmittel 453
Geschlechtsrollen 780
- Verhalten 748

Gewalt 405
- Sexuelle 724

Gewicht
- Ideal- 630
- Reduktion 630
- Steigerung 625
- Über- 589

Gift 453
Gleichaltrigengruppe (peer-group) 461–462
Glucocorticoide 198
Gonaden 601
Göttinger Abhängigkeitsskala 445
Grafenberg-Punkt (G-Spot) 735–736
GRISS-Bogen 731
Größenphantasien 460, 465
Grundfertigkeiten des Therapeuten 207
Gruppentherapie 210, 481, 694, 772

Halluzinationen
- Hypnagoge 677

Handlungen
- Automatische 678

Handlungskontrollansatz 176
Harm reduction 553
Hautleitfähigkeit 200
Hautwiderstand 200
Heißhungeranfälle 590
Hemmung, reziproke 745
Heroin 536, 739
Herzerkrankungen 451
Herzinfarkt 738
Herzkreislaufstörungen
- Hypertonie 450

High-Risk-Studien 818, 829
Hilflosigkeit
- Einstellung 174
- Erlernte 173, 743

Himmelsbach-Skala 524
Histrione 813
Homosexualität 724

Hören, dichotisches 53
Hospital-Hopper-Syndrom 395
Hospitalsucht 395
Hostilität 180
Human-Leukozyten-Antigen (HLA) 679
Hyperaktivität 459, 590
Hypersomnie 670, 676
Hyperventilation 337
Hypervigilanz 273
Hypnose 325, 361, 363, 390, 773
Hypnotika 340
Hypochondrie 312
- primäre 312
- sekundäre 312
Hypomanie 157
Hyposomie 200
Hypothalamus 198
Hypothalamus-Hypophysen-Nebennierenrinden-Achse (HPA) 191, 197
Hypothalamus-Hypophysen-Schilddrüsen-Achse (HPT) 191, 197
Hysterie 311, 355, 358, 387, 400, 844

Ich-Funktionen 387
Ich-Syntonie 802
Identifikation 379
Identität 357
Immunisierung
- Bedingungen 187
Immunsystem 451
Impotenz
- Erektive 768
Impulsivität 459
Individuelle Reaktions-Spezifität 315
Indoleamin-Hypothese 194
Induratio penis plastica 737
Initialproblematik 729
Inpatient Multidimensional Psychiatric Scale (IMPS) 15
Insomnie 670
- Behandlung 686
- bei organischen Erkrankungen 675
- Psychophysiologische 670
- Sekundäre 672

Instrument for the Retrospective Assessment of the Onset of Schizophrenia (IRAOS) 22
Intentionalitäts-Skala (InSka) 16
Interacting Cognitive Subsystems Framework (ICS) 178
Interaktionsprobleme 802
International Classification of Diseases (ICD) 9
Interpersonelle Perspektive 805
Interpersonelle Psychotherapie 206, 211
Interpretation körperlicher Veränderung 318
Interview
- Leitfäden 161
- Strukturiertes 17
Introversion 837
Inzest 376
Inzidenz 163
Isoquinoline 464

Kardiomyopathie 437
Katamnese 215
Kataplexie 677
Katecholamin-Defizit-Hypothese 193
Kausalattribuierung 743
Kleinhirnatrophie 450
Kleptomanie 408
Klimakterium 729
Ko-Bewußtsein 358
Kognitionen
- Dysfunktionale 177
- Lageorientierte 176
- Verzerrungen, kognitive 177
Kognitionstheorie von Beck 264
Kognitiv-interpersonales Modell 188
Kognitiv-verhaltenstherapeutische Behandlung 328
Kognitiv-verhaltenstherapeutischer Ansatz 319
Kognitive Methoden 208
Kognitive Schemata 264
Kognitive Theorie 177
Kognitive Verhaltenstherapie 206
Kohäsionsanalyse 70
Koitusverbot 774
Kokain 536

Kommunikation
- Fertigkeiten 208, 756
- Störung 95
- Training 765, 769, 774
Komorbidität 172, 376, 450, 804
- Prinzip 807
Kompetenz
- Soziale 280, 744, 748, 775
Konditionierbarkeit 838
Konditionieren/ung
- Aversive 744
- Gegen- 466
- Klassisches 466
- Operantes 466
Konflikt 360
- Vermeidung 756
Konfrontation 265
- Kognitive 274
Konkordanzrate 457
Kontrolle 466
- Fähigkeit 459
- Selbst- 460
- Verlust 438
Konversion 358
- Störungen 311, 844
Kooperation 213, 767
Kopfschmerzen 315
Körper
- Behinderte 750
- Schema 590, 750
- Selbstbild 750
- Temperatur 684
Körperdysmorphe Störung 310
Körperliche Fitness 337
Korsakov 450
- Psychose 440
Krankenhaus-Wandern 398
Krankheit
- -sangst 312
- -sgewinn 360
- -sphobie 314
- -süberzeugung 314
Kreatinin 445
Kreuztoleranz 464
Kurzfragebogen für Alkoholgefährdete (KFA) 445

Labeling 468, 801
Lageorientierung 186
Laison-Dienst 316
Lebensereignisse 166, 181
Lebensführung 340
Lebenszeit
- Prävalenzschätzungen 162
- Risiko 192
Lebererkrankungen 437
- Fettleber 437
- Leberzirrhose 437, 447, 450
Lebertransaminasen 445
Leib-Seele-Problematik 307
Leidensdruck 478
Leistung 469
Lerntheorie
- Bisoziale 837
Libido
- Exzessive 749
- Sekundärer Verlust 750
- Verlust 749, 775
Licht 684
- Therapie 700
Life event 118
Limbisches System 198, 463
Liste persönlicher Verstärker 208
Lithium 161, 204, 485
Locus Coeruleus 194, 198
Löschungsbedingungen 179
Lübecker Abhängigkeitsskala 445
Lustprinzip 734

Machthypothese der Alkoholwirkung 452, 455
Machtkämpfe 755
Magengeschwüre 315
Major Depression mit Melancholie 159
Malingering 403
Mangelernährung 590
Manie 155–156
- Mono- 831
Manie sans d'elire 830
Manisch-depressives Irresein 155
MAO-Inhibitoren 203
Marihuana 469
Masturbation 765
- Training 762, 774

- Übungen 769, 772–773
Matching 573
Maturing Out 535
MEAT-Studie 483
Medikamente 513
- -nmißbrauch 528
Medikation 340
- Neuroleptische 56
Meditation 689
- Training 687
Melancholie 155
- Patienten 221
- Psychotherapie 217
Melatonin 684
Mesolimbisches System 463
Metaanalyse 178
Methadon 556
Michigan Alcoholism Screening Test (MAST) 445
Milieu
- Bedingungen 106
- Programm 112
Minderwertigkeitsgefühle 460, 465
Mißbrauch 437, 727
- Kinder 771
- Physischer 376
- Sexueller 376
- Therapeuten 744
Mißerfolge 222
Mißhandlung 742
Modality Shift Effekt 78
Modellernen 466
Monomanie 831
Moral insanity 830
Morbiditätsrisiko 163
Morphin 536
Mortalität 27, 169
Multifaktorielles Modell 186
Multipler Schlaflatenz-Test (MSLT) 678
Münchhausen Syndrom 395
Münchhausen-by-Proxy 398
Münchner Alkoholismus Test (MAT) 445
Münzverstärkungsprogramme 112
Muskeltonus 200

Nachsuchen um Rückversicherung 325
Nachweiszeiten 525
Nahrungsaufnahme, psychophysiologische Regulation 623
Nahrungsmittel 341
Narkolepsie 677
Narzißmus 465, 849
- Hypothese 460
Nebennierenrinde 601
Nebenwirkungen 99
Negativ
- Symptomatik 21, 29, 90
- Syndrome 37
Neuroendokrine Mechanismen 199
Neuroleptika 99, 106
Neuropathie 737
Neurotizismus 184, 837
- Faktor 244
Nichtkontrolle 173
Nichtseßhafte 462
Non-Konformitätssyndrom 459
Non-Responder 222
Nonresponder 64
Noradrenalin 464, 601
Nucleus suprachiasmaticus (SCN) 700
Nurses Observation Scale for Inpatient Evaluation (NOSIE) 16

Objektbeziehungstheorie 843
Operationssucht 396
Opiate 464, 536
Opium 536
Orgasmus
- Ausbleibender 727
- Klitoraler 735
- Konsistenz 752
- Konsistenz des Erlebens 740
- Probleme 732
- Vaginaler 735
- Weiblicher 735
Orientierung, sexuelle 730, 747, 754, 771
- Probleme der 724
Orientierungsreaktion 64
Östradiol-Spiegel 603
Östrogen 50, 737
- Mangel 728

Paniksyndrom 256
Pankreatitis 437
Paradoxe Effekte 762
Paradoxe Intention 690
Paranoid-Depressivitäts-Skala 15
Paraphilie 724, 730
Parasomnie 665–666, 670, 685, 715
– REM-Schlaf 716
Patienten
– Rolle 396
Pavor nocturnus 686
PC-Muskel 735–736
Penisimplantate 768
Penisplethysmographie 731
Perfektionismus 184
Persönlichkeit 184
– Alkoholiker- 458, 460
– Änderungen 808
– Grunddimensionen 459
– Modell, dimensionales 837
– Passiv-aggressive 811
– Prämorbide 458
– Variablen 186
Persönlichkeitseigenschaften 799
Persönlichkeitsmuster 314
Persönlichkeitsstörungen 799
– Abhängige (asthenische) 812, 857
– Aggressive 811
– Anankastische 860
– Ängstlich (vermeidende) 853
– Antisoziale 400, 409, 830
– Borderline 810, 827, 839, 850
– Borderline - 376, 380, 400, 407
– Dependente 811, 856
– Depressive 812
– Differentialdiagnostik 866
– Dissoziale 834
– Emotional instabile 406, 842
– Explosible 811
– Häufigkeit und Verteilung 813
– Histrionische 400, 813, 844
– im Alter 814
– im DSM-III-R 806
– im ICD-10 806
– Instabile 826
– Kognitiv orientierte Behandlungsansätze 878

– Komorbidität 866
– Komorbidität untereinander 868
– Multiple 373, 407
– Narzißtische 811, 848
– Negativistische 813
– Paranoide 815
– Passiv-aggressive 813, 863
– Psychoanalytische Behandlungsansätze 873
– Schizoide 810, 820, 853
– Schizotypische 810, 824, 826
– Selbstbeurteilungsfragebögen 867
– Selbstunsichere (Avoidant personality disorder) 810, 853
– Strukturierte Interviews 867
– Verhaltenstherapeutische Ansätze 875
– Verlauf 814
– Zwanghafte 859
Persönlichkeitssyndrome
– Organisch bedingte 808
Perversion 724
Pflegepersonal 105
Pharmakologische Behandlungen 203
Pharmakotherapie 98, 110
Phase IV-Forschung 221
Phasen
– Anzahl 168
– Dauer 168
– Prophylaxe 204
Phimose 737
Phobie
– Soziale 853
Phobien
– Sozial- 277
– Spezifische - 275
Physiologische Erregung 322
Placebo 100, 106
– Behandlung 213
Plasma-Cortisol-Spiegel 602
PMS-Syndrom 675
Polyneuropathie 437, 450
Polysomnographie 657
Pornographie 728
Poromania 371
Positiv-Syndrom 37

Positive and Negative Syndrome Scale (PANS) 16
Postimperative negative Variation (PINV) 200
Posttraumatische Belastungstörung 288
Powerspektralanalyse 661
Prädiktoren 770, 775–776
Prädiktorstudien 221
Präorgasmie 727
Prävalenz 732, 741, 777
Preparedness 250, 276
Present State Examination (PSE) 17
Priapismus 738
Problemanalyse 334
Problembewältigung
– Fertigkeiten 208
Problemlösestrategien 698
Problemorientierung 213
Prognosefaktoren 169
Progressive Muskelrelaxation 686–687
Projektion 379, 817
Promille-Grenze 449
Protokoll negativer Gedanken 209
Prototypen-Perspektive 803
Pseudologia Phantastica 399
Psychasthenie 460
Psychiatrische Behandlungsgrundsätze 205
Psychoaktive Substanzen 517
Psychoanalyse 764–765, 775
Psychoanalytisches Hydraulikmodell 318
Psychologische Behandlungen 206
Psychomotorische Verlangsamung 200
Psychopathie 460, 800, 831
Psychopathologie 730, 748, 776
Psychopharmaka 99, 738
Psychophysiologische Korrelate 199
Psychophysiologischer Ansatz 315
Psychosen 726
Psychotherapie 109
Psychotismus 837
Punktprävalenz 162
Pyromanie 416

Rapid-cycling 199
Rauschmittel 453

Reaktionsverhinderung 325
Realitätstesten 209
Reattribution 209, 336
Regulationsmechanismus, synaptischer 194
Reiz-Reaktions-Spezifität 315
Reizkolon 347
Reliabilität 14
REM-Deprivation 204
REM-Latenz 200
Remissionsverläufe 169
Responder 64
Restless-legs-Syndrom 675
Rezeptor-Sensitivitäts-Hypothese 193
Rezeptorveränderungen 197
Rezidivprophylaxe 221
Rollen
– Flexibilität 753
– Tausch 209
– Wechsel 211
– Zufriedenheit 753
Rollentheorie 468
Rückbildungstendenzen 458
Rückfall 190, 485
– Behandlung 484
– Gefährdung 485
– Prophylaxe 21, 101, 113, 205, 210
– Rate 118
– Risiko 118
– Verhinderung 219
Rückversicherung 331
Ruhe-EEG 457

Scale for the Assessment of Thought, Language and Communication (TLC) 68
Schedule for Assessment of Negative Symptoms (SANS) 16
Schichtarbeiter 698
Schilddrüse 199, 601
Schilddrüsenhormon-Ausschüttung-Hormon 198
Schilddrüsenhormon-Stimulierenden-Hormon (TSH) 198
Schizophrene
– Angehörige 119

Schizophrenie 400
- Borderline 825
- Diagnostische Konzepte 4
- DSM-III-R 7
- Klassifikation 3
- Krankheitsbewältigung 113
- Latente 820, 825
- Paranoide 815
- Rehabilitation 106
- Verwandte 84
Schizotyp 825
Schlaf 200, 341
- Bereitschaft 684
- Beschränkungstherapie 691
- Einschlaf-REM-Episoden 673
- Entzug 204
- Erziehung 697
- Hygiene 690
- Langsamwelliger (slow wave sleep, SWS) 659, 684
- Non-REM (NREM)-Schlaf 659
- Phasenverschiebungen 699
- REM-Latenzen 673
- REM-Schlaf 659
- Verschobene -zeit 698
- Wach-Rhythmus 698
- Wandeln 686
- Zwei-Prozeß-Modell 674
Schlafapnoe 680–681
- Behandlung 682
- Prävalenz 681
Schlafstörungen
- aufgrund einer allgemeinen medizinischen Erkrankung 666
- bei medizinischen/psychiatrischen Erkrankungen 666
- bei Psychosen 665
- Chronobiologische 670
- Epidemiologie 668
- Extrinsische 713
- Funktionelle 664
- in der Depression 674
- in Verbindung mit psychiatrischen Erkrankungen 665
- Internationale Klassifikation 712
- Intrinsische 712
- Klassifikation 665

- Organisch bedingte 665
- Primäre 665
- Psychoreaktive 664
- Schlaf-wach-Übergang 715
- Störung des 24-Stunden-Rhythmus 698
- Substanz-induzierte 666
- Syndrom der verzögerten/rückverlagerten Schlafphase 699
- Zirkadiane 683
Schlankheitsideal 599
Schmerzen 172, 324, 729, 736, 744
Schuld
- Fähigkeit 800
- Gefühle 729, 741–742
Schwangerschaftskomplikationen 92
Schwellenmodell 88, 192
Sedativa 485
Seitenventrikel 90
Sekundäranalysemethoden 217
Sekundärer Krankheitsgewinn 318
Selbst
- Aufmerksamkeit 186
- Beobachtung 208, 334
- Beobachtungsskalen 161, 732
- Bild 460
- Kontrolle 213, 460, 467
- Labiles -bild 460
- Regulationskonzept 467
- Reizversuche 463
- Wertgefühl 465, 753
- Wirksamkeitserwartung 467
Selbstachtung 751
Selbstbeurteilungsverfahren 14
Selbsthilfe 774, 779
Selbsthilfe-Konzept 561
Selbsthilfeprogramme 692–693
Selbstsicherheitstraining 748, 765, 769, 773
Selektive Wahrnehmung 322, 338
Self editing deficit 80
Self-efficacy 542
Semantic priming 72
Sensate focus 761
Serotonin 464, 601
Serotonin-Wiederaufnahmehemmer, selektive 203

Sachregister

Setpoint-Hypothese 635
Severity of Opiate Dependence Questionnaire (SODQ) 523
Sexual
- Aktivität 753
- Therapie 723
Sexual Interaction Inventory (SII) 731
Sexualstörung, funktionelle 724
Sicherheit, soziale 208
Simulation 393, 403
Situational Confidence Questionnaire (SCQ) 524
SKAT 768
Social causation 45
Social skills training 114
Social stress 45
Sokratischer Fragestil 207
Somatisierung 317
Soziale Unterstützung 183
Sozialphobien 277
Soziologisches Modell 181
Soziopathie 800
Soziotropie 184
Span of Apprehension Test (SAT) 61
Spannungs-Reduktions-Hypothese 454, 466
Speichelsekretion 200
Spielen
- Gewohnheit - 412
- Pathologisches 412
Spontanremission 768
Sport 481
Squeeze-Technik 762, 770
Stigmatisierung 800–801
Stimulantien 536
Stimulationshypothese 454
Stimuluskontrolle 690
Stop & Start-Technik 762
Stop- und Start-Technik 770
Störungen
- Affektive 155, 375, 811
- Angst 155
- Beziehungs- 800, 805
- Borderline 825
- Depersonalisation - 380
- der Impulskontrolle 811, 842
- Dissoziative 356, 410, 844, 846

- Dissoziative, kurzzeitig reaktive 364
- Dissoziative, nicht näher bezeichnete 387
- Dysthyme 410, 810
- Explosible 405
- Impulskontrolle 404
- Intermittierend explosible 811, 842
- Konversions- 360, 388, 844
- Somatisierung - 387
- Somatoforme 172, 404, 846
- Vorgetäuschte 393, 846
- Wahnhafte (paranoide) 815
- Zwangs- 860
- Zyklothyme 810
Störungsbegriff 803
Störungsperspektive 803
Streit 754
Streß
- Ansatz 466
- Konzept 467, 485
Streß-Puffer-Hypothese 183
Streßinokkulations-Training 777
Streßreaktionen
- Posttraumatische 172, 742, 777
Strukturiertheit 212
Substanzmißbrauch
- aktuelle Prävalenz 527
- Beendigung 535
- Definition 514
- Diagnostik 514
- Diagnostische Instrumente 521
- Epidemiologie 525
- genetische Einflußfaktoren 540
- Interventionen 548
- Klassifikation 516
- Langzeitverläufe 533
- Lebenszeit-Prävalenz 525
- Motivation zur Behandlung 541
- psychoaktive Substanzen 517
- Rückfall 544
- Störungsbild 518
- Verlauf 534
Sucht 414
- Abhängigkeits-Autonomie-Konflikte 465
- Entwicklung 437
- Ich-psychologische Defizite 464

- Objektbeziehungen 464
- Orale Thematik 464
- Stile suchtfördernden Verhaltens 472
- Tiermodell 463
- Triebdynamik 464
- Verlangen 440, 467, 485
Suggestibilität 361, 376
Suizid 169, 400
- Handlungen 450
Symptomausformung 182
Symptombewältigung 211
Symptome
- Depressive 600
Systematische Desensibilisierung 277, 325, 689

Tagesmüdigkeit 669
Tagesschläfrigkeit 676–677, 683
Temperaturrhythmus 684
Testosteron 737, 776
Teufelskreis 267
Thematischer Apperzeptionstest (TAT) 455
Theorie
- Kognitive 177
Therapie
- Abbruch 778
- Depersonalisationsstörungen 393
- Dissoziative Amnesie 389
- Dissoziative Fugue 389
- dissoziative Identitätsstörung 391
- Freiwilligkeit 771
- Gruppen 772
- Kognitive 769
- Kooperation 771
- Planung 780
- Rahmen 763
- Sexual- 723
- Täter 771
- Vorgetäuschte Störungen 401
Therapiemotivation 316
Therapieprogramme
- Kombinierte 769
Therapieverfahren
- Standardisierte 779
Thought Disorder Index (TDI) 68
Tiefenentspannung 390

Tinnitus 342
Toleranz 212
- Entwicklung 438, 467
Tonusverlust, affektiver 677
Training sozialer Kompetenzen 467
Trancezustände 388
Transaktionen 189
Trauerreaktionen
- Abnorme 211
Trauma 363, 378
Tremor 437–438
Trennung 752
Trichotillomanie 418
Trieb 734
Trierer Alkoholismus Inventar (TAI) 444
Trijodthyronin 603
Trinkkulturen 452
- Abstinenzkulturen 452
- Ambivalenzkulturen 452
- Permissivkulturen 452
Tübinger Skalen zur Sexual-Therapie (TSST) 731
Type-Token-Ratio 71
Typus manicus 184
Typus melancholicus 184
Überinklusivität 73
Übersterblichkeit 448

Ungleichgewichtshypothese, adrenerge-cholinerge 196
Unwirklichkeitsgefühl 384
Urinproben 525

Validität
- Externe 779
- Interne 779
Ventrikel
- Erweiterung 91
Verdrängung 358, 361
Vergewaltigung 726, 728, 743, 777
Verhalten
- Antisoziale -weisen 459
- Antisoziales 836
- Kontakt- 208
- Oppositionelles 865
Verhaltensexperimente 330

Verhaltenshemmsystem (BIS: behavioural inhibition system) 245
Verhaltensmedizin 317
Verhaltenstheoretisches Modell 179
Verhaltenstherapie 207
Verlauf
– Prädiktoren 169
– Variabilität 171
Verleugnungstendenzen 461
Vermeidung 334
– -sverhalten 323
Versagensangst 745
Vigilanz 678, 685
Virus-Hypothese 47
Visual masking 58
Vorbereitung auf Krisen 213
Vulnerabilität 182, 187, 818, 824
– Faktoren 181, 189
– Kognitive 855
– Streß-Modell 113, 251, 372

Wachtherapie 204
Wahn
– Bildung, projektive 817
Wahrnehmung 58
Was-ist-wenn-Technik 209
Weiblichkeitshypothese 455
Wein 469
Wernicke-Korsakoff Syndrom 448
Wintergeburten 47

Wirkmechanismen 212
Wisconsin-Kartensortiertest 74
Workshop 766

Zeitzonenwechsel 698
Zellvolumen, mittleres 445
Zentralnervensystem 89
Zerrüttung, familiäre 740
Zirkadiane Rhythmen 200, 684
– Resynchronisation 685
– Störungen 714
– Synchronisation 684
ZNS-Stimulantien 679
Zufriedenheit, sexuelle 740
Zwang 172
– Kognitives Modell der Zwänge 286
– Störungen 860
– Zwangsgedanken 282
– Zwangshandlungen 282
– Zwangssyndrom 281
Zwangsstörungen 313
Zwangssyndrom 281
Zwei-Faktoren-Modell 276
Zwei-Faktoren-Theorie 249, 263
Zwillinge 85
Zwillingsstudien 191
Zwillingsuntersuchungen 456
Zyklothymie 155
Zykluslängen 168